Großkommentare der Praxis

Aktiengesetz

Großkommentar

früher bearbeitet von

W. Gadow †, Dr. E. Heinichen †, Dr. Eberhard Schmidt, Dr. W. Schmidt †, Dr. O. Weipert †
Dr. Robert Fischer, Präsident des Bundesgerichtshofes

Dritte, neu bearbeitete Auflage

von

Dr. Carl Hans Barz
Rechtsanwalt in Frankfurt/M.

Dr. Ulrich Klug
Staatssekretär
Professor a. d. Universität zu Köln

Dr. Joachim Meyer-Landrut
Rechtsanwalt in Düsseldorf

Dr. Herbert Wiedemann
Professor a. d. Universität zu Köln

Dr. Dr. Herbert Brönner
Wirtschaftsprüfer in Berlin

Dr. Konrad Mellerowicz
Professor a. d. Technischen Universität Berlin

Dr. Wolfgang Schilling
Rechtsanwalt in Mannheim
Professor a. d. Universität Heidelberg

Dr. Hans Würdinger
Professor a. d. Universität Hamburg

ERSTER BAND, 2. Halbband §§ 76-147

Bearbeiter: §§ 76-92, 94-115 u. 117: Meyer-Landrut
§§ 93 u. 116: Schilling
§§ 118-147: Barz

Zitierweise

z. B. Meyer-Landrut in Großkomm. AktG § 1 Anm. 23

W DE G

1973

DE GRUYTER
BERLIN · NEW YORK

Erscheinungsdaten der Lieferungen

Lieferung 2 (§§ 76-94): Januar 1971
Lieferung 3 (§§ 95-117): September 1971
Lieferung 4 (§§ 118-147): August 1972

ISBN 3 11 004399 8

Satz und Druck: Walter de Gruyter & Co, Berlin.

Inhaltsverzeichnis

zum I. Band, 2. Halbband

Gesetz über Aktiengesellschaften und Kommanditgesellschaften auf Aktien (Aktiengesetz)

Erstes Buch. **Aktiengesellschaft**

Erster Abschnitt

Vorstand

§ 76 Leitung der Aktiengesellschaft

(1) Der Vorstand hat unter eigener Verantwortung die Gesellschaft zu leiten.

(2) Der Vorstand kann aus einer oder mehreren Personen bestehen. Bei Gesellschaften mit einem Grundkapital von mehr als drei Millionen Deutsche Mark hat er aus mindestens zwei Personen zu bestehen, es sei denn, die Satzung bestimmt, daß er aus einer Person besteht. Die Vorschriften über die Bestellung eines Arbeitsdirektors bleiben unberührt.

(3) Mitglied des Vorstands kann nur eine natürliche, unbeschränkt geschäftsfähige Person sein.

Übersicht

Einleitung

Diese grundlegende Vorschrift über die Stellung des Vorstands der AG ist aus § 70 AktG 1937 hervorgegangen, der aber, teils wesentlich, geändert worden ist.

§ 70 Abs. 1 AktG 1937 hat erstmals die Eigenverantwortlichkeit des Vorstands und dessen Leitungsbefugnis gesetzlich postuliert und die zwingende Abgrenzung der Zuständigkeiten der Organe eingeführt. Das Ziel der Unternehmensleitung war mit einer Gemeinwohlklausel umschrieben, die in nationalsozialistischer Terminologie die Beachtung des Wohls des Unternehmens, der Betriebsangehörigen und der Allgemeinheit forderte. Trotz gewisser Bedenken wurde § 70 AktG 1937 auch nach 1945 als geltendes Recht angesehen (vgl. dazu die Vorauflage Anm. 1 zu § 70). In § 76 ist die Gemeinwohlklausel entfallen, da sich Berücksichtigung der Belange der Aktionäre (in § 70 AktG 1937 nicht erwähnt), der Arbeitnehmer und der Allgemeinheit von selbst verstehe (so die amtliche Begründung, bei Kropff S. 97). Auch wurde im weiteren Gesetzgebungsverfahren die beantragte Wiedereinführung der Gemeinwohlklausel (ähnlich dem RefE § 71 Abs. 1) mit der Begründung abgelehnt, sie sei ohne rechtliche Substanz, habe keine selbständige Bedeutung und könne im übrigen durch die Reihenfolge der Aufzählung dazu führen, daß eine Rangfolge der zu beachtenden Interessen aufgestellt würde (s. Ausschußbericht bei Kropff S. 97f.). Zur Rechtslage s. Anm. 9 bis 12 unten.

§ 70 Abs. 2 AktG 1937 enthielt die Vorschrift über die Möglichkeit der Bestellung eines entscheidungsbefugten Vorstandsvorsitzenden; hierin hat man einen Niederschlag des sogenannten Führerprinzips gesehen. Die Regelung ist nicht nur beseitigt sondern in § 77 Abs. 1 S. 2 ist ausdrücklich jedes Alleinentscheidungsrecht eines Vorstandsmitglieds als dem Kollegialprinzip widersprechend und für die AG gefährlich für unzulässig erklärt worden. Weitere gesetzliche Bestimmungen über die Geschäftsführung des Vorstands und deren Ordnung, die im AktG 1937 nicht enthalten waren, finden sich in § 77. Neu eingeführt ist die Vorschrift, daß Gesellschaften mit mehr als 3 Millionen DM Grundkapital in der Regel mindestens einen zweiköpfigen Vorstand haben sollen. Weitergehende Anträge in den Ausschußberatungen, bei Gesellschaften, die mehr als 5000 Arbeitnehmer beschäftigen, einen dreiköpfigen Vorstand zwingend vorzuschreiben und damit ein allein für Personalangelegenheiten zuständiges Vorstandsamt zu schaffen, wurden abgelehnt (s. den Ausschußbericht bei Kropff, S. 98). Modifiziert wird dieser Reformvorschlag im Bericht der Sachverständigenkommission „Mitbestimmung im Unternehmen" (BTDrucks. VI/334), die einen besonderen Personalvorstand schon bei Gesellschaften mit 1000 oder 2000 Arbeitnehmern empfiehlt. Der in Abs. 2 weiterhin gebrachte Hinweis, daß die Vorschriften über die Bestellung eines Arbeitsdirektors nach den MitbestG unberührt blieben, dient der Klarstellung (vgl. Anm. 14 unten).

Abs. 3 konkretisiert die Vorschrift des § 75 Abs. 1 S. 3 AktG 1937, derzufolge eine juristische Person nicht zum Vorstand bestellt werden kann; sachlich Neues bringt sie nicht.

Anm. 1

I. Die Bezeichnung Vorstand

Als juristische Person (§ 1 Anm. 4) muß die AG natürliche Personen haben, durch die sie im Verkehr handelt und sich betätigen kann; vgl. § 26 BGB. Dieses Organ ist der *Vorstand.* Er ist selbständiger Verwaltungsträger und leitet seine Befugnisse und Obliegenheiten nicht aus einer „Bevollmächtigung" durch Aufsichtsrat oder Hauptversammlung ab; so schon RG 117, 203 (207). Vgl. auch § 84 und Anm. 4.

Die *Bezeichnung „Vorstand"* ist zwingend vorgeschrieben. Die Bezeichnung „Direktorium" oder „Verwaltungsrat" für das Gesamtkollegium oder die Bezeichnung „Geschäftsführer" oder „Direktor" für ein einzelnes Vorstandsmitglied sind unklar und unbestimmt. „Verwaltungsrat" oder „Direktorium" kann auch ein anderes Gremium genannt werden; der Titel „Direktor" wird auch von sonstigen Angestellten, z. B. Prokuristen oder Filialvorstehern geführt. Der Registerrichter müßte daher die Anmeldung der Bestellung eines Direktors oder Geschäftsführers zurückweisen (vgl. Baumbach-Hueck Rn. 7). OLG Kolmar (LZ 1908, 871) hat ausnahmsweise die Eintragung eines als „Direktor" Gewählten als Vorstandsmitglied zugelassen, weil die besonderen Umstände des Falls jeden Zweifel an der Bedeutung der Wahl ausschlossen. Heute hat die Frage keine besondere Bedeutung mehr, da sich die gesetzlichen Bezeichnungen der Organe der AG inzwischen im Verkehr durchgesetzt haben.

Anm. 2

II. Die Leitung der AG

1. Allgemeines

a) § 70 AktG 1937 führte erstmals den Begriff der eigenverantwortlichen *Leitung* der AG durch den Vorstand in das Aktienrecht ein. AktG 1965 hat ihn übernommen. Mit Recht hat man also entgegen den Verlautbarungen anläßlich des Inkrafttretens des AktG 1937 (vgl. etwa Schlegelberger-Quassowski Allg. zu § 70, s. aber auch die 1. Auflage § 70 Anm. 10) in der Übertragung der Leitungsmacht an den Vorstand nicht typisch national-sozialistisches Gedankengut gesehen. So heißt es denn auch in der amtlichen Begründung zu § 70 AktG 1937: „Die grundsätzlichen Entscheidungen über die Geschicke der Aktiengesellschaft lagen bei der persönlich unverantwortlichen Mehrheit der Geldgeber, denen meistens der genaue und sachkundige Einblick in die Geschäfte und in den Stand der Gesellschaft fehlt und die im wesentlichen darauf bedacht sind, die Belange des Kapitals in den Vordergrund zu stellen. Die Entwicklung des Aktienwesens hat gezeigt, daß sich aus diesen Gründen zwischen der Verwaltung und der Hauptversammlung Gegensätze und Machtkämpfe herausbildeten, die keineswegs zum Vorteil der Gesellschaft und des Wirtschaftslebens dienten." Vgl. auch Düringer-Hachenburg Einl. zu Bd. III (1) Anm. 95ff. insb. 104. Auch der Bericht, Teil I der Studienkommission des Deutschen Juristentages kam 1955 zu dem Ergebnis, daß sich die Eigenverantwortlichkeit des Vorstands, wie sie die Aktienrechtsreform von 1937 gebracht hat, bewährt hat. Es heißt in dem Bericht (S. 73): „Diese unabhängige Stellung des Vorstands in der Geschäftsführung scheint dem Ausschuß die notwendige Voraussetzung für die Entfaltung der unternehmerischen Initiative zu sein. Dazu kommt, daß die Hauptversammlung nicht die geeignete Stelle für die Erörterung und Entscheidung von Geschäftsführungsfragen ist. Bei wechselnder Mehrheit wird die Kontinuität der Geschäftsführung gefährdet. Großaktionäre können sich ohnehin durchsetzen." Auch von anderen Gremien durchgeführte Untersuchungen zur Aktienrechtsreform befürworteten nicht eine Rückkehr zur früheren Regelung des HGB, vgl. die allgemeine Einleitung S. 8ff.

Ob man allerdings die dem Vorstand übertragene Leitung der AG lediglich als eine zusammenfassende begriffliche Bestimmung dessen verstehen kann, was man im Gesellschaftsrecht unter Geschäftsführung einerseits und Vertretung andererseits versteht (vgl. auch die Vorauflage § 70 Anm. 1) kann zweifelhaft sein, auch wenn die Geschäftsführung als eine noch so umfassende Wirksamkeit definiert wird (vgl. Anm. 3 unten) und die Vertretung im Außenverhältnis als nicht beschränkbar geregelt ist (§ 82 Abs. 1). Auch soll der Begriff „Leitung" wohl mehr ausdrücken als die gesetzlich statuierte Unabhängigkeit des Vorstands von Weisungen des Aufsichtsrats, der Aktionäre oder der Hauptversammlung in Fragen der Geschäftsführung (so Würdinger § 21 IV 2a), vgl. §§ 111 Abs. 4, 119 Abs. 2.). Godin-Wilhelmi § 76 Anm. 2 und vorher schon Leo, Die AG 1960, 261 ff. sprechen von einer Unternehmerfunktion des Vorstands, was über das, was man als Geschäftsführung definiert, hinausgeht. Auch dem Gesetzgeber des AktG 1965 ist die hier erörterte Frage bewußt gewesen, wenn es in der amtlichen Begründung zu § 308 (Leitungsmacht bei Bestehen eines Beherrschungsvertrages) heißt, daß das Weisungsrecht des herrschenden Unternehmens „nicht auf Fragen der Geschäftsführung beschränkt (ist), vielmehr den gesamten Bereich (umfaßt) in dem der Vorstand die Gesellschaft nach § 76 Abs. 1 zu leiten hat" (bei Kropff S. 403). Auch § 18 definiert den Konzern als Zusammenfassung von Unternehmen „unter einheitlicher Leitung" (vgl. auch § 323). Wie diese Leitungsmacht konzernrechtlich zu begreifen ist (dazu etwa Kropff DB 1967, 2147ff. und 2204ff.; Mestmäcker in Festgabe für Heinrich Kronstein, 1967, S. 129ff.; Gessler in Festgabe für Otto Kunze, 1969, S. 157ff.) braucht hier nicht verfolgt zu werden. Für die Auslegung des § 76 Abs. 1 stützen Formulierungen aus dem Recht der verbundenen Unternehmen die Ansicht, daß Leitung (oder Leitungsmacht) mehr sein muß als die Summe der Geschäftsführungs- und Vertretungsbefugnis des Vorstands. Daß die Leitungsbefugnis des Vorstands auch die „beabsichtigte Geschäftspolitik und andere grundsätzliche Fragen" umfaßt, folgt schließlich jeden Zweifel ausschließend aus § 90 Abs. 1 Nr. 1, der vom Vorstand eine entsprechende Berichterstattung an den Aufsichtsrat unaufgefordert mindestens einmal jährlich verlangt (§ 90 Abs. 2 Nr. 1).

Auch daß das Gesetz grundlegende und die Funktion des Unternehmens und seine Rechtsform berührende Maßnahmen, wie die Eingliederung (§ 319), Verschmelzung (§ 340), Vermögensübertragungen (§§ 359 Abs. 2, 360 Abs. 2) und Umwandlung (§§ 362 Abs. 2, 366 Abs. 1, 369 Abs. 1) der Beschlußfassung durch die Hauptversammlung unterwirft und nur deren Vorbereitung dem Vorstand überträgt, § 83 Abs. 1, (s. auch die Ausgabe von Gewinnschuldverschreibungen, § 221) ist eine Weiterführung und Ergänzung der Zuständigkeiten der Hauptversammlung zu Entscheidungen über Satzungsänderungen und alle Maßnahmen der Kapitalbeschaffung und Kapitalherabsetzung (Sechster Teil §§ 179 bis 240). Soweit die Hauptversammlung zuständig ist, ist die Leitungsbefugnis des Vorstands eingeschränkt und er hat die von der Versammlung beschlossenen Maßnahmen auszuführen, § 83 Abs. 2; vgl. auch Baumbach-Hueck § 83 Rn. 4 gegen Godin-Wilhelmi § 83 Anm. 4.

Die Leitungsmacht des Vorstands bedeutet somit über die Geschäftsführung hinaus, mit der vorerwähnten Einschränkung, die Statuierung der unternehmerischen Funktion desVorstands, also Ausarbeitung und Durchführung von langfristigen Planungen auf dem Gebiete der Produktion, der Finanzierung, der Organisation im weitesten Sinne, einschließlich der Investitions- und Dividendenpolitik der Gesellschaft (so auch Dose S. 47 bis 54 unter Bezugnahme auf betriebswirtschaftliche Begriffe der Unternehmensführung sowie Westermann in Freundesgabe für E. H. Vits, 1963, S. 251ff. 256). Soweit bestimmte Maßnahmen der Zustimmung des Aufsichtsrats bedürfen (vgl. § 82 Anm. 14) ist diese natürlich einzuholen; die Festlegung der Geschäftspolitik der Gesellschaft kann aber nicht, weil nicht durch § 111 Abs. 4 Satz 2 („bestimmte Arten von Geschäften") gedeckt, dem Zustimmungserfordernis durch den Aufsichtsrat unterworfen werden (Duden in Festgabe für O. Kunze, 1969, S. 125ff. 140; vgl. auch Würdinger § 21 IV 3b). Die Bilanzaufstellung durch den Vorstand (§ 148) erfordert zwar zur Feststellung die Billigung durch den Aufsichtsrat (§ 172 bzw. ausnahmsweise die Hauptversammlung gemäß § 173). Die Initiativen liegen aber beim Vorstand, und einer in der allgemein von ihm festgelegten und verfolgten Geschäftspolitik der Gesellschaft verankerten Bilanz wird der Aufsichtsrat zwar nicht aus rechtlichen aber aus wirtschaftlichen Gründen regelmäßig zustimmen müssen; Einschränkungen zugunsten der Hauptversammlung ergeben sich allerdings aus § 58 soweit die Bildung stiller Reserven untersagt und die Bildung offener eingeschränkt ist. Nur im Rahmen des § 83 sowie im Vertragskonzern sind Weisungen und damit Eingriffe in die Leitungsmacht des Vorstands sanktioniert (§ 308 Abs. 2 und entsprechend § 323 sowie § 15 MitbestErgG). Liegt kein Beherrschungsvertrag vor, so trifft das Gesetz Vorkehrungen (Verpflichtung einen Abhängigkeitsbericht zu erstellen, § 312ff., strenge Haftung des herrschenden Unternehmens und seiner Organe, § 317) zum Schutz der beherrschten Gesellschaft und dient damit auch einer Gewährleistung der Leitungsbefugnis ihres Vorstands. Denn diese ist auch durch die Regelung des § 311 Abs. 2 grundsätzlich nicht eingeschränkt; auch wenn das herrschende Unternehmen dem Vorstand der abhängigen AG ein nachteiliges Rechtsgeschäft *mit* entsprechendem Ausgleich anträgt, muß der Vorstand eigenverantwortlich entscheiden (vgl. dazu Mestmäcker in Festgabe für Heinrich Kronstein, 1967, S. 129 [S. 139ff.] und Lüchterhand ZHR 133, 1). Eine Verpflichtung, Weisungen des herrschenden Unternehmens auszuführen (wie bei Vorliegen eines Beherrschungsvertrages oder bei Eingliederung, §§ 308 Abs. 2, 323) besteht nicht. Das ist auch für den Umfang der Verantwortlichkeit gemäß § 93 von Bedeutung, die neben der Verantwortlichkeit gemäß § 318 fortbesteht (Baumbach-Hueck Rn. 7 zu § 318); s. aber auch § 318 Abs. 3. Auch § 117 wird man in diesem Zusammenhang als eine Schutzvorschrift für den Vorstand interpretieren können: vorsätzliche und die Gesellschaft schädigende Einflußnahmen führen zu Schadensersatzansprüchen.

Anm. 3

b) Geschäftsführung

Die Leitung umfaßt sowohl die *Vertretung* der AG wie die *Geschäftsführung*. Beides, Vertretung und Geschäftsführung, ist der gleiche Handlungsvorgang, nur von verschiedenen Seiten oder in bezug auf verschiedene Wirkungen gesehen. Geschäftsführung ist Betätigung jeder Art zur Gestaltung der Wirtschaftsleistung der AG, Vertretung ist das Handeln für die AG im Rechtsverkehr mit Dritten. Die Geschäftsführung umfaßt alle innerorganisatorischen Maßnahmen und Leistungen wie alle rechtsgeschäftlichen Handlungen: vom Durchlesen des täglichen Posteingangs, der Besichtigung des Betriebes, der Anweisungen für das tägliche Arbeitsprogramm, der Aufstellung der Betriebsordnung, bis zur Führung der Bücher, der Erprobung einer Erfindung, ferner den Vertrieb der hergestellten Waren, den Einkauf der Rohstoffe und Maschinen, den Abschluß von Verträgen und Absprachen aller Art, die Durchführung und Überwachung aller sozialen und öffentlichen Aufgaben, die Repräsentation der Gesellschaft. *Jede* Handlung des Vorstands ist hiernach Geschäftsführung. Vertretung liegt nur vor, wenn eine geschäftsführende Handlung im Rechtsverkehr mit Dritten vorgenommen wird. Geschäftsführung ist die Betätigung des Vorstands im Verhältnis nach innen zur Gesellschaft betrachtet. § 77 behandelt die Geschäftsführung des Vorstands, die sich im übrigen nach den allgemeinen Auftragsregeln bestimmt, §§ 664 bis 670 BGB (vgl. §§ 27 III und 713 BGB), so auch BGH 24, 53. Die Vertretung der Gesellschaft ist in § 78 geregelt.

Anm. 4

c) Vertretung

Der Vorstand ist *„gesetzlicher Vertreter"*, nicht nur weil die AG nach dem Gesetz einen Vorstand haben *muß* (vgl. auch § 39), sondern auch weil seine Vertretungsmacht nach Inhalt und Umfang durch das Gesetz bestimmt ist. Zwar beruht die Bestellung des Vorstands regelmäßig auf einem *körperschaftlichen* Akt (Bestellung durch den Aufsichtsrat, § 84; ausnahmsweise Bestellung durch das Gericht § 85); aber die Vertretungsmacht — Dritten gegenüber — ist nach dem Gesetz unbeschränkbar (§ 82 Abs. 2); vgl. auch RG 117, 207f. Auch der Einschränkung der Vertretungs- und Geschäftsführungsbefugnis sind Grenzen gesetzt (§ 82).

Als gesetzlicher Vertreter der AG ist der Vorstand *Willensorgan* der AG. Sein Wissen und Kennen ist Wissen und Kennen der AG. Sein Kennenmüssen wird der AG zugerechnet. Die AG handelt durch den Vorstand. Seine in Handlungen umgesetzten Willensentschlüsse sind solche der AG. Diese wird durch die *rechtsgeschäftlichen* Handlungen des Vorstands berechtigt und verpflichtet. Sie haftet auch außervertraglich für die Handlungen und Unterlassungen ihres Vorstands (BGB §§ 278, 31; vgl. § 1 Anm. 4).

Anm. 5

d) Notwendiger Verwaltungsträger

Der Vorstand ist *notwendiger Verwaltungsträger* der AG. Die Entstehung der AG, ihre Eintragung in das Handelsregister, setzt die Bestellung eines Vorstands voraus (§ 30). Diesem liegt die Gründungsprüfung ob (§§ 33ff.). Von sämtlichen Mitgliedern des Vorstands ist die Gesellschaft zur Eintragung in das Handelsregister anzumelden (§ 36). Zeitweiliger späterer Fortfall des Vorstands oder der zur Leitung der AG erforderlichen Zahl von Vorstandsmitgliedern ist ohne Einfluß auf den *Bestand* der AG. Ein Auflösungsgrund ist nicht gegeben (§ 262). Die AG arbeitet durch ihre sonstigen Angestellten und Arbeiter weiter. Sie kann auch im Rechtsverkehr weiter handeln, soweit sie durch Prokuristen oder Handlungsbevollmächtigte vertreten ist. Nur solche Handlungen müssen unterbleiben, für die das Gesetz die persönliche Vornahme durch den Vorstand verlangt, wie Anmeldungen zum Handelsregister, bei denen mindestens ein Vorstandsmitglied mitwirken muß (vgl. §§ 81, 181, 184, 188, 195, 201, 223, 229 Abs. 3, 239, 263, 294, 319 Abs. 3, 345, 353 Abs. 5) oder die von sämtlichen Mitgliedern des Vorstands vorzunehmen sind (vgl. §§ 36, 379, 385 Abs. 2, 385g Abs. 2, 385*o*), oder Unterzeichnung der Aktienurkunden (§ 13 Anm. 3), Einberufung der Hauptversammlung (§ 121 Abs. 2), überhaupt alle Maßnahmen, die die Beziehungen der AG zu den Aktionären betreffen und nicht den Betrieb der AG. Ebensowenig kann die AG Klage erheben oder verklagt werden, solange sie ohne Vorstand ist. In bestimmten Fällen kann aber ein Prozeßvertreter gem. § 57 ZPO bestellt werden, vgl. im Einzelnen § 1 Anm. 14; § 84 Anm. 4. Wegen außerordentlicher Vertreter für AG, die in der Ostzone und in den Gebieten jenseits der Oder-Neiße-Linie ihren Sitz hatten, s. Anm. 18 unten.

Für Abhilfe hat der Aufsichtsrat zu sorgen, dem gemäß § 84 die Bestellung des Vorstands obliegt. Versäumung dieser Pflicht kann zur Schadensersatzpflicht führen (§ 116), unter Umständen bei Gefährdung des Gemeinwohls durch gröbliche Gesetzesverstöße der unverantwortlichen Angestellten zur Auflösung der AG von Staats wegen (§ 396). Unterbleibt die Bestellung der fehlenden Zahl der Vorstandsmitglieder, so kann die Bestellung durch das Gericht gemäß § 85 vorgenommen werden; dagegen kann der Registerrichter nicht den Aufsichtsrat durch Ordnungsstrafen zur Bestellung eines Vorstands zwingen.

Solange ein Vorstand fehlt, sind nicht Aufsichtsrat oder Hauptversammlung, befugt, die Gesellschaft zu leiten. Sie bleiben auf ihre Zuständigkeiten beschränkt (vgl. § 111 Abs. 4 und § 119 Abs. 2). Insbesondere kann der Aufsichtsrat auch nicht an Stelle des Vorstands Anmeldungen zum Handelsregister vornehmen. Die Prokuristen oder sonstigen Angestellten sind nicht den Weisungen des Aufsichtsrats unterworfen, werden auch nicht von der Haftung für schuldhaftes Handeln befreit, wenn sie solchen Weisungen folgen. Anders, wenn der Aufsichtsrat gemäß § 105 Abs. 2 einzelne seiner Mitglieder in den Vorstand delegiert. Dann handeln diese Aufsichtsratsmitglieder als Vorstand.

Anm. 6

2. Eigenverantwortlichkeit

Der Vorstand leitet die Gesellschaft *unter eigener Verantwortung*. Ihm ist hiermit *selbständige Entscheidungsbefugnis* zuerkannt. Dadurch ist sein Verhältnis zu Aufsichtsrat, Hauptversammlung und den Aktionären bestimmt. Entscheidungen für die Leitung der AG, Maßnahmen der Geschäftsführung können von den übrigen Organen nicht getroffen werden. Die Satzung kann sie dem Aufsichtsrat nicht übertragen. Der Aufsichtsrat kann sie sich selbst nicht anmaßen (§ 111 Abs. 4). Auch die Hauptversammlung kann Entscheidungen über Fragen der Geschäftsführung nicht an sich ziehen. Die Satzung kann der Hauptversammlung solche Entscheidungen nicht vorbehalten (s. § 23 Abs. 5). Die gesetzliche Abgrenzung der Zuständigkeiten der Organe der AG ist zwingenden Rechts. Die Eigenverantwortlichkeit entfällt auch nicht bei pünktlicher und gewissenhafter Erfüllung der Berichterstattungspflichten (insbes. §§ 90, 160), auch nicht, wenn es sich um grundlegende Fragen der Geschäftspolitik handelt, (Baumbach-Hueck § 90 Rn. 5). Verweigert bei zustimmungsbedürftigen Geschäften der Aufsichtsrat seine Zustimmung, so kann der Vorstand sogar noch eine Entscheidung der Hauptversammlung herbeiführen, und damit den Aufsichtsrat unter Umständen überspielen (vgl. § 111 Abs. 4). Dagegen liegt in der Entlastung eine Billigung der Geschäftsführung, wenn auch kein Verzicht auf Ersatzansprüche (§ 120 Abs. 2). Zur Haftung s. Anm. 8. Die konzernrechtlichen Sondervorschriften sind in der Einleitung vor § 76 angeführt: zu nennen ist hier besonders § 310 Abs. 3, der eine Ersatzpflicht (und damit Verantwortlichkeit) der Mitglieder des Vorstands der beherrschten Gesellschaft dann aufhebt, wenn die Handlung auf einer Weisung im Rahmen eines Beherrschungsvertrages erfolgte (§ 308 Abs. 2) — das gilt sinngemäß für den Vorstand einer eingegliederten Gesellschaft (§ 323). Bei Fehlen eines Beherrschungsvertrages ist die Verantwortlichkeit auch auf die Richtigkeit und Vollständigkeit des Abhängigkeitsberichts ausgedehnt (§ 318 Abs. 1) und andererseits, entsprechend § 93 Abs. 5 Satz 3 (dazu im folgenden) eingeschränkt, wenn ein gesetzmäßiger Beschluß der Hauptversammlung die betreffende Maßnahme deckt.

Anm. 7

3. Mitwirkung von Aufsichtsrat und Hauptversammlung

Von der zwingenden gesetzlichen Zuständigkeitsabgrenzung der Organe ergeben sich Abweichungen aus § 111 Abs. 4. Die Satzung kann bestimmen, daß der Vorstand bestimmte Arten von Rechtsgeschäften *nur mit Zustimmung des Aufsichtsrats* vornehmen darf. Auch kann der Aufsichtsrat — ohne derartige Satzungsbestimmung oder über sie hinaus — von sich aus derartige Beschränkungen der Geschäftsführungsbefugnis des Vorstands vorsehen. Stimmt der Aufsichtsrat nicht zu, so kann der Vorstand die Hauptversammlung anrufen, die mit qualifizierter Mehrheit entscheidet. Wegen der *gesetzlichen* Beschränkungen der Geschäftsführungsbefugnis des Vorstands infolge des Zustimmungserfordernisses des Aufsichtsrats s. § 82 Anm. 12 und 14.

Dagegen sind für die *Hauptversammlung* Eingriffsrechte gegenüber dem Vorstand grundsätzlich (s. aber § 83 sowie § 82 Anm. 15) nicht vorgesehen. Die Satzung kann daher nicht bestimmen, daß bestimmte Arten von Rechtsgeschäften der Zustimmung der Hauptversammlung bedürfen. § 119 Abs. 2 bestimmt ausdrücklich, daß die Hauptversammlung über Fragen der Geschäftsführung nur Beschluß zu fassen hat, *wenn der Vorstand es verlangt*. Selbst wenn der Aufsichtsrat gemäß § 111 Abs. 3 die Hauptversammlung einberuft und über eine Frage der Geschäftsführung entscheiden läßt, wird der Vorstand durch diese Beschlußfassung nicht gebunden. Das *Gesetz* hat aber in bestimmten Fällen die Vertretungsmacht des Vorstands dadurch beschränkt, daß es zur Wirksamkeit bestimmter Rechtsgeschäfte die Zustimmung der Hauptversammlung erfordert (s. die in Anm. 2 oben angeführten Fälle). Eine Ausdehnung dieser Vorschriften in der Satzung auf andere Fälle, ist unzulässig. Es ist überhaupt jede Satzungsbestimmung unzulässig und somit nichtig, die eine Verschiebung der Stellung des Vorstands zu den anderen Organen zum Inhalt hat, soweit nicht die hier dargestellten Ausnahmen Platz greifen (s. Möhring-Schwartz-Rowedder-Haberlandt, S. 66). Die Hauptversammlung kann ihr Mißfallen mit der Geschäftsführung des Gesamtvorstands oder einzelner Vorstandsmitglieder nur durch Verweigerung der Entlastung ausdrücken (§ 120 Abs. 1). Ist diese nicht offenbar unsachlich motiviert, so kann der Aufsichtsrat die Vorstandsbestellung widerrufen (§ 84 Abs. 3 Satz 2). Im Hinblick auf die Zuständigkeit der Hauptversammlung bei Abschluß und Änderung von Unternehmensverträgen, die den Vorstand auf entsprechenden Beschluß der Hauptversammlung hin verpflichten, die erforderlichen Maßnahmen vorzunehmen und die beschlossenen Maßnahmen durchzuführen, ist im AktG 1965 die allgemeine Vorschrift des § 83 eingeführt worden, die den Vorstand zur Vorbereitung und Ausführung der von der Hauptversammlung beschlossenen Maßnahmen verpflichtet (vgl. die in Anm. 2 und § 83 Anm. 2 erwähnten Vorschriften). Soweit die Hauptversammlung bei der Erteilung von Weisungen an den Vorstand im Rahmen ihrer Zuständigkeiten handelt, ist der Vorstand zur Ausführung der betreffenden Maßnahmen verpflichtet (s. § 83 Anm. 3 sowie § 82 Anm. 15 und 18).

Anm. 8

4. Haftung

Die Vorschrift, daß der Vorstand die Gesellschaft „unter eigener Verantwortung" leitet, bedeutet neben der zwingenden Zuständigkeitsabgrenzung die *Begründung eigener Haftung* und einer *besonderen Treuepflicht* gegenüber der Gesellschaft (dazu § 84 Anm. 59) innerhalb des dem Vorstand zugewiesenen Aufgabenkreises. Der Vorstand hat seine Leitung und Geschäftsführung selbst zu verantworten. Es genügt nicht, daß er die Beschränkungen innehält, die ihm Gesetz und Satzung für seine Geschäftsführung auferlegen (§ 77). Die Einholung der Zustimmung des Aufsichtsrats entlastet ihn nicht, auch wenn die Satzung für das Geschäft diese Zustimmung erfordert (§§ 111 Abs. 4 i. V. m. § 93 Abs. 4 Satz 2). Daß er das Geschäft vornimmt, muß er selbständig verantworten. Für schuldhaftes Handeln kann er schadensersatzpflichtig sein; auch ohne daß ihn ein Verschulden trifft, kann seine Handlungsweise zur Entziehung des Vertrauens und zur Verweigerung der Entlastung führen. Jedes Vorstandsmitglied ist daher auch nicht nur berechtigt, sondern verpflichtet, bei Geschäfts- und Verwaltungsmaßnahmen, die vom Gesamtvorstand, dem Aufsichtsrat oder der Hauptversammlung getroffen wurden, seine Bedenken und Einwände zu äußern; daß diese in sachlicher Form vorgebracht werden müssen, versteht sich (BGH 15, 71 [78]).

Das Gesetz gibt dem Vorstand *eine* allgemeine Möglichkeit, seine Verantwortung *gegenüber der Gesellschaft* auszuschließen. Er kann gemäß § 119 Abs. 2 die Beschlußfassung der Hauptversammlung über eine Frage der Geschäftsführung herbeiführen. Folgt er dann der von der Hauptversammlung getroffenen Entscheidung, so entfällt im Schadensfall die Ersatzpflicht des Vorstands gegenüber der Gesellschaft (§ 93 Abs. 4 S. 1); s. im einzelnen § 93 Anm. 32. Das gilt nicht für einen nur die Zustimmung des Aufsichtsrats ersetzenden Beschluß gem. § 111 Abs. 4 Satz 3 (§ 93 Anm. 30). Von einer Haftung gegenüber den Gläubigern der AG befreit ihn auch ein Beschluß der Hauptversammlung nicht (§ 93 Abs. 5 Satz 3). Über die Verantwortlichkeit der Vorstände des beherrschten und des herrschenden Unternehmens im Konzernverbund s. im übrigen die Kommentierung der einschlägigen Vorschriften.

III. Die sozial- und wirtschaftspolitischen Pflichten des Vorstands

Anm. 9

1. Gemeinwohl

Die Berücksichtigung der Belange der Allgemeinheit, des Betriebs, der Arbeitnehmer, das war dem Vorstand nach § 70 AktG 1937 ausdrücklich aufgegeben (s. dazu die Einleitung oben). Die Streichung dieser unternehmerischen Zielvorschrift im neuen § 76 soll nach herrschender Ansicht eine Änderung des Rechtszustandes nicht herbeigeführt haben (vgl. außer der amtlichen Begründung bei Kropff S. 96, Baumbach-Hueck Rz. 1; Godin-Wilhelmi Anm. 5; Hanau BB 1969, 760f.).

Richtig ist sicher, daß sich in einer als sozialer Rechtsstaat verstehenden Gesellschaft (vgl. Art. 20, 26 GG) auch alle Rechtsunterworfenen, nicht nur Gesetzgebung und Verwaltung in Bund, Ländern und Gemeinden, diesem Verfassungsgebot zu fügen haben. Andererseits ist eine begriffliche Definition des im Wirtschaftsleben beachtlichen Gemeinwohls schwierig, wenn nicht unmöglich (vgl. schon den Bericht Teil I DJT StK S. 22ff., ferner Mestmäcker, S. 34ff.; ders. Verhandlungen des Vereins zur Sozialpolitik, 1964, S. 116ff. s. auch Reinhardt, Privates Unternehmen und öffentliches Interesse in Festschrift für Alfred Hueck, 1959, S. 439ff.). Die Forderung nach angemessener Berücksichtigung der Belange von Kapitalgebern und Arbeitnehmern im Rahmen des Allgemeinwohls ist in der Tat so formuliert kaum konkretisierbar; vgl. zur Kritik auch Westermann in Freundesgabe für E. H. Vits, 1963, S. 265ff. Ähnliches gilt auch für die Ableitung der Verpflichtung zur Wahrung des Gemeinwohls aus der Sozialbindung des Eigentums (Art. 14 II GG): eine dem Allgemeinwohl verantwortliche Unternehmensleitung ist allein aus der Verfügungsberechtigung des Vorstands über das Gesellschaftsvermögen der AG nicht genügend verdeutlicht (vgl. Duden in Festgabe für O. Kunze S. 127ff. (133); a. A. BVerfG 14, 263 (Feldmühle) und Würdinger § 21 IV, 2).

Es ist in erster Linie die Befolgung der im Interesse der Allgemeinheit bestehenden Gesetzgebung, in der sich die Konkretisierung der Pflichten einer dem Allgemeinwohl verantwortlichen Unternehmensleitung darstellt; ähnlich wohl auch Mertens NJW 1970, 1718 (1719). Das fängt bei der Steuergesetzgebung an (Steuerehrlichkeit) und führt über die Sozialgesetzgebung zur Beachtung der Wettbewerbsordnung wie sie im UWG, GWB und im EWG-Vertrag normiert ist. Die in diesem Zusammenhang auch in der amtlichen Begründung erwähnte Auflösungsklage gemäß § 396 greift auch nur Platz, wenn die Verwaltung der AG das Gemeinwohl „durch gesetzwidriges Verhalten" gefährdet. Die Leitung eines Großunternehmens ist darüberhinaus als verpflichtet und den Aktionären gegenüber als berechtigt anzusehen, allgemeine Belange und Interessen der Volkswirtschaft gebührend in Betracht zu ziehen, wie Reinerhaltung von Luft und Wasser, Förderung der Wissenschaft, Rücksichtnahme auf konjunkturpolitische Erfordernisse u. a. m.

Eine Berücksichtigung der staatlichen Interessen wird im übrigen vom Aktiengesetz im Zusammenhang mit einer dahingehenden Beschränkung der Publizität des Geschäftsberichts (§§ 160 Abs. 4, 334 Abs. 4) verlangt.

Es muß in dem hier aufgezeigten Rahmen die Berücksichtigung der Belange der Allgemeinheit als höherwertig gegenüber den Interessen der Aktionäre, der Arbeitnehmer oder des Unternehmens der AG angesehen werden, a. A. Leo Die AG 1960, 261ff., der von einer Prävalens des Aktionärsinteresses ausgeht; kritisch dazu auch Godin-Wilhelmi Anm. 6, die von einer Gleichrangigkeit der in Betracht kommenden Interessen ausgehen; (vgl. auch Ballerstedt JZ 1968, S. 397 [399]).

Anm. 10

2. Wohl des Unternehmens

Die Unternehmensleitung in einer nach marktwirtschaftlichen Prinzipien ausgerichteten Wirtschaftsordnung muß, wenn sie persönlich bestehen will, und sachlich den Bestand des Unternehmens mindestens erhalten will, die Berücksichtigung des

Rentabilitätsprinzips zu ihrer primären Richtschnur machen. Weder die Interessen der Allgemeinheit an einer funktionierenden Wirtschaft und ihrer einzelnen Glieder und einer daraus resultierenden Versorgung mit Gütern und Dienstleistungen zu angemessenen Preisen, noch die der Aktionäre nach Ertragsmaximierung, noch die der Arbeitnehmer nach höchstmöglicher Entlohnung und gleichzeitig nach Arbeitsplatzsicherung können gewährleistet werden, wenn das Unternehmen nicht rentabel arbeitet. (Die Nichtbeachtung des Rentabilitätsprinzips in subventionierten Versorgungsbetrieben kann hier außer Betracht bleiben). Es läuft also die Berücksichtigung des Unternehmensinteresses grundsätzlich gleich mit den langfristigen Interessen der Allgemeinheit und der Faktoren Kapital und Arbeit. Interessenkonflikte sind trotzdem gegeben, etwa bei einer auf Expansion gerichteten Investitionspolitik, die mit den augenblicklichen Gewinnerwartungen der Aktionäre kollidiert, oder Rationalisierungsmaßnahmen, die dem Interesse nach Arbeitsplatzsicherung widersprechen, oder etwa eine im Interesse der Kapitalbeschaffung erforderliche Dividendenpolitik, die nur bei umfangreichen Entlassungen durchgeführt werden kann. Der Vorstand ist derartigen Konflikten eigenverantwortlich ausgesetzt (so auch Farthmann, BB 1968, 473, 475). Ihre Lösung wird regelmäßig und von Fall zu Fall unter sorgfältiger Abwägung der betroffenen Interessen zu erfolgen haben. Sie ist optimal, wenn sie kurz- und langfristige Interessen der Aktionäre und der Arbeitnehmer verbindet (im einzelnen s. auch Hanau BB 1969, 760 [763]). Eine Haftung entfällt, wenn der Vorstand als sorgfältiger und gewissenhafter Geschäftsleiter gehandelt hat (§ 93 Abs. 2).

Anm. 11

3. Interessen der Aktionäre

Daß der Vorstand nicht nur die Unternehmensinteressen sondern auch die der Aktionäre zu wahren hat, folgt aus deren Funktion als Kapitalgeber, gleich ob es sich um Mehrheits- oder Minderheitsaktionäre handelt (s. BGH 15, 78).

Andererseits geht es zu weit, über die Konstruktion eines Unterschieds zwischen „Interessen des Unternehmens" und „Interessen der Gesellschaft", als der durch die Aktionäre repräsentierten Körperschaft, vom Vorstand *primär* die Förderung des Gesellschaftsinteresses zu verlangen und dieses mit dem Interesse der Aktionäre an bestmöglichen Erträgnissen zu identifizieren; so Leo, Die AG 1957, 152 (156f.). Ähnlich auch Neuhaus, S. 91f. Das Aktionärsinteresse, insbesondere soweit es allein auf Erträgnisse aus der Aktienbeteiligung gerichtet ist, oder soweit es sich als geschäftliches Interesse eines Großaktionärs darstellt, ist nur *ein* Aspekt, der allein, wie dargelegt, die dem Vorstand auferlegte Verantwortung für das Gesamtunternehmen der AG nicht umfaßt. Mit Recht weist Leo a. a. O., S. 154 m. w. N. im anderen Zusammenhang darauf hin, daß die aus dem Eigentumsbegriff des § 903 BGB fließenden Herrschaftsrechte ihre legitime Autorität aus der Übernahme des persönlichen Risikos des Eigentümers herleiten, daß aber dieser sachenrechtliche Eigentumsbegriff für die Begründung eines absoluten Herrschaftsanspruchs der Aktionäre nicht herangezogen werden kann. Der Aktionär ist weder Miteigentümer der AG (vgl. dazu die allgemeine Einleitung S. 12, 20) noch trägt er durch seine gesellschaftsrechtliche Beteiligung ein über seine Einlage hinausgehendes wirtschaftliches Risiko (vgl. § 1). Diese Beschränkung des Risikos findet ihre sachgerechte Ergänzung in der verantwortlichen Fremdverwaltung durch die Organe der AG, insbesondere den geschäftsführenden Vorstand.

Daß die Belange des Unternehmens mit denen der Aktionäre verknüpft sind, ergibt sich im übrigen aus der Abhängigkeit der AG vom Kapitalmarkt: Jede Erhöhung des Eigenkapitals der Gesellschaft (wie auch eine Fremdfinanzierung über die Börse) setzt eine die Aktionärsinteressen verständig in Betracht ziehende Geschäftspolitik voraus, die damit auch wieder dem Wohl des Unternehmens dient. Dabei erscheint es nicht angängig, zwischen dem Interesse von Gegenwartsaktionären und dem zukünftiger Aktionäre zu unterscheiden (so Godin-Wilhelmi Anm. 5; s. auch Henn MDR 1957, 392ff.). Der Bestand und die Entwicklung eines Unternehmens kann rechtlich nur zum Interesse der „gegenwärtigen" Aktionäre in Bezug gesetzt werden. Das mögliche

Interesse, im Wege der Kapitalerhöhung künftige Aktionäre heranzuziehen, kann im Einzelfall unter den erschwerten Bedingungen des § 186 Abs. 3 (Ausschluß des gesetzlichen Bezugsrechts) eine Zurücksetzung der Interessen der „Gegenwartsaktionäre" erforderlich machen, ist aber ohne entsprechenden Hauptversammlungsbeschluß undurchführbar. Und auch ein derartiger Beschluß unterläge der Anfechtung, wenn eine nicht vertretbare Zurückdrängung oder Schädigung der überstimmten Minderheit die Folge wären.

Soweit darüber hinaus die Interessen der Aktionäre als berechtigt und schützenswert anzusehen sind, individuell und im Rahmen der wirtschaftspolitischen Zielvorstellungen der verfassungsrechtlichen Ordnung, trägt ihnen das AktG 1965 in gebührendem Maße Rechnung. Auf die Sonderproblematik der Belegschaftsaktionäre (vgl. § 71 Abs. 1 Nr. 2) kann hier nur hingewiesen werden.

Anm. 12

4. Interessen der Arbeitnehmer

Wie das richtig verstandene Wohl des Unternehmens mit dem seiner Aktionäre verknüpft ist, so sind auch jedenfalls langfristig das *Wohl* des Unternehmens und das seiner *Arbeitnehmer* keine Gegensätze, sondern Ergänzungen. Arbeitskämpfe und sozialer Unfriede im Betrieb werden sich immer nachteilig für das Unternehmen und damit auch die Aktionäre auswirken. Die Erhaltung und Förderung des sozialen Friedens ist daher ein notwendiges Erfordernis jeder verantwortungsbewußten Geschäftsleitung. Als allgemeine politische Forderung ist sie im sozialen Rechtsstaat selbstverständlich (vgl. den Ausschußbericht bei Kropff, S. 98).

In weitem Umfang sind die sozialen Forderungen der Gegenwart durch die neuere Gesetzgebung verankert worden. Über die Betriebsräte ist den Arbeitnehmern in sozialen (§§ 56ff. BetrVG), personellen (§§ 60ff. BetrVG) und gewissen wirtschaftlichen Angelegenheiten (§ 67ff. insbesondere 72f. BetrVG) ein Mitbestimmungsrecht in der Geschäftsführung eingeräumt worden. Weiterhin muß regelmäßig ein Drittel der Mitglieder des Aufsichtsrats einer AG aus Arbeitnehmervertretern bestehen, wobei Ausnahmen nur für sogenannte Tendenzbetriebe und Familiengesellschaften bestehen (vgl. §§ 81, 76 Abs. 6 BetrVG), die insoweit freigestellt sind, und für die Unternehmen der Montan-Industrie und die Montan-Holding-Gesellschaften, die der qualifizierten Mitbestimmung unterliegen. Außer der hier gegebenen paritätischen Arbeitnehmerbeteiligung im Aufsichtsrat ist der *Arbeitsdirektor* zu nennen (§ 12 MitbestG, § 13 MitbestErgG), ein Amt, das geschaffen wurde, um die Interessen der Arbeitnehmer auch in den Vorständen der Montan-Gesellschaften möglichst nachhaltig vertreten zu können. Hingewiesen sei weiter auf das KündigungsschutzG vom 10. 8. 51 neu gefaßt vom 25. 8. 1969 (BGBl. I, 1317), das sozial ungerechtfertigten Kündigungen die Rechtswirksamkeit versagt und einen besonderen Kündigungsschutz für Betriebsratsmitglieder und bei Massenentlassungen schafft. Weitere Gesetze schützen den Arbeitsplatz bestimmter Gruppen und machen es den Verwaltungen zur Pflicht, unverschuldet in Not Geratene zu beschäftigen. Es seien beispielhaft erwähnt der Mutterschutz, das Verbot der Kinderarbeit, der Schutz der minderjährigen Arbeitnehmer und die Bestimmungen zugunsten der Opfer der nat.-soz. Verfolgung, der Spätheimkehrer und der Schwerbeschädigten. Gesetzliche Versicherungspflichten und die Anordnung zur Unfallverhütung sind hier weiter zu nennen, ferner die gesetzlichen Regelungen zur Vermögensbildung der Arbeitnehmer. Durch Tarifverträge und Betriebsvereinbarungen werden über das Gesetz hinaus zwischen den Sozialpartnern die Rechtsverhältnisse der Arbeitnehmer gestaltet; neben Regelungen über Lohn, Arbeitszeit und Urlaub finden sich hier häufig Vereinbarungen über zu gewährende Sozialleistungen.

Das Wohl des Unternehmens erfordert darüber hinaus angemessene *freiwillige* Sozialleistungen, wie sie heute auch allgemein und zum Teil in weitem Ausmaß üblich sind.

Für das *Ausmaß der sozialen Leistungen* im Interesse der Arbeitnehmer ist die Tragbarkeit für das Unternehmen maßgebend. Der Vorstand setzt den Umfang der freiwilligen

Aufwendungen zu sozialen Zwecken nach eigenem pflichtmäßigen Ermessen fest. Er kann auch Rücklagen für künftige soziale Leistungen (Wohlfahrtsfonds, Pensionsfonds, Vermögensbildung usw.) selbständig in den Jahresabschluß einstellen, sofern er ihn mit Billigung des Aufsichtsrats aufstellt und sich dabei im Rahmen der Satzung hält (§ 172). Wegen Zuwendungen an rechtsfähige Unterstützungseinrichtungen s. auch Kuhn WM 1966, 52.

IV. Zusammensetzung des Vorstands (Abs. 2)

Anm. 13

1. Zahl der Vorstandsmitglieder

Das AktG 1965 beläßt es dabei, daß der Vorstand grundsätzlich aus einer oder mehreren Personen bestehen kann. Die Zahl der Vorstandsmitglieder setzt die Satzung fest. Enthält die Satzung keine ausdrückliche Bestimmung oder wiederholt sie den Gesetzestext, so bestimmt der Aufsichtsrat die Zahl der Mitglieder (Baumbach-Hueck § 23 Rn. 14; Möhring-Tank I 197). Möglich ist auch eine Satzungsbestimmung die Mindest- oder Höchstzahlen festlegt.

Da der Gesetzgeber es als im Interesse der Aktionäre unerwünscht ansieht, daß nur eine Person die AG leitet, einmal wegen der Größe der Verantwortlichkeit, zum anderen wegen der eher möglichen Verhütung von Mißbräuchen bei einem sich gegenseitig überwachenden mehrköpfigen Vorstand (s. die amtliche Begründung, bei Kropff S. 97), wird in Abs. 2 Satz 2 bestimmt, daß bei Gesellschaften mit einem Grundkapital von mehr als 3 Millionen DM der Vorstand aus mindestens zwei Personen zu bestehen hat. Aber auch hier kann die Satzung, da es sich um eine Vorschrift im Interesse der Aktionäre handelt, bestimmen, daß der Vorstand aus nur einer Person besteht.

Nach Inkrafttreten des AktG 1965 war es zunächst streitig geworden, ob angesichts dieser Sonderregelung für größere Gesellschaften bei solchen noch die sehr häufig anzutreffende Satzungsbestimmung zulässig sei, daß der Vorstand aus einer oder mehreren Personen besteht (vgl. etwa Barz, DieAG 1966, 39, 41). Heute wird die Zulässigkeit einer solchen Satzungsregelung allgemein bejaht; s. schon Möhring NJW 1966, 5; Godin-Wilhelmi Anm. 10; Baumbach-Hueck Rn. 10 und § 23 Rn. 14; Möhring-Schwartz, Rowedder-Haberlandt S. 85; Möhring-Tank I 196 und die amtliche Begründung zum G zur Durchführung der Ersten Richtlinie des Rates der EWG zur Koordinierung des Gesellschaftsrechts BTDrucks. V/3862 zu Art. 2 Nr. 1. Dieses Gesetz (v. 15. 8. 1969, BGBl. I, 1146) hat § 23 im Hinblick auf die Regelung in § 76 Abs. 2 und die anerkannte Zulässigkeit einer dem Gesetzeswortlaut in Abs. 2 Satz 1 entsprechenden Satzungsbestimmung derart geändert, daß die Vorschrift, wonach die Satzung die Zusammensetzung des Vorstands bestimmen muß (§ 23 Abs. 3 Nr. 5 a. F.) ersatzlos gestrichen ist (s. auch § 23 Anm. 1).

Hat der Vorstand einer AG aus mindestens zwei Personen zu bestehen, dann genügt auch die Bestellung eines stellvertretenden Vorstandsmitglieds dem gesetzlichen Erfordernis (§ 94; wie hier auch Bürger DB 1966, 101; Möhring-Schwartz, Rowedder-Haberlandt S. 87; Godin-Wilhelmi Anm. 10).

Ist der Vorstand nicht ordnungsgemäß besetzt, hat also eine AG mit einem Grundkapital von mehr als 3 Millionen DM nur ein Vorstandsmitglied, obgleich die Satzung entsprechend der gesetzlichen Regelung einen mehrköpfigen Vorstand vorschreibt, so ist sie nicht handlungsfähig (vgl. im einzelnen Anm. 5). Eine Strafvorschrift zur Erzwingung der Vervollständigung des Vorstands durch den Aufsichtsrat gibt es nicht; es kommt also nur gerichtliche Notbestellung (§ 85) oder gegebenenfalls eine Bestellung durch das Prozeßgericht (§ 57 ZPO) in Betracht. Schon im Hinblick auf diese Rechtsfolgen wird es ratsam sein, auch bei den größeren Gesellschaften es bei der üblichen Satzungsbestimmung, daß der Vorstand aus einer oder mehreren Personen bestehen kann, zu belassen und den Aufsichtsrat zu ermächtigen, jeweils die Zahl der Vorstandsmitglieder zu bestimmen (Möhring-Tank I 196; Möhring-Schwartz, Rowedder-Haberlandt S. 84ff.

Anm. 14

2. Arbeitsdirektor (Abs. 2 Satz 2)

Die einschlägigen gesetzlichen Bestimmungen lauten:

MitbestG § 13 (1) Als gleichberechtigtes Mitglied des zur gesetzlichen Vertretung berufenen Organs wird ein Arbeitsdirektor bestellt. Der Arbeitsdirektor kann nicht gegen die Stimmen der Mehrheit der nach § 6 gewählten Aufsichtsratsmitglieder bestellt werden. Das gleiche gilt für den Widerruf der Bestellung.

(2) Der Arbeitsdirektor hat wie die übrigen Mitglieder des zur gesetzlichen Vertretung berufenen Organs seine Aufgaben im engsten Einvernehmen mit dem Gesamtorgan auszuüben. Das Nähere bestimmt die Geschäftsordnung.

MitbestErgG § 13 Für die Bestellung der Mitglieder des zur gesetzlichen Vertretung berufenen Organs und für den Widerruf ihrer Bestellung gelten § 75 (jetzt 84) des Aktiengesetzes und § 13 Abs. 1 Satz 1 des Mitbestimmungsgesetzes. § 13 Abs. 2 des Mitbestimmungsgesetzes findet Anwendung.

Daß die Vorschriften der Mitbestimmungsgesetze als Spezialnormen, wie nach bisherigen Recht, unberührt bleiben, dient lediglich der Klarstellung (Baumbach-Hueck Rn. 4). Schon bisher war es einhellige Meinung, daß in mitbestimmten AGs der Vorstand aus mindestens zwei Personen bestehen muß um dem Erfordernis, ein gleichberechtigtes Vorstandsmitglied als Arbeitsdirektor zu bestellen, zu genügen (vgl. die Vorauflage Anm. 13; ferner Boldt MitbestG § 13 Anm. 2 (a) und § 12 Anm. 4 (d); Möhring-Tank, I 194; Müller-Lehmann MitbestG § 13 Anm. 7; Godin-Wilhelmi Anm. 11; Baumbach-Hueck Rn 10). Ebensowenig wäre es zulässig, in einer mitbestimmten AG nur einen Arbeitsdirektor als Vorstand zu bestellen (s. die amtliche Begründung, bei Kropff S. 97).

Zum Geschäftsführungsbereich des Arbeitsdirektors s. § 77 Anm. 3 am Ende.

Über das bei Bestellung des Arbeitsdriektors gemäß § 13 MitbestG zu beachtende Verfahren vgl. § 84 Anm. 3.

Zur Frage, ob schon im Gründungssstadium ein Arbeitsdirektor bestellt werden muß, s. § 31 Anm. 4.

Über die Bedeutung der paritätischen Mitbestimmung — und den insofern sich abzeichnenden Funktionswandel des Vorstands — für das kollektive Arbeitsrecht s. Hanau BB 1969, 760ff. Vgl. hier auch die Ergebnisse der Anhörung der Sachverständigenkommission „Mitbestimmung im Unternehmen" (BTDrucksache VI/334, S. 93ff.) zur Frage des Verhältnisses der paritätischen Mitbestimmung zum Tarifvertragsrecht.

Anm. 15

V. Persönliche Voraussetzungen (Abs. 3)

1. Geschäftsfähigkeit

§ 75 Abs. 1 Satz 2 AktG 1937 bestimmte, daß eine juristische Person nicht zum Vorstandsmitglied einer AG bestellt werden kann (wohl aber auch noch nach geltendem Recht zum Abwickler, § 265 Abs. 2 Satz 2). Jetzt heißt es in Abs. 3 positiv, daß Vorstandsmitglied nur eine natürliche, unbeschränkt geschäftsfähige Person sein kann. Weitere Erfordernisse stellt das Gesetz nicht auf (vgl. aber auch Anm. 16). Die früher streitige Frage, ob auch beschränkt Geschäftsfähige zu Mitgliedern des Vorstands bestellt werden können, ist vom Gesetz im Sinne der auch in der Vorauflage (§ 75 Anm. 5) vertretenen Meinung entschieden, in dem unbeschränkte Geschäftsfähigkeit verlangt wird. Nicht Geschäftsfähige und beschränkt Geschäftsfähige können ebensowenig Vorstandsmitglieder werden wie juristische Personen; das gleiche gilt auch für Personengesellschaften als solche, wie BGB-Gesellschaften, OHG, KG oder etwa ein Nachlaß vertreten durch den Testamentsvollstrecker (wie hier Baumbach-Hueck, Rn. 9; Möhring-Schwartz, Rowedder-Haberlandt S. 68). Es ist aber für zulässig erachtet worden, daß eine KG persönlich haftender Gesellschafter einer KGaA wird (§ 278ff.; s. OLG Hamburg DieAG 1967, 259ff.).

Ferner können Aufsichtsratsmitglieder nicht gleichzeitig dem Vorstand angehören (§ 105 Abs. 1). Ausnahmsweise können aber Mitglieder des Aufsichtsrats für höchstens ein Jahr als Stellvertreter für ein fehlendes oder behindertes Vorstandsmitglied in den Vorstand delegiert werden (§ 105 Abs. 2).

Beamte bedürfen zum Eintritt in den Vorstand oder Aufsichtsrat einer AG der Genehmigung, die unter besonderen Umständen zu erteilen ist (vgl. u. a. § 65 Abs. 1 Ziff. 3 BundesbeamtenG). Das Fehlen der Genehmigung beeinträchtigt aber die Wirksamkeit der Bestellung nicht. Der Bundespräsident und die Mitglieder der Bundesregierung dürfen kraft Verfassungsrechts nicht zu Vorstandsmitgliedern bestellt werden, Art. 55 Abs. 2 und Art. 66 GG. Ähnliche Bestimmungen enthalten die Verfassungen der meisten Bundesländer (vgl. Art. 53 Abs. 2 Baden-Würtemberg; Art. 57 Bayern; Art. 113 Bremen; Art. 39 Hamburg; Art. 25 Abs. 2 Niedersachsen; Art. 64 Abs. 3 Nordrhein-Westfalen; Art. 29 Schleswig-Holstein).

Vorstandsmitglied darf nicht sein, wer bereits Vorstand einer AG, Geschäftsführer einer GmbH oder persönlich haftender Gesellschafter einer OHG oder KG ist, § 88 Abs. 1 Satz 2; diese Vorschrift soll die Arbeitskraft des Vorstandsmitglieds für die AG sicherstellen. Mit Einwilligung des Aufsichtsrats kann auf ihre Einhaltung genau so wie auf die der anderen Wettbewerbsverbote des § 88 verzichtet werden. Im Konzern ist eine Ämterhäufung bei Vorstandsmitgliedern in dem Sinne, daß Mitglieder des Vorstands des herrschenden Unternehmens auch den Vorständen beherrschter Unternehmen angehören, häufig anzutreffen (Würdinger § 21 III 2). Demgegenüber sind sogenannte Überkreuzungsverflechtungen bei Mitgliedern des Aufsichtsrats nicht zulässig (§ 100 Abs. 2 Ziff. 2 und 3).

Nicht gefordert wird, daß die Vorstandsmitglieder Inhaber von Aktien sind, inländischen Wohnsitz haben oder wenigstens einige die deutsche Staatsangehörigkeit haben; nicht ausgeschlossen sind auch Personen, die etwa wegen Vermögensdelikten vorbestraft oder in Konkurs gefallen sind.

Anm. 16

2. Weitere Erfordernisse

Die Satzung kann aber beliebige *weitere Erfordernisse* vorsehen, wie eine bestimmte Staatsangehörigkeit, inländischen Wohnsitz oder Wohnsitz am Ort der Geschäftsleitung, männliches Geschlecht, Familienzugehörigkeit, bestimmtes Mindest- oder Höchstalter, Aktionärseigenschaft und dergleichen. Die Grenze der Gestaltungsfreiheit der Satzung liegt einmal bei der allgemeinen Sittenwidrigkeit und zum anderen bei dem nicht entziehbaren Recht des Aufsichtsrats, den Vorstand zu bestellen; der Kreis der bestellbaren Personen darf daher nicht so eng gezogen werden, daß dem Aufsichtsrat jede Auswahlmöglichkeit genommen ist (Möhring-Schwartz, Rowedder-Haberlandt S. 68).

Anm. 17

3. Rechtsfolgen

Ein Verstoß gegen die gesetzlich geforderten Voraussetzungen macht die Vorstandsbestellung nichtig. Bei nachträglichem Eintritt einer Beschränkung oder des Wegfalls der unbeschränkten Geschäftsfähigkeit tritt die Nichtigkeit der Bestellung mit dem Eintritt des Verlusts der unbeschränkten Geschäftsfähigkeit ein. Ein Dritter, mit dem dieses Vorstandsmitglied im Namen der AG ein Rechtsgeschäft vorgenommen hat, kann sich auch nicht auf den Grundsatz berufen, daß die AG gutgläubigen Dritten gegenüber als Vorstand gegen sich gelten lassen muß, wen sie als solchen hat nach außen auftreten lassen.

Der Grundsatz über die Wirkung des äußeren Auftretens im kaufmännischen Verkehr kann keine Wirkungen haben, die nicht durch Rechtsgeschäft herbeigeführt werden könnten; er findet daher an der gesetzlichen Unfähigkeit, zum Vorstandsmitglied bestellt zu werden, eine Grenze. Daher versagt er auch bei nachträglichem Wegfall der

Geschäftsfähigkeit eines Vorstandsmitglieds § 15 HGB (vgl. BGH WM 1970, 478 = DB 1970, 677; abw. Schlegelberger-Quassowski § 75 AktG 1937 Anm. 4).

Ein Verstoß gegen das Wettbewerbsverbot des § 88 führt dagegen nur zu Schadensersatzverpflichtungen und gibt gegebenenfalls dem Aufsichtsrat das Recht, die Vorstandsbestellung zu widerrufen. Auch ein Verstoß gegen satzungsmäßige Erfordernisse führt nicht zu einer Nichtigkeit der Bestellung (so heute die h. L.: Baumbach-Hueck Rn. 9; Godin-Wilhelmi Anm. 8; Möhring-Schwartz, Rowedder-Haberlandt S. 69; Würdinger § 21 III 2; Dose S. 22, 30). Andererseits verpflichtet und berechtigt regelmäßig ein Verstoß gegen die satzungsmäßigen Voraussetzungen den Aufsichtsrat zum Widerruf der Bestellung. Das gilt auch, wenn durch die Satzung geforderte persönliche Eigenschaften nachträglich wegfallen. Ob auch ein wichtiger Grund zur fristlosen Kündigung des Anstellungsvertrages gegeben ist, hängt von den Umständen des Einzelfalles ab; (a. A. Baumbach-Hueck-Rn. 9, die offenbar grundsätzlich einen wichtigen Grund auch zur fristlosen Kündigung des Anstellungsvertrages annehmen).

Anm. 18

VI. Außerordentlicher Vertreter

Um den aus der Spaltung Deutschlands sich ergebenden Schwierigkeiten zu begegnen, wurde für das im Gebiet der Bundesrepublik befindliche Teilvermögen im Osten enteigneter oder nicht handlungsfähiger Gesellschaften die Möglichkeit geschaffen, außerordentliche Vertreter zu bestellen.

Gesellschaften, die ihren Sitz in Deutschland, aber außerhalb des Geltungsbereichs des DMBilG hatten, waren verpflichtet, für ihre westlichen Zweigniederlassungen einen oder mehrere *„ständige Vertreter“* zu bestellen, sofern nicht im Währungsgebiet West eine ausreichende gesetzliche Vertretung vorhanden war, § 2 Abs. 2 DMBilG. Der „ständige Vertreter“ hatte die Befugnis der gesetzlichen Vertreter der Gesellschaft, vertrat also insoweit nach außen das Westvermögen im Rahmen der vorhandenen oder zu errichtenden Zweigniederlassung. Durch die Bestellung eines derartigen Vertreters wurde jedoch die Geschäftsführungsbefugnis eines nicht im Währungsgebiet West wohnhaften Vorstands nicht berührt, ebensowenig konnten die durch Satzung oder Gesetz bestehenden Regelungen der Vertretungs- und Geschäftsführungsbefugnis außer Kraft gesetzt werden, vgl. Schmölder-Gessler-Merkel, Komm. z. DMBilG, § 2 Anm. 25; Teichmann-Köhler, § 70 Anm. 6. Sah also die Satzung Kollektivvertretung vor, so mußten auch eine entsprechende Anzahl „ständiger Vertreter“ bestellt werden. Der „ständige Vertreter“ hat Anspruch auf Ersatz seiner Auslagen und auf angemessene Vergütung. Er konnte gegebenenfalls auch durch das Gericht bestellt werden, vgl. § 2 Abs. 4 und 5 DMBilG. Eine Sonderregelung für Geldinstitute mit dem Sitz in den Ostgebieten war durch § 9 der 35. DVO z. UG geschaffen: für die Verwaltung der im Währungsgebiet West vorhandenen Vermögenswerte bestellte die Bundesbank *Treuhänder*, welche gerichtlich und außergerichtlich das Westvermögen vertreten und hinsichtlich ihrer Geschäftsführung der Aufsicht der Bundesbank unterliegen.

Schließlich konnnte, unabhängig von den genannten Bestimmungen, die vornehmlich aus währungsrechtlichen Erwägungen geschaffen wurden, und in Abweichung von den allgemeinen Regeln des bürgerlichen Rechts, für AG mit dem Sitz in den Gebieten, in denen die deutsche Gerichtsbarkeit nicht mehr ausgeübt wird, Abwesenheitspfleger bestellt werden, „wenn die Verbindung mit ... den zur Vertretung berechtigten Personen der juristischen Person ... unterbrochen oder in einer Weise erschwert ist, daß die Vermögensangelegenheiten... nicht ordnungsgemäß besorgt werden können,“ § 10 ZustErgG v. 7. 8. 1952 (BGBl. I 407).

Außer den hier erwähnten außergewöhnlichen Vertretern, die anstelle weggefallener oder nicht erreichbarer Vorstandsmitglieder eingesetzt werden können, besteht noch die Möglichkeit, neben dem Vorstand für gewisse Geschäfte in entsprechender Anwendung von § 30 BGB *„besondere Vertreter“* zu bestellen (§ 1 Anm. 3). Die Bestellung solcher Vertreter kann die Satzung vorschreiben; sie sind damit zwar Organe der AG und unterliegen somit der strengen Haftung des § 31 BGB, jedoch sind sie nicht gesetzliche Vertreter der AG und sind der Weisungsbefugnis des Vorstands unterworfen (Godin-Wilhelmi Anm. 13). Im Einzelnen vgl. auch Frels DieAG 1958, 79ff.

Zur Geltendmachung von Ersatzansprüchen aus der Gründung gegen die nach den §§ 46 bis 48, 53 Verpflichteten oder aus der Geschäftsführung gegen Mitglieder des Aufsichtsrats und des Vorstands oder aus § 117 kann die Hauptversammlung *besondere Vertreter* bestellen (§ 147 Abs. 3).

§ 77 Geschäftsführung

(1) Besteht der Vorstand aus mehreren Personen, so sind sämtliche Vorstandsmitglieder nur gemeinschaftlich zur Geschäftsführung befugt. Die Satzung oder die Geschäftsordnung des Vorstands kann Abweichendes bestimmen; es kann jedoch nicht bestimmt werden, daß ein oder mehrere Vorstandsmitglieder Meinungsverschiedenheiten im Vorstand gegen die Mehrheit seiner Mitglieder entscheiden.

(2) Der Vorstand kann sich eine Geschäftsordnung geben, wenn nicht die Satzung den Erlaß der Geschäftsordnung dem Aufsichtsrat übertragen hat oder der Aufsichtsrat eine Geschäftsordnung für den Vorstand erläßt. Die Satzung kann Einzelfragen der Geschäftsordnung bindend regeln. Beschlüsse des Vorstands über die Geschäftsordnung müssen einstimmig gefaßt werden.

Übersicht

Einleitung

Wie schon das AktG 1937 übernimmt auch AktG 1965 die scharfe Trennung zwischen der nach außen wirkenden Vertretungsbefugnis und der im Innenverhältnis geltenden Geschäftsführungsbefugnis des Vorstands (vgl. § 76 Anm. 3 und 4). Wie aber die Geschäftsführungsbefugnis in einem mehrköpfigen Vorstand ausgeübt wird, bestimmte das AktG 1937 nicht, überließ es vielmehr der Satzung oder der vom Aufsichtsrat oder vom Vorstand selbst erlassenen Geschäftsordnung, die erforderlichen Regelungen zu treffen. Nur in § 70 Abs. 2 Satz 2 AktG 1937 war bestimmt, daß ein Vorstandsvorsitzender, falls die Satzung schweigt, bei Meinungsverschiedenheiten im Vorstand die Alleinentscheidungsbefugnis habe. Diese gesetzliche Verankerung der Stellung eines „Generaldirektors", die schon vor dem Inkrafttreten des AktG 1937 als satzungsmäßige Regelung anzutreffen war (vgl. § 70 Anm. 20 der Voraufl.), ist nunmehr unzulässig. Die Gesetzesänderung entspricht einem von allen Seiten einmütig vorgetragenen Reformwunsch (vgl. auch die Einleitung zu § 76 und die Voraufl. a. a. O.).

Das Gesetz regelt jetzt ferner die früher streitige Frage, ob grundsätzlich bei einem mehrgliedrigen Vorstand die Geschäftsführung nur gemeinschaftlich ausgeübt werden kann oder ob Stimmenmehrheit entscheidet oder gar Alleingeschäftsführungsbefugnis gegeben ist, im Sinne der auch in der Vorauflage (§ 70 Anm. 15) vertretenen Gesamtgeschäftsführung.

§ 77 stellt schließlich in Abs. 2 Regeln über den Erlaß einer Geschäftsordnung für den Vorstand auf. Früher erwähnte lediglich § 13 Abs. 2 MitbestG das an sich bei größeren Gesellschaften in der Praxis ganz allgemein übliche und auch aus sachlichen Gründen notwendige Vorhandensein einer Geschäftsordnung.

Anm. 1

I. Geschäftsführung (Abs. 1)

Die Leitungsbefugnis des Vorstands (§ 76 Anm. 2) umfaßt die Führung der Geschäfte und die Vertetung der AG (vgl. § 76 Anm. 3 und 4). Während die Vertretungsbefugnis des Vorstands aber nicht beschränkt werden kann (§ 82 Abs. 1), sind die Vorstandsmitglieder gegenüber der Gesellschaft verpflichtet, die Geschäftsführungsbeschränkungen, die ihnen im Rahmen des Gesetzes durch die Satzung, den Aufsichtsrat, die Hauptversammlung und eine Geschäftsordnung auferlegt werden, einzuhalten (§ 82 Abs. 2).

Unzulässig ist es aber, ein Vorstandsmitglied, auch ein stellvertretendes, von der Geschäftsführung ganz auszuschließen (wie hier auch Baumbach-Hueck Rn. 4; Würdinger § 21 IV 3e). Nicht notwendig ist es dagegen, daß Vertretungs- und Geschäftsführungsbefugnis zusammenfällt, wenn ein mehrgliedriger Vorstand vorhanden ist (vgl. Möhring-Tank I 229). Es kann Gesamtvertretungsbefugnis aller Vorstandsmitglieder oder Kollektivvertretung mehrerer Vorstandsmitglieder (§ 78 Abs. 2 und 3) neben der Geschäftsführungsbefugnis jedes einzelnen Vorstandsmitglieds oder Einzelvertretung neben Kollektivgeschäftsführung vorgesehen sein.

Im Konzernwesen ist die Geschäftsführungsbefugnis durch die Leitungsmacht der herrschenden Gesellschaft bei Bestehen eines Beherrschungsvertrages oder bei Eingliederung zwar eingeschränkt (vgl. §§ 308 Abs. 2, 323), ohne das aber grundsätzlich die Regelung des § 77 außer Kraft gesetzt wäre (vgl. auch § 76 Anm. 2 am Ende).

Anm. 2

1. Gesamtgeschäftsführung

Entsprechend der Regelung für die Vertretungsbefugnis in § 78 Abs. 2 S. 1 sieht das Gesetz auch für die Geschäftsführungsbefugnis grundsätzlich Gesamtgeschäftsführung vor. D. h. daß Vorstandsbeschlüsse einstimmig zustande kommen müssen oder anders gesagt, daß jedem Mitglied ein Vetorecht zusteht (so auch die amtliche Begründung, bei Kropff S. 99; Godin-Wilhelmi Anm. 2). Das Gesetz folgt damit der auch bisher schon zum AktG 1937 h. L. (vgl. die Voraufl. § 70 Anm. 15) und der bewährten Regelung in den §§ 114, 161 Abs. 2 und 164 HGB für die Personalgesellschaften des Handelsrechts. Soweit — insbesondere bei größeren Gesellschaften — die gesetzliche Regelung zu schwerfällig oder sonst nicht zweckmäßig scheint, kann durch die Satzung oder durch eine gemäß Abs. 2 zu erlassende Geschäftsordnung eine vom Gesetz abweichende Regelung getroffen werden. Bei Beschlußfassung über die Geschäftsordnung, soweit sie vom Vorstand erlassen ist, bleibt es aber kraft Gesetzes beim Grundsatz der Kollektivgeschäftsführung (Abs. 2 S. 3). Das gilt auch für Änderungen (vgl. im übrigen Anm. 9).

Bestimmte Aufgaben und Handlungen des Vorstandes sind immer vom Gesamtvorstand zu verantworten. Es sind dieses die sogenannten *Mindestzuständigkeiten*, die weder durch die Satzung noch durch eine Anordnung des Aufsichtsrats dem Vorstand als solchem entzogen werden können und die somit auch bei Bestehen einer Geschäftsverteilung (dazu Anm. 3) der Beschlußfassung durch den Gesamtvorstand unterliegen. (vgl. zusammenfassend Frels ZHR 122, 8 [24ff.]). Zunächst ist hier das Recht und die Pflicht zur Leitung der Gesellschaft zu nennen (§ 76 Abs. 1). Die eigenverantwortliche Leitungsbefugnis kann auf kein anderes Organ übertragen oder sonstwie beschränkt werden (vgl. im einzelnen § 76 Anm. 6). Ebenso obliegt die Sorge für die Buchführung (§ 91) dem Gesamtvorstand, selbst wenn ein Mitglied nach der Geschäftsverteilung zuständig ist (im einzelnen Anm. 2 und 3 zu § 91). Die Aufstellung des

Jahresabschlusses (vgl. § 91 Anm. 4 und § 184 Anm. 3) und die Abfassung des Geschäftsberichts (§§ 160, 334) sowie des Abhängigkeitsberichts (§ 312) gehören gleichfalls zu den gesetzlichen Pflichten des gesamten Vorstands. Auch die Vorstandspflichten bei Verlust, Überschuldung oder Zahlungsunfähigkeit (§ 92) obliegen allen Mitgliedern. Gleiches gilt für die Berichterstattungspflicht an den Aufsichtsrat (§ 90) sowie die Pflicht zur Vorbereitung und Ausführung von Hauptversammlungsbeschlüssen (§ 83). Auch alle öffentlich-rechtlichen Pflichten und Aufgaben (vgl. § 76 Anm. 9) gehören hierher, soweit sie das Gesamtunternehmen der AG betreffen. Jedes einzelne Vorstandsmitglied ist darüber hinaus verpflichtet, etwaige Bedenken gegen Geschäftsführungsmaßnahmen sowie Pflichtverletzungen oder Versagen von anderen Vorstandsmitgliedern dem Aufsichtsrat (oder dessen Vorsitzenden) vorzutragen (BGH 15, 78).

Eine gesetzliche Ausnahme vom Grundsatz der Gesamtgeschäftsführung findet sich in § 121 Abs. 1 S. 2: über die Einberufung der Hauptversammlung beschließt der Vorstand immer mit einfacher Mehrheit.

Anm. 3

2. Abweichende Regelungen

Das Gesetz läßt Abweichungen vom Prinzip der Gesamtgeschäftsführung durch die Satzung oder die Geschäftsordnung zu.

a) Es kann also bestimmt werden, daß der Vorstand grundsätzlich oder in bestimmten Fällen durch Mehrheitsbeschluß entscheidet. Es sind auch alle Arten von qualifizierten Mehrheiten zulässig, etwa für bestimmte Geschäfte oder Maßnahmen, und es kann natürlich auch für bestimmte Fälle Einstimmigkeit verlangt werden. Entsprechend kann auch vorgesehen werden, ein Widerspruchsrecht einzelner oder bestimmter Vorstandsmitglieder oder von Minderheitsgruppen im Vorstand (siehe auch Anm. 4).

b) Daneben ist als eine abweichende Regelung von der Gesamtgeschäftsführung üblicherweise die Geschäftsverteilung unter den einzelnen Mitgliedern des Vorstandes geregelt. Das beginnt mit einer Teilung der Zuständigkeiten in kaufmännische und technische Leitung bis hin zu höchst differenzierten Aufgliederungen der einzelnen Arbeitsgebiete und Geschäftsbereiche. In Unternehmen mit heterogenen Fertigungszweigen stellen sich naturgemäß andere Probleme als bei solchen mit übersichtlicher oder gar uniformer Produktion. Die in der US-amerikanischen Gesellschaftspraxis oft anzutreffende sehr weitgehende selbstverantwortliche Kompetenz einzelner Mitglieder des Board of Directors in der Leitung sogenannter Divisions wird neuerdings auch in der Bundesrepublik praktiziert. Daneben sind Geschäftsverteilungen nach örtlichen Gesichtspunkten möglich und insbesondere bei überregionalen durch zahlreiche Filialen tätigen Unternehmen des Handels und des Dienstleistungsgwerbes sowie bei Banken und Versicherungsgesellschaften anzutreffen.

Für die Vertretungsbefugnis gilt das alles nicht (§ 82 Abs. 1).

c) Das Gesetz legt allein im Bereich der Montan-Industrie (§ 13 Abs. 2 MitbestG; vgl. § 76 Anm. 14) fest, daß der als gleichberechtigtes Vorstandsmitglied zu bestellende Arbeitsdirektor seine Aufgaben im „engsten Einvernehmen" mit dem Gesamtvorstand auszuüben habe und daß das Nähere die Geschäftsordnung bestimme. Trotz gewisser unterschiedlicher Auffassungen scheint in der Praxis Einigkeit über den Umfang des Aufgabenbereichs des Arbeitsdirektors zu bestehen (Würdinger § 21 IV 3e; Spieker BB 1968, 1089 jeweils m. w. N.). Man rechnet zu den unentziehbaren Zuständigkeiten die die Arbeitnehmer betreffenden Fragen, insbesondere Lohn- und Gehaltspolitik, Einstellungen und Entlassungen, Arbeitsschutz, Sozial- und Altersfürsorge einschließlich Pensionsfragen, Gesundheitswesen sowie Berufs- und Weiterbildung.

Nachweise über die Literatur zur Institution des Arbeitsdirektors s. bei Hueck-Nipperdey, Lehrbuch des Arbeitsrechts, 7. Aufl. Bd. II/2, S. 1536.

d) Nicht zulässig ist es, Meinungsverschiedenheiten im Vorstand durch den Aufsichtsrat oder einen Ausschuß des Aufsichtsrats entscheiden zu lassen. Durch eine derartige Bestimmung in der Satzung oder der Geschäftsordnung für den Vorstand wäre § 111 Abs. 4 verletzt, der die Übertragung von Maßnahmen der Geschäftsführung auf den Aufsichtsrat verbietet. Das hindert jedoch nicht, daß der Aufsichtsrat bei Meinungsverschiedenheiten im Vorstand schlichtend eingreift. Das ergibt sich schon aus seiner Überwachungsfunktion.

e) Besteht *Mehrheitsprinzip* für Entscheidungen des Vorstands, es ist in der Praxis mehrgliedriger Vorstände wohl die Regel, so hat sich das übereinstimmende Mitglied der Mehrheit zu beugen. Jedoch kann eine Ersatzpflicht bei die Gesellschaft schädigenden Beschlüssen entfallen, wenn das widersprechende Vorstandsmitglied den von ihm abgelehnten Beschluß im übrigen sorgfältig und gewissenhaft ausgeführt hat (im einzelnen s. § 93 Anm. 22). Weigert sich ein Vorstandsmitglied, ordnungsgemäß zustande gekommene Beschlüsse des Gesamtvorstands auszuführen, so ist das ein Abberufungsgrund (vgl. § 84 Anm. 31 und Godin-Wilhelmi Anm. 6). Meint andererseits ein überstimmtes Vorstandsmitglied, die beschlossenen Maßnahmen nicht mitverantworten zu können, so muß es sein Amt niederlegen (im einzelnen § 84 Anm. 37ff.).

f) Eine *Geschäftsverteilung*, die den einzelnen Vorstandsmitgliedern besondere Arbeitsgebiete zuweist, gibt jedem Mitglied für sein Gebiet die alleinige Geschäftsführungsbefugnis und schließt damit die einzelnen Mitglieder von der selbständigen Geschäftsführung auf dem Gebiet des anderen aus (vgl. Frels ZHR 122,8 [27ff.]; Spieker DB 60, 927f.). Die Vorstandsmitglieder sind damit aber nicht von jeder Verantwortung für die ihnen fremden Arbeitsgebiete frei. Es trifft sie, sofern sie selbst die Geschäftsverteilung vorgenommen haben (dazu Anm. 9), die Haftung für ordentliche Auswahl und in jedem Fall die Haftung für gegenseitige Überwachung. Jedes Vorstandsmitglied behält daher für die fremden Arbeitsgebiete ein *Widerspruchsrecht* gegen Handlungen der dort zuständigen Vorstandsmitglieder. Es kann eine Entscheidung des Gesamtvorstands anrufen oder die Abberufung eines pflichtwidrig handelnden durch den Aufsichtsrat anregen. Es ist hierzu auch verpflichtet (BGH 15, 78; vgl. auch Godin-Wilhelmi, Anm. 6). Der Aufsichtsrat, der nur mittelbar über § 111 Abs. 4 und § 82 Abs. 2 in die Geschäftsführung eingreifen kann, ist nicht befugt, durch eine Geschäftsverteilung innerhalb des Vorstands oder durch die Anstellungsverträge mit den einzelnen Vorstandsmitgliedern diese etwa zu Vorstandsmitgliedern minderen Rechts zu machen. Das Recht und die Pflicht der Vorstandsmitglieder zur Geschäftsführung der AG ist grundsätzlich unteilbar (s. auch Würdinger § 21 IVe), und jede Beschränkung eines Vorstandsmitglieds durch Anstellungsvertrag, Anordnung des Aufsichtsrats, der Hauptversammlung oder der Satzung (gem. § 82 Abs. 2) enthebt ihn nicht der Mitverantwortung für die ihm entzogenen Arbeitsgebiete, genausowenig, wie im Falle der vom Vorstand vorgenommenen Geschäftsverteilung, vgl. wegen der Haftung, Anm. 21 zu § 93 sowie im einzelnen wegen der sog. Mindestzuständigkeiten, Anm. 2.

Anm. 4

3. Verbot des Alleinentscheidungsrechts

Das Gesetz läßt auch heute noch die Bestellung eines Vorsitzenden des Vorstands zu, wenn ein mehrköpfiger Vorstand bestellt wird (§ 84 Abs. 2; im einzelnen s. § 84 Anm. 60). Nicht zulässig ist aber eine Regelung der Satzung oder der Geschäftsordnung, wonach ein Mitglied oder auch eine Minderheit im Vorstand bei Meinungsverschiedenheiten entscheiden kann. Damit ist das gemäß § 70 AktG 1937 zulässig gewesene Alleinentscheidungsrecht des Vorstandsvorsitzenden abgeschafft. Es verstößt nicht nur gegen das Kollegialitätsprinzip, sondern auch das Recht und die Pflicht eines jeden Vorstandsmitgliedes zur eigenverantwortlichen Leitung der AG (§ 76 Abs. 1). Die amtliche Begründung (bei Kropff S. 99) weist auch auf die Gefahr hin, daß das Alleinentscheidungsrecht zu vorschnellen und nicht gründlich durchdiskutierten Entscheidungen verführen kann. In AGs, die den MitbestG unterliegen, wurde die Bestellung eines Vorstandsvorsitzenden mit Alleinentscheidungsbefugnis schon unter dem AktG 1937 als unzulässig angesehen (vgl. die Voraufl. § 70 Anm. 19).

Die Bestellung eines Vorsitzenden des Vorstands obliegt, wenn die Satzung schweigt, dem Gesamtaufsichtsrat (§ 107 Abs. 3). Der Vorstand selbst kann keinen Vorsitzenden aus seiner Mitte ernennen (§ 84 Abs. 2; vgl. Möhring-Schwarz, Rohwedder-Haberlandt, S. 88); es kann aber ein Mitglied zum *Sprecher des Vorstands* gewählt werden (s. auch Anm. 6). Ein nicht vom Aufsichtsrat bestellter Vorsitzender ist nicht Vorsitzender im Sinne des Aktienrechts (Dose, S. 31 ff.). Es besteht auch kein Erfordernis, weder für die Satzung noch für den Aufsichtsrat, die Bestellung eines Vorsitzenden vorzusehen bzw. durchzuführen. Ist ein Vorsitzender bestellt, so kann in der Satzung oder in der Geschäftsordnung bestimmt werden, daß seine Stimme bei Stimmengleichheit den Ausschlag gibt (Stichentscheid), so die h. L., siehe etwa die amtliche Begründung, bei Kropff, S. 99; Godin-Wilhelmi Anm. 4; Baumbach-Hueck Rn. 7. Ein Stichentscheid des Vorsitzenden kann aber in einem zweigliedrigen Vorstand nicht vorgesehen werden; denn dann würde bei Meinungsverschiedenheiten ein Mitglied immer entscheiden.

Vorgesehen werden kann aber, daß dem Vorsitzenden gegen Vorstandsbeschlüsse ein *Widerspruchsrecht* zusteht. Das entspricht der Rechtslage bei Gesamtgeschäftsführung insoweit, als ohne abweichende Regelung jedes Vorstandsmitglied ein Widerspruchsrecht hat (vgl. Anm. 3). Es ist nicht einzusehen, weshalb der Grundsatz der Gesamtgeschäftsführung nicht durch Satzung oder Geschäftsordnung auch derart modifiziert werden kann, daß einem einzelnen Vorstandsmitglied (oder einer Minderheit der Mitglieder) ein Widerspruchsrecht eingeräumt wird; das kann der Vorsitzende sein, aber auch das älteste Mitglied — an Jahren oder an Dienstzeit — und dergleichen. Mit Recht wird zur Begründung der hier vertretenen Auffassung von Baumbach-Hueck (Rn. 8) einmal darauf hingewiesen, daß die Rechts- und Interessenlage der des § 115 Abs. 1 HGB entspricht und zum anderen der Gesetzgeber des AktG 1965 nur verhindern wollte, daß gegen die Mehrheit Entscheidungen erzwungen werden können, während ein Widerspruchsrecht lediglich die Möglichkeit zur Verhinderung einer bestimmten Maßnahme gibt (s. auch Dose S. 100). Ein pflichtwidrig erhobener, die Interessen der AG schädigender Widerspruch ist unbeachtlich (vgl. Hueck, OHG, 3. Aufl. S. 93 ff.).

Im übrigen ist der Vorstandsvorsitzende primus inter pares; er beruft und leitet die Sitzungen, er setzt die Tagesordnung fest, er fertigt die Niederschriften aus, er repräsentiert die Gesellschaft; oft obliegt ihm insbesondere die Koordinierung der Arbeit des Gesamtvorstands, vgl. ferner § 84 Anm. 60.

Anm. 5

4. Art der Beschlußfassung

Grundsätzlich faßt ein mehrgliedriger Vorstand seine Beschlüsse in Versammlungen (Sitzungen), vgl. §§ 28 Abs. 1 i. V. m. 32 und 34 BGB, die soweit anwendbar sind, als nicht aktienrechtliche Sonderregelungen entgegenstehen, insbesonders das Einstimmigkeitsprinzip gemäß § 77 Abs. 1 S. 1 (s. Anm. 2 oben). Schriftliche Beschlußfassungen sind nur zulässig, wenn alle Mitglieder zustimmen. Zu Vorstandssitzungen müssen alle Mitglieder geladen werden, wobei bei fehlender Regelung in der Geschäftsordnung eine den Umständen nach angemessene Frist gewahrt werden muß. Fehlende Ladung aller im Amt befindlichen Vorstandsmitglieder führt grundsätzlich zur Unwirksamkeit des Beschlusses (vgl. OLG Schleswig NJW 60, 1862), auch wenn nicht Gesamtgeschäftsführungsbefugnis (Anm. 2), sondern Mehrheitsprinzip gilt.

Mangels bestimmter in der Geschäftsordnung festgelegter Regeln ist die Frage der Beschlußfähigkeit des Vorstands bei außerordentlichen und keinen Aufschub duldenden dringlichen Maßnahmen von Fall zu Fall im Rahmen einer sorgfältigen Geschäftsführung zu entscheiden (vgl. auch Godin-Wilhelmi Anm. 5). In derartigen außergewöhnlichen Situationen werden die anwesenden Vorstandsmitglieder ohne Rücksicht auf die abwesenden, nicht erreichbaren Mitglieder Beschlüsse fassen müssen, während weniger dringende Geschäfte immer zu vertagen sind, bis alle Mitglieder an der Beschlußfassung teilnehmen können. Bei Gesamtgeschäftsführung hat jedes Mitglied ein nachträgliches Widerspruchsrecht, bei besonders vorgesehenem Widerspruchsrecht der Berechtigte.

Ein nachträglicher Widerspruch, der durch die tatsächlichen Ereignisse überholt ist, ist unbeachtlich (Godin-Wilhelmi a. a. O.), andernfalls ist die betreffende Maßnahme rückgängig zu machen (vgl. Dose S. 97ff.).

Für die Rechte und Pflichten der nicht an der Beschlußfassung beteiligten Vorstandsmitglieder gilt, was auch für überstimmte Mitglieder gilt: sie haben sich der getroffenen Maßnahme zu beugen, unbeschadet der Pflicht, die Angelegenheit, falls sie es im Interesse der Gesellschaft für erforderlich halten, sei es im Gesamtvorstand, sei es gegenüber dem Aufsichtsrat, erneut zur Sprache zu bringen (vgl. Anm. 3 insbesondere zu e und f).

Beschlüsse des Vorstands können formlos, also auch mündlich oder stillschweigend gefaßt werden (BGH WM 1960, 1248 [1249]). Ebenso ist Beschlußfassung in einer ordnungsgemäß einberufenen Sitzung nicht Gültigkeitserfordernis, sofern nur Beschlußfähigkeit gegeben ist. Bei einem mehrgliedrigen Vorstand dürfte aber die Anfertigung von Niederschriften über Beschlüsse, gleich ob sie in Sitzungen, im Umlaufverfahren oder telefonisch oder telegrafisch gefaßt wurden, der Üblichkeit entsprechen. Bei der Bedeutung und der Schwere der Verantwortung der einzelnen Mitglieder und des Gesamtvorstands ist jedenfalls bei größeren Gesellschaften zu verlangen, daß Niederschriften angefertigt werden, deren Fehlen eine Verletzung der erforderlichen Sorgfalt (gem. § 93 Abs. 1) ist. Auch der BFH Großer Senat geht in seiner Entscheidung zur Frage der Vorlagepflicht von Vorstandsprotokollen (BStBl. II 1968, 365) davon aus, daß die Anfertigung von Protokollen im allgemeinen erforderlich ist. Die Geschäftsordnung kann Fragen der Beschlußfassung des Vorstands, der Art der Protokollierung und der Bekanntmachung der Beschlüsse im einzelnen regeln. Jedes Mitglied kann Einsicht und Abschriften verlangen. Es besteht eine Vorlagepflicht gegenüber den Abschlußprüfern (vgl. § 165 Anm. 5) und den Prüfern der Finanzbehörden im Rahmen der steuerlichen Buch- und Betriebsprüfungen (vgl. BFH Großer Senat a. a. O.).

Anm. 6

II. Geschäftsordnung (Abs. 2)

1. Inhalt

Die Geschäftsordnung kann einmal Abweichungen vom Grundsatz der Gesamtgeschäftsführung bestimmen (Abs. 1 Satz 2), also insbesondere Mehrheitsentscheidungen bei allen oder bestimmten Geschäftsführungsmaßnahmen vorsehen. Sie regelt ferner üblicherweise die Geschäftsverteilung durch Zuweisung bestimmter sachlicher oder örtlicher Arbeitsgebiete an einzelne Vorstandsmitglieder (vgl. Anm. 3). Es kann ein *Sprecher des Vorstands* bestimmt werden, dem dann in erster Linie die Repräsentation der Gesellschaft obliegt; der Sprecher ist nicht Vorsitzender im Sinne des Gesetzes, den nur der Aufsichtsrat bestellen kann (§ 84 Abs. 2). Die Geschäftsordnung hat den Aufgabenbereich des Arbeitsdirektors festzulegen (§ 13 Abs. 2 MitbestG). Geregelt werden ferner zweckmäßigerweise Formalien (vgl. Anm. 5), insbesondere über die Abhaltung von Sitzungen, die Voraussetzungen der Beschlußfassungen, Art und Zeichnung der Niederschriften usw. Ferner finden sich häufig in Geschäftsordnungen Hinweise auf die gesetzlichen Pflichten, insbesondere des Gesamtvorstands, und über die Zusammenarbeit bei Geschäftsverteilung, insbesondere gegenseitige Unterrichtungspflicht u. ä. mehr. Aufgeführt werden häufig auch die zustimmungsbedürftigen Geschäfte (§ 111 Abs. 4), insbesondere wenn der Aufsichtsrat die Geschäftsordnung erläßt.

Ein Muster für eine kurzgefaßte Geschäftsordnung bringen Möhring-Schwartz, Rowedder-Haberlandt S. 325. Ein ausführliches Muster mit Geschäftsverteilungsplan, allerdings noch gem. AktG 1937, findet sich im Formular-Kommentar I. Teil Handels- und Wirtschaftsrecht, 1958, S. 279ff.; s. auch Kersten-Bühling, Formularbuch FGG, 12. Auflage 1963, S. 1170; vgl. auch die Beispiele möglicher Geschäftsbereiche bei Frels ZHR 122, 8 (16).

Anm. 7

2. Zuständigkeit für den Erlaß

a) Satzung

Gemäß Abs. 1 Satz 2 kann die Satzung Einzelfragen der Geschäftsordnung bindend regeln. Somit sind Regelungen, soweit sie in der Satzung enthalten sind, für Aufsichtsrat und Vorstand verbindlich. Die Satzung kann Regeln über die Geschäftsverteilung aufstellen, kann bestimmen, daß der Aufsichtsrat einen Vorstandsvorsitzenden bestellen kann oder zu bestellen hat, und kann Art und Form der Beschlußfassungen im Vorstand regeln. Die Satzung kann also vollständig die Geschäftsordnung für den Vorstand enthalten (Godin-Wilhelmi Anm. 10), wenn auch dem Gesetzgeber offenbar vorgeschwebt hat, daß nur grundsätzliche Fragen in der Satzung Aufnahme finden werden, was auch allein dem praktischen Bedürfnis entspricht, schon wegen der anderenfalls erschwerten und kostenverursachenden Möglichkeit einer Änderung (vgl. auch Möhring-Tank I 223).

Die Satzung kann auch vorsehen, daß der Aufsichtsrat eine Geschäftsordnung für den Vorstand zu erlassen hat (das entspricht in der Praxis der Regel), oder daß der Vorstand sich eine Geschäftsordnung nur mit Zustimmung des Aufsichtsrats geben kann (vgl. die amtliche Begründung, bei Kropff S. 100, sowie Baumbach-Hueck Rn. 12). Ist die Zuständigkeit des Aufsichtsrats satzungsgemäß festgelegt, so ist diejenige des Vorstands ausgeschlossen. Schließlich kann die Satzung auch vorsehen, daß der Vorstand sich selbst eine Geschäftsordnung zu geben hat und somit die Zuständigkeit des Aufsichtsrats ganz ausschließen. Das folgt aus der Rechtsnatur der Satzung als der stärksten Rechtsquelle zur Regelung organisatorischer Fragen der AG (vgl. Baumbach-Hueck Rn. 12 und ebenda § 111 Rn. 10).

Anm. 8

b) Aufsichtsrat

Der Aufsichtsrat ist zum Erlaß einer Geschäftsordnung zuständig, wenn die Satzung es bestimmt. Er kann aber auch ohne eine derartige Ermächtigung eine Geschäftsordnung für den Vorstand erlassen, wie sich aus dem Wortlaut von Abs. 2 Satz 1 klar ergibt. Die Übertragung dieser Befugnis zur Beschlußfassung an einen Aufsichtsratsausschuß ist unzulässig (§ 107 Abs. 3 Satz 2). Erläßt der Aufsichtsrat eine Geschäftsordnung, so entfällt wieder die Zuständigkeit des Vorstands, und eine etwa bestehende vom Vorstand erlassene Geschäftsordnung tritt außer Kraft. Fragen der Vertretungsbefugnis kann der Aufsichtsrat nur bei Vorliegen einer entsprechenden satzungsmäßigen Ermächtigung regeln (§ 78 Abs. 3 Satz 2). Nach der amtlichen Begründung (bei Kropff S. 99) soll es nicht zulässig sein, daß der Aufsichtsrat nur einzelne Bestimmungen einer bereits vorhandenen Geschäftsordnung des Vorstands abändert, sie aber im übrigen unberührt läßt, weil dann die Geschäftsordnung teils vom Aufsichtsrat und teils vom Vorstand herrühre; wohl aber dürfe der Aufsichtsrat bei Erlaß einer Geschäftsordnung Regelungen aus einer bereits bestehenden Geschäftsordnung des Vorstands übernehmen (so auch Baumbach-Hueck Rn. 13). Diese Auffassung wird vom Gesetzeswortlaut nicht gedeckt. Der Aufsichtsrat muß auch als berechtigt angesehen werden, eine schon bestehende Geschäftsordnung des Vorstands abzuändern, ohne eine vollständig neue Geschäftsordnung gleichzeitig erlassen zu müssen (so auch Godin-Wilhelmi Anm. 9 und Möhring-Tank I 225), es sei denn, die Satzung legt die ausschließliche Zuständigkeit des Vorstands fest. Allerdings würde es gegen die gesetzliche Zuständigkeitsverteilung zwischen Aufsichtsrat und Vorstand verstoßen, wenn der Aufsichtsrat im Rahmen der Befugnis, eine Geschäftsordnung zu erlassen, von Fall zu Fall *Einzelregelungen* bezüglich einzelner Vorstandsmitglieder treffen würde, also Änderungen etwa der Gesellschaftsführungs- oder Vertretungsbefugnis anordnen würde (s. Dose, S. 122).

Anm. 9

c) Vorstand

Ist die Zuständigkeit zum Erlaß einer Geschäftsordnung nicht durch die Satzung dem Aufsichtsrat übertragen, und hat der Aufsichtsrat auch ohne eine derartige Ermächtigung keine Geschäftsordnung erlassen, fehlen auch in der Satzung insoweit Regelungen, so ist der Vorstand befugt sich eine Geschäftsordnung zu geben. Er ist dazu verpflichtet, wenn ein Bedürfnis besteht und eine ordnungsmäßige Geschäftsführung es erfordert. Für eine nicht sachgerecht vorgenommene und damit den Interessen der AG widersprechende Geschäftsverteilung ist der Gesamtvorstand verantwortlich (vgl. Anm. 3 zu f.), da die Geschäftsordnung nur einstimmig verabschiedet werden kann. Nach erfolgter Geschäftsverteilung haftet aber jedes Vorstandsmitglied nur für seinen Bereich, ausgenommen die in den Zuständigkeitsbereich des Gesamtvorstands fallenden Angelegenheiten (vgl. Anm. 3 sowie im einzelnen § 93 Anm. 21).

Der Vorstand kann Beschlüsse über die Geschäftsordnung nur einstimmig fassen (Abs. 2 Satz 3). Das kann weder durch die Satzung noch eine Geschäftsordnung geändert werden und gilt auch für jede Abänderung oder die Aufhebung einer bestehenden Geschäftsordnung. Grund der Regelung ist einmal, daß die einzelnen Mitglieder des Vorstands in den ihre Zusammenarbeit festlegenden Regeln nicht überstimmt werden sollen, und daß auch bei einer bestehenden Geschäftsordnung der Vorstand nicht in der Lage sein soll, in die einmal festgesetzten Arbeitsbereiche seiner Mitglieder gegen deren Zustimmung einzugreifen (vgl. die amtliche Begründung, bei Kropff S. 99). In der amtlichen Begründung heißt es weiter, daß anderenfalls, also bei der Möglichkeit einer Änderung der Geschäftsordnung durch Mehrheitsbeschluß, der Vorstand praktisch in das Recht des Aufsichtsrats zur Bestellung der Vorstandsmitglieder eingreifen würde (§ 84 Abs. 1), da diese in der Regel im Hinblick auf einen bestimmten Tätigkeitsbereich erfolge. Wenn das richtig ist (vgl. hierzu auch Würdinger § 21 IV e), dann muß auch der Vorstand gehindert sein, selbst einstimmig, über Änderungen der Geschäftsordnung zu beschließen, soweit diese Änderungen mit den dienstvertraglich vom Aufsichtsrat umschriebenen Tätigkeitsbereichen der einzelnen Vorstandsmitglieder nicht übereinstimmen. Jedenfalls hat aber der Aufsichtsrat die Möglichkeit, eine von ihm nicht gebilligte Geschäftsordnung durch eine neue zu ersetzen. Nur wenn die Satzung den Vorstand allein für zuständig zum Erlaß einer Geschäftsordnung bestimmt (Möhring-Tank I 225), kann der Aufsichtsrat nicht eingreifen; es bleibt dann nur der mögliche Widerruf der Bestellung der sich nicht vertragsgerecht verhaltenden Vorstandsmitglieder.

Anm. 10

3. Form

Der Ausschußbericht (bei Kropff S. 100) stellt fest, daß nach einmütiger Auffassung die Geschäftsordnung ihrer Natur nach der Schriftform bedarf. Das ist richtig, da eine Regelung, die die verantwortliche Zusammenarbeit der Mitglieder eines Gremiums über einen längeren Zeitraum und möglicherweise bei wechselnden Beteiligten beinhalten soll, vernünftigerweise schriftlich niedergelegt wird. Ein zwingendes gesetzliches Gültigkeitserfordernis ist die Schriftform aber nicht (a. A. Godin-Wilhelmi Anm. 11). Ebenso ist § 126 BGB nicht anwendbar (Baumbach-Hueck Rn. 15).

Wenn der Aufsichtsrat über die Geschäftsführung beschließt, hat Aufnahme in die Satzungsniederschrift zu erfolgen, ohne daß ein Verstoß allerdings die Wirksamkeit des Beschlusses berührt (§ 107 Abs. 2).

Beschließt der Vorstand, soweit er zuständig ist, etwa über eine einmalige oder generelle Abweichung von der Geschäftsordnung, so kann auch dieser Beschluß mündlich gefaßt werden (Baumbach-Hueck Rn. 15).

§ 78 Vertretung

(1) Der Vorstand vertritt die Gesellschaft gerichtlich und außergerichtlich.

(2) Besteht der Vorstand aus mehreren Personen, so sind, wenn die Satzungs nichts anderes bestimmt, sämtliche Vorstandsmitglieder nur gemeinschaftlich zur Vertretung der Gesellschaft befugt. Ist eine Willenserklärung gegenüber der Gesellschaft abzugeben, so genügt die Abgabe gegenüber einem Vorstandsmitglied.

(3) Die Satzung kann auch bestimmen, daß einzelne Vorstandsmitglieder allein oder in Gemeinschaft mit einem Prokuristen zur Vertretung der Gesellschaft befugt sind. Dasselbe kann der Aufsichtsrat bestimmen, wenn die Satzung ihn hierzu ermächtigt hat. Absatz 2 Satz 2 gilt in diesen Fällen sinngemäß.

(4) Zur Gesamtvertretung befugte Vorstandsmitglieder können einzelne von ihnen zur Vornahme bestimmter Geschäfte oder bestimmter Arten von Geschäften ermächtigen. Dies gilt sinngemäß, wenn ein einzelnes Vorstandsmitglied in Gemeinschaft mit einem Prokuristen zur Vertretung der Gesellschaft befugt ist.

Übersicht

Einleitung

§ 78 stimmt inhaltlich mit § 71 AktG 1937 überein und entspricht somit der Regelung in §§ 231 Abs. 1, 232 HGB. Die geringfügigen Änderungen sind sprachlicher und gesetzestechnischer Natur. Aus dem früheren Abs. 2 Satz 2 wurde ein neuer Abs. 4 gebildet.

Anm. 1

I. 1. Die Vertretung der AG gerichtlich und außergerichtlich

Die AG wird durch den Vorstand gerichtlich und außergerichtlich vertreten.

Der Vorstand ist ihr *ordentlicher gesetzlicher Vertreter*, vgl. § 26 BGB und Anm. 4 zu § 1. Eine gesetzliche Vertretung der AG durch andere Organe ist nur in engem Umfang für ganz bestimmte Handlungen zugelassen (für den Aufsichtsrat s. § 112, §§ 246 Abs. 2, 249 Abs. 1, für die Hauptversammlung §§ 113, 147 Abs. 3). Der Alleinaktionär ist, auch wenn er Vorsitzer des Aufsichtsrats ist, nicht zur Vertretung berechtigt, auch nicht das alleinige Vorstandsmitglied der Muttergesellschaft, die alle Aktien der AG besitzt (RG SeuffA Bd. 86 Nr. 185). Jede Überschreitung der gesetzlich normierten Zuständigkeiten der Organe verstößt gegen zwingendes Recht und ist unwirksam (RG 43, 286; 117, 206), sei es in Bestimmungen der Satzung, sei es in Beschlüssen einzelner Organe oder in Geschäftsführungshandlungen. Das gilt grundsätzlich und ohne Einschränkung auch im Konzernwesen. Nur die Gesshäftsführungsbefugnis des Vorstands wird im Rahmen der Leitungsmacht bei Bestehen eines Beherrschungsvertrages oder im Falle der Eingliederung eingeschränkt, §§308 Abs. 2, 323. Die Vertretungsbefugnis des Vorstands gilt auch uneingeschränkt für den Abschluß solcher Verträge, die der Zustimmung der Hauptversammlung bedürfen, etwa Unternehmensverträge gemäß §§ 291, 292 (vgl. auch Würdinger § 21 IV 4a). Der Fortfall der gesetzlichen Vertretung hindert nicht die Vertretung der AG durch rechtsgeschäftliche Vertreter (Prokuristen, Handelsbevollmächtigte und sonstige Bevollmächtigte), soweit deren Vertretungsmacht reicht (§ 76 Anm. 5). Wegen außerordentlicher Vertreter für deutsche AG mit dem Sitz außerhalb der Bundesrepublik s. § 76 Anm. 18.

Anm. 2

2. Die Vertretungsbefugnis unterliegt nur den gesetzlichen Beschränkungen; im übrigen ist ihr Umfang *unbeschränkt und unbeschränkbar* (s. darüber § 82 nebst Anmerkungen).

a) Insbesondere wird die AG in *gerichtlichen Angelegenheiten* durch den Vorstand vertreten, der ihr gesetzlicher Vertreter im Sinne des § 51 ZPO ist. Das gilt aber nicht für Rechtsstreitigkeiten zwischen der AG und aktiven Vorstandsmitgliedern; hier gilt jetzt ausnahmslos die Vertretung durch den Aufsichtsrat. Ebenso ist die Vertretungsbefugnis des Vorstands bei Anfechtungs- und Nichtigkeitsklagen derart eingeschränkt, daß die AG nur durch Vorstand *und* Aufsichtsrat wirksam vertreten werden kann (§§ 246 Abs. 2 Satz 2, 249). Die gesetzliche Vertretung durch die Vorstandsmitglieder im Prozeß oder in Angelegenheiten und Verfahren der freiwilligen Gerichtsbarkeit kann nicht durch die rechtsgeschäftliche Vertretung eines Prokuristen oder sonstiger rechtsgeschäftlicher Vertreter, auch nicht durch die Mitwirkung eines Prokuristen neben einem Vorstandsmitglied (vgl. Anm. 9), ersetzt werden (ebenso Schlegelberger-Quassowski § 71 Anm. 5; RG 102, 331). Die Vorstandsmitglieder können nicht *Schiedsrichter* in einem Prozeß der AG sein (RG 92, 288) und auch nicht als *Zeugen* vernommen werden, RG 2, 400; 46, 319. Die Vorstandsmitglieder sind im Wege der *Parteivernehmung* zu vernehmen. Das Gericht bestimmt nach Lage des Falles, ob alle oder nur einzelne Vorstandsmitglieder zu vernehmen sind (ZPO § 449 i. Verb. m. § 455 Abs. 1 S. 2). Die Mitglieder des Aufsichtsrats und die Aktionäre sind jedoch als Zeugen zu vernehmen. Vgl. im übrigen zu Vorstehendem Anm. 13 zu § 1. Die Versicherung an Eides statt (früher *Offenbarungseid*, vgl. G vom 27. 6. 1970 BGBl. I, 911) haben alle Vorstandsmitglieder abzugeben, nicht jedoch solche, die zur Zeit der Abgabe aus dem Vorstand ausgeschieden sind (h. L. s. Baumbach-Hueck, Rn. 3). Scheiden jedoch die letzten Vorstandsmitglieder aus, um sich der Abgabe der eidesstattlichen Versicherung zu entziehen, so ist die Versicherung trotz ihres Ausscheidens von ihnen zu leisten (OLG Frankfurt in JW 1926, 2114[8] und 1927, 726[12]). Mit dem Kammergericht (JW 1929, 2164[2]) wird die Pflicht zur Abgabe der Versicherung, wenn das letzte Vorstandsmitglied nach Stellung des Antrages auf Abgabe der eidesstattlichen Versicherung sein Amt niederlegt, auch ohne Rücksicht darauf anzunehmen sein, ob die Niederlegung zu dem Zweck erfolgte, die Abgabe der Versicherung zu vermeiden (vgl. auch § 1 Anm. 19 und Hachenburg-Schilling § 35 Anm. 4). In das Schuldnerverzeichnis (§ 915 ZPO) ist aber nur die AG, nicht die Vorstandsmitglieder, einzutragen (RG 140, 152). *Zustellungen und Ladungen* können wirksam an *ein* Vorstandsmitglied erfolgen, auch wenn es keine Einzelvertretungsbefugnis hat

(Abs. 2 S. 2; ZPO § 171 Abs. 3; s. LAG Mannheim BB 51, 972; über die im Zusammenhang mit der Zustellung aktienrechtlicher Anfechtungsklagen gemäß § 246 Abs. 2 Satz 2 sich ergebende Fragen s. v. Gleichenstein DieAG 1969, 305). Bei Gefahr im Verzuge kann das Prozeßgericht, falls zur Vertretung im Prozeß fähige Vorstandsmitglieder nicht vorhanden sind, gemäß § 57 ZPO einen *besonderen Vertreter* bestellen. Vgl. § 1 Anm. 14 und § 84 Anm. 4. Eine aufgelöste AG wird durch die Liquidatoren (*Abwickler*) vertreten, § 269 Abs. 1. Durch die Eröffnung des *Konkursverfahrens* wird die Stellung des Vorstands oder der Abwickler — und der übrigen Organe der AG — grundsätzlich nicht berührt, RG 76, 246; 81, 336. Nur die Verwaltungs- und Verfügungsbefugnis über das Vermögen der AG geht nach Maßgabe von § 6 KO auf den Konkursverwalter über. § 147 Abs. 3 sieht für die Geltendmachung von Ersatzansprüchen gegen Gründer und Verwaltungsmitglieder die Bestellung *besonderer Vertreter* durch die Hauptversammlung vor.

b) Die *außergerichtliche* Vertretung umfaßt den Verkehr gegenüber Behörden und den sonstigen staatlichen und halbstaatlichen Stellen, den internationalen Organisationen und den gesamten privaten Rechtsverkehr.

Anm. 3

II. 1. Gesamtvertretung aller (Abs. 2)

Die Vorstandsmitglieder haben *kraft Gesetzes nur Gesamtvertretungsbefugnis.* Mangels einer anderen Bestimmung durch die Satzung oder durch den Aufsichtsrat auf Grund einer Ermächtigung in der Satzung (Abs. 3; Anm. 4) können also nur sämtliche Vorstandsmitglieder zusammen die AG vertreten. Das gilt auch, wenn ein Vorsitzender des Vorstands bestellt wird (Baumbach-Hueck Rn. 5). Hierin liegt keine Beschränkung des Umfangs der Vertretungsmacht, sondern nur ihrer Ausübung. Eine weitergehende oder andere Beschränkung ist unzulässig. Die Vertretungsmacht des Vorstandsmitglieds kann weder ganz ausgeschlossen noch kann sie auf bestimmte Arten von Geschäften beschränkt werden. Ersteres ist mit der Stellung des Vorstandsmitglieds, dem Recht und der Pflicht zur eigenverantwortlichen Leistung der AG nicht vereinbar (s. Baumbach-Hueck Rn. 5, 10), letzteres widerspricht § 82 Abs. 1. Das gilt auch ohne Einschränkung für stellvertretende Vorstandsmitglieder (§ 94).

Fallen Mitglieder des Vorstands fort, so können die übrigen solange gemeinsam die AG vertreten, als die in der Satzung vorgesehene Mindestzahl der Vorstandsmitglieder vorhanden ist. Sinkt die Zahl der vorhandenen Vorstandsmitglieder darunter, so ist ein zur Vertretung der AG berechtigter Vorstand nicht vorhanden (vgl. RG 103, 417); Prozesse werden nach § 241 ZPO unterbrochen (vgl. RG JW 98, 280), es sei denn, die AG wird durch einen Prozeßbevollmächtigten vertreten, vgl. § 246 ZPO. Schreibt die Satzung für die Zusammensetzung des Vorstands mehrere Mitglieder vor, so ist ein allein übrig bleibendes Vorstandsmitglied nicht vertretungsberechtigt (vgl. Ritter § 71 AktG 1937, Anm. 4a m. w. N.; Schlegelberger-Quassowski § 71 AktG 1937, Anm. 7). Die „passive" Seite der Vertretungsmacht bleibt jedoch erhalten (für Willenserklärungen und für die Haftung aus § 31 BGB, vgl. Anm. 15 unten). Der Aufsichtsrat ist verpflichtet, für die Ergänzung des Vorstands durch Ernennung neuer Vorstandsmitglieder Sorge zu tragen. Äußerstenfalls kann das Gericht gemäß § 85 (oder gemäß § 57 ZPO) auf Antrag eines Beteiligten Abhilfe schaffen.

Anm. 4

2. Ausnahmen von der gesetzlichen Gesamtvertretungsmacht.

Ausnahmen von der gesetzlichen Regelung kann die *Satzung* und, wenn ihn die Satzung dazu ermächtigt, auch der Aufsichtsrat anordnen *(Abs. 3 S. 1, 2)*. Die Satzung kann sich hierbei jeder eigenen Regelung enthalten und sich darauf beschränken, die Ermächtigung an den Aufsichtsrat auszusprechen. Regelmäßig stellt aber die Satzung selbst den Vertretungsgrundsatz auf (z. B. Vertretung durch je zwei Vorstandsmitglieder oder ein Vorstandsmitglied gemeinsam mit einem Prokuristen) und ermächtigt den Aufsichtsrat, hiervon im Einzelfall Ausnahmen vorzusehen, z. B. einzelnen Vorstandsmitgliedern Einzelvertretungsbefugnis zu verleihen (vgl. auch unten Anm. 10).

Andere Organe der AG, insbesondere die Hauptversammlung oder ein Ausschuß des Aufsichtsrats, können eine solche Ermächtigung *durch die Satzung* nicht erhalten; vgl. RG 164, 177 (180, 184); jedoch kann der Aufsichtsrat selbst die Ausübung der ihm satzungsmäßig zustehenden Befugnis gemäß § 107 Abs. 3 einem Ausschuß überlassen. Das war früher streitig, ergibt sich aber jetzt aus § 107 Abs. 3 Satz 2 (s. Möhring-Schwartz, Rowedder-Haberlandt S. 94; Godin-Wilhelmi Anm. 8). Gemäß § 208 KO, ist jedes Vorstandsmitglied entgegen der Regel des § 78 Abs. 2 Satz 1 allein berechtigt, den Antrag auf Konkurseröffnung zu stellen.

Der gesetzliche Grundsatz der Gesamtvertretungsbefugnis kann in folgender Weise durchbrochen werden:

Anm. 5

a) Einzelvertretung

Es kann bestimmt werden, daß alle Vorstandsmitglieder oder einzelne von ihnen *Einzelvertretungsbefugnis* haben. Wenn ein oder mehrere bestimmte Mitglieder Einzelvertretungsbefugnis erhalten, wird meistens zugleich auch eine Regelung für die Vertretungsbefugnis der übrigen Vorstandsmitglieder getroffen werden. Geschieht dies nicht, so bleibt es für sie bei dem gesetzlichen Grundsatz der Gesamtvertretung durch den ganzen Vorstand. Sie können also die AG nicht ohne die Vorstandsmitglieder, denen Einzelvertretungsbefugnis verliehen ist, vertreten. Ist ein Vorstandsvorsitzender bestellt, so kann ihm, braucht aber nicht, Einzelvertretungsbefugnis erteilt werden. Siehe über die Möglichkeiten und Grenzen der Übertragung besonderer Vertretungsmacht an den Vorsitzenden auch Dose, S. 112ff.

Ein Fall gesetzlicher Einzelvertretung ist § 208 KO, demzufolge jedes einzelne Vorstandmitglied die Eröffnung des Konkursverfahrens beantragen kann.

Anm. 6

b) Gesamtvertretung mehrerer

Es kann bestimmt werden, daß *mehrere Vorstandsmitglieder gemeinsam* die AG vertreten. § 78 Abs. 3 Satz 1 sagt, daß die Satzung bestimmen kann, daß einzelne Vorstandsmitglieder allein oder in Gemeinschaft mit einem Prokuristen zur Vertretung der Gesellschaft befugt sein sollen. Obwohl der Wortlaut den Anschein erweckt, daß die möglichen Ausnahmen von der gesetzlichen Gesamtvertretungsbefugnis hier erschöpfend angeführt seien, kann kein Zweifel darüber obwalten, daß die Möglichkeit der Gesamtvertretung durch mehrere Vorstandsmitglieder zulässig ist; s. RG 164. 382. Dieselbe Lücke enthielt schon HGB § 232 und § 71 Abs. 3 Satz 1 AktG 1937 sowie Abs. 3 für die Ermächtigung des Aufsichtsrats zur Erteilung der Vertretungsbefugnis. Auch hier ist die Zulässigkeit der Bestimmung, daß mehrere Vorstandsmitglieder die AG gemeinsam vertreten können, nicht zu bezweifeln (Schlegelberger-Quassowski § 71 Anm. 15; Dose, S. 106; Godin-Wilhelmi Anm. 7; KG in JFG 10, 102 und JW 1933, 1031[2]).

Die Bestimmung der Satzung oder des Aufsichtsrats über die Vertretungsbefugnis kann etwa dahin lauten, daß eine bestimmte Zahl der Vorstandsmitglieder, üblicherweise je zwei die AG vertreten. Es kann aber auch bestimmt werden, daß nur bestimmte Vorstandsmitglieder gemeinsam die AG vertreten können, z. B. A nur zusammen mit B, und C nur zusammen mit D. Ebenso wie es möglich ist, daß ein Vorstandsmitglied zur alleinigen Vertretung der AG befugt ist, die andern dagegen Gesamtvertretungsbefugnis haben (s. z. B. KG JW 1933, 1031[2]; oben Anm. 5), ist es auch möglich, daß bestimmte Vorstandsmitglieder gemeinsam mit einem Vorstandsmitglied, andere dagegen nur gemeinsam mit zwei oder noch mehr Vorstandsmitgliedern die AG vertreten können. Es kann also etwa bestimmt werden, daß die AG entweder durch A und B oder durch C, D und E gemeinsam vertreten wird. In solchen Fällen dürfte im Zweifel anzunehmen sein, daß ein Mitglied mit stärkerer Vertretungsbefugnis ein Mitglied mit schwächerer Vertretungsbefugnis ersetzen kann; in dem letztgenannten Beispiel könnten also auch A oder B gemeinsam mit C und D oder mit C oder mit D und E die AG vertreten (s. auch, wie hier, Möhring-Schwartz, Rowedder-Haberlandt S. 93). Wenn von den gemeinsam vertretungsberechtigten Vorstandsmitgliedern je einer weggefallen ist, können die übrigbleibenden zusammen die AG vertreten, falls die in der Satzung vorgeschriebene Mindestzahl der Vorstandsmitglieder noch vorhanden ist (vgl. Anm. 3). Sind also A und B, oder C und D, oder E und F gemeinsam zur Vertretung der AG befugt und fallen B, D und F fort, so können A, C und E gemeinsam die AG vertreten, vorausgesetzt, daß die Satzung als Mindestzahl der Vorstandsmitglieder nicht mehr als drei vorsieht.

Anm. 7

Zulässig ist auch die Bestimmung, daß *ein Vorstandsmitglied allein und ein anderes oder die anderen nur zusammen mit jenem* die Gesellschaft vertreten können (h. L. s. Baumbach-Hueck Rn. 10; Möhring-Schwartz, Rowedder-Haberlandt S. 93). Mit Rücksicht darauf, daß ein Vorstandsmitglied, auch ein stellvertretendes, nicht ganz von der Vertretungsbefugnis ausgeschlossen werden kann (Anm. 3), besteht ein Bedürfnis an der Zulassung einer solchen Regelung der Vertretungsmacht. Es wäre sonst z. B. nicht möglich, einen aus zwei Mitgliedern bestehenden Vorstand zu bestellen, wenn eines dieser beiden Einzelbefugnis hat. Die einseitige Abhängigkeit des einen Vorstandsmitglieds von dem andern steht nicht mit der Stellung des Vorstands in Widerspruch. Das Gesetz zeigt nirgends das Bestreben, die Unabhängigkeit der Vorstandsmitglieder voneinander zu sichern. Nur zu andern Organen soll der Vorstand nicht in ein Abhängigkeitsverhältnis geraten, soweit das Gesetz nicht ausdrücklich Ausnahmen zuläßt.

Anm. 8

c) Gesamtvertretung mit einem Prokuristen

Es kann bestimmt werden, daß einzelne Vorstandsmitglieder *gemeinsam mit einem Prokuristen* vertretungsbefugt sein sollen (über die Bestellung von Prokuristen siehe Anm. 25 ff.). Die Möglichkeit der gemeinsamen Vertretung der AG durch ein Vorstandsmitglied und einen Prokuristen darf nicht dahin führen, daß eine gesetzliche Vertretung der AG ohne Mitwirkung eines Prokuristen unmöglich wird. Es kann also nicht bestimmt werden, daß nur eine Person zum Vorstand bestellt wird, diese aber die AG nur gemeinsam mit einem Prokuristen vertreten soll, oder daß bei Vorhandensein mehrerer Vorstandsmitglieder die AG ausschließlich durch ein Vorstandsmitglied in Gemeinschaft mit einem Prokuristen vertreten wird (wie hier Schlegelberger-Quassowski § 71, Anm. 12; Baumbach-Hueck Rn. 11; Möhring-Schwartz, Rowedder-Haberlandt, S. 93). Jedoch kann der Fall vorkommen, daß vorübergehend bis zur Neubestellung eines Vorstandsmitglieds durch den Aufsichtsrat oder das Gericht (§ 85) das einzige noch vorhandene Vorstandsmitglied die AG nur gemeinsam mit einem Prokuristen vertreten kann, wenn nämlich das Vorstandsmitglied nur Gesamtvertretungsmacht hat und die übrigen Vorstandsmitglieder weggefallen sind (vgl. KG HRR 34, 338 und § 85 Anm. 1; s. auch Baumbach-Hueck Rn. 11.).

Soweit Gesamtvertretung mehrerer Vorstandsmitglieder besteht, kann an Stelle eines Mitglieds auch ein Prokurist eintreten und zwar von Fall zu Fall, je nach Bedarf. Das gilt aber nicht ohne Einschränkungen. Nicht zulässig wäre es, wenn ein Prokurist eine weitergehende Befugnis, gemeinschaftlich mit einem Vorstandsmitglied die AG zu vertreten, erhält als irgendein anderes Vorstandsmitglied. Hiernach kann nicht bestimmt werden, daß ein Vorstandsmitglied gemeinsam mit einem Prokuristen, nicht aber gemeinsam mit einem andern Vorstandsmitglied die Gesellschaft vertreten kann. Ebenso ist es nicht zulässig zu bestimmen, daß ein Vorstandsmitglied nur in Gemeinschaft mit einem bestimmten anderen Vorstandsmitglied oder einem Prokuristen, nicht aber gemeinsam mit einem der übrigen Vorstandsmitglieder die Gesellschaft vertreten kann. Die Ausübung der gesetzlichen Vertretung, die in Gemeinschaft mit einem Prokuristen möglich ist, muß auch in Gemeinschaft mit jedem anderen Vorstandsmitglied möglich sein. Als nicht zulässig wird ferner die Bestimmung anzusehen sein, daß die AG gesetzlich vertreten wird entweder durch ein alleinvertretungsberechtigtes Vorstandsmitglied oder durch ein solches Vorstandsmitglied in Gemeinschaft mit einem Prokuristen (abw. Godin-Wilhelmi Anm. 7; Schilling in Hachenburg, § 35 Anm. 23). Der Prokurist hat bei der gesetzlichen Vertretung nur ein anderes Vorstandsmitglied zu ersetzen (BGH 13, 61 [65]); an einem dergestalt zu ersetzenden Vorstandsmigtlied fehlt es aber, wenn keine gesamtvertretungsberechtigten Vorstandsmitglieder vorhanden sind. Auch ein Bedürfnis an der Zulässigkeit der Bestellung eines Prokuristen, der nur gemeinsam mit dem zum selbständigen Handeln befugten Prinzipal vertretungsberechtigt sein soll, ist nicht zu erkennen. Zulässig ist es dagegen zu bestimmen, daß ein Prokurist nur mit bestimmten Vorstandsmitgliedern zusammen handeln, also nur bestimmte andere ersetzen darf. Es kann etwa bestimmt werden, daß die AG vertreten wird durch das Vorstandsmitglied A gemeinsam mit dem Vorstandsmitglied B oder C oder mit dem Prokuristen P, ohne daß dem P zugleich die Befugnis eingeräumt wird, gemeinsam mit B oder C die Gesellschaft zu vertreten; gleichgültig ist es dabei, ob B und C gemeinsam die Gesellschaft vertreten können.

Anm. 9

Auch die von einem Vorstandsmitglied in Gemeinschaft mit einem Prokuristen ausgeübte Vertretungsmacht ist die unbeschränkte, über die Vollmacht eines Prokuristen hinausgehende *Vertretungsmacht des Vorstands* (RG 134, 303 [306]; BGH 13, 61 [64]; Schlegelberger-Quassowski AktG 1937 § 71, Anm. 14; Baumbach-Hueck Rn. 12; Dose, S. 108; Brodmann HGB § 232 Anm. 2b; einschränkend Godin-Wilhelmi Anm. 7). Ein häufig gebrauchter ungenauer Ausdruck hierfür ist, daß die Vertretungsmacht des Prokuristen erweitert ist. Es liegt vielmehr eine an die Mitwirkung eines Prokuristen gebundene Ausübung der gesetzlichen Vertretungsmacht des Vorstandsmitglieds vor. Nur das Vorstandsmitglied, nicht der Prokurist, der gemeinsam mit jenem die AG vertritt, ist ihr gesetzlicher Vertreter (BGH 13, 61 [64]; KG JFG 5, 238). Dies zeigt sich insbesondere im Prozeß, in dem eine gesetzliche Vertretung durch ein Vorstandsmitglied gemeinsam mit einem Prokuristen nicht stattfindet (oben Anm. 2 und die flg. Anm. 14 sowie Anm. 25). Im übrigen handelt der Prokurist bei Gesamtvertretung mit einem Vorstandsmitglied als Vertreter der AG und nicht als Vertreter eines bestimmten Vorstandsmitglieds, auch wenn er Vertrauensperson eines verhinderten Vorstandsmitglieds ist (BGH 13, 64). Kraft Gesetzes wird er auf Grund eigener Entschließung und eigener Verantwortung tätig, und somit bei Pflichtverletzung der AG schadensersatzpflichtig (Baumbach-Hueck Rn. 12). Über die Frage, ob ein Vorstandsmitglied zusammen mit einem Prokuristen Anmeldungen zum Handelsregister vornehmen kann, s. Anm. 27 und Anm. 9 zu § 42.

Anm. 10

3. Zuständigkeit des Aufsichtsrats

Der Wortlaut des Gesetzes erweckt Zweifel, ob die Satzung Einzelvertretungsbefugnis anordnen, aber *den Aufsichtsrat ermächtigen kann, die Gesamtvertretungsbefugnis einzuführen.* Im Anschluß an Schlegelberger-Quassowski, Anm. 15 zu § 71 AktG 1937 wurde diese Frage in der Vorauflage (Anm. 10 zu § 71) bejaht. Es ist kein Grund ersichtlich, eine derartige Satzungsermächtigung an den Aufsichtsrat Einzelvertretung in Gesamtvertretung umzuwandeln, nicht auch jetzt noch für zulässig zu halten (wie hier Godin-Wilhelmi Anm. 8). Dagegen kann, wenn die Satzung Gesamtvertretung anordnet, nicht bestimmt werden, daß der Aufsichtsrat etwa bei Verhinderung einzelner Vorstandsmitglieder andern Einzelvertretung erteilen kann (Möhring-Schwartz, Rowedder-Haberlandt S. 95; Baumbach-Hueck Rn. 10).

Ohne satzungsmäßige Ermächtigung kann der Aufsichtsrat Bestimmungen über die Vertretung der Gesellschaft überhaupt nicht treffen (Baumbach-Hueck Rn. 9; Godin-Wilhelmi Anm. 8).

Im Einzelnen siehe im übrigen Anm. 4 oben.

Anm. 11

4. Die Vorstandsmitglieder selbst können die Vertretungsbefugnis nicht ändern; insbesondere kann der Vorstand nicht einem seiner Mitglieder die Alleinvertretungsbefugnis einräumen, wenn sie es nicht durch die Satzung oder durch den Aufsichtsrat auf Grund einer Ermächtigung in der Satzung erhalten hat (BGH 34, 27 [30]; s. auch BGH WM 1960, 1227 sowie Möhring-Schwartz, Rowedder-Haberlandt, S. 94). Ebensowenig kann ein Vorstandsmitglied durch Erteilung einer Generalvollmacht oder allgemeinen Zustimmung ermächtigt werden, die AG allgemein selbständig zu vertreten; eine solche Vollmacht ist unwirksam (RG 48, 56; RG JW 1912, 526[9]; RG 86, 262 [265]; BGH 34, 27 [30f.]; s. auch BGH 13, 61 [65]; ferner Schilling in Hachenburg § 35 Anm. 7; Ritter § 71 Anm. 3 b; auch Werthauer NJW 1961, 2005 gegen Heim NJW 1961, 1515 und diess. in NJW 1962, 1333; vgl. aber § 82 Anm. 4.

Anm. 12

III. Ausübung der Gesamtvertretung

Der Begriff der Gesamtvertretung besagt nicht mehr, als daß ein Vertreter nur im Zusammenwirken mit einem andern die Gesellschaft vertreten kann; in welcher Weise dieses Zusammenwirken vor sich gehen muß, ist damit nicht entschieden. Darüber kann nur der Sinn der Gesamtvertretung Auskunft geben. Die Gesamtvertretung verlangt das Zusammenwirken mehrerer Vorstandsmitglieder, um den aus einer Einzelvertretung drohenden Gefahren zu begegnen. Welche Art das Zusammenwirken ist, ist unerheblich. Das Entscheidende ist allein, daß die Handlung dem Willen der gemeinschaftlich zur Vertretung berechtigten Vorstandsmitglieder entspricht. Hieraus folgt, daß nicht gleichzeitiges Handeln der Gesamtvertreter erforderlich ist, sondern vorherige oder nachträgliche Zustimmung genügt (RG 81, 325; vgl. 106, 268; s. auch Baumbach-Hueck Rn. 6; Godin-Wilhelmi Anm. 5; Schlegelberger-Quassowski § 71 AktG 1937 Anm. 8), die auch stillschweigend erteilt werden kann (BGH WM 1955, 881 [883]); daß ferner die Zustimmung nicht dem Dritten gegenüber, auch nicht stillschweigend, erklärt zu werden braucht (RG 81, 325; 101, 342; vgl. RG JW 1901, 308[13] sowie die h. L.; vgl. die vorstehend genannten Autoren, ferner Dose S. 107); daß sie als erklärt gilt, wenn der Vertragspartner nach Treu und Glauben den Umständen nach auf eine Zustimmung schließen konnte, RG 123, 288; daß die Zustimmung des andern Vertreters kein selbständiges Rechtsgeschäft ist, das selbst von den zur Vertretung befugten Gesamtvertretern zusammen vorgenommen werden müsse (so anscheinend RG 80, 180). Ferner folgt daraus, daß dies alles auch für formbedürftige Rechtsgeschäfte gilt und die Zustimmung nicht der für das Geschäft vorgeschriebenen Form bedarf, wie z. B. bei der Wechselzeichnung (RG 118, 168; RG JW 1901, 518[9]), Bürgschaft (RG 85, 256, 261), Aktienzeichnung (RG 63, 96). Voraussetzung ist jedoch, daß die Erklärung des handelnden Gesamtvertreters sich als fertige Vertragserklärung darstellt und nicht als bloßer Entwurf (Schlegelberger-Quassowski § 71 AktG 1937 Anm. 8). Wird eine nachträgliche Zustimmung erteilt, so hat sie rückwirkende Kraft, jedoch bleiben zwischenzeitliche Verfügungen wirksam, § 184 BGB. Schließlich setzt eine Genehmigung voraus, daß der Handelnde selbst mit dem von ihm abgeschlossenen Rechtsgeschäft noch einverstanden ist (RG HRR 42, 424; Godin-Wilhelmi Anm. 5; Baumbach-Hueck Rn. 6). Bevor die erforderliche Genehmigung erteilt ist, handelt das zur Gesamtvertretung befugte Vorstandsmitglied als Vertreter ohne Vertretungsmacht. Bei Rechtsgeschäften, die bei Vornahme durch einen Vertreter ohne Vertretungsmacht nicht schwebend unwirksam, sondern nichtig sind, verpflichtet auch ein Handeln eines Gesamtvertreters ohne vorherige Zustimmung des andern die AG nicht. Entsprechendes gilt für die Stimmabgabe eines nur kollektivberechtigten Vorstandsmitglieds in der Hauptversammlung einer anderen AG oder in sonstigen Fällen der Abstimmung. Für einseitige Rechtsgeschäfte gilt BGB § 180 S. 1, 2. — Es ist auch die Genehmigung durch einen Gesamtvertreter zulässig, der erst nach Abschluß des Geschäfts die Vertretungsbefugnis erlangt hat (RG JW 1908, 151[26]).

Anm. 13

Dagegen ergibt der Sinn der Gesamtvertretungsmacht nicht die Zulässigkeit einer allgemeinen Zustimmung des einen Gesamtvertreters zu Handlungen des andern. Dadurch würde gerade der Zweck der Gesamtvertretung vereitelt, daß nur durch den Entschluß mehrerer Vertreter Rechtsfolgen für die AG entstehen sollen. Das Verhältnis einer natürlichen Person zu ihrem Vertreter ist ein ganz anderes als das Verhältnis zweier Gesamtvertreter zueinander. Eine natürliche Person kann sich ganz in die Hand eines Vertreters geben, dem sie vertraut. Der Gesamtvertreter der AG hat aber nicht die Befugnis, die AG dem andern Gesamtvertreter auszuliefern. Daher kann auch die Bestimmung über die Ermächtigung einzelner Mitglieder zur Vornahme bestimmter Arten von Geschäften (Abs. 4) nicht aus der Natur der Gesamtvertretung abgeleitet werden. Ebenso steht es hinsichtlich der Zulassung von Blankozustimmungen nicht wie sonst bei Willenserklärungen. Die Zulässigkeit einer solchen Blankozustimmung folgt aber aus der kraft gesetzlicher Vorschrift bestehenden Zulässigkeit der Ermächtigung eines Vorstandsmitglieds zur alleinigen Vertretung *bei bestimmten Geschäften oder bestimmten Arten von Geschäften.* Sie geht nicht weiter als die Möglichkeit einer solchen Ermächtigung. Sie kann nicht den Umfang einer *Generalvollmacht* annehmen, im einzelnen s. Anm. 11 oben sowie Anm. 4 zu § 82, auch nicht wenn die Generalvollmacht widerruflich und zeitlich begrenzt erteilt wird (BGH 34, 27 [31] gegen OLG Hamburg Die AG 1959, 286). Die Kenntnis des genauen Inhalts des Geschäfts ist nicht Voraussetzung für die Wirksamkeit der ausdrücklichen oder stillschweigenden Zustimmung (RG 101, 342; RG JW 1908, 151[26]; BGH WM 1959, 881 [883]).

Anm. 14

Die vorstehenden Ausführungen in Anm. 11 und 13 gelten in gleicher Weise für die Vertretung durch mehrere Vorstandsmitglieder und für die Vertretung durch *ein Vorstandsmitglied und einen Prokuristen.* Es liegt jedoch keine gesetzliche Vertretung vor, wenn nur der Prokurist abschließt und das Vorstandsmitglied zustimmt. Der Prokurist allein kann nicht als gesetzlicher Vertreter der AG auftreten (Anm. 9, 16). Er vermag nicht das Handeln eines Vorstandsmitglieds für die AG, sondern nur die *Mitwirkung* eines andern Vorstandsmitglieds zu ersetzen. Freilich aber gelten die obigen Grundsätze über die Gesamtvertretung ebenso für die Prokura wie für die gesetzliche Vertretungsmacht. Sofern das Geschäft nicht außerhalb der Befugnisse eines Prokuristen überhaupt liegt, ist also seine Verbindlichkeit für die AG bei Vornahme durch den Prokuristen und Zustimmung eines Vorstandsmitglieds nicht zu bezweifeln. Auch wird anzunehmen sein, daß bei Zustimmung eines Vorstandsmitglieds der Prokursit alle Rechtsgeschäfte abschließen kann, die er gemeinsam mit dem Vorstandsmitglied abschließen könnte, also auch Verfügungen über Grundstücke oder die Erteilung einer Prokura; nur Handlungen, die ein gewillkürter Vertreter der AG überhaupt nicht vornehmen kann, kann ein Prokurist trotz Zustimmung eines Vorstandsmitglieds nicht vornehmen.

Anm. 15

IV. Passive Vertretung (Abs. 2 Satz 2; Abs. 3 Satz 3)

Der Grundsatz der Gesamtvertretung gilt nicht für Entgegennahme von Willenserklärungen, die sog. *passive Stellvertretung*. Willenserklärungen können vielmehr immer gegenüber jedem einzelnen Vorstandsmitglied abgegeben werden, § 78 Abs. 2 Satz 2 (vgl. § 28 Abs. 2 BGB). Die Satzung kann Abweichendes nicht bestimmen (so auch § 40 BGB). Diese gesetzliche Einzelvertretungsbefugnis für die passive Vertretung der AG gilt, außer für Willenserklärungen, entsprechend auch für alle anderen Arten von Äußerungen und Mitteilungen (h. L.; Ritter § 71 AktG 1937 Anm. 3c; Godin-Wilhelmi Anm. 6; Baumbach-Hueck Rn. 7; Schlegelberger-Quassowski § 71 AktG 1937 Anm. 18). Die Bestimmung Abs. 2 S. 2 ist nach Abs. 3 S. 3 entsprechend anwendbar auf den Fall, daß ein Vorstandsmitglied in Gemeinschaft mit einem Prokuristen zur Vertretung derGesellschaft befugt ist. Auch hier (vgl. Anm. 14) wird aber anzunehmen sein, daß die entsprechende Anwendung nur die Abgabe der Erklärung gegenüber dem Vorstandsmitglied gestattet, soweit die Erklärung wirksam nur gegenüber einem gesetzlichen Vertreter der AG abgegeben werden kann. In dem Umfang kann sie auch gegenüber dem Prokuristen abgegeben werden (Baumbach-Hueck Rn. 13).

Ein Spezialfall ist § 171 Abs. 3 ZPO, wonach einzelnen Vorstandsmitgliedern wirksam zugestellt werden kann.

Verwandt hiermit ist die Frage, ob das *Wissen nur eines Gesamtvertreters* der AG zugerechnet wird. Dies ist grundsätzlich zu bejahen. Auf die AG finden die allgemeinen Grundsätze über die Gesamtvertretung Anwendung, nach denen die Kenntnis *eines* Gesamtvertreters dem Vertretenen zugerechnet wird (s. BGH 20, 149; 41, 282 [287]; BGH WM 1955, 830, 832 und aus der älteren Rspr. z. B. RG 53, 227; 59, 400, 408; RG JW 1935, 2044). Ein Grund, für das Wissenmüssen etwas anderes anzunehmen, liegt um so weniger vor, als die AG auch für fahrlässige Handlungen eines zur Gesamtvertretung berechtigten Vorstandsmitglieds haftet (Anm. 24). Die in der Vorauflage vertretene Ansicht (§ 71 Anm. 21), daß der Irrtum eines Gesamtvertreters unbeachtlich ist, wenn der andere Gesamtvertreter Kenntnis vom wahren Sachverhalt hat, wird aufgegeben. Solange bei Gesamtvertretung sich ein Gesamtvertreter im Irrtum befindet, liegt eine anfechtbare Erklärung der AG vor (so Baumbach-Hueck Rn. 8; wie hier auch Schilling in Hachenburg § 35 Anm. 8a). Entsprechendes gilt für sonstige Willensmängel, wie Drohung, Täuschung.

V. 1. Ermächtigung einzelner Mitglieder (Abs. 4)

Anm. 16

Abs. 4 Satz 1 erklärt es ausdrücklich für zulässig, daß der Vorstand einzelne seiner Mitglieder *zur Vornahme bestimmter Geschäfte oder bestimmter Arten von Geschäften ermächtigt*. Eine solche Ermächtigung kann durch die zur *Gesamtvertretung befugten Vorstandsmitglieder* erteilt werden; die früher streitige Frage, ob der gesamte Vorstand die Ermächtigung erteilen muß (vgl. die Nachweise in der Vorauflage § 71 Anm. 12), hat sich durch die Neufassung der Vorschrift (früher § 71 Abs. 2 Satz 2 AktG 1937) erledigt; vgl. auch Heim DieAG 1959, 271 ff. Bei der Erteilung der Ermächtigung kann das zu ermächtigende Vorstandsmitglied selbst mitwirken (RG 80, 180; vgl. auch KGJ 20 A 74). Die Befugnis zur Erteilung der Ermächtigung besteht nach Abs. 4 Satz 2 auch in dem Falle, daß einzelne Vorstandsmitglieder in Gemeinschaft mit einem Prokuristen zur Vertretung der Gesellschaft befugt sind. Es kann sich also das Vorstandsmitglied in Gemeinschaft mit dem Prokuristen die Ermächtigung zur Vornahme bestimmter Geschäfte oder bestimmter Arten von Geschäften erteilen. Kann auch dem Prokuristen eine solche Ermächtigung erteilt werden? Dies hängt zunächst davon ab, ob man in der Erteilung einer solchen Ermächtigung eine selbständige Handlungsvollmacht sieht oder eine Befugnis zum alleinigen Handeln als gesetzlicher Vertreter (s. Anm. 17). Im ersten Falle besteht gegen die Zulässigkeit einer solchen Bevollmächtigung des Prokuristen kein Bedenken. Im zweiten Falle hingegen würde die Erteilung der Befugnis an den Prokuristen die Folge haben, daß dieser allein als gesetzlicher Vertreter der AG auftreten kann. Dies würde mit der Stellung des Prokuristen in Widerspruch stehen. Durch die Zulassung einer Gesamtvertretung der AG durch ein Vorstandsmitglied und einen Prokuristen wird der Prokurist nicht gesetzlicher Vertreter, sondern es wird nur die Ausübung der gesetzlichen Vertretungsmacht eines Vorstandsmitglieds an die Mitwirkung eines Prokuristen, der die Mitwirkung eines andern Vorstandsmitglieds ersetzt, gebunden (Anm. 9). Durch den Prokuristen allein kann die AG nicht gesetzlich vertreten werden. Daraus folgt aber nicht die Unwirksamkeit der dem Prokuristen erteilten Ermächtigung. Nur handelt es sich für ihn um eine echte Vollmachterteilung und nicht, wie bei einem Vorstandsmitglied, um eine Freistellung von den in der Gesamtvertretungsbefugnis liegenden Schranken der Ausübung der gesetzlichen Vertretungsmacht. Weshalb es widersinnig sein soll, daß ein Prokurist, dem nur Gesamtprokura zusteht, außerdem zur alleinigen Vornahme bestimmter Geschäfte oder bestimmter Arten von Geschäften bevollmächtigt wird (so Brodmann HGB § 232 Anm. 4a), ist nicht zu erkennen (wie hier Godin-Wilhelmi Anm. 9; im Ergebnis auch Baumbach-Hueck Rn. 14). Wegen Erteilung von Generalvollmacht s. Anm. 11.

Anm. 17

2. Rechtliche Natur der Ermächtigung

Die *rechtliche Natur der Ermächtigung* ist streitig. Überwiegend wurde sie als eine echte Vollmacht angesehen (RG 48, 56; 80, 180; RG JW 1900, 663[18]; KG OLGR 27, 375), und zwar als eine Handlungsvollmacht im Sinne des § 54 HGB (RAG HRR 1929 Nr. 1924; Schlegelberger-Quassowski § 71 Anm. 17; Ritter § 71 Anm. 3b; Teichmann-Köhler § 71 Anm. 3b; Staub HGB § 232 Anm. 7; Heim DieAG 1959, 271; ders. NJW 1961, 1515. Hält man es grundsätzlich für zulässig, daß der gesetzliche Vertreter zugleich gewillkürter Vertreter ist, so würde sich die Zulässigkeit der Handlungsvollmacht an ein Vorstandsmitglied von selbst verstehen und Abs. 4 wäre überflüssig. Folgerichtig müßte man es aber dann auch zulassen, daß einem Vorstandsmitglied Prokura erteilt wird; das Gegenteil hätte nur eine schwache Begründung in dem Schweigen des Gesetzes über diesen Punkt. In Wirklichkeit ist mit der gesetzlichen leitenden Organstellung des Vorstandsmitglieds die Eerteilung einer rechtsgeschäftlichen Vollmacht, insbesondere einer Handlungsvollmacht oder einer Prokura, nicht zu vereinen. Es ist daher der schon von Brodmann HGB § 232 Anm. 4b vertretenen Auffassung zuzustimmen, daß die Ermächtigung eine Erweiterung der Befugnis, die gesetzliche Vertretungsmacht zu handhaben, bewirkt, es sich also um einen organschaftlichen Akt handelt, nicht eine Bevollmächtigung. Hierfür spricht auch der Wortlaut des Gesetzes, das eben nicht von der Erteilung einer Vollmacht, sondern von einer Ermächtigung spricht. Das Vorstandsmitglied handelt also auf Grund einer solchen Ermächtigung als gesetzlicher Vertreter und nicht als Bevollmächtigter. Wie hier auch Frels ZHR 122, 173 (178ff.); Godin-Wilhelmi Anm. 9 und Schilling in Hachenburg § 35 Anm. 13; im Ergebnis auch Baumbach-Hueck Rn. 14.

Anm. 18

3. Form

Die Ermächtigung bedarf *keiner besonderen Form*. Sie kann daher auch stillschweigend erteilt werden (RG 123, 280 [288]). Das wissentliche Dulden der selbständigen Vornahme bestimmter Arten von Geschäften durch die andern Vorstandsmitglieder ist als Ermächtigung anzusehen (RGSt. 47, 32; vgl. KG OLGR 40, 199).

Überhaupt gilt als Erteilung einer Ermächtigung jedes Verhalten der Vorstandsmitglieder, das nach außen die Überzeugung erwecken muß, daß eine Ermächtigung vorliegt (RG 123, 288). Es ist zwar grundsätzlich erforderlich, daß die Grenzen der Ermächtigung ersichtlich sind (RG 48, 56). Doch ist eine deutliche scharfe Abgrenzung nicht für erforderlich zu erachten. Hat das Vorstandsmitglied mit Zustimmung oder Duldung der übrigen Vorstandsmitglieder die Gesellschaft bei Geschäften bestimmter Art fortgesetzt allein vertreten, so kann das Vorliegen einer Ermächtigung für solche

Geschäfte nicht deshalb verneint werden, weil das Vorstandsmitglied darüber hinaus bei verschiedenartigen und nicht bestimmt abzugrenzenden Geschäften selbständig die AG nicht vertreten hat (vgl. auch Möhring-Tank I 234). Anders nur, wenn die selbständige Vertretung so weit ging, daß das Vorstandsmitglied allgemein die AG allein vertrat (vgl. oben Anm. 11; BGH 34, 27 [31]).

Anm. 19

4. Umfang

Der *Umfang der Vertretungsmacht*, die das Vorstandsmitglied durch eine Ermächtigung gemäß Abs. 4 erwirbt, richtet sich in erster Linie nach dem Inhalt der Ermächtigung. Sie kann aber nur für im Einzelnen *bestimmte Geschäfte oder bestimmte Arten von Geschäften* erteilt werden. Es kann daher auch im Rahmen einer nicht genau umrissenen Ermächtigung ein Ort der Geschäftsleitung (faktischer Sitz) einer AG im Sinne von § 33 Abs. 2 Nr. 3 AKG nicht begründet werden (OLG Düsseldorf WM 1966, 74 mit zahlreichen weiteren Nachweisen aus der Rechtsprechung zu § 33 AKG). § 54 HGB ist nicht unmittelbar anwendbar (vgl. Anm. 17). Er paßt nur für Handlungsgehilfen, über deren Vertretungsbefugnis das Handelsregister nichts aussagt, und nicht für Vorstandsmitglieder, über deren Vertretungsbefugnis das Handelsregister Auskunft gibt. Allerdings ist die Erteilung einer Ermächtigung zur Vornahme bestimmter Geschäfte oder bestimmter Arten von Geschäften nicht im Handelsregister eintragbar. Aber es ist dem Geschäftsgegner, der aus dem Handelsregister ersehen kann, daß das Mitglied nur Gesamtvertretungsbefugnis hat, sehr wohl zuzumuten, sich über den Umfang seiner Alleinvertretungsmacht zu unterrichten. Der Grundsatz, daß ein äußeres Verhalten, das auf eine Vollmachterteilung schließen läßt, rechtlich als solche angesehen wird, muß freilich auch für die Ermächtigung zur Vornahme einzelner Geschäfte oder bestimmter Arten von Geschäften durch ein Vorstandsmitglied gelten. Aber es kann weder angenommen werden, daß es zu den in HGB § 54 Abs. 2 vorgesehenen Handlungen für das Vorstandsmitglied einer besonderen Ermächtigung bedarf, noch daß Dritte in dem Umfang des HGB § 54 Abs. 3 geschützt sind. Es ist vielmehr ganz nach den besonderen Umständen des einzelnen Falls zu beurteilen, in welchem Umfang das Vorstandsmitglied zur Alleinvertretung ermächtigt worden oder nach dem Verhalten der übrigen Vorstandsmitglieder als ermächtigt anzusehen ist. Es ist nicht zu verkennen, daß durch das Institut der Ermächtigung eine gewisse Unsicherheit für den Rechtsverkehr geschaffen wird, zumal auch selbst bei förmlichen Geschäften (wie Wechselzeichnung und Notariatsakte) nicht verlangt wird, daß der Ermächtigte ausdrücklich erklärt, nicht als Gesamtvertreter, sondern kraft Ermächtigung zu handeln (vgl. RG 118, 170; KG RJA 2, 85). Doch haftet die AG, wie jedermann, nach außen für den von ihr erzeugten Rechtsschein (vgl. u. a. RG 75, 419; 117, 165; 123, 288; 144, 388; BGH 5, 112), so daß Dritte weitgehend geschützt sind. Begrifflich muß allerdings eine Haftung der AG auf Grund vorliegender Ermächtigung oder aus Rechtsschein geschieden werden (Schilling in Hachenburg, § 35 Anm. 18; Godin-Wilhelmi Anm. 9), da sich die Haftung aus Rechtsschein unter Berücksichtigung objektiver Umstände, wie sie dem Dritten erkenntlich waren, und damit aus Treu und Glauben herleitet, während die Ermächtigung auf einer wenn auch möglicherweise stillschweigenden Willenserklärung beruht. Die Haftung aus Rechtsschein berührt sich damit mit der Haftung der AG nach außen bei Vorliegen einer Ermächtigung durch schlüssiges Verhalten, insbesondere durch Duldung der übrigen Vorstandsmitglieder (Anm. 18 oben).

Anm. 20

5. Widerruf

Die Ermächtigung zur Vornahme bestimmter Geschäfte ist jederzeit *widerruflich*. Denn das einzelne Vorstandsmitglied, das nur gesamtvertretungsberechtigt ist, hat keinen Anspruch darauf, daß ihm von den übrigen Vorstandsmitgliedern die alleinige Vornahme von Geschäften gestattet wird. Dies geschieht immer nur aus Zweckmäßigkeitsgründen im Interesse der AG, und es ist Pflicht der Vorstandsmitglieder, den Widerruf der Ermächtigung auszusprechen, wenn es ihnen bedenklich erscheint, dem Vorstandsmitglied die weitere alleinige Vertretung der Gesellschaft bei den betreffenden Geschäften zu überlassen. Bei Meinungsverschiedenheiten ist ein Widerruf nur möglich auf Grund eines von dem Gesamtvorstand gefaßten Beschlusses (so jetzt auch Godin-Wilhelmi, Anm. 10). Sind die übrigen Vorstandsmitglieder nur zusammen mit dem Ermächtigten zur Vertretung der AG befugt, so ist ein Widerruf ohne Mitwirkung des Ermächtigten möglich (s. Baumbach-Hueck Rn. 14 und auch Schilling in Hachenburg, § 35 Anm. 17).

War die Ermächtigung durch Erklärung gegenüber einem Dritten erteilt, so bleibt sie nach § 170 BGB, der entsprechend anzuwenden ist, in Kraft, bis dem Dritten das Erlöschen angezeigt wird (RG JW 1915, 998[6]). Dasselbe gilt, wenn dem Dritten besondere Mitteilung von dem Bestehen der Ermächtigung gemacht war; ist die Ermächtigung öffentlich bekanntgegeben worden, so kann sie auch nur auf dieselbe Weise widerrufen werden (§ 171 BGB).

Anm. 21

VI. Wirkungen des Handelns vertretungsberechtigter Vorstandsmitglieder

Die Wirkungen des Handelns der vertretungsberechtigten Vorstandsmitglieder richten sich nach §§ 164, 166 BGB. § 165 BGB, wonach die beschränkte Geschäftsfähigkeit des Vertreters unschädlich ist, kommt nicht in Betracht, da ein beschränkt Geschäftsfähiger nicht Vorstandsmitglied sein kann (§ 76 Abs. 3) und auch ein Schutz Dritter in dieser Hinsicht nicht stattfindet (§ 76 Anm. 17) A.uf den in Gemeinschaft mit einem gesamtvertretungsberechtigten Vorstandsmitglied handelnden Prokuristen ist § 165 BGB jedoch anzuwenden. Grundsätzlich wird das *Wissen und Wollen* jedes Vorstandsmitglieds der AG zugerechnet; BGH 20, 149 (152); 41, 282 (287); BGH WM 1955, 832. Dies gilt auch für Vorstandsmitglieder, die am Abschluß eines Geschäfts nicht persönlich beteiligt sind, an ihm also überhaupt nicht mitgewirkt haben (RG JW 1935, 2044; BGH 20, 149; BGH Urteil vom 17. 5. 1956 — II ZR 10/55 — nicht veröffentlicht; Schilling in Hachenburg, § 35 Anm. 8a; a. A. Schlegelberger-Quassowski § 71 AktG 1937 Anm. 19; Brodmann § 232 HGB Anm. 5). Da das Wissen eines Organmitglieds als Wissen der AG gilt, sind die gleichen Grundsätze anzuwenden für Vorstandsmitglieder, die ein anderes Vorstandsmitglied zum Abschluß bestimmter Geschäfte oder bestimmter Arten von Geschäften ermächtigt haben. Das ermächtigte Vorstandsmitglied ist für Geschäfte,für die ihm die Ermächtigung erteilt ist, zwar selbständig vertretungsbefugt; es handelt auch auf Grund seiner für solche Geschäfte bestehenden Alleinvertretungsmacht und nicht auf Grund einer Zustimmung der andern Gesamtvertreter. Dennoch muß sich die AG das Wissen des ermächtigenden Vorstandsmitglieds anrechnen lassen. Nichts anderes gilt auch, wenn ein gesamtvertretungsberechtigtes Vorstandsmitglied am Abschluß eines Geschäfts direkt in der Weise beteiligt ist, daß durch seine Zustimmung ein von einem andern Vorstandsmitglied abgeschlossenes Rechtsgeschäft Wirksamkeit für die AG erlangt (Anm. 12); ist das zustimmende Vorstandsmitglied z. B. hinsichtlich des Eigentums an einer für die AG erworbenen Sache nicht gutgläubig, so findet ein Erwerb von Nichtberechtigten trotz des guten Glaubens des nach außen handelnden Vorstandsmitglieds nicht statt.

Auch das außerdienstliche, private Verhalten eines Vorstandsmitglieds kann im Einzelfall der AG zuzurechnen sein, insbesondere dann, wenn geschäftliche und private Interessen in unzulässiger Weise vermischt werden; vgl. OLG Düsseldorf BB 1964, 1021).

Anm. 22

VII. Insichgeschäfte

Durch die Neufassung des § 112 (früher § 97 AktG 1937), wonach der Aufsichtsrat die AG gerichtlich *und* außergerichtlich gegenüber den Vorstandsmitgliedern vertritt, erledigen sich die zahlreichen Probleme in Bezug auf § 181 BGB (vgl. die Vorauflage Anm. 23 bis 25 zu § 71). Denn nach der Neuregelung des § 112 kann auch ein Vorstandsmitglied die AG nicht mehr bei einem Rechtsgeschäft mit sich selbst vertreten (Godin-Wilhelmi Anm. 3; Baumbach-Hueck Rn. 4; Wilhelmi-Wilhelmi BB 1968, 139). Weder durch die Satzung noch durch den Aufsichtsrat ist eine Befreiung von den Beschränkungen des § 181 BGB wegen der eindeutigen Regelung des § 112 möglich; anders Möhring-Schwartz, Haberlandt-Rowedder S. 97f. Soweit es sich jedoch nicht um ein Rechtsgeschäft zwischen dem Vorstand und der Gesellschaft handelt, sondern um Fälle von Personalunion, wo das Vorstandsmitglied gleichzeitig gesetzlicher Vertreter einer anderen Gesellschaft (etwa, aber nicht notwendig, einer Konzerngesellschaft) ist, kann der Aufsichtsrat den Vorstand von den Beschränkungen des § 181 BGB befreien. Da es sich nicht um ein Rechtsgeschäft mit der Gesellschaft sondern mit einem Dritten handelt, greift die alleinige Vertretungsbefugnis des Aufsichtsrats gemäß § 112 nicht ein.

Anm. 23

VIII. Überschreitung der Vertretungsmacht

Überschreitet ein Vorstandsmitglied den Umfang oder die Schranken der Ausübung seiner Vertretungsbefugnis, so handelt er als Vertreter ohne Vertretungsmacht. §§ 177ff. BGB sind anwendbar. Das Vorstandsmitglied wird dem Geschäftsgegner in aller Regel gemäß § 179 Abs. 1 BGB haften, da es die Grenzen seiner Vertretungsmacht kennen muß. Das gilt aber nur in den Fällen, in denen die Wirksamkeit des Rechtsgeschäfts von der Zustimmung der Hauptversammlung oder des Aufsichtsrats abhängig ist. Ist dagegen die Vertretungsmacht des Vorstands völlig ausgeschlossen, etwa bei Rechtsgeschäften mit anderen Vorstandsmitgliedern (§ 112), so ist ein hiergegen verstoßendes Rechtsgeschäft nichtig (§ 134 BGB). Über die gesetzlichen Beschränkungen der Vertretungsmacht s. § 82 Anm. 2.

Anm. 24

IX. Haftung

1. *Die AG haftet für unerlaubte Handlungen der Vorstandsmitglieder nach BGB* § 31, vgl. § 1 Anm. 4 (BGH WM 1959, 81; ferner RG 57, 93; 76, 48; RG JW 1903 Beil. 39 Nr. 81). Es handelt sich dabei um eine Haftung für das Handeln der Organe der AG, das dieser als eigenes Handeln zuzurechnen ist. Auf die Vertretungsbefugnis kommt es in dieser Hinsicht nicht an. Daher haftet die AG auch für die unerlaubte Handlung eines einzelnen nur gesamtvertretungsberechtigten Vorstandsmitglieds (RG 57, 93; 74, 257; 110, 145; 117, 61). Es muß sich dabei jedoch immer um eine *in Ausübung der dem Vorstand zustehenden Verrichtungen* begangene unerlaubte Handlung handeln (RG 94, 318). Die Herstellung einer gefälschten Unterschrift eines andern Vorstandsmitgliedes, ohne das das gesamtvertretungsberechtigte Vorstandsmitglied nicht die AG vertreten könnte, ist keine in Ausführung der dem Vorstand zustehenden Verrichtungen begangene Handlung und macht die AG also nicht haftbar (RG 134, 375).

2. Auch aus *einem Vertrage* haftet die AG für das Verschulden *nur eines gesamtvertretungsberechtigten Vorstandsmitglieds* (RG 110, 145; RG JW 1925, 1990[1]). Dasselbe ist für die Haftung wegen culpa in contrahendo anzunehmen, soweit das Verschulden nicht gerade darin besteht, daß das Vorstandsmitglied ohne die erforderliche Vertretungsmacht abschließt oder den Geschäftsgegner über den Mangel der Vertretungsmacht täuscht.

3. *Strafrechtlich* kann die AG als solche grundsätzlich nicht verantwortlich gemacht werden, da das deutsche Recht eine Bestrafung juristischer Personen nicht kennt (vgl. die Entschließung des DJT 1953 JZ 53, 613 und andererseits BGH in NJW 53, 1838, sowie § 1 Anm. 20). Begehen also Vorstandsmitglieder Straftaten oder Ordnungswidrigkeiten, so sind sie persönlich verantwortlich, auch wenn sie in ihrer Eigenschaft als Organe der Gesellschaft gehandelt haben. Soweit die persönliche Strafbarkeit das Vorliegen bestimmter Eigenschaften, Verhältnisse oder Umstände voraussetzt, so genügt es für die Strafbarkeit der Vorstandsmitglieder, daß diese Merkmale bei der AG vorliegen

(§ 50a StGB n.F. und § 10 OWiG n.F.). Jedoch ist vielfach in Gesetzen ausdrücklich eine *Haftung* der AG für durch strafbare Handlungen ihrer Organe verwirkte Strafen, Bußen und Sicherungsmaßnahmen vorgesehen. Für den gesamten Bereich der Ordnungswidrigkeiten bestimmt § 26 OWiG vom 24. 5. 68 (BGBl. I, 481), daß gegen die juristische Person als solche als Nebenfolge einer Straftat oder Ordnungswidrigkeit eines vertretungsberechtigten Organmitglieds eine Geldbuße festgesetzt werden kann; ebenso sind Einziehung oder Wertersatz gegenüber der AG direkt möglich (§ 25 OWiG), wenn Vorstandsmitglieder ordnungswidrig gehandelt haben. Allgemein über die besondere Bedeutung des Gesetzes über Ordnungswidrigkeiten für Betrieb und Unternehmen s. Demuth-Schneider BB 1970, 642.

Anm. 25

X. Die Prokura bei der AG

1. Voraussetzungen der Bestellung

§ 238 HGB schrieb vor, daß mangels einer abweichenden Bestimmung der Satzung oder eines Beschlusses der Generalversammlung der Vorstand einen Prokuristen nur mit Zustimmung des Aufsichtsrats bestellen darf. Diese Bestimmung war schon im AktG 1937 nicht mehr enthalten. Die Zulässigkeit der Bestellung von Prokuristen für die AG, die bis zur Novelle von 1884 zweifelhaft war und zu deren Klarstellung § 238 HGB in erster Linie diente, steht heute außer Zweifel. Es gelten für die Bestellung von Prokuristen die allgemeinen Grundsätze über Vertretungsmacht des Vorstands (s. Anm. 8); sie kann auch bei unechter Gesamtvertretung durch ein Vorstandsmitglied zusammen mit einem Prokuristen erfolgen (RG 134, 304ff.). Ebenso gelten für die Prokura selbst die allgemeinen Bestimmungen des §§ 48ff. HGB. Es ergeben sich jedoch aus der Natur der AG einige Fragen und Besonderheiten.

Die AG ist zwar immer Handelsgesellschaft (§ 3), braucht aber kein Gewerbe zu betreiben (vgl. § 3 Anm. 2). Die Prokura ermächtigt nach § 49 HGB nur zu Rechtsgeschäften, die der Betrieb eines *Handelsgewerbes* mit sich bringt. Brodmann (HGB § 238 Anm. 1a und § 210 Anm. 4) wendet gegen die Zulässigkeit der Bestellung eines Prokuristen ein, daß die Prokura ein spezifisch handelsgewerblicher Begriff sei. Dies ist zwar richtig; doch fordert die Rechtssicherheit, daß die Wirksamkeit der in das Handelsregister eingetragenen oder einzutragenden Prokura nicht von der Frage des Vorliegens eines Gewerbes abhängt, die unter Umständen, z. B. bei einer Verwaltungszwecken dienenden AG, schwer und nur auf Grund genauer Kenntnis der Verhältnisse der AG zu entscheiden ist. Darüber hinaus folgt aus § 3 mit § 6 HGB, daß jede AG „Kaufmann" ist, das von ihr betriebene Unternehmen also als Handelsgewerbe gilt (§ 343 HGB, s. § 3 Anm. 4). Der herrschenden Lehre, die auch bei Mangel eines Gewerbes die Bestellung von Prokuristen für zulässig erklärt, ist daher zuzustimmen(vgl. Baumbach-Hueck Rn. 18; Schmidt in Hachenburg § 46 Anm. 35). Der Prokurist muß in einem solchen Falle zur Vornahme aller Handlungen als ermächtigt gelten, die der Betrieb eines Handelsgewerbes oder der Betrieb eines Unternehmens solcher Art, wie die AG es betreibt, mit sich bringt.

Auch im Abwicklungsstadium kann die AG durch Prokuristen in Gemeinschaft mit einzelnen Abwicklern vertreten werden (§ 269 Abs. 3). Die frühere Regelung, daß eine AG in Abwicklung keine Prokuristen bestellen kann, und daß bestehende Prokuren erlöschen (vgl. § 210 Abs. 5 AktG 1937), ist entfallen.

Anm. 26

2. Zustimmungserfordernisse

Ein in der Satzung oder durch den Aufsichtsrat aufgestelltes Erfordernis der Zustimmung des Aufsichtsrats für die Bestellung eines Prokuristen gilt nicht für den *Widerruf* der Prokura. Denn im Gegensatz zu der Erteilung enthält der Widerruf der Prokura keine besonderen Risiken für die AG (h. L. s. Baumbach-Hueck Rn. 18; s. auch Schmidt in Hachenburg § 46 Anm. 39).

Andere Beschränkungen als das Erfordernis der Zustimmung des Aufsichtsrats kann die *Satzung* (vgl. Anm. 4) für die Prokurenbestellung nicht einführen. Insbesondere kann sie nicht bestimmen, daß der Vorstand eine Prokura nur als Gesamtprokura (§ 48 Abs. 2 HGB) erteilen oder daß für die Gesellschaft, wenn sie durch Prokuristen vertreten wird, nur zwei Prokuristen gemeinschaftlich vertretungsberechtigt sind. Die Prokuraerteilung ist eine Maßnahme der Geschäftsführung, die ausschließlich dem Vorstand obliegt (die allerdings an die Zustimmung des Aufsichtsrats gebunden sein kann, § 111 Abs. 4 Satz 2). Er entscheidet allein, ob die Prokura als Einzel- oder Gesamtprokura zu erteilen ist. Die Satzung kann ihn hierin nicht weiter beschränken. Ob eine Satzungsbestimmung, daß die Gesellschaft nicht nur von zwei Vorstandsmitgliedern oder einem Vorstandsmitglied gemeinsam mit einem Prokuristen, sondern auch von zwei Prokuristen vertreten werde, in ihrer letzten Alternative eintragungsfähig ist, ist daher äußerst zweifelhaft (vgl. Möhring-Schwartz, Rowedder-Haberlandt S. 94); eine Übertragung der gesetzlichen Vertretungsmacht des Vorstands an Prokuristen ist jedenfalls nicht möglich (s. Anm. 8). Man wird daher auch jede Satzungsbestimmung über die Vertretung der AG durch Prokuristen für unzulässig halten müssen (z. T. abweichend Schlegelberger-Quassowski § 71 AktG 1937 Anm. 13).

Anm. 27

3. Anmeldung und Eintragung

Für die *Anmeldung der Prokura zum Handelsregister* gelten die allgemeinen Grundsätze (s. § 81 Anm. 4). Daß die Anmeldung auch durch ein vertretungsberechtigtes Vorstandsmitglied in Gemeinschaft mit einem Prokuristen erfolgen kann, hat das RG 134, 303 gerade für den Fall der Erteilung der Prokura ausgesprochen.

Ob im Falle des Vorliegens eines Genehmigungsvorbehalts für Bestellung (oder Widerruf der Bestellung) des Prokuristen die Genehmigung erteilt ist, hat der Registerrichter nicht zu prüfen, da es sich nur um eine Beschränkung gegenüber der Gesellschaft handelt (§ 82 Abs. 2); h. L. s. Baumbach-Hueck Rn. 15; Godin-Wilhelmi Anm. 2).

§ 79 Zeichnung durch Vorstandsmitglieder

Vorstandsmitglieder zeichnen für die Gesellschaft, indem sie der Firma der Gesellschaft oder der Benennung des Vorstands ihre Namensunterschrift hinzufügen.

Übersicht

Einleitung

Die Bestimmung stimmt inhaltlich mit der entsprechenden Vorschrift (§ 72) des AktG 1937 überein. Sie wurde lediglich sprachlich neu gefaßt. Sie entspricht § 35 Abs. 3 GmbHG sowie § 51 HGB (Prokura).

Anm. 1

I. Art der Zeichnung

1. § 79 schreibt vor, wie die Vorstandsmitglieder für die AG zeichnen sollen. Die Zeichnung soll die Firma der Gesellschaft oder die Bennung des Vorstands enthalten. Zu letzterem genügt, daß ein den Firmenaufdruck der Gesellschaft enthaltendes Schriftstück mit der Bezeichnung „Der Vorstand" abgeschlossen wird. Der Firma oder der

Benennung des Vorstands sollen aber nach § 79 die Vorstandsmitglieder ihre *Namensunterschrift hinzufügen.* Es handelt sich um eine *Ordnungsvorschrift*, deren Verletzung die Gültigkeit der Erklärung nicht beeinträchtigt (RG 119, 114; vgl. auch RG 75, 1; 83, 121). Vielmehr bindet jede schriftliche Erklärung des Vorstands die AG, sofern nur der Wille, für die Gesellschaft zu zeichnen, erkenntlich ist; das ist nach der Verkehrsauffassung immer dann der Fall, wenn der Vorstand mit einem Dritten in Gesellschaftsangelegenheiten verhandelt (vgl. RGZ 119, 115; Baumbach-Hueck Rn. 2; Schilling in Hachenburg § 35 Anm. 29). Eine Verletzung von § 79 beeinträchtigt auch die Gültigkeit einer Erklärung nicht bei Geschäften, bei denen das Gesetz die Schriftform verlangt (herrschende Lehre, abw. Brodmann HGB § 233 Anm. 2b). Die Wirksamkeit von Erklärungen, die der Schriftform bedürfen, hängt allein davon ab, daß das Erfordernis der Eigenhändigkeit (§ 126 BGB) erfüllt ist. Die Unterzeichnung des Vertreters mit dem Namen des Vertretenen tut der Vorschrift des § 126 BGB Genüge (so RG VZS 74, 96; dagegen Brodmann HGB § 233 Anm. 2c). Nach BGB § 126 erfordert also die gesetzliche Schriftform nicht die Unterschrift des Vertreters. Hiernach genügt die Unterzeichnung eines Vorstandsmitglieds mit der Firma der AG — auch ohne Beifügung der Namensunterschrift — zur Beobachtung der Schriftform, wobei die verkehrsübliche Bezeichnung der Firma genügt (RG JW 1928, 218; wie hier Godin-Wilhelmi Anm. zu § 79 und Baumbach-Hueck Rn. 2). Ebenso ist die Gültigkeit der Erklärung anzunehmen, wenn ein Vorstandsmitglied mit Zustimmung des andern zu der Firma beide Namen hinzugefügt hat; die Erklärung würde ja auch gültig sein, wenn nur ein gesamtvertretungsbefugtes Mitglied unterzeichnet und das andere zugestimmt hätte (vgl. RG 118, 168). Dagegen ist das Erfordernis der Eigenhändigkeit nicht erfüllt, wenn ein Vorstandsmitglied mit einem fremden Namen, z. B. mit dem Namen eines zur Zeit der Unterschrift noch nicht bestellten, aber in Aussicht genommenen Vorstandsmitglieds, unterzeichnet (vgl. RG 118, 168). Die vorstehenden Grundsätze gelten auch für die Zeichnung von *Wechseln.* Es genügt also entweder eigenhändige Zeichnung der Firma ohne Unterschrift oder Firmenstempel oder -druck mit handschriftlicher Namensunterschrift, (h. L., vgl. Godin-Wilhelmi Anm. zu § 79; Baumbach-Hueck Rn. 2; Schilling in Hachenburg § 35 Anm. 30 m. w. N. und RG 47, 165; 118, 169).

Da § 79 eine reine Ordnungsvorschrift ist, genügt bei formfreien Erklärungen auch eine faksimilierte Unterschrift (übereinstimmend Godin-Wilhelmi zu § 79). Für Inhaberschuldverschreibungen (Obligationen) gilt das gemäß § 793 Abs. 2 BGB, für Aktienurkunden gemäß § 13.

Ein Dritter, der eine formgerechte Erklärung von der AG zu fordern berechtigt ist, hat Anspruch auf Beobachtung der Form des § 79.

Die Regelung des § 79 gilt uneingeschränkt auch für stellvertretende Vorstandsmitglieder (§ 94).

2. Die Ordnungsvorschrift des § 79 gilt nach dem Zusammenhang, in dem sie steht, unmittelbar nur für die rechtsgeschäftliche Vertretung der AG nach außen. Sie ist aber entsprechend auch im Verhältnis nach innen maßgebend, z. B. für die Einberufung von Hauptversammlungen oder Zahlungsaufforderungen an die Aktionäre. Gültigkeitserfordernis ist sie auch hier nicht.

Anm. 2

II. Abweichende Satzungsbestimmungen

Auch *Bestimmungen der Satzung über die Form, in der der Vorstand zu zeichnen hat,* sind nur Ordnungsvorschriften. Die Einführung von Formen, von denen die Gültigkeit der von dem Vorstand abgeschlossenen Geschäfte abhängt, würde eine Beschränkung der Vertretungsmacht der Vorstandsmitglieder darstellen, die nach § 82 Abs. 1 nach außen unwirksam wäre (KGJ 33 A 156; ROHG 18, 341). Auch für die internen körperschaftlichen Handlungen des Vorstands sind solche Vorschriften im Zweifel nur als Ordnungsvorschriften anzusehen. Soll eine bestimmte Form der Zeichnung Gültigkeitserfordernis sein, so muß die Satzung dies klar ergeben.

Anm. 3

III. Zeichnung zum Handelsregister

In den Fällen, wo das Gesetz die Zeichnung des Vorstands zur Aufbewahrung bei dem Registergericht verlangt (bei Gründung, § 37 Abs. 4; bei Neubestellung, § 81 Abs. 3; bei Errichtung einer Zweigniederlassung, § 42 Abs. 2; auch durch eine ausländische AG, § 44 Abs. 5; für die Liquidatoren, § 266 Abs. 4), genügt dagegen, in Abweichung von § 79, die Namensunterschrift, vgl. § 81 Anm. 9.

§ 80 Angaben auf Geschäftsbriefen

(1) Auf allen Geschäftsbriefen, die an einen bestimmten Empfänger gerichtet werden, müssen die Rechtsform und der Sitz der Gesellschaft, das Registergericht des Sitzes der Gesellschaft und die Nummer, unter der die Gesellschaft in das Handelsregister eingetragen ist, sowie alle Vorstandsmitglieder und der Vorsitzende des Aufsichtsrats mit dem Familiennamen und mindestens einem ausgeschriebenen Vornamen angegeben werden. Der Vorsitzende des Vorstands ist als solcher zu bezeichnen. Werden Angaben über das Kapital der Gesellschaft gemacht, so müssen in jedem Falle das Grundkapital sowie, wenn auf die Aktien der Nennbetrag oder der höhere Ausgabebetrag nicht vollständig eingezahlt ist, der Gesamtbetrag der ausstehenden Einlagen angegeben werden.

(2) Der Angaben nach Absatz 1 Satz 1 und 2 bedarf es nicht bei Mitteilungen oder Berichten, die im Rahmen einer bestehenden Geschäftsverbindung ergehen und für die üblicherweise Vordrucke verwendet werden, in denen lediglich die im Einzelfall erforderlichen besonderen Angaben eingefügt zu werden brauchen.

(3) Bestellscheine gelten als Geschäftsbriefe im Sinne des Absatzes 1. Absatz 2 ist auf sie nicht anzuwenden.

Übersicht

Einleitung

Die Vorschrift des § 80 geht auf § 100 AktG 1937 zurück. Wie bereits nach dieser Bestimmung, sind auf Geschäftsbriefen alle Vorstandsmitglieder und der Vorsitzende des Aufsichtsrats anzugeben. Durch die Reform 1965 wurde § 80 dahingehend erweitert, daß auch die Angabe des Sitzes der Gesellschaft verlangt wurde, außerdem ist entsprechend dem Vorschlag des Bundesrats, dem sich der Ausschußbericht angeschlossen hat (Kropff, S. 102) der Vorsitzende des Vorstands als solcher zu bezeichnen. In die Vorschrift wurde außerdem die Ausnahmeregelung des § 19 Abs. 1 Nr. 1 der 1. DVO zum AktG 1937 für formularmäßige Mitteilungen und Berichte eingegliedert. Im Gegensatz zu § 19 Abs. 1 Nr. 1 der 1. DVO wurde allerdings die Voraussetzung einer bestehenden Geschäftsbeziehung fallen gelassen. § 19 Abs. 2 der 1. DVO (Ausnahmeregelung für Geschäftsbriefe an Empfänger im Ausland) wurde nicht übernommen. Die Vorschrift wurde zu den Regeln über den Vorstand vorgezogen, obgleich sie sich auch auf den Aufsichtsratsvorsitzenden bezieht. Entsprechende Vorschriften zur Bekanntgabe der Namen der Mitglieder der Verwaltung enthalten die §§ 160 Abs. 5 und 178 Abs. 1 Nr. 4.

Durch das KoordinierungsG vom 15. 8. 1969 (BGBl. I, 1146) ist § 80 völlig neu gefaßt worden. Die Vorschrift umfaßt jetzt drei Absätze. In Abs. 1 wurde dem bereits erwähnten Erfordernis der Angabe des Sitzes der Gesellschaft, die Rechtsform, das Registergericht des Sitzes und die Registernummer hinzugefügt. Es können Angaben über das Kapital gemacht werden. Dann besteht jedoch die Verpflichtung, das Grundkapital sowie etwaige rückständige Einlagen anzugeben. Abs. 2 erfaßt die Ausnahmeregelung für formularmäßige Mitteilungen und Berichte. Das Erfordernis bestehender Geschäftsbeziehungen wurde in die gesetzliche Regelung wieder aufgenommen. Abs. 3 stellt Bestellscheine ausdrücklich Geschäftsbriefen gleich.

Die Neufassung des § 80, in Kraft getreten am 1. 9. 1969, war auf Grund des Art. 4 der Ersten Richtlinie zur Koordinierung des Gesellschaftsrechts in den Mitgliedsstaaten der EWG (ABl. Nr. L 65/8 vom 14. 3. 1968) notwendig. Eine Aufbrauchfrist oder Übergangszeit war nicht vorgesehen (dazu Meyer-Ladewig MDR 1969, 818 und Kreplin BB 1969, 1113). Während § 80 a.F. den Zweck erfüllen sollte, die Öffentlichkeit über die Mitglieder der Verwaltung der Aktiengesellschaft zu informieren (vgl. Baumbach-Hueck § 80 a.F. Rn. 1; Godin-Wilhelmi § 80 a.F. Anm. 2; amtliche Begründung, bei Kropff S. 101) haben darüber hinaus nach der Richtlinie die Angaben auf den Geschäftsbriefen das Ziel, den Geschäftspartner der Gesellschaft im zwischenstaatlichen Verkehr zu schützen und ihm zu diesem Zweck die Möglichkeit zu geben, sich auf einfachem Wege über alle bedeutsamen Merkmale und Verhältnisse der Gesellschaft zu unterrichten, vgl. dazu die amtliche Begründung zu Art. 2 Nr. 7 des KoordinierungsG (BT Drucksache V 3862) sowie Ankele, GmbH Rdsch. 1969, 52 und Kremplin BB 1969, 1112, ferner ausführlich Einmahl, DieAG 1969, 131 ff., 167 ff., 210 ff. Entsprechend § 80 ist auch § 268 Abs. 4 neu gefaßt worden.

Anm. 1

I. Angaben auf Geschäftsbriefen

1. Die Vorschrift begründet die Pflicht, folgende Angaben auf Geschäftsbriefen zu machen: *Rechtsform* der Gesellschaft, d. h. hier Aktiengesellschaft; es kann die Abkürzung AG verwandt werden (vgl. Anm. 3 zu § 4); *Sitz* der Gesellschaft (§ 5); die Angabe einer Zweigniederlassung oder einer Betriebsstätte genügt nicht (ebenso Baumbach-Hueck § 80 Anm. 2), auch wenn der Brief dort geschrieben worden ist; *Registergericht* des Sitzes der Gesellschaft (§ 14) sowie die *Nummer*, unter der die Gesellschaft in das Handelsregister eingetragen ist; genügend ist etwa „Amtsgericht Bonn HR B 2000“ (Kreplin BB a. a. O.); die *Namen aller Vorstandsmitglieder* einschließlich der stellvertretenden (§ 94) und des *Vorsitzenden des Aufsichtsrats*. Der *Vorsitzende des Vorstands*, sofern einer bestellt ist, ist besonders zu bezeichnen. Stellvertretende Vorstandsmitglieder können, brauchen aber nicht als solche bezeichnet zu werden (Baumbach-Hueck GmbHG § 35a Anm. 2). Der stellvertretende Vorsitzende des Aufsichtsrats braucht nicht genannt zu werden. Erforderlich ist die Angabe des Familiennamens und mindestens eines ausgeschriebenen Vornamens. Weitere Vornamen brauchen auch nicht mit ihren Anfangsbuchstaben angegeben zu werden. Angabe der Anschrift ist ebenfalls nicht notwendig.

Angaben über das Kapital der Gesellschaft brauchen nicht gemacht zu werden. Werden jedoch Angaben gemacht, so verlangt § 80, daß das Grundkapital und daneben, sofern der Nennbetrag oder der höhere Ausgabebetrag der Aktien nicht vollständig eingezahlt ist, der Gesamtbetrag der ausstehenden Einlagen angegeben werden. Zusätzliche Angaben über das Kapital der Gesellschaft sind nicht ausgeschlossen.

Die Vorschrift des Abs. 1 bezieht sich nur auf Geschäftsbriefe, die an *einen bestimmten Empfänger gerichtet sind*. Damit scheiden diejenigen Schreiben aus, die ihrer Natur nach an einen unbestimmten Personenkreis gerichtet werden, wie Werbeschriften, Preislisten, Anzeigen, öffentliche Bekanntmachungen (vgl. auch Baumbach-Hueck Rn. 3), Geschäftsrundschreiben, Mitteilungen an Aktionäre. Dagegen fällt etwa ein persönliches Werbeschreiben, mit dem die Aktiengesellschaft individuell für ihre Erzeugnisse wirbt, als Geschäftsbrief unter den Angabezwang. Rechnungen und Quittungen scheiden ebenfalls, sofern nicht ihr sonstiger Inhalt sie als Briefe erscheinen läßt, aus dem Begriff des Geschäftsbriefes aus, desgleichen Lieferscheine, Versandanzeigen u. ä. Im Gegensatz hierzu sind Angebote und Bestätigungen aller Art als Geschäftsbriefe anzusehen. Wegen Bestellscheinen s. Anm. 5. Die äußere Form der Mitteilung ist belanglos. Auch Postkarten sind Geschäftsbriefe im Sinne der Vorschrift (ebenso Baumbach-Hueck Anm. 3; Kreplin, BB 1969, 1112; vgl. im übrigen zum Begriff der Geschäftskorrespondenz Einmahl, a. a. O. 135f.).

Zweigniederlassungen und andere rechtlich unselbständige Betriebsstätten brauchen keine weiteren Angaben zu machen, als sie für die Gesellschaft als solche gefordert werden.

Die Vorschrift des § 80 gilt nicht für *ausländische* Gesellschaften, auch wenn sie durch eine Zweigniederlassung im Inland tätig sind (Godin-Wilhelmi Anm. 6; Kreplin a. a. O.; s. aber Einmahl a. a. O. 136).

Anm. 2

II. Ausnahmen (Abs. 2)

1. Abs. 2 der Vorschrift beinhaltet eine Ausnahme für bestimmte Formulare. Die gemäß Abs. 1 Satz 1 und 2 zu machenden Angaben sind entbehrlich bei *Mitteilungen* oder *Berichten*, die *im Rahmen einer bestehenden Geschäftsverbindung ergehen* und für die üblicherweise Formblätter derart verwendet werden, daß lediglich die auf den einzelnen Geschäftsvorfall sich beziehenden besonderen konkreten Angaben (z. B. Art der Leistung, Warengattung, Stückzahl, Preis oder Gegenwert, Lieferzeit) noch in den textlichen Vordruck eingefügt werden. Die Formblätter müssen bis auf die sich auf den einzelnen Vorfall beziehenden Angaben vollständig sein. Da die Ausnahme nur für Vordrucke gilt, die im Rahmen einer bestehenden Geschäftsverbindung verwendet werden, bedeutet diese Regelung, die im RegEntw. des KoordinierungsG (BT Drucksache V/3862) nicht enthalten war, eine Rückkehr zum Rechtszustand des AktG 1937 (s. § 100, Anm. 2 der Vorauflage sowie Ankele a. a. O. S. 56). Der Begriff der bestehenden Geschäftsverbindung wird weit ausgelegt. Es reicht aus, daß die Parteien irgendwie miteinander in Verbindung getreten sind. Nach Schlegelberger-Quassowski § 100 AktG 1937, Anm. 7, soll es bereits genügen, daß nur der Dritte an die Gesellschaft wegen eines bestimmten Geschäftes herangetreten ist. Somit wäre das Erfordernis einer bestehenden Geschäftsverbindung nur bei einem ersten Herantreten der Gesellschaft an einem Dritten nicht gegeben (vgl. hierzu auch Einmahl a. a. O. 136).

Anm. 3

2. Ferner besteht die Angabepflicht nicht bei Berichten an Behörden und andere Stellen, die üblicherweise unter Verwendung von Formblättern erstattet werden. Diese Regelung war ausdrücklich in § 19 Abs. 1 Nr. 2 der 1. DVO zum AktG 1937 für regelmäßige Behördenberichte enthalten. Nach der amtlichen Begründung (bei Kropff S. 102) soll die Ausnahmeregelung nicht nur für regelmäßige, sondern auch für alle übrigen formularmäßigen Behördenberichte gelten; a.A. zu § 80 a.F. Godin-Wilhelmi Anm. 4, wonach Behördenberichte grundsätzlich mit allen Angaben versehen werden müssen und nur regelmäßige Berichte unter die Ausnahme fallen. Fraglich ist, ob die in der amtlichen Begründung zum AktG 1965 vertretene Ansicht auch nach der Neufassung des § 80 aufrecht erhalten werden kann. § 80 a. F. kannte die Voraussetzung einer bestehenden Geschäftsverbindung und damit parallel einer Regelmäßigkeit der Behördenberichte nicht. Der formularmäßige Behördenschriftwechsel wurde ohne weiteres von der Ausnahmeregelung umfaßt. Nachdem in § 80 n. F. durch die Wiedereinführung der Voraussetzung der bestehenden Geschäftsverbindung der Anwendungsbereich eingeschränkt wurde, muß daraus gefolgert werden, daß auch im Schriftwechsel mit Behörden nur bei Regelmäßigkeit die Ausnahme des Abs. 2 für formularmäßige Mitteilungen und Berichte gilt.

Anm. 4

3. Die Angabepflicht gilt ebenfalls für Geschäftsbriefe an Empfänger im Ausland. Dagegen besteht die Verpflichtung nicht im internen Verkehr der Gesellschaft mit Zweigniederlassungen und sonstigen Betriebsstätten. Mitteilungen an rechtlich selbständige Konzernunternehmen fallen dagegen unter die Regelung des § 80 (Godin-Wilhelmi Anm. 6, Baumbach-Hueck Rn. 4).

Anm. 5

III. Bestellscheine (Abs. 3)

In Abs. 3 werden Bestellscheine den Geschäftsbriefen gleichgestellt, obwohl sie ohnehin zu den Geschäftsbriefen im Sinne des Abs. 1 gerechnet werden. Diese Klarstellung schien jedoch erforderlich, da es sich bei den Bestellscheinen um keine an einen bestimmten Empfänger gerichtete Briefe, sondern im allgemeinen um Formulare handelt, die von der Gesellschaft Dritten für Bestellungen bei der Gesellschaft ausgehändigt werden (vgl. die amtliche Begründung zum KoordinierungsG, BT-Drucksache V/3862). Abs. 2 findet gemäß Abs. 3 Satz 2 auf Bestellscheine keine Anwendung. Diese Vorschrift war notwendig, da das Gesetz gerade von formularmäßigen Bestellscheinen ausgeht.

Anm. 6

IV. Verletzungsfolgen

§ 80 ist keine Formvorschrift im Sinne der §§ 125, 126 BGB. Eine Verletzung der Angabenpflicht hat damit keine Nichtigkeit der Erklärung zur Folge (ebenso Godin-Wilhelmi Anm. 5; Baumbach-Hueck Rn. 5). Zur Erfüllung der Angabenpflicht kann jedoch der Vorstand durch das Registergericht nach § 407 durch Ordnungsstrafen bis zu zehntausend DM angehalten werden. Strafbar ist die Verletzung der Angabenpflicht dagegen nicht (anders früher § 301 AktG 1937).

§ 81 Änderung des Vorstands und der Vertretungsbefugnisse seiner Mitglieder

(1) Jede Änderung des Vorstands oder der Vertretungsbefugnisse eines Vorstandsmitglieds hat der Vorstand zur Eintragung in das Handelsregister anzumelden.

(2) Der Anmeldung sind die Urkunden über die Änderung in Urschrift oder öffentlich beglaubigter Abschrift für das Gericht des Sitzes der Gesellschaft beizufügen.

(3) Die neuen Vorstandsmitglieder haben ihre Namensunterschrift zur Aufbewahrung beim Gericht zu zeichnen.

Übersicht

Einleitung

Die Bestimmung stimmt sachlich mit § 234 HGB und fast wörtlich mit § 73 AktG 1937 überein. Sie behandelt die Pflicht des Vorstands zur Anmeldung von Änderungen des Vorstands oder der Vertretungsbefugnis eines Vorstandsmitglieds zum Handelsregister. Befindet sich die Gesellschaft in Liquidation, so gilt § 266. AktG 1965 hat in Anpassung an die Regelung in § 37 Abs. 4 und § 126 BGB lediglich in Abs. 3 „Unterschrift" durch „Namensunterschrift" ersetzt. Weiter ist aber durch das KoordinierungsG vom 15. 8. 1969 Abs. 1 in Anpassung an die Änderung der §§ 37 und 39 dahingehend geändert, daß der Hinweis auf eine Anordnung des Aufsichtsrats nach § 78 Abs. 3 Satz 2 (bzw. § 71 Abs. 3 Satz 2 AktG 1937) gestrichen worden ist und entsprechend in Abs. 2 der Hinweis auf diese Anordnungen. Nicht die Anordnung über die Änderung der Vertretungsbefugnisse, sondern die Änderung selbst muß nunmehr angemeldet und eingetragen werden (s. die Begründung zu Art. 2 Nr. 8 KoordinierungsG (BT-Drucksache V/3862).

Anm. 1

I. Inhalt der Anmeldung

1. *Gegenstand der Anmeldungspflicht* (*Abs. 1*) ist jede Änderung des Vorstands oder der Vertretungsbefugnis eines Mitglieds. Der erste Vorstand und dessen Vertretungsbefugnis ist nach § 37 Abs. 2 zugleich mit der Anmeldung der Gesellschaft anzumelden.

Während durch Art. 2 Nr. 2 KoordinierungsG vom 15. 8. 1969 der § 37 dahingehend ergänzt wurde, daß in der Anmeldung der AG zum Handelsregister anzugeben ist, welche Vertretungsbefugnis die Vorstandsmitglieder haben, wurde der Wortlaut des § 81 Abs. 1 insoweit nicht geändert (s. Einleitung). Es wurde aber in den Übergangsvorschriften (Art. 8 § 2) bestimmt, daß, soweit bei Inkrafttreten des Gesetzes (1. 9. 1969) für die Vorstandsmitglieder einer AG im Handelsregister nicht eingetragen ist, welche Vertretungsbefugnis sie haben, der Vorstand das anzumelden hat. Man hat hieraus gefolgert, daß unbeschadet ob eine von der gesetzlichen Regelung (§ 78, Abs. 2) abweichende satzungsmäßige Regelung im Handelsregister eingetragen ist, in jedem Einzelfall personenbezogen anzumelden ist, welche Vertretungsbefugnis das einzelne Vorstandsmitglied hat (vgl. Gustavus BB 1969, 1335; Bokelmann NJW 1969, 2120; Lappe GmbHR 1970, 9; a.A. Gross, DRpfl. 1970, 156). Diese Auffassung ist weder vom Gesetzeswortlaut her noch durch die dem Gesetz zugrunde liegende EWG-Richtlinie vom 13. 2. 1969 (ABl. No. L 65/8) zwingend geboten, denn auch die Richtlinie verlangt nur Offenlegung, ob die zur Vertretung der Gesellschaft befugten Personen diese allein oder nur gemeinschaftlich vertreten (Art. 2 [1] lit. d; vgl. dazu Einmahl DieAG 1969, 132, 133). Es muß also auch, wenn die gesetzliche Regelung eingreift, die Vertretungsbefugnis angemeldet und eingetragen werden. Für den alleinigen Vorstand s. demgemäß OLG Köln BB 1970, 594 mit Anm. von Gustavus sowie allgemein, wie hier, OLG Frankfurt BB 1970, 370 mit Anm. von Gustavus. Nur wenn die allgemeine Angabe im Einzelfall nicht ausreicht, weil einzelne Vorstandsmitglieder eine von der allgemein angegebenen Vertretungsbefugnis abweichende Befugnis haben, ist das personenbezogen anzumelden und einzutragen (vgl. § 37 Anm. 4 und Gessler BB 1970, 627).

Nicht anzumelden, da nicht eintragungsfähig, ist jede rechtsgeschäftliche Beschränkung der Vertretungsmacht (§ 82 Abs. 1). Wenn das Gesetz von jeder Änderung der Vertretungsbefugnis spricht, so ist die Art der Ausübung der Vertretung gemeint, also Einzel- oder Kollektivvertretung und die möglichen Spielarten (vgl. § 78 Anm. 4ff.); wie hier Godin-Wilhelmi Anm. 4. Anmeldungsfähig da auch eintragungsfähig ist auch eine erst in Zukunft wirksam werdende Bestellung eines Vorstandsmitglieds, vorausgesetzt, daß der Zeitpunkt aus der Eintragung klar hervorgeht und nicht in allzu weiter Zukunft liegt (Frels DieAG 1967, 227ff.).

Die Ernennung eines Vorsitzenden des Vorstands gemäß § 84 Abs. 2, die keine Änderung der Vertretungsbefugnisse nach sich zu ziehen braucht (vgl. § 78 Anm. 5), ist nicht anzumelden (Baumbach-Hueck Rn. 2; Ritter § 73 AktG 1937 Anm. 2; Godin-Wilhelmi Anm. 4). Daß die Handelsregisterverfügung (s. Anm. 2) in § 43 Abs. 4 die Eintragung eines Vorsitzenden für zulässig erachtet und auch die Praxis der Registergerichte häufig enstprechend verfährt (LG Stuttgart BB 1953, 870), kann die nach § 81 bestehende Anmeldungspflicht nicht erweitern; unzutreffend daher auch Teichmann-Köhler Anm. zu § 73 AktG 1937. Nicht anzumelden ist ferner die durch den Vorstand selbst erfolgende Ermächtigung einzelner Vorstandsmitglieder zur Vornahme bestimmter Geschäfte oder bestimmter Arten von Geschäften gemäß § 78 Abs. 4; darin liegt keine Änderung der Vertretungsbefugnis im Sinne des Gesetzes. Dagegen ist jeder Hinzutritt eines neuen Vorstandsmitglieds und jedes Ausscheiden eines bisherigen Vorstandsmitglieds, gleichviel aus welchem Grunde es erfolgt, anzumelden. Nach § 84 Abs. 3 S. 4 ist der Widerruf der Bestellung des Vorstands durch den Aufsichtsrat bis zur rechtskräftigen gerichtlichen Feststellung seiner Unwirksamkeit wirksam. Der Widerruf ist also vom Registerrichter ohne Nachprüfung seiner Rechtmäßigkeit einzutragen, ebenso die rechtskräftige Feststellung der Unwirksamkeit des Widerrufs, durch die das Vorstandsmitglied seine Vorstandsstellung zurückerwirbt, sofern sie nicht aus einem andern Grunde, z. B. durch Zeitablauf, inzwischen erloschen ist (vgl. § 84 Anm. 29).

Anm. 2

2. Kraft Gesetzes eintragungspflichtig ist *nur der Name* des Mitglieds. Durch die *Handelsregisterverfügung* vom 12. 8. 1937 (RMBl. S. 515; Deutsche Justiz S. 1251, abgedruckt u. a. bei Baumbach-Duden Anh. II zu § 16) wird in § 43 Ziff. 4 angeordnet, daß die vollen Personalien (Vorname, Familienname, Beruf und Wohnort) einzutragen sind; vgl. aber auch § 39 Anm. 2. Diese nehmen nicht an der Publizitätswirkung des Handelsregisters teil. Die Eintragung der Personalien hat den Charakter einer einmaligen Identitätsfeststellung für die Zeit der Eintragung. Eine Pflicht zur Anmeldung von Änderungen der Personalien besteht mangels einer diesbezüglichen Bestimmung nicht; die Handelsregister-Verfügung begründet eine solche Verpflichtung nicht (s. KGJ 29 A 213). Die Eintragung der Änderung der eingetragenen Personalien ist aber zulässig (KGJ 30 B 32). Eine *Änderung des Namens* etwa durch Heirat oder Adoption muß jedoch nach dem Zweck der Bestimmung als eine Änderung aufgefaßt werden. Denn wenn auch nicht der Grundsatz gilt, daß das Handelsregister vom Registerrichter stets in allen seinen Teilen richtig und der jeweiligen Sachlage entsprechend zu erhalten ist (KGJ 29 A 218), so soll doch das Handelsregister dem Einsichtnehmenden Auskunft über die Person der Vorstandsmitglieder geben und ihn nicht irreführen. Es kommt hinzu, daß nach Abs. 3 die Vorstandsmitglieder ihre Unterschrift zur Aufbewahrung beim Gericht zu zeichnen haben und diese bei einer Namensänderung eine andere wird. Die Namensänderung ist also anmeldungspflichtig (Brodmann § 234 HGB Anm. 2e; Godin-Wilhelmi Anm. 3; Baumbach-Hueck Rn. 2; anders Brand-Marowski Die Registersachen, 4. Aufl. S. 255f.; KGJ 30 B 32 hält anscheinend die Anmeldung der Namensänderung nur für zulässig, aber nicht für vorgeschrieben).

Nicht eintragbar ist die *Dauer der Vorstandsbestellung* oder der Vertretungsmacht. Das Handelsregister soll nur über die jeweilige Rechtslage Auskunft geben, nicht über in der Zukunft voraussichtlich vor sich gehende Veränderungen. Eine dennoch erfolgte Eintragung ist ohne rechtliche Bedeutung.

Anm. 3

3. Eine ihrer Art nach eintragungspflichtige Änderung bedarf nicht der Eintragung, wenn inzwischen die aus dem Handelsregister ersichtliche Rechtslage wieder eingetreten ist. Daher braucht das Ausscheiden eines Vorstandsmitglieds nicht zum Handelsregister angemeldet zu werden, wenn es inzwischen wieder zum Vorstandsmitglied bestellt worden ist (RG 68, 384; Brand-Marowski a. a. O. S. 256)). Für den umgekehrten Fall, daß ein Vorstandsmitglied bis zur Anmeldung wieder ausgeschieden oder die anzumeldende erweiterte Vertretungsmacht wieder beschränkt worden ist, kann dasselbe nur mit einer Einschränkung gelten. Ein öffentliches Interesse besteht hier allerdings an einer Eintragung der doch sofort wieder zu löschenden Tatsache nicht. Daher ist eine Anmeldungspflicht zu verneinen. Aber die AG kann ein Interesse an der Eintra-

gung der Bestellung zum Vorstandsmitglied und des Wiederausscheidens haben. Denn mangels einer Eintragung kann sie sich gegenüber einem Dritten, der zwar von der Bestellung zum Vorstandsmitglied, nicht aber von seinem Ausscheiden Kenntnis erhalten hat, auf dieses nicht berufen. Entsprechendes gilt in dem Fall der Erweiterung und Wiederbeschränkung der Vertretungsmacht. Man wird daher in derartigen Fällen die Anmeldung als ein Recht, nicht aber als eine Pflicht der AG ansehen müssen.

Anm. 4

II. Pflicht zur Anmeldung

Zur Anmeldung verpflichtet ist der Vorstand. Nicht erforderlich ist die Mitwirkung des ganzen Vorstands; vielmehr genügt die Anmeldung durch Vorstandsmitglieder, die die Gesellschaft wirksam vertreten können (jetzt allgemein anerkannt). Das *neugewählte Vorstandsmitglied* kann sich demnach selbst anmelden, und zwar allein, wenn es allein vertretungsberechtigt ist, mit anderen, wenn es gesamtberechtigt ist. Ebenso kann die Anmeldung auch durch ein *Vorstandsmitglied in Gemeinschaft mit einem Prokuristen,* mit dem zusammen es die AG vertreten kann, erfolgen. Dies gilt für *alle* Arten von Anmeldungen durch den Vorstand, auch für die Fälle der §§ 181, 184, 188, 223, 294, 319 Abs. 3, 345, 353 Abs. 5, 354, 355 Abs. 2, 357 Abs. 2, 360 Abs. 2, in denen das Gesetz die Anmeldungspflicht des „Vorstands" vorsieht (ebenso KG in JW 1937, 890[18]; Brodmann HGB § 234 Anm. 2a; Schlegelberger-Quassowski AktG 1937 Anm. 3; Ritter AktG 1937 § 71 Anm. 4b; § 73 Anm. 4; Godin-Wilhelmi Anm. 5; Baumbach-Hueck Rn. 3; OLG Düsseldorf, JMBl. NRW 1949, 250; s. auch § 42 Anm. 9 und § 78 Anm. 8, 9; a. A. Groschuff in JW 1937, 890 Anm. und die ältere Rechtsprechung; vgl. die Nachweise in der Voraufl. § 73 Anm. 4). Entscheidend muß sein, daß das Vorstandsmitglied im Falle der Mitwirkung eines Prokuristen zur vollen Ausübung seiner gesetzlichen Vertretungsmacht, die ebensoweit geht wie die eines einzelvertretungsberechtigten Vorstandsmitglieds, befähigt ist (vgl. § 78 Anm. 9). Ausgeschiedene Vorstandsmitglieder sind zur Anmeldung nicht mehr berechtigt, auch nicht zur Anmeldung ihres Ausscheidens (KGJ 45, 329; Hamburg OLGE 27, 374 Fußnote; BayObLG BayOLGZ 23, 172). Fehlt es infolge des Ausscheidens an vertretungsbefugten Vorstandsmitgliedern, so muß zuerst die Ergänzung des Vorstands, sei es durch den Aufsichtsrat, sei es durch das Gericht nach § 85 erfolgen (RG GmbHRdsch. 1928, 121; KGJ 45, 329; OLG Jena KGJ 37 A 320; OLG Hamburg RJA 12, 233). — Prokuristen allein können die Anmeldung nicht vornehmen (Godin-Wilhelmi Anm. 5; Baumbach-Hueck Rn. 3; Brand-Marowski a. a. O. S. 258), ebensowenig der Aufsichtsrat oder ein Generalbevollmächtigter. Dagegen kann sich der Vorstand bei der Anmeldung durch einen Bevollmächtigten dann vertreten lassen, wenn die Vollmacht öffentlich beglaubigt ist (§ 12 Abs. 2 HGB); wie hier Godin-Wilhelmi Anm. 5; Würdinger in Großkomm. HGB § 12 Anm. 5. Keine Stellvertretung ist allerdings da zulässig, wo Erklärungen abzugeben sind, deren Wahrheitswidrigkeit strafbar macht: §§ 37, 184 Abs. 2, 188 Abs. 2, 203 i. V. m. § 399.

Ist eine Satzungsänderung, die eine Änderung in der Vertretungsbefugnis der Vorstandsmitglieder einführt, anzumelden, so ist die Anmeldung von der nach der bisherigen Satzungsbestimmung erforderlichen Zahl von Vorstandsmitgliedern vorzunehmen; denn die neue Satzungsbestimmung tritt erst mit ihrer Eintragung im Handelsregister in Kraft (§ 181 Abs. 3). Das gilt auch für den Fall, daß gleichzeitig mit der Satzungsänderung ein neuer Vorstand angemeldet wird. Sah die alte Satzung einen mehrgliedrigen Vorstand und Kollektivvertretung vor und führt die neue Satzungsbestimmung einen nur aus einem Mitglied bestehenden Vorstand ein, so muß die Satzungsänderung von mindestens einem Mitglied des alten Vorstands neben dem neu gewählten, in Zukunft alleinigen Vorstandsmitglied angemeldet werden. Erfolgt vor der Anmeldung die Abberufung oder Amtsniederlegung des alten Vorstands, so kann die Anmeldung der Satzungsänderung nur vorgenommen werden, wenn der Vorstand auf die nach der alten Satzungsbestimmung erforderliche Zahl seiner Mitglieder ergänzt wird.

Anm. 5

III. Form der Anmeldung

Die Form der Anmeldung (*Abs. 2*) richtet sich nach § 12 HGB. Sie muß danach in öffentlich beglaubigter Form bei dem nach § 14 zuständigen Gericht erfolgen. Für die Anmeldung bei dem Gericht einer Zweigniederlassung gilt § 43: es sind dem Gericht des Sitzes der Gesellschaft, so viele Stücke der Anmeldung beizufügen, als Zweigniederlassungen vorhanden sind, und zwar genügen beglaubigte Abschriften der Anmeldung, wenn diese nicht Zeichnungen der Namensunterschrift enthält (vgl. Anm. 10). Für das Gericht des Sitzes der Gesellschaft, nicht auch für das Gericht der Zweigniederlassung, sind nach Abs. 2 die Urkunden über die Änderung, etwa das Niederlegungsschreiben des Vorstandsmitglieds oder das Protokoll der Aufsichtsratssitzung — in Urschrift oder beglaubigter Abschrift beizufügen (vgl. auch Ritter § 73 AktG 1937 Anm. 5). Die Urschrift braucht nicht öffentlich beglaubigt zu sein (KGJ 35 A 157). Die Urkunden müssen so beschaffen sein, daß sie die Nachprüfung des Vorliegens der Voraussetzungen der angemeldeten Rechtsänderung gestatten; es genügt daher nicht die Bestätigung des Aufsichtsratsbeschlusses, da sie nicht die Nachprüfung ermöglicht, ob der Aufsichtsrat beschlußfähig war und der Beschluß mit Stimmenmehrheit gefaßt ist (KG OLGE 42, 215 Fußnote 1 b). Die Einreichung einer der Satzung entsprechenden von dem Vorsitzer des Aufsichtsrats unterschriebenen Ausfertigung des Beschlusses, die das Vorliegen der gesetzlichen Voraussetzungen ergibt, genügt (Baumbach-Hueck Rn. 5).

Anm. 6

IV. Prüfung durch den Registerrichter

Der Registerrichter hat die Voraussetzungen der Eintragung zu prüfen (KGJ 25 A 253; 31 A 197; KG JR 1931 Nr. 775; vgl. auch § 37 Anm. 4 sowie Brand-Marowski a. a. O. S. 258), in erster Linie auf Grund der eingereichten Urkunden, erforderlichenfalls durch Anstellung von Ermittlungen nach § 12 FGG. Die angemeldete Rechtsänderung muß bereits eingetreten sein; dies ist nicht der Fall, wenn der Vorstand sein Amt in der an das Gericht gerichteten Erklärung niederlegt, da die Niederlegung dem Aufsichtsrat gegenüber ausgesprochen werden muß (KG JW 1927, 1703[2]). Ebensowenig liegt die angemeldete Rechtsänderung schon vor, wenn der Aufsichtsrat zwar die Abberufung des Vorstandsmitglieds beschlossen hat, der Beschluß aber nicht durch Erklärung gegenüber dem Vorstandsmitglied ausgeführt worden ist (KGJ 31 A 197).

Anm. 7

V. Wirkung der Eintragung

Die *Wirkung* der Eintragung und Bekanntmachung und ihres Unterbleibens richten sich nach § 15 HGB. Die Eintragung wirkt also nicht rechtsbegründend, sondern nur rechtsbekundend. Das Amt des Vorstands beginnt und endet unabhängig von der Eintragung; dasselbe gilt für Änderungen in den Vertretungsverhältnissen. Dritten kann aber die ihnen unbekannte nicht eingetragene und nicht bekannt gemachte Tatsache (§ 10 HGB) nicht entgegengesetzt werden. Im übrigen gilt der Inhalt des Handelsregisters nicht schlechthin als richtig. Die AG kann sich aber gutgläubigen Dritten gegenüber auf die Unrichtigkeit der Eintragungen nicht berufen, wenn sich die falsche Eintragung selbst veranlaßt oder geduldet hat, es sei denn, daß sie überhaupt nicht in der Lage gewesen wäre, die im Handelsregister bekundete Rechtslage herzustellen, wie z. B. in dem Falle, daß eine nicht voll geschäftsfähige Person als Vorstandsmitglied eingetragen ist (§ 76 Anm. 17). — Der Schutz des § 15 HGB wird nur *Dritten* zuteil, die mit der AG in rechtsgeschäftliche Beziehungen eintreten. Hierzu gehören nicht die Aktionäre in ihren mitgliedschaftlichen Beziehungen zu der AG (RG 120, 363, 369); erst recht findet § 15 HGB keine Anwendung in bezug auf körperschaftsrechtliche Akte und im Verhältnis der verschiedenen Organe der AG zueinander (KGJ 3, 18). Es gilt hier das gleiche wie bei der Frage, ob interne Beschränkungen der Vertretungsmacht der Vorstandsmitglieder im Verhältnis zwischen der AG und den Aktionären geltend gemacht werden können (s. § 82 Anm. 10). Gemäß § 121 Abs. 2 Satz 2 gilt jedoch ausdrücklich, daß Personen, die in das Handelsregister als Vorstand eingetragen sind, befugt sind, die Hauptversammlung einzuberufen, insoweit also den Schutz des § 15 HGB auch den Aktionären zugute kommt. Hinsichtlich sog. faktischer Vorstandsmitglieder s. § 84 Anm. 19.

Anm. 8

VI. Folgen bei Nichtanmeldung

Der Vorstand kann nach § 14 HGB zur Anmeldung durch *Ordnungsstrafen* (bis zu DM 10 000,—) angehalten werden.

Jedes Vorstandsmitglied hat einen *klagbaren Anspruch* auf die Bewirkung der ordnungsgemäßen Eintragung seiner Bestellung oder seines Ausscheidens. Mit der Rechtskraft des Urteils und seiner formlosen Einreichung bei dem Registergericht gilt die Anmeldung gemäß ZPO § 894 als erfolgt (KGJ 41 A 100; Staub HGB § 234 Anm. 2; Baumbach-Hueck Rn. 4; Ritter Anm. 4 zu § 73 AktG 1937; Godin-Wilhelmi Anm. 3; dagegen für Anwendung des § 888 ZPO Brodmann HGB § 234 Anm. 2c). Unter Umständen wird einem ausgeschiedenen Vorstandsmitglied nach Treu und Glauben ein klagbarer Anspruch auf Berichtigung zustehen, wenn bei der Anmeldung seines Ausscheidens ein falscher Grund angegeben wurde (vgl. OLG Frankfurt JW 1930, 2983[9]).

Anm. 9

VII. Zeichnung der Unterschrift (Abs. 3)

Die neuen Vorstandsmitglieder haben ihre Namensunterschrift zur Aufbewahrung beim Gericht zu zeichnen (Abs. 3). Erforderlich ist nur die Zeichnung des Namens des neuen Vorstandsmitglieds, nicht die Zeichnung der Firma (vgl. § 37 Anm. 7). Das folgt jetzt aus dem Wortlaut des Gesetzes (vgl. die Einleitung). Die Zeichnung muß persönlich erfolgen, und zwar mit Rücksicht auf etwaige allmähliche Veränderungen der Unterschrift bei oder nach dem Erwerb des Amts. Sie ist also selbst dann erforderlich, wenn das Vorstandsmitglied seine Unterschrift schon als Prokurist gezeichnet hatte (s. KGJ 37 A 138). Voraussetzung der Eintragung ist die Zeichnung der Unterschrift nicht (KGJ 37 A 138; KG RJA 9, 244). Siehe ferner die Erläuterungen zu § 12 HGB.

Sind *Zweigniederlassungen* vorhanden, so müssen der für das Gericht des Sitzes der AG bestimmten Urkunde, die die Zeichnung enthält, so viele Stücke weiterer öffentlich beglaubigter Originalzeichnungen der Unterschrift beigefügt werden, als Zweigniederlassungen vorhanden sind (§ 43 Abs. 1). Es genügt nicht die Beifügung beglaubigter Abschriften (§ 43 Anm. 1).

§ 82 Beschränkungen der Vertretungs- und Geschäftsführungsbefugnis

(1) Die Vertretungsbefugnis des Vorstands kann nicht beschränkt werden.

(2) Im Verhältnis der Vorstandsmitglieder zur Gesellschaft sind diese verpflichtet, die Beschränkungen einzuhalten, die im Rahmen der Vorschriften über die Aktiengesellschaft die Satzung, der Aufsichtsrat, die Hauptversammlung und die Geschäftsordnungen des Vorstands und des Aufsichtsrats für die Geschäftsführungsbefugnis getroffen haben.

Übersicht

Einleitung

Die Vorschrift entspricht dem § 74 AktG 1937. Es wird im Gesetzestext sprachlich klarer zwischen Vertretungs- und Geschäftsführungsbefugnis des Vorstandes unterschieden, ohne daß damit sachlich eine Änderung der Rechtslage eingetreten ist. Das gilt auch für die Streichung des Hinweises auf „Dritte" in Abs. 1 (vgl. Anm. 1). Zur Klarstellung ist in Abs. 2 auch noch ein Hinweis auf die Geschäftsordnung aufgenommen worden und allgemein der Hinweis darauf, daß die nach Abs. 2 möglichen Beschränkungen sich im Rahmen der Vorschriften über die Aktiengesellschaft zu halten haben. In der amtlichen Begründung (bei Kropff S. 103) wird unter Hinweis auf die entsprechenden Vorschriften des deutschen Gesellschaftsrechts (vgl. §§ 126 Abs. 2, 161 Abs. 2, 495 HGB, 37 Abs. 2 GmbHG und § 27 Abs. 2 GenG; siehe aber auch § 26 Abs. 2 S. 2 BGB) ausdrücklich darauf hingewiesen, daß man bewußt auf eine Übernahme der anglo-amerikanischen ultra-vires-Doktrin verzichtet hat, trotz des hierdurch eher gewährleisteten Schutzes des Gesellschaftsvermögens vor satzungswidriger Verwendung durch den Vorstand. Damit ist das Verkehrsinteresse als dem Aktionärsinteresse insoweit — mit Recht — übergeordnet bewertet.

Anm. 1

I. 1. Unbeschränkbarkeit der Vertretungsmacht

Abs. 1 erklärt die Vertretungsbefugnis des Vorstands für unbeschränkbar. Es ist hier ausschließlich von der gesetzlichen Vertretungsmacht des Vorstands die Rede, also von seinem rechtlichen Können, im Gegensatz zu dem rechtlichen Dürfen, dem Recht und der Pflicht, im Rahmen der Geschäftsführung von der Vertretungsmacht Gebrauch zu machen, wovon Abs. 2 handelt. Die Bestimmung handelt auch nur von der Befugnis des Vorstands, die AG bei Rechtsgeschäften und in Rechtsstreitigkeiten zu vertreten, nicht von körperschaftlichen Handlungen und Maßnahmen wie z. B. Satzungsänderungen, Kapitalerhöhungen und -herabsetzungen, Umwandlungen, Fusionen. Für solche gilt nicht der Grundsatz, daß die Macht des Vorstands vorbehaltlich besonderer gesetzlicher Bestimmungen unbeschränkt ist. Vielmehr kommen in dieser Hinsicht dem Vorstand nur diejenigen Befugnisse zu, die das Gesetz ihm besonders zuweist oder die sich aus seiner Stellung und seinem Aufgabenkreis ergeben (vgl. hierzu Anm. 10 unten). Für *Abwickler* gilt eine dem Abs. 1 wörtlich entsprechende Regelung (s. § 269 Abs. 5; anders § 210 Abs. 1 AktG 1937).

Abs. 1 enthält zwar nicht mehr den ausdrücklichen Hinweis darauf, daß die Unbeschränkbarkeit der Vertretungsbefugnis nur *gegenüber Dritten* gilt. Aus der insoweit erfolgten Änderung des Gesetzestextes gegenüber § 74 Abs. 2 AktG 1937 kann aber eine Änderung der Rechtslage dahingehend, daß Beschränkungen auch im Verhältnis gegenüber Aktionären oder Mitgliedern der Organe der AG unwirksam sind, nicht hergeleitet werden.

Anm. 2

2. Gesetzliche Beschränkungen

Die Vertretungsmacht des Vorstands unterliegt nur den *gesetzlichen Beschränkungen*. Einen Beschluß der Hauptversammlung, meist mit einer qualifizierten Mehrheit, schreibt das Gesetz für Verträge vor, die den rechtlichen Bestand oder die aktienrechtliche Struktur der Gesellschaft berühren, z. B. für die Übernahme neu auszugebender Aktien gegen Sacheinlagen (§§ 183, 194), Verschmelzung (§§ 340, 353), Verstaatlichung (§ 359), Vermögensübertragung auf einen Versicherungsverein auf Gegenseitigkeit (§ 360), sonstige Vermögensübertragung (§ 361), Umwandlungen (§§ 362, 366, 369, 376, 386) sowie den Abschluß und Änderung von Unternehmensverträgen (§§ 293, 295), Eingliederung (§ 319); vgl. auch OLG Hamburg DieAG 1959, 2. Für die Ausgabe von Wandel- und Gewinnschuldverschreibungen (§ 221) stellt die Zustimmung der Hauptversammlung nicht eine gesetzliche Beschränkung der *Vertretungsmacht*, sondern nur der internen Geschäftsführungsbefugnis dar (Würdinger § 21 IV 4a). Ebenso ist die Zustimmung des Aufsichtsrats zur Ausgabe der neuen Aktien des genehmigten Kapitals und zu den Bedingungen ihrer Ausgabe nur durch Sollvorschriften (§§ 202, 204, 205) geboten. Dagegen liegt eine Beschränkung der gesetzlichen Vertretungsmacht wiederum in dem Erfordernis der Zustimmung der Hauptversammlung für die Nachgründung (§ 52). Vergleiche und Verzichte auf Schadensersatzansprüche gegen Vorstandsmitglieder, gegen Aufsichtsratsmitglieder und Gründer bedürfen der Zustimmung der Hauptversammlung, die nicht gegen den Widerspruch von Aktionären, die über ein Zehntel des Grundkapitals verfügen, erteilt werden kann (§§ 50, 53, 93, 116, 309, 310, 317, 318, 378); dasselbe gilt für den Anspruch gegen Dritte wegen Mißbrauchs ihres Einflusses auf ein Vorstands- oder Aufsichtsratsmitglied (§ 117). Wegen der Zustimmung des Aufsichtsrats zur Kreditgewährung an Vorstandsmitglieder und Prokuristen sowie Generalhandlungsbevollmächtigte s. § 89. Ebenso bedarf die Kreditgewährung an Aufsichtsratsmitglieder (§ 115) sowie der Abschluß von Dienst- oder Werkverträgen mit Aufsichtsratsmitgliedern für Tätigkeiten höherer Art (§ 114) der Zustimmung des Aufsichtsrats. Den Vorstandsmitgliedern selbst gegenüber vertritt nur der Aufsichtsrat die AG gerichtlich und außergerichtlich (§ 112). Die Befugnis eines Vorstandsmitglieds, die AG gegenüber anderen Vorstandsmitgliedern zu vertreten, besteht im Gegensatz zum früheren Recht nicht mehr (vgl. § 78 Anm. 22 sowie § 112). Zuweilen findet auch eine Geltendmachung von Schadensersatzansprüchen gegen die Verwaltungsträger der AG durch einen besonderen Vertreter auf Verlangen einer Minderheit statt (§§ 147 Abs. 3, 350). Für bei Umwandlung, Abschluß eines Beherrschungs- oder Gewinnabführungsvertrages oder Eingliederung ausscheidende Aktionäre kann gleichfalls ein gemeinsamer Vertreter bestellt werden (§§ 306 Abs. 4; 320 Abs. 7; 375 Abs. 3 sowie § 33 UmwG). Die von der Satzung vorgeschriebene Zustimmung eines anderen Organs als des Vorstands zur Übertragung von vinkulierten Namensaktien (§ 68) ist nach richtiger Ansicht nicht Voraussetzung der Wirksamkeit der von dem Vorstand ausgesprochenen Zustimmung. Die *Satzung* kann Beschränkungen der Vertretungsmacht des Vorstands nicht einführen, insbesondere die Fälle, in denen nach dem Gesetz ein Beschluß der Hauptversammlung erforderlich ist, nicht erweitern. Überschreitet ein Vorstandsmitglied die gesetzlichen Schranken der Vertretungsmacht, so gelten §§ 177ff. BGB s. Anm. 23 zu § 78, soweit die wirksame Vertretung von der Zustimmung eines anderen Organs abhängt. Fehlt eine Vertretungsbefugnis des Vorstands überhaupt, z. B. in Rechtsgeschäften mit anderen Vorstandsmitgliedern (§ 112), so tritt Nichtigkeit (§ 134 BGB) ein (Mertens JurA 1970, 466 [468]).

Anm. 3

3. Unzulässigkeit sonstiger Beschränkungen

Im übrigen ist die Vertretungsbefugnis des Vorstands *dem Umfang nach unbegrenzt.* Er kann mit rechtlicher Wirksamkeit sämtliche Handlungen vornehmen, die überhaupt im Namen einer AG vorgenommen werden *können.* Die Grenzen des Tätigkeitsgebiets der AG sind die Grenzen der Tätigkeitsbefugnis des Vorstands (Gierke, Genossenschaftstheorie 607 ff.), und diese wird durch den satzungsmäßigen Zweck und Gegenstand der Gesellschaft nicht beschränkt (RG 115, 246 allg. Ansicht; vgl. Würdinger § 21 IV 4a; Baumbach-Hueck Rn. 2; s. ferner die amtliche Begründung [bei Kropff S. 103] und Schilling in Hachenburg Anm. 7 zu § 37). Dieser bildet vielmehr nur für die Geschäftsführung eine Schranke (Anm. 13). Zur Übertragung des ganzen Vermögens reicht zwar die Vertretungsmacht des Vorstands nicht aus (Anm. 2), wohl aber zur Übertragung eines Teils oder Zweigs des von der AG betriebenen Geschäfts. Alle satzungsmäßigen Beschränkungen betreffen, soweit sie überhaupt zulässig sind (Anm. 12 und 2), nur das Innenverhältnis und berühren die Vertretungsmacht nach außen nicht. § 235 Abs. 2 S. 2 HGB hob diese besonders hervor für den Fall, daß die Vertretung sich nur auf gewisse Geschäfte oder Arten von Geschäften erstrecken oder nur unter gewissen Umständen oder für eine gewisse Zeit oder an gewissen Orten stattfinden soll oder daß für einzelne Geschäfte die Zustimmung der Generalversammlung, des Aufsichtsrats oder eines andern Organs der AG erfordert wird; vgl. § 37 Abs. 2 Satz 2 GmbHG. Dies alles gilt auch heute noch, obgleich die Bestimmung schon in § 74 AktG 1937 als überflüssig nicht übernommen worden ist. Der Abschluß und die Änderung von Unternehmensverträgen bedürfen jedoch zu ihrer Wirksamkeit der Zustimmung der Hauptversammlung, und der Vorstand ist nach § 83 sogar verpflichtet, entsprechende Verträge abzuschließen, wenn die Hauptversammlung es beschließt. Im übrigen kann die Hauptversammlung über Fragen der Geschäftsführung nur entscheiden, wenn der Vorstand es verlangt (§ 119 Abs. 2).

Unzulässig ist die Beschränkung eines Vorstandsmitglieds auf die Vertretung einer Zweigniederlassung; anders §§ 50, 126 HGB; vgl. Ritter § 74 AktG 1937 Anm. 6 m. w. N. Ebensowenig kann durch die Satzung zwingend für Handlungen des Vorstands eine bestimmte Form vorgeschrieben werden. Der Vorstand kann auch Prokuristen oder andere Bevollmächtigte bestellen und auch diese Befugnis kann nicht ausgeschlossen oder mit Wirkung nach außen beschränkt werden (Anm. 12). Über die Zulässigkeit der Prokura und die Rechtsstellung des Prokuristen der AG s. § 78 Anm. 25 ff. sowie bei Gesamtvertretung § 78 Anm. 8, 9 und 12.

Anm. 4

4. Generalvollmacht

Wie in Anm. 11 u. 13 zu § 78 dargelegt, kann ein gesamtvertretungsberechtigtes Vorstandsmitglied dem andern keine allgemeine Ermächtigung oder Vollmacht erteilen (BGH 34, 30f.), auch nicht, wenn „sämtliche Organe“ (formlos) zustimmen (so RG HRR 29, 25). Denn eine derartige Generalvollmacht würde praktisch auf die Bestellung eines Vorstandsmitglieds zum Einzelvertreter hinauslaufen, was nur durch die Satzung oder den Aufsichtsrat kraft satzungsmäßiger Ermächtigung bestimmt werden kann (BGH WM 1960, 1227; BGH 34, 27 [30]; weitere Nachweise s. § 78 Anm. 11 sowie 13). Mit Recht hat das Reichsgericht auch die Generalvollmacht an einen Dritten, durch die diesem die gesamte Führung der Geschäfte übertragen werden soll, für unwirksam erklärt (RG 86, 262; RG im Recht 1928 Nr. 2276), da das mit der organschaftlichen Stellung des Vorstands unvereinbar ist (s. auch BGH 13, 65; ferner Schlegelberger-Quassowski § 71 AktG 1937 Anm. 20; Ritter § 74 AktG 1937 Anm. 3b; Schmidt in Hachenburg § 46 Anm. 47 und Schilling a. a. O. § 35 Anm. 7 m. w. N.). Aber hieraus ist nicht zu schließen, daß der Vorstand einem Dritten überhaupt keine Generalvollmacht erteilen könnte. Schon AktG 1937 erwähnte in § 80 Abs. 1 S. 2 leitende Angestellte, denen Generalvollmacht erteilt ist. In AktG 1965 ist zwar der

Begriff Generalvollmacht nicht mehr enthalten; das Gesetz spricht aber in § 89 Abs. 2 von zum gesamten Geschäftsbetrieb ermächtigten Handlungsbevollmächtigten (vgl. zur Terminologie § 46 Nr. 7 GmbHG). In der Sache ist damit jedenfalls insoweit keine Änderung zum früheren Recht eingetreten, als auch AktG 1965 von der Zulässigkeit der Erteilung einer Generalvollmacht ausgeht. Das Unzulässige ist nicht die Erteilung der Generalvollmacht an sich, sondern die mit dieser beabsichtigte Übertragung der Funktionen des Vorstands auf einen andern (vgl. KGJ 48 A 130). Wird die Generalvollmacht erteilt, um den Bevollmächtigten formal als Vertreter der AG zu legitimieren, darf er aber intern von der Vollmacht nur in bestimmtem Rahmen Gebrauch machen, liegt keine Übertragung der Vorstandsstellung vor. Für die Zulässigkeit einer Generalvollmacht spricht ferner auch die Zulässigkeit einer Einzelprokura; denn die Befugnisse eines Einzelprokuristen stehen, wenn ihm auch die Befugnis zur Verfügung über Grundstücke eingeräumt wird, wenig hinter denen eines Generalbevollmächtigten zurück. Schon das Kammergericht hat daher die Erteilung einer widerruflichen Generalvollmacht an einen Dritten für zulässig erklärt (DNotVZ 1925, 242). Zur Zulässigkeit einer allgemeinen Vollmacht, zeitlich beschränkt auf vorübergehende Abwesenheit s. OLG Frankfurt WM 1965, 53. Die Erteilung einer unwiderruflichen Generalvollmacht kommt schon deshalb nicht in Betracht, weil die unwiderrufliche Generalvollmacht nur bei Vorliegen eines schutzwürdigen Interesses des Bevollmächtigten erteilt werden kann, ein solches schutzwürdiges Interesse eines Dritten hier aber kaum denkbar ist.

Der Generalbevollmächtigte erwirbt nicht mehr Befugnisse, als dem Vorstand selbst zustehen. Er ist überdies nicht gesetzlicher, sondern gewillkürter Vertreter. Er kann daher nicht in einem Rechtsstreit die Gesellschaft an Stelle des Vorstands vertreten; wohl aber kann er als Prozeßbevollmächtigter auftreten. Handlungen, die der Vorstand nur selbst vornehmen kann, können dem Generalbevollmächtigten nicht übertragen werden. Dazu gehört auch die Erteilung einer Prokura.

Über die Stellung des Generalbevollmächtigten vgl. im übrigen auch Schmidt in Hachenburg § 46 Anm. 44—48. Wegen der Möglichkeit, in besonderen Fällen außerordentliche Vertreter oder Pfleger für die AG zu bestellen, s. § 76 Anm. 18.

Anm. 5

5. Gesamtvertretung

Keine Beschränkung des Umfangs der gesetzlichen Vertretungsmacht ist die *Gesamtvertretung*, die das Gesetz vielmehr selbst (§ 78 Abs. 2) vorbehaltlich einer abweichenden Regelung vorschreibt. Es handelt sich dabei nur um eine Beschränkung der Ausübung der gesetzlichen Vertretungsmacht durch die einzelnen Vorstandsmitglieder (Näheres s. § 78 Anm. 3f.). Der Umfang der Vertretungsmacht des zur Gesamtvertretung berechtigten Vorstandsmitglieds ist der volle Umfang der gesetzlichen Vertretungsmacht überhaupt. Dies gilt auch in dem Fall, daß das Vorstandsmitglied in Gemeinschaft mit einem Prokuristen zur Vertretung der Gesellschaft befugt ist (§ 78 Anm. 9). Ein Vorstandsmitglied und ein Prokurist, die nur zur gemeinsamen Vertretung befugt sind, können daher auch Einzelprokura erteilen (RG 134, 303). Dieser Umfang der Gesamtvertretung kann nicht *mit Wirkung nach außen* durch die Satzung ausgeschlossen werden, da darin eine unzulässige Beschränkung der Vertretungsmacht des Vorstands liegen würde. Jedoch ist der Vorstand verpflichtet, gemäß Abs. 2 solche Beschränkungen die im Rahmen des Gesetzes durch Satzung oder Geschäftsordnung, den Aufsichtsrat (§ 111 Abs. 4 S. 2) oder die Hauptversammlung (§ 83) auferlegt werden, einzuhalten.

Unzulässig ist die Bestimmung, daß das Vorstandsmitglied nur zusammen mit einem Aufsichtsratsmitglied (RG 123, 288) oder einem Handlungsbevollmächtigten (vgl. KG JFG 5, 240) handeln darf. Ebensowenig können Handlungen des Vorstands mit Wirksamkeit nach außen an die Mitwirkung des Alleinaktionärs geknüpft werden, noch gar an die eines Dritten, wie etwa eines Delegierten der Konzernleitung.

Anm. 6

6. Nachprüfung der Vertretungsbefugnis

Da eine Beschränkung der gesetzlichen Vertretungsmacht unwirksam ist, kann sie auch nicht in das *Handelsregister* eingetragen werden (s. m. w. N. Brand-Marowski, Die Registersachen, 4. Aufl. S. 257). Ist sie unzulässigerweise eingetragen, so ist sie dennoch unwirksam. Ebenso kann ein Vertragspartner der AG nicht den Nachweis der intern erforderlichen Zustimmung eines andern Organs verlangen, genau so wenig der Prozeßrichter, auch wenn ihnen Beschränkungen der Vertretungsmacht — außer den gesetzlichen Beschränkungen (Anm. 2) — bekannt sind; allg. Ansicht; s. RG 89, 369.

Anm. 7

7. Vorbehalt der Genehmigung

Der Vorstand ist nicht gehindert, ein Geschäft *vorbehaltlich, d. h. unter der Bedingung der Genehmigung* durch eines der anderen Organe abzuschließen (vgl. KG OLGE 42, 221; RG DJZ 1914, 753). Unter Umständen kann es auch vorkommen, daß der Vertrag ausdrücklich oder stillschweigend unter der Bedingung abgeschlossen wird, daß die Zustimmung eines andern Organs vorliegt oder wirksam ist (s. RG Recht 1915 Nr. 95). Die Wirksamkeit einer solchen Vereinbarung unterliegt keinen Bedenken (wie hier Schilling in Hachenburg Anm. 13 zu § 37; Baumbach-Hueck Rn. 6; Godin-Wilhelmi Anm. 5).

Anm. 8

8. Kollusion

Da die Vertretungsbefugnis nach außen nicht beschränkbar ist und die interne Pflicht, von ihr nicht Gebrauch zu machen, Dritte nicht angeht, kommt es auf die *Kenntnis des Dritten von den internen Beschränkungen* nicht an (s. z. B. RG 73, 343; 102, 200 a. E.; OLG Hamburg OLGE 32, 142). Auch hier gilt aber der allgemeine Grundsatz, daß dem Dritten ein ihm erkennbarer Mißbrauch der gesetzlichen Vertretungsmacht entgegengehalten werden kann, wenn er daraus Rechte herleiten will (BGH WM 1966, 491; BGH 50, 112; RG 145, 315; vgl. auch Staudinger-Coing § 167 BGB Anm. 17a; Soergel-Siebert, Schultze-v. Lasaulx § 177 Anm. 9ff.; Hueck, OHG, 3. Aufl. S. 213ff.; Godin-Wilhelmi Anm. 4; Baumbach-Hueck Rn. 13; Ritter § 74 AktG 1937 Anm. 7; Schlegelberger-Quassowski § 74 AktG 1937 Anm. 12; Teichmann-Köhler § 74 AktG 1937 Anm. 2). Das gleiche gilt im Falle der Kollusion, d. h. wenn ein Dritter in sittenwidriger Weise mit dem Vertreter zum Nachteil des Vertretenen zusammengewirkt hat (RG 9, 148; 57, 388; 58, 536). Dasselbe ist auch anzunehmen, wenn der Dritte der AG aus einem besonderen Rechtsgrund für den ihr durch die Erfüllung des Vertrages entstehenden Schaden ersatzpflichtig ist (RG 73, 343, ein Rechtsgeschäft mit einem Aufsichtsratsmitlgied betreffend). In solchen Fällen ist es unerheblich, ob das Vorstandsmitglied mit dem Abschluß des Geschäfts eine der internen Schranken der Vertretungsmacht überschritten hat oder nicht; doch kann die Nichtbeachtung einer solchen Schranke durch das Vorstandsmitglied und deren Kenntnis durch den Geschäftsgegner ein Indiz für ein sittenwirdiges Zusammenwirken zum Nachteil der AG bilden. Wegen der grundsätzlichen Unbeschränkbarkeit der Vertretungsbefugnis des Vorstands können im Interesse des Verkehrsschutzes die Anforderungen an die Sorgfaltspflichten Dritter aber nicht überspannt werden (s. Hueck a. a. O. S. 215; Dose S. 104).

Anm. 9

9. Enteignung

Die Vertretungsmacht des Vorstands erlischt nicht, wenn die AG durch hoheitliche Zwangsmaßnahmen außerhalb des Bundesgebiets *enteignet* wird oder in anderer Weise durch *staatliche Zwangseingriffe*, auch etwa durch Einsetzung von Treuhändern, der Vorstand der Ausübung seiner Vertretungsmacht entkleidet wird, BGH WM 1957, 846 = LM Nr. 11 zu § 75 AktG; BGH 25, 134 (150); OLG Düsseldorf NJW 50, 470f.; Raape S. 673; Beitzke BB 49, 519; Kuhn WM 1956, 7. Voraussetzung des Fortbestands der Vertretungsmacht ist selbstverständlich der Fortbestand der AG (dazu § 5 Anm. 6), sei es als werbende Gesellschaft, sei es als Liquidationsgesellschaft. Über die Frage, ob bei enteigneten Gesellschaften der Vorstand auch über die Fünfjahresrist des § 84 hinaus ohne Neubestellung im Amt bleiben kann s. die Nachweise in § 84 Anm. 14 am Ende.

Anm. 10

10. Beschränkungen in gesellschaftsrechtlichen Angelegenheiten

Der Grundsatz der unbeschränkten Vertretungsmacht gilt *nicht in gesellschaftsrechtlichen Angelegenheiten*. Aktionäre sind daher nicht geschützt, soweit es sich um die Ausübung der Rechte handelt, die im Verhältnis zwischen der AG und ihren Mitgliedern bestehen (z. B. Einforderung von Einzahlungen auf die Stammeinlagen seitens des Vorstands ohne eine etwa in der Satzung vorgeschriebene Zustimmung des Aufsichtsrats; RG 24, 54 a. E.; Godin-Wilhelmi; anders Mertens, JurA 1970, 467f.; vgl. auch RG JW 1900, 133[13]), wohl aber bei dem Abschluß selbständiger Rechtsgeschäfte mit der AG (RG 4, 71; 81, 17). Dasselbe gilt für Mitglieder des Aufsichtsrats (RG 73, 343), soweit es sich nicht um Kreditgewährung (§ 115) oder den Abschluß von Verträgen für Tätigkeiten höherer Art handelt (§ 114).

Vorstandsmitgliedern selbst gegenüber vertritt immer nur der Aufsichtsrat die AG (§ 112). Angestellte und Arbeiter sind dagegen immer Dritte; sie können sich gegenüber Maßnahmen des Vorstands nicht auf dessen interne Beschränkungen berufen (Teichmann-Köhler § 74 AktG 1937 Anm. 2).

Anm. 11

11. Ausländische Aktiengesellschaften

Es gilt hier, auch für die Vertretungsmacht des Vorstands, grundsätzlich das Heimatrecht (Personalstatut) s. § 5 Anm. 7. Jedoch sind Beschränkungen der Vertretungsmacht, die über die Grundsätze des deutschen Rechts hinausgehen, insbesondere die ultra-vires-Lehre des anglo-amerikanischen Rechts im Inland nicht anzuerkennen (s. im einzelnen Anm. 7 zu § 5; Anm. 2 zu § 44). Derartige Beschränkungen können jedoch Wirksamkeit erlangen, wenn sie bei Zweigniederlassungen ausländischer AG zum Handelsregister angemeldet und eingetragen werden (Godin-Wilhelmi Anm. 6).

II. Beschränkungen der Geschäftsführungsbefugnis

Anm. 12

1. Allgemeines

II. 2. Die Befugnisse des Vorstands zur Leitung des Unternehmens können im Verhältnis zur *Gesellschaft*, also intern und nur im Rahmen der Vorschriften über die AG, durch die *Satzung* oder den *Aufsichtsrat oder die Hauptversammlung* und die Geschäftsordnung des Vorstands eingeschränkt werden. Solche Beschränkungen berühren gemäß Abs. 1 die Vertretungsmacht des Vorstands nach außen, *gegenüber Dritten* nicht und können sie auch nicht auf andere Organe, etwa die Hauptversammlung, übertragen (OLG Hamburg Die AG 1959, 22). Überschreitet der Vorstand aber die ihm gesetzten Schranken, so macht er sich der Gesellschaft gegenüber haftbar. Die Beschränkungen, die Abs. 2 zuläßt, können die Geschäftsführungsbefugnis *und* die Vertretungsbefugnis betreffen; in Fällen, in denen sich beide Befugnisse in ihrer Ausübung decken, wirken die Beschränkungen gleichzeitig auf beide; vgl. § 76 Anm. 3. Nach § 76 ist es Recht. und Pflicht des Vorstands, die Gesellschaft unter eigener Verantwortung zu leiten.

Daran vermögen weder die Satzung noch die anderen Organe der AG im Grundsatz etwas zu ändern; Einschränkungen der Geschäftsführungsbefugnis, die dem Vorstand tatsächlich die Leitung der AG aus der Hand nehmen würden, sind unzulässig, denn das Gesetz läßt nur Beschränkungen im Rahmen der gesetzlichen Vorschriften über die AG zu (vgl. § 77 Anm. 2). Insbesondere kann ihm nicht die Pflicht auferlegt werden, Weisungen des Aufsichtsrats zu folgen; etwa anderes gilt für Weisungen der Hauptversammlung im Rahmen des § 83; ferner für Weisungen im Rahmen eines Beherrschungsvertrages (§ 308 Abs. 2) und bei Eingliederung (§ 323 Abs. 1). Dagegen können sowohl die Satzung wie der Aufsichtsrat selbst bestimmen, daß der Vorstand bestimmte Arten von Geschäften nur mit Zustimmung des Aufsichtsrats vornehmen darf (§ 111 Abs. 4 S. 2). Diese Bindungen dürfen jedoch nicht so weit gehen, daß sie den Vorstand seiner selbständigen Stellung entkleiden. Eine Satzungsbestimmung, die alle Rechtshandlungen des Vorstands an die Zustimmung des Aufsichtsrats knüpfen oder alle wesentlichen für das Unternehmen in Betracht kommenden Geschäfte für genehmigungspflichtig erklären würde, wäre unzulässig und nichtig. Aber man wird es als zulässig ansehen müssen, daß die Satzung (über den Gegenstand des Unternehmens hinaus) die Vornahme bestimmter Geschäfte mit interner Wirkung gänzlich verbietet, etwa Spekulationsgeschäfte, Gewährung von Krediten ohne bestimmte Sicherheiten u. ä. außergewöhnliche Maßnahmen; vgl. Dose S. 59 m. w. N. sowie § 77 Abs. 2 Satz 2.

Zum Teil verlangt das Gesetz selbst die Zustimmung eines andern Organs zu Handlungen des Vorstands, so z. B. gem. § 59 Abs. 3 für die Zahlung einer Abschlagsdividende, gem. § 114 für den Abschluß von Verträgen zu einer Tätigkeit höherer Art durch Mitglieder des Aufsichtsrats, gem. § 115 für die Kreditgewährung an Aufsichtsratsmitglieder, gem. §§ 293, 295 für den Abschluß und die Änderung von Unternehmensverträgen, gem. §§ 202, 203 für die Ausgabe der Aktien des genehmigten Kapitals und deren Bedingungen. Es gilt, wie eingangs bemerkt, daß die gesetzlich gegebenen Beschränkungen der Vertretungsbefugnis (s. Anm. 2 oben) sich gleichzeitig als Beschränkungen der Geschäftsführungsbefugnis darstellen. Darüber hinaus s. zur Leitungsbefugnis des Vorstands im allgemeinen und den möglichen und gegebenen Einschränkungen § 76 Anm. 2, sowie zu den sozial- und wirtschaftspolitischen Pflichten § 76 Anm. 9 bis 12.

Anm. 13

2. durch die Satzung

Eine Beschränkung der Geschäftsführungsbefugnis enthält der in der *Satzung* festgelegte *Gegenstand* der AG (§ 23 Abs. 3 Nr. 2); darüber hinausgehende Handlungen darf der Vorstand nicht vornehmen. Zur Bestimmung des Umfangs des Gegenstandes s. § 23 Anm. 11—13. Soweit nicht ausdrückliche oder durch den satzungsmäßigen Gegenstand des Unternehmens bedingte Beschränkungen vorliegen, darf der Vorstand Geschäfte aller Art abschließen, z. B. Grundstücke erwerben, Bürgschaften übernehmen, Schiedsverträge eingehen. Auch *unentgeltliche Leistungen* darf er vornehmen, soweit solche im Rahmen des Unternehmens liegen; dies gilt insbesondere für Aufwendungen für soziale Zwecke oder zum allgemeinen Nutzen (§ 76 Anm. 9 und 12).

Zur Frage, ob der Vorstand gehalten ist, Satzungsbestimmungen, die politische Grundsätze für die Unternehmensführung enthalten und so den Gegenstand der AG politisch konkretisieren, zu befolgen, auch wenn sich daraus eine Einschränkung der eigenverantwortlichen Leistungsbefugnis ergibt s. bejahend Winkler, NJW 1970, 447, einschränkend Mertens, NJW 1970, 1718.

Anm. 14

3. durch den Aufsichtsrat

Nach dem ausdrücklichen Wortlaut des Gesetzes (§ 111 Abs. 4 S. 1) könnnen dem Aufsichtsrat Maßnahmen der Geschäftsführung nicht übertragen werden. Es kann nur entweder in der Satzung oder durch den Aufsichtsrat (etwa in der Geschäftsordnung oder in den Anstellungsverträgen der Vorstandsmitglieder) angeordnet werden, daß bestimmte Geschäfte der Zustimmung des Aufsichtsrats bedürfen (§ 111 Abs. 4 S.2). Damit ist einmal klargestellt, daß der Aufsichtsrat dem Vorstand keine Weisungen erteilen kann (s. Anm. 12), und zum anderen, daß nicht die gesamte Geschäftsführungstätigkeit, sondern nur bestimmte Geschäfte dem Zustimmungserfordernis unterworfen werden können (vgl. die amtliche Begründung, bei Kropff, S. 103, sowie die Erläuterungen zu § 111 Abs. 4, und schließlich hinsichtlich der Geschäftspolitik im allgemeinen § 76 Anm. 2). Es kann dem Aufsichtsrat aber nicht verwehrt werden, im Rahmen der Überwachungstätigkeit jede Geschäftsführungsmaßnahme, auch wenn sie nicht zustimmungsbedürftig ist, zu kritisieren und gegebenenfalls auf Änderung zu drängen. Im Weigerungsfalle hat der Aufsichtsrat aber nur die Möglichkeit, durch Einberufung einer Hauptversammlung gemäß § 111 Abs. 3 die Angelegenheit zum Gegenstand einer Erörterung in der Versammlung zu machen. Solange es sich aber um Maßnahmen handelt, die nicht in die Zuständigkeit der Hauptversammlung fallen (vgl. § 83), und solange der Vorstand nicht selbst die Hauptversammlung um eine Entscheidung angeht (gemäß § 111 Abs. 4 S. 3 bei Verweigerung der Zustimmung des Aufsichtsrats oder gemäß § 119 Abs. 2), ist es auch der Hauptversammlung verwehrt, unmittelbar in die Geschäftsführung einzugreifen (vgl. auch § 76 Anm. 7). Es bleibt als stärkste Waffe des Aufsichtsrats der Widerruf der Vorstandsbestellung, die namentlich bei Unfähigkeit zu ordnungsgemäßer Geschäftsführung (§ 84 Abs. 3) zulässig und geboten ist (vgl. auch Anm. 17).

Eine Ausnahme der hier dargelegten Rechtslage gilt nach § 15 MitbestErgG, wonach der Aufsichtsrat sogenannter Holding-Gesellschaften bestimmte Weisungen zur Ausübung der Beteiligungsrechte an anderen Unternehmen erteilen kann. Auch dieses Weisungsrecht stellt aber keine Durchbrechung der unbeschränkten Vertretungsbefugnis des Vorstands gem. Abs. 1 dar, sondern eine — gesetzmäßige — Einschränkung der Geschäftsführungsbefugnis i. S. von Abs. 2 (bestritten; wie hier Gessler BB 1956, 631; a. A. Hueck-Nipperdey, Arbeitsrecht, 7. Aufl. Bd. II S. 1546 m. w. N. sowie Kötter, MitbestErgG § 15 Anm. 6.

Anm. 15

4. durch die Hauptversammlung

Im Rahmen der Vorschriften über die Aktiengesellschaft, also im Rahmen der gesetzlich festgelegten Zuständigkeitsverteilung zwischen den Organen, ist der Vorstand im Innenverhältnis verpflichtet, die Beschränkungen einzuhalten, die durch die Hauptversammlung angeordnet werden; vgl. 83 Anm. 3 sowie auch § 76 Anm. 7.

Die Hauptversammlung entscheidet einmal über Fragen der Geschäftsführung, wenn der Vorstand es verlangt, die entsprechende Frage also zur Abstimmung stellt, § 119 Abs. 2. Der Vorstand ist dann verpflichtet, die Maßnahme in Übereinstimmung mit dem Abstimmungsergebnis durchzuführen (§ 83 Abs. 2; s. auch Anm. 18). Sodann kann die Hauptversammlung nach § 83 Abs. 1 den Vorstand auch verpflichten, Maßnahmen, die in ihre Zuständigkeit fallen, vorzubereiten und durchzuführen, insbesondere auch Verträge abzuschließen, die nur mit Zustimmung der Hauptversammlung wirksam werden, etwa Unternehmensverträge (§ 293f.), Fusionen (§ 340) und Vermögensübertragungsverträge (§ 359ff.). Sonderregeln bestehen für die Geltendmachung von Ersatzansprüchen gegen Gründer und Organmitglieder auf Verlangen der Hauptsammlung (§ 147).

Eine Einschränkung der Geschäftsführungsbefugnis zugunsten der Hauptversammlung ergibt sich ferner aus § 58, soweit die Bildung willkürlicher stiller Reserven untersagt und die Bildung offener Reserven durch Vorstand und Aufsichtsrat eingeschränkt ist.

Anm. 16

5. durch die Geschäftsordnung

Neben Gesetz, Satzung und Bestimmung der Hauptversammlung oder des Aufsichtsrats ergeben sich weitere Beschränkungen des Rahmens der Leitungsbefugnis aus der *Geschäftsordnung* des Vorstands, mag diese von dem Aufsichtsrat oder von dem Vorstand selbst erlassen sein (§ 77 Abs. 2). Die Geschäftsverteilung unter den Mitgliedern des Vorstands verpflichtet jedes Vorstandsmitglied, sich innerhalb des ihm zugewiesenen Aufgabenkreises zu halten und nicht störend in den Aufgabenbereich anderer Vorstandsmitglieder einzudringen (s. im einzelnen § 77 Anm. 3 insb. zu [f]). Auch der *Anstellungsvertrag* kann ergeben, welche Aufgaben das Vorstandsmitglied zu übernehmen hat. Die Mitwirkung bei Aufgaben, die Sache der Gesamtheit der Vorstandsmitglieder sind, bleibt davon unberührt (§ 77 Anm. 2).

Anm. 17

6. Verantwortlichkeit bei Zustimmung anderer Organe

Da der Vorstand das geschäftsführende und in erster Linie verantwortliche Organ der AG ist, wird die *Verantwortlichkeit der Vorstandsmitglieder nicht ohne weiteres durch die Zustimmung anderer Gesellschaftsorgane ausgeschlossen* (s. auch § 76 Anm. 8). Die Billigung der Handlung durch den Aufsichtsrat schließt die Haftung der Vorstandsmitglieder nicht aus (§ 93 Abs. 4 S. 2), auch nicht in den Fällen, in denen der Vorstand die *Zustimmung des Aufsichtsrats* einzuholen hat (vgl. §§ 111 Abs. 4 Satz 2; 114 Abs. 1; § 115). Vgl. § 93 Anm. 30. Wohl aber kann die Billigung der Handlung durch den Aufsichtsrat bei der Beurteilung der Frage, ob den Vorstand ein Verschulden trifft, ins Gewicht fallen. *An Beschlüsse der Hauptversammlung* ist der Vorstand in Fragen, die die Geschäftsführung betreffen, nur gebunden, wenn er selbst die Entscheidung der Frage durch die Hauptversammlung verlangt hat (§ 119 Abs. 2), oder bei Meinungsverschiedenheiten zwischen ihm und dem Aufsichtsrat (§ 111 Abs. 4 Satz 3) oder wenn die Hauptversammlung ein Verlangen nach § 83 Abs. 1 gestellt hat (§ 83 Abs. 2). Durch einen gesetzmäßigen Beschluß der Hauptversammlung wird die Verantwortlichkeit des Vorstands gegenüber der Gesellschaft ausgeschlossen (§ 93 Abs. 4 S. 1), soweit ihn nicht ein besonderes Verschulden trifft, indem er z. B. die Hauptversammlung vorsätzlich oder fahrlässig falsch unterrichtet hat (s. im einzelnen § 93 Anm. 31 ff.). Die Haftung den Gläubigern gegenüber, die freilich nur eine subsidiäre ist und nur bei grober Fahrlässigkeit eintritt, wird auch dadurch nicht ausgeschlossen, daß die Handlung auf einen Beschluß der Hauptversammlung beruht (§ 93 Abs. 5 S. 3). Der Vorstand und unter Umständen auch jedes einzelne Vorstandsmitglied hat die Möglichkeit, Beschlüsse der Hauptversammlung anzufechten (§ 245 Nr. 4, 5) und kann dazu verpflichtet sein, wenn die Sachlage bei Anwendung der Sorgfalt eines ordentlichen und gewissenhaften Geschäftsleiters die Anfechtung verlangt (vgl. § 93 Anm. 33).

Anm. 18

7. Bindung des Vorstands

Soweit die Geschäftsführungsbefugnis des Vorstands wirksam beschränkt werden kann (Anm. 12—16) ist der *Vorstand an entsprechende „Weisungen"* (der Satzung, des Aufsichtsrats, einer Geschäftsordnung, auch des Anstellungsvertrages) *gebunden*. Das gleiche gilt für Maßnahmen, die von der Hauptversammlung im Rahmen ihrer Zuständigkeit beschlossen worden sind (§ 83 Abs. 2; vgl. § 83 Anm. 3 und 5; ferner Anm. 15 oben und § 76 Anm. 7), sowie für Weisungen des herrschenden Unternehmens (§ 308 Abs. 2) und der Hauptgesellschaft bei Eingliederung (§ 323 Abs. 1). Der Vorstand hat demgemäß zu verfahren. Sofern dem Vorstand unmittelbare Anweisungen erteilt werden können, kann die Gesellschaft vertreten durch den Aufsichtsrat (§ 112) Vorstandsmitglieder auf Ausführung etwa eines der Hauptversammlung ordnungsgemäß gefaßten Beschlusses verklagen. Handelt es sich um die Abgabe einer Willenserklärung, richtet sich die Vollstreckung nach §§ 894, 896 ZPO; bei Vornahme unvertretbarer Handlungen ist eine Vollstreckung allerdings ausgeschlossen, § 888 Abs. 2 ZPO. Dann bleibt nur der Widerruf der Bestellung aus wichtigem Grund gemäß § 84 Abs. 3. Ein solcher Widerruf wird ohnehin regelmäßig zulässig sein, wenn der Vorstand bestehende Schranken seiner Geschäftsführungsbefugnis überschreitet (vgl. Anm. 14). Liegen die Voraussetzungen der §§ 399ff. vor, kann auch Strafbarkeit — neben einer Schadensersatzpflicht aus § 93 — gegeben sein.

Eine Bindung des Vorstands an Weisungen, also die Schranken der Geschäftsführungsbefugnis, findet ihre Grenze dort, wo vom Vorstand rechts- und sittenwidriges Handeln verlangt wird. Nur Beschränkungen im Rahmen der Vorschriften über die Aktiengesellschaft, also gesetzmäßige Beschränkungen, sind für den Vorstand verbindlich. Beschlüsse der Hauptversammlung, die vom Vorstand gesetzwidriges Handeln verlangen (arg. § 396) oder die gegen die in § 93 für den Vorstand vorgeschriebenen Sorgfaltspflichten verstoßen, sind unbeachtlich. Der Vorstand kann sogar verpflichtet sein, von derartigen Weisungen abzuweichen (§ 665 BGB). Aber auch Weisungen der Hauptversammlung, die den Vorstand anhalten, die Satzung zu verletzen, also etwa Maßnahmen zu treffen, die über den Gegenstand oder Zweck des Unternehmens hinausgehen, können im Einzelfall unverbindlich sein. Sie sind es allerdings keinesfalls dort, wo die Hauptversammlung kraft Gesetzes zu beschließen hat (vgl. Anm. 2 und Anm. 15) oder durch entsprechende Satzungsänderungen den Weg für von ihr geforderte Maßnahmen freimacht.

§ 83 Vorbereitung und Ausführung von Hauptversammlungsbeschlüssen

(1) Der Vorstand ist auf Verlangen der Hauptversammlung verpflichtet, Maßnahmen, die in die Zuständigkeit der Hauptversammlung fallen, vorzubereiten. Das gleiche gilt für die Vorbereitung und den Abschluß von Verträgen, die nur mit Zustimmung der Hauptversammlung wirksam werden. Der Beschluß der Hauptversammlung bedarf der Mehrheiten, die für die Maßnahmen oder für die Zustimmung zu dem Vertrag erforderlich sind.

(2) Der Vorstand ist verpflichtet, die von der Hauptversammlung im Rahmen ihrer Zuständigkeit beschlossenen Maßnahmen auszuführen.

Übersicht

Einleitung

Eine dem § 83 entsprechende Vorschrift fehlte in den früheren Gesetzen. Nach dem Aktienrecht des HGB war die Generalversammlung als oberstes Organ der Gesellschaft dem Vorstand gegenüber in allen Fragen, die sie an sich zog, weisungsberechtigt, was auch heute noch für das GmbH-Recht gilt (s. etwa Schilling in Hachenburg § 37 Anm. 1 und Schmidt ebenda § 45 Anm. 1). Das AktG 1937 beschränkte die Eingriffsbefugnis der Hauptversammlung in die Geschäftsführung auf Fragen, in denen der Vorstand ein entsprechendes Verlangen stellte (§ 103 Abs. 2) und wies darüber hinaus der Hauptversammlung die Entscheidung von verschiedenen die Gesellschaft als solche betreffenden grundsätzlichen Fragen zu. Es bestand auch unter dem früheren Recht grundsätzlich Einigkeit darüber, daß rechtmäßige Beschlüsse der Hauptversammlung für den Vorstand verbindlich waren und er sie auszuführen hatte (vgl. die Voraufl. § 103 Anm. 7a m. w. N. und § 234 Anm. 8). § 83 stellt also eine Klarstellung und keine Änderung der Rechtslage gegenüber dem AktG 1937 dar.

In den Ausschußberatungen des Bundestages wurde der RegEntw. insoweit geändert, als in Abs. 1 nicht mehr von vorbereitungsbedürftigen Maßnahmen, sondern schlicht von Maßnahmen die Rede ist, die auf Verlangen der Hauptversammlung durchzuführen sind. Dies ist sachlich, nicht nur sprachlich, klarer (vgl. Godin-Wilhelmi Anm. 2).

I. Vorbereitung von Maßnahmen und Verträgen durch den Vorstand

Anm. 1

1. Allgemeines

Zunächst wird in Abs. 1 allgemein bestimmt, daß der Vorstand nur auf Verlangen der Hauptversammlung verpflichtet ist, tätig zu werden, also eine in die Zuständigkeit der Hauptversammlung fallende Maßnahme vorzubereiten oder einen Vertrag vorzubereiten oder abzuschließen, der nur mit Zustimmung der Hauptversammlung wirksam wird.

Das bedeutet nicht, daß der Vorstand Maßnahmen, die zur gesetzlichen Zuständigkeit der Hauptversammlung gehören, nicht auch ohne ausdrückliches Verlangen vorzubereiten hätte, wie die in der ordentlichen Gesellschafterversammlung durchzuführenden Beschlußfassungen. Vorbereitung der Beschlüsse der Hauptversammlung gehört zu den vornehmsten Geschäftsführungsaufgaben des Vorstands (vgl. auch Godin-Wilhelmi Anm. 1). Nur dort, wo der Vorstand nicht von sich aus tätig zu werden braucht und auch nicht tätig wird, kann die Hauptversammlung ihrerseits die Initiative ergreifen und Vorbereitung von Beschlußfassungen oder Vorbereitung und Abschluß eines Vertrages verlangen.

Was im einzelnen zur Vorbereitung der verlangten Maßnahme erforderlich ist, ergibt sich aus den Umständen des Falls. Bei einer Kapitalerhöhung aus Gesellschaftsmitteln ist eine Bilanz aufzustellen, falls die letzte Jahresbilanz nicht mehr verwandt werden kann (§§ 207 Abs. 4 i. V. m. 209). Bei verlangter Satzungsänderung oder sonstigen Maßnahmen der Kapitalbeschaffung oder -herabsetzung ist eine Hauptversammlung zur Durchführung der erforderlichen Beschlüsse vorzubereiten. Wird die Vorbereitung und der Abschluß eines Unternehmensvertrages verlangt, so sind die entsprechenden Verhandlungen aufzunehmen und durchzuführen, und es ist der Vertragstext, der der Hauptversammlung zur Zustimmung vorgelegt werden muß, auszuhandeln und vorzubereiten (§ 293 Abs. 3); entsprechendes gilt bei Verschmelzungsverträgen.

Anm. 2

2. Maßnahmen

Zu den Maßnahmen, die in die Zuständigkeit der Hauptversammlung fallen, gehören einmal alle in § 119 Abs. 1 aufgezählten Gegenstände und dann, auf Verlangen des Vorstands, die entsprechenden Fragen der Geschäftsführung (§ 119 Abs. 2). In die Zuständigkeit der Hauptversammlung gehört also die Bestellung der Aufsichtsratsmitglieder, soweit sie nicht in den Aufsichtsrat zu entsenden oder von den Arbeitnehmern nach den Bestimmungen des BetrVG oder den MitbestG zu wählen sind (§ 101); die Beschlußfassung über die Entlastung von Vorstand und Aufsichtsrat (§ 120); die Bestellung der Abschlußprüfer der Gesellschaft (§ 163) sowie von Sonderprüfern (§ 142); die

Beschlußfassung über die Verwendung des Bilanzgewinns (§ 174); alle Satzungsänderungen (§ 179) einschließlich der Maßnahmen zur Kapitalbeschaffung und -herabsetzung (§§ 182, 192, 202, 207, 222, 229); die Auflösung der Gesellschaft (§ 262 Nr. 2). Diese Aufzählung (in § 119 Abs. 1) ist aber nicht erschöpfend. Das Gesetz sieht zahlreiche weitere Zuständigkeiten der Hauptversammlung, und zwar entweder als ausschließliche oder durch Satzung zu begründende, vor. Das gilt etwa für folgende Maßnahmen: Zustimmung zur Übertragung von Namensaktien (§ 68 Abs. 2); Erlaß oder Vergleich von Ersatzansprüchen (§§ 93 Abs. 4 S. 3, 117 Abs. 4; 50, 53; vgl. auch §§ 309 Abs. 3, 310 Abs. 4, 317 Abs. 4, 318 Abs. 4 und 323 Abs. 1); Entscheidung über Zustimmungsverweigerung des Aufsichtsrats (§ 111 Abs. 4 S. 3); Feststellung des Jahresabschlusses (§ 173); Ausgabe von Wandel- und Gewinnschuldverschreibungen sowie von Genußrechten (§ 221); Eingliederung (§ 319 Abs. 1); Verschmelzungen (§§ 339ff.); Vermögensübertragungen (§§ 359ff.); Umwandlungen (§§ 362ff.).

Anm. 3

3. Verträge

Zu den Verträgen, die nur mit Zustimmung der Hauptversammlung wirksam werden können, gehören in erster Linie der Abschluß und die Änderung von Unternehmensverträgen (§§ 293, 295), ferner die Verschmelzungsverträge (§§ 340, 353—355, 357) und Nachgründungsverträge (§ 52 Anm. 8).

Während die Beschlüsse gemäß § 119 Abs. 1 und die übrigen in der vorstehenden Anmerkung erwähnten Maßnahmen kraft Gesetzes nur von der Hauptversammlung beschlossen werden können, sie also der Zuständigkeit des Vorstandes entzogen sind, ist die Vorbereitung und der Abschluß von Unternehmens- oder Verschmelzungsverträgen eine Geschäftsführungsaufgabe in der Zuständigkeit des Vorstandes. Nur die Wirksamkeit ist durch das Zustimmungserfordernis der Hauptversammlung bedingt. Hieraus aber zu schließen, die Hauptversammlung sei gehindert, den Vorstand bindend anzuweisen, derartige Verträge vorzubereiten und abzuschließen, ist nicht angängig (so aber Godin-Wilhelmi Anm. 4; anders in § 340 Anm. 3). Soweit die Hauptversammlung im Rahmen ihrer Zuständigkeit handelt, kann sie sowohl hinsichtlich der Maßnahme im Sinne von Abs. 1 S. 1 wie auch hinsichtlich der Verträge im Sinne von Abs. 1 S. 2 den Vorstand bindend anweisen, und der Vorstand ist verpflichtet, diesen Weisungen zu folgen (vgl. § 76 Anm. 7). Die Richtigkeit der hier vertretenen Ansicht ergibt sich nicht nur aus dem Wortlaut des Gesetzes, sondern auch aus § 82 Abs. 2, wonach der Vorstand verpflichtet ist, die Beschränkungen der Geschäftsführungsbefugnis einzuhalten, die im Rahmen des Aktiengesetzes u. a. auch von der Hauptversammlung getroffen werden (vgl. auch § 82 Anm. 15 und 18 sowie Baumbach-Hueck Rn. 4 und § 293 Rn. 5 und die amtliche Begründung zu § 119, bei Kropff S. 165). Wenn schon nach bisherigem Recht (vgl. die Einleitung) der Vorstand als verpflichtet angesehen wurde, gesetzmäßige Beschlüsse der Hauptversammlung auszuführen, muß das um so mehr und ohne Einschränkung jetzt gelten. Der gesetzgeberische Grund des § 83 war nicht, die Stellung der Hauptversammlung zu schwächen, sondern im Gegenteil sicherzustellen, daß die Hauptversammlung auch praktisch in der Ausübung ihrer Rechte nicht eingeschränkt wird (vgl. die amtliche Begründung, bei Kropff S. 104).

Anm. 4

4. Mehrheitserfordernisse

Abs. 1 S. 3 bestimmt, daß der Beschluß der Hauptversammlung, mit dem ein Verlangen an den Vorstand gestellt wird, der Mehrheit bedarf, die für die betreffende Maßnahme oder für die Zustimmung zum Vertrage erforderlich ist, also bei außergewöhnlichen Maßnahmen in der Regel einer qualifizierten Mehrheit. Es soll damit sichergestellt werden, daß bei einer später erforderlichen endgültigen Beschlußfassung, sei es zur Durchführung, sei es zur Zustimmung, die erforderliche Mehrheit vorhanden ist. Gegebenenfalls können also auch Sonderbeschlüsse einzelner Aktiengattungen erforderlich sein (vgl. §§ 179 Abs. 3, 182 Abs. 2, 222 Abs. 2).

Eine allgemeine Satzungsbestimmung, daß der Vorstand allen Verlangen der Hauptversammlung, Maßnahmen vorzubereiten, die in deren Zuständigkeit fallen, nachzukommen hat, dürfte wegen der in S. 3 geforderten Mehrheit (die von Fall zu Fall verschieden sein kann) nicht zulässig sein (so auch Godin-Wilhelmi Anm. 3).

Anm. 5

II. Ausführung der Maßnahmen durch den Vorstand

Abs. 2 bestimmt (vgl. für das bisherige Recht die Nachweise in der Einleitung), daß der Vorstand verpflichtet ist, von der Hauptversammlung im Rahmen ihrer Zuständigkeit beschlossene Maßnahmen auszuführen. Das gilt ganz allgemein und ohne Einschränkungen. Es ist also eine erforderliche Anmeldung zum Handelsregsiter vorzunehmen, es ist bei Kapitalerhöhungen die Aktienausgabe, bei Kapitalherabsetzungen die Kraftloserklärung von Aktien durchzuführen usw. Die Verpflichtung des Vorstandes, die von der Hauptversammlung beschlossene Maßnahme durchzuführen, gilt somit auch, wenn der Vorstand der Hauptversammlung gemäß § 119 Abs. 2 eine Frage der Geschäftsführung zur Entscheidung vorlegt (§ 93 Anm. 36). Auch wenn der Vorstand die dann getroffene Entscheidung der Hauptversammlung mißbilligt, kann er sich der Verpflichtung zur Ausführung der beschlossenen Maßnahme nicht entziehen. Soweit zum früheren Recht eine einschränkende Auffassung vertreten wurde (vgl. § 103 Anm. 7a der Vorauflage), kann diese angesichts des jetzt zweifelsfreien Gesetzeswortlauts nicht aufrechterhalten werden (wie hier Möhring-Tank I 348; Baumbach-Hueck Rn. 5; J. Gessler, 4. Aufl., § 83 Anm. 4; ferner die amtliche Begründung zu § 119, bei Kropff S. 165; a. A. nur Godin-Wilhelmi § 119 Anm. 6; vgl. dazu eingehend Anm. 36 bis 38 zu § 93). Eine Weigerung des Vorstands, von der Hauptversammlung beschlossene Maßnahmen auszuführen, ist ein wichtiger Grund zum Widerruf der Bestellung (§ 84 Abs. 3) und ein sachlicher Grund für den Vertrauensentzug durch die Hauptversammlung (vgl. § 84 Anm. 34); außerdem würde sich der sich weigernde Vorstand aus § 93 Abs. 2 ersatzpflichtig machen. Eine persönliche Haftung des Vorstandes bei Ausführung von Beschlüssen der Hauptversammlung ist dagegen nicht mehr gegeben (§ 93 Abs. 4 S. 1) und nur eingeschränkt gegenüber den Gläubigern (§ 93 Abs. 5 S. 3).

§ 84 Bestellung und Abberufung des Vorstands

(1) Vorstandsmitglieder bestellt der Aufsichtsrat auf höchstens fünf Jahre. Eine wiederholte Bestellung oder Verlängerung der Amtszeit, jeweils für höchstens fünf Jahre, ist zulässig. Sie bedarf eines erneuten Aufsichtsratsbeschlusses, der frühestens ein Jahr vor Ablauf der bisherigen Amtszeit gefaßt werden kann. Nur bei einer Bestellung auf weniger als fünf Jahre kann eine Verlängerung der Amtszeit ohne neuen Aufsichtsratsbeschluß vorgesehen werden, sofern dadurch die gesamte Amtszeit nicht mehr als fünf Jahre beträgt. Dies gilt sinngemäß für den Anstellungsvetrag; er kann jedoch vorsehen, daß er für den Fall einer Verlängerung der Amtszeit bis zu deren Ablauf weitergilt.

(2) Werden mehrere Personen zu Vorstandsmitgliedern bestellt, so kann der Aufsichtsrat ein Mitglied zum Vorsitzenden des Vorstands ernennen.

(3) Der Aufsichtsrat kann die Bestellung zum Vorstandsmitglied und die Ernennung zum Vorsitzenden des Vorstands widerrufen, wenn ein wichtiger Grund vorliegt. Ein solcher Grund ist namentlich grobe Pflichtverletzung, Unfähigkeit zur ordnungsmäßigen Geschäftsführung oder Vertrauensentzug durch die Hauptversammlung, es sei denn, daß das Vertrauen aus offenbar

unsachlichen Gründen entzogen worden ist. Dies gilt auch für den vom ersten Aufsichtsrat bestellten Vorstand. Der Widerruf ist wirksam, bis seine Unwirksamkeit rechtskräftig festgestellt ist. Für die Ansprüche aus dem Anstellungsvertrag gelten die allgemeinen Vorschriften.

(4) Die Vorschriften über die besonderen Mehrheitserfordernisse für einen Aufsichtsratsbeschluß über die Bestellung eines Arbeitsdirektors oder den Widerruf seiner Bestellung bleiben unberührt.

Übersicht

Literatur

Gessler, E., Vorstand und Aufsichtsrat im neuen Aktiengesetz, JW 1937, 497.
Ruth, Anm. zu RG JW 1937, 683ff.
Debus, A.-E., Die Abgrenzung der Funktion des Vorstands und Aufsichtsrats im neuen Aktienrecht, Diss. Köln 1937.

Godin, R. Frhr. v., Die Mißtrauenskundgebung der Hauptversammlung als Grund zur Abberufung des Vorstands, ZAkDR 1938, 630, 669.
Biedermann, H., Die Bestellung der Organe handelsrechtlicher Kapitalgesellschaften und ihr Widerruf, Diss. Leipzig 1938.
Cunio, H., Mißtrauensvotum als Abberufungsgrund von Vorstandsmitgliedern einer Aktiengesellschaft, Soziale Praxis, 1938, Sp. 552.
Jung, W., Die Stellung des Vorstands im neuen Aktienrecht, Diss. Breslau 1939.
Morlock, H., Das Anstellungsverhältnis des Vorstandsmitglieds der Aktiengesellschaft, Diss. Heidelberg 1939.
Hueck, A., Die Rechtsstellung der Mitglieder von Organen der juristischen Personen, DB 1954, 274.
Molitor, E., Die Rechtsverhältnisse der Vorstandsmitglieder, Die AG 1957, 193.
Wiesenhöfer, Th., Die Kompetenzverteilung zwischen Vorstand und Aufsichtsrat der deutschen Aktiengesellschaft, Diss. Köln 1960.
Duden, K., Abberufung eines Vorstandsmitgliedes durch den Aufsichtsrat wegen Vertrauensentzuges durch die Aktionäre? BB 1961, 225.
Foerstner, H., Zuschrift zum vorigen in BB 1961, 428.
Stadtmüller, J., Die gesellschaftsrechtliche Stellung des Arbeitsdirektors, Diss. Münster 1964.
Haberlandt, H., Zur Änderung der Ruhegehaltsbezüge ehemaliger Vorstandsmitglieder einer Aktiengesellschaft, BB 1964, 1407.
Fischer, Rob., Anmerkung zu BGHZ 41, 282 in LM Nr. 16 zu § 75 AktG (1937).
Spieker, W., Rechtsfolgen fehlerhafter Anstellung eines Vorstandsmitgliedes, DB 1964, 1287.
Veith, G., Fehlerhafte Anstellung von Vorstandsmitgliedern, DB 1965, 807.
Gerlach, H. W., Die Anstellung eines Vorstandsmitgliedes einer Aktiengesellschaft ohne Beschluß des Aufsichtsrats und ihre Folgen, Die AG 1965, 251.
Dietel, P., Der Widerruf der Bestellung zum Vorstandsmitglied bei Vertrauensentzug der Hauptversammlung, Diss. Köln 1965.
Saage, G., Führung nach und Verantwortung dem neuen Aktiengesetz, NB 1966, 35.
Reich, N., Die zivil- und strafrechtliche Verantwortlichkeit des faktischen Organmitgliedes im Gesellschaftsrecht, DB 1967, 1663.
Frels, H., Handelsregisterliche Fragen bei der Vorstandsbestellung, Die AG 1967, 227.
Fleck, Das Dienstverhältnis der Vorstandsmitglieder und Geschäftsführer von Kapitalgesellschaften in der Rechtsprechung des BGH, WM Sonderbeilage Nr. 3, 1968.
Dose, St., Die Rechtstellung der Vorstandsmitglieder der Aktiengesellschaft, Bad Schwartau, 1968
Wilhelmi, C. H. und S., Sind Vorstandsmitglieder von Aktiengesellschaften und GmbH-Geschäftsführer nach dem Angestelltenversicherungsgesetz versicherungspflichtig, BB 1968, 137.
Schroeter, K., Versicherungspflicht der Vorstandsmitglieder von Aktiengesellschaften in der Angestelltenversicherung, BB 1969, 958.
Breinl, H., Die Versicherungsfreiheit in der Angestelltenversicherung auch für stellvertretende Vorstandsmitglieder einer Aktiengesellschaft, BB 1969, 1358.
Siegler, H. G., Die rechtliche Stellung von Organmitgliedern und Gesellschaftern nach dem Schwerbeschädigtengesetz, DB 1969, 2229.
Golling, H.-J., Sorgfaltspflicht und Verantwortlichkeit der Vorstandsmitglieder für die Geschäftsführung innerhalb der nicht konzerngebundenen Aktiengesellscnaft, Bad Schwartau, 1969.
Trinkhaus, H., Organmitglieder juristischer Personen und leitende Angestellte. Aktuelle Probleme. Schriftenreihe Der Betrieb. Düsseldorf (1970).

Einleitung

§ 84 bringt gegenüber dem bisherigen Recht keine wesentlichen Änderungen: Die Absätze 1 bis 3 entsprechen mit einigen Klarstellungen dem § 75 AktG 1937, und auch der neue Abs. 4 gibt nur bisher schon geltendes Recht wieder.

Im einzelnen ist an Klarstellungen im Sinne der bisher schon h. M. zu erwähnen: Nicht nur die wiederholte Bestellung, auch die Verlängerung der Amtszeit wird ausdrücklich für zulässig erklärt, allerdings beides nur durch erneuten Aufsichtsratsbeschluß, der frühestens ein Jahr vor Ablauf der bisherigen Amtszeit gefaßt werden kann, Abs. 1, S. 2, 3 (der frühere S. 3 ist mit der Klarstellung, daß ein Vorstandsmitglied unbeschränkt geschäftsfähig sein muß, § 76 Abs. 3 AktG 1965 geworden). Eine automatische Verlängerung kann nur bei einer Bestellung auf weniger als fünf Jahre vorgesehen werden, aber nicht über einen Zeitraum von mehr als insgesamt fünf Jahren hinaus, Abs. 1 S. 4. Beim Anstellungsvertrag ist trotz der grundsätzlich gleichen Höchstdauerbeschränkung eine

Verlängerungsklausel zulässig, wenn sie an eine Verlängerung der Amtszeit gebunden wird, Abs. 1 S. 5. In Abs. 3 S. 2 ist als weiteres Beispiel eines wichtigen Grundes für den Widerruf der Bestellung der Vertrauensentzug durch die Hauptversammlung aufgeführt, mit der Maßgabe, daß das Vertrauen nicht aus offenbar unsachlichen Gründen entzogen werden darf.

Anm. 1

I. Scheidung zwischen Bestellung und Anstellung

Auch AktG 1965 hat die scharfe rechtliche Trennung zwischen dem körperschaftlichen Akt der Bestellung und dem zweiseitigen Dienstvertrag, die sich in der Praxis bewährt hat, ausdrücklich (vgl. § 84 Abs. 1 S. 5, Abs. 3 S. 5) beibehalten (s. die amtliche Begründung, bei Kropff S. 106).

Diese Scheidung wird heute auch in der Rechtsprechung (BGH LM Nr. 5 zu § 75 AktG (1937); Nr. 3 zu § 46 GmbHG) und einheitlich von der aktienrechtlichen Literatur vollzogen (vgl. Baumbach-Hueck Rn. 3; Godin-Wilhelmi, Anm. 3 unter Aufgabe der früheren a. A.; Würdinger § 21 I. 2. b; Möhring-Tank I, 198; J. H. Gessler Anm. 3; weitere Nachw., auch zu der sog. Einheitstheorie in Anm. 1 zu § 75 der Voraufl.). § 67 Abs. 4 S. 2 des Ref. Entwurfs eines GmbHG (1969) stellt die Rechtslage auch für die GmbH klar, indem statt der unscharfen Formulierung des § 38 Abs. 1 GmbHG der Wortlaut des § 84 Abs. 3 S. 5 AktG 1965 übernommen wird; zur grundsätzlichen Verschiedenheit der beiden Rechtsbeziehungen, auch bei GmbH-Geschäftsführern, vgl. neuerdings noch BGH WM 1968, 750; WM 1969, 158 = BB 1969, 107 = LM Nr. 9 zu § 46 GmbHG).

Der Trennung zwischen dem körperschaftlichen Akt der Bestellung und dem schuldrechtlichen des Anstellungsvertrages enspricht zwangsläufig die zwischen Widerruf der Bestellung und Kündigung des Anstellungsverhältnisses, obwohl das im Gesetz nicht klar ausgedrückt ist, da Abs. 3 S. 5 nur allgemein für die „Ansprüche" aus dem Anstellungsvertrag auf die allgemeinen Vorschriften verweist.

Die *Bestellung* ist ein einseitiger körperschaftlicher, nach außen gerichteter Rechtsakt, durch den dem Bestellten die Organstellung als Vorstandsmitglied verliehen wird. Sie bedarf zu ihrer Wirksamkeit nur der Annahme durch den Bestellten, die der Bestellung auch nachfolgen oder konkludent erklärt werden kann (s. auch § 93 Anm. 3); dadurch wird die Bestellung jedoch noch nicht zu einem Vertrag mit dem Bestellten, a. A. Würdinger § 21 I. 3. a).

Der *Anstellungsvertrag* ist ein zweiseitiger schuldrechtlicher Vertrag. Er regelt die Beziehungen zwischen dem Vorstandsmitglied und der Gesellschaft.

Trotz der rechtlichen Scheidung stehen beide Akte in einem engen tatsächlichen Verhältnis zueinander: Der Anstellungsvertrag wird i. d. R. nur wegen der Bestellung zum Organ geschlossen, vgl. im einzelnen unten Anm. 49 ff. In der Praxis werden oft Bestellung und Anstellung zusammenfallen. Der Beschluß über den Anstellungsvertrag kann auch stillschweigend die Bestellung enthalten, das ist durch Auslegung festzustellen; zwei getrennte Aufsichtsratsbeschlüsse sind jedenfalls nicht nötig (vgl. im einzelnen unten Anm. 2). Es ist auch gleichgültig, ob die Anstellung der Bestellung vor- oder nachgeht. In der vorbehaltslosen Tätigkeitsaufnahme des Bestellten kann der stillschweigende Abschluß eines Anstellungsvertrages liegen, vgl. unten Anm. 7. Nichtsdestoweniger gibt es gewisse Unterschiede im Verfahren: Die Bestellung ist zwingend dem Aufsichtsrat insgesamt zugeschrieben, sie kann nicht auf einen Aufsichtsratsausschuß übertragen werden, § 107 Abs. 3 S. 2, und erst recht nicht auf ein einzelnes Aufsichtsratsmitglied (vgl. unten Anm. 2). Nicht ausgeschlossen ist dies dagegen für den formellen Abschluß des Anstellungsvertrages, während die Beschlußfassung über den Anstellungsvertrag zwar einem Ausschuß, aber nicht einem einzelnen Mitglied des Aufsichtsrats übertragen werden kann (vgl. im einzelnen Anm. 5).

Anm 2

II. Bestellung durch den Aufsichtsrat

1. Nach Aktienrecht (Abs. 1 Satz 1)

Das Recht, die Vorstandsmitglieder zu bestellen, steht kraft zwingender Vorschrift des Abs. 1 S. 1 *allein dem Aufsichtsrat zu.*

Das Mitbestimmungsrecht geht dem Aktienrecht nur in bezug auf die Mehrheitserfordernisse bei Bestellung und Widerruf der Bestellung eines Arbeitsdirektors vor (Abs. 4), berührt jedoch nicht die Zuständigkeit des Aufsichtsrats (vgl. Anm. 3).

Die Satzung kann nichts von Abs. 1 S. 1 Abweichendes bestimmen, da sie in die gesetzliche Aufteilung der Zuständigkeiten der Organe der AG nicht eingreifen darf (vgl. aber § 76 Anm. 7). Die Satzung kann die Bestellung also nicht der Hauptversammlung oder gar einem Dritten zuweisen. Ebensowenig kann sie dem Vorstand für den Fall des Fehlens oder Fortfallens eines Mitglieds das Recht der Zuwahl einräumen. Auch das Recht eines einzelnen Aktionärs auf Mitgliedschaft im Vorstand kann in der Satzung nicht begründet werden; denn für die Bestellung zum Vorstandsmitglied sollen die Interessen der Gesellschaft, nicht aber die Sonderinteressen einzelner Aktionäre ausschlaggebend sein. Es gibt also nach Aktienrecht kein Sonderrecht auf Bestellung oder Sitz im Vorstand — auch nicht im Rahmen der 5-Jahres-Frist (vgl. § 23 Abs. 5).

Unzulässig ist auch ein Weisungs-, Vorschlags- oder Zustimmungsrecht anderer Organe oder Dritter, das die Freiheit und Unabhängigkeit des Aufsichtsrats bei der Auswahl der Vorstandsmitglieder einschränkt; das gilt auch hinsichtlich entsandter Aufsichtsratsmitglieder, § 101 Abs. 2 (Möhring-Tank I 189). Zulässig wäre dagegen, in der Satzung ein nicht bindendes Vorschlagsrecht einzuräumen, wobei jedoch die Wirksamkeit der Bestellung nicht beeinträchtigt wird, wenn dem Vorschlagsberechtigten keine Gelegenheit zur Meinungsäußerung gegeben wurde. Zulässig sind auch Vereinbarungen von Aktionären untereinander, ihren Einfluß auf Aufsichtsratsmitglieder dahingehend auszuüben, daß sie in der Beschlußfassung über die Bestellung für oder gegen bestimmte Personen stimmen.

Die Bestellung ist zwingend dem *gesamten Aufsichtsrat* übertragen. Das stellt § 107 Abs. 3 S. 2 durch die Verweisung auf § 84 Abs. 1 S. 1 ausdrücklich klar. Danach kann weder die Satzung Abweichendes bestimmen, noch kann der Aufsichtsrat anders verfahren.

Die Betrauung eines Ausschusses oder eines einzelnen Aufsichtsratsmitglieds mit der Vorbereitung oder der Ausführung des Bestellungsbeschlusses ist jedoch zulässig (vgl. Anm. 7).

Die Bestellung der Vorstandsmitglieder erfolgt durch Aufsichtsrats*beschluß* (§ 108 Abs. 1). Es entscheidet die *einfache Mehrheit.* Die Satzung kann eine qualifizierte Mehrheit nicht vorschreiben (Baumbach-Hueck § 108 Rn. 4).

Hinsichtlich der Form der Bestellung enthält das AktG keine besonderen Anforderungen; sie können jedoch durch die Satzung vorgeschrieben werden, z. B. notarielle Beurkundung des Bestellungsbeschlusses.

Anm. 3

2. Mitbestimmungsrecht (Abs. 4)

Abs. 4 stellt klar, daß die Vorschriften der *Mitbestimmungsgesetze* über die besonderen Mehrheitserfordernisse für die Bestellung des Arbeitsdirektors bzw. ihren Widerruf den aktienrechtlichen Grundsätzen weiterhin vorgehen, s. die in Anm. 14 zu § 76 abgedruckten Texte.

§ 13 MitbestG enthält eine Sonderregelung für die Bestellung des Arbeitsdirektors: Zwar erfolgen Bestellung (und Widerruf) der Vorstände der dem MitbestG unterliegenden AG auch nach § 84 durch den Aufsichtsrat (§ 12 MitbestG), jedoch kann der Arbeitsdirektor *nicht gegen die Mehrheit der Arbeitnehmervertreter* im Aufsichtsrat bestellt (oder abberufen) werden (§ 13 Abs. 1, S. 2 und 3). Auch das MitbestErgG, die sogenannte

Holding-Novelle, enthält für die Obergesellschaften der Montan-Industrie das Institut des Arbeitsdirektors als gleichberechtigtes Vorstandsmitglied (§ 13; ausdrücklich werden jedoch die Bestimmungen des § 13 Abs. 1, S. 2 und 3 MitbestG *nicht* für anwendbar erklärt). Hier bleibt es also hinsichtlich der Bestellung (und Abberufung) des Arbeitsdirektors uneingeschränkt bei der Regelung des § 84.

Anm. 4

III. Bestellung durch das Gericht

Die alleinige Zuständigkeit des Aufsichtsrats wird nur in Ausnahmefällen durch die gerichtliche Ersatzbestellung durchbrochen:

Fehlt ein erforderliches Vorstandsmitglied, so hat in dringenden Fällen das Gericht auf Antrag eines Berechtigten das Mitglied zu bestellen, § 85 Abs. 1. Diese Ersatzbestellung findet ihr Ende, sobald der Mangel behoben ist, § 85 Abs. 2.

Grundsätzlich anwendbar bleibt daneben § 57 ZPO, der auch für den Vorstand einer AG gilt, RG JW 1926, 2899; vgl. auch § 1 Anm. 14. Danach kann der Vorsitzende des Prozeßgerichts, falls mit dem Verzuge Gefahr verbunden ist, auf Antrag bis zu dem Eintritt eines ordentlichen oder eines nach § 85 bestellten Vorstandsmitglieds einen *besonderen Vertreter* bestellen, wenn eine AG verklagt wird, die keinen ordnungsgemäßen Vorstand hat. Ist schon ein Ersatzmitglied nach § 85 bestellt, so ist für § 57 ZPO kein Raum mehr; umgekehrt hindert aber eine Vertreterbestellung nach § 57 ZPO nicht die Ersatzbestellung nach § 85 AktG. Die Vertretungsmacht des Vertreters nach § 57 ZPO ist auf den anhängigen Prozeß beschränkt, wogegen das gemäß § 85 AktG bestellte Vorstandsmitglied, soweit mit der Bestellung keine Beschränkungen verbunden sind (vgl. § 85 Anm. 5), alle Befugnisse eines ordentlichen Vorstandsmitglieds hat.

Neben den Möglichkeiten der §§ 85 AktG und 57 ZPO besteht für eine Bestellung durch einstweilige Verfügung kein Bedürfnis (ebenso Baumbach-Hueck § 85 Anm. 1).

Anm. 5

IV. Anstellung durch den Aufsichtsrat

Die Verweisung in Abs. 1 S. 5 bezieht sich auf alle vier vorhergehenden Sätze. Somit gilt, daß auch für die mit dem Anstellungsvertrag zusammenhängenden Entscheidungen *allein der Aufsichtsrat* zuständig ist und daß auch durch die Satzung diese Entscheidungsbefugnis weder einem anderen Organ noch einem Dritten zugewiesen werden kann (BGH 41, 282, 285; 12, 327, 333; BGH WM 1960, 544; 1957, 846). Daß § 107 Abs. 3 S. 2 nur die Aufgaben nach § 84 Abs. 1 S. 1 und 3 (und nicht 5) zitiert, bestätigt die bisher schon h. M. (vgl. die Vorauflage § 75 Anm. 2, 3 sowie BGH 20, 241, 245; 41, a. a. O.), daß die mit dem Anstellungsvertrag zusammenhängenden Entscheidungen auch einem Ausschuß des Aufsichtsrats übertragen werden können (Baumbach-Hueck Rn. 6). Was für den Abschluß des Anstellungsvertrages gilt, gilt entsprechend auch für Änderungen oder Ergänzungen (BGH 41 a. a. O.; 12 a. a. O.; BGH WM 1960, 1957 jeweils a. a. O.). Im einzelnen ist zwischen der inhaltlichen Gestaltung des Anstellungsvertrages und der diesbezüglichen Beschlußfassung und dem formellen Abschluß, d. h. in der Regel der Unterzeichnung, zu unterscheiden.

Anm. 6

1. Beschluß über den Anstellungsvertrag

Da der Aufsichtsrat durch Beschluß entscheidet (§ 108 Abs. 1; das gilt auch für seine Ausschüsse), ist zu beschließen, daß mit einer bestimmten Person ein inhaltlich bestimmbarer Anstellungsvertrag geschlossen werden soll (vgl. BGH 41, 282, 285; 47, 342, 343; Fleck WM Sonderbeilage 3/1968, S. 3). Dieser Beschluß kann der Bestellung vor- oder nachgehen oder mit ihr zusammenfallen, muß aber ausdrücklich gefaßt werden. Der

Beschluß muß auch den wesentlichen Inhalt des Anstellungsvertrages entweder unmittelbar oder durch Bezugnahme wiedergeben (vgl. auch unten Anm. 20). Dieser Inhalt kann sich auch daraus ergeben, daß regelmäßig ein bestimmter Vertragsinhalt zugrunde gelegt wird.

Die AG, vertreten durch den Vorstand, kann sich nicht vertraglich verpflichten, eine bestimmte Person zum Vorstandsmitglied zu bestellen. Die Zusicherung an einen Angestellten, er werde innerhalb einer gewissen Zeit Vorstandsmitglied werden, ist unwirksam, §§ 306, 307 BGB. Nur mit Zustimmung des Aufsichtsrats kann eine solche Verpflichtung der AG begründet werden. Der Aufsichtsrat muß in der Lage sein, die Entscheidung über die Bestellung des Vorstandes selbst zu treffen.

Anm. 7

2. Abschluß des Anstellungsvertrages

Von dem Beschluß über den Anstellungsvertrag ist dessen Abschluß, d. h. in der Regel die Unterzeichnung des Vertrages zu trennen.

Auch hierfür ist allein der Aufsichtsrat zuständig (§ 112). Die Vertretungsmacht kann auf eines oder mehrere seiner Mitglieder delegiert werden (vgl. BGH 47, 341, 344, 350; 41, 223, 227, 282, 285).

Da für den Anstellunsgvertrag keine Schriftform vorgeschrieben ist, ist auch ein konkludenter Abschluß möglich, insbesondere wenn der Betreffende stillschweigend und vorbehaltlos auf der Grundlage ihm bekanntgegebener Bedingungen tätig geworden ist.

Anm. 8

V. Persönliche Voraussetzungen

Für die *Bestellung* bestimmt § 76 Abs. 3, daß ein Vorstandsmitglied nur eine natürliche, unbeschränkt geschäftsfähige Person sein kann. Im einzelnen s. § 76 Anm. 15; zu weiteren Erfordernissen z. B. durch Satzung s. § 76 Anm. 16.

Für den *Abschluß des Anstellungsvertrages* gelten nicht unmittelbar die Einschränkungen, die für die Bestellung maßgebend sind (a. A. Schlegelberger-Quassowski § 75 AktG 1937, Anm. 7). Vielmehr gelten hier die allgemeinen Regeln nach denen sich auch beurteilt, welche Wirkung das Fehlen von persönlichen Voraussetzungen, die das Gesetz oder die Satzung für die Bestellung fordert, auf den Anstellungsvertrag hat. Liegt der Abschluß des Anstellungsvertrages vor dem Beginn der Amtszeit des Vorstandsmitgliedes, so wird, wenn die Voraussetzungen bis dahin eingetreten sind, z. B. die Staatsangehörigkeit, der Wohnsitz oder der Aktienbesitz, den die Satzung fordert, erworben ist, der vorher ordnungsmäßig abgeschlossene Anstellungsvertrag voll wirksam. Zu den Rechtsfolgen im übrigen s. § 76 Anm. 17.

Anm. 9

VI. 1. Höchstdauer

Eine Bestellung — und ebenso die zulässige wiederholte Bestellung — kann nicht für einen längeren Zeitraum als 5 Jahre erfolgen (Abs. 1, Satz 2); dies gilt sinngemäß auch für den Anstellungsvertrag (Satz 5), abgesehen von der Ausnahme des 2. Halbsatzes, daß der Anstellungsvertrag bei wiederholter Bestellung, wenn das vorgesehen ist, weiter gilt.

a) Bestellung

Der Zweck der zwingenden Regelung in Satz 1 und 2 des Abs. 1 ist, daß die Gesellschaft an ein Vorstandsmitglied niemals länger als 5 Jahre gebunden sein soll. Der Aufsichtsrat soll spätestens alle 5 Jahre über eine Wiederbestellung entscheiden. Da der Aufsichtsrat auch bei einer wiederholten Bestellung frei sein soll, ist nicht nur eine automatische Verlängerungsklausel unwirksam (was aus Satz 3 folgt), sondern der Aufsichtsrat darf seine Entscheidungsfreiheit auch nicht selbst durch eine entsprechende Gestaltung des Anstellungsvertrages beschränken, vgl. unten Anm. 11.

Eine Bestellung *über 5 Jahre hinaus* wird jedenfalls ohne weiteres mit Ablauf der gesetzlichen Höchstfrist unwirksam (vgl. Baumbach-Hueck Rn. 5, Godin-Wilhelmi Anm. 5, Möhring-Tank I 207; BGH 3, 90; 10, 187, 195; WM 1957, 846, 847; 1962, 109, 112).

Eine Bestellung auf unbestimmte Zeit gilt im Zweifel als eine Bestellung für den gesetzlichen Höchstzeitraum (Godin-Wilhelmi Anm. 5). Wer sich darauf beruft, daß ein kürzerer Zeitraum gemeint war, muß den entsprechenden Nachweis führen.

Da das Gesetz *eine bestimmte Mindestfrist* für die Bestellung nicht vorschreibt, ist der Aufsichtsrat dieserhalb grundsätzlich frei. Die Bestellungsdauer darf jedoch nicht so kurzfristig bemessen sein, daß das Vorstandsmitglied dadurch in eine praktische Abhängigkeit vom Aufsichtsrat gerät, die seine Unabhängigkeit beeinträchtigt (Möhring-Schwartz, Rowedder-Haberlandt S. 80; vgl. auch Baumbach-Hueck Rn. 5; a. A. die Voraufl. Anm. 13 zu § 75 und wohl Godin-Wilhelmi Anm. 5); es darf durch eine solche Befristung nicht § 84 Abs. 3 Satz 1 umgangen werden, der durch die Verknüpfung des Widerrufs mit einem wichtigen Grund dem Vorstand die notwendige Unabhängigkeit (§ 76 Abs. 1) gewährleistet.

Anm. 10

Gemäß Abs. 1 Satz 2 gilt auch für die zulässige *wiederholte* Bestellung oder Verlängerung der Amtszeit die Höchstdauer von 5 Jahren.

Der neu durch AktG 1965 eingefügte Satz 3 stellt zum einen klar, daß auch die wiederholte Bestellung oder Verlängerung der Amtszeit eines erneuten ausdrücklichen Beschlusses bedarf. Zum anderen statuiert der 2. Halbsatz, daß dieser Beschluß frühestens 1 Jahr vor Ablauf der bisherigen Amtszeit gefaßt werden kann. Sinn dieser Bestimmung ist, daß der Aufsichtsrat erst unter dem Eindruck der vom Vorstandsmitglied erbrachten Leistungen nach einer verantwortlichen Beratung (BGH 10, 187, 195) entscheiden soll. Die Frist der bisherigen Amtszeit braucht nicht in Abzug gebracht zu werden, da Abs. 1 nur verhindern will, daß die AG zu irgend einem Zeitpunkt für länger als 5 Jahre gebunden ist.

Abs. 1, Satz 4 bestätigt die bisher schon von der h. M. (vgl. Kuhn WM 1955, 16; Voraufl. Anm. 11 zu § 75; unentschieden BGH 10, 187, 195) anerkannte Ausnahme vom Erfordernis eines ausdrücklichen Neubestellungsbeschlusses, sofern dadurch die gesamte (d. h. die ursprüngliche und die Verlängerungs-)Amtszeit nicht mehr als 5 Jahre beträgt (vgl. die amtliche Begründung, bei Kropff S. 105f.).

Anm. 11

b) Anstellung

Entsprechend den für die Bestellung geltenden Grundsätzen gilt für eine Vertragsklausel, die eine über die 5-Jahres-Frist hinausgehende Dauer vorsieht, daß der Anstellungsvertrag mit Ablauf der gesetzlichen Höchstfrist endet (vgl. BGH WM 1957, 846, 847; 1962, 109, 112).

Da zwar die AG auch vertraglich nicht jeweils länger als 5 Jahre an ein Vorstandsmitglied gebunden sein soll, der Aufsichtsrat aber anders als bei der Wiederholung der Bestellung bei einer Verlängerung des Anstellungsvertrages in der Regel keiner erneuten verantwortlichen Beratung bedarf (vgl. die amtliche Begründung, bei Kropff S. 106), durchbricht der 2. Halbsatz von Satz 5 die Grundregeln der Sätze 1 bis 3 des Abs. 1: eine automatische Verlängerungsklausel im Vorstandsvertrag ist wirksam, wenn sie mit der Verlängerung der Amtszeit gekoppelt wird (vgl. schon BGH 3, 90ff.).

Abgesehen von einer wirksamen automatischen Verknüpfung von Dienstzeit und Amtszeit, bedarf jede Verlängerung bzw. jeder Neuabschluß des Vorstandsvertrages eines erneuten Beschlusses. Das ist auch durch die Einfügung des Satzes 3 insoweit klargestellt, als Satz 5 auch für den Anstellungsvertrag gilt, und zwar auch hinsichtlich der Einhaltung der Ein-Jahres-Frist. Wegen des Beschlußerfordernisses ist für eine Anwendung der Fiktion des § 625 BGB kein Raum (vgl. auch Fleck WB Sonderbeilage 3/1968, S. 6; offen gelassen zum AktG 1937, BGH WM 1967, 540 = BB 1967, 646.

Anm 12

Enthält der Anstellungsvertrag *keine zeitliche Befristung*, so ist die Dauer durch Auslegung festzustellen; fehlt auch eine Kündigungsfrist, so sind § 620 Abs. 2 BGB und damit die Fristen des § 621 BGB grundsätzlich nicht anwendbar (a. A. Baumbach-Hueck Rn. 9 sowie die Voraufl. Anm. 18 zu § 75). Als Regelfall ist anzunehmen, daß die Parteien einen Vertrag bis zum Ablauf der Bestellungs- bzw. der gesetzlichen Höchstfrist schließen wollten (vgl. auch BGH WM 1961, 527, 529, sowie dazu, daß dafür auch die Vereinbarung eines Ruhegehalts sprechen kann, BGH WM 1968, 611, 612). Wer sich auf eine kürzere Frist beruft, trägt die Beweislast.

Die Vereinbarung von Kündigungsfristen, die zeitlich unabhängig von der Dauer der Bestellung sind, ist rechtlich zulässig, mit der Folge, daß mit dem Ausspruch einer fristgemäßen Kündigung auch die Bestellung ihr Ende findet (Anm. 49 unten). Ebenso kann eine auflösende Bedingung vereinbart werden, mit deren Eintritt der Vertrag automatisch endet.

Anm. 13

Eine *Umgehung* des § 84 Abs. 1 liegt vor, wenn im Anstellungsvertrag der AG unangemessen hohe geldliche Verpflichtungen für die Zeit nach Ausscheiden des Vorstandsmitglieds auferlegt werden und damit die Freiheit des Aufsichtsrats in der verantwortlichen Entschließung über die Verlängerung der Bestellung bzw. Anstellung beeinträchtigen (BGH 8, 348, 360; BGH WM 1957, 846, 847 = NJW 1957, 1448 = BB 1957, 658; vgl. auch RG 61, 328 zur Vereinbarung einer Vertragsstrafe). Eine solche Gesetzesumgehung berührt jedoch nicht den Anstellungsvertrag als ganzes. Gemäß § 139 BGB ist davon auszugehen, daß der Vertrag auch ohne die unangemessenen Zusagen geschlossen worden wäre (BGH 8, 361), und daß dem Vorstandsmitglied zumindest die angemessenen Bezüge zustehen sollen (vgl. RG DR 1944, 488; BGH 8, 367/8).

Anm. 14

2. Beginn und Ablauf der Fristen

Die 5-jährige Frist des Abs. 1 läuft von dem Beginn der Amtszeit, d. h. mit der Annahme der Bestellung durch den Bestellten. Dieser Zeitpunkt braucht nicht notwendig mit dem Tag der Bestellung zusammenzufallen, da in dem Bestellungsbeschluß ein späterer Beginn der Amtszeit festgelegt werden kann und auch die Annahme zu einem späteren Zeitpunkt erfolgen kann (vgl. Anm. 1), was aber nicht zu einer Umgehung der gesetzlichen Höchstdauer durch eine um Jahre vorgezogene Bestellung führen darf (Frels, Die AG, 1967, 273). Dementsprechend ist auch eine Eintragung im Handelsregister mit hinausgeschobener Bestellwirkung zulässig (§ 81 Anm. 1). Die Eintragung als solche läßt im übrigen den Ablauf der Frist unberührt. Bei einer Neubestellung wird der Beginn der neuen Amtszeit regelmäßig mit dem Tag der Neubestellung zusammenfallen. Das bestellte Vorstandsmitglied hat einen klagbaren Anspruch auf ordnungsgemäße Bewirkung der Eintragung der Bestellung (§ 81 Anm. 8). Die Frist für den *Anstellungsvertrag* läuft grundsätzlich von dem im Vertrag festgesetzten Datum, oder, wenn ein solches fehlt, von dem Tage der Aufnahme der Dienste. Dieser Zeitpunkt muß nicht mit dem Beginn der Amtszeit zusammenfallen, wird es aber in der Regel.

Die *Amtszeit* endet mit dem Ablauf des Zeitraums, für den das Vorstandsmitglied bestellt ist, oder sonst mit Ablauf der gesetzlichen Höchstfrist. Die *Dienstzeit* kann sich bei Vorliegen einer wirksamen Verlängerungsklausel nach Abs. 1 Satz 5 automatisch bei Wiederbestellung über den 5-Jahreszeitraum hinaus ausdehnen. Für die Fristberechnung gelten die allgemeinen Vorschriften.

Zum Einfluß von entschädigungslosen Enteignungen und anderen staatlichen Zwangseingriffen außerhalb des Bundesgebietes in der Nachkriegszeit auf die Amtsdauer des Vorstands vgl. Anm. 13a zu § 75 der Voraufl. und noch BGH 33, 195; LG Tübingen MDR 1964, 422; KG WM 1965, 908; OLG Düsseldorf WM 1966, 75; 289; OLG Stuttgart WM 1966, 267.

Anm 15

VII. Rechtstypische Natur des Vorstandsverhältnisses

Auf das Vertragsverhältnis zwischen der AG und dem einzelnen Vorstandsmitglied finden, soweit das AktG keine Sonderbestimmung enthält, die für gegenseitige Verträge allgemein geltenden Vorschriften der §§ 323ff. BGB Anwendung (BGH 10, 187; 12, 1, 9; vgl. auch BGH WM 1968, 611 zu §§ 324, 615 BGB).

Wird das Vorstandsmitglied unentgeltlich tätig, so liegt im Zweifel ein Auftragsverhältnis im Sinne der §§ 662ff. BGB vor (Baumbach-Hueck Rn. 8; Godin-Wilhelmi Anm. 9). Das Fehlen einer besonderen Gehaltsvereinbarung spricht jedoch nicht unbedingt für eine gewollte Unentgeltlichkeit (vgl. auch § 612 Abs. 1 BGB), ebensowenig eine spezielle Titulatur wie Ehren-Mitglied des Vorstandes o. ä.

Regelmäßig ist der Vorstandsvertrag ein Dienstvertrag, der eine Geschäftsbesorgung zum Gegenstand hat, §§ 611ff., 675 BGB, und zwar ein *Dienstvertrag* der selbständig Tätigen (BGH 10, 187, 191; 12, 1, 5ff.; 36, 142; 49, 30; BGH WM 1964, 675, 677; 1969, 686, 688). Da das Vorstandsmitglied nicht in einem sozialen Abhängigkeitsverhältnis steht, gelten für sein Anstellungsverhältnis nicht ohne weiteres die für das Arbeitsverhältnis entwickelten Grundsätze, dennoch können besondere Umstände die entsprechende Anwendung arbeitsrechtlicher Grundsätze erforderlich machen (BGH 10, 191, 192), so z. B. die des sogenannten faktischen Arbeitsverhältnisses (vgl. BGH 41, 282 sowie unten Anm. 22ff.), die Urlaubsabgeltung (BGH WM 1963, 159), der Anspruch auf Zeugniserteilung (BGH 49, 30; vgl. unten Anm. 58).

Anm. 16

Im Einzelnen gilt folgendes:

Vorstandsmitglieder sind nicht Handlungsgehilfen, sondern haben in der AG ihrerseits die Stellung eines Prinzipals, vgl. § 22 Abs. 2, Nr. 1 ArbGG, § 19 Abs. 4, Nr. 2 SGG. Die Vorschriften der §§ 59ff. HGB sind weder unmittelbar noch entsprechend anwendbar (RG 7, 77; RG LZ 1912, 309). Sie sind auch nicht Arbeitnehmer i. S. von § 71 Abs. 1 Nr. 2 (vgl. Anm. 13 zu § 71). Die Vorstandsmitglieder sind als solche auch nicht Kaufleute im Sinne des HGB (OLGE 27, 375).

Die arbeitsrechtlichen Gesetze behandeln Vorstandsmitglieder durchweg nicht als Arbeitnehmer; so § 5 Abs. 1 S. 3 ArbGG (BGH WM 1969, 686); § 4 Abs. 2a) BetrVG; § 1 Abs. 2 Nr. 1 AZO; § 14 Abs. 1 Nr. 1 KSchG i. d. F. vom 25. 8. 1969 (BGBl. I S. 1317; vgl. BGH 20, 249); § 5 Abs. 2 SchwerBG (vgl. dazu Siegler DB 1969, 2229). Das Gleiche gilt für das KSchG für (langjährige) Angestellte vom 9. 7. 1926 (BGH 12, 8ff.), s. ferner § 2 BUrlG.

Auch *sozialversicherungsrechtlich* stellt die zum 1. 1. 1968 rückwirkende (zur früheren Praxis vgl. Wilhelmi BB 1968, 137) Neufassung von § 3 AVG durch das 3. RentenVersÄndG vom 28. 7. 1969 (BGBl. I S. 956) klar, daß die Mitglieder des Vorstandes einer AG nicht rentenversicherungspflichtig sind. Diese Befreiung gilt auch für stellvertretende Vorstandsmitglieder (§ 94 Anm. 4 am Ende). Aus § 3 AVG n. F. folgt, daß Vorstandsmitglieder nicht Angestellte im Sinne der Arbeitslosenversicherung sind (BB 1969, 958). Ist das Vorstandsmitglied gleichzeitig Geschäftsführer einer GmbH, so vertreten die Spitzenverbände der Kranken- und Rentenversicherungsträger sowie die Bundesanstalt für Arbeit die Auffassung, daß sich hinsichtlich der Nicht-Vorstandstätigkeit die Versicherungspflicht nach den allgemeinen Vorschriften beurteilt (BB 1970, 805).

Steuerrechtlich ist zum 2. VermögensbildungsG entschieden, daß Vorstandsmitglieder nicht als Arbeitnehmer anzusehen seien (BFH BStBl. II 1970, 243 = DB 1970, 714). Lohnsteuerrechtlich gelten jedoch auch Vorstandsmitglieder als Arbeitnehmer (vgl. § 1 LStDV 1970, BGBl. I, 10, 33). Das *Konkursvorrecht* des § 61 Nr. 1 KO gilt nicht zugunsten von Vorstandsmitgliedern, auch nicht wenn sie abberufen waren (RG 120, 300; 150, 99; OLG Stuttgart BB 1951, 82; BGH 41, 282, 288).

Ebensowenig steht ihnen der *Pfändungsschutz* des § 850 ZPO zu (BGH 41, 282, 288; a. A. wohl BAG DB 1962, 644 und ihm folgend Baumbach-Lauterbach, ZPO, § 850 Anm. 2 A).

Da Vorstandsmitglieder nicht sozial abhängig sind, verjähren ihre Bezüge (das gilt für die gesamten Bezüge im Sinne von § 87 Abs. 1) nicht nach § 196 Nr. 8 BGB, sondern gemäß § 197 BGB erst nach vier Jahren (BGH 36, 143, BGH WM 1967, 742, 744). — Im Rahmen von § 13 Abs. 4 GKG hat KG NJW 1968, 756 Vorstandsbezüge allerdings als Arbeitnehmerbezüge angesehen; a. A. jedoch BGH LM Nr. 8 zu § 9 ZPO; Fleck Sonderbeilage 3/1968, S. 22, wonach eine Streitwertberechnung nach § 9 ZPO zu erfolgen hat.

Weitere Nachweise bei Trinkhaus, S. 6ff. 20, der eine Revision der h. M. fordert, da angesichts der gesellschaftlichen Entwicklung jedenfalls bei bestimmten Gruppen, so z. B. den Vorständen konzernbeherrschter AGs, eher eine tatsächliche Vermutung für die Arbeitnehmereigenschaft spreche.

Anm. 17

VIII. Rechtsfolgen bei Fehlen oder Fehlerhaftigkeit von Bestellung oder Anstellung

1. a) Fehler der Bestellung

Der körperschaftliche Akt der Bestellung (Anm. 2) kann insofern abstrakt genannt werden, als er neben der Bestellungsformel und dem Namen des Bestellten keinen weiteren Inhalt zu haben braucht. Einer ausdrücklichen Angabe des Tages, ab dem die Bestellung wirksam werden soll, bedarf es nicht, wenn sich dieser aus dem Datum des Beschlusses im Zusammenhang mit der Beschlußformel ergibt.

Bezüglich des *Fehlens* der Bestellung ist zu unterscheiden: Die Bestellung bzw. deren Wiederholung ist übersehen worden, die Tätigkeit wird jedoch zumindest stillschweigend geduldet, oder die Bestellung ist bewußt unterlassen worden (BGH 47, 341; vgl. auch BGHSt. 6, 315; 7, 157; 21, 101 m. w. N.). Ferner kommt in Betracht ein Verstoß gegen zwingende Vorschriften über Aufsichtsrats-Beschlüsse (BGH 41, 282, 285). *Teilunwirksamkeit* liegt insbesondere vor, wenn die Bestellung gegen das Höchstdauerprinzip des Abs. 1 verstößt, vgl. oben Anm. 9.

Anm. 18

b) Rechtsfolgen

Im Interesse der Gesellschaft, aber auch des Vertrauensschutzes des Geschäftsverkehrs gelten hinsichtlich der nicht wirksam bestellten Vorstandsmitglieder grundsätzlich dieselben Regeln wie für ordnungsgemäß bestellte Mitglieder (vgl. RG SeuffA 93, 310; RG JW 1934, 693; RG 152, 273; BGH 47, 341, 343; RGSt. 16, 269; 71, 112; 72, 187; BGHSt. 3, 32; 6, 314; 21, 101 = NJW 1966, 2225 = DB 1966, 1349; BGH 41, 282, 287 zur fehlerhaften Anstellung).

Voraussetzung ist, daß dem Aufsichtsrat die Tätigkeit der betreffenden Person als Organ bekannt ist. Dazu genügt jedoch das Wissen auch nur eines Aufsichtsratsmitglieds (BGH 41, 287 m. w. N.). Unter den entsprechenden Voraussetzungen kommen auch Angestellte (insbesondere Prokuristen, Generalbevollmächtigte), die mit Duldung des Aufsichtsrats Organfunktion wahrnehmen, als faktische Vorstandsmitglieder in Betracht (Ruth JW 1937, 685; a. A. Reich DB 1967, 1663, 1665), und ebenso der Allein- oder Hauptaktionär, wenn er die AG wie ein Vorstand persönlich leitet und die formell bestellten Vorstandsmitglieder nur „willfährige Werkzeuge" zur Leistung notwendiger Unterschriften sind (BGHSt. 21, 101).

Anm. 19

Es ergeben sich im einzelnen die folgenden rechtlichen Konsequenzen:

Das faktische Vorstandsmitglied unterliegt der aktienrechtlichen Organhaftung (dazu § 93 Anm. 4) und den sonstigen gesetzlichen Pflichten eines ordentlichen Vorstandsmitglieds, BGH 41, 282, 287; 47, 341, 343.

Das faktische Vorstandsmitglied unterliegt der aktien- und konkursstrafrechtlichen Organhaftung (BGHSt. 3, 32; 21, 101), vgl. auch § 50a Abs. 3 StGB n. F. und § 10 Abs. 3 OWiG 1968, wonach die Organhaftung auch eintritt, wenn die Rechtshandlung welche die Vertretungsbefugnis begründen sollte, unwirksam ist.

Auch das faktische Vorstandsmitglied trifft die steuerrechtliche Verantwortlichkeit nach §§ 103, 109 AO (BGH 41, 282, 287).

Der Aufsichtsrat haftet bei Duldung einer faktischen Vorstandsmitgliedschaft nach § 116

Die Gesellschaft wird durch die Handlungen des faktischen Vorstandsmitglieds gebunden. Es besteht zumindest eine Anscheins- bzw. Duldungsvollmacht. Darüber hinaus schützt § 15 HGB Dritte. Für die Einberufung der Hauptversammlung ist das in § 121 Abs. 2 Satz 2 gesetzlich bestimmt, da Aktionäre nicht Dritte i. S. von § 15 HGB sind (RG 120, 363, 369; vgl. auch Würdinger in Großkomm. HGB § 15 Anm. 11).

Anm. 20

2. a) Fehler der Anstellung

Fehlt ein Aufsichtsratsbeschluß über den Anstellungsvertrag, oder ist er unwirksam, so ist auch der Anstellungsvertrag unwirksam, selbst wenn er vom Aufsichtsratsvorsitzenden unterschrieben wird (BGH 41, 282). Eine Ausnahme muß dann gelten, wenn der Vertrag von allen Mitgliedern des Aufsichtsrats oder des zuständigen Ausschusses unterschrieben wird und man darin einen entsprechenden Beschluß sehen kann.

Darüber hinaus muß der Beschluß über den Anstellungsvertrag einen bestimmbaren Inhalt haben (Anm. 6 oben). Weicht der tatsächlich abgeschlossene Vorstandsvertrag inhaltlich in wesentlichen Punkten von dem Beschluß ab, so ist er unwirksam. Bestätigt der Aufsichtsrat einen zunächst nicht gedeckten Anstellungsvertrag durch ausdrücklichen Beschluß, so ist er ex tunc wirksam.

Anm. 21

Der Anstellungsvertrag selbst kann unwirksam sein, wenn er nicht vom Aufsichtsrat oder einem wirksam ermächtigten Aufsichtsratsmitglied abgeschlossen wird. Allerdings braucht die Schriftform nicht gewahrt zu werden, so daß auch ein stillschweigender Vertragsabschluß möglich ist (siehe oben Anm. 7).

Inhaltlich kann der Vertrag ganz oder teilweise nach allgemeinen Vorschriften (§§ 138, 139 BGB) nichtig sein.

Anm. 22

b) Rechtsfolgen

Der BGH hat in einem Grundsatzurteil (BGH 41, 282) in Anlehnung an die für das fehlerhafte Arbeitsverhältnis entwickelten Grundsätze entschieden, daß ein fehlerhafter Anstellungsvertrag eines Vorstandsmitglieds für die Dauer der Beschäftigung so zu behandeln ist, als wäre der Vertrag wirksam, vgl. dazu Rob. Fischer LM Nr. 16 zu

§ 75 AktG (1937); Gerlach, Die AG 1965, 251; Veith DB 1965, 807; Spieker DB 1964, 1287; Kuhn WM 1966, 53f. Entsprechend heißt es in BGH 47, 341, 343 „Der Beklagte hatte aber noch so lange die Rechte und Pflichten eines Vorstandsmitglieds, als er unangefochten als Vorstandsmitglied tätig war. Denn wer zwar ohne wirksamen Anstellungsvertrag, aber mit Wissen des Aufsichtsrats als Vorstandsmitglied tätig wird, ist für die Dauer der Beschäftigung so zu behandeln, als sei der Vertrag wirksam". Die bloße Beschäftigung als Vorstandsmitglied oder mit Vorstandsaufgaben mit oder ohne Vorvertrag und ohne Kenntnis des Aufsichtsrats begründet dagegen keine Ansprüche, wie wenn ein Anstellungsvertrag bestände (vgl. Kuhn a. a. O.).

Anm. 23

Die in Anm. 22 zitierte BGH-Rechtsprechung rechtfertigt sich aus den aus dem Arbeitsrecht übernommenen allgemeinen Billigkeitsgedanken, daß bei auf Dauer und auf der Grundlage einer gewissen Eingliederung in ein Unternehmen ausgeübten Dienstverhältnissen die tatsächlich geleisteten Dienste nicht rückgängig gemacht werwerden können und daher vergütet werden müssen. Vgl. BAGE 8, 47, 49f.; 19, 189 = NJW 1959, 2036, 2037; 1967, 1102 und Hueck-Nipperdey, ArbR, 7. Aufl., Bd. I S. 114, 805 wo (S. 118). Auch sind hinsichtlich der Schutzbedürftigkeit der Vorstandsmitglieder nicht nur die großen Publikumsgesellschaften, sondern auch die kleinen AGs und die abhängigen Konzerngesellschaften in Betracht zu ziehen (Kuhn WM 1966, 54/55).

Anm. 24

aa) Bezüge

Wenn nur eine irgendwie geartete Abrede mit dem Aufsichtsrat vorliegt, kann das Vorstandsmitglied grundsätzlich die vorgesehene Vergütung, gleichgültig aus welchen Gründen die Abrede nicht wirksam ist, beanspruchen (BGH 41, 282, 288f.). Beide Parteien können jedoch den Nachweis erbringen, daß man inzwischen auf Grund veränderter Umstände zu einer anderen mündlichen oder stillschweigenden Vereinbarung hinsichtlich der Bezüge gekommen sei.

Liegen weder mündliche noch sonstige Vereinbarungen vor, so gelten hinsichtlich der Ansprüche des Vorstandsmitglieds die betriebsüblichen, die branchenüblichen oder die im Einzelfall angemessenen Bezüge (BGH 41, 289). Regelmäßig ergeben sich gewisse Anhaltspunkte aus der bisherigen Praxis der Gesellschaft, den bisherigen Bezügen des Betreffenden oder den Bezügen anderer vorhandener Vorstandsmitglieder. Daneben sind auch die Größe und Bedeutung der Gesellschaft bzw. des übernommenen Aufgabenbereichs, Alter, Erfahrung, bisherige Leistungen und Qualifikationen in Betracht zu ziehen.

Bereits gezahlte Bezüge sind dem fehlerhaft angestellten Vorstandsmitglied grundsätzlich zu belassen (BGH 41, 289/90 und Kuhn WM 1966, 54), auch wenn die später ermittelten angemessenen Bezüge niedriger liegen; eine Ausnahme muß in Kollusionsfällen gelten, und wenn dem Betreffenden unangemessen hohe Bezüge gewährt worden sind.

Anm. 25

bb) Versorgungsansprüche

Die vorstehenden Grundsätze gelten auch entsprechend für Versorgungsansprüche. Abgesehen von der Frage, ob die Grundsätze des faktischen Arbeitsverhältnisses auch insoweit auf das fehlerhafte Anstellungsverhältnis eines Vorstandsmitglieds anzuwenden sind, muß jedenfalls bei der Berechnung von (unwirksam) ausbedungenen aber angemessenen Versorgungsansprüchen die Zeit der tatsächlichen Vorstandstätigkeit angerechnet werden (s. Rob. Fischer Anm. zu BGH LM Nr. 16 zu § 75 AktG [1937]).

Anm. 26

cc) Kündigung, Widerruf, Amtsniederlegung

Ein faktisches Arbeitsverhältnis kann nach h. M. von jeder Partei jederzeit ohne Angabe eines weiteren Grundes beendet werden (vgl. die BAG-Rspr. oben Anm. 23). Gleiches gilt auch für den fehlerhaften Anstellungsvertrag eines Vorstandsmitglieds, und zwar sowohl zugunsten des Vorstandsmitglieds (BGH 41, 291), als auch zugunsten der Gesellschaft (BGH 47, 343). Eine etwa trotzdem wirksam gewesene Bestellung kann gleichzeitig widerrufen werden (Anm. 31). Entsprechend ist das fehlerhaft angestellte Vorstandsmitglied jederzeit zur Niederlegung des Vorstandsamtes berechtigt (Anm. 37).

Anm. 27

IX. Beendigungsmöglichkeiten und -gründe

Da das Vorstandsverhältnis sich aus zwei verschiedenen Rechtsbeziehungen, der Bestellung und der Anstellung zusammensetzt, gelten auch für deren Beendigung grundsätzlich verschiedene Regelungen. Das Gesetz bringt das dadurch zum Ausdruck, daß es hinsichtlich des Anstellungsvertrages auf die allgemeinen Vorschriften verweist (Abs. 3 Satz 5) und für den Widerruf der Bestellung eine Sonderregelung enthält (Abs. 3 Satz 1 bis 4). Die Kehrseite des Widerrufs, die Amtsniederlegung (Anm. 37 bis 39) durch das Vorstandsmitglied ist nicht ausdrücklich im Gesetz geregelt. Soweit der Anstellungsvertrag für eine feste Zeit abgeschlossen ist, kommt vor Zeitablauf ebenfalls nur eine Kündigung aus wichtigem Grund in Betracht (Anm. 40). Obwohl das Gesetz den Widerruf auch nur aus wichtigem Grund zuläßt (Abs. 3 Satz 1), sind beide Institute in der Wirkung (vgl. Abs. 3 Satz 4) wie in den Voraussetzungen verschieden. Die Anforderungen eines wichtigen Grundes für Widerruf und Kündigung müssen weder zeitlich zusammentreffen (vgl. BGH LM Nr. 5 zu § 75 AktG [1937] = DB 1953, 782 = BB 1953, 691) noch inhaltlich gleich sein.

Die *Bestellung endet ohne weiteres* mit Ablauf der Zeit, für die sie erfolgte bzw. bei Überschreiten der *gesetzlichen Höchstdauer* (s. Anm. 9 oben).

In Rechtsstreitigkeiten über die Wirksamkeit von Widerruf, Kündigung oder Amtsniederlegung wird die AG durch den Aufsichtsrat vertreten (§ 112, s. Godin-Wilhelmi Anm. 14; Möhring-Tank I 212).

Anm. 28

1. Widerruf der Bestellung

a) Rechtsnatur, Wirkung, Verfahren

Wie die Bestellung so ist auch der Widerruf ein einseitiger empfangsbedürftiger körperschaftlicher Rechtsakt. Hinsichtlich der Zuständigkeit und der Formalitäten gelten die Ausführungen zur Bestellung entsprechend, vgl. oben Anm. 2 und 17). Eine Ausnahme von dem zwingenden Grundsatz, daß das Recht zum Widerruf nicht übertragen werden kann, ließ die Rechtsprechung zugunsten des Alleinaktionärs in dem Sonderfall zu, daß der Aufsichtsrat funktionsunfähig und die Entlassung unaufschiebbar war (BGH BB 1954, 456; vgl. auch BGH WM 1955, 1222). Zur *Abgabe* der Widerrufserklärung kann der Aufsichtsrat den Vorsitzenden oder ein sonstiges Mitglied ermächtigen oder sich zur Übermittlung des übrigen Vorstands als Boten bedienen (vgl. RG 68, 381; RG LZ 1920, 799; RG HRR 1935 Nr. 1477 sowie BGH 12, 327, 333ff.; BGH WM 1968, 570).

Unter den Bedingungen des Widerrufs kann der Aufsichtsrat auch das mindere Recht der vorläufigen Dienstenthebung (Suspension) ausüben. Hat das Vorstandsmitglied die Gründe für diese vorläufige Amtsenthebung zu vertreten, so hat es seinerseits kein Recht zur fristlosen Kündigung (vgl. RG Bauer 22, 25, 50; Baumbach-Hueck Rn. 13).

Anm. 29

Die *Wirkung* des Widerrufs geht dahin, daß das Vorstandsmitglied mit dessen Zugang bzw. dem ausdrücklich festgesetzten Tage nach außen hin nicht mehr als Vorstandsmitglied auftreten darf. Ein Verstoß gegen dieses Verbot macht schadensersatzpflichtig (Baumbach-Hueck Rn. 15). Um einen längeren Schwebezustand zu vermeiden, gilt nach Abs. 3 Satz 4, daß der Widerruf wirksam ist, *bis seine Unwirksamkeit rechtskräftig festgestellt wird.*

Der übrige Vorstand ist zur Anmeldung zum Handelsregister verpflichtet (§ 81), das die Eintragung ohne Prüfung der sachlichen Rechtmäßigkeit des Widerrufs vorzunehmen hat (Baumbach-Hueck Rn. 15). Abs. 3 Satz 4 gilt auch für eine Suspension (a. A. Godin-Wilhelmi Anm. 12). Durch Abschluß eines außergerichtlichen Vergleichs kann der Aufsichtsrat dem Widerruf endgültigen Bestand verleihen (WM 1958, 166 = DB 1958, 134 = NJW 1958, 419; das folgt jetzt auch aus § 112). Das abberufene Vorstandsmitglied kann die AG auf Feststellung der Unwirksamkeit der Abberufung verklagen. In diesem Rechtsstreit wird die AG durch den Aufsichtsrat vertreten (§ 112). Mit Rechtskraft des obsiegenden Urteils ist der Betroffene von Rechts wegen wieder Vorstandsmitglied (Godin-Wilhelmi Anm. 14; Baumbach-Hueck Rn. 15; zu möglichen Konflikten mit den infolge des Prozesses „entfremdeten" übrigen Vorstandsmitgliedern, vgl. Gessler JW 1939, 499; Jung S. 53, Dietel S. 20). Der Vorstand hat die Feststellung der Unwirksamkeit der Abberufung zum Handelsregister anzumelden. Das Urteil hat allerdings keine Rückwirkung. Die zwischenzeitlichen Rechtshandlungen des zunächst wirksam Abberufenen werden nicht rückwirkend wirksam, doch hat die AG ihn wirtschaftlich so zu stellen, als wäre er nicht abberufen worden (vgl. zum Umfang des möglichen Schadensersatzanspruchs BGH WM 1961, 569). In dem Rechtsstreit über die Wirksamkeit des Widerrufs sind auch Vorkommnisse zu berücksichtigen, die nach dem Widerruf liegen, sofern sie denselben stützen würden, weil die AG auch durch Urteil nicht zu einem Vorstandsmitglied gezwungen werden soll, gegen das ein Abberufungsgrund vorliegt. (BGH 13, 188, 195; vgl. aber auch BGH WM 1961, 569, 574). Während des Rechtsstreits läuft die Bestellungs- bzw. die gesetzliche Höchstfrist von 5 Jahren weiter (Dietel S. 20).

Die Vorschriften über den Widerruf gelten nach Abs. 3 Satz 3 auch für den ersten vom Aufsichtsrat bestellten Vorstand (vgl. § 30 Abs. 4) und gleichermaßen für den Widerruf der Ernennung zum Vorstandsvorsitzenden (Abs. 3 Satz 1; dazu Anm. 60).

Anm. 30

Abs. 3 ist *zwingend.* Durch die Bindung des Widerrufs an das Vorliegen eines wichtigen Grundes, soll die Unabhängigkeit und Eigenverantwortlichkeit des Vorstands (§ 76 Abs. 1) gewährleistet werden. Daraus folgt, daß die Gründe zur Abberufung weder durch die Satzung noch durch Geschäftsordnung oder den Anstellungsvertrag wirksam erweitert werden können (Möhrung-Schwartz, Rowedder-Haberlandt S. 82; Möhring-Tank I 208 a. E.). Auch wenn ein Vorstandsmitglied *unentgeltlich* tätig ist, kann der Widerruf nur aus wichtigem Grund erfolgen.

Anm. 31

b) Widerruf aus wichtigem Grund

Abs. 3 Satz 2 nennt als Beispiel eines wichtigen Grundes wie schon § 75 Abs. 3 AktG 1937 die grobe Pflichtverletzung und die Unfähigkeit zur ordnungsmäßigen Geschäftsführung. Hinzugekommen ist im AktG 1965 der Vertrauensentzug durch die Hauptversammlung.

Ein allgemeines und brauchbares Kriterium für das Vorliegen eines wichtigen Grundes ist auch für den Widerruf der Bestellung die Unzumutbarkeit der weiteren Tätigkeit für die AG (Möhring-Tank I 208, einschränkend Godin-Wilhelmi Anm. 13; vgl. auch § 626 Abs. 1 BGB).

Ist der Anstellungsvertrag fehlerhaft (Anm. 20, 21 oben), so ist auch ein jederzeitiger Widerruf der Bestellung möglich (s. Anm. 26 oben).

Anm. 32

aa) Allgemeine Gründe

Die gesetzliche Aufzählung der für den Widerruf maßgebenden wichtigen Gründe ist nicht erschöpfend. Allgemeine Grundsätze lassen sich kaum aufstellen. Als weitere Beispiele sind zu nennen: Verletzung der Berichterstattungspflichten gemäß § 90 (vgl. dort Anm. 14); eigenmächtiges Überschreiten der Grenzen der Geschäftsführungsbefugnis (vgl. § 82 Anm. 14); Annahme von Schmiergeldern; unzureichende Kenntnisse oder Fähigkeiten; Unfähigkeit zur Zusammenarbeit im Vorstand, insbes. die Nichtdurchführung von Mehrhheitsbeschlüssen (§ 77 Anm. 3); falsche Buchführung; Verlangen der zuständigen staatlichen Aufsichtsbehörde; unter Umständen Überschuldung (OLG Hamburg BB 1954, 978; grundsätzlich aber nicht eine allgemeine Verschlechterung der Geschäftslage); Verstoß gegen § 83 Abs. 2 (vgl. dort Anm. 5); Umgehung des Aufsichtsrats, obwohl das Ansehen der Gesellschaft auf dem Spiel steht (BGH WM 1966, 968, 969); Wegfall von durch die Satzung geforderten persönlichen Eigenschaften (§ 76 Anm. 17). Es genügt die Unzumutbarkeit der Belassung im Amt, ein Verschulden der Vorstandsmitglieder ist nicht Voraussetzung (Baumbach-Hueck Rn. 14; vgl. auch BGH 15, 71, 75).

Strengere Anforderungen sind an die Gründe für die Abberufung zu stellen, wenn das Vorstandsmitglied lange Jahre bei der AG tätig war oder an ihr kapitalmäßig nicht unerheblich beteiligt ist oder wenn die Bestellung ohnehin nur noch für eine kürzere Zeitspanne läuft; besonders strenge Anforderungen sind an die Berechtigung einer Abberufung diffamierenden Charakters (Hausverbot u. ä.) zu stellen, zumal allgemein davon auszugehen ist, daß ein Widerruf das Vorstandsmitglied weit über den Betrieb und das Anstellungsverhältnis hinaus in seinem Fortkommen beeinträchtigt (BGH WM 1962, 811 = BB 1962, 816). — Auch darf die Abberufung selbst nicht inhaltlich sittenwidrig oder wider Treu und Glauben sein (BGH 13, 188; dazu führt allerdings noch nicht das Fehlen eines wichtigen Grundes BGH WM 1962, 811; vgl. auch Baumbach-Hueck Rn. 14).

Werden wichtige Gründe, obwohl sie dem Aufsichtsrat in ausreichendem Umfang bekannt sind, nicht bei der nächsten sich bietenden Gelegenheit zum Anlaß einer Abberufung genommen, so sind sie in der Regel als verwirkt anzusehen (BGH 13, 194f.; Godin-Wilhelmi Anm. 13). Davon bleibt allerdings das Recht der Hauptversammlung zum Vertrauensentzug grundsätzlich unberührt. Ist ein Widerruf ausgesprochen worden, so sind in gewissem Rahmen auch vor dem schließlichen Anlaß liegende wichtige Gründe und in jedem Fall die nach dem Widerruf auftretenden zu berücksichtigen (BGH 13, 194/5). Immer sind dabei die gesamten Umstände des Einzelfalles in Betracht zu ziehen (BGH 13, 188). Das Ergebnis ist wesentlich Tatfrage (RG JW 1930, 2701). Das Revisionsgericht kann die Entscheidung der Tatsacheninstanz, ob ein wichtiger Grund vorliegt, nur dahin nachprüfen, ob die angeführten Tatsachen überhaupt einen wichtigen Grund abgeben können (BGH LM Nr. 2 zu § 242 [A] BGB; BGH NJW 1954, 505, 506; BGH WM 1956, 865, 866; vgl. auch BayOblG NJW 1955, 1678), ob der Tatrichter den Begriff des wichtigen Grundes rechtlich einwandfrei angewandt hat und ob seine Würdigungen der dafür in Frage kommenden Tatsachen erschöpfend und widerspruchsfrei sind (BGH WM 1962, 201, 202; vgl. auch BGH LM Nr. 8, 10 zu § 626 BGB). Beruht die Entscheidung auf einer Auslegung, so ist zu prüfen, ob sich der Tatrichter in einen Widerspruch zu den anerkannten Auslegungsgrundsätzen gesetzt hat (vgl. BGH WM 1968, 1041, 1042).

Anm. 33

bb) Vertrauensentzug durch die Hauptversammlung

Nach § 231 Abs. 3 HGB war der Widerruf der Bestellung jederzeit zulässig. AktG 1937 brachte die starre Kompetenzverteilung in der Verfassung der AG und die Knüpfung der Widerruflichkeit an einen wichtigen Grund. In der amtlichen Begründung zu AktG 1937 hieß es, daß ein Vertrauensentzug durch die Hauptversammlung „selbstverständlich stets ein wichtiger Grund“ sei. Die Rechtsprechung des BGH lehnte sich daran an, schloß jedoch völlig unsachliche Gründe aus (BGH 13, 188, 193; BGH WM 1955, 25, 26; 1956, 631; 1182, 1184; 1961, 569, 570; 1962, 811; vgl. zur Entwicklung Duden BB 1961, 225; Dietel S. 8ff., 21ff. m. jeweils w. N.). AktG 1965 hat diese Rechtsprechung sanktioniert. Das vorausgesetzte Vertrauensverhältnis zwischen Vorstandsmitglied und Hauptversammlung bzw. Aktionären läßt sich allerdings in einer Publikumsgesellschaft kaum begründen (vgl. im einzelnen Dietel S. 33ff.; Duden a. a. O.; a. A. Baumbach-Hueck Rn. 14). Abgesehen von der Unbestimmtheit der verwendeten Rechtsbegriffe stellt sich der praktischen Anwendung der Regelung ein Verfahren entgegen, das in sich problematisch ist (s. auch Foerstner BB 1961, 428): Auch wenn die Hauptversammlung den Vertrauensentzug beschließt, wirkt dieser Beschluß nicht als Widerruf, noch bindet er den Aufsichtsrat (so schon BGH 13, 193; ebenso Baumbach-Hueck Rn. 14; Godin-Wilhelmi Anm. 12). Vielmehr kann und muß der Aufsichtsrat in eigener Verantwortung einen entsprechenden Widerrufsbeschluß fassen, wenn das betreffende Vorstandsmitglied abberufen werden soll (BGH WM 1961, 569, 573 = LM Nr. 14/15 zu § 75 AktG [1937]). Das ergibt sich auch daraus, daß das Gesetz einen wichtigen Grund verneint, wenn der Entzug aus offenbar (in BGH 13, 188 hieß es „erkennbar aus völlig“) unsachlichen Gründen erfolgt ist.

Anm. 34

(i) Unsachliche Gründe

Da der Gesetzgeber die durch die Rechtsprechung des BGH geschaffene Rechtslage nicht ändern, sondern kodifizieren wollte (vgl. die amtliche Begründung und Ausschußberichte, bei Kropff S. 106f.), hat die Rechtsprechung zum Begriff der Unsachlichkeit weiter Geltung. Sie liegt demnach vor, wenn der Vertrauensentzug der Abberufung nur zum Vorwand dient oder willkürlich, haltlos oder wegen der damit verfolgten Zwecke sittenwidrig oder sonstwie unrechtlich ist, etwa weil sie gegen Treu und Glauben verstoßen (BGH 13, 188; BGH WM 1956, 1182).

Was für den Aufsichtsrat einen wichtigen Grund zum Widerruf der Bestellung abgeben würde, ist dagegen regelmäßig für die Hauptversammlung auch sachlicher Grund.

Allgemein gilt, daß die Interessen der Aktionäre oder des Aktionärs allein keinen ausreichend sachlichen Grund für einen Vertrauensentzug abgeben, wenn die Handlungen oder Unterlassungen (Verweigerungen) des Vorstands durch Gesetz, Satzung, Anstellungsvertrag, verbindliche Weisungen oder Beschlüsse von Aufsichtsrat oder Hauptversammlung gedeckt sind.

Anm. 35

(ii) Form des Vertrauensentzugs

Die Hauptversammlung kann den Vertrauensentzug nur durch einen förmlichen Beschluß aussprechen. Vertrauensentzug durch den Mehrheitsaktionär außerhalb der Hauptversammlung ist nicht genügend. Der Beschluß über den Vertrauensentzug bedarf der einfachen Mehrheit (§ 133 Abs. 1). Eine Entlastungsverweigerung stellt in der Regel auch einen Vertrauensentzug dar. Soll ein ausdrücklicher Vertrauensentzug mit der Entlastungsverweigerung verknüpft werden, so muß dies bei der Einberufung als Tagesordnungspunkt angekündigt werden.

Anm. 36

(iii) Der Umfang der Prüfungspflicht des Aufsichtsrats erstreckt sich in formeller Hinsicht auf die Wirksamkeit des Hauptversammlungsbeschlusses und in materieller Hinsicht als objektiver Beurteiler (BGH 13, 188, 195) auf das Vorhandensein des sachlichen Grundes (Dietel, S. 99).

Auch bei Vorliegen eines sachlich begründeten Vertrauensentzugs und selbst nach Widerruf bzw. Klageerhebung ist es dem Aufsichtsrat unbenommen, einen Vergleich mit dem betreffenden Vorstandsmitglied zu schließen (vgl. BGH 26, 237).

Anm. 37

2. Niederlegung des Vorstandsamtes

Die Möglichkeit für das Vorstandsmitglied, sein Amt durch Kündigung des Anstellungsvertrages vorzeitig zu beenden, ist im Gesetz nur in § 87 Abs. 2 ausdrücklich geregelt; als notwendige Entsprechung zum Widerruf ist die Amtsniederlegung jedoch allgemein anerkannt.

Ein Vorstandsmitglied kann sein Amt niederlegen, wenn es einen wichtigen Grund zur Kündigung des Anstellungsvertrages hat (KG JW 1927, 1703; Schlegelberger-Quassowski Anm. 15 zu § 75 AktG; Baumbach-Hueck Rn. 19; Godin-Wilhelmi Anm. 15). Zu den Kündigungsgründen im einzelnen vgl. unten Anm. 47. Bei unentgeltlicher Tätigkeit ist eine Amtsniederlegung jederzeit (im Rahmen des § 671 Abs. 2 BGB, also nicht zur Unzeit) zulässig (allg. Ansicht vgl. auch § 627 BGB). Der Ausspruch der Kündigung enthält regelmäßig die Niederlegung des Amtes.

Anm. 38

Ändern sich die Verhältnisse der AG nach der Bestellung des Vorstands grundlegend, so ist das Vorstandsmitglied gleichfalls zur Amtsniederlegung und fristloser Kündigung des Anstellungsvertrages berechtigt. Das kann insbesondere der Fall sein, wenn die AG eingegliedert oder durch Abschluß eines Beherrschungsvertrages der Leitungsmacht eines anderen Unternehmens unterworfen wird. In beiden Fällen (§ 323 Abs. 1 und § 308 Abs. 1) wird die eigenverantwortliche Leitungsbefugnis des Vorstandes derart einschneidend beschränkt (vgl. auch § 76 Anm. 6), daß die fristlose Kündigung als gerechtfertigt angesehen werden muß (Möhring-Tank I, 218). Das Gleiche gilt, wenn infolge einer nach Bestellung des Vorstands eingetretenen tatsächlichen Abhängigkeit der AG das herrschende Unternehmen auf die Geschäftsführung Einfluß nimmt (§ 311) und sich nicht auf die Wahrung seiner Rechte im Rahmen der aktienrechtlichen Zuständigkeiten beschränkt. Angesichts der bestehenden Mitteilungs- und Bekanntmachungspflichten (§ 20, 21, 160 Abs. 3 Nr. 10. und 11) ist davon auszugehen, daß Vorstandsmitglieder sich vor ihrer Bestellung über die bestehenden Konzernverhältnisse unterrichtet haben.

Entsprechend ist eine sofortige Amtsniederlegung bei Verschmelzung, Vermögensübertragung und Umwandlung zulässig, wenn im Zuge dieser Maßnahmen die Stellung des betreffenden Vorstandsmitglieds einschneidend eingeschränkt wird. Ob das auch gelten kann, wenn durch Satzungsänderung die Zuständigkeiten des Aufsichtsrats gemäß § 111 Abs. 4 erheblich erweitert oder die Vertretungsbefugnisse neu geordnet werden, ist zweifelhaft und dürfte nur bei einer wirklich ins Gewicht fallenden Veränderung der Position des Vorstandsmitglieds in Betracht kommen (Möhring-Tank I, 217).

Anerkannt ist weiterhin, daß ein Vorstandsmitglied, dem die Entlastung verweigert wird, sein Amt niederlegen kann (Baumbach-Hueck § 120 Rn. 11; Godin-Wilhelmi § 120 Anm. 5), und zwar auch dann, wenn mit der Entlastungsverweigerung kein ausdrücklicher Vertrauensentzug verbunden wird (Anm. 35). Kann sich ein Vorstandsmitglied mit seiner Geschäftspolitik nicht durchsetzen, sei es daß es im Vorstand überstimmt wird, sei es, daß gemäß § 111 Abs. 4 der Aufsichtsrat oder die Hauptversammlung die beantragte Zustimmung zu Geschäften verweigern, so ist das kein Niederlegungsgrund (Möhring-Tank I 217).

Anm. 39

Niederlegung bzw. Kündigung erfolgt durch Erklärung gegenüber dem Aufsichtsrat (§ 112; Godin-Wilhelmi Anm. 15; Baumbach-Hueck Rn. 18). Für die Wirkung einer unberechtigten Amtsniederlegung gilt Abs. 3 Satz 4 nicht. Bei unberechtigter Niederlegung kann der Aufsichtsrat seinerseits das Vorstandsmitglied abberufen und kündigen.

Anm. 40

3. Kündigung des Anstellungsvertrages

Wie Bestellung und Anstellung sind auch Widerruf und Kündigung begrifflich zu scheiden. Während der Widerruf nur die körperschaftliche Rechtstellung beseitigt, betrifft die Kündigung die gegenseitigen vertraglichen Verpflichtungen. Die beiden Rechtsinstitute sind weder in den Voraussetzungen (BGH 30. 4. 1956 — II ZR 106/55 — unveröffentlicht), dem Inhalt nach (vgl. BGH LM Nr. 5 zu § 75 AktG [1937] = BB 1953, 691 = DB 1953 782), noch in den Wirkungen notwendig gleich. Nach Abs. 3 Satz 4 ist der Widerruf so lange wirksam, bis die Unwirksamkeit rechtskräftig festgestellt ist (Anm. 29). Die Kündigung wird dagegen durch ein aufhebendes Urteil ex tunc unwirksam. Für den Widerruf verlangt das Gesetz einen spezifischen wichtigen Grund (Abs. 3 Satz 1), für die Kündigung bleibt es bei den „allgemeinen Vorschriften", Abs. 3 Satz 5. Danach ist auch eine vereinbarte fristgemäße Kündigung zulässig. Ist eine vertragliche Kündigungsfrist vereinbart, die eine Beendigung des Anstellungsverhältnisses vor Ablauf der Bestellung zuläßt, so findet auch die Bestellung mit der Anstellung ihr Ende (Möhring-Tank I 207; s. im übrigen Anm. 49 unten).

Die Parteien können aber weder im voraus auf das Recht zur Kündigung aus wichtigem Grund verzichten, noch es wirksam auf bestimmte Gründe beschränken oder sonstwie erschweren (BGH 8, 348, 361; BGH WM 1955, 1222; 1962, 201; Baumbach-Hueck Rn. 14; vgl. auch schon RG 61, 328; 75, 234, 238; KG JW 1939, 492). Zur Frage, ob und in welchem Umfang es sinnvoll ist, wichtige Gründe in der Satzung aufzustellen, s. Möhring-Schwartz, Rowedder-Haberlandt S. 82f.). Wenn der wichtige Grund sowohl für den Widerruf wie auch für die Kündigung vorliegen muß, so bedeutet das nicht unbedingt Inhaltsgleichheit. Ein Unterschied ergibt sich auch aus der Legaldefinition des § 626 Abs. 1 BGB n. F. im Gegensatz zu der beispielhaften Aufzählung in Abs. 3 Satz 2. Somit schließt ein Widerruf der Bestellung nicht ohne weiteres die Auflösung des Anstellungsvertrages in sich; allgemeine Meinung, vgl. zum früheren Streitstand die Voraufl. Anm. 16 zu § 75 AktG. Das ändert aber nichts daran, daß beides praktisch zusammenfallen oder das eine das andere stillschweigend enthalten kann. Was gemeint war, ist durch Auslegung festzustellen (BGH BB 1954, 455, 456; Fleck WM Sonderbeilage 3/1968, S. 11, m.w.N.). Im Zweifel wird der Ausspruch der fristlosen Kündigung (vgl. BGH BB a. a. O. und BGH WM 1966, 968, 969) auch den Widerruf der Bestellung enthalten (Möhring-Tank I 213; Godin-Wilhelmi Anm. 15). Hat der Aufsichtsrat nur einen Widerruf der Bestellung ausgesprochen, so ist allerdings denkbar, daß ganz bewußt, auch wenn ein Grund dafür gegeben wäre, der Anstellungsvertrag etwa aus sozialen Gründen nicht gekündigt werden sollte (vgl. BGH BB 1954, 456).

Anm. 41

a) Kündigung durch den Aufsichtsrat

aa) Die allgemeinen aktienrechtlichen Formvorschriften für die Beschlußfassung über die Kündigung des Anstellungsvertrages durch den Aufsichtsrat sind die gleichen wie für den Widerruf der Bestellung (vgl. oben Anm. 28), nur daß die Kündigung auch durch einen zuständigen Ausschuß beschlossen werden kann. Fehlt der wichtige Grund, so ist nicht der Beschluß unwirksam, sondern nur die auf ihm beruhende Kündigungserklärung (vgl. BGH WM 1962, 811; 1966, 614, 615); andererseits macht ein nichtordnungsgemäßer Beschluß auch die Kündigung selbst unwirksam (BGH WM 1968, 570). — Ansonsten gelten die allgemeinen dienstvertraglichen Grundsätze für Kündigungen. Eine Umschreibung des wichtigen Grundes ist jetzt in dem auf der Grundlage der bisherigen Rechtsprechung durch G vom 14. 8. 1969 (BGBl. I, 1106) neugefaßten § 626 Abs. 1 BGB zu finden (vgl. auch schon BGH WM 1968, 1325).

Auch die anderen zwingenden Vorschriften des § 626 BGB n. F. gelten für den Anstellungsvertrag des Vorstandsmitglieds. Die Kündigung ist also nur innerhalb einer Ausschlußfrist von zwei Wochen nach Erlangung der Kenntnis der für die Kündigung maßgebenden Tatsachen zulässig, § 626 Abs. 2 Satz 1 BGB. Der fragliche Zeitpunkt der Kenntniserlangung liegt vor, sobald einem Mitglied des Aufsichtsrats die entsprechenden Tatsachen bekannt werden, denn das Wissen auch nur eines Mitglieds des Aufsichtsrats begründet ein rechtserhebliches Wissen der AG (BGH 41, 282, 287). Kommt ein Aufsichtsratsbeschluß zur fristlosen Kündigung nicht innerhalb der gesetzlichen 2-Wochenfrist zustande, so ist die darauf gestützte Kündigung unwirksam. Die Angabe der Gründe ist nicht Voraussetzung für die Wirksamkeit der Kündigung. Dies kann sich jedoch im Einzelfall bei entsprechender Sachgestaltung aus Treu und Glauben ergeben (BGH 27, 220, 223ff., 225 m.w.N.). Gemäß § 626 Abs. 2 Satz 3 BGB n.F. muß jedoch der Aufsichtsrat auf Verlangen des betreffenden Vorstandsmitglieds den Kündigungsgrund unverzüglich mitteilen. Ein Verstoß gegen diese Pflicht macht die Kündigung selbst nicht unwirksam, sondern verpflichtet die Gesellschaft lediglich zu Schadensersatz (zum Umfang vgl. Palandt-Putzo, 29. Aufl., 1970, § 626 Anm. 3c) und Monjau BB 1969, 1042). Zur Frage des „rechtlichen Gehörs" vgl. BGH WM 1960, 859, 860.

Anm. 42

Eine *Änderungskündigung* ist zulässig, wenn der Vertrag eine ordentliche Kündigungsmöglichkeit vorsieht oder zwar ein wichtiger Grund gegeben ist, das Vertragsverhältnis aber dennoch fortgeführt werden soll. Lehnt das Vorstandsmitglied den neuen Vertrag ab, so ist eine weitere Kündigung nicht erforderlich, da die Änderungskündigung dann als Kündigung wirksam wird (BGH WM 1956, 666). Ist eine ordentliche Kündigung zulässig, so ist die Umdeutung einer unberechtigten außerordentlichen in eine ordentliche Kündigung möglich (vgl. BGH WM 1956, 631, 633; 1182). Nur unter den Voraussetzungen einer Änderungskündigung ist es auch möglich, den im Anstellungsvertrag festgelegten sachlichen Arbeitsbereich des Vorstandsmitglieds zu ändern. Das gilt nicht, wenn die Satzung oder der Aufsichtsrat die Geschäftsordnung erlassen oder ändern (§ 77 Anm. 7 und 8).

Anm. 43

Kündigungsgründe, die zur Zeit der Kündigung vorhanden waren und diese objektiv gerechtfertigt hätten, können nachträglich mit der Wirkung *nachgeschoben* werden, daß sie die Kündigung bereits für die Zeit ihres Ausspruchs rechtfertigen, es sei denn, das Nachschieben widerspricht Treu und Glauben oder ist verwirkt (vgl. BGH 27, 220; 40, 13; BGH LM Nr. 10 zu § 626 BGB; BGH WM 1967, 251; 1968, 1347; BAG BB 1967, 229 sowie insbesondere zu Verzicht und Verzeihung BGH WM 1962, 109, 111; 1965, 976; 1966, 857; 1967, 540, 542). Ein erneuter Beschluß des Aufsichtsrats ist dann erforderlich, wenn völlig neue, bisher nicht geprüfte Gründe nachgeschoben werden; das ergibt sich schon aus der Treuepflicht der Gesellschaft gegenüber dem Vorstandsmitglied (vgl. BGH WM 1961, 569, 574 für den Widerruf der Bestellung). — Gründe, die erst nach Ausspruch der Kündigung eingetreten sind, rechtfertigen allein die Kündigung erst vom Zeitpunkt ihrer Inbezugnahme an, es sei denn sie wirkten durch ihren Gehalt zurück (dann Wirksamkeit ab Ausspruch) oder sie stünden mit dem ursprünglichen Grund in einem inneren Zusammenhang (dann Wirksamkeit ab Eintritt des neuen Grundes), vgl. BGH MDR 1954, 606; BGH 13, 188, 194f.; 27, 220; BGH WM 1961, 569, 574; 1966, 968, 970; BGH LM Nr. 10 zu § 626 BGB). Die in diesen Fällen notwendige erneute Kündigungserklärung wird regelmäßig schlüssig im Nachschieben selbst liegen (BGH NJW 1961, 307). Gründe, die aus formalen oder inhaltlichen Gründen eine Kündigung nicht oder nicht mehr tragen, können dennoch im Rahmen der Gesamtwürdigung zur Abwägung dafür herangezogen werden, ob ein anderer später geltendgemachter Grund hinreichend schwerwiegend ist.

Anm. 44

Zu einer *Unzumutbarkeit* im Sinne des § 626 Abs. 1 BGB führen insbesondere Vorkommnisse innerhalb und außerhalb des Geschäftsbereichs der Gesellschaft, die das Vertrauen zu dem Vorstandsmitglied zu erschüttern geeignet sind. Dazu zählen *in erster Linie Verletzung bzw. Nichterfüllung gesetzlicher, satzungs-, geschäftsordnungsmäßiger oder vertraglicher Pflichten*, z. B. die Nichtdurchführung von bindenden Weisungen, soweit solche dem Vorstand nach Gesetz und Satzung erteilt werden können (vgl. insbesondere § 83 Anm. 5 sowie §§ 308, 323), Nichtdurchführung der vom Gesamtvorstand auf Grund von Mehrheitsbeschlüssen getroffenen Entscheidungen (vgl. § 77 Anm. 3 zu e)), Obstruktion bzw. mangelnde Zusammenarbeit innerhalb des Gesamtvorstands, vgl. auch Spieker DB 1960, 927, 930; Verletzung der Buchführungspflicht nach § 91 insbes., bewußt oder fahrlässig unrichtige Bilanzerstellung (vgl. BayObLG NJW 55, 1678), Verletzung gesetzlicher oder vertraglicher Konkurrenzverbote (§ 88), insbesondere die heimliche Vorbereitung eines Konkurrenzgeschäfts (OLGE 27, 359). Es werden darüber hinaus in der Regel die einen Widerruf der Bestellung rechtfertigenden allgemeinen Gründe (s. Anm. 32) eine fristlose Kündigung stützen.

Auch unverschuldete Gründe können eine fristlose Kündigung rechtfertigen (BGH WM 1955, 1222), wie auch außerdienstliche oder vorvertragliche Handlungen (BGH 15, 71, 76; BGH WM 1956, 865, 867), doch reicht dann in der Regel ein geringfügiges Verschulden nicht aus (BGH 15, 75). Nach Treu und Glauben kann eine fristlose Kündigung unzulässig sein, wenn es sich um ein langjähriges bewährtes Vorstandsmitglied handelt oder wenn es durch die Kündigung besonders hart getroffen würde, insbesondere wenn das Anstellungsverhältnis ohnehin kurz vor seinem Ende ist (vgl. BGH 20, 239, 249; BGH WM 1962, 811, 812; 1966, 968, 969; 1968, 1325; 1347).

Anm. 45

bb) Die Rechtsprechung hat einen wichtigen Kündigungsgrund *bejaht* unter anderem bei: Bestechlichkeit, insbesondere Annahme von Vergütungen seitens eines Vertragsgegners der Gesellschaft (OLG Hamburg LZ 1919, 221; BGH WM 1962, 573; 1964, 1320; 1967, 679); übermäßige Spekulationsgeschäfte, die das Vorstandsmitglied zur Erhebung des Spieleinwands zwingen (RG 53, 266); Teilnahme an Schiebereien und unsauberen Geschäften (BGH WM 1956, 865); strafbare Handlungen und der objektiv begründete Verdacht strafbare Handlungen, soweit es sich nicht um geringfügige Ordnungswidrigkeiten oder Übertretungen handelt (vgl. BayObLG NJW 1955, 1678; BGH WM 1956, 865, 867; 1967, 251; BGH LM Nr. 8 zu § 626 BGB); Trunksucht (RG Bauer 20, 71); eine unter den Entnazifizierungsgesetzen die Weiterbeschäftigung hindernde Parteizugehörigkeit (BGH 8, 363; 12, 339, vgl. zu Anordnungen der Militärregierungen auch BGH WM 1957, 896; 995; 1965, 973); längere oder sich wiederholende Arbeitsunfähigkeit durch Krankheit oder Unfall (vgl. ROHG 19, 61; BAG AP Nr. 1 zu § 1 KSchG Krankheit = NJW 1968, 1693 = BB 1968, 833 = DB 1968, 1693); Drohung, die AG in schwieriger Lage im Stich zu lassen, um eine unangemessene und sittlich nicht gerechtfertigte Forderung durchzusetzen (BGH vom 30. 3. 1967 [II ZR 107/57] zitiert bei Fleck, WM Sonderbeilage 3/1968 S. 13); Verstoß gegen die Pflicht zu unbedingter Offenheit gegenüber dem Aufsichtsrat (BGH 20, 239, 246); unsachliche Prozeßführung gegenüber der Gesellschaft (geht es jedoch gerade um die Unwirksamkeit oder Folgen einer Kündigung, so sind strenge Maßstäbe an den Kündigungsgrund anzulegen, vgl. RG JW 1937, 1146, 1148; BGH MDR 1954, 606; BGH 13, 188, 195, 197; 15, 71, 77; BGH WM 1961, 569, 571; 1966, 968, 969).

Anm. 46

Die Rechtsprechung hat einen wichtigen Grund *verneint* bei: zwar wirksamem Vertrauensentzug, aber fehlendem oder nur geringfügigem Verschulden des Vorstandsmitglieds (BGH 15, 71, 75, 78: kritische aber nicht schuldhaft unrichtige oder der Form nach herabsetzende Äußerung über die Ungeeignetheit des Mehrheitsaktionärs im

Vorstandsamt); Versagen in einer Lage, die zu meistern ungewöhnliche persönliche Eigenschaften gefordert hätte (BGH WM 1966, 968: dem Vorstandsmitglied wurden Verdächtigungen des Vorsitzenden vom Aufsichtsratsvorsitzenden zugetragen; bezeichnenderweise wurde der Widerruf der Bestellung für gerechtfertigt gehalten, weil das Vorstandsmitglied sich unter Umgehung des Aufsichtsrats an das staatliche Aufsichtsamt gewandt hatte und so das Ansehen der Gesellschaft aufs Spiel setzte); rechtswidriger Streik zur Erzwingung der Entlassung eines Vorstandsmitglieds, das sich sozialgerecht verhalten hat (BGH WM 1961, 527ff.: Die Anwendung der arbeitsrechtlichen Grundsätze zur „Druckkündigung" wird abgelehnt; auch die Abberufung wurde als unter rechtswidrigem Druck ausgesprochen nicht anerkannt); schlechter Geschäftsgang oder Betriebsaufgabe (Fleck a. a. O. unter Berufung auf BGH 24, 91, 95; vgl. auch BAG NJW 1969, 525).

Anm. 47

b) Kündigung durch das Vorstandsmitglied

Als wichtige Gründe zur fristlosen Kündigung seitens des Vorstandsmitglieds kommen insbesondere in Betracht, außer den Gründen, die eine Amtsniederlegung rechtfertigen (Anm. 38 oben): Zumutung gesetzwidriger Maßnahmen durch den Vorsitzenden des Vorstands, den Aufsichtsrat oder die Hauptversammlung (vgl. BGH 13, 188ff.) oder fortwährende Eingriffe in die Geschäftsführung bzw. Verweigerung zugesagter Unterstützung gegenüber dem übrigen Vorstand (vgl. auch Baumbach-Hueck Rn. 18)

Anm. 48

4. Anderweitige Beendigung

Bei einem Anstellungsvertrag mit *fester* zeitlicher *Befristung* endet dieser ohne weiteres mit Zeitablauf. Des Ausspruchs einer Kündigung bedarf es nicht. Gleichzeitig findet die Organstellung ihr Ende (s. Anm. 49).

Auf den *Anstellungsvertrag* des Vorstandsmitglieds sind die im übrigen allgemeinen Grundsätze des bürgerlichen Rechts über Anfechtungen wegen Irrtums, Täuschung oder Drohung und über Nichtigkeit wegen Verstoßes gegen das Gesetz bzw. die guten Sitten anwendbar (vgl. RG Seuff. A 61 Nr. 42). Das Vertragsverhältnis kann auch durch Eintritt einer (auch konkludent) vereinbarten auflösenden Bedingung enden (vgl.BGH WM 1967, 540, 541). Im allgemeinen führt aber der Wegfall einer vertraglichen Voraussetzung oder der Geschäftsgrundlage nicht ohne weiteres zur Auflösung des Anstellungsvertrages, sondern es bedarf einer ausdrücklichen Kündigung (vgl. Fleck WM Sonderbeilage 3/1968, S. 10 m. w. N.).

Die allgemeinen Grundsätze des BGB über die Anfechtbarkeit gelten nicht für die *Bestellung* (Walter Schmidt JZ 1951, 689, 690). Der Berufene kann jedoch die Annahme der Bestellung — nach Tätigkeitsaufnahme allerdings nur ex nunc (BAG NJW 1958, 516; 1962, 74) — anfechten (a. A. die Vorauflage § 75 Anm. 9).

Anm. 49

5. Wechselwirkungen

Es ist heute allgemein anerkannt, daß Bestellung und Anstellung in einem tatsächlichen Verhältnis zueinander stehen, da die eine in aller Regel nur in Rücksicht bzw. Erwartung der anderen vorgenommen wird, daß sich aber dadurch die beiden Rechtsbeziehungen nicht grundsätzlich gegenseitig bedingen (BGH 3, 90, 92; WM 1958, 675, 676).

Beruht allerdings die Organstellung auf dem Dienstvertrag, so findet sie in der Regel mit diesem ihr Ende (BGH LM Nr. 5 zu § 75 AktG [1937]; BGH NJW 1954, 507; BGH WM 1958, 675, 676; RG 144, 384, 386; 140, 314; Kuhn WM 1955, 13; Fleck a. a. O.

S. 9; Baumbach-Hueck Rn. 18; Möhring-Tank I 207; Möhring-Schwarz, Haberlandt S. 80). Es beendet also eine Anstellung, die kürzer befristet ist, als die (etwa unbefristet ausgesprochene) Bestellung oder eine vertraglich vereinbarte fristgemäße Kündigung des Anstellungsvertrages vor Ablauf der Bestellung (vgl. Anm. 40 oben) gleichzeitig die Organstellung. Das gleiche gilt, wenn das Anstellungsverhältnis durch Eintritt einer auflösenden Bedingung endet (vgl. Fleck a. a. O. S. 10; BGH WM 1967, 540, 541).

Anm. 50

Andererseits läßt der Widerruf der Bestellung nicht ohne weiteres die Rechte aus dem Anstellungsvertrag erlöschen, auch nicht wenn dieser nur um der Bestellung willen abgeschlossen wurde (BGH LM Nr. 5 zu § 75 AktG [1937]; BGH NJW 1954, 505, 507; BGH BB 1954, 455, 456; BGH WM 1958, 675; vgl. auch WM 1966, 968, 969; weitere Nachweise zu unveröffentlichten Urteilen bei Fleck a. a. O. S. 9 und Dietel S. 6; a. A. noch BGH 3, 90, 93 und Jörg H. Gessler, Anm. 3; offengelassen in BGH WM 1967, 540).

Anm. 51

Vertraglich kann jedoch vereinbart werden, daß etwa im Falle des Ablaufs oder des Widerrufs der Bestellung das betreffende Vorstandsmitglied weiterhin als leitender Angestellter in den Diensten der AG bleibt (vgl. Molitor, DieAG 1957, 193, 197) oder seine Bezüge abzüglich des auf die Vorstands*tätigkeit* bezogenen Teiles weiter erhält. Vgl. auch BGH WM 1966, 968, 969 = BB 1966, 559 = LM Nr. 17 zu § 75 AktG [1937], wo darauf hingewiesen wird, daß ein Vorstandsmitglied, welches nach begründetem Widerruf, der aber zur Kündigung nicht ausreichte, das Angebot einer seinen Kenntnissen und Fähigkeiten angemessenen Stellung ablehnt, unter Umständen gerade dadurch einen wichtigen Grund zur Kündigung des Anstellungsvertrages gibt.

Anm. 52

X. Rechte und Ansprüche des Vorstandsmitglieds

Die Pflichten der AG gegenüber dem einzelnen Vorstandsmitglied richten sich nach dem Anstellungsvertrag und nach allgemeinen zivilrechtlichen Grundsätzen. Das AktG selbst begründet keine Ansprüche des Vorstandsmitglieds, sondern stellt lediglich für bestimmte Fälle gewisse Regeln auf, so über die Zulässigkeit der Gewinnbeteiligung und ihre Berechnung (§ 86), über die Angemessenheit und die mögliche Herabsetzung der Bezüge (§ 87).

Anm. 53

1. Bezüge

Was unter Bezügen zu verstehen ist, ergibt sich aus § 87 Abs. 1 Satz 1: Gehalt, Gewinnbeteiligungen, Aufwandsentschädigungen, Versicherungsentgelt, Provisionen und Nebenleistungen jeder Art. Ist es einem Vorstandsmitglied aus von der AG nicht zu vertretenen Umständen unmöglich, seine Dienste zu erbringen, so finden die §§ 323 ff. BGB mit der Folge Anwendung, daß die Gesellschaft frei wird, doch kann die AG unter besonderen Umständen, und wenn das Vorstandsmitglied seinerseits die Verhinderung nicht zu vertreten hat, nach Treu und Glauben gehalten sein, das vereinbarte Gehalt oder einen angemessenen Teil davon weiter zu zahlen (BGH 10, 187). Hat die AG die Unmöglichkeit zu vertreten oder ist sie (z. B. wegen unberechtigter Kündigung) im Annahmeverzug, so behält das Vorstandsmitglied den vollen Gehaltsanspruch und muß sich lediglich nach §§ 324, 615 BGB Ersparnisse und anderweitige Bezüge, grundsätzlich aber keine Kürzungen, aus Gründen des § 242 BGB anrechnen lassen (BGH WM

1968, 611 = BB 1968, 559/561; vgl. auch BGH 24, 91, 96). Hat die AG eine unberechtigte Kündigung ausgesprochen, so bedarf es zur Inverzugsetzung keines ausdrücklichen Angebots der Dienste; es genügt ein deutlicher Widerspruch des Vorstandsmitglieds gegen die Kündigung (z. B. Gehaltsklage, BGH WM 1968, 611, 612). Ist das Vorstandsmitglied gleichzeitig beurlaubt, so braucht es, um seine Gehaltsansprüche zu wahren, seine Dienste überhaupt nicht anzubieten (BAGE 15, 258 = AP Nr. 24 zu § 615 BGB, BGH a. a. O.). Eine fristlose Kündigung läßt den Anspruch auf anteilige Vergütung für die bis dahin geleisteten Dienste unberührt (§ 628 Abs. 1 Satz 1 BGB; BGH WM 1967, 679, 680). Zur Zulässigkeit einer sozial gerechtfertigten Nachzahlung, auch wenn sie die Steuerstrafe wegen Nichtversteuerung frühere Zuwendungen umfaßt, vgl. BGH 41, 223.

Anm. 54

2. Versorgungsansprüche

a) Rechtsgrundlage

Aus allgemeinen Fürsorgegesichtspunkten oder aus Treu und Glauben bzw. dem Gleichbehandlungsgrundsatz kann ein Vorstandsmitglied einen Versorgungsanspruch nicht herleiten (RG 169, 300; OLG Celle BB 1957, 332; BGH 16, 50). Nur unter ganz besonderen Umständen kann die AG ihrerseits gegen die genannten Grundsätze verstoßen, wenn sie die Gewährung verweigert oder sich auf nicht bzw. noch nicht erfüllte förmliche oder materielle Voraussetzungen beruft, obwohl z. B. durch eine generelle Ruhegehaltszusage oder Gleichbedeutendes der Versorgungsgedanke allgemein in die fraglichen Vorstandsverträge eingeführt wurde, für den Anspruch eine ergänzende Vertragsauslegung spricht oder ein verdientes Vorstandsmitglied unverschuldet ausgeschieden ist (vgl. RG 169, 303; BGH 8, 348, 367/368; 12, 342/345; 22, 375, 390f.; BGH BB 1954, 496; BGH WM 1955, 183; 1967, 742, 743). Auch diese Umstände können nicht in Betracht gezogen werden, wenn das Vorstandsmitglied vor Eintritt der vertraglichen Voraussetzungen ausgeschieden ist und anderweit eine Pensionsberechtigung erhalten bzw. diese schuldhaft wieder verloren hat (BGH WM 1968, 1227). Ein Ruhegeld kraft Übung kommt für Vorstandsmitglieder nicht in Betracht; ein entsprechender Brauch für Arbeitnehmer reicht jedenfalls nicht aus (BGH WM 1969, 686, 688 = DB 1969, 1057).

Anm. 55

b) Formen

Der Versorgungsanspruch kann als *Anwartschaft* eingeräumt werden, insbesondere wenn die Entstehung des Anspruchs an bestimmte Voraussetzungen gebunden ist, wie die Erreichung eines bestimmten Alters oder Arbeitsunfähigkeit. Dann erlischt die Anwartschaft mit der Beendigung derAnstellung, gleichgültig aus welchem Grunde, wird jedoch zum Anspruch, wenn das Dienstverhältnis und sei es nur rechtlich, bis zum Eintritt des Versorgungsfalles fortbesteht (BGH 17. und 30. 10. 1951 [II ZR 76 und 83/51] unveröffentlicht; BGH 8, 365f., BGH WM 1968, 59, 611, 613; BGH 50, 378 = AP Nr. 133 zu § 242 BGB Ruhegehalt m. Anm. Weitnauer/Armin). Es kann jedoch auch ein *fester Versorgungsanspruch* sofort ab Diensteintritt oder ab einer bestimmten Vertragsdauer begründet werden und nur die Fälligkeit bis zum Eintritt des vereinbarten Versorgungsfalls hinausgeschoben werden; dann ist zwar dieser Anspruch grundsätzlich nicht an die Fortdauer des Dienstverhältnisses gebunden, geht aber im Zweifel mit einer vom Vorstandsmitglied zu vertretenden fristlosen Kündigung unter (vgl. BGH 12, 337, 342; BGH 7. 5. 56 [II ZR 129/55] unveröffentlicht; BGH WM 1957, 846, 847; 1965, 973, 974 sowie zur engen Auslegung einer „Verschuldensklausel" BGH 15, 71; BGH WM 1967, 542). Zum Ausscheiden des Vorstandsmitglieds aus den Diensten der AG bei Eintritt des Versorgungsfalls und zur Feststellung der diesbezüglichen Invalidität vgl. BGH WM 1967, 742; 1968, 59.

Anm. 56

c) Wegfall oder Kürzung nach Eintritt des Versorgungsfalls

Nach Eintritt des Versorgungsfalls können die Ansprüche nur noch ausnahmsweise in *Wegfall* kommen. Ein Versorgungsverhältnis kann in der Regel nicht durch ordentliche Kündigung der AG vorzeitig beendet werden (BGH WM 1968, 59; 1226, 1228). Da eine Vermutung dagegen spricht, daß das Vorstandsmitglied sein Anstellungsverhältnis in einer zum Wegfall des Versorgungsanspruchs führenden Weise kündigen will, kann die AG nach Treu und Glauben zu einer entsprechenden Rückfrage oder gar Belehrung verpflichtet sein (BGH WM 1967, 540, 542; 742). Bei beiderseitigem Irrtum über die entsprechende Geschäftsgrundlage muß unter Umständen eine angemessene Versorgung zugebilligt werden (BGH WM 1967, 1165). Ein Verzicht ist nicht zu vermuten und ein längeres Stillhalten des Pensionärs bedeutet noch keine Verwirkung (BGH WM 1967, 742, 743); dazukommen muß, daß die AG sich auf die Nichtzahlung eingestellt hat (BGH WM 1957, 1364, 1366; 1964, 1366; BGH 4. 4. 1966 [II ZR 67/64] zit. bei Fleck WM Sonderbeilage 3/1968, S. 21).

Nach Eintritt des Versorgungsfalls kann der Pensionär seinen Anspruch nur dann teilweise, für einen gewissen Zeitraum, oder ganz *verlieren*, wenn er sich einer so groben Verletzung der auch für ihn abgeschwächt nachwirkenden Treuepflicht (BGH 15, 71, 80; BGH LM Nr. 1 zu § 78 AktG [1937]; BGH WM 1961, 569, 572; BGH 2. 7. 1964 [II ZR 118/62] zit. bei Fleck a. a. O. S. 18) gegenüber der AG (nicht Dritten, BGH WM 1968, 1226, 1228) schuldig macht, daß dieser die weitere Zahlung des vollen Ruhegehalts unzumutbar ist. Doch können nur besonders schwere Verfehlungen infrage kommen, (vgl. noch BGH WM 1964, 1320, 1322; 1965, 973, 974; BAG NJW 1968, 1444 = BB 1968, 710 = AP Nr. 2 zu § 119 BGB m. zust. Anm. A. Hueck). Nichtsdestoweniger können auch vor dem Versorgungsfall liegende unentdeckte oder noch nicht geltend gemachte (nicht jedoch unausgenützte, BGH WM 1967, 540, 542) Gründe eine Rolle spielen (BGH 13, 346; BGH WM 1964, 1320, 1321; BGH LM Nr. 16 zu § 242 (A) BGB). Schädigende Konkurrenzgeschäfte können zu einem Verlust des Ruhegehalts führen (vgl. BAG WM 1970, 499 = DB 1970, 498 m. w. N.). — Die AG muß zwar keine formelle Kündigung des Versorgungsverhältnisses aussprechen; die Gesellschaft muß aber die Absicht, die Pension zu entziehen dem Pensionär gegenüber ausdrücklich erklären (a. A. BAG AP Nr. 8 zu § 242 BGB Ruhegehalt; BGH WM 1961, 569, 577; dagegen zutreffend unter anderem Hueck-Nipperdey, ArbR I, S. 490f. Fn. 58 m. w. N.; Fleck a. a. O. S. 18).

Zur Möglichkeit einer Herabsetzung der Versorgungsansprüche wegen unangemessener Höhe oder aus Treu und Glauben vgl. auch § 87 Anm. 9.

Anm. 57

d) Höhe und Anpassung

Die *Höhe* der Versorgungsansprüche bestimmt sich nach der getroffenen Vereinbarung. Sind die Ruhegehaltsansprüche nach den wirtschaftlichen Verhältnissen der AG zu bemessen, so kann nach einer Verbesserung eine entsprechende Aufbesserung nach § 242 BGB durch Richterspruch erfolgen (BGH 16, 50, 53). Ohne eine solche vertragliche Bestimmung ist eine Aufwertung von Versorgungsansprüchen allein wegen eingetretener oder laufender Geldentwertung nicht möglich (BGH BB 1957, 113; BGH VersR 1958, 325; BGH WM 1962, 43, 45; 1968, 473). Nach Fleck (a. a. O. S. 20 m. w. N.) ist die weitere Entwicklung der BGH-Rechtsprechung jedoch unsicher angesichts der gegenläufigen Entwicklung im Arbeitsrecht (vgl. dazu BAGE 17, 120 = AP Nr. 99 zu § 242 BGB m. Anm. Höhne; und allgemein Hilger BB 1970, 813; Höhne BB 1970, 497 m. jew. w. N.). Sieht ein Pensionsvertrag keine Anrechnung anderweitigen Einkommens vor, so kann sie als nicht gewollt angesehen werden (BGH WM 1961, 299, 300; 1967, 742, 744). Zur möglichen Mitwirkung des Aufsichtsrats bei Erhöhung der Versorgungsansprüche ausgeschiedener Vorstandsmitglieder vgl. Haberlandt, BB 1964, 1406.

Zulässig ist die Bezugnahme auf Versorgungsregelungen des *Beamtenrechts*. Sie wird in der Regel nicht so aufzufassen sein, daß das Vorstandsmitglied insgesamt wirtschaftlich wie ein Beamter gestellt sein soll, sondern nur so, daß sich die Bezugnahme auf die Berechnung und die Höhe der Bezüge beschränkt (vgl. RG HRR 1932 Nr. 2327; BGH BB 1954, 688; BGH WM 1957, 1364; 1960 534). Die Verweisung kann privatrechtlich ergänzt werden, so z. B. dadurch, daß auch anderweitige Dienstzeiten für ruhegehaltsfähig erklärt werden (BGH WM 1957, 1364, 1366; vgl. aber zu § 116 BBG auch BGH WM 1960, 544 = LM Nr. 3 zu § 78 AktG [1937] = BB 1960, 458). Weiterhin kann sich die Ruhegehaltsfähigkeit von Zulagen zum festen Gehalt sogar stillschweigend (BGH WM 1960, 544) oder die von später zugesagten Weihnachts- und Sonderzuwendungen durch Auslegung ergeben (BGH WM 1968, 830); ausdrücklich einbezogen werden muß jedoch die sogenannte nachgeheiratete zweite Frau (BGH WM 1957, 658). Ob die Gewährung von Urlaubsgeld, Arbeitszeitverkürzungen, vermögenswirksamen Leistungen oder zusätzlichen Monatsgehältern „ruhegeldfähig" sein sollen oder nicht, sollte daher ausdrücklich geregelt werden, ebenso die Frage der Anrechenbarkeit anderweitigen Einkommens.

Bestimmungen in Pensionsverträgen, durch welche die Bezüge an die Entwicklung von bestimmten Beamtengehältern, Tariflöhnen, die Gehälter aktiver Vorstandsmitglieder o. ä. gebunden werden, enthalten dann keine genehmigungspflichtige *Wertsicherungs- oder Währungsklausel* im Sinne von § 3 WährungsG, sondern lediglich ohne weiteres wirksame sogenannte Leistungsvorbehalts- bzw. *Spannungsklauseln*, wenn gleichartige Bezüge zu den Versorgungsbezügen in ein gleichbleibendes Verhältnis gesetzt werden (vgl. BGH LM Nr. 2 zu § 133 [A] BGB; BGH WM 1957, 1364; 1968, 830; 985; 1143; BAG WM 1970, 1066 = DieAG 1970, 232).

Ein ausgeschiedenes Vorstandsmitglied hat einen Auskunftsanspruch gegen die AG über die Tatsachen, die zur Berechnung seines Ruhegehalts erforderlich sind, so z. B. die jeweiligen Vorstandsbezüge (BGH WM 1968, 59).

Nach § 151 Abs. 1 Nr. IV. 1 müssen Pensionsrückstellungen in der Bilanz ausgewiesen und nach § 159 im Jahresabschluß sowohl die geleisteten Pensionszahlungen wie die in jedem der folgenden 5 Geschäftsjahre voraussichtlich zu leistenden Zahlungen vermerkt werden, vgl. im einzelnen § 151 Anm. 111ff. und § 159 Anm. 4ff., 33ff. Auswertungen bringt Heubeck, DB 1967, 693; 1968, 765; 1970, 789.

Versorgungsansprüche verjähren wie die Bezüge aktiver Vorstandsmitglieder (vgl. § 84 Anm. 16 a. E.) erst nach 4 Jahren (BGH WM 1964, 675, 677).

Anm. 58

3. Sonstiges

Der BGH bejaht in ständiger Rechtsprechung das Bestehen einer *Treue- und Fürsorgepflicht* der AG gegenüber dem einzelnen Vorstandsmitglied (vgl. unter anderem BGH 10, 188, 192f.; 12, 337; 22, 375, 380; 41, 282, 289; 49, 30, 32; 50, 378, 383; BGH WM 1966, 968). Diese Fürsorgepflicht besteht in abgeschwächter Form auch gegenüber ausgeschiedenen Vorstandsmitgliedern (BGH 15, 71, 77), geht aber nicht so weit, daß die entlassende AG eine neueinstellende Gesellschaft nicht auf möglicherweise daraus entstehende nachteilige Folgen hinweisen darf (BGH WM 1963, 916; einschränkend dazu Fleck a. a. O. S. 15).

Das Vorstandsmitglied hat Anspruch auf Ersatz bzw. Bevorschussung der angemessenen *Auslagen* (vgl. §§ 669, 670 BGB; vgl. auch § 85 Abs. 3). Dazu gehören grundsätzlich nicht Geldstrafen oder -bußen (vgl. aber zu Steuerstrafen BGH 41, 223 = JZ 1964, 587 m. Anm. Stree). Ihr Ersatz bzw. die vorherige Freistellung davon durch die AG muß als unzulässig angesehen werden und kann als Begünstigung strafbar sein (vgl. RGSt. 30, 232; BAGE 9, 243, 249).

Das Vorstandsmitglied hat Anspruch auf den vereinbarten und mangels einer solchen Vereinbarung auf angemessenen *Urlaub* (vgl. BGH WM 1963, 159; dort auch Ausführungen zur Urlaubsabgeltung entsprechend den arbeitsrechtlichen Grundsätzen). Das BundesurlaubsG ist nicht anwendbar (§ 2); h. L., Nachweise bei Trinkhaus S. 10. Wann das Vorstandsmitglied seinen Urlaub nehmen kann, bestimmt, wenn keine Geschäftsordnungs- oder sonstige Regelung vorliegt, der Aufsichtsrat nach billigem Ermessen (vgl. RG Bauer 20, 170). Das gleiche gilt im Rahmen der Angemessenheit für die Länge des Urlaubs.

Auch das Vorstandsmitglied der AG kann ein schriftliches Zeugnis verlangen (§ 630 BGB; BGH 49, 30 für den GmbH-Geschäftsführer). Dieses ist nicht mehr vom Vorstand (so noch OLGE 27, 379), sondern vom Aufsichtsrat auszustellen (§ 112).

Anm. 59

XI. Pflichten des Vorstandsmitglieds

Im Gegensatz zu den Rechten ergeben sich die Pflichten des Vorstandsmitglieds in der Mehrzahl aus dem AktG (vgl. §§ 36, 76, 81, 83, 88, 90, 91, 92, 93, 106, 121 Abs. 2, 125, 145, 148, 170, 175 bis 177, 195, 199, 201, 214, 223, 227, 265, 308 bis 310, 312, 317, 318, 323, 345, 349, 371), der Satzung und der Geschäftsordnung. Darüber hinaus obliegt dem einzelnen Vorstandsmitglied eine *Treupflicht* gegenüber der AG (vgl. unter anderem BGH 10, 87, 192; 20, 139, 248; 41, 282, 287; 49, 30, 31). Im einzelnen s. auch § 93 Anm. 10, 11. Auch diese Treupflicht besteht in gewissen Hinsichten über die Pensionierung hinaus fort (OGH 4, 227; BGH LM Nr. 1 zu § 78 AktG [1937]; BGH WM 1961, 571). Auf Grund der Treupflicht kann das Vorstandsmitglied gehindert sein, bestimmte Ansprüche oder Rechte auszunutzen, die ihm zwar formal wirksam zugesichert worden sind, die ihm aber das intern zuständige Gremium nicht gewähren wollte (BGH WM 1967, 1164; 1968, 1325; vgl. ferner BGH 20, 248; BGH WM 1961, 299, 301). Nutzt ein Vorstandsmitglied seine Stellung dazu aus, ein vorteilhaftes Geschäft, das ihm nur mit Rücksicht auf seine Stellung angetragen wurde, ohne Unterrichtung der anderen Organe für eigene Rechnung abzuschließen, so bedeutet das in der Regel einen so starken Vertrauensbruch, daß Kündigung und Abberufung berechtigt sind, auch wenn die Interessen der AG nicht beeinträchtigt wurden (BGH WM 1967, 679); vgl. auch § 93 Anm. 12. Zum Umfang der Treupflicht vgl. auch BGH WM 1964, 1320.

Auf Grund seiner Vertrauensstellung darf das Vorstandsmitglied den Aufsichtsrat nicht umgehen, sondern muß ihn treu, gewissenhaft und in unbedingter Offenheit unterrichten (vgl. BGH 20, 239, 246; 47, 341, 352; BGH WM 1966, 968, 969), auch über die gesetzlichen Berichtspflichten hinaus (§ 90 Anm. 5).

Heimliche Provisionen und Schmiergelder hat das Vorstandsmitglied an die AG herauszugeben (§ 667 BGB, vgl. RG 99, 31). Nach Ausscheiden ist das Vorstandsmitglied verpflichtet, über die in seinem Besitz befindlichen Unterlagen oder sonstigen Gegenstände Auskunft zu erteilen und sie herauszugeben (§§ 675, 666, 667 BGB; vgl. BGH WM 1963, 161 auch zum Verfahren nach § 883 ZPO). Gegenüber diesem *Auskunfts- und Herausgabeanspruch* ist ein Zurückbehaltungsrecht des Vorstandsmitglieds nach § 273 Abs. 1 BGB nicht gegeben (BGH WM 1968, 1325); an den dem Geschäftsbetrieb der AG dienenden Gegenständen scheidet es ohnehin aus, weil hier der Vorstand nur Besitzdiener ist (Brodmann HGB § 231 Anm. 6k gegen KG LZ 1910, 166).

Anm. 60

XII. Vorsitzender des Vorstands

Besteht der Vorstand aus mehreren Personen, so kann der Aufsichtsrat ein Mitglied zum Vorsitzenden berufen, Abs. 2; (zum Wegfall des „Vorsitzers" vgl. Boesebeck, DieAG 1967, 39). Durch die Satzung kann dieses Recht des Aufsichtsrats durch entsprechende Gebote oder Verbote nicht eingeschränkt werden (Godin-Wilhelmi Anm. 11; Baumbach-Hueck Rn. 11; Ritter § 75 AktG 1937 Anm. 3; a. A. Schlegelberger-Quassowski, § 75 AktG 1937, Anm. 8). Hinsichtlich der förmlichen und materiellen Voraussetzungen des Ernennungs- bzw. des Abberufungsbeschlusses gilt im übrigen das gleiche wie für die Bestellung und Abberufung ordentlicher Vorstandsmitglieder. Da die Ernennung danach eines Aufsichtsratsbeschlusses bedarf, kann der Vorsitzende auch durch eine vom Aufsichtsrat erlassene Geschäftsordnung bestimmt werden (Godin-Wilhelmi Anm. 11). Die Ernennung zum Vorsitzenden kann mit der Berufung in den Vorstand verbunden werden. Der Vorsitzende des Vorstands hat kein Alleinentscheidungsrecht (vgl. dazu § 77 Anm. 4). Nach Abs. 3 Satz 1 gelten die Grundsätze für die Abberufung aus wichtigem Grund auch für den Widerruf der Ernennung zum Vorsitzenden. Das bedeutet, daß auch die Zurückstufung des Vorsitzenden zum ordentlichenVorstandsmitglied eines wichtigen Grundes im Sinne von Abs. 3 Satz 2 bedarf. Der Aufsichtsrat kann in einer Erklärung sowohl die Ernennung zum Vorsitzenden wie auch die Bestellung zum Vorstandsmitglied widerrufen.

§ 85 Bestellung durch das Gericht

(1) Fehlt ein erforderliches Vorstandsmitglied, so hat in dringenden Fällen das Gericht auf Antrag eines Beteiligten das Mitglied zu bestellen. Gegen die Entscheidung ist die sofortige Beschwerde zulässig.

(2) Das Amt des gerichtlich bestellten Vorstandsmitglieds erlischt in jedem Fall, sobald der Mangel behoben ist.

(3) Das gerichtlich bestellte Vorstandsmitglied hat Anspruch auf Ersatz angemessener barer Auslagen und auf Vergütung für seine Tätigkeit. Einigen sich das gerichtlich bestellte Vorstandsmitglied und die Gesellschaft nicht, so setzt das Gericht die Auslagen und die Vergütung fest. Gegen die Entscheidung ist die sofortige Beschwerde zulässig. Die weitere Beschwerde ist ausgeschlossen. Aus der rechtskräftigen Entscheidung findet die Zwangsvollstreckung nach der Zivilprozeßordnung statt.

Übersicht

Einleitung

Das Aktienrecht des HGB enthielt keine entsprechende Bestimmung, doch wurde die allgemeine Regelung des § 29 BGB für anwendbar gehalten. Erst das AktG 1937 hat den der vereinsrechtlichen Regelung entsprechenden § 76 eingeführt. Die Reform von 1965 hat folgende, im wesentlichen die bisherige Rechtslage verdeutlichende Ergänzungen gebracht:

Voraussetzung der Ersatzbestellung ist nicht mehr, daß ein zur *Vertretung* der AG erforderliches Vorstandsmitglied fehlt (vgl. auch schon § 29 BGB). Dagegen wurde die nach der amtlichen Begründung (bei Kropff S. 108) gewollte Einschränkung, daß eine gerichtliche Bestellung nicht mehr bei einer nur vorübergehenden Verhinderung zulässig ist (vgl. dazu Baumbach-Hueck Rn. 2), nicht positiv in § 85 zum Ausdruck gebracht, sondern soll sich aus der Änderung des Wortlauts in § 105 Abs. 2 ergeben. Der Bundestag stellte in zweiter Lesung durch die Rechtsmittelvorschrift des Abs. 1 Satz 2 das bisher geltende Recht klar. Im Einklang mit der schon h. M. stellt Abs. 2 klar, daß mit tatsächlicher Behebung des Mangels das Amt des Ersatzmitglieds in jedem Falle endet. Neu ist Abs. 3 insofern, als er dem bestellenden Gericht auch die Befugnis gibt, im Streitfall die zu erstattenden Auslagen und die angemessene Vergütung festzusetzen.

Die Literatur und die Rechtsprechung zu § 29 BGB hat zum Teil nach wie vor für die Auslegung des § 85 AktG Geltung.

Anm. 1

I. Voraussetzungen für die gerichtliche Bestellung

1. Allgemein: Fehlen eines erforderlichen Vorstandsmitglieds

Es muß ein *erforderliches* Vorstandsmitglied fehlen, d. h. es genügt, daß der Vorstand wegen seines Fehlens zur Durchführung einer ihm obliegenden Aufgabe nicht in der Lage ist. Während § 76 AktG 1937 als Voraussetzung für die gerichtliche Bestellung verlangte, daß ein zur Vertretung der AG erforderliches Vorstandsmitglied fehlt, ist § 85 Abs. 1 wieder zur Formulierung des § 29 BGB zurückgekehrt, so daß jetzt das Gericht schon eingreifen kann, wenn ein nach Gesetz oder Satzung für eine dringende Beschlußfassung erforderliches Vorstandsmitglied fehlt. Über die Vertretungsfälle hinaus kommen jetzt also insbesondere Geschäftsführungsmaßnahmen in Betracht (vgl. die amtliche Begründung, bei Kropff S. 107f., wo darauf hingewiesen wird, daß das Gericht jetzt auch einen Arbeitsdirektor bestellen kann, auch wenn er nicht zur Vertretung der AG benötigt wird).

Ein erforderliches Vorstandsmitglied muß aus rechtlichen oder tatsächlichen Gründen *fehlen*. Nach dem Willen des Gesetzgebers liegt ein Fehlen nicht mehr vor, wenn ein Vorstandsmitglied durch Krankheit oder Abwesenheit nur verhindert ist, sein Amt auszuüben (so die bisherige h. L., vgl. Anm. 1 zu § 76 der Voraufl.). Das soll sich aus der Aufnahme der Verhinderungsfälle in § 105 Abs. 2 ergeben und das praktische Bedürfnis wegen der Möglichkeiten nach § 105 Abs. 2 wegfallen, da der Aufsichtsrat eines seiner Mitglieder zum Stellvertreter eines vorübergehend verhinderten Vorstandsmitglieds bestellen kann (vgl. die amtliche Begründung, bei Kropff S. 108). Obwohl diese Folgerung nicht unbedingt zwingend ist, wird man sie als solche akzeptieren müssen (ebenso Godin-Wilhelmi Anm. 4; Baumbach-Hueck Rn. 2, 3). Sind jedoch die Krankheit oder Abwesenheit längerdauernd, insbesondere wenn sie voraussichtlich über die Einjahresfrist des § 105 hinausgehen, so kann § 85 dennoch eingreifen. Ein Vorstandsmitglied fehlt bei Tod, Verlust der Geschäftsfähigkeit, Amtsniederlegung, grundsätzlicher Verweigerung jeglicher Amtsausübung, Abberufung, Amtsablauf sowie langandauernder Krankheit oder Abwesenheit (vgl. auch OLG Bremen NJW 1955, 1925; KG JW 1937, 1730 zu § 29 BGB). Anders, wenn ein Vorstandsmitglied sich nur in einer bestimmten Angelegenheit weigert oder untätig bleibt (KG JW 1937, 1730) oder wenn sich der Vorstand durch interne Differenzen blockiert (vgl. OLG Frankfurt NJW 1966, 504 zu § 29 BGB). Aus dem gesetzgeberischen Zweck des § 85 folgt schließlich, daß ein faktisches Vorstandsmitglied, obwohl es bis zu einem gewissen Grade einem ordentlichen Mitglied entsprechend behandelt wird (vgl. § 84 Anm. 19), im Rahmen von § 85 als ein fehlendes Vorstandsmitglied anzusehen ist.

Die erforderlichen Vorstandsmitglieder fehlen, wenn überhaupt keine Vorstandsmitglieder vorhanden sind oder vorhandene allgemein oder im Einzelfall nicht wirksam handeln können. Das gilt insbesondere auch, wenn die gesetzliche Mindestzahl von zwei Mitgliedern (§ 76 Abs. 2) nicht mehr vorhanden ist (vgl. § 76 Anm. 13). Ist nur ein Vorstandsmitglied vorhanden, obwohl die Satzung mehrere Mitglieder fordert, brauchen die Voraussetzungen des § 85 dagegen noch nicht gegeben zu sein, solange das Vorstandsmitglied mit einem Prokuristen gemeinschaftlich die AG vertreten kann (vgl. auch Godin-Wilhelmi Anm. 3) und es sich nicht um bestimmte Maßnahmen der Gesamtgeschäftsführung handelt (vgl. § 76 Anm. 5); letzterenfalls muß, unabhängig von den bestehenden Vertretungsmöglichkeiten, wenn auch nur ein nach Satzung oder Gesetz vorgesehenes Mitglied fehlt, eine Ersatzbestellung stattfinden, wenn die Maßnahme dringend ist. Das Gericht muß die Satzung beachten und kann die dort vorgeschriebene Art der Vertretung nicht ändern: Ist z. B. Gesamtvertretung vorgesehen, so müssen bei Fehlen des gesamten Vorstandes mindestens 2 Ersatzvorstandsmitglieder bestellt werden (vgl. KG WM 1964, 645).

Anm. 2

2. Dringende Fälle

Die Bestellung darf nur in *dringenden Fällen* erfolgen. In erster Linie ist es Sache des Aufsichtsrats, für das Vorhandensein der erforderlichen Vorstandsmitglieder zu sorgen. Nur wenn er dieser Pflicht nicht oder nicht rechtzeitig nachkommen kann oder will, liegt ein Grund für den Eingriff des Gerichts vor. Es muß der AG oder einem anderen Beteiligten ein wesentlicher Nachteil, so z. B. Klageerhebung oder Vollstreckung (vgl. BayObLGZ 1927, 144; KG JA 23 A 105; OLG Hamm OLGZ 1965, 329) oder die Nichterfüllung der AG obliegender öffentlich-rechtlicher Pflichten drohen (Baumbach-Hueck Rn. 5). Die Dringlichkeit entfällt nicht, wenn nach § 57 ZPO (der neben § 85 AktG grundsätzlich anwendbar bleibt, vgl. § 84 Anm. 4) ein Prozeßvertreter bestellt worden ist (Staudinger-Coing, BGB, § 29 Anm. 9; BGB-RGRK Denecke, § 29 Anm. 1; Soergel-Schultze-v. Lasaulx, BGB, § 29 Rn. 11; a.A. Erman-Westermann BGB, § 29 Anm. 2; Palandt-Danckelmann, BGB, § 29 Anm. 2). Das Gericht darf also den Antragsteller auch nicht auf diese Möglichkeit verweisen (Schultze-v. Lasaulx a. a. O.). Wenn jedoch bereits ein Prozeßvertreter nach § 57 ZPO bestellt ist, und es wird unter Berufung auf diesem Prozeß ein Antrag nach § 85 gestellt, so liegen die Voraussetzungen nicht vor, es sei denn, der Ersatzvorstand soll auch noch andere Befugnisse erhalten.

Anm. 3

II. Antragsberechtigte

Die Bestellung erfolgt auf *Antrag eines Beteiligten*. Von Amts wegen kann das Gericht nicht tätig werden, vgl. aber unten Anm. 5. Beteiligte können sein: Dritte, die mit der AG ein Rechtsgeschäft abschließen oder gegen sie Klage erheben bzw. vollstrecken wollen (vgl. KG OLGE, 4, 256, 261; KG RJA 13, 112; KG WM 1967, 83 = BB 67, 1308 sowie w. N. bei Soergel-Schultze-v. Lasaulx § 29 Rn. 12); ein Mitglied des Vorstands oder des Aufsichtsrats der AG sowie auch jeder Aktionär (Godin-Wilhelmi Anm. 6; Baumbach-Hueck Rn. 6; KG Recht 1907 Nr. 1278 für Vereinsmitglieder).

Anm. 4

III. Verfahren

Nach § 11 FGG ist der Antrag schriftlich oder zu Protokoll des nach § 14 zuständigen Amtsgerichts zu stellen. Im Gegensatz zur bisherigen Rechtslage hat das Gericht keinen Ermessensspielraum, sondern *hat* die Bestellung durchzuführen, wenn die in Abs. 1 Satz 1 genannten Voraussetzungen (Erforderlichkeit, Dringlichkeit, ordnungsmäßiger Antrag) vorliegen. Das Gericht kann den Aufsichtsrat vor der Bestellung anhören (vgl. § 146 Abs. 1 FGG).

Die Bestellung wird wirksam mit Bekanntgabe mindestens an den Antragsteller und den Bestellten (BGH 6, 232, 235). Ob allein die Zustellung an den Antragsteller nach § 16 FGG ausreicht, ist umstritten (bejahend Baumbach-Hueck Rn. 7; Erman-Westermann § 29 Anm. 3; Palandt-Danckelmann § 29 Anm. 3; verneinend LG Siegen MDR 1951, 102; Staudinger-Coing § 29 Anm. 12; Soergel-Schultze-v. Lasaulx § 29 Rn. 18; Meltendorf JR 1956, 6). Da aber, wie z. T. auch die Gegenmeinung einräumt, der Bestellte die gerichtliche Bestellung wie auch die normale Bestellung (vgl. § 84 Anm. 1) zu ihrer Wirksamkeit annehmen muß und zu dieser Annahme nicht verpflichtet ist (vgl. Baumbach-Hueck Rn. 7 a. E und ferner LG Siegen a. a. O., Schultze-v. Lasaulx a. a. O. und Rn. 20) bedarf die Ersatzbestellung zu ihrer Wirksamkeit zumindest der Mitteilung an den Bestellten und deren Annahme. Eine Bekanntgabe an die AG ist zur Wirksamkeit nicht erforderlich, auch nicht an noch vorhandene weitere Vorstandsmitglieder (vgl. Staudinger-Coing a. a. O.). Nach Annahme wirkt die Ersatzbestellung rechtsbegründend und ist auch bei Fehlen der Voraussetzungen des Abs. 1 Satz 1 bis zu ihrer Aufhebung voll wirksam (vgl. RG JW 1918, 361, 362; RG 105, 401, 403).

Schon nach früherem Recht war gegen den Bestellungsbeschluß bzw. seine Ablehnung gemäß § 146 Abs. 2 FGG für die nach Maßgabe des § 20 FGG Beteiligten die sofortige Beschwerde gegeben. Dies wiederholt Abs. 1 Satz 2 nunmehr ausdrücklich. Die sofortige Beschwerde kann insbesondere auch auf Fehlen der Voraussetzungen des Abs. 1 Satz 1 gestützt werden. Eine Aufhebung des Beschlusses berührt jedoch die Wirksamkeit der zwischenzeitlichen Handlungen des Bestellten nicht (§ 32 FGG; vgl. auch RG 105, 401). Das Beschwerdegericht kann möglicherweise ein Ersatzvorstandsmitglied durch ein anderes ersetzen (vgl. BGH 24, 47 [53] = LM Nr. 1 zu § 27 BGB mit zust. Anm. Rob. Fischer). Die Eintragung des Bestellten in das Handelsregister hat nur deklaratorische Bedeutung, hat aber nach § 81 zwingend zu erfolgen, es sei denn, die Bestellung erfolgt nur für bestimmte Rechtshandlungen (Schlegelberger-Quassowski, Anm. 6 zu § 76 AktG 1937; Baumbach-Hueck Rn. 7. Zu den Wirkungen der Eintragung im Handelsregister s. § 81 Anm. 7 sowie auch Godin-Wilhelmi Anm. 7).

Anm. 5

IV. Rechtstellung des Ersatzvorstandsmitglieds

Das vom Gericht bestellte Vorstandsmitglied erlangt *nach außen dieselbe unbeschränkte und unbeschränkbare Vertretungsmacht* wie ein ordentliches Vorstandsmitglied. Eine eingeschränkte Bestellung ist zwar grundsätzlich zulässig, auch eine Bestellung nur für bestimmte Zwecke oder Rechtsgeschäfte, doch wirkt diese Beschränkung nur im Innenverhältnis. Der Bestellte ist also lediglich der AG gegenüber verpflichtet, in den festgesetzten Grenzen von seiner Vertretungsmacht Gebrauch zu machen. Die Vertretungs- und Geschäftsführungsbefugnis bestimmt sich im übrigen nach Gesetz bzw. der Satzung und der Geschäftsordnung (Godin-Wilhelmi Anm. 5; vgl. auch KG WM 1964, 645).

Der Bestellte erhält die Organstellung in vollem Umfang. Hat er die Bestellung angenommen, so kann er sein Amt wie ein ordentliches Vorstandsmitglied nur aus wichtigem Grund niederlegen (vgl. dazu § 84 Anm. 37). Vorzeitig abberufen werden kann das gerichtlich bestellte Vorstandsmitglied nur vom Gericht (Schlegelberger-Quassowski Anm. 7 zu § 76 AktG 1937; Baumbach-Hueck Rn. 9), und zwar auch nur aus wichtigem Grund, es sei denn die gerichtliche Abberufung stellt das Erlöschen des Amtes nach Abs. 2 fest. Der Widerruf der Bestellung durch das Gericht ist nicht an den Antrag eines der Beteiligten gebunden; das Gericht muß auch auf einen entsprechenden Antrag hin nicht tätig werden (a. A. für § 29 BGB Soergel-Schultze-v. Lasaulx § 29 Rn. 23, 25 mit w. N.). Legt ein gerichtlich bestelltes Vorstandsmitglied vorzeitig sein Amt nieder, so kann das Gericht auch ohne erneuten Antrag eines Beteiligten ein anderes Ersatzvorstandsmitglied bestellen, wenn die übrigen Voraussetzungen des Abs. 1 Satz 1 noch gegeben sind (ebenso Staudinger-Coing § 29 BGB, Anm. 11; Soergel-Schultze-v. Lasaulx § 29 Rn. 23). Durch langandauernde Krankheit oder Abwesenheit verhinderte (vgl. oben Anm. 1) Vorstandsmitglieder verlieren nicht schon dadurch ihr Amt, daß für sie ein Ersatzmitglied bestellt wird (vgl. OLG Schleswig NJW 1960, 1762; Soergel-Schultze-v. Lasaulx § 29 Rn. 20).

Anm. 6

V. Dauer der Bestellung (Abs. 2)

Die Bestellung kann *nur bis zur Behebung des Mangels* erfolgen, also bis der Aufsichtsrat ein ordentliches Vorstandsmitglied anstelle des fehlenden bestellt hat. Wie das Gesetz im Einklang mit der bisher schon h. M. zu §§ 29 BGB, 76 AktG 1937 klarstellt, *endet das*

Notvorstandsamt in jedem Falle mit der Behebung des Mangels bzw. der Erfüllung des bestimmten Zwecks oder der bestimmten Aufgabe, zu welcher das Vorstandsmitglied vom Gericht bestellt worden war. In beiden Fällen bedarf es keiner formellen Abberufung durch das Gericht. Gutgläubige Dritte sind bis zur Eintragung des Ausscheidens des Ersatzvorstandsmitglieds im Handelsregister nach § 15 HGB geschützt.

Anm. 7

VI. Auslagen und Vergütung (Abs. 3)

Durch die gerichtliche Bestellung erhält das Vorstandsmitglied nur die Organstellung; der Gerichtsbeschluß ersetzt bzw. schafft nicht den Anstellungsvertrag. Es entsteht also ein Vertragsverhältnis sui generis. Abs. 3 Satz 1 stellt den früher aus § 612 bzw. §§ 669, 670 BGB abgeleiteten Anspruch positiv fest; das gerichtlich bestellte Vorstandsmitglied kann *Ersatz angemessener barer Auslagen und Vergütung* für seine Tätigkeit verlangen. Aus Satz 2 Abs. 3 ist zu folgern, daß das Gesetz dem gerichtlich bestellten Vorstandsmitglied den Anspruch auf Abschluß eines entsprechenden Anstellungsvertrages einräumt. Verweigert der Aufsichtsrat grundlos den Abschluß, so kann er sich schadensersatzpflichtig machen (§ 116). Das Gesetz gebraucht nicht den in § 87 Abs. 1 umrissenen Begriff „Bezüge", sondern spricht von einer Vergütung *für die Tätigkeit* des Vorstandsmitglieds. Vorbild für die Neuregelung waren die §§ 27 Abs. 2, 136 Abs. 5 AktG 1937 = §§ 35 Abs. 2, 163 Abs. 4 AktG 1965; vgl. auch § 265 Abs. 4. Es ist daher in erster Linie Art und Umfang der ausgeübten Tätigkeit maßgebend, wobei die Bezüge der ordentlichen Vorstandsmitglieder in der Regel einen Anhalt geben werden (Baumbach-Hueck Rn. 8).

Können das gerichtlich bestellte Vorstandsmitglied und die Gesellschaft sich nicht einigen, so setzt das Gericht *die zu ersetzenden Auslagen und die zu zahlende Vergütung fest.* Die Nichteinigung muß glaubhaft gemacht werden. Ihr gleichzusetzen ist der Fall, daß ein zum Abschluß des entsprechenden Vertrages beschlußfähiger Aufsichtsrat nicht vorhanden ist.

Gegen die Festsetzung des Gerichts können sowohl das Vorstandsmitglied wie die Gesellschaft sofortige Beschwerde einlegen, Abs. 3 Satz 3. Gegen die Entscheidung des Beschwerdegerichts ist die weitere Beschwerde nicht zulässig, Abs. 3 Satz 4.

Die rechtskräftige Entscheidung ist Vollstreckungstitel im Sinne des 8. Buches der ZPO. Zur Befugnis, gemäß § 87 Abs. 2 bei wesentlicher Verschlechterung der Verhältnisse der Gesellschaft, die Vergütung herabzusetzen, s. Anm. 13 zu § 87.

Anm. 8

VII. Entsprechende Anwendung

Die Bestellung von Ersatzliquidatoren erfolgt gemäß § 264 Abs. 2 entsprechend § 85 und nicht nach § 29 BGB (KG NJW 1957, 1722).

Zur Bestellung eines Notvorstands bei den sogenannten Spaltgesellschaften vgl. OLG Celle NJW 1964, 112; 1965, 504 = WM 1964 1335. Zu den Fällen inländischer Zweigniederlassungen untergegangener ausländischer Gesellschaften s. Godin-Wilhelmi Anm. 10.

§ 86 Gewinnbeteiligung der Vorstandsmitglieder

(1) Den Vorstandsmitgliedern kann für ihre Tätigkeit eine Beteiligung am Gewinn gewährt werden. Sie soll in der Regel in einem Anteil am Jahresgewinn der Gesellschaft bestehen.

(2) Wird den Vorstandsmitgliedern ein Anteil am Jahresgewinn der Gesellschaft gewährt, so berechnet sich der Anteil nach dem Jahresüberschuß, vermindert um einen Verlustvortrag aus dem Vorjahr und um die Beträge, die nach Gesetz oder Satzung aus dem Jahresüberschuß in offene Rücklagen einzustellen sind. Entgegenstehende Festsetzungen sind nichtig.

Übersicht

Einleitung

Der Grundsatz, die zwingende Art der Berechnung der Gewinnbeteiligung der Vorstandsmitglieder, befand sich bereits in § 237 HGB.

§ 86 Abs. 1 entspricht inhaltlich, abgesehen von unwesentlichen Änderungen, dem § 77 Abs. 1 AktG 1937. § 86 Abs. 2 entspricht ebenfalls § 77 Abs. 2 Satz 1 und 2 AktG 1937, jedoch mit der Maßgabe, daß der Berechnungsmodus zugunsten des Vorstands verändert wurde. Der Anteil berechnet sicht nicht mehr nach dem Reingewinn, sondern nach dem Jahresüberschuß gemäß § 157 Abs. 1 Nr. 28. Damit ist die früher bestehende Verbindung der Gewinnbeteiligung des Vorstands mit der Grundlage des Gewinnanspruchs der Aktionäre gelöst. Die übrigen Bestimmungen des § 77 AktG 1937 sind weggefallen, nämlich die Möglichkeit für den Aufsichtsrat aus Billigkeitsgründen die Berechnung in gewissem Rahmen zugunsten des Vorstands zu verändern sowie die sogenannte Sozialklausel (§ 77 Abs. 3 AktG 1937), die ein durch eine Klagemöglichkeit der Staatsanwaltschaft gesichertes Angemessenheitsverhältnis zwischen den Gewinnbeteiligungen des Vorstands und den Aufwendungen zugunsten der Belegschaft oder des allgemeinen Wohls verlangte, vgl. dazu die Voraufl. § 77 Anm. 26ff. und Groh DB 1962, 694. Die Unterstellung auch der Gewinnbeteiligung unter das Angemessenheitsgebot des § 87 Abs. 1 wurde beibehalten.

§ 15 EG enthält auch zur Gewinnbeteiligung der Vorstandsmitglieder gewisse Übergangsregelungen. Zu den Auswirkungen des § 86 Abs. 2 auf bei Inkrafttreten des AktG 1965 bereits bestehende Vorstandsverträge vgl. Richardi, DieAG 1969, 273.

Anm. 1

I. Anwendungsbereich der Vorschrift

§ 86 regelt nur die zulässige Art der Gewinnbeteiligung, indem zwingend ein bestimmter Berechnungsmodus vorgeschrieben wird. Hinsichtlich der prozentualen Höhe der Gewinnbeteiligung besteht grundsätzlich Vertragsfreiheit, wiewohl der vorgeschriebene Berechnungsmodus von Einfluß auf den sich ergebenden Betrag ist. Die Bestimmung erklärt Gewinnbeteiligungen nur für zulässig, gibt dem einzelnen Vorstandsmitglied jedoch keinen Anspruch, vgl. im einzelnen unten Anm. 2.

Die Vorschrift gilt nur für Vorstandsmitglieder. Für Aufsichtsratsmitglieder gilt die Sonderregelung des § 113 Abs. 3. Auch (leitende) Angestellte der AG, wie Prokuristen und Generalhandlungsbevollmächtigte, fallen nicht unter § 86 (vgl. auch Anm. 16ff. zu § 77 der Voraufl.); im Zweifel ist für die Gewinnbeteiligung der Angestellten der sich aus der Jahresbilanz ergebende Gewinn maßgebend (BAGE 5, 317 = NJW 1958, 1319 = AP Nr. 9 zu § 59 HGB; vgl. im einzelnen auch Hueck-Nipperdey, ArbR I,

S. 362 ff.). Ob neben diesem allgemeinen Grundsatz in der Praxis noch Platz für eine analoge Heranziehung des § 86 Abs. 2 ist (so Baumbach-Hueck Rn. 2) erscheint fraglich, auch wenn in beiden Fällen im Grunde auf den im Geschäftsjahr erzielten Ertrag abgestellt wird.

Eine Gewinnbeteiligung kommt auch für faktische Vorstandsmitglieder (vgl. § 84 Anm. 24), jedoch regelmäßig nicht für Ersatzvorstandsmitglieder in Betracht, und ebenso nicht für Liquidatoren (vgl. die Erl. zu § 264 Abs. 2).

§ 86 gilt nur für echte Beteiligungen am *Gewinn* der AG, nicht also für eine Tantieme, die sich in Prozentsätzen vom Umsatz berechnet oder als sogenannte Mindesttantieme eine feste zusätzliche auch bei fehlendem Gewinn zu zahlende Vergütung garantiert oder für Tantiemen vom Umsatz oder Gewinn eines Geschäftszweiges der AG (vgl. auch Baumbach-Hueck Rn. 3). Diese Gestaltungen sind grundsätzlich zulässig und nur durch §§ 87 Abs. 1 in Verbindung mit 116 sowie § 138 BGB beschränkt. Vgl. auch unten Anm. 3.

Der Begriff *Anteil am Jahresgewinn*, der Voraussetzung für die Anwendung von Abs. 2 darstellt, ist weiter als der dort der Berechnung zwingend zugrundegelegte gesetzliche Begriff (§ 157 Abs. 1 Nr. 28) des Jahresüberschusses. Anteil am Jahresgewinn im Sinne von Abs. 2 ist auch ein zugesicherter Anteil am Geschäftsergebnis, Bruttogewinn, am Überschuß oder dergleichen (wie hier Baumbach-Hueck Rn. 5). Die sich aus Absatz 2 ergebenden Beschränkungen müssen zum Schutz der AG weiterhin auch dann gelten, wenn eine Umsatzvergütung, ein fester Betrag o. ä. mit der Maßgabe zugesagt wird, daß höchstens oder mindestens ein bestimmter Prozentsatz vom Gewinn gezahlt werden soll (Baumbach-Hueck a. a. O.; Godin-Wilhelmi Anm. 2). Auch bei Zusicherung eines bestimmten Teiles der ausgeschütteten Dividende ist die Gewinnbeteiligung nach Abs. 2 zu ermitteln (Godin-Wilhelmi a. a. O.).

Anm. 2

II. Rechtsgrundlage des Anspruchs (Abs. 1 Satz 1)

Abs. 1 Satz 1 läßt eine Beteiligung der Vorstandsmitglieder am Gewinn der AG grundsätzlich zu und zwar auch grundsätzlich uneingeschränkt nach Art, Umfang und Ausgestaltung. Über Natur und Grund des Anspruchs enthält das Gesetz nichts.

Die Gewinnbeteiligung kann auf Satzung, Dienstvertrag oder einem besonderen Beschluß des Aufsichtsrats beruhen. Eine Aufnahme von Regelungen über die Gewinnbeteiligung in die Satzung empfiehlt sich aber in der Regel nicht (vgl. Möhring-Schwartz, Rowedder-Haberlandt, S. 73). Besteht eine entsprechende Satzungsbestimmung, so begründet auch diese keinen Anspruch der Vorstandsmitglieder. Es bedarf vielmehr einer Übernahme in den Dienstvertrag. Wird über die Verteilung der Tantieme unter die einzelnen Vorstandsmitglieder in der Satzung nichts gesagt, so ist im Zweifel jedes Vorstandsmitglied zu gleichen Teilen berechtigt (ebenso Baumbach-Hueck Rn. 3). Der Aufsichtsrat ist jedoch nicht als verpflichtet anzusehen, die satzungsmäßige Regelung über eine Gewinnbeteiligung in die Vorstandsverträge zu übernehmen. Auf Grund der zwingenden Kompetenzverteilung zwischen den Organen der AG kann die Satzung in die Zuständigkeit des Aufsichtsrats gemäß § 84 Abs. 1 nicht eingreifen (Godin-Wilhelmi Anm. 1). Hieraus folgt andererseits, daß der Aufsichtsrat auch ohne entsprechende Satzungsbestimmung und ohne daß es einer entsprechenden Satzungsänderung bedarf, eine Gewinnbeteiligung einräumen kann (Baumbach-Hueck Rn. 3; a. A. Brodmann zu HGB § 237 Anm. 1, a § 213 Anm. 6b). Die Hauptversammlung kann dem Vorstand nur im Rahmen des § 58 Abs. 3 Satz 2 bei Vorliegen einer entsprechenden Satzungsermächtigung nachträglich aus dem Bilanzgewinn besondere Zuwendungen machen, vgl. § 58 Anm. 24. Für derartige Zuweisungen gilt Abs. 2 nicht.

Anm. 3

III. Art des Anspruchs (Abs. 1 Satz 2)

Nach Abs. 1 Satz 2 *soll* die Gewinnbeteiligung in der Regel in einem Anteil am Jahresgewinn der Gesellschaft bestehen. Nur für diese Art der Gewinnbeteiligung stellt

Abs. 2 einen zwingenden Berechnungsmodus auf. Das Gesetz enthält jedoch keine Sanktionen für Abweichungen von der Regel. Letztere sind also grundsätzlich nicht nichtig und der Aufsichtsrat macht sich auch noch nicht durch ihre Einräumung ohne weiteres nach § 116 haftbar, sondern nur wenn die eingeräumten Ansprüche unangemessen sind, vgl. auch § 87 Abs. 1. In diesem Rahmen zulässig sind also auch Gewinnbeteiligungen, die nicht am Jahresgewinn der AG anknüpfen, sondern etwa am Ertrag einer Konzerngesellschaft, einer Zweigniederlassung, eines Werkes, eines Geschäftszweiges oder eines einzelnen Erzeugnisses oder am Gesamt- oder einen Teil-Umsatz oder an der ausgeschütteten Dividende (vgl. auch Godin-Wilhelmi, Anm. 2; Baumbach-Hueck Rn. 4). Bei der Bindung an die Dividende ist allerdings zu beachten, daß bei der Zusicherung eines Prozentsatzes Abs. 2 gilt (vgl. oben Anm. 1 a. E.). Zulässig und unbeschränkt durch Abs. 2 ist aber das Versprechen eines bestimmten Betrages pro Prozent Dividende; vgl. BGH WM 1960, 314, auch dazu, daß ein Gewinnabführungsvertrag den Tantiemeanspruch grundsätzlich nicht beeinträchtigt. Nach Baumbach-Hueck (Rn. 3 a. E., im Gegensatz aber wohl zu Rn. 4) soll auch eine Beteiligung am Gewinn einer Zweigniederlassung unter § 86 fallen. Dafür gibt aber das Gesetz nichts her und der Anwendung von Abs. 2 dürften auch kaum zu überwindende praktische Schwierigkeiten entgegenstehen. Die Gewinnbeteiligung, gleich welcher Art, kann sowohl neben wie auch anstelle fester Bezüge eingeräumt werden.

Anm. 4

IV. Fälligkeit

Der Anspruch auf Gewinnanteil wird fällig, wenn der für die Berechnung maßgebliche Jahresüberschuß feststeht, d. h. mit der Feststellung des Jahresabschlusses durch Vorstand und Aufsichtsrat oder die Hauptversammlung, §§ 172, 173 Abs. 1. Es kommt also nur auf die *Feststellung* an, nicht auf den Gewinnverwendungsbeschluß (Baumbach-Hueck Rn. 4). Die vorstehenden Regeln über die Fälligkeit gelten auch, wenn ein Vorstandsmitglied im Laufe des Geschäftsjahres ausscheidet. In diesem Falle hat das Vorstandsmitglied Anspruch auf den entsprechenden Teil des zugesagten Anteils am Jahresgewinn. Eine Zwischenbilanz zum Tage des Ausscheidens ist nicht aufzustellen; es ist der Jahresabschluß maßgebend (vgl. BAGE 5, 317 = AP Nr. 9 zu § 59 HGB m. Anm. Hefermehl). Der Anspruch entfällt auch nicht bei verschuldetem Ausscheiden. Unter Umständen hat der Berechtigte auch ein Auskunfts- und Überprüfungsrecht aus §§ 157, 242 BGB (vgl. BAG AP § 242 BGB Auskunftspflicht Nr. 1 m. Anm. Hefermehl; Nr. 2 m. Anm. G. Hueck = BB 1960, 663; 984 = DB 1960, 726; 1043 = JR 1961, 133). Dem *Grunde* nach entsteht der Anspruch jedoch nicht erst mit der Feststellung oder der Aufstellung des Jahresabschlusses, sondern schon am Ende des in Betracht kommenden Geschäftsjahrs (BFH BStBl. II 1970, 735).

Anm. 5

V. Die Berechnung der Gewinnbeteiligung (Abs. 2 Satz 1)

Grundlage der Berechnung ist nicht wie gemäß § 77 Abs. 2 AktG 1937 der Reingewinn sondern der *Jahresüberschuß wie er sich aus der Gewinn- und Verlustrechnung ergibt*, § 157 Abs. 1 Nr. 28; (die im RegE vorgesehene Klammer-Verweisung ist aus gesetzestechnischen Gründen gestrichen worden, vgl. den Ausschußbericht, bei Kropff S. 110). Vom Jahresüberschuß sind nur ein Verlustvortrag und die Beträge abzuziehen, die nach Gesetz oder Satzung in offene Rücklagen einzustellen sind, Abs. 2 Satz 1, 2. Halbsatz.

Dadurch, daß sich der Inhalt des Begriffs Jahresüberschuß aus dem Bezugsystem des § 157 ergibt, ist der Berechnungsmodus der Gewinnbeteiligung klarer geworden und sind verschiedene Streitfragen beseitigt worden. So ist insbesondere die bisherige Unklarheit, wie der aus einer Auflösung von stillen Reserven entstehende Gewinn zu behandeln ist, wie sich aus § 157 Abs. 1 Nr. 28 in Verbindung mit Nr. 11 ergibt, dahingehend geregelt, daß derartige Gewinne tantiemepflichtig sind (vgl. Möhring-Tank I 202). Dagegen sind Entnahmen aus den offenen Rücklagen gemäß § 157 Abs 1 Nr. 30

nicht im Jahresüberschuß (Nr. 28) enthalten und daher nicht tantiemepflichtig. Wohl aber sind im Gegensatz zum früheren Recht, Beträge, die aus dem Jahresüberschuß den offenen Rücklagen zugeführt werden, grundsätzlich tantiemepflichtig; eine Ausnahme gilt nur für diejenigen offenen Rücklagen, die nach Gesetz oder Satzung gebildet werden müssen, da diese im allgemeinen der Sicherung des Unternehmens dienen, wozu der Vorstand beitragen, woran er aber nicht teilhaben soll (vgl. die amtliche Begründung, bei Kropff S. 110). Den Rahmen für gesetzliche Rücklagen gibt § 150, den für satzungsmäßige §§ 58 Abs. 1, 173 Abs. 2; vgl. Anm. 1 ff. zu § 150, insbes. Anm. 4 bis 55 und Anm. 67 bis 79.

Tantiemenpflichtig sind Aufsichtsrats-, Vorstands- und Angestelltentantiemen, gleich welcher Art (vgl. RG JW 1902, 225; RG 91, 316; BGH WM 1963, 55, 56). Daß der Gewinnvortrag tantiemefrei ist, ergibt sich aus § 157 Nr. 29. Da die Aufwendung für Altersversorgung und -unterstützung in § 157 Abs. 1 Nr. 18 aufgeführt sind, sind auch sie (mit der Voraufl. § 77 Anm. 9 gegen RG 93, 313) tantiemepflichtig.

Zu den sich aus Abs. 2 ergebenden mathematischen Berechnungsformeln vgl. v. Zwehl DB 1966, 1937.

Anm. 6

VI. Nichtigkeit entgegenstehender Festsetzung (Abs. 2 Satz 2)

Nach Abs. 2 Satz 2 sind Festsetzungen, die Satz 1 entgegenstehen, nichtig. Satz 1 ist insofern zwingend als weder im Anstellungsvertrag, noch in der Satzung wirksam Abweichendes bestimmt, noch der Aufsichtsrat dahingehend ermächtigt werden kann (vgl. Möhring-Schwartz, Rowedder-Haberlandt S. 72; Godin-Wilhelmi Anm. 3). Da die Vorschrift jedoch eine *Schutzbestimmung zu Gunsten der AG* darstellt, sind *für den Vorstand ungünstigere Berechnungsarten zulässig* (Baumbach-Hueck Rn. 7; Godin-Wilhelmi Anm. 4.) Nichtig sind allerdings Vereinbarungen, die in Umgehungsabsicht geschlossen werden (RG DR 1944, 488).

Da das Gesetz ohne Rücksicht auf besondere Abreden die Berechnung der Tantieme vorschreibt, ist davon auszugehen, daß bei einer Vereinbarung, die den Gewinnanteil nicht über die Regelung des Abs. 2 hinaus einschränkt, sondern ihn zu Gunsten des Vorstands erweitert, nicht die ganze diesbezügliche Vereinbarung und schon gar nicht der gesamte Vorstandsvertrag, sondern nur der „überschießende" Teil der Gewinnbeteiligungsvereinbarung nichtig ist, daß also die gesetzliche Regelung gilt und der Anstellungsvertrag im übrigen wirksam bleibt (wie hier Baumbach-Hueck Rn. 7; a. A. Godin-Wilhelmi Anm. 4).

Anm. 7

VII. Grenzen der Gewinnbeteiligung

Aus § 86 ergibt sich keine Begrenzung für die Höhe der Gewinnbeteiligung. Die diesbezüglichen besonderen Eingriffsmöglichkeiten des Aufsichtsrats und deren Erzwingung durch die Staatsanwaltschaft nach § 77 Abs. 3 AktG 1937 sind weggefallen. Es besteht daher nur die allgemeine Pflicht des Aufsichtsrats nach § 87 Abs. 1 und 2, die Gewinnbeteiligung in einem angemessenen Verhältnis zu den Aufgaben des betreffenden Vorstandsmitglieds und zur Lage der AG festzusetzen. Durch eine zu hohe Festsetzung bzw. eine nicht rechtzeitige Herabsetzung nach § 87 Abs. 2 kann sich der Aufsichtsrat nach § 116 haftbar machen.

Anm. 8

VIII. Rückgewähr zuviel gezahlter Tantieme

Einen über die Vorschrift des Abs. 2 hinaus gezahlten Gewinnanteil muß der Vorstand nach den Vorschriften über die *ungerechtfertigte Bereicherung* (§§ 812 ff. BGB) an die AG herausgeben (wie hier Baumbach-Hueck Rn. 7; J. H. Gessler, Anm. 5; a. A. Godin-Wilhelmi Anm. 6 [gesetzlicher Rückforderungsanspruch]; RG DR 1944, 488 wandte § 84 Abs. 2 AktG 1937 = § 93 Abs. 2 AktG 1965 entsprechend an). Die Einrede des Wegfalls der Bereichung (§ 818 Abs. 3 BGB) ist bei Kenntnis der Nichtigkeit nach Abs. 2 Satz 1 gemäß § 819 BGB ausgeschlossen und dürfte bei Vorstandsmitgliedern ohnehin nur selten zum Zuge kommen. Die Einrede, daß der Aufsichtsrat bzw. der Vorstand bei Zahlung den Mangel des fehlenden Grundes gekannt habe, kann, abgesehen von Kollusionsfällen, schon deswegen nicht durchgreifen, weil Abs. 2 gerade die AG bzw. die Aktionäre im Hinblick auf das Handeln ihrer Organe schützen will. Der Rückforderungsanspruch wird auch durch eine dem Vorstand gewährte Entlastung wegen des zwingenden Charakters von § 86 Abs. 2 nicht ausgeschlossen.

§ 87 Grundsätze für die Bezüge der Vorstandsmitglieder

(1) Der Aufsichtsrat hat bei der Festsetzung der Gesamtbezüge des einzelnen Vorstandsmitglieds (Gehalt, Gewinnbeteiligungen, Aufwandsentschädigungen, Versicherungsentgelte, Provisionen und Nebenleistungen jeder Art) dafür zu sorgen, daß die Gesamtbezüge in einem angemessenen Verhältnis zu den Aufgaben des Vorstandsmitglieds und zur Lage der Gesellschaft stehen. Dies gilt sinngemäß für Ruhegehalt, Hinterbliebenenbezüge und Leistungen verwandter Art.

(2) Tritt nach der Festsetzung eine so wesentliche Verschlechterung in den Verhältnissen der Gesellschaft ein, daß die Weitergewährung der in Absatz 1 Satz 1 aufgeführten Bezüge eine schwere Unbilligkeit für die Gesellschaft sein würde, so ist der Aufsichtsrat, im Fall des § 85 Abs. 3 das Gericht auf Antrag des Aufsichtsrats, zu einer angemessenen Herabsetzung berechtigt. Durch eine Herabsetzung wird der Anstellungsvertrag im übrigen nicht berührt. Das Vorstandsmitglied kann jedoch seinen Anstellungsvertrag für den Schluß des nächsten Kalendervierteljahrs mit einer Kündigungsfrist von sechs Wochen kündigen.

(3) Wird über das Vermögen der Gesellschaft das Konkursverfahren eröffnet und kündigt der Konkursverwalter den Anstellungsvertrag eines Vorstandsmitglieds, so kann es Ersatz für den Schaden, der ihm durch die Aufhebung des Dienstverhältnisses entsteht, nur für zwei Jahre seit dem Ablauf des Dienstverhältnisses verlangen. Gleiches gilt, wenn über die Gesellschaft das gerichtliche Vergleichsverfahren eröffnet wird und die Gesellschaft den Anstellungsvertrag kündigt.

Übersicht

Einleitung

Eine § 87 entsprechende Regelung fehlte im HGB. Sie wurde durch § 78 AktG 1937 geschaffen. § 87 AktG 1965 schließt sich eng an diese Regelung an, enthält jedoch abgesehen von sprachlichen Verbesserungen, einige sachliche Änderungen bzw. Klarstellungen: Anders als im bisherigen Recht trifft den Aufsichtsrat die Pflicht, für die Angemessenheit der Bezüge zu sorgen, nur bei ihrer Festsetzung. In Abs. 2 wird im Sinne der bisher schon h. M. klargestellt, daß Ruhegehälter u. ä. grundsätzlich nicht entsprechend herabgesetzt werden können. Weiterhin wird positiv geregelt, daß im Falle einer gerichtlichen Bestellung die Herabsetzung nur durch das Gericht auf Antrag des Aufsichtsrats erfolgen kann. — In Absatz 3, der übersetzte Ersatzansprüche der Vorstandsmitglieder ausschließen will, wird neben dem Konkurs- auch das Vergleichsverfahren ausdrücklich einbezogen.

Anm. 1

I. Das Angemessenheitsgebot (Abs. 1)

Der *Aufsichtsrat* ist verpflichtet, dafür zu *sorgen*, daß die *Gesamtbezüge* und das *Ruhegehalt* der *einzelnen Vorstandsmitglieder* bei *Festsetzung* in einem *angemessenen Verhältnis* zu den *Aufgaben* des einzelnen Vorstandsmitglieds und zur *Lage der AG* stehen.

1. Gesamtbezüge

Der Begriff *Gesamtbezüge* umfaßt alle Leistungen der AG an das Vorstandsmitglied und zu seinen Gunsten, die als Entgelt für seine Tätigkeit in den Diensten der AG angesehen werden können. Das Gesetz führt Gehälter, Gewinnbeteiligungen (vgl. § 86), Aufwendungsentschädigungen, Versicherungsentgelte, Provisionen und Nebenleistungen jeder Art an. Diese beispielhafte Aufstellung schließt die Möglichkeit anderer Leistungen, die zu den Gesamtbezügen gehören, nicht aus, dürfte aber alle Bezüge umfassen, die im praktischen Regelfall eine Rolle spielen. Die Bereitstellung z. B. einer Dienstwohnung, eines Kraftwagens und anderer Naturalleistungen gehören zu den Nebenleistungen. Von den Gesamtbezügen unterscheidet das Gesetz Ruhegehälter (*Pensionen*), Hinterbliebenenbezüge und Leistungen verwandter Art, die dem Vorstandsmitglied bzw. seinen Angehörigen für die Zeit nach Ablauf des Dienstverhältnisses zugesagt werden (vgl. dazu im einzelnen § 84 Anm. 54ff.). Für diese Zusage gilt nach Abs. 1 Satz 2 grundsätzlich auch das Angemessenheitsgebot des Satzes 1. Obwohl das Gesetz die Versorgungsbezüge von den Aktivbezügen grundsätzlich scheidet, sind bei der Beurteilung der Angemessenheit der Aktivbezüge auch die zugesagten Ruheghälter und dgl. mit einzubeziehen, weil sie einen unter diesem Gesichtspunkt untrennbaren Bestandteil der dem Vorstandsmitglied zugesagten Bezüge darstellen (vgl. auch Godin-Wilhelmi Anm. 3, 8).

Anm. 2

2. Aktive Vorstandsmitglieder

Das Gesetz stellt ausdrücklich klar, daß nicht die Bezüge aller Vorstandsmitglieder, sondern diejenigen *jedes einzelnen Vorstandsmitglieds* gemeint sind. Die Bezüge verschiedener Vorstandsmitglieder können auch bei gleicher Höhe teils angemessen, teils unangemessen sein, da die Angemessenheit von den Aufgaben, Fähigkeiten sowie anderen persönlichen Umständen des einzelnen Vorstandsmitglieds abhängen kann, vgl. unten Anm. 3.

§ 87 betrifft ausschließlich Vereinbarungen mit *aktiven Vorstandsmitgliedern.* Konnte man unter dem früheren Recht wegen der allgemeinen Einbeziehung der Ruhegehälter Zweifel haben (vgl. Haberlandt BB 1964, 1407f.), so ist das jetzt dadurch klargestellt, daß der Aufsichtsrat für die Angemessenheit der Ruhegehälter auch nur bei ihrer Festsetzung zu sorgen hat. Der Vorstand ist grundsätzlich nicht an § 87 gebunden, vgl. aber auch unten Anm. 9.

Haberlandt (a. a. O.) fordert ein (de lege ferenda zwingendes) Mitspracherecht des Aufsichtsrats bei der Erhöhung der Ruhegehaltsbezüge ehemaliger Vorstandsmitglieder.

Anm. 3

3. Angemessenheit

Die Gesamtbezüge (und Ruhegehälter Abs. 1 Satz 2) sollen in einem angemessenen Verhältnis zu den *Aufgaben* des einzelnen Vorstandsmitglieds und zur *Lage der Gesellschaft stehen.* Dies schließt eine Berücksichtigung anderer Umstände, die für die Höhe der einem Vorstandsmitglied zu gewährenden Bezüge in Betracht kommen, etwa seiner hervorragenden Tüchtigkeit, des Wertes der von ihm der AG geleisteten Dienste und ähnliches, nicht aus. Auch eine Rücksichtnahme auf die Familienverhältnisse des Vorstandsmitglieds kann infrage kommen (ebenso Baumbach-Hueck Rn. 4; einschränkend Godin-Wilhelmi Anm. 4). Alle in Betracht kommenden Faktoren müssen herangezogen werden, wenn auch den Aufgaben des Vorstandsmitglieds und der Lage der Gesellschaft besondere Bedeutung beizumessen sind. Unter Umständen muß auch die Lage auf dem Stellenmarkt in Anschlag gebracht werden.

Auch die *Lage der Gesellschaft* muß besonders berücksichtigt werden, da der Zweck der Bestimmung darin liegt, die AG und die Aktionäre vor übermäßig hohen Bezügen der Vorstandsmitglieder zu schützen. Das Gesetz setzt also eine Höchstgrenze fest, die nicht überschritten werden soll. Eine der verantwortlichen Stellung eines Vorstandsmitglieds entsprechende Bezahlung kann auch bei noch so schlechter Lage der AG immer noch angemessen sein. Andererseits vermag auch eine noch so günstige Lage der AG nicht Bezüge zu rechtfertigen, die im Hinblick auf die Aufgaben des Vorstandsmitglieds übermäßig hoch sind. Unter der Lage der Gesellschaft sind die gesamten Verhältnisse des Unternehmens zu verstehen, nicht nur die Vermögenslage. Sie ist also nicht nur vom Standpunkt der Aktionäre, sondern auch der Gläubiger aus zu würdigen. (Während des 2. Weltkrieges unterlagen auch die Vorstandsbezüge dem Lohn- und Gehaltsstopp, vgl. BGH 8, 358.)

Zu differenzieren ist auch hinsichtlich der dem einzelnen Vorstandsmitglied übertragenen *Aufgaben.* Hier sind innerhalb eines Vorstands erhebliche Abstufungen denkbar (vgl. auch Baumbach-Hueck Rn. 2). In diesem Rahmen sind auch die bisherigen (bzw. die zu erwartenden) Leistungen sowie besondere Fähigkeiten, Ausbildung, Erfahrung und sonstige Qualifikationen zu berücksichtigen. Entscheidend ist im allgemeinen weniger der Umfang der übertragenen Tätigkeit, als das Maß der Verantwortung (vgl. auch Godin-Wilhelmi Anm. 6).

Anm. 4

4. Pflichten des Aufsichtsrats

Verantwortlich für die Einhaltung der durch Abs. 1 geforderten Angemessenheit ist der *Aufsichtsrat.* Kommt er seiner Sorgepflicht nicht nach, so kann er nach § 116 schadensersatzpflichtig sein. Die Verbindlichkeit einmal vereinbarter Bezüge wird jedoch auch bei Unangemessenheit im Sinne von § 87 nicht berührt, es sei denn § 138 BGB greift ein.

Anm. 5

5. Maßgebender Zeitpunkt

Abs. 1 Satz 1 beschränkt die Pflichten des Aufsichtsrats grundsätzlich auf den Zeitpunkt der Festsetzung der Bezüge. Damit ist die früher streitige Frage, ob dem Aufsichtsrat zur Durchsetzung der Angemessenheit gemäß Abs. 1 auch ein besonderes

Gestaltungsrecht zustehe, gegenstandslos. Unter Festsetzung ist die *vertraglich bindende Vereinbarung* der fraglichen Bezüge oder Ruhegehälter anzusehen (§ 84 Abs. 1 Satz 5). Bei Abschluß des Anstellungsvertrages darf daher der Aufsichtsrat nur Bezüge bzw. Pensionen zusagen, die dem Angemessenheitsgebot des Abs. 1 entsprechen. Nach Abschluß des Vertrags besteht für den Aufsichtsrat nur noch das Eingriffsrecht gemäß Abs. 2. Bei einer nachträglich sich herausstellenden Unangemessenheit trifft den Aufsichtsrat, wenn sie nicht vorhersehbar war, keine Verantwortung nach §§ 87 Abs. 1, 116. Er kann jedoch aus allgemeinen Grundsätzen verpflichtet sein, eine Änderung auf gütlichem Wege zu versuchen und bei ihrem Scheitern den Vertrag kündigen. Eine Verschlechterung in den Verhältnissen der Gesellschaft gibt allerdings allein grundsätzlich noch keinen wichtigen Grund zur Kündigung, weil insoweit die spezielle Regelung nach Abs. 2 eingreift.

Die Pflicht des Aufsichtsrats, für die Angemessenheit der Bezüge zu sorgen, besteht weiterhin immer dann, wenn die Bezüge bzw. Ruhegehälter *erneut festgesetzt* werden (vgl. auch Baumbach-Hueck Rn. 6), ohne daß es dabei darauf ankommt, daß sie verändert werden; es genügt schon eine Verlängerung des Vorstandsvertrages. Hauptanwendungsfall ist jedoch naturgemäß die Erhöhung der Bezüge und/oder des Ruhegehalts. Aus dem Zweck der Vorschrift folgt, daß die Pflichten des Aufsichtsrats nach Abs. 1 auch dann gegeben sind, wenn der Aufgabenbereich eines Vorstandsmitglieds und damit einer der gesetzlichen Bezugspunkte für die Angemessenheit geändert wird.

Beim sogenannten *faktischen Anstellungsvertrag* (vgl. im einzelnen § 84 Anm. 22f.) liegt eine Festsetzung nicht vor, weil ein Vertrag entweder völlig fehlt oder unwirksam ist. Gleichzusetzen ist der wohl seltenere Fall, daß nur die Vereinbarung über die Bezüge fehlt oder unwirksam ist. In diesen Fällen ist aus dem Zweck der gesetzlichen Regelung zu folgern, daß der Aufsichtsrat die Verantwortung nach § 87 auch für die faktisch gezahlten Bezüge trägt, denn er hat es in der Hand und ist auch dazu verpflichtet, den vertrags- und damit festsetzungslosen Zustand zu beenden. Im Streitfall setzt ohnehin das Gericht die angemessenen (vgl. § 84 Anm. 24) Bezüge fest, das dabei auch die Kriterien von § 87 Abs. 1 zu beachten hat, und zwar selbst dann, wenn der Aufsichtsrat bereits (unwirksam) Bezüge oder Ruhegehaltsansprüche in einer bestimmten Höhe zugesagt hat. Ersetzt der Aufsichtsrat selbst den faktischen durch einen formellen Anstellungsvertrag (vgl. dazu § 84 Anm. 26), so ist gleichfalls Abs. 1 anwendbar.

Anm. 6

6. Ruhegehalt u. ä. (Abs. 1 Satz 2)

Das Angemessenheitsgebot des Abs. 1 gilt *sinngemäß auch für Ruhegehälter, Hinterbliebenenbezüge und Leistungen verwandter Art*, Abs. 1 Satz 2. Durch diese weit gespannte Aufzählung wird alles umfaßt, was an ein Vorstandsmitglied bzw. nach seinem Tode an seine Angehörigen an Versorgungsleistungen gezahlt werden kann. Auch hier ist die Festsetzung (vgl. Anm. 5) maßgebend. In diesem Zeitpunkt hat der Aufsichtsrat zu prüfen, ob die eingeräumten Versorgungsansprüche angesichts der übertragenen Aufgaben sowie der Lage der AG angemessen sind. Mit in Betracht zu ziehen ist weiterhin die (angemessene) Höhe der vereinbarten Gesamtbezüge im Sinne von Abs. 1 Satz 1 (Godin-Wilhelmi Anm. 8). Nach der Festsetzung, d. h. mit Abschluß der entsprechenden Vereinbarung mit einem aktiven Vorstandsmitglied, hat der Aufsichtsrat kein Herabsetzungsrecht nach Abs. 2 (Anm. 8).

Anm. 7

II. Das Herabsetzungsrecht (Abs. 2 Satz 1)

Abs. 2 Satz 1 gibt dem Aufsichtsrat ein *Recht zu einer angemessenen Herabsetzung* der Bezüge des einzelnen Vorstandsmitgliedes. Voraussetzung ist, daß nach der Festsetzung der Gesamtbezüge der Vorstandsmitglieder eine so *wesentliche Verschlechterung in den Verhältnissen der Gesellschaft* eingetreten ist, daß die *Weitergewährung der Bezüge eine schwere Unbilligkeit* für die Gesellschaft sein würde. Der Begriff Verhältnisse der Gesellschaft entspricht dem Begriff der Lage der Gesellschaft in Abs. 1 (vgl. oben Anm. 3 und unten Anm. 10). Der Begriff der Gesamtbezüge ist derselbe wie in Abs. 1 (vgl. dazu Anm. 1).

Anm. 8

1. Anwendungsbereich

a) Grundsätzlich nicht Ruhegehalt

Aus der Tatsache, daß Abs. 2 Satz 1 ausdrücklich auf die in Abs. 1 Satz 1 ausgeführten Bezüge abstellt, geht hervor, daß sich die Gesetzgeber, der h. M., die auch der BGH (LM Nr. 1 zu § 78 AktG [1937] = BB 1951, 869 = NJW 1952, 342) übernommen hatte, angeschlossen hat und *Ruhegehälter, Hinterbliebenenbezüge und Leistungen verwandter Art als nicht dem Herabsetzungsrecht des Aufsichtsrats bzw. des Gerichts nach Abs. 2 unterworfen* ansieht. Unberührt bleibt davon eine Herabsetzung nach allgemeinen Grundsätzen (vgl. dazu Anm. 9).

Anm. 9

b) Ausnahmefälle

In *Ausnahmefällen* kann aber die AG gegenüber den *Ruhegehaltsansprüchen* ein *Leistungsverweigerungsrecht* haben, gleichgültig wie der Berechtigte sich verhalten hat. Nach RG (RG 148, 81), dem der BGH (LM Nr. 1 zu § 78 AktG [1937] = BB 1951, 869 = NJW 1952, 342) gefolgt ist, kann die AG eine Ermäßigung der Ruhegehaltsbezüge eines Vorstandsmitglieds verlangen, wenn das Unternehmen sich in einer wirklich schwierigen Lage befindet und alle Kräfte anspannen muß, um sich zu erhalten, und ihr nach Treu und Glauben eine unverminderte Fortzahlung der Ruhegehaltsbezüge *nicht zumutbar* ist (vgl. BGH WM 1961, 299: Wegfall der Geschäftsgrundlage). Die durch die Ermäßigung bewirkte finanzielle Entlastung muß in Verbindung mit anderen Maßnahmen dazu ausreichen oder in erheblichem Maße dazu beitragen, die Lage des Unternehmens so weit zu festigen, daß sie auch einen größeren Mißerfolg oder eine Absatzstockung zu überstehen vermag. Eine Ermäßigung kommt daher nicht in Frage, wenn sich die AG schon in Liquidation befindet (BGH WM 1964, 675, 676). Voraussetzung ist ferner, daß die AG auch andere Mittel ergreift, um den Betrieb aufrecht zu erhalten, und daß auch die Aktionäre Opfer bringen, etwa in Gestalt einer Kapitalherabsetzung. Von dem Ruhegehaltsberechtigten geleistete Dienste sind in Betracht zu ziehen, aber auch die Höhe seiner früheren Bezüge sowie die Tatsache, daß auch pensionierte Vorstandsmitglieder in einem gewissen Treueverhältnis zur AG stehen (vgl. § 84 Anm. 59 sowie Baumbach-Hueck Rn. 10). Der Umstand, daß der Pensionsberechtigte auf die Zahlung nicht angewiesen ist, führt keineswegs zu einem Erlöschen des Pensionsanspruchs (BGH WM 1961, 299). Eine dauernde Herabsetzung findet in der Regel nicht statt; es kommt vielmehr auf die Lage zur Zeit der Fälligkeit der einzelnen Zahlungen an.

Darüber hinaus können Versorgungsansprüche teilweise, für einen gewissen Zeitraum, oder ganz wegfallen, wenn sich der *Berechtigte grob treuwidrig gegenüber der AG* verhalten hat oder wenn ihrer Geltendmachung der Einwand des *Rechtsmißbrauchs* entgegensteht, vgl. dazu im einzelnen § 84 Anm. 56.

In der Nachkriegszeit wurden auch Ruhegehälter bei Vorliegen der entsprechenden Voraussetzungen der Regelung durch richterliche Vertragshilfe unterworfen (BGH LM Nr. 13 zu § 242 [A] BGB; BGH WM 1961, 299 = DieAG 1961, 105).

Anm. 10

2. Voraussetzungen der Herabsetzung der Bezüge

a) Wesentliche Verschlechterung der Verhältnisse

Die zur Herabsetzung der Vorstandsbezüge Anlaß gebende Lage muß durch eine *wesentliche Verschlechterung der Verhältnisse der Gesellschaft* eingetreten sein. Ungenügende Leistungen des Vorstandsmitglieds allein geben keinen Grund zur Herabsetzung, es sei denn die Ursache für die Veränderung der Lage ist gerade hierin zu suchen. Andererseits können auch unangemessen hohe Bezüge ohne Vorliegen der übrigen Voraussetzungen nicht nach Abs. 2 herabgesetzt werden.

Worauf die Verschlechterung der Verhältnisse zurückzuführen ist, bleibt gleichgültig, sie muß nur von erheblichem Ausmaß und nicht voraussichtlich vorübergehender Natur sein. Das Ergebnis des Jahresabschlusses ist dabei nicht immer maßgebend (Godin-Wilhelmi Anm. 9). Die AG muß sich zum Zeitpunkt der Herabsetzung oder mit an Sicherheit grenzender Wahrscheinlichkeit in dem unmittelbar darauf folgenden Zeitraum in einer objektiven und realen Notlage befinden.

Anm. 11

b) Schwere Unbilligkeit für die AG

Die Verschlechterung der Verhältnisse der Gesellschaft muß so erheblich sein, daß die uneingeschränkte Weitergewährung der gesamten Bezüge eine *schwere Unbilligkeit für die AG* sein würde. In gewisser Hinsicht wird man hier auf die in der Rechtsprechung zum außerordentlichen Leistungsverweigerungsrecht der AG gegenüber Versorgungsansprüchen entwickelten Kriterien zurückgreifen können (vgl. oben Anm. 9).

Da das Gesetz eine schwere Unbilligkeit für die AG voraussetzt, ist zu folgern, daß eine Abwägung der Interessen der AG und der des Vorstandsmitglieds nicht vorgesehen ist. Eine schwere Unbilligkeit für die Gesellschaft ist um so eher anzunehmen, je weniger hart das Vorstandsmitglied von der Herabsetzung seiner Bezüge betroffen wird. Seine Verhältnisse, Leistungen usw. sind also nicht grundsätzlich unbeachtlich (ebenso Godin-Wilhelmi Anm. 8; Baumbach-Hueck Rn. 7). Das Vorliegen einer schweren Unbilligkeit ist im Wesentlichen Tatfrage.

Anm. 12

c) Angemessenheit

Die Herabsetzung muß *angemessen* sein. Dies bedeutet nicht, daß das angemessene Verhältnis der Gesamtbezüge des einzelnen Vorstandsmitglieds zu seinen Aufgaben und zur Lage der Gesellschaft im Sinne des Abs. 1 herzustellen ist. Der Aufsichtsrat, der der Richtlinie des Abs. 1 zuwider dem Vorstandsmitglied ein zu hohes Gehalt zugebilligt hat, kann nicht auf dem Wege der Herabsetzung der Bezüge nach Abs. 2 dem Vertrag einen Inhalt geben, der zwar für die AG erwünscht wäre, auf den sich aber das Vorstandsmitglied vielleicht niemals eingelassen hätte. Das angemessene Maß der Herabsetzung ist erreicht, wenn die schwere Unbilligkeit für die Gesellschaft beseitigt ist. Die Herabsetzung ist auch nur dann angemessen, wenn jede vermeidbare Härte vermieden wird. Es muß daher eine gleichmäßige Herabsetzung der Bezüge aller Vorstandsmitglieder erfolgen, soweit die Unbilligkeit die gleiche ist. Einem Vorstandsmitglied ist nicht zuzumuten, daß er die Folgen der Verschlechterung der Verhältnisse der AG tragen soll, während andere Vorstandsmitglieder, bei denen ein Herabsetzung nicht weniger angemessen erscheint, davon verschont bleiben. Nicht angemessen ist die Herabsetzung auch dann, wenn sie ohne Not zeitlich unbegrenzt erfolgt. Das Gesetz schreibt allerdings nicht vor, daß die Herabsetzung nur zeitlich begrenzt erfolgen kann. Aber das Vorstandsmitglied wird im allgemeinen verlangen können, daß die Herabsetzung nur auf begrenzte Zeit ausgesprochen wird, sofern nicht eine erhebliche Verbesserung der Verhältnisse der Gesellschaft den Umständen nach ausgeschlossen erscheint. Es braucht freilich nur die voraussichtliche Entwicklung während der weiteren

Vertragsdauer, die nach § 84 fünf Jahre nicht übersteigen kann, ins Auge gefaßt zu werden. — Ein Anspruch auf Heraufsetzung der Bezüge bei unerwarteter Verbesserung der Lage der Gesellschaft ist nicht gegeben, da § 87 die AG nur vor zu hohen Bezügen der Vorstandsmitglieder schützen will.

Anm. 13

3. Herabsetzung durch Aufsichtsrat oder Gericht

Das Recht zur Herabsetzung der Bezüge eines aktiven Vorstandsmitglieds steht grundsätzlich insofern dem *Aufsichtsrat allein zu als* es auch durch die Satzung weder abbedungen noch anderen Organen oder Dritten übertragen werden kann. Die Unabdingbarkeit schließt jedoch nicht aus, daß der Aufsichtsrat jederzeit Vereinbarungen mit dem betreffenden Vorstandsmitglied über eine Herabsetzung oder, im Streifall, einen Vergleich schließen kann.

Im Fall des § 85 Abs. 3 ist jedoch nur das *Bestellungsgericht* des Ersatzvorstandsmitgliedes zur angemessenen Herabsetzung berechtigt. Da Abs. 2 Satz 1 nicht nur auf § 85 Abs. 3 Satz 2, sondern allgemein auf den Abs. 3 verweist, könnte dem Wortlaut nach ein Herabsetzungsrecht des Gerichts auch dann gegeben sein, wenn es nicht selbst die Bezüge festgesetzt hat (vgl. dazu im einzelnen § 85 Anm. 7). Nach Sinn und Zweck des Abs. 2 kann jedoch nur der Fall des § 85 Abs. 3 Satz 2 gemeint sein (Baumbach-Hueck Rn. 8; Godin-Wilhelmi Anm. 9 a. E.; s. auch die amtliche Begründung, bei Kropff, S. 111). Das Gericht kann jedoch nur auf *Antrag des Aufsichtsrats* tätig werden. Unterläßt es der Aufsichtsrat, den erforderlichen Antrag zu stellen, so kann er sich nach § 116 ebenso haftbar machen, wie wenn er eine in seine Zuständigkeit fallende notwendige Herabsetzung nicht durchführte. — Will das betreffende Ersatzvorstandsmitglied im Falle einer Herabsetzung durch das Gericht gegen die Herabsetzung selbst vorgehen, so bestimmt sich das Verfahren nach § 85 Abs. 3 Satz 3.

Anm. 14

4. Rechtswirkung und Rechtsbehelfe (Abs. 2 Satz 2, 3)

a) Gestaltungsrecht des Aufsichtsrats

Die Herabsetzungsbefugnis ist ein *Gestaltungsrecht* des Aufsichtsrats, das durch Erklärung gegenüber dem Vorstandsmitglied ausgeübt wird. Die Herabsetzung der Bezüge kann *nur für die Zukunft* erfolgen. Mangels einer besonderen gesetzlichen Vorschrift ist anzunehmen, daß die Herabsetzung sofort wirksam wird. Das Vorstandsmitglied bezieht also vom Tage der Herabsetzung ab die niedrigeren Bezüge. Vorausgezahlte höhere Bezüge muß er nach den Vorschriften über die ungerechtfertigte Bereicherung zurückerstatten; für die Zeit bis zur Herabsetzung geschuldete, aber noch nicht fällige Bezüge werden von der Herabsetzung nicht betroffen (Schlegelberger-Quassowski, § 78 AktG 1937, Anm. 11).

Hält das Vorstandsmitglied die Voraussetzungen einer Herabsetzung nicht für gegeben oder die Herabsetzung nur in geringerem Umfang für angemessen, so kann es, unbeschadet des Kündigungsrechts (Anm. 15), gegen die AG, vertreten durch den Aufsichtsrat (§ 112), auf die ihm nach seiner Meinung zustehenden Bezüge oder auf *Feststellung seiner Ansprüche Klage* zu erheben. Das Gericht hat nicht nur das Vorliegen der Voraussetzungen für eine Herabsetzung, sondern auch die Angemessenheit der von dem Aufsichtsrat ausgesprochenen Herabsetzung nachzuprüfen. Die Feststellung des Urteils, ob und in welchem Umfang die Herabsetzung wirksam ist, wirkt nicht rechtsbegründend; im Rahmen der Feststellung des Urteils wird die rechtsbegründende Herabsetzungserklärung des Aufsichtsrats bestätigt.

Anm. 15

b) Kündigungsrecht des Vorstands

Durch die Herabsetzung wird die Wirksamkeit und der Inhalt des *Anstellungsvertrages im übrigen nicht berührt* (Abs. 2 S. 3). Jedoch kann das Vorstandsmitglied den Anstellungsvertrag mit einer *Kündigungsfrist von sechs Wochen* für den Schluß des nächsten Kalendervierteljahres *kündigen* (Abs. 2 S. 3). Macht es von diesem Recht nicht rechtzeitig Gebrauch, so ist es für die Dauer des Vertrages gebunden. Diese gesetzliche Kündigungsmöglichkeit schließt eine fristlose Kündigung wegen der Herabsetzung aus (ebenso Baumbach-Hueck Rn. 8; Godin-Wilhelmi Anm. 9). Die Kündigung gem. Abs. 2 S. 3 schließt die Amtsniederlegung ein (§ 84 Anm. 37).

Das Gesetz enthält keine Bestimmung für den Fall, daß das Vorstandsmitglied *bestreitet, daß die Voraussetzungen für die Herabsetzung gegeben seien.* Nimmt man an, daß die Kündigung auch in diesem Falle nur für den Schluß des nächsten Kalendervierteljahres erfolgen kann, so ist das Vorstandsmitglied außerstande, sein Kündigungsrecht auszuüben. Denn bis zur rechtskräftigen Entscheidung über die Wirksamkeit der Herabsetzung ist die gesetzliche Kündigungsfrist längst verstrichen. Das Vorstandsmitglied kann auch nicht vorsorglich kündigen, da es ja in erster Linie sein Dienstverhältnis — mit den bisherigen Bezügen — fortsetzen will; überdies würde eine durch den Ausgang des schwebenden Rechtsstreits bedingte Kündigung unwirksam sein. Man wird daher annehmen müssen, daß im Falle eines Rechtsstreits über die Wirksamkeit der Herabsetzung an die Stelle des Zugangs der Herabsetzungserklärung der Zeitpunkt der Rechtskraft des über die Wirksamkeit der Herabsetzung entscheidenden Urteils tritt. Wenn das Gesetz nur eine einmalige Kündigungsmöglichkeit gibt, will es damit allein ausschließen, daß durch die Herabsetzung der Bezüge das Vorstandsmitglied ein dauerndes Kündigungsrecht erhält, von dem es jederzeit auch aus anderen Motiven Gebrauch machen könnte. Man wird aber verlangen müssen, daß das Vorstandsmitglied innerhalb der ihm von dem Gesetz für die Kündigung gesetzten Frist *Klage auf Feststellung* der Unwirksamkeit der Herabsetzung seiner Bezüge erheben muß, wenn die Rechtskraft des Urteils an die Stelle der Erklärung der Herabsetzung durch den Aufsichtsrat treten soll. Während des Rechtsstreits stehen — bis zu einer anderweitigen Entscheidung — dem Vorstandsmitglied nur die herabgesetzten Bezüge zu. Wehrt sich ein Vorstandsmitglied ohne zureichenden Grund gegen eine Herabsetzung nach Abs. 2, so kann der Aufsichtsrat seinerseits eine fristlose Kündigung des Vorstandsvertrages aussprechen.

Anm. 16

III. Der Anstellungsvertrag im Konkurs- und Vergleichsverfahren

Für den Konkurs ist § 22 KO, nicht etwa § 23 KO maßgebend (RG LZ 1909, 689, Mentzel-Kuhn, KO, § 22 Anm. 5, Baumbach-Hueck Rn. 12). Konkursverwalter und Vorstandsmitglied können den Anstellungsvertrag im Rahmen der *§§ 22 Abs. 1 KO, 621 BGB kündigen.* Kündigt der Konkursverwalter, so wird das Amt des Vorstands nicht beendet, der Widerruf steht grundsätzlich nur dem Aufsichtsrat, nicht dem Konkursverwalter zu (vgl. § 84 Anm. 28).

Kündigt der Konkursverwalter den Anstellungsvertrag, so hat das Vorstandsmitglied gemäß § 22 Abs. 2 KO Anspruch auf Ersatz des ihm durch die vorzeitige Vertragsauflösung entstehenden Schadens als gewöhnlicher Konkursgläubiger. Der Schadenersatzanspruch beschränkt sich nicht auf die entgangene Vergütung. § 87 Abs. 3 grenzt jedoch die Schadensberechnung zeitlich ein: Das Vorstandsmitglied kann nur *Ersatz des Schadens für zwei Jahre* seit Beendigung des Dienstverhältnisses verlangen. Durch diese Bestimmung wird eine Belastung der Gesellschaft ausgeschlossen, die sich unter dem früheren Recht des HGB oft unerträglich auswirkte. — Vgl. allgemein zur Stellung von Vorstand und Aufsichtsrat nach Konkurseröffnung über das Vermögen der AG, Siegelmann DB 1967, 1029.

Im Gefolge der bisher schon h. M. bestimmt jetzt Abs. 3 Satz 2 ausdrücklich, daß das Vorstandsmitglied auch nur Ersatz des Schadens für zwei Jahre verlangen kann, wenn über das Vermögen der AG das *gerichtliche Vergleichsverfahren* eröffnet wurde und die Gesellschaft den Anstellungsvertrag kündigte, vgl. §§ 50ff. VerglO.

IV. Publizitätspflichten hinsichtlich der Vorstandsbezüge

Nach § 160 Abs. 3 Nr. 8 sind die *Gesamtbezüge* des Vorstands, und zwar in einem weiteren Umfang als nach § 87 Abs. 1, *im Geschäftsbericht* anzugeben. Jedoch verlangt das Gesetz nicht ausdrücklich die Angabe der Bezüge der einzelnen Vorstandsmitglieder, so daß die Summe der Gesamtbezüge aller Vorstandsmitglieder als ausreichend angesehen wird, vgl. § 160 Anm. 36ff.

Nach § 159 ist im *Jahresabschluß* der Betrag der im Geschäftsjahre geleisteten *Pensionszahlungen* und in Vom-Hundert-sätzen dieses Betrages die in jedem der folgenden fünf Geschäftsjahre *voraussichtlich zu leistenden* Zahlungen zu vermerken, vgl. im einzelnen § 159 Anm. 4ff., 23ff.

Nach § 151 Abs. 1 Passivseite Nr. IV. 1 müssen *Pensionsrückstellungen* in der *Jahresbilanz* ausgewiesen werden, vgl. im einzelnen § 151 Anm. 111ff.

§ 88 Wettbewerbsverbot

(1) Die Vorstandsmitglieder dürfen ohne Einwilligung des Aufsichtsrats weder ein Handelsgewerbe betreiben noch im Geschäftszweig der Gesellschaft für eigene oder fremde Rechnung Geschäfte machen. Sie dürfen ohne Einwilligung auch nicht Mitglied des Vorstands oder Geschäftsführer oder persönlich haftender Gesellschafter einer anderen Handelsgesellschaft sein. Die Einwilligung des Aufsichtsrats kann nur für bestimmte Handelsgewerbe oder Handelsgesellschaften oder für bestimmte Arten von Geschäften erteilt werden.

(2) Verstößt ein Vorstandsmitglied gegen dieses Verbot, so kann die Gesellschaft Schadenersatz fordern. Sie kann statt dessen von dem Mitglied verlangen, daß es die für eigene Rechnung gemachten Geschäfte als für Rechnung der Gesellschaft eingegangen gelten läßt und die aus Geschäften für fremde Rechnung bezogene Vergütung herausgibt oder seinen Anspruch auf die Vergütung abtritt.

(3) Die Ansprüche der Gesellschaft verjähren in drei Monaten seit dem Zeitpunkt, in dem die übrigen Vorstandsmitglieder und die Aufsichtsratsmitglieder von der zum Schadenersatz verpflichtenden Handlung Kenntnis erlangen. Sie verjähren ohne Rücksicht auf diese Kenntnis in fünf Jahren seit ihrer Entstehung.

Übersicht:

Einleitung

Diese das *gesetzliche Wettbewerbsverbot für Vorstandsmitglieder* enthaltende Bestimmung entspricht sachlich § 236 HGB und § 79 AktG 1937, ferner den Wettbewerbsverboten gem. §§ 60, 61 und §§ 112, 113 HGB sowie des § 284. Der jetzige Wortlaut ändert gewisse Einzelheiten zur Verhinderung von Mißbräuchen und zur Beseitigung von Unklarheiten (s. die amtl. Begründung, bei Kropff S. 112). Ersterem dient das neu eingeführte Verbot einer Blankoeinwilligung (Abs. 1 S. 3), letzterem die Klärung der in der Literatur zu § 79 AktG 1937 streitig gewesenen Frage, ob das Verbot auch die Übernahme des Amtes als Vorstand einer AG oder als Geschäftsführer einer GmbH umfaßt (vgl. dazu Anm. 4 zu § 79 der Voraufl.) in dem Sinne, daß das der Fall ist (Abs. 1 S. 2). Zur Verjährung der Ansprüche der Gesellschaft (Abs. 3) wird durch die Neufassung klargestellt, daß nicht schon, wenn der Aufsichtsrat als solcher, sondern erst, wenn alle Mitglieder des Aufsichtsrats vom Verstoß Kenntnis haben, der Fristablauf beginnt.

Grundsätzlich werden die gesetzlichen Wettbewerbsverbote des HGB bzw. der §§ 88 und 284 nicht durch das GWB, insbesondere das Kartellverbot des § 1 GWB, berührt. Gleiches gilt für Art. 85 EWG-Vertrag. Es kann jedoch durch die besondere Ausgestaltung des Einzelfalls auch in der Durchsetzung des gesetzlichen Wettbewerbsverbots ein Kartellverstoß liegen; vgl. dazu BGH 38, 306 (311 ff.) sowie Rob. Fischer in Großkomm. HGB § 112 Anm. 14—17 mit eingehenden weiteren Nachweisen.

Anm. 1

I. Sachlicher Geltungsbereich des Wettbewerbsverbots

Die Vorstandsmitglieder (und stellvertretenden Vorstandsmitglieder, § 94) unterliegen dem Wettbewerbsverbot *während der Dauer ihres Amtes*, also von der Bestellung zum Vorstandsmitglied bzw. von dem Zeitpunkt, von dem ab der Bestellte nach dem Inhalt der Bestellung Vorstandsmitglied sein soll, bis zur Beendigung des Amtes, gleichviel aus welchem Grunde (Zeitablauf, Widerruf, Niederlegung usw.) sie erfolgt. Das gesetzliche Wettbewerbsverbot endet in diesem Zeitpunkt auch dann, wenn der Anstellungsvertrag weiterläuft (a.A. Baumbach-Hueck Rn. 4), was unter Umständen möglich ist (§ 84 Anm. 51). Denn das gesetzliche Wettbewerbsverbot will in erster Linie eine Gewähr dafür geben, daß das Vorstandsmitglied der AG seine Arbeitskraft voll widmet, ungehemmt durch eigene seine Zeit und Kraft in Anspruch nehmende oder mit denen der AG konkurrierende oder widerstreitende Interessen. Handlungsgehilfe ist das ausgeschiedene Vorstandsmitglied, dessen Anstellungsvertrag noch läuft, nicht, es sei denn, es ist vertraglich etwas anderes ausdrücklich vereinbart (vgl. § 84 Anm. 40); die Bestimmungen über das Wettbewerbsverbot der Handlungsgehilfen (§§ 60 ff. HGB) finden also ebenfalls keine Anwendung (vgl. § 84 Anm. 16, a.A. Godin-Wilhelmi Anm. 2). Nach Treu und Glauben ist aber der Anstellungsvertrag dahin auszulegen, daß das Vorstandsmitglied während der Vertragsdauer der AG keine Konkurrenz machen darf, und ein für die Zeit nach Ablauf des Anstellungsvertrages etwa vereinbartes Wettbewerbsverbot wird dahin ausgelegt werden können, daß es vom Zeitpunkt des Erlöschens des gesetzlichen Wettbewerbsverbotes ab in Kraft tritt, unter Umständen also noch während des Laufens des Anstellungsverhältnisses. — Bei ungerechtfertigter Niederlegung des Amtes erlischt das Wettbewerbsverbot nicht (vgl. die von RG JW 1915, 653[6] aufgehobene Entscheidung des OLG Hamburg OLGE 32, 142); wird freilich gegen die Niederlegung kein Widerspruch erhoben oder wird sie vorbehaltlich der gegenseitigen Ansprüche anerkannt, so endigt damit das Vorstandsamt. Das Wettbewerbsverbot erlischt, wenn die Gesellschaft in Liquidation tritt (ROHG 21, 140); ob und in welchem Umfang vertragliche Wettbewerbsverbote im Liquidationsstadium weitergelten, insbes. Verbote für die Zeit nach Beendigung des Anstellungsvertrags (Anm. 10), ist eine Frage der Vertragsauslegung, jedoch wird in der Regel ein berechtigtes geschäftliches Interesse der AG an der Fortgeltung des Verbots nicht nachweisbar sein (vgl. auch § 74a Abs. 1 Satz 1 HGB).

Kraft ausdrücklicher gesetzlicher Regelung gilt § 88 *nicht* für vom Aufsichtsrat vorübergehend bestellte Vertreter fehlender oder behinderter Vorstandsmitglieder (§ 105

Abs. 2 S. 4) und für Abwickler (§ 268 Abs. 3). Er gilt auch nicht für nach § 57 ZPO bestellte Prozeßvertreter u. a. außerordentliche Vertreter (vgl. Anm. 18 zu § 76). Jedoch gilt das Wettbewerbsverbot uneingeschränkt für gerichtlich bestellte Vorstandsmitglieder (§ 85) sowie für Vorstandsmitglieder, deren Bestellung fehlerhaft ist (BGH 41, 287).

Das gesetzliche Wettbewerbsverbot kann vertraglich erweitert (die Grenze liegt bei § 138 BGB) oder eingeschränkt werden (s. Anm. 5 unten).

Für die persönlich haftenden Gesellschafter der KG auf Aktien gilt das Wettbewerbsverbot des § 284.

Anm. 2

II. Sachlicher Geltungsbereich des Wettbewerbsverbots

1. Betrieb eines Handelsgewerbes

Gegenstand des gesetzlichen Wettbewerbsverbots ist zunächst der *Betrieb eines Handelsgewerbes.* Der Begriff des Handelsgewerbes ist der des § 1 HGB. Es muß sich dabei um ein *im eigenen Namen* betriebenes Gewerbe handeln. Daß die Mitgliedschaft im Vorstand einer AG oder in der Geschäftsführung einer GmbH sowie die Beteiligung an einer Handelsgesellschaft als persönlich haftender Gesellschafter unter das Wettbewerbsverbot fällt, stellt Abs. 1 Satz 2 klar. Nicht darunter fällt die Beteiligung als Kommanditist, stiller Gesellschafter, Gesellschafter einer GmbH oder Aktionär. Das gilt aber nur einmal vorbehaltlich der diese Fragen häufig regelnden Bestimmungen des Anstellungsvertrags, vorbehaltlich weiter eines möglichen Verstoßes gegen die dem Vorstandsmitglied obliegenden Treupflicht gegenüber der AG (§ 84 Anm. 59) und vorbehaltlich des Umfangs der Beteiligung, die im Einzelfall sich sehr wohl tatsächlich als der Betrieb eines Handelsgewerbes i. S. von § 88 Abs. 1 darstellen kann (vgl. auch wie hier Möhring-Tank I 252). Rein vorbereitende Maßnahmen zur Aufnahme eines Handelsgewerbes nach Beendigung des gesetzlichen Wettbewerbsverbots sind zulässig (Würdinger in Großkomm. HGB § 60 Anm. 2; Fischer a. a. O. § 112 Anm. 4).

Das gesetzliche Wettbewerbsverbot kann auch nicht dadurch umgangen werden, daß der Betrieb des Handelsgewerbes durch einen *Strohmann,* etwa einen nahen Angehörigen (BGH WM 1970, 1339), durchgeführt wird oder das Vorstandsmitglied in sonstiger Weise mittelbar durch maßgebliche tatsächliche Einflußnahme auf die Führung der Geschäfte ein eigenes Handelsgewebe betreibt (Baumbach-Hueck Rn. 3; Fischer in Großkomm. HGB § 112 Anm. 5a; Flechtheim in Düringer-Hachenburg Anm. 4 zu § 112).

Unerheblich ist die Art und der Geschäftszweig des von dem Vorstandsmitglied betriebenen Handelsgewerbes. Die entsprechende Regelung in § 60 Abs. 1 HGB, daß der Angestellte ohne Genehmigung des Prinzipals kein Handelsgewerbe betreiben darf, hält BAG DB 1970, 1788 = NJW 1970, 1941 = BB 1970, 1134 nur dann mit dem Grundrecht der freien Berufswahl (Art. 12 Abs. 1 Satz 1 GG) für vereinbar, wenn sie einengend ausgelegt wird, d. h. daß das Verbot nur eingreift, wenn eine Schädigung durch Wettbewerb zu befürchten ist. Für Vorstandsmitglieder, die als Arbeitgeber gelten (§ 84 Anm. 16) gilt das nicht; Aufgabe und Verantwortlichkeit verlangen, daß sie sich ganz in den Dienst der AG stellen (vgl. auch Anm. 1).

Anm. 3

2. Geschäfte machen

Gegenstand des Wettbewerbsverbots ist ferner das *Geschäftemachen im Geschäftszweig der Gesellschaft für eigene oder fremde Rechnung.* In anderen Geschäftszweigen Geschäfte zu machen, ist dem Vorstandsmitglied nicht verboten. Jedoch darf es sich nur um einzelne gelegentliche Geschäfte handeln. Denn bei gewerbsmäßigem Betrieb liegt ein Handelsgewerbe vor, und der Betrieb eines solchen ist dem Vorstandsmitglied ohne Rücksicht auf den Geschäftszweig verboten (Anm. 2). Der *Begriff des Geschäftszweigs* läßt eine weitere Auslegung zu, die mehr auf den abstrakten Begriff des Geschäftszweigs abstellt, und eine engere, die mehr auf die individuelle Art des Geschäfts der AG abstellt. Ausschlaggebend für die Auslegung muß der Zweck der Bestimmung sein. Diese richtet sich dagegen, daß das Vorstandsmitglied der AG Wettbewerb macht und will allgemeine Handlungen treffen, die ihrer Art nach Wettbewerbshandlungen sein können. Hiernach fallen unter das Verbot nur Geschäfte, die ihrer Art nach im Hinblick auf das wirklich betriebene Unternehmen der AG Wettbewerbshandlungen sein können. Entscheidend ist dabei aber nicht, ob die AG selbst solche Geschäfte vornimmt, sondern ob im Rahmen eines wesentlich gleichartigen Unternehmens Geschäfte solcher Art üblicherweise vorgenommen werden. Es ist also auch für Vorstandsmitglieder der — das gesetzliche Wettbewerbsverbot der Handlungsgehilfen betreffenden — Entscheidung RG 109, 355 zuzustimmen, nach der bei einer Bankgeschäfte betreibenden AG nicht alle Geschäfte des Bankgewerbes unter das Wettbewerbsverbot fallen, sondern nur Geschäfte in dem von der AG betriebenen Geschäftszweig des Bankgewerbes (wie hier Fischer in Großkomm. HGB § 112 Anm. 6; Baumbach-Hueck Rn. 3; teilweise abweichend Godin-Wilhelmi Anm. 4). In den Geschäftszweig der AG fallende Geschäfte werden auch dann von dem Verbot betroffen, wenn die AG selbst solche nur auf fremde Rechnung vorzunehmen pflegt. Der wirkliche Geschäftsbetrieb ist auch dann maßgebend, wenn er über den satzungsmäßigen hinausgeht. Auch nach der Anstellung des Vorstandsmitglieds vorgenommene Erweiterungen des Geschäftsbetriebs erweitern den Umfang der verbotenen Geschäfte (Würdinger in Großkomm. HGB § 60 Anm. 3; abweichend die Vorauflage § 79 Anm. 3). Ebenso ist der wirkliche Geschäftsbetrieb maßgebend, wenn er wesentlich hinter dem in der Satzung angegebenen Zweck zurückbleibt (a. A. Godin-Wilhelmi Anm. 4; Möhring-Tann I 245).

Das Geschäft muß ein zu Erwerbszwecken vorgenommenes Geschäft sein; dies besagt der Ausdruck „Geschäfte machen", der in seiner geläufigen Bedeutung zu verstehen ist und also eine andere Bedeutung als „Rechtsgeschäfte abschließen" hat (vgl. Fischer in Großkomm. HGB § 112 Anm. 5a); gemeint ist eine „spekulative Tätigkeit" (KG in OLGE 1, 228) im Sinne einer irgendwie gearteten Beteiligung am Gewinn oder Verlust des Geschäfts. Sowohl Geschäfte für eigene wie für fremde Rechnung sind verboten, wie das Gesetz ausdrücklich sagt. Das Gesetz sagt nichts davon, daß das Verbot sich nur auf das Geschäftemachen *im eigenen Namen* beziehe; ein Grund zu einer einschränkenden Auslegung in diesem Sinn ist nicht ersichtlich (a.A. Brodmann HGB § 236 Anm. 1b). Auch durch im eigenen Namen, aber auf Rechnung des Vorstandsmitglieds handelnde Personen darf dieses nicht im Geschäftszweig der AG Geschäfte machen.

Für die Vorstände von Kapitalanlage-Gesellschaften gilt über § 88 hinaus die Sonderregelung in § 5 des G über Kapitalanlagegesellschaften i. d. F. vom 14. 1. 1970 (BGBl. I S. 127), wonach auch bestimmte Privatgeschäfte der Organe (Vorstand und Aufsichtsrat) mit der Gesellschaft verboten sind. Trotzdem abgeschlossene Geschäfte sind nichtig (Baur, Investmentgesetze, 1970, S. 118).

Anm. 4

3. Übernahme des Amts als Vorstand, Geschäftsführer oder persönlich haftender Gesellschafter

Das gesetzliche Wettbewerbsverbot bezieht ausdrücklich die Tätigkeit als Vorstandsmitglied einer anderen AG oder als Geschäftsführer einer GmbH ein (Abs. 1 Satz 2). Das war nach früherem Recht streitig (vgl. die Einleitung). Sinn und Zweck dieser Vorschrift ist nicht primär eine Konkurrenzgefahr, sondern, wie bei dem Verbot, ein anderes Gewerbe zu betreiben, die Freistellung der vollen Arbeitskraft und Aufmerksamkeit des Vorstandsmitglieds für die Belange der AG (s. die amtliche Begründung bei Kropff S. 112). Ob und wie weit eine Mehrbelastung durch Übernahme weiterer Ämter in anderen Gesellschaften für die AG tragbar ist, hat somit der Aufsichtsrat von Fall zu Fall zu entscheiden. Auf die Übernahme von Aufsichtsratsmandaten bezieht sich das gesetzliche Wettbewerbsverbot nicht. Ämterhäufungen sind, besonders in Konzernen, durchaus an der Tagesordnung. Gewisse Einschränkungen ergeben sich aus dem Verbot der sogenannten Überkreuzverflechtungen gemäß § 100 Abs. 2. Das Wettbewerbsverbot des § 88 gilt ohne Rücksicht auf den Geschäftszweig der anderen Gesellschaft. Stellt die Bestellung zum Vorstandsmitglied oder Geschäftsführer einen Verstoß gegen § 88 dar, so ist sie dennoch wirksam; der AG stehen die Ansprüche aus Abs. 2 zu, unbeschadet weitergehender Rechte, insbesondere aus dem Bestellungsverhältnis bzw. dem Anstellungsvertrag (vgl. § 76 Anm. 17 und § 84 Anm. 44).

Entsprechend dem früheren Recht umfaßt das gesetzliche Wettbewerbsverbot auch die Stellung als persönlich haftender Gesellschafter einer anderen Handelsgesellschaft, also einer OHG, KG oder KGaA. Das ist eine Ergänzung des Verbots, ein Handelsgewerbe zu betreiben. Es gelten somit die Ausführungen in Anm. 2 oben.

Anm. 5

4. Einwilligung des Aufsichtsrats

Die *Einwilligung des Aufsichtsrats* beseitigt das Wettbewerbsverbot. Daraus folgt zugleich, daß die Bestimmung kein zwingendes Recht enthält. Die Einwilligung kann aber nach dem neu eingefügten Abs. 1 Satz 3 nur für *bestimmte* Handelsgewerbe oder Handelsgesellschaften oder für *bestimmte* Arten von Geschäften erteilt werden. Das bedeutet ein Verbot für Blankoeinwilligungen. Es soll sichergestellt werden, daß der Aufsichtsrat sich eindeutig darüber schlüssig wird, bei welchen Gesellschaften und in welchem Umfang Nebentätigkeiten tragbar sind. Eine Einwilligung zu Konkurrenzgeschäften braucht aber nicht für jedes einzelne Geschäft erteilt zu werden; es muß nur Art und Umfang abgrenzbar bezeichnet werden. Unter Beachtung dieser Grundsätze kann die Einwilligung auch im Anstellungsvertrag oder in der Satzung erteilt werden (Baumbach-Hueck Rn. 5). Ob sie widerruflich erteilt ist, ist Auslegungsfrage. Die im Anstellungsvertrag erteilte Einwilligung ist als unwiderruflich anzusehen. Sonst wird im Zweifel anzunehmen sein, daß die Einwilligung in den Betrieb eines Handelsgewerbes unwiderruflich, die Einwilligung in das Geschäftemachen im Geschäftszweig der AG widerruflich ist. Früher wurde angenommen, daß die Einwilligung auch stillschweigend erteilt werden kann (vgl. §§ 60 Abs. 2, 112 Abs. 2 HGB). Das kann heute nicht mehr aufrecht erhalten werden. Der Aufsichtsrat, der alleine über die Einwilligung zu entscheiden hat, kann nicht anders als durch Beschlüsse seinen Willen äußern (§ 108 Abs. 1). Stillschweigende Aufsichtsratsbeschlüsse sind nach allgemeiner Ansicht nicht zulässig (vgl. BGH 10, 194; WM 1960, 805; 1961, 574 und BGH 41, 285). Das kann aber nicht nur für Beschlüsse über Bestellung und Widerruf (vgl. § 84 Anm. 2) oder über Kreditgewährung an Vorstandsmitglieder gemäß § 89 Abs. 1 Satz 1 gelten, sondern gilt für alle Aufsichtsratsbeschlüsse (wie hier Möhring-Tank I 247). Eine Einschränkung des gesetzlichen Wettbewerbsverbots erfordert also einen ausdrücklichen Aufsichtsratsbeschluß (a. A. Godin-Wilhelmi Anm. 7; Baumbach-Hueck Rn. 5; [s. aber § 108 Rn. 2]; die Voraufl. § 79 Anm. 5); solange ein solcher nicht vorliegt, kann sich das Vorstandsmitglied auf eine Einwilligung nicht berufen. Die hier vertretene Ansicht wird der Interessenlage und dem Zweck der Vorschrift, klare Verhältnisse zu schaffen, gerecht. Der Aufsichtsrat kann über entstandene Schadensersatzforderungen nicht verfügen und daher die Einwilligung, die schon begrifflich vorherige Zustimmung ist (§ 183 BGB), nicht nachträglich aussprechen (Schlegelberger-Quassowski AktG 1937 § 79 Anm. 7; Baumbach-Hueck Rn. 5; jetzt auch Godin-Wilhelmi Anm. 7). Nur soweit die Handlungen eine wirtschaftliche Einheit bilden und noch nicht abgeschlossen sind, wird mit der Erteilung der Einwilligung durch den Aufsichtsrat auch die Rechtswidrigkeit der in der Vergangenheit liegenden Handlungen wegfallen.

Der Aufsichtsrat kann seine Aufgaben aus § 88 einem Ausschuß übertragen (§ 107 Abs. 3); es gelten dann die gleichen Voraussetzungen, wie bei Einwilligung durch den Gesamtaufsichtsrat.

Anm. 6

III. 1. Schadensersatz

Verstößt ein Vorstandsmitglied gegen das Verbot, so ist es der AG *schadensersatzpflichtig. Daneben* hat die AG aber auch ein *Eintrittsrecht*, das praktisch wichtiger ist, weil ein Schaden oft nicht nachzuweisen ist. Dieses Eintrittsrecht ist den Vorschriften der

§§ 61 und 113 HGB nachgebildet, so daß Rspr. und Lehre zu diesen Bestimmungen auch für das Aktienrecht gilt. Die AG kann nicht Schadensersatz verlangen und gleichzeitig das Eintrittsrecht ausüben. Sie ist an die einmal getroffene Wahl insoweit gebunden, als die Ausübung des Eintrittsrechts die Geltendmachung von Schadensersatz ausschließt und umgekehrt (h. L. vgl. Würdinger in Großkomm. HGB § 61 Anm. 1; Fischer a. a. O. § 113 Anm. 4; Hueck, Recht der OHG, 3. Aufl. S. 148; Godin-Wilhelmi Anm. 8; teilw. abweichend die Voraufl. Anm. 6 zu § 79). Zuständig für die Geltendmachung der Ansprüche gemäß Abs. 2 und damit auch für die Ausübung des Wahlrechts ist der Aufsichtsrat (§ 112). Wegen der kurzen Verjährung nach Abs. 3 wird praktisch das Eintrittsrecht in der Regel immer in erster Linie geltend gemacht werden müssen. Das ist auch sinnvoll, da dieses Recht einen weitgehenden Eingriff in bestehende Rechtsverhältnisse beinhaltet und daher im Interesse der Rechtssicherheit eine schnelle Klärung erforderlich ist.

Die *Schadensersatzpflicht* richtet sich nach §§ 249ff. BGB. Die AG kann also in erster Linie Naturalrestitution beanspruchen und gegebenenfalls auch entgangenen Gewinn (§ 252 BGB). Der vom ungetreuen Vorstandsmitglied erzielte Gewinn ist allerdings nur dann ein ersatzpflichtiger Schaden der AG, wenn nach Lage der Sache anzunehmen ist, daß die Gesellschaft ohne das wettbewerbswidrige Verhalten des Vorstandsmitglieds das gewinnbringende Geschäft gemacht hätte, vgl. RG 89, 99 (103f.). Ist dieser oft schwierige Beweis nicht zu führen und ein Schaden der AG auch sonst nicht zu begründen, so bleibt nur das Eintrittsrecht. Wo dieses nicht durchsetzbar, kann aber ein „Eintritt“ unter den Voraussetzungen der §§ 249, 252 BGB möglicherweise als Schadensersatz geltend gemacht werden, vgl. RG 145, 35f.; 165, 260 (268ff.). Wegen Einzelheiten muß auf die Kommentierungen des BGB verwiesen werden.

§ 88 gewährt keinen Anspruch gegen den Vertragspartner des Vorstandsmitglieds, es sei denn, es liegt ein bewußt sittenwidriges Zusammenwirken zur Schädigung der AG vor (§§ 826 BGB, 1 UWG) oder eine Teilnahmehandlung an einer gemeinschaftlich begangenen unerlaubten Handlung (§ 823 Abs. 1 oder 2 BGB), vgl. RG 108, 58f.; 143, 267 (274); 114, 68 (72).

Anm. 7

2. Eintrittsrecht

Das *Eintrittsrecht* besteht in dem Recht zu verlangen, daß das Vorstandsmitglied die für eigene Rechnung gemachten Geschäfte als für Rechnung der Gesellschaft eingegangen gelten lasse und die aus Geschäften für fremde Rechnung bezogene Vergütung herausgebe oder seinen Anspruch auf die Vergütung abtrete. Die AG kann den Gewinn oder die Vergütung herausverlangen. Sie tritt nicht etwa in das Rechtsverhältnis des Vorstandsmitglieds zu seinem Geschäftsgegener ein; die Ansprüche gegen diesen gehen nicht ohne Abtretung auf sie über.

Das Eintrittsrecht besteht hinsichtlich der von dem Vorstandsmitglied *„gemachten Geschäfte“*. Wenn mehrere Rechtsgeschäfte zusammen eine wirtschaftliche Einheit bilden, ist Gegenstand des Eintrittsrechts nicht jedes einzelne Rechtsgeschäft (RG JW 1911, 57[59]), sondern nur die Gesamtheit der eine wirtschaftliche Einheit bildenden Geschäfte. Umstritten ist, ob das Eintrittsrecht sich auch auf die Beteiligung an einer Handelsgesellschaft bezieht. Unter Bezugnahme auf RG 73, 423 und RG JW 1911, 57, beide das Wettbewerbsverbot des Handlungsgehilfen betreffend, verneinte die h. L. diese Frage (vgl. die Voraufl. Anm. 7 zu § 79). Da jedoch das Eintrittsrecht in keinem Falle eine Außenwirkung derart hat, das die AG anstelle des Vorstandsmitglieds in die Gesellschaft eintritt, sondern lediglich bewirkt, daß der Ertrag der Beteiligung an die AG fließt (vgl. Godin-Wilhelmi Anm. 9), ist nicht einzusehen, warum im Rahmen des § 88 das Eintrittsrecht nicht auch, wie seit BGH 38, 306 im Rahmen des § 113 HGB, dann geltend gemacht werden kann, wenn ein Vorstandsmitglied das gesetzliche Wettbewerbsverbot dadurch verletzt, daß es sich an einer Handelsgesellschaft als persönlich haftender Gesellschafter beteiligt (vgl. Fischer in Großkomm. HGB § 113, Anm. 8; wie hier Möhring-Tank I 250; a. A. Baumbach-Hueck Rn. 6). Das Vorstandsmitglied, das die von ihm gemachten Geschäfte als für Rechnung der Gesellschaft eingegangen gelten lassen muß, ist wie ein Beauftragter nach § 666 BGB *zur Auskunftserteilung und Rechenschaftslegung verpflichtet.*

Besteht der Wettbewerbsverstoß in der Übernahme des Amtes als Vorstand oder Geschäftsführer einer anderen Gesellschaft, so ist die Geltendmachung des Eintrittsrechts begrifflich ausgeschlossen; hier ist die Gesellschaft auf Schadensersatzansprüche und eventuelle andere Rechtsbehelfe (vgl. Anm. 8) angewiesen.

Anm. 8

3. Weitere Rechtsbehelfe der AG

Neben den in § 88 geregelten Rechten besteht ein Anspruch der AG auf *Unterlassung.* Der Verstoß gegen das Wettbewerbsverbot wird auch oft einen Grund zur *Abberufung und fristlosen Kündigung* bilden (vgl. § 84 Anm. 44). Im Anstellungsvertrag kann auch eine *Vertragsstrafe* für den Fall der Verletzung des Wettbewerbsverbots vereinbart werden. Die Vertragsstrafe unterliegt bei unverhältnismäßiger Höhe der richterlichen Herabsetzung gemäß § 343 BGB, da es sich nicht um eine von einem Kaufmann im Betrieb seines Handelsgewerbes versprochene Vertragsstrafe (§ 348 HGB) handelt. Das Verlangen der Vertragsstrafe schließt die Geltendmachung eines weiteren Schadens nicht aus (BGB § 340 Abs. 2 S. 2). Hingegen ist im Hinblick auf die Verwandtschaft, die zwischen der Vertragsstrafe und dem Schadensersatzanspruch besteht, anzunehmen, daß neben dem Eintrittsrecht die Vertragsstrafe ebensowenig wie Schadensersatz verlangt werden kann.

Anm. 9

IV. Verjährung (Abs. 3)

Nach Abs. 3 unterliegen die Ansprüche aus § 88 einer besonderen *doppelten Verjährung.* Eine *Verjährungsfrist von drei Monaten* läuft von dem Zeitpunkt, in dem alle übrigen Vorstands- und Aufsichtsratsmitglieder von der zum Schadensersatz verpflichtenden Handlung Kenntnis erlangen. Auch jedes *einzelne* Aufsichtsratsmitglied muß die Kenntnis erlangt haben; die früher in dieser Hinsicht bestehenden Zweifel läßt der jetzige Wortlaut des Gesetzes nicht mehr zu (vgl. auch die amtliche Begründung, bei Kropff S. 112). Der Grundsatz, daß das Wissen nur eines Gesamtvertreters genügt (§ 78 Anm. 15), ist hier durchbrochen. Auf welche Weise die Vorstands- und Aufsichtsratsmitglieder die Kenntnis erlangt haben, ist unerheblich (Schlegelberger-Quassowski AktG 1937, § 79 Anm. 9). Ohne Rücksicht auf die Kenntnis der übrigen Mitglieder des Vorstands und des Aufsichtsrats *verjähren die Ansprüche in fünf Jahren.*

Die dreimonatige Verjährungsfrist läuft seit der *Kenntnis* von „der zum Schadensersatz verpflichtenden Handlung", die fünfjährige Verjährungsfrist seit „der Entstehung" der Ansprüche. Besteht die Wettbewerbshandlung in einem Geschäftemachen in dem Geschäftszweig der AG, so läuft die Verjährung von dem Abschluß des Geschäfts an. Besteht sie in dem Eintritt als Vorstand, Geschäftsführer oder persönlich haftender Gesellschafter in eine andere Handelsgesellschaft, so läuft die Frist vom Zeitpunkt der Amtsübernahme bzw. dem Eintritt in die Gesellschaft. Besteht sie in einem Betrieb des Handelsgewerbes, so ist als die zum Schadensersatz verpflichtende Handlung der Beginn des Gewerbebetriebes anzusehen. Die Verjährungsfrist läuft also von diesem Zeitpunkt ab; so die herrschende Lehre (vgl. RG 63, 252; Brodmann HGB § 236 Anm. 4; Schlegelberger-Quassowski AktG 1937 § 79 Anm. 9; Godin-Wilhelmi Anm. 10; Würdinger in Großkomm. HGB § 62 Anm. 8; anders die Voraufl. § 79 Anm. 9).

Zugleich mit dem Schadensersatzanspruch verjährt auch der Unterlassungsanspruch (RG 63, 252, vgl. auch Fischer in Großkomm. HGB § 113 Anm. 10)). Das gleiche wird für den Anspruch auf eine vertraglich vereinbarte Vertragsstrafe anzunehmen sein. Stellt die das Wettbewerbsverbot verletzende Handlung gleichzeitig eine unerlaubte

Handlung im Sinne von § 823ff. BGB dar, so läuft neben der 5jährigen Verjährungsfrist aus § 88 Abs. 3 die dreijährige Frist des § 852 BGB (Fischer Großkomm. HGB § 112 Anm. 10); der Fristablauf beginnt mit Kenntnis des Schadens und des Ersatzpflichtigen, wobei auch hier Kenntnis aller übrigen Mitglieder des Vorstands und aller Aufsichtsratsmitglieder erforderlich ist, um den Fristablauf in Gang zu setzen.

Anm. 10

V. Wettbewerbsverbot nach Beendigung des Anstellungsvertrages

Die Bestimmung des § 88 gilt nicht für *vertraglich vereinbarte Wettbewerbsverbote für die Zeit nach Beendigung des Anstellungsverhältnisses.* Die Vorschriften über Handlungsgehilfen (§§ 74ff. HGB) sind nicht direkt anwendbar (BGH WM 65, 310 = DB 65, 468). Solche Vereinbarungen sind daher nach den allgemeinen Regeln zu beurteilen, jedoch dürften die in § 74ff. HGB getroffenen Regeln, jedenfalls hinsichtlich der Nichtigkeit der unbezahlten Karenz und der Unwirksamkeit eines länger als 2 Jahre dauernden Wettbewerbsverbots (§§ 74 Abs. 2, 74a Abs. 1 Satz 3 HGB) auch bei Beurteilung der mit Vorstandsmitgliedern vereinbarten Wettbewerbsverbote herangezogen werden müssen (vgl. BAG NJW 1970, 626 = DB 1970, 63 = WM 1970, 412 = BB 1970, 35). Die Zahlung eines angemessenen Ruhegehalts wird aber in der Regel bei nicht mehr im aktiven Berufsleben stehenden Vorstandsmitgliedern, auch ein längerfristiges Wettbewerbsverbot rechtfertigen (vgl. Möhring-Tank I 254). Wird die Freiheit des Vorstandsmitglieds, sich gewerblich zu betätigen noch weitergehend in einer den guten Sitten zuwiderlaufenden Weise beschränkt, so ist die Vereinbarung nach § 138 BGB nichtig (BGH WM 65, 310 = DB 65, 468). Das G gegen Wettbewerbsbeschränkungen steht einem vereinbarten Wettbewerbsverbot in der Regel nicht entgegen (s. auch Einleitung oben). Ausgeschiedene Vorstandsmitglieder, die ein Ruhegehalt beziehen, unterliegen weiterhin einer, wenn auch beschränkten, Treupflicht gegenüber der AG (Anm. 59 zu § 84); sie sind daher nach Treu und Glauben gehalten, keine unmittelbar schädigende Konkurrenz, womöglich unter Verwertung der während ihrer aktiven Tätigkeit erworbenen Kenntnisse und Erfahrungen, wie Betriebsgeheimnisse, Kundenkreis u. dgl., zu betreiben. Andernfalls setzen sie sich dem Verlust ihrer Ruhegehaltsansprüche aus, OGHbrZ 4, 227 (s. Anm. 56 zu § 84).

§ 89 Kreditgewährung an Vorstandsmitglieder

(1) Die Gesellschaft darf ihren Vorstandsmitgliedern Kredit nur auf Grund eines Beschlusses des Aufsichtsrats gewähren. Der Beschluß kann nur für bestimmte Kreditgeschäfte oder Arten von Kreditgeschäften und nicht für länger als drei Monate im voraus gefaßt werden. Er hat die Verzinsung und Rückzahlung des Kredits zu regeln. Der Gewährung eines Kredits steht die Gestattung einer Entnahme gleich, die über die dem Vorstandsmitglied zustehenden Bezüge hinausgeht, namentlich auch die Gestattung der Entnahme von Vorschüssen auf Bezüge. Dies gilt nicht für Kredite, die ein Monatsgehalt nicht übersteigen.

(2) Die Gesellschaft darf ihren Prokuristen und zum gesamten Geschäftsbetrieb ermächtigten Handlungsbevollmächtigten Kredit nur mit Einwilligung des Aufsichtsrats gewähren. Eine herrschende Gesellschaft darf Kredite an gesetzliche Vertreter, Prokuristen oder zum gesamten Geschäftsbetrieb ermächtigte Handlungsbevollmächtigte eines abhängigen Unternehmens nur mit Einwilligung ihres Aufsichtsrats, eine abhängige Gesellschaft darf Kredite an gesetzliche Vertreter, Prokuristen oder zum gesamten Geschäftsbetrieb ermächtigte Handlungsbevollmächtigte des herrschenden Unternehmens nur

mit Einwilligung des Aufsichtsrats des herrschenden Unternehmens gewähren. Absatz 1 Satz 2 bis 5 gilt sinngemäß.

(3) Absatz 2 gilt auch für Kredite an den Ehegatten oder an ein minderjähriges Kind eines Vorstandsmitglieds, eines anderen gesetzlichen Vertreters, eines Prokuristen oder eines zum gesamten Geschäftsbetrieb ermächtigten Handlungsbevollmächtigten. Er gilt ferner für Kredite an einen Dritten, der für Rechnung dieser Personen oder für Rechnung eines Vorstandsmitglieds, eines anderen gesetzlichen Vertreters, eines Prokuristen oder eines zum gesamten Geschäftsbetrieb ermächtigten Handlungsbevollmächtigten handelt.

(4) Ist ein Vorstandsmitglied, ein Prokurist oder ein zum gesamten Geschäftsbetrieb ermächtigter Handlungsbevollmächtigter zugleich gesetzlicher Vertreter oder Mitglied des Aufsichtsrats einer anderen juristischen Person oder Gesellschafter einer Personenhandelsgesellschaft, so darf die Gesellschaft der juristischen Person oder der Personenhandelsgesellschaft Kredit nur mit Einwilligung des Aufsichtsrats gewähren; Absatz 1 Satz 2 und 3 gilt sinngemäß. Dies gilt nicht, wenn die juristische Person oder die Personenhandelsgesellschaft mit der Gesellschaft verbunden ist oder wenn der Kredit für die Bezahlung von Waren gewährt wird, welche die Gesellschaft der juristischen Person oder der Personenhandelsgesellschaft liefert.

(5) Wird entgegen den Absätzen 1 bis 4 Kredit gewährt, so ist der Kredit ohne Rücksicht auf entgegenstehende Vereinbarungen sofort zurückzugewähren, wenn nicht der Aufsichtsrat nachträglich zustimmt.

(6) Ist die Gesellschaft ein Kreditinstitut, so gelten an Stelle der Absätze 1 bis 5 die Vorschriften des Gesetzes über das Kreditwesen.

Übersicht

Einleitung

Die Vorschrift hat ihr Vorbild in § 14 KWG 1934 und § 240 HGB (vgl. auch § 39 Abs. 2 GenG). Sie wurde in § 80 AktG 1937 verfeinert und ist im wesentlichen inhaltsgleich, wenn auch in ihrem Geltungsumfang erweitert, als § 89 ins AktG 1965 eingegangen. Änderungen betreffen Klarstellungen, die mögliche unterschiedliche Interpretationen ausschließen sollen, wie in Abs. 1 der ausdrückliche Hinweis auf das Erfordernis eines Aufsichtsratsbeschlusses und die Klarstellung, daß es sich um eine vorherige Zustimmung, also eine Einwilligung (§ 183 BGB) handeln muß. Während § 80 Abs. 1 AktG 1937 der Kreditgewährung an Vorstandsmitglieder Kredite an leitende Angestellte gleichstellte, ist dieser auch in anderen Gesetzen allerdings abweichend von § 80 AktG 1937 umschriebene Begriff (vgl. § 4 Abs. 2c BetrVG, § 14 Abs. 2 KSchG) in der zweiten Lesung durch den Bundestag durch „Prokuristen und zum gesamten Geschäftsbetrieb ermächtigte Handlungsbevollmächtigte“ ersetzt worden; s. den Ausschußbericht, bei

Kropff S. 115. Damit ist der Kreis der Betroffenen anders abgegrenzt und im Ergebnis wohl nicht unerheblich erweitert (s. auch § 151 Anm. 75). Neu ist Abs. 4, der zum Schutz vor Umgehungen auch Kredite an juristische Personen und Gesellschaften als solche, die von Vorstandsmitgliedern oder den ihnen Gleichgestellten geleitet oder überwacht werden oder an denen sie beteiligt sind, dem Einwilligungserfordernis unterwirft. Neu ist auch Abs. 6 mit dem Hinweis auf die bestehenden Sonderregelungen für Kreditinstitute.

Eine § 89 entsprechende Regelung gilt gemäß § 115 für die Kreditgewährung an Aufsichtsratsmitglieder, eine Beschränkung die AktG 1937 nicht kannte.

Forderungen aus Krediten, die unter §§ 89 und 115 fallen, sind in der Jahresbilanz, gesondert auszuweisen (§ 151 Abs. 1 III B Ziff. 11; s. dazu im einzelnen § 151 Anm. 75 bis 85 und zu Übergangsfragen der Bilanzierung nach Inkrafttreten des AktG 1965 Kropff DB 1966, 669).

Anm. 1

I. Betroffener Personenkreis

1. Vorstandsmitglieder (Abs. 1 Satz 1)

Die gesetzliche Beschränkung der Kreditgewährung an Vorstandsmitglieder betrifft nicht nur die ordentlichen Mitglieder sondern auch die stellvertretenden Vorstandsmitglieder (§ 94), die in den Vorstand gemäß § 105 Abs. 2 entsandten Aufsichtsratsmitglieder, gerichtlich Bestellte (§ 85), nicht aber Prozeßvertreter gemäß § 57 ZPO. Die Vorschrift gilt auch für Vorstandsmitglieder mit fehlerhafter Bestellung (§ 84 Anm. 18) sowie für die persönlich haftenden Gesellschafter einer KGaA (§ 283 Nr. 3, ergänzt in § 288 Abs. 2) und für Liquidatoren (vgl. § 268 Abs. 2). Sie gilt auch ausnahmslos für die Vorstände abhängiger oder eingegliederter Aktiengesellschaften.

Die Beschränkung gilt, so lange das Vorstandsmitglied im Amt ist; die Eintragung im Handeslregister ist insoweit nicht maßgeblich. Kredite an ausgeschiedene frühere Vorstandsmitglieder fallen also genauso wenig unter das Einwilligungserfordernis wie Kredite an Angehörige ausgeschiedener Vorstandsmitglieder oder an juristische Personen i. S. von Abs. 4, die von früheren Vorstandsmitgliedern geleitet oder als Aufsichtsratsmitglieder überwacht werden, oder an Personenhandelsgesellschaften, an denen frühere Vorstandsmitglieder beteilgt sind.

Für Aufsichtsratsmitglieder gilt § 115.

Anm. 2

2. Prokuristen und Generalhandlungsbevollmächtigte (Abs. 2 Satz 1)

Während § 80 Abs. 1 AktG 1937 das Einwilligungserfordernis des Aufsichtsrats auf leitende Angestellte ausdehnte und diese als Geschäftsführer und Betriebsleiter mit dem Recht zu Einstellungen und Entlassungen, als Prokuristen und Generalbevollmächtigte definierte (vgl. auch die Einleitung), begrenzt Abs. 2 Satz 1 den Kreis der Betroffenen ohne Rücksicht auf eine Einstellungs- oder Entlassungbefugnis auf Prokuristen und auf zum gesamten Geschäftsbetrieb ermächtigte Handlungsbevollmächtigte (vgl. § 46 Nr. 7 GmbHG), üblicherweise in der Praxis als Generalhandlungsbevollmächtigte oder auch kurz Generalbevollmächtigte bezeichnet; (zu dem zulässigen Umfang der Vollmacht s. § 82 Anm. 4). Es sind also nicht die hinsichtlich des Umfangs der Vollmacht beschränkten Handlungsbevollmächtigten des § 54 HGB gemeint (s. auch § 151 Anm. 77), sondern diejenigen, die von den gesetzlichen Beschränkungen des § 54 Abs. 2 HGB freigestellt sind und die meistens auch alleinige Zeichnungsbefugnis haben werden.

Prokuristen, auch fehlerhaft bestellte, fallen unter die Beschränkung nur für die Dauer der Bestellung, unbeschadet des Fortbestehens des Anstellungsverhältnisses. Die Eintragung im Handelsregister ist auch hier nicht maßgeblich.

Anm. 3

3. bei Konzerngesellschaften (Abs. 2 Satz 2)

Zu dem betroffenen Personenkreis gehören auch, entsprechend dem früheren Recht, Vorstandsmitglieder, Prokuristen und Generalhandlungsbevollmächtigte von Konzerngesellschaften. Wie gemäß AktG 1937 gilt die Vorschrift nur für AGs, d. h. die herrschende Gesellschaft, die dem betroffenen Personenkreis bei der abhängigen Gesellschaft Kredit gewährt, muß eine AG sein, ebenso wie die abhängige Gesellschaft, die dem betroffenen Personenkreis bei der herrschenden Gesellschaft Kredit gewährt. Das kreditgewährende Unternehmen muß also immer eine AG sein, während die Rechtsform des Unternehmens dem der Kreditnehmer angehört, für die Frage der Anwendung des § 89 ohne Belang ist. Demgemäß spricht das Gesetz in Abs. 2 auch von der Kreditgewährung an gesetzliche Vertreter (nicht Vorstandsmitglieder), neben Prokuristen und Generalhandlungsbevollmächtigten. Wann Beherrschung, wann Abhängigkeit gegeben ist, bestimmt sich nach § 17 (s. die entsprechenden Erläuterungen). Soweit die gesetzlichen Voraussetzungen nicht vorliegen, also bei Geschäften, bei denen das kreditgebende Unternehmen keine AG ist, entfällt auch § 89. Ist das kreditgebende Unternehmen ein Bankinstitut, so gelten die Vorschriften des KWG (Anm. 14), unbeschadet der Rechtsform des Unternehmens.

Die Einwilligung zur Kreditgewährung ist auch in den hier behandelten Fällen vom Aufsichtsrat zu erteilen, aber nur im Falle der Kreditgewährung durch das herrschende Unternehmen durch dessen Aufsichtsrat. Handelt es sich um eine Kreditgewährung durch eine abhängige Gesellschaft an Mitglieder des Vorstands, Prokuristen oder Generalhandlungsbevollmächtigte der herrschenden Gesellschaft, so hat nicht der Aufsichtsrat des abhängigen Unternehmens, sondern der Aufsichtsrat des *herrschenden* Unternehmens die Einwilligung zu erteilen (s. dazu auch Anm. 9). Damit werden Umgehungen im Konzernbereich verhindert (vgl. dazu auch Bayer BB 1965, 871). Da das herrschende Unternehmen in diesem Falle nicht eine AG sein muß, ist die Einwilligung von dem Gremium zu erteilen, welches die Aufgaben des Aufsichtsrats wahrnimmt, also die Geschäftsführung überwacht (s. die amtliche Begründung, bei Kropff S. 114; Baumbach-Hueck Rn. 3); das wird, wenn kein Aufsichtsrat vorhanden ist, in der Regel die Gesellschafterversammlung sein.

Anm. 4

4. Ehegatten und Kinder (Abs. 3 Satz 1)

Der Anwendungsbereich des Abs. 2 und damit des Abs. 1 Satz 2 bis 5 wird durch das Gesetz zur Verhinderung von Umgehungen auf nächste Verwandte der vom Gesetz betroffenen Vorstandsmitglieder, gesetzlichen Vertreter, Prokuristen und Gesamthandlungsbevollmächtigten ausgedehnt. Geschiedene Ehegatten fallen nicht unter das Verbot, wohl aber minderjährige Adoptivkinder, und seit dem G vom 19. 8. 1969 (BGBl. I 1243) über die rechtliche Stellung der nicht ehelichen Kinder auch diese; die überwiegend im Schrifttum bisher vertretene a. A. (vgl. Baumbach-Hueck Rn. 9 sowie die Vorauflage § 80 Anm. 4) kann nicht mehr aufrecht erhalten werden. Nicht zum betroffenen Personenkreis gehören auch Stief- und Pflegekinder sowie Mündel. Für eine weitergehende Auslegung besteht angesichts der Vorschrift in Abs. 3 Satz 2 (s. Anm. 5) kein Bedürfnis. Bei Krediten an Verwandte einschließlich volljähriger Kinder und Verschwägerter und an sonstige im Haushalt des Vorstandes, gesetzlichen Vertreters, Prokuristen oder Generalhandlungsbevollmächtigten lebenden Personen wird besonders geprüft werden müssen, ob eine Umgehung des Verbots dadurch versucht wird, daß diese Personen für Rechnung der von § 89 Betroffenen eingeschaltet werden.

Anm. 5

5. Strohmänner (Abs. 3 Satz 2)

Das Kreditverbot richtet sich ferner gegen Dritte, die für Rechnung der betroffenen Personen handeln, sogenannte Strohmänner. Die Bestimmung bezieht sich nicht nur auf Personen, die für Rechnung der unter das gesetzliche Einwilligungserfordernis fallende Vorstandsmitglieder, gesetzlichen Vertreter, Prokuristen und Generalhandlungsbevollmächtigten selbst handeln, sondern auch auf solche Personen, die für Rechnung der nach Abs. 3 ebenfalls betroffenen Angehörigen jener handeln; vgl. auch Anm. 4 am Ende.

Anm. 6

6. Juristische Personen und Personenhandelsgesellschaften (Abs. 4)

Das Einwilligungserfordernis für Kredite an Vorstandsmitglieder und gleichgestellte Personen ist in Abs. 4 über das frühere Recht hinaus erweitert worden.

Die AG darf ohne Einwilligung des Aufsichtsrats (Anm. 9) an juristische Personen und Personenhandelsgesellschaften keine Kredite gewähren, wenn ein Vorstandsmitglied, ein Prokurist oder ein Generalhandlungsbevollmächtigter der AG zugleich entweder gesetzlicher Vertreter oder Aufsichtsratsmitglied der juristischen Person oder Gesellschafter der Personenhandelsgesellschaft.

Da das Gesetz allgemein von juristischen Personen spricht, kommt nicht nur die gesetzliche Vertretung oder Aufsichtsratsmitgliedschaft in Gesellschaften des Handelsrechts, also insbesondere, außer AG und GmbH, Genossenschaft und Versicherungsverein a. G. in Betracht, sondern ebenso juristische Personen des bürgerlichen Rechts, wie Verein und Stiftung und Körperschaften des öffentlichen Rechts (vgl. § 151 Anm. 78). Auch bedeutet Gesellschafter einer Personenhandelsgesellschaft nicht nur persönlich haftender Gesellschafter in einer OHG oder KG, sondern auch Kommanditist. Dagegen ist die Beteiligung an einer stillen Gesellschaft (§ 335 HGB) nicht betroffen, da das Gesetz die stille Gesellschaft nicht als Handelsgesellschaft bezeichnet (vgl. die Überschrift zum Zweiten Buch des HGB); gleiches gilt für Personengesellschaften des bürgerlichen Rechts.

Zweck der Vorschrift ist (lt. amtl. Begründung, bei Kropff S. 114) einmal der Schutz vor Umgehungen, in dem Kredite zum persönliche Bedarf an vom Vorstandsmitglied oder den gleichgestellten Personen tatsächlich abhängige Gesellschaften geleistet werden. Des weiteren will das Gesetz verhindern, daß das Vorstandsmitglied oder die gleichgestellten Personen ihre Machtstellung bei der AG dazu benutzen, den ihnen nahestehenden Gesellschaften ohne Wissen des Aufsichtsrats Kredite bei der AG zu verschaffen, womöglich zu unangemessenen und nicht marktgerechten Bedingungen. Dieser gesetzgeberische Sinn ist bei Auslegung der Vorschrift nicht außer acht zu lassen, trotz der sich damit im Einzelfall ergebenden Erschwerungen im Geschäftsverkehr der betroffenen Gesellschaften, und obgleich im Einzelfall weder Umgehung des § 89 noch nachteilige Kreditgeschäfte zu Lasten der AG beabsichtigt sein mögen oder auch nur möglich sind.

Bei den wohl praktisch am häufigsten vorkommenden Fällen personeller Verflechtung, nämlich bei *verbundenen Unternehmen* (im Sinne von § 15) gilt die Vorschrift des Abs. 4 nicht.

Über die weiteren Ausnahmen in Bezug auf Warenkredite s. Anm. 8.

Im übrigen gilt auch hier für den Einwilligungsbeschluß des Aufsichtsrats, daß er entsprechend Abs. 1 Satz 2 und 3 sachlich und zeitlich begrenzt sein muß (vgl. Anm. 10 bis 12).

Anm. 7

II. 1. Kredit i. S. von § 89

„*Kredit*" ist ein wirtschaftlicher Begriff und auch hier als solcher zu verstehen. Der Kredit-Begriff der §§ 19,20 KWG gilt nicht. Kredit ist hier die Zurverfügungstellung oder Belassung von Mitteln auf Zeit. Die Rechtsform ist unerheblich. Es muß sich nur um die Erstattung einer früher bewirkten Leistung oder um das Entgelt für eine früher bewirkte Gegenleistung handeln. Darlehen fallen ebenso darunter wie Kreditkäufe, Kommissionsgeschäfte, bei denen der Kommissionär den Gegenwert vorschießt usw.

Das Gesetz stellt in Abs. 1 S. 4 den Krediten ausdrücklich Entnahmen, die über die dem Entnehmer zustehende Vergütung hinausgehen, insbesondere die *Entnahme von Vorschüssen auf Vergütungen*, gleich. Unerheblich ist, ob und in welcher Form eine Sicherstellung der AG für den gewährten Kredit erfolgt; Warenkredite, Rembourskredite, sonstige Wechselkredite, Kontokorrentkredite fallen in gleicher Weise unter das Gesetz (vgl. auch § 151 Anm. 80). Auch die Inanspruchnahme des Kredits der AG ist eine Kreditgewährung. Die Annahme eines Gefälligkeitsakzepts, die Übernahme einer Bürgschaft, die Leistung von Sicherheiten durch die AG stellt daher eine Kreditgewährung dar. Nach dem Zweck der Bestimmung ist anzunehmen, daß eine Stundung oder eine Vorleistung der AG dann nicht als Kreditgewährung anzusehen ist, wenn sie im Verkehr üblich ist und nicht als Kredit aufgefaßt wird, z. B. postnumerando zu zahlende Miet- oder Pachtzinsen (§ 151 Anm. 82; Baumbach-Hueck Rn. 4; Schlegelberger-Quassowski AktG 1937 § 80 Anm. 2). Im Falle eines Vergleichs über eine dem Grund und der Höhe nach streitige Forderung wird die Zusage eines in Raten zahlbaren Betrages nicht als Kreditgewährung anzusehen sein, da die geschuldete Leistung nicht eine Rückzahlung einer empfangenen Leistung oder ein Entgelt für eine früher bewirkte Gegenleistung ist. Steht dagegen ein Schadensersatzanspruch dem Grund und der Höhe nach fest, so ist die Belassung über den Zeitpunkt der Fälligkeit hinaus ein einwilligungspflichtiger Kredit. Auch Kreditvorverträge fallen unter die Bestimmung. Soweit auf Grund eines wirksamen Kreditvorvertrages ein Anspruch auf Gewährung des Kredites besteht, bedarf es zur Gewährung des Kredits der Einwilligung des Aufsichtsrats nicht mehr. — Im Gegensatz zu den nicht von der AG geschuldeten Entnahmen stellt der Ersatz von *Auslagen* keine Kreditgewährung dar. Das gleiche gilt für Vorschüsse für alsbald erforderlich werdende Aufwendungen, z. B. für Reisekosten. Ist ein zu hoher Vorschuß erhoben, muß der Mehrbetrag sofort zurückerstattet oder gegen Verbindlichkeiten der Gesellschaft (z. B. fällige Gehaltsansprüche) verrechnet werden. Eine Verrechnung gegen künftige Gehaltsansprüche würde gegen Abs. 1 Satz 4 verstoßen und als „Gestattung der Entnahme von Vorschüssen auf Vergütungen" zustimmungspflichtig sein.

Die *Höhe* der Kredite ist an sich nicht beschränkt. Es ist die Pflicht des Aufsichtsrats, vor Erteilung der Einwilligung zu prüfen, ob die Kreditgewährung für die AG wirtschaftlich tragbar ist, wie er auch die Kreditbedingungen zu regeln hat (Anm. 10).

Anm. 8

2. Ausnahmen (Abs. 1 Satz 5; Abs. 4 Satz 2)

a) Ausgenommen von der Zustimmungspflicht sind nach Abs. 1 Satz 5 *Kredite, die ein Monatsgehalt nicht übersteigen.* Maßgebend ist das Gehalt des Empfängers des Kredits, bei Kreditgewährung an einen Verwandten oder Dritten das Gehalt derjenigen Person, derentwegen der Kredit zustimmungspflichtig ist. Zum Monatsgehalt sind nur die festen regelmäßigen Gehaltszahlungen zu rechnen einschließlich eines Zwölftels einer garantierten Mindesttantieme sowie eines 13. Gehaltes usw. (§ 151 Anm. 79; Baumbach-Hueck Rn. 5; teilw. abw. Godin-Wilhelmi Anm. 2); nichtgarantierte Gewinnbeteiligungen, Naturalleistungen, einmalige Sonderzuwendungen und Entschädigungen und dgl. sind nicht zu berücksichtigen. Kredite an Vorstandsmitglieder oder Prokuristen und Generalhandlungsbevollmächtigte, die kein festes Gehalt, sondern nur eine nicht garantierte Gewinnbeteiligung erhalten, sind also ohne Rücksicht auf ihre Höhe zustimmungspflichtig. Gehaltsabzüge, die die AG für Rechnung des Gehaltsempfängers zu machen hat, z. B. für Steuern und Sozialabgaben, mindern das Gehalt im Sinne des Abs. 1 Satz 5 nicht (Schlegelberger-Quassowski AktG 1937 § 80 Anm. 4; Baumbach-Hueck Rn. 5).

b) Ausgenommen sind ferner bei der Kreditgewährung an juristische Personen und Gesellschaften im Sinne von Abs. 4 Satz 1 Kredite an mit der AG verbundene Unternehmen (dazu Anm. 6 am Ende) sowie *Kredite, die für die Bezahlung von durch die AG gelieferte Waren gewährt werden* (Abs. 4 Satz 2). Die letztgenannte Ausnahme nimmt auf den normalen Geschäftsverkehr Rücksicht, wonach Lieferantenkredite üblicherweise vom Kunden erwartet und beansprucht werden. In der amtlichen Begründung (bei Kropff S. 115) wird aber ausdrücklich vermerkt, daß jede andere Art der Kreditgewährung durch die AG, etwa Finanzierungskredite oder kreditierte Dienstleistungen nicht von der Ausnahmeregelung erfaßt werden. Es ergeben sich bei Bestimmung der Ausnahmeregelung erhebliche Abgrenzungsschwierigkeiten; s. dazu § 151 Anm. 81 und dort auch die sich bei Anzahlungen, Stundungen (Anm. 82) und Guthaben bei Kreditinstituten (Anm. 83) ergebenden Abgrenzungsschwierigkeiten zu echten Krediten im Sinne von § 89.

Anm. 9

III. Einwilligung des Aufsichtsrats

1. Zuständigkeit

Die Kreditgewährung an Vorstandsmitglieder und den gleichgestellten Personenkreis darf nur auf Grund eines *Beschlusses des Aufsichtsrats* erfolgen (Abs. 1 Satz 1). Diese Fassung des Gesetzes berücksichtigt einmal, daß gemäß § 112 der Aufsichtsrat in jedem Falle die Gesellschaft gegenüber den Vorstandsmitgliedern vertritt, ihm insoweit also nicht nur die Zuständigkeit zur Kreditgewährung obliegt, sondern auch der Abschluß des Kreditgeschäfts mit dem Vorstandsmitglied. Nur die tatsächliche Durchführung des Geschäftes selbst ist dann Sache des Vorstands, d. h. die Ausführung der Überweisung des Kreditbetrages, die Ausfertigung der Bürgschaftsurkunde usw. Des weiteren bringt der Gesetzeswortlaut zum Ausdruck, daß der Beschluß über die Zustimmung zur Kreditgewährung dem Kreditgeschäft vorhergehen muß, daß es sich also um eine Einwilligung (§ 183 BGB) handelt; so auch ausdrücklich Abs. 2 Satz 1. Das Gesetz stellt also klar, daß, ausgenommen die mögliche nachträgliche Zustimmung gemäß Abs. 5, die Kreditgewährung gemäß § 89 der vorherigen Zustimmung des Aufsichtsrats bedarf.

Da ein Beschluß des Aufsichtsrats erforderlich ist, kommt eine stillschweigende Einwilligung nicht in Betracht (BGH 10, 194; 41, 285; WM 1960, 803; 1961, 574). Im übrigen beschließt der Aufsichtsrat entsprechend den allgemeinen Regeln (§ 108).

Der Aufsichtsrat kann die Entscheidung über die Kreditgewährung einem Ausschuß übertragen (§ 107 Abs. 3).

Auch bei Kreditgeschäften zwischen der AG und den Mitgliedern des Vorstands, die einer Einwilligung des Aufsichtsrats nicht bedürfen (Abs. 1 Satz 5), vertritt der Aufsichtsrat bei Abschluß des Geschäftes die AG gegenüber dem Vorstand (§ 112).

Soweit bei Krediten an gesetzliche Vertreter und den gleichgestellten Personenkreis des herrschenden Unternehmens durch eine abhängige AG der Aufsichtsrat des herrschenden Unternehmens oder, bei dessen Fehlen, das Gremium, das die Geschäftsführung zu überwachen hat, tritt (vgl. Anm. 3), gelten im übrigen die vorstehenden Ausführungen. Bei Kreditgewährung an Prokuristen und Generalhandlungsbevollmächtigte, ebenso wie bei Krediten an nahe Verwandte oder Strohmänner sowie die juristischen Personen und Handelsgesellschaften des Abs. 4 vertritt bei Durchführung des Kreditgeschäfts der Vorstand (§ 78 Abs. 1) die kreditgebende AG.

Anm. 10

2. Umfang der Einwilligung (Abs. 1 Satz 2)

Der Beschluß des Aufsichtsrats kann nur für *bestimmte Kreditgeschäfte oder Arten von Kreditgeschäften* gefaßt werden. In § 80 Abs. 1 Satz 4 AktG 1937 war von *gewissen* Kreditgeschäften und Arten von Kreditgeschäften die Rede, was zu Zweifeln Anlaß gab (vgl. die Vorauflage § 80 Anm. 12). Der jetzige Wortlaut ist eindeutig: die Einwilligung muß die Art und die Höhe des einzelnen Kreditgeschäfts festsetzen, einschließlich Verzinsung und Rückzahlung (Anm. 11). Bestimmte Arten von Kreditgeschäften setzen eine Gleichartigkeit der Kreditgewährung voraus in gleichfalls festgesetzter Höhe, einschließlich Verzinsung und Rückzahlung.

Keinesfalls kann aber der Beschluß für ein Kreditgeschäft für *länger als drei Monate im voraus* gefaßt werden. Es muß also innerhalb von drei Monaten seit der Beschlußfassung das Kreditgeschäft getätigt werden. Das gilt sowohl für bestimmte Arten von Kreditgeschäften wie für einzelne Kreditgeschäfte. Die früher für einzelne Kreditgeschäfte z. T. vertretene abweichende Meinung (vgl. die Vorauflage § 80 Anm. 13) kann unter dem jetzigen Gesetzeswortlaut nicht mehr aufrecht erhalten werden (Baumbach-Hueck Rn. 7). Es entspricht dem Zweck der Vorschrift, daß der Aufsichtsrat eine laufende Kontrolle über die Belastung der Gesellschaft mit Krediten an die Unternehmensleitung hat. Jede die Dreimonatsfrist überschreitende Verlängerung bedarf daher einer neuen Beschlußfassung. Die Frist beginnt mit dem Beschluß, nicht erst dessen Zugang beim Vorstandsmitglied oder den gleichgestellten Personen zu laufen (Godin-Wilhelmi Anm. 9).

Innerhalb der Frist muß das Kreditgeschäft getätigt sein, nicht nur der Kreditvertrag abgeschlossen; der Kredit muß also tatsächlich gewährt werden (wie hier Baumbach-Hueck Rn. 7). Dagegen bedeutet die Dreimonatsfrist natürlich nicht, daß der Kredit etwa innerhalb dieser Zeit zurückgewährt werden muß.

Anm. 11

3. Inhalt des Beschlusses

Der Zustimmungsbeschluß muß nach Abs. 1 S. 3 auch *die Verzinsung und Rückzahlung des Kredits regeln,* und zwar stets, nicht nur wenn er in Form eines Darlehns gewährt wird. Daß der Kredit verzinslich sein muß, ist damit nicht bestimmt. Die Natur des Kredits kann auch eine Verzinsung und eine besondere Regelung der Rückzahlung ausschließen, so z. B., wenn die AG eine Bürgschaft in Höhe eines bestimmten Betrages übernimmt. In solchen Fällen ist für eine Verzinsung und Rückzahlung in dem Aufsichtsratsbeschluß kein Raum. Ebensowenig wie eine Verzinsung schreibt das Gesetz irgendwelche bestimmten Rückzahlungsbedingungen vor. Das Gesetz gibt keinerlei Anhalt dafür, daß es Kredite von bestimmter Art oder mit bestimmten Inhalt für unzulässig erklären will. Die Vorschrift des § 89 will lediglich eine sorgfältig erwogene und klare Entscheidung des Aufsichtsrats herbeiführen, ohne diesen aber irgendwie hinsichtlich des Inhalts seines nach pflichtmäßigem Ermessen zu treffenden Beschlusses zu beschränken. Es braucht also nicht ein bestimmter Termin für die Rückzahlung vorgesehen zu werden, sondern es genügt die Vereinbarung einer Kündigungsfrist für die Gesellschaft (Schlegelberger-Quassowski AktG 1937, § 80 Anm. 13; Baumbach-Hueck Rn. 8). Die Kündigung kann auch auf lange Zeit hinaus ausgeschlossen sein, wenn dies der Aufsichtsrat den Umständen nach verantworten kann. Ein vollständiger Ausschluß der Kündigung bei einem auf unbestimmte Zeit gegebenen Kredit würde aber mit dem Wesen des Kredits in Widerspruch stehen.

Enthält der Beschluß keine Regeln über Verzinsung und Rückzahlung, auch nicht durch Bezugnahme auf frühere Beschlüsse oder dergleichen, so liegt eine Kreditgewährung entgegen den Regeln des § 89 vor und der Kredit ist gemäß Abs. 5 sofort zurückzugewähren (s. Anm. 12).

Anm. 12

IV. Rechtsfolgen bei fehlender Zustimmung (Abs. 5)

Abs. 5 bestimmt, daß bei einer Kreditgewährung entgegen den Regelungen in den Absätzen 1 bis 4 der Kredit ohne Rücksicht auf entgegenstehende Vereinbarungen *sofort zurückzugewähren* ist, wenn der Aufsichtsrat nicht nachträglich zustimmt. Es ist im Anschluß an die Rechtslage gemäß § 240a HGB teilweise auch noch zu § 80 AktG 1937 angenommen worden, daß ein entgegen den gesetzlichen Vorschriften abgeschlossenes Kreditgeschäft unwirksam sei und daß Abs. 5 der Gesellschaft einen selbständigen Rückzahlungsanspruch gewährt (vgl. im einzelnen die Vorauflage § 80 Anm. 15). Diese Auffassung, die zu unbilligen Ergebnissen führen würde und dogmatisch nicht zu halten ist, wird überwiegend nicht mehr vertreten. Die Wirksamkeit eines entgegen den Vorschriften des § 89 abgeschlossenen Kreditgeschäftes bleibt unberührt. Der Aufsichtsrat kann nachträglich genehmigen. Genehmigt er nicht, so entfällt kraft Gesetzes lediglich die Frist, und der Kredit ist sofort zurückzuzahlen oder, falls es sich um eine Bürgschaft oder sonstige Sicherheitsleistung der AG handelt, zurückzugewähren, d. h. die Gesellschaft ist von ihren Verpflichtungen freizustellen. Dritte Sicherungsgeber bleiben, da Nichtigkeit nicht vorliegt, geschützt; sie können sich auf die mit der AG getroffenen Vereinbarungen berufen, es sei denn, es liegt Kollusion (§ 826 BGB) vor. Wie hier Baumbach Rn. 11; Möhring-Tank I 256; Godin-Wilhelmi Anm. 9, die aber Dritten gegenüber das Kreditgeschäft als unwirksam ansehen, während J. H. Gessler Anm. 5 insgesamt Nichtigkeit annimmt.

Wird entgegen den Vorschriften der Abs. 1 bis 4 an Vorstandsmitglieder oder die gleichgestellten Personen Kredit gewährt, wird hierdurch die Ausweispflicht gemäß § 151 Abs. 1 III B Nr. 11a in der Jahresbilanz nicht berührt. Auch nicht genehmigte und damit sofort zur Rückgewähr fällige Kreditforderungen der AG sind „Forderungen aus Krediten, die unter § 89 fallen".

Der sofortige Rückforderungsanspruch besteht auch, wenn das Kreditgeschäft inhaltlich nicht dem Einwilligungsbeschluß des Aufsichtsrats entspricht, es sei denn, daß Abweichungen ausschließlich zugunsten der AG getroffen sind, wie höhere Verzinsung, vermehrte Sicherheit oder günstigere Fälligkeitsbedingungen, oder daß die einzige Abweichung zum Nachteil der AG darin besteht, daß der Kreditnehmer zu einem früheren Zeitpunkt zur Rückgewährung des Kredits berechtigt ist; hieraus können höchstens Zinsverluste entstehen, und gegen solche Nachteile richtet sich § 89 nicht.

Wird entgegen § 89 Kredit gewährt, so haftet der Aufsichtsrat nach § 116. Das gilt auch bei leichtfertig erteilter Genehmigung. Für den Vorstand gilt § 93 Abs. 3 Nr. 8.

Anm. 13

V. Zwingendes Recht

§ 89 enthält *zwingendes Recht.* Das Erfordernis der Zustimmung des Aufsichtsrats kann weder vertraglich noch durch die Satzung beseitigt werden. Ebensowenig kann die Zustimmung des Aufsichtsrats durch die Zustimmung eines anderen Organs, insbesondere der Hauptversammlung, ersetzt werden. Entgegenstehende Bestimmungen der Satzung sind nichtig. Ebenso sind Bestimmungen des Anstellungsvertrages, die dem Vorstandsmitglied und Gleichgestellten ein Recht auf Kredit seitens der AG z. B. in Gestalt von Vorschüssen geben, unwirksam. Daß der ganze Vertrag dadurch unwirksam wird, wird in der Regel nicht anzunehmen sein.

Satzungsbestimmungen, die *erschwerende Erfordernisse* für Kreditgewährungen aufstellen, sind zulässig. Die Satzung kann z. B. jede Kreditgewährung an Vorstandsmitglieder, Prokuristen und Generalhandlungsbevollmächtigte verbieten oder nur gegen Sicherheitsleistung gestatten. Derartige Satzungsbestimmungen würden freilich die Wirksamkeit eines entgegen dem Verbot, jedoch unter Beachtung des § 89 geschlossenen Kreditgeschäfts nicht berühren; sie würden aber intern eine Haftung des der Satzung zuwiderhandelnden Vorstandsmitglieds und Aufsichtsrats begründen.

Anm. 14

VI. Kreditinstitute (Abs. 6)

Ist die AG ein Kreditinstitut, so gilt statt § 89 die Sonderregelung des § 15 KWG (i. d. F. vom 10. 7. 1961 BGBl. I 881). Die Vorschriften entsprechen im wesentlichen denen des § 89. Die Kredite sind in der Regel unverzüglich dem Bundesaufsichtsamt anzuzeigen (16 KWG). Darüber hinaus enthält § 17 KWG eine besondere Haftungsbestimmung, die gleichfalls der aktienrechtlichen Organhaftung gemäß §§ 93, 116 entspricht. Vorstands- und Aufsichtsratsmitglieder eines Kreditinstituts haften auch nur nach den Haftungsregeln des KWG, soweit es sich um Pflichtverletzungen im Zusammenhang mit der Gewährung von Organkrediten handelt.

§ 90 Berichte an den Aufsichtsrat

(1) Der Vorstand hat dem Aufsichtsrat zu berichten über
1. **die beabsichtigte Geschäftspolitik und andere grundsätzliche Fragen der künftigen Geschäftsführung;**
2. **die Rentabilität der Gesellschaft, insbesondere die Rentabilität des Eigenkapitals;**
3. **den Gang der Geschäfte, insbesondere den Umsatz, und die Lage der Gesellschaft;**
4. **Geschäfte, die für die Rentabilität oder Liquidität der Gesellschaft von erheblicher Bedeutung sein können.**

Außerdem ist dem Vorsitzenden des Aufsichtsrats aus sonstigen wichtigen Anlässen zu berichten; als wichtiger Anlaß ist auch ein dem Vorstand bekanntgewordener geschäftlicher Vorgang bei einem verbundenen Unternehmen anzusehen, der auf die Lage der Gesellschaft von erheblichem Einfluß sein kann.

(2) Die Berichte nach Absatz 1 Satz 1 Nr. 1 bis 4 sind wie folgt zu erstatten:
1. **die Berichte nach Nummer 1 mindestens einmal jährlich, wenn nicht Änderungen der Lage oder neue Fragen eine unverzügliche Berichterstattung gebieten;**
2. **die Berichte nach Nummer 2 in der Sitzung des Aufsichtsrats, in der über den Jahresabschluß verhandelt wird;**
3. **die Berichte nach Nummer 3 regelmäßig, mindestens vierteljährlich;**
4. **die Berichte nach Nummer 4 möglichst so rechtzeitig, daß der Aufsichtsrat vor Vornahme der Geschäfte Gelegenheit hat, zu ihnen Stellung zu nehmen.**

(3) Der Aufsichtsrat kann vom Vorstand jederzeit einen Bericht verlangen über Angelegenheiten der Gesellschaft, über ihre rechtlichen und geschäftlichen Beziehungen zu verbundenen Unternehmen sowie über geschäftliche Vorgänge bei diesen Unternehmen, die auf die Lage der Gesellschaft von erheblichem Einfluß sein können. Auch ein einzelnes Mitglied kann einen Bericht, jedoch nur an den Aufsichtsrat, verlangen; lehnt der Vorstand die Berichterstattung ab, so kann der Bericht nur verlangt werden, wenn ein anderes Aufsichtsratsmitglied das Verlangen unterstützt.

(4) Die Berichte haben den Grundsätzen einer gewissenhaften und getreuen Rechenschaft zu entsprechen.

(5) Jedes Aufsichtsratsmitglied hat das Recht, von den Berichten Kenntnis zu nehmen. Soweit die Berichte schriftlich erstattet worden sind, sind sie auch jedem Aufsichtsratsmitglied auf Verlangen auszuhändigen, soweit der Aufsichtsrat nichts anderes beschlossen hat. Der Vorsitzende des Aufsichtsrats hat die Aufsichtsratsmitglieder über die Berichte nach Absatz 1 Satz 2 spätestens in der nächsten Aufsichtsratssitzung zu unterrichten.

Übersicht:

Einleitung

Die Vorschrift ist an die Stelle des § 81 AktG 1937 getreten, der eine regelmäßige, mindestens vierteljährliche Berichterstattung über den Gang der Geschäfte und die Lage des Unternehmens an den Aufsichtsrat vorsah, bei wichtigem Anlaß an den Aufsichtsratsvorsitzenden oder seinen Stellvertreter. Ferner ist in § 90 Abs. 3 der frühere § 95 Abs. 2 AktG 1937 enthalten, der die Rechte des Aufsichtsrats auf Berichterstattung durch den Vorstand regelte. Da es sich um sich ergänzende Bestimmungen handelt, sind sie jetzt in einer Vorschrift zusammengefaßt. Das gleichfalls inhaltlich der Erleichterung der Überwachungstätigkeit des Aufsichtsrats dienende Einsichtsrecht und Prüfungsrecht hinsichtlich der Bücher, Schriften und Vermögensgegenstände der Gesellschaft ist dagegen weiterhin in § 111 Abs. 2 geregelt.

§ 90 regelt in Abs. 1 sehr ins einzelne gehend die Gegenstände der Berichterstattung an den Aufsichtsrat und in Abs. 2, gleichfalls kasuistisch, wann die Berichte jeweils zu erstatten sind.

Was das Verlangen auf Berichterstattung durch den Aufsichtsrat anbetrifft (Abs. 3), so sah der RegEntw. vor, daß dem Verlangen einzelner Mitglieder immer dann zu entsprechen sei, wenn entweder der Vorsitzende oder ein Drittel der vorhandenen Aufsichtsratsmitglieder das Verlangen unterstützt. Diese Regelung, die ganz offensichtlich eine Unterrichtung der Arbeitnehmervertreter im Aufsichtsrat in jedem Fall sicherstellen sollte, fand genauso wenig die Zustimmung der gesetzgebenden Körperschaften, wie die erwogenen Möglichkeiten, dem Verlangen einzelner Mitglieder auf Berichterstattung nur dann stattzugeben, wenn sich die Mehrheit des Aufsichtsrats oder wenn sich mehr als ein Drittel seiner Mitglieder dem Verlangen anschließt. Die geltende Fassung, daß dem Verlangen eines Mitgliedes des Aufsichtsrats auf Berichterstattung zu entsprechen ist, wenn ein anderes Mitglied das Verlangen unterstützt, geht auf § 246 Abs. 1 S. 4 HGB i. d. F. der Novelle von 1931 zurück; vgl. im einzelnen den Ausschußbericht zu § 87 RegEntw., bei Kropff S. 119.

Nicht Gesetz geworden ist eine im RegEntw. als Abs. 6 enthaltene Vorschrift, daß der Aufsichtsrat zu den Berichten gemäß Abs. 1 S. 1 Nr. 1, 2 und 4 Stellung zu nehmen habe. Das wurde damit begründet, daß der Aufsichtsrat die Berichte nicht nur lesen, sondern sich mit ihnen beschäftigen und auseinandersetzen solle. Nach Ansicht der Bundestagsausschüsse ist ein Befassen des Aufsichtsrats mit Vorstandsberichten selbstverständlich; im übrigen sei der Entscheidung des Aufsichtsrats, ob und wie er sich zu den Berichten zu äußern beabsichtigt, nicht vorzugreifen.

Anm. 1

I. Inhalt und Zeitpunkt der Berichte (Abs. 1 und 2)

1. Beabsichtigte Geschäftspolitik und andere Grundsatzfragen

Der Vorstand hat dem Aufsichtsrat mindestens *einmal jährlich* (Abs. 2 Nr. 1) über die *beabsichtigte Geschäftspolitik* und andere *grundsätzliche Fragen der künftigen Geschäftsführung* zu berichten (Abs. 1 S. 1 Nr. 1). Wenn auch nicht kraft ausdrücklicher Gesetzesvorschrift, so doch kraft betrieblicher Übung war eine derartige Berichterstattung auch nach früherem Recht jedenfalls dann üblich, wenn Vorstand und Aufsichtsrat ihre Pflichten ernst nahmen (vgl. auch die amtliche Begründung, bei Kropff S. 116). Die Vorschrift bezweckt vor allem, den Aufsichtsrat schon im voraus von Plänen über weitere Geschäftsentwicklung zu unterrichten und andererseits den Vorstand in die Lage zu versetzen, etwaigen Bedenken des Aufsichtsrats schon im Planungsstadium Rechnung zu tragen. Denn wenn auch durch die Berichterstattung über die grundsätzlichen Planungen zur Geschäftspolitik die Leitungsbefugnis (vgl. § 76 Anm. 2) und die Verantwortlichkeit des Vorstandes in keiner Weise eingeschränkt werden, so kann doch der Aufsichtsrat im nachhinein durch Verweigerung der Zustimmung zu Geschäften, die nur mit seiner Zustimmung vorgenommen werden können (§ 111 Abs. 4 S. 2), eine geplante Geschäftsentwicklung zu Fall bringen. Auch ermöglicht es eine frühzeitige Unterrichtung des Aufsichtsrats und damit eine Klärung der Standpunkte, dem Vorstand ein kontroverses Planungsvorhaben der Hauptversammlung zeitig zur Entscheidung vorzulegen (§ 119 Abs. 2).

Eine *unverzügliche Berichterstattung* über die beabsichtigte Geschäftspolitik und andere grundsätzliche Fragen hat zu erfolgen, wenn eine *Änderung der Lage oder neue Fragen* das gebieten (Abs. 2 Nr. 1). Haben sich also gesamtwirtschaftliche oder spezielle Gesichtspunkte ergeben, die eine Überprüfung oder Änderung der dem Aufsichtsrat mitgeteilten Grundsätze der Geschäftspolitik oder der Unternehmensplanung erforderlich machen, so soll der Aufsichtsrat auf dem laufenden gehalten werden. Der Vorstand hat zu berichten, auch wenn die Jahresfrist für den Bericht gemäß Abs. 1 S. 1 Nr. 1 noch nicht verstrichen ist.

Der Vorstand entscheidet nach pflichtgemäßem Ermessen, ob eine soweit ins Gewicht fallende Änderung der Lage eingetreten ist oder so gewichtige neue Fragen aufgetreten sind, daß eine sofortige Berichterstattung erforderlich ist. Er entscheidet auch, ob der Anlaß die Einberufung einer außerordentlichen Aufsichtsratssitzung rechtfertigt (§ 110 Abs. 1) oder eine sofortige schriftliche Berichterstattung angebracht ist, oder ob eine Berichterstattung auf der nächsten ordentlichen Aufsichtsratssitzung genügt.

Anm. 2

2. Rentabilität

Zu berichten ist ferner über die *Rentabilität der Gesellschaft*, insbesondere die Rentabilität des Eigenkapitals (Abs. 1 S. 1 Nr. 2). Hier verlangt das Gesetz eine Berichterstattung in der Aufsichtsratssitzung, in der über den Jahresabschluß verhandelt wird (Abs. 2 Nr. 2). Mit Recht weist die amtliche Begründung (bei Kropff S. 117) darauf hin, daß für eine sachgerechte Entscheidung über den Jahresabschluß, sei es eine Billigung, sei es eine Nichtbilligung oder sei es die Überweisung der Beschlußfassung an die Hauptversammlung (§§ 172, 173), eine Kenntnis der Rentabilität der Gesellschaft von erheblicher Bedeutung ist. Unter Rentabilität versteht man die Verzinsung des Eigenkapitals, also des Grundkapitals zuzüglich offener Rücklagen, abzüglich etwaiger Gegenposten.

Setzt sich ein dem Aufsichtsrat in der Bilanzsitzung vorliegender Prüfungsbericht der Abschlußprüfer (§ 170 Abs. 1) mit Rentabilitätsfragen genügend auseinander, so kann der Vorstand auf diesen Bericht verweisen (Godin-Wilhelmi Anm. 3).

Anm. 3

3. Gang der Geschäfte (Umsatz)

Die Berichterstattung (nach Abs. 1 S. 1 Nr. 3) über den *Gang der Geschäfte*, insbesondere den *Umsatz* und die *Lage* der Gesellschaft entspricht, außer dem ausdrücklichen Hinweis auf den Umsatz, der Umschreibung der Berichtspflicht in § 81 AktG 1937. Gleichfalls dem früheren Recht entsprechend sind diese Berichte *regelmäßig*, mindestens aber vierteljährlich zu erstatten (Abs. 2 Nr. 3). Dem Gesetzgeber schwebt offenbar vor, daß diese allgemeinen Berichte anläßlich der normalerweise vierteljährlich stattfindenden ordentlichen Aufsichtsratssitzung (§ 110 Abs. 3) erstattet werden. Findet im Vierteljahr keine Sitzung statt, so ist schriftlich zu berichten. Kurzfristige Terminüberschreitungen wird man im Einzelfall, wenn sie vernünftig begründet werden können, hinzunehmen haben. Eine Berichterstattung zu festen Daten, etwa zum Quartalsende, wird vom Gesetz nicht gefordert, kann aber in der Geschäftsordnung des Vorstandes vorgesehen werden. Ebenso kann etwa die regelmäßige Übermittlung von Zwischenbilanzen verlangt werden.

Da diese regelmäßige Berichterstattung über den allgemeinen Geschäftsgang der laufenden Unterrichtung des Aufsichtsrats dient, braucht sie nicht inhaltlich den Anforderungen des jährlichen Geschäftsberichts (§ 160) zu genügen. Der Bericht muß aber so gehalten sein, daß der Aufsichtsrat sich ein deutliches Bild über die Entwicklung des

Unternehmens seit dem letzen Bericht und über seine gegenwärtige Lage machen kann. Hiernach beurteilt sich, was in den Bericht aufzunehmen ist. Nichtssagende Floskeln wie „nichts Neues" genügen nicht (allgemeine Ansicht). Die Aufstellung einer Zwischenbilanz ist nicht vorgeschrieben, kann aber üblich oder infolge besonderer Umstände zur Verschaffung eines klaren Bildes von der Sachlage erforderlich sein und dürfte im übrigen einer weit verbreiteten Praxis entsprechen. Angaben über den Umsatz und seine Entwicklung müssen in jedem Fall gemacht werden.

Auch über den Geschäftsgang von verbundenen Unternehmen ist zu berichten. Daran kann, insbesondere bei Vorliegen eines Unternehmensvertrages mit Gewinn- und Verlustübernahme (§ 291 Abs. 1) oder bei Eingliederung (vgl. § 322), kein Zweifel bestehen. Eine Berichtspflicht insoweit ergibt sich auch aus dem Gesetz selbst, da als wichtiger Anlaß zu einer außerordentlichen Berichterstattung auch geschäftliche Vorgänge bei verbundenen Unternehmen bezeichnet werden, soweit sie auf die Lage der Gesellschaft von erheblichem Einfluß sein können (Abs. 1 S. 2).

Anm. 4

4. Bedeutsame Geschäfte

Schließlich hat der Vorstand über alle Geschäfte zu berichten, die für die *Rentabilität* oder *Liquidität* der Gesellschaft von erheblicher Bedeutung sein können. Von einer ziffernmäßigen Abgrenzung der berichtspflichtigen Geschäfte von nicht berichtspflichtigen hat man abgesehen, um auf die unterschiedlichen Verhältnisse in den einzelnen Geschäftszweigen Rücksicht nehmen zu können. Es entscheidet also auch hier der Vorstand mit der gebotenen Sorgfalt (Abs. 5), ob im gegebenen Fall ein Geschäft vorliegt, das erhebliche Auswirkungen auf Rentabilität oder Liquidität der Gesellschaft hat. Ein Anhaltspunkt für die Beurteilung können die durch Satzung oder Geschäftsordnung oder durch den Aufsichtsrat festgelegten zustimmungspflichtigen Geschäfte sein (§ 111 Abs. 4 S. 2), wenn auch üblicherweise Maßnahmen aufgezählt werden, die nicht immer eine Bedeutung im Sinne von Abs. 1 S. 1 Nr. 4 haben, wie etwa Prokuristenbestellung, Eröffnung von Zweigniederlassungen, jeder Erwerb und jede Veräußerung von Grund und Boden usw. In Betracht kommen vor allem Erwerb oder Veräußerung von Unternehmen oder Beteiligungen an solchen, vorzufinanzierende Großaufträge, außerplanmäßige größere Investitionen u. ä.

Über die hier angesprochenen Geschäfte hat der Vorstand möglichst so rechtzeitig zu berichten, daß der Aufsichtsrat vor ihrer Vornahme Gelegenheit zur Stellungnahme hat. Soweit es sich um zustimmungspflichtige Geschäfte handelt, entspricht eine vorherige Klärung der Ansichten einer sinnvollen Unternehmensführung. In bestimmten Fällen kann sich eine Berichtspflicht mit den Berichten nach Abs. 1 S. 1 Nr. 1 und 3 (siehe Anm. 1 und 3 oben) u. U. überschneiden.

Schriftliche Berichterstattung ist auch hier ausreichend.

Anm. 5

5. Berichte aus sonstigem wichtigen Anlaß

Außer den regelmäßig oder aus gegebenem Anlaß gemäß Abs. 1 S. 1 Nr. 1 bis 4 zu erstattenden Berichten hat der Vorstand bei Vorliegen eines *sonstigen wichtigen Anlasses* Bericht zu erstatten. Ein wichtiger Anlaß zum Bericht liegt vor, wenn ein Umstand eingetreten ist, der den Aufsichtsrat zu einer Maßnahme veranlassen kann. Dies ist jedenfalls immer dann anzunehmen, wenn durch irgendein Ereignis eine wesentliche Veränderung in der Lage der Gesellschaft eingetreten ist. Im übrigen läßt sich nicht allgemein sagen, was als wichtiger Anlaß anzusehen ist. Während Abs. 1 S. 1 Nr. 4 von *Geschäften* von erheblicher Bedeutung für die Gesellschaft spricht, sind hier mit wichtigen Anlässen offenbar in erster Linie Umstände gemeint, die von außen an die Gesellschaft herantreten. In der amtlichen Begründung (bei Kropff S. 117) werden erhebliche Betriebsstörungen, wesentliche Verluste, eine Gefährdung größerer Außenstände beispielhaft erwähnt. Zu denken wäre weiter an die Einleitung oder den negativen Ausgang eines die Gesellschaft als Ganzes berührenden Rechtsstreits oder Verwaltungsverfahrens und dergleichen. Das Gesetz erwähnte ausdrücklich als einen wichtigen Anlaß zur Berichterstattung auch dem Vorstand bekannt gewordene Geschäftsvorgänge bei einem *verbundenen Unternehmen*. Daß derartige mittelbare Vorgänge naturgemäß auf die Gesellschaft ähnlich erhebliche Auswirkungen haben können wie unmittelbare, versteht sich (siehe auch Anm. 3 oben).

Diese Berichte sind entsprechend dem früheren Recht (§ 81 Satz 1 AktG 1937) an den Vorsitzenden des Aufsichtsrats zu erstatten, im Falle seiner Verhinderung an den stellvertretenden Vorsitzenden (§ 107 Abs. 1 Satz 3). Eine direkte Berichterstattung auch an den Stellvertreter des Aufsichtsratsvorsitzenden wurde im Gesetzgebungsverfahren abgelehnt (siehe den Ausschußbericht, bei Kropff S. 118).

Die Berichte sind, wie sich aus ihrem Anlaß ergibt, unverzüglich zu erstatten (Baumbach-Hueck, Rn. 9). Im Gegensatz zum früheren Recht (vgl. die Vorauflage § 81 Anm. 7) wird jetzt allerdings ausdrücklich in Abs. 5 S. 3 bestimmt, daß der Aufsichtsratsvorsitzende die Aufsichtsratsmitglieder über die ihm gemäß Abs. 1 S. 2 erstatteten Berichte spätestens in der nächsten Aufsichtsratssitzung zu unterrichten hat. Es gibt also keine Berichte an den Vorsitzenden, die nicht in jedem Fall allen Aufsichtsratsmitgliedern bekanntzumachen sind; siehe im übrigen Anm. 12 unten.

Anm. 6

II. Art und Form der Berichterstattung

Die Berichte sind vom Gesamtvorstand zu erstatten. Es handelt sich um einen Akt der Geschäftsführung, so daß grundsätzlich Einstimmigkeit erforderlich ist (§ 77 Abs. 1 S. 1). Ist durch Satzung oder Geschäftsordnung Abweichendes bestimmt, in der Regel Mehrheitsbeschluß, so ist doch jedes Mitglied des Vorstands einschließlich der stellvertretenden Vorstandsmitglieder (§ 94) dafür verantwortlich, daß nicht wesentliche Tatsachen verschwiegen werden. Jedes Mitglied hat das Recht und die Pflicht, solche selbständig dem Aufsichtsrat zur Kenntnis zu bringen, wenn der Gesamtvorstand ihren Bericht ablehnt, vgl. auch Spieker DB 1960, 927, 930. Die abweichende Stellungnahme einzelner Mitglieder von dem Bericht, den eine Mehrheit beschlossen hat, braucht aber im allgemeinen nicht zum Ausdruck gebracht werden (Schlegelberger-Quassowski § 81 AktG 1937 Anm. 4). Dies kann jedoch dann nicht mehr gelten, wenn die Meinungsverschiedenheiten so erheblich sind, daß die Auffassung des in der Minderheit gebliebenen Vorstandsmitglieds ein wesentlich anderes Gesamtbild von den berichtspflichtigen Tatsachen ergibt.

Ist Einstimmigkeit erforderlich, so kann ein einzelnes Vorstandsmitglied, die Berichterstattung durch Widerspruch nicht zu Fall bringen (Baumbach-Hueck Rn. 2). Kommt im Vorstand eine Einigung über die Frage der Pflicht zur Berichterstattung, ob etwa eine Änderung der Lage im Sinne von Abs. 2 Nr. 1, ob ein wichtiger Anlaß im Sinne von Abs. 1 S. 2 gegeben ist oder über den Inhalt des Berichts nicht zustande, so muß trotzdem jedes einzelne Vorstandsmitglied als zur selbständigen Berichterstattung verpflichtet angesehen werden (Godin-Wilhelmi Anm. 8; Baumbach-Hueck Rn. 2). Die Berichtspflicht nach § 90 gehört zu den unentziehbaren Mindestzuständigkeiten jedes einzelnen Vorstandsmitglieds (siehe § 77 Anm. 2).

Zu berichten ist auch, wenn der Aufsichtsrat vorübergehend nicht beschlußfähig sein sollte (Godin-Wilhelmi a. a. O.).

Durch die Geschäftsordnung kann die Form der Berichterstattung im allgemeinen oder für bestimmte Berichte geregelt werden. Eine Einschränkung der gesetzlichen Berichtspflicht kann weder durch die Satzung noch durch die Geschäftsordnung angeordnet werden (Anm. 15 unten). Der Vorstand berichtet in der den Umständen entsprechenden angemessenen Form entweder mündlich oder schriftlich (vgl. dazu BGH WM 1962, 109 [111]). Wünscht der Aufsichtsrat eine bestimmte Form, so ist dieser zu folgen (Baumbach-Hueck Rn. 3). Der Vorstand genügt seiner Berichtspflicht, wenn er mündlich in Sitzungen des Aufsichtsrats berichtet bzw. wenn er schriftliche Berichte dem Vorsitzenden des Aufsichtsrats zuleitet. Mit der Übermittlung des Berichts an den

Vorsitzenden des Aufsichtsrats hat der Vorstand in der Regel seiner Pflicht genügt, auch wenn Adressat der Berichterstattung nach § 90 der Gesamtaufsichtsrat ist (vgl. BayObLG BB 1968, 727 = DieAG 1968, 329; Schlegelberger-Quassowski § 95 AktG 1937 Anm. 14). Denn der Vorstand darf im allgemeinen darauf vertrauen, daß der Vorsitzende entsprechend seiner Pflicht gemäß Abs. 5 die übrigen Mitglieder unterrichtet (vgl. die amtliche Begründung, bei Kropff S. 119). Kommt es zu Auseinandersetzungen innerhalb des Aufsichtsrats, so ist der Vorstand davon nicht berührt, sofern er nur seiner Berichtspflicht nachgekommen ist. Es ist nicht Aufgabe des Vorstandes, seinerseits den Aufsichtsrat zu überwachen und dafür Sorge zu tragen, daß der Vorsitzende seinen Pflichten gegenüber den übrigen Mitgliedern nachkommt oder daß der Aufsichtsrat als solcher pflichtgemäß handelt (vgl. BayObLG a. a. O.). Selbst wenn der Vorstand eine mißbräuchliche Amtsführung des Aufsichtsratsvorsitzenden erkennen sollte, gilt nichts anderes. Die Aufsichtsratsmitglieder müssen sich untereinander auseinandersetzen (s. dazu Anm. 12 unten). Mit einer Berichterstattung an einzelne Mitglieder des Aufsichtsrats erfüllt der Vorstand seine Pflichten zur Berichterstattung jedoch nicht.

Anm. 7

III. Rechte des Aufsichtsrats auf Berichtserstattung

1. Berichtsverlangen

Der Aufsichtsrat ist nicht nur darauf beschränkt, die Berichte des Vorstands nach Abs. 1 entgegenzunehmen. Er kann auch seinerseits jederzeit vom Vorstand einen Bericht verlangen, und zwar über Angelegenheiten der Gesellschaft mit Einschluß der verbundenen Unternehmen (s. im einzelnen Anm. 8). Die Vorschrift entspricht § 95 Abs. 2 S. 1 AktG 1937. Der Bericht kann grundsätzlich nur auf Grund eines entsprechenden Aufsichtsratsbeschlusses angefordert werden, unbeschadet des Rechts einzelner Aufsichtsratsmitglieder auf Verlangen einer Berichterstattung (dazu Anm. 10). Das Berichtsverlangen kann entsprechend § 78 Abs. 2 S. 2 gegenüber jedem einzelnen Vorstandsmitglied erklärt werden (Baumbach-Hueck Rn. 11). Ein Recht auf Berichterstattung durch Angestellte der AG hat der Aufsichtsrat nicht. Ohne Zustimmung des Vorstands darf der Aufsichtsrat daher auch von leitenden Angestellten keine Berichte anfordern. Das gilt selbst dann, wenn im Aufsichtsrat Bedenken gegen die Wahrhaftigkeit der Berichterstattung des Vorstands bestehen (Godin-Wilhelmi Anm. 9). In diesem Fall ist durch das Prüfungsrecht gem. § 111 Abs. 2, welches ggf. auch durch beauftragte Sachverständige ausgeübt werden kann, eine sachgerechte Überprüfung und Überwachung des Vorstands immer noch gewährleistet.

Bei der Ausübung des Rechts auf Berichterstattung muß der Aufsichtsrat eine unnötige Störung der Geschäfte und eine übermäßige Belastung des Vorstands vermeiden. Es steht aber grundsätzlich im Ermessen des Aufsichtsrats, wann und wie oft er einen Bericht verlangen will. Dies bringt das Gesetz mit dem Wort „jederzeit" zum Ausdruck. Der Vorstand kann die Berichterstattung nicht verweigern, weil er vor kurzem berichtet hat oder in einiger Zeit von sich aus berichten will oder weil er den Bericht für unnötig hält oder weil er zu sehr von der laufenden Geschäftstätigkeit in Anspruch genommen ist. Auf der anderen Seite sagt das Gesetz damit, daß es dem Aufsichtsrat das Recht zuspricht, jederzeit einen Bericht zu verlangen, unmittelbar nichts darüber, binnen welcher Frist der Bericht zu erstatten ist. Im allgemeinen wird der Vorstand unverzüglich, also *binnen einer angemessenen Frist*, zu berichten haben. Welche Frist als angemessen anzusehen ist, hängt von den Umständen ab, insbesondere von dem Anlaß des Verlangens, von dem Gegenstand, über den der Vorstand berichten soll, von der Bedeutung, die die Sache für etwaige Beschlüsse des Aufsichtsrats haben kann, und von deren Dringlichkeit. Bei wichtigen Vorfällen, über die der Aufsichtsrat nicht genügend unterrichtet ist, und namentlich bei Vorkommnissen, aus denen der Gesellschaft ein erheblicher Schaden zu entstehen droht, wird der Aufsichtsrat sofortige Berichterstattung fordern können. Wenn es sich um Angelegenheiten handelt, über die der Vorstand ohne Schwierigkeiten sofort zu berichten in der Lage ist, wird er grundsätzlich umgehend zu berichten haben.

Anm. 8

2. Gegenstand der Berichterstattung

Auf Verlangen des Aufsichtsrats ist über *Angelegenheiten der Gesellschaft* zu berichten. Das bedeutet, daß ein Bericht über jeden Umstand verlangt werden kann, soweit dieser sich aus der grundsätzlich umfassenden Überwachungspflicht des Aufsichtsrats (§ 111 Abs. 1) herleiten läßt. Es sind also nicht nur allgemeine und bedeutungsvolle Umstände und Anlässe, sondern auch einzelne Fragen wie bestimmte Vertragsverhältnisse zu Lieferanten, Abnehmern oder leitenden Angestellten, Schwierigkeiten innerhalb des Vorstands, sonstige tatsächliche oder rechtliche Angelegenheiten jeder Art, die Gegenstand des Berichtsverlangens sein können. Ausdrücklich ist nach dem Gesetzeswortlaut die Berichtspflicht auf Verlangen des Aufsichtsrats auch auf die *rechtlichen und geschäftlichen Beziehungen zu verbundenen Unternehmen* erstreckt, sowie die Geschäftsvorgänge bei verbundenen Unternehmen, *soweit* diese auf die Lage der AG von erheblichem Einfluß sein können. Der Vorstand kann bei aller Pflicht zur Offenheit und Wahrhaftigkeit (s. Anm. 13) nicht mehr berichten als er weiß oder doch im Rahmen der gebotenen Sorgfaltspflichten in Erfahrung bringen kann. Naturgemäß wird also eine geforderte Berichterstattung über die Beziehungen zu einem herrschenden Unternehmen anders ausfallen müssen als über Beziehungen gegenüber einem beherrschten Unternehmen. Die geschäftlichen und rechtlichen Umstände des letzteren sind dem Vorstand einer herrschenden Gesellschaft regelmäßig genauestens bekannt oder doch verhältnismäßig einfach in Erfahrung zu bringen (s. auch Anm. 3 a. E. und Anm. 5).

Von dem Prüfungs- und Einsichtsrecht gem. § 111 Abs. 2 unterscheidet sich das Berichtsverlangen nach Abs. 3 einmal dadurch, daß es auf eine (mündliche oder schriftliche) Berichterstattung des Vorstands gerichtet ist und somit Einsicht in Geschäftsunterlagen nicht verlangt werden kann, und zum andern dadurch, daß es schon von einem Aufsichtsratsmitglied, unterstützt von einem anderen, durchgesetzt werden kann, während die Ausübung der Rechte aus § 111 Abs. 2 einen entsprechenden Aufsichtsratsbeschluß voraussetzt.

Anm. 9

3. Pflicht zur Berichterstattung

Zur Berichterstattung nach Abs. 3 verpflichtet ist der Gesamtvorstand. Es gelten also grundsätzlich die in Anm. 6 gemachten Ausführungen. Über Art und Umfang eines auf Verlangen zu erstattenden Berichts muß sich der Vorstand schlüssig werden. Wird eine bestimmte Form der Berichterstattung gewünscht, so wird der Vorstand dem entsprechen müssen, solange nicht Ungewöhnliches oder Ungebührliches gefordert wird. Immer ist an den Gesamtaufsichtsrat zu berichten (s. Anm. 11), und zwar bei schriftlicher Berichterstattung in der Regel zu Händen des Vorsitzenden (Anm. 6). Durch Berichte an einzelne Aufsichtsratsmitglieder kann der Vorstand seine Pflichten zur Berichterstattung nicht erfüllen.

Ob der Vorstand schlechthin und ohne Einschränkung über alles, worüber der Aufsichtsrat einen Bericht verlangt, berichten muß oder ob für die Berichtspflicht des Vorstandes Schranken bestehen, erscheint fraglich. Da auf Verlangen des Aufsichtsrats über Angelegenheiten der Gesellschaft zu berichten ist, und die umfassende Überwachungsfunktion des Aufsichtsrats sich nicht nur auf die Rechtmäßigkeit, sondern auch auf Zweckmäßigkeit und Wirtschaftlichkeit der Geschäftsführung des Vorstandes erstreckt (§ 111 Abs. 1), ist eine Abgrenzung zwischen zulässigem und unzulässigem Berichtsverlangen schwierig. Grenzfälle sind aber denkbar. Das Recht des Aufsichtsrats, vom Vorstand einen Bericht zu verlangen, ist ein Korrelat zur Überwachungspflicht des Aufsichtsrats. Man wird daher grundsätzlich davon ausgehen müssen, daß der Gegenstand des Berichtsverlangens eine für die Überwachungstätigkeit notwendige Information von allgemeinem Interesse für den Aufsichtsrat (vgl. auch die amtliche Begründung, bei Kropff, S. 118), sein muß und jedenfalls nicht außerhalb des Rahmens der Überwachungsaufgabe des Aufsichtsrats liegen und auch nicht außerhalb dieser

Überwachungsfunktion liegende z. B. persönliche Motive erkennen lassen darf. In letzteren Fällen wird man dem Vorstand das Recht zuerkennen müssen, die Berichterstattung zu verweigern, da sie nicht den Überwachungsbelangen des Aufsichtsrats dienen kann (Godin-Wilhelmi Anm. 9). So wird der Vorstand regelmäßig ein Fabrikationsgeheimnis nicht offenzulegen brauchen (Schlegelberger-Quassowski AktG 1937 § 95, Anm. 18; Godin-Wilhelmi Anm. 9). Ebenso kann im Einzelfall offensichtlich schikanöses oder sonst rechtswidriges Verhalten eine Berichtsverweigerung rechtfertigen. Ebenso findet das Berichtsverlangen bei Staatsgeheimnissen(§ 93 StGB) und bei der Verfolgung gesellschaftsschädigender Sonderinteressen seine Schranken. Von derartigen Einschränkungen abgesehen, besteht aber für den Vorstand die unbedingte Pflicht zur Offenheit gegenüber dem Aufsichtsrat (BGH 20, 239); s. im übrigen Anm. 13.

Anm. 10

4. auf Verlangen einzelner Mitglieder

Entsprechend dem früheren Recht (§ 95 Abs. 2 S. 2 AktG 1937) gibt das Gesetz auch einem einzelnen Mitglied das Recht, Berichte vom Vorstand anzufordern (Abs. 3 S. 2), allerdings nicht an sich selbst, sondern immer nur an den Aufsichtsrat. Für die von einem einzelnen Mitglied verlangten Berichte gilt daher auch, wie bei den vom Gesamtaufsichtsrat angeforderten Berichten, daß sie über Angelegenheiten der Gesellschaft gegenständlich umfassend sein können (Anm. 8) und daß ihre Beantwortung durch den Vorstand in der den Umständen entsprechenden Form mündlich oder schriftlich (vgl. Anm. 6 und 9) und nach den Grundsätzen einer gewissenhaften und getreuen Rechenschaft (s. Anm. 13) zu erfolgen hat.

Lehnt der Vorstand die Berichterstattung auf Verlangen eines einzelnen Mitglieds ab, so hat er gleichwohl zu berichten, wenn ein anderes Aufsichtsratsmitglied das Verlangen unterstützt. Diese Regelung war Gegenstand verschiedener Erörterungen im Gesetzgebungsverfahren (vgl. dazu die Einleitung); das Gesetz ist bei Abwägung zwischen einer möglichst umfassenden Gewährleistung der Überwachungsfunktion des Aufsichtsrats und der gegebenen eigenverantwortlichen Leitungsbefugnis des Vorstands zu einer Regelung gekommen, die der Interessenlage am nächsten kommen dürfte.

Das Recht der Aufsichtsrats-Minderheit, Berichte vom Vorstand zu verlangen, kann nicht dadurch beschränkt werden, daß der Aufsichtsrat durch Beschluß auf den entsprechenden Bericht verzichtet (Godin-Wilhelmi Anm. 10) oder einen dem Berichtsverlangen objektiv nicht genügenden Bericht für ausreichend erklärt.

Anm. 11

5. an den Gesamtaufsichtsrat

Das Recht auf Berichterstattung über Angelegenheiten der Gesellschaft und der verbundenen Unternehmen gem. Abs. 3 steht nur dem Gesamtaufsichtsrat zu. Wenn das Gesetz einzelnen Mitgliedern (mit Unterstüzung eines weiteren Mitglieds) ein ggf. mit Ordnungsstrafen (§ 407) durchsetzbares Verlangen auf Berichterstattung einräumt, so handelt es sich dabei nicht um einen Individualanspruch des einzelnen Mitglieds (BayObLG BB 1968, 727 = DieAG 1968, 329), sondern um die Geltendmachung eines Rechts des Gesamtaufsichtsrats durch einzelne seiner Mitglieder. Es kann immer nur Berichterstattung an den Gesamtaufsichtsrat verlangt werden, und die Berichte sind entsprechend zu erstatten, also mündlich in Sitzungen des Aufsichtsrats oder schriftlich durch Übermittlung an den Vorsitzenden. Der Vorstand wird aber in der Regel nicht pflichtwidrig handeln, wenn er die schriftlichen Berichte direkt allen Aufsichtsratsmitgliedern zustellt, denn schriftliche Berichte sind grundsätzlich ohnehin jedem Mitglied auszuhändigen (Abs. 5 S. 2). Da aber der Aufsichtsrat anderes beschließen kann, muß der Vorstand eine Weisung des Vorsitzenden, die schriftlichen Berichte nur an ihn zu übermitteln, befolgen. Es ist nicht Aufgabe des Vorstands, in etwaige Auseinandersetzungen innerhalb des Aufsichtsrats parteinehmend oder sonstwie einzugreifen (vgl. auch Anm. 6).

Anm. 12

IV. Kenntnisnahme durch die Aufsichtsratsmitglieder (Abs. 5)

AktG 1937 enthielt keine ausdrückliche Regelung über das Recht der Aufsichtsratsmitglieder, von den Berichten des Vorstands Kenntnis zu nehmen, während § 239a S. 2 HGB jedem Aufsichtsratsmitglied das Recht gab, schriftliche Vorstandsberichte einzusehen. Jedoch wurde auch zum AktG 1937 überwiegend die Ansicht vertreten, daß es nicht zulässig sei, einzelnen Aufsichtsratsmitgliedern die Kenntnisnahme der Berichte des Vorstands vorzuenthalten (vgl. die Voraufl. § 81 Anm. 6). Alle Aufsichtsratsmitglieder unterliegen der gleichen Verschwiegenheitspflicht (§ 116 i. V. m. § 93 Abs. 1) und damit auch der gleichen Ersatzpflicht und Strafbarkeit (§ 404) bei Verletzung der Verpflichtung zum Stillschweigen über vertrauliche Angaben und Geheimnisse der Gesellschaft. Das gilt gleichermaßen für die nach AktG wie für die nach BetrVG und den MitbestG gewählten oder entsandten Aufsichtsratsmitglieder. Die früher gesondert geregelte Verschwiegenheitspflicht der gemäß § 76 BetrVG gewählten Arbeitnehmervertreter (durch Verweisung auf § 55 Abs. 1 S. 1 i. V. m. § 79 BetrVG) ist durch § 40 EGAktG beseitigt, ohne daß damit mehr als eine Gleichstellung aller Aufsichtsratsmitglieder auch im Hinblick auf die Rechtsfolgen bei Verletzung der Schweigepflicht erfolgte (vgl. die amtliche Begründung zu § 93, bei Kropff S. 122 und zu § 40 EG S. 571). Es ist also auch nicht möglich, etwa durch Bildung von Ausschüssen zur Entgegennahme von Vorstandsberichten und unter entsprechender Heranziehung von § 109 Abs. 2 das Recht jedes einzelnen Aufsichtsratsmitglieds auf Kenntnisnahme von Vorstandsberichten zu eliminieren (so aber J. H. Gessler, § 90 Anm. 7).

Das Recht der Aufsichtsratsmitglieder, von den Berichten des Vorstands Kenntnis zu nehmen, gilt gleichermaßen für die ohne Aufforderung gem. Abs. 1 zu erstattenden Berichte wie für die gem. Abs. 3 auf Verlangen an den Aufsichtsrat erstatteten Berichte.

Soweit die Berichte mündlich erstattet werden, hat jedes Mitglied das Recht, den Bericht anzuhören. Schriftliche Berichte sind grundsätzlich jedem Aufsichtsratsmitglied auf Verlangen auszuhändigen. Dem Mitglied muß im Hinblick auf seine Verantwortlichkeit als Überwachungsorgan des Vorstands die Möglichkeit eines Studiums der unter Umständen weittragende Konsequenzen beinhaltenden Berichte ermöglicht werden. Der Aufsichtsratsvorsitzende kann hiervon keine Ausnahmen festsetzen. Nur eine Mehrheit im Aufsichtsrat kann gemäß Abs. 5 S. 2 im Einzelfall beschließen, daß bestimmte Berichte nicht ausgehändigt werden dürfen. Das kann immer dann gerechtfertigt sein, wenn ein besonderes Interesse der Gesellschaft an Geheimhaltung besteht. In diesem Falle ist aber den Aufsichtsratsmitgliedern die Einsichtnahme in den Geschäftsräumen der Gesellschaft zu ermöglichen (Baumbach-Hueck Rn. 14; vgl. auch Godin-Wilhelmi Anm. 13).

Es ist die Pflicht des Aufsichtsratsvorsitzenden, die Unterrichtung der übrigen Mitglieder vorzunehmen (s. auch Anm. 6 a).. E. Er hat nach pflichtgemäßem Ermessen und unter Berücksichtigung der Gegebenheiten des Einzelfalls zu handeln. Maßstab für die anzuwendende Sorgfalt ist § 116 i. V. m. § 93 Abs. 1. Eine Unterrichtung der übrigen Mitglieder spätestens in der nächsten Aufsichtsratssitzung, die auf die Berichterstattung an den Vorsitzenden folgt, verlangt das Gesetz ausdrücklich bei Berichten gem. Abs. 1 S. 2, die aus „sonstigen wichtigen Anlässen" erstattet werden (vgl. Anm. 5). Kommt der Aufsichtsratsvorsitzende seiner Pflicht zur Unterrichtung der übrigen Aufsichtsratsmitglieder nicht nach, so ist, wegen Fehlens spezieller aktienrechtlicher Regelungen, der Anspruch der übrigen Mitglieder auf Kenntnisnahme von Vorstandsberichten im Wege der Klage vor den ordentlichen Gerichten durchzusetzen; die Klage richtet sich gegen den Aufsichtsratsvorsitzenden. Die Entscheidung RG 158, 256 (vgl. auch Godin-Wilhelmi Anm. 13 [S. 433] zu § 95 AktG 1937 [2. Aufl.]) steht dem nicht entgegen, denn § 90 Abs. 5 gewährt Individualrechte und betrifft nicht die Funktionen des Aufsichtsrats als solchen.

Über die Vorschrift in Abs. 5 hinaus haben alle Mitglieder des Aufsichtsrats das Recht, von den Berichten der Abschlußprüfer Kenntnis zu nehmen; auch hier gilt, daß der Bericht auf Verlangen auszuhändigen ist, soweit nicht ein entsprechender gegenteiliger Aufsichtsratsbeschluß ergangen ist (§ 163 Abs. 5 S. 8 u. 9). Gleiches gilt auch für die Vorlagen des Vorstands im Zusammenhang mit den Vorschlägen zur Gewinnverwendung (§ 170 Abs. 3). Siehe dazu § 170 Anm. 6.

Der Aufsichtsrat hat, wie es seiner Funktion als Überwachungsorgan des Vorstands entspricht, die ihm erstatteten Berichte zu prüfen und die erforderlichen Konsequenzen zu ziehen. Das Gesetz fordert nicht ausdrücklich, daß der Aufsichtsrat sich mit den Vorstandsberichten zu befassen oder gar ausdrücklich Stellung zu nehmen hat (so RegEntw. § 87 Abs. 6). Es erscheint aber selbstverständlich, daß ein pflichtbewußter Aufsichtsrat sich mit dem vom Vorstand erstatteten Bericht befaßt und auseinandersetzt und ggf. in der nach der Sachlage erforderlichen und im gesetzlichen Rahmen möglichen Art Stellung nimmt. Die Erteilung von Weisungen scheidet aus (§ 111 Abs. 4 S. 1); eine sachliche Beratung dürfte regelmäßig dienlich sein. Bei all dem ist die gesetzlich festgelegte eigenverantwortliche Leitungsbefugnis des Vorstands zu beachten.

Anm. 13

V. 1. Sorgfaltspflichten bei der Berichtserstattung (Abs. 4)

Die Berichte des Vorstands, und zwar sowohl die nach Abs. 1 und 2 wie auch die nach Abs. 3 zu erstattenden, haben den *Grundsätzen der einer gewissenhaften und getreuen Rechenschaft* zu entsprechen. Diese Regelung stimmt wörtlich mit § 81 S. 2 AktG 1937 überein, galt also ausdrücklich nur für die ohne Aufforderung zu erstattenden Berichte. Allerdings wurde auch hinsichtlich der auf Verlangen an den Aufsichtsrat zu erstattenden Vorstandsberichte nach früherem Recht angenommen, daß sie mit der gleichen Sorgfalt zu erstatten seien, wie Berichte gemäß § 81 AktG 1937, vgl. Voraufl. Anm. 6 zu § 95 sowie BGH WM 1960, 265.

Die Berichterstattung des Vorstands hat wahrhaftig und vollständig zu sein (vgl. Anm. 9).

Dabei ist jedes einzelne Vorstandsmitglied dem Aufsichtsrat *zu unbedingter Offenheit* verpflichtet, BGH 20, 246. Das folgt schon aus der engen Vertrauensbindung zwischen Vorstand und Aufsichtsrat (RG JW 30, 2701; BGH 13, 192). Nur eine unbedingte Offenheitspflicht des Vorstands gegenüber dem Aufsichtsrat ermöglicht andererseits diesem, die ihm durch das Gesetz übertragene Überwachungsfunktion auszuüben (Robert Fischer in Anm. LM § 75 AktG Nr. 10). Ihre Grenze findet die Offenbarungspflicht erst bei Selbstbezichtigung strafbarer Handlungen (vgl. BGH v. 17. 3. 1954 — II ZR 248/153, nicht veröffentlicht; zit. bei Kuhn, Die AG 1956, 27). Verletzt der Vorstand oder einzelne Vorstandsmitglieder die Pflicht zu unbedingt offener Berichterstattung, so wird dadurch der Aufsichtsrat zumindest solange nicht entlastet, als es ihm zumutbar ist, sich durch eigene Ermittlungen vom wahren Sachverhalt Kenntnis zu verschaffen, gegebenenfalls auch durch Vornahme von Prüfungen im Rahmen von § 111 Abs. 2. Auch über vertrauliche Gegenstände ist daher zu berichten. Der Aufsichtsrat ist genau wie der Vorstand (gem. § 116 i. V. m. § 93 Abs. 2) zu Stillschweigen über vertrauliche Angaben und Geheimnisse, namentlich Betriebs- oder Geschäftsgeheimnisse verpflichtet (s. auch Anm. 12). Auf eine Einschränkung der Berichterstattungspflicht entsprechend dem Recht zur Auskunftsverweigerung gem. § 131 Abs. 3 oder der Schutzklausel zugunsten des Staates und ggf. der Gesellschaft oder einem verbundenen Unternehmen i. S. von § 160 Abs. 4 S. 2 u. 3 (und § 334 Abs. 4 S. 2 u. 3) kann sich der Vorstand dem Aufsichtsrat gegenüber nicht berufen (s. aber auch Anm. 9 a. E.). Auch Berichte des Vorstands, die freiwillig erstattet werden, müssen wahr und vollständig sein (BGH WM 1962, 109 [111]).

Zu den Grundsätzen einer gewissenhaften und getreuen Rechenschaft gehört es auch, daß der Vorstand, soweit das zum Verständnis des Berichts erforderlich ist, Unterlagen oder Aufstellungen beifügt. So werden regelmäßig bei einer Berichterstattung über den Gang der Geschäfte (gemäß Abs. 1 S. 1 Nr. 3) vorhandene Zwischenbilanzen beizufügen sein (s. Anm. 3). Ebenso kann es im Einzelfall zu einer gewissenhaften und vollständigen Berichterstattung gehören, daß Urkunden, Pläne oder Aufstellungen, evtl. auch vollständige Vertragstexte oder Auszüge aus Verträgen oder aus anderen Urkunden dem Bericht beizufügen sind. Die Berichterstattung des Vorstands ist aber keine

Rechnungslegung i. S. von § 259 BGB; der Vorstand ist also nicht verpflichtet, auch Beweismittel für die Richtigkeit der erstatteten Berichte mitzuteilen. Besteht ein Verdacht in bezug auf Vollständigkeit oder Richtigkeit der Berichterstattung, so kann der Aufsichtsrat von den Prüfungsrechten gem. § 111 Abs. 2 Gebrauch machen (s. im übrigen Anm. 14).

Anm. 14

2. Rechtsfolgen bei Verletzungen

Verletzt der Vorstand seine Berichtserstattungspflichten aus § 90, so ergeben sich verschiedene Rechtsfolgen:

a) Der *Aufsichtsrat* kann nach § 111 Abs. 2 *Prüfungen* durchführen oder durch Sachverständige durchführen lassen. Er kann eine Hauptversammlung einberufen (§ 111 Abs. 3) mit dem Ziel, einen Vertrauensentzug herbeizuführen, der dann den Weg für den *Widerruf der Bestellung* aus wichtigem Grunde eröffnen würde (§ 84 Abs. 3 S. 2). Er kann schließlich, soweit Verstöße des Vorstands gegen die Grundsätze einer gewissenhaften und getreuen Rechenschaft (Abs. 4) vorliegen, die Bestellung des Vorstands widerrufen, wenn die Verstöße als wichtiger Grund i. S. von § 84 Abs. 3 ausreichen.

Ein wichtiger Grund zum Widerruf wird regelmäßig dann gegeben sein, wenn trotz Abmahnungen sich nicht unerhebliche Verstöße gegen die vom Gesetz geforderten Grundsätze der Berichterstattung ergeben.

b) Vorstandsmitglieder, die ihre Berichtspflichten gem. § 90 verletzen, können hierzu durch das gem. § 14 zuständige *Registergericht durch Ordnungsstrafen bis* zu DM 10 000 angehalten werde; § 132 FGG. Das Registergericht hat, wenn es von einem sein Einschreiten rechtfertigenden Umstand glaubhaft Kenntnis erhält, dem Vorstand unter Strafandrohung aufzugeben, innerhalb einer bestimmten Frist seinen Berichtspflichten nachzukommen oder die Unterlassung mittels Einspruch zu rechtfertigen (§ 132 FGG). Zuständig ist der Rechtspfleger (§ 3 Abs. 1 Nr. 2 RpfG). Das Verfahren richtet sich im übrigen nach den §§ 133 bis 139 FGG: Gegen die Entscheidung des Registergerichts kann Einspruch erhoben werden, gegen die Entscheidung über den Einspruch findet die sofortige Beschwerde statt und gegen die Entscheidung des Beschwerdegerichts die weitere Beschwerde (§ 27 FGG). Vor Erlaß einer Entscheidung wird das Registergericht normalerweise den Vorstand anhören müssen oder ihm Gelegenheit zu einer schriftlichen Äußerung geben. Im übrigen wird das Gericht von Amts wegen tätig. Dritte, insbesondere auch Aufsichtsratsmitglieder, haben daher kein Antragsrecht, doch können sie, unter Darlegung des Sachverhalts, ein Einschreiten des Gerichts nach § 407 i. V. m. § 132 FGG anregen. Das kommt insbesondere dann in Betracht, wenn der Vorstand die in § 90 Abs. 2 gesetzlich festgelegten Termine zur Berichterstattung nicht einhält, also eine fristgerechte Berichterstattung unterläßt. Es kommt weiter in Betracht bei Weigerung des Vorstands, einen vom Aufsichtsrat oder von einer Aufsichtsratsminderheit gem. Abs. 3 verlangten Bericht zu erstatten.

Das Registergericht ist nicht befugt, den Aufsichtsratsvorsitzenden zur Erfüllung der ihm obliegenden Verpflichtungen zur Unterrichtung der anderen Mitglieder des Aufsichtsrats (vgl. Abs. 5) durch Ordnungsstrafen anzuhalten, da § 407 sich nur gegen Vorstandsmitglieder und Abwickler der AG richtet (BayObLG BB 1968, 728 = DieAG 1968, 329).

c) Eine Verletzung der Berichtspflichten des Vorstands gegenüber dem Aufsichtsrat kann, soweit es sich um Darstellungen und Übersichten über den Vermögensstand der Gesellschaft einschl. ihrer Beziehungen zu verbundenen Unternehmen handelt, gem. § 400 Nr. 1 (oder Nr. 2) *strafbar* sein, wenn die Berichte unwahr sind oder die Wahrheit verschleiern (Godin-Wilhelmi Anm. 11; Baumbach-Hueck § 400 Rn. 5).

Zur Frage der nachträglichen Verfälschung von urkundlichen Unterlagen zu Berichten an den Aufsichtsrat durch den Vorstand s. BGH WM 1960 265.

d) Schließlich kann der Vorstand sich der Gesellschaft gegenüber *ersatzpflichtig* machen, wenn infolge einer Verletzung der Berichterstattungspflichten ein Schaden entsteht (§ 93 Abs. 2).

Anm. 15

VI. Zwingendes Recht

Die Vorschrift des § 90 ist *zwingendes Recht*. Die Satzung oder die anderen Organe der AG können die Berichtspflicht des Vorstands weder beseitigen noch erleichtern, noch auf ihre Erfüllung verzichten. Auch im Anstellungsvertrag der Vorstandsmitglieder kann nicht wirksam Abweichendes vereinbart werden. Ebensowenig kann das Recht des Aufsichtsrats auf Kenntnisnahme der Vorstandsberichte über die Regelung des Abs. 5 hinaus durch die Satzung oder durch Bildung besonderer Ausschüsse auf Entgegennahme bestimmter Vorstandsberichte (vgl. dazu auch Anm. 12) eingeschränkt werden.

Dagegen kann, insbesondere durch die Geschäftsordnung, für den Vorstand durch den Aufsichtsrat oder die Satzung eine Verschärfung der Berichtspflichten des Vorstands eingeführt werden, z. B. Berichterstattung in kürzeren Zeiträumen (Baumbach-Hueck Rn. 4) oder regelmäßig über bestimmte Vorgänge, die von der gesetzlichen Berichtspflicht nicht erfaßt werden. Geregelt werden kann auch die Form der Berichterstattung. Im übrigen gilt das schon in Anm. 7 Gesagte: Eine unnötige Störung der Geschäfte und eine übermäßige Belastung des Vorstands sind zu vermeiden.

§ 91 Buchführung

Der Vorstand hat dafür zu sorgen, daß die erforderlichen Handelsbücher geführt werden.

Übersicht:

Anm. 1

I. Gesetzliche Grundlagen

Diese Vorschrift entspricht inhaltlich § 82 AktG 1937. Auch ohne diese Bestimmung ist die AG zur Führung von Handelsbüchern verpflichtet. § 6 HGB in Verbindung mit § 3 unterwirft sie der Buchführungspflicht gemäß §§ 38ff. HGB. Dem Vorstand obliegt diese im öffentlichen Interesse begründete gesetzliche Pflicht der AG (Düringer-Hachenburg-Lehmann § 38 Anm. 1a u. 7) schon gemäß §§ 76 Abs. 1, 78 Abs. 1 als dem gesetzlichen geschäftsführenden Organ und Vertreter der AG. Hinzu kommt die strafrechtliche Verantwortlickeit des Vorstands für ordnungsgemäße Buchführung gemäß §§ 239, 240, 244 KO und die steuerrechtliche Buchführungspflicht gemäß §§ 160ff. AO und den zahlreichen steuerlichen Sondervorschriften, insbesondere im Umsatzsteuer-, Lohnsteuer-, Verbrauchssteuer- und Zollrecht. In Anbetracht dieser öffentlich-rechtlichen Vorschriften kann die Bedeutung des § 91 nur darin liegen, daß er die Buchführungspflicht des Vorstandes als im öffentlichen Interesse begründete Aufgabe ausdrücklich hervorhebt.

Für Versicherungsgesellschaften gelten die besonderen Vorschriften des § 55 PrivVersG, für Banken die §§ 25f. KreditwesenG vom 10. 7. 1961 (BGBl. I, 881). Weitere besondere Aufzeichnungspflichten bestehen für die verschiedensten Gewerbebetriebe.

Anm. 2

II. 1. Sorgfaltspflicht des Gesamtvorstands

Die Verpflichtung aus § 91 trifft den *Vorstand als Gesamtkörper*, auch die stellvertretenden Vorstandsmitglieder (§ 94). Eintragung im Handelsregister ist nicht Voraussetzung (§ 81 Anm. 7). Der Vorstand braucht aber die Bücher natürlich *nicht eigenhändig* zu führen. Er muß nur dafür sorgen, daß sie geführt werden (RGSt. 13, 235; Recht 1928 Nr. 1149; Schlegelberger-Quassowski AktG 1937, § 82 Anm. 2; Baumbach-Hueck Rn. 2). Es handelt sich also nicht um eine Buchführungspflicht des Vorstands, sondern um eine *Sorgepflicht des Vorstands für die Buchführung*. Die Buchführung erfolgt regelmäßig durch geschulte Angestellte, in Großunternehmungen unter Zuhilfenahme moderner Buchhaltungsmaschinen und Datenverarbeitungsanlagen. Der Vorstand genügt seiner Pflicht aus § 91, wenn er dafür sorgt, daß sachkundige Arbeitskräfte für die Buchführung angestellt werden und diese Angestellten die erforderlichen Handelsbücher anlegen und führen und er sich regelmäßig davon überzeugt, daß die Buchführung ordnungsmäßig ist (eine äußerlich, nach den gesetzlichen Vorschriften geführte Buchhaltung hat die Vermutung ordnungsgemäßer Führung für sich, § 208 AO). Die Rechtsnatur der Grundsätze der ordnungsmäßigen Buchführung, ihr Inhalt und weitere Einzelfragen sind in Anm. 2 bis 32 zu § 149 im Einzelnen dargestellt, ebenso die Grundsätze ordnungsmäßiger Inventur (Anm. 33ff. zu § 149) und ordnungsmäßiger Bilanzierung (Anm. 65ff. zu § 149), sowie schließlich die besonderen steuerlichen Gesichtspunkte (Anm. 84ff. zu § 149).

Die Buchführungspflicht des Vorstands erschöpft sich somit regelmäßig in der sorgfältigen Auswahl sachkundiger Hilfskräfte und der Überwachung der Ordnungsmäßigkeit ihrer Arbeit (RG JW 1925, 261). Auch für diese Überwachung ist eine Hinzuziehung sachkundiger, vertrauenswürdiger Mitarbeiter zulässig und oft erforderlich, z. B. wenn der Vorstand nicht hinreichend eigene Kenntnisse im Buchführungswesen hat, um selbst geeignete Nachprüfungen vornehmen zu können, oder in Großbetrieben, in denen den Vorstandsmitgliedern der Zeitaufwand für eine regelmäßige wirksame Überwachung der Buchführung nicht zuzumuten ist. Die *sachverständigen Buchprüfer* können dauernd angestellt oder zeitweilig für die Kontrollen hinzugezogen werden. Pflicht des Vorstands ist es, nach den Berichten dieser Prüfer etwa aufgetretene Mängel sofort abzustellen. Das gilt auch von Beanstandungen in dem Prüfungsbericht des Abschlußprüfers, auch wenn er den Bestätigungsvermerk für den Jahresabschluß erteilt hat. Das Abwarten lediglich der jährlichen Bilanzprüfung durch die Abschlußprüfer genügt nicht, wenn der Vorstand mangels eigener Kenntnisse und eigener Fähigkeit die Nachprüfung der Buchführung unbeaufsichtigt läßt. Je größer ein Unternehmen und je größer der fachkundige Apparat an Sachbearbeitern und Hilfskräften für die Buchführung, um so mehr beschränkt sich die Pflicht des Vorstands auf die sorgfältige Auswahl dieser Angestellten und der sachverständigen Revisoren, die die Buchhaltung zu kontrollieren haben, um so weniger kommt eine persönliche Mitwirkung an der Buchführung und deren Kontrolle für den Vorstand in Betracht. Über Bedeutung und Aufgaben der Konzernrevisoren s. neuerdings Hofmann DB 1970, 1985.

Anm. 3

2. Geschäftsverteilung

Die Verantwortung des *gesamten* Vorstands für die Buchführung wird durch § 41 HGB besonders unterstrichen: *sämtliche* Vorstandsmitglieder müssen die Bilanz und die Inventur unterzeichnen (§ 148 Anm. 3). Trotzdem ist eine *Geschäftsverteilung* zwischen den Vorstandsmitgliedern mit Bezug auf die Buchführung für zulässig und in Großbetrieben für sachdienlich zu erachten. Es kann nicht allen Vorstandsmitgliedern das gleiche Maß von Kenntnissen und Erfahrungen im Buchführungswesen zugemutet und zugetraut werden, zumal Buchführung und Bilanzierung, insbesondere in Großbetrieben, in dem modernen komplizierten internationalen Wirtschaftsverkehr und angesichts der auch ständig zu berücksichtigenden steuerlichen Gesichtspunkte besondere Fachkunde über die übliche kaufmännische Schulung hinaus erfordern. Es genügt, wenn einzelnen Vorstandsmitgliedern, z. B. dem „Finanzdirektor", die Zentralbuchhaltung und Bilanzabteilung anvertraut wird. Entsprechende Regelungen sind in der Geschäftsordnung des Vorstands niederzulegen (§ 77 Abs. 2). Diese Vorstandsmitglieder haben alsdann die oben in Anm. 2 näher bezeichneten Pflichten in dem dort umschriebenen Umfang für die ordnungsmäßige Buchführung des Unternehmens zu erfüllen. Die übrigen Vorstandsmitglieder, denen nach der Geschäftsverteilung die besondere Betreuung der Buchführung nicht übertragen ist, z. B. die technischen Leiter der Fabrikationsabteilungen, die Abteilungsleiter für Ein- oder Verkauf, den Export usw., sind entlastet, wenn sie mit dafür sorgen, daß die Geschäftsverteilung für die Buchführung und ihre Überwachung sachgemäß vorgenommen wird, und sofort einschreiten, sobald für sie Bedenken gegen die Ordnungsmäßigkeit der Buchführung und ihre Überwachung auftauchen (wie hier Dose S. 82f.; Baumbach-Hueck Rn. 2; s. auch § 149 Anm. 105). Damit ist der Gesamtvorstand von seiner grundsätzlichen Verantwortlichkeit aus § 91 nicht freigestellt (vgl. § 77 Anm. 3); das wäre angesichts der öffentlich-rechtlichen Natur der Buchführungspflicht auch gar nicht möglich, vgl. auch Frels ZHR 122, 8 (24ff.) sowie Anm. 1 und 6.

Anm. 4

3. Insbesondere: Der Jahresabschluß

Nach § 148 hat der Vorstand in den ersten drei Monaten des Geschäftsjahres die Jahresbilanz nebst Gewinn- und Verlustrechnung zusammen mit dem Geschäftsbericht und, falls erforderlich, dem Abhängigkeitsbericht gemäß §§ 312f. aufzustellen, und den Abschlußprüfern der Gesellschaft vorzulegen. Die Aufstellung des Jahresabschlusses ist eine Geschäftsführungsmaßnahme, die gemäß § 77 Abs. 1 dem *Gesamtvorstand* obliegt. Dabei handelt der Vorstand in eigener Verantwortung (§ 76); der Aufsichtsrat prüft zwar (§ 171), kann aber dem Vorstand keine Weisungen erteilen (§ 111 Abs. 4); ggf. entscheidet die Hauptversammlung gemäß § 173 Abs. 1 (vgl. im einzelnen über die Prüfung und Feststellung des Jahresabschlusses sowie Beschlußfassung über die Gewinnverwendung, Mutze, DieAG 1966; 173ff.). Die Aufstellung des Jahresabschlusses durch den Vorstand ist in seinen wesentlichen Teilen eines der maßgebenden Instrumente der Unternehmensleitung (Dose, S. 85). Daß auch durch eine Geschäftsverteilung innerhalb des Vorstands, derzufolge die Buchführungspflicht einem Mitglied übertragen wird, die Verantwortlichkeit aller Vorstandsmitglieder für den Jahresabschluß nicht eingeschränkt werden kann, folgt aus der Geschäftsleitungsverpflichtung des Gesamtvorstands und aus § 41 HGB, wonach alle Vorstandsmitglieder einschließlich der stellvertretenden und der bei der Beschlußfassung über den Jahresabschluß nicht anwesenden, die Bilanz zu unterzeichnen haben, worunter man heute den Jahresabschluß, also die Bilanz und die Gewinn- und Verlustrechnung zu verstehen hat (Adler-Düring-Schmaltz § 148 Tz. 6). Die in der Vorauflage (Anm. 4 zu § 82) vertretene Ansicht, daß auch bei der Aufstellung des Jahresabschlusses eine Geschäftsverteilung und eine Aufteilung der Verantwortlichkeiten derart möglich ist, daß die übrigen Vorstandsmitglieder als entlastet anzusehen sind, wenn sie ihren allgemeinen Überwachungspflichten im Hinblick auf die laufende Buchführung nachgekommen sind (s. Anm. 3), wird aufgegeben; wie hier Godin-Wilhelmi Anm. zu § 148; Schlegelberger-Quassowski § 70 AktG 1937, Anm. 11; Dose S. 84ff.; s. auch Anm. 3 zu § 148.

Wie § 91 eine Sorgfaltspflicht des Vorstands für die Buchführung beinhaltet (Anm. 2), so bedeutet die Verpflichtung zur Aufstellung des Jahresabschlusses nicht die Zusammenstellung, Errechnung und Bewertung der Einzelposten der Bilanz oder gar des diesen Einzelposten zugrundeliegenden Zahlenwerks, sondern die Verantwortlichkeit für eine angemessene organisatorische, personelle und sachliche Vorsorge zur Durchführung der erforderlichen Arbeiten zur Aufstellung des Jahresabschlusses. Dabei wird bei einer Geschäftsverteilung das für die Buchführung zuständige Vorstandsmitglied soweit als in erster Linie als verantwortlich angesehen werden müssen, als der Jahresabschluß auf der Buchführung der Gesellschaft aufbaut. Der Gesamtvorstand entscheidet dann verantwortlich über die Fragen, die sich nicht ohnehin aus den Grundsätzen der ordnungsmäßigen Buchführung und den Regelungen der §§ 149ff. ergeben. Maßstab und Anhaltspunkt für eine sachgerechte Bilanzierung bilden die jährlichen Prüfungsbericht der Abschlußprüfer der Gesellschaft (§ 166), sowie die Feststellung der in der Regel alle drei- bis fünfjährlich stattfindenden steuerlichen Buch- und Betriebsprüfungen.

Die Verpflichtung zur rechtzeitigen Aufstellung des Jahresabschlusses durch den Vorstand kann durch Ordnungsstrafen erzwungen werden (§ 407 Abs. 1).

Anm. 5

III. 1. Rechtsfolgen bei Verletzung der Buchführungspflicht

Zivilrechtlich kommt eine Schadensersatzpflicht aus § 93 in Betracht. Diese besteht bei einem Verstoß gegen § 91 nicht nur gegenüber der Gesellschaft (a. M. Schlegelberger-Quassowski AktG 1937 § 82 Anm. 3). Es ist zwar richtig, daß § 91 — wie schon § 239 HGB und § 82 AktG 1937 — kein Schutzgesetz im Sinne des § 823 Abs. 2 BGB ist (RG 73, 30); regelmäßig wird daher Dritten ein Schadensersatzanspruch gegen die Vorstandsmitglieder, die dem § 91 zuwiderhandeln, nicht zustehen (s. auch Anm. 68 zu § 93). Der Verstoß gegen § 91 kann aber zugleich eine Verletzung des § 93 Abs. 3 Ziffer 5 und 6 bedeuten. Dann ist auch den Gläubigern der AG gegenüber gemäß § 93 Abs. 5 die Schadensersatzpflicht begründet (vgl. § 93 Anm. 68).

Die Schadensersatzpflicht trifft die Vorstandsmitglieder als *Gesamtschuldner* (§ 93 Abs. 2), jedoch nur soweit sie schuldhaft dem § 91 zuwidergehandelt haben.

Strafrechtlich können die Vorstandsmitglieder wegen Verletzung der Sorgfaltspflicht für die Buchführung zur Verantwortung gezogen werden, wenn die AG ihre Zahlungen einstellt oder wenn über ihr Vermögen das Konkursverfahren eröffnet wird (§ 239 Abs. 1 Nr. 3, § 240 Nr. 3 u. 4, § 244 KO). Die Verletzung der Buchführungspflicht kann aber auch nach § 266 StGB strafbar sein, insbesondere im Zusammenhang mit einer Zuwiderhandlung gegen § 93 Abs. 3 Nr. 5. Ein Vorstandsmitglied veranlaßt z. B. eine falsche Zubuchung oder Streichung notwendiger Wertberichtigungen und Rückstellungen und führt damit — zwecks Erhöhung eigener Tantiemeansprüche — eine unzulässige Verteilung von Beträgen entgegen §§ 57 und 93 Abs. 3 Nr. 5 herbei.

Ist durch nichtordnungsgemäße oder unrichtige Buchführung der Tatbestand einer Steuerhinterziehung oder -gefährdung gegeben oder wird durch Falschbuchungen ein Wirtschaftsvergehen begangen, so tritt Haftung der verantwortlichen Vorstandsmitglieder (und gegebenenfalls auch der AG) nach den einschlägigen Bestimmungen ein; s. insbes. §§ 392ff. AO und § 50a StGB sowie §§ 10, 26 OWiG.

Darüber hinaus kann eine Verletzung der Buchführungspflichten, insbesondere bewußte oder fahrlässige Falschbilanzierung, einen wichtigen Grund zur Abberufung und Kündigung geben (vgl. § 84 Anm. 44).

Anm. 6

2. Keine Freistellung

Eine Entbindung von der Verpflichtung aus § 91 kann, da es sich um eine *öffentlich-rechtliche Verpflichtung* des Vorstands handelt, weder durch die Satzung noch den Anstellungsvertrag noch durch Beschlüsse des Aufsichtsrats oder der Hauptversammlung erfolgen (RGSt. 13, 236). Das gilt nicht nur in strafrechtlicher Beziehung, sondern auch für die zivilrechtliche Haftung (Baumbach-Hueck Rn. 3). Für beide, die strafrechtliche und die zivilrechtliche Verantwortung, gelten aber die Einschränkungen, die oben in

Anm. 2—4 für Inhalt und Umfang der Sorgfaltspflicht aus §§ 91 und 148 erörtert wurden. Diese Einschränkungen können sich aus einer besonderen Geschäftsverteilung, gemäß der Satzung, den Dienstverträgen der Vorstandsmitglieder, einer vom Vorstand oder vom Aufsichtsrat erlassenen Geschäftsordnung des Vorstands oder in ständiger Übung vorgenommen sein kann, ergeben.

Für die zivilrechtliche Haftung gilt insbesondere § 93 Abs. 4. Danach entfällt die Ersatzpflicht gegenüber der Gesellschaft, wenn die Handlung auf einem *gesetzmäßigen* Beschluß der Hauptversammlung beruht. Hierfür wird eine Feststellung des Jahresabschlusses durch die Hauptversammlung in den Fällen des § 173 Abs. 1 nicht in Betracht kommen. Denn es liegt niemals eine „gesetzmäßige" Feststellung des Jahresabschlusses vor, wenn gegen die zwingenden Vorschriften des Gesetzes über die ordnungsmäßige Bilanzierung, insbesondere über die Wertansätze in der Jahresbilanz (§ 153ff.) verstoßen wird. Auch ein Gewinnverteilungsbeschluß, den die Hauptversammlung auf Grund eines vom Vorstand festgestellten, aber gegen § 153ff. verstoßenden Jahresabschlusses faßt, entbindet den Vorstand nicht gemäß § 93 Abs. 4 von seiner etwaigen Ersatzpflicht.

Anm. 7

3. Beweislast

Bei Verstößen in der Buchführung (Falschbuchungen, Verschleierungen, unrichtigen Bewertungen usw.) ist nicht ohne weiteres von einer Verfehlung oder gar einem Verschulden des Vorstands auszugehen. Da er nicht eigenhändig die Bücher zu führen hat, sondern sich hierfür sachkundiger Hilfe bedienen darf, liegt eine Verfehlung des Vorstands, eine „Verletzung seiner Obliegenheiten" (§ 93 Abs. 2), noch nicht in einem Fehler, den die Buchhaltung begeht. Eine Verfehlung des Vorstands in der Buchführung liegt nur vor, wenn er seine *Sorgepflicht* für eine ordnungsmäßige Buchführung der Gesellschaft verletzt hat (oben Anm. 2). Um den Vorstand für einen Fehler in der Buchführung verantwortlich zu machen, muß die Gesellschaft nachweisen, daß ein Verstoß gegen diese Sorgepflicht vorliegt, z. B. daß die erforderlichen Handelsbücher nicht geführt werden oder ein Fehler in einer Bilanzfrage vorliegt, die der Entscheidung des Vorstands vorzubehalten war oder daß ein Vorstandsmitglied persönlich eine unrichtige Buchung herbeigeführt hat. Demgegenüber müssen die einzelnen Vorstandsmitglieder zu ihrer Entlastung beweisen, daß ihnen nach der zwischen ihnen vorgenommenen Geschäftsverteilung die Entscheidung der Frage nicht oblag oder sie sich bei der Entscheidung auf den Sachbearbeiter verlassen konnten oder daß sie die technischen Hilfskräfte sorgfältig ausgewählt und überwacht haben oder daß die ordnungsmäßig vorgenommenen Prüfungen sachverständiger Hilfskräfte den Fehler nicht ermittelt haben. Keinesfalls ist bei dem Nachweis eines *objektiven* Buchungs- oder Bilanzfehlers eine Mitwirkung des ressortmäßig beteiligten Vorstandsmitglieds oder des gesamten Vorstands ohne weiteres zu unterstellen und hiergegen dem Vorstand der Gegenbeweis aufzubürden, daß er an der Buchung oder Bilanzbewertung nicht mitgewirkt habe und nicht mitzuwirken brauchte.

Anm. 8

IV. Umfang der Buchführungspflicht

Der Umfang der Buchführung und der mit ihr in Zusammenhang stehenden Pflichten richtet sich nach §§ 38—46 HGB, 162 AO; s. auch die „Richtlinien zur Organisation der Buchführung" (Erlaß des RWM vom 11. 11. 1937 in Minbl. für Wirtschaft S. 239, abgedruckt u. a. in Baumbach-Duden, HGB-Komm. § 38 Anm. 5). Diese Richtlinien stellen kein geltendes Recht dar (Baumbach-Hueck Rn. 3); ihre Beachtung sichert jedoch in der Regel vor dem Vorwurf einer nicht Ordnungsmäßigkeit der Buchführung (Adler-Düring-Schmalz § 149 Tz. 17).

Auf die *Aufbewahrungspflicht* der Handelsbücher, Geschäftspapiere und sonstigen Unterlagen der Buchführung ist noch besonders hinzuweisen. §§ 44, 44a HGB (und entsprechend § 162 Abs. 9 AO) regeln den Umfang der Aufbewahrungspflicht und § 44 b HGB (und entsprechend § 162 Abs. 8 AO) die Aufbewahrungsfristen; danach sind Handelsbücher, Inventare und Bilanzen zehn Jahre, der Schriftwechsel sieben Jahre aufzubewahren (vgl. die Einzelheiten zu Formen der Aufbewahrung in Anm. 84ff. zu § 149).

§ 92 Vorstandspflichten bei Verlust, Überschuldung oder Zahlungsunfähigkeit

(1) Ergibt sich bei Aufstellung der Jahresbilanz oder einer Zwischenbilanz oder ist bei pflichtmäßigem Ermessen anzunehmen, daß ein Verlust in Höhe der Hälfte des Grundkapitals besteht, so hat der Vorstand unverzüglich die Hauptversammlung einzuberufen und ihr dies anzuzeigen.

(2) Wird die Gesellschaft zahlungsunfähig, so hat der Vorstand ohne schuldhaftes Zögern, spätestens aber drei Wochen nach Eintritt der Zahlungsunfähigkeit, die Eröffnung des Konkursverfahrens oder des gerichtlichen Vergleichsverfahrens zu beantragen. Dies gilt sinngemäß, wenn das Vermögen der Gesellschaft nicht mehr die Schulden deckt. Der Antrag ist nicht schuldhaft verzögert, wenn der Vorstand die Eröffnung des gerichtlichen Vergleichsverfahrens mit der Sorgfalt eines ordentlichen und gewissenschaften Geschäftsleiters betreibt.

(3) Nachdem die Zahlungsunfähigkeit der Gesellschaft eingetreten ist oder sich ihre Überschuldung ergeben hat, darf der Vorstand keine Zahlungen leisten. Dies gilt nicht von Zahlungen, die auch nach diesem Zeitpunkt mit der Sorgfalt eines ordentlichen und gewissenhaften Geschäftsleiters vereinbar sind.

Übersicht

Einleitung

Die Vorschrift entspricht bis auf geringfügige sprachliche Änderungen dem § 83 AktG 1937, der auf § 240 HGB zurückgeht. Eine Abs. 1 entsprechende Regelung findet sich in § 49 Abs. 3 GmbHG und die Abs. 2 entsprechende Regelung in § 64 GmbHG. Abs. 3 ist neu eingefügt; die Ersatzpflicht ist in § 93 Abs. 3 Nr. 6 geregelt.

Die für Versicherungsgesellschaften bestehenden Anzeigepflichten bei Vermögensverfall gegenüber der Aufsichtsbehörde (§ 88 Abs. 2 VAG) werden durch § 92 nicht berührt (vgl. § 28 EG AktG 1937).

Die Bestimmung ist *zwingenden Rechts.* Übergangsregelungen, die im Zusammenhang mit der Neufestsetzung des Grundkapitals im Anschluß an die Währungsreform gem. § 56 DMBilG erlassen wurden, sind nicht mehr aktuell (vgl. die Voraufl. § 83 Anm. 7).

Im Liquidationsstadium gilt Abs. 1 nicht (herrschende Lehre s. Baumbach-Hueck Rn. 5; Godin-Wilhelmi Anm. 6); vgl. auch § 207 Abs. 2 KO.

Anm. 1

I. Pflichten bei Kapitalverlust (Abs. 1)

1. Anzeigepflicht

Die Anzeigepflicht trifft allein den Vorstand, nicht etwa den Aufsichtsrat oder gar leitende Angestellte, auch wenn sie verantwortliche Positionen bekleiden und Einblick in die Vermögensverhältnisse der Gesellschaft haben, ebensowenig die Abschlußprüfer. Ob die Voraussetzungen einer Anzeigepflicht gegeben sind, entscheidet der Vorstand im Rahmen der für ihn geltenden Geschäftsordnung, bei Fehlen besonderer Regeln also einstimmig (§ 77 Abs. 1 S. 1). Wird im Vorstand durch Mehrheitsbeschluß entschieden, so kann ein überstimmtes Mitglied trotzdem als verpflichtet anzusehen sein, den Aufsichtsrat über die seines Erachtens bestehende Anzeigepflicht wegen eines Verlustes in Höhe der Hälfte des Grundkapitals zu unterrichten (vgl. § 90 Anm. 6); das gleiche gilt, wenn sich ein einzelnes Vorstandsmitglied dem übrigen Vorstand gegenüber nicht durchsetzen kann (vgl. im übrigen § 77 Anm. 2). Stellvertretende Vorstandsmitglieder sind gleichfalls für die Beachtung der Pflichten aus § 92 verantwortlich (§ 94 Anm. 4) Dem Aufsichtsrat bzw. dem Vorsitzenden ist gem. § 90 Abs. 1 Satz 2 ohne Aufforderung zu berichten (vgl. § 90 Anm. 5). Verletzt der Vorstand die Anzeigepflicht aus Abs. 1 vorsätzlich oder auch nur fahrlässig, so tritt Strafbarkeit nach § 401 Abs. 1 Nr. 1 ein und zwar Gefängnis bis zu drei Jahren und / oder Geldstrafe bis zu DM 10000.— (§ 27 Abs. 2 Nr. 1 StGB); diese kann bei Handeln aus Gewinnsucht bis zu DM 100000.— betragen (§ 27a StGB).

Anm. 2

2. Anlaß

Es ist für die Anzeigepflicht unerheblich, aus welchem Anlaß sich der Verlust ergibt. Beispielhaft nennt das Gesetz die Aufstellung der Jahresbilanz oder einer Zwischenbilanz. Während nach früherem Recht (§ 240 HGB) eine Anzeigepflicht nur bestand, wenn der Verlust sich bei Aufstellung der Jahresbilanz oder einer Zwischenbilanz ergab, verlangt das Gesetz seit § 83 Abs. 1 AktG 1937, daß der Vorstand ständig über den Vermögensstand der Gesellschaft wacht und somit auch darüber, ob ein Verlust in der vom Gesetz genannten Höhe entstanden ist. Die Hauptversammlung ist einzuberufen, auch wenn der Verlust in Höhe der Hälfte des Grundkapitals wahrscheinlich ist, und ohne daß dieser bereits durch die Jahresbilanz oder eine Zwischenbilanz erwiesen ist (Baumbach-Hueck Rn. 4). In diesem Falle darf mit der Anzeige auch nicht bis zur Bilanzaufstellung gewartet werden, wenn diese nicht unverzüglich erstellt werden kann. Eine Verpflichtung zur regelmäßigen Erstellung von Zwischenbilanzen zur Überprüfung des Vermögensstatus der AG beinhaltet Abs. 1 jedoch nicht, wenngleich die Sorgfalt eines ordentlichen und gewissenhaften Geschäftsleiters es in der Regel verlangen wird, daß der Vorstand sich nicht nur anläßlich der Aufstellung der Jahresbilanz, die regelmäßig erst 3 Monate nach Abschluß des Geschäftsjahres erfolgt (§ 148), über den Vermögensstand der Gesellschaft Rechenschaft ablegt. Das gilt umsomehr, wenn die laufende Geschäftsentwicklung die Annahme nahe legt, daß ein mehr als geringfügiger Verlust entstanden ist.

Anm. 3

3. Voraussetzungen

Ein Verlust in Höhe der Hälfte des Grundkapitals ist nicht ein Verlust, der ziffernmäßig gleich der Hälfte des Grundkapitals ist, sondern ein Verlust, der das Vermögen der AG auf einen Betrag, der unter der Hälfte des Grundkapitals liegt, vermindert; solange der Verlust noch durch Auflösung gesetzlicher, freier, offener oder stiller Rücklagen und Bewertungsreserven insoweit gedeckt werden kann, daß er weniger als die Hälfte des Grundkapitals ausmacht, liegt ein Verlust im Sinne von Abs. 1 nicht vor (BGHWM 1958,1416 = BB 1958, 1181). Diese Entscheidung des BGH hat erneut die zu § 240 HGB streitig gewesene Frage (vgl. die Nachweise in der Voraufl. § 83 Anm. 1) aufleben lassen, ob bei Ermittlung eines Verlustes im Sinne von Abs. 1 die aktienrechtlichen Bewertungsvorschriften der §§ 153ff. zugrunde zu legen sind oder ob ein Vermögensstatus unter Berücksichtigung der wahren Werte (§ 40 Abs. 2 HGB) erstellt werden kann. Insbesondere in der betriebswirtschaftlichen Literatur wird die Ansicht vertreten, daß schon infolge des angeblich gleichgerichteten Schutzcharakters der Absätze 1 und 2 des § 92 es begriffsnotwendig sei, die Vermögensbewertung nach den gleichen Grundsätzen vorzunehmen (vgl. dazu Hirtz, Die Vorstandspflichten bei Verlust, Zahlungsunfähigkeit und Überschuldung einer AG, 1966, S. 6ff., insbes. S. 31ff. m. w. N. insbes. aus dem betriebswirtschaftlichen Schrifttum; s. auch WP-Handbuch 1968, 1237f.). Daß bei Feststellung der Überschuldung im Sinne von Abs. 2 nicht nach den aktienrechtlichen Bewertungsvorschriften, sondern gem. § 40 Abs. 2 HGB zu verfahren ist, entspricht einhelliger Ansicht (s. Anm. 7). Dagegen wird in der neueren aktienrechtlichen Literatur seit 1937 durchweg die Meinung vertreten, daß es die Interessenlage gebiete, eine Anzeigepflicht gem. Abs. 1 schon dann anzunehmen, wenn unter Beachtung der aktienrechtlichen Bewertungsvorschriften eine Vermögensverminderung auf einen Betrag von weniger als der Hälfte des Grundkapitals eingetreten ist; s. Baumbach-Hueck Rn. 3; Godin-Wilhelmi Anm. 2; Schlegelberger-Quassowski § 83 AktG 1937 Anm. 3; Adler-Düring-Schmaltz 3. Aufl. § 133 AktG 1937, Tz. 48, ferner Schmidt in Hachenburg § 49 Anm. 11. Der in der oben zitierten BGH-Entscheidung erfolgte Hinweis auf die Zulässigkeit der Auflösung nicht nur offener, sondern auch stiller Rücklagen steht der Ansicht, daß die aktienrechtlichen Bewertungsvorschriften anzuwenden sind, nicht entgegen, denn auch eine solche ist durch freiwillige Höherbewertung im Rahmen der Bewertungsgrundsätze der §§ 153ff. möglich und zulässig. Daß der BGH von der herrschenden Meinung incidenter abweichen wollte, ist angesichts der im Urteil in Bezug genommenen Literatur nicht anzunehmen (Goerdeler BB 1961, 1393).

Für das Festhalten an der herrschenden Meinung spricht einmal der Wortlaut des Gesetzes: Die Jahresbilanz, auf die in Abs. 1 Bezug genommen wird, ist immer nach den Bewertungsgrundsätzen der §§ 153ff. aufzustellen, und ersichtlich meint das Gesetz mit den Zwischenbilanzen solche, die nach den gleichen Grundsätzen wie die Jahresbilanz erstellt werden. Ferner gilt nach wie vor, daß Abs. 1 in erster Linie dem Schutz der AG als gesellschaftsrechtlicher Organisation und damit den Interessen der Aktionäre dient, nicht etwa denen des Betriebs der AG als Wirtschaftseinheit, wie in der betriebswirtschaftlichen Literatur betont wird (vgl. Hirtz a. a. O.). Die Aktionäre als Kapitalgeber haben ein berechtigtes Interesse, davon unterrichtet zu werden, daß der Geschäftsverlauf der AG zu Verlusten geführt hat, die im Rahmen der bei der AG zwingend vorgeschriebenen Bewertungsvorschriften zur Folge haben, daß in absehbarer Zeit eine Gewinnverteilung ausgeschlossen ist. Es ist schließlich auch die Öffentlichkeit (Arbeitnehmer, Gläubiger, Kreditgeber), die ein berechtigtes Interesse an der Unterrichtung über den Vermögensstand der AG hat, ohne daß durch keine Regeln begrenzte Bewertungsfreiheiten zu einer Verschleierung der Vermögenslage mißbraucht werden können. Denn eine Bewertung gem § 40 Abs. 2 HGB zu Zeitwerten ist schon aus ihrer Zielrichtung heraus notwendig unterschiedlich (Realisierungswert, Teilwert, letzterer bei Betriebsfortführung oder -einstellung). Demgegenüber wiegt das Argument, daß die AG möglicherweise durch eine Anzeige gem. Abs. 1 in ihrem Kredit geschädigt werden könne, nicht schwer, denn sollten hohe stille Reserven, die im Rahmen aktienrechtlicher Bewertungsvorschriften nicht aufgelöst werden können, vorhanden sein, so stehen diese als Kreditgrundlage zur Verfügung. Ebensowenig schlägt der Einwand durch, daß bei Überschuldung ein Vermögensstatus genügend sei (Anm. 7), denn dann liegt bereits Insolvenz vor und es kommt nur noch eine bestmögliche Verwertung des der AG verbliebenen Vermögens im Vergleichs- oder Konkursverfahren in Betracht. Dem unterschiedlichen Schutzcharakter der Absätze 1 und 2 entsprechend ist nach h. L. Abs. 1 *nur* Schutzgesetz i. S. von § 823 Abs. 1 BGB zugunsten der Gesellschaft und der Aktionäre, während Abs. 2 Schutzgesetz in erster Linie zugunsten der Gläubiger und gegenwärtiger und zukünftiger Aktionäre ist (Baumbach-Hueck § 401 Anm. 2; Godin-Wilhelmi § 92 Anm. 1). S. auch Anm. 9 unten.

Anm. 4

4. Einberufung der Hauptversammlung

Die Einberufung der Hauptversammlung muß *unverzüglich*, d. h. ohne schuldhaftes Zögern (§ 123 BGB) erfolgen. Die Anzeige ist der auf die Tagesordnung zu setzende und bekanntzumachende Zweck der Hauptversammlung (§ 124 Abs. 1 S. 1), die natürlich auch gleichzeitig zu anderen Zwecken einberufen werden kann. Der Vorstand genügt der Anzeigepflicht nicht, wenn die Tagesordnung nicht klar erkennen läßt, daß Anzeige gemäß § 93 Abs. 1 erstattet werden soll (Godin-Wilhelmi Anm. 6). Beschlüsse kann die Hauptversammlung nur fassen, soweit sie vorher den gesetzlichen Vorschriften gemäß angekündigt sind (§ 124 Abs. 4). Sind entsprechende Gegenstände der Tagesordnung nicht angekündigt, so muß eine neue Hauptversammlung einberufen werden. Eine Verpflichtung der Hauptversammlung, irgendwelche Maßnahmen zu treffen, besteht nicht. Jedoch haben Vorstand und Aufsichtsrat zur Tagesordnung Vorschläge zu machen (§ 124 Abs. 3).

Zweck der Anzeige an die Hauptversammlung ist einmal, auf den gefährdeten Vermögensstand der AG aufmerksam zu machen und sodann den Aktionären zu ermöglichen, der Sachlage entsprechend Beschlüsse zu fassen (Baumbach-Hueck Rn. 5) bzw. deren Vorbereitung zu fordern (§ 83).

Anm. 5

II. Pflichten bei Zahlungsunfähigkeit und Überschuldung (Abs. 2)

1. Vorschriften der VerglO und der KO

Die zu Abs. 2 einschlägigen Vorschriften der VerglO und der KO sind die folgenden:

KO § 207. (1) Über das Vermögen einer Aktiengesellschaft findet das Konkursverfahren außer dem Falle der Zahlungsunfähigkeit in dem Falle der Überschuldung statt.

(2) Nach Auflösung einer Aktiengesellschaft ist die Eröffnung des Verfahrens so lange zulässig, als die Verteilung des Vermögens nicht vollzogen ist.

KO § 208. (1) Zu dem Antrage auf Eröffnung des Verfahrens ist außer den Konkursgläubigern jedes Mitglied des Vorstandes und jeder Liquidator berechtigt.

(2) Wird der Antrag nicht von allen Mitgliedern des Vorstandes oder allen Liquidatoren gestellt, so ist derselbe zuzulassen, wenn die Zahlungsunfähigkeit oder Überschuldung glaubhaft gemacht wird. Das Gericht hat die übrigen Mitglieder oder Liquidatoren nach Maßgabe des § 105 Abs. 2, 3 zu hören.

VerglO § 2. (1) Der Antrag auf Eröffnung des Vergleichsverfahrens ..... ist unter den gleichen Voraussetzungen zulässig, unter denen das Konkursverfahren beantragt werden kann.

VerglO § 108. (1) Bei Aktiengesellschaften ..... ist vorbehaltlich des § 112 das Vergleichsverfahren insoweit zulässig, als der Konkurs über ihr Vermögen eröffnet werden kann.

Über die Stellung des Vorstands, des Aufsichtsrats und der Hauptversammlung nach Eröffnung des Konkursverfahrens über das Vermögen der AG s. Siegelmann DB 1967, 1029.

Anm. 6

2. Zahlungsunfähigkeit

Die Pflicht des Vorstands zur Stellung des Antrags auf Eröffnung des Konkurs- oder des gerichtlichen Vergleichsverfahrens besteht bei Zahlungsunfähigkeit oder Überschuldung, die gemäß § 207 Abs. 1 KO bei der AG Konkursgründe sind.

Der Begriff der *Zahlungsunfähigkeit* ist hier der gleiche wie gemäß § 102 KO. Zahlungsunfähig ist ein Schuldner, der seine fälligen Schulden voraussichtlich dauernd nicht zu erfüllen vermag (RG 50, 39 [41]; BGH KTS 57, 12, BGH WM 1961, 30; 1297). Zahlungsunfähigkeit ist insbesondere anzunehmen, wenn Zahlungseinstellung erfolgt (§ 102 Abs. 2 KO). Zahlungseinstellung liegt vor, wenn der Schuldner aufhört, seine fälligen Verbindlichkeiten in ihrer Allgemeinheit wegen eines nicht nur vorübergehenden Mangels an Zahlungsmitteln zu erfüllen (RG 100, 62 [65]; BGH KTS 60, 38 = LM § 30 KO Nr. 6). Von der Zahlungsunfähigkeit und der Zahlungseinstellung ist die bloße Zahlungsstockung zu unterscheiden, die vorliegt, wenn der Mangel an Zahlungsmitteln ein vorübergehender ist. Zahlungsunwilligkeit, oder die Unwilligkeit Vermögenswerte zur Befriedigung der Gläubiger zu veräußern, ist noch nicht Zahlungsunfähigkeit (BGH WM 1957, 68). Näheres s. Mentzel-Kuhn KO § 30 Anm. 2; § 102 Anm. 1 ff.; Böhle-Stamschräder KO 9. Aufl. § 30 Anm. 2c.

Anm. 7

3. Überschuldung

Überschuldung liegt vor, wenn das Vermögen der AG nicht mehr die Schulden deckt (Abs. 2 S. 2). Im Gegensatz zu der Errechnung des Verlustes der Hälfte des Grundkapitals, der nach Abs. 1 zur Anzeige an die Hauptversammlung verpflichtet (Anm. 3), sind bei der Feststellung der Überschuldung die aktienrechtlichen Vorschriften über die Bewertung *nicht* maßgebend (h. A.). Es ist vielmehr § 40 Abs. 2 HGB anzuwenden. Es können nur Aktiven berücksichtigt werden, die zur Befriedigung der Gläubiger geeignete Objekte sind, nicht dagegen die Kundschaft, die Firma usw.; ebensowenig eigene Aktien. Denn es kommt hier allein auf das wirkliche, verwertbare Vermögen der AG an. Ebenso sind nur die echten Schulden zu berücksichtigen, nicht die sonstigen Passivposten der Jahresbilanz wie das Grundkapital oder Rücklagen, gleichviel welcher Art (BGH 31, 272) oder Ansprüche der Aktionäre wegen ihrer Beteiligung (RG 54, 132; 81, 412). Ansprüche auf Dividende, deren Verteilung beschlossen ist, sind echte Schulden, ebenso alle sonstigen sog. Gläubigerrechte (vgl. § 1 Anm. 37). Ebenso müssen alle Passivposten berücksichtigt werden, die Ausgleichsposten für zu hoch bewertete Aktiven sind, sofern sie nicht etwa stille Rücklagen enthalten. Nicht berücksichtigt zu werden brauchen dagegen Schulden, die auf Grund einer jetzt oder früher getroffenen Vereinbarung nur aus dem Reingewinn oder aus dem die sonstigen Schulden der AG übersteigenden Vermögen zu berichtigen sind. Im Einzelnen ist vieles problematisch, etwa die Frage der Berücksichtigung der Vermögens- und Kreditgewinnabgabe, nach dem LAG als Schuldposten, sowie die Frage der Berücksichtigung von Pensionsverpflichtungen und Pensionsanwartschaften; vgl. im Einzelnen Schmidt in Hachenburg § 63 Anm. 4 bis 5e; WP-Handbuch 1968, 1239ff. Zusammenfassend läßt sich sagen, daß, entsprechend dem Sinn und Zweck des Gesetzes und bei der erheblichen persönlichen Verantwortung der beteiligten Vorstandsmitglieder oder Abwickler (§ 401 Abs. 1 Nr. 2), bei der Aufstellung des Status zur Feststellung einer Überschuldung mit höchster Sorgfalt unter Berücksichtigung aller Umstände vorgegangen werden muß, die eine Überbewertung der Aktiva ebenso wie eine Unterbewertung der Passiva ausschließen. Die in der Vorauflage (§ 82 Anm. 9) vertretene Ansicht, wonach u. U. eine Berücksichtigung der LAG-Abgaben unter den Passiven unterbleiben könne, wird aufgegeben; soweit die AG bei angenommenem Fortbestehen mit tatsächlichen Verbindlichkeiten belastet ist, sind diese zu berücksichtigen (s. Schmidt in Hachenburg a. a. O. Anm. 56). Es versteht sich von selbst, daß, auch hinsichtlich der strafrechtlichen Beurteilung, die Antragspflicht der Vorstandsmitglieder nicht durch eine unrichtige oder auf unrichtigen Buchungen beruhende Vermögensbilanz ausgeschlossen wird, die keine Überschuldung ausweist, während in Wirklichkeit die Schulden das Vermögen der AG übersteigen.

Anm. 8

4. Antragspflicht

Anders als nach GmbH-Recht ist es nicht Voraussetzung der Antragspflicht bei Überschuldung, daß sich diese bei der Aufstellung der Jahresbilanz oder einer Zwischenbilanz ergibt ((§ 64 Abs. 1 GmbHG; vgl. BGH 29, 100). Der Vorstand muß jederzeit so gut über die Lage der Gesellschaft unterrichtet sein, daß er die Möglichkeit einer

Überschuldung alsbald erkennen kann, und sich erforderlichenfalls unverzüglich durch Aufstellung einer Vermögensbilanz Gewißheit verschaffen.

Der Vorstand muß den Antrag auf Eröfffnung des Konkurs- oder Vergleichsverfahrens *ohne schuldhaftes Zögern* stellen. Nach Abs. 2 S. 3 ist der Antrag nicht schuldhaft verzögert, wenn der Vorstand die Eröffnung des gerichtlichen Vergleichsverfahrens mit der Sorgfalt eines ordentlichen und gewissenhaften Geschäftsleiters betreibt. Voraussetzung hierfür ist natürlich, daß nach Lage der Sache ein Vergleichsverfahren in Betracht kommt. In jedem Fall aber muß der Antrag *spätestens drei Wochen nach Eintritt der Zahlungsunfähigkeit oder Überschuldung* gestellt werden. Die dreiwöchige Frist beginnt mit der Kenntnis von der Zahlungsunfähigkeit oder Überschuldung zu laufen (BGH BB 1961, 387 = DB 1961, 569; Baumbach-Hueck Rn. 7; a. A. Ritter § 83 AktG 1937 Anm. 3b). Denn das Gesetz will mit dieser Frist dem Vorstand eine Möglichkeit zu einem Sanierungsversuch geben. Dieses Ziel wäre in den meisten Fällen nicht zu erreichen, wenn die Frist mit dem Eintritt der Zahlungsunfähigkeit oder Überschuldung selbst zu laufen beginnen würde. Insbesondere die Überschuldung tritt oft nicht sofort in Erscheinung. Auch ist der genaue Zeitpunkt ihres Eintritts so unbestimmt, daß der Vorstand sehr oft nicht in der Lage sein würde, den Beginn der Frist festzustellen. Die 3-Wochenfrist ist eine Höchstfrist, die in der Regel nicht überschritten werden darf (Hirtz, Die Vorstandspflichten bei Verlust ... S. 51 ff.; Godin-Wilhelmi Anm. 11; Ritter a. a. O., teilw. abweichend Schmidt in Hachenburg § 64 Anm. 5). Die Einleitung eines Vertragshilfe-Verfahrens nach dem G v. 26. 3. 1952 (BGBl. I 198) befreit den Vorstand nicht von der Antragspflicht nach Abs. 2, vgl. § 10 VertragshilfeG.

Zur Stellung des Konkursantrages ist jedes einzelne Vorstandsmitglied ohne Rücksicht auf seine Vertretungsbefugnis berechtigt (§ 208 Abs. 1 KO) und auch verpflichtet, da es sich um eine im öffentlichen Interesse gegebene zwingende Bestimmung handelt. Wenn der Antrag nicht von sämtlichen Vorstandsmitgliedern gestellt wird, muß der Konkursgrund glaubhaft gemacht werden (§ 208 Abs. 2 KO). Der Antrag auf Eröffnung des gerichtlichen Vergleichsverfahrens kann dagegen nur von zur Vertretung der AG berechtigten Vorstandsmitgliedern gestellt werden (vgl. § 2 Abs. 1 VerglO). Auch durch einstimmigen Beschluß der Gesellschaftsgläubiger kann der Vorstand weder von der Pflicht befreit werden noch eine längere als die vom Gesetz bestimmte Frist bewilligt erhalten (vgl. RG 72, 285). Ebensowenig könnten der Aufsichtsrat oder die Hauptversammlung den Vorstand von den Pflichten aus § 92 Abs. 2 befreien, also etwa die 3-Wochenfrist verlängern. Der Antrag ist, auch wenn er von einem einzelnen Vorstandsmitglied gestellt wird, im Namen der Gesellschaft zu stellen. Für die Kosten haftet die Gesellschaft (Brodmann HGB § 240 Anm. 1a; Baumbach-Hueck Rn. 7; Ritter a.a.O. Anm. 3a). Die Pflicht des Vorstands zur Stellung des Konkursantrags entfällt, wenn ein Gläubiger den Antrag (s. § 208 Abs. 1 KO) stellt (Brodmann HGB § 240 Anm. 1b; Staub HGB § 240 Anm. 9a; a. A. Godin-Wilhelmi Anm. 8; Ritter a. a. O.; vgl. auch RG JW 1905, 551[7]). Scheidet ein Vorstandsmitglied vor Ablauf der 3-Wochenfrist aus, so genügt es seiner Pflicht, den Konkursantrag zu stellen, nur dann, wenn es entweder den Antrag vor seinem Ausscheiden stellt oder wenn es dahin wirkt, daß der Antrag durch den amtierenden Vorstand fristgerecht gestellt wird (BGH NJW 1952, 554).

Anm. 9

5. Rechtsfolgen bei Pflichtverletzung

Die *Verletzung der Pflichten* aus Abs. 2 begründet die Schadensersatzpflicht nach § 93.

Die Vorstandsmitglieder haften den Gläubigern und den Aktionären — und auch sonstigen Dritten, die in der maßgebenden Zeit weder Gläubiger noch Aktionäre waren (im Einzelnen s. § 93 Anm. 68) — nach § 823 Abs. 2 BGB, da § 92 Abs. 2 eine Schutzvorschrift im Sinne dieser Bestimmung ist (BGH 29, 100; BGH DB 1960, 381; vgl. Baumbach-Hueck § 401 Rn. 2). Schadensersatzansprüche wegen Verletzung der Pflichten aus Abs. 2 können aber nur geltend gemacht werden, soweit durch eine Verzögerung des Vergleichs- oder Konkursantrags die Masse vermindert worden ist, nicht aber, soweit Gläubiger veranlaßt worden sind, nach Zahlungsunfähigkeit oder Überschuldung der AG Kredit zu gewähren; insoweit kommt als Anspruchsgrundlage § 826 BGB oder § 823 II BGB i. V. m. § 263 StGB in Betracht (BGH a. a. O.).

Weiterhin tritt — auch bei nur fahrlässiger Verletzung — Strafbarkeit nach § 401 Abs. 1 Nr. 1 ein. Eine Anhaltung zur Stellung des Antrags durch Ordnungsstrafen findet nicht statt. S. im übrigen die Erl. zu § 401.

Anm. 10

IV. Zahlungsverbot (Abs. 3)

Die Vorstandsmitglieder sind der Gesellschaft gegenüber gemäß § 93 Abs. 3 Nr. 6 namentlich zum Ersatz verpflichtet, wenn entgegen dem Gesetz Zahlungen geleistet werden, nachdem die Zahlungsunfähigkeit der AG eingetreten ist oder sich ihre Überschuldung ergeben hat. Eine mögliche Ersatzpflicht gegenüber den Gläubigern ergibt sich aus § 93 Abs. 5. Nach Eröffnung des Konkursverfahrens übt der Konkursverwalter das Recht der Gläubiger gegenüber den Vorstandsmitgliedern aus (§ 93 Abs. 5 Satz 5). AktG 1937 hatte jedoch keine Vorschrift, die ein dieser Ersatzpflicht ausdrücklich entsprechendes Verbot enthielt. Es ist nunmehr in Abs. 3 ausgesprochen.

Das Verbot tritt in Kraft, wenn die Zahlungsunfähigkeit eingetreten ist, ein Umstand, der dem Vorstand nicht verborgen bleiben kann, oder wenn sich die Überschuldung ergibt. Im letzteren Fall kommt es also wieder auf die Kenntnis des Vorstands von der Überschuldung an (vgl. Anm. 8). Einer Kenntnis steht es gleich, wenn der Vorstand bei Anwendung der erforderlichen Sorgfalt (§ 93 Abs. 1) den Eintritt der Überschuldung hätte erkennen müssen (Baumbach-Hueck Rn. 8).

Das Zahlungsverbot entfällt gemäß Abs. 3 Satz 2 für Zahlungen, die auch nach Eintritt der Zahlungsunfähigkeit oder Überschuldung mit der Sorgfalt eines ordentlichen und gewissenhaften Geschäftsleiters vereinbar sind. Abs. 3 bezieht sich nicht auf sonstige Lieferungen und Leistungen sondern nur auf Zahlungen (RG 159, 234) und auch nicht auf Zahlungen, die dem Vorstand für die AG von dritter Seite zur Verfügung gestellt werden, etwa durch einen Großaktionär. Welche Zahlungen im einzelnen vom Verbot freigestellt sind, hängt von den Umständen des Falles ab. Zahlungen zur Abwendung größeren Schadens oder um eine sofortige Betriebsstillegung abzuwenden sind sicher zulässig. Da das Verbot Zahlungen betrifft, die *vor* Eröffnung des Vergleichs- oder Konkursverfahrens geleistet werden, ist nicht darauf abzustellen, ob es sich um Zahlungen handelt, die auch der Konkursverwalter aus der Masse vorab leisten muß (§ 57 KO). Vielmehr ist allein auf die Erfordernisse des Betriebs der AG im Stadium vor Eröffnung des Vergleichs- oder Konkursverfahrens abzustellen (wie hier Godin-Wilhelmi Anm. 13).

Über die Behandlung der Vorstandsbezüge nach Eröffnung des gerichtlichen Vergleichs- oder Konkursverfahrens und die korrespondierenden Ersatzansprüche der Vorstandsmitglieder s. § 87 Anm. 16.

§ 93 Sorgfaltspflicht und Verantwortlichkeit der Vorstandsmitglieder

(1) Die Vorstandsmitglieder haben bei ihrer Geschäftsführung die Sorgfalt eines ordentlichen und gewissenhaften Geschäftsleiters anzuwenden. Über vertrauliche Angaben und Geheimnisse der Gesellschaft, namentlich Betriebs- oder Geschäftsgeheimnisse, die ihnen durch ihre Tätigkeit im Vorstand bekannt geworden sind, haben sie Stillschweigen zu bewahren.

(2) Vorstandsmitglieder, die ihre Pflichten verletzen, sind der Gesellschaft zum Ersatz des daraus entstehenden Schadens als Gesamtschuldner verpflichtet. Ist streitig, ob sie die Sorgfalt eines ordentlichen und gewissenhaften Geschäftsführers angewandt haben, so trifft sie die Beweislast.

(3) Die Vorstandsmitglieder sind namentlich zum Ersatz verpflichtet, wenn entgegen diesem Gesetz

1. **Einlagen an die Aktionäre zurückgewährt werden,**
2. **den Aktionären Zinsen oder Gewinnanteile gezahlt werden,**
3. **eigene Aktien der Gesellschaft oder einer anderen Gesellschaft gezeichnet, erworben, als Pfand genommen oder eingezogen werden,**
4. **Aktien vor der vollen Leistung des Nennbetrags oder des höheren Ausgabebetrags ausgegeben werden,**
5. **Gesellschaftsvermögen verteilt wird,**
6. **Zahlungen geleistet werden, nachdem die Zahlungsunfähigkeit der Gesellschaft eingetreten ist oder sich ihre Überschuldung ergeben hat,**
7. **Vergütungen an Aufsichtsratsmitglieder gewährt werden,**
8. **Kredit gewährt wird,**
9. **bei der bedingten Kapitalerhöhung außerhalb des festgesetzten Zwecks oder vor der vollen Leistung des Gegenwerts Bezugsaktien ausgegeben werden.**

(4) Der Gesellschaft gegenüber tritt die Ersatzpflicht nicht ein, wenn die Handlung auf einem gesetzmäßigen Beschluß der Hauptversammlung beruht. Dadurch, daß der Aufsichtsrat die Handlung gebilligt hat, wird die Ersatzpflicht nicht ausgeschlossen. Die Gesellschaft kann erst drei Jahre nach der Entstehung des Anspruchs und nur dann auf Ersatzansprüche verzichten oder sich über sie vergleichen, wenn die Hauptversammlung zustimmt und nicht eine Minderheit, deren Anteile zusammen den zehnten Teil des Grundkapitals erreichen, zur Niederschrift Widerspruch erhebt. Die zeitliche Beschränkung gilt nicht, wenn der Ersatzpflichtige zahlungsunfähig ist und sich zur Abwendung oder Beseitigung des Konkursverfahrens mit seinen Gläubigern vergleicht.

(5) Der Ersatzanspruch der Gesellschaft kann auch von den Gläubigern der Gesellschaft geltend gemacht werden, soweit sie von dieser keine Befriedigung erlangen können. Dies gilt jedoch in anderen Fällen als denen des Abs. 3 nur dann, wenn die Vorstandsmitglieder die Sorgfalt eines ordentlichen und gewissenhaften Geschäftsleiters gröblich verletzt haben; Abs. 2 Satz 2 gilt sinngemäß. Den Gläubigern gegenüber wird die Ersatzpflicht weder durch einen Verzicht oder Vergleich der Gesellschaft noch dadurch aufgehoben, daß die Handlung auf einem Beschluß der Hauptversammlung beruht. Ist über das Vermögen der Gesellschaft das Konkursverfahren eröffnet, so übt während dessen Dauer der Konkursverwalter das Recht der Gläubiger gegen die Vorstandsmitglieder aus.

(6) Die Ansprüche aus diesen Vorschriften verjähren in fünf Jahren.

Übersicht:

Anm. 1

Einleitung

Literatur: Golling, Sorgfaltspflicht und Verantwortlichkeit der Vorstandsmitglieder für ihre Geschäftsführung innerhalb der nicht konzerngebundenen Aktiengesellschaft, Bad Schwartau 1969.

§ 93 enthält neben nur sprachlichen auch einige *sachliche Änderungen*. Abs. 1 Satz 2 über die *Schweigepflicht* ist neu gefaßt und vereinheitlicht damit die bisher unterschiedliche Regelung für den Vorstand und die Aktionärvertreter im Aufsichtsrat einerseits und die Arbeitnehmervertreter im Aufsichtsrat andererseits, s. Anm. 11 Abs. 1. In Abs. 3 ist der zweite Halbsatz der Z. 6 — Zahlungen nach Eintritt der *Zahlungsunfähigkeit* oder der *Überschuldung* — aus systematischen Gründen in den neuen § 92 Abs. 3 übernommen worden, s. Anm. 26 zu Z. 6. Ferner wurde die Z. 7 — gesetzwidrige Vergütungen an Aufsichtsratsmitglieder — neu eingefügt. *Verzicht* und *Vergleich* über Ersatzansprüche der Gesellschaft sind durch die Änderung des Abs. 4 Satz 3 teils erleichtert, teils erschwert worden, s. Anm. 39 Abs. 2. Schließlich wurde in Abs. 5 Satz 3 die Bestimmung, daß die Ersatzpflicht gegenüber den Gläubigern nicht durch die Billigung des Aufsichtsrats aufgehoben wird, als überflüssig gestrichen, da sich dies schon aus Abs. 4 Satz 2 ergibt.

Neben die allgemeine Haftungsvorschrift des § 93 sind im neuen Gesetz besondere *Konzernhaftungsvorschriften* für die gesetzlichen Vertreter der herrschenden und der abhängigen Gesellschaft zugunsten der letzteren getreten, bei Bestehen eines Beherrschungsvertrags in den §§ 309, 310, bei Fehlen in §§ 317 Abs. 3, 318. § 309 regelt die Haftung der gesetzlichen Vertreter der herrschenden Gesellschaft gegenüber der abhängigen für Verletzung der Sorgfaltspflicht bei Erteilung von Weisungen. Neben ihnen haften die Mitglieder des Vorstands der abhängigen Gesellschaft gesamtschuldnerisch, § 310. Der Anwendungsbereich der §§ 309, 310 erstreckt sich also auf die Erteilung (bzw. die Befolgung oder Nichtbefolgung) von *Weisungen*, § 308. Sie gelten sinngemäß auch bei der *Eingliederung* für die Vorstände der Hauptgesellschaft und der eingegliederten Gesellschaft, § 323. § 317 Abs. 3 schafft neben der Haftung des herrschenden Unternehmens für Verstöße gegen § 311 eine gesamtschuldnerische Haftung ihrer gesetzlichen Vertreter. Daneben haften nach § 318 als weitere Gesamtschuldner die Mitglieder des Vorstands der abhängigen Gesellschaft für die Verletzung ihrer *Berichtspflicht* gemäß § 312. Im Rahmen ihres Anwendungsbereichs — bei § 310 die Erteilung von Weisungen der herrschenden Gesellschaft, bei § 318 die Berichtspflicht des § 312 — *verdrängen* diese Vorschriften die Bestimmungen des § 93. *Im übrigen gilt §93 auch für den Vorstand der abhängigen Gesellschaft.* Über den Ersatzanspruch der Aktionäre im Konzern s. Anm. 41 Abs. 3.

§ 93 ergänzt die Bestimmungen des Aktiengesetzes über die Aufgaben und Pflichten des Vorstands und regelt die Folgen der Pflichtverletzung. Die Aufgabe des Vorstandes ist allgemein in § 76 dahin bestimmt, daß er unter eigener Verantwortung die Gesellschaft zu leiten hat. Im Gegensatz zu den Aufgaben des Aufsichtsrats und der Hauptversammlung obliegt ihm die *Geschäftsführung*, wozu auch die Bestimmung der Richtlinien der Geschäftspolitik gehört. Der Aufsichtsrat hat die Geschäftsführung nur zu überwachen, § 111 Abs. 1. Die Hauptversammlung hat über Fragen der Geschäftsführung nur zu entscheiden, wenn der Vorstand es verlangt, § 119 Abs. 2. Wenn § 93 Abs. 1 sagt, daß die Vorstandsmitglieder bei ihrer Geschäftsführung die Sorgfalt eines ordentlichen und gewissenhaften Geschäftsleiters anzuwenden haben, so ist unter Geschäftsführung nicht nur der Betrieb des Unternehmens, die Geschäftsführung im engeren Sinne zu verstehen. Es gehören hierher alle Aufgaben, die das Gesetz dem Vorstand überträgt. Hier sind insbesondere zu nennen die Vorschriften über die Sammlung und Erhaltung des Stammkapitals, §§ 57ff., über Kreditgewährung an Vorstands- und Aufsichtsratsmitglieder, §§ 89, 115, über die bei Gefährdung der Gesellschaft zu ergreifenden Maßnahmen, § 92, über das Verbot des Erwerbs eigener Aktien, § 71. Über die Verpflichtungen des Vorstands bei Maßnahmen der Kapitalbeschaffung, vgl. z. B. BGHZ 21, 357.

Anm. 2

I. Allgemeines

1. *Die Pflichten des Vorstandes und die damit verbundene Verantwortung beginnen nicht erst mit der Entstehung der Aktiengesellschaft als solcher*, also mit der Eintragung der Gesellschaft in das Handelsregister, § 41 Abs. 1 AktG; die Vorschriften sind vielmehr auf die Zeit des Gründungszustandes anzuwenden, RG 144, 348, Reich DB 67, 1663. Die Mitglieder des Vorstandes und Aufsichtsrats sind somit nicht nur für die Erfüllung der ihnen „bei der *Gründung*“ besonders zugewiesenen Aufgaben, wie Prüfung des Gründungsvorgangs

§ 33, Anmeldung der Gesellschaft, § 36, verantwortlich, wie es in § 48 ausdrücklich ausgesprochen ist. Soweit es sich um diese besonderen Aufgaben handelt, gilt die besondere Regelung des § 48 über die Verantwortlichkeit der genannten Organe, vgl. § 48 Anm. 1. Der Vorstand hat aber darüber hinaus auch bis zur Eintragung der Gesellschaft mit der Sorgfalt eines ordentlichen Geschäftsleiters die Belange der Gesellschaft zu wahren, namentlich die Geld- und Sacheinlagen ordnungsmäßig zu verwalten und Rückzahlungen zu unterlassen.

Anm. 3

Die Pflichten des Vorstandes beginnen nicht schon mit der Bestellung des Vorstandes durch das dazu berufene Gesellschaftsorgan, sondern *erst mit der Annahme des Amtes,* RG 144, 348; RG in HRR 1936 Nr. 1229. Die Haftung des § 93 ist eine solche aus der *Organstellung* des Vorstands (vgl. Ruth JW 37, 683). Diese kommt zustande mit der Bestellung und deren Annahme seitens des Bestellten. Die Annahme braucht nicht ausdrücklich erklärt zu werden. Sie kann sich auch aus schlüssigem Handeln, insbesondere Auftreten und Handeln als Vorstand ergeben. Ob daneben ein Anstellungsvertrag (vgl. § 84 Abs. 1 Satz 5) abgeschlossen wird und welchen Inhalt er hat, insbesondere ob eine Vergütung bezahlt wird oder nicht, ist für die Haftung aus § 93 belanglos (ebenso Mestmäcker, Verwaltung, Konzerngewalt und Rechte der Aktionäre 1958 S. 212). Über Mängel der Bestellung und Nichtigkeit der Gesellschaft s. Anm. 4 und 5.

Es ist daher unrichtig, wenn BGH 41, 282 (287) die Verpflichtungen aus § 93 als vertragliche behandelt. Der BGH bejaht diese Verpflichtungen, auch wenn — wie in dem von ihm entscheidenen Fall — der Anstellungsvertrag fehlerhaft ist. Darauf kommt es aber gar nicht an (wie hier Reich DB 67, 1664 Fußn. 17 und Golling wie in Anm. 1 S. 19ff.).

Die Haftung endet mit der Beendigung der Bestellung, sei es durch Zeitablauf, sei es durch Widerruf, sei es durch Amtsniederlegung (vgl. § 84 Anm. 27, 29, 37); ebenso Reich DB 67, 1664. Nach der Auflösung obliegt den Abwicklern die gleiche Sorgfaltspflicht wie dem Vorstand, § 268 Abs. 2.

Anm. 4

2. Mängel der Bestellung des Gesellschaftsorgans

Ein Vorstands- oder Aufsichtsratsmitglied kann sich seiner Haftung nicht durch den Einwand entziehen, daß seine Bestellung mangelhaft gewesen sei, etwa deshalb, weil entgegen der Satzung oder dem Gesetz seine Bestellung durch einen dazu nicht Berufenen erfolgt sei (z. B. durch einen Dritten entgegen der Bestimmungen der §§ 84, 101 AktG), oder daß der Aufsichtsrat nicht beschlußfähig gewesen sei; ebenso RG im Recht 1909 Nr. 2398 für GmbH; vgl. auch RG in JW 1911, 330 und in HRR 1936, 1176, wo die Geschäftsführung des mangelhaft bestellten Vorstandsmitglieds einer Genossenschaft als wirksam anerkannt ist. In RG 152, 273 = JW 1937, 683[6] ist die Haftbarkeit eines Aufsichtsratsmitglieds einer Genossenschaft bejaht, das entgegen der zwingenden Vorschrift des § 36 Genossenschaftsgesetzes auf Grund einer ungültigen Satzungsbestimmung in den Aufsichtsrat berufen worden war und sein Amt jahrelang ausgeübt hatte. Während in der erstgenannten Entscheidung die Haftung auf Grund Geschäftsführung ohne Auftrag, §§ 677ff. BGB, angenommen wurde, hält die letzte Entscheidung die Haftung auf Grund Vertrags für gegeben. Beide Begründungen sind abzulehnen. Die verschärfte Haftung ergibt sich gerade nicht aus den Vorschriften des BGB über den Dienstvertrag oder den Auftrag. Grundlage dieser Haftung ist vielmehr allein die Organstellung (Anm. 3), nicht der Anstellungsvertrag (ebenso Mestmäcker wie in Anm. 3). Ist das Organ tätig geworden, so entspricht es allgemeinen gesellschaftsrechtlichen Grundsätzen, daß die Unwirksamkeit seiner Bestellung nicht rückwirkend geltend gemacht werden kann; ähnlich Ruth JW 37, 685, der die Haftung auf Rechtsschein gründet; ferner Godin-Wilhelmi 3, Schlegelberger-Quassowski 3, Baumbach-Hueck 2; für die strafrechtliche Verantwortlichkeit RGSt. 64, 84 und BGHSt. 21, 101

Anm. 5

3. *Die Vernichtbarkeit der Gesellschaft* hindert die Entstehung der Verpflichtung der Gesellschaftsorgane zur gewissenhaften Führung ihres Amtes und ihre zivilrechtliche Haftung nicht; sie schließt auch ihre strafrechtliche Verantwortlichkeit nicht aus; RGSt. 43, 413. Denn die Gesellschaft gilt im Verkehr als bestehend; sie kann nur durch eine gegen sie gerichtete Klage für nichtig *erklärt* werden, und nur mit der Folge, daß sie abgewickelt werden muß, vgl. die Erl. zu § 275.

Anm. 6

4. *Auch wer durch das Gericht* wegen Fehlens der zur Vertretung der Gesellschaft erforderlichen Vorstandsmitglieder (§ 85 AktG) oder gemäß § 104 zur Ergänzung des Aufsichtsrats *bestellt ist, hat die gleichen Pflichten* wie die vom Aufsichtsrat bestellten Vorstands- und die von der Hauptversammlung gewählten Aufsichtsratsmitglieder.

Anm. 7

5. Verhältnis zu Dritten

Wer das Amt *im Auftrag eines anderen* oder als gesetzlicher Vertreter eines Dritten angenommen hat, kann sich im Verhältnis zur Gesellschaft auf das Rechtsverhältnis zu dem Dritten nicht berufen, mag dieses offenkundig sein, wie bei Entsendung von Aufsichtsratsmitgliedern durch bestimmte Aktionäre oder die jeweiligen Inhaber bestimmter Aktien auf Grund einer Bestimmung der Satzung (§ 101 Abs. 2), oder verborgen bleiben (Strohmann). Er ist auf Grund der Annahme des Amtes zur Erfüllung der damit verbundenen Pflichten gehalten, RGSt. 70, 37, und zwar sowohl der zivilrechtlichen als der öffentlich-rechtlichen, insbesondere auch der steuerrechtlichen. Ob er von seinem Auftraggeber Schadloshaltung verlangen kann, richtet sich nach dem zwischen ihm und dem Dritten bestehenden Rechtsverhältnis, vgl. z. B. für Beamte RG in HRR 35, 1412. Dort ist die Übernahme der Haftung verneint, wenn die Organstellung zwar kraft Auftrags übernommen wurde, die Ausübung der Tätigkeit selbst aber dem freien pflichtgemäßen Ermessen des Organs überlassen war. Diese Grundsätze gelten auch, wenn jemand auf Grund eines privatrechtlichen Dienstverhältnisses, etwa im Auftrage der Gläubiger einer Aktiengesellschaft in den Vorstand oder Aufsichtsrat der Gesellschaft eingetreten ist. Der zur unechten Gesamtvertretung einer Gesellschaft berufene *Prokurist* (§ 78 Abs. 3) ist nicht Erfüllungsgehilfe des Vorstandsmitglieds, das er ersetzt (BGHZ 13, 65). Personen, die nach § 108 Abs. 3 Satz 3 an Stelle von Aufsichtsratsmitgliedern an den Sitzungen des Aufsichtsrats und seiner Ausschüsse teilnehmen und schriftliche Stimmabgaben überreichen können, haben keinen Einfluß auf die Geschicke der Aktiengesellschaft. Auf sie finden die besonderen Haftungsvorschriften für die Verwaltungsmitglieder keine Anwendung.

Die Vorschriften der §§ 93, 116 AktG begründen keine Pflichten und keine *aktienrechtliche* Haftbarkeit des Dritten, der eine Person *mit der Annahme eines Amtes beauftragt* hat. Zwar stellt das Aktienrecht mehrfach diejenigen, für deren Rechnung eine Person gehandelt hat, in der Frage der Haftung gegenüber der Gesellschaft den als handelnd Auftretenden gleich, § 46 Abs. 5, § 53 Satz 1. Es handelt sich dabei aber um die Sicherung der Kapitalgrundlage. Es liegt den Vorschriften kein allgemeiner Rechtsgedanke zugrunde, der auf die Haftung *aus der Geschäftsführung* übertragen werden könnte (ebenso BGH 36, 296[312]). Die Haftung des Auftraggebers kann aber auf Grund eines anderen Rechtsgrundes, z. B. einer unerlaubten Handlung namentlich nach § 826 BGB eintreten. Die Haftung des Auftraggebers ergibt sich nicht ohne weiteres aus den Vorschriften der §§ 31, 278, 831 BGB. Eine „in Ausführung der ihm zustehenden Verrichtungen" begangene Handlung im Sinne des § 31 BGB liegt nicht vor, da der Eintritt eines Vereins- oder Gesellschaftsvorstandes in das Organ einer anderen Gesellschaft nicht eine Verrichtung ist, die dem Vorstand als solchem obliegt; RG in JW 03, Beilagen S. 38 und 118; BGH 36, 296 (309). Der Eintritt in die Organstellung der anderen

Gesellschaft geschieht auf Grund ihrer Satzung und regelmäßig durch Bestellung ihrer Organe. § 278 BGB setzt, wie in Schrifttum und Rechtsprechung anerkannt ist, vgl. RGR-Komm. § 278 Anm. 4 und die dort angeführte Rechtsprechung, eine bereits bestehende Schuldverpflichtung, also hier des Auftraggebers, voraus. Der Beauftragte ist auch kein „Erfüllungsgehilfe" des „Geschäftsherrn". § 831 BGB ist nicht anwendbar, da nicht der Auftraggeber das Organmitglied bestellt hat; vgl. Rospatt, Bankarchiv, 29. Jahrgang, S. 157; a.A. für das österr. Recht: von Hoffmannsthal in LZ 1929, Sp. 1233. Hat ein Aktionär auf Grund eines ihm in der Satzung eingeräumten Sonderrechts ein Mitglied in den Aufsichtsrat entsandt, § 101 Abs. 2, so fällt zwar die Erwägung, daß nicht der Auftraggeber, sondern ein Organ der Aktiengesellschaft das Mitglied bestellt habe, weg. Es fehlt aber an der Weisungsabhängigkeit, die § 831 BGB voraussetzt. Es kommt deshalb auch eine sinngemäße Anwendung dieser Vorschrift nicht in Frage (ebenso BGH 36, 296 [309]). Die abw. Meinung in der Vorauflage § 84 Anm. 7 wird aufgegeben.

Für die Haftung des *Arbeitsdirektors* in mitbestimmten Unternehmen (vgl. § 84 Anm. 3) gelten keine Besonderheiten. Er hat die gleichen Pflichten und Rechte wie jedes Vorstandsmitglied.

Anm. 8

6. Die Vorschriften der §§ 93, 116 sind zwingenden Rechts

Sie können nicht zum Nachteil der Gesellschaft gemildert werden. Die Vorschriften sind nicht lediglich im privaten Interesse der Gesellschaft, sondern auch im Interesse der Allgemeinheit und insbesondere der Gläubiger gegeben. Dagegen verstoßende Bestimmungen der Satzung oder eines Dienstvertrages sind nichtig, § 241 Nr. 3 AktG; § 134 BGB. Die für reine Privatrechtsverhältnisse passende Vorschrift des § 276 BGB, wonach dem Schuldner, außer wegen Vorsatzes, die Haftung auch im voraus erlassen werden kann, ist für den Vorstand mit seiner umfassenden Verantwortlichkeit nach § 76 unanwendbar. Der *Verschärfung der Pflichten und der Haftung durch den Dienstvertrag* und die Satzung steht aber kein rechtliches Hindernis entgegen, RG 46, 60; HRR 1936 Nr. 1229; ebenso RG in JW 1938, 2019 für Genossenschaft. Vgl. für die GmbH Schilling in Hachenburg § 43 Anm. 2.

Anm. 9

II. Der Umfang der Sorgfaltspflicht der Vorstandsmitglieder

1. § 93 Abs. 1 Satz 1 (ebenso wie § 84 AktG 1937) weicht von § 241 Abs. 1 Satz 1 HGB insofern ab, als statt der Sorgfalt eines ordentlichen Geschäftsmannes *die Sorgfalt eines ordentlichen und gewissenhaften Geschäftsleiters* gefordert wird. Auch die Sorgfalt eines ordentlichen Geschäftsmannes müßte sich der Aufgabe des Vorstandes anpassen. Durch die veränderte Fassung in Verbindung mit § 76 ist aber die Verpflichtung des Vorstandes *zur Leitung betont.* Der Befreiung des Vorstandes von der Einmischung des Aufsichtsrats und der Hauptversammlung, vgl. die Erl. zu § 76, § 119 Abs. 2, entspricht die Aufgabe des Vorstandes, die Leitung allein zu besorgen. Mit dieser höheren Aufgabe muß auch eine erhöhte Verantwortlichkeit verbunden sein (Schlegelberger-Quassowski 4). Die Verstärkung der Haftung zeigt sich namentlich darin, daß der Vorstand nach Abs. 5 auch von den Gläubigern nicht nur wie in § 241 Abs. 3 HGB in den Fällen des Abs. 3, sondern auch bei gröblicher Verletzung der allgemeinen Sorgfaltspflicht unmittelbar in Anspruch genommen werden kann.

Das Maß der anzuwendenden Sorgfalt ergibt sich im Einzelfall aus der Größe und Art des Unternehmens. Der Vorstand hat für die Fähigkeiten und Kenntnisse einzustehen, die die von ihm geleitete individuelle Gesellschaft erfordert (vgl. für die Genossenschaft RGZ 163, 208; für die GmbH RGHRR 41, 132). Entscheidend sind die im redlichen Geschäftsverkehr herrschenden Anschauungen über die sorgfältige Leitung eines Unternehmens bestimmter Art. Es kommt nur auf die *erforderliche Sorgfalt* an, nicht auf eine etwa übliche Sorglosigkeit, RG 128, 44; 138, 325. Nach den herrschenden Anschauungen bestimmt sich auch, ob und wieweit ein Unternehmen *nach kaufmännischer Art* zu führen ist. Über die Verpflichtung zur Buchführung s. die Erläuterungen zu § 91. Nach der Größe der zu verwaltenden Werte richtet sich auch die Notwendigkeit der zu ihrer Erhaltung gebotenen Maßnahmen (Versicherungen). Allgemein geht die Verpflichtung des Vorstandes dahin, „den Vorteil der Gesellschaft zu wahren und Schaden von ihr abzuwenden", RGSt. im Recht 1930 Nr. 823; BGHZ 21, 357).

Es ist die Sorgfalt anzuwenden, die ein ordentlicher und gewissenhafter und seiner Aufgabe gewachsener Mann *bei der Leitung* eines Unternehmens übt. Dabei ist ein *objektiver Maßstab* anzuwenden. Das einzelne Vorstandsmitglied kann sich nicht damit entschuldigen, daß es zur Führung der Geschäfte nicht befähigt sei oder daß ihm die Kenntnisse dazu fehlen (RGZ 163, 208; RGHRR 41, 132). Ist dies der Fall oder tritt die Unfähigkeit später ein, so soll es das Amt nicht annehmen oder niederlegen, RG 144, 348. Nachträglich eintretende Unfähigkeit (wie Krankheit) kann aber im Einzelfall ein Verschulden ausschließen.

Anm. 10

Maßstab für die dem Vorstand obliegende Sorgfalt ist ferner seine *Treupflicht* gegenüber der Gesellschaft, ihren Aktionären und den Mitarbeitern (Arbeitern und Angestellten) unter Berücksichtigung des Wohles der Allgemeinheit, vgl. dazu § 76 Anm. 9ff. Dabei steigt die gesamtwirtschaftliche Verantwortung des Vorstands mit der Größe des Unternehmens. Die Abwägung dieser verschiedenen Interessen, die auch miteinander kollidieren können, obliegt dem *pflichtmäßigen Ermessen* des Vorstands. Er übt es in eigener Verantwortung aus, § 76. (Vgl. dazu auch Schilling, Macht und Verantwortung in der Aktiengesellschaft in Festschrift für Ernst Gessler 1970.) Bewegt er sich in diesem Rahmen, mißbraucht er also das Ermessen nicht durch einseitige Bevorzugung eines der zu berücksichtigenden Interessen, so wahrt er seine Sorgfaltspflicht (ebenso H. Westermann, Die Verantwortung des Vorstands der Aktiengesellschaft in Freundesgabe für E. H. Vits, Frankfurt 1963 S. 266). So muß er z. B. pflichtgemäß abwägen zwischen freiwilligen sozialen Leistungen an die Mitarbeiter, Gewinnausschüttung an die Aktionäre und Rücklagenbildung zur Stärkung der Finanzkraft des Unternehmens. Oder zwischen einer Preiserhöhung und dem gesamtwirtschaftlichen Gebot der Preisstabilität (vgl. Würdinger, Aktien- und Konzernrecht, 2. Aufl. S. 119).

Anm. 11

2. *Literatur:* Meyer-Landrut AG 64, 325; Spieker NJW 65, 1937, Veith NJW 66, 526. Aus der den Mitgliedern des Vorstands und des Aufsichtsrats obliegenden Treupflicht ergibt sich auch ihre *Verschwiegenheitspflicht.* Sie ist in Abs. 1 Satz 2 audrücklich geregelt. Die *Änderung* gegenüber § 84 Abs. 1 Satz 2 AktG 1937 ergab sich aus dem Bedürfnis, die bisher unterschiedliche Regelung für Aktionär- und Arbeitnehmervertreter im Aufsichtsrat zu vereinheitlichen. Es wurde daher einerseits Abs. 1 Satz 2 dem ausführlicheren Text des § 55 Abs. 1 Satz 1 BetrVerfG, der nach § 76 Abs. 2 Satz BetrVerfG (alte Fassung) für die Arbeitnehmervertreter galt, angenähert, andererseits die Sonderregelung des BetrVerfG, insbesondere die Strafvorschrift in § 79, durch § 40 Abs. 1 Z. 1 und 7 EG aufgehoben. Abgesehen von der Aufhebung der genannten Strafvorschrift hat sich durch die Neuregelung sachlich nichts geändert. Neu ist die Strafvorschrift des § 404 Abs. 1 Z. 1. *Umfang und Grenzen* der Schweigepflicht sind dieselben geblieben. Der Umfang ergibt sich aus dem Zweck der Vorschrift, nämlich dem Schutz der Gesellschaft, sei es in ihrer Wettbewerbsfähigkeit, sei es in ihrem Ansehen. Die Schweigepflicht erstreckt sich daher vor allem auf geschäftliche Vorhaben und geschäftspolitische Ziele der Gesellschaft. Sie besteht auch für Gegenstand, Verlauf und Ergebnisse der Beratungen des Vorstands und des Aufsichtsrats. Es ist für eine vertrauensvolle Zusammenarbeit in diesen Gremien und beider miteinander und für eine sachgerechte Willensbildung notwendig, daß freie Meinungsäußerungen durch die Schweigepflicht ermöglicht und geschützt werden. (Zu eng Spieker a. a. O.)

Die Schweigepflicht gilt für *alle Mitglieder* des Vorstands und des Aufsichtsrats *gleich*, auch für nach § 101 Abs. 2 in den Aufsichtsrat *entsandte*. Der Ausdruck „durch Tätigkeit im" ist im Sinne von „in ihrer Eigenschaft als" (Mitglied des Vorstands oder Aufsichtsrats) zu verstehen; so auch § 404 Abs. 1; vgl. Baumbach-Hueck 7.

Die Fühlungnahme mit Dritten über geheime Angelegenheiten kann oft im Interesse der Gesellschaft liegen, so mit dem Großaktionär über eine beabsichtigte Kapitalerhöhung oder mit dem Betriebsrat über Verlegungspläne. In solchen Fällen bedarf es aber eines Vorstandsbeschlusses, durch den ein Verwaltungsmitglied zu solchen Gesprächen ermächtigt wird. Denn über Geheimnisse der Gesellschaft ist nur der Vorstand zu verfügen befugt.

Die Schweigepflicht *entfällt*, wenn ihre Beachtung einem Mitglied des Vorstands oder des Aufsichtsrats in Wahrnehmung berechtigter Interessen *unzumutbar* ist, z. B. in einem Abberufungsprozeß (Meyer-Landrut a. a. O.). Es kann sich ausnahmsweise sogar eine *Offenbarungspflicht* ergeben, wenn das Interesse der Gesellschaft die Preisgabe des Geheimnisse gebietet, z. B. in einer vom Vorstand oder einem Verwaltungsmitglied gemäß § 245 Z. 4 oder 5 anzustrengenden Anfechtungsklage.

Aus der Natur der Verpflichtung und der besonderen Stellung der Organmitglieder ergibt sich, daß sie auch für die Zeit *nach Beendigung* der Zugehörigkeit des einzelnen Mitgliedes zum Vorstand oder zum Aufsichtsrat gilt. Der von der Rechtsprechung für Angestellte, also Personen in abhängiger Stellung, aufgestellte Grundsatz, daß ihnen nach Beendigung des Dienstverhältnisses nicht verwehrt werden könne, ihre im Betriebe des Dienstherrn erworbenen Kenntnisse zum Zwecke ihres Fortkommens zu verwerten, kann auf Vorstandsmitglieder nicht Anwendung finden. Ihre Stellung ist auch in dieser Beziehung mit der eines Angestellten nicht zu vergleichen.

Anm. 12

3. Aus der Treupflicht der Gesellschaftsorgane zur Gesellschaft (Anm. 10) ergibt sich auch eine besondere Sorgfaltspflicht, wenn ein Organmitglied *eigene Geschäfte mit der Gesellschaft* macht. Sie enthält die Verpflichtung, die eigenen persönlichen Belange hinter denen der Gesellschaft zurückzustellen. Die Stellung der Vorstandsmitglieder ist hier wesentlich verschieden von der der Aktionäre, denen keine besondere Treupflicht obliegt (§ 1 Anm. 34). Auch wenn die Vorstandsmitglieder bei einem Geschäft mit der Gesellschaft nicht als Vertreter der Gesellschaft auftreten, bestehen ihre Geschäftsleiterpflichten auch für dieses Geschäft, RGSt. im Recht 1930 Nr. 823; RGSt. in HRR 1935 Nr. 1116; RGSt. 26, 136; 58, 391.

Anm. 13

III. *Die Ersatzpflicht der Vorstandsmitglieder im Verhältnis zur Gesellschaft.* Die Absätze 2—6 regeln nur die der Gesellschaft und den Gesellschaftsgläubigern aus einer Verletzung der Sorgfaltspflicht erwachsenden *Schadens*ersatzansprüche. Andere Folgen der Pflichtverletzung sind teils im Aktiengesetz, so die Abberufung aus wichtigem Grunde, § 84 Abs. 3, teils im bürgerlichen Recht geregelt, so die Ansprüche aus dem Anstellungsvertrag. Neben der *Schadensersatzpflicht* besteht der *Anspruch der Gesellschaft auf Erfüllung des Dienstvertrags.* Die Gesellschaft kann unbeschadet ihres Schadensersatzanspruchs auch auf Leistung der übernommenen Dienste klagen.

Anm. 14

1. Nach den insofern auch für das Aktienrecht geltenden Grundsätzen des bürgerlichen Rechts hat der Vorstand auf Grund des zwischen ihm und der Gesellschaft bestehenden Rechtsverhältnisses (vgl. Anm. 3) *Vorsatz und Fahrlässigkeit* zu vertreten, § 276 Abs. 1 Satz 1 BGB. Er handelt fahrlässig, wenn er die ihm als Gesellschaftsleiter obliegende Sorgfalt außer acht läßt, § 276 Abs. 1 Satz 2 BGB. Der Gesellschaft gegenüber haben die Vorstandsmitglieder nicht nur grobe, sondern auch leichte Fahrlässigkeit zu vertreten. Die *Gesellschaftsgläubiger* können allerdings den der Gesellschaft zustehenden Anspruch teilweise nur geltend machen, wenn er auf *gröblicher* Verletzung der Sorgfaltspflicht beruht, Abs. 5 Satz 2.

Anm. 15

Die Haftbarkeit der Vorstandsmitglieder setzt stets Verschulden voraus. Die vor Erlassung des Aktiengesetzes von 1937 angeregte Einführung der *Erfolgshaftung* ist damals nicht Gesetz geworden, weil sie die im Interesse der Gesellschaft und der Allgemeinheit erforderliche Entschlußbereitschaft der leitenden Persönlichkeiten lähmen, ihnen jeden Mut zur Tat nehmen, es auch erschweren würde, für ein notleidendes Unternehmen einen geeigneten Leiter zu finden (amtl. Begr.). Die Vorstandsmitglieder können jedoch durch ihren Anstellungsvertrag die Haftung für einen bestimmten Erfolg übernehmen. Nicht jedes *gewagte Geschäft,* das der Vorstand vorgenommen hat, stellt ein Verschulden dar (vgl. für die Genossenschaft RG DR 39, 2164; vgl. ferner Mestmäcker wie in Anm. 3 S. 213). Der Vorstand muß bei seinen geschäftlichen Maßnahmen immer mit der Möglichkeit rechnen, daß eine Maßnahme für die Gesellschaft auch ungünstig auslaufen kann, das liegt im Wesen des geschäftlichen Risikos. Zwar ist nach der strafrechtlichen Rechtsprechung zu § 312 HGB = § 294 Aktiengesetz von 1937 anerkannt, daß zur Erfüllung des Tatbestands der aktienrechtlichen Untreue auch *bedingter Vorsatz* genügt, RGSt. 38, 1; 49, 358; 53, 194. Aber wegen der Gewagtheit eines Geschäftes allein kann weder von einem Handeln zum Nachteil der Gesellschaft noch von einer Verletzung der Sorgfaltspflicht im Sinne des § 93 AktG gesprochen werden, wenn im *Zeitpunkt der Vornahme des Geschäfts* die Möglichkeit oder die naheliegende Wahrscheinlichkeit bestand, daß das Geschäft sich für die Gesellschaft als günstig erweisen werde, RG 129, 275; Warneyer, Rechtsprechung 1934 Nr. 190. Ob ein gewagtes Geschäft mit der Sorgfaltspflicht eines ordentlichen und gewissenhaften Geschäftsleiters vereinbar ist, hängt immer von den Umständen des Einzelfalles ab. *Das Bewußtsein der Schädigung der Gesellschaft gehört nicht zum Tatbestand der Haftbarkeit,* RG im Recht 1909 Nr. 576; Baumbach-Hueck 8.

Anm. 16

Rechtsunkenntnis des Vorstandsmitgliedes kann dieses entschuldigen, wenn sie nicht selbst auf Verschulden beruht; so wenn es sich um eine zweifelhafte Rechtsfrage handelt; es ist aber Pflicht des Vorstandes, sich zu erkundigen. Die Unkenntnis kann entschuldbar sein, wenn der Vorstand sich in einer Lage befand, die ihm unverzügliches Handeln gebot, RG 39, 98. Als Regel muß verlangt werden, daß der Vorstand sich mit den das Unternehmen und die Leitung einer Aktiengesellschaft angehenden Gesetzesvorschriften vertraut macht. Bei zweifelhafter oder bestrittener Rechtslage oder bei Einführung neuen Rechts, dessen Auslegung noch ungewiß ist, wird er sich durch Einholung eines Rechtsgutachtens schützen. Die Grundsätze, die die Rechtsprechung zum Verschulden beim Rechtsirrtum für das Zivilrecht entwickelt hat, gelten auch hier (vgl. RGR-Komm. § 285 BGB Anm. 9ff. und Palandt § 285 Anm. 2).

Anm. 17

2. *Die Beweislast für das Verschulden. Die Vorstandsmitglieder haben nachzuweisen, daß sie die Sorgfalt eines ordentlichen und gewissenhaften Geschäftsleiters angewandt haben,* Abs. 2 Satz 2. Die Ansicht von Frels (AG 60, 296), diese Beweislast betreffe nur die subjektive Pflichtwidrigkeit, die objektive müsse die Gesellschaft beweisen, ist abzulehnen. Das Gesetz macht diese Unterscheidung mit Recht nicht. Da regelmäßig nur Vorstand (und Aufsichtsrat) über die Verhältnisse der Gesellschaft und die einzelnen Vorgänge, die zur Entstehung eines Schadens geführt haben, unterrichtet sind, wäre es in den wenigsten Fällen möglich, die Verwaltungsträger für den durch sie verursachten Schaden haftbar zu machen, wenn die Gesellschaft den Nachweis der Sorgfaltspflichtverletzung der Organe erbringen müßte. Rechtsprechung und Schrifttum haben deshalb schon für das Aktienrecht des HGB angenommen, daß die Beweislast für das Fehlen einer Pflichtverletzung die Verwaltungsträger trifft, vgl. u. a.: RG in JW 1931, 40[8], in JW 1936, 2313, im Bankarchiv 37. Jahrgang S. 64, bei Warneyer, Rechtsprechung 1934 Nr. 159; RG in HRR 1936 Nr. 1229; ebenso Brodmann, § 241 HGB Anm. 2a; vgl. auch RG in JW 1938, 2019 für die Genossenschaft. Die Beweispflicht der Vorstandsmitglieder wurde aus ihrem Anstellungsverhältnis und der sich daraus ergebenden *Rechnungslegungspflicht* abgeleitet. Das Aktiengesetz 1937 hat den Inhalt dieser Rechtsprechung zum Gesetzesinhalt gemacht. Aus dem Zusammenhalt der Sätze 1 und 2 des Abs. 2 ergibt sich, daß die Gesellschaft keinesfalls mehr zu behaupten und zu beweisen hat, als daß ihr durch die Geschäftsgebarung des Vorstandes (oder durch das Verhalten des Aufsichtsrats) Schaden in Höhe des eingeklagten Betrags entstanden sei. *Die Gesellschaft hat also zu beweisen:* das *Verhalten* des Gesellschaftsorgans, die *Verursachung* eines *Schadens* durch dieses Verhalten, und die *Höhe* des entstandenen Schadens. Dabei muß es genügen, daß die *naheliegende Möglichkeit* dargetan wird, daß der Schaden mit dem Verhalten des Gesellschaftsorgans in Zusammenhang steht (vgl. Brodmann a. a. O.; Baumbach-Hueck 9). Der Richter muß durch die Darlegung der Geschädigten in den Stand gesetzt werden, gemäß § 287 ZPO nach freier Überzeugung zu entscheiden, ob durch das Verhalten der Organe der Schaden entstanden ist.

Sache der Organe ist es, im einzelnen die Umstände darzulegen und zu beweisen, aus denen sich die Pflichtmäßigkeit oder Entschuldbarkeit ihres Handelns ergibt. Dies kann geschehen durch den Nachweis, daß sie die erforderliche Sorgfalt aufgewendet haben oder daß ihnen die Erfüllung ihrer Pflicht unverschuldet unmöglich war (RG HRR 41, 132 für die GmbH). Wird durch Maßnahmen der Organe eine Schädigung des Vermögens der Gesellschaft herbeigeführt, so spricht die *Vermutung* dafür, daß die Verwaltungsträger ihrer Sorgfaltspflicht nicht genügt haben, RG in HRR 1936 Nr. 1229 (für die Genossenschaft). Die Vermutung besteht namentlich, wenn bestimmte Vorschriften des Gesetzes oder der Satzung, z. B. solche über die Kreditgewährung nicht beachtet worden sind. Haben die Verwaltungsträger pflichtwidrig gehandelt, insbesondere bestimmte dem Schutze der Gesellschaft dienende Vorschriften, so die in Absatz 3 erwähnten, verletzt, so können sie sich nicht damit entschuldigen, daß sie die schädlichen Folgen ihrer Pflichtverletzungen nicht voraussehen konnten oder daß sie das Beste der Gesellschaft gewollt haben, OLGR 12, 435. In der unrichtigen Beurteilung der Folgen einer Handlung allein liegt aber noch keine Fahrlässigkeit, wenn die Beurteilung selbst nicht auf Außerachtlassung der erforderlichen Sorgfalt beruht; vgl. Anm. 15. Aus dem zwischen der Gesellschaft und ihren Organmitgliedern bestehenden Rechtsverhältnis ergibt sich andererseits die *Verpflichtung der Gesellschaft, dem Verwaltungsträger die Verantwortung und Rechtfertigung dadurch zu ermöglichen,* daß sie ihm die *Einsicht in die Bücher und Schriften* der Gesellschaft gewährt und zwar auch noch nach Beendigung des Amtes, § 810 BGB, RG in LZ 1908, 448. Die Grenzen dieses Rechtes bestimmen sich nach den Grundsätzen von Treu und Glauben. Unter Umständen wird die Einsicht nur durch einen zuverlässigen Sachverständigen gefordert werden können. Außer den sich aus der besonderen Regelung der aktienrechtlichen Schadensersatzpflicht ergebenden Einwendungen können die Organmitglieder auch *die sich aus dem allgemeinen bürgerlichen Recht abzuleitenden Einwendungen* erheben, soweit dies nicht mit der Sonderregelung im Widerspruch steht.

Anm. 18

Die Vorschriften des Abs. 2 Satz 2 finden nur Anwendung, wenn das schuldige Organmitglied selbst haftbar gemacht wird. Richtet sich die Klage gegen einen *Rechtsnachfolger* (*Erben*), dem die Verhältnisse der Gesellschaft nicht bekannt sein können und der auch nicht persönlich rechenschaftspflichtig ist, so gelten die gewöhnlichen Beweisregeln. Der Kläger muß also die Verletzung der Sorgfaltspflicht beweisen; Godin-Wilhelmi 10.

Anm. 19

3. Die gesamtverbindliche Haftung mehrerer Organmitglieder

a) In der Bestimmung des Abs. 2 Satz 1, daß mehrere Vorstandsmitglieder als Gesamtschuldner haften, liegt eine Verschärfung der Haftung der Organmitglieder und damit zugleich eine Verstärkung des Schutzes der Gesellschaft. Daraus ergibt sich zunächst, daß ein Organmitglied sich zu seiner Entlastung *nicht auf ein Verschulden eines anderen Organmitgliedes des gleichen oder eines anderen Organs* berufen kann, auch nicht in dem Sinne, daß die Gesellschaft für den Schaden mitverantwortlich sei, weil er durch eines ihrer (anderen) Organe oder Organmitglieder mitverschuldet sei, § 254 BGB. Die Gesellschaft soll durch die Haftungsvorschriften der §§ 93, 116 gerade gegen Pflichtvernachlässigung ihrer Organe geschützt werden; haben mehrere Organe oder Organmitglieder durch ihr Verhalten den Schaden verursacht oder mitverursacht, so sollen sie für einander eintreten. Einer haftet für den anderen; RG 123, 222, mit weiteren Angaben über Rechtsprechung und Schrifttum; Baumbach-Hueck 8; Godin-Wilhelmi 23.

Anm. 20

Die Organmitglieder können sich nicht damit entschuldigen, daß sie nur ein fehlerhaftes Geschäft eines früheren Organmitgliedes fortgesetzt haben; sie müssen selbständig prüfen, ob die Weiterführung sich mit den Belangen der Gesellschaft verträgt. Sie können *sich auch nicht damit entlasten, daß die Geschäftsvorgänge durch private Prüfer oder durch die vorgeschriebene Prüfung des Jahresabschlusses*, § 162, *geprüft* und nicht beanstandet worden sind. Sie sind dadurch der Verpflichtung zu eigener Prüfung nicht enthoben. Sie haften unter Umständen neben diesen Personen für die Unterlassung ordnungsmäßiger Prüfung, vgl § 168.

Anm. 21

b) *Einfluß einer Geschäftsverteilung auf die Haftung der einzelnen Organmitglieder. Literatur:* Boesebeck, JW 38, 2525; Frels ZHR 122 (1959) 27; Spieker DB 62, 927. Haben mehrere Vorstandsmitglieder nur unter sich eine *Arbeitsteilung* vereinbart, etwa in der Weise, daß der eine die technische, der andere die kaufmännische Leitung haben soll, so entlastet dies den einzelnen noch nicht von der Verantwortung für den Betrieb im ganzen; insbesondere befreit sie den technischen Leiter nicht von der Verpflichtung, sich um die kaufmännische Leitung, insbesondere auch um die *Buchführung* zu kümmern. Doch kann er im Einzelfall entlastet sein, wenn er im Hinblick auf die Persönlichkeit des anderen Vorstandsmitglieds auf ordnungsmäßige Führung der Geschäfte durch dieses vertrauen konnte, RG 91, 77; 98, 98; RG in HRR 1929 Nr. 750; vgl. auch RGSt. 13, 60.

Ist den einzelnen Mitgliedern des Vorstands *durch Satzung, Geschäftsordnung oder Anstellungsvertrag* ein besonderer Zweig der Geschäftsführung zugewiesen, so haftet jedes Mitglied zunächst nur für die ihm zugewiesene Tätigkeit. Die anderen haften dann nur, soweit sie es an der Aufsicht haben fehlen lassen und soweit sie nicht eingeschritten sind, wenn ihnen Mißstände im Gesamtbetriebe zur Kenntnis gekommen sind, oder soweit sie ihnen infolge eigener Unachtsamkeit unbekannt geblieben sind. *Auch durch eine Geschäftsverteilung kann das einzelne Vorstandsmitglied nicht von der allgemeinen Überwachungspflicht befreit werden* (RG HRR 41, 132 für die GmbH; vgl. auch BGH 13, 65). Es darf es namentlich an der Beobachtung des Geschäftsbetriebes im allgemeinen nicht fehlen lassen, um sich zu vergewissern, ob die anderen ihre Pflicht tun, und im Notfall für Abhilfe zu sorgen; § 77 Anm. 2, 3; RG 91, 77; ebenso Schlegelberger-Quassowski 9; Baumbach-Hueck 8; vgl. auch BGH 15, 78.

Anm. 22

c) *Die Haftung bei Mehrheitsbeschlüssen.* Die Verpflichtungen liegen dem einzelnen Vorstandsmitglied, nicht dem Vorstand als solchem ob. *Jedes einzelne Vorstandsmitglied haftet für sein Verschulden.* Das Vorhandensein dieses Verschuldens muß deshalb für jeden Verklagten festgestellt werden. Es kann auch darin bestehen, daß er die Handlungen der anderen geduldet hat, ohne einzuschreiten.

Sieht die Satzung oder die Geschäftsordnung (§ 77) *Mehrheitsbeschlüsse* für die Entscheidungen des Vorstands vor, so sind die übrigen Vorstandsmitglieder an die Entscheidung der Mehrheit gebunden. Sie müssen die Entscheidung ausführen. Dazu gehört unter Umständen auch die Vertretung der Gesellschaft nach außen, die Leistung von Unterschriften. Ihrer Verantwortlichkeit sind die übrigen Vorstandsmitglieder durch die Entscheidung der Mehrheit aber nicht schlechthin enthoben. Die Vorstandsmitglieder dürfen nicht bei Ausführung *gesetz- oder satzungswidriger Handlungen* oder solcher, die zum Nachteil der Gesellschaft dienen, mitwirken; insbesondere müssen sie unter Umständen ihre Unterschrift verweigern und Widerspruch gegen Vornahme einer Handlung erheben. Damit erschöpfen sich ihre Verpflichtungen aber nicht. Geeignetenfalls haben sie dem *Aufsichtsrat zu berichten.* Diese Verpflichtung ergibt sich, obwohl es nicht ausdrücklich im Gesetz steht, aus ihrer leitenden Stellung und der allgemeinen Sorgfaltspflicht. So wenig die Vorstandsmitglieder Beschlüsse der Hauptversammlung ausführen müssen, deren Ausführung sie strafrechtlich oder zivilrechtlich haftbar macht, vgl. das in diesem Falle ihnen gewährte Anfechtungsrecht des § 245 Z. 5, brauchen sie unzulässige Entscheidungen des Vorstandes hinzunehmen. Der Aufsichtsrat hat dann auf Grund seiner Überwachungspflicht einzuschreiten, sich Bericht erstatten zu lassen, sich über eine Abberufung des Vorstandes oder einzelner Mitglieder schlüssig zu machen, eine Anordnung nach § 111 Abs. 4 Satz 2 AktG zu erlassen oder die Hauptversammlung zu berufen, § 111 Abs. 3 AktG. Im äußersten Fall müssen die Vorstandsmitglieder auch von ihrem Rechte Gebrauch machen, das Amt niederzulegen. Eine unbedingte *Verpflichtung zur Amtsniederlegung* besteht jedoch nicht, obwohl durch eine Kündigung aus wichtigem Grunde die Ansprüche der Kündigenden auf die vertragsmäßige Vergütung nicht berührt werden. Was von ihnen verlangt werden kann, um Schaden von der Gesellschaft abzuwenden, richtet sich auch hier nach den Umständen des Einzelfalls; s. auch § 77 Anm. 3.

Anm. 23

d) *Umfang der Haftung mehrerer Organmitglieder und Ausgleichspflicht unter ihnen.* Mehrere Vorstandsmitglieder haften als Gesamtschuldner für den entstandenen Schaden, wenn jeder durch sein Verschulden zu dem Schaden *beigetragen* hat. Das einzelne Vorstandsmitglied, das allein gehandelt hat, kann nicht als von den anderen bestellte Person im Sinne des § 831 BGB behandelt werden, so daß diese ohne weiteres neben ihm haften würden, RG 91, 77. *Auf den Grad des Verschuldens des Einzelnen kommt es gegenüber der Gesellschaft nicht an,* wenn das Verschulden des einzelnen (z. B. durch Unterlassung der Überwachungspflicht) nur als Schadensursache *mitgewirkt* hat. Jeder haftet dann auf das Ganze.

Als Gesamtschuldner sind sie untereinander zum Ausgleich verpflichtet, § 426 BGB. Der Ausgleich bestimmt sich nach dem Maßstabe der Beteiligung und des Verschuldens. Derjenige, der den Schaden vorsätzlich verursacht hat und der ihn kraft seines Einflusses (etwa als Vorsitzender) ganz oder teilweise leichter verhüten konnte als andere, muß bei dem Ausgleich stärker oder auch ganz belastet werden. Dies ergibt sich aus dem Grundgedanken der §§ 426, 254, die eine gerechte Ausgleichung unter mehreren Beteiligten zum Ziele haben, vgl. RG 75, 251; 84, 429; RGR Komm. zu § 254 BGB; Brodmann § 241 Anm. 2c; RGZ 159, 86 für die Genossenschaft. Wenn § 426 BGB als Regel die gleichmäßige Verteilung anordnet, soweit nicht ein anderes bestimmt ist, so muß sich diese andere Bestimmung nicht aus einer besonderen Vorschrift des Gesetzes oder eines Vertrages ergeben, kann vielmehr auch schon nach den Grundsätzen von Treu und Glauben aus dem gemeinsamen Rechtsverhältnis der Vorstandsmitglieder zur Gesellschaft abgeleitet werden, § 242 BGB. Jedenfalls ist der dem § 254 BGB zugrunde liegende Rechtsgedanke entsprechend anzuwenden.

Auch Vorstands- und *Aufsichtsratsmitglieder* haften als Gesamtschuldner. Dies folgt aus dem einheitlichen Zweck der Haftung und dem inneren Zusammenhang zwischen den mehreren Haftpflichtigen in ihrem Verhältnis zur Gesellschaft, RG 77, 323; 79, 288; 92, 408; 95, 347; RGZ 159, 86 (für die Genossenschaft). Für die Haftung aus § 117 Abs. 2 ist dies ausdrücklich ausgesprochen.

Der Ausgleichsanspruch *verjährt* in 30 Jahren (RGZ 159, 89 für die Genossenschaft).

Anm. 24

IV. Die Haftung in den besonderen Fällen des Abs. 3

1. Abs. 3 hebt eine Anzahl von Fällen hervor, die Zuwiderhandlungen gegen besonders wichtige Vorschriften des Aktienrechts enthalten. Die Hervorhebung erfolgt wie im bisherigen Recht aus gesetzestechnischen Gründen. An sie knüpft insbesondere die Vorschrift des Abs. 5 an, der die Geltendmachung der Ersatzansprüche der Gesellschaft *durch die Gläubiger* regelt. Nur in den Fällen des Abs. 3 können die *Gläubiger* die Ersatzansprüche der Gesellschaft unbeschränkt geltend machen. Nach dem Aktienrecht des HGB konnten sie andere Ansprüche überhaupt nicht geltend machen; seit dem Aktiengesetz von 1937 haben sie, neben den Fällen des Abs. 3, dieses Recht außerdem, wenn gröbliche Verstöße gegen die Sorgfaltspflicht vorliegen, vgl. Abs. 5.

Bei den in Abs. 3 aufgeführten Tatbeständen handelt es sich durchweg um Zuwiderhandlungen gegen Vorschriften des Aktiengesetzes, die die *Kapitalgrundlage* und den *Vermögensbestand* der Aktiengesellschaft sichern sollen, deren Einhaltung zur besonderen Aufgabe der Geschäftsleitung und deren Überwachung in besonderem Maße zur Aufgabe des Aufsichtsrats gehört. Aus der Natur der Zuwiderhandlungen ergibt sich schon ohne weiteres, daß ihre Vornahme gegen die Sorgfaltspflicht eines ordentlichen und gewissenhaften Geschäftsleiters verstößt. Die Haftpflicht für durch eine solche Zuwiderhandlung entstandenen Schaden würde sich somit schon aus der allgemeinen Vorschrift des Abs. 2 ergeben.

Anm. 25

Auch in den Fällen des Abs. 3 setzt die Haftung Verschulden voraus. Denn weder aus der Fassung noch aus dem Zweck des Gesetzes ist ersichtlich, weshalb die Gesellschaftsorgane haften sollen, wenn die Handlungen ohne ihr Verschulden, etwa von Angestellten vorgenommen worden sind.

Anm. 26

2. Die einzelnen Fälle des Abs. 3

Z. 1 entspricht dem Verbot des § 57, Einlagen zurückzugewähren. Dazu gehören auch Sacheinlagen. *Verschleierte* Rückzahlungen begründen ebenfalls die Ersatzpflicht. Auch das Verbot von Rückzahlungen an die Aktionäre bei der vereinfachten Kapitalherabsetzung gehört hierher, § 230.

Z. 2 entspricht den Vorschriften der §§ 57, 58 Abs. 4 und 5, 233 Abs. 1 und 2 über die Gewinnausschüttung und das Verbot der Verzinsung der Einlagen.

Z. 3 entspricht den §§ 56, 71, 237—239 über Erwerb, Inpfandnahme, Einziehung eigener Aktien oder solcher einer abhängigen Gesellschaft. Auch der Erwerb von *Zwischenscheinen* fällt unter die Vorschrift, § 71 Anm. 4. Ein Schaden wird beim Erwerb eigener Aktien für die Gesellschaft nur entstehen, wenn der schuldrechtliche Vertrag für die Gesellschaft rechtsverbindlich oder die Gegenleistung ausbezahlt ist, vgl. die Erl. zu § 71, oder wenn entgegen den gesetzlichen Vorschriften über die Einziehung von Aktien eine solche *wirksam* erfolgt ist, §§ 237ff.

Z. 4 bezieht sich auf die Verpflichtung der Aktionäre zur Leistung ihrer Einlage und die sich daraus ergebende Verpflichtung der Gesellschaftsorgane, die Aktienurkunde erst nach voller Leistung der Einlage herauszugeben, falls es sich nicht um Namensaktien handelt, § 10 Abs. 2.

Z. 5 entspricht den Vorschriften, nach denen die Verteilung des Vermögens nur im Rahmen der im Gesetz besonders enthaltenen Bestimmungen erfolgen darf. In Betracht kommen hier die Vorschriften über die Abwicklung nach erfolgter Auflösung, §§ 271, 272, oder über Kapitalherabsetzung, §§ 225 Abs. 2, 233 Abs. 3, § 237 Abs. 2, 230. Als unerlaubte Verteilung des Gesellschaftsvermögens ist es auch anzusehen, wenn unter dem Vorwand von Vergütungen für Nebenleistungen eine den Wert der Leistung übersteigende Vergütung trotz Fehlens eines bilanzmäßigen Gewinns geleistet wird, § 61, oder wenn in anderer Weise eine verschleierte Verteilung von Gesellschaftsvermögen erfolgt. Eine solche Zahlung kann auch eine verschleierte verbotene Gewinnauszahlung nach Nr. 2 darstellen.

§ 84 Abs. 3 Z. 6 AktG 37 entsprach der letzten Fassung des § 241 Abs. 3 Z. 6 mit dem durch das Gesetz vom 25. 3. 1930 eingefügten zweiten Halbsatz. Entgegen der sonstigen Systematik des Abs. 3 („entgegen diesem Gesetz") fehlte es an einer Verbotsvorschrift, auf die sich die Z. 6 bezog. Sie enthielt vielmehr das Verbot selbst. Durch das neue Gesetz ist die Verbotsvorschrift samt der Ausnahmebestimmung des zweiten Halbsatzes als Abs. 3 in den § 92 eingefügt worden, s. die Erl. dort.

Z. 7 ist neu. Sie umfaßt sowohl Vergütungen, die entgegen § 113 geleistet werden, als auch solche, die dem neuen § 114 zuwiderlaufen, und unterstellt beide der verschärften Haftung (Anm. 24 und 27) des Abs. 3.

Z. 8 bezieht sich auf die Vorschrift über die Beschränkung der Kreditgewährung an Vorstandsmitglieder und leitende Angestellte, § 89, sowie an Aufsichtsratsmitglieder nach dem neuen § 115.

Z. 9 bezieht sich auf die Aktienausgabe bei der bedingten Kapitalerhöhung, § 199.

Anm. 27

3. *Absatz 3 stellt keinen von Abs. 2 grundsätzlich verschiedenen rechtlichen Tatbestand auf, durch den eine selbständige Haftung begründet wird. Er enthält nur eine Beweisregel.* Für das Aktienrecht des HGB wurde die Meinung vertreten, daß in allen Fällen des Abs. 3 der Schuldige verpflichtet sein solle, die dem Gesellschaftsvermögen entgangenen oder vorenthaltenen Summen an die Gesellschaft zu bezahlen, und daß der Anspruch auf diesen Betrag ohne weiteres der Höhe nach liquide sei, ohne daß es auf den Nachweis ankomme, ob der Gesellschaft ein Schaden entstanden ist. Diese Auffassung wurde abgeleitet aus der Entstehungsgeschichte der Vorschrift und zwar aus Art. 204 des alten HGB, wo von der Haftung des Aufsichtsrats einer Kommanditgesellschaft auf Aktien die Rede ist und den Mitgliedern des Aufsichtsrats die Pflicht zur Erstattung der zu Unrecht geleisteten Rückzahlung von Einlagen oder von Dividenden oder zu Unrecht verteilten Vermögens auferlegt wurde (Brodmann § 241 HGB Anm. 3b und Cunio AG 58, 63, dieser auch für § 84 Abs. 3 AktG 37). Aus der ursprünglichen Beschränkung der Haftpflicht auf Erstattung bestimmter Leistungen aus dem Vermögen der Gesellschaft ergibt sich aber angesichts der heutigen Fassung des Gesetzes die Richtigkeit dieser Auslegung nicht. Abs. 2 stellt den allgemeinen Grundsatz auf, daß die Vorstandsmitglieder der Gesellschaft den aus der Verletzung ihrer Pflichten entstandenen Schaden zu ersetzen haben. Wenn im Anschluß daran in Abs. 3 gesagt wird, daß sie *namentlich* zum Ersatz verpflichteter sind, wenn die nachstehend genannten Handlungen vorgenommen werden, so kann darunter nur verstanden werden, daß sie *unter den übrigen* Voraussetzungen des Absatzes 2, also Pflichtverletzung, Verschulden und Ursächlichkeit ihres Verhaltens, auch zum Ersatz eines näher bezeichneten Schadens, der auf bestimmter Ursache beruht, verpflichtet sind. Es läßt sich kein gesetzgeberischer Grund erkennen, weshalb sie ohne diese Voraussetzungen zum Ersatz verpflichtet sein sollen. Schadensersatz setzt *Schaden* voraus.

Aus der Hervorhebung bestimmter Schadensursachen, die „insbesondere" oder „namentlich" zum Ersatz verpflichten und der Erwägung, daß es sich dabei um Verletzung besonders wichtiger Obliegenheiten der Vorstandsmitglieder und eine *regelmäßige* Verursachung von Schaden durch solche Zuwiderhandlungen, wie z. B. Rückzahlung von Einlagen handelt, folgt aber nicht, daß nun in allen Fällen der Zuwiderhandlung eine Zahlungspflicht der verantwortlichen Organmitglieder eintritt. Es kann daraus nur entnommen werden, daß *das Gesetz die Schädigung mit Eintritt der Zuwiderhandlung als geschehen vermutet. Daraus ergibt sich eine Umkehrung der Beweislast dahin, daß der Schuldige darzutun hat, daß kein Schaden entstanden ist, oder daß er wieder gutgemacht ist*, RG 159, 211 = DR 39, 316 m. Anm. v. Boesebeck, RG im Recht 1920 Nr. 2927 zu §§ 99, 118 GenG, Schlegelberger-Quassowski § 84 Anm. 13; Godin-Wilhelmi 11, Baumbach-Hueck 10. Die in Abs. 3 genannten Handlungen führen nach dem gewöhnlichen Lauf der Dinge zu einer

Schädigung der Gesellschaft. Diese liegt schon darin, daß der Gesellschaft bestimmte Vermögensgegenstände, insbesondere Barmittel, entzogen worden sind. Diese sind ohne weiteres zu erstatten, wenn nicht der Schuldige nachweist, daß eine Schädigung der Gesellschaft als Folge der Pflichtverletzung *überhaupt nicht mehr möglich ist*, weil der zu Unrecht verausgabte oder vorenthaltene Betrag oder doch wenigstens ein ihn ausgleichender Wert auf andere Weise *endgültig* in das Vermögen der Gesellschaft gelangt ist (RGZ 159, 230). Dabei kann der Ersatzpflichtige von der Gesellschaft gemäß § 255 BGB die Abtretung der Ansprüche verlangen, die ihr aus den die Ersatzpflicht begründenden Vorgängen gegen Dritte zustehen (RGZ 159, 230). Der Schaden kann auch dann bestehen, wenn das Vermögen nicht mehr zur freien Verfügung der Gesellschaft steht, eine Forderung zwar gesichert, aber nicht sofort fällig oder beibringlich ist, RG 5, 24; RG im Recht 1920, 2927, HRR 1932 Nr. 259 (OLG Hamburg). Zu einer *Bereicherung* der Gesellschaft soll aber der Anspruch *nicht* führen. Die Gesellschaft muß also Zug um Zug gegen die Barleistung das herausgeben, was sie etwa durch die schädigende Handlung erlangt hat, z. B. bei unzulässiger Kreditgewährung die geleisteten Sicherheiten. Die schuldigen Vorstandsmitglieder können sich aber nicht darauf berufen, daß der Schaden durch freiwillige Leistungen Dritter ausgeglichen sei, RG 152, 273 = JW 37, 683.

Anm. 28

4. Ist durch die Handlung *weiterer Schaden* entstanden, etwa dadurch, daß die Gesellschaft wegen Fehlens von Barmitteln oder Verteilung des Gesellschaftsvermögens ihre Aufgaben nicht erfüllen konnte, so ist auch dieser Schaden zu ersetzen und zwar auf Grund des Abs. 3. Faßt man den Anspruch als einen Schadensersatzanspruch auf, so beruht auch der weitere Schaden auf der in Abs. 3 bezeichneten Handlung. Weder Wortlaut noch Zweck des Abs. 3 schließen es aus, anzunehmen, daß es sich um Ersatz eines Schadens handelt, der dadurch entstanden ist, daß eine der in Abs. 3 genannten Handlungen vorgenommen worden ist, vgl. HRR 32, 259. Dann muß sich freilich die Haftpflicht auch gegenüber den *Gläubigern* nach Abs. 5 auf diesen Schaden erstrecken, so daß die Beschränkung in Abs. 5 Satz 2 auf die Haftung bei *gröblicher* Verletzung der Sorgfaltspflicht nur für Schaden gilt, der auf einer anderen Zuwiderhandlung beruht, z. B. auf Vernachlässigung der laufenden Geschäftsführung. A.M. RGZ 159, 230, das ohne nähere Begründung den Ersatzanspruch des Abs. 3 auf den Betrag begrenzen will, der der Gesellschaft entzogen oder vorenthalten ist. Richtigerweise ist nur mit Godin-Wilhelmi 11 anzunehmen, daß die Umkehrung der Beweislast (Anm. 27) sich nicht auf den weiteren Schaden erstreckt.

Anm. 29

Grundsätzlich ist, sowohl in den Fällen des Abs. 2 wie in denen des Abs. 3 der *volle* durch die Verletzung der Pflichten der Verwaltungsträger der Gesellschaft entstandene Schaden zu ersetzen. Art und Umfang der Ersatzleistung bestimmen sich nach den Vorschriften des bürgerlichen Rechts, §§ 249ff. BGB.

Anm. 30

V. Mitwirkung anderer Organe

1. Billigung durch den Aufsichtsrat (Abs. 4 S. 2)

Dadurch, daß der Aufsichtsrat die Handlung gebilligt hat, wird die Ersatzpflicht nicht ausgeschlossen. Der Vorstand soll unter eigener Verantwortung handeln. Dies entspricht seiner Aufgabe als Leiter der Gesellschaft. Eine Befreiung von der eigenen Verantwortung tritt selbst dann nicht ein, wenn der Vorstand nach der Satzung oder besonderer Bestimmung des Aufsichtsrats, § 111 Abs. 4 Satz 2, eine Handlung nur mit Zustimmung des Aufsichtsrats vornehmen darf, oder wenn die Mitwirkung des Aufsichtsrats für eine Handlung des Aufsichtsrats durch das Gesetz vorgeschrieben ist, §§ 58 Abs. 2, 172, 204. Die Zustimmung des Aufsichtsrats zu einem Geschäft kann aber im einzelnen Fall ein Beweisanzeichen dafür sein, daß die Vornahme des Geschäfts nicht gegen die Sorgfaltspflicht verstieß. Auch der Aufsichtsrat wird durch Mitwirkung des Vorstandes nicht von der Haftpflicht befreit; § 93 ist auch insofern sinngemäß anzuwenden, § 116. Wegen des die Zustimmung des Aufsichtsrats ersetzenden Hauptversammlungsbeschlusses s. Anm. 32 a. E.

Anm. 31

2. Beschluß der Hauptversammlung (Abs. 4 S. 1)

Der Gesellschaft gegenüber tritt die Ersatzpflicht nicht ein, wenn die Handlung auf einem gesetzmäßigen Beschlusse der Hauptversammlung beruht. Nur gegenüber der Gesellschaft, nicht gegenüber den Gläubigern, können sich die Vorstandsmitglieder auf einen Beschluß der Hauptversammlung berufen.

Anm. 32

a) Nur ein *gesetzmäßiger* Beschluß der Hauptversammlung befreit die Vorstandsmitglieder von der Haftung, Gesetzmäßig ist ein Beschluß, wenn ihn die Hauptversammlung in den Grenzen ihrer Zuständigkeit gefaßt hat. Soweit es sich um *Fragen der Geschäftsführung* handelt, kann die Hauptversammlung nur entscheiden, wenn der *Vorstand* es verlangt, § 119 Abs. 2. Entscheidet die Hauptversammlung ohne Verlangen des Vorstandes über eine solche Frage, so liegt kein gesetzmäßiger Beschluß vor (a. A. Godin-Wilhelmi 22). Der Vorstand ist weder an den Beschluß gebunden, also zu seiner Ausführung verpflichtet (Anm. 36), noch wird er durch den Beschluß von eigener Prüfung und Verantwortung befreit; ebenso Schlegelberger-Quassowski § 103 Anm. 6; Teichmann-Köhler § 103 Anm. 3, Baumbach-Hueck; s. auch 12 die Erl. zu § 119. Die gegenteilige Ansicht von Godin-Wilhelmi ist abzulehnen, weil sie dazu führen kann, daß die Initiative in Geschäftsführungsfragen entgegen dem Gesetz auf die Hauptversammlung übergeht und der Vorstand seine eigenverantwortliche Leitungsbefugnis verliert.

Haben allerdings *alle Aktionäre* vor der Ausführung der schadenbringenden Handlung ihre *Einwilligung* erklärt, wenn auch nicht in einer Hauptversammlung und in einem förmlichen Beschluß, so würde es eine Überspannung der Form bedeuten, wenn auch dann die Befreiung von der Haftung nur deshalb versagt werden sollte, weil nicht ein förmlicher Beschluß gefaßt worden ist; ähnlich Godin-Wilhelmi 22 für die Einmanngesellschaft, wenn der Wille des Einmanns bekannt ist.

Auch wenn der *Aufsichtsrat* gemäß § 111 Abs. 3 eine Hauptversammlung beruft und diese über eine Maßnahme der Geschäftsführung beschließt, ist der Vorstand an den Beschluß nicht gebunden und kann sich wegen der Ausführung nicht durch Berufung auf den Beschluß entlasten; § 76 Anm. 8; vgl. auch unten Anm. 36.

Gesetzmäßige Beschlüsse sind, abgesehen von den Fällen des § 119 Abs. 2, Beschlüsse in den Angelegenheiten, in denen nicht der Vorstand, sondern die Hauptversammlung die maßgebende Entscheidung zu treffen hat. Hierher gehören alle Entscheidungen, die das Gesetz als schwerwiegend für die Gesellschaft und außergewöhnlich ansieht und für die es deshalb einen Beschluß der Hauptversammlung für erforderlich erklärt. Hier sind zu nennen: Satzungsänderung, Kapitalerhöhung und -herabsetzung, Auflösung und Fortsetzung einer aufgelösten Gesellschaft, Abschluß eines Unternehmensvertrags, Eingliederung, Verschmelzung, Vermögensübertragung, Umwandlung. Hat das Organ, das die Geldgeber vertritt, in den Grenzen seiner Zuständigkeit eine Maßregel beschlossen, so soll die bloße Ausführung des Beschlusses allein dem Vorstand nicht als Pflichtverletzung angerechnet werden.

Der einer *Geschäftsführungsmaßnahme gemäß § 111 Abs. 4 zustimmende Hauptversammlungsbeschluß* entlastet den Vorstand *nicht* von seiner Haftung. Denn er nimmt ihm die Leitungsbefugnis und damit die Verantwortung ebensowenig wie der zustimmende Aufsichtsratsbeschluß, den er ersetzt, s. Anm. 30. Der Vorstand kann sich vielmehr für eine Geschäftsführungsmaßnahme von seiner Haftung nur befreien, wenn er durch Anrufung der Hauptversammlung gemäß § 119 Abs. 2 zugunsten dieser auf seine Leitungsbefugnis verzichtet, vgl. Anm. 36 a. E.

Anm. 33

b) *Gesetzmäßig sind Hauptversammlungsbeschlüsse, die weder nichtig noch anfechtbar sind,* §§ 241 ff. Nur anfechtbare Beschlüsse sind aber nicht ohne weiteres unwirksam. Sie werden vielmehr voll wirksam, wenn sie innerhalb der Anfechtungsfrist, § 246 Abs. 1, nicht angefochten werden, oder wenn die Anfechtungsklage rechtskräftig abgewiesen wird. Bis dahin ist ihr Vollzug nicht schlechthin ausgeschlossen. Der Vorstand wird im Einzelfall prüfen müssen, ob der Beschluß durchzuführen oder ob im Interesse der Gesellschafter der Ablauf der Anfechtungsfrist oder der Ausgang einer Anfechtungsklage abzuwarten ist. Unter Umständen muß der Vorstand auch von dem ihm eingeräumten eigenen Anfechtungsrecht Gebrauch machen, vgl. die Erläuterungen zu § 245 Z. 4 und 5. Unterläßt er das schuldhaft, so kann er sich nicht auf den Beschluß berufen; ebenso Godin-Wilhelmi 22; Baumbach-Hueck 12; Zempelin AcP 155, 227; Zöllner, Die Schranken mitgliedschaftlicher Stimmrechtsmacht 1963 S. 42 Fußn. 12; zu weit geht die Ansicht von Mestmäcker S. 270, der bei Anfechtbarkeit die Berufung auf den Beschluß auch dann versagen will, wenn der Vorstand ohne Verletzung seiner Sorgfaltspflicht den Mangel der Gesetzmäßigkeit nicht erkannte.

Bei *nichtigen* Beschlüssen ist die Rechtslage dieselbe. Der Vorstand darf sie nicht vollziehen. Auch hier obliegt ihm die Pflicht, die Beschlüsse auf ihre Rechtmäßigkeit zu prüfen und geeigneten Falles von seinem Recht, die Nichtigkeitsklage zu erheben, § 249, Gebrauch zu machen. Da nichtige Beschlüsse heilen können, § 242, ist auch zu prüfen, ob die Klage im Interesse der Gesellschaft geboten ist. Aus der Leitungspflicht des Vorstandes kann sich auch seine Verpflichtung ergeben, auf Beseitigung von Mängeln durch einen Bestätigungsbeschluß, § 244, hinzuwirken.

Anm. 34

c) In RG 46, 61 und in JW 1930 S. 2691 spricht das Reichsgericht (für die Genossenschaft) mit Recht aus, daß der Vorstand *sich nicht zu seiner Entlastung auf einen mangelhaften Beschluß berufen kann, den er selbst schuldhaft veranlaßt hat.* Denn einer solchen Berufung würde die Einrede der Arglist entgegenstehen. Die schuldhafte Herbeiführung eines Hauptversammlungsbeschlusses, z. B. durch unrichtige Berichterstattung, Unterlassung der Aufklärung der Hauptversammlung über die tatsächlichen Verhältnisse, würde auch regelmäßig eine selbständige Verletzung der Sorgfaltspflicht darstellen und schon aus diesem Grunde zum Schadensersatz verpflichten; ebenso Würdinger S. 125; vgl. auch BGH 15, 78.

Anm. 35

d) Nach dem Aktienrecht des HGB war bestritten, ob der Vorstand sich durch die Behauptung entlasten kann, die Hauptversammlung *hätte* die denSchaden verursachende Handlung *genehmigt*, wenn sie gefragt worden wäre (bejahend RG 35, 87 und OLG Hamburg in LZ 1917, 823). Das Aktiengesetz befreit den Vorstand nur, wenn die Handlung auf einen gesetzmäßigen Beschluß der Hauptversammlung *beruht*, verlangt also einen vorhergehenden Beschluß. Hat der Vorstand die Hauptversammlung in einer Angelegenheit nicht gefragt, wo es in seinem Ermessen stand, ihren Beschluß herbeizuführen, also in Fragen der Geschäftsführung, § 119 Abs. 2, so muß er auch die Verantwortung tragen. Er kann dann auch nicht durch einen *nachträglichen Beschluß* der Hauptversammlung befreit werden, wie Godin-Wilhelmi 22 annehmen (wie hier Baumbach-Hueck 12; Ritter § 84 Anm. 6d; Würdinger S. 125). Nachdem die Handlung vorgenommen ist, hat eine Mitwirkung der Hauptversammlung bei einem Akt der Geschäftsführung keinen Zweck. Eine Entlastung für eine einzelne Handlung durch die Hauptversammlung kennt das Gesetz nicht, § 120. Sie käme auf einen unzulässigen Verzicht hinaus,Abs. 4 Satz 3. Hat der Vorstand in Angelegenheiten, in denen nach dem Gesetz die Hauptversammlung entscheiden muß, eigenmächtig gehandelt, und ist dadurch Schaden entstanden, so besteht kein Grund, ihm die Verantwortung abzunehmen, denn er hat dann pflichtwidrig gehandelt. Durch nachträgliche Befragung der Aktionäre könnte auch kaum festgestellt werden, wie sie in einem früheren Zeitpunkt abgestimmt hätten. Namentlich wäre dies unmöglich, wenn ein Wechsel in der Person der Aktionäre eingetreten ist.

Soweit ein Hauptversammlungsbeschluß für die Wirksamkeit eines Geschäfts, z. B. eines Unternehmensvertrags, § 293, *erforderlich* ist, kann er regelmäßig *nachgeholt* werden. Denn bis dahin ist das Geschäft nicht nichtig, sondern nur schwebend unwirksam, s. die Erl. zu §241. Dann entfällt die Haftung des Vorstandes, wenn das Geschäft erst nach dem Beschlusse der Hauptversammlung vollzogen worden und dadurch Schaden entstanden ist.

Anm. 36

VI. Die Verpflichtung des Vorstandes zur Ausführung gesetzmäßiger Hauptversammlungsbeschlüsse

1. Ob der Vorstand für den durch *Nichtausführung* von gesetzmäßigen Hauptversammlungsbeschlüssen entstandenen Schaden verantwortlich ist, hängt zunächst davon ab, ob der Vorstand verpflichtet ist, solche Hauptversammlungsbeschlüsse zu vollziehen. Das ist im neuen Gesetz nunmehr durch § 83 Abs. 2 in bejahendem Sinne entschieden. Denn § 83 Abs. 2 gilt nach seinem Wortlaut und nach der Entstehungsgeschichte (s. Amtl. Begr. zu § 119) auch für die die Geschäftsführung betreffenden Beschlüsse des § 119 Abs. 2 (ebenso Baumbach-Hueck § 83 Anm. 5). Demgegenüber verneinen Godin-Wilhelmi 22 und § 119 Anm. 6 weiterhin die Bindung des Vorstands an Geschäftsführungsbeschlüsse der Hauptversammlung. Es soll daher im folgenden wie in der Vorauflage auf den diesen Standpunkt ausführlich begründenden Aufsatz von v. Godin JW 38, 1146 eingegangen werden.

V. Godin geht von der durch das AktG 37 neu geschaffenen eigenverantwortlichen Leitungsbefugnis des Vorstands aus. Ihr gegenüber gelte die alleinige Zuständigkeit der Hauptversammlung nur für Fälle, wo die Hauptversammlung den anderen Organen gegenüberstehe, wie bei Entlastung, Erhebung von Ersatzansprüchen gegen die Verwaltungsträger oder wo es sich um gewöhnliche Satzungsänderung, vereinfachte Kapitalherabsetzung, Auflösung, Fortsetzung, Umwandlung, Bestellung und Abberufung des Aufsichtsrats, handle. In den letztgenannten Fällen handle es sich um das reine Grundgesetz oder um das Bestehenwollen der Gesellschaft. In den übrigen noch in Betracht kommenden Fällen Kapitalerhöhung, bedingte Kapitalerhöhung, genehmigtes Kapital, Wandel- und Gewinnschuldverschreibung, Kapitalherabsetzung, Einziehung, Verschmelzung, Vermögensveräußerung und Gewinngemeinschaften, handle es sich aber um Veränderung der vermögensrechtlichen Grundlage *der bestehenbleibenden* Gesellschaft. Es sei mit der leitenden Stellung des Vorstandes unvereinbar, wenn er es hinnehmen müsse, daß die Hauptversammlung die Ausschüttung unentbehrlichen Kapitals durch Kapitalherabsetzung beschließe.

Die Ausführungen Godins gehen davon aus, daß das Gesetz die *unbeschränkte* Leitungsbefugnis des Vorstandes ohne Ausnahme ausspricht. Das ist aber in den Fällen, wo das Gesetz einen Beschluß der Hauptversammlung zwingend vorschreibt, nicht Gesetzesinhalt. In den Fällen, in denen es sich gerade um das in der Gesellschaft angelegte Vermögen der Gesellschafter handelt, sollen diese das entscheidende Wort bei den im Gesetz besonders genannten Maßnahmen haben. Der Vorstand ist eben doch nur Verwalter fremden Vermögens. Dies kommt auch darin zum Ausdruck, daß der von der Hauptversammlung gewählte Aufsichtsrat den Vorstand aus wichtigem Grunde abberufen kann, und daß ein wichtiger Grund vorliegt, wenn die Hauptversammlung dem Vorstand das Vertrauen entzieht, § 84 Abs. 3. Es ist auch nicht ersichtlich, warum die Wendung „bedarf eines Beschlusses der Hauptversammlung", oder eine Maßnahme ist „nur auf Grund eines Beschlusses der Hauptversammlung zulässig", in § 179 eine andere Bedeutung haben soll als in §§ 202, 221, 340. Wenn in § 362 Abs. 2 gesagt wird, „zur Umwandlung bedarf es eines Beschlusses der Hauptversammlung", so soll damit nichts anderes gesagt sein, wie wenn es in § 369 heißt: „Eine Aktiengesellschaft kann *durch Beschluß* der Hauptversammlung in eine Gesellschaft mit beschränkter Haftung umgewandelt werden"; vgl. auch §§ 376, 384. In allen Fällen ist die Hauptversammlung das Organ, dessen Beschlüsse vom Vorstand ausgeführt werden müssen und das die Verantwortung trägt. Grundsätzlich (Ausnahme s. Anm. 37) muß deshalb auch für das Aktiengesetz angenommen werden, daß der *Vorstand einen gesetzmäßigen Beschluß der Hauptversammlung auch vollziehen muß*, wenn es sich um eine Maßnahme handelt, zu deren Wirksamkeit das Gesetz einen Hauptversammlungsbeschluß fordert. Dieser in § 83 Abs. 2 jetzt auch ausdrücklich ausgesprochnee Grundsatz gilt nicht nur dann, wenn es sich um den satzungsmäßigen Aufbau, insbesondere um die satzungsmäßige Kapitalgrundlage (Kapitalerhöhung oder -herabsetzung) oder den Bestand der Gesellschaft (Verschmelzung, Umwandlung) handelt. Auch wenn eine Maßregel in Frage steht, die ihrem Wesen nach die Verwaltung des Vermögens der Gesellschaft, den Betrieb ihres Unternehmens, zum Gegenstande hat, muß der Vorstand den auf seinen Antrag ergangenen Beschluß der Hauptversammlung vollziehen, denn damit ist insofern die Leitungsbefugnis auf die Hauptversammlung übergegangen (ebenso Schlegelberger-Quassowski § 74 Anm. 7, Teichmann-Köhler § 103 Anm. 3, Baumbach-Hueck 12). Einen nach § 119 Abs. 2 herbeigeführten Hauptversammlungsbeschluß muß der Vorstand im übrigen auch dann ausführen, wenn der Beschluß von einem Vorschlag des Vorstands *abweicht*. Lehnt die Hauptversammlung ein vom Vorstand vorgeschlagenes Geschäft *ab*, so hat der Vorstand es zu unterlassen. Gibt sie ihm nur die *Ermächtigung* dazu, so ist der Vorstand nicht gebunden, aber, wenn er das Geschäft vornimmt, auch nicht von der Schadenserssatzpflicht gemäß Abs. 4 S. 1 befreit.

Anm. 37

2. Nach Godin-Wilhelmi § 119 Anm. 6 folgt die Unverbindlichkeit gesetzmäßiger Hauptversammlungsbeschlüsse für den Vorstand denknotwendig daraus, daß der Beschluß ihn von der Schadensersatzpflicht gegenüber den *Gläubigern* nicht befreit (Abs. 5 S. 3). Dieser Schluß ist aber nicht zwingend. Es wird eine seltene Ausnahme sein, daß der Vorstand durch die Ausführung eines Hauptversammlungsbeschlusses seine Pflicht *gröblich* verletzt und sich deshalb nach Abs. 5 S. 2 den Gläubigern gegenüber schadensersatzpflichtig macht. Verstößt der Beschluß gegen Gesetz oder Satzung, so muß der Vorstand ihn durch *Anfechtungs- oder Nichtigkeitsklage* beseitigen, Anm. 33. Im übrigen wird die Ausführung des Beschlusses nur dann eine grobe Pflichtverletzung sein, wenn *offensichtlich erkennbar* ist, daß sie die Gesellschaft schädigt. Ist das der Fall, so wird man allerdings den Vorstand nicht nur für berechtigt, sondern auch verpflichtet halten müssen, die Ausführung zu unterlassen. Aber diese Ausnahme kann an dem Grundsatz der Verbindlichkeit nichts ändern.

Anm. 38

3. Aus der allgemeinen Geschäftsleitungsbefugnis des Vorstandes kann sich auch ergeben, daß er den Vollzug *aussetzen* kann, wenn neue Tatsachen, auch eine neue Erkenntnis der Lage der Gesellschaft, dies gebieten. Dann muß er aber unverzüglich die Hauptversammlung zu erneuter Beschlußfassung berufen. Er kann den ergangenen Beschluß nicht einfach ignorieren. Wäre er dazu berechtigt, so würde die Vorschrift des Abs. 4 Satz 1 auch der inneren Begründung entbehren. Die Aussetzung des Vollzugs muß der Vorstand nach § 93 Abs. 2 Satz 2 rechtfertigen.

Ist der von der Hauptversammlung beschlossene Geschäftsführungsakt vollzogen, so können veränderte Umstände ergeben, daß seine *Rückgängigmachung* im Interesse der Gesellschaft liegt. Die Zuständigkeit der Hauptversammlung greift hier nicht mehr ein. Vielmehr liegt die Entscheidung, ob die Maßnahme aufrechterhalten oder rückgängig gemacht werden soll, wieder in der Leitungsbefugnis des Vorstands.

Anm. 39

VII. Verzicht und Vergleich (Abs. 4 S. 3 und 4)

1. *Die Gesellschaft kann erst drei Jahre nach der Entstehung des Anspruchs und nur dann auf Ersatzansprüche verzichten oder sich über sie vergleichen, wenn die Hauptversammlung zustimmt*

und nicht eine Minderheit, deren Anteile zusammen den zehnten Teil des Grundkapitals erreichen, zur Niederschrift Widerspruch erhebt. Die Vorschrift beschränkt allgemein das Recht der Aktiengesellschaft zum Verzicht auf Schadensersatzansprüche gegen die Verwaltungsträger aus ihrer Amtsführung und zum Vergleich mit ihnen über solche Ansprüche. Die Sätze 3 und 4 sind durch das Aktiengesetz von 1937 neu eingeführt worden. Sie fehlten in § 241 Abs. 4 HGB. Das HGB enthielt nur in § 205 (= 50 AktG) für die Haftung der Gründer und der neben diesen für die Gründungsvorgänge verantwortlichen Personen eine Beschränkung der Möglichkeit des Verzichts auf und des Vergleichs über Schadensersatzansprüche der Gesellschaft aus der Gründung. Durch die Übernahme dieser Beschränkungen auf die Schadensersatzansprüche nach § 84 AktG 1937 wurde die Haftung der Verwaltungsträger verschärft. Im Rahmen des § 93 hat die Beschränkung von Verzicht und Vergleich eine viel größere Bedeutung als bei der entsprechenden Vorschrift des § 50 über die Gründerhaftung. Bei dieser handelt es sich nur um einmalige Vorgänge, im Falle des § 93 aber um Vorgänge, die während der ganzen Dauer des Bestehens der Gesellschaft möglich sind, und um Handlungen der Geschäftsführung, deren Beurteilung viel mehr vom Ermessen abhängt und bei denen auch erhebliche Gründe für eine baldige Klarstellung der Verantwortlichkeit sprechen.

Mit dem befristeten Verzichtsverbot des Satz 3 verlor auch der alljährliche Entlastungsbeschluß der Hauptversammlung die Bedeutung eines Verzichts auf Ersatzansprüche, vgl. die Erl. zu § 120. BGH 29, 385 hat aber der im Rahmen eines Rückerstattungsvergleichs *von allen Aktionären erklärten Entlastung* die Bedeutung eines Verzichts auf Ersatzansprüche beigemessen. Das ist insoweit richtig, als bei einer Mitwirkung aller Aktionäre von dem Erfordernis eines Hauptversammlungsbeschlusses abgesehen werden kann, vgl. auch Anm. 32. Die Verzichtswirkung der Entlastung erstreckt sich aber regelmäßig nur, worauf auch der BGH S. 391 hinweist, auf bekannte oder erkennbare Tatbestände (BGH NJW 59, 192 für die GmbH). Im übrigen hat auch die einstimmige Entlastung nur die Verzichtswirkung, wenn sie nach Ablauf der dreijährigen *Sperrfrist* erklärt wird, denn diese dient nicht dem Schutze der Minderheit (so anscheinend der BGH), sondern dem der Gesellschaft und ist deshalb *unverzichtbar.* Der BGH geht auf diese Frage nicht ein.

Das *neue* Gesetz hat die Möglichkeit eines Verzichts oder Vergleichs teils erleichtert, teils erschwert. *Erleichtert* dadurch, daß es die Sperrfrist von 5 Jahren auf 3 Jahre herabgesetzt hat. Das ist aus den in der Amtl. Begr. angegebenen Gründen zu billigen. Die Vorschrift soll eine Verfügung über den Schadensersatzanspruch verhindern, wenn sich das Ausmaß des Schadens noch nicht überblicken läßt. Dafür reichen aber 3 Jahre aus. Auch die 5jährige Verjährungsfrist des Abs. 6 macht einen früheren Ablauf der Sperrfrist notwendig. Eine *Erschwerung* des Verzichts oder Vergleichs liegt in der Herabsetzung der *Minderheit,* deren Widerspruch ihn verhindern kann, von 20 auf 10% des Grundkapitals. Die Gründe hierfür liegen einmal in der allgemeinen Tendenz des neuen Gesetzes zur Verstärkung der Minderheitsrechte, sodann darin, daß eine Angleichung an die nach § 147 zur Geltendmachung von Ersatzansprüchen erforderliche Minderheit von 10% zweckmäßig ist, vgl. die Amtl. Begr. Nicht übernommen hat das Gesetz die Bestimmung des RegEntw., wonach unabhängig von der Höhe des Grundkapitals ein Nennbetrag von 2 Millionen DM für den Widerspruch genügt, vgl. dazu § 50 Anm. 1 und ausführlich Baumbach-Hueck § 50 Anm. 2, 3.

Der *Begriff des Verzichts oder Vergleichs* ist derselbe wie im bürgerlichen Recht, s. dazu § 50 Anm. 4—6. *Die Dreijahresfrist beginnt mit der Entstehung des Schadensersatzanspruchs.* Wie bei dieser beginnt die Frist mit der Entstehung des Anspruchs, § 198 BGB, vgl. unten die Erl. zu Abs. 6, Anm. 59.

Im übrigen wird wegen der Bedeutung der Vorschrift des Satzes 3 und der sie einschränkenden Vorschrift des *Satzes* 4, wonach die *zeitliche* Beschränkung nicht gilt, wenn der Ersatzpflichtige zahlungsunfähig ist und sich zur Abwendung oder Beseitigung des Konkurses mit seinem Gläubiger vergleicht, wegen der Notwendigkeit eines Beschlusses der Hauptversammlung und wegen des *Widerspruchsrechts einer Minderheit,* deren Anteile den zehnten Teil des Grundkapitals erreichen, wegen der erforderlichen Mehrheit, wegen des Stimmrechts der an dem Vergleich oder Verzicht beteiligten Aktionäre, ferner wegen der prozessualen Fragen auf § 50 Anm. 7—19 verwiesen.

Anm. 40

2. Die Beschränkung des Abs. 4 Satz 3 gilt nur für die Gesellschaft, *nicht für ihre Gläubiger*, die die Schadensersatzansprüche der Gesellschaft nach Abs. 5 geltend machen. Diese Gläubiger können auch vor Ablauf der Fünfjahresfrist und ohne Zustimmung der Hauptversmamlung auf den Anspruch verzichten oder sich über ihn vergleichen; sie sind daran auch nicht durch einen Widerspruch einer Minderheit verhindert. Verzicht und Vergleich wirken aber *nur im Verhältnis* zwischen dem einzelnen *Gläubiger* und dem von ihm in Anspruch genommenen Verwaltungsträger, nicht dagegen im Verhältnis zur Gesellschaft oder zu anderen Gläubigern der Gesellschaft, die sich an dem Vergleich oder Verzicht nicht beteiligt haben. Die Gesellschaft kann deshalb, wenn sie von dem verzichtenden oder sich vergleichenden Gläubiger in Anspruch genommen wird, diesem auch nicht entgegenhalten, daß er verzichtet oder sich verglichen habe; denn die Gesellschaft wird dadurch nicht benachteiligt, da sie trotz des Verzichts oder Vergleichs gegen das Organmitglied vorgehen kann.

Wegen Vergleichs und Verzichts bei *Konkurs der Aktiengesellschaft* vgl. unten Anm. 53.

Anm. 41

VIII. Keine Ansprüche der Aktionäre aus § 93

Die Ansprüche auf Schadensersatz wegen Pflichtverletzung der Verwaltungsträger sind Ansprüche der *Gesellschaft.* Denn sie beruhen auf einem Rechtsverhältnis zwischen der Gesellschaft und ihren Verwaltungsträgern; vgl. Anm. 3. Die Gesellschaft als eigene Rechtspersönlichkeit ist auch die Geschädigte, deshalb ist die Aktiengesellschaft auch diejenige Rechtspersönlichkeit, welche zur Geltendmachung der Ansprüche (neben den Gläubigern, vgl. Abs. 5) befugt ist. *Die einzelnen Aktionäre als solche oder die Aktionäre in ihrer Zusammenfassung können nicht die Schadenserstzansprüche der Gesellschaft in eigenem Namen oder für die Gesellschaft geltend machen.* Sie können weder Zahlung an sich selbst noch an die Gesellschaft verlangen. Es gibt neben der Aktiengesellschaft keine Gesamtheit der Gesellschafter als selbständiges Rechtssubjekt, RG 63, 203.

Die Aktionäre können auch nicht persönlich Ansprüche gegen die Verwaltungsträger mit der Begründung herleiten, daß durch die mangelhafte Verwaltung das Gesellschaftsvermögen gemindert und damit auch ihre Aktien entwertet seien, RG 115, 289. Die Ansprüche aus der Verletzung der Pflichten der Verwaltungsträger sind im Aktiengesetz *erschöpfend* geregelt. Die Aktionäre können ihre Belange *als Gesellschafter* nur in den durch das Aktiengesetz gegebenen Formen wahren. Dies geschieht durch Ausübung des Stimmrechts; bei Geltendmachung von Schadensersatzansprüchen nach der besonderen Vorschrift des § 147. Diese Bestimmung wäre überflüssig und unverständlich, wenn die einzelnen Aktionäre Ansprüche auf Grund von Pflichtverletzungen der Verwaltungsträger im Sinne des § 93 geltend machen könnten. Ein allgemeiner Rechtssatz, nach dem jeder einem anderen für vorsätzliche oder fahrlässige Vermögensbeschädigung haftet, besteht nicht, RG 51, 93; RG in HRR 1936 Nr. 350. Wegen einer Haftung *auf Grund unerlaubter Handlung* vgl. Anm. 65ff.

In dem besonderen Fall des § 101 Abs. 1 und 2 hatte schon das AktG 1937 einen *eigenen Schadensersatzanspruch des einzelnen Aktionärs* gegen die Verwaltungsmitglieder eingeführt. Dieser Anspruch ist im neuen Gesetz, § 117 Abs. 1 Satz 2, dahin klargestellt, daß er sich auf den unmittelbaren Schaden des Aktionärs beschränkt. Die gesamtschuldnerische Haftung der Verwaltungsmitglieder ergibt sich aus Abs. 2 Satz 1. Einen eigenen Ersatzanspruch des Aktionärs für seinen unmittelbaren Schaden sowohl gegen die Verwaltungsmitglieder der herrschenden wie auch der eigenen, abhängigen Gesellschaft haben auch § 317 Abs. 3 i. V. m. Abs. 1 Satz 2 und § 318 für den sog. faktischen Konzern geschaffen. Darüber hinaus gibt das neue Gesetz sowohl im faktischen wie im Vertragskonzern dem einzelnen Aktionär das Recht, den Ersatz des der Gesellschaft entstandenen Schadens an diese zu verlangen, §§ 309 Abs. 4 Satz 1 und 2, 310 Abs. 4, 317 Abs. 4, 318 Abs. 4, s. die Erl. zu diesen Vorschriften und zu § 117.

Anm. 42

IX. Die Rechte der Gesellschaftsgläubiger, Abs. 5 S. 1—3

1. *Der Ersatzanspruch der Gesellschaft kann auch von den Gläubigern der Gesellschaft geltend gemacht werden, soweit sie von dieser keine Befriedigung erlangen können,* Abs. 5 Satz 1. Durch die Fassung der Bestimmung in § 84 AktG 1937, die an Stelle des Abs. 4 des § 241 HGB getreten ist und die das neue Gesetz unverändert übernommen hat, ist klar zum Ausdruck gebracht, daß der Gläubiger nur den Ersatzanspruch *der Gesellschaft* und nicht einen in seiner Person entstandenen *besonderen* Schadensersatzanspruch geltend macht. Er übt eine ihm durch besondere gesetzliche Vorschrift eingeräumte Befugnis aus, einen Anspruch eines Dritten, seines Schuldners, in eigenem Interesse zu verfolgen. Ohne diese besondere aktienrechtliche Vorschrift könnte der Gläubiger nur von den allgemeinen Rechtsbehelfen des Gläubigers gegen den Schuldner Gebrauch machen. Er könnte gegen die Aktiengesellschaft als Schuldner einen vollstreckbaren Titel erwirken und auf Grund desselben den Anspruch der Gesellschaft gegen das schuldige Vorstandsmitglied pfänden und sich zur Einziehung überweisen lassen. Von dieser Befugnis könnte er auch jetzt Gebrauch machen. Der Gläubiger müßte sich dann aber auch alle Einwendungen gefallen lassen, die der verklagte Verwaltungsträger *der Gesellschaft* entgegenhalten könnte, so den Einwand, daß seine Handlung auf einem gesetzmäßigen Beschluß der Hauptversammlung beruhe, Abs. 4 Satz 1, oder daß die Gesellschaft in den Schranken des Abs. 4 Satz 3 einen Verzicht erklärt oder einen Vergleich geschlossen habe. Er könnte aber auch in anderen Fällen als denen des Abs. 3 die Ersatzansprüche der Gesellschaft verfolgen, also auch dann, wenn sie nur auf leichter Pflichtverletzung beruhen.

Das *Verfolgungsrecht* ist zu vergleichen dem Rechte des Gläubigers einer Kommanditgesellschaft, den Kommanditisten bis zur Höhe seiner Einlage unmittelbar in Anspruch zu nehmen, § 171 HGB, oder dem Rechte der Gläubiger der Aktiengesellschaft, die Aktionäre, die entgegen den Vorschriften des Aktiengesetzes Zahlungen von der Gesellschaft empfangen haben, unmittelbar haftbar zu machen, § 62 Abs. 2.

Bei dem Anspruch der Gläubiger aus § 93 Abs. 5 handelt es sich um ein aus besonderen Gründen geschaffenes Recht. Es kann nicht auf andere Personen und auf andere Ansprüche, weder auf der Gläubiger- noch auf der Schuldnerseite, ausgedehnt werden.

Das Verfolgungsrecht ist auf die Geltendmachung des Ersatzanspruchs und Befriedigung daraus beschränkt. Verzichtet der Gläubiger auf den Anspruch oder vergleicht er sich darüber, so wirkt das nur ihm gegenüber, nicht gegenüber der Gesellschaft und den anderen Gläubigern.

Auch die neuen *Konzernhaftungsvorschriften*, s. Anm. 1 Abs. 2, enthalten ein dem Abs. 5 ähnliches Verfolgungsrecht der Gläubiger, §§ 309 Abs. 4 S. 3—5, 310 Abs. 4, 317 Abs. 4, 318 Abs. 4.

Anm. 43

2. Den Anspruch der Gesellschaft auf Schadensersatz kann jeder Gläubiger der Gesellschaft geltend machen. Es ist dabei *gleichgültig, auf welchem Rechtsgrund die Gesellschaftsschuld beruht.* Sie kann auch darauf beruhen, daß die Gesellschaft für Schaden haftet, den der Vorstand, ein Vorstandsmitglied oder ein anderer satzungsmäßiger Vertreter durch eine in Ausführung der ihm zustehenden Verrichtungen begangene, zum Schadensersatz verpflichtende Handlung einem Dritten zugefügt hat, §§ 31, 831 BGB. Regelmäßig besteht dann aber auch ein unmittelbarer Anspruch des Dritten aus unerlaubter Handlung, §§ 823 ff. BGB, gegen das Organmitglied.

Anm. 44

3. *Gleichgültig ist, ob die Schuld der Gesellschaft schon zur Zeit der pflichtwirdigen Handlung der Verwaltungsträger oder der Entstehung des Schadens bestand oder ob sie später entstanden ist.* Denn jeder — auch ein künftiger — Gläubiger kann durch die pflichtwidrige Handlung des Verwaltungsträgers gefährdet werden. Mit Recht weist Brodmann HGB § 241

Anm. 4b darauf hin, daß der Gesellschaftsgläubiger nur ein zum Gesellschaftsvermögen gehöriges Aktivum geltend macht, und daß derjenige, der der Gesellschaft Kredit gewährt oder sonst ihr Gläubiger wird, keinen Anlaß hat, auf dieses Aktivum als Befriedigungsmittel zu verzichten. Durch die Gewährung des unmittelbaren Zugriffsrechts der Gesellschaftsgläubiger sollte im Interesse der Gläubiger die Erfüllung der Schadensersatzpflicht der Verwaltungsträger gesichert werden. Die Gläubiger sollten gegen die gerade in den Fällen der §§ 62, 93 naheliegende Gefahr geschützt werden, daß die Ansprüche nicht beigetrieben werden, weil die Gesellschaft und die Gesellschaftsorgane daran kein Interesse haben, RG 63, 210. Auch derjenige, der erst später Gläubiger geworden ist und *von einer Pflichtverletzung eines Verwaltungsträgers Kenntnis hatte*, braucht nicht anzunehmen, daß die Vermögensbeschädigung der Gesellschaft dauernd sei und daß ihr ein Ersatzanspruch nicht gegenüberstehe.

Anm. 45

4. Der Anspruch des Gesellschaftsgläubigers gegen den Verwaltungsträger besteht nur *in Höhe seiner eigenen Forderung* gegen die Gesellschaft, aber einschließlich der damit verbundenen Nebenforderungen, so wie sie auch gegen die Gesellschaft geltend gemacht werden könnten (Kosten, Zinsen).

Da der Gesellschaftsgläubiger nur den Anspruch der Gesellschaft geltend macht, kann er von dem Verwaltungsträger nicht mehr fordern, als die Gesellschaft selbst verlangen könnte. *Die Forderung der Gesellschaft bildet die Höchstgrenze seines Zahlungsanpsruchs.* Da ihm das Recht auf unmittelbare Zahlung nur zum Zwecke der Befriedigung seiner Forderung an die Gesellschaft eingeräumt ist, kann er aus Abs. 5 nicht auf Zahlung an die Gesellschaft, sondern nur *an sich selbst* klagen. Was er so zum Zwecke seiner Befriedigung erlangt, kann er auch zu diesem Zwecke verwenden und braucht es weder an die Gesellschaft noch an andere Gesellschaftsgläubiger abzuführen. Erlangt er mehr als er zu fordern hat, etwa weil seine Forderung inzwischen in anderer Weise ganz oder teilweise befriedigt worden oder aus einem anderen Grunde erloschen ist, so muß er das zuviel Erhaltene nach den Grundsätzen über ungerechtfertigte Bereicherung, §§ 812ff. BGB, an die Aktiengesellschaft herausgeben. Nicht erforderlich ist, daß die Schuld der Gesellschaft durch Urteil oder in anderer Weise durch einen Vollstreckungstitel festgestellt ist. Der Gläubiger kann den Nachweis des Bestehens seiner Forderung im Prozeß gegen den Verwaltungsträger führen.

Anm. 46

5. Die *Unmöglichkeit der Befriedigung des Gläubigers durch die Gesellschaft* gehört zum Tatbestand des Rechtes zur unmittelbaren Inanspruchnahme des schuldigen Verwaltungsträgers. Diese *Unmöglichkeit* muß der Gläubiger *beweisen*. Nicht erforderlich ist, daß er einen vergeblichen Vollstreckungsversuch gemacht hat. Er kann den Beweis auch in anderer Weise erbringen.

Anm. 47

6. *Nachweis der Voraussetzungen des Schadensersatzanspruchs.* Da der Gläubiger nur den Anspruch der Gesellschaft geltend macht, sind an den Nachweis dieselben, aber keine höheren Anforderungen zu stellen, wie wenn die Gesellschaft selbst klagen würde. Es gelten namentlich die für den Anspruch der Gesellschaft aufgestellten Beweisregeln, insbesondere auch die sich aus der Rechenschaftspflicht des Vorstandes ergebende Beweislast des Verwaltungsträgers, vgl. Anm. 17, 27. Die Verwaltungsträger können die ihnen *gegen die Gesellschaft* zustehenden *Einwendungen* nur erheben, soweit das Aktiengesetz sie gegen die Gläubiger nicht ausschließt, vgl. Anm. 50, 51. Sie können mit Gegenforderungen gegen den Gläubiger aufrechnen und sonstige ihnen oder der Gesellschaft gegen den Gläubiger zustehende Einwendungen erheben.

Der klagende Gläubiger muß danach dartun: 1. daß ihm ein Anspruch gegen die Gesellschaft zusteht, 2. daß er von der Gesellschaft keine Befriedigung erlangen kann, 3. daß der Gesellschaft ein Schadensersatzanspruch gegen den Verwaltungsträger aus Verletzung seiner Amtspflichten zusteht.

Anm. 48

7. Zwischen dem ersatzpflichtigen Organ und der Gesellschaft besteht *kein Gesamtschuldverhältnis.* Insbesondere kommt eine Ausgleichspflicht nach § 426 BGB zwischen ihnen nicht in Betracht.

Zwischen der Gesellschaft und den Gesellschaftsgläubigern besteht auch *keine Gesamtgläubigerschaft* (ebenso Godin-Wilhelmi 28; Ritter 9a; Baumbach-Hueck 16; a. M. Schlegelberger-Quassowski 22; Teichmann-Köhler 5c; RGZ 74, 429). Der Gläubiger hat keine eigene Forderung gegen das Organ, er verfolgt nur die Forderung der Gesellschaft. Der Anspruch der Gesellschaft besteht neben dem Gläubigeranspruch weiter, RG 63, 210. Er geht nicht etwa auf die Gläubiger über, auch nicht, wenn die Gesellschaft zahlungsunfähig geworden ist. Bei Vorhandensein mehrerer unbefriedigter Gläubiger wäre auch nicht erkennbar, wie der Forderungsübergang sich vollziehen sollte. Der einzelne Gläubiger kann sich dadurch einen Vorrang vor anderen Gläubigern verschaffen, daß er den Anspruch in Höhe seiner Forderung pfändet. Geschieht dies nicht, so können die Gesellschaft und die Gläubiger den Anspruch nebeneinander geltend machen. Die Gesellschaft hat *keinen Vorrang* vor den Gläubigern. Wenn sie diese nicht befriedigt und befriedigen kann, so muß sie ihnen nach der besonderen Vorschrift des Abs. 5 gestatten, die Forderung *in Höhe ihres Anspruchs* für sich einzuziehen.

Anm. 49

8. Die Zahlung an die Gesellschaft oder einen der Gläubiger befreit das Vorstandsmitglied gegenüber allen. Das Vorstandsmitglied kann auch an jeden der *mehreren Gläubiger* ohne Rücksicht auf die Reihenfolge ihrer Meldung oder ihrer Klagen zahlen. Auch nach Erwirkung eines Urteils durch einen Gläubiger kann es an einen anderen, der Zahlung verlangt, oder an die Gesellschaft mit befreiender Wirkung zahlen. Es empfiehlt sich daher, ein vorläufig vollstreckbares Urteil zu vollziehen. Die *Einrede der Rechtshängigkeit* könnte einer zweiten Klage von dem verklagten Vorstandsmitglied nicht entgegengehalten werden, wie Godin-Wilhelmi 28 und Schlegelberger-Quassowski 22 annehmen, da jeder der Gläubiger ein selbständiges Klagerecht hat und keine Identität der Parteien besteht. Der Beklagte kann zwar Aussetzung des Verfahrens beantragen. Doch hat er hierauf keinen Rechtsanspruch. Hat ein Gläubiger vollstreckt, so kann der Schuldner in Höhe des beigetriebenen Betrages der Vollstreckung eines anderen mit der Vollstreckungsgegenklage begegnen, § 767 ZPO.

Das Vorstehende gilt auch, wenn gleichzeitig die Gesellschaft und ein Gläubiger klagen.

Anm. 50

9. Die Besonderheiten des Verfolgungsrechts der Gläubiger gegenüber dem Anspruch der Gesellschaft

a) Ein wesentlicher Unterschied besteht darin, daß der Verwaltungsträger dem Gläubiger gegenüber sich nicht darauf berufen kann, *daß er auf Grund eines Beschlusses der Hauptversammlung gehandelt hat,* Abs. 5 Satz 3 im Vergleich mit Abs. 4 Satz 1; vgl. auch Anm. 37.

Anm. 51

b) Den Gläubigern gegenüber wird die Ersatzpflicht nicht durch einen *Verzicht* oder *Vergleich* der Gesellschaft oder *eine Entlastung* der Verwaltungsträger durch die Hauptversammlung, vgl. Anm. 39, aufgehoben, Abs. 5 Satz 3. Dies gilt auch dann, wenn die Gesellschaft den Verzicht und Vergleich in den ihr in Abs. 4 Satz 3 gezogenen Schranken vorgenommen hat; also auch dann, wenn die daselbst vorgesehene Dreijahresfrist abgelaufen war, als die genannten Rechtshandlungen vorgenommen wurden. Abs. 5 Satz 3 macht seinem Wortlaute nach auch keine Ausnahme im Falle des Abs. 4, der die Gesellschaft selbst nicht an die zeitliche Beschränkung bindet, wenn der *Ersstzpflichtige zahlungsunfähig* ist und sich zur Abwendung oder Beseitigung des Konkursverfahrens mit seinen Gläubigern vergleicht. Es erhebt sich aber die Frage, ob die Vorschrift des Abs. 4 Satz 4 nicht auch den Gläubigern gegenüber sinngemäß anzuwenden ist. Der gesetzgeberische Grund für die Ausnahme des Abs. 4 Satz 4, daß es im Interesse der Gesellschaft liegt, sich mit einem zahlungsunfähig gewordenen Schuldner alsbald zu vergleichen, und daß auch die Sanierung eines Schuldners, insbesondere durch Zwangsvergleich im Konkurs- oder Vergleichsverfahren im Allgemeininteresse erwünscht ist, und insbesondere im Zwangsvergleich eine allgemeine Bereinigung der Schulden nötig ist, spricht für die sinngemäße Anwendung des Abs. 4 Satz 4 auch gegenüber den Gläubigern der Gesellschaft. Andernfalls würden die Gläubiger einer Aktiengesellschaft bevorzugt. Dies würde aber dem Wesen des Zwangsvergleichs widersprechen. Auch würde dadurch das Zustandekommen von Zwangsvergleichen erschwert werden (a. M. Schlegelberger-Quassowski 26).

Anm. 52

c) *Die Beschränkung des unmittelbaren Verfolgungsrechts der Gläubiger nach dem Grade des Verschuldens der Verwaltungsträger.* Nach § 241 Abs. 4 Satz 1 HGB bestand das unmittelbare Verfolgungsrecht nur in den Fällen des Abs. 3 des § 241 HGB. Durch § 84 Abs. 5 Satz 2 des Aktiengesetzes von 1937 wurde dieses Recht erweitert; in anderen Fällen als denen des Abs. 3 besteht es jedoch nur dann, wenn die Vorstandsmitglieder die *Sorgfaltspflicht* eines ordentlichen und gewissenhaften Geschäftsleiters *gröblich verletzt* haben. Durch die Ausdehnung des Verfolgungsrechts erübrigt sich vielfach die Entscheidung der Frage, ob einer der Fälle des Abs. 3 oder eine Verletzung der allgemeinen Sorgfaltspflicht vorliegt. Gröbliche Pflichtverletzung ist gleich der groben Pflichtverletzung nach §§ 27, 712 BGB, § 117 HGB, § 84 Abs. 3 AktG. Grobe Fahrlässigkeit, z. B. im Sinne von § 617 oder § 723 BGB, genügt allein nicht (anders Godin-Wilhelmi 29; Baumbach-Hueck 15). Es würde der Stellung des Vorstands nach dem Aktiengesetz nicht entsprechen, wenn er auch wegen geringer Schädigungen der Gesellschaft von deren Gläubigern unmittelbar in Anspruch genommen werden könnte. Es muß daher das Vorliegen einer nicht ganz unerheblichen Schädigung und zugleich eine schwere Verletzung der dem Geschäftsleiter obliegenden Sorgfaltspflicht verlangt werden.

Anm. 53

X. Die Verfolgung der Schadensersatzansprüche im Konkurs der Aktiengesellschaft, Abs. 5 S. 4

1. *Ist über das Vermögen der Gesellschaft das Konkursverfahren eröffnet, so übt während dessen Dauer der Konkursverwalter das Recht der Gläubiger gegen die Vorstandsmitglieder aus.* Die Bestimmung wurde in das Aktiengesetz von 1937 neu aufgenommen. Das HGB enthielt nur in § 217 Abs. 2 die Vorschrift, daß das in Abs. 1 daselbst geordnete Recht der Gesellschaftsgläubiger, die Aktionäre, die entgegen den Vorschriften des Aktienrechts Zahlungen empfangen haben, unmittelbar in Anspruch nehmen, vgl. jetzt § 62 Abs. 2 Satz 2, während der Dauer des Konkursverfahrens durch den Konkursverwalter ausgeübt wird. Eine ähnliche Bestimmung enthält § 171 Abs. 2 HGB für das nach § 171 Abs. 1 bestehende Recht der Gläubiger einer Kommanditgesellschaft, die Kommanditisten bis zur Höhe ihrer Einlage unmittelbar haftbar zu machen. Die Rechtsprechung hatte schon vor dem AktG 1937 angenommen, daß die Vorschriften des § 171 Abs. 2, § 217 Abs. 2 HGB auch auf die Ansprüche gegen die Vorstandsmitglieder aus Verletzung ihrer Pflichten anzuwenden sind, RG 39, 64; 74, 429; RG in JW 1900, 661[13]; 1911, 223[25]; 1930, 3730[1]. Der *Konkursverwalter* hat danach das *alleinige Recht*, die Schadensersatzansprüche gegen die Verwaltungsträger gerichtlich und außergerichtlich geltend

zu machen. Er kann in den von einem Gläubiger eingeleiteten *Prozeß eintreten.* Nur er kann ihn fortführen, da er während des Konkurses die Rechte der Gläubiger wie auch die des Gemeinschuldners ausübt. Der einzelne Gläubiger, der jetzt noch klagen wollte, würde ein ihm nicht zustehendes Aussonderungsrecht geltend machen; er wäre mangels Sachbefugnis abzuweisen, RG 74, 428. Tritt der Konkursverwalter kraft der auf ihn übergangenen Sachberechtigung, RG 84, 242; RG in JW 1930 S. 3730[1], in den Rechtsstreit ein, so nimmt er die Stellung des *Rechtsnachfolgers* des bisherigen Klägers im Sinne des § 325 ZPO ein.

Da der Konkursverwalter auch die Rechte der Konkursgläubiger wahrzunehmen hat, kann der Beklagte sich auch ihm gegenüber *nicht darauf berufen,* daß seine Handlung auf einem Beschluß der Hauptversammlung beruhe oder daß die Gesellschaft wirksam auf den Anspruch verzichtet oder sich mit ihm darüber verglichen habe, Abs. 5 Satz 3. Ebensowenig kann er sich auf einen Vergleich mit einem einzelnen Gläubiger berufen, wohl aber auf eine Befreiung von der Schuld durch eine rechtmäßige Leistung an den Gläubiger. Endet der Konkurs vor Beendigung des Rechtsstreits, so geht damit die Sachberechtigung des Konkursverwalters zu Ende und die des Gläubigers tritt wieder ein. Ist der Rechtsstreit vorher rechtskräftig entschieden, so gilt dies auch für den Gläubiger, vgl. RG in JW 1935, 3301. Die *Rechtskraft* des Urteils wirkt dann für und gegen *alle* Gläubiger, da der Konkursverwalter für *alle* tätig geworden ist. Ein *Vergleich,* den der Konkursverwalter während der Dauer des Verfahresn abschließt, wirkt für die Konkursmasse und für und gegen alle Einzelgläubiger, RG 39, 64; 63, 203; 74, 429; 84, 251. Der einzelne Gläubiger kann während der Dauer des Konkursverfahrens auch dann nicht klagen oder einen von ihm eingeleiteten Rechtsstreit fortsetzen, wenn der Konkursverwalter nach Prüfung der Sachlage die Verfolgung des Anspruchs ablehnt. Auch dann liegt in der Klage eine Verfügung über den Anspruch, die nur dem Konkursverwalter zusteht, RG 74, 429. Der einzelne Gläubiger muß warten, bis das Konkursverfahren beendigt ist. Darüber hinaus kann ihn der Konkursverwalter nicht von der Verfolgung des Anspruchs abhalten.

Die Eröffnung des Konkursverfahrens über das Vermögen der Gesellschaft hat auch für die von den Gläubigern anhängig gemachten Prozesse die Wirkung, daß das *Verfahren* in sinngemäßer Anwendung des § 240 ZPO *unterbrochen* wird.

Anm. 54

2. Die Vorschrift des § 93 Abs. 4 Satz 3, wonach die Gesellschaft erst nach drei Jahren seit Entstehung des Anspruchs und nur mit Zustimmung der Hauptversammlung und mangels des Widerspruchs einer Minderheit mit Anteilen von einem Zehntel des Grundkapitals *verzichten* oder sich *vergleichen* kann, gilt für den *Konkursverwalter nicht;* ebenso Schlegelberger-Quassowski 18; Godin-Wilhelmi 30; Baumbach-Hueck 18. Er bedarf auch keiner Mitwirkung der Gesellschaftsorgane, RG 76, 246; 127, 198.

Ein *Verzicht* auf den Anspruch liegt regelmäßig nicht im Aufgabenkreis des Konkursverwalters. Anders wenn dadurch die Verwertung der Masse und der *Konkurszweck* gefördert wird, z. B. im Zusammenhang mit einem Vergleich über mehrere Ansprüche. Dies kann insbesondere der Fall sein, wenn durch den Vergleich auch streitige Gegenansprüche beseitigt werden sollen, und deshalb auf einen Schadensersatzanspruch verzichtet wird, RG 62, 203. Dabei genügt es, daß der Konkursverwalter den Verzicht im Rahmen des Konkurszweckes subjektiv für geboten hielt. Darauf, daß er objektiv geboten war, kommt es nicht an. Zu einem Verzicht außerhalb des Konkurszweckes ist der Konkursverwalter aber nicht befugt. Die Vorstandsmitglieder sind auch nicht Dirtte, die sich auf eine unbeschränkte Vertretungsmacht des Konkursverwalters berufen könnten.

Anm. 55

XI. Verjährung, Abs. 6

1. *Literatur:* Rospatt BankArch. 31, 496. Die Verjährung umfaßt alle Ansprüche, die auf einer Verletzung der Pflichten der Gesellschaftsorgane nach Abs. 1 beruhen, mögen sie ihnen durch das Aktiengesetz oder die Satzungen auferlegt oder von ihnen in Erweiterung dieser Pflichten durch den Dienstvertrag übernommen sein. Im Falle der *Erweiterung* der Pflichten und der Haftung, z. B. bei vertragsmäßiger Übernahme der Erfolgshaftung, ist die Anwendung dieser Verjährungsbestimmungen als stillschweigend vereinbart anzusehen, wenn die Tatumstände nicht etwas anderes ergeben. Die kurze Verjährungsfrist gilt auch bei vorsätzlicher und böswilliger Zuwiderhandlung gegen die übernommenen Amtspflichten, denn auch in diesem Falle handelt es sich um einen Anspruch aus § 93, RG 87, 306; RG bei Holdh. 25, 43; RG in JW 1916, 129[13].

Anm. 56

Neben der Verjährung aus Abs. 6 *läuft nicht noch eine besondere Verjährung aus unerlaubter Handlung* nach § 852 BGB; auch dann nicht, wenn die Verletzung der Sorgfaltspflicht zur Verstärkung des durch § 93 erstrebten Schutzes mit öffentlicher Strafe bedroht ist, wie in §§ 399ff. Auch dann richtet sich die Verjährung ausschließlich nach Abs. 6. Diese Bestimmung enthält eine *Sonderregelung*, schließt also, *soweit der Tatbestand des* § 93 *gegeben ist*, die Anwendung des § 852 BGB aus. Erfüllt dagegen die Handlung des Vorstandsmitgliedes ohne Rücksicht auf diese seine Eigenschaft selbständig den Tatbestand einer unerlaubten Handlung, so gilt für diesen Tatbestand die Verjährungsfrist für unerlaubte Handlungen. Diese Selbständigkeit besteht nur, wenn eine unerlaubte Handlung auch vorliegen würde, sofern ein anderer als ein Verwaltungsträger der Gesellschaft die Handlung begangen hätte (z. B. Diebstahl), RG 87, 306 für § 41 Abs. 4 GenG. Dann laufen beide Verjährungen nebeneinander her. Die Verjährung aus unerlaubter Handlung beginnt erst mit der Kenntnis des Verletzten von dem Schaden und der Person des Ersatzpflichtigen, läuft aber regelmäßig nur 3 Jahre, § 852 BGB, während es für die Verjährung aus § 93 Abs. 6 auf den Zeitpunkt der Entstehung des Anspruchs ankommt (Anm. 59).

Beruht der Anspruch der Gesellschaft gegen das Vorstandsmitglied auf einem *anderen selbständigen Tatbestand*, der eine längere oder kürzere Verjährungsfrist als die des § 93 Abs. 6 oder des § 852 BGB vorsieht, z. B. ein Kaufpreisschuld (RG 156, 296 = JW 38, 516 m. Anm. v. Ruth), so ist die für diesen Tatbestand gegebene Verjährungsfrist anwendbar, RG 96, 55; vgl. auch RG 98, 31.

Anm. 57

Zweifelhaft ist, ob bei der Haftung aus § 93 nach Ablauf der Verjährungsfrist des Abs.6 noch die Herausgabe desjenigen, was ein Vorstandsmitglied durch Verletzung seiner Vorstandspflichten erlangt hat, z. B. überhöhte Gehalts- und Gewinnbezüge, nach den Vorschriften über die *ungerechtfertigte Bereicherung*, §§ 812ff. BGB verlangt werden kann: Sieht man als Zweck der kurzen Verjährung an, im Interesse der Gesellschaft selbst und im Interesse des Rechtsfriedens zwischen der Gesellschaft und ihren leitenden Personen die Feststellung weit zurückliegender Tatbestände und darauf gestützter Ansprüche gegen Verwaltungsmitglieder zu vermeiden, so müssen auch Ansprüche aus einer ungerechtfertigten Bereicherung ausgeschlossen sein, die auf einer Sorgfaltspflichtverletzung der Verwaltungsmitglieder beruht. Denn ausgeschlossen ist eine Bereicherungsanspruch allgemein, wenn er dazu dienen soll, einen Rechtsverlust wettzumachen, der mit Rücksicht auf die Verkehrssicherheit vom Recht zum Untergang gebracht worden ist; damit würde der Zweck dieses Ausschlusses, nach gewisser Zeit Ruhe zu schaffen, vereitelt werden, RGR-Komm., Vorbemerkung 36 vor § 812 BGB mit Nachweisen der Rechtsprechung, RG 70, 352; 128, 211; 135, 347 (Verjährung des Wandelungsanspruchs), abweichend RG 71, 358. Der Zweck des Abs. 6 spricht für die Anwendung dieses Grundsatzes. Demgegenüber hat sich das Reichsgericht in SeuffArch. Bd. 92 Heft 12 = JW 1938, 2413[22] auf den Standpunkt gestellt, daß § 241 Abs. 5 HGB (= § 84 Abs. 6 HGB) nach seinem Wortlaut auf die Verjährung von Schadensersatzansprüchen beschränkt sei und Bereicherungsansprüche nicht ausschließe (ebenso Godin-Wilhelmi 31; Schlegelberger-Quassowski 19; Teichmann-Köhler 6; Baumbach-Hueck 19). Liegt aber eine selbständige unerlaubte Handlung i. S. des Anm. 56 Gesagten vor, so gilt § 852 Abs. 2 BGB. Was das Vorstandsmitglied durch diese unerlaubte Handlung auf

Kosten der Gesellschaft erlangt hat, muß es nach Vollendung der Verjährung — und zwar sowohl der des § 852 BGB wie der des § 93 Abs. 6 — nach Bereicherungsvorschriften herausgeben.

Anm. 58

Kann der Anspruch selbständig auf Vertragsverletzung, auf unerlaubte Handlung oder auf einen anderen Rechtsgrund gestützt werden, so hängt der Lauf der Verjährung davon ab, *auf welchem Rechtsgrund der Kläger die Klage stützt.* Bringt er alle möglichen Klagegründe vor, so kommt die Verjährungsbestimmung zur Anwendung, die ihm am günstigsten ist. Die Wahl steht nicht etwa dem Ersatzpflichtigen zu, RG 81, 271. Solange noch irgend eine Verjährungsfrist läuft, unter die der Anspruch fällt, ist er nicht verjährt, RG 96, 56.

Anm. 59

2. *Beginn der Verjährung.* Die Verjährung des Anspruchs aus § 84 beginnt mit der *Entstehung des Anspruchs,* § 198 BGB, nicht wie Schlegelberger-Quassowski, § 84 Anm. 19, annehmen, mit der Vornahme der pflichtwidrigen Handlung. Die Entstehung des Anspruchs kann zwar mit dieser Handlung zusammenfallen, so wenn eine der in Abs. 3 genannten Handlungen ausgeführt, z. B. einem Zahlungsunfähigen Kredit gegeben wird. Der Anspruch kann aber auch später entstehen, wenn die Handlung erst später eine schädigende Wirkung ausübt. Nach der Rechtsprechung des Reichsgerichts ist der Anspruch in dem Augenblick entstanden, in dem der Schuldner rechtlich auf ein Tun oder Unterlassen in Anspruch genommen werden kann; es genügt nach der Rechtsprechung aber zur Ingangsetzung der Verjährungsfrist das Bestehen der *Möglichkeit,* eine die Verjährung unterbrechende *Feststellungsklage zu erheben,* RG 83, 345 = JW 1914, 310; RG in JW 1932 S. 1648[2], RG Urt. vom 9. 10. 1936 II 43/36, teilweise abgedruckt RG 152, 273 = JW 1937, 683 mit Anm. v. Ruth; vgl. auch Ruth, Der Einfluß der Feststellungsklage auf die Verjährung in ArchBürgR 42, 253.

Die gerichtliche *Feststellung* einer Schadensersatzpflicht kann begehrt werden, wenn irgend ein Schaden schon entstanden ist, dieser jedoch noch nicht der Höhe nach feststellbar ist, so daß die Leistungsklage auf Ersatz des vollen Schadens nicht möglich ist, etwa deshalb, weil die volle Höhe des Schadens noch nicht übersehbar ist oder weil es sich um einen noch in der Entwicklung begriffenen Schaden handelt, RGVZ in RG 21, 382; 23, 347; 152, 273; Godin-Wilhelmi 31; Baumbach-Hueck 19. Von dieser Klage zu unterscheiden ist die prozeßrechtlich ebenfalls zulässige *Klage auf Feststellung der Verpflichtung zum Ersatz eines erst in der Zukunft zu erwartenden Schadens.* Diese ist zulässig, sobald die schadenstiftende Handlung begangen ist, wenn sie auch noch keinen Schaden verursacht hat. In diesem Falle ist die Verjährungsfrist noch nicht in Lauf gesetzt. Ist irgendein Schaden noch nicht entstanden, so kann von der Gesellschaft oder ihren Gläubigern nicht verlangt werden, daß sie eine die Verjährung unterbrechende Handlung vornehmen, RG 87, 306; Godin-Wilhelmi 31.

Zweifel können sich ergeben, wenn schädigende Folgen einer Handlung *nachträglich* auftreten oder wenn *zu den ursprünglichen Folgen neue* hinzutreten. Die herrschende Meinung nimmt an, daß der gesamte aus einer unerlaubten Handlung entstehende Schaden ein einheitliches Ganzes bildet. Sobald der Schaden auch nur *zum Teil* entstanden ist, beginnt die Verjährung des ganzen sich aus der Handlung entwickelnden Anspruchs. Die Einheitlichkeit des Schadens bleibt solange gewahrt, als die Schadensfolgen sich als eine nach den Anschauungen des Verkehrs möglicherweise zu erwartende Weiterentwicklung der zum Schadensersatz verbindenden Handlungen ansehen lassen. Nur wenn später aus der Handlung neue schädliche Folgen entstehen oder ersichtlich werden, die sich zuvor nicht voraussehen oder erwarten ließen, beginnt für diese eine besondere Verjährung; RGR-Komm. § 852 Anm. 7; Palandt § 198 Anm. 2, § 852 Anm. 2a; so auch die Rechtsprechung des Reichsgerichts für Schadensersatzansprüche gegen die Verwaltungsträger von juristischen Personen; RG 83, 354; 87, 306; RG in JW 1932, 1648[2], ferner das in Abs. 1 zit. Urteil vom 9. 10. 1936 II 43/36. Dieser Meinung wird unter Aufgabe der abweichenden Ansicht der Vorauflage gefolgt.

Anm. 60

Es besteht die Möglichkeit, daß ein erheblicher Schadensersatzanspruch verjährt, weil die zur Verfolgung berufenen Organe davon *keine Kenntnis* gehabt haben. Diese Folge tritt aber auch bei anderen kurzen Verjährungen von Schadensersatzansprüchen ein, so bei der Gründerhaftung, § 51. Die Folge ist vom Aktiengesetz bewußt in Kauf genommen worden. Dem etwa entstehenden Nachteil steht der Vorteil gegenüber, der in der Schaffung baldiger Klarheit der Rechtsbeziehungen zwischen der Gesellschaft und ihren Organen liegt. Da das Gesetz andererseits durch die bestehenden weitgehenden Kontroll- und Prüfungsvorschriften, insbesondere die *Prüfung* der Jahresabschlüsse, dafür Sorge trägt, daß schwere Schädigungen aufgedeckt werden können und die Verjährungsfrist immerhin fünf Jahre beträgt, besteht auch für eine Verlegung des Verjährungsbeginns auf den Zeitpunkt der Kenntnis der zur Verfolgung der Schadensansprüche berufenen Gesellschaftsorgane kein erhebliches Bedürfnis. Soweit der Tatbestand einer selbständigen *unerlaubten Handlung* gegeben ist, läuft außerdem die Verjährung des § 852 BGB von der Kenntnis an. Bei Verschleierungen oder wissentlichem Zusammenwirken der schuldigen Organe zur Verhinderung rechtzeitiger Klage kann der Einrede der Verjährung auch mit der Gegeneinrede der Arglist entgegengetreten werden, RG 78, 389; 133, 39. Häufig wird in einer *Verschleierungshandlung* wieder eine neue Pflichtverletzung liegen, die den Lauf einer neuen Verjährungsfrist eröffnet.

Anm. 61

Jede wiederholte zum Schadensersatz verpflichtende Handlung unterliegt einer *besonderen Verjährung:* Der den besonderen Bedürfnissen des Strafrechts dienende Begriff der *fortgesetzten Handlung* gilt nicht für das Zivilrecht, RG 134, 335 = M u. W 1932, 141 = JW 1932, 939; RG in JW 1934, 1494. Andererseits beginnt die Verjährung nicht, solange die schadenbringende Handlung fortdauert; Godin-Wilhelmi 31. *War die Handlung innerhalb eines bestimmten Zeitraums vorzunehmen*, so ist die pflichtwidrige Handlung (Unterlassung) in der Regel vollendet, wenn sie in der späteren Zeit nicht mehr vorgenommen werden kann. Die Tätigkeit, die z. B. der Aufsichtsrat während des Geschäftsjahres zu entwickeln hat, die regelmäßige Überwachung der Geschäftsführung, ist danach zu unterscheiden von der Tätigkeit, die ihm bis zur nächsten Hauptversammlung obliegt, wie die Mitwirkung bei der Aufstellung des Jahresabschlusses. Die Verjährung eines Schadens, der aus der erstgenannten Tätigkeit geltend gemacht wird, *beginnt* deshalb regelmäßig mit dem *Ablauf des Geschäftsjahres*, wegen der nach dessen Ablauf zu entwickelnden Tätigkeit, spätestens mit der nächsten ordentlichen *Hauptversammlung*, die über die Entlastung beschließt und in der der Aufsichtsrat über seine Tätigkeit zu berichten hat, RG in JW 1934, 1925.

Anm. 62

Für die Gesellschaft, *den Konkursverwalter und die Gläubiger* beginnt die Verjährung *zur gleichen Zeit* mit der Entstehung des Anspruchs. Darauf, wann der Einzelne Gläubiger geworden ist, kommt es nicht an. Dies ergibt sich daraus, daß auch die Gläubiger (wie der Konkursverwalter) nur einen Anspruch der Gesellschaft geltend machen und sich die Einreden entgegenhalten lassen müssen, die dem Schuldner gegenüber der Gesellschaft zustehen.

Anm. 63

3. *Ob die von einem der zur Geltendmachung des Anspruchs Berechtigten*, vgl. Anm. 48, 49, *erwirkte Unterbrechung der Verjährung zugunsten der anderen wirkt*, ist bestritten. Nach einer Ansicht wird die Verjährung zugunsten aller Berechtigten durch Akte der Gesellschaft und gegenüber der Gesellschaft, außerdem durch Akte jedes einzelnen Gläubigers zu seinen eigenen Gunsten unterbrochen; nicht aber könne sich ein Gläubiger auf Akte stützen, die ein anderer Gläubiger unternommen habe, und nicht die Gesellschaft auf

Akte, die ein Gläubiger unternommen habe; wohl aber könne sich der *Konkursverwalter* auf Akte einzelner Gläubiger stützen (Baumbach-Hueck 19). Nach anderer Ansicht sind die Rechtssätze von der Gesamtforderung §§ 429, 425 BGB anzuwenden. Habe ein Gläubiger vor Ablauf der Frist Klage erhoben, so könne der Beklagte sich nicht darauf berufen, daß inzwischen im Laufe des Prozesses der Anspruch *der Gesellschaft* selbst verjährt sei. Noch weniger könne der Gläubiger, der die Verjährungszeit habe verstreichen lassen, für sich geltend machen, daß die Gesellschaft oder ein anderer die Verjährung unterbrochen habe. Denn diese Unterbrechung — wenigstens wenn es sich um eine solche durch Klage handle — wirke nur, wenn der eingeklagte Anspruch begründet sei; in diesem Falle könne ein anderer Gläubiger eine Forderung nur in Höhe eines etwaigen Überschusses geltend machen; insoweit sei aber durch jene Klage die Verjährung nicht unterbrochen worden, vgl. Brodmann § 241 HGB Anm. 5a. Nach Schlegelberger-Quassowski 19 wirkt die Unterbrechung und Hemmung grundsätzlich nur für und gegen den Gläubiger, in dessen Person sie eintritt; sei die Verjährung zugunsten eines Gläubigers unterbrochen, so wirke dies nicht für die Gesellschaft oder für andere Gläubiger, die die Verjährungsfrist versäumt haben.

Bei Beantwortung der Frage ist davon auszugehen, daß es sich bei der Einrede der Verjährung um einen gegen den sachlich-rechtlichen Bestand des Anspruchs gerichteten Einwand handelt. Mit der Einrede will der Schuldner durch einen rechtsvernichtenden Akt den Anspruch selbst zu Fall bringen. Hat die *Gesellschaft* selbst oder der *Konkursverwalter* die Verjährung unterbrochen, so ist der Einwand dem Schuldner für die Dauer der neuen Verjährungsfrist abgeschnitten. Diese Unterbrechung wirkt daher auch *für alle Gläubiger*. Auch der *einzelne Gläubiger* macht nur die Forderung der Gesellschaft geltend. Aus seinem selbständigen Verfolgungsrecht ergibt sich auch das Recht, eine Handlung vorzunehmen, durch die eine Einrede des Schuldners gegen die *Forderung*, nicht nur gegen denjenigen, der sie geltend macht, abgeschnitten wird. Daraus, daß der Gläubiger dabei in eigenem Interesse handelt, folgt nicht, daß die Unterbrechung nur für ihn wirkt. Er handelt mit seiner Unterbrechungshandlung auch im Interesse der Gesellschaft und der anderen Gesellschaftsgläubiger. Denn wenn er ein obsiegendes Urteil erzielt und Zahlung erhält, so wird dadurch zugleich die Gesellschaft von einer Schuld befreit und ihr übriges Vermögen dient den anderen Gläubigern als Befriedigungsmittel. Der einzelne Gläubiger besorgt damit auch die Geschäfte der Gesellschaft. Allerdings wirkt die Unterbrechung nur in *Höhe des eingeklagten Betrages*, und klagen kann der einzelne Gläubiger nur in Höhe seiner eigenen Forderung. Befriedigt er sich aus dem eingeklagten Betrag, so wirkt die Unterbrechung endgültig nur zu seinen Gunsten. Aber die einmal wirksam erfolgte Unterbrechung kann dann in Höhe des eingeklagten Betrages auch zu Gunsten der Gesellschaft oder anderer Gläubiger wirken, wenn das Befriedigungsrecht des klagenden Gläubigers wegfällt, etwa weil er anderweit befriedigt wird, oder seine Forderung aus einem anderen Grunde erlischt. Dieser Wegfall des Befriedigungsbedürfnisses gehört nicht zu den Fällen, in denen eine an sich wirksam geschehene Unterbrechung kraft besonderer Vorschrift, §§ 212ff. BGB, als nicht erfolgt „gilt", d. h. fingiert wird. Das *Ergebnis* ist also: *Jede* Unterbrechung wirkt *auch zugunsten der anderen* zur Geltendmachung der Gesellschaftsforderungen Berechtigten, seien diese die Gesellschaft oder der Konkursverwalter oder andere Gläubiger. Die Unterbrechung wirkt aber nur in der Höhe, in der die Forderung mit der Unterbrechungshandlung geltend gemacht ist, ebenso Godin-Wilhelmi 31.

Die gleiche Wirkung im Verhältnis zu den mehreren Gläubigern wie die Unterbrechung muß auch die *Hemmung* der Verjährung haben; vgl. auch Anm. 64.

Anm. 64

4. Geltung der allgemeinen Vorschriften des BGB über die Verjährung

Abs. 6 enthält lediglich eine Vorschrift über die Dauer der Verjährungsfrist. Im übrigen gelten die allgemeinen Vorschriften des BGB über die Verjährung, insbesondere über *Beginn*, *Unterbrechung* und *Hemmung*, §§ 194ff. BGB, RG 29, 28.

Die Verjährung kann nach der allgemeinen Vorschrift des § 225 Satz 1 BGB durch Rechtsgeschäft *weder ausgeschlossen noch erschwert, die Verjährungsfrist also auch nicht ver-*

längert werden. Eine Ausnahme, wie sie in besonderen gesetzlichen Bestimmungen, z. B. § 477 Abs. 1 Satz 2, § 490 Abs. 1 Satz 2 BGB, § 414 Abs. 1 Satz 2, §§ 423, 439 HGB zugelassen ist, besteht für die Ansprüche aus § 93 nicht. Auch durch die Satzung kann die Verjährungsfrist nicht verlängert werden. Eine abweichende Bestimmung wäre nichtig, da die Vorschrift des § 225 Satz 1 im öffentlichen Interesse erlassen ist, RG 87, 284. Nach § 225 Satz 2 ist *Erleichterung der Verjährung,* insbesondere *Abkürzung der Verjährungsfrist,* zulässig. Für die kurze Verjährung der §§ 84, 99 ist sie aber durch die besonderen Bestimmungen des Aktiengesetzes *ausgeschlossen.* Sie käme in gewissem Umfange auf einen Erlaß oder auf einen Verzicht hinaus. Dies würde aber der zwingenden Vorschrift in Abs. 4 und 5 widersprechen; abweichend für das Aktienrecht des HGB, RG Urt. vom 26. 2. 1937 II 207/36, teilweise abgedruckt in JW 1937, 2101[6].

Anm. 65

XII. Haftung der Gesellschaftsorgane gegenüber Aktionären und sonstigen Dritten

1. *Aktionäre* und *Gläubiger der Gesellschaft* können gegen die Verwaltungsmitglieder aus der Verletzung der Sorgfaltspflicht nur in den besonderen, vom Gesetz bestimmten Fällen Ansprüche herleiten, s. Anm. 41 Abs. 3 für die Aktionäre und Anm. 42 für die Gesellschaftsgläubiger. *Sonstige Dritte* haben solche Ansprüche *nur* auf Grund der Vorschriften über *unerlaubte Handlungen,* §§ 823, 826 BGB, wenn der besondere Tatbestand dieser Bestimmungen gegeben ist. Für das Bestehen dieser Ansprüche haben sie die *Beweislast,* s. auch Anm. 71. Es gilt insofern nicht die Rechenschaftspflicht der Verwaltungsträger gegenüber der Gesellschaft und den Gesellschaftsgläubigern nach § 93 Abs. 2 Satz 2. Die Verjährung richtet sich nach § 852 BGB, die gesamtschuldnerische Haftung nach § 840 BGB.

Eine Schadensersatzpflicht der Verwaltungsträger gegenüber Dritten *wegen allgemeiner Vermögensschädigung* der Dritten kommt nicht in Betracht, da das Vermögen nicht zu den durch § 823 Abs. 1 BGB besonders geschützten Rechtsgütern gehört. Die Aktie ist zwar ein *sonstiges Recht* i. S. des § 823 Abs. 1 BGB (vgl. RGZ 100, 278 für den Geschäftsanteil an einer GmbH). Sie kann aber nicht durch Handlungen, die den Wert und die Ertragsfähigkeit der Gesellschaft schmälern, widerrechtlich verletzt werden, sondern nur durch Handlungen, die sich gegen ihren rechtlichen Bestand richten (RGZ 158, 255; Godin-Wilhelmi 8).

Die Schadensersatzpflicht kann aber bestehen, wenn ein *Schutzgesetz* im Sinne des § 823 Abs. 2 verletzt ist oder dem Dritten (auch dem einzelnen Aktionär) durch ein Verwaltungsmitglied in einer gegen die guten Sitten verstoßenden Weise vorsätzlich Schaden zugefügt worden ist, § 826 BGB.

Anm. 66

2. Ob die einzelnen Vorschriften des Aktiengesetzes *Schutzgesetze* sind, ist nicht allgemein zu beantworten. Es ist vielmehr zu prüfen, ob das Gesetz unmittelbar *auch* den Schutz des einzelnen oder eines Personenkreises, etwa der Gesellschafter, der Gläubiger oder Dritter im Auge hat (RGR-Komm. § 823 Anm. 103; Palandt § 823 Anm. 9b). Wird die zivilrechtliche Haftung auf Verletzung eines Schutzgesetzes gestützt, so müssen sämtliche Tatbestandsmerkmale dieses Gesetzes gegeben sein. Besteht das Schutzgesetz in einer strafrechtlichen Vorschrift, so müssen alle strafrechtlichen Tatbestandsmerkmale, z. B. der Vorsatz, vorliegen, RGZ 118, 312. Dient das Strafgesetz nur zur weiteren Sicherung einer anderen gesetzlichen Vorschrift, die schon nach ihrem Inhalt sich als ein Schutzgesetz darstellt, wie z. B. §§ 37, 188 Abs. 2 über den Inhalt der Anmeldung der Aktiengesellschaft oder einer Kapitalerhöhung, so ist diese andere Vorschrift als selbständiges Schutzgesetz zu behandeln. Es genügt dann zur Begründung der Haftbarkeit jedes Verschulden, auch Fahrlässigkeit.

Anm. 67

a) *Die §§ 93 Abs. 2 und 3, § 116 AktG* sind, wie das Reichsgericht in ständiger Rechtsprechung zu §§ 241, 249 HGB angenommen hat, *keine Schutzgesetze zum Schutze der Aktionäre und Dritter.* Sie haben nur den Schutz der Gesellschaft und der Gesellschaftsgläubiger zum Gegenstand. Weder der Wortlaut des Gesetzes noch der Zusammenhang, in dem die §§ 93, 116 stehen, sprechen dafür, daß der der Gesellschaft und ihren Gläubigern aus besonderen Gründen gewährte Schutz, jedem Dritten oder auch einzelnen Aktionären oder solchen Dritten, die Aktien erwerben, zugute kommen soll, RG 63, 324; 73, 30 u. 393; 81, 271; 115, 296, 159, 223; JW 1939, 316, RG in JW 1906, 464; 1932, 1648.

Auch *§ 93 Abs. 5 ist kein Schutzgesetz* im Sinne des § 823 Abs. 2. Nach der Rechtsprechung des Reichsgerichts, RG 128, 300; 138, 168, gehört zum *Begriffe des Schutzgesetzes,* daß es allein oder in Verbindung mit anderen Zwecken den Schutz von Einzelpersonen oder Personenkreisen durch Aufstellung bestimmter *Gebote* oder *Verbote* erstrebt; RGR-Komm. § 823 Anm. 104. In Abs. 5 fehlt es aber an einem bestimmten Gebot oder Verbot, das sich an die Gesellschaftsorgane richtet. Er will nur unter bestimmten Voraussetzungen den Gläubigern unmittelbar ein Verfolgungsrecht geben, RG JW 1955, 3301 = SeuffA Bd. 90 Nr. 23.

Anm. 68

b) Das Reichsgericht hat den *Schutzgesetzcharakter des § 240 Abs. 2 HGB, an dessen Stelle § 83 Abs. 2 AktG 37 und jetzt § 92 Abs. 2 getreten ist,* und der entsprechenden Vorschriften des Genossenschaftsgesetzes, § 148, und des GmbHG, §§ 41 bis 43,, 64, die die *rechtzeitige Anmeldung des Konkurs- oder Vergleichsverfahrens* gebieten, zwar zugunsten der Mitglieder und der Gläubiger angenommen, nicht aber zugunsten Dritter, die erst nach Eintritt des Vermögensverfalls der Gesellschaft Gesellschafter werden (Aktien erwerben) oder sich mit der Gesellschaft in ein Geschäft einlassen, RG 63, 324; 73, 30; RG in LZ 1914 864[10]; RG JW 1935, 3301 = SeuffArch. Bd. 90, Nr. 23, ebenso Schlegelberger-Quassowski § 83 Anm. 7 (zur Rechtsprechung des BGH s. den folgenden Absatz). Ob diese Einschränkung dem Zwecke des § 92 und der ihn ergänzenden Strafdrohung des § 401 Abs. 1 Z. 2 entspricht, erscheint zweifelhaft. Auch die Allgemeinheit, insbesondere diejenigen, die mit der Gesellschaft in Geschäftsverbindung treten oder sich an ihr als Gesellschafter beteiligen wollen, haben ein schutzwürdiges Interesse daran, nicht mit einer bereits überschuldeten oder konkursreifen Gesellschaft in Rechtsbeziehungen zu treten. Die erwähnten Vorschriften gelten gerade für Rechtspersönlichkeiten, deren Gesellschafter nicht mit ihrem ganzen Vermögen für die Schulden der Gesellschaft haften. Die Vorschriften bilden einen Ausgleich gegen die mit der beschränkten Haftung der Kapitalgesellschaften für die Allgemeinheit verbundenen Risiken. Sie haben öffentlichrechtlichen Charakter. Bei der heutigen selbständigen und verantwortlichen Stellung des Vorstandes sind sie *auch als Schutzgesetze zugunsten Dritter* anzusehen. Die Unterlassung der Offenkundigmachung des schlechten Vermögensstandes der Gesellschaft liegt auf der gleichen Linie wie die Vornahme unrichtiger Darstellungen und Übersichten der Verwaltungsträger über den Vermögensstand der Gesellschaft (Verschleierungen) und falscher Angaben im Geschäftsbericht. Diese Handlungen sind nicht nur unter Strafe gestellt, §§ 400, 405 Abs. 1 Z. 4; s. die Erl. hierzu. Die Rechtsprechung hat auch schon bisher anerkannt, daß diese Strafvorschriften Schutzgesetze im Sinne des § 823 Abs. 2 BGB sind, und zwar nicht nur zugunsten der Gesellschaft und der Aktionäre, sondern auch zugunsten von Dritten, die zu der Gesellschaft in Geschäftsbeziehungen stehen oder treten wollen, auch in der Weise, daß sie Aktien der Gesellschaft erwerben, RG 81, 269; RG in JW 1931, 204; 1935, 2427 jnd 3301 = SeuffArch. Bd. 90 Nr. 23; HRR 1933 Nr. 1318; ferner JW 1935, 3514 = HRR 1935 Nr. 1610; RGSt. 41, 293, 298; 43, 407, 64, 622, zuletzt RG 157, 213 (217), ebenso Baumbach-Hueck § 400 Anm. 2, Schlegelberger-Quassowski § 296 Anm. 2. Dann ist es aber folgerichtig, auch den *§ 92 Abs. 2* über die Verpflichtung des Vorstandes zur Beantragung des Konkursverfahrens oder des gerichtlichen Vergleichsverfahrens als Schutzgesetz nicht nur zugunsten der Gesellschaft, der Aktionäre und Gläubiger, sondern auch zugunsten Dritter anzusehen. Stellt man sich aber auf den Standpunkt des Reichsgerichts, so werden die Vorstandsmitglieder doch regelmäßig Dritten auf Grund unerlaubter Handlung nach § 826 BGB haften, wenn sie in Kenntnis der Zahlungsunfähigkeit oder Überschuldung der Aktiengesellschaft mit Dritten neue Geschäfte eingehen und sie unter Verschweigung der Vermögenslage der Gesellschaft zum Beitritt als Gesellschafter durch Kauf oder Zeichnung von Aktien veranlassen würden. *§ 91* ist kein Schutzgesetz; RG 73, 30; vgl. § 91 Anm. 5.

Der BGH hat sich in NJW 59, 623 (zu § 64 Abs. 2 GmbHG) dem hier vertretenen Standpunkt insofern genähert, als er ein Schutzgesetz auch zugunsten solcher Personen annimmt, die erst nach dem Zeitpunkt, in dem der Antrag auf Eröffnung des Konkursverfahrens hätte gestellt werden müssen, *Gläubiger* der GmbH geworden sind. In sachlicher Beziehung begrenzt der BGH zutreffend den *Schutzbereich* der Vorschrift auf die Erhaltung des bei Eintritt der Zahlungsunfähigkeit oder der Überschuldung vorhandenen Gesellschaftsvermögens. Der Schutzbereich geht daher nicht so weit, daß jedermann vor allen Gefahren bewahrt werden soll, die sich aus dem Fortbestehen einer überschuldeten GmbH ergeben.

Anm. 69

c) Die *Straf- und Bußgeldvorschriften* der §§ 399—402, 404, 405 richten sich teils ausschließlich, teils auch gegen die Mitglieder des Vorstandes und des Aufsichtsrats sowie gegen die Abwickler. Ob und zugunsten welcher Personenkreise diese Bestimmungen *Schutzgesetze* i. S. des § 823 Abs. 2 BGB sind, ist jeweils in den Erläuterungen zu ihnen behandelt.

Anm. 70

3. Ein Schadensersatzanspruch gegen die Verwaltungsmitglieder kann sich schließlich aus § 826 BGB ergeben, wenn die besonderen Voraussetzungen dieser Vorschrift vorliegen: *vorsätzliche sittenwidrige Schadenszufügung*; s. die Komm. zu § 826 BGB. Der Anspruchsteller muß von der Handlung unmittelbar betroffen sein; RG 115, 289 (296). Der Vorsatz braucht sich aber nicht gegen bestimmte Personen zu richten; es genügt, wenn der Täter Richtung und Art des Schadens vorausgesehen und gewollt oder gebilligt hat; BGH WPM 66, 1152; Palandt § 826 Anm. 3a; RGR-Komm. § 826 Anm. 16. Durch § 117 wird § 826 BGB nicht ausgeschlossen, s. die Erl. zu § 117; Baumbach-Hueck § 117 Anm. 8; Godin-Wilhelmi § 117 Anm. 1.

Anm. 71

4. Den *ursächlichen Zusammenhang* zwischen einer unerlaubten Handlung im Sinne des § 823 Abs. 2 BGB und der darunter fallenden Verstöße gegen die aktienrechtlichen Schutzgesetze und des § 826 BGB und dem Schaden hat der Kläger nach allgemeinen Beweisgrundsätzen zu beweisen. Der Richter hat dabei nach § 287 ZPO unter Würdigung aller Umstände nach freier Überzeugung zu entscheiden. Haben die Organmitglieder bei Vorlage einer falschen Bilanz in *Täuschungsabsicht* gehandelt, so spricht dies in der Regel für die Ursächlichkeit der Täuschung; RG in JW 1935, 3614.

Anm. 72

XIII. Zusammentreffen von Schadensersatzansprüchen der Gesellschaft, der Aktionäre und Dritter aus unerlaubter Handlung

1. Soweit die in den vorstehenden Anmerkungen erwähnten Schutzgesetze dem Schutze mehrerer Schutzberechtigten oder mehrerer Gruppen von Schutzberechtigten dienen, kann jeder, der durch das Verhalten der Verwaltungsträger Schaden erlitten hat, selbständig seinen Ersatzanspruch geltend machen. Dies gilt auch für einen auf unerlaubte Handlung nach § 826 BGB gestützten Schaden. *Besteht der Schaden des einzelnen nur in dem Schaden der Gesellschaft,* weil dieser auf seine eigene Vermögenslage einwirkt, so kann der einzelne seinen Schaden neben der Gesellschaft geltend machen. Denn wenn die unerlaubte Handlung auch gegen ihn gerichtet ist, so hat er auf Grund dieses Tatbestandes einen selbständigen Anspruch. Er hat insofern also auch einen *individuellen* Anspruch, d. h. einen Anspruch auf Ersatz eines in seiner Person entstandenen Schadens. Darüber hinaus kann eine *Individualisierung* des Anspruches nicht gefordert werden. Deshalb können auch die Aktionäre Ersatz des Schadens verlangen, den sie am Werte ihrer Aktien durch Schädigung des Gesellschaftsvermögens erleiden, RG 115, 295; 142, 223; 157, 213 = JW 38, 1653 m. Anm. v. Ruth.

Anm. 73

2. Von einer *Doppelhaftung* des Organs, also sowohl gegenüber der Gesellschaft als auch gegenüber dem Aktionär, kann man sprechen, wenn sich der Schaden beider völlig deckt (*Schadenskongruenz*, Schlegelberger-Quassowski 30). Das ist der Fall, wenn der Schaden des Aktionärs, z. B. ein Kursverlust, sich allein aus der Vermögensminderung herleitet, die die Gesellschaft durch die zum Schadensersatz verpflichtende Handlung oder Unterlassung des Organs erlitten hat, und nur insoweit, als der Schaden durch die Schadensersatzleistung des Organs an die Gesellschaft ausgeglichen wird.

Eine solche Doppelhaftung ist *ausgeschlossen*. Der Schädiger braucht für denselben Schaden nur *einmal* zu zahlen. In erster Linie hat die Zahlung an die unmittelbar Geschädigte, die *Gesellschaft*, zu erfolgen. Nur wenn feststeht, daß die Gesellschaft ihren Ersatzanspruch nicht verfolgt, die Verminderung des Gesellschaftsvermögens also endgültig ist, wird der zunächst nur *mittelbar* Geschädigte, der *Aktionär*, zum *unmittelbar* Geschädigten und kann nun den ihm anteilig entstandenen Schaden geltend machen (im Ergebnis ebenso Schlegelberger-Quassowski 30 und Ruth JW 38, 1657; abw. Godin-Wilhelmi 32).

Anm. 74

3. Unter Umständen können die schuldigen Verwaltungsmitglieder auch *mehreren Geschädigten haften, die nacheinander die Aktien erworben haben*. Es kommt nur darauf an, ob jeder geschädigt ist, und ob jedem gegenüber der Tatbestand einer unerlaubten Handlung nach §§ 823, Abs. 2, 826 RGB erfüllt ist. Besteht der Schaden nur darin, daß das Vermögen der Gesellschaft vermindert und dadurch der Wert der Aktien gesunken ist, so ist der Schaden nur gleich dem Unterschied zwischen dem Werte der Aktien, wie er sich auf Grund der schädigenden Handlung und wie er sich ohne diese darstellte. Insofern liegt eine Begrenzung der Höhe des Schadens vor. Sie macht sich auch beim Wechsel der Aktieninhaber geltend. Sie können alle zusammen nicht mehr erhalten, als der Schaden beträgt. Der einzelne kann aber einen darüber hinausgehenden Schaden ersetzt verlangen, wenn er solchen erlitten hat, etwa dadurch, daß er die Aktien nicht rechtzeitig verwerten konnte. Vgl. RG 157, 213.

Der einzelne Aktionär verliert seine einmal entstandenen Schadensersatzansprüche aus unerlaubter Handlung nicht dadurch, daß er seine Aktien *veräußert*. Unter Umständen ist er aber nach der Veräußerung nicht mehr geschädigt, wenn er die Aktien ohne Verlust verkauft hat.

Anm. 75

XIV. Gerichtsstand

Die Ansprüche aus § 93 sind solche aus dem Organschaftsverhältnis, das durch Bestellung und Annahme zwischen der Gesellschaft und dem Mitglied des Vorstands (oder Aufsichtsrats) zustande kommt (vgl. Anm. 3). Für diese Ansprüche ist der Gerichtsstand des *Erfüllungsorts* nach § 29 ZPO gegeben. Die streitige Verpflichtung, das ist die dem Vorstand gemäß § 93 obliegende Sorgfaltspflicht, ist regelmäßig am *Sitz der Gesellschaft* zu erfüllen.

Dabei ist es gleichgültig, ob die Gesellschaft oder die Gläubiger klagen. Zuständig sind die ordentlichen Gerichte, nicht die Arbeitsgerichte, denn die Verwaltungsträger gehören nicht zu den Angestellten der Gesellschaft, § 5 Abs. 1 Satz 3 ArbGG. Dies gilt auch nach der Abberufung oder der Beendigung der gesetzlichen Vertretung. Ist die Klage auf unerlaubte Handlung gestützt, so ist das Gericht des Tatortes zuständig, § 32 ZPO.

In allen Fällen gilt der allgemeine Gerichtsstand des Wohnsitzes des Beklagten, § 13 ZPO.

Rechtsstreitigkeiten aus § 93 sind Handelssachen, § 95 Abs. 1 Z. 4a GVG.

§ 94 Stellvertreter von Vorstandsmitgliedern

Die Vorschriften für die Vorstandsmitglieder gelten auch für ihre Stellvertreter.

Übersicht:

Einleitung

Die Bestimmung entspricht sachlich § 242 HGB sowie § 44 GmbHG und wörtlich § 85 AktG 1937.

Anm. 1

I. Allgemeines

Für die stellvertretenden Vorstandsmitglieder gelten dieselben Bestimmungen wie für die ordentlichen Vorstandsmitglieder. Sie sind also ebenso wie diese rechtlich *Vorstandsmitglieder*, und zwar *von ihrer Bestellung an* (siehe Anm. 2). In der Bestellung zu einem stellvertretenden Vorstandsmitglied liegt gegenüber der Bestellung zu einem ordentlichen Vorstandsmitglied nur eine Beschränkung der Geschäftsführungsbefugnis (§ 82 Abs. 2), die aber als solche konkretisiert werden muß (KGJ 24 A 194). Die stellvertretenden Vorstandsmitglieder gehören zum Vorstand; sie haben bei der Erfüllung der dem gesamten Vorstand obliegenden Aufgaben mitzuwirken (§ 77 Anm. 1) und sind ebenso wie die ordentlichen Vorstandsmitglieder gesetzliche Vertreter der AG. Umfang und Art ihrer Tätigkeit sowie ihrer internen Geschäftsführungsbefugnis richtet sich somit nach dem ihnen im Anstellungsvertrag oder in der Geschäftsordnung zugewiesenen Aufgabenkreis. Daß sie nur im „Vertretungsfall" an Stelle ordentlicher Vorstandsmitglieder tätig werden sollen, ist eine zwar mögliche, aber kaum vorkommende Ausgestaltung der Geschäftsführungsbefugnis stellvertretender Vorstandsmitglieder; so aber wohl im Grundsatz Baumbach-Hueck Rn. 2 und offenbar auch Godin-Wilhelmi Anm. 3, die es etwa für zulässig halten, daß stellvertretende Vorstandsmitglieder bei Vorstandsbeschlüssen nicht mitzuwirken brauchen und ihnen ein Widerspruchsrecht gegen Maßnahmen des Gesamtvorstands absprechen; wie hier dagegen Möhring-Schwartz, Rowedder-Haberlandt S. 104, Breinl BB 1969, 1358; SG-Dortmund BB 1970, 582 und Schilling in Hachenburg § 44 Anm. 2. Das stellvertretende Vorstandsmitglied vertritt also nicht ein anderes (verhindertes)

Vorstandsmitglied, sondern, wie die übrigen Vorstandsmitglieder, die Gesellschaft. Das Gesetz erklärt demgemäß die für Vorstandsmitglieder geltenden Vorschriften durchweg und ohne Ausnahme für anwendbar. Die offenbar nicht so sehr in der Praxis als in der Literatur bestehenden Unklarheiten über die Rechtsstellung des stellvertretenden Vorstandsmitglieds lassen es in der Tat als eine wenig glückliche Figur erscheinen (so Ballerstedt JZ 1968, 397 [399]).

Ein Bedürfnis zur Bestellung stellvertretender Vorstandsmitglieder besteht besonders bei großen Gesellschaften mit vielköpfigen Vorständen: Hier wird innerhalb des Vorstands eine gewisse hierarchische Abstufung durch Bestellung von zunächst stellvertretenden Mitgliedern ermöglicht. Die Zuweisung eines Resssorts, das im Einzelfall durchaus schon dem Zuständigkeitsbereich eines ordentlichen Vorstandsmitglieds oder andererseits auch nur dem eines leitenden Angestellten entsprechen kann, ist dabei aber durchweg üblich.

Die gemäß § 105 Abs. 2 S. 1 für einen begrenzten Zeitraum *zu Vertretern von behinderten Vorstandsmitgliedern bestellten Aufsichtsratsmitglieder* fallen nicht unter § 94 (Baumbach-Hueck Rn. 2). Sie haben während der Dauer ihrer Vertretung die Stellung ordentlicher Vorstandsmitglieder. Die Voraussetzungen und die Dauer ihrer Stellung sind besonders geregelt; das Wettbewerbsverbot des § 88 ist kraft der ausdrücklichen Vorschrift des § 105 Abs. 2 S. 4 auf sie nicht anwendbar.

Die Möglichkeit, ein Vorstandsmitglied nur für den Fall, daß ein anderes Vorstandsmitglied wegfällt oder behindert ist, zu bestellen, ohne ihm die dauernde Stellung eines stellvertretenden Vorstandsmitglieds einzuräumen, besteht nicht. Soll der Vertreter ausschließlich bei Eintritt des Vertretungsfalls Vorstandsmitglied sein, so kann die Bestellung nur jeweils bei Eintritt des Vertretungsfalls erfolgen.

Anm. 2

II. 1. Rechtsstellung der stellvertretenden Vorstandsmitglieder

Aus dieser grundsätzlichen Stellung der stellvertretenden Vorstandsmitglieder sind folgende Schlußfolgerungen abzuleiten:

Das stellvertretende Vorstandsmitglied tritt nicht erst in Funktion „in Vertretung eines ordentlichen", sondern führt im Rahmen der Geschäftsverteilung Vorstandsgeschäfte neben den ordentlichen oder anderen stellvertretenden Vorstandsmitgliedern aus (vgl. auch Breinl BB 1969, 1358). Die stellvertretenden Vorstandsmitglieder sind bei ihrer Bestellung ebenso wie sonstige Vorstandsmitglieder *zum Handelsregister anzumelden.* Das stellvertretende Vorstandsmitglied kann zwar als solches ins Handelsregister eingetragen werden (OLG Stuttgart NJW 1960, 2150; s. auch OLG Düsseldorf [für GmbH] NJW 1969, 1259; ferner die HandelsRegVerf. vom 12. 8. 1937 in § 43 Ziff. 4 [abgedruckt bei Baumbach-Duden HGB Anh. II zu § 16]; Brand-Marowski S. 259; Godin-Wilhelmi Anm. 1; Baumbach-Hueck Rn. 3; a.A. Ritter AktG 1937, § 85 Anm. 2). *Doch ist diese Beschränkung Dritten gegenüber ohne Bedeutung* (§ 82 Abs. 1). Die Vertretungsmacht der stellvertretenden Vorstandsmitglieder hängt also keinesfalls von dem Vorliegen eines Vertretungsfalls ab (RG 24, 82; KGJ 24 A 196). Die Grundsätze über die gesetzliche Vertretungsmacht der Vorstandsmitglieder gelten *unbeschränkt* auch für sie. Dies gilt insbesondere hinsichtlich der Frage der Gesamt- oder Einzelvertretung. Sie haben also Gesamtvertretungsmacht, soweit nicht durch die Satzung oder den Aufsichtsrat ein anderes bestimmt ist (§ 78 Abs. 3). Sie haben nicht etwa Gesamt- oder Einzelbefugnis je nach der Vertretungsbefugnis des Vorstandsmitglieds, das sie gerade vertreten; eine solche Bestimmung ist jedenfalls seit der Neufassung des § 37 Abs. 2 i.V. m. § 39 Abs. 1 Satz 2 durch das KoordinierungsG unzulässig. Die Vertretungsbefugnis eines nach Gründung der AG bestellten stellvertretenden Vorstandsmitglieds ist bei der Eintragung seiner Bestellung im Handelsregister einzutragen (§ 81 Abs. 1); vgl. im übrigen Anm. 4 unten. — Die stellvertretenden Vorstandsmitglieder können, da sie ständige gesetzliche Vertreter der AG sind, in Prozessen der Gesellschaft nicht als Zeugen vernommen werden. Auch im übrigen gelten hinsichtlich ihrer prozeßrechtlichen Stellung die in Anm. 2 zu § 78 gemachten Ausführungen.

Anm. 3

2. Pflichten

Das stellvertretende Vorstandsmitglied muß bei allen Handlungen mitwirken, bei denen alle Vorstandsmitglieder mitwirken müssen; dies gilt auch für Handelsregistereintragungen, die durch sämtliche Vorstandsmitglieder vorzunehmen sind (§ 36). Es ist ebenso verantwortlich für alle Handlungen, für die die Vorstandsmitglieder insgesamt verantwortlich sind, namentlich für die *Buchführung* (auch bei entsprechender Geschäftsverteilung, vgl. § 91 Anm. 3) und für die Erstattung der vom Gesetz vorgeschriebenen Berichte an den Aufsichtsrat und zwar sowohl der obligatorischen Berichte (vgl. § 90 Anm. 6) als auch der Berichte, die auf Anforderung zu erstatten sind (§ 90 Anm. 9). Ebenso hat das stellvertretende Vorstandsmitglied bei der Aufstellung des Jahresabschlusses und des Geschäftsberichts (§ 148) sowie eventuell eines Abhängigkeitsberichts (§ 312) mitzuwirken und diese auch zu unterzeichnen (vgl. § 91 Anm. 4). Das gleiche gilt für den Vorschlag zur Verwendung des Bilanzgewinns (§ 170 Abs. 2). Jedoch ist die tatsächliche Stellung des stellvertretenden Vorstandsmitglieds bei der Beurteilung der Frage, wie weit ihm eine Überwachung der ordentlichen Vorstandsmitglieder zuzumuten ist, zu berücksichtigen. Im allgemeinen wird ein Verschulden des stellvertretenden Vorstandsmitglieds zu verneinen sein, wenn es sich auf die ordentlichen Vorstandsmitglieder verläßt, solange deren Handlungen ihm keinen besonderen Anlaß zum Mißtrauen geben.

Anm. 4

3. Anwendbare Vorschriften

Aus dem Wortlaut von § 94 folgt, daß ein stellvertretendes Vorstandsmitglied nur gemäß § 84 Abs. 1 vom Aufsichtsrat bestellt werden kann, und daß auch nur der Aufsichtsrat oder ein Aufsichtsratsausschuß (§ 107 Abs. 3) die Anstellungsverträge abschließen kann. Auch gegenüber den stellvertetenden Vorstandsmitgliedern vertritt nur der Aufsichtsrat die AG (§ 112), nicht die anderen Vorstandsmitglieder. Für den Widerruf der Bestellung gelten nur die Voraussetzungen des § 84 Abs. 3 (Möhring-Schwartz, Rowedder-Haberlandt S. 104).

Auch das stellvertretende Vorstandsmitglied ist gesetzlicher Vertreter der AG (§ 78 Abs. 1). Gilt Gesamtvertretung, so vertritt das stellvertretende Mitglied gemeinschaftlich mit dem oder den ordentlichen Vorstandsmitgliedern (vgl. dazu LG Freiburg mit zust. Anm. von Fechner DRZ 1948, 306). Eine Beschränkung der Vertretungsbefugnis ist unwirksam (Anm. 2). Für die Geschäftsführungsbefugnis gilt grundsätzlich das gleiche: Liegen keine abweichenden Bestimmungen der Satzung oder einer Geschäftsordnung vor, so gilt § 77 Abs. 1 Satz, also Gesamtgeschäftsführung (vgl. § 77 Anm. 1) mit Widerspruchsrecht auch eines stellvertretenden Vorstandsmitglieds gegen jeden Vorstandsbeschluß (a. A. Godin-Wilhelmi Anm. 3; vgl. dazu auch Ballerstedt JZ 1968, 399). Auch wenn im Vorstand mit Mehrheit entschieden wird, ist das stellvertretende Mitglied grundsätzlich nicht frei von Verantwortlichkeit im Rahmen der den Vorstandsmitgliedern obliegenden gegenseitigen Überwachungspflichten (Godin-Wilhelmi Anm. 4; s. auch Anm. 3 oben und allg. § 77 Anm. 2). Im übrigen kann die Geschäftsführungsbefugnis des stellvertretenden Vorstandsmitglieds soweit eingeschränkt werden (§ 82 Abs. 2), als es mit der Natur des Vorstandsamts noch vereinbar ist (vgl. § 82 Anm. 12ff.), denn auch das stellvertretende Mitglied nimmt teil an der eigenverantwortlichen Leitungsbefugnis des Gesamtvorstands (§ 76 Abs. 1).

Ist durch das Gesetz (§ 76 Abs. 2 Satz 2) oder durch die Satzung eine bestimmte Mindest- oder Höchstzahl der Vorstandsmitglieder festgelegt, so zählen die stellvertretenden Mitglieder mit (vgl. die Nachweise in § 76 Anm. 13, ferner Godin-Wilhelmi Anm. 1).

Die Grundsätze zur Gewinnbeteiligung (§ 86), zur Höhe der Bezüge (§ 87) sowie zur Kreditgewährung (§ 89) und das gesetzliche Wettbewerbsverbot (§ 88) gelten uneingeschränkt.

Die stellvertretenden Vorstandsmitglieder haben gemäß § 79 zu zeichnen; ein Hinweis auf die Stellung als stellvertretendes Mitglied kann wegen § 82 Abs. 1 entfallen. Ebenso sind auch stellvertretende Vorstandsmitglieder auf allen Geschäftsbriefen aufzuführen (§ 80), brauchen aber auch hier nicht als solche bezeichnet zu werden (vgl. § 80 Anm. 1). Auch im Geschäftsbericht (§ 160 Abs. 5) und in der Veröffentlichung des Jahresabschlusses (§ 178 Abs. 1 Ziff. 4) sind die stellvertretenden Vorstandsmitglieder mit zu nennen.

Die Bestellung ist zum Handelsregister gemäß § 81 anzumelden, oder falls schon bei der Gründung stellvertretende Vorstandsmitglieder bestellt werden, gemäß § 37 Abs. 2.

Auch die stellvertretenden Vorstandsmitglieder haften grundsätzlich auf Erfüllung der Pflichten aus § 92 bei Verlust, Überschuldung oder Zahlungsunfähigkeit, sowie allgemein aus §§ 93 und 117 Abs. 2 und strafrechtlich aus §§ 399ff. Sie haften ferner im Konzernverbund wie ordentliche Vorstandsmitglieder aus § 309 als gesetzliche Vertreter des herrschenden Unternehmens und aus § 310 beim beherrschten Unternehmen; entsprechendes gilt bei Fehlen eines Beherrschungsvertrages gemäß § 317 bzw. § 318. Gleiches gilt auch für die Haftung des Vorstands der übertragenden Gesellschaft bei Verschmelzung (§ 349). In allen diesen Fällen darf aber die Sorgfaltspflicht nicht überspannt werden; die in der Regel eingeschränkte Geschäftsführungsbefugnis der stellvertretenden Vorstandsmitglieder ist bei Prüfung des Haftungsmaßstabs in Betracht zu ziehen (s. auch Anm. 1 und 3 oben).

Zur Anwendbarkeit arbeits- und sozialrechtlicher Vorschriften gilt das in Anm. 16 zu § 84 Gesagte. Auch sozialversicherungsrechtlich sind die stellvertretenden Vorstandsmitglieder den ordentlichen Mitgliedern gleichgestellt (Breinl BB 1969, 1358; SG Dortmund BB 1970, 582; a. A. Schröter BB 1969, 958). Nach Ansicht der Bundesversicherungsanstalt für Angestellte sind stellvertretende Vorstandsmitglieder jedoch beitragspflichtig zur Arbeitslosenversicherung (BB 1969, 958).

Anm. 5

4. Regelung der Satzung

In Satzungen der Gesellschaften findet sich gelegentlich die Bestimmung, wonach die Bestellung stellvertretender Vorstandsmitglieder zulässig ist. Wegen der Vorschrift des § 94 ist dieses allerdings auch ohne eine entsprechende Ermächtigung in der Satzung der Fall (Möhring-Schwartz, Rowedder-Haberlandt S. 104). Die Satzung kann, außer Beschränkungen der Geschäftsführerbefugnis (gemäß § 82 Abs. 2) weitere Einschränkungen der Verantwortlichkeiten und der gesetzlichen Rechte und Pflichten der stellvertretenden Vorstandsmitglieder nicht vorsehen (Möhring-Schwartz, Rowedder-Haberlandt a. a. O., Godin-Wilhelmi Anm. 4). Ebensowenig kann die Satzung vorsehen, daß stellvertretende Vorstandsmitglieder nur bei Verhinderung ordentlicher Mitglieder die AG vertreten (Anm. 2 oben). Eine Satzungsbestimmung, daß stellvertretende Vorstandsmitglieder den ordentlichen Mitgliedern des Vorstands gleichstehen (vgl. etwa § 8 Abs. 4 der Mustersatzung zu AktG 1965 hrsgg. von der Deutschen Bank, 1965) ist dagegen als Klarstellung der Rechtslage zu verstehen und daher zu empfehlen.

Zweiter Abschnitt

Aufsichtsrat

Vorbemerkungen

In der Vorbemerkung vor §§ 86 ff. zur Voraufl. war im Hinblick auf die damals sich neu aus der *Beteiligung von Arbeitnehmervertretern im Aufsichtsrat* stellenden Probleme die Frage nach der gesellschaftsrechtlichen Integration dieses, einen Bruch mit der bisherigen aktienrechtlichen Konzeption des Aufsichtsrats darstellenden Phänomens gestellt; vgl. dazu auch A. Hueck in Hueck-Leibholz: Zwei Vorträge zum Arbeitsrecht, 1960, S. 8 ff.

Inzwischen ist die in dem MitbestG, dem MitbestErgG und dem BetrVG geregelte Arbeitnehmerbeteiligung in den Aufsichtsräten nicht mehr als solche problematisch. Ihre Verfestigung und Erweiterung bilden vielmehr den Gegenstand zahlreicher Untersuchungen und Reformbestrebungen. Einen gewissen Einschnitt in die Diskussion brachte der von der Sachverständigenkommission im Auftrag der Bundesregierung im Jan. 1970 erstattete Bericht „Mitbestimmung im Unternehmen" (BT-Drucks. VI/334).

Der von der EWG-Kommission veröffentlichte Entwurf für das Statut für eine europäische Aktiengesellschaft (ABlEG vom 10. 10. 1970 Nr. C 124 = BT-Drucks. VI/1109) sieht in Anlehnung an die derzeitige Regelung im deutschen Recht auch eine Vertretung der Arbeitnehmer im Aufsichtsrat der europäischen AG vor (vgl. Art. 73 ff., Art. 137 ff. des Entwurfs).

Es ist hier nicht der Ort, zu den anstehenden Reformfragen Stellung zu nehmen. Die im folgenden gebrachten Literaturnachweise umfassen den Zeitraum seit der Einführung der Arbeitnehmerbeteiligung in den Aufsichtsräten bis zur gegenwärtigen Reformdiskussion.

Literatur

Hueck, A.: Mitbestimmungsrecht und Aufsichtsrat, DB 1951, 166
Schmidt, W.: Die Einwirkung des BetrVG auf das Aktien- und GmbH-Recht, NJW 1952, 1353
Weitzel, H.: Betriebsverfassungsgesetz und Aufsichtsrat, BB 1952, 806
Hueck, A.: Die Beteiligung der Arbeitnehmer am Aufsichtsrat nach dem BetrVG, DB 1952, 781
Bayer, W. F.: Die Anpassung der Gesellschaftsorgane an das BetrVG, JZ 1953, 261
Kötter, H. W.: Zweifelsfragen des Mitbestimmungsrechts, JZ 1953, 199
Koehler, v., K. H.: Die Zusammensetzung des Aufsichtsrats bei Aktiengesellschaften mit weniger als fünf Arbeitnehmervertretern, BB 1953, 562
Loos, G.: Zur Wählbarkeit von Arbeitnehmern konzernabhängiger Unternehmen in den Aufsichtsrat des konzernbeherrschenden Unternehmens, BB 1953, 951
Schenk, v., D.: Die Beteiligung der Arbeitnehmer an der Wahl der Aufsichtsräte konzernverbundener Unternehmen, BB 1953, 1067
Bergmann, H.: Arbeitnehmervertreter im Aufsichtsrat, NJW 1953, 81
Froehlich, W. — Wagner, H.: Der Konzernbegriff im Betriebsverfassungsgesetz, BB 1954, 693
Franke, H.: Die Wählbarkeit von Arbeitnehmervertretern der abhängigen Unternehmen in den Aufsichtsrat des herrschenden Unternehmens, DB 1954, 306
Gumpert, J.: Aktuelle Streitfragen zum Recht der Arbeitnehmervertreter in den Aufsichtsräten der AGs., BB 1954, 932
Schunk, E.: Passives Wahlrecht von Arbeitnehmern konzernabhängiger Unternehmen zum Aufsichtsrat des herrschenden Unternehmens, NJW 1955, 700
Froehlich, W. — Wagner, H.: Arbeitnehmer im Aufsichtsrat des herrschenden Unternehmens eines Konzerns, BB 1955, 228
Gessler, E.: Die Mitbestimmung in Holdinggesellschaften des Bergbau und der Eisen und Stahl erzeugenden Industrie, BB 1956, 625
Boldt, G.: Bemerkungen zur Holding-Novelle Bergbau und Eisen, DieAG 1956, 8
Meissinger, H.: Streikbeteiligung der Arbeitnehmervertreter im Aufsichtsrat, DB 1956, 688
Radke, O.: Treupflicht der Arbeitnehmervertreter im Aufsichtsrat, NJW 1956, 1581
Kühlewein, R.: Die Verantwortlichkeit der Arbeitnehmervertreter im Aufsichtsrat, NJW 1956, 621

Redding, G.: Aufsichtsrat und Interessenkollision, NJW 1956, 48
Natzel, B.: Zur Änderung des Aktien- und Mitbestimmungsrechts, DB 1957, 748
Meissinger, H.: Streikende Arbeitnehmervertreter im Aufsichtsrat, DB 1957, 236, 259
Eiselt, G.: Die Beteiligung der Arbeitnehmervertreter im Aufsichtsrat und die Interessenlage im Unternehmen, JZ 1957, 205
Hueck, A. — Leibholz, G.: Zwei Vorträge zum Arbeitsrecht, München, 1960
Spieker, W.: Der Aufsichtsrat der mitbestimmten Montan-GmbH, Köln, 1960
Zekorn, K.: Zur Rechtswirksamkeit der Mitbestimmungsregelung des „Lüdenscheider Abkommens", Die AG 1960, 243ff., 267ff.
Stute, A.: Die Beteiligung der Arbeitnehmer im Aufsichtsrat einer AG als herrschendes Konzernunternehmen, Diss. Köln, 1963
Huber, E. R.: Grundgesetz und wirtschaftliche Mitbestimmung, Stuttgart-Berlin-Köln-Mainz, 1970
Müller, G.: Rechtspolitische Gedanken zum Betriebsverfassungsrecht, DB 1970, 1023ff., 1076ff.
Brandmüller, G.: Gibt es geborene Mitbestimmungsunternehmen, NJW 1970, 2055
Schröder, G.: Die Rechtsprechung des Bundesarbeitsgerichts zur Beteiligung der Arbeitnehmer an den gesellschaftlichen Organen, in Festschrift für Ernst Gessler 1971, 171
Zezschwitz, v., F.: Neue lex Rheinstahl, BB 1971, 479

Hinsichtlich der Literatur zu allgemeinen Fragen der Verfassung der AG vgl. die Hinweise am Ende der Vorbemerkungen vor § 76 und zur Problematik der Unternehmensverfassung die Nachweise auf S. 36 der Einleitung vor § 1 sowie zusätzlich noch

Boettcher, Hax, Kunze, v. Nell-Breuning, Ortlieb, Preller: Unternehmensverfassung als gesellschaftspolitische Forderung, 1968
Steinmann: Das Großunternehmen im Interessenkonflikt, 1969
Kunze, O.: Wirtschaftliche Mitbestimmung als Legitimationsproblem, Heft 93 der Schriftenreihe der Juristischen Studiengesellschaft Karlsruhe, 1970
Wiedemann, H.: Unternehmensrecht und GmbH-Reform, JZ 1970, 593, 598
Schilling, W.: Macht und Verantwortung in der AG, in Festschrift für Ernst Gessler, 1971, 159
Fabricius, F.: Mitbestimmung in der Wirtschaft, Frankfurt/M., 1970

Hinzuweisen ist ferner auf die Stellungnahmen zum Bericht der Mitbestimmungskommission:

Janberg, H,: Die Mitbestimmung im Unternehmen, DB 1970, 828
Apel, G.: Mehr Mitbestimmung — keine Parität — Zum Bericht der Mitbestimmungskommission, BB 1970, 89
Weyll, V.: Mehr Mitbestimmung — keine Parität — Zum Bericht der Mitbestimmungskommission, BB 1970, 623
Hillert, A.: Gedanken zur Erweiterung der Mitbestimmung der Arbeitnehmer, BB 1970, 1258
Bucher, H.: Das wirtschaftliche Mitbestimmungsrecht nach dem Betriebsverfassungsgesetz in seinem Verhältnis zur Forderung nach qualifizierter Mitbestimmung, DieAG 1970, 127
Knopp, A.: Zum Stand der Mitbestimmungsdiskussion, DB 1970, 539
Stellungnahme der „Deutschen Schutzvereinigung für Wertpapierbesitz e. V." zum Bericht der Biedenkopf-Kommission, DieAG 1970, 210
Stellungnahme des Arbeitskreises Mitbestimmung zum Bericht der Sachverständigenkommission: Mitbestimmung im Unternehmen, Bundesvereinigung der *Arbeitgeberverbände*, Köln, 1970; vgl. auch BB 1970, 531 und 623
Böhm, F.—Briefs, G. (Hrsg.): Mitbestimmung — Ordnungselement oder politischer Kompromiß, Stuttgart, 1971

§ 95 Zahl der Aufsichtsratsmitglieder

Der Aufsichtsrat besteht aus drei Mitgliedern. Die Satzung kann eine bestimmte höhere Zahl festsetzen. Die Zahl muß durch drei teilbar sein. Die Höchstzahl der Aufsichtsratsmitglieder beträgt bei Gesellschaften mit eigenem Grundkapital

bis zu 3000000 Deutsche Mark neun,
von mehr als 3000000 Deutsche Mark fünfzehn,
von mehr als 20000000 Deutsche Mark einundzwanzig.

Durch die vorstehenden Vorschriften werden hiervon abweichende Vorschriften des Gesetzes über die Mitbestimmung der Arbeitnehmer in den Aufsichtsräten und Vorständen der Unternehmen des Bergbaus und der Eisen und Stahl erzeugenden Industrie vom 21. Mai 1951 (Bundesgesetzbl. I S. 347) — Mitbestimmungsgesetz — und des Gesetzes zur Ergänzung des Gesetzes über die Mitbestimmung der Arbeitnehmer in den Aufsichtsräten und Vorständen der Unternehmen des Bergbaus und der Eisen und Stahl erzeugenden Industrie vom 7. August 1956 (Bundesgesetzbl. I S. 707) — Mitbestimmungsergänzungsgesetz — nicht berührt.

Übersicht

Literatur

Gessler, E.: Variable Aufsichtsräte, DB 1953, 440
Herold, H.: Der Grundsatz der Dreiteilbarkeit bei der Zahl der Aufsichtsratsmitglieder, NJW 1953, 1809
Zimmermann, H.: Zur höchstzulässigen Zahl von Aufsichtsratssitzen, BB 1963, 284
Spieker, W.: Sind „Riesen"-Aufsichtsräte zulässig? DB 1963, 821
Werner, W.: Sind „Riesen-Aufsichtsräte" zulässig? DB 1963, 1563
Kuhn, G.: Enden alle Aufsichtsratsmandate nach Maßgabe des § 12 EG AktG 1965, NJW 1965, 2186
Gessler, E.: Zum Erlöschen des Aufsichtsratsamtes, DB 1965, 1469
Rutenfranz, W.: Der „Beirat" im Gesellschaftsrecht, NJW 1965, 238
Konow, K.-O.: Zum Tätigkeitsbereich der Beiräte bei Aktiengesellschaften, DB 1966, 332

Einleitung

Die Vorschrift entspricht § 86 Abs. 1 AktG 1937, der seinerseits auf § 243 Abs. 1 HGB zurückgeht und durch § 60 Abs. 4 DMBilG und § 84 Ziff. 1 und 2 BetrVG geändert worden war. Die Festsetzung von bestimmten Mindest- und Höchstzahlen dient der Wahrung der seit dem BetrVG vom 18. 3. 1953 (BGBl. I, 58) für den Regelfall bei Aktiengesellschaften gegebenen Beteiligung von Arbeitnehmervertretern im Aufsichtsrat. Höchstzahlen werden auch deshalb für erforderlich gehalten, weil zu große Aufsichtsräte erfahrungsgemäß ihre Aufgaben nicht sachgerecht wahrnehmen können (so die amtliche Begründung, bei Kropff S. 125); zur Problematik s. einerseits Spieker DB 1963, 821 und andererseits Werner DB 1963, 1563. Während nach § 86 AktG 1937 in der zuletzt geltenden Fassung gemäß § 84 BetrVG die Höchstzahlen neun, zwölf und fünfzehn betrugen, erhöht § 95 Satz 4 die entsprechenden Zahlen bei Gesellschaften mit einem Grundkapital von mehr als drei Millionen DM auf fünfzehn und bei einem Grundkapital von mehr als zwanzig Millionen DM auf einundzwanzig Mitglieder. Damit ist es den großen Gesellschaften möglich, Aufsichtsräte zu bilden, deren Höchstzahlen denen der MitbestG entsprechen (vgl. Anm. 5 unten). Die in § 86 Abs. 1 AktG 1937 vorgesehen gewesene Möglichkeit, Ausnahmen von der Höchstzahl durch ministerielle Genehmigung zuzulassen, ist im geltenden Recht entfallen.

In erster Linie auch zur Sicherung der Arbeitnehmerbeteiligung im Aufsichtsrat ist ferner die früher als zulässig angesehene satzungsmäßige Bestimmung einer variablen Zahl von Aufsichtsratsmitgliedern nicht mehr möglich (vgl. einerseits Anm. 2 unten und andererseits § 86 Anm. 2 der Voraufl.).

§ 12 EG enthält die Übergangsbestimmungen (s. Anm. 6).

I. Der Aufsichtsrat als notwendiges Verwaltungsorgan

Anm. 1

Jede AG muß einen Aufsichtsrat haben. Der erste Aufsichtsrat ist von den Gründern zu bestellen (§ 30 Abs. 1). Die Bezeichnung „*Aufsichtsrat*“ ist zwingend (heute allg. Ansicht). Die Satzung braucht über den Aufsichtsrat Bestimmungen nicht zu enthalten (§ 23 Anm. 17); es gilt dann allein das Gesetz (Godin-Wilhelmi Anm. 3). Doch sind satzungsmäßige Regelungen üblich und zu empfehlen (Möhring-Schwartz, Rowedder-Haberlandt S. 105). Ist der Aufsichtsrat nicht beschlußfähig, so wird er auf Antrag durch das Gericht ergänzt (§ 104).

Der Aufsichtsrat hat in erster Linie die Geschäftsführung des Vorstands zu überwachen, er ist also wesensmäßig *Kontrollorgan* (§ 111 Abs. 1 und 2 sowie § 90). Maßnahmen der Geschäftsführung können dem Aufsichtsrat nicht übertragen werden (§ 111 Abs. 4 Satz 1; s. auch § 105 Abs. 1). Im weiteren Sinne hat jedoch der Aufsichtsrat kraft Gesetzes bestimmte Aufgaben, die ihn auch als geschäftsführendes Organ der AG ausweisen. Das gilt vor allem für die Bestellung und Abberufung des Vorstands und den Abschluß der Anstellungsverträge (§ 84) einschließlich der Festsetzung und Überwachung der Bezüge (§ 87). Es gilt für die gesetzliche Vertretung der AG nicht nur gegenüber Vorstandsmitgliedern (§ 112), sondern auch in Nichtigkeits- und Anfechtungsprozessen (§§ 246 Abs. 2, 249 Abs. 1, 251 Abs. 3, 254 Abs. 2, 255 Abs. 3, 257 Abs. 2). Es gilt schließlich für die notwendige Mitwirkung des Aufsichtsrats bei der Bilanzfeststellung (§§ 170 bis 173). Der Aufsichtsrat kann jederzeit, wenn das Wohl der Gesellschaft es fordert, eine Hauptversammlung einberufen (§ 111 Abs. 3). Ist dem Aufsichtsrat der Erlaß der Geschäftsordnung für den Vorstand übertragen (§ 77 Abs. 2) und enthält die Satzung einen nicht nur formalen Katalog von zustimmungsbedürftigen Geschäften (§ 111 Abs. 4), so kann die primär überwachende Funktion des Aufsichtsrats einer geschäftsführenden Funktion stark angenähert werden. Trotz der zwingenden und weder durch Satzung noch Hauptversammlungsbeschluß abänderbaren Zuständigkeitsregelung des AktG zeigt sich daher in der Praxis eine tatsächlich höchst unterschiedliche Funktionsweise des Aufsichtsrats, wobei der Einfluß der Hauptversammlung insofern entscheidend ist, als ein Allein- oder Mehrheitsaktionär (besonders auch im Konzernwesen) oft über den Aufsichtsrat nicht nur überwachend, sondern bestimmend in die Geschäftsführung eingreift, während bei Gesellschaften mit breit gestreutem Aktienbesitz (sogenannte Publikumsgesellschaften) auch der Aufsichtsrat beschränktere Einflußmöglichkeiten hat und wohl selbst die gesetzlichen Kontrollrechte nicht immer voll ausgeschöpft werden (vgl. hierzu etwa StDJT Teil I, 1955, S. 76; Mestmäcker S. 89ff.; Wiethölter S. 291ff.; Würdinger § 22 1. c); Möhring-Tank I 257 und neuerdings den Bericht der Mitbestimmungskommission BT-Drucksache VI/334, S. 32ff.). Durch die unterschiedliche zahlenmäßige Beteiligung von Arbeitnehmervertretern in den Aufsichtsräten einerseits der Montangesellschaften und andererseits in den dem BetrVG unterliegenden AGs ergeben sich gleichfalls unterschiedliche Einflußmöglichkeiten, denen insbesondere die Mitbestimmungskommission im einzelnen nachgegangen ist.

Neben den gesetzlichen Funktionen steht die des Aufsichtsrats als *Berater des Vorstands*. Gerade bei Gesellschaften ohne bestimmenden Einfluß eines Aktionärs oder einer Aktionärsgruppe werden die von der Hauptversammlung zu wählenden Mitglieder einem Personenkreis entnommen, von dem sachlicher Rat und gegebenenfalls die Pflege bestehender oder neu aufzunehmender geschäftlicher Verbindungen erwartet wird. Hiermit wird auch die Berufung von Bankenvertretern in die Aufsichtsräte begründet (vgl. den Mitbestimmungsbericht a. a. O. S. 33 und S. 124).

II. 1. Zahl der Aufsichtsratsmitglieder

Anm. 2

Die Zahl der Aufsichtsratsmitglieder ist in mehrfacher Hinsicht gesetzlich festgelegt, so daß einer Gestaltung durch die Satzung enge Grenzen gesetzt sind. Der Aufsichtsrat hat *mindestens* aus drei Mitgliedern zu bestehen (Satz 1). Sinkt die Zahl der Mitglieder unter drei, so ist der Aufsichtsrat nicht mehr beschlußfähig (§ 108 Abs. 2 Satz 3). Gegebenenfalls kann eine Ersatzbestellung durch das Gericht erfolgen (§ 104). Die Satzung kann eine höhere Zahl als drei festsetzen, jedoch muß diese Zahl bestimmt (Satz 2) und durch drei teilbar sein (Satz 3). Das letztere Erfordernis ist seinerzeit durch § 84 BetrVG im Rahmen der Drittelbeteiligung von Arbeitnehmervertretern im Aufsichtsrat eingeführt worden. Es gilt nicht für AG's, deren Unternehmensgegenstand der Betrieb deutsch-schweizerischer Grenzkraftwerke ist (BGBl. 1957 II, 262). Das Erfordernis der *Bestimmtheit* der höheren Zahl ist in AktG 1965 neu aufgenommen worden, um Satzungsbestimmungen, die eine bewegliche Mitgliederzahl vorsehen, zu verhindern. Die Zahl der Aufsichtsratsmitglieder kann also nur durch die Satzung oder einen die Satzung ändernden Hauptversammlungsbeschluß festgelegt werden, während bei den früher als zulässig angesehenen Satzungsbestimmungen mit variablen Mitgliederzahlen die Hauptversammlung (mit einfacher Mehrheit) die Zahl der Mitglieder festsetzen oder ändern könnte (vgl. die Einleitung).

Außerdem legt das Gesetz *Höchstzahlen* fest. Diese betragen jetzt bei Gesellschaften mit einem Grundkapital bis zu drei Millionen DM neun, bei einem höheren Grundkapital bis zu zwanzig Millionen DM fünfzehn Mitglieder. Übersteigt das Grundkapital zwanzig Millionen DM, so ist die Höchstzahl einundzwanzig Mitglieder. In die Höchstzahlen sind die Arbeitnehmervertreter genauso einzurechnen, wie gemäß § 101 Abs. 2 entsandte Aufsichtsratsmitglieder. Die Frage, ob *stellvertretende Aufsichtsratsmitglieder* bestellt werden können, und welche Rechtsstellung sie haben (zum früheren Recht vgl. § 86 Anm. 3 a der Vorauflage), hat sich erledigt, da Stellvertreter von Aufsichtsratsmitgliedern nicht mehr bestellt werden können (§ 101 Abs. 3 Satz 1). Die zulässige Bestellung von Ersatzmitgliedern wirkt sich auf die Höchstzahl nicht aus.

Unter *Grundkapital* ist der Nennbetrag der ausgegebenen Aktien zu verstehen, nicht der Betrag einer bedingten Kapitalerhöhung und auch nicht der Betrag genehmigten Kapitals, solange nicht eine Aktienausgabe (gemäß § 200 bzw. § 203) erfolgt ist.

Anm. 3

2. Verletzungsfolgen

Eine Satzungsbestimmung, die gegen die Vorschriften über die Mindest- oder Höchstzahl der Aufsichtsratsmitglieder verstößt, oder die eine nicht durch drei teilbare Zahl oder eine nicht bestimmte Zahl vorsieht, ist nichtig. Wahlen auf Grund einer nichtigen Satzungsbestimmung sind gleichfalls nichtig (Möhring-Tank I 258). Anstelle der nichtigen Bestimmung gilt die gesetzliche Regelung, daß der Aufsichtsrat aus drei Mitgliedern besteht (Godin-Wilhelmi Anm. 6; Kuhn NJW 1965, 2187; wohl auch Möhring-Schwartz, Rowedder-Haberlandt S. 106).

Nach der ausdrücklichen, neu im AktG 1965 eingefügten Bestimmung des § 250 Abs. 1 Ziff. 3 ist die Wahl eines Aufsichtsratsmitglieds durch die Hauptversammlung dann nichtig, wenn die gesetzliche Höchstzahl des § 95 überschritten wird. Werden in einem Wahlgang mehrere Mitglieder gewählt, und wird dadurch die gesetzliche Höchstzahl überschritten, oder läßt sich aus anderen Gründen nicht feststellen, welches einzelne Mitglied in Überschreitung der Höchstzahl gewählt worden ist, so ist die ganze Wahl nichtig (wie hier Baumbach-Hueck Rdn. 4 sowie § 250 Rdn. 7; Möhring-Tank I 258; Obermüller-Werner-Winden S. 241; Godin-Wilhelmi § 250 Anm. 2 (3) und weitergehend in § 95 Anm. 7).

Verstößt ein Hauptversammlungsbeschluß zur Wahl von Aufsichtsratsmitgliedern gegen die in der Satzung bestimmte Zahl von Autsichtsratsmitgliedern, die sich im Rahmen der gesetzlichen Höchstzahlen hält, so ist Anfechtbarkeit gemäß § 243 Abs. 1

gegeben (Godin-Wilhelmi Anm. 7), sofern nicht Nichtigkeit gemäß § 250 Abs. 1 Ziff. 1 wegen Verstoßes gegen §§ 96 Abs. 2, 97 Abs. 2 Satz 1 oder 98 Abs. 4 vorliegt.

Da die im Rahmen des Gesetzes (und der Satzung) festgesetzten Höchstzahlen für die *Gesamtzahl* der Aufsichtsratsmitglieder, also einschließlich der Arbeitnehmervertreter, gelten, kann die Hauptversammlung nur zwei Drittel der Aufsichtsratssitze besetzen, während ein Drittel für den oder die Arbeitnehmervertreter offen bleiben muß. Sieht etwa die Satzung die Zahl von drei oder sechs oder neun Mitgliedern für den Aufsichtsrat vor, so kann die Hauptversammlung immer nur so viel Aufsichtsratsmitglieder wählen, daß ein Drittel des Aufsichtsrats mit Arbeitnehmervertretern besetzt werden kann, das heißt eine Zahl, die zwei Drittel der durch drei teilbaren Zahl beträgt. Wegen der abweichenden Regelungen nach dem MitbestG s. Anm. 5. Wird gegen diesen Grundsatz verstoßen, so ist die Wahl des Aufsichtsrats, wie dargelegt, entweder hinsichtlich einzelner, zu viel gewählter Mitglieder oder im Ganzen nichtig. Werden von der Belegschaft keine Arbeitnehmervertreter gewählt, so hat die Hauptversammlung zwar keine Möglichkeit, einen vollständigen Aufsichtsrat zu bilden, jedoch kann dann der Aufsichtsrat nach § 104 vervollständigt werden.

Anm. 4

3. Verminderung bei Kapitalherabsetzung und Satzungsänderung

Bei einer *Kapitalherabsetzung* ergibt sich die Frage, ob sich die gesetzliche Höchstzahl automatisch nach dem herabgesetzten Grundkapital richtet, wenn infolge der Kapitalherabsetzung die dann zulässige Höchstzahl von Aufsichtsratsmitgliedern durch die verbleibende Anzahl von Mitgliedern überschritten wird und die Hauptversammlung nicht die notwendigen Beschlüsse faßt (Widerruf gem. § 103 Abs. 1 und ggf. Änderung der Satzung). In Übereinstimmung mit der überwiegend im aktienrechtlichen Schrifttum jetzt vertretenen Meinung ist anzunehmen, daß in einem solchen Fall das Amt *aller Aufsichtsratsmitglieder* mit der Beendigung der nächsten Hauptversammlung nach Eintragung der Kapitalherabsetzung im Handelsregister (§ 224) welche über die Entlastung beschließt, *erlischt*; wie hier Godin-Wilhelmi Anm. 4; Obermüller-Werner-Winden S. 240; Möhring-Schwarz, Rowedder-Haberlandt S. 106; Kuhn NJW 1965, 2187; ähnlich hinsichtlich der Amtsbeendigung der „überzähligen" Arbeitnehmervertreter Dietz 4. Aufl. § 76 Anm. 45b; Nikisch III, 2. Aufl. S. 612; a. A. Baumbach-Hueck Anm. 5 sowie Hueck-Nipperdey 7. Aufl. II/2 S. 1511 mit zahlreichen weiteren Nachweisen. Damit ist gewährleistet, daß die gesetzliche Regelung des § 95 beachtet wird. Die hier vertretene Auffassung ermöglicht es auch, die Streitfrage, wie eine erforderliche Herabsetzung der Aufsichtsratssitze gegenüber den Arbeitnehmervertretern durchzusetzen wäre, eindeutig und zweckentsprechend zu lösen. Denn da eine Abberufung der Arbeitnehmervertreter nur im Verfahren gem. § 76 Abs. 5 BetrVG möglich ist (auf einen entsprechenden Antrag müssen sich ¾ der Arbeitnehmer für eine Abberufung aussprechen) und von den Gesellschaftsorganen nicht erzwungen werden kann (§ 103 Abs. 4; ein Abberufungsgrund gemäß § 103 Abs. 3 dürfte nicht gegeben sein), wird die Auffassung vertreten, eine Verkleinerung des Aufsichtsrats könne erst bei der nächsten Neuwahl durchgeführt werden, falls Arbeitnehmervertreter nicht in genügender Zahl ihr Amt zur Verfügung stellen oder das Widerrufsverfahren nach § 76 Abs. 5 BetrVG ergebnislos verläuft oder nicht eingeleitet wird (so Baumbach-Hueck a. a. O.; Hueck-Nipperdey a. a. O., jeweils m. w. N.). Bei Berücksichtigung des zwingenden Charakters der Regelung der gesetzlichen Höchstzahl der Aufsichtsratsmitglieder würde, wenn diese Auffassung richtig wäre, ein gesetzwidriger Zustand ohne Grund hingenommen werden; dagegen wird durch die hier vertretene Auffassung eine gesetzmäßige und auch die Interessen der Arbeitnehmer vollauf wahrende Lösung der Streitfrage ermöglicht (wie hier auch Schmidt in Hachenburg GmbHG § 52 Anh. I Anm. 18). Es sei auch noch darauf hingewiesen, daß in Fällen, wo durch *Gesetz* die Zahl der Aufsichtsratsmitglieder geändert wurde, stets ein Erlöschen der früheren Aufsichtsratsmandate mit dem Ende der auf das Inkrafttreten des jeweiligen Gesetzes folgenden ordentlichen Hauptversammlung angeordnet wurde, vgl. §§ 8 EGAktG 1937; 63 DMBG; 89 BetrVG und schließlich § 12 Abs. 2 EG. Bei einer Herabsetzung der Zahl der Aufsichtsratsmitglieder bei Kapitalherabsetzung kraft der gesetzlichen Regelung in § 95 kann nichts anderes gelten (vgl. auch § 97 Abs. 2 Satz 3). Bei einer Neuwahl des Aufsichtsrats durch die Hauptversammlung auf der nächsten, auf die Eintragung der Kapitalherabsetzung im Handelsregister folgenden ordentlichen Hauptversammlung sind ein Drittel der Aufsichtsratssitze für die Arbeitnehmervertreter vorzubehalten, falls deren Neuwahl durch die Belegschaft nicht fristgerecht durchgeführt worden ist.

Wird durch *Satzungsänderung* die Zahl der Aufsichtsratsmitglieder herabgesetzt, so gelten gleichfalls die vorstehend dargelegten Grundsätze: legen nicht eine genügende Anzahl von Aufsichtsratsmitgliedern ihr Amt nieder oder werden die überzähligen Aktionärvertreter nicht gem. § 103 Abs. 1 abberufen (was praktisch kaum eintreten dürfte) oder wird ein Widerrufsverfahren hinsichtlich der Arbeitnehmervertreter nicht durchgeführt, so erlöschen alle Mandate des satzungswidrig besetzten Aufsichtsrats, und es ist in der nächsten Hauptversammlung eine Neuwahl durchzuführen. In diesem Zusammenhang sei darauf hingewiesen, daß es im freien Ermessen der Hauptversammlung steht, durch satzungsändernden Beschluß die Zahl der Aufsichtsratsmitglieder innerhalb der gesetzlichen Höchstgrenzen festzulegen; die Arbeitnehmer haben auf diese Entscheidung keinen Einfluß (vgl. W. Schmidt in NJW 52, 1353).

III. Ausnahmen

Anm. 5

Satz 5 bestimmt ausdrücklich, daß durch die Regelung des § 95 über die Zahl der Aufsichtsratsmitglieder die abweichenden Vorschriften des MitbestG und des MitbestErgG nicht berührt werden. Da es sich um Spezialgesetze handelt, dient dieser Hinweis an sich nur einer Klarstellung (Baumbach-Hueck Rdn. 1).

MitbestG. Hier gilt folgendes: In Unternehmen des Bergbaus und der Eisen und Stahl erzeugenden Industrie besteht der Aufsichtsrat aus elf Mitgliedern (§ 4). Bei Gesellschaften mit einem DM zwanzig Millionen übersteigenden Grundkapital kann die Satzung vorsehen, daß der Aufsichtsrat aus fünfzehn Mitgliedern besteht (§ 9 Abs. 1) und bei einem DM fünfzig Millionen übersteigenden Grundkapital aus einundzwanzig Mitgliedern (§ 9 Abs. 2). Wegen der Zusammensetzung des Aufsichtsrats im einzelnen s. Anm. 5 zu § 96.

MitbestErgG. Hier gilt folgendes: In Unternehmen, die als sogenannte Holding-Gesellschaften Gesellschaften beherrschen, die ihrerseits dem MitbestG unterliegen, besteht der Aufsichtsrat aus fünfzehn Mitgliedern (§ 5). Bei Gesellschaften mit einem DM fünfzig Millionen übersteigenden Grundkapital kann die Satzung vorsehen, daß der Aufsichtsrat aus einundzwanzig Mitgliedern besteht (§ 12). Wegen der Zusammensetzung des Aufsichtsrats im einzelnen s. Anm. 6 zu § 96.

IV. Übergangsrecht

Anm. 6

§ 12 Abs. 1 und 2 EG enthält die wegen der Änderung des AktG 1965 hinsichtlich der Zahl und der Stellvertreter der Aufsichtsratsmitglieder notwendigen Übergangsregelungen. Als Vorbild dienten § 8 EG AktG 1937, § 63 DMBlG, § 89 BetrVG sowie § 16 MitbestErgG a. F. Die mit dem neuen Recht nicht zu vereinbarenden Satzungsbestimmungen traten mit der über die Entlastung des Aufsichtsrats beschließenden Hauptversammlung für das am 31. 12. 1965 endende oder laufende Geschäftsjahr außer Kraft (im einzelnen s. Möhring-Schwartz, Rowedder-Haberlandt S. 106f.). Eine innerhalb dieser Frist stattfindende Hauptversammlung konnte mit einfacher Stimmenmehrheit neue Satzungsbestimmungen an Stelle der außer Kraft tretenden beschließen. Mit dem Außerkrafttreten der entsprechenden Satzungsbestimmungen erlosch das Amt der Aufsichtsratsmitglieder. Streitig wurde die Frage, ob das Amt der Aufsichtsratsmitglieder auch dann gemäß § 12 Abs. 2 EG erlosch, wenn zwar die Satzung innerhalb der maßgeblichen Zeit dem neuen Recht angepaßt wurde, eine Neuwahl des Aufsichtsrats aber nicht erfolgte, da bereits eine der Neufassung der Satzung entsprechende Zahl von Mitgliedern im Amt war (vgl. einerseits u. a. Gessler DB 1965, 1469 und ihm folgend Godin-Wilhelmi Anm. 8 sowie LG Dortmund DB 1966, 1881 = DieAG 1967, 52; ferner Kuhn NJW 1965, 2186; Möhring NJW 1966, 7 und andererseits Tiefenbach BB 1965, 1197).

V. Beiräte

Anm. 7

Wie unter der Geltung des AktG 1937 (vgl. zu der früheren Rechtslage § 95 Anm. 28 der Voraufl.) geht auch AktG 1965 davon aus, daß neben den gesetzlichen Organen ein Beirat oder ähnliche Einrichtungen bei der AG gebildet werden können (§ 161 Abs. 3 Ziff. 8). Derartigen Gremien können aber keinerlei Funktionen übertragen werden, die nach der zwingenden gesetzlichen Zuständigkeitsregelung dem Vorstand, dem Aufsichtsrat oder der Hauptversammlung zugewiesen sind (h. L. s. Konow DB 1966, 332; Baumbach-Hueck Übers. vor § 76 Rdn. 8; Godin-Wilhelmi Anm. 2; Möhring-Schwartz, Rowedder-Haberlandt S. 159, Rutenfranz NJW 1965, 238). Es kommt also praktisch in erster Linie eine entweder den Vorstand oder den Aufsichtsrat beratende Tätigkeit und gegebenenfalls eine vorbereitende Tätigkeit, etwa zur Unterstützung des Aufsichtsrats in Betracht. Da aber Beiratsmitglieder nicht einmal ohne weiteres an Aufsichtsratssitzungen teilnehmen können (§ 109 Abs. 1) und auch neben den umfassenden gesetzlichen Zuständigkeitsregelungen kaum Raum für eine leitende oder überwachende Tätigkeit bleibt, dürfte die praktische Bedeutung derartiger Gremien im Schwinden sein. Selbst die nach Baumbach-Hueck a. a. O. angenommene Zulässigkeit, einem Beirat etwa ein Recht auf Auskunft gegenüber dem Vorstand einzuräumen, erscheint angesichts der gesetzlich doch wohl erschöpfend geregelten Auskunftspflichten des Vorstands gegenüber Aufsichtsrat (§ 90) und Hauptversammlung (§ 131) äußerst zweifelhaft. Dagegen dürfte es zulässig sein, dem Beirat, sei es in der Satzung, sei es in der Geschäftsordnung des Vorstands, das Recht einzuräumen, vor bestimmten geschäftlichen Maßnahmen des Vorstands gehört zu werden. Über die im Rahmen des sogenannten Lüdenscheider Abkommens (1959) im Montanbereich gebildeten besonderen Verwaltungsgremien als Ersatz für im Zuge von Umwandlungen weggefallener Vorstände und Aufsichtsräte s. Zekorn DieAG 1960, 243. Bei Großbanken sind regionale Beiräte üblich, die aber soweit bekannt, nur beratende Funktionen haben und wohl auch mehr der Pflege geschäftlicher Beziehungen dienen (s. im einzelnen Möhring-Schwartz, Rowedder-Haberlandt S. 159f.).

Die Bildung der Beiräte ist zweckmäßig in der Satzung vorzusehen; notwendig ist dies nicht (Baumbach-Hueck a. a. O.; a. M. Schlegelberger-Quassowski § 95 AktG 1937, Anm. 41; Ritter AktG 1937 § 70 Anm. 2; § 86 Anm. 2). Vorschläge für eine mögliche satzungsmäßige Regelung s. bei Möhring-Schwartz, Rowedder-Haberlandt S. 160. Soweit die Satzung allerdings in die Zuständigkeitsbereiche anderer Organe eingreift, z. B. den Vorstand in seinen Entscheidungen an die Zustimmung eines Beirats bindet, ist sie nichtig (Würdinger § 22 II 6).

Die besonderen Vorschriften über die Zusammensetzung, innere Ordnung, Wahl und Abberufung des Aufsichtsrats gelten für die Beiräte nicht. Die Satzung ist frei in der Ausgestaltung ihrer Verfassung. Die Haftung der Beiratsmitglieder richtet sich nicht nach § 116, sondern nach den allgemein bürgerlich-rechtlichen Vorschriften (Schlegelberger-Quassowski a. a. O.; Baumbach-Hueck a. a. O.; Staub § 246 HGB Anm. 15). Vorschriften über die Vergütung der Aufsichtsratsmitglieder (§ 113) sollen nach Schlegelberger-Quassowski a. a. O. auf die Bezüge der Beiratsmitglieder sinngemäß anwendbar sein. Das erscheint geboten (wie hier Baumbach-Hueck a. a. O.; Möhring-Schwartz, Rowedder-Haberlandt a. a. O.). Im übrigen werden die Beiratsmitglieder auf Grund Auftrags oder entgeltlicher Geschäftsbesorgung tätig. Die AG wird ihnen gegenüber durch den Vorstand vertreten (§ 78 Abs. 1).

Gemäß § 160 Abs. 3 Nr. 8 sind die Gesamtbezüge eines Beirats im Geschäftsbericht neben den Bezügen des Vorstands und des Aufsichtsrats anzugeben.

§ 96 Zusammensetzung des Aufsichtsrats

(1) Der Aufsichtsrat setzt sich zusammen
bei Gesellschaften, für die § 76 Abs. 1 des Betriebsverfassungsgesetzes gilt, aus Aufsichtsratsmitgliedern der Aktionäre und der Arbeitnehmer,
bei Gesellschaften, für die das Mitbestimmungsgesetz gilt, aus Aufsichtsratsmitgliedern der Aktionäre und der Arbeitnehmer und aus weiteren Mitgliedern,
bei Gesellschaften, für die die §§ 5 bis 13 des Mitbestimmungsergänzungsgesetzes gelten, aus Aufsichtsratsmitgliedern der Aktionäre und der Arbeitnehmer und aus einem weiteren Mitglied,
bei den übrigen Gesellschaften nur aus Aufsichtsratsmitgliedern der Aktionäre.

(2) Nach anderen als den zuletzt angewandten gesetzlichen Vorschriften kann der Aufsichtsrat nur zusammengesetzt werden, wenn nach § 97 oder nach § 98 die in der Bekanntmachung des Vorstands oder in der gerichtlichen Entscheidung angegebenen gesetzlichen Vorschriften anzuwenden sind.

Übersicht

Literatur, vgl. die Vorbem. vor § 95.

Einleitung

§ 96 ist ohne Vorbild im AktG 1937. Während man früher unter „Zusammensetzung des Aufsichtsrats“ die Zahl seiner Mitglieder und die persönlichen Voraussetzungen der Mitgliedschaft verstand (vgl. die Überschrift zu § 86 AktG 1937), versteht AktG 1965 hierunter die Zusammensetzung des Aufsichtsrats aus Vertretern der Aktionäre und Vertretern der Arbeitnehmer, wie sie sich im einzelnen aus den verschiedenen mitbestimmungsrechtlichen Regelungen ergibt. Diese werden in ihrem Umfang und in ihren Voraussetzungen nicht geändert, sondern durch die Verweisungen in Abs. 1 aktienrechtlich zur Kenntnis genommen. Abs. 2 dient dem Zweck, dem Aufsichtsrat eine sichere Rechtsgrundlage zu geben (so die amtliche Begründung, bei Kropff S. 126), wenn es zu Auseinandersetzungen über die Zusammensetzung kommt. Diese sind, wenn sie streitig werden, in einem neu geregelten Spruchverfahren gemäß §§ 98, 99 auszutragen.

I. Allgemeines zur Rechtstellung der Arbeitnehmervertreter

Anm. 1

AktG 1965 geht von dem in verschiedenen Einzelregelungen zum Ausdruck gekommenen (vgl. insbesondere § 40 EG und § 103 Abs. 3 sowie im einzelnen v. Godin-Wilhelmi Anm. 2) Grundsatz aus, daß alle Mitglieder des Aufsichtsrats, auch wenn ihre Mitgliedschaft auf unterschiedlichen Wahl- oder Berufungsverfahren beruht, *gleiche Rechte und Pflichten* haben (vgl. auch § 4 Abs. 3 MitbestG und § 5 Abs. 4 MitbestErgG). Auch die Arbeitnehmervertreter üben ihr Amt unabhängig aus und sind an Weisungen ihrer Wähler, des Betriebsrats, der Verbände denen sie angehören, oder ihrer Vorgesetzten im Betrieb der AG nicht gebunden, h. L. s. BAG AP Nr. 17 zu § 76 BetrVG = AP Nr. 7 zu § 13 KSchG = NJW 1959, 39 = DieAG 1958, 39. Es gelten also auch für sie die alle Mitglieder des Aufsichtsrats betreffenden Vorschriften des AktG. Gleiches gilt für die nach dem MitbestG (§ 4) und dem MitbestErgG (§ 5) zu wählenden „weiteren Mitglieder".

Auch die Arbeitnehmervertreter haben daher bei ihrer Amtsführung in erster Linie die *Belange* des *Unternehmens der* AG zu vertreten. Bei der Diskussion über den Umfang der Voranstellung der Interessen der AG darf aber nicht übersehen werden, daß sie als Vertreter der Arbeitnehmer deren Interessen vorzüglich Beachtung zu schenken haben, wie ja auch die in den Aufsichtsrat gewählten Aktionärsvertreter nicht selten zur Wahrung von Interessen bestimmter Aktionärsgruppen oder von mit der AG geschäftlich verbundenen anderen Unternehmen und Banken gewählt werden (vgl. C. E. Fischer, NJW 58, 1265f.; Rob. Fischer in Anm. zu LM § 93 AktG 1937 Nr. 1 Anm.; Baumbach-Hueck Anh. nach § 96 Rdn. 35; Dietz § 76 Anm. 15; Fitting-Kraegeloh-Auffarth § 76 Anm. 122; Hueck-Nipperdey Bd. II, 2 S. 1518 jeweils m. w. N. § 93 Abs. 2). Bei einem Konflikt mit den Interessen der AG hat aber jedes Aufsichtsratsmitglied den Interessen der Gesellschaft den Vorrang zu geben, anderenfalls setzt es sich Schadensersatzansprüchen aus §§ 116 i. V. m. 93 aus. Wenn auch die Stellung der Arbeitnehmervertreter in vielem der Stellung der nach § 101 Abs. 2 entsandten Aufsichtsratsmitglieder vergleichbar ist, so ist doch die Interessenlage insoweit eine andere, als es sich dort um die Ausübung des Sonderrechts einzelner Aktionäre oder Aktionärsgruppen handelt, während die Arbeitnehmervertreter die Gesamtbelegschaft des Unternehmens und als Gewerkschaftsvertreter die Gesamtheit der Arbeitnehmerschaft (Sozialpartnerschaft) im Aufsichtsrat vertreten. Entsprechend sind daher auch bei Lösung von Interessenkonflikten andere Maßstäbe anzulegen (vgl. auch Schmidt in Hachenburg § 52 Anh. I Anm. 15). Da wohlverstandenes Interesse von Unternehmen und Belegschaft sich decken (§ 76 Anm. 12; Hueck JZ 56, 61; Eiselt JZ 57, 204f.), kann die Zusammenarbeit der Vertretergruppen in den Aufsichtsräten zweifellos in einem nicht unerheblichen Umfang zur Befriedung des sozialen Klimas beitragen. Diese Zielsetzung der betrieblichen Mitbestimmung muß auch bei der juristischen Betrachtung von Konfliktsfällen im Vordergrund stehen.

Zu echten Interessenkollisionen kommt es für die Arbeitnehmervertreter, wenn die Belegschaft der AG in *Streik* tritt. Es hat sich zu dieser Frage eine umfangreiche Literatur gebildet (s. u. a. Meissinger, DB 56, 688; Radke, NJW 56, 1581; Hueck-Nipperdey Bd. II, 2 S. 1521f.; Hueck-Leibholz, Zwei Vorträge zum Arbeitsrecht S. 19ff.; Dietz § 76 Anm. 15a; Nikisch Bd. III S. 619; Boesebeck DieAG 1961, 117; Fitting-Kraegeloh-Auffarth § 76 Anm. 132—134 jeweils mit weiteren Nachweisen). Das LG München (BB 1956, 240) hält die passive Teilnahme von Arbeitnehmervertretern an ordnungsgemäß von der Gewerkschaft ausgerufenen Streiks, den sog. legitimen Streik, für zulässig. Dem ist zuzustimmen (vgl. BAG, Großer Senat, BAG 1, 291). Zu weit geht die Auffassung des OLG München (BB 56, 995), welches unter Hinweis auf den zitierten Beschluß des Großen Senats des BAG (danach ist ein gewöhnlicher Streik nicht rechtswidrig und löst das Arbeitsverhältnis der am Streik beteiligten Arbeitnehmer nicht auf, sondern suspendiert es; entsprechendes gilt bei Aussperrungen; BAG, Großer Senat, BB 1971, 701 = DB 1971, 1061) annimmt, das Amt der Arbeitnehmervertreter im Aufsichtsrat sei gleichfalls während des Streiks suspendiert. Damit wäre dem Aufsichtsratsmitglied auch eine aktive Streikteilnahme — bei Ruhen des Amtes — erlaubt. Das ist aber mit der Stellung und der daraus sich ergebenden *Treupflicht* eines Aufsichtsratsmitglieds unvereinbar (vgl. RG 82, 313; 114, 384; Baumbach-Hueck Anh. nach § 96 Rdn. 35; Fitting-Kraegeloh-Auffarth § 76 Anm. 133; Dietz § 76 Anm. 15a; Hueck-Nipperdey a. a. O. S. 1521f. jeweils mit weiteren Nachweisen; s. auch Boesebeck DieAG 1961, 117; ferner Entebach Diss. Köln, 1969, 45ff.; Kühlwein NJW 54, 621; Eiselt JZ 57, 205). Es ist also festzuhalten, daß Arbeitnehmervertreter sich zwar passiv an einem legitimen Streik beteiligen dürfen, jedoch eine aktive Streikteilnahme und jede Teilnahme an sog. wilden Streiks oder anderen, die AG schädigenden Handlungen das Aufsichtsratsmitglied schadensersatzpflichtig machen kann (s. auch § 116 Anm. 9).

Die Sorgfaltspflichten der Arbeitnehmervertreter richten sich auch im übrigen nach §§ 116, 93, sie sind also grundsätzlich die gleichen für alle Aufsichtsratsmitglieder. Von einem erfahrenen Geschäftsmann kann man hinsichtlich der Überwachungstätigkeit zwar in der Regel mehr Einsicht in geschäftliche Zusammenhänge erwarten, als von Arbeitern oder Angestellten (§ 116 Anm. 5). Jedoch besteht auch für die Arbeitnehmervertreter eine Pflicht, sich die nötige Aufklärung zu verschaffen und gegebenenfalls sachverständigen Rat einzuholen (Baumbach-Hueck Anh. § 96 Anm. 35; Schmidt in Hachenburg § 52 Anh. I Anm. 14; Dietz § 76 Anm. 17; Hueck-Nipperdey a. a. O. S. 1519; Galperin-Siebert § 76 Anm. 52).

Die Arbeitnehmervertreter im Aufsichtsrat unterliegen der allgemeinen Geheimhaltungspflicht aller Aufsichtsratsmitglieder gemäß §§ 116, 93 Abs. 1 Satz 2. Die früheren Sonderregeln über die Verschwiegenheitspflicht von Aufsichtsratsmitgliedern, die nach § 76 BetrVG gewählt wurden, sind durch § 40 Abs. 1 EG aufgehoben.

§ 15 KSchG gewährt Mitgliedern des Betriebsrats einen besonderen *Kündigungsschutz*, der nach dem vorliegenden Reg.Entw. für ein neues BetrVG (BT-Drucks. VI/1786) erheblich erweitert werden soll. Einen besonderen Kündigungsschutz genießen Arbeitnehmervertreter im Aufsichtsrat als solche allerdings nicht (h. L.; s. Nachweise bei Schmidt in Hachenburg § 52 Anh. I Anm. 16; Baumbach-Hueck Anh. nach § 96 Rdn. 36; Nikisch Bd. III S. 619; Dietz § 76 Anm. 17a; Fitting-Kraegeloh-Auffarth § 76 Anm. 129). Es gelten also die allgemeinen Kündigungsvorschriften des Arbeitsrechts. Greifen diese nicht ein, so kann der Dienstvertrag eines Arbeitnehmervertreters gekündigt werden, ohne daß allerdings damit notwendig sein Amt als Aufsichtsratsmitglied erlischt (BGH 39, 116 [120]); das ist nur der Fall, wenn durch Ausscheiden des Arbeitnehmervertreters aus dem Betrieb der AG die zwingenden Vorschriften über die Arbeitnehmereigenschaft der ersten zwei Aufsichtsratsmitglieder nicht mehr erfüllt werden (Galperin-Siebert, 3. Aufl. § 76 Anm. 62; Dietz § 76 Anm. 48; Nikisch Bd. III S. 608; Hueck-Nipperdey II, 2 S. 1516 jeweils m. w. N.). Eine Kündigung von Arbeitnehmern, die dem Aufsichtsrat angehören, kann aber sozial ungerechtfertigt sein, wenn sie allein eine Maßregelung wegen der Aufsichtsratstätigkeit bedeutet; sie kann außerdem wegen Verstoß gegen § 53 BetrVG nichtig sein (Baumbach-Hueck Anh. § 96 Rdn. 36; Bergmann NJW 54, 84; Dietz § 76 Anm. 17a; Nikisch Bd. III S. 619; Fitting-Kraegeloh-Auffarth § 76 Anm. 129 m. w. N.). Denn nach §§ 76 Abs. 2 mit 53 BetrVG dürfen die Arbeitnehmervertreter im Aufsichtsrat *in der Ausübung ihrer Tätigkeit nicht gestört oder gehindert werden*, auch ist jede Begünstigung oder Benachteiligung der Arbeitnehmervertreter verboten. Daher sind auch Satzungsbestimmungen, Aufsichtsrats- oder Hauptversammlungsbeschlüsse, die eine Behinderung der Tätigkeit der Arbeitnehmervertreter im Aufsichtsrat bezwecken, nichtig. Ebenso darf den Arbeitnehmervertretern wegen ihrer Aufsichtsratstätigkeit kein Lohn entgehen; sie sind auf Verlangen von ihren beruflichen Verpflichtungen im Betriebe der AG freizustellen, soweit das für eine ordnungsmäßige Durchführung ihrer Pflichten im Aufsichtsrat erforderlich ist (Baumbach-Hueck Anh. § 96 Rdn. 36; Dietz § 76 Anm. 12; a. A. Nikisch Bd. III, 616; Fitting-Kraegeloh-Auffarth § 76 Anm. 127 jeweils m. w. N.). Die Vergütung der Arbeitnehmervertreter für ihre Aufsichtsratstätigkeit richtet sich nach § 113. Verstöße gegen § 53 BetrVG sind strafbar (§ 78 BetrVG).

Für *Streitigkeiten* zwischen der AG und den Arbeitnehmervertretern im Aufsichtsrat, die im Zusammenhang mit der Aufsichtsratstätigkeit stehen, also auch etwaige Schadensersatzansprüche wegen aktiver Streikbeteiligung, sind die *ordentlichen Gerichte zuständig* (OLG München mit zustimmender Anm. von Hueck JZ 56, 60); ebenso für die Frage, ob ein Arbeitnehmervertreter noch Aufsichtsratsmitglied ist (BGH 39, 116, h. A.; vgl. Baumbach-Hueck Anh. § 96 Rdn. 37; Dietz § 76 Anm. 82; Hueck-Nipperdey Bd. II, 2 S. 1527; teilw. abw. Fitting-Kraegeloh-Auffarth § 76 Anm. 36 m. w. N.), da es sich hierbei nicht um Arbeitsstreitigkeiten im Sinne der §§ 2, 3 ArbGG handelt. Dagegen gehören Streitigkeiten wegen Lohn- und Gehaltsansprüchen der Arbeitnehmervertreter vor die Arbeitsgerichte, ebenso alle Streitigkeiten, die mit der Wahl und Abberufung von Arbeitnehmervertretern im Aufsichtsrat zusammenhängen einschließlich der Wahlen in Konzernunternehmen (§ 82 Abs. 1 lit. p und q BetrVG). Das gilt auch für die Anfechtung der Aufsichtsratswahl; § 18 BetrVG ist analog anwendbar (st. Rspr.; BAG 1, 123; 184; s. auch BAG WM 1970, 1178). Dagegen entscheiden über die Frage der Zusammensetzung des Aufsichtsrats, d. h. ob Arbeitnehmer dem Aufsichtsrat angehören müssen und ggf. auf Grund welcher gesetzlicher Vorschriften ausschließlich die Landgerichte im Verfahren nach §§ 98, 99.

II. 1. BetrVG

Anm. 2

Der Aufsichtsrat jeder inländischen AG (vgl. § 5 Anm. 7) und jeder KGaA muß zu einem Drittel aus Vertretern der Arbeitnehmer bestehen (§ 76 Abs. 1 BetrVG). Für ausländische AGs gilt das nicht, auch nicht, wenn es sich um inländische Zweigniederlassungen oder Betriebsstätten handelt oder wenn es sich um Tochtergesellschaften inländischer Unternehmen oder sonstwie deutschen Aktionären gehörende ausländische AGs handelt (allg. Ansicht vgl. Fitting-Kraegeloh-Auffarth § 76 Anm. 18 m. w. N.), ebenso nicht für sogenannte internationale Gesellschaften (vgl. § 5 Anm. 8). Dagegen sieht der von der EWG-Kommission veröffentlichte Vorschlag für das Statut einer europäischen AG auch die Beteiligung der Arbeitnehmer, in der Regel zu einem Drittel, im Aufsichtsrat vor, Artikel 137ff. (Amtsbl. EG 1970 Nr. C 124 = BT-Drucksache VI/1109). Das Gesetz enthält keine Ausnahmeregelungen für sogenannte Regiebetriebe oder sonstige Unternehmen der öffentlichen Hand, soweit sie in der Rechtsform der AG betrieben werden. Ausnahmen gelten lediglich für die den MitbestG unterliegenden AGs (vgl. Anm. 5 u. 6 unten), für sogenannte Tendenzbetriebe und ähnliche Unternehmen und bestimmte Familiengesellschaften; weitere Einzelheiten in Anm. 4 u. 7 unten. Durch die gesetzliche Regelung der Zahl der Aufsichtsratsmitglieder (§ 95 Satz 1 u. 2) wird die rechnerische Voraussetzung der Drittelparität des BetrVG gewährleistet.

Anm. 3

2. Konzerngesellschaften

§ 76 Abs. 4 BetrVG regelt die Wahl der Arbeitnehmervertreter im Konzern dahingehend, daß an der Wahl der Arbeitnehmervertreter für den Aufsichtsrat des herrschenden Unternehmens im Sinne von § 18 Abs. 1 u. 2 auch die Arbeitnehmer der übrigen Konzernunternehmen teilnehmen. Der RegEntw. hatte auch das passive Wahlrecht der Arbeitnehmer des abhängigen Unternehmens vorgesehen. Diese Regelung ist aber nicht Gesetz geworden (vgl. den Ausschußbericht bei Kropff, S. 527 und Godin-Wilhelmi Anm. 4); vielmehr bleibt diese Frage nach wie vor der Entwicklung von Rechtsprechung und Schrifttum überlassen.

Im einzelnen gilt folgendes:

Durch den Klammerhinweis in der Neufassung des § 76 Abs. 4 BetrVG auf § 18 Abs. 1 S. 1 und 2 ist klargestellt, daß nur Unterordnungskonzerne gemeint sind (wie hier BAG WM 1970, 1178 = DB 1970, 1595; Baumbach-Hueck Anh. nach § 96 Rdn. 24; Dietz § 76 Anm. 56; Nikisch III, S. 598; ferner Hueck-Nipperdey II, 2, S. 1499ff.; Fitting-Kraegeloh-Auffarth § 76 Anm. 71, die letztgenannten z. T. einschränkend zum faktischen Konzern; im übrigen s. § 18 Anm. 1ff.), und zwar gleichgültig, ob es sich um faktische Konzernverhältnisse handelt, oder ob ein Beherrschungsvertrag abgeschlossen worden ist, oder ob die abhängige Gesellschaft eingegliedert ist, s. auch noch Baumbach-Hueck a. a. O. Rdn. 25 und insbesondere § 18 Anm. 7. Daß auch ein faktisches Konzernverhältnis genügt, folgt nicht nur aus dem Hinweis auf § 18 Abs. 1, sondern auch aus der Terminologie des neuen § 77a BetrVG, verglichen mit dem Wortlaut des § 76 Abs. 4, wonach für den Fall, daß die Beteiligung von Arbeitnehmern im Aufsichtsrat von der Zahl der Arbeitnehmer des betreffenden Unternehmens abhängt (z. B. für Familiengesellschaften gemäß § 76 Abs. 6 BetrVG), *nur* die Arbeitnehmer derjenigen Betriebe mitzuzählen sind, die mit dem herrschenden Unternehmen einen Vertragskonzern bilden, also bei Beherrschung oder Eingliederung.

Bei faktischen Konzernverhältnissen ist Voraussetzung für eine Wahlbeteiligung der Arbeitnehmer der abhängigen Unternehmen, daß das herrschende Unternehmen, und das oder die abhängigen Unternehmen unter *einheitlicher Leitung* stehen (s. § 18 Anm. 4 u. 5), und daß die einheitliche Leitung tatsächlich ausgeübt wird (§ 18 Anm. 6). Die Möglichkeit der Ausübung der Leitungsmacht (im Sinne von § 17) allein genügt nicht.

Es kommt für die Arbeitnehmerbeteiligung im Aufsichtsrat nur auf die Rechtsform des herrschenden Unternehmens an: Die Rechtsform der abhängigen Unternehmen ist für die Frage des aktiven Wahlrechts der Arbeitnehmer im Unterordnungskonzern ohne Belang (Baumbach-Hueck Anh. nach § 96 Rdn. 26). Wahlberechtigt sind auch die Arbeitnehmer von nur mittelbar abhängigen Unternehmen, also sogenannte Enkelgesellschaften und dgl., wenn nur eine einheitliche Leitung gegeben ist (BAG WM 1970, 1178, Baumbach-Hueck a. a. O. Rdn. 27; Fitting-Kraegeloh-Auffarth § 76 Anm. 73; Dietz § 76 Anm. 64 m. w. N.). Zur Frage, ob eine einheitliche Leitung durch mehr als ein herrschendes Unternehmen möglich ist, s. einerseits BAG a. a. O. sowie Meyer-Landrut/Miller BB 1969, 935, 937 und andererseits § 18 Anm. 8.

Die Wahl kann durch Wahlmänner erfolgen (§ 76 Abs. 4 Satz 2 BetrVG). Zu Einzelheiten s. BAG AP Nr. 16 zu § 76 BetrVG.

Das *passive Wahlrecht* der Arbeitnehmer im Konzern ist mangels eindeutiger gesetzlicher Regelung, wie sie im RegEntw. zu § 40 EG vorgesehen war, nach wie vor Gegenstand unterschiedlicher Auffassungen. Streitig ist dabei, ob auf den ersten und gegebenenfalls den zweiten Platz gemäß § 76 Abs. 2 Satz 2 u. 3 BetrVG nur Arbeitnehmer des herrschenden Unternehmens in den Aufsichtsrat gewählt werden können, oder auch und ggfs. in welchem Umfang Arbeitnehmer der abhängigen Unternehmen. Nach der ständigen Rechtsprechung des BAG steht der erste Platz im Aufsichtsrat des herrschenden Unternehmens einem Arbeitnehmer dieses Unternehmens und der zweite Platz einem Arbeitnehmer des oder der abhängigen Unternehmen zu; s. BAG AP Nr. 2; Nr. 3; Nr. 10; Nr. 13 und gleichbleibend seit der Neufassung des § 76 Abs. 4 Satz 1 BetrVG AP Nr. 15 u. Nr. 18 jeweils zu § 76 BetrVG. Zustimmend zu dieser Rechtsprechung jetzt Baumbach-Hueck Anh. nach § 96 Anm. 15; ferner Schröder, Die Rechtsprechung des BAG zur Beteiligung der Arbeitnehmer in den gesellschaftlichen Organen, Festschrift für Ernst Gessler, 1971, 171, 174; s. im übrigen *kritisch* und mit zahlreichen weiteren Nachweisen unter anderem Dietz Anm. 57 ff. zu § 76; Hueck-Nipperdey II. 2., S. 1502 ff.; Fitting-Kraegeloh-Auffarth § 76 Anm. 77; Stute, Diss. Köln, 1963, S. 79 ff., 85 ff.

Anm. 4

3. Ausnahmen

Umstritten ist die Frage, ob eine AG mit weniger als fünf ständigen Arbeitnehmern einen Aufsichtsrat nach § 76 Abs. 1 BetrVG zu bilden hat (sog. Betriebsratsfähigkeit, vgl. § 8 BetrVG). Beschäftigt die AG überhaupt keine Arbeitnehmer, so muß sie nicht etwa solche einstellen, um einen Aufsichtsrat mit Arbeitnehmervertretern bilden zu können; es entfällt also eine Arbeitnehmerbeteiligung im Aufsichtsrat (BAG AP Nr. 7 zu § 76 BetrVG = NJW 1957, 1574); das gilt auch dann, wenn die AG als Konzernspitze andere Unternehmen beherrscht (BAG a. a. O.). Entsprechendes muß aber auch gelten, wenn eine AG weniger als fünf ständige Arbeitnehmer, von denen mindestens drei wahlberechtigt sein müssen, beschäftigt, da § 76 Abs. 2 BetrVG für die Wahl der Arbeitnehmervertreter einen Wahlkörper i. S. des Zweiten Teils des BetrVG voraussetzt (durch Verweisung auf die §§ 6, 10 Abs. 3 BetrVG); wie hier jetzt mit überzeugender Begründung Hueck-Nipperdey II. 2. S. 1494 m. w. zustimmenden Nachweisen; ferner Stute Diss. Köln, 1963, S. 56 ff.; s. auch Nikisch III, S. 589 f. *A. A.* Baumbach-Hueck Anh. nach § 96 Rdn. 11 und Dietz § 76 Anm. 2 b (auch jeweils m. w. N.), die schon das Vorhandensein von drei wahlberechtigten Arbeitnehmern Genüge sein lassen. Nach Fitting-Kraegeloh-Auffarth (§ 76 Anm. 33) genügt es schon, wenn mindestens so viele Arbeitnehmer vorhanden sind, wie Aufsichtsratssitze zu besetzen sind.

III. MitbestG

Anm. 5

Aktiengesellschaften, die ein Unternehmen des Bergbaues oder der Eisen- und Stahl erzeugenden Industrie betreiben und in der Regel mehr als 1000 Arbeitnehmer beschäftigen oder „Einheitsgesellschaften" i. S. des G Nr. 27 der AHK vom 16. 5. 1950 (Amtsbl. S. 299) sind, unterliegen der paritätischen Mitbestimmung (§ 1 MitBestG): Der Aufsichtsrat besteht hier aus elf Mitgliedern; er setzt sich aus vier Aktionärsvertretern, vier Arbeitnehmervertretern und drei weiteren Mitgliedern zusammen (§ 4

Abs. 1 MitbestG). Die Hauptversammlung ist frei in der Wahl von vier Aufsichtsratsmitgliedern, während das fünfte „weitere" von der Hauptversammlung zu wählende Mitglied weder Repräsentant von Arbeitgeberverbänden oder Gewerkschaften, noch Angestellter der AG, noch am Unternehmen der AG wirtschaftlich interessiert sein darf (§ 4 Abs. 2 MitbestG). Die insgesamt *fünf Arbeitnehmervertreter* werden der Hauptversammlung zur Wahl vorgeschlagen, die an die Wahlvorschläge gebunden ist (§ 6 Abs. 5 MitbestG), und zwar werden ein Arbeiter und ein Angestellter der AG durch den Betriebsrat nach Beratung mit den im Unternehmen vertretenen Gewerkschaften und deren Spitzenorganisationen vorgeschlagen (§ 6 Abs. 1 MitbestG), zwei Arbeitnehmervertreter schlägt die Spitzenorganisation nach Beratung mit Betriebsrat und den vertretenen Gewerkschaften vor (§ 6 Abs. 3 MitbestG); das gleiche gilt für das von der Arbeitnehmerseite zu benennende „weitere Mitglied" (§ 6 Abs. 4 MitbestG), das auch den Bestimmungen des § 4 Abs. 2 genügen muß.

Der sogenannte elfte Mann, das „weitere Mitglied" im Sinne von § 4 Abs. 1 lit. c wird von der Hauptversammlung auf Vorschlag der übrigen Aufsichtsratsmitglieder gewählt, die auch mit Mehrheit entscheiden, wobei jedoch mindestens drei Vertreter der Arbeitnehmer und drei Vertreter der Aktionäre zustimmen müssen (§ 8 Abs. 1 MitbestG); kommt es zu keiner Einigung über den Vorschlag oder scheitert die Wahl des elften Mannes (die Hauptversammlung ist hier an den Wahlvorschlag nicht gebunden), so sieht das Gesetz ein kompliziertes Vermittlungsverfahren vor (s. im einzelnen § 8 Abs. 2 bis 4 MitbestG).

Bei Montangesellschaften mit einem Grundkapital von mehr als 20 Millionen DM kann die Satzung einen 15köpfigen Aufsichtsrat vorsehen, bei Gesellschaften mit einem 50 Millionen übersteigenden Grundkapital, einen 21köpfigen (§ 9 MitbestG); für die Verteilung der Aufsichtsratssitze zwischen Aktionärvertretern, Arbeitnehmervertretern und „weiteren Mitgliedern" gilt entsprechendes, wie für den 11köpfigen Aufsichtsrat gem. §§ 4ff. MitbestG.

Dem MitbestG unterliegen 56 Unternehmen (Mitbestimmung im Unternehmen, Bericht BT-Drucksache VI/334, S. 11; Einzelheiten Anlage 4).

IV. MitbestErgG

Anm. 6

Auch Gesellschaften, die, ohne selbst Unternehmen des Bergbaus oder der Eisen und Stahl verarbeitenden Industrie zu sein, aber solche beherrschen, haben ihren Aufsichtsrat nach den Bestimmungen des MitbestErgG, der sogenannten Holding-Novelle zu bilden, sofern für sie nicht ohnehin das MitbestG anzuwenden ist (§ 2 MitbestErgG). Dabei gilt, daß das Beherrschungsverhältnis auf einem Organschaftsvertrag beruhen muß, auf Grund dessen das abhängige Unternehmen dem Willen des herrschenden Unternehmens unterworfen ist (§ 1 Abs. 2 MitbestErgG); es muß also ein Vertragskonzern im Sinne der §§ 291ff. oder Eingliederung (§ 319) vorliegen. Ein bloß faktisches Beherrschungsverhältnis genügt nicht (Baumbach-Hueck Schlußanhang II Rdn. 2). Weitere Voraussetzung der Anwendung des Gesetzes ist, daß der Unternehmenszweck des herrschenden Unternehmens durch abhängige Unternehmen gekennzeichnet wird, die unter das MitbestG fallen, was der Fall ist, wenn mehr als die Hälfte der Konzernumsätze, vermindert um Fremdbezüge und Fremdleistungen, Umsätze auf dem Montansektor sind (§ 3 MitbestErgG neugefaßt durch § 40 EG). Ist streitig, ob das Umsatzverhältnis von den Abschlußprüfern richtig ermittelt worden ist, so kann im Verfahren gem. §§ 98, 99 eine gerichtliche Entscheidung herbeigeführt werden; s. im einzelnen § 98 Anm. 2.

Der Aufsichtsrat der dem MitbestErgG unterliegenden Gesellschaften besteht grundsätzlich aus fünfzehn Mitgliedern und setzt sich zusammen aus je sieben Vertretern der Aktionäre und der Arbeitnehmer und einem weiteren Mitglied (§ 5 MitbestErgG). Für die sieben Vertreter der Aktionäre gilt durch Verweisung auf § 5 MitbestG, daß sie von der Hauptversammlung gewählt oder im Rahmen des § 101 Abs. 2 in den Aufsichtsrat entsandt werden können. Für das weitere Mitglied gilt, daß es, wie die „weiteren Mitglieder" im Sinne des MitbestG, nicht in einem Abhängigkeitsverhältnis zu den im Unternehmen vertretenen Interessengruppen stehen darf (§ 5 Abs. 3 Mitbest-

ErgG in Verbindung mit § 4 Abs. 2 MitbestG). Auch für die Wahl dieses sogenannten elften Mannes gelten die Regeln des MitBestG (s. Anm. 5 oben).

Für die Bestellung der Arbeitnehmervertreter gilt eine vom MitbestG abweichende Regelung: Vier Mitglieder werden von den Arbeitnehmern der Betriebe des Konzerns durch Wahlmänner gewählt, worunter sich drei Vertreter der Arbeiter und ein Vertreter der Angestellten befinden muß (im einzelnen, auch über das Wahlverfahren, s. § 6 MitbestErgG mit der DVO vom 26. 11. 1956, BGBl. I, 886). Die drei weiteren Arbeitnehmervertreter werden von den Spitzenorganisationen der in den Konzernunternehmen vertretenen Gewerkschaften nach Beratung mit den Gewerkschaften und den Betriebsräten in den Aufsichtsrat entsandt (§ 7 MitbestErgG).

Bei Holding-Gesellschaften mit einem Grundkapital von mehr als 50 Millionen DM kann die Satzung einen 21köpfigen Aufsichtsrat vorsehen; für die Aufteilung der Aufsichtsratssitze zwischen Aktionärsvertretern, Arbeitnehmervertretern und dem weiteren Mitglied gilt entsprechendes wie für den 15köpfigen Aufsichtsrat (§ 12 MitbestErgG).

Dem MitbestErgG unterliegen drei Unternehmen (Mitbestimmung im Unternehmen, Bericht BT-Drucksache VI/334, S. 11; Einzelheiten Anlage 4, S. 147).

Soweit Holding-Gesellschaften nicht unter § 2 oder § 3 MitbestErgG fallen, gilt das BetrVG (§ 14 MitbestErgG).

V. Keine Arbeitnehmervertreter

Anm. 7

Soweit der Aufsichtsrat nicht entsprechend den Bestimmungen des BetrVG und den beiden MitbestG auch mit Vertretern der Arbeitnehmer und sogenannten weiteren Mitgliedern zu besetzen ist, setzt er sich nur aus Vertretern der Aktionäre zusammen.

1. Das gilt zunächst für den ersten von den *Gründern zu bestellenden* Aufsichtsrat (§ 30 Abs. 2). Einzelheiten s. § 30 Anm. 6. Wird jedoch ein Unternehmen oder Unternehmensteil im Wege der *Sacheinlage* oder Sachübernahme bei der Gründung eingebracht, so ist der Aufsichtsrat von vornherein entsprechend den einschlägigen Vorschriften des BetrVG oder der MitbestG zu besetzen; im einzelnen s. die Erläuterungen zu § 31.

2. Einen Aufsichtsrat ohne Arbeitnehmerbeteiligung können ferner bestimmte Gesellschaften bestellen, die durch ausdrückliche gesetzliche Regelung von den einschlägigen Vorschriften des BetrVG freigestellt sind, nämlich

a) *Familiengesellschaften* (§76 Abs. 6 BetrVG). Diese Gesellschaften sind aber nur dann freigestellt, wenn sie weniger als 500 ständige Arbeitnehmer beschäftigen *und* wenn der alleinige Aktionär eine natürliche Person ist oder mehrere Aktionäre untereinander im Sinne von § 10 Nr. 2—5 StAnpG vom 16. 10. 1934 (RGBl. I 925) verwandt oder verschwägert sind. Das sind Ehegatten, Verwandte in gerader Linie und Verwandte zweiten und dritten Grades in der Seitenlinie, Verschwägerte in gerader Linie und zweiten Grades in der Seitenlinie, sowie durch Adoption in gerader Linie Verbundene. Es ist unschädlich, wenn die Ehe, bzw. die Ehe die die Schwägerschaft begründete, nicht mehr besteht, oder wenn die Verwandtschaft oder Schwägerschaft auf nichtehelicher Geburt beruht. Es ist nicht erforderlich, daß *alle* Aktionäre miteinander verwandt oder verschwägert sind. Vielmehr genügt es, wenn jeder Aktionär mit einem anderen in dem vom Gesetz erwähnten Verwandtschafts- oder Schwägerschaftsverhältnis steht, vorausgesetzt, daß durch diesen anderen wieder entsprechende Beziehungen zu einem anderen Aktionär hergestellt werden, also eine durchgehende Verbindung aller Aktionäre gegeben ist (h. L.; vgl. Dietz § 76 Anm. 76; Baumbach-Hueck Anh. nach § 96 Rdn. 9; Fitting-Kraegeloh-Auffarth § 76 Anm. 15 jeweils m. w. N.). Erforderlich ist auch, daß *alle* Aktien Familienmitgliedern gehören; ein nur beherrschender Familieneinfluß, und wenn er auch noch so groß ist, genügt nicht (h. L.; s. die vorstehend genannten Fundstellen). Der Arbeitnehmerbegriff des § 76 Abs. 6 BetrVG richtet sich nach den §§ 4, 5 BetrVG. Wird vorübergehend die Zahl von 500 Arbeitnehmern unterschritten oder überschritten, so ist das jeweils unschädlich: Es kommt auf den regelmäßigen Stand an (Baumbach-Hueck Anh. nach § 96 Rdn. 10; vgl. BAG DB 1962, 306).

b) Keinen Aufsichtsrat mit Arbeitnehmerbeteiligung brauchen ferner sogenannte *Tendenzbetriebe* zu bilden, das sind Betriebe, die politischen, gewerkschaftlichen, konfessionellen, karitativen, erzieherischen, wissenschaftlichen, künstlerischen und ähnlichen Bestimmungen dienen (§ 81 Abs. 1 BetrVG), auch wenn sie in der Rechtsform der AG betrieben werden, was möglich ist (vgl. § 3 Anm. 2). Zur Begriffsbestimmung s. BAG Nr. 4; Nr. 10 und Nr. 11 zu § 81 BetrVG, ferner BAG DieAG 1970, 308.

§ 81 Abs. 2 BetrVG erwähnt ausdrücklich noch einmal die karitativen und erzieherischen Einrichtungen der Religionsgemeinschaften, unbeschadet ihrer Rechtsform.

Eine Arbeitnehmerbeteiligung entfällt ferner in AG's, deren Unternehmensgegenstand der Betrieb von deutsch-schweizerischen Grenzkraftwerken am Rhein ist; lediglich beratend und ohne Stimme können Arbeitnehmervertreter an den Sitzungen der Aufsichtsräte teilnehmen (s. den Vertrag vom 6. 12. 1955, BGBl. 1957 II, 264 mit G vom 13. 5. 1957, BGBl. II 1957, 262 und BGBl. I 1969, 654).

3. Dagegen sind die Unternehmen der *Seeschiffahrt* und der *Luftfahrt* nicht von der Arbeitnehmerbeteiligung im Aufsichtsrat freigestellt (BAG Nr. 1 u. Nr. 2 zu § 88 BetrVG). Diese Frage ist allerdings, wegen des nicht eindeutigen Wortlauts von § 88 Abs. 3 u. 4 BetrVG umstritten; vgl. die Nachweise insbesondere in BAG Nr. 2 a. a. O.; wie hier auch Hueck-Nipperdey II, 2, S. 1497.

V. Wechsel der Zusammensetzung des Aufsichtsrats

Anm. 8

Abs. 2 bestimmt, daß der Aufsichtsrat, wenn er einmal nach einer der vier in Abs. 1 genannten Arten zusammengesetzt ist, auch so zusammengesetzt bleibt bis entweder auf Grund des außergerichtlichen Verfahrens nach § 97 oder durch gerichtliche Entscheidung im Verfahren gemäß § 98 festgestellt ist, daß andere gesetzliche Vorschriften anwendbar sind. Eine Änderung der für die Zusammensetzung des Aufsichtsrats maßgeblichen gesetzlichen Vorschriften kann sich in verschiedenster Weise auf Grund veränderter tatsächlicher Umstände ergeben. Einer der praktisch bedeutsamsten Fälle dürfte sich aus § 3 MitbestErgG ergeben, wonach die Anwendung des Gesetzes davon abhängt, ob mehr als die Hälfte der Konzernumsätze durch Unternehmen bewirkt werden, für die das MitbestG gilt; vgl. dazu § 98 Anm. 2, ferner die sogenannte Lex Rheinstahl zur Änderung des § 16 MitbestErgG vom 27. 4. 1967 (BGBl. I 505) und zur historischen Entwicklung und Problematik Brandmüller NJW 1970, 2055. Andere Fälle sind das Absinken der Zahl der Arbeitnehmer einer Familiengesellschaft unter 500 (vgl. § 76 Abs. 6 BetrVG).

Um zu gewährleisten, daß auch ein objektiv von vornherein nicht oder nicht mehr richtig zusammengesetzter Aufsichtsrat beschlußfähig bleibt und um insbesondere auch zu gewährleisten, daß Beschlüsse eines nicht mehr richtig zusammengesetzten Aufsichtsrats nachträglich nicht angefochten werden können (vgl. die amtl. Begründung, bei Kropff S. 126), ordnet das Gesetz das *Kontinuitäts-Prinzip* an, also Änderungen nur nach Durchführung eines formellen Verfahrens. Es dürfte aber keinem Zweifel unterliegen, daß mit dem Eintritt der geänderten tatsächlichen Umstände das neue Recht über die Zusammensetzung des Aufsichtsrats für die AG anwendbar ist, wie Rittner DB 1969, 2165ff. mit eingehender und zutreffender Begründung nachgewiesen hat; s. auch Godin-Wilhelmi Anm. 8 und Obermüller-Werner-Winden S. 233). Auch ist mit Rittner (a.a.O. S. 2168) anzunehmen, daß der Vorstand verpflichtet ist, das Verfahren nach § 97 einzuleiten, wenn er den Aufsichtsrat für unrichtig zusammengesetzt hält (vgl. § 97 Anm. 1). Ob BVerfG AP Nr. 1 zu § 16 MitbestErgG den § 96 Abs. 2 so verstanden hat, daß die Änderung der Zusammensetzung des Aufsichtsrats nicht von Rechts wegen, sondern erst als Folge eines Verfahrens nach §§ 97 oder 98 eintritt, kann im übrigen angesichts der eindeutigen Regelung des Abs. 2 dahinstehen.

Wird der Aufsichtsrat entgegen der Vorschrift des Abs. 2 (oder nach Durchführung der Verfahren, entgegen § 97 Abs. 2 oder § 98 Abs. 4) besetzt, so ist die Wahl nichtig (§ 250 Abs. 1 Nr. 1). Ebenso sind Abs. 2 widersprechende Satzungsbestimmungen nichtig; gegebenenfalls gilt § 95 Satz 1 (Godin-Wilhelmi Anm. 8).

§ 97 Bekanntmachung über die Zusammensetzung des Aufsichtsrats

(1) Ist der Vorstand der Ansicht, daß der Aufsichtsrat nicht nach den für ihn maßgebenden gesetzlichen Vorschriften zusammengesetzt ist, so hat er dies unverzüglich in den Gesellschaftsblättern und gleichzeitig durch Aushang in sämtlichen Betrieben der Gesellschaft und ihrer Konzernunternehmen bekanntzumachen. In der Bekanntmachung sind die nach Ansicht des Vorstands maßgebenden gesetzlichen Vorschriften anzugeben. Es ist darauf hinzuweisen, daß der Aufsichtsrat nach diesen Vorschriften zusammengesetzt wird, wenn nicht Antragsberechtigte nach § 98 Abs. 2 innerhalb eines Monats nach der Bekanntmachung im Bundesanzeiger das nach § 98 Abs. 1 zuständige Gericht anrufen.

(2) Wird das nach § 98 Abs. 1 zuständige Gericht nicht innerhalb eines Monats nach der Bekanntmachung im Bundesanzeiger angerufen, so ist der neue Aufsichtsrat nach den in der Bekanntmachung des Vorstands angegebenen gesetzlichen Vorschriften zusammenzusetzen. Die Bestimmungen der Satzung über die Zusammensetzung des Aufsichtsrats, über die Zahl der Aufsichtsratsmitglieder sowie über die Wahl, Abberufung und Entsendung von Aufsichtsratsmitgliedern treten mit der Beendigung der ersten Hauptversammlung, die nach Ablauf der Anrufungsfrist einberufen wird, spätestens sechs Monate nach Ablauf dieser Frist insoweit außer Kraft, als sie den nunmehr anzuwendenden gesetzlichen Vorschriften widersprechen. Mit demselben Zeitpunkt erlischt das Amt der bisherigen Aufsichtsratsmitglieder. Eine Hauptversammlung, die innerhalb der Frist von sechs Monaten stattfindet, kann an Stelle der außer Kraft tretenden Satzungsbestimmungen mit einfacher Stimmenmehrheit neue Satzungsbestimmungen beschließen.

(3) Solange ein gerichtliches Verfahren nach §§ 98, 99 anhängig ist, kann eine Bekanntmachung über die Zusammensetzung des Aufsichtsrats nicht erfolgen.

Übersicht

Einleitung

§ 97 ist neu. Er ergänzt zusammen mit § 98 den in § 96 Abs. 2 durch das AktG 1965 eingeführten Kontinuitätsgrundsatz hinsichtlich der Zusammensetzung des Aufsichtsrats. Der Aufsichtsrat einer AG setzt sich immer nach den „zuletzt angewandten gesetzlichen Vorschriften" zusammen, es sei denn, das außergerichtliche Verfahren nach § 97 oder das gerichtliche Verfahren nach § 98 ist durchgeführt worden. Für den ersten Aufsichtsrat gelten diese Regelungen entsprechend (vgl. Anm. 4 unten). Sie gelten ferner entsprechend in allen Umwandlungsfällen (s. §§ 363, 366 Abs. 4, 370, 377, 384 Abs. 5, 385f, 385m, 386 Abs. 3, 389 Abs. 5, 393 Abs. 3) sowie gem. § 27 EG für GmbHs und bergrechtliche Gewerkschaften mit obligatorischem Aufsichtsrat.

I. Bekanntmachung des Vorstands (Abs. 1)

Anm. 1

1. Voraussetzungen

Der Vorstand hat, sofern er der Ansicht ist, daß der Aufsichtsrat nicht nach den für ihn maßgeblichen gesetzlichen Vorschriften (es kommen nur die in § 96 Abs. 1 erwähnten vier Möglichkeiten in Betracht) zusammengesetzt ist, dies unverzüglich bekanntzumachen. Da sich bei einer Änderung der maßgeblichen tatsächlichen Voraussetzung die Zusammensetzung des Aufsichtsrats ändert, ist der Vorstand verpflichtet, das Verfahren nach § 97 (oder § 98) einzuleiten, wenn der Aufsichtsrat nicht mehr richtig zusammengesetzt ist (Baumbach-Hueck Rdn. 4 zu §§ 97—99; J. H. Gessler Anm. 6 zu §§ 97—99; Rittner DB 1969, 2165, 2167). Die Bekanntmachung nach Abs. 1 Satz 1 hat unverzüglich, also ohne schuldhaftes Zögern, zu erfolgen. Bei Pflichtverletzung kann sich der Vorstand schadenersatzpflichtig machen (§ 93 Abs. 2).

Das Verfahren nach § 97 kann aber nur der Vorstand als solcher einleiten, nicht einzelne Vorstandsmitglieder, auch nicht, wenn sie im Vorstand überstimmt worden sind. Da es sich um eine Geschäftsführungsmaßnahme handelt, entscheidet der Vorstand grundsätzlich einstimmig (§ 77 Abs. 1 Satz 1), es sei denn, die Satzung oder die Geschäftsordnung bestimmen etwas Abweichendes.

Da die Einleitung des Verfahrens nach § 97 ausschließlich in die Zuständigkeit des Vorstands gehört, kann weder die Hauptversammlung (vgl. § 119 Abs. 2) noch der Aufsichtsrat (§ 111 Abs. 4 Satz 1) den Vorstand anweisen, eine Bekanntmachung zur Einleitung des Verfahrens nach § 97 vorzunehmen (teilweise zweifelnd Godin-Wilhelmi § 98 Anm. 1). Andere Beteiligte sind also immer darauf angewiesen, das gerichtliche Verfahren nach § 98 Abs. 1 einzuleiten.

In der amtlichen Begründung wird darauf hingewiesen (bei Kropff, S. 127), daß das Verfahren nach § 97 eine Änderung der Zusammensetzung des Aufsichtsrats bei Einigkeit aller beteiligten Gruppen ermöglicht. Das ist richtig. Aber auch wenn eine solche Einigkeit nicht besteht, ist es dem Vorstand unbenommen, seine Ansicht über die richtige Zusammensetzung des Aufsichtsrats gemäß Abs. 1 bekanntzumachen, und es damit anderen Beteiligten zu überlassen, Antrag auf gerichtliche Entscheidung zu stellen. Auch ist der Vorstand nicht verpflichtet, vor Einleitung eines Verfahrens nach § 98 die gemäß § 98 Abs. 2 gegebenenfalls Antragsberechtigten zu konsultieren (s. aber Godin-Wilhelmi Anm. 2), wenngleich es naheliegen wird, derartige Konsultationen aus Zweckmäßigkeitsgründen durchzuführen. Ist die Zusammensetzung des Aufsichtsrats streitig oder zweifelhaft, so kann der Vorstand auch direkt das gerichtliche Verfahren von sich aus einleiten (Baumbach-Hueck Rdn. 4 zu §§ 97—99; v. Falkenhausen Die AG 1967, 309, 312).

Anm. 2

2. Form

Die Bekanntmachung des Vorstands ist in den Gesellschaftsblättern und durch Aushang in den Betrieben der AG und ihrer inländischen (§ 18 Anm. 17d) Konzernunternehmen zu veröffentlichen.

Gesellschaftsblätter sind der Bundesanzeiger sowie andere, in der Satzung bezeichnete Blätter (§ 25).

Der Aushang hat mit Rücksicht auf das mögliche Wahlrecht von Arbeitnehmern in Konzerngesellschaften nicht nur in den Betrieben der Gesellschaft, sondern auch der Konzernunternehmen zu erfolgen. Dabei kommen nur von der AG abhängige Konzernunternehmen in Betracht. Nur Arbeitnehmer von Konzerngesellschaften, die möglicherweise ein passives oder aktives Wahlrecht zum Aufsichtsrat der AG, um dessen Zusammensetzung es geht, haben, sind Adressaten der Bekanntmachung nach Abs. 1 Satz 1 (wie hier Godin-Wilhelmi Anm. 2; Baumbach-Hueck Rdn. 4 zu §§ 97—99; Obermüller-Werner-Winden, S. 234). In Frage kommen in erster Linie herrschende Unternehmen, deren Arbeitnehmervertreter im Aufsichtsrat gemäß § 76 Abs. 4 BetrVG auch von den Arbeitnehmern der abhängigen Unternehmen gewählt werden, außerdem können die Arbeitnehmer abhängiger Unternehmen den zweiten Platz der Arbeitnehmervertreter im Aufsichtsrat des herrschenden Unternehmens besetzen; im einzelnen s. § 96 Anm. 3. Sodann wählen auch in Obergesellschaften, für die das MitbestErgG gilt, die Arbeitnehmervertreter der abhängigen Unternehmen einen Teil der Arbeitnehmervertreter im Aufsichtsrat; im einzelnen s. § 96 Anm. 6.

Anm. 3

3. Inhalt

In der Bekanntmachung des Vorstands sind nach Abs. 1 Satz 2 die gesetzlichen Vorschriften anzugeben, die nach Ansicht des Vorstands für die Zusammensetzung des Aufsichtsrats maßgebend sind. Weiterhin ist nach Abs. 1 Satz 3 in der Bekanntmachung darauf hinzuweisen, daß der Aufsichtsrat nach diesen Vorschriften zusammengesetzt wird, wenn nicht Antragsberechtigte gemäß § 98 Abs. 2 innerhalb eines Monats nach der Bekanntmachung im Bundesanzeiger durch Anrufung des Gerichts das Verfahren gemäß § 98 einleiten.

Maßgebend für den Fristablauf ist also allein das Datum der Veröffentlichung im Bundesanzeiger, nicht in etwaigen anderen Gesellschaftsblättern.

Weitere Angaben braucht die Bekanntmachung nicht zu enthalten, insbesondere ist es nicht erforderlich, daß in der Bekanntmachung die in Betracht kommenden Antragsberechtigten angeführt werden, denn auch die Frage, wer nach § 98 Abs. 2 antragsberechtigt ist, richtet sich jedenfalls bei den zu Nr. 5 bis Nr. 7 genannten wiederum danach, nach welchen gesetzlichen Vorschriften der Aufsichtsrat zusammengesetzt wird (wie hier Godin-Wilhelmi Anm. 2; Obermüller-Werner-Winden, 234). Auch das im Einzelfall zuständige Gericht, braucht in der Bekanntmachung nicht näher bezeichnet zu werden, denn dies ergibt sich aus § 98 Abs. 1. Ausschließlich zuständig ist danach das Landgericht (Zivilkammer), in dessen Bezirk die AG ihren Sitz hat. Eine abweichende örtliche Zuständigkeit kann sich zwar ergeben, wenn auf Grund der gesetzlichen Ermächtigung gemäß § 98 Abs. 1 Satz 2 einem Landgericht die Entscheidung für mehrere Bezirke übertragen worden ist (vgl. § 98 Anm. 3). Durch die Anrufung eines *örtlich* unzuständigen Gerichts wird aber die Frist gewahrt (§ 17 Abs. 3 GVG), so daß den Antragsberechtigten aus der Nichtbekanntgabe des zuständigen Gerichts ein Nachteil nicht entstehen kann (a. A. Godin-Wilhelmi Anm. 2), ganz abgesehen von der Frage, welche Bedeutung der Fristablauf auf die Berechtigung, das gerichtliche Verfahren einzuleiten, hat (s. dazu Anm. 6 unten).

Anm. 4

4. Erster Aufsichtsrat

Für den ersten Aufsichtsrat bei Gründung der AG gilt, daß die Vorschriften über die Bestellung von Arbeitnehmervertretern nicht anzuwenden sind (§ 30 Abs. 2), jedoch hat der Vorstand rechtzeitig vor Ablauf der Amtszeit des ersten Aufsichtsrats, nämlich mit Beendigung der Hauptversammlung, die über die Entlastung für das erste(Rumpf-) Geschäftsjahr beschließt, gemäß § 97 bekanntzumachen, nach welchen gesetzlichen Vorschriften nach seiner Ansicht der Aufsichtsrat zusammenzusetzen ist (s. im einzelnen § 30 Anm. 7). Im übrigen gelten die §§ 98, 99.

Wird bei Sachgründung oder Sachübernahme ein Unternehmen oder Unternehmensteil eingebracht, so hat der Vorstand gemäß § 31 Abs. 3 unverzüglich nach der Einbringung oder Übernahme das außergerichtliche Verfahren nach § 97 durch Bekanntmachung einzuleiten, oder das Gericht nach § 98 anzurufen (s. im einzelnen § 31 Anm. 5—7).

Diese Vorschriften gelten entsprechend bei Umwandlung einer Körperschaft oder Anstalt des öffentlichen Rechts in eine AG (§ 385a Abs. 4).

II. Folgen der Bekanntmachung (Abs. 2)

Anm. 5

1. bei Anrufung des Gerichts

Wird innerhalb der Monatsfrist seit Bekanntgabe im Bundesanzeiger das Landgericht (Zivilkammer) zur Entscheidung über die Zusammensetzung des Aufsichtsrats von einem der nach § 98 Abs. 2 Antragsberechtigten angerufen, so ist damit das außergerichtliche Verfahren in das gerichtliche übergeleitet, und die Bekanntmachung des Vorstands verliert rechtlich jede Bedeutung. Der Aufsichtsrat ist nach wie vor, bis zum rechtskräftigen Abschluß des gerichtlichen Verfahrens, nach den zuletzt angewandten gesetzlichen Vorschriften zu bilden (§ 96 Abs. 2). Wahlen zum Aufsichtsrat, die andere gesetzliche Vorschriften zur Zusammensetzung des Aufsichtsrats voraussetzen, sind nichtig (§ 250 Abs. 1 Nr. 1). Auch Entsendungen in den Aufsichtsrat nach § 101 Abs. 2 und die gerichtliche Bestellung von Ersatzmitgliedern nach § 104 haben bis zum rechtskräftigen Abschluß des gerichtlichen Verfahrens nach den zuletzt angewandten gesetzlichen Vorschriften zu erfolgen (Godin-Wilhelmi Anm. 4; s. auch die amtliche Begründung, bei Kropff S. 128).

Anm. 6

2. bei Nichtanrufung des Gerichts

Wird innerhalb der Monatsfrist seit der Bekanntmachung des Vorstands im Bundesanzeiger das nach § 98 Abs. 1 zuständige Gericht nicht angerufen, so ist der Aufsichtsrat nach den in der Bekanntmachung des Aufsichtsrats angegebenen Vorschriften zusammenzusetzen. Das Gesetz geht davon aus, daß die wahl- oder vorschlags- oder entsendungsberechtigten Beteiligten bei Nichtanrufung des Gerichts mit der vom Vorstand bekanntgegebenen Ansicht über die für die Zusammensetzung des Aufsichtsrats maßgeblichen gesetzlichen Vorschriften übereinstimmen. Ob man allerdings soweit gehen kann, eine Anrufung des Gerichts, nach dem einmal die Monatsfrist versäumt ist, so lange als unstatthaft anzusehen, bis sich die tatsächlichen Verhältnisse, die bei der Bekanntmachung des Vorstands vorgelegen haben, derart geändert haben, daß ein neuer Sachverhalt gegeben ist, ist zweifelhaft (so aber Obermüller-Werner-Winden S. 239). Für diese Ansicht spricht, daß anderenfalls die Fristbestimmung des Abs. 2 Satz 1 jedenfalls nicht den Zweck erfüllen kann, möglichst schnell klare Verhältnisse herbeizuführen. Andererseits ist dem Gesetz eine Einschränkung des Antragsrechts, ein gerichtliches Verfahren nach § 98 Abs. 1 einzuleiten, nicht zu entnehmen. Man wird daher Antragstellern auch nach Fristablauf und bei nicht geändertem Sachverhalt eine Anrufung des Gerichts und damit eine gerichtliche Entscheidung über die Zusammensetzung des Aufsichtsrats nicht verwehren können (so auch Baumbach-Hueck Rdn. 8 zu §§ 97—99). Das Verfahren nach § 97 dient, durch den Kontinuitätsgrundsatz des § 96 Abs. 2 geboten, als formelles Verfahren bei *Einigkeit* der Beteiligten über das anzuwendende Recht (s. auch die amtliche Begründung, bei Kropff S. 127), aber eben auch nur dann.

Anm. 7

3. Übergangsrecht

Abs. 2 Satz 2—4 regelt die Fragen der etwa notwendigen Anpassung der Satzung und den Zeitpunkt des Erlöschens des Amts der bisherigen Aufsichtsratsmitglieder entsprechend den bei Gesetzesänderungen bekannten Grundsätzen; vgl. die Nachweise in § 95 Anm. 6 und insbesondere bei Rittner DB 1969, 2165, 2169.

Die Rechtsänderung wird nicht sofort wirksam, sondern innerhalb einer Anpassungsfrist von höchstens sechs Monaten (Abs. 2 Satz 2 und 3). Der Regierungsentwurf hatte eine Anpassungsfrist von vier Monaten vorgesehen; die gesetzliche Regelung beruht auf einer Empfehlung der Ausschüsse.

Alle Bestimmungen der Satzung über die Zusammensetzung des Aufsichtsrats, die Zahl seiner Mitglieder, sowie über deren Wahl, Abberufung und Entsendung treten mit Beendigung der ersten Hauptversammlung außer Kraft, die vor Ablauf der Sechsmonatsfrist des Abs. 2 Satz 2 einberufen wird, aber nur insoweit, als sie den nunmehr anwendbaren gesetzlichen Vorschriften widersprechen. Das braucht keineswegs immer der Fall zu sein, so dann nicht, wenn auf eine Familien-AG das BetrVG anwendbar wird und die Satzung nur eine § 95 Satz 1—3 entsprechende Bestimmung enthält. Dagegen wird die Anwendbarkeit oder Nichtanwendbarkeit der MitbestG in der Regel jeweils abweichende Satzungsbestimmungen erfordern. Findet innerhalb der Sechsmonatsfrist eine Hauptversammlung nicht statt, so treten die Satzungsbestimmungen, die dem jetzt anwendbaren Recht widersprechen, automatisch außer Kraft; es gilt die jeweilige gesetzliche Regelung (vgl. auch § 95 Anm. 3).

Innerhalb der Sechsmonatsfrist kann die Hauptversammlung außer Kraft tretende Satzungsbestimmungen mit einfacher Mehrheit, entgegen der allgemeinen Regelung des § 179 Abs. 2, durch neue Bestimmungen, in Anpassung an die anzuwendenden gesetzlichen Vorschriften, ersetzen. Wird die Frist versäumt, so gilt auch für diese Satzungsänderungen wieder das Mehrheitserfordernis des § 179 Abs. 2.

Gleichzeitig, d. h. mit Beendigung der ersten Hauptversammlung innerhalb von sechs Monaten nach Ablauf der Anrufungsfrist und damit innerhalb von sieben Monaten nach Veröffentlichung der Bekanntmachung des Vorstands im Bundesanzeiger, erlischt das Amt aller bisherigen Aufsichtsratsmitglieder. Findet keine Hauptversammlung innerhalb der Frist statt, so erlöschen die Ämter der Aufsichtsratsmitglieder automatisch mit Fristablauf. Gegebenenfalls hat eine Ersatzbestellung durch das Gericht gemäß § 104 zu erfolgen (vgl. zur entsprechenden Regelung in § 12 EG Kuhn NJW 1965, 2186).

Da das Amt aller Aufsichtsratsmitglieder in jedem Falle, wenn ein Verfahren nach § 97 (oder § 98) durchgeführt worden ist, erlischt, müssen Neuwahlen sowohl der Aktionärsvertreter wie auch der Arbeitnehmervertreter stattfinden und eventuelle Vorschlags- und Entsendungsrechte ausgeübt werden. Das gilt auch, wenn alle bisherigen Aufsichtsratsmitglieder im Amt bleiben sollen und tatsächlich nur das Hinzutreten weiterer Mitglieder erforderlich ist, etwa indem der Aufsichtsrat zahlenmäßig vergrößert wird (vgl. Obermüller-Werner-Winden, S. 235, 236).

III. Gerichtliches Verfahren (Abs. 3)

Anm. 8

Solange ein gerichtliches Verfahren gemäß § 98 über die Zusammensetzung des Aufsichtsrats anhängig ist, kann eine Bekanntmachung des Vorstands hierüber nicht erfolgen. Das gerichtliche Verfahren hat Vorrang. Eine Bekanntmachung wäre daher sinnlos. Durch die gesetzliche Regelung ist klargestellt, daß auch die Monatsfrist vom Vorstand, während das gerichtliche Verfahren anhängig ist, nicht in Gang gesetzt werden kann. Eine etwa doch erfolgende Bekanntmachung ist rechtlich ohne jede Wirkung (Baumbach-Hueck Rdn. 7 zu §§ 97—99; vgl. auch Anm. 5 oben).

§ 98 Gerichtliche Entscheidung über die Zusammensetzung des Aufsichtsrats

(1) Ist streitig oder ungewiß, nach welchen gesetzlichen Vorschriften der Aufsichtsrat zusammenzusetzen ist, so entscheidet darüber auf Antrag ausschließlich das Landgericht (Zivilkammer), in dessen Bezirk die Gesellschaft ihren Sitz hat. Die Landesregierung kann die Entscheidung durch Rechtsverordnung für die Bezirke mehrerer Landgerichte einem der Landgerichte übertragen, wenn dies der Sicherung einer einheitlichen Rechtsprechung dient. Die Landesregierung kann die Ermächtigung auf die Landesjustizverwaltung übertragen.

(2) Antragsberechtigt sind
1. der Vorstand,
2. jedes Aufsichtsratsmitglied,
3. jeder Aktionär,
4. der Betriebsrat jedes Betriebs der Gesellschaft,
5. der Betriebsrat jedes anderen Betriebs, dessen Arbeitnehmer nach den gesetzlichen Vorschriften, deren Anwendung streitig oder ungewiß ist, selbst oder durch Wahlmänner an der Wahl von Aufsichtsratsmitgliedern der Gesellschaft teilnehmen,
6. mindestens ein Zehntel oder einhundert der Arbeitnehmer, die nach den gesetzlichen Vorschriften, deren Anwendung streitig oder ungewiß ist,

selbst oder durch Wahlmänner an der Wahl von Aufsichtsratsmitgliedern der Gesellschaft teilnehmen,

7. Spitzenorganisationen der Gewerkschaften, die nach den gesetzlichen Vorschriften, deren Anwendung streitig oder ungewiß ist, ein Vorschlags- oder Entsendungsrecht hätten.

(3) Die Absätze 1 und 2 gelten sinngemäß, wenn streitig ist, ob der Abschlußprüfer das nach § 3 des Mitbestimmungsergänzungsgesetzes maßgebliche Umsatzverhältnis richtig ermittelt hat.

(4) Entspricht die Zusammensetzung des Aufsichtsrats nicht der gerichtlichen Entscheidung, so ist der neue Aufsichtsrat nach den in der Entscheidung angegebenen gesetzlichen Vorschriften zusammenzusetzen. § 97 Abs. 2 gilt sinngemäß mit der Maßgabe, daß die Frist von sechs Monaten mit dem Eintritt der Rechtskraft beginnt.

Übersicht

Einleitung

Das Kontinuitätsprinzip des § 96 Abs. 2 hinsichtlich der Zusammensetzung des Aufsichtsrats läßt eine Änderung nur zu, wenn entweder im außergerichtlichen Verfahren des § 97 oder durch das gerichtliche Verfahren des § 98 die Anwendbarkeit anderer gesetzlicher Vorschriften festgestellt wird. Um für letzteres übersichtliche Zuständigkeiten zu schaffen und eine möglichst kurzfristige Entscheidung über das anzuwendende Recht herbeiführen zu können, ist durch § 98 i. V. m. § 99 in AktG 1965 ein besonderes Antragsverfahren eingeführt worden, das die bisherige partielle Sonderzuständigkeit der Arbeitsgerichte nach § 82 Abs. 1 lit. o a. F. BetrVG ablöst. Bei Streit oder Ungewißheit über die Zusammensetzung des Aufsichtsrats entscheiden jetzt in jedem Fall die ordentlichen Gerichte. Das gilt aber nur für die Frage, welche gesetzlichen Vorschriften über die Zusammensetzung des Aufsichtsrats gemäß § 96 Abs. 1 anwendbar sind. Über die Durchführung der Wahlen von Arbeitnehmervertretern in den Aufsichtsrat sowie die Durchführung von Abstimmungen über den Widerruf ihrer Bestellung sowie schließlich über die Anfechtung derartiger Wahlen und Abstimmungen entscheiden nach wie vor die Arbeitsgerichte in ausschließlicher Zuständigkeit, siehe § 2 Abs. 1 Nr. 4 lit. o, p, s ArbGG sowie § 82 Abs. 1 lit. o, p, s BetrVG sowie BAG AP Nr. 15 zu § 76 BetrVG; BAG DB 1970, 1594. Vgl. Schröder, Die Rechtsprechung des Bundesarbeitsgerichts zur Beteiligung der Arbeitnehmer in den gesellschaftlichen Organen, Festschrift für Ernst Gessler, 1971, 171. Ebenso gelten für die Anfechtung der Wahlen von Aktionärsvertretern die allgemeinen aktienrechtlichen Vorschriften, §§ 251 f.; zuständig ist hier das Gericht des § 246 Abs. 3.

I. Gerichtliches Verfahren (Abs. 1)

Anm. 1

1. Allgemeine Voraussetzungen

Antrag auf Einleitung des gerichtlichen Verfahrens kann jeder nach Abs. 2 Antragsberechtigte stellen, wenn streitig oder auch nur dem Antragsteller ungewiß ist, nach welchen gesetzlichen Vorschriften der Aufsichtsrat zusammenzusetzen ist. Durchführung eines außergerichtlichen Verfahrens ist weder Antragsvoraussetzung noch kann der Antrag nach Einleitung des außergerichtlichen Verfahrens gemäß § 97 nur innerhalb der Monatsfrist gestellt werden (§ 97 Anm. 6). Während der Anhängigkeit des gerichtlichen Verfahrens kann das außergerichtliche Verfahren nicht eingeleitet werden (§ 97 Anm. 8).

Der Antrag bedarf keiner besonderen Form (v. Falkenhausen, Die AG 1967 309, 314) und ist auch an keinerlei Fristen gebunden. Es besteht kein Anwaltszwang. Allerdings wird das Gericht einen Antrag als unzulässig zurückweisen müssen, der nach rechtskräftigem Abschluß des gerichtlichen Verfahrens bei gleichbleibenden tatsächlichen Verhältnissen erneut ein gerichtliches Verfahren in Gang setzen will (OLG Hamm MDR 1970, 1020), auch wenn der Antrag von einem anderen Antragsberechtigten gestellt wird (§ 99 Abs. 5 S. 2; wie hier Obermüller-Werner-Winden, S. 238, 239).

Anm. 2

2. MitbestErgG (Abs. 3)

Als Streit über die Zusammensetzung des Aufsichtsrats im Sinne von Abs. 1 gilt auch ein Streit darüber, ob der Abschlußprüfer das nach § 3 MitbestErgG für die Anwendung des Gesetzes maßgebliche Umsatzverhältnis richtig ermittelt hat.

§ 3 MitbestErgG (i. d. F. von § 40 EG) besagt, daß die Vorschriften der §§ 5 bis 13 MitbestErgG auf herrschende Unternehmen dann anwendbar sind, wenn der *Unternehmenszweck* des Konzerns durch Konzernunternehmen und abhängige Unternehmen gekennzeichnet ist, die ihrerseits als Unternehmen der Montanindustrie unter das MitbestG fallen (siehe § 96 Anm. 6). Das ist der Fall, wenn mehr als die Hälfte der Konzernumsätze, vermindert um die Kosten für Fremdlieferungen und Fremdleistungen, dem Montanbereich zuzurechnen sind, wobei sog. Handelsumsätze nur zu einem Fünftel angerechnet werden. Um eine gewisse Kontinuität zu gewährleisten, sah § 16 a. F. MitbestErgG vor, daß eine Änderung der Zusammensetzung des Aufsichtsrats nur eintritt, wenn die maßgeblichen Umsatzverhältnisse in *zwei* aufeinanderfolgenden Geschäftsjahren vorgelegen haben. Diese Frist ist durch G vom 27. 4. 1967 (BGBl. I, 505) auf *fünf* Jahre verlängert; zur Verfassungsmäßigkeit dieser sog. lex Rheinstahl siehe BVerfG AP Nr. 1 zu § 16 MitbestErgG.

Das nach § 3 MitbestErgG maßgebliche Umsatzverhältnis wird vom Abschlußprüfer des herrschenden Unternehmens ermittelt (§ 4 MitbestErgG), der für jedes Geschäftsjahr nach dessen Ende innerhalb von fünf Monaten schriftlich zu berichten hat. Der Bericht ist dem Vorstand und dem Aufsichtsrat vorzulegen. Der Vorstand hat das vom Abschlußprüfer festgestellte Umsatzverhältnis und eine etwaige Stellungsnahme des Aufsichtsrats den Betriebsräten bzw. den Gesamtbetriebsräten und den nach § 7 MitbestErgG entsendungsberechtigten Spitzenorganisationen der Gewerkschaften mitzuteilen. Hat der Aufsichtsrat Bedenken gegen die Feststellung des Prüfers, so kann er eine Überprüfung und einen Bericht darüber verlangen (§ 4 Abs. 4 MitbestErgG). Besteht dennoch weiterhin Streit über die Richtigkeit des Prüfungsergebnisses hinsichtlich des maßgeblichen Umsatzverhältnisses, so können die nach Abs. 2 Antragsberechtigten eine gerichtliche Entscheidung nach Abs. 1 herbeiführen.

Der Antrag kann schon gestellt werden, wenn erst *ein* Bericht mit einem abweichenden Umsatzverhältnis vorliegt, da die nach § 16 MitbestErgG geforderte fünfjährige Anpassungsfrist mit dem ersten Geschäftsjahr in Gang gesetzt wird (so auch die amtliche Begründung, bei Kropff S. 131).

Das Gericht kann das Prüfungsergebnis in vollem Umfang, auch hinsichtlich der tatsächlichen Feststellung, nachprüfen oder durch Sachverständige nachprüfen lassen.

Unzulässig ist ein Antrag nach Abs. 3, wenn die behauptete Unrichtigkeit ohne jede Bedeutung für die Zusammensetzung des Aufsichtsrats ist (siehe die amtliche Begründung a. a. O.), also etwa, wenn die Nachprüfung des Umsatzverhältnisses mit der Behauptung begehrt wird, daß der ohnehin mit mehr als 50% ermittelte montannegative Umsatz höher sei als vom Prüfer festgestellt.

Anm. 3

3. Zuständigkeit

Zuständig für die Entscheidung über Anträge gemäß Abs. 1 und Abs. 3 sind *ausschließlich* die Landgerichte (Zivilkammer), in deren Bezirk die AG ihren Sitz hat. Das Verfahren richtet sich nach FGG in Verbindung mit § 99.

Um eine einheitliche Rechtsprechung zu sichern, sieht das Gesetz in Abs. 1 Satz 2 vor, daß die Landesregierung durch Rechtsverordnung für die Bezirke mehrere Landgerichte die Entscheidung einem Landgericht übertragen kann. Diese Ermächtigung kann von der Landesregierung auf die Landesjustizverwaltung übertragen werden. Ähnliche Regelungen finden sich in zahlreichen Gesetzen, vgl. etwa § 51 Abs. 2 PatG, § 32 Abs. 1 WZG, § 105 UrhG, § 89 GWB.

Von der Ermächtigung ist Gebrauch gemacht worden durch Verordnung für NRW vom 15. 2. 1966 (GVOBl. 65) und für Bayern vom 9. 3. 1966 (VGBl. 118), vgl. BB 1966, 1168; für Niedersachsen vom 29. 3. 1967 (GVBl. 102), vgl. BB 1967, 475; für Baden-Württemberg vom 10. 10. 1967 (GBl. 218).

II. Antragsberechtigte (Abs. 2)

Anm. 4

1. regelmäßig (Nr. 1 bis 4)

Antragsberechtigt ist in erster Linie *der Vorstand*. Dieser ist im Rahmen der ihm obliegenden gesetzlichen Sorgfaltspflicht gehalten, eine gesetzmäßige Zusammensetzung des Aufsichtsrats herbeizuführen. Der Vorstand ist zur Einleitung des gerichtlichen Verfahrens nur als solcher legitimiert. Es muß also im Vorstand ein Beschluß gefaßt werden; es gilt dasselbe wie in § 97 Anm. 1 ausgeführt.

Antragsberechtigt ist ferner *jedes Aufsichtsratsmitglied*; hier handelt also nicht der Aufsichtsrat als Gremium.

Antragsberechtigt ist sodann in jedem Falle *jeder einzelne Aktionär*, unbeschadet der Höhe seiner Aktienbeteiligung. Das entspricht für sonstige nicht im Rahmen des § 98 zu entscheidende Streitfälle dem Anfechtungsrecht jedes Aktionärs in bezug auf Hauptversammlungsbeschlüsse (§ 243).

Antragsberechtigt ist schließlich ohne Nachweis besonderer Voraussetzungen der *Betriebsrat* jedes Betriebes der AG. Damit ist gewährleistet, daß auch bei Gesellschaften, die nicht dem BetrVG unterliegen, die Vertretung der Arbeitnehmer bei einem Wandel der Verhältnisse das gerichtliche Verfahren in Gang setzen kann.

Anm. 5

2. nicht regelmäßig (Nr. 5 bis 7)

Außer den regelmäßig Antragsberechtigten sieht das Gesetz weitere antragsberechtigte Gruppen bzw. Organisationen vor, wenn Voraussetzungen vorliegen, die es sachdienlich erscheinen lassen, außer den Betriebsräten der Betriebe der AG auch anderen, die Interessen der Arbeitnehmer vertretenden Gruppen, ein Antragsrecht einzuräumen.

Im Gesetzgebungsverfahren ist der Antrag, auch den Spitzenorganisationen der Gewerkschaften in jedem Falle ein Antragsrecht einzuräumen, mit der Begründung abgelehnt worden, daß es einem allgemeinen verfahrensrechtlichen Grundsatz entspricht, daß nur der unmittelbar Betroffene ein gerichtliches Verfahren einleiten kann (vgl. die amtliche Begründung, bei Kropff, S. 131).

Antragsberechtigt sind gemäß Abs. 2 Nr. 5 die *Betriebsräte jedes anderen Betriebes* als der Betriebe der AG, deren Arbeitnehmer nach den gesetzlichen Vorschriften, deren Anwendung ungewiß oder streitig ist, berechtigt wären, an der Wahl zum Aufsichtsrat teilzunehmen. Hier handelt es sich um die Frage der Anwendbarkeit von § 76 Abs. 4 BetrVG, also ob bei der herrschenden Gesellschaft ein Aufsichtsrat mit Arbeitnehmerbeteiligung gebildet werden muß (vgl. im einzelnen § 96 Anm. 3).

Antragsberechtigt sind ferner mindestens *ein Zehntel* oder *hundert Arbeitnehmer*, die nach den gesetzlichen Vorschriften, deren Anwendung ungewiß oder streitig ist, selbst oder durch Wahlmänner berechtigt wären, an der Wahl zum Aufsichtsrat teilzunehmen. Hier ist einmal wieder an den Fall der Zusammensetzung des Aufsichtsrats im herrschenden Unternehmen gedacht, aber auch in der AG selbst, wenn die Arbeitnehmerbeteiligung nach BetrVG streitig oder ungewiß ist (vgl. § 96 Anm. 4 und 7).

Schließlich sind die *Spitzenorganisationen der Gewerkschaften* antragsberechtigt, die nach den gesetzlichen Vorschriften, deren Anwendung streitig oder ungewiß ist, ein Vorschlags- oder Entsendungsrecht hätten. Das ist die Frage nach der Anwendbarkeit des MitbestG oder des MitbestErgG (s. § 96 Anm. 5 und 6). Nicht antragsberechtigt sind dagegen die in den Spitzenorganisationen zusammengeschlossenen Einzelgewerkschaften; sie können sich aber am Verfahren gemäß § 99 beteiligen (s. § 99 Anm. 3).

III. Rechtsfolgen (Abs. 4)

Anm. 6

Sofern die gerichtliche Entscheidung die zuletzt angewandten gesetzlichen Vorschriften über die Zusammensetzung des Aufsichtsrats für weiterhin anwendbar erklärt, tritt keinerlei Änderung ein. Ein neues gerichtliches Verfahren kann erst eingeleitet werden, wenn sich die der Entscheidung zugrunde liegenden tatsächlichen Verhältnisse wesentlich geändert haben (s. Anm. 1 oben).

Entscheidet das Gericht dagegen, daß für die Zusammensetzung des Aufsichtsrats andere als die zuletzt angewandten gesetzlichen Vorschriften gelten, so treten die gleichen Rechtsfolgen ein, wie nach Durchführung des außergerichtlichen Verfahrens gemäß § 97 Abs. 2, mit der Maßgabe, daß die Anpassungsfrist mit der Rechtskraft der gerichtlichen Entscheidung beginnt. Es kann somit auf die Ausführungen in Anm. 7 zu § 97 verwiesen werden.

Wird die Sechsmonatsfrist zur Anpassung der satzungsmäßigen Regelungen und zur Durchführung von Neuwahlen zum Aufsichtsrat versäumt, so treten dem jetzt anwendbaren Recht widersprechende Satzungsbestimmungen außer Kraft, und es erlischt das Amt aller bisherigen Aufsichtsratsmitglieder. Die zur Beschlußfassung nötige Zahl von Mitgliedern ist gegebenenfalls durch das Gericht im Verfahren nach § 104 zu bestellen, wobei das Gericht grundsätzlich die für die Zusammensetzung des Aufsichtsrats anwendbaren gesetzlichen Vorschriften zu beachten hat (§ 104 Abs. 4). Dem anwendbaren Recht widersprechende Satzungsbestimmungen und die Aufsichtsratsmandate erlöschen auch, wenn eine vor Ablauf der Sechsmonatsfrist stattfindende Hauptversammlung nicht die erforderlichen Maßnahmen zur Anpassung der Satzung trifft, und Neuwahlen zum Aufsichtsrat nicht durchgeführt werden. Wahlen durch die Hauptversammlung, nach denen der Aufsichtsrat unter Verstoß gegen die Entscheidung gemäß Abs. 4 zusammengesetzt wird, sind nichtig (§ 250 Abs. 1 Nr. 1). Entsprechendes gilt, ohne daß das ausdrücklich im Gesetz geregelt ist, für Wahlen von Arbeitnehmervertretern, soweit diese im Widerspruch zu einer gerichtlichen Entscheidung gemäß Abs. 4 stehen (Obermüller-Werner-Winden, S. 239; a. A. Godin-Wilhelmi, § 96 Anm. 8).

Da die nach § 98 ergehende gerichtliche Entscheidung „für und gegen alle wirkt" (§ 99 Abs. 5 Satz 2), ist auch der Vorstand insoweit an sie gebunden, als er ein Verfahren nach § 98 nur einleiten kann, wenn sich die der gerichtlichen Entscheidung zugrunde liegenden tatsächlichen Verhältnisse geändert haben (Baumbach-Hueck §§ 97 bis 99 Rdn. 14; vgl. auch allg. für das FGG-Verfahren OLG Hamm MDR 1970, 1020 m. w. N.); etwas anderes gilt, wenn nur ein Verfahren nach § 97 durchgeführt worden ist (s. § 97 Anm. 6).

§ 99 Verfahren

(1) Auf das Verfahren ist das Reichsgesetz über die Angelegenheiten der freiwilligen Gerichtsbarkeit anzuwenden, soweit in den Absätzen 2 bis 5 nichts anderes bestimmt ist.

(2) Das Landgericht hat den Antrag in den Gesellschaftsblättern bekanntzumachen. Der Vorstand und jedes Aufsichtsratsmitglied sowie die nach § 98 Abs. 2 antragsberechtigten Betriebsräte und Spitzenorganisationen sind zu hören.

(3) Das Landgericht entscheidet durch einen mit Gründen versehenen Beschluß. Gegen die Entscheidung findet die sofortige Beschwerde statt. Sie kann nur auf eine Verletzung des Gesetzes gestützt werden; die §§ 550, 551, 561, 563 der Zivilprozeßordnung gelten sinngemäß. Die Beschwerde kann nur durch Einreichung einer von einem Rechtsanwalt unterzeichneten Beschwerdeschrift eingelegt werden. Über sie entscheidet das Oberlandesgericht. § 28 Abs. 2 und 3 des Reichsgesetzes über die Angelegenheiten der freiwilligen Gerichtsbarkeit gilt entsprechend. Die weitere Beschwerde ist ausgeschlossen. Die Landesregierung kann durch Rechtsverordnung die Entscheidung über die Beschwerde für die Bezirke mehrerer Oberlandesgerichte einem der Oberlandesgerichte oder dem Obersten Landesgericht übertragen, wenn dies der Sicherung einer einheitlichen Rechtsprechung dient. Die Landesregierung kann die Ermächtigung auf die Landesjustizverwaltung übertragen.

(4) Das Gericht hat seine Entscheidung dem Antragsteller und der Gesellschaft zuzustellen. Es hat sie ferner ohne Gründe in den Gesellschaftsblättern bekanntzumachen. Die Beschwerde steht jedem nach § 98 Abs. 2 Antragsberechtigten zu. Die Beschwerdefrist beginnt mit der Bekanntmachung der Entscheidung im Bundesanzeiger, für den Antragsteller und die Gesellschaft jedoch nicht vor der Zustellung der Entscheidung.

(5) Die Entscheidung wird erst mit der Rechtskraft wirksam. Sie wirkt für und gegen alle. Der Vorstand hat die rechtskräftige Entscheidung unverzüglich zum Handelsregister einzureichen.

(6) Für die Kosten des Verfahrens gilt die Kostenordnung. Für das Verfahren des ersten Rechtszugs wird das Vierfache der vollen Gebühr erhoben. Für den zweiten Rechtszug wird die gleiche Gebühr erhoben; dies gilt auch dann, wenn die Beschwerde Erfolg hat. Wird der Antrag oder die Beschwerde zurückgenommen, bevor es zu einer Entscheidung kommt, so ermäßigt sich die Gebühr auf die Hälfte. Der Geschäftswert ist von Amts wegen festzusetzen. Er bestimmt sich nach § 30 Abs. 2 der Kostenordnung mit der Maßgabe, daß der Wert regelmäßig auf einhunderttausend Deutsche Mark anzunehmen ist. Kostenvorschüsse werden nicht erhoben. Schuldner der Kosten ist die Gesellschaft. Die Kosten können jedoch ganz oder zum Teil dem Antragsteller auferlegt werden, wenn dies der Billigkeit entspricht. Kosten der Beteiligten werden nicht erstattet.

Übersicht

Einleitung

Zur Durchführung des Antragsverfahrens gemäß § 98 sieht das Gesetz in § 99 ein besonderes Spruchverfahren nach FGG-Vorschriften vor, die nach der amtlichen Begründung (bei Kropff S. 133) weit besser der Eigenart des hier zu regelnden Streits entsprechen als das ZPO-Verfahren.

§ 99 hat insofern allgemeine Bedeutung, als in den Grundzügen, wenn auch jeweils mit erheblichen Unterschieden in den Einzelheiten, durch Verweisung gleichartige Verfahrensregelungen für weitere, durch das AktG 1965 neu eingeführte Spruchverfahren bestehen:

Entscheidung über das Auskunftsrecht der Aktionäre in der Hauptversammlung (§ 132 Abs. 3);

Entscheidung bei Meinungsverschiedenheiten zwischen der Gesellschaft und den Abschlußprüfern (§ 169 Abs. 2); vgl. im einzelnen § 169 Anm. 10 bis 16;

Entscheidung über die abschließenden Feststellungen der Sonderprüfer nach § 259 (§ 260 Abs. 3);

Entscheidung über den angemessenen Ausgleich (§ 304) und die angemessene Abfindung (§ 305) bei Beherrschungs- und Gewinnabführungsverträgen (§ 306 Abs. 2);

Entscheidung über die angemessene Abfindung (§ 320 Abs. 5) bei Eingliederung durch Mehrheitsbeschluß (§ 320 Abs. 7 S. 3);

Entscheidung über die angemessene Barabfindung bei Umwandlung einer AG und einer KGaA in eine GmbH (§§ 375, 388).

Für Entscheidungen über die angemessene Abfindung nach § 12 UmwG ist ein entsprechendes Verfahren vorgesehen (§§ 30 bis 39 UmwG).

I. 1. Allgemeines

Anm. 1

Auf das Verfahren zur gerichtlichen Entscheidung über die Zusammensetzung des Aufsichtsrats ist grundsätzlich das FGG anzuwenden, soweit nicht das AktG in § 99 Abs. 2 bis 5 Sonderregelungen, die den allgemeinen Vorschriften des FGG vorgehen, enthält. Es gilt also insbesondere der Untersuchungsgrundsatz des § 12 FGG, mit dem Amtsverfahren und der Möglichkeit für das Gericht, geeignet erscheinende Beweise von sich aus zu erheben. Es gibt weder eine formelle Beweislast noch Anerkenntnis- oder Versäumnisurteile. Das Verfahren ist weder öffentlich, noch ist eine mündliche Verhandlung vorgeschrieben, wohl aber die Anhörung bestimmter Beteiligter (siehe Anm. 3 unten). Im einzelnen siehe v. Falkenhausen, Die AG 1967, 309, insbesondere 315ff.

Anm. 2

2. Voraussetzungen und Bekanntmachung des Antrags

Nach Abs. 2 S. 1 hat das Gericht den Antrag in den Gesellschaftsblättern bekanntzumachen, also in dem Bundesanzeiger und in den in der Satzung genannten Blättern (§ 25).

Vor Bekanntmachung hat das Gericht die Aktivlegitimation des Antragstellers von Amts wegen zu prüfen. Das ist schon deshalb erforderlich, weil nicht jedermann, sondern nur die in § 98 Abs. 2 Genannten antragsberechtigt sind, und auch diese nicht immer regelmäßig (vgl. § 98 Anm. 4 und 5). Des weiteren ist der Antrag vor Bekanntmachung daraufhin zu prüfen, ob er in dem Verfahren nach § 98 zulässig ist. Das Gericht kann vom Antragsteller die entsprechenden Nachweise fordern (Godin-Wilhelmi Anm. 2).

Wie sich die einzelnen Antragsberechtigten legitimieren und welche Nachweise das Gericht für ausreichend hält, ist von Fall zu Fall zu entscheiden. Der *Vorstand* führt den Nachweis seiner Berechtigung durch Vorlage eines Handelsregisterauszuges. Wird der Antrag nicht von allen Vorstandsmitgliedern gestellt, so kann die Vorlage von Sitzungsprotokollen, zum Nachweis, daß ein ordnungsgemäßer Mehrheitsbeschluß zustande gekommen ist, gefordert werden, denn nicht die AG, vertreten durch den Vorstand, sondern der Vorstand als solcher ist antragsberechtigt. Das einzelne *Aufsichtsratsmitglied* wird seine Zugehörigkeit zum Aufsichtsrat regelmäßig durch Hauptversammlungsprotokolle oder durch Bezugnahme auf die Handelsregisterakten (§ 106) nachweisen können. Der *einzelne Aktionär* weist seine Legitimation durch Vorlage der Aktie oder einer Hinterlegungsbescheinigung nach. Der *Betriebsrat* wird sich durch eine geeignete Bescheinigung etwa des Vorstandes der AG oder des Wahlprotokolls legitimieren können. Soweit Antragsteller nach § 98 Abs. 2 Nr. 5 bis 7 in Betracht kommen, so obliegt ihnen zusätzlich zum Nachweis ihrer persönlichen Legitimation der Nachweis ihrer sachlichen Legitimation (siehe dazu § 98 Anm. 5).

Zweck der Bekanntmachung ist, jedem Beteiligten die Möglichkeit zu eröffnen, sich am Verfahren zu beteiligen, auch wenn er nicht von Amts wegen anzuhören ist, wie die einzelnen Aktionäre und die Arbeitnehmer der AG.

Anm. 3

3. Anhörung

Das Gericht hat von Amts wegen den Vorstand, d. h. den Gesamtvorstand sowie alle Mitglieder des Aufsichtsrats anzuhören. Zwingend vorgeschrieben ist weiterhin in Abs. 2 S. 2 die Anhörung der nach § 98 Abs. 2 antragsberechtigten Betriebsräte und Spitzenorganisation. Nur wenn die Anwendung des MitbestG oder des MitbestErgG auf die Zusammensetzung des Aufsichtsrats streitig ist, sind die Spitzenorganisationen der Gewerkschaften zu hören, die bei Streit über die Anwendung der Vorschriften des BetrVG nicht anhörungsberechtigt sind (§ 98 Abs. 2 Nr. 7); ebenso sind die in § 98 Abs. 2 Nr. 5 genannten Betriebsräte nur zu hören, wenn Streit oder Ungewißheit über die Zusammensetzung des Aufsichtsrats bei dem herrschenden Unternehmen eines Konzerns besteht (§ 98 Anm. 5). Anhörungsberechtigt sind bei Streit über die Anwendung des MitbestG oder des MitbestErgG ferner die den beteiligten gewerkschaftlichen Spitzenorganisationen angehörenden Einzelgewerkschaften, da sie durch das ihnen gesetzlich zustehende Recht zur Beratung der Spitzenorganisation bei der Auswahl der Kandidaten zur Aufsichtsratswahl (§ 6 Abs. 1 MitbestG) bzw. zur Entsendung in den Aufsichtsrat (§ 7 MitbestErgG) ein rechtliches Interesse am Verfahrensausgang haben; das folgt unmittelbar aus Art. 103 Abs. 1 GG (OLG Düsseldorf, Die AG 1971, 122). Die Aufzählung der Antragsberechtigten in § 98 Abs. 2 enthält somit keine abschließende Aufzählung der möglichen Verfahrensbeteiligten.

Anhörung bedeutet, daß den betreffenden Gremien oder Einzelpersonen vom Gericht Gelegenheit zur Äußerung, sei es mündlich, sei es schriftlich, gegeben wird (Godin-Wilhelmi Anm. 3).

Anm. 4

4. Entscheidung

Das Gericht entscheidet durch einen mit Gründen zu versehenden Beschluß (Abs. 3 S. 1). Um auch hier wieder allen Beteiligten, nämlich den gemäß Abs. 4 S. 3 i. V. m. § 98 Abs. 2 Beschwerdeberechtigten, Kenntnis von der Entscheidung zu verschaffen, ist diese, allerdings ohne Gründe, von Amts wegen in den Gesellschaftsblättern bekanntzumachen.

Die Entscheidung hat keine aufschiebende Wirkung (Abs. 5 S. 1). Rechtskraft tritt erst mit fruchtlosem Ablauf der Beschwerdefrist ein. Zum Rechtsmittelverfahren siehe Anm. 5 unten. Ist rechtskräftig festgestellt, daß der Aufsichtsrat nach anderen als nach den zuletzt angewandten gesetzlichen Vorschriften zusammenzusetzen ist, so hat die Anpassung an das geltende Recht durch Satzungsänderung und Neuwahlen innerhalb der 6-Monatsfrist zu erfolgen (§§ 98 Abs. 4 i. V. m. § 97 Abs. 2).

II. 1. Rechtsmittelverfahren

Anm. 5

Gegen die Entscheidung des Landgerichts findet die *sofortige Beschwerde* statt (§ 22 FGG). Für das Beschwerdeverfahren herrscht insoweit Anwaltszwang, als die Beschwerde nur durch Einreichung einer von einem Rechtsanwalt unterzeichneten Beschwerdeschrift eingelegt werden kann (Abs. 3 S. 4). Andere Beteiligte brauchen nicht anwaltlich vertreten zu sein. Das Beschwerdegericht wird in diesem Verfahren als Revisionsinstanz tätig, da die Beschwerde nur auf Verletzung des Gesetzes gestützt werden kann und die

§§ 550, 551, 561, 563 ZPO über das Revisonsverfahren sinngemäß gelten (Abs. 3 S. 3). Somit sind die tatsächlichen Feststellungen des Landgerichts für das Beschwerdegericht bindend.

Eine weitere Beschwerde ist ausgeschlossen (Abs. 3 S. 7). Durch die Verweisung auf § 28 Abs. 2 und 3 FGG (in Abs. 3 S. 6) ist aber die sog. Divergenzvorlage an den Bundesgerichtshof zugelassen. Sie hat zu erfolgen, wenn das Beschwerdegericht bei der Auslegung der für seine Entscheidung maßgeblichen Rechtsvorschriften von der Entscheidung eines anderen Oberlandesgerichts oder des Bundesgerichtshofs abweichen will (vgl. auch § 169 Anm. 15).

Wie das Antragsrecht, so steht auch das Beschwerderecht jedem nach § 98 Abs. 2 Antragsberechtigten zu (siehe dazu Anm. 2).

Anm. 6

2. insbesondere Zuständigkeiten und Fristen

Die Beschwerde kann bei dem Landgericht, dessen Entscheidung angefochten werden soll, oder beim Beschwerdegericht, dem zuständigen Oberlandesgericht eingereicht werden (§ 21 FGG).

Wie für das erstinstanzliche Verfahren nach § 98 Abs. 1 Satz 2 und 3 kann auch die Entscheidung über die Beschwerde durch Rechtsverordnung der Landesregierung für die Bezirke mehrerer Oberlandesgerichte einem Oberlandesgericht oder Obersten Landesgericht übertragen werden (Abs. 3 Satz 8). Die Ermächtigung kann von der Landesregierung auf die Landesjustizverwaltung übertragen werden (Abs. 3 Satz 9). Im einzelnen gilt das in § 98 Anm. 3 Gesagte.

Die *Beschwerdefrist* beträgt *zwei Wochen* (§ 22 FGG), gerechnet vom Tage der Veröffentlichung der Entscheidung im Bundesanzeiger (Abs. 4 Satz 4). Nicht maßgeblich ist das Datum der Veröffentlichung in anderen Gesellschaftsblättern. Die Beschwerdefrist beginnt jedoch nach Abs. 4 Satz 4 für den Antragsteller und die Gesellschaft erst mit der Zustellung der Entscheidung zu laufen. Da die Gesellschaft als solche weder antrags- noch beschwerdeberechtigt ist, wird man davon ausgehen können, daß das Gesetz hier den Vorstand gemeint hat, also auch für den Vorstand, wenn er nicht Antragsteller ist, die Beschwerdefrist erst mit Zustellung der mit Gründen versehenen Entscheidung zu laufen beginnt, und nicht mit der etwa vorher erfolgten Bekanntmachung der Entscheidungsformel im Bundesanzeiger.

III. Rechtsfolgen

Anm. 7

Nach Abs. 5 Satz 2 wirkt die rechtskräftige Entscheidung *für und gegen alle*. So problematisch diese, einem Gestaltungsurteil (dazu Baumbach-Lauterbach ZPO, 30. Aufl., Anm. 2 C Grundz. § 253) entsprechende Rechtskraftwirkung (vgl. aber auch Jansen, FGG, § 16 Anm. 22) etwa in anderen Spruchverfahren sein kann (vgl. für das Verfahren gemäß § 306 Meyer-Landrut/Miller, DB 1969, 1391 m. w. N. und gemäß § 35 UmwG, Veith-Veith, DB 1969, 1737), so eindeutig ist sie im Verfahren über die Zusammensetzung des Aufsichtsrats. Jeder Dritte, auch jedes Gericht und jede Verwaltungsbehörde ist an die Entscheidung gebunden (s. die amtl. Begründung, bei Kropff S. 133). Diese Bindungswirkung gilt auch für die im Verfahren gemäß § 98 entscheidenden Gerichte; vgl. allgemein zum FGG-Verfahren OLG Hamm MDR 1970, 1020 m. w. N. Es muß im Interesse der Rechtssicherheit gewährleistet sein, daß die Organe der AG, insbesondere der Vorstand, dessen Bestellung und Abberufung regelmäßig nur durch den Aufsichtsrat möglich ist, funktionsfähig ist und daß Beschlüsse des Aufsichtsrats nicht nachträglich, wegen unrichtiger Zusammensetzung, angegriffen werden können. Da ausschließlich im außergerichtlichen Verfahren nach § 97 oder im gerichtlichen Verfahren nach § 98 die Anwendbarkeit anderer als der zuletzt angewandten gesetzlichen Vorschriften über die Zusammensetzung des Aufsichtsrats festgestellt werden kann (s. auch BVerfG AP Nr. 1 zu § 16 MitbestErgG), muß auch in jedem anderen Verfahren die nach § 98 rechtskräftig getroffene Entscheidung ohne die Möglichkeit einer erneuten Überprüfung als richtig hingenommen werden. Das ist eine dem Kontinuitätsgrundsatz des § 96 Abs. 2 immanente Folge. Auch insbesondere das Gericht, das über die Frage der Nichtigkeit oder Anfechtbarkeit der Wahl von Aufsichtsratsmitgliedern nach §§ 250, 251 zu entscheiden hat, ist nach § 96 Abs. 2 in Verbindung mit § 99 Abs. 5 Satz 2 an die im Verfahren nach § 98 ergangene Entscheidung gebunden. Im übrigen wirkt dann auch dieses Urteil, wenn es die Nichtigkeit der Wahl eines Aufsichtsratsmitgliedes feststellt, für und gegen alle zur Wahl oder Entsendung von Aufsichtsratsmitgliedern berechtigten Personen und Gruppen (§ 252).

Die Gestaltungswirkung der Entscheidung im Verfahren gemäß § 98 findet ihren weiteren Ausdruck darin, daß der Vorstand die gerichtliche Entscheidung unverzüglich zum Handelsregister einzureichen hat (Abs. 5 Satz 3), die somit für jedermann einzusehen ist (§ 9 HGB). Einzureichen ist der mit Gründen versehene Beschluß, nicht nur die nach Abs. 4 Satz 2 bekanntzumachende Entscheidungsformel.

IV. Verfahrenskosten (Abs. 6)

Anm. 8

Für die Kosten des gerichtlichen Verfahrens gilt die KostO (Satz 1).

Der Geschäftswert, der der Kostenberechnung zugrunde zu legen ist, wird von Amts wegen festgesetzt (Satz 5). Er bestimmt sich nach § 30 Abs. 2 KostO, und soll regelmäßig auf 100000 DM festgesetzt werden (Satz 6); er kann nicht unter 200,— DM und nicht über 1 Million DM angenommen werden. Das Gericht erhebt entgegen § 8 KostO keinen Vorschuß (Satz 7), Kostenschuldner ist im Grundsatz die Gesellschaft (Satz 8), doch können die Kosten aus Billigkeitsgründen ganz oder teilweise dem Antragsteller auferlegt werden (Satz 9); das wird insbesondere bei von vornherein unzulässigen Anträgen und leichtfertig eingeleiteten Verfahren in Betracht kommen. Für das gerichtliche Verfahren in beiden Rechtszügen wird das Vierfache der vollen Gebühr erhoben, auch dann, wenn die Beschwerde Erfolg hat (Satz 3), das sind zur Zeit (bei einem Geschäftswert von DM 100000,—) 800,— DM. Wird der Antrag oder die Beschwerde, bevor eine Entscheidung ergangen ist, zurückgenommen, so ermäßigt sich die Gebühr auf die Hälfte (Satz 4).

Kosten der Beteiligten werden nicht erstattet (Satz 10). Die Anwaltsgebühren berechnen sich nach § 118 BRAGebO. Für Anwälte gilt die Regelung des Satz 7 über Kostenvorschüsse nicht (Godin-Wilhelmi Anm. 6).

§ 100 Persönliche Voraussetzungen für Aufsichtsratsmitglieder

(1) Mitglied des Aufsichtsrats kann nur eine natürliche, unbeschränkt geschäftsfähige Person sein.

(2) Mitglied des Aufsichtsrats kann nicht sein, wer

1. **bereits in zehn Handelsgesellschaften oder bergrechtlichen Gewerkschaften, die gesetzlich einen Aufsichtsrat zu bilden haben, Aufsichtsratsmitglied ist,**
2. **gesetzlicher Vertreter eines von der Gesellschaft abhängigen Unternehmens ist, oder**
3. **gesetzlicher Vertreter einer anderen Kapitalgesellschaft oder bergrechtlichen Gewerkschaft ist, deren Aufsichtsrat ein Vorstandsmitglied der Gesellschaft angehört.**

Auf die Höchstzahl nach Satz 1 Nr. 1 sind bis zu fünf Aufsichtsratssitze nicht anzurechnen, die ein gesetzlicher Vertreter (beim Einzelkaufmann der Inhaber) des herrschenden Unternehmens eines Konzerns in zum Konzern

gehörenden Handelsgesellschaften und bergrechtlichen Gewerkschaften, die gesetzlich einen Aufsichtsrat zu bilden haben, innehat.

(3) Die anderen persönlichen Voraussetzungen der Aufsichtsratsmitglieder der Arbeitnehmer sowie der weiteren Mitglieder bestimmen sich nach dem Betriebsverfassungsgesetz, dem Mitbestimmungsgesetz und dem Mitbestimmungsergänzungsgesetz.

(4) Die Satzung kann persönliche Voraussetzungen nur für Aufsichtsratsmitglieder fordern, die von der Hauptversammlung ohne Bindung an Wahlvorschläge gewählt oder auf Grund der Satzung in den Aufsichtsrat entsandt werden.

Übersicht

Literatur

Schilling, W.: Das Verbot von Überkreuzverflechtungen im Aufsichtsrat, Das Wertpapier 1965, 65
Houben, J.: Überkreuzverflechtung bei Aufsichtsräten, DB 1965, 546
Konow, K.-O.: Das Verbot der Überkreuzverflechtungen, DB 1966, 332
Westermann, H. — Lepsien, W.: Die sogenannten Auslaufmandate nach dem AktG 1965, NJW 1966, 430
Werner, W.: Rechtsprobleme der §§ 12—15 EG AktG 1965, DB 1966, 890
Sienz, A.: Das Erlöschen der Aufsichtsratsmandate nach § 12 Abs. 2 EG AktG 1965, NJW 1966, 141
Schütze, R. A.: Die Berücksichtigung ausländischer Aufsichtsratsmandate im Rahmen von § 100 Abs. 1 Nr. 1 AktG, DieAG 1967, 342
Rummel, H. G.: Das aktienrechtliche Verbot der Überkreuzverflechtung und Kapitalgesellschaft mit freiwillig gebildetem Aufsichtsrat, DB 1970, 2257
Caemmerer, v. E.: Aufsichtsrat und Auslandsverbindungen, Festschrift für Ernst Gessler, 1971, S. 81

Einleitung

Die Vorschrift faßt die Regelungen über die persönlichen Voraussetzungen für Aufsichtsratsmitglieder zusammen. Abs. 1 entspricht im Grundsatz dem früheren Recht (§ 86 Abs. 2 Satz 2 AktG 1937). Die in Abs. 2 erwähnten gesetzlichen Hinderungsgründe sind hinsichtlich der Nr. 2 und Nr. 3 erst durch den Bundestag eingefügt worden, während die in Nr. 1 geregelte Höchstzahl von zehn Aufsichtsratssitzen, durch Ausnahmen für Konzernverhältnisse gemildert (Satz 2), die frühere gesetzliche Regelung beibehält, aber keine ministerielle Ausnahmeregelung, wie sie nach § 18 der ersten DVO zum AktG 1937 zulässig waren, mehr vorsieht. Der RegEntw. (§ 97) hatte eine Höchstzahl von fünfzehn Aufsichtsratssitzen, ohne irgendwelche Ausnahmeregelungen, vorgesehen. Die Bestimmungen in Abs. 3 und Abs. 4 sind neu, ändern aber nicht die frühere Rechtslage sondern dienen nur der Klarstellung.

I. Persönliche Voraussetzungen

Anm. 1

1. nach AktG

Aufsichtsratsmitglied kann nur eine *natürliche, unbeschränkt geschäftsfähige Person* sein. Der Wortlaut ist der für den Vorstand entsprechenden Regelung in § 76 Abs. 3 angepaßt. Während es in AktG 1937 negativ hieß, daß eine juristische Person nicht Mitglied des Aufsichtsrats sein kann, ist die jetzige Regelung positiv und unmißverständlich gefaßt. Auch jede andere Personenvereinigung des bürgerlichen oder des Handelsrechts, Körperschaft, Stiftung, Organisation, Verband oder Behörde, scheidet als Aufsichtsratsmitglied aus. Das Gesetz setzt die persönliche Tätigkeit einer verantwortlichen Person voraus (amtl. Begründung, bei Kropff S. 135). Nicht ausgeschlossen ist eine natürliche Person, die ihrerseits persönlich haftender Gesellschafter einer OHG oder einer KG oder Einzelunternehmer oder Allein- oder Mehrheitsaktionär der AG ist; ohne Bedeutung sind Staatsangehörigkeit, Geschlecht, Alter, Wohnsitz, Unbescholtenheit. Allerdings verlangt das Gesetz unbeschränkte Geschäftsfähigkeit (so schon die frühere h. L., vgl. Vorauflage § 86 Anm. 5). Beschränkt Geschäftsfähige können daher auch nicht mit Zustimmung ihres gesetzlichen Vertreters (vgl. §§ 112, 113 BGB) in den Aufsichtsrat gewählt werden (Baumbach-Hueck Rdn. 2). Etwas anderes gilt für Minderjährige, die für volljährig erklärt worden sind (§ 3 Abs. 2 BGB).

Aufsichtsratsmitglied kann ferner nicht sein, wer Vorstandsmitglied, stellvertretendes Vorstandsmitglied, Prokurist oder zum gesamten Geschäftsbetrieb ermächtigter Handlungsbevollmächtigter der AG ist (§ 105 Abs. 1); die vorübergehende, befristete Entsendung von Aufsichtsratsmitgliedern in den Vorstand ist allerdings zulässig (§ 105 Abs. 2).

Dagegen ist das Bestehen eines sonstigen Dienst- oder Arbeitsverhältnisses zur AG kein Hinderungsgrund für die Mitgliedschaft im Aufsichtsrat. Im Regelfall ist es für Arbeitnehmervertreter sogar Wählbarkeitsvoraussetzung (s. Anm. 7 unten). Ebenso steht der Wahl ausgeschiedener Vorstandsmitglieder nichts entgegen. Ihre vorherige Entlastung wird vom Gesetz nicht gefordert (so aber früher § 248 Abs. 3 HGB). Auch ist die Wiederwahl früherer Mitglieder in den Aufsichtsrat unbeschränkt zulässig.

Anm. 2

2. nach anderen Vorschriften

Die „weiteren Mitglieder", der sogenannte *elfte* (bzw. fünfzehnte oder einundzwanzigste) *Mann* in den Aufsichtsräten der Montan- und Montanholdinggesellschaften müssen in dem Sinne unparteiisch sein, als sie nicht Repräsentanten einer Gewerkschaft oder eines Arbeitgeberverbandes oder von Spitzenorganisationen dieser Verbände sein dürften, noch zu diesen in einem ständigen Dienst- oder Geschäftsbesorgungsverhältnis stehen dürfen, noch diese Stellungen im letzten Jahr vor ihrer Wahl zum Aufsichtsrat innegehabt haben. Sie dürfen ferner nicht als Arbeitnehmer oder Arbeitgeber im Unternehmen der AG tätig sein, und auch nicht an ihm wirtschaftlich wesentlich interessiert sein (§§ 4 Abs. 2 MitbestG, 5 Abs. 3 Satz 1 MitbestErgG). Bei allen übrigen Aufsichtsratsmitgliedern brauchen diese besonderen persönlichen Voraussetzungen nicht vorzuliegen, sie können also im Rahmen des Zulässigen (§ 138 BGB) *parteiisch* sein, d.h. die Interessen der Gruppen vertreten, von denen sie in den Aufsichtsrat gewählt oder entsandt worden sind (Rob. Fischer in Anm. zu LM § 93 AktG 1937 Nr. 1). Aber auch das vom Mehrheitsaktionär gewählte Aufsichtsratsmitglied ist genau so wie etwa die von den Spitzenorganisationen der Gewerkschaften entsandten Vertreter in den Aufsichtsräten der Montanindustrie gehalten, die Interessen der AG entsprechend der Sorgfaltspflicht eines ordentlichen und gewissenhaften Geschäftsleiters wahrzunehmen (§ 116) und somit den Interessen der AG den Vorrang zu geben (s. im einzelnen § 111 Anm. 5 und § 96 Anm. 1). Wegen der persönlichen Voraussetzungen für Arbeitnehmervertreter s. im übrigen Anm. 7 unten.

Aufsichtsratsmitglieder von Kapitalanlagegesellschaften sollen ihrer Persönlichkeit und ihrer Sachkunde nach die Wahrung der Interessen der Anteilinhaber gewährleisten (§ 4 Abs. 1 Satz 1 KapAnlG); es werden hier also besondere menschliche und fachliche Qualifikationen vorausgesetzt. Diese Regelung gilt kraft ausdrücklicher Regelung nicht für Arbeitnehmervertreter im Aufsichtsrat der Kapitalanlagegesellschaften (§ 4 Abs. 2 KapAnlG). Auch für alle sonstigen Aufsichtsratsmitglieder ist aus dem AktG das Gebot einer besonderen Sachkunde nicht abzuleiten (a. A. Prühs, DieAG 1970, 347, 352). Wenn sich Aufsichtsratsmitglieder den für die Überwachung der Geschäftsführung

(§ 111 Abs. 1) und die sachgerechte Prüfung des Jahresabschlusses usw. (§ 171 Abs. 1) erforderlichen Sachverstand nicht zutrauen, dann mögen sie die Berufung ablehnen oder ihr Amt niederlegen; übernehmen sie es, dann übernehmen sie damit die durch das Gesetz postulierte Verantwortlichkeit. Fehlende Sachkunde müssen sie sich erwerben.

Der Bundespräsident, der Bundeskanzler und die Bundesminister dürfen einem Aufsichtsrat nicht angehören (Art. 55 Abs. 2 und Art. 66 GG). Ähnliche Regelungen bestehen nach den meisten Länderverfassungen, in der Regel aber mit Ausnahmevorbehalt (vgl. die Nachweise in § 76 Anm. 15).

Beamte bedürfen für die Übernahme des Aufsichtsratsamts der Genehmigung durch ihre vorgesetzte Behörde (s. etwa § 65 Abs. 1 Nr. 3 BBG). Doch hängt die Wirksamkeit der Wahl nicht vom Vorliegen der Genehmigung ab.

II. Besondere Hinderungsgründe

Anm. 3

1. a) Höchstzahl

Das Gesetz bestimmt in Abs. 2 Nr. 1 die *Höchstzahl* der Aufsichtsratssitze mit *zehn*; wegen der Ausnahmen für Konzernverhältnisse s. Anm. 4 unten. Es soll einer übermäßigen Ämterhäufung ein Riegel vorgeschoben werden, und in den Aufsichtsräten der Großunternehmen eine gewisse Streuung der Aufsichtsratssitze erreicht werden. Die nach dem früheren Recht gemäß § 18 der ersten DVO zu AktG 1937 zulässig gewesene Ausnahmeregelung (bis zu zwanzig Sitze), soweit sie von Banken und den Vertretern staatlicher und gemeindlicher Interessen in Anspruch genommen werden konnte, ist ersatzlos entfallen.

Eingerechnet in die Höchstzahl werden alle Aufsichtsratssitze in Handelsgesellschaften oder bergrechtlichen Gewerkschaften, die *gesetzlich* einen Aufsichtsrat zu bilden haben. Das sind alle AGs, KGs aA, GmbHs und bergrechtlichen Gewerkschaften, sofern sie nach §§ 77, 77 (a) BetrVG oder nach den Mitbestimmungsgesetzen einen Aufsichtsrat zu bilden haben, sowie die Kapitalanlagegesellschaften in der Rechtsform der GmbH (§ 3 KapAnlG). Mitzuzählen sind auch Aufsichtsratssitze, die auf einer gerichtlichen Ersatzbestellung beruhen (§ 104 Anm. 13).

Nicht mitzuzählen sind Aufsichtsratssitze in Genossenschaften, da diese keine Handelsgesellschaften sind, und in Versicherungsvereinen auf Gegenseitigkeit (amtl. Begründung, bei Kropff S. 135; Baumbach-Hueck Rdn. 3; Obermüller-Werner-Winden S. 242), auch wenn gesetzlich ein Aufsichtsrat gebildet werden muß. *Nicht* mitzuzählen sind Sitze in Verwaltungsräten oder sonstigen ähnlichen Gremien öffentlich-rechtlicher Körperschaften (Möhring-Schwartz, Rowedder-Haberlandt S. 113). *Nicht* mitzuzählen sind Sitze in freiwillig gebildeten Aufsichtsräten bei GmbHs (§ 52 GmbHG) und anderen Handelsgesellschaften. *Nicht* mitzuzählen sind auch die Sitze in Beiräten oder sonstigen, neben dem Aufsichtsrat bestehenden Beratungsgremien (s. § 95 Anm. 7). *Nicht* mitzuzählen sind schließlich Sitze im Aufsichtsrat oder in anderen Verwaltungsgremien *ausländischer Gesellschaften.* Es ist zwar richtig, daß die ausländischen Rechte der EWG-Staaten und anderer benachbarter Länder gesellschaftsrechtliche Kontroll- und Überwachungsorgane kennen, die dem gesetzlich nach deutschem Recht zu bildenden Aufsichtsrat wesentlich entsprechen (Schütze DieAG 1967, 342). Trotzdem wird man ohne gesetzliche Regelung, die dann auch die Kriterien anrechenbarer ausländischer Aufsichtsratssitze näher umschreiben müßte, mit der schon zum AktG 1937 h. L. (vgl. die Vorauflage § 86 Anm. 8) davon ausgehen müssen, daß sich die gesetzliche Höchstzahl der zulässigen Aufsichtsratssitze nur auf inländische Gesellschaften bezieht (wie hier § 18 Anm. 17 [e] sowie Baumbach-Hueck Rdn. 3; Godin-Wilhelmi Anm. 3; Möhring-Tank I 264; Obermüller-Werner-Winden, S. 241f.; Möhring-Schwartz, Rowedder-Haberlandt S. 113f.; J. H. Gessler Anm. 2; Luchterhandt, Deutsches Konzernrecht bei grenzüberschreitenden Konzernverbindungen, Stuttgart, 1971, S. 227ff.; Grasmann, System des internationalen Gesellschaftsrechts, 1970, Rdn. 1042; von Caemmerer, Aufsichtsrat und Auslandsverbindungen, Festschrift für Ernst Gessler, 1971, 81, 83ff.; a. A. Schütze a. a. O.).

Anm. 4

b) Ausnahmen

Nach Absatz 2 Satz 2 werden bis zu fünf Sitze auf die Höchstzahl von zehn Aufsichtsratssitzen nicht angerechnet, die der Inhaber oder ein gesetzlicher Vertreter eines herrschenden Unternehmens in zu Konzernen gehörenden Handelsgesellschaften oder bergrechtlichen Gewerkschaften, die gesetzlich einen Aufsichtsrat zu bilden haben, innehat. Damit ist die Ausnahmeregelung des § 18 Nr. 3 der ersten DVO zum AktG 1937 in abgeänderter Form übernommen worden; allerdings ist die absolute Höchstzahl jetzt fünfzehn Sitze.

Voraussetzung für die Inanspruchnahme der Ausnahmeregelung ist, daß es sich um den Inhaber oder einen gesetzlichen Vertreter des herrschenden Unternehmens handelt. Die Regelung gilt also nicht zugunsten von leitenden Angestellten oder von Aufsichtsratsmitgliedern, sondern nur für Vorstandsmitglieder, Geschäftsführer einer GmbH und persönlich haftende Gesellschafter von Personenhandelsgesellschaften, ebenso Gesellschafter einer BGB-Gesellschaft, die den persönlich haftenden Gesellschaftern der Personenhandelsgesellschaften gleichzustellen sind (wie hier Obermüller-Werner-Winden S. 242f.). Gesetzliche Vertreter der GmbH & Co. KG sind die Geschäftsführer der Komplementär-GmbH (Obermüller-Werner-Winden a. a. O.).

Die Ausnahmeregelung kommt nur für gesetzliche Vertreter (oder den Inhaber) von herrschenden Unternehmen in Betracht; es muß also ein Unterordnungskonzern im Sinne von § 18 Abs. 1 vorliegen. Fraglich ist, ob in einem mehrstufigen Konzern auch die gesetzlichen Vertreter einer abhängigen Gesellschaft, die aber ihrerseits weitere Konzerngesellschaften beherrscht, die Ausnehmeregelung des Abs. 2 Satz 2 in Anspruch nehmen können. Angesichts des Wortlauts des Gesetzes, das von *dem* herrschenden Unternehmen spricht, und angesichts der Motive des Gesetzgebers (vgl. Godin-Wilhelmi Anm. 3), es zu ermöglichen, daß die Aufsichtsräte in abhängigen Unternehmen mit Führungskräften des herrschenden Unternehmens besetzt werden, wird man davon auszugehen haben, daß auch in einem mehrstufigen Konzern nur die gesetzlichen Vertreter (oder der Inhaber) der Obergesellschaft das Konzernprivileg in Anspruch nehmen können (a. A. Obermüller-Werner-Winden, S. 243).

Anm. 5

2. Aufsichtsrat des herrschenden Unternehmens

Nach Abs. 2 Nr. 2 kann ein gesetzlicher Vertreter eines von der AG abhängigen Unternehmens (im Sinne von § 18 Abs. 1) nicht dem Aufsichtsrat der AG angehören. Damit wird verhindert, daß entgegen dem Organisationsgefälle Vorstand, Geschäftsführer oder sonstige gesetzliche Vertreter abhängiger Gesellschaften dem Vorstand der herrschenden Gesellschaft als Aufsichtsratsmitglied übergeordnet werden. Weder leitende Angestellte noch Aufsichtsratsmitglieder abhängiger Unternehmen, noch gesetzliche Vertreter ausländischer abhängiger Unternehmen (a. A. Luchterhandt a. a. O. S. 226f.; von Caemmerer, a. a. O. S. 87ff.; wie hier Grasmann, a. a. O. Rdn. 1044) sind von dem Verbot betroffen (sog. Konzernklausel).

Anm. 6

3. Überkreuzverflechtungen

Nicht Aufsichtsratsmitglied kann ferner der gesetzliche Vertreter einer anderen Kapitalgesellschaft oder bergrechtlichen Gewerkschaft sein, deren Aufsichtsrat ein Vorstandsmitglied der AG angehört (Abs. 2 Nr. 3). Es soll mit dem Verbot dieser sogenannten Überkreuzverflechtungen verhindert werden, daß die Überwachungsfunktion gleichsam gegenseitig ausgeübt wird: das Aufsichtsratsmitglied soll nicht seinerseits von dem zu überwachenden Vorstand abhängig sein. Der Fall kann nur eintreten, wenn auf beiden Seiten Kapitalgesellschaften stehen (AG, KGaA, GmbH und bergrechtliche Gewerkschaft), die einen Aufsichtsrat zu bilden haben. Die Regelung gilt auch bei Konzernverhältnissen. Gesetzliche Vertreter im Sinne des Abs. 2 Nr. 3 sind Mitglieder des Vorstands einer AG, auch stellvertretende, persönlich haftende Gesellschafter einer KGaA, Geschäftsführer einer GmbH und der Grubenvorstand einer bergrechtlichen Gewerkschaft sowie Liquidatoren der genannten Gesellschaften (wie hier Obermüller-Werner-Winden, S. 246; a. A. für Liquidatoren Konow DB 1966, 849).

Durch das Verbot erhoffte sich der Gesetzgeber im übrigen eine breitere Streuung der Aufsichtsratssitze mit der Begründung, daß es gesellschaftspolitisch unerwünscht sei, daß die Aufsichtsratsmandate der Aktionäre nur durch einen verhältnismäßig kleinen Personenkreis ausgeübt werden (amtliche Begründung, bei Kropff S. 136). Damit ist aber auch (so zutreffend Werner, DieAG 1967, 102, 104) das Anliegen des Gesetzgebers, nur Verflechtungen in Organisationsformen, die kraft Gesetzes einen Aufsichtsrat zu bilden haben, zu verhindern, dargelegt. Der fakultative Aufsichtsrat einer GmbH (gemäß § 52 GmbHG) kann nicht gemeint sein, auch wenn der Wortlaut in Abs. 2 Nr. 3 insoweit nicht so klar ist wie in Abs. 2 Nr. 1 und Satz 2. Der fakultative GmbH-Aufsichtsrat kann, braucht aber keineswegs entsprechend dem Aufsichtsrat einer AG organisiert zu werden. Er kann auf rein beratende Funktionen beschränkt werden, und ihm können andererseits weitgehend in die Geschäftsführung eingreifende Rechte eingeräumt werden. Größere GmbHs haben ohnehin einen Aufsichtsrat entsprechend den Bestimmungen des AktG zu bilden (§§ 77, 77a BetrVG). Ein weiteres, die h. L. stützendes Argument ergibt sich daraus, daß § 52 Abs. 1 GmbHG i. d. F. des § 32 EG gerade auf § 100 Abs. 2 Nr. 3 *nicht* Bezug nimmt, das Verbot also auch im Verhältnis von GmbHs mit fakultativem Aufsichtsrat nicht anwendbar ist (wie hier Konow DB 1966, 849; Obermüller-Werner-Winden S. 245; a. A. Rummel DB 1970, 2257; ders. Diss. Köln, 1969, S. 34ff.).

Das Verbot der Überkreuzungsverflechtung bezieht sich, wie die Höchstzahl zulässiger Aufsichtsratssitze, nur auf *inländische* Gesellschaften (h. L., vgl. die Nachweise in Anm. 3 a.E.).

Aufsichtsratsmitglieder oder leitende Angestellte werden von dem Verbot der Überkreuzungsverflechtung nicht betroffen.

III. 1. Persönliche Voraussetzungen für Arbeitnehmervertreter

Anm. 7

Nach Abs. 3 bestimmen sich die *anderen* persönlichen Voraussetzungen der Aufsichtsratsmitglieder der Arbeitnehmervertreter sowie der sogenannten weitere nMitglieder nach den einschlägigen Vorschriften. Damit ist klargestellt, daß die persönlichen Voraussetzungen für Aufsichtsratsmitglieder, wie sie in Abs. 1 und 2 vorgeschrieben sind, auch für die Arbeitnehmervertreter und die weiteren Mitglieder, die nach den Mitbestimmungsgesetzen dem Aufsichtsrat von Montangesellschaften angehören, gelten. Hinsichtlich der anderen vom Gesetz verlangten persönlichen Voraussetzungen für die sogenannten weiteren Mitglieder siehe im einzelnen Anm. 2 oben.

Unter den nach dem *MitbestG* zu wählenden Arbeitnehmervertretern müssen sich beim elfköpfigen Aufsichtsrat ein Arbeiter und ein Angestellter befinden, die in einem Betrieb der AG beschäftigt sind (§ 6 Abs. 1 MitbestG); die Zahl der mindestens zu wählenden Arbeiter erhöht sich auf zwei bzw. drei bei einem fünfzehn- bzw. einundzwanzigköpfigen Aufsichtsrat (§ 9 MitbestG).

Unter den nach dem *MitbestErgG* zu wählenden Arbeitnehmervertretern müssen sich beim fünfzehnköpfigen Aufsichtsrat vier Arbeitnehmer aus den Konzernbetrieben, darunter drei Vertreter der Arbeiter und ein Vertreter der Angestellten befinden (§ 6 Abs. 1 MitbestErgG); die Zahl der mindestens zu wählenden Arbeiter und Angestellten erhöht sich auf vier und zwei bei einem einundzwanzigköpfigen Aufsichtsrat (§ 12 MitbestErgG).

Für die nach dem *BetrVG* zu wählenden Arbeitnehmervertreter gilt gemäß § 76 Abs. 2 BetrVG folgendes: Ist nur ein Arbeitnehmervertreter zu wählen, so muß er im Betrieb der AG beschäftigt sein. Sind zwei oder mehr Arbeitnehmervertreter zu wählen, so müssen sich unter diesen mindestens ein Arbeiter und ein Angestellter aus den Betrieben der AG befinden. Sind mehr als die Hälfte der Arbeitnehmer Frauen, so soll mindestens eine von ihnen in den Aufsichtsrat gewählt werden. Eine Gruppenvertretung entfällt, wenn ihr nicht mehr als fünf Arbeitnehmer angehören und diese nicht mehr als ein Zwanzigstel der Arbeitnehmer der AG darstellen (§ 10 Abs. 3 BetrVG). In dem Aufsichtsrat des herrschenden Unternehmens eines Konzerns (§ 76 Abs. 4 BetrVG) stehen der erste Platz einem Arbeitnehmer des herrschenden Unternehmens, der etwaige zweite Platz einem Arbeitnehmer des oder der abhängigen Unternehmen zu (so BAG in ständiger Rechtsprechung; siehe die Nachweise in § 96 Anm. 3 a.E.). Kein passives Wahlrecht haben nach § 4 Abs. 2 lit. c BetrVG *leitende Angestellte*, wenn sie zur selbständigen Einstellung oder Entlassung von Arbeitnehmern berechtigt sind, wenn ihnen Generalvollmacht oder Prokura erteilt ist, oder wenn sie sonst eine besondere Vertrauensstellung im Betrieb der AG bekleiden (h. A. vgl. Dietz BetrVG § 76 Anm. 37a m. w. N.). Sind mehr als zwei Sitze mit Arbeitnehmervertretern zu besetzen, so bestehen hinsichtlich der persönlichen Voraussetzungen der übrigen Mitglieder keine Beschränkungen, außer den allgemeinen der §§ 100 Abs. 1 und 2 und 105 Abs. 1. Nichtbetriebsangehörige, ebenso auch leitende Angestellte, sind wählbar (Haberkorn, DieAG 1964, 231).

Anm. 8

2. Satzungsmäßige Regelungen

Die Satzung kann gemäß Abs. 4 persönliche Voraussetzungen nur für Aufsichtsratsmitglieder fordern, die von der Hauptversammlung ohne Bindung an Wahlvorschläge gewählt oder gemäß § 101 Abs. 2 in den Aufsichtsrat entsandt werden. Eine Satzungsbestimmung, die die Wählbarkeit der nach dem BetrVG oder nach den Mitbestimmungsgesetzen zu wählenden oder zu entsendenden Arbeitnehmervertreter oder der weiteren Mitglieder beschränkt, ist unwirksam (so schon zum früheren Recht BGH 39, 116, 122; kritisch dazu Leo, DieAG 1963, 267).

Im übrigen kann die *Satzung* beliebige weitere Erfordernisse aufstellen. Nur dürfen diese nicht soweit gehen, daß die Wahlfreiheit unbillig beschränkt wird (vgl. RG 133, 90, 94; KGJ 32 A 136). Die Hauptversammlung muß in der Lage sein, geeignete Personen zu Aufsichtsratsmitgliedern zu bestellen, ohne an bestimmte Personen gebunden zu sein. Zulässig erscheinen hiernach Beschränkungen allgemeiner Natur, wie etwa hinsichtlich des Alters, der Staatsangehörigkeit, des Wohnsitzes, des Geschlechts usw. Unbedenklich erscheint auch das Erfordernis, daß die Aufsichtsratsmitglieder Aktionäre sein müssen; denn die Mehrheit, welche die Aufsichtsratsmitglieder wählt, ist durch eine solche Bestimmung praktisch kaum in ihrer Wahlfreiheit beschränkt, da sie ihrem Kandidaten eine Aktie überlassen kann, wenn er noch keine besitzt. Dagegen wird die Bestimmung, daß nur Inhaber von Aktien mit bestimmten Nummern oder von Aktien bestimmter Gattungen Aufsichtsratsmitglieder sein können, als eine unzulässige Beschränkung anzusehen sein (a.A. Schlegelberger-Quassowski § 86 AktG 1937 Anm. 17; wie hier Baumbach-Hueck Rdn. 11; Möhring-Tank I 269; Möhring-Schwartz, Rowedder-Haberlandt S. 117). Eine solche Bestimmung begründet in Wahrheit ein Vorrecht der Aktionäre, die Inhaber der betreffenden Aktien sind. Soweit ein schutzwürdiges Bedürfnis an der Begründung eines derartigen Vorrechts besteht, trägt das Gesetz dem in § 101 Abs. 2 Rechnung. Es liegt nicht im Sinne des Gesetzes, daß durch das Erfordernis der Inhaberschaft bestimmter Aktien einer Minderheit oder einzelnen Aktionären mittelbar ein Recht zur Besetzung von Aufsichtsratsposten unter anderen Voraussetzungen und ohne die Beschränkungen des § 101 Abs. 2 eingeräumt werden kann. Desgleichen wird die Bestimmung, daß ein oder mehrere Aufsichtsratsmitglieder einer bestimmten Familie angehören müssen, nicht getroffen werden können. Auch dieses Ergebnis läßt sich nur durch Einräumung eines Entsendungsrechts an bestimmte Aktionäre oder Inhaber gebundener Namensaktien gemäß § 101 Abs. 2 erreichen (Baumbach-Hueck Rdn. 11; Möhring-Schwartz, Rowedder-Haberlandt, a. a. O.; a. A. Schlegelberger-Quassowski a. a. O.; Godin-Wilhelmi Anm. 6).

Man wird ferner annehmen müssen, daß an sich zulässige Beschränkungen insoweit keine Wirkungen haben, als dadurch im einzelnen Falle die Wahl geeigneter Personen unmöglich gemacht oder unerträglich erschwert wird (vgl. Brodmann HGB § 243

Anm. 2g). So wird z. B. das Gericht, das gemäß § 104 den beschlußunfähigen Aufsichtsrat ergänzt, entgegen § 104 Abs. 4 Satz 3, nicht an das Erfordernis des Aktienbesitzes gebunden sein, sofern nicht Aktien der betreffenden Gesellschaft ohne Schwierigkeit im Handel erhältlich sind.

Auch ein bindendes Vorschlagsrecht (vgl. KGJ 32 A 136; BayObLG JW 1921, 580[1]) wird unter keinen anderen Voraussetzungen und in keinem anderen Umfange durch die Satzung begründet werden können als ein Recht zur Entsendung von Aufsichtsratsmitgliedern gemäß § 101 Abs. 2.

Für die nach § 101 Abs. 2 von bestimmten Aktionären oder Inhabern bestimmter Aktien zu entsendenden Aufsichtsratsmitglieder können beliebige Beschränkungen in der Satzung eingeführt werden (Baumbach-Hueck Rdn. 11). Macht der zur Entsendung von Aufsichtsratsmitgliedern berechtigte Aktionär von seinem Recht keinen Gebrauch, so ist das Gericht oder die Hauptversammlung, die in die Lage kommen, über die Ausfüllung der Lücke zu beschließen, nicht an die Beschränkungen gebunden.

Sofern die Hauptversammlung nach Durchführung des Vermittlungsverfahrens gemäß § 8 Abs. 2 und 3 MitbestG bei der Wahl des sogenannten elften Mannes nicht mehr an Wahlvorschläge gebunden ist (§ 8 Abs. 3 Satz 7 MitbestG), gelten auch für diese Wahl etwaige satzungsmäßige Beschränkungen. Das gleiche gilt für das „weitere Mitglied" im Aufsichtsrat der Montanholdinggesellschaften gemäß § 5 Abs. 3 Satz 2 MitbestErgG.

IV. Rechtsfolgen bei Verstoß oder Wegfall

Anm. 9

Die Wahl eines Aufsichtsratsmitglieds durch die Hauptversammlung ist *nichtig*, wenn die gewählte Person nach Abs. 1 und 2 bei Beginn der Amtszeit nicht Mitglied des Aufsichtsrats sein kann (§ 250 Abs. 1 Nr. 4). Auf § 241 Nr. 3 kann die Nichtigkeit nach dem ausdrücklichen Wortlaut von § 250 Abs. 1 dagegen nicht gestützt werden (a. A. Baumbach-Hueck Rdn. 12).

Nichtigkeit tritt aber nur ein, wenn der Gewählte bei *Beginn der Amtszeit* (dazu § 102 Anm. 1) die persönlichen Voraussetzungen nicht erfüllt, also entweder keine natürliche und unbeschränkt geschäftsfähige Person ist (Abs. 1) oder dem Vorstand der AG angehört oder Prokurist oder Generalhandlungsbevollmächtigter der AG ist oder wegen Überschreitung der Höchstzahl oder eines Verstoßes gegen die Konzernklausel oder das Verbot der Überkreuzverflechtung nicht Aufsichtsratsmitglied sein kann. Es kommt also auf den Zeitpunkt der Annahme des Amtes durch das gewählte Mitglied an. Liegt dieser Zeitpunkt nach der Wahl, und wird bis zur Annahme das gesetzliche Hindernis beseitigt, endet z. B. ein die Überkreuzverflechtung begründendes Amt, so ist die Wahl voll wirksam. Die Nichtigkeit kann auf jede Weise geltend gemacht werden (§ 250 Abs. 3 Satz 2), auch durch Klage.

Die *Nichtigkeitsklage* kann von jedem Aktionär, dem Vorstand, aber auch einem einzelnen Vorstandsmitglied, jedem Mitglied des Aufsichtsrats, dem Betriebsrat der Betriebe der AG, einer in den Betrieben der AG vertretenen Gewerkschaft oder von deren Spitzenorganisation erhoben werden (§ 250 Abs. 3). Es gelten im wesentlichen die für die Anfechtungsklage in Betracht kommenden Vorschriften. Die Betriebsräte, die im Betrieb vertretenen Gewerkschaften und deren Spitzenorganisationen sind im Verfahren zur Feststellung der Nichtigkeit der Wahl von Aufsichtsratsmitgliedern parteifähig (§ 250 Abs. 2).

Tritt das gesetzliche Hindernis erst nach Durchführung der Wahl durch die Hauptversammlung ein, ist für eine Nichtigkeitsklage gemäß § 250 kein Raum mehr (Obermüller-Werner-Winden, S. 249); das Amt erlischt ohne weiteres, wie auch sonst bei nachträglichem Eintritt einer der gesetzlichen Hinderungsgründe (siehe dazu im folgenden).

Nicht nur die Wahl, sondern auch jede andere Art der Bestellung eines Aufsichtsratsmitglieds, die nach Abs. 1 und Abs. 2 unzulässig ist, wird mit der Amtsannahme unwirksam.

Wegen der Rechtsfolgen bei Verstoß gegen § 105 Abs. 1 (Unvereinbarkeit der Zugehörigkeit zum Vorstand und zum Aufsichtsrat) s. Anm. 2 zu § 105.

Gehört dem Aufsichtsrat ein Mitglied an, das den gesetzlichen persönlichen Voraussetzungen nicht genügt, so ist ein dreiköpfiger Aufsichtsrat nicht beschlußfähig. Im übrigen richtet sich die Frage der Beschlußfähigkeit nach den einschlägigen Regelungen (siehe im einzelnen § 108 Abs. 2): Beschlüsse eines nicht beschlußfähigen Aufsichtsrats sind nichtig (§ 108 Anm. 10 und 7). Ebenso sind die durch einen nicht beschlußfähigen Aufsichtsrat mit dem Vorstand vorgenommenen Geschäfte nichtig (§ 112 Anm. 1; § 82 Anm. 2). Eine Heilung der Nichtigkeit ist auch durch nachträgliche Genehmigung nicht möglich; das fragliche Geschäft muß neu vorgenommen werden (Möhring-Tank I 267).

Verstöße gegen in der Satzung geregelte persönliche Voraussetzungen führen dagegen nicht zur Nichtigkeit der Wahl oder der sonstigen Bestellung. Aufsichtsratswahlen können bei Verstoß gegen die Satzung gemäß § 251 Abs. 1 angefochten werden.

Tritt einer der *gesetzlichen* Hinderungsgründe nachträglich ein, so erlischt das Amt (Baumbach-Hueck Rdn. 13). Das ist zwar nicht bei einem Verstoß gegen die Höchstzahl (Abs. 2 Nr. 1), wohl aber bei Verstoß gegen die Konzernklausel oder das Verbot der Überkreuzverflechtung (Abs. 2 Nr. 2 und 3) denkbar. Im Falle einer Überschreitung der Höchstzahl ist das neue, die Höchstzahl überschreitende Mandat unwirksam. Tritt nachträglich der Tatbestand der Überkreuzverflechtung ein, so erlöschen nicht beide betreffenden Aufsichtsratsmandate, sondern nur das Mandat desjenigen, in dessen Person das zur Vollendung der Überkreuzverflechtung erforderliche letzte Tatbestandsmerkmal entsteht (Obermüller-Werner-Winden, S. 250). Ebenso erlischt das Amt bei nachträglich eintretendem Wegfall der unbeschränkten Geschäftsfähigkeit.

Bei nachträglichem Eintritt von satzungsmäßigen Hinderungsgründen (z. B. Erreichen eines bestimmten Alters, Verlegung des Wohnsitzes) erlischt das Amt nicht; es ist aber eine Abberufung entweder durch die Hauptversammlung oder, da ein Satzungsverstoß als wichtiger Grund angesehen werden muß, durch das Gericht gerechtfertigt (§ 103 Abs. 1 und Abs. 3). Entsandte Aufsichtsratsmitglieder können ohnehin jederzeit abberufen werden (§ 103 Abs. 2). Ebenso ist das Aufsichtsratsmitglied seinerseits, bei Eintritt satzungsmäßiger Hinderungsgründe, zur Amtsniederlegung nicht nur berechtigt, sondern auch verpflichtet. Bei Weigerung muß die Bestellung allerdings gemäß § 103 widerrufen werden. Die Ansicht, daß ein Widerruf durch die Hauptversammlung in diesem Fall entgegen der Regelung des § 103 Abs. 1 Satz 2 mit einfacher Mehrheit erfolgen kann (so die Vorauflage § 86 Anm. 14), kann für das AktG 1965 wegen der neu eingeführten allgemeinen Möglichkeit einer Abberufung durch das Gericht bei wichtigem Grunde (§ 103 Abs. 3) nicht aufrechterhalten werden, ebensowenig die Ansicht, daß auch bei einem Verstoß gegen die Satzung das Amt automatisch erlischt (Ritter AktG 1937, § 87 Anm. 2b; Möhring-Tank I 302).

Das Amt der *Arbeitnehmervertreter* im Aufsichtsrat erlischt, wenn eine gesetzliche Wählbarkeitsvoraussetzung wegfällt (h. A.; Baumbach-Hueck Anh. nach § 96 Rdn. 32; A. Hueck Anm. zu AP Nr. 12 § 76 BetrVG; Leo, Die AG 1963, 234, 236; Dietz § 76 BetrVG; Anm. 46g; Fitting-Kraegeloh-Auffahrth § 76 BetrVG Anm. 9 jeweils m. w. N.). Scheidet also der einzige Arbeitnehmervertreter in einem dreiköpfigen Aufsichtsrat, gleichgültig aus welchen Gründen, aus den Diensten der AG aus, so erlischt sein Amt; gleiches gilt, wenn er aufhört, Arbeitnehmer im Sinne des BetrVG zu sein (vgl. § 4 BetrVG). Das gilt aber nur, soweit Betriebszugehörigkeit Wählbarkeitsvoraussetzung ist (BGH 39, 116, 120). Zur Frage, ob ein Wechsel der Gruppenzugehörigkeit während der Amtszeit zum Erlöschen des Amtes führt vgl. BAG AP Nr. 5 zu § 24 BetrVG und Schröder, Festschrift für Ernst Gessler, 1971, S. 171, 179.

V. Übergangsrecht

Anm. 10

Nach § 12 Abs. 3 EG wurde für die Zeit nach Inkrafttreten des AktG bestimmt, daß Personen, die nach § 100 Abs. 2 nicht Aufsichtsratsmitglied sein können, den Aufsichtsratssitz nicht sofort, sondern erst mit Ablauf der jeweiligen Amtszeit verlieren. Streitig war hier die Frage geworden, ob bei einer Neuwahl der Gewählte alle die Höchstzahl überschreitenden Mandate niederlegen mußte oder auch in diesem Fall die bisherigen, die Höchstzahl überschreitenden Mandate auslaufen konnten; siehe einerseits die amtliche Begründung, bei Kropff S. 526; Goerdeler WPg. 1965, 365; andererseits Godin-Wilhelmi Anm. 8; Baumbach-Hueck § 12 EG Rdn. 2; Obermüller-Werner-Winden S. 243f.; Möhring-Tank I 266; Möhring-Schwartz, Rohwedder-Haberlandt S. 115; Westermann-Lepsien NJW 1966, 340; Werner DB 1966, 890; Möhring NJW 1966, 7.

§ 101 Bestellung der Aufsichtsratsmitglieder

(1) Die Mitglieder des Aufsichtsrats werden von der Hauptversammlung gewählt, soweit sie nicht in den Aufsichtsrat zu entsenden oder als Aufsichtsratsmitglieder der Arbeitnehmer nach dem Betriebsverfassungsgesetz oder dem Mitbestimmungserganzungsgesetz zu wählen sind. An Wahlvorschläge ist die Hauptversammlung nur gemäß §§ 6 und 8 des Mitbestimmungsgesetzes gebunden.

(2) Ein Recht, Mitglieder in den Aufsichtsrat zu entsenden, kann, soweit es nicht Spitzenorganisationen der Gewerkschaften nach dem Mitbestimmungsergänzungsgesetz zusteht, nur durch die Satzung und nur für bestimmte Aktionäre oder für die jeweiligen Inhaber bestimmter Aktien begründet werden. Inhabern bestimmter Aktien kann das Entsendungsrecht nur eingeräumt werden, wenn die Aktien auf Namen lauten und ihre Übertragung an die Zustimmung der Gesellschaft gebunden ist. Die Aktien der Entsendungsberechtigten gelten nicht als eine besondere Gattung. Die Entsendungsrechte können insgesamt höchstens für ein Drittel der sich aus dem Gesetz oder der Satzung ergebenden Zahl der Aufsichtsratsmitglieder der Aktionäre eingeräumt werden.

(3) Stellvertreter von Aufsichtsratsmitgliedern können nicht bestellt werden. Jedoch kann für jedes Aufsichtsratsmitglied mit Ausnahme des weiteren Mitglieds, das nach dem Mitbestimmungsgesetz oder dem Mitbestimmungsergänzungsgesetz auf Vorschlag der übrigen Aufsichtsratsmitglieder gewählt wird, ein Ersatzmitglied bestellt werden, das Mitglied des Aufsichtsrats wird, wenn das Aufsichtsratsmitglied vor Ablauf seiner Amtszeit wegfällt. Das Ersatzmitglied kann nur gleichzeitig mit dem Aufsichtsratsmitglied bestellt werden. Auf seine Bestellung sowie die Nichtigkeit und Anfechtung seiner Bestellung sind die für das Aufsichtsratsmitglied geltenden Vorschriften anzuwenden.

Übersicht

Literatur

Winden: Satzungsbestimmungen über Wahl von Ersatzmitgliedern im Aufsichtsrat, BB 1953, 801

Kohler, R.: Der Aufsichtsratsstellvertreter, NJW 1955, 205

Kunze, O. — Spieker, W.: Die Ersetzung ausscheidender Mitglieder des Aufsichtsrats einer AG, BB 1958, 378

Fischer, C. E.: Minderheiten-Vertreter im Aufsichtsrat, NJW 1958, 1265

Natzel, B.: Das Problem der Ersatzmitgliedschaft von Arbeitnehmervertretern im Aufsichtsrat, DB 1958, 164

ders.: Die Bestellung von Aufsichtsratsmitgliedern, insbesondere von Arbeitnehmervertretern, DieAG 1959, 93

Michels, E. M.: Zur Wahl von Ersatzmitgliedern für Arbeitnehmervertreter im Aufsichtsrat, DB 1966, 1054

Laabs, H. J.: Darf der Aufsichtsrat zur Wahl von Aufsichtsratsmitgliedern Alternativvorschläge machen, DB 1968, 1014

Einmahl, J.: Alternativvorschäge des Aufsichtsrats bei der Wahl seiner Mitglieder, DB 1968, 1936

Rummel, H. G.: Die Mangelhaftigkeit von Aufsichtsratswahlen der Hauptversammlung nach dem neuen Aktiengesetz, Diss. Köln, 1969

v. Gleichenstein, M.: Können Ersatzmitglieder nur „gleichzeitig" mit den ordentlichen Aufsichtsratsmitgliedern gewählt werden, DieAG 1970, 1

Erle, H.: Die Vorschläge zur Wahl des Aufsichtsrats nach dem MitbestG und nach dem AktG, DieAG 1970, 31

Overrath, H.-P.: Minderheitsvertreter im Aufsichtsrat? DieAG 1970, 219

Konow, K. O.: Die Einflußnahme der öffentlichen Hand auf die Geschäftsführung von Unternehmen durch Entsendung von Beamten, GmbHR 1971, 30

Einleitung

Die Vorschrift entspricht sachlich dem früheren Recht. Sie faßt die Bestimmungen über die Bestellung der Aufsichtsratsmitglieder in einer Vorschrift zusammen, während Amtszeit und Abberufung (früher für die von der Hauptversammlung gewählten Mitglieder in § 87 AktG 1937 geregelt) in gesonderten Bestimmungen behandelt werden (§§ 102, 103). In Abs. 1 werden alle gegebenen Arten der Bestellung von Aufsichtsratsmitgliedern einschließlich der Arbeitnehmervertreter angeführt, um die Rechtslage richtig wiederzugeben. Abs. 2 handelt, auch dem früheren Recht entsprechend (§ 88 Abs. 1—3 AktG 1937), von der Entsendung von Mitgliedern in den Aufsichtsrat, während Abs. 3 die früher aufgetretenen Streitfragen über die Zulässigkeit von stellvertretenden Aufsichtsratsmitgliedern und von Ersatzmitgliedern dahin regelt, daß nur die Bestellung von letzteren zulässig ist. Nicht gefolgt ist das Gesetz den Reformwünschen nach einer Minderheitenbeteiligung im Aufsichtsrat (s. dazu C. E. Fischer, NJW 1958, 1265); die Frage war bis zuletzt noch in den Bundestags-Ausschüssen umstritten (vgl. den Ausschußbericht, bei Kropff S. 140). Neuerdings ist sie wieder von *Overrath*, DieAG 1970, 219 unter Würdigung der bisherigen Argumente behandelt worden.

I. Wahl der Aufsichtsratsmitglieder durch die Hauptversammlung (Abs. 1)

Anm. 1

1. Beschluß der Hauptversammlung

Die Aufsichtsratsmitglieder werden von der Hauptversammlung gewählt (Abs. 1 S. 1). Die Satzung kann die Ernennung nicht einem anderen Organ oder einem Dritten übertragen. Etwas anderes gilt nur für die nach dem BetrVG und den Mitbestimmungsgesetzen zu wählenden oder zu entsendenden Arbeitnehmervertreter, dazu Anm. 7, 8 und 11 unten. Dem Aufsichtsrat kann auch nicht die Befugnis eingeräumt werden, sich durch Zuwahl zu ergänzen. Auch eine Ernennung von Aufsichtsratsmitgliedern der Aktionäre durch ein anderes Organ oder Dritte vorbehaltlich der Zustimmung der Hauptversammlung ist unzulässig; die Erteilung der Zustimmung durch die Hauptversammlung könnte aber in einem solchen Fall als Wahl aufgefaßt werden und als solche wirksam sein, wenn die Wirksamkeitsvoraussetzungen, insbesondere die ordnungsmäßige Ankündigung, vorliegen.

Über die Bestellung des *ersten* Aufsichtsrats siehe §§ 30, 31, über die *Entsendung* von Aufsichtsratsmitgliedern durch bestimmte Aktionäre oder Inhaber von gebundenen Namensaktien siehe Anm. 9ff., über die Bestellung von Aufsichtsratsmitgliedern durch das *Gericht* im Falle der Beschlußunfähigkeit oder Unvollständigkeit des Aufsichtsrats siehe § 104. Über die Voraussetzungen der Entsendung von Arbeitnehmervertretern in den Aufsichtsrat s. die Anm. zu § 96.

Die Wahl der Aktionärsvertreter in den Aufsichtsrat erfolgt durch *Beschluß der Hauptversammlung*, für dessen Zustandekommen und Gültigkeit die allgemeinen Regeln gelten. Nach dem Gesetz entscheidet die einfache Stimmenmehrheit; über die Zulässigkeit abweichender Satzungsbestimmungen s. § 133 Abs. 2 nebst Anmerkung. Die Aktionäre dürfen auch für sich selbst stimmen (Würdinger § 22 III 1). Der Beschluß muß die Person des Gewählten zweifelsfrei erkennen lassen.

Anm. 2

2. Wahlfreiheit

Für die Wahl gilt der Grundsatz der *Wahlfreiheit*. Inwiefern diese durch das Erfordernis besonderer Eigenschaften oder auf sonstige Weise in der Satzung beschränkt werden kann, ist in Anm. 8 zu § 100 erörtert. An *Wahlvorschläge* ist die Hauptversammlung nicht gebunden, Abs. 1 Satz 2. Das gilt insbesondere für Vorschläge gemäß § 124 Abs. 3, die der Aufsichtsrat zur Wahl seiner Mitglieder zu machen hat, aber natürlich auch für Wahlvorschläge von Aktionären (§ 127). An Wahlvorschläge ist die Hauptversammlung nur gemäß §§ 6 Abs. 2 und 8 Abs. 3 Satz 6 MitbestG gebunden; s. auch § 5 MitbestErgG. Zur Frage, ob der Aufsichtsrat verpflichtet ist, Alternativvorschläge bei der Wahl seiner Mitglieder zu machen s. verneinend Laabs DB 1969, 1014, bejahend Einmahl DB 1968, 1936. Eine vertragliche Verpflichtung der AG zur Bestellung bestimmter Aufsichtsratsmitglieder kann nicht begründet werden; die Vereinbarung einer Vertragsstrafe für den Fall, daß nicht eine bestimmte Persönlichkeit gewählt wird, ist unwirksam (Dresden OLGE 43, 311).

Anm. 3

3. Wahlabsprachen

Grundsätzlich zulässig und auch nicht ohne weiteres gegen § 405 Abs. 3 Nr. 5, 6, 7 verstoßend sind dagegen *Vereinbarungen von Aktionären untereinander* (RG 133, 90) *oder mit Dritten*, z. B. mit dem zu wählenden Mitglied (Naumburg in OLGE 27, 349) über die Wahl (abw. RG 131, 179, den Aufsichtsrat einer GmbH betreffend; dagegen RG 133, 90 [wie hier Ritter AktG 1937 § 87 Anm. 2d; Baumbach-Hueck Rdn. 6; Godin-Wilhelmi § 136 Anm. 8; Schlegelberger-Quassowski AktG 1937, § 87 Anm. 4]), desgleichen die Vereinbarung, daß bestimmte Aktionäre ihr Stimmrecht nicht ausüben sollen (RG 107, 67). Dies entspricht dem allgemeinen Grundsatz, daß schuldrechtliche Vereinbarungen über die Ausübung des Stimmrechts wirksam sind. Eine Verletzung der Vereinbarung erzeugt aber nicht nur schuldrechtliche Wirkungen (so RG 112, 273; 119, 386; 165, 78). Der Erfüllungsanspruch ist vielmehr nach neuerer Rechtsprechung klagbar und vollstreckbar gemäß § 894 ZPO (BGH 48, 163, 169). Ist das benannte Mitglied für den Aufsichtsratsposten ungeeignet, fehlen insbesondere die gesetzlichen oder satzungsmäßige persönliche Voraussetzungen, so ist der Aktionär insoweit durch die Vereinbarung nicht gebunden (RG 133, 90). Bei Wahlabsprachen ist ein Verstoß gegen § 136 Abs. 3 (Nichtigkeit bestimmter Stimmbindungsverträge) oder § 405 Abs. 3 Nr. 5, Nr. 6 oder 7 (Stimmanleihe oder -kauf) bzw. Sittenwidrigkeit gemäß § 138 BGB nicht von vornherein auszuschließen; die Frage nach ihrer Wirksamkeit setzt daher im Einzelfall eine sorgfältige Prüfung voraus. Wahlabsprachen, die eine Besetzung des Aufsichtsrats abweichend von den zwingenden gesetzlichen Regelungen über dessen Zusammensetzung (§ 96) zum Ziele haben, sind nichtig.

Anm. 4

4. Durchführung der Wahl

Die Hauptversammlung wählt die Aufsichtsratsmitglieder mit einfacher Mehrheit (§ 133 Abs. 1). Die Satzung kann aber andere Bestimmungen treffen (§ 133 Abs. 2), etwa eine höhere Mehrheit vorsehen, aber auch die *relative Mehrheit* genügen lassen. Die *Verhältniswahl* wird dagegen mit der Begründung, daß im Gesetzgebungsverfahren eine obligatorische Minderheitenbeteiligung im Aufsichtsrat abgelehnt wurde, für nicht zulässig gehalten (Baumbach-Hueck Rdn. 4; Godin-Wilhelmi Anm. 2; Obermüller-Werner-Winden, S. 253f.; Möhring-Schwartz; Rohwedder-Haberlandt, S. 121; a. A. Möhring-Tank I 271).

Der Wahl muß notwendigerweise ein Vorschlag zugrunde liegen. Daher verlangt das Gesetz, daß bei der Wahl von Aufsichtsratsmitgliedern zusammen mit der Bekanntgabe dieses Tagesordnungspunktes auch ein Wahlvorschlag, den der Aufsichtsrat zu machen hat, veröffentlicht wird (§ 124 Abs. 3 S. 1). Mit dem Wahlvorschlag sind Name, Beruf und Wohnort des Kandidaten anzugeben (§ 124 Abs. 3 S. 3), sowie nach welchen gesetzlichen Vorschriften der Aufsichtsrat sich zusammensetzt und ob die Hauptversammlung an Wahlvorschläge (nach den Mitbestimmungsgesetzen) gebunden ist (§ 124 Abs. 2 S. 1). Zu den Fragen, die sich aus den nach dem MitbestG zu machenden Wahlvorschlägen ergeben (§§ 6, 8 MitbestG) s. Erle DieAG 1970, 31. Neben dem Aufsichtsrat kann auch jeder Aktionär einen Wahlvorschlag machen. Diese Vorschläge sind im Rahmen der Regelungen der §§ 125, 126 vom Vorstand weiterzuleiten, sofern sie rechtzeitig innerhalb der Wochenfrist bei der Gesellschaft eingegangen sind, und sofern sie die persönlichen Daten (Name, Beruf, Wohnort) des Wahlkandidaten enthalten (§ 127). Auch in der Hauptversammlung können noch Wahlvorschläge gemacht werden; für diese gilt jedoch nicht die nach § 137 mögliche Vorab-Abstimmung (dazu im folgenden).

Zur Aufsichtsratswahl kann jede natürliche, unbeschränkt geschäftsfähige Person vorgeschlagen werden (§ 100 Abs. 1). Liegen bei einem Vorgeschlagenen gesetzliche oder satzungsmäßige Hinderungsgründe vor, so ist die Wahl entweder nichtig oder anfechtbar, sofern die Hinderungsgründe nicht vor Amtsantritt beseitigt worden sind (§ 100 Anm. 9). Dem Mehrheitsaktionär ist es unbenommen, den Aufsichtsrat ausschließlich mit Personen seines Vertrauens zu besetzen; eine solche Wahl verstößt weder gegen § 138 BGB (BGH WM 1962, 811), noch liegt Nichtigkeit im Sinne von § 250 Abs. 1 vor. Allerdings ist es gerade bei Gesellschaften mit außenstehenden Aktionären üblich, sachgerecht und wünschenswert, daß bei der Besetzung des Aufsichtsrats auch auf die Interessen der Minderheit Rücksicht genommen wird (BGH a. a. O.). Es erscheint auch grundsätzlich nicht unzulässig, daß Angestellte des Unternehmens (außer den in § 105 Abs. 1 genannten) oder Vertreter von Arbeitnehmerorganisationen als Aktionärsvertreter in den Aufsichtsrat gewählt werden (§ 105 Anm. 5). Es gelten dann aber auch für die Abberufung die aktienrechtlichen Vorschriften (§ 103) und nicht die einschlägigen Bestimmungen des BetrVG bzw. der Mitbestimmungsgesetze.

Über Wahlvorschläge von Aktionären ist, sofern der Vorschlag formgerecht gemäß § 127 gestellt (dazu LG Dortmund DieAG 1968, 390) und in der Hauptversammlung wiederholt ist, vorab zu entscheiden, sofern das von einer Minderheit von Aktionären, die zusammen ein Zehntel des vertretenen Grundkapitals erreichen, verlangt wird (§ 137). Ansonsten ist es dem Versammlungsleiter überlassen (vgl. BGH 44, 245, 248), die Art der Wahl zu bestimmen; auch über das Verfahren bei Vorliegen mehrerer Wahlvorschläge entscheidet der Versammlungsleiter (vgl. Jakobs BB 1958, 726), nicht die Hauptversammlung, soweit nicht ein Verlangen nach § 137 gestellt ist. Allerdings ist nur ein Wahlverfahren zulässig, das eine einwandfreie Ermittlung des Willens der Hauptversammlung gewährleistet, also insbesondere nicht gegen den Grundsatz der Gleichbehandlung verstößt. Diesem Erfordernis dürfte die sogenannte *Listen- oder Globalwahl*, wonach in der Hauptversammlung eine Gesamtliste von Kandidaten so zur einheitlichen Wahl gestellt wird, daß nur die gesamte Liste angenommen oder abgelehnt werden kann, nicht genügen. Es entspricht der Lebenserfahrung und der Wahrscheinlichkeitsrechnung, daß derartige Wahlvorschläge zu einer Nivellierung des Wahlergebnisses führen und damit eine Verfälschung des Mehrheitswillens darstellen können. Auch kommt bei derartigen Wahlen die Stärke der Opposition gegen einzelne Kandidaten und damit der Wille der Minderheit nicht zum Ausdruck. Etwas anderes gilt nur insoweit, als die Hauptversammlung ohnehin an Wahlvorschläge gebunden ist (§ 6 Abs. 5 und § 8 Abs. 3 MitbestG). Für die Richtigkeit der hier vertretenen Ansicht spricht, daß das Gesetz nicht Wahlen des Aufsichtsrats (als Gesamtgremium), sondern die Wahl der (einzelnen) Mitglieder des Aufsichtsrats durch die Hauptversammlung anordnet (§ 101 Abs. 1), und auch, jedenfalls bei entsprechendem Verlangen, die Einzelentlastung vorsieht (§ 120 Abs. 1 Satz 2). Darüber hinaus verstößt die Listen- oder Globalwahl gegen den das Recht der Körperschaften beherrschenden Grundsatz der Gleichbehandlung (vgl. G. Hueck, S. 45 ff.; Zöllner S. 301 ff.; s. auch Anm. 36 zu § 1), der nicht nur verlangt, daß alle Mitglieder einer Körperschaft in gleicher Weise zur Teilnahme an Abstimmungen befugt sind (§ 12), sondern auch, daß die von ihnen abgegebenen Stimmen gleichmäßig *berücksichtigt und bewertet* werden (G. Hueck, S. 306). Vgl. zur Unzulässigkeit des sogenannten Blockwahlsystems der SPD, ein dem Listen- oder Globalwahlsystem ähnlichen Verfahren auch unter dem Gesichtspunkt der Verletzung des Gebots der Stimmengleichheit, KG vom 11. 1. 1971 (16 U 892/70 — bisher nicht veröffentlicht und zur Verfassungswidrigkeit einer Einheitsliste bei Kommunalwahlen Hess. StGH NJW 1971, 697). Gesichtspunkte der Praktikabilität (dazu Obermüller DB 1969, 2025) müssen dabei ebenso zurücktreten, wie der Hinweis auf die Möglichkeit der Opponenten gegen einen einzelnen Kandidaten der Gesamtliste, diese ablehnen zu können, mit der Folge, daß dann die Einzelabstimmung durchgeführt werden muß (so Obermüller-Werner-Winden S. 254), denn gerade diese Möglichkeit ist nach mathematischer Wahrscheinlichkeitsrechnung praktisch eingeschränkt. Entsprechende Gesichtspunkte wird der Versammlungsleiter in Betracht zu ziehen haben, wenn neben dem sogenannten Verwaltungsvorschlag gemäß § 124 Abs. 3 Wahlvorschläge aus der Mitte der Hauptversammlung gemacht werden, die nicht ohnehin gemäß § 137 von Gesetzes wegen vorab zur Abstimmung zu stellen sind: auch hier dürfte es in der Regel einer sachgerechten Erledigung der Geschäfte der Hauptversammlung entsprechen (RG LZ 1920, 763), wenn über die Wahlvorschläge der Aktionäre vorab abgestimmt wird, denn die Fragestellung, ob und welcher Wahlvorschlag weitergehender ist als der andere, und damit vorgezogen werden kann, geht bei der Wahl untereinander gleichberechtigter Personen an der Sache vorbei (ähnlich wie hier Möhring BB 1968, 343 gegen Obermüller-Werner-Winden S. 88). Stimmen *alle* wahlberechtigten Teilnehmer der Hauptversammlung einem bestimmten, vom Vorsitzenden vorgeschlagenen Wahlverfahren zu, so kann jedes Verfahren angewendet werden. Übersteigt die Zahl der Kandidaten die Zahl der zu besetzenden Aufsichtsratssitze, so wird die *Simultanwahl*, bei der jeder Wähler gleichzeitig so viele Kandidaten aus einer Liste ankreuzt oder auf eine Liste setzt (oder weniger), wie zu wählen sind, jedenfalls immer zu einem einwandfreien und den Willen der Hauptversammlung zweifelsfrei wiedergebenden Wahlergebnis führen. Auch ist dieses, in einem Wahlgang durchzuführende Abstimmungsverfahren selbst gegenüber einem Listenwahlsystem, in dem *mehrere* Listen zur Wahl gestellt werden (dazu Möhring-Schwartz, Rowedder-Haberlandt S. 215), vom Standpunkt der Praktikabilität her das einfachere; die Wahl zwischen mehreren Listen würde auch weder dem vom Gesetz vorausgesetzten Grundsatz der Wahl von Einzelpersönlichkeiten, noch dem Grundsatz der gleichen Stimmberechtigung voll Rechnung tragen. Im übrigen insbesondere auch hinsichtlich der Rechtsfolgen fehlerhafter Wahlen zum Aufsichtsrat, ist auf die Erläuterungen zu den §§ 133 Abs. 2 und 250, 251 zu verweisen.

Anm. 5

5. Annahme der Wahl

Der Gewählte erwirbt das Aufsichtsratsmandat auf Grund der Wahl durch Annahme gegenüber *der Gesellschaft*. In der Wahl liegt der *Antrag*, wenn der Gewählte anwesend ist; die Hauptversammlung handelt hier als Vertreter der Gesellschaft (RG 63, 203; Godin-Wilhelmi Anm. 2). Andernfalls muß dem Gewählten das Amt durch den Vorstand angetragen werden, der insoweit verpflichtet ist, den Hauptversammlungsbeschluß über die Aufsichtsratswahl auszuführen (§ 83 Abs. 2); die Mitteilung der Wahl wird den Umständen nach regelmäßig genügen. Die *Annahme* erfolgt entweder unmittelbar gegenüber der Hauptversammlung, wenn der Gewählte anwesend ist, oder durch Erklärung gegenüber dem Vorstand. An Stelle des Vorstandes wird sowohl bei dem Angebot wie bei der Annahme auch der Vorsitzende des Aufsichtsrats die AG vertreten können (Baumbach-Hueck Rdn. 7; Staub HGB § 243 Anm. 2; a. A. Schlegelberger-Quassowski AktG 1937, § 87 Anm. 9). Für innergesellschaftliche Angelegenheiten ist die ausschließliche Vertretungsbefugnis des Vorstands nicht anzunehmen. Läßt man die Erklärung der Annahme der Wahl gegenüber der Hauptversammlung zu, kann die Zulässigkeit der Erklärung gegenüber dem Aufsichtsrat als dem Organ, in das der Eintritt erfolgen soll, nicht verneint werden.

Die Annahme kann auch stillschweigend oder durch schlüssige Handlungen erfolgen; etwa durch Aufnahme der Tätigkeit (RG 152, 277). Die allgemeinen Grundsätze über das Zustandekommen von Verträgen finden Anwendung.

Die *Satzung* kann für die Erklärung der Annahme Fristen und weitere Voraussetzungen aufstellen, z. B. bestimmen, daß die Wahl hinfällig wird, wenn der Gewählte sie nicht innerhalb eines Monats annimmt, und nicht in gleicher Frist eine Sicherheit durch einen bestimmten Betrag an Aktien der Gesellschaft leistet. Liegen keine Satzungsbestimmungen vor, wird man mit einer Erklärung des Gewählten, ob er das Amt annimmt, innerhalb einer angemessenen Frist rechnen können. Verschweigt sich der Betreffende, so ist darin regelmäßig eine Ablehnung der Wahl zu sehen. Die Annahme kann weder bedingt noch befristet erklärt werden. Mit der Annahme unterwirft sich der Gewählte den einschlägigen gesetzlichen und satzungsmäßigen Regelungen. Über das mit der Annahme begründete vertragliche Verhältnis s. Anm. 6.

Das Reichsgericht hat in RG 19, 123 entschieden, daß die Annahme des Aufsichtsratsmandats durch einen Kaufmann und die aus diesem Anlaß der Satzung gemäß erfolgte Hinterlegung von Aktien bei der AG ein *Handelsgeschäft* sei und daher ein kaufmännisches Zurückbehaltungsrecht der AG an den hinterlegten Aktien begründe; die Übernahme einer solchen Funktion könne in wesentlichen Zusammenhang mit der kaufmännischen Tätigkeit des Übernehmenden, im Hinblick auf diese sowie zur Förderung der geschäftlichen Beziehungen und mit Rücksicht auf wirtschaftliche Vorteile erfolgen; erfahrungsgemäß bilde auch die Übernahme der Funktion eines Mitglieds des Aufsichtsrats eine Erwerbsquelle von Kaufleuten. Nach der natürlichen Auffassung und noch mehr nach den heutigen Auffassungen über die Aufgaben und die Rechtsstellung des Aufsichtsrats als verantwortlichen Organs dürfte jedoch die Übernahme eines Aufsichtsratsmandats nicht als „Geschäft" und daher auch nicht als Handelsgeschäft anzusehen sein.

Anm. 6

6. Rechtsbeziehungen zwischen der AG und dem Aufsichtsratsmitglied

Aus der Regelung des Gesetzes, daß die Aufsichtsratsmitglieder von der Hauptversammlung in den Aufsichtsrat gewählt werden bzw. gemäß Abs. 2 von einzelnen Aktionären und nach den Gesetzen über die Mitbestimmung der Arbeitnehmer in den

Aufsichtsrat gewählt oder entsandt werden, folgt für das *Wesen des Aufsichtsrats* in rechtlicher Beziehung: Seine Bildung beruht nicht auf einem gemeinsamen Willensentschluß und übereinstimmenden Erklärungen seiner Mitglieder, also nicht auf einem zwischen diesen geschlossenen Vertrag. Vielmehr kommt die Bildung des Aufsichtsrats dadurch zustande, daß die Aktionäre und die Arbeitnehmer bzw. die Arbeitnehmer-Vertreter die einzelnen Mitglieder des Aufsichtsrats wählen und diese die Wahl annehmen (s. Anm. 5). Es werden also Einzelverträge zwischen jedem einzelnen Mitglied des Aufsichtsrats und der Gesellschaft geschlossen (Staudinger-Nipperdey Vorbem. § 611 Anm. 204 und § 611 Anm. 30 jeweils m. w. N.). Dagegen besteht kein vertragliches Band zwischen den Mitgliedern des Aufsichtsrats untereinander (RG 158, 256; Schlegelberger-Quassowski AktG 1937 § 95 Anm. 4 und Brodmann § 246 HGB Anm. 3d). Den Beweis für die Richtigkeit dieser Ansicht liefert nicht nur die gesetzliche Regelung über die Bildung des Aufsichtsrats, sondern auch die rechtliche Regelung der Verantwortung des Aufsichtsrats. Das einzelne Aufsichtsratsmitglied haftet für ordnungsmäßige Pflichterfüllung nicht etwa den übrigen Mitgliedern des Aufsichtsrats, sondern der Gesellschaft, gegebenenfalls deren Gläubigern (§ 116 in Verb. mit § 93). Eine Lösung des Vertragsverhältnisses kann nicht etwa auf Grund einer Kündigung seitens der übrigen Mitglieder des Aufsichtsrats (sei es auf Grund eines einstimmigen Beschlusses oder eines Mehrheitsbeschlusses) erfolgen. Vielmehr wird das Vertragsverhältnis entweder durch Niederlegung des Amtes gegenüber der Gesellschaft oder durch Abberufung des Aufsichtsratsmitglieds seitens der Aktionäre oder durch das Gericht (§ 103), den Entsendungsberechtigten oder das Bestellungsorgan für die Arbeitnehmervertreter beendet.

Die Bestellung des Aufsichtsratsmitglieds ist ein *körperschaftsrechtlicher* Akt. Mit der Annahme der Wahl wird gleichzeitig ein *Anstellungsverhältnis* des Aufsichtsratsmitglieds mit der AG und nicht zu den Aktionären (RG 63, 203; 158, 256; KGJ 29 A 98) begründet. Die Hauptversammlung ist nicht befugt, bei der Bestellung Bedingungen zu setzen, die die gesetzlichen Obliegenheiten und Verantwortlichkeiten der Aufsichtsratsmitglieder verringern und abschwächen. Die Satzung und auch der Bestellungsbeschluß können diese Obliegenheiten näher umschreiben. Dies darf aber niemals zu einer Kompetenzverschiebung zwischen Vorstand, Aufsichtsrat und Hauptversammlung führen. Ein Bestellungsbeschluß oder eine Satzungsbestimmung, die dem zuwiderläuft, wäre nichtig. Ein nach der Wahl des Aufsichtsratsmitglieds gefaßter Beschluß der Hauptversammlung, durch den die Rechte und Pflichten des Aufsichtsrats anderweitig umschrieben werden, kann den gesetzlichen und satzungsmäßigen Pflichtenkreis des Aufsichtsratsamts nicht ändern. Man wird, wenn nichts für das Gegenteil spricht, annehmen müssen, daß der Aufsichtsrat hinsichtlich der Gestaltung seiner Obliegenheiten sich den jeweiligen Satzungsbestimmungen unterwirft. Notfalls mag er sein Amt niederlegen. Angesichts dieser Rechtslage erscheint es wenig sinnvoll, das Anstellungsverhältnis, bei unentgeltlicher Amtsführung der Aufsichtsratsmitglieder als „Auftrag", bei entgeltlicher Amtsführung als Dienstvertrag auf Geschäftsbesorgung zu bezeichnen (so Schlegelberger-Quassowski AktG 1937 § 87 Anm. 10; Baumbach-Hueck Rdn. 7; Teichmann-Köhler AktG 1937 § 87, § 98 Anm. 1 und das RG und KG in ständiger Rechtsprechung, vgl. RG 81, 332; 123, 351; RG HRR 1928 Nr. 1728; RG 146, 256; KGJ 29 A 98; KG RJA 12, 40; weitere Nachweise, insbes. aus der älteren Literatur bei Natzel, DB 1959, 171 ff. sowie ders., Die Vergütung der Aufsichtsratsmitglieder, 1965, S. 8 ff. = DB 1965, 1388 ff.). Es fehlt der Auftraggeber oder Dienstherr, nach dessen Weisung und Willen die Aufsichtsratsmitglieder zu handeln hätten. Sie versehen und erfüllen ein organschaftliches Amt, für das sich die zivilrechtlichen Verpflichtungen aus dem Gesetz ergeben. Man spricht daher zweckmäßiger von einem Vertrag *eigener Art* (Godin-Wilhelmi Anm. 2; Möhring-Tank I 285; Schmidt in Hachenburg § 52 Anm. 22 und in etwa auch Würdinger § 22 III 1; J. H. Gessler Anm. 3 und Ritter AktG 1937, § 87 Anm. 2b; weitergehend Natzel DB 1959, bes. 201 ff. und Die AG 1959, 96 ff., ferner RdA 1960, 256 und Die Vergütung der Aufsichtsratsmitglieder, S. 34 ff. = DB 1965, 1388, 1429 sowie DB 1964, 1149, 1180, der ein Vertragsverhältnis überhaupt leugnet). Für die Rechte der Aufsichtsratsmitglieder, die ihren Obliegenheiten entsprechen, gilt das gleiche. Ihre Ansprüche auf Vergütung für ihre Amtsführung regelt die Satzung. Diese kann die Bewilligung der jeweiligen Bezüge der Hauptversammlung überlassen (§ 113 Abs. 1 Satz 1). Die Rechte der Aufsichtsratsmitglieder sind weder als Ganzes noch im einzelnen übertragbar. Es handelt sich um ein Amt und die hieraus fließenden *höchstpersönlichen* Rechte. Nur über die Ansprüche auf Vergütung kann das Aufsichtsratsmitglied verfügen, und zwar auch in einem mit der AG abgeschlossenen Vertrage, bei dem diese durch den Vorstand vertreten wird. Es kann auch in einem solchen Vertrage auf das ihm zustehende Entgelt verzichten. Die Rechtsnatur des Aufsichtsratsamtes wird durch einen solchen Verzicht nicht berührt (vgl. OLG Frankfurt JW 1933, 130[2]).

Eine *Verpflichtung* eines zum Aufsichtsratsmitglied gewählten Aktionärs *zur Annahme* besteht nicht und kann auch nicht durch die Satzung begründet werden, allg. Ansicht; Schlegelberger-Quassowski § 87 AktG 1937 Anm. 9; Ritter § 87 AktG 1937 Anm. 2d; das folgt schon aus §§ 54, 55. Auch die Fähigkeit zur Annahme der Wahl kann vertraglich nicht beseitigt werden (vgl. RG 57, 205; 60, 172). Doch ist eine Verpflichtung, die Wahl nicht anzunehmen, grundsätzlich als schuldrechtlich wirksam anzuerkennen; es wird sich aber ein Schaden bei Verletzung der Verpflichtung schwer nachweisen lassen.

Der Erwerb des Aufsichtsratsamts setzt eine *gültige Wahl* und einen *wirksamen Vertrag* voraus. Ist die Wahl anfechtbar (§ 251), so wird mit rechtzeitiger und erfolgreicher Anfechtung die Wahl hinfällig. Ist sie nichtig, so kann die Nichtigkeit jederzeit durch Klage oder auf andere Weise geltend gemacht werden (§ 250 Abs. 1 sowie Abs. 3 Satz 2). Eine begriffliche Scheidung von Bestellung und Anstellung, wie sie für den Vorstand gilt, ist hier bedeutungslos, da die Wahl (Bestellung) und die Begründung des als Rechtsverhältnis eigener Art zu bestimmenden Anstellungsvertrages zusammenfallen (wie hier Schlegelberger-Quassowski AktG 1937, 87 Anm. 11; Ritter AktG 1937, 87 Anm. 2c; a. A. Baumbach-Hueck Rdn. 2; Leo, Die AktG 1957, 265f.). Über die Beendigung des Amtes s. Anm. zu § 103. Über die Rechtsstellung des Aufsichtsratsmitglieds bei Ungültigkeit der Wahl oder Unwirksamkeit des Vertrages siehe Anm. 23.

Das Amt des Aufsichtsrats *beginnt* mit der Annahme (Anm. 5). Es ist aber auch eine Wahl für einen späteren Zeitpunkt, z. B. für den Beginn eines Kalenderjahres, zulässig (Schlegelberger-Quassowski AktG 1937, § 87 Anm. 17; vgl. auch § 84 Anm. 14). Namentlich ist auch zulässig, daß eine Wahl, die nur auf Grund einer Satzungsänderung möglich ist, für den Zeitpunkt des Wirksamwerdens der gleichzeitig beschlossenen Satzungsänderung, also für den Zeitpunkt ihrer Eintragung vorgenommen wird (RG 24, 54; KGJ 28 A 216, S. 224). Eine Wahl für einen früheren Zeitpunkt als den der Wahl selbst, also eine Bestellung mit rückwirkender Kraft, ist unzulässig.

II. Wahl der Arbeitnehmervertreter

Anm. 7

1. nach den Mitbestimmungsgesetzen

Der Aufsichtsrat der dem MitbestG unterliegenden Unternehmen des Bergbaus und der Eisen und Stahl erzeugenden Industrie setzt sich je zur Hälfte aus Vertretern der Aktionäre und der Arbeitnehmer und aus einem weiteren Mitglied zusammen. Die *Aktionärsvertreter* werden gemäß § 101 Abs. 1 von der Hauptversammlung gewählt, soweit sie nicht nach § 101 Abs. 2 in den Aufsichtsrat entsandt werden, die *Arbeitnehmervertreter* der Hauptversammlung von den Betriebsräten und der gewerkschaftlichen Spitzenorganisation zur Wahl vorgeschlagen, die an diese Vorschläge gebunden ist (vgl. § 6 MitbestG). Das Vorschlagsrecht der im Unternehmen vertretenen gewerkschaftlichen Spitzenorganisationen richtet sich nach dem Verhältnis ihrer Vertretung in den Betrieben der AG im Zeitpunkt des Wahlvorschlags; das gleiche gilt bei einer erforderlich werdenden Nachwahl (LG Saarbrücken, DieAG 1967, 332 = BB 1967, 1042). Die Wahl des sogenannten *elften Mannes* i. S. von § 4 Abs. 1 lit. c MitbestG erfolgt in der Regel durch die Hauptversammlung auf Vorschlag der übrigen Mitglieder des Aufsichtsrats; kommt ein Wahlvorschlag oder eine Wahl nicht zustande, so findet ein Vermittlungsverfahren statt (vgl. § 8 MitbestG). S. im einzelnen § 96 Anm. 5.

Der Aufsichtsrat der dem MitbestErgG unterliegenden Obergesellschaften des Bergbaus und der Eisen und Stahl erzeugenden Industrie setzt sich je zur Hälfte aus Vertretern der Aktionäre und der Arbeitnehmer, und einem weiteren Mitglied zusammen.

Für die Wahl der Aktionärsvertreter und des weiteren Mitglieds gilt die Regelung der §§ 5 u. 8 MitbestG. Für die Arbeitnehmervertreter gilt, abweichend vom MitbestG, daß sie teils von den Arbeitnehmern durch Wahlmänner gewählt, teils von den Spitzenorganisationen der Gewerkschaften in den Aufsichtsrat entsandt werden (§§ 6, 7 MitbestErgG). Einzelheiten ergeben sich aus der Wahlordnung zum MitbestErgG (DVO vom 26. 11. 1956, BGBl. I 886). S. auch § 96 Anm. 6 und zum Entsendungsrecht Anm. 11 unten. Wegen der Rechtsbeziehungen der Arbeitnehmervertreter und der weiteren Mitglieder zur AG s. im folgenden zu Anm. 8 am Ende sowie Anm. 6 oben.

Anm. 8

2. nach BetrVG

Die Wahl der Arbeitnehmervertreter in den Aufsichtsräten der dem BetrVG unterliegenden Gesellschaften erfolgt auf Grund der *Wahlordnung* (DVO zum BetrVG vom 18. 3. 1953, BGBl. I 587 i. d. F. der VO vom 7. 2. 1962, BGBl. I 64), die die Einzelheiten der Voraussetzungen und der Durchführung der Wahl enthält. Bei Mängeln ist ein Anfechtungsverfahren vor den Arbeitsgerichten gegeben (§ 2 Nr. 4 lit. s i. V. m. §§ 80 ff. AGG; vgl. auch BAG AP § 76 BetrVG Nr. 14). Die Frist zur Anfechtung beträgt entsprechend § 18 BetrVG 14 Tage seit Bekanntgabe des Wahlergebnisses (BAG a. a. O. Nr. 1, 3, 14; BGH 47, 341, 348). Im einzelnen ist im übrigen auf die einschlägige Literatur zu verweisen. Besonderheiten gelten für Konzerngesellschaften, s. § 96 Anm. 3.

Auch für die von den Arbeitnehmern im Rahmen des BetrVG gewählten Aufsichtsratsmitglieder gilt, daß es einer Annahme der Wahl durch den Gewählten gegenüber der AG bedarf (neben der Mitteilung des Wahlergebnisses durch den Wahlvorstand gemäß § 36 WahlO), und daß mit der Annahme das Aufsichtsratsmitglied in eine vertragliche Beziehung zur AG tritt. Es gilt das in Anm. 6 oben gesagte; wie hier BGH 47, 341, 347; ferner Boldt, Mitbestimmungsgesetz Eisen und Kohle, 1952, § 4, Anm. 7b; Fitting-Kraegeloh-Auffahrth § 76 Anm. 120; a. A. Natzel, Die Vergütung der Aufsichtsratsmitglieder, 1965, S. 35 m. w. N. = DB 1965, 1388, 1429 ff.; Dietz, BetrVG § 76 Rdn. 11, wonach lediglich ein körperschaftsrechtliches Verhältnis zwischen der AG und den Aufsichtsratsmitgliedern zustande kommt.

III. Das Entsendungsrecht (Abs. 2)

Anm. 9

1. Rechtliche Natur

Die Bestimmung über das Entsendungsrecht war als § 88 neu in das AktG von 1937 eingefügt worden. Ein Sonderrecht auf Bestellung eines Aufsichtsratsmitglieds konnte nach dem Recht des HGB nicht begründet werden. Satzungsbestimmungen, die ein Vorschlagsrecht eines Einzelaktionärs vorsahen, wurden als nichtig angesehen (KGJ 32, 136).

Die Bestimmung wollte und will die Möglichkeit schaffen, daß bestimmte stark an dem Unternehmen beteiligte oder aus Gründen des Gemeinwohls an ihm interessierte Aktionäre — besonders ist dabei an die Beteiligung des Staates oder sonstiger öffentlicher Körperschaften an *gemein- oder gemischtwirtschaftlichen Unternehmungen* gedacht — eine Person ihres Vertrauens in den Aufsichtsrat entsenden (vgl. die amtliche Begründung, bei Kropff S. 138).

Das Entsendungsrecht kann *nur in der Satzung begründet werden*; die einzige Ausnahme bildet das Entsendungsrecht der gewerkschaftlichen Spitzenorganisationen gemäß § 7 MitbestErgG (dazu Anm. 11). Es kann auch durch eine nachträgliche Satzungsänderung geschaffen werden. Es handelt sich um ein *Sonderrecht* und kann nur mit Zustimmung des Berechtigten aufgehoben werden (s. Anm. 35 zu § 1).

Das Recht kann nur einem *Aktionär* eingeräumt werden. Einem Vorstands- oder Aufsichtsratsmitglied als solchem kann das Recht nicht eingeräumt werden. Dagegen bildet es weder für die Begründung noch für die Ausübung des Entsendungsrechts ein Hindernis, daß der Aktionär Vorstands- oder Aufsichtsratsmitglied ist.

Da es sich um ein nicht kraft Gesetzes bestehendes, sondern durch die Satzung begründetes Recht handelt, kann die *Satzung es beliebig einschränken*, vgl. § 103 Abs. 2 Satz 2. Sie kann namentlich besondere Eigenschaften für das zu entsendende Aufsichtsratsmitglied fordern (vgl. § 100 Anm. 8). Durch diese Eigenschaften kann auch die Freiheit der Auswahl seitens des Entsendungsberechtigten beliebig beschränkt werden (vgl. dagegen § 100 Anm. 8). Es dürfte auch zulässig sein, die Auswahl des zu entsendenden Mitglieds an die Zustimmung der Hauptversammlung oder des Aufsichtsrats zu binden. Dagegen würde das Erfordernis der Zustimmung des Vorstands diesem einen zu weit reichenden Einfluß auf den zu seiner Überwachung bestimmten Aufsichtsrat verschaffen; eine derartige Bestimmung kann daher nicht als zulässig angesehen werden; so auch Godin-Wilhelmi Anm. 3. Es kann ferner bestimmt werden, daß das Entsendungsrecht befristet ist oder unter gewissen Voraussetzungen erlischt oder ruht, z. B. wenn der Berechtigte sich an einem anderen Unternehmen des gleichen Geschäftszweiges beteiligt oder bestimmte den Interessen der Aktiengesellschaft zuwiderlaufende Handlungen vornimmt, oder solange der Berechtigte dem Vorstand oder Aufsichtsrat angehört. Satzungsbeispiele bringen Möhring-Schwartz, Rowedder-Haberlandt, S. 128f.

Die Möglichkeit der satzungsmäßigen Beschränkung darf nicht dazu benutzt werden, das Entsendungsrecht tatsächlich einem Aufsichtsrats- oder Vorstandsmitglied als solchem einzuräumen. Es müßte als ein unzulässiger Mißbrauch angesehen werden, wenn etwa bestimmt würde, daß von dem Entsendungsrecht nur Gebrauch gemacht werden könne, solange der Aktionär Vorstands- oder Aufsichtsratsmitglied ist.

Der Entsendungsberechtigte darf von seiner Befugnis nicht in einer *mißbräuchlichen* Weise, welche die AG in die Gefahr einer unzumutbaren Schädigung bringt, Gebrauch machen. Liegt eine derartige, mit Treu und Glauben nicht zu vereinbarende Ausnutzung des Entsendungsrechts vor (vgl. dafür RG 165, 68ff., 79), so kann das zu einem Widerruf durch das Gericht gem. § 103 Abs. 3 führen.

Anm. 10

2. Entsendungsberechtigte

a) nach Aktienrecht

Das Recht kann nur für *bestimmte Aktionäre oder für die jeweiligen Inhaber bestimmter Aktien* eingeräumt werden (Abs. 2 S. 1). Hinsichtlich der einzigen Ausnahme nach § 7 MitbestErgG s. Anm. 11.

Ist es *bestimmten Aktionären* eingeräumt, so steht es ihnen persönlich zu. Eine Übertragung des Entsendungsrechts ist ausgeschlossen. Jedoch kann Vererblichkeit in der Satzung vorgesehen werden (Möhring-Schwartz, Rowedder-Haberlandt S. 129; Godin-Wilhelmi Anm. 3; s. auch Obermüller-Werner-Winden S. 259; Baumbach-Hueck Anm. 10; a.A Möhring-Tank I 273).

Es ist *unerheblich, welcher Art die dem oder den bestimmten Aktionären gehörigen Aktien sind.* Namentlich bezeichneten Inhabern auch von *Inhaberaktien* kann das Entsendungsrecht eingeräumt werden. An den Besitz vinkulierter Namensaktien ist das persönliche Entsendungsrecht nicht geknüpft (Baumbach-Hueck Anm. 10; Godin-Wilhelmi Anm. 3; Möhring-Schwartz, Rowedder-Haberlandt S. 126; Obermüller-Werner-Winden S. 259; a.A. die Voraufl. zu § 88 Anm. 4)

Das Entsendungsrecht *erlischt* im Falle des Todes des Berechtigten; es geht, mangels anderslautender Satzungsbestimmung, nicht auf den Erben über. Eine Übertragbarkeit des persönlichen Entsendungsrechts unter Lebenden ist nicht möglich (ganz h. L.; a.A. nur Möhring-Schwartz, Rowedder-Haberlandt, S. 129). Ist der Berechtigte eine *juristische Person*, so ist anzunehmen, daß bei einer bloßen Änderung der Rechtsreform der juristischen Person das Entsendungsrecht nicht erlischt, namentlich geht also das Entsendungsrecht im Falle der Umwandlung derjenigen AG oder sonstigen juristischen Person, der es zusteht, nicht unter. Das gleiche dürfte im Falle der Verschmelzung anzunehmen sein. Der Aktionär, dem das Entsendungsrecht eingeräumt ist, verliert es nicht dadurch, daß er *einen Teil seiner Aktien* veräußert, sofern nicht die Satzung das Gegenteil vorschreibt oder einen bestimmten Mindestaktienbesitz zur Voraussetzung des Entsendungsrechts macht. Zweifelhaft erscheint, ob das Recht fortdauert, wenn der Aktionär zeitweilig seinen Aktienbesitz ganz oder einen so großen Teil veräußert, daß er nicht mehr den Mindestbetrag besitzt, den die Satzung etwa für das Entsendungsrecht fordert. In erster Linie ist eine Bestimmung der Satzung maßgebend. Fehlt eine solche, so wird mangels besonderer Umstände anzunehmen sein, daß das Recht endgültig erlischt, wenn der Entsendungsberechtigte aufhört, Aktionär zu sein (Baumbach-Hueck Anm. 10; Möhring-Tank I 273; Godin-Wilhelmi Anm. 3; Schlegelberger-Quassowski AktG 1937 § 88 Anm. 6). Ergibt sich aus der Satzung, daß das Recht nur ruht, wenn der Entsendungsberechtigte seine sämtlichen Aktien veräußert, so muß doch angenommen werden, daß die AG durch Änderung der Satzung während der Zeit, in der der Berechtigte keine Aktien der Gesellschaft besitzt, das Recht ohne Zustimmung des Aktionärs aufheben kann. Denn ein die Aufhebung hinderndes Sonderrecht kann nicht bestehen, solange der Berechtigte nicht Aktionär ist. Zulässig ist auch die Bestimmung, daß dem Aktionär das Entsendungsrecht nur solange zusteht, als er Inhaber einer oder mehrerer *bestimmter* Aktien ist (Schlegelberger-Quassowski AktG 1937, § 88 Anm. 7).

Wird das Entsendungsrecht für die *Inhaber bestimmter Aktien* eingeräumt, so müssen diese auf Namen lauten und nur mit Zustimmung der Gesellschaft übertragbar sein (Abs. 2 Satz 2). Über die Übertragung solcher *gebundener Namensaktien* und das zur Erteilung der Zustimmung berechtigte Organ der AG s. § 68. Es kann in der Satzung bestimmt werden, daß die Zustimmung nur aus bestimmten Gründen verweigert werden darf (§ 68 Anm. 10).

Anm. 11

b) nach dem MitbestErgG

Gemäß § 7 MitbestErgG werden drei der sieben Vertreter der Arbeitnehmer in den Aufsichtsräten der Obergesellschaften der Montanindustrie von den Spitzenorganisationen der in den Betrieben der Konzernunternehmen vertretenen Gewerkschaften entsandt. Diese Aufsichtsratsmitglieder haben die gleiche Rechtstellung wie die auf Grund der Satzung entsandten Aktionärsvertreter. Die Spitzenorganisationen sind nach § 7 Satz 2 MitbestErgG nach dem Verhältnis ihrer Vertretung in den Konzernbetrieben entsendungsberechtigt (im einzelnen s. §§ 50ff. der DVO vom 26. 11. 1956). Besteht der Aufsichtsrat nicht aus fünfzehn, sondern aus einundzwanzig Mitglieder (§ 12 MitbestErgG), so werden von den gewerkschaftlichen Spitzenorganisationen vier Mitglieder entsandt.

Anm. 12

3. Höchstzahl der entsandten Mitglieder

Die Gesamtzahl der entsandten Mitglieder darf den dritten Teil der sich aus dem Gesetz oder der Satzung ergebenden Zahl der Aufsichtsratsmitglieder der Aktionäre nicht übersteigen (Abs. 2 S. 4). Das Gesetz klärt in der jetzigen Fassung einmal die frühere Streitfrage, ob bei Berechnung der Höchstzahl der entsandten Mitglieder alle Aufsichtsratsmitglieder oder nur die Aktionärsvertreter in Betracht zu ziehen sind, und zum anderen, ob es bei der Berechnung des Drittels auf die Zahl der vorhandenen oder der sich aus Gesetz oder Satzung ergebenden Zahl der Mitglieder ankommt (zum früheren Recht vgl. die Voraufl. § 88 Anm. 6 und 7). Dabei ist zu beachten, daß die Gesamtzahl der Aufsichtsratsmitglieder der Aktionäre nicht die in § 95 und ebenso nicht die von der Satzung festgesetzte Höchstzahl übersteigen darf. Sieht die Satzung mehr zu entsendende Mitglieder vor, als hiernach zulässig ist, so sind alle eingeräumten Entsendungsrechte nichtig, wenn sie verschiedenen Personen zustehen. Ist der Inhaber aller Entsendungsrechte nach der Satzung notwendig ein und dieselbe Person, so ist die Bestimmung nur so weit nichtig, als die Zahl der in der Satzung begründeten Entsendungsrechte die zulässige Höchstzahl übersteigt. Eine spätere Satzungsänderung, durch die ein neues Entsendungsrecht begründet wird, ist unwirksam, wenn dadurch die zulässige Höchstzahl der entsandten Mitglieder überschritten wird (wie hier auch Möhring-Tank I 275; Baumbach-Hueck Rdn. 11). Ebenso ist eine Herabsetzung der satzungsmäßigen Gesamtzahl der Aufsichtsratssitze, die dazu führen würde, daß die Zahl der auf Grund der bestehenden Entsendungsrechte zu entsendenden Aufsichtsratsmitglieder mehr als ein Drittel aller Aktionärsvertreter betragen würde, auch mit Zustimmung der Entsendungsberechtigten unzulässig (Schlegelberger-Quassowski AktG 1937 § 88 Anm. 10); eine derartige Satzungsänderung wäre nichtig.

Da die gem. Abs. 2 entsandten Aufsichtsratsmitglieder Vertreter der Aktionäre sind, (außer im Falle des § 7 MitbestErgG), kommt eine Anrechnung auf das notwendige *Arbeitnehmer-Drittel* bei Aufsichtsräten, die nach dem BetrVG zu bilden sind, auch dann nicht in Frage, wenn der Entsandte Arbeitnehmer der Gesellschaft ist (Baumbach-Hueck, Rdn. 8).

Für AGs, die dem *MitbestG* unterliegen, galt auch schon früher, daß die Gesamtzahl der entsandten Mitglieder des Aufsichtsrats ein Drittel der Zahl der Aktionärvertreter nicht übersteigen darf (§ 5). Die gleiche Regelung gilt für die Konzernobergesellschaften des Bergbaus und der Eisen und Stahl erzeugenden Industrie (§ 5 Abs. 2 MitbestErgG).

Anm. 13

4. Das Entsendungsrecht in besonderen Fällen

a) bei Satzungs- oder Gesetzesänderung

Hauptversammlungsbeschlüsse, die das Entsendungsrecht direkt oder indirekt *beeinträchtigen,* sind unwirksam, wenn sie ohne Zustimmung des Berechtigten gefaßt werden (§ 35 BGB). Das gilt insbesondere für Beschlüsse, durch welche die satzungsmäßige Zahl der Aufsichtsratsmitglieder derart herabgesetzt wird, daß wegen der Höchstzahl von einem Drittel das Entsendungsrecht nicht mehr oder nicht im bisherigen Umfang ausgeübt werden kann. Es gilt aber auch für *Kapitalherabsetzungsbeschlüsse,* wenn auf der Grundlage des herabgesetzten Kapitals die bisherige Zahl der Aufsichtsratsmitglieder wegen der Höchstzahlregelungen in § 95 nicht mehr zulässig ist und hierdurch Entsendungsrechte beeinträchtigt werden (Möhring-Tank I 278; a. A. für Kapitalherabsetzungsbeschlüsse Godin-Wilhelmi Anm. 3 und die Voraufl. § 88 Anm. 7).

Dagegen geht bei Beeinträchtigung von Entsendungsrechten durch eine Gesetzesänderung die gesetzliche Regelung dem Sonderrecht vor. Das war in § 63 Abs. 1 Satz 2 DMBilG bei der damals erfolgten Änderung der Höchstzahl der Aufsichtsratsmitglieder anläßlich der Neufestsetzung der Kapitalverhältnisse der Gesellschaften ausdrücklich bestimmt. Es galt aber auch bei notwendigen Anpassungen an die Höchstzahlregelungen des § 95 AktG 1965 (dazu Möhring-Tank I 277, 278).

Anm. 14

b) einer Aktionärsmehrheit

Der Wortlaut des Gesetzes läßt nicht deutlich erkennen, ob das *Entsendungsrecht nur einzelnen Aktionären oder* ob es *auch einer Gruppe von Aktionären eingeräumt* werden kann, indem etwa bestimmt wird, daß die Inhaber der an verschiedene Personen begebenen Aktien Nr. 1—1000 ein Aufsichtsratsmitglied entsenden können. Da keine zwingenden Gründe dagegen sprechen, wird man die Einräumung des Entsendungsrechts an eine Mehrheit von Aktionären für zulässig halten müssen (wie hier auch Godin-Wilhelmi Anm. 3). Da das Gesetz keine Regelung enthält, und ob in welcher Form Beschlüsse dieser Gruppe von Aktionären zustande kommen, ist anzunehmen, daß mangels einer abweichenden Regelung in der Satzung das Entsendungsrecht von den verschiedenen entsendungsberechtigten Aktionären nur einstimmig ausgeübt werden kann (Schmidt, Umgestaltung der Satzungen, 1938, S. 105). Es ist aber auch zulässig, daß die Satzung etwas anderes bestimmt, z. B. Mehrheitsbeschlüsse oder bei Meinungsverschiedenheit der Aktionäre die Entscheidung durch einen bestimmten Aktionär oder Inhaber einer bestimmten Aktie zuläßt. Entsteht eine Rechtsgemeinschaft an den mit dem Entsendungsrecht ausgestatteten Aktien, etwa infolge eines Erbganges, so kann das Recht nur durch einen gemeinschaftlichen Vertreter (§ 69) ausgeübt werden, sofern nicht einer von ihnen zur alleinigen Verfügung über die Aktien berechtigt ist.

Anm. 15

c) Nichtausübung

Nach früherem Recht war streitig, ob die Hauptversammlung bei Nichtausübung des Entsendungsrechts das fehlende Mitglied in den Aufsichtsrat wählen kann (s. die Voraufl. § 88 Anm. 10). Durch die Neufassung Abs. 1 Satz 1 „soweit sie nicht in den Aufsichtsrat zu entsenden" sind, ist klargestellt, daß ein Ersatzwahlrecht der Hauptversammlung nicht besteht (s. die amtliche Begründung, bei Kropff, S. 138; Godin-Wilhelmi Anm. 3; Möhring-Tank I 280). Etwas anderes gilt nur, wenn der Berechtigte im Einzelfall oder dauernd auf die Entsendung verzichtet. Im übrigen ist im Rahmen der Regelungen des § 104 bei Nichtausübung des Entsendungsrechts eine gerichtliche Ersatzbestellung möglich (Baumbach-Hueck Rdn. 12).

Anm. 16

5. Keine besondere Gattung

Die Aktien, deren Inhabern das Entsendungsrecht zusteht, gelten nach Abs. 2 Satz 3 *nicht als eine besondere Gattung* im Sinn von § 11. Es bedarf also keiner besonderen Abstimmung dieser Aktionäre in den Fällen, in denen das Gesetz eine besondere Abstimmung der Aktien, die eine besondere Gattung bilden, vorschreibt, insbesondere bei Satzungsänderungen (§ 179 Abs. 3; s. auch §§ 182 Abs. 2, 222 Abs. 2 und die weiteren in § 11 Anm. 8 genannten Vorschriften). Ein Nachteil droht den Entsendungsberechtigten hieraus nicht, da ihr Recht nicht ohne ihre Zustimmung aufgehoben werden kann.

Anm. 17

6. a) Erwerb des Aufsichtsratsamts

Die Entsendung erfolgt durch *Erklärung des Berechtigten gegenüber der Aktiengesellschaft.* Neben dem Vorstand ist zur Entgegennahme der Entsendungserklärung auch der Vorsitzende des Aufsichtsrats befugt (vgl. Anm. 5 oben; wie hier Godin-Wilhelmi Anm. 3).

Das entsandte Mitglied *erwirbt das Aufsichtsratsamt* auf Grund der Benennung mit der *Annahme;* h. M. (Godin-Wilhelmi Anm. 3; Baumbach-Hueck Rdn. 13; J. H. Gessler Anm. 3; Schlegelberger-Quassowski AktG 1937 § 88 Anm. 18; Schmidt in Hachenburg § 52 Anm. 28; wohl auch Ritter AktG 1937 § 88 Anm. 2b; vgl. auch RG 165, 75; a. A. Natzel DieAG 1959, 99, der zum Amtserwerb allein die Erklärung des Entsenders für ausreichend hält). Das Amt muß somit dem Mitglied von dem Entsendungsberechtigten angeboten werden. Es ist anzunehmen, daß die Annahme durch ausdrückliche oder stillschweigende Erklärung *gegenüber der AG* erfolgen muß; schlüssige Handlungen, insbesondere die Ausübung des Amts, genügen. Der Entsendungsberechtigte kann dem Mitglied das Amt auch schon vor der Entsendung anbieten und dieser wird seine Annahme gegenüber der AG schon vor der Benennung erklären können. Auch der Vorstand oder der Vorsitzende des Aufsichtsrats der AG werden dem von dem Entsendungsberechtigten Benannten das Amt anbieten können.

Zwischen der AG und dem entsandten Aufsichtsratsmitglied entsteht mit der Annahme ein gleichartiges Vertragsverhältnis wie zwischen der AG und den von der Hauptversammlung gewählten Aufsichtsratsmitgliedern (Anm. 6 oben). Bejaht man es für diese, muß man es auch für die entsandten tun. Denn der Kreis ihrer Obliegenheiten (Befugnisse und Pflichten) ist der gleiche (Anm. 18). Er bestimmt sich nach dem Gesetz und den in seinem Rahmen beschlossenen Satzungsbestimmungen. Die entsandten Mitglieder haben, wenn Abweichendes in der Satzung oder bei ihrer Entsendung nicht bestimmt ist, auch Anspruch auf Vergütung nach Maßgabe der

Satzung (Möhring-Schwartz, Rowedder-Haberlandt S. 131; jetzt auch Baumbach-Hueck Rdn. 13; ferner Natzel, Die Vergütung der Aufsichtsratsmitglieder, 1965, S. 19ff., 34ff. = DB 1965, 1388, 1429). Ist die Festsetzung der Vergütung der Hauptversammlung überlassen, so nehmen die entsandten Mitglieder an der von der Hauptversammlung festgesetzten Vergütung teil. Der Beschluß kann sie nicht von der Vergütung ausschließen (a. A. Ritter AktG 1937 § 88 Anm. 2c). Sie hätten vielmehr einen klagbaren Anspruch auf die Vergütung wie die übrigen Aufsichtsratsmitglieder (a. M. Schlegelberger-Quassowski AktG 1937, § 88 Anm. 14, wonach zwischen AG und den entsandten Aufsichtsratsmitgliedern ein Vertragsverhältnis nicht zu bestehen braucht). Auch die nach dem MitbestErgG entsandten Vertreter der Spitzenorganisationen der Gewerkschaften (Anm. 11) haben einen gesetzlichen Anspruch auf Vergütung (s. Kötter, MitbestErgG § 7 Anm. 5 unter Hinweis auf § 4 Abs. 3 MitbestG; Natzel DB 1965, 1429). Die Richtigkeit der hier vertretenen Ansicht läßt sich auch mit der entsprechenden Anwendung von § 104 Abs. 6 Satz 1 begründen, wonach die gerichtlich bestellten Aufsichtsratsmitglieder dann, wenn den Aufsichtsratsmitgliedern grundsätzlich eine Vergütung gewährt wird, gleichfalls Anspruch auf eine entsprechende Vergütung haben.

Darüber hinaus haben die entsandten Aufsichtsratsmitglieder Anspruch auf Ersatz der ihnen bei Ausübung des Amtes ordnungsgemäß entstandenen *Auslagen und Spesen* (allg. Ansicht).

Daneben kann auch zwischen dem entsandten Aufsichtsratsmitglied und dem Entsendungsberechtigten ein Vertragsverhältnis bestehen (vgl. Ritter AktG 1937, § 88 Anm. 2b). Dies wird man dann als Auftrag oder als Dienstvertrag auf Geschäftsbesorgung zu kennzeichnen haben, je nachdem der Entsendungsberechtigte den Entsandten eine Vergütung zu zahlen versprochen hat oder nicht. Über die Beschränkung des Weisungsrechts des Auftraggebers oder Geschäftsherrn vgl. Anm. 18. Im Rahmen dieser Beschränkung hat der Entsandte Weisungen zu befolgen, insbesondere nach dem Willen des Entsendungsberechtigten zu stimmen. Er ist diesem auch auskunfts- und berichterstattungspflichtig, soweit er nicht Interessen der AG und § 116 i.V.m. § 93 Abs. 1 Satz 2 verletzt. Wegen der Ausnahmeregelung des § 394 s. Anm. 18 unten. Die Satzung kann für die entsandten Aufsichtsratsmitglieder ein Weisungsrecht des Entsendungsberechtigten und ein vertragliches Verhältnis (mit Vergütungsansprüchen des Mitglieds gegen ihn oder mit Auskunftsrechten) ausschließen (abw. Schlegelberger-Quassowski AktG 1937, § 88 Anm. 15). So liegt es ohnehin bei den nach § 7 MitbestErgG entsandten Vertretern der Spitzenorganisationen der Gewerkschaften (Kötter a. a. O.), die in keinem Vertragsverhältnis zur entsendungsberechtigten Spitzenorganisation stehen, soweit ihre Tätigkeit als Aufsichtsratsmitglied in Frage steht.

Das Aufsichtsratsamt ist rechtlich von dem Fortbestand des zwischen dem entsandten Mitglied und dem Entsendungsberechtigten bestehenden Vertragsverhältnisses nicht abhängig. Doch wird die Auflösung dieses Verhältnisses dem Entsendungsberechtigten meistens Anlaß geben, von seinem Abberufungsrecht (§ 103 Abs. 2 Satz 1) Gebrauch zu machen. Zur AG tritt der Entsendende selbst in kein vertragliches Verhältnis; darum ist nicht nur § 278 BGB nicht anwendbar, sondern es entfällt auch eine Haftung aus §§ 831, 31 BGB (BGH 36, 296, 309; s. im übrigen Anm. 7 zu § 93).

Anm. 18

b) Rechtsstellung des entsandten Mitglieds

Die entsandten Aufsichtsratsmitglieder haben *dieselben Obliegenheiten und dieselbe Rechtsstellung* wie die gewählten. Sie unterliegen denselben gesetzlichen Pflichten und sind der Gesellschaft, den Aktionären und Dritten ebenso verantwortlich. Der Entsendungsberechtigte kann daher dem entsandten Aufsichtsratsmitglied nur insoweit allgemeine Richtlinien erteilen, als diese sich nicht in Widerspruch zu den Pflichten des Entsandten als Aufsichtsratsmitglied setzen. Nur insoweit darf das entsandte Mitglied Interessen des Entsendungsberechtigten wahrnehmen. Bei einem *Konflikt der Interessen der AG und des Entsendungsberechtigten* hat das Aufsichtsratsmitglied stets die Belange der AG vorgehen zu lassen (h. M.; BGH 36, 296, 306; Baumbach-Hueck, Rdn. 13; Möhring-Schwartz, Rowedder-Haberlandt S. 131; Schlegelberger-Quassowski AktG

1937, 3. Aufl. § 88 Anm. 22; vgl. auch RG JW 1932, 2279; RG 165, 68, 79). Daß die Interessen der AG Vorrang vor Interessen des Entsendungsberechtigten haben, gilt auch im Geltungsbereich *gemeinderechtlicher* Regelungen, die dem früheren § 70 Abs. 2 DGO entsprechen, für die von den Gemeinden in die Aufsichtsräte der gemischtwirtschaftlichen kommunalen Versorgungsunternehmen entsandten Aufsichtsratsmitglieder (Hengeler, DieAG 1962, 87, 89). Gemeinderechtliche Weisungsbefugnisse berühren lediglich das Innenverhältnis zwischen der entsendenden Gemeinde und dem Entsandten. Gleiches gilt für gemäß § 65 Abs. 6 BHO ausgeübte Weisungsrechte der Bundesminister gegenüber gewählten oder entsandten Aufsichtsratsmitgliedern in AGs an denen der Bund beteiligt ist. Aktienrechtlich treten derartige Weisungsrechte nicht in Erscheinung (Hengeler a. a. O. m. w. N.; einschränkend Konow GmbHR 1971, 30; s. auch Mertens in Kölner Kommentar zum AktG § 76 Anm. 4). Lediglich die Verschwiegenheitspflicht der von den Gemeinden oder anderen Gebietskörperschaften entsandten Aufsichtsratsmitglieder ist hinsichtlich der Berichterstattung an die Gebietskörperschaft aufgehoben (§ 394).

Hinsichtlich der *persönlichen Voraussetzungen* gelten für die entsandten Aufsichtsratsmitglieder die gesetzlichen und etwaige satzungsmäßige Voraussetzungen wie für die gewählten Mitglieder. Das gilt insbesondere für die in § 100 geregelten, aber auch für die in anderen Gesetzen normierten Voraussetzungen (vgl. § 100 Anm. 2).

Auch die *Amtsdauer* der entsandten Mitglieder richtet sich, wenn der Entsendende nicht eine kürzere Amtszeit bestimmt hat, nach § 102 (vgl. die Einleitung zu § 102). Nach Ablauf der Höchstzeit muß die Entsendung gegebenenfalls erneuert werden (Baumbach-Hueck Rdn. 13; Möhring-Schwartz, Rowedder-Haberlandt S. 129; Godin-Wilhelmi Anm. 3; Obermüller-Werner-Winden S. 259; a. A. Würdinger § 22 III 1 b).

IV. 1. Stellvertreter von Aufsichtsratsmitgliedern

Anm. 19

Das AktG 1937 sah ausdrücklich weder die Bestellung von *stellvertretenden* Aufsichtsratsmitgliedern noch von *Ersatzmitgliedern* vor. Derartige Bestellungen wurden jedoch allgemein bei Vorliegen entsprechender Regelungen in der Satzung für zulässig gehalten (vgl. die Voraufl. § 86 Anm. 3a). Zum Aufsichtsratsstellvertreter nach früherem Recht s. zusammenfassend Kohler NJW 1955, 205). Das AktG 1965 erklärt in Abs. 3 Satz 1 die Bestellung von Stellvertretern von Aufsichtsratsmitgliedern für unzulässig. Dagegen wird die Bestellung von Ersatzmitgliedern ausdrücklich geregelt (s. im folgenden Anm. 20—22). Durch die Möglichkeit, für vorübergehend verhinderte Aufsichtsratsmitglieder Stimmboten zu bestellen (§ 108 Abs. 3), entfällt auch ein praktisches Bedürfnis, das in sich problematische Institut des Stellvertreters beizubehalten (vgl. die amtliche Begründung, bei Kropff S. 139).

Anm. 20

2. Ersatzmitglieder

a) Allgemeines

Das Gesetz regelt in Abs. 3 Satz 2—4 ausdrücklich die Bestellung von Ersatzmitgliedern. Nach früherem Recht, insbesondere seit Einführung der Beteiligung von Arbeitnehmern im Aufsichtsrat, war vieles streitig (vgl. die Voraufl. § 86 Anm. 3a und die Literaturhinweise in der Vorbemerkung vor § 95), angefangen von der Frage nach der grundsätzlichen Zulässigkeit bis zu der, in entsprechender Anwendung von § 35 Abs. 3 der Wahlordnung zum BetrVG vertretenen Ansicht, wonach bei Wegfall eines Arbeitnehmervertreters der Bewerber mit der nächsthöheren Stimmzahl automatisch nachrückt (vgl. dazu aber BAG AP Nr. 14 zu § 76 BetrVG mit zustimmender Anm. von A. Hueck, kritisch Natzel SAE 1966, 211).

Für jedes Aufsichtsratsmitglied (wegen der einzigen Ausnahme s. Anm. 21 unten) kann nach Abs. 3 Satz 2 ein *Ersatzmitglied* bestellt werden, das in den Aufsichtsrat nachrückt, wenn das Mitglied vor Ablauf seiner Amtszeit wegfällt. Diese Regelung gilt gleichermaßen für von der Hauptversammlung gemäß Abs. 1 zu wählenden, wie für die gemäß Abs. 2 zu entsendenden, wie für die von den Arbeitnehmern zu wählenden Aufsichtsratsmitglieder. Die Bestellung mehrerer Ersatzmitglieder für ein Aufsichtsratsmitglied ist durch den Wortlaut des Gesetzes nicht gedeckt (s. aber Obermüller-Werner Winden S. 258).

Die *Bestellung* des Ersatzmitgliedes erfolgt durch das jeweils zuständige Bestellungsorgan, die Hauptversammlung, den Entsendungsberechtigten oder die Arbeitnehmer. Bestellt werden kann höchstens für jedes Aufsichtsratsmitglied ein Ersatzmitglied (Baumbach-Hueck Rdn. 16). Das Ersatzmitglied muß bestimmt sein und für ein bestimmtes Mitglied bestellt werden. Es wird aber (mit der amtlichen Begründung, bei Kropff, S. 139) als zulässig angesehen, daß auch für mehrere bestimmte Aufsichtsratsmitglieder nur ein Ersatzmitglied bestellt wird, vorausgesetzt, daß die Mitglieder und das Ersatzmitglied nach den selben Vorschriften zu wählen oder zu entsenden sind (Baumbach-Hueck Rdn. 16; Godin-Wilhelmi Anm. 5; Obermüller-Werner-Winden S. 257; Dietz § 76 BetrVG Anm. 47a).

Die Satzung braucht die Bestellung von Ersatzmitgliedern nicht vorzusehen und kann sie auch nicht zwingend anordnen oder ausschließen (§ 23 Abs. 5).

Bei Ausscheiden des Aufsichtsratsmitglieds (Tod, Amtsniederlegung, Abberufung oder Wegfall der persönlichen Voraussetzungen) rückt das Ersatzmitglied ohne weiteres nach, vorausgesetzt, daß es die Bestellung ausdrücklich oder stillschweigend annimmt (Baumbach-Hueck. Rdn. 18; s. auch Anm. 5 oben), und weiter vorausgesetzt, daß die gesetzlichen oder durch die Satzung geforderten *persönlichen Voraussetzungen* auch noch im Zeitpunkt des Nachrückens gegeben sind. Die Amtszeit des Ersatzmitglieds richtet sich nach der des weggefallenen Mitglieds (§ 102 Abs. 2).

Gemäß Abs. 3 Satz 3 kann das Ersatzmitglied nur *gleichzeitig* mit dem Aufsichtsratsmitglied bestellt werden; eine nachträgliche Wahl von Ersatzmitgliedern ist also unwirksam; a. A. von Gleichenstein, DieAG 1970, 1, der insbesondere bei Wegfall eines Ersatzmitglieds eine erneute Wahl eines Ersatzmitglieds für zulässig hält.

Für die Bestellung des Ersatzmitglieds sind im übrigen die für das Aufsichtsratsmitglied geltenden Vorschriften anzuwenden (Abs. 3 Satz 4). Das gleiche gilt für Nichtigkeit oder Anfechtbarkeit der Bestellung (vgl. §§ 250, 251). Die Abberufung des Ersatzmitglieds ist entsprechend den allgemeinen Vorschriften in § 103 Abs. 5 geregelt.

Anm. 21

b) Ausnahmen

Als einzige Ausnahme ist in Abs. 3 Satz 1 ausdrücklich bestimmt, daß für die auf Vorschlag des Aufsichtsrats gewählten weiteren Mitglieder im Sinne von § 4 Abs. 1 lit. c MitbestG und § 5 Abs. 1 lit. c MitbestErgG, den sogenannten elften Mann, Ersatzmitglieder nicht bestellt werden dürfen. Das ergibt sich aus der für diese Aufsichtsratsmitglieder vorausgesetzten Unparteilichkeit (vgl. § 100 Anm. 2) und dem höchst verfeinerten Wahlverfahren (vgl. § 96 Anm. 5).

Anm. 22

c) BetrVG

Bei der Wahl von Ersatzmitgliedern für die nach dem BetrVG zu wählenden Aufsichtsratsmitglieder taucht insbesondere die Frage auf, die sich auch in anderen Fällen ergeben kann, wie zu verfahren ist, wenn nicht für jedes Aufsichtsratsmitglied ein Ersatzmitglied gewählt wird, sondern ein Ersatzmitglied für mehrere Aufsichtsratsmitglieder, die unterschiedliche persönliche Voraussetzungen erfüllen müssen. Wird etwa für zwei Arbeitnehmervertreter von den Arbeitnehmern nur ein Ersatzmitglied gewählt, so kann dieses trotzdem nicht nachrücken, wenn z. B. das weggefallene Mitglied Arbeiter, das Ersatzmitglied Angestellter der AG ist (vgl. § 76 Abs. 2 Satz 2 und 3 BetrVG; wie hier Dietz § 76 Anm. 47b), denn die persönlichen Voraussetzungen müssen im Zeitpunkt des Nachrückens vorliegen (s. Anm. 20 oben). Zur Wahl der Ersatzmitglieder der Arbeitnehmervertreter nach dem BetrVG s. im übrigen Michels, DB 1966, 1054; Fitting-Kraegeloh-Auffahrt § 76 BetrVG Anm. 104a; ferner Obermüller-Werner-Winden S. 258.

V. Die Rechtsstellung des ungültig gewählten Aufsichtsrats

Anm. 23

Die Wahl von Aufsichtsratsmitgliedern durch die Hauptversammlung ist gemäß § 250 Abs. 1 nur dann *nichtig*, wenn einer der Nichtigkeitsgründe des § 241 Nr. 1, 3 oder 5 vorliegt oder wenn die Wahl gegen die Vorschriften der §§ 96, 97, 98 über die Zusammensetzung des Aufsichtsrats, oder die Bestimmung über die Höchstzahl von Aufsichtsratsmitgliedern (§ 95) verstößt (s. dazu § 95 Anm. 3), wenn die persönlichen Voraussetzungen nach § 100 Abs. 1 und 2 fehlen (s. dazu § 100 Anm. 9), oder wenn die Hauptversammlung sich nicht an die Wahlvorschläge gemäß §§ 6 und 8 MitbestG hält. Darüber hinaus kann die Wahl von Aufsichtsratsmitgliedern, die von der Hauptversammlung gewählt werden, wegen Verletzung des Gesetzes oder der Satzung gemäß § 251 Abs. 1 durch Klage angefochten werden. Die Anfechtbarkeit kann allerdings nicht mehr geltend gemacht werden, wenn der Beschluß durch einen neuen unanfechtbar gewordenen Beschluß bestätigt oder ersetzt worden ist (§ 244). Die Urteilswirkung für die Nichtigkeitsklage regelt § 252 Abs. 1, für die Anfechtungsklage § 252 Abs. 2, im Grundsatz dahin, daß diese sich auf alle nicht unmittelbar am Prozeß Beteiligten erstreckt, soweit diese berechtigt sind, Mitglieder in den Aufsichtsrat zu wählen oder zu entsenden oder selbst Mitglieder des Aufsichtsrats oder des Vorstands sind (s. dazu auch § 99 Anm. 7).

Die Nichtigkeit oder Anfechtbarkeit der Wahl der *Arbeitnehmervertreter* im Aufsichtsrat richtet sich nach den einschlägigen Bestimmungen des BetrVG und der Mitbestimmungsgesetze (vgl. die Nachweise Fitting-Kraegeloh-Auffahrt § 76 BetrVG Anm. 66 bis 69 und Dietz § 76 BetrVG Anm. 50 bis 50d).

Ist die Wahl aller oder einzelner Aufsichtsratsmitglieder nichtig, so sind auch alle Beschlüsse oder Maßnahmen nichtig, an denen nicht wirksam bestellte Mitglieder mitwirken. Nichtig ist somit auch ein mit Billigung eines in nichtiger Wahl bestellten Aufsichtsrats festgestellter Jahresabschluß (§ 256 Abs. 2), und nichtig sind alle Vertretungshandlungen gemäß § 112 gegenüber dem Vorstand, einschließlich dessen Bestellung.

Ausnahmsweise sind Beschlüsse des Aufsichtsrats, an denen ein fehlerhaft bestelltes Mitglied mitwirkt, nicht unwirksam, wenn feststeht, oder bewiesen werden kann, daß der gefaßte Beschluß nicht auf der Stimmabgabe des unwirksam bestellten Mitglieds beruht (BGH BB 1967, 647 = DieAG 1967, 233). Dabei ist es gleichgültig, ob das fehlerhaft bestellte Mitglied im übrigen die anderen Aufsichtsratsmitglieder bei der Beschlußfassung beeinflußt hat (BGH a. a. O.; a. A. hinsichtlich der möglichen Beeinflussung noch BGH 12, 327; kritisch hierzu Möhring-Tank I 294). S. auch § 109 Anm. 2.

Die Schutzbestimmungen des § 121 Abs. 2 Satz 2 und des § 15 HGB kommen mangels Eintragung der Aufsichtsratsmitglieder im Handelsregister nicht zur Anwendung; a. A. Würdinger § 26 V 2.

Ist die Bestellung nicht nichtig sondern anfechtbar, und wird auf Grund einer Anfechtungsklage die Nichtigkeit rechtskräftig festgestellt, so ist fraglich, ob auch hier gemäß § 142 BGB eine rückwirkende Nichtigkeit für alle Beschlüsse und Handlungen des Aufsichtsrats angenommen werden kann, oder ob die Anfechtung überhaupt nur für die Zukunft wirkt (so Würdinger § 22 III 3b und Dietz § 76 BetrVG Anm. 50c unter Hinweis auf die h. L. zur Anfechtbarkeit von Wahlen zum Betriebsrat, § 18 BetrVG). Für diese Ansicht könnte auch der in § 277 Abs. 2 zum Ausdruck gekommene gesetzgeberische Wille sprechen. Im einzelnen ist auf die Erläuterungen zu § 252 zu verweisen.

Auch hinsichtlich der *Rechtsbeziehungen des Vorstands* zu einem ungültig gewählten Aufsichtsrat ist zwischen Nichtigkeit und Anfechtbarkeit der Wahl zu unterscheiden. Einem in nichtiger Wahl gewählten Aufsichtsrat gegenüber ist der Vorstand berechtigt, die Erfüllung seiner Auskunfts- und sonstigen Pflichten zu verweigern; er muß dies tun, wenn ihm die Nichtigkeit der Wahl bekannt ist oder bekannt sein muß; er hat aber andererseits für unverzügliche Neuwahl oder gerichtliche Ersatzbestellung (§ 104) Sorge zu tragen. Einem Aufsichtsrat dagegen, dessen Wahl nur anfechtbar ist, muß der Vorstand dienen. Unterbleibt die Anfechtung, so ist ohnehin der Aufsichtsrat gültig gewählt. Bis zur rechtskräftigen Entscheidung über die Anfechtung des Wahlbeschlusses gilt der Aufsichtsrat als ordnungsmäßiges Verwaltungsorgan. Wird die Wahl für nichtig erklärt oder ist sie von vornherein nichtig, so ist hinsichtlich der dem Aufsichtsrat gezahlten oder zu gebenden *Vergütung* wie beim faktischen Vorstandsmitglied zu verfahren (vgl. § 84 Anm. 24).

Hinsichtlich der strafrechtlichen (insbesondere §§ 399, 400, 404, 405) und der zivilrechtlichen Haftung (insbesondere § 116 und im Konzernwesen die §§ 310, 318 Abs. 2, ferner etwa 349) gilt entsprechend wie für fehlerhaft bestellte Vorstandsmitglieder (vgl. § 84 Anm. 19) im Interesse des Vertrauensschutzes die volle Verantwortlichkeit auch der unwirksam bestellten Aufsichtsratsmitglieder (vgl. RG 152, 273, 279).

§ 102 Amtszeit der Aufsichtsratsmitglieder

(1) Aufsichtsratsmitglieder können nicht für längere Zeit als bis zur Beendigung der Hauptversammlung bestellt werden, die über die Entlastung für das vierte Geschäftsjahr nach dem Beginn der Amtszeit beschließt. Das Geschäftsjahr, in dem die Amtszeit beginnt, wird nicht mitgerechnet.

(2) Das Amt des Ersatzmitglieds erlischt spätestens mit Ablauf der Amtszeit des weggefallenen Aufsichtsratsmitglieds.

Übersicht

Einleitung

Die Vorschrift entspricht, mit geringfügigen sprachlichen Änderungen, dem § 87 Abs. 1 Satz 2 AktG 1937. Neu ist Abs. 2, der die Amtszeit der Ersatzmitglieder an die Amtszeit des Mitglieds, an dessen Stelle sie treten, knüpft. Außerdem spricht Abs. 1 jetzt von bestellten (und nicht von gewählten) Aufsichtsratsmitgliedern, zur Klarstellung, daß die Höchstdauer auch für die entsandten Mitglieder gilt (vgl. § 101 Anm. 18) und bestimmt ausdrücklich, daß die Höchstfrist vom Beginn der Amtszeit und nicht von der Bestellung an gerechnet wird (vgl. dazu § 101 Anm. 5).

Die früher in § 87 Abs. 3 AktG 1937 geregelte Amtsdauer des *ersten Aufsichtsrats* ist jetzt in § 30 Abs. 3 aufgenommen; s. im einzelnen § 30 Anm. 7.

I. Amtszeit

Anm. 1

Die Amtszeit der Aufsichtsratsmitglieder begrenzt Abs. 1 S. 1 auf die Zeit bis zur Beendigung der Hauptversammlung, die über die Entlastung für das vierte Geschäftsjahr nach dem Beginn der Amtszeit beschließt; das Geschäftsjahr, in dem die Amtszeit beginnt, wird nicht mitgerechnet. Das Amt erlischt mit diesem Zeitpunkt (RG 73, 237);

eine Bestellung oder Entsendung ist für die darüber hinausgehende Zeit unwirksam. Gleiches gilt für die nicht von den Aktionären bestellten Mitglieder des Aufsichtsrats (Anmerkung 5). Eine eigene Festsetzung seiner Amtsdauer kann der Aufsichtsrat nicht vornehmen (AG München BB 58, 914). Die längste gesetzliche Amtszeit der Aufsichtsratsmitglieder läuft bis zur Beendigung der Hauptversammlung, die über die Entlastung für das vierte Geschäftsjahr nach dem Beginn der Amtszeit *beschließt*. Im Hinblick auf diese Formulierung, die sich ähnlich schon in HGB § 243 Abs. 2 und 3 fand, ist anzunehmen, daß das Amt der Aufsichtsratsmitglieder erst mit dem Beschluß über die Entlastung endet, nicht dagegen mit dem bloßen Stattfinden der Hauptversammlung, wenn die auf der Tagesordnung stehende Beschlußfassung über die Entlastung unterbleibt (Schlegelberger-Quassowski AktG 1937 Anm. 13; Godin-Wilhelmi Anm. 3; Baumbach-Hueck Rdn. 3; Teichmann-Köhler AktG 1937 Anm. 2; Möhring-Tank I 283; AG Essen MDR 1970, 336; a.A. AG Augsburg MDR 1957, 233 = JR 1957, 383, das Ablauf der Amtszeit durch Fristablauf ohne Entlastungsbeschluß annimmt).

Die Höchstfrist rechnet vom *Beginn der Amtszeit*, also nicht von der Wahl oder Entsendung, sondern erst von der Annahme der Bestellung durch das Mitglied (vgl. § 101 Anm. 5). Die Annahme kann auch stillschweigend, insbesondere durch Aufnahme der Tätigkeit, erklärt werden.

II. Abweichende Bestimmungen

Anm. 2

Der Aufsichtsrat kann für einen beliebigen kürzeren Zeitraum bestellt werden. Die Hauptversammlung ist hierin hinsichtlich der von ihr zu wählenden Mitglieder frei, soweit die *Satzung* nicht eine bestimmte Amtsdauer vorsieht, die aber die gesetzliche Höchstfrist nicht übersteigen darf. Nicht notwendig ist auch, daß die Amtszeit bis zur Beschlußfassung über die Entlastung für das letzte abgelaufene Geschäftsjahr läuft (Baumbach-Hueck Rdn. 3). Doch dürfte im Zweifel eine Bestellung auf eine bestimmte Zahl von Jahren in diesem Sinne auszulegen sein (OLG Hamburg in BankA 8, 273, von RG 73, 234 zwar aufgehoben, aber aus andern Gründen). Erfolgt bei der Bestellung keine Bestimmung der Amtszeit, so wird man davon auszugehen haben, daß die gesetzliche Höchstfrist gemeint ist, und eine vorherige Abberufung somit nur gemäß § 103 Abs. 1 Satz 2 möglich ist (Möhring-Tank I, 284; Möhring-Schwartz, Rowedder-Haberlandt S. 123). Eine satzungsmäßige Regelung der Amtszeit gilt grundsätzlich auch für die Arbeitnehmervertreter im Aufsichtsrat (§ 76 Abs. 2 Satz 1 BetrVG; s. im einzelnen Anm. 5).

Wegen der Amtszeit der entsandten Aufsichtsratsmitglieder s. § 101 Anm. 18; vgl. auch § 103 Anm. 6.

III. Wiederbestellung

Anm. 3

Die *Wiederbestellung* ist zulässig. Sie kann ebenfalls für die Zeit bis zur Beschlußfassung über die Entlastung für das vierte Geschäftsjahr nach dem Beginn der Amtszeit, wobei das laufende Geschäftsjahr nicht mitgerechnet wird, also praktisch für 5 Jahre erfolgen. Das gilt auch für die nicht von der Hauptversammlung zu bestellenden Mitglieder des Aufsichtsrats. Sie ist natürlich auch für eine kürzere Zeit zulässig, wie schon die erste Bestellung für eine kürzere Zeit erfolgen konnte. Wenn z. B. ein Aufsichtsratsmitglied auf drei Jahre bestellt ist, kann sein Amt nach Ablauf der drei Jahre um weitere drei Jahre verlängert werden. Streitig ist aber, ob z. B. die Verlängerung nach drei Jahren um drei Jahre auch dann zulässig, wenn das Aufsichtsratsmitglied für die gesetzliche Höchstdauer bestellt war. Kommt es darauf an, ob die Amtszeit des Aufsichtsratsmitglieds noch läuft oder durch Widerruf der Bestellung oder Niederlegung des Amts mit Zustimmung der Hauptversammlung beendigt war? Das Reichsgericht hat in RG 129, 180 ausgesprochen — allerdings ohne es zu begründen (s. auch RG 166, 187) —, daß die Wiederbestellung eines auf die gesetzliche Höchstdauer bestellten Aufsichtsratsmitglieds nicht vor der über die Entlastung für das vierte Geschäftsjahr beschließenden Hauptversammlung erfolgen könne. Diese Entscheidung ist vom Schrifttum zu AktG 1937 überwiegend gebilligt worden (s. z. B. Schlegelberger-Quassowski AktG 1937 Anm. 17; Ritter AktG 1937 Anm. 2e; Teichmann-Köhler AktG 1937 Anm. 2). Ihr kann jedoch nur in gewissem Umfang zugestimmt werden. Es liegt ihr der Gedanke zugrunde, daß eine Verlängerung der Amtsdauer erst erfolgen soll, wenn die Hauptversammlung weiß, wie das Mitglied sein Amt während der Zeit, für die es zunächst gewählt ist, versehen hat. Nun gibt aber das Gesetz der Hauptversammlung die Möglichkeit, schon in einem früheren Zeitpunkt die Verlängerung der Amtsdauer zu beschließen, indem sie das Aufsichtsratsmitglied von vornherein nur für kürzere Zeit bestellt. Die Annahme, daß sie sich diese Möglichkeit dadurch nimmt, daß sie den Aufsichtsrat auf die längste gesetzlich zulässige Dauer bestellt, erscheint wenig sinnvoll, zumal die Hauptversammlung grundsätzlich jederzeit in der Lage ist, ein Aufsichtsratsmitglied abzuberufen und ein anderes an seiner Stelle zu wählen (§ 103 Abs. 1). Nur insofern ist der Meinung beizupflichten, daß eine *weitere Bestellung für die gesetzliche Höchstfrist*, wenn sie erst mit Ablauf der ersten Amtsperiode beginnen soll, nicht vorzeitig vor dem Ablauf dieser Amtsperiode beschlossen werden kann. Die gesetzliche Höchstfrist für die Verlängerung der Amtsdauer ist vielmehr immer von dem Tage an zu rechnen, an dem letztmalig dem Aufsichtsratsmitglied Entlastung erteilt ist; wenn eine Entlastung überhaupt noch nicht stattgefunden hat, ist eine Verlängerung über die ursprüngliche gesetzliche Höchstfrist hinaus nicht zulässig. Mit dieser Einschränkung ist die Ansicht, nach der eine Wiederbestellung im voraus beschlossen wird, als zulässig anzusehen. Mit der Maßgabe also, daß die durch die Wiederbestellung verlängerte Amtszeit (einschließlich der Restzeit der laufenden Amtsperiode), vom Tage der letzten Entlastung an gerechnet, nicht die gesetzliche Höchstfrist überschreiten darf, ist die vorzeitige Wiederbestellung oder Verlängerung der Amtsdauer auch während des Laufes des Amtsperiode ohne vorheriges Erlöschen des Amts durch Niederlegung oder Widerruf möglich (wie hier Baumbach-Hueck Rdn. 3; Möhring-Tank I 284; Obermüller-Werner-Winden S. 252; s. auch Anm. 7 (c) zu § 30; ähnlich Godin-Wilhelmi Anm. 3).

IV. Veränderliche Amtszeit

Anm. 4

Die Amtszeit der verschiedenen Aufsichtsratsmitglieder ist voneinander unabhängig; sie können auch auf verschieden lange Zeit bestellt werden (vgl. Anm. 2). Die Amtszeit braucht auch nicht für alle gleichzeitig zu beginnen und zu enden. Die Hauptversammlung ist hierin frei, soweit die Satzung nicht entgegensteht. Auch die Satzung kann eine verschiedene Amtsdauer für die einzelnen Mitglieder des Aufsichtsrats vorsehen. Das *turnusmäßige* Ausscheiden der Mitglieder ist, wie auch schon unter Geltung des AktG 1937, zulässig (vgl. Schmidt, Umgestaltung der Satzungen der AG's, 1938, Muster A und B § 23; Baumbach-Hueck Rdn. 3; Godin-Wilhelmi Anm. 3; Schlegelberger-Quassowski AktG 1937 Anm. 16; Ritter AktG 1937 Anm. 2e; Obermüller-Werner-Winden S. 251). Hieran läßt der Wortlaut des Gesetzes im Gegensatz um früheren § 243 HGB, in dem nicht von der Bestellung der *Aufsichtsratsmitglieder*, sondern von der Wahl des *Aufsichtsrats* die Rede war, keinen Zweifel mehr zu. Jedoch gilt das nicht für die Vertreter der Arbeitnehmer im Aufsichtsrat (streitig; s. Anm. 5). Auf die Unpraktibilität einer satzungsmäßigen Regelung über das turnusmäßige Ausscheiden weisen insbesondere Möhring-Schwartz, Rowedder-Haberlandt, S. 123 hin.

Die Bestellung kann insbesondere auch für die restliche Amtszeit eines fortgefallenen Aufsichtsratsmitgliedes erfolgen.

V. Amtsdauer der Arbeitnehmervertreter

Anm. 5

Auch hinsichtlich der *Amtsdauer* der nicht von der Hauptversammlung gewählten Aufsichtsratsmitglieder gilt Abs. 1 Satz 1 (§ 76 Abs. 2 Satz 1 BetrVG). Die Amtsdauer endet also mit der Beendigung der Hauptversammlung, die über die Entlastung für das vierte Geschäftsjahr nach Beginn der Amtszeit beschließt (s. Anm. 1 oben), falls nicht die Satzung eine kürzere Amtsdauer vorsieht (AG Essen MDR 1970, 336; AG München BB 58, 914). Der *Beginn* der Amtszeit fällt für die von der Hauptversammlung gewählten Aufsichtsratsmitglieder regelmäßig mit dem Ende der Hauptversammlung, in der sie gewählt wurden, zusammen. Für die Arbeitnehmervertreter und die weiteren nicht von der Hauptversammlung gewählten Mitglieder des Aufsichtsrats nach MitbestG und MitbestErgG kann jedoch Wahl und Beginn der Amtszeit auseinanderfallen. Es gilt hier, daß, genau wie bei den von der Hauptversammlung gewählten oder § 103 Abs. 2 entsandten Aufsichtsratsmitgliedern, die Amtsdauer bei Auseinanderfallen von Wahl und Beginn der Amtszeit von letzterem Zeitpunkt an gerechnet wird (Anm. 1). Das in Satzungen gelegentlich vorgesehene *turnusmäßige* Ausscheiden der Aufsichtsratsmitglieder (s. Anm. 4 oben) gilt nicht für die Arbeitnehmervertreter (sehr bestr.; wie hier Godin-Wilhelmi Anm. 3; Dietz § 76 BetrVG Anm. 45d; Schmidt in Hachenburg § 52 Anh. I Anm. 23; Bayer JZ 1953, 265; Heuseler BB 1953, 506; Galperin-Siebert § 76 BetrVG Anm. 55; Nikisch III, S. 607; *a.A.* Baumbach-Hueck Anh. nach § 96 Rdn. 30; Fitting-Kraegeloh-Auffarth § 76 BetrVG Anm. 87 m. jeweils w. N.).

Wird die Wahl eines Arbeitnehmervertreters angefochten, so endet die Amtszeit des Betreffenden nicht mit der Anfechtung als solcher, sondern erst mit ihrer erfolgreichen Durchführung (BGH 47, 341, 348).

VI. Sonstige Beendigungsgründe, insbesondere die Amtsniederlegung

Anm. 6

a) Die Amtszeit der Aufsichtsratsmitglieder endet nicht nur mit ihrem *Ablauf*. Weitere Beendigungsgründe sind die *Abberufung* (s. dazu die Erläuterungen zu § 103) sowie der Wegfall der *persönlichen Voraussetzungen* (s. § 100 Anm. 9). Kein automatischer Beendigungsgrund ist die Unmöglichkeit der Amtsausübung (Möhring-Tank I, 302; a.A. Godin-Wilhelmi § 103 Anm. 9); gegebenenfalls kann, wenn weder Abberufung noch Amtsniederlegung durchführbar, eine Abberufung durch das Gericht erfolgen (§ 103 Abs. 3).

b) Allgemein wird aber die *Amtsniederlegung* als zulässig angesehen. Unterschiedliche Auffassungen bestehen über die Voraussetzungen einer berechtigten Niederlegung.

In erster Linie richten sich die Voraussetzungen, Formen und Fristen der Amtsniederlegung nach den Bestimmungen der *Satzung*. Diese ist in der Ausgestaltung insoweit frei. Insbesondere kann sie jederzeitige Amtsniederlegung oder das Erfordernis der Einhaltung einer Kündigungsfrist vorsehen; vgl. Möhring-Schwartz, Rowedder-Haberlandt, S. 133f. Die Amtsniederlegung bei Vorliegen eines *wichtigen Grundes* kann die Satzung nicht ausschließen (Baumbach-Hueck Rdn. 4).

Übt das Aufsichtsratsmitglied sein Amt unentgeltlich aus, so ist ihm, entsprechend der für die Amtsniederlegung der Vorstandsmitglieder geltenden Regeln (§ 84 Anm. 37), wenn keine Bestimmungen der Satzung oder ausdrückliche Abmachungen entgegenstehen, das Recht einzuräumen, sein Amt jederzeit, wenn auch nicht zur Unzeit, niederzulegen, § 671 BGB (RG 146, 152).

Aber auch wenn das Aufsichtsratsmitglied gegen eine feste Vergütung oder auch nur gegen eine gewinnabhängige Tantieme (vgl. § 113) tätig ist, erscheint es der Amtsstellung und Verantwortlichkeit nicht angemessen, eine Amtsniederlegung nur bei Vorliegen eines wichtigen Grundes zuzulassen (so Baumbach-Hueck Rdn. 4; Godin-Wilhelmi § 103 Anm. 9; Würdinger § 22 III 2; Möhring-Schwartz, Rowedder-Haberlandt, S. 133; hinsichtlich des ersten Aufsichtsrats § 30 Anm. 5; s. auch die Voraufl. § 87 Anm. 21). Vielmehr ist jedes Aufsichtsratsmitglied berechtigt, sein Amt jederzeit, in entsprechender Anwendung des in § 627 Abs. 1 BGB zum Ausdruck gekommenen Rechtsgedankens, niederzulegen, allerdings auch nicht zur Unzeit (entsprechend § 627 Abs. 2 BGB); im Ergebnis wie hier Dietz § 76 BetrVG Anm. 46b; Fitting-Kraegeloh-Auffahrt § 76 BetrVG Anm. 91; Natzel RdA 1960, 256; vgl. auch ders. DB 1959, 171, 202; DB 1965, 1388, 1429; einschränkend Brox NJW 1967, 801, 803.

Die Bestellung eines Aufsichtsratsmitglieds zum Vorstand oder die Erteilung von Prokura oder Generalhandlungsvollmacht berechtigen regelmäßig zur Amtsniederlegung (s. § 105 Anm. 1 und Anm. 4).

Die Amtsniederlegung enthält gleichzeitig die *Kündigung* der zwischen der AG und dem Aufsichtsratsmitglied bestehenden vertraglichen Beziehungen (vgl. § 101 Anm. 6).

Die von der Hauptversammlung zu wählenden Aufsichtsratsmitglieder können mit *Genehmigung* der Hauptversammlung, die entsprechend wie bei der Bestellung mit einfacher Mehrheit beschließt, das Amt jederzeit niederlegen. Entsprechend ist für die von den Arbeitnehmern gewählten Aufsichtsratsmitglieder eine Amtsniederlegung mit Genehmigung des Bestellungsorgans immer zulässig.

Für die *auf Grund* der *Satzung entsandten* Aufsichtsratsmitglieder gilt gleichfalls nichts anderes. Auch sie können unter den gleichen Voraussetzungen, wie vorstehend dargelegt, ihr Amt jederzeit, wenn auch nicht zur Unzeit, niederlegen (a. A. die Voraufl. § 88 Anm. 21). Von dem zwischen dem entsandten Mitglied und dem Entsendungsberechtigten bestehenden Rechtsverhältnis ist das Niederlegungsrecht unabhängig. Gegenüber dem Entsendungsberechtigten wird das entsandte Mitglied durch eine ihm gegenüber unberechtigte Niederlegung des Amts gegebenenfalls ersatzpflichtig.

Die Niederlegung erfolgt, entsprechend der Annahme der Bestellung (§ 101 Anm. 5), durch *Erklärung gegenüber dem Vorstand* (KGJ 29 A 98). Auch der Vorsitzende des Aufsichtsrats ist zur Entgegennahme der Erklärung berechtigt (RG 13, 43, 50; Staub HGB § 243 Anm. 12; nach richtiger Ansicht ist aber [Möhring-Schwartz, Rowedder-Haberlandt S. 134; Schlegelberger-Quassowski AktG 1937, § 87 Anm. 29] die gegenüber dem Vorsitzenden des Aufsichtsrats abgegebene Erklärung nur wirksam, wenn dieser sie an den Vorstand weiterleitet). Nach wirksamer Niederlegung kann das Mitglied das Amt nur auf Grund einer Neuwahl wiedererlangen (KGJ 29 A 98).

Durch eine Amtsniederlegung zur Unzeit kann sich das Mitglied ersatzpflichtig machen (§ 116 Anm. 1).

c) *Die Auflösung oder der Konkurs der AG* beendigt das Amt der Aufsichtsratsmitglieder nicht (vgl. § 78 Anm. 2 a. E.). Auch hat der Konkursverwalter kein Widerrufsrecht (RG 81, 332). Vgl. im übrigen Siegelmann, DB 1967, 1029. Der Beschluß einer den Untergang der AG herbeiführenden Verschmelzung, Vermögensübertragung oder übertragenden Umwandlung hat das Erlöschen des Amtes und des Vertragsverhältnisses zur Folge (RG 81, 153).

d) Ein *gesetzlicher Erlöschungsgrund* ist *in § 12 EG* gegeben. Das Amt der Aufsichtsratsmitglieder, die bei Inkrafttreten des Aktiengesetzes im Amt waren, erlosch, soweit es mit den neuen Vorschriften nicht vereinbar war, in dem in § 12 EG bezeichneten Zeitpunkt. Entsprechende Regelungen enthielten § 63 DMBG und § 89 BetrVG sowie § 8 EG AktG 1937; vgl. im einzelnen § 95 Anm. 5 und § 100 Anm. 10.

VII. Ersatzmitglieder

Anm. 7

Nach Abs. 2 erlischt das Amt des Ersatzmitglieds spätestens mit dem Ablauf der Amtszeit des weggefallenen Aufsichtsratsmitglieds. Die Amtszeit des Ersatzmitglieds (vgl. im übrigen § 101 Anm. 20) kann also die Amtszeit des weggefallenen Mitglieds nicht übersteigen; sie endet unter Umständen früher, wenn in der Person des Ersatzmitglieds einer der Gründe der vorzeitigen Beendigung des Aufsichtsratsamts eintritt (vgl. Anm. 6 oben).

Die Bestellung zum Ersatzmitglied endet ferner, wenn der Fall des Nachrückens während der Amtszeit des Mitglieds, für das das Ersatzmitglied bestellt war, nicht eingetreten ist, ferner bei vorzeitiger Abberufung (§ 103 Abs. 5).

§ 103 Abberufung der Aufsichtsratsmitglieder

(1) Aufsichtsratsmitglieder, die von der Hauptversammlung ohne Bindung an einen Wahlvorschlag gewählt worden sind, können von ihr vor Ab-

lauf der Amtszeit abberufen werden. Der Beschluß bedarf einer Mehrheit, die mindestens drei Viertel der abgegebenen Stimmen umfaßt. Die Satzung kann eine andere Mehrheit und weitere Erfordernisse bestimmen.

(2) Ein Aufsichtsratsmitglied, das auf Grund der Satzung in den Aufsichtsrat entsandt ist, kann von dem Entsendungsberechtigten jederzeit abberufen und durch ein anderes ersetzt werden. Sind die in der Satzung bestimmten Voraussetzungen des Entsendungsrechts weggefallen, so kann die Hauptversammlung das entsandte Mitglied mit einfacher Stimmenmehrheit abberufen.

(3) Das Gericht hat auf Antrag des Aufsichtsrats ein Aufsichtsratsmitglied abzuberufen, wenn in dessen Person ein wichtiger Grund vorliegt. Der Aufsichtsrat beschließt über die Antragstellung mit einfacher Mehrheit. Ist das Aufsichtsratsmitglied auf Grund der Satzung in den Aufsichtsrat entsandt worden, so können auch Aktionäre, deren Anteile zusammen den zehnten Teil des Grundkapitals oder den Nennbetrag von zwei Millionen Deutsche Mark erreichen, den Antrag stellen. Gegen die Entscheidung ist die sofortige Beschwerde zulässig.

(4) Für die Abberufung der Aufsichtsratsmitglieder, die weder von der Hauptversammlung ohne Bindung an einen Wahlvorschlag gewählt worden sind noch auf Grund der Satzung in den Aufsichtsrat entsandt sind, gelten außer Absatz 3 das Betriebsverfassungsgesetz, das Mitbestimmungsgesetz und das Mitbestimmungsergänzungsgesetz.

(5) Für die Abberufung eines Ersatzmitglieds gelten die Vorschriften über die Abberufung des Aufsichtsratsmitglieds, für das es bestellt ist.

Übersicht

Literatur

Leo, H. C.: Die Rechte der AG gegen pflichtwidrig handelnde Aufsichtsratsmitglieder, DieAG 1958, 265

Nipperdey, H. C.: Nochmals: Die Rechte der AG gegen pflichtwidrig handelnde Aufsichtsratsmitglieder, DieAG 1958, 62

Boesebeck, E.: Rechtsbehelfe der AG gegenüber untragbaren Arbeitnehmervertretern im Aufsichtsrat, DieAG 1961, 117

Leo, H. C.: Die fristlose Entlassung eines Arbeitnehmervertreters im Aufsichtsrat, DieAG 1963, 234; 267

Kühlendahl, F.: Anfechtung der Wahl von Arbeitnehmervertretern in den Aufsichtsrat, BB 1963, 690

Natzel, B.: Die Beendigung des Aufsichtsratsamtes durch Widerruf oder Abberufung, DB 1964, 1143; 1180

Eckardt, U.: Abberufung von Aufsichtsratsmitgliedern durch das Gericht (§ 103 Abs. 3 AktG), NJW 1967, 1010

Einleitung

Die Vorschrift faßt alle Bestimmungen über die Abberufung der Aufsichtsratsmitglieder vor Ablauf der Amtszeit zusammen, in Absatz 4 unter ausdrücklicher Einbeziehung der mitbestimmungsrechtlichen und betriebsverfassungsrechtlichen Sonderregelungen. Abs. 1 entspricht sachlich dem früheren § 87 Abs. 2 AktG 1937. Ebenso entspricht Abs. 2, der die Abberufung der auf Grund der Satzung entsandten Aufsichtsratsmitglieder behandelt, dem früheren Recht (§ 88 Abs. 4 Satz 1 AktG 1937). Dagegen ist, in Anlehnung an die früher schon gegebenen Möglichkeiten der gerichtlichen Abberufung für entsandte Aufsichtsratsmitglieder (§ 88 Abs. 4 Satz 2 AktG 1937) und die mitbestimmungsrechtlichen Vorschriften (vgl. Anm. 9 unten) auf Vorschlag des Rechtsausschusses des Bundestages das gerichtliche Abberufungsverfahren für alle Aufsichtsratsmitglieder neu eingeführt worden (Abs. 3). Diese gesetzliche Regelung erfolgte insbesondere im Hinblick auf BGH 39, 116 (vgl. Godin-Wilhelmi Anm. 8), wonach ein nicht notwendig betriebsangehöriger Arbeitnehmervertreter im Aufsichtsrat im Amt bestätigt wurde, trotz fristloser Entlassung aus den Diensten der AG und trotz Beschäftigung bei einem Konkurrenzunternehmen (vgl. dazu auch Hueck-Leibholz, Zwei Vorträge zum Arbeitsrecht, 1960, S. 18). Zur Entstehungsgeschichte des Abs. 3 im einzelnen s. Eckardt, NJW 1967, 1010. Neu ist ferner die Bestimmung über die mögliche vorzeitige Abberufung von Ersatzmitgliedern (Abs. 5).

I. Abberufung durch die Hauptversammlung

Anm. 1

1. Allgemeines

Die Mitglieder des Aufsichtsrats, die von der Hauptversammlung ohne Bindung an einen Wahlvorschlag gewählt worden sind, können vor Ablauf ihrer Amtszeit *abberufen* werden *(Abs. 1 Satz 1)*. Das Recht der Hauptversammlung zur vorzeitigen Abberufung erstreckt sich somit auch auf die gemäß § 8 MitbestG (bzw. § 5 Abs. 3 Satz 2 MitbestErgG) zu wählenden weiteren Mitglieder i. S. von §§ 4 Abs. 1 lit. c MitbestG, 5 Abs. 1 lit. c MitbestErgG, sofern die Hauptversammlung bei der Wahl an einen Vorschlag nicht gebunden ist. Dagegen können die von Arbeitnehmern gewählten oder den gewerkschaftlichen Spitzenorganisationen entsandten Mitglieder von der Hauptversammlung nicht, die auf Grund der Satzung entsandten, unter bestimmten Voraussetzungen (s. Anm. 6 unten), von der Hauptversammlung abberufen werden.

Das Abberufungsrecht kann weder einem Dritten noch einem anderen Organ, insbesondere nicht dem Aufsichtsrat selbst durch die Satzung übertragen werden. Auch in vertraglichen Abreden mit dem Aufsichtsratmitglied kann nichts anderes bestimmt werden. Es kann auch nicht der Vorstand (dazu Leo, DieAG 1957, 265f.) oder der Aufsichtsrat mit nachfolgender Genehmigung der Hauptversammlung die Abberufung aussprechen (RG SeuffA 73, 340). Auch der Konkursverwalter ist nicht zum Widerruf berechtigt (RG 81, 332; Schlegelberger-Quassowski AktG 1937, § 87 Anm. 25; Brodmann HGB § 243 Anm. 6e).

Die Abberufung erfolgt *nach freiem Ermessen*. Weder durch die Satzung noch durch Vertrag kann das Abberufungsrecht auf das Vorliegen bestimmter Gründe oder eines wichtigen Grundes beschränkt werden (Baumbach-Hueck Rdn. 4; Godin-Wilhelmi Anm. 2).

Anm. 2

2. Beschluß der Hauptversammlung

Die Abberufung erfordert einen *Beschluß der Hauptversammlung*, dessen Gültigkeit sich nach den allgemeinen Grundsätzen richtet. Insbesondere hat also auch eine Bekanntgabe in der Tagesordnung zu erfolgen (§ 124).

Für die Abberufung der von der Hauptversammlung gewählten *Aufsichtsratsmitglieder* ist eine Mehrheit von mindestens drei Vierteln der abgegebenen Stimmen erforderlich (Abs. 1 S. 2); einer Mehrheit des bei der Abstimmung vertretenen Kapitals bedarf es nicht, so daß ein etwaiges Mehrstimmrecht hier zur Geltung kommt. Nach Abs. 1 S. 3 kann die Satzung jene Mehrheit durch eine andere ersetzen und noch andere Erfordernisse aufstellen. Die Fassung des Gesetzes läßt keinen Zweifel, daß die Abberufung nicht nur durch das Erfordernis einer kleineren Mehrheit erleichtert, sondern auch durch das Erfordernis einer größeren Mehrheit erschwert werden kann. Zweifelhaft erscheint, ob die Satzung auch für bestimmte Fälle, z. B. bei Vorliegen eines wichtigen Grundes, eine geringere Mehrheit vorschreiben kann, was Schlegelberger-Quassowski AktG 1937, 87 Anm. 21; Möhring-Schwartz, Rowedder-Haberlandt S. 125 bejahen (a. A. Godin-Wilhelmi Anm. 2). Läßt man dies zu, so kann die Wirksamkeit des Abberufungsbeschlusses davon abhängen, ob ein wichtiger Grund vorliegt. Hierdurch kann leicht ein Zustand der Ungewißheit entstehen, der von dem Gesetz nicht gewollt ist und zu Schwierigkeiten führen kann. Man wird daher Satzungsbestimmungen, die unter gewissen Voraussetzungen eine geringere Mehrheit genügen lassen, nur für zulässig halten können, soweit die Voraussetzungen so genau bestimmt sind, daß im allgemeinen kein Zweifel darüber zu befürchten ist, ob sie vorliegen oder nicht (wie hier Obermüller-Werner-Winden S. 203). Soweit eine Pflicht zur Abberufung besteht, wie z. B. bei nachträglichem Verlust einer von der Satzung verlangten Eigenschaft, genügt die einfache Mehrheit nur, wenn die Satzung eine entsprechende Regelung enthält (a. A. die Voraufl., § 87 Anm. 18; vgl. auch § 100 Anm. 9). U. U. muß das gerichtliche Abberufungsverfahren Platz greifen (s. Anm. 7 unten). Die Abberufung durch eine Minderheit kann nicht in der Satzung vorgesehen werden, da das Gesetz nur die Ersetzung der Dreiviertelmehrheit durch eine andere *Mehrheit* zuläßt.

Anm. 3

3. Adressat der Abberufung

Die Abberufung muß dem *Aufsichtsratsmitglied gegenüber* erfolgen (Schlegelberger-Quassowski AktG 1937, § 87 Anm. 23; Baumbach-Hueck Rdn. 4; Brodmann HGB § 243 Anm. 6f.; a.A. Ritter AktG 1937, § 87 Anm. 3b; Natzel, DieAG 1959, 98; DB 1964, 1143, 1180, 1181). Ist es anwesend, so genügt der Beschluß. Andernfalls muß die Abberufung von dem Vorstand oder dem Vorsitzenden des Aufsichtsrats (vgl. § 101 Anm. 5) dem Aufsichtsratsmitglied erklärt werden (Teichmann-Koehler AktG 1937, § 87 Anm. 3). Ist die Abberufung auf solche Weise wirksam geworden, so kann sie nicht mehr durch Aufhebung des Beschlusses rückgängig gemacht werden. Das damit ausgeschiedene Mitglied kann nur im Wege der Neuwahl wieder in den Aufsichtsrat berufen werden (KGJ 29 A 98).

Anm. 4

4. Wirkung

Die *Wirkung* der Abberufung ist das Erlöschen des Amtes und die gleichzeitige *Beendigung des* zivilrechtlichen *Vertrages*. Das Gesetz behält hier die Ansprüche aus dem Anstellungsvertrag nicht vor (s. dagegen für die Ansprüche des abberufenen Vorstandsmitglieds § 84 Abs. 3 S. 5). Die Verpflichtung zur Fortzahlung der Bezüge oder zur Leistung von Schadensersatz würde die Abberufung beträchtlich erschweren; auf der andern Seite nimmt das Amt des Aufsichtsrats die Arbeitskraft seines Trägers nur zeitweilig in Anspruch und bilden die Bezüge des Aufsichtsratsmitgliedes in der Regel nur einen Nebenverdienst. Die gesetzliche Regelung ist also dahin zu verstehen, daß das Aufsichtsratsmitglied durch die Abberufung auch seine vertraglichen Ansprüche für die Zukunft verliert (RG 68, 223; Celle in OLGR 16, 93; Schlegelberger-Quassowski AktG 1937, 87 Anm. 24; Baumbach-Hueck Rdn. 4). Eine abweichende Bestimmung der Satzung oder vertraglicher Art ist jedoch wirksam (RG 68, 223; a. A. Ritter AktG 1937, § 87 Anm. 3a).

II. Abberufung entsandter Aufsichtsratsmitglieder

Anm. 5

1. durch den Entsendungsberechtigten

Die auf Grund der Satzung entsandten Aufsichtsratsmitglieder können von dem Entsendungsberechtigten jederzeit *abberufen und durch andere ersetzt werden* (Abs. 2 S. 1). Das Recht steht dem jeweiligen Inhaber des Entsendungsrechts zu. Das Abberufungsrecht kann durch die Satzung weder ausgeschlossen noch beschränkt werden. Zweifelhaft erscheint, ob es durch das zwischen dem Entsendungsberechtigten und dem entsandten Mitglied bestehende Vertragsverhältnis beschränkt werden kann, etwa auf das Vorliegen eines wichtigen Grundes. Der Entsendungsberechtigte ist zwar kein Organ der Gesellschaft wie die Hauptversammlung; aber da ihm das gleiche unbeschränkte Abberufungsrecht zusteht, das die Hauptversammlung für die gewählten Aufsichtsratsmitglieder hat, muß er schon im Interesse der AG in der Lage sein, das Abberufungsrecht ebenfalls nach freiem Ermessen auszuüben. Demgemäß spricht das Gesetz auch von dem *jederzeitigen* Abberufungsrecht. Es kommt hinzu, daß es bei Beschränkung des Widerrufsrechts auf das Vorliegen eines wichtigen Grundes leicht zweifelhaft werden könnte, ob das entsandte Mitglied noch dem Aufsichtsrat angehört, falls es bestreitet, daß die Voraussetzungen des Widerrufs gegeben seien. Es muß daher angenommen werden, daß die Wirksamkeit der Abberufung von den zwischen dem Entsendungsberechtigten und dem entsandten Mitglied bestehenden Vereinbarungen unberührt bleibt (wie hier Baumbach-Hueck Rdn. 5; Möhring-Tank I, 297; Obermüller-Werner-Winden S. 265; a.A. Godin-Wilhelmi Anm. 3). Die in der Voraufl. (§ 88 Anm. 18) vertretene weitergehende Auffassung, daß auch schuldrechtliche Vereinbarungen mit dem entsandten Mitglied, die die jederzeitige Abberufung beeinträchtigen, unzulässig sind, wird aufgegeben. Wie Wahlabsprachen zwischen den Aktionären zulässig sind (vgl. § 101 Anm. 3), muß es auch, gegebenenfalls mit der Folge eines Schadensersatzanspruchs bei Verletzung, den Parteien unbenommen sein, Verpflichtungen zur Beschränkung des Abberufungsrechts des Entsendungsberechtigten einzugehen (so Möhring-Tank I 297). Steht das entsandte Mitglied zu dem Entsendungsberechtigten in einem besonderen Vertrags- oder sonstigen Rechtsverhältnis, das nicht nur die Entsendung in den Aufsichtsrat der AG zum Gegenstand hat, so wird auch dieses Rechtsverhältnis mit den sich aus ihm ergebenden Ansprüchen von der Abberufung berührt, kann also etwa von dem entsandten Mitglied fristlos gekündigt werden, wenn die Abberufung den vertraglichen Abreden oder Voraussetzungen widerspricht.

Anm. 6

2. durch die Hauptversammlung

Nach Abs. 2 Satz 2 kann die Hauptversammlung das entsandte Mitglied mit einfacher Stimmenmehrheit abberufen, wenn die in der Satzung bestimmten Voraussetzungen des Entsendungsrechts weggefallen sind. Das entspricht dem früheren Recht (§ 88 Abs. 5 AktG 1937). Wann das Entsendungsrecht weggefallen ist, muß von Fall zu Fall an Hand der Satzung ermittelt werden. Die Hauptversammlung ist aber nicht verpflichtet, das Abberufungsrecht auszuüben; sie wird darauf verzichten, wenn der Ablauf der Amtszeit (Anm. 18 zu § 101) ohnehin bevorsteht. Durch das Recht auf Abberufung der Hauptversammlung wird, schon wegen der unterschiedlichen Mehrheitsverhältnisse, das Recht der Minderheit, eine Abberufung durch das Gericht zu verlangen (Anm. 8 unten), nicht berührt.

Ist das Entsendungsrecht einem bestimmten Aktionär persönlich eingeräumt (Anm. 10 zu § 101), so entfällt es jedenfalls mit dem Wegfall der Aktionärseigenschaft sowie mit dem Tod des Berechtigten, es entfällt auch bei Wegfall bestimmter persönlicher Voraussetzungen, die die Satzung an das Entsendungsrecht geknüpft haben mag. Zur Frage, wie weit die Hauptversammlung das Entsendungsrecht durch die Kapitalstruktur der AG ändernde Beschlüsse beeinträchtigen kann, s. Anm. 13 zu § 101, ferner Obermüller-Werner-Winden S. 265 und Godin-Wilhelmi Anm. 3.

Die Berechtigung der Hauptversammlung, auf Grund einfachen Mehrheitsbeschlusses bei Wegfall der satzungsmäßigen Voraussetzungen, das entsandte Mitglied abzuberufen, kann durch die Satzung weder beseitigt noch eingeschränkt werden (allg. Ansicht, s. Godin-Wilhelmi Anm. 3; Baumbach-Hueck Rdn. 6; Obermüller-Werner-Winden S. 265).

III. Abberufung durch das Gericht

Anm. 7

1. Allgemeines

Jedes Aufsichtsratsmitglied kann durch das Gericht abberufen werden, wenn der Aufsichtsrat einen entsprechenden *Antrag* stellt und wenn in der Person des Abzuberufenden ein *wichtiger Grund* vorliegt (Abs. 3 Satz 1). Die Vorschrift ist neu (vgl. die Einleitung) und bezieht sich nicht nur auf die von den Aktionären gewählten oder entsandten Aufsichtsratsmitglieder, sondern auch auf die Vertreter der Arbeitnehmer, wie sich auch aus der ausdrücklichen Bezugnahme auf Abs. 3 in Abs. 4 ergibt.

Antragsberechtigt ist nur der Aufsichtsrat. Wegen der Ausnahme für auf Grund der Satzung entsandte Aufsichtsratsmitglieder s. Anm. 8 und der Ausnahmen auf Grund mitbestimmungsrechtlicher Vorschriften Anm. 9 a. E. Über die Antragsstellung beschließt der Aufsichtsrat mit *einfacher Mehrheit* (Abs. 3 Satz 2). Der Betroffene kann mitstimmen. Da der Mehrheitsbeschluß im Aufsichtsrat Antragsvoraussetzung ist, muß der Antrag vom Gericht bei dessen Fehlen zurückgewiesen werden. Daraus folgt aber auch, daß das Vorliegen dieser Voraussetzung von Amts wegen zu prüfen ist, nicht nur im Fall des Bestreitens; so aber Baumbach-Hueck Rdn. 3 im Anschluß an Eckardt NJW 1967, 1010. Zum Verfahren s. Anm. 10 unten.

Was ein *wichtiger Grund* in der Person des Abzuberufenden ist, richtet sich nach den Umständen des einzelnen Falles. Weder wird man sagen können, daß diese Voraussetzung nicht allzu streng genommen zu werden braucht (so Godin-Wilhelmi Anm. 8), noch, daß eine Abberufung nur bei ganz besonders schweren Pflichtverstößen allein zulässig sein soll (so Eckardt NJW 1967, 1010, unter Hinweis auf den Ausschußbericht, bei Kropff S. 142, wo kraß gesellschaftswidriges Verhalten als Abberufungsgrund genannt wird; s. auch Fitting-Kraegeloh-Auffahrt § 76 BetrVG Anm. 92). Vielmehr wird abgewogen werden müssen, zwischen den Interessen der AG an funktionierenden Organen und an Gruppeninteressen, als deren Repräsentant das betreffende Mitglied im Aufsichtsrat gilt. Das ist insbesondere dann der Fall, wenn das zuständige Bestellungsorgan einer Abberufung widerspricht. Zwar muß der wichtige Grund, wie das Gesetz ausdrücklich sagt, in der Person des Mitglieds liegen; jedoch ist damit nicht gesagt, daß er ausschließlich in dieser Person liegen muß. Nicht mehr mögliche Zusammenarbeit im Aufsichtsrat wäre solch ein Fall. Ferner gehört zu den wichtigen Gründen der Wegfall satzungsmäßiger persönlicher Voraussetzungen (vgl. § 100 Anm. 9 a. E.) und natürlich Pflichtwidrigkeiten ins Gewicht fallender Art. Dagegen ist eine, selbst weitgehende Inanspruchnahme etwa von Auskunfts- oder Prüfungsrechten allein kein Abberufungsgrund, es sei denn, es liegen Mißbrauch oder Schikane vor, die eine ordnungsgemäße Abwicklung der Geschäfte des Aufsichtsrats oder des Vorstands infrage stellen. Auch Umstände, die außerhalb der Aufsichtsratstätigkeit liegen, können dann einen wichtigen Grund zur Abberufung geben, wenn es die Interessen der AG an einem ordnungsgemäß funktionierenden Aufsichtsrat erfordern. Das wird bei politischen oder sonstigen Meinungsäußerungen regelmäßig nicht der Fall sein (Eckardt NJW 1967, 1010). Wirtschaftliche Interessen oder Verbindungen des Aufsichtsratsmitglieds zu einem Wettbewerber der AG werden nur in besonders gelagerten Fällen eine Abberufung rechtfertigen (vgl. RG 165, 68, 63 und BGH 39, 116). Verwandtschaftliche oder gar freundschaftliche Beziehungen eines Aufsichtsratsmitglieds zu Leitern von Konkurrenzunternehmen dürften in der Regel keinen wichtigen Grund zur Abberufung geben (a. A. Godin-Wilhelmi Anm. 8). In keinem Fall ist ein Verschulden des betreffenden Mitgliedes vorausgesetzt; andererseits genügen objektive Gründe, die allein oder überwiegend außerhalb der Person des Aufsichtsratsmitglieds liegen, auch nicht (Baumbach-Hueck Rdn. 8). Wegen der Ausnahmen bei Abberufung bestimmter Aufsichtsratsmitglieder nach mitbestimmungsrechtlichen Vorschriften s. Anm. 9 a. E.

Anm. 8

2. Entsandte Aufsichtsratsmitglieder

Abs. 3 Satz 2 enthält, aus dem früheren Recht übernommen (§ 88 Abs. 4 Satz 2 AktG 1937), eine Sonderregelung für auf Grund der Satzung in den Aufsichtsrat entsandte Mitglieder. Auch diese können vom Gericht auf Antrag einer Mehrheit im Aufsichtsrat bei Vorliegen eines wichtigen Grundes abberufen werden. Antragsberechtigt sind aber auch die Aktionäre, entweder die Mehrheit oder *mindestens* eine Minderheit, deren Anteile ein Zehntel des Grundkapitals oder den Nennbetrag von zwei Millionen DM erreichen. Stellt die Mehrheit der Aktionäre den Antrag, so kann sie den Vorstand, obgleich dieser selbst nicht antragsberechtigt ist, mit der Durchführung des Verfahrens beauftragen (Godin-Wilhelmi Anm. 8). Im übrigen ist aber das Antragsrecht des Aufsichtsrats durch das Antragsrecht der Aktionäre nicht eingeschränkt; lehnt also etwa die Hauptversammlung mit Mehrheit die Antragsstellung ab, so kann der Aufsichtsrat von sich aus den Abberufungsantrag stellen, sofern ein entsprechender Mehrheitsbeschluß zustand kommt (Eckardt NJW 1967, 1010).

Anm. 9

3. Arbeitnehmervertreter

Die Regel des Abs. 3 gilt uneingeschränkt auch für Arbeitnehmervertreter (allg. Ansicht; vgl. den Ausschußbericht, bei Kropff S. 142). Es können also auf entsprechenden Antrag des Aufsichtsrats hin auch die von den Arbeitnehmern auf Grund des § 76 BetrVG gewählten Aufsichtsratsmitglieder, wie auch die nach dem MitbestG und dem MitbestErgG auf Vorschlag der Arbeitnehmer oder von ihnen gewählten Aufsichtsratsmitglieder bei Vorliegen eines wichtigen Grundes durch das Gericht abberufen werden.

Für die gerichtliche Abberufung des weiteren Mitglieds, des sogenannten elften Manns, gelten nach den mitbestimmungsrechtlichen Vorschriften Sonderregeln: hier ist eine Abberufung schon auf Grund eines Antrags von nur *drei Aufsichtsratsmitgliedern* bei Vorliegen eines wichtigen Grundes, der nicht in der Person des Abzuberufenden zu liegen braucht, zulässig (§ 11 Abs. 3 MitbestG; § 5 Abs. 3 Satz 2 MitbestErgG).

Die von den Spitzenorganisationen der Gewerkschaften entsandten Aufsichtsratsmitglieder können auf deren Antrag, wenn ein wichtiger Grund vorliegt, vom Gericht abberufen werden (§ 10 Abs. 2 MitbestErgG).

Wegen der weitergehenden Abberufungsmöglichkeiten von Arbeitnehmervertretern im Aufsichtsrat s. Anm. 11.

Anm. 10

4. Verfahren

Zuständig ist das in § 14 genannte Amtsgericht; das Gericht entscheidet im Verfahren nach FGG (§ 145 Abs. 1 FGG i. d. F. des § 43 EG). Das gilt auch für die Abberufungsverfahren nach § 11 Abs. 3 MitbestG und § 10 Abs. 2 MitbestErgG. Das Gericht ermittelt den Sachverhalt von Amts wegen (§ 12 FGG). Es hat die Beteiligten, also insbesondere auch das betreffende Aufsichtsratsmitglied, zu hören (§ 146 Abs. 1 FGG; Art. 103 Abs. 1 GG). Diesem Erfordernis ist genügt, wenn dem Aufsichtsratsmitglied Gelegenheit zu einer schriftlichen Äußerung gegeben wird. Das Gericht ist bei seiner Entscheidung grundsätzlich nicht an Äußerungen oder Stellungnahmen des zuständigen Bestellungsorgans gebunden (s. aber Anm. 7 oben); es entscheidet nach eigenem pflichtgemäßen Ermessen (Eckhardt NJW 1967, 1010; Jansen FGG § 145 Anm. 25). Die Entscheidung ist dem Richter vorbehalten (§ 17 Nr. 2 lit. a RPflG).

Gegen die Entscheidung des Gerichts ist die *sofortige Beschwerde* (§ 146 Abs. 2, FGG) zulässig (Abs. 3 Satz 4). Die Beschwerde hat keine aufschiebende Wirkung (§ 24 Abs. 1 FGG). Das weitere Verfahren richtet sich nach §§ 26ff. FGG.

IV. Abberufung von Arbeitnehmervertretern auf Grund anderer Vorschriften

Anm. 11

Wie die Möglichkeit einer gerichtlichen Abberufung die Rechte der Hauptversammlung oder des nach der Satzung Entsendungsberechtigten auf Abberufung gewählter oder entsandter Aufsichtsratsmitglieder nicht ausschließt oder eingeschränkt (s. Anm. 1 bis 5 oben), so berührt sie auch nicht die Abberufungsrechte der Bestellungsorgane der Aufsichtsratsmitglieder, die auf Grund anderer Gesetze gewählt oder entsandt werden. Nach Abs. 4 gelten, *außer Abs. 3*, diese Gesetze.

(a) BetrVG: Gemäß § 76 Abs. 5 kann die Bestellung eines von den Arbeitnehmern gewählten Aufsichtsratsmitglieds vor Ablauf der Amtszeit widerrufen werden, wenn auf Grund eines Antrags eines Betriebsrats der Betriebe der AG (dazu Baumbach-Hueck Anh. nach § 96 Rdn. 33 m. w. N., auch über abweichende Meinungen), oder von mindestens einem Fünftel der wahlberechtigten Arbeitnehmer, eine Mehrheit von mindestens drei Viertel der abgegebenen Stimmen der wahlberechtigten Arbeitnehmer die Abberufung beschließt. Auf die Beschlußfassung finden die Vorschriften des Abs. 2 und 4 des § 76 BetrVG Anwendung. Einzelheiten des Widerrufsverfahrens regeln die §§ 42 ff. WahlO vom 18. 3. 1953 (BGBl. I, 58 i. d. F. vom 7. 2. 1962, BGBl. I, 64).

(b) MitbestG: Auf die in § 6 bezeichneten Aufsichtsratsmitglieder findet gemäß § 11 Abs. 2 die Regelung des § 87 Abs. 2 AktG 1937 mit der Maßgabe Anwendung, daß die Abberufung auf Vorschlag derjenigen Stelle erfolgt, auf deren Vorschlag das Mitglied gewählt wurde. Es handelt sich hierbei um die in § 4 Abs. 1 lit. b genannten Vertreter der Arbeitnehmer, die von der Hauptversammlung auf Grund bindender Wahlvorschläge der Betriebsräte und der gewerkschaftlichen Spitzenorganisationen gewählt werden (§ 6 Abs. 5). Anstelle des § 87 Abs. 2 AktG 1937 gilt jetzt § 103 Abs. 1 Satz 2 und 3 AktG 1965 (Godin-Wilhelmi Anm. 6). Die Hauptversammlung hat diese Mitglieder abzuberufen, wenn ihr die Abberufung von dem jeweils in Betracht kommenden Bestellungsorgan, also für die betriebsangehörigen Aufsichtsratsmitglieder die Betriebsräte, sonst die gewerkschaftlichen Spitzenorganisationen, vorgeschlagen wird. Die Hauptversammlung ist, nach überwiegender Ansicht, an die Abberufungsvorschläge jedoch im Gegensatz zu den Wahlvorschlägen, nicht gebunden (Müller-Lehmann Anm. 6, Kötter Anm. 5 und Boldt Anm. 3 jeweils zu § 11).

(c) MitbestErgG: Die in § 6 bezeichneten Vertreter der Arbeitnehmer im Aufsichtsrat können vor Ablauf der Amtszeit durch Beschluß des Bestellungsorgans abberufen werden (§ 10 Abs. 1). Die Abberufung erfolgt durch Beschluß der Wahlmänner derjenigen Gruppe, als deren Vertreter das Mitglied in den Aufsichtsrat gewählt wurde. Antragsberechtigt ist die Mehrheit der Betriebsratsmitglieder der Betriebsräte aller Konzernunternehmen oder ein Fünftel der wahlberechtigten Arbeitnehmer.

V. Ersatzmitglieder

Anm. 12

Für die Abberufung von Ersatzmitgliedern (s. dazu Anm. 20 bis 22 zu § 101) gelten die Vorschriften über die Abberufung des Mitglieds für das es bestellt wird. Ersatzmitglieder können also gleichfalls vor Ablauf der Amtszeit der ordentlichen Aufsichtsratsmitglieder für die sie bestellt sind, nach den in Betracht kommenden Vorschriften vom Bestellungsorgan oder im Wege des gerichtlichen Verfahrens, abberufen werden. Praktisch dürfte die Vorschrift von keiner großen Bedeutung sein, da an der Abberufung noch nicht amtierender Aufsichtsratsmitglieder kein Interesse bestehen wird; anders könnte gelten, wenn in der Person des Ersatzmitglieds ein die Abberufung rechtfertigender wichtiger Grund eingetreten und ein Nachrücken absehbar ist (Baumbach-Hueck Rdn. 12).

§ 104 Bestellung durch das Gericht

(1) Gehört dem Aufsichtsrat die zur Beschlußfähigkeit nötige Zahl von Mitgliedern nicht an, so hat ihn das Gericht auf Antrag des Vorstands, eines Aufsichtsratsmitglieds oder eines Aktionärs auf diese Zahl zu ergänzen. Der Vorstand ist verpflichtet, den Antrag unverzüglich zu stellen, es sei denn, daß die rechtzeitige Ergänzung vor der nächsten Aufsichtsratssitzung zu erwarten ist. Hat der Aufsichtsrat auch aus Aufsichtsratsmitgliedern der Arbeitnehmer zu bestehen, so können auch den Antrag stellen

1. der Betriebsrat jedes Betriebs der Gesellschaft,
2. der Betriebsrat jedes anderen Betriebs, dessen Arbeitnehmer selbst oder durch Wahlmänner an der Wahl teilnehmen,
3. mindestens ein Zehntel oder einhundert der Arbeitnehmer, die selbst oder durch Wahlmänner an der Wahl teilnehmen,
4. Spitzenorganisationen der Gewerkschaften, die das Recht haben, Aufsichtsratsmitglieder der Arbeitnehmer vorzuschlagen oder zu entsenden.

Gegen die Entscheidung ist die sofortige Beschwerde zulässig.

(2) Gehören dem Aufsichtsrat länger als drei Monate weniger Mitglieder als die durch Gesetz oder Satzung festgesetzte Zahl an, so hat ihn das Gericht auf Antrag auf diese Zahl zu ergänzen. In dringenden Fällen hat das Gericht auf Antrag den Aufsichtsrat auch vor Ablauf der Frist zu ergänzen. Das Antragsrecht bestimmt sich nach Absatz 1. Gegen die Entscheidung ist die sofortige Beschwerde zulässig.

(3) Absatz 2 ist auf einen Aufsichtsrat, in dem die Arbeitnehmer ein Mitbestimmungsrecht nach dem Mitbestimmungsgesetz oder dem Mitbestimmungsergänzungsgesetz haben, mit der Maßgabe anzuwenden,

1. daß das Gericht den Aufsichtsrat hinsichtlich des weiteren Mitglieds, das nach diesen Gesetzen auf Vorschlag der übrigen Aufsichtsratsmitglieder gewählt wird, nicht ergänzen kann,
2. daß es stets ein dringender Fall ist, wenn dem Aufsichtsrat, abgesehen von dem in Nummer 1 genannten weiteren Mitglied, nicht alle Mitglieder angehören, aus denen er nach Gesetz oder Satzung zu bestehen hat.

(4) Hat der Aufsichtsrat auch aus Aufsichtsratsmitgliedern der Arbeitnehmer zu bestehen, so hat das Gericht ihn so zu ergänzen, daß das für seine Zusammensetzung maßgebende zahlenmäßige Verhältnis hergestellt wird. Wenn der Aufsichtsrat zur Herstellung seiner Beschlußfähigkeit ergänzt wird, gilt dies nur, soweit die zur Beschlußfähigkeit nötige Zahl der Aufsichtsratsmitglieder die Wahrung dieses Verhältnisses möglich macht. Ist ein Aufsichtsratsmitglied zu ersetzen, das nach Gesetz oder Satzung in persönlicher Hinsicht besonderen Voraussetzungen entsprechen muß, so muß auch das vom Gericht bestellte Aufsichtsratsmitglied diesen Voraussetzungen entsprechen. Ist ein Aufsichtsratsmitglied zu ersetzen, bei dessen Wahl eine Spitzenorganisation der Gewerkschaften oder die Betriebsräte ein Vorschlagsrecht hätten, so soll das Gericht Vorschläge dieser Stellen berücksichtigen, soweit nicht überwiegende Belange der Gesellschaft oder der Allgemeinheit der Bestellung des Vorgeschlagenen entgegenstehen; das gleiche gilt, wenn das Aufsichtsratsmitglied durch Wahlmänner zu wählen wäre, für gemeinsame Vorschläge der Betriebsräte der Konzernunternehmen, in denen Wahlmänner zu wählen sind.

(5) Das Amt des gerichtlich bestellten Aufsichtsratsmitglieds erlischt in jedem Fall, sobald der Mangel behoben ist.

(6) Das gerichtlich bestellte Aufsichtsratsmitglied hat Anspruch auf Ersatz angemessener barer Auslagen und, wenn den Aufsichtsratsmitgliedern der Gesellschaft eine Vergütung gewährt wird, auf Vergütung für seine

Tätigkeit. Auf Antrag des Aufsichtsratsmitglieds setzt das Gericht die Auslagen und die Vergütung fest. Gegen die Entscheidung ist die sofortige Beschwerde zulässig. Die weitere Beschwerde ist ausgeschlossen. Aus der rechtskräftigen Entscheidung findet die Zwangsvollstreckung nach der Zivilprozeßordnung statt.

Übersicht

Einleitung

Nach *früherem Recht* war eine Ersatzbestellung von Aufsichtsratsmitgliedern nur unter folgenden Voraussetzungen möglich: wenn länger als drei Monate weniger als die zur Beschlußfassung nötige Zahl von Mitgliedern dem Aufsichtsrat angehörte, so waren der Vorstand, jedes Mitglied des Aufsichtsrats und jeder Aktionär berechtigt, beim zuständigen Gericht eine Ergänzung des Aufsichtsrats auf die nach Gesetz oder Satzung zur Beschlußfähigkeit erforderliche Zahl zu beantragen. Der Vorstand war zur Antragstellung verpflichtet; ausführlich zu § 89 AktG 1937 a. F. Schmatz WM 1955, 642ff. Ob § 89 AktG 1937 a. F. auch für die Arbeitnehmervertreter galt, war umstritten, wurde aber von der herrschenden Lehre angenommen.

Seine jetzige Fassung hat § 103 durch Art. I Nr. 1 des Gesetzes vom 15. 7. 1957 (BGBl. I 714) erhalten, wonach § 89 AktG 1937 in den Abs. 2 bis 6 die gerichtlichen Ersatzbestellungen von Aufsichtsratsmitgliedern eingehend und unter Berücksichtigung der sich durch die Arbeitnehmerbeteiligung im Aufsichtsrat gegebenen Rechtslage neu regelte. AktG 1965 übernimmt diese Vorschriften mit geringfügigen sprachlichen, nicht sachlichen Änderungen. Neu eingefügt ist der Abs. 6, der die Vergütung der gerichtlich bestellten Aufsichtsratsmitglieder regelt, die jetzt auch gegebenenfalls gerichtlich festgesetzt werden kann. Zur Verdeutlichung der Rechtslage ist ferner in den Abs. 1, 2 und 6 durch den Bundestag der ausdrückliche Hinweis eingefügt worden, daß gegen die in Betracht kommenden gerichtlichen Entscheidungen die sofortige Beschwerde zulässig ist; das folgt bereits aus § 146 Abs. 2 FGG.

I. Ersatzbestellung bei fehlender Beschlußfähigkeit

Anm. 1

1. Allgemeines

Abs. 1 regelt die gerichtliche Bestellung von Aufsichtsratsmitgliedern bei *Fehlen der zur Beschlußfähigkeit i. S. von § 108 Abs. 2 erforderliche Zahl.* Das nach § 89 a. F. AktG 1937 bestimmte Erfordernis, daß dieser Mangel länger als drei Monate besteht, ist fortgefallen. Damit ist eine wirksame Möglichkeit geschaffen worden, die Funktionsfähigkeit des Aufsichtsrats zu gewährleisten.

Wann der Aufsichtsrat beschlußunfähig ist, ist in Anm. 9ff. zu § 108 erörtert. S. auch § 10 MitbestG und § 11 MitbestErgG. Bestellt werden kann nach Abs. 1 nur die zur Beschlußfähigkeit erforderliche Zahl von Mitgliedern. Zur Frage, wen das Gericht zu bestellen hat, s. Anm. 6ff. unten. Ergänzt werden kann der Aufsichtsrat durch das Gericht nur, wenn ihm die zur Beschlußfähigkeit nötige Zahl der Mitglieder *nicht angehört.* Der bloße Umstand, daß infolge Nichterscheinens vorhandener Mitglieder der Aufsichtsrat beschlußunfähig ist, genügt also nicht. Es kommt vielmehr darauf an, daß die zur Beschlußfassung erforderliche Zahl von Mitgliedern nicht vorhanden ist. Doch dürfte dauernde Behinderung, z. B. durch schwere Krankheit, dem Nichtvorhandensein dann gleichstehen, wenn das Mitglied auch an schriftlicher Stimmabgabe (§ 108 Abs. 3) gehindert ist (Baumbach-Hueck Rdn. 7; Godin-Wilhelmi Anm. 2).

Anm. 2

2. Antrag

Die Ergänzung des beschlußunfähigen Aufsichtsrats erfolgt auf Antrag des Vorstands, eines Aufsichtsratsmitglieds oder eines Aktionärs, der persönlich haftenden Gesellschafter einer KGaA, sowie der in Anm. 3 genannten Personen und Gruppen. Der Vorstand *ist verpflichtet,* einen entsprechenden Antrag (Abs. 1 Satz 2) zu stellen. Das gilt jedoch nicht, wenn eine rechtzeitige Ergänzung des Aufsichtsrats (durch Neuwahl, Entsendung oder Nachrücken von Ersatzmännern) vor der nächsten Aufsichtsratssitzung zu erwarten ist (Abs. 1 Satz 2); dabei hat der Vorstand die Bestimmungen über die Einberufung des Aufsichtsrats (§ 110 Abs. 3) zu beachten. Eine Stellung des Antrags durch den Gesamtvorstand ist nicht notwendig; es genügt eine Mitwirkung der zur Vertretung der AG befugten Vorstandsmitglieder. Ein Vorstandsmitglied kann auch gemeinsam mit einem Prokuristen, mit dem er die AG vertreten kann, den Antrag stellen (Schmatz WM 1955, 645; Baumbach-Hueck Rdn. 3; Godin-Wilhelmi Anm. 5). Da eine Pflicht zur Antragstellung besteht, kann der Vorstand dazu durch Ordnungsstrafen (§ 407 Abs. 1) angehalten werden. Wenn er seiner Pflicht nicht nachkommt, sind auch die vorhandenen Aufsichtsratsmitglieder als zur Stellung des Antrags verpflichtet anzusehen (Baumbach-Hueck Rdn. 4; Godin-Wilhelmi Anm. 5). Der Vorstand und die vorhandenen Aufsichtsratsmitglieder machen sich, wenn sie ihrer Pflicht nicht nachkommen, unter Umständen schadensersatzpflichtig (§§ 93, 116). Eine Strafbarkeit des Vorstands, die nach früherem Recht bestand, ist jedoch mit der Novelle vom 15. 7. 1957 durch Streichung von § 297 Nr. 1 AktG 1937 beseitigt worden. Die AG als solche ist nicht antragsberechtigt; der Vorstand erfüllt eine ihm, nicht der Gesellschaft, obliegende Pflicht (KG OLGZ 1966, 596).

Anm. 3

3. Antragsberechtigte bei Arbeitnehmerbeteiligung im Aufsichtsrat

Hat der Aufsichtsrat auch aus Aufsichtsratsmitgliedern der Arbeitnehmer zu bestehen, so haben nach Abs. 1 Satz 3 auch die Arbeitnehmer und deren Vertretungsorgane ein Antragsrecht. Nach Satz 3 Nr. 1 ist antragsberechtigt der *Betriebsrat* jedes Betriebes der AG, auch ein Gesamtbetriebsrat (vgl. § 48 BetrVG; wie hier Wagner BB 1957, 714; Baumbach-Hueck Rdn. 3). Antragsberechtigt ist ferner (Satz 3 Nr. 2) der Betriebsrat jedes anderen Betriebes, dessen Arbeitnehmer selbst oder durch Wahlmänner an den Aufsichtsratswahlen teilnehmen, insbesondere also der Betriebsrat eines abhängigen inländischen (§ 18 Anm. 17d) Konzernunternehmens (§ 76 Abs. 4 BetrVG). Ferner sind antragsberechtigt (Satz 3 Nr. 3) mindestens *ein Zehntel oder einhundert Arbeitnehmer,* die selbst oder durch Wahlmänner an der Aufsichtsratswahl teilnehmen.

Darüber hinaus haben nach Satz 3 Nr. 4 auch die Spitzenorganisationen der Gewerkschaften ein Antragsrecht, wenn ihnen nach § 6 Abs. 3 MitbestG oder § 7 MitbestErgG ein Vorschlags- oder Entsendungsrecht zusteht, und zwar unabhängig davon, ob gerade das von ihnen benannte Mitglied weggefallen ist (Auffahrt NJW 1957, 1703).

Das Antragsrecht der Arbeitnehmer und ihrer Organisationen ist nicht auf die Fälle beschränkt, in denen eine Ergänzung des Aufsichtsrats durch Arbeitnehmervertreter erforderlich ist, sondern besteht auch dann, wenn die erforderliche Zahl der Aktionärsvertreter fehlt (Jansen FGG § 145 Anm. 28).

II. Ersatzbestellung bei fehlender Vollständigkeit

Anm. 4

1. Voraussetzungen

Eine gerichtliche Ergänzung des Aufsichtsrats ist auch dann möglich, wenn ihm länger als drei Monate weniger Mitglieder angehören, als die nach Gesetz oder Satzung festgesetzte Zahl, der Aufsichtsrat also unvollständig ist. In *dringenden* Fällen kann eine Ergänzung des unvollständigen Aufsichtsrats auch schon vor Ablauf der 3-Monatsfrist beantragt werden. Damit ist klargestellt, daß es in erster Linie nach wie vor die Aufgabe der Hauptversammlung bzw. der wahlberechtigten Arbeitnehmer oder der Entsendungsberechtigten ist, den Aufsichtsrat zu ergänzen. Durch diese Vorschrift wird jedoch gewährleistet, daß nicht durch Obstruktion oder die Unfähigkeit, eine Wahl durchzuführen, ein dauernd unvollständiger Aufsichtsrat besteht. Wann ein dringender Fall im Sinne von Abs. 2 Satz 2 gegeben ist, erläutert das Gesetz in Abs. 3 Nr. 2 nur für die der Mitbestimmung unterliegenden Gesellschaften (s. Anm. 5). Im übrigen entscheidet das Gericht unter Berücksichtigung der jeweiligen Umstände. Kein dringender Fall ist bei Unvollständigkeit des Aufsichtsrats gegeben, solange noch Beschlußfähigkeit vorliegt (Obermüller-Werner-Winden S. 262; a. A. die Vorauf l. § 89 Anm. 13); auch die notwendige Vornahme wichtiger Rechtsgeschäfte vor Ablauf der 3-Monatsfrist rechtfertigt somit nicht eine Ersatzbestellung, solange der Aufsichtsrat beschluß- und handlungsfähig ist. Ebensowenig kann eine drohende aber noch nicht eingetretene Beschlußunfähigkeit eine vorzeitige gerichtliche Ersatzbestellung rechtfertigen (LG Wuppertal BB 1959, 1504). Es bleiben also nur Fälle übrig, die wegen ihrer Wichtigkeit unaufschiebbar und von einer solchen Bedeutung für die AG sind, daß eine Erörterung und Beschlußfassung im vollständig besetzten Aufsichtsrat unumgänglich erscheint. Das kann z. B. dann der Fall sein, wenn die AG dabei ist, die Umwandlung in eine KGaA durchzuführen (AG Wuppertal DB 1971, 746).

Der Kreis der Antragsberechtigten ist der gleiche wie im Abs. 1 (s. Anm. 2 und 3 oben). Eine Pflicht zur Antragstellung, wie sie nach Abs. 1 für den Vorstand begründet ist, besteht bei Unvollständigkeit des Aufsichtsrats *nicht*; auch durch Ordnungsstrafen kann eine Antragstellung nicht erzwungen werden.

Anm. 5

2. Besonderheiten bei der Montanmitbestimmung

Während Abs. 2 die Ergänzung des nicht vollständigen Aufsichtsrats für die beteiligungsfreie AG und AGs, die dem BetrVG unterliegen, regelt, enthält *Abs. 3* Sondervorschriften hinsichtlich der dem MitbestG und dem MitbestErgG unterliegenden Gesellschaften. Auch hier kann — auf Antrag — wie nach Abs. 2, ein nicht mehr vollständiger Aufsichtsrat durch das Gericht ergänzt werden und zwar, im Gegensatz zu der Regelung nach Abs. 2, *jederzeit*; die 3-Monatsfrist entfällt. Obgleich Unvollständigkeit auch hier die Beschlußfähigkeit nicht berührt (§ 10 MitbestG, § 11 MitbestErgG), hält der Gesetzgeber es für notwendig, bei der qualifizierten Mitbestimmung nicht nur die Beschlußfähigkeit, sondern auch die Vollständigkeit jederzeit zu gewährleisten. Lediglich der sog. *elfte* (fünfzehnte oder einundzwanzigste) *Mann* (vgl. §§ 4 Abs. 1c und 9 MitbestG sowie §§ 5 Abs. 1c und 12 MitbestErgG) kann nicht im Wege der gerichtlichen Ersatzbestellung berufen werden; insoweit hat es bei dem Verfahren nach § 8 MitbestG bzw. § 5 Abs. 3 MitbestErgG zu verbleiben (vgl. § 96 Anm. 6).

III. Auswahl der Ersatzmitglieder

Anm. 6

1. Berücksichtigung der Gruppenverhältnisse

Das Gericht ist gehalten, bei Ersatzbestellung die Wahrung des zahlenmäßigen Verhältnisses zwischen Aktionären und Arbeitnehmern bei Besetzung des Aufsichtsrats zu beachten. Demgemäß bestimmt Abs. 4 Satz 1 ausdrücklich, daß bei Ergänzung eines beschlußunfähigen oder unvollständigen Aufsichtsrats dieser so zu ergänzen ist, daß das maßgebende zahlenmäßige Verhältnis zwischen Aktionärs- und Arbeitnehmervertretern hergestellt wird. Ist nur die Beschlußfähigkeit des Aufsichtsrats herzustellen, so kann die Berücksichtigung dieses Verhältnisses im gegebenen Falle nicht möglich sein: dann ist die Gruppenbeteiligung im Aufsichtsrat nur insoweit zu beachten, als die zur Beschlußfähigkeit notwendige Zahl es ermöglicht (Abs. 4 Satz 2). Diese Regelung entspricht dem in § 108 Abs. 2 Satz 4 ausgesprochenen Grundsatz, wonach eine Verschiebung des gesetzlich vorgeschriebenen Verhältnisses von Aktionärs- und Arbeitnehmervertretern die Beschlußfähigkeit nicht berührt.

Anm. 7

2. Vorschlagsrecht

Bei Ersetzung eines Aufsichtsratsmitglieds, bei dessen Wahl die Spitzenorganisationen der Gewerkschaften oder die Betriebsräte ein *Vorschlagsrecht* hätten (§ 6 Abs. 1 und 3 MitbestG), *soll* das Gericht die Vorschläge dieser Stellen berücksichtigen, allerdings nur dann, wenn nicht der Bestellung des Vorgeschlagenen überwiegende Belange der Gesellschaft oder der Allgemeinheit entgegenstehen, ein Erfordernis, das vom Gericht auch von Amts wegen zu prüfen ist. Das Vorschlagsrecht der Spitzenorganisationen richtet sich nach dem Verhältnis ihrer Vertretung in den Betrieben der AG und zwar im Zeitpunkt seiner Ausübung und nicht etwa im Zeitpunkt der Wahl des zu ersetzenden Mitglieds (LG Saarbrücken, DieAG 1967, 332 = BB 1967, 1042 mit Anm. von Spieker). *Kein* Vorschlagsrecht im Sinne dieser Vorschrift hat jedoch der Betriebsrat einer dem BetrVG unterliegenden AG, da hier nach § 76 Abs. 3 lediglich vom Betriebsrat den allein wahlberechtigten Arbeitnehmern gegenüber Wahlvorschläge gemacht werden, während im Bereich der Montanmitbestimmung die „Wahlvorschläge" der Betriebsräte bzw. der Spitzenorganisationen vom Wahlorgan gemäß § 6 Abs. 5 MitbestG berücksichtigt werden müssen (Auffahrt NJW 1957, 1705; a.A. Baumbach-Hueck Rdn. 15, Natzel DB 1957, 748). Ebenso soll das Gericht bei Ersetzung eines Mitglieds, das durch Wahlmänner zu wählen wäre (Aufsichtsräte in Konzernunternehmen gem. § 76 Abs. 4 BetrVG oder § 6 MitbestErgG), gemeinsame Wahlvorschläge der Betriebsräte der Konzernunternehmen, in denen Wahlmänner zu wählen sind, berücksichtigen, ohne, außer im Rahmen pflichtmäßigen Ermessens, an diese Vorschläge gebunden zu sein (Abs. 4 Satz 4).

Anm. 8

3. Berücksichtigung persönlicher Voraussetzungen

Dagegen ist das Gericht *verpflichtet*, bei Ersetzung eines Aufsichtsratsmitglieds, das nach Gesetz oder Satzung in *persönlicher Hinsicht* besonderen *Voraussetzungen* entsprechen muß, diese Voraussetzungen auch bei der Ersatzbestellung zu berücksichtigen (Abs. 4 Satz 3), z. B. Beschäftigung als Arbeiter oder Angestellter im Betriebe der AG (§ 76 Abs. 2 Satz 2ff. BetrVG; hinsichtlich der persönlichen Voraussetzungen für Arbeitnehmervertreter s. im einzelnen § 100 Anm. 7) oder Sachkunde (§ 4 G über Kapitalanlagegesellschaften).

Das Gericht ist bei der Bestellung auch an die von *der Satzung* verlangten persönlichen Eigenschaften (vgl. § 100 Anm. 8) der Aufsichtsratsmitglieder gebunden. Macht der Entsendungsberechtigte von seiner Befugnis keinen Gebrauch, so ist das Gericht daher auch an die besonderen Eigenschaften, die die Satzung für die entsandten Mitglieder fordert, gebunden.

IV. Verfahren

Anm. 9

Zuständig ist das Gericht des Sitzes der AG (§ 14). Das Verfahren richtet sich nach den Vorschriften des FGG (§ 145) und entspricht dem Verfahren bei der gerichtlichen Vorstandsbestellung; es kann daher auf Anm. 4 zu § 85 verwiesen werden. Die Entscheidung ist dem Richter vorbehalten (§ 17 Nr. 2 lit. a RPflG).

Der Beschluß wird gemäß § 16 FGG mit der Bekanntmachung an denjenigen wirksam, für welchen er seinem Inhalt nach bestimmt ist. Dies wird das bestellte Aufsichtsratsmitglied oder die Gesellschaft, vertreten durch den Vorstand oder durch ein Aufsichtsratsmitglied, falls dieses den Antrag gestellt hat, sein, ferner jeder sonstige Antragsteller, bestr.; BGH 6, 232 hält offenbar eine Bekanntmachung allein an den Bestellten für ausreichend (zustimmend Natzel, DieAG 1959, 93 [99ff.], vgl. § 100 Anm. 8, während in der Literatur, teilweise jedenfalls, Bekanntgabe an die AG verlangt wird, s. Schlegelberger-Quassowski AktG 1937, § 89 Anm. 4; Baumbach-Hueck Rdn. 8; Godin-Wilhelmi Anm. 5; weitere Nachweise s. § 85 Anm. 4). Die Wirksamkeit des Beschlusses bedeutet nicht notwendig, daß der Bestellte damit schon sein Amt erwirbt. Es bedarf dazu vielmehr noch der Annahme (vgl. § 101 Anm. 5 und 17); auch kann es ein, daß erst noch Voraussetzungen, die die Satzung vorschreibt, wie z. B. Aktienbesitz, erfüllt werden müssen. Sind diese Voraussetzungen gegeben und hat der Bestellte sich schon vorher zur Übernahme des Amts bereit erklärt, so erwirbt er es mit dem Wirksamwerden des gerichtlichen Beschlusses. Eine Pflicht zur Annahme besteht auch hier nicht (vgl. auch LG Siegen MDR 51, 102).

Wegen der *Bekanntmachung* der Bestellung siehe § 106. Das Gericht entscheidet durch Verfügung (§ 146 Abs. 2 FGG); hiergegen ist sofortige Beschwerde binnen 2 Wochen seit Bekanntgabe an den Antragsteller möglich (Abs. 1 Satz 4; Abs. 2 Satz 4). Das weitere Verfahren richtet sich nach §§ 26ff. FGG. Beschwerdeberechtigter ist bei Zurückweisung des Antrags nur der Antragsteller, sonst jeder nach Abs. 1 Antragsberechtigte (Jansen FGG § 145 Anm. 32 m. w. N.); das gilt entsprechend auch für die weitere Beschwerde (KG OLGZ 1966, 596).

V. Beendigung des Amtes (Abs. 5).

Anm. 10

1. Erlöschen

Das Amt eines gerichtlich bestellten Aufsichtsratsmitglieds erlischt, sobald der Mangel behoben ist, also sobald das fehlende Aufsichtsratsmitglied von der Hauptversammlung oder den Arbeitnehmern gewählt oder von einem Berechtigten entsandt worden ist. Es bedarf keiner Abberufung durch das Gericht; vielmehr *ist das Amt kraft Gesetzes erloschen.*

Um gewisse Auslegungsschwierigkeiten, die sich zu § 89 Abs. 6 AktG 1937 ergeben hatten (vgl. die Voraufl. § 89 Anm. 20), zu beseitigen, ist der Wortlaut der Vorschrift jetzt an § 29 BGB und § 85 angepaßt worden. Damit ist nicht nur klargestellt, daß das Amt des gerichtlich bestellten Aufsichtsratsmitglieds bei rechtsgültiger Wahl oder Entsendung endet, selbst wenn diese angefochten werden sollte (s. dazu § 101 Anm. 23), sondern auch, daß die Amtsbeendigung erst eine durch Annahme der Wahl oder Entsendung wirksame Bestellung voraussetzt (s. die amtliche Begründung, bei Kropff S. 144f.). Weiterhin erlischt das Amt, wenn die Ersatzbestellung wegen Behinderung eines Mitglieds erfolgte und diese weggefallen ist. Dagegen tritt kein Erlöschen des Amts ein, wenn die Wahl des neuen Mitglieds nach § 250 nichtig ist.

Auch für gerichtlich bestellte Aufsichtsratsmitglieder gilt im übrigen die Höchstfrist des § 102 Abs. 1, in entsprechender Anwendung, wie für die auf Grund der Satzung entsandten Aufsichtsratsmitglieder (vgl. § 101 Anm. 18).

Ist die gerichtliche Bestellung erfolgt, weil der Aufsichtsrat nicht mehr beschlußfähig war, so erlischt das Amt mit Eintritt der Beschlußfähigkeit, andernfalls erst, wenn der

Aufsichtsrat wieder vollständig ist. Das Amt eines wegen fehlender Beschlußfähigkeit gerichtlich bestellten Mitglieds erlischt auch dann, wenn zwar die Beschlußfähigkeit wieder hergestellt ist, nicht aber die Vollständigkeit (Baumbach-Hueck Rdn. 17). Sind mehrere Ersatzmitglieder bestellt und werden weniger Mitglieder neu gewählt und ist somit ungewiß, wessen Amt erlischt, muß das Gericht dasjenige Mitglied, dessen Amt beendet werden soll, abberufen (Baumbach-Hueck Rdn. 18); vgl. Anm. 11 unten.

Anm. 11

2. Abberufung durch das Gericht

Eine Abberufung des gerichtlich bestellten Mitglieds durch die Hauptversammlung, den Entsendungsberechtigten, die mitbestimmungsrechtlichen Bestellungsorgane oder die Arbeitnehmer nach § 76 Abs. 5 BetrVG ist nicht zulässig; nur durch Neuwahl oder Entsendung eines neuen Mitglieds kann eine Amtsbeendigung des gerichtlich bestellten Mitglieds erreicht werden. Dagegen kann das Gericht das von ihm bestellte Aufsichtsratsmitglied auch vor Beendigung des Amtes (entgegen § 18 Abs. 2 FGG) abberufen, insbesondere wegen Vorliegen eines wichtigen Grundes in der Person des bestellten Mitglieds (z. B. Wegfall besonderer, nach Gesetz oder Satzung erforderlicher persönlicher Voraussetzungen im Sinne von Abs. 4 Satz 3). Das Abberufungsrecht des Gerichts ist aber nicht von dem Vorliegen eines derartigen wichtigen Grundes abhängig; es genügt ein Wegfall der Voraussetzungen, die zur Bestellung im einzelnen geführt haben (wie hier Schmatz WM 1955, 648; Baumbach-Hueck Rdn. 19); vgl. auch § 103 Abs. 3.

Anm. 12

3. Amtsniederlegung

Auch das gerichtlich bestellte Aufsichtsratsmitglied kann, wie jedes andere Aufsichtsratsmitglied, sein *Amt niederlegen* (Schmatz a. a. O.). Ist die Amtsniederlegung unberechtigt, so greifen die allgemeinen Grundsätze ein (dazu § 102 Anm. 6).

Anm. 13

4. Neuwahl oder Entsendung

Die Hauptversammlung sowie andere Wahl- oder Entsendungsberechtigte sind durch das Vorhandensein eines gerichtlich bestellten Mitglieds auch dann nicht an der Bestellung eines Mitglieds gehindert, wenn dadurch die Gesamtzahl der Aufsichtsratsmitglieder die gesetzliche oder satzungsmäßige Zahl oder Höchstzahl übersteigt. Die gerichtlich bestellten Mitglieder, deren Amt ohnehin bei Wahl oder Entsendung des oder der fehlenden Mitglieder erlischt, sind *in die Gesamtzahl der Mitglieder des Aufsichtsrats der AG nicht einzurechnen* (Schlegelberger-Quassowski AktG 1937, § 89 Anm. 5). Hingegen ist bei der Berechnung der Zahl der Aufsichtsratsposten, die eine Person gemäß § 100 Abs.2 Nr.1 höchstens bekleiden darf, ein auf gerichtlicher Bestellung beruhender Aufsichtsratsposten mitzurechnen.

Anm. 14

VI. 1. Rechtsstellung des Bestellten

Das gerichtlich bestellte Mitglied hat *dieselbe Rechtsstellung und dieselben Pflichten* wie ein ordentliches Aufsichtsratsmitglied (Godin-Wilhelmini Anm. 9; Baumbach-Hueck Rdn. 20). Die Satzung kann hieran nichts ändern. Es sind also auch Bestimmungen in der Satzung unzulässig, wonach etwa vom Gericht bestellte Mitglieder nicht den Ausschüssen des Aufsichtsrats angehören dürfen.

Auch das gerichtlich bestellte Aufsichtsratsmitglied tritt zu der AG in ein Vertragsverhältnis (dazu § 101 Anm. 6), was sich auch daraus ergibt, daß ihm jetzt durch das Gesetz ausdrücklich ein Vergütungsanspruch zuerkannt wird (s. Anm. 15).

Anm. 15

2. Vergütungsanspruch

Das gesetzlich bestellte Mitglied hat, kraft Gesetzes, einen Anspruch auf Ersatz angemessener barer Auslagen (Abs. 6 Satz 1). Dieser Ersatzanspruch ist für die übrigen Aufsichtsratsmitglieder nicht gesetzlich geregelt, aber allgemein anerkannt (§ 113 Anm. 16). Darüber hinaus hat das bestellte Mitglied auch einen Vergütungsanspruch für seine Aufsichtsratstätigkeit, wenn den übrigen Mitgliedern des Aufsichtsrats eine Vergütung gewährt wird. Das bestellte Mitglied soll also nicht besser, aber auch nicht schlechter als die übrigen Mitglieder gestellt sein (s. die amtl. Begründung, bei Kropff S. 145).

Anm. 16

3. Festsetzung der Vergütung

Nach früherem Recht mußte das gerichtlich bestellte Aufsichtsratsmitglied, wenn es sich mit der Gesellschaft über seine Tätigkeitsvergütung nicht einigen konnte, diese im Prozeßwege geltend machen. Als Anspruchsgrundlage wurde § 612 BGB angesehen. In Anlehnung an die Bestimmungen über die Festsetzung der Vergütungsansprüche der Gründungs- und der Sonderprüfer (jetzt § 35 Abs. 2 und § 142 Abs. 6) kann nunmehr gemäß Abs. 6 Satz 2 auch das gerichtlich bestellte Aufsichtsratsmitglied Auslagen und Vergütung durch das Gericht festsetzen lassen. Zuständig ist das in § 14 genannte Gericht. Das Gericht wird aber nur auf Antrag des Bestellten tätig. Es können also nicht etwa die gemäß Abs. 1 (oder 2) Antragsberechtigten gleichzeitig mit der Bestellung eines Ersatzmitglieds auch die Festsetzung seiner Vergütung beantragen.

Das Verfahren richtet sich nach den Vorschriften des FGG (§ 145 FGG i. d. F. von § 43 EG). Es gilt das in Anm. 9 Gesagte. Gegen die Entscheidung des Gerichts, durch welche die Vergütung festgesetzt oder abgelehnt wird (Jansen FGG § 145 Anm. 33), ist *die sofortige Beschwerde* zulässig (Abs. 6 Satz 3). Die weitere Beschwerde (§ 27 FGG) ist ausgeschlossen (Abs. 6 Satz 4). Aus der rechtskräftigen Entscheidung kann die Zwangsvollstreckung nach den Vorschriften der ZPO betrieben werden.

§ 105 Unvereinbarkeit der Zugehörigkeit zum Vorstand und zum Aufsichtsrat

(1) Ein Aufsichtsratsmitglied kann nicht zugleich Vorstandsmitglied, dauernd Stellvertreter von Vorstandsmitgliedern, Prokurist oder zum gesamten Geschäftsbetrieb ermächtigter Handlungsbevollmächtigter der Gesellschaft sein.

(2) Nur für einen im voraus begrenzten Zeitraum, höchstens für ein Jahr, kann der Aufsichtsrat einzelne seiner Mitglieder zu Stellvertretern von fehlenden oder behinderten Vorstandsmitgliedern bestellen. Eine wiederholte Bestellung oder Verlängerung der Amtszeit ist zulässig, wenn dadurch die Amtszeit insgesamt ein Jahr nicht übersteigt. Während ihrer Amtszeit als Stellvertreter von Vorstandsmitgliedern können die Aufsichtsratsmitglieder keine Tätigkeit als Aufsichtsratsmitglied ausüben. Das Wettbewerbsverbot des § 88 gilt für sie nicht.

Übersicht

Literatur

Haberkorn, K.: Können leitende Angestellte in den Aufsichtsrat gewählt werden? DieAG 1964, 231
Brox, H.: Leitende Angestellte als Aufsichtsratsmitglieder des Unternehmens, Festschrift für Ficker, S. 108

Einleitung

Die Bestimmung geht auf § 248 HGB zurück, die ohne wesentliche Änderungen als § 90 AktG 1937 übernommen wurde. § 90 Abs. 1 AktG 1937 wurde durch § 84 Abs. 2 Nr. 3 BetrVG geändert: durch die Beschränkung auf *leitende* Angestellte (früher Angestellte) wurde der Weg für die Entsendung von Angestellten als Arbeitnehmervertreter in den Aufsichtsrat (vgl. § 76 Abs. 2 Satz 3 BetrVG, § 6 Abs. 1 MitbestG, § 6 Abs. 1 MitbestErgG) frei gemacht. Durch AktG 1965 wurde in Abs. 1 der Begriff „leitende Angestellte" durch „Prokuristen und zum gesamten Geschäftsbetrieb ermächtigte Handlungsbevollmächtigte" ersetzt. In Abs. 2 wurde die Befristung der Stellvertretung auf ein Jahr eingeführt, andererseits klargestellt, Stellenvertretung auch bei Fehlen eines Vorstandsmitglieds zulässig ist, nicht nur bei Behinderung.

I. 1. Unvereinbarkeit der Stellung von Aufsichtsratsmitglied und Vorstandsmitglied

Anm. 1

Ein Aufsichtsratsmitglied kann nicht zugleich ordentliches Vorstandsmitglied oder dauernder Stellvertreter eines solchen sein (Abs. 1). Wird ein Aufsichtsratsmitglied zu einem ordentlichen Vorstandsmitglied oder zu einem dauernd stellvertretenden Vorstandsmitglied im Sinne des § 94 bestellt, so ist die Bestellung unwirksam, sofern nicht zuvor oder gleichzeitig sein Aufsichtsratsamt endigt. Soweit dem Aufsichtsratsmitglied ein freies Niederlegungsrecht zusteht (s. Anm. 6 zu § 102), wird in der Übernahme des Vorstandsamts eine Niederlegung des Aufsichtsratsamts zu erblicken sein (Schlegelberger-Quassowski AktG § 90 Anm. 2; Godin-Wilhelmi Anm. 2; Baumbach-Hueck Rdn. 3).

Die Unvereinbarkeit der Zugehörigkeit zum Vorstand und zum Aufsichtsrat gilt nicht für Aufsichtsratsmitglieder einer die AG beherrschenden Gesellschaft; im übrigen ist bei Unternehmensverbindungen die Konzernklausel des § 100 Abs. 2 Nr. 2 zu beachten.

Beabsichtigt das Aufsichtsratsmitglied eine Niederlegung seines Amtes nicht, weil es glaubt, beide Ämter gleichzeitig bekleiden zu können, was nur bei der Bestellung zu einem stellvertretenden Vorstandsmitglied im Rahmen der Ausnahmeregelung des Abs. 2 möglich wäre, oder liegen die Voraussetzungen für eine Niederlegung nicht vor, so ist die Bestellung zum Vorstandsmitglied unwirksam (Schlegelberger-Quassowski AktG 1937 § 90 Anm. 2; Baumbach-Hueck Rdn. 3; Godin-Wilhelmi, Anm. 2; Teichmann-Köhler AktG 1937 § 90 Anm. 1; Brodmann HGB § 248 Anm. 1 b). Ist das Aufsichtsratsmitglied jedoch mit Zustimmung des Aufsichtsrats nach außen als Stellvertreter eines Vorstandsmitglieds der AG aufgetreten, so muß die AG Dritten gegenüber seine Rechtshandlungen gegen sich gelten lassen, als ob es wirklich Vorstandsmitglied gewesen wäre. Es kommen die allgemeinen Grundsätze über die Rechtsfolgen bei fehlerhafter Bestellung von Vorstandsmitgliedern zur Anwendung; vgl. § 84 Anm. 17ff. Ein weitgehender Schutz des Verkehrs ist hinsichtlich von Aufsichtsräten, die als Mitglieder des Vorstands auftreten, um so angebrachter, als nach Abs. 2 ein Aufsichtsratsmitglied vorübergehend zum stellvertretenden Vorstandsmitglied bestellt werden kann. Dem Dritten kann die Nachprüfung nicht zugemutet werden, ob das Aufsichtsratsmitglied dauernd oder vorübergehend zur Vertretung bestellt ist. Zumal, da die Amtsdauer von nach Abs. 2 wirksam zur vorübergehenden Vertretung bestellter Aufsichtsratsmitglieder im Handelsregister nicht eingetragen wird (dazu Anm. 11 unten); eine Nachprüfung kann also von Dritten auch gar nicht erwartet werden.

Anm. 2

2. Rechtsfolgen bei Berufung von Vorstandsmitgliedern in den Aufsichtsrat

Wird umgekehrt ein *Vorstandsmitglied in den Aufsichtsrat gewählt*, so kann es das Aufsichtsratsamt nur wirksam übernehmen, wenn es zuvor oder gleichzeitig das Vorstandsamt wirksam niederlegt. Für das Vorstandsmitglied dürfte die Wahl in den Aufsichtsrat stets einen wichtigen Grund zur Niederlegung des Vorstandsamts (§ 84 Anm. 37) bilden (Baumbach-Hueck Rdn. 3). Denn eine Befugnis des Aufsichtsrats, ein Vorstandsmitglied gegen seinen Willen und gegen den Willen der Hauptversammlung im Vorstandsamte zu halten, würde der Stellung des Aufsichtsrats zu den übrigen Organen der AG nicht gemäß sein.

II. Unvereinbarkeit der Stellung von Aufsichtsratsmitglied und Prokuristen oder Generalhandlungsbevollmächtigten

Anm. 3

1. Allgemeines

Die Aufsichtsratsmitglieder können auch nicht Prokuristen oder Generalhandlungsbevollmächtigte der Gesellschaft sein (Abs. 1). Dienste, die der Gesellschaft von selbständigen Kaufleuten oder Angehörigen freier Berufe geleistet werden, mag es sich hierbei um einzelne Geschäfte oder um eine dauernde Tätigkeit handeln, hält das Gesetz mit der Aufsichtsratstätigkeit dagegen für vereinbar. Aufsichtsratsmitglieder dürfen also etwa als Wirtschafts- und Rechtsberater, Architekten, Vertrauensärzte für die Gesellschaft tätig werden und als Rechtsanwälte für sie Prozesse führen. Zu beachten ist aber, daß derartige Tätigkeiten außerhalb der Aufsichtsratstätigkeit nur wirksam mit der AG vereinbart werden können, wenn der Aufsichtsrat zustimmt (§ 114 Abs. 1) oder den Vertrag nachträglich genehmigt (§ 114 Abs. 2). Aufsichtsratsmitglieder können daher auch ständige Berater der Gesellschaft sein, sofern es sich dabei nicht um die Übertragung von Geschäftsführungsmaßnahmen auf den Aufsichtsrat handelt (§ 111 Abs. 4 Satz 1) oder dem Aufsichtsratsmitglied Prokura oder Generalhandlungsvollmacht erteilt wird.

Nach § 90 Abs. 1 AktG 1937 i. d. F. von § 84 Abs. 2 Nr. 3 BetrVG war mit der Stellung als Aufsichtsratsmitglied die Stellung eines leitenden Angestellten bei der AG unvereinbar. Der Begriff des *leitenden Angestellten*, in verschiedenen Gesetzen verschieden definiert (vgl. § 14 Abs. 2 KSchG, § 4 Abs. 2 lit. c BetrVG), war und ist unscharf (vgl. auch die Einleitung zu § 89). Der Begriff wurde daher in § 89 und § 105 durch „Prokuristen und zum gesamten Geschäftsbetrieb ermächtigte Handlungsbevollmächtigte" ersetzt. Damit ist der Kreis der Angestellten, die dem Aufsichtsrat nicht angehören können, anders abgegrenzt und im Vergleich zum früheren Recht eher erweitert (vgl. die Voraufl. Anm. 3a zu § 90). Über die Voraussetzungen für die Bestellung von Prokuristen bei der AG s. § 78 Anm. 25, über die grundsätzliche Zulässigkeit der Erteilung von Generalhandlungsvollmacht § 82 Anm. 4. Offenbar meint das Gesetz nicht eine beschränkte Handlungsvollmacht i. S. von § 54 HGB, sondern die regelmäßig auch von § 54 Abs. 2 HGB freigestellte, in der Praxis oft als Generalvollmacht bezeichnete Bevollmächtigung, oft auch verbunden mit Alleinzeichnungsbefugnis (vgl. hierzu § 4 Abs. lit. c BetrVG; s. auch § 89 Anm. 2 und § 151 Anm. 77; teilweise abweichend Brox NJW 1967, 801, 802, der annimmt, daß jeder Handlungsbevollmächtigte i.S. von § 54 Abs. 1 HGB gemeint ist, sofern die Vollmacht nicht auf bestimmte Arten von Geschäften oder einzelne Geschäfte beschränkt ist).

Mit der Mitgliedschaft im Aufsichtsrat ist dagegen die Stellung eines Prokuristen oder Generalhandlungsbevollmächtigten in einer die AG beherrschenden oder von der AG abhängigen Gesellschaft nicht unvereinbar.

Anm. 4

2. Rechtsfolgen bei Berufung von Prokuristen oder Generalhandlungsbevollmächtigten in den Aufsichtsrat

Ein Rechtsverhältnis, das ein Aufsichtsratsmitglied zum Prokuristen oder Generalhandlungsbevollmächtigten der AG machen würde, kann nicht begründet werden. Eine darauf gerichtete Vereinbarung wäre *nichtig*. Soll sie wirksam sein, so muß zuvor oder gleichzeitig das Aufsichtsratsamt durch wirksame Niederlegung oder auf sonstige Weise beendet sein. Die Ernennung zum Prokuristen oder Generalhandlungsbevollmächtigten wird das Aufsichtsratsmitglied in jedem Falle berechtigen, sein Amt sofort niederzulegen (Brox, NJW 1967, 803). Wird aber einem Angestellten der AG Prokura oder Generalhandlungsvollmacht erteilt, nachdem er in den Aufsichtsrat gewählt ist, und legt er das Amt nicht nieder, so ist die Prokuraerteilung oder Bevollmächtigung unwirksam. Auch eine gerichtliche Abberufung (§ 103 Abs. 3)kann nicht auf eine unwirksame Ermächtigung gestützt werden (Brox a. a. O. 802, 803). Macht das Aufsichtsratsmitglied im Geschäftsverkehr mit Wissen und Willen des Vorstands von einer unwirksamen Bevollmächtigung Gebrauch, so sind die in ihrem Rahmen namens der AG abgeschlossenen Geschäfte für diese verbindlich. Daß das Aufsichtsratsamt durch die tatsächliche Beschäftigung als Prokurist oder Generalhandlungsbevollmächtigter erlischt, ist nicht anzunehmen. Der Aufsichtsrat hat aber dafür zu sorgen, daß die Fortsetzung dieser Tätigkeit unterbleibt. Ein als Prokurist oder Generalhandlungsbevollmächtigter tätiges Aufsichtsratsmitglied handelt nicht nur auf Grund einer nichtigen Vereinbarung, sondern verletzt zugleich seine Aufsichtsratspflichten und macht sich dadurch schadensersatzpflichtig.

Ein Prokurist oder Generalhandlungsbevollmächtigter der AG kann nicht vor Widerruf der Ermächtigung Aufsichtsratsmitglied werden. Wird ein Prokurist oder Generalhandlungsbevollmächtigter zum Aufsichtsratsmitglied gewählt, so kann er das Amt nur annehmen, wenn er spätestens gleichzeitig seine Vollmacht niederlegt. Die Wahl in den Aufsichtsrat wird als wichtiger Grund zur Niederlegung anzusehen sein (so Brox a. a. O. S. 804, 805).

Anm. 5

3. Angestellte als Aufsichtsratsmitglieder

§ 90 Abs. 1 a. F. AktG 1937 hielt mit dem Amt des Aufsichtsrats jede Angestelltentätigkeit bei der AG für unvereinbar. Die Aufsichtsratsmitglieder sollten nicht in ihrer Eigenschaft als Angestellte dem Vorstand gegenüber weisungsgebunden sein, den sie in seiner Geschäftsführung zu überwachen haben. Nachdem durch das BetrVG und die mitbestimmungsrechtlichen Regelungen die Beteiligung von Arbeitnehmern im Aufsichtsrat der AG eingeführt wurde, ist dieser Grundsatz entfallen (vgl. schon die Vorauflage § 90 Anm. 5a). Arbeitnehmereigenschaft ist im Gegenteil persönliche Voraussetzung zur Wählbarkeit in den Aufsichtsrat gemäß § 6 Abs. 1 MitbestG, § 6 Abs. 1 MitbestErgG und § 76 Abs. 2 BetrVG für die beiden ersten Plätze der Arbeitnehmervertreter; auch die weiteren Plätze der Arbeitnehmervertreter können mit Angestellten der AG, auch mit leitenden (Haberkorn, DieAG 1964, 231), besetzt werden, sofern es sich nur nicht um Prokuristen und Generalhandlungsbevollmächtigte handelt. Die Wählbarkeitsvoraussetzungen für Aufsichtsratsmitglieder bestimmen sich nach Abs. 1 des hier behandelten § 105 sowie nach § 100, nicht nach § 4 Abs. 2 lit. c BetrVG. Ebenso sind die Hauptversammlung oder auf Grund der Satzung Entsendungsberechtigte frei in der Auswahl der zu wählenden (§ 101 Anm. 2) oder zu entsendenden Aufsichtsratsmitglieder. An Wahlvorschläge ist die Hauptversammlung nur ausnahmsweise nach mitbestimmungsrechtlichen Sondervorschriften gebunden (s. § 101 Anm. 7). Die Hauptversammlung kann also auch Arbeitnehmer der AG in den Aufsichtsrat wählen (Godin-Wilhelmi Anm. 3; Baumbach-Hueck Anh. nach § 96 Rdn. 13). § 96 steht dem nicht entgegen, jedoch können die von der Hauptversammlung gewählten oder gemäß § 101 Abs. 2 in den Aufsichtsrat entsandten Arbeitnehmer nicht auf die gesetzlich durch die Arbeitnehmer zu besetzenden Aufsichtsratssitze angerechnet werden. Auch endet für einen durch die Hauptversammlung gewählten Arbeitnehmer mit dem Wegfall der Arbeitnehmerschaft nicht von selbst das Amt als Aufsichtsratsmitglied (vgl. § 100 Anm. 9 a.E.). Neuerdings ist erörtert worden, ob in der Wahl von Arbeitnehmern der AG oder Vertretern von Arbeitnehmerorganisationen durch die Hauptversammlung ein Gesetzesverstoß mit der Folge vorliegen kann, daß die Wahl nichtig oder anfechtbar ist. Nichtigkeit könnte rechtlich nur gemäß § 250 Abs. 1 Nr. 1 wegen eines Verstoßes gegen § 96 Abs. 2 in Betracht kommen; die letztgenannte Vorschrift regelt aber nur die allein zulässigen Verfahrensregeln zur Besetzung des Aufsichtsrats, ohne persönliche Voraussetzungen für die Wählbarkeit der einzelnen Mitglieder aufzustellen. Insofern gelten die allgemeinen Vorschriften, insbesondere § 101 Abs. 1 Satz 2 hinsichtlich der von der Hauptversammlung zu wählenden Aufsichtsratsmitglieder. Anfechtbarkeit von Aufsichtsratswahlen richtet sich nach § 251 Abs. 1: ein Gesetzesverstoß ließe sich wieder nur auf § 96 Abs. 2 stützen, entfällt also. Ob ein etwaiger Satzungsverstoß vorliegt, ist Tatfrage.

III. Zwingende Regelung

Anm. 6

Die Bestimmung des Abs. 1 ist im öffentlichen Interesse erlassen und *zwingender Natur* (RG 48, 40, 47; RG JW 1931, 2985). Weder durch die Satzung noch durch den übereinstimmenden Willen aller Organe und Aktionäre der AG sowie der wahlberechtigten Arbeitnehmer kann daher Abweichendes bestimmt werden. Sie gilt auch für Abwickler (Baumbach-Hueck Rdn. 3).

IV. 1. Ausnahmen

Anm. 7

Eine *Ausnahme* von dem Grundsatze enthält der auf die Novelle zum Handelsgesetzbuch vom Jahre 1884 zurückgehende Abs. 2. *Danach kann der Aufsichtsrat einzelne seiner Mitglieder zu Stellvertretern von fehlenden oder behinderten Vorstandsmitgliedern bestellen.* Die Bestellung darf nur *für einen im voraus begrenzten Zeitraum* erfolgen, sie kann wiederholt werden, darf aber insgesamt *ein Jahr* nicht übersteigen.

Voraussetzung ist zunächst, daß ein *Vorstandsmitglied* fehlt oder behindert ist. Zur Vertretung eines fehlenden oder behinderten geschäftsführenden Angestellten darf ein Aufsichtsratsmitglied in keinem Falle bestellt werden. *Behinderungsgrund* kann namentlich Krankheit oder Abwesenheit eines Vorstandsmitglieds sein. Ein Vorstandsmitglied *fehlt,* wenn es durch Tod, Niederlegung, Abberufung ausgeschieden ist oder eine neu geschaffene Vorstandsstelle noch nicht besetzt ist. Das gleiche ist anzunehmen, wenn für eine notwendig zu schaffende neue Vorstandsstelle noch kein geeignetes Vorstandsmitglied gefunden ist. Es genügt immer, daß Vorstandsmitglieder in der von der Satzung vorgeschriebenen Zahl nicht vorhanden oder zur Ausübung ihrer Aufgabe nicht imstande sind (KG Recht 1927 Nr. 57).

Die Bestellung eines Aufsichtsratsmitglieds zum Stellvertreter eines fehlenden oder behinderten Vorstandsmitgliedes wird nicht dadurch ausgeschlossen, daß die durch Gesetz oder Satzung vorgesehene Mindestzahl der Vorstandsmitglieder noch vorhanden ist (Brodmann HGB § 248 Anm. 2c). Dagegen kann ein Aufsichtsratsmitglied nicht zum Vertreter eines Vorstandsmitglieds bestellt werden, solange genügend dauernde stellvertretende Vorstandsmitglieder im Sinne des § 94 vorhanden sind (Schlegelberger-Quassowski AktG 1957, § 90 Anm. 7; Baumbach-Hueck Rdn. 4). Die Behinderung eines Vorstandsmitglieds muß allgemeiner Natur sein; die rechtliche oder tatsächliche Behinderung an der Vornahme eines einzelnen Geschäfts reicht nicht aus (Schlegelberger-Quassowski a. a. O.; Baumbach-Hueck Rdn. 4).

Anm. 8

2. nur für bestimmte Fälle des Fehlens oder der Behinderung

Unzulässig ist eine Bestellung des Aufsichtsratsmitglieds zum *Stellvertreter* eines Vorstandsmitglieds *für unbestimmte Fälle* der Behinderung (KGJ 15, 30). Es muß feststehen, welches Vorstandsmitglied behindert ist, und das Fehlen oder der Behinderungsfall muß grundsätzlich bereits eingetreten sein; es genügt aber auch, daß er sicher bevorsteht (Schlegelberger-Quassowski AktG 1937, § 90 Anm. 7; Godin-Wilhelmi Anm. 4; Baumbach-Hueck Rdn. 4; Brodmann HGB § 248 Anm. 2b; a.A. KGJ 15, 30; Ritter AktG 1937, § 90 Anm. 5). Die bloße Möglichkeit eines bevorstehenden Fehlens oder einer künftigen Behinderung genügt nicht.

Anm. 9

3. auch wenn der Aufsichtsrat beschlußunfähig wird

Sind diese Voraussetzungen gegeben, so kann die Bestellung auch dann erfolgen, *wenn der Aufsichtsrat durch die Bestellung beschlußunfähig wird* (KG JW 1930, 1413; Schlegelberger-Quassowski AktG 1937, § 90 Anm. 8; Godin-Wilhelmi Anm. 4; Baumbach-Hueck Rdn. 4; Teichmann-Köhler AktG 1937, § 90 Anm. 2; Brodmann HGB § 248 Anm. 2c; abw. Staub HGB § 248 Anm. 3). Das gilt uneingeschränkt auch dann, wenn im Aufsichtsrat Arbeitnehmervertreter beteiligt sind (Winden BB 1954, 685). Da der Vorstand das das Unternehmen leitende und ständig tätige Organ ist, ist seine ausreichende Besetzung wichtiger als die vorübergehende Beschlußunfähigkeit des Aufsichtsrats. Ob es in diesem Fall Pflicht der übrigbleibenden Aufsichtsratsmitglieder und des Vorstands ist, bei Gericht unverzüglich die Bestellung eines Vorstandsmitglieds für die Zeit bis zur Behebung des Mangels gemäß § 85 zu beantragen, hängt von den Umständen des Einzelfalls ab, zumal § 104 Abs. 1 den Ausweg weist, auch die Beschlußunfähigkeit des Aufsichtsrats für die Übergangszeit zu beheben.

Anm. 10

4. für einen begrenzten Zeitraum

Die Bestellung muß *für einen im voraus begrenzten Zeitraum*, höchstens für ein Jahr, erfolgen, d. h. auf bestimmte Zeit. Die Bestellung darf nicht einfach bis zum Wegfall des Fehlens oder der Behinderung des Vorstandsmitglieds vorgenommen werden. Nach Ablauf der Zeit, für die das Aufsichtsratsmitglied zum Stellvertreter eines Vorstandsmitglieds bestellt ist, kann die Dauer der Vertretung von dem Aufsichtsrat verlängert werden, sofern das Vorstandsmitglied immer noch fehlt oder behindert ist, aber wieder nur auf bestimmte Zeit und in keinem Falle, wenn dadurch die Amtszeit ein Jahr übersteigt (Abs. 2 Satz 2). Mit dieser Befristung sollen Mißstände verhindert werden. Es ist der Zweck der Vorschrift, eine permanente Entsendung von Aufsichtsratsmitgliedern in den Vorstand zu verhindern (s. die amtliche Begründung, bei Kropff, S. 146).

Anm. 11

5. Anmeldung zum Handelsregister

Die Bestellung eines Aufsichtsratsmitglieds zum Stellvertreter eines fehlenden oder behinderten Vorstandsmitglieds ist *zum Handelsregister anzumelden und einzutragen.* Es gelten die allgemeinen Bestimmungen über die Anmeldung der Bestellung eines Vorstandsmitglieds. Das Registergericht hat grundsätzlich sämtliche gesetzlichen Voraussetzungen der Anmeldung nachzuprüfen, also namentlich das Vorliegen eines ordnungsmäßigen Aufsichtsratsbeschlusses, die Bestellung für ein bestimmtes behindertes Vorstandsmitglied (Anm. 8), die Bestellung für einen begrenzten Zeitraum und die Übernahme der Stellvertretung durch das Aufsichtsratsmitglied. Soweit kein Grund zur gegenteiligen Annahme vorliegt, wird aber das Gericht von der Richtigkeit des behaupteten Fehlens oder der behaupteten Behinderung ausgehen dürfen (Schlegelberger-Quassowski AktG 1937, § 90 Anm. 11; Brodmann HGB § 248 Anm. 2e; Baumbach-Hueck Rdn. 6; Brand-Marowski S. 263; a.A. Godin-Wilhelmi Anm. 4). Die Zeit, für die ein Vorstandsmitglied bestellt wird, wird nicht ins Handelsregister eingetragen. Ein ausreichender Grund, hier etwas anderes anzunehmen, liegt nicht vor (Ritter AktG 1937, § 90 Anm. 6; Baumbach-Hueck Rdn. 6; Brand-Marowski S. 263; Staub HGB § 248 Anm. 4; a.A.: Schlegelberger-Quassowski AktG 1937, § 90 Anm. 11; Brodmann HGB § 248 Anm. 2e). In der Regel wird die Vertretung nicht mit dem vorgesehenen Zeitraum enden, weil sich die Dauer des Fehlens oder der Behinderung in den seltensten Fällen vorher genau bestimmen läßt. Vielmehr wird sie entweder vorher durch Ersetzung oder durch Wegfall der Behinderung des Vorstandsmitglieds, zu dessen Vertretung das Aufsichtsratsmitglied bestellt ist, ihr Ende finden oder sie wird verlängert werden. Auch jede erneute Bestellung oder Verlängerung der Amtszeit ist aber zum Handelsregister anzumelden. Das Gericht prüft die Dauer der Bestellung und die Beachtung der Höchstfrist von einem Jahr. Die Anmeldung der Bestellung und ebenso des Endes der Stellvertretung kann gemäß § 14 HGB durch Ordnungsstrafen erzwungen werden.

V. Rechtsstellung des Stellvertreters

Anm. 12

Das zum Vertreter eines fehlenden oder behinderten Vorstandsmitglieds bestellte Aufsichtsratsmitglied erlangt mit der Übernahme der Vertretung *die volle rechtliche Stellung eines Vorstandsmitglieds.* § 94 ist nicht anwendbar (§ 94 Anm. 1).

Die Eintragung hat nicht anders als bei der Bestellung ordentlicher Vorstandsmitglieder keine rechtsbegründende, sondern nur rechtsbekundende Wirkung (§ 81 Anm. 7). Liegen die Voraussetzungen der Vertretung nicht vor oder leidet die Bestellung an einem Mangel, so ist zwar die Bestellung unwirksam; doch wird die Gesellschaft durch Rechtsgeschäfte, die das zum Vertreter eines Vorstandsmitglieds bestellte Aufsichtsratsmitglied in ihrem Namen abgeschlossen hat, gutgläubigen Dritten gegenüber verpflichtet, wie wenn die Bestellung wirksam wäre (vgl. Anm. 1 oben und § 84 Anm. 17ff.). Der Stellvertreter erlangt grundsätzlich die Stellung desjenigen Vorstandsmitglieds, zu dessen Vertretung er bestellt ist. Er ist in demselben Umfang zur Vertretung der Gesellschaft befugt. Doch muß eine Beschränkung der Ausübung der Vertretungsmacht in der Form, in der ordentliche Vorstandsmitglieder beschränkt werden können, also insbesondere die Anordnung der Gesamtvertretungsbefugnis, während das vertretene Vorstandsmitglied zur alleinigen Vertretung der Gesellschaft befugt ist, als zulässig angesehen werden.

Die zum Stellvertreter eines Vorstandsmitglieds bestellten Aufsichtsratsmitglieder unterliegen *allen Pflichten der Vorstandsmitglieder.* Es gilt für sie namentlich auch die Bestimmung über die Kreditgewährung an Vorstandsmitglieder (§ 89) und die Begrenzung der Bezüge (§§ 86, 87). Sie unterliegen der Berichterstattungspflicht an den Aufsichtsrat (§ 90), den Vorstandspflichten bei Vermögensverfall (§ 92) und den allgemeinen Sorgfaltspflichten und der Verantwortlichkeit des § 93. Nur das *gesetzliche Wettbewerbsverbot* des § 88 ist ausdrücklich ausgeschlossen (Abs. 2 Satz 4).

Über die Vergütung siehe Anm. 14.

VI. Beendigung des Amtes

Anm. 13

Für die *Beendigung des Amtes* des zum stellvertretenden Vorstandsmitglied bestellten Aufsichtsratsmitglieds gelten zunächst die allgemeinen Bestimmungen über die Beendigung des Vorstandsamts. Insbesondere kann es der Aufsichtsrat unter den Voraussetzungen und mit der Wirkung des § 84 Abs. 3 abberufen. Außerdem erlischt die Stellvertretung mangels Verlängerung mit Ablauf der im voraus bestimmten Zeit, ferner mit dem Ablauf der Höchstfrist von einem Jahr, sowie mit dem Fortfall der Behinderung des vertretenen Vorstandsmitglieds (Schlegelberger-Quassowski AktG 1937, § 90 Anm. 6; Baumbach-Hueck Rdn. 5; Brodmann § 248 Anm. 2b) und mit dem Ausscheiden des Vertreters aus dem Aufsichtsrat (Godin-Wilhelmi Anm. 4; Brodmann HGB § 248 Anm. 2f.).

VII. Tätigkeitsverbot

Anm. 14

Während der Dauer der Stellvertretung eines behinderten Vorstandsmitglieds kann das Aufsichtsratsmitglied keine Tätigkeit als solches ausüben (Abs. 2 Satz 3). Trotzdem vorgenommene Tätigkeiten als Aufsichtsratsmitglied sind nichtig (s. die amtliche Begründung, bei Kropff S. 146). Es scheidet aber nicht aus dem Aufsichtsrat aus und behält daher die ihm als Aufsichtsrat zustehende *Vergütung*. Jedoch kann durch die Satzung oder durch Vereinbarung mit dem Aufsichtsratsmitglied etwas anderes bestimmt werden, insbesondere, daß es statt der ihm als Aufsichtsrat zustehenden Vergütung eine besondere Vergütung für seine Tätigkeit als Vorstandsmitglied erhält (Schlegelberger-Quassowski AktG 1937, § 90 Anm. 10; Baumbach-Hueck Rdn. 5; Godin-Wilhelmi Anm. 4). Nach Beendigung der Vertretung kann das Vorstandsmitglied seine Aufsichtsratstätigkeit sogleich wieder aufnehmen. Eine Bestimmung, daß es bis zu seiner Entlastung nicht als Aufsichtsratsmitglied tätig sein darf (HGB § 248 Abs. 2 Satz 1), gibt es seit dem AktG 1937 nicht mehr.

VIII. Rechtsnatur des Abs. 2

Anm. 15

Abs. 2 ist insoweit *nicht zwingender Natur*, als daß die Bestellung von Aufsichtsratsmitgliedern zu Stellvertretern von Vorstandsmitgliedern durch die Satzung ausgeschlossen werden kann (Godin-Wilhelmi Anm. 4). Im übrigen kann aber die Satzung die Vorschrift nicht abändern, insbesondere nicht die Voraussetzungen und die Höchstdauer der Stellvertretung durch Aufsichtsratsmitglieder erweitern (Baumbach-Hueck Rdn. 2).

§ 106 Bekanntmachung der Änderungen im Aufsichtsrat

Der Vorstand hat jeden Wechsel der Aufsichtsratsmitglieder unverzüglich in den Gesellschaftsblättern bekanntzumachen und die Bekanntmachung zum Handelsregister einzureichen.

Übersicht

Einleitung

Die Bestimmung entspricht sachlich § 244 HGB und wörtlich § 91 AktG 1937.

Anm. 1

Bekanntmachungspflicht

Jeder Wechsel der Aufsichtsratsmitglieder ist bekanntzumachen. Bekanntmachungspflichtig ist hiernach jedes Ausscheiden eines Aufsichtsratsmitglieds und jeder Neueintritt eines Aufsichtsratsmitglieds ohne Rücksicht auf den Grund. Dies gilt in gleicher Weise für die von der Hauptversammlung und von den Arbeitnehmern gewählten, für die von Entsendungsberechtigten entsandten und für die vom Gericht bestellten Aufsichtsratsmitglieder. Der Wechsel muß rechtswirksam erfolgt sein. Insbesondere bedarf es im Falle der Niederlegung der Nachprüfung, ob deren Voraussetzungen gegeben waren (KG in RJA 12, 40). Eine Verlängerung der Amtszeit ist, da ein Wechsel in der Person nicht vorliegt, nicht bekanntmachungspflichtig, auch nicht die Wiederwahl der Aufsichtsratsmitglieder, deren Amt auf Grund des § 12 Abs. 2 EG erlosch. Die Mitglieder des *ersten Aufsichtsrats* werden von dem Gericht gemäß § 40 Abs. 1 zugleich mit der Eintragung der AG in das Handelsregister bekanntgemacht. Der Wechsel ist dagegen nur *von dem Vorstand in den Gesellschaftsblättern* bekannt zu machen. Enthält die Satzung keine Regelung, so ist das nur der Bundesanzeiger (§ 25). Die Bekanntmachung hat unverzüglich d. h. ohne schuldhaftes Zögern zu geschehen (Baumbach-Hueck Rdn. 2).

Kapitalanlagegesellschaften haben die Bestellung des Aufsichtsrats und jeden Wechsel der Aufsichtsratsmitglieder auch der Bankenaufsichtsbehörde unverzüglich anzuzeigen (§ 4 Abs. 1 Satz 2 KAGG).

Anm. 2

des Vorstands

Die Bekanntmachung ist von dem Vorstand unverzüglich zum Handelsregister einzureichen. Eine Eintragung ins Handelsregister erfolgt nicht. Für jede Zweigniederlassung ist ein besonderes Exemplar beizufügen, das von dem Gericht des Sitzes der Gesellschaft dem Gericht der Zweigniederlassung übermittelt wird (§ 43). Zur Einreichung der Bekanntmachung und daher mittelbar auch zur Bekanntmachung selbst (RG im Recht 1930 Nr. 903) kann der Vorstand gemäß § 14 HGB (vgl. § 407 Abs. 1 Satz 1) durch Ordnungsstrafen angehalten werden. Eine Bekanntgabe nach § 178 Abs. 1 im Geschäftsbericht ist nicht genügend, selbst wenn sie unverzüglich erfolgt (Groschuff DR 43, 813; a. A. KG in DR 43, 812 und Baumbach-Hueck Rdn. 3).

Anm. 3

Wirkung

Über die *Wirkung* der Bekanntmachung und Einreichung trifft das Gesetz keine Bestimmung. Da eine Eintragung und gerichtliche Bekanntmachung nicht erfolgt, findet § 15 HGB keine Anwendung (Schlegelberger-Quassowski AktG 1937, § 91 Anm. 5; Godin-Wilhelmi Anm. 2; Baumbach-Hueck Rdn. 3; Brodmann HGB § 244 Anm. 1). Es ließe sich erwägen, ob nicht in entsprechender Anwendung der Grundsätze über das Erlöschen der Vollmacht die Vertretungsmacht ausscheidender Aufsichtsratsmitglieder bis zur Bekanntmachung in den Gesellschaftsblättern gutgläubigen Dritten gegenüber als fortbestehend gelten könnte (vgl. Staub HGB § 244 Anm. 2). Jedoch hat die Frage kaum praktische Bedeutung, da der Aufsichtsrat zur Vertretung der Gesellschaft in der Hauptsache dem Vorstand gegenüber befugt ist (§ 112), dieser aber nicht als Dritter angesehen werden könnte und da ferner, soweit der Aufsichtsrat die Gesellschaft vertreten kann, grundsätzlich nicht einzelne Mitglieder, sondern nur der Gesamtaufsichtsrat vertretungsberechtigt ist.

Anm. 4

Aufsichtsratsvorsitzender

Über die *Anmeldung des Vorsitzenden des Aufsichtsrats zum Handelsregister* siehe § 107 Abs. 1; über die erforderliche Angabe auf Geschäftsbriefen s. § 80 Anm. 1.

§ 107 Innere Ordnung des Aufsichtsrats

(1) Der Aufsichtsrat hat nach näherer Bestimmung der Satzung aus seiner Mitte einen Vorsitzenden und mindestens einen Stellvertreter zu wählen. Der Vorstand hat zum Handelsregister anzumelden, wer gewählt ist. Der Stellvertreter hat nur dann die Rechte und Pflichten des Vorsitzenden, wenn dieser behindert ist.

(2) Über die Sitzungen des Aufsichtsrats ist eine Niederschrift anzufertigen, die der Vorsitzende zu unterzeichnen hat. In der Niederschrift sind der Ort und der Tag der Sitzung, die Teilnehmer, die Gegenstände der Tagesordnung, der wesentliche Inhalt der Verhandlungen und die Beschlüsse des Aufsichtsrats anzugeben. Ein Verstoß gegen Satz 1 oder Satz 2 macht einen Beschluß nicht unwirksam. Jedem Mitglied des Aufsichtsrats ist auf Verlangen eine Abschrift der Sitzungsniederschrift auszuhändigen.

(3) Der Aufsichtsrat kann aus seiner Mitte einen oder mehrere Ausschüsse bestellen, namentlich, um seine Verhandlungen und Beschlüsse vorzubereiten oder die Ausführung seiner Beschlüsse zu überwachen. Die Aufgaben nach Absatz 1 Satz 1, § 59 Abs. 3, § 77 Abs. 2 Satz 1, § 84 Abs. 1 Satz 1 und 3, Abs. 2 und Abs. 3 Satz 1, § 111 Abs. 3, §§ 171, 314 Abs. 2 und 3 und § 331 Abs. 3 Satz 3 sowie Beschlüsse, daß bestimmte Arten von Geschäften nur mit Zustimmung des Aufsichtsrats vorgenommen werden dürfen, können einem Ausschuß nicht an Stelle des Aufsichtsrats zur Beschlußfassung überwiesen werden.

Übersicht

Literatur

Seipp, W.: Zur Rechtswirksamkeit unrichtig verkündeter Aufsichtsratsbeschlüsse, NJW 1954, 1833
Frels, H.: Überweisung von Aufgaben des Aufsichtsrats einer AG an einzelne seiner Mitglieder — „Einköpfige Aufsichtsratsausschüsse", DieAG 1957, 9
Samson, B.: Die Zuständigkeit und Zusammensetzung der Aufsichtsratsausschüsse, DieAG 1957, 73
Gierke v., J.: Die Bildung von Ausschüssen eines Aufsichtsrats, DieAG 1957, 75
Vallenthin, W.: Arbeitnehmervertreter als Vorsitzer oder stellvertretender Vorsitzer des Aufsichtsrats, BB 1958, 272
Frels, H.: Grenzen der Ausschußbildung im Aufsichtsrat nach dem geltenden Aktienrecht und dem Referentenentwurf eines neuen AktG, DieAG 1959, 44
Neflin, H.: Berechtigung und Mißbrauch der Übertragung entscheidender Befugnisse des Aufsichtsrats auf dessen Ausschüsse, DieAG 1963, 271
Boesebeck, E.: Der Aufsichtsratsvorsitzer ist tot — Es lebe der Aufsichtsratsvorsitzende, DieAG 1967, 39
Prühs, H.: Aufgaben- und Entscheidungsdelegation im Aufsichtsrat, DB 1970, 1524
Wüstemann, G.: Prüfungsausschüsse des Aufsichtsrats, Wpg 1971, 37
Obermüller, W.: Gültigkeitsdauer der Geschäftsordnung für den Vorstand und den Aufsichtsrat, DB 1971, 952

Einleitung

Das HGB enthielt keine Bestimmungen über die innere Ordnung des Aufsichtsrats. § 107 stimmt im Grundsätzlichen mit § 92 AktG überein, enthält aber einige erheblich weitergehenden zwingenden Normen und gewisse Klarstellungen von Streitfragen zum früheren Recht.

Die Regelungen über den Aufsichtsratsvorsitzenden (Abs. 1) entsprechen § 92 Abs. 1 AktG 1937 mit dem Unterschied, daß das Gesetz nicht mehr vom Vorsitzer spricht (dazu Boesebeck, DieAG 1967, 39) und daß Satz 3 neu eingefügt ist, wonach der Stellvertreter nur bei Behinderung des Vorsitzenden dessen Rechte und Pflichten hat und nicht etwa die Aufgaben des Vorsitzenden seinerseits jederzeit an sich ziehen kann (vgl. dazu Anm. 8 zu § 92 der Voraufl.). Im Gesetzgebungsverfahren ist vorgeschlagen worden vorzusehen, daß entweder der Vorsitzende oder ein Stellvertreter Vertreter der Arbeitnehmer sein soll (s. dazu auch Vallenthin BB 1958, 272). Dieser Vorschlag ist mit der Begründung abgelehnt worden, daß er dem Grundsatz, daß alle Aufsichtsratsmitglieder gleiche Rechte und Pflichten haben sollen, widersprechen würde; vgl. den Ausschußbericht, bei Kropff S. 148.

Abs. 2 geht insoweit über das frühere Recht hinaus, als jetzt über Aufsichtsratssitzungen zwingend die Anfertigung einer Niederschrift vorgeschrieben ist. Um aufgetretene Bedenken, daß das Gesetz eine wörtliche Niederschrift der Verhandlungen des Aufsichtsrats voraussetzt, zu beseitigen, bestimmt Abs. 2 Satz 2 ausdrücklich, was in das Protokoll aufzunehmen ist (vgl. Anm. 10 unten). Ferner regelt das Gesetz neu in Satz 4 die Folgen bei einem Verstoß gegen die Protokollierungsregeln. Satz 5, das Recht jedes Aufsichtsratsmitglieds auf Aushändigung einer Protokollabschrift, ist vom Bundestag eingefügt worden.

Die früher in § 90 Abs. 3 AktG 1937 enthalten gewesene Bestimmung über schriftliche Aufsichtsratsbeschlüsse ist als Abs. 4 in § 108 übernommen worden, der nunmehr zusammenfassend die Beschlußfassung im Aufsichtsrat regelt.

Auch das frühere Recht (dazu Frels DieAG 1959, 44) ließ die Bestellung von Aufsichtsratsausschüssen zu. Unklar und streitig war, bis zu welchem Ausmaß die Beschlußfassung im Aufsichtsrat in Ausschüsse verlegt werden konnte; im einzelnen siehe die Voraufl. Anm. 26 zu § 92. Jetzt stellt das Gesetz durch die positive Aufzählung der wichtigsten Aufgaben des Aufsichtsrats klar (vgl. Anm. 16 unten), daß diese nicht einem Ausschuß zur Beschlußfassung überwiesen werden können. Zweck dieser Regelung ist es insbesondere zu verhindern, daß in Aufsichtsräten, die gemäß § 76 BetrVG mit einem Drittel Arbeitnehmervertreten zu besetzen sind, diese durch Bildung von Ausschüssen von der Teilnahme an wichtigen Beschlußfassungen des Aufsichtsrats ausgeschaltet werden. Im Hinblick auf diese Neuregelung und das Recht jedes Aufsichtsratsmitglieds, von allen Berichten des Vorstands gemäß § 90 Abs. 5 Kenntnis zu nehmen, wurde der Antrag, daß Arbeitnehmervertreter jedem Aufsichtsratsausschuß anzugehören haben, vom Plenum des Bundestages abgelehnt (s. den Ausschußbericht, bei Kropff, S. 150).

Soweit das Gesetz keine zwingenden Regelungen enthält, ist die *Satzung* frei, weitere, der Größe und dem Geschäftszweig der AG zweckentsprechende Bestimmungen über die innere Ordnung des Aufsichtsrats zu treffen oder es auch dem Aufsichtsrat selbst zu überlassen, sich eine Geschäftsordnung zu geben. Enthält die Satzung keine Regelungen oder nur wenige Rahmenbestimmungen, so ist der Aufsichtsrat gleichwohl berechtigt (Baumbach-Hueck Rdn. 6) und in dem Maße, wie es ein geordneter Geschäftsgang erfordert, verpflichtet, sich selbst eine Geschäftsordnung zu geben oder etwa vorhandene Rahmenbestimmungen zu ergänzen (vgl. Anm. 19). Die Hauptversammlung kann demgemäß nur über Bestimmungen in der Satzung oder deren Ergänzung oder Änderung Einfluß auf die Geschäftsordnung des Aufsichtsrats nehmen; sie ist nicht berechtigt, außerhalb der Satzung Bestimmungen hinsichtlich der inneren Ordnung des Aufsichtsrats zu treffen.

I. 1. Wahl des Aufsichtsratsvorsitzenden und der Stellvertreter (Abs. 1)

Anm. 1

Das Gesetz schreibt die *Wahl eines Vorsitzenden und mindestens eines Stellvertreters* aus der Mitte der Aufsichtsratsmitglieder zwingend vor. Die Satzung kann die Wahl des Vorsitzenden des Aufsichtsrats und seines Stellvertreters nicht ausschließen. Ebensowenig kann sie bestimmen, daß der Vorsitzende und sein Stellvertreter nicht gewählt, sondern auf eine andere Art bestimmt würden, z. B. von einem zur Entsendung eines Aufsichtsratsmitgliedes berechtigten Aktionär. Schließlich kann die Satzung auch nicht vorsehen, daß der Vorsitzende und sein Stellvertreter nur aus den Kreis der Aktionärvertreter gewählt werden darf. Eine solche Satzungsbestimmung würde die gesetzlich vorausgesetzte Gleichbehandlung von Aktionärsvertretern und Arbeitnehmervertretern (vgl. § 96 Anm. 1) verletzen. *Die Wahl erfolgt durch den Aufsichtsrat.* Auch diese Bestimmung ist als zwingend und eine Satzungsbestimmung, nach der die Wahl des Vorsitzenden durch die Hauptversammlung erfolgt, als nichtig anzusehen (Schlegelberger-Quassowski AktG 1937, § 92 Anm. 3; Möhring-Schwartz, Rowedder-Haberlandt, S. 139). Geht man hiervon aus, so wird man auch für den Fall, daß die Wahl des Vorsitzenden im Aufsichtsrat nicht zustandekommt, nicht annehmen können, daß die Hauptversammlung den Vorsitzenden zu wählen hat (Ritter AktG 1937, § 92 Anm. 3; Godin-Wilhelmi Anm. 2; Möhring-Tank I 304; Möhring-Schwartz, Rowedder-Haberlandt, S. 139; a. A. Baumbach-Hueck Rdn. 7; KG DR 41, 502). Ebenso kann das Registergericht nicht eingreifen (Baumbach-Hueck a. a. O.; a. A. KG DR 41, 502, wonach entsprechende Anwendung von § 104 möglich sein soll).

Jedes Aufsichtsratsmitglied kann zum Vorsitzenden gewählt werden, auch ein von einem Entsendungsberechtigten entsandtes oder von den Arbeitnehmern gewähltes Mitglied. Nicht zulässig erscheint es, daß die Satzung selbst den Vorsitzenden bestimmt oder die Wahlfreiheit des Aufsichtsrats ausschließt, z. B. durch die Vorschrift, daß jeweils das den Lebensjahren nach älteste Mitglied zu wählen sei. Wohl aber kann die Satzung etwa vorsehen, daß bei Wegfall des Vorsitzenden und seines Stellvertreters das der Amtsdauer und sodann dem Lebensalter nach älteste Mitglied die Amtsgeschäfte des Vorsitzenden bis zu einer Neuwahl zu versehen hat. Die Arbeitnehmervertreter haben keinen Anspruch darauf, im Verhältnis ihrer Beteiligung im Aufsichtsrat bei der Wahl des Vorsitzenden und der Stellvertreter berücksichtigt zu werden, da dies dem Grundsatz der Gleichberechtigung aller Aufsichtsratsmitglieder widerspricht; der Aufsichtsrat ist in der Wahl des Vorsitzenden und seiner Stellvertreter frei (Vallenthin BB 1958, 272). Für die Beschlußfassung gelten die allgemeinen Grundsätze.

Der Aufsichtsrat ist zur Wahl des Vorsitzenden und seines Vertreters *verpflichtet* (Godin-Wilhelmi Anm. 2). Kommt er dieser Pflicht nicht nach, so macht er sich u. U. schadensersatzpflichtig. Kommt die Wahl nicht zustande oder fallen der Vorsitzende und seine Stellvertreter fort, so hat an seiner Stelle der Gesamtaufsichtsrat zu handeln

(Schlegelberger-Quassowski AktG 1937, § 92 Anm. 3). Jedes einzelne Mitglied ist in einem solchen Falle berechtigt und verpflichtet, für den ordnungsmäßigen Geschäftsgang zu sorgen.

Die Wahl erfogt *nach näherer Bestimmung der Satzung.* Sie kann das Erfordernis bestimmter Eigenschaften der zu Wählenden aufstellen, die Amtsdauer bestimmen, Vorschriften über den Wahlmodus und die Erfordernisse der Wahl geben. Im Zweifel gelten die Satzungsvorschriften über Aufsichtsratsbeschlüsse auch für die Wahl des Vorsitzenden und seiner Stellvertreter. Notwendig ist eine Regelung der Wahl in der Satzung nicht (Schlegelberger-Quassowski AktG 1937, § 92 Anm. 4). Mangels anderer Bestimmungen erfogt die Wahl mit Stimmenmehrheit (Godin-Wilhelmi Anm. 3). Relative Stimmenmehrheit, wenn nicht ausdrücklich durch die Satzung angeordnet oder in der Geschäftsordnung des Aufsichtsrats für die Wahl des Vorsitzenden und des Stellvertreters bestimmt, genügt nicht (a. A. Möhring-Schwartz, Rowedder-Haberlandt S. 139). Der Gewählte ist bei seiner Wahl stimmberechtigt. Bei Stimmengleichheit kommt keine Wahl zustande, es sei denn, daß die Satzung für diesen Fall eine nähere Bestimmung, z. B. Entscheidung durch das Los, trifft.

Anm. 2

2. Amtsdauer

Die Wahl erfolgt im Zweifel für die *Zeit,* für die der Gewählte zum Aufsichtsratsmitglied bestellt ist. Nach deren Ablauf muß der Vorsitzende neu gewählt werden, auch wenn das Aufsichtsratsamt des bisherigen Vorsitzenden verlängert wird. Die Satzung kann andere Bestimmungen über die Amtsdauer treffen. Üblich ist ein Jahr. Der Vorsitz entfällt notwendig auch mit dem Ausscheiden des Vorsitzenden aus dem Aufsichtsrat, gleichviel aus welchem Grunde es erfolgt (RG 73, 237). Die Satzung kann jedoch bestimmen, daß der Vorsitzende bis zur Wahl eines anderen Vorsitzenden auch nach Ablauf seiner Wahlzeit im Amt bleibt und zwar auch nach Ablauf seiner Wahlperiode als Mitglied des Aufsichtsrats; eine derartige Bestimmung bedeutet Verlängerung dieser Wahlperiode; sie ist jedoch dahin auszulegen, daß die gesetzlichen Höchstfristen des § 102 für die Amtsdauer des Aufsichtsrats nicht überschritten werden dürfen.

Anm. 3

3. Anmeldung zum Handelsregister

Der Vorstand hat zum Handelsregister anzumelden, wer gewählt ist (Abs. 1 Satz 2). Die Anmeldung erfogt nach allgemeinen Grundsätzen durch vertretungsbefugte Vorstandsmitglieder (Anm. 3 ff. zu § 78). Eine Eintragung im Handelsregister und eine gerichtliche Bekanntmachung erfolgt nicht. Ebensowenig ist eine Bekanntmachung in den Gesellschaftsblättern vorgeschrieben (vgl. § 106). Der Vorstand kann nach § 14 HGB (i. V. m. § 407 Satz 1) durch Ordnungsstrafen zu der Anmeldung angehalten werden. Die Pflicht und der Zwang zur Anmeldung hat zur Voraussetzung, daß ein Vorsitzender des Aufsichtsrats gewählt ist. Unterbleibt die Wahl, so ist der Vorstand zwar verpflichtet, geeignete Maßnahmen zu treffen, um den Aufsichtsrat zur Erfüllung seiner gesetzlichen Pflicht zu veranlassen; er wird erforderlichenfalls das Einschreiten der Hauptversammlung herbeiführen müssen. Das Ordnungsstrafverfahren dient jedoch nicht zur Erzwingung der Erfüllung dieser Pflicht (Godin-Wilhelmi Anm. 3).

Die *Form der Anmeldung* ist gewöhnliche *Schriftform.* Da es sich nicht um eine Anmeldung zur Eintragung in das Handelsregister handelt, brauchen die Unterschriften der anmeldenden Vorstandsmitglieder nicht notariell beglaubigt zu werden (KG JW 1938, 2281; a. A. LG Frankfurt a. M. JW 1938, 1397).

Der Vorsitzende des Aufsichtsrats, nicht die Stellvertreter, ist auf allen Geschäftsbriefen der AG mit dem Familiennamen und einem ausgeschriebenen Vornamen anzugeben (§ 80 Anm. 1).

Anm. 4

4. Aufgaben des Vorsitzenden

a) nach Gesetz

Die *Aufgaben* des Vorsitzenden des Aufsichtsrats ergeben sich aus der Natur seiner Stellung, aus dem Gesetz und aus der Satzung. Ihm liegt *die tatsächliche Leitung der Geschäfte* des Gesamtaufsichtsrats ob; er hat alle Aufgaben und Rechte, die dem Vorsteher eines Kollegiums üblicherweise zukommen (KGJ 40 A 88). Er hat insbesondere die Sitzungen des Aufsichtsrats und zwar mindestens einmal im Kalenderhalbjahr und in der Regel einmal im Kalendervierteljahr einzuberufen (vgl. § 110 Abs. 3) und zu leiten. Dies schließt nicht aus, daß er im einzelnen Falle den Vorsitz in einer Sitzung einem anderen Aufsichtsratsmitglied überläßt. Nach Abs. 2 Satz 1 hat er die Niederschrift über die Sitzung (Anm. 9) zu unterschreiben. Er hat die Beschlüsse des Aufsichtsrats *auszuführen,* soweit es dazu einer Handlung nach außen bedarf, vorausgesetzt, daß die Ausführung nicht in den Bereich der Geschäfte des Vorstands gehört, und soweit nicht auch nach außen der gesamte Aufsichtsrat handeln muß (vgl. § 112, Anm. 3). Der Vorsitzende des Aufsichtsrats ist aber nicht ein besonderes Organ der AG (a. A. Ritter Anm. 3a; vgl. KG JFG 1, 234). Er ist im Zweifel ermächtigt, die von dem Aufsichtsrat beschlossenen Erklärungen nach außen abzugeben und für den Aufsichtsrat bestimmte Erklärungen entgegenzunehmen, hat aber keine selbständige Vertretungsbefugnis (BGH 41, 282, 285). Auch durch die Satzung kann dem Vorsitzenden die gesetzliche Vertretungsbefugnis des Gesamtaufsichtsrats (§ 112) nicht übertragen werden (Godin-Wilhelmi Anm. 4). Im einzelnen zur Befugnis des Aufsichtsratsvorsitzenden an Stelle und für den Aufsichtsrat zu handeln s. Anm. 3 zu § 112. Seine Erklärungen binden daher die Gesellschaft nur insoweit, als sie durch einen Beschluß des Gesamtaufsichtsrats gedeckt sind oder nachträglich genehmigt werden (RG 90, 207).

Der Vorsitzende des Aufsichtsrats führt den *Verkehr zwischen Aufsichtsrat und Vorstand.* Ihm ist auch vom Vorstand, über die regelmäßige Berichterstattung hinaus, bei wichtigem Anlaß zu berichten (vgl. § 90 Anm. 5).

Das *Gesetz* weist dem Vorsitzenden des Aufsichtsrats eine *Reihe besonderer Aufgaben* und Befugnisse zu. Er kann von der Sitzung eines Ausschusses des Aufsichtsrats Mitglieder, die dem Ausschuß nicht angehören, ausschließen (§ 109 Abs. 2). Ihm ist der Bericht des Vorstands aus wichtigem Anlaß zu erstatten (§ 90 Abs. 1 Satz 2); er unterrichtet die übrigen Aufsichtsratsmitglieder hierüber (§ 90 Abs. 5 Satz 3). Schriftlichen Bericht leitet der Vorstand in der Regel nur dem Vorsitzenden zu (s. § 90 Anm. 6). Der Vorsitzende beruft die Sitzungen des Aufsichtsrats ein (vgl. § 110 Abs. 1). Der Vorsitzende des Aufsichtsrats hat ferner gemeinsam mit dem Vorstand den Beschluß der Kapitalerhöhung (§ 184 Abs. 1) oder der Kapitalherabsetzung (§ 223) und ebenso die Durchführung der Kapitalerhöhung (§ 188 Abs. 1) anzumelden. Entfallen ist im AktG 1965 die Mitwirkung des Aufsichtsratsvorsitzenden jedoch bei der Anmeldung der Durchführung der Kapitalherabsetzung (§§ 227, 239).

Anm. 5

b) nach Satzung

Die *Satzung* kann dem Vorsitzenden des Aufsichtsrats noch andere Aufgaben und Befugnisse übertragen. Diese Aufgaben müssen aber immer im Rahmen der grundsätzlichen Stellung des Aufsichtsrats und seines Vorsitzenden liegen; die Stellung des Vorsitzenden kann nicht entgegen dem Gesetz umgestaltet werden. Es können dem Vorsitzenden keine Entscheidungen übertragen werden, die das Gesetz dem Gesamtaufsichtsrat zuweist (Baumbach-Hueck Rdn. 9; Möhring-Tank I 305; Schlegelberger-Quassowski AktG 1937, § 92 Anm. 9). Unzulässig wäre die Bestimmung, daß die übrigen Mitglieder des Aufsichtsrats an die Weisungen des Vorsitzenden gebunden seien. Unzulässig ist es, dem Vorsitzenden Befugnisse, auch wenn sie nicht zwingend dem Gesamtaufsichtsrat vorbehalten sind, zur alleinigen Ausübung zu übertragen (z. B.

Anstellung oder Kündigung des Vorstands; vgl. BGH 41, 282, 285). Derartige Satzungsbestimmungen sind nichtig. Das Aktiengesetz gestattet die Übertragung von Entscheidungsbefugnissen des Aufsichtsrats nicht an einzelne Mitglieder (vgl. auch die amtliche Begründung, bei Kropff, S. 150), sondern nur im Rahmen des Abs. 3 an Ausschüsse des Aufsichtsrats (Anm. 13ff.).

Als durch die Satzung dem Vorsitzenden zu übertragende Aufgabe kommt namentlich die vom Gesetz nicht geregelte *Leitung der Hauptversammlung* in Betracht (Obermüller-Werner-Winden S. 84; Godin-Wilhelmi Anm. 4).

Die Satzung kann eine *Stärkung der Stellung* des Vorsitzenden vorsehen. Sie kann insbesondere bestimmen, daß seine Stimme bei Stimmengleichheit den Ausschlag gibt (Möhring-Schwartz, Rowedder-Haberlandt S. 141; jetzt auch Godin-Wilhelmi Anm. 4; Möhring-Tank I 305), oder er und sein Stellvertreter einem bestimmten Aufsichtsratsausschuß oder allen Ausschüssen angehören müssen (s. Anm. 13 unten).

Anm. 6

5. Stellvertreter des Vorsitzenden

Für einen *Stellvertreter des Vorsitzenden* gilt dasselbe wie für den Vorsitzenden selbst. Die Satzung kann die *Zahl* der Stellvertreter festsetzen. Mangels einer solchen Bestimmung bleibt es dem Aufsichtsrat überlassen, ob er einen oder mehrere Stellvertreter des Vorsitzenden wählen will. Nach ausdrücklicher gesetzlicher Regel (Abs. 1 Satz 3) hat der Stellvertreter die Rechte und Pflichten des Vorsitzenden nur dann, wenn dieser *behindert* ist. Der Stellvertreter kann also nicht, wie das teilweise zum früheren Recht angenommen wurde (vgl. die Voraufl. § 92 Anm. 8), die Aufgaben des Vorsitzenden jederzeit wahrnehmen, sofern nicht der Vorsitzende erkennbar selber tätig wird. Wann eine Behinderung vorliegt, richtet sich, wie im Falle des § 105 Abs. 2 Satz 1, nach den Umständen; Krankheit und Ortsabwesenheit sind typische Beispielsfälle (vgl. § 105 Anm. 7). Die Satzung oder die Geschäftsordnung des Aufsichtsrats kann regeln, wann eine Behinderung vorliegt (vgl. den Textvorschlag bei Möhring-Schwartz, Rowedder-Haberlandt S. 140). Sind mehrere Stellvertreter bestellt, so muß gleichzeitig bestimmt werden, in welcher Reihenfolge sie tätig werden, was üblicherweise durch Bezifferung geschieht. Fehlt eine Regelung, so entscheidet der Aufsichtsrat im Falle einer Behinderung des Vorsitzenden, welcher der Stellvertreter an seiner Stelle tätig wird.

Anm. 7

6. Widerruf der Wahl

Die Wahl zum Vorsitzenden ist mangels einer abweichenden Bestimmung in der Satzung frei widerruflich. Der Widerruf erfolgt ebenso wie die Wahl durch den Aufsichtsrat. Der Betroffene kann mitstimmen. Es genügt im Zweifel zum Widerruf einfache Stimmenmehrheit. Die Satzung kann den Widerruf erschweren oder ausschließen (Schlegelberger-Quassowski § 92 AktG 1937 Anm. 6), allerdings nicht bei Vorliegen eines wichtigen Grundes (Baumbach-Hueck Rdn. 7; a. A. Godin-Wilhelmi Anm. 3, die jeden Ausschluß des Widerrufs für unzulässig halten). Der Widerruf ist, falls die Satzung nichts Abweichendes bestimmt, auch nicht dadurch ausgeschlossen, daß dem Vorsitzenden eine höhere Vergütung als den anderen Mitgliedern des Aufsichtsrats zusteht. Mit dem Widerruf erlischt der Anspruch auf eine höhere Vergütung (wie hier Godin-Wilhelmi Anm. 3; a. A. die Voraufl. § 92 Anm. 9).

Anm. 8

7. Ehrenvorsitzender des Aufsichtsrats

Gelegentlich kommt es vor, daß Ehrenvorsitzende des Aufsichtsrats gewählt werden. Das AktG kennt den Begriff nicht. Die Wahl kann von der Hauptversammlung oder vom Aufsichtsrat vorgenommen werden. Ist der Ehrenvorsitzende auch gleichzeitig ordentliches Aufsichtsratsmitglied, so gelten ohne Ausnahme die für Aufsichtsratsmitglieder in Betracht kommende gesetzliche Regelungen. Vorsitzender des Aufsichtsrats ist er nur, wenn er auch als solcher vom Aufsichtsrat gewählt worden ist; die Hauptversammlung ist nicht zuständig (vgl. Anm. 1).

Handelt es sich bei dem Ehrenvorsitzenden um ein *früheres Aufsichtsratsmitglied*, so gelten die aktienrechtlichen Regelungen für Aufsichtsratsmitglieder nicht, insbesondere hat er keinen Anspruch auf eine für den Aufsichtsrat festgesetzte Vergütung. An Aufsichtsratssitzungen kann er grundsätzlich nicht teilnehmen, es sei denn, als Sachverständiger oder Auskunftsperson zur Beratung über einzelne Gegenstände (§ 109 Anm. 1). Der Ehrenvorsitzende wird auch nicht in die gesetzliche oder satzungsmäßige Höchstzahl eingerechnet; er hat auch keinerlei Auskunfts- oder Einsichtsrechte gemäß § 90 oder § 111 Abs. 2; s. im übrigen Obermüller-Werner-Winden S. 271.

II. Niederschrift über Aufsichtsratssitzungen

Anm. 9

1. Form

Das Gesetz schreibt in Abs. 2 zwingend die Anfertigung einer *Niederschrift* über die *Sitzungen des Aufsichtsrats* vor. Die Niederschrift ist vom Vorsitzenden, im Falle von dessen Behinderung von dessen Stellvertreter, zu unterzeichnen. Mit der Unterzeichnung übernimmt der Vorsitzende die Verantwortlichkeit für die Vollständigkeit und Richtigkeit der Niederschrift. Hat weder der Vorsitzende noch ein Stellvertreter an der Sitzung teilgenommen, so hat der von den Anwesenden zu wählende Vorsitzende der Sitzung die Unterschrift zu leisten (Baumbach-Hueck Rdn. 11). Einfache Schriftform genügt, auch wenn der Beschluß Grundlage einer Anmeldung zum Handelsregister ist, wie bei Satzungsänderungen, die nur die Fassung betreffen, oder bei Bestellung oder Abberufung von Vorstandsmitgliedern. Die Sitzung kann das Erfordernis notarieller Beurkundung aufstellen, was aber weder praktisch noch üblich ist.

Die Zuziehung eines Protokollführers zu den Sitzungen des Aufsichtsrats ist zulässig, wenn kein anwesendes Aufsichtsratsmitglied widerspricht; z. T. abw. Godin-Wilhelmi Anm. 6, die das für den Fall vertraulicher Verhandlungen und Beschlüsse grundsätzlich verneinen. Ist kein Protokollführer während der Sitzung anwesend, so muß der Vorsitzende die Niederschrift im Anschluß an die Sitzung anfertigen.

Auch über Aufsichtsratsbeschlüsse, die nicht in Sitzungen gefaßt werden (§ 108 Abs. 4), ist zum Nachweis des angewandten Verfahrens und des Inhalts der Beschlüsse eine vom Vorsitzenden zu unterzeichnende Niederschrift anzufertigen (Baumbach-Hueck Rdn. 11; a. A. Godin-Wilhelmi § 108 Anm. 5). Das ergibt sich aus einer entsprechenden Anwendung von § 107 Abs. 2 und der vom Gesetz auch für die Mitglieder des Aufsichtsrats geforderten Sorgfaltspflicht (vgl. auch § 77 Anm. 5 hinsichtlich der Niederschriften über Vorstandssitzungen und Beschlüsse).

Anm. 10

2. Inhalt

Der wesentliche Inhalt der Niederschrift ist jetzt vom Gesetz bestimmt (Abs. 2 Satz 2). Die Niederschrift muß danach den Ort und Tag der Sitzung, die Namen der Teilnehmer, die Gegenstände der Tagesordnung, den wesentlichen Inhalt der Verhandlungen und die gefaßten Beschlüsse enthalten. Damit ist klargestellt, daß eine wörtliche Protokollierung nicht erforderlich ist (vgl. auch die Einleitung). Andererseits sind Anträge zur Abstimmung und Widersprüche zu Protokoll zu nehmen, auch wörtlich, sofern das von einzelnen Mitgliedern verlangt wird (vgl. Baumbach-Hueck Rdn. 11). Die Geschäftsordnung des Aufsichtsrats oder die Satzung kann die gesetzlichen Erfordernisse hinsichtlich von Form und Inhalt der Niederschriften erweitern, nicht aber einschränken.

Wird in der Niederschrift ein unrichtiges Ergebnis der Beschlußfassung festgestellt, so ist nicht dieses unrichtige Ergebnis und seine Verkündung durch den Vorsitzenden maßgebend, sondern das wahre Abstimmungsergebnis. Unrichtige Protokolle sind formlos zu berichtigen (Seipp, NJW 1954, 1833).

Anm. 11

3. Rechtsfolgen bei Verstoß

Ein Verstoß gegen das Erfordernis, eine Sitzungsniederschrift anzufertigen, sowie gegen die Bestimmungen über deren Mindestinhalt, macht einen Aufsichtsratsbeschluß nicht unwirksam (Abs. 2 Satz 3). Die Niederschrift ist *Beweisurkunde*. Sie ist keine öffentliche Urkunde, sofern nicht ausnahmsweise die Form einer solchen gewahrt ist. Falls ihr nicht offensichtlich Mängel anhaften, wird eine tatsächliche Vermutung für die Richtigkeit und die Vollständigkeit der in ihr enthaltenen Angaben sprechen. Wird die Pflicht zur Anfertigung einer Niederschrift verletzt oder mangelhaft erfüllt, so ist der Vorsitzende ersatzpflichtig, sofern aus dem Fehlen eines sicheren Nachweises des Hergangs der Aufsichtsratssitzung und der gefaßten Beschlüsse der AG ein Schaden entsteht (Godin-Wilhelmi Anm. 6).

Anm. 12

4. Übermittlung von Abschriften

Entsprechend der Regelung in § 90 Abs. 5, die sicherstellen will, daß alle Aufsichtsratsmitglieder von den Berichten des Vorstands Kenntnis erhalten, bestimmt Abs. 2 Satz 4 ausdrücklich, daß allen Mitgliedern des Aufsichtsrats auf Verlangen eine Protokollabschrift auszuhändigen ist. Über die Verschwiegenheitspflicht der Aufsichtsratsmitglieder vgl. § 93 Anm. 11.

Es besteht auch eine Vorlagepflicht gegenüber den Abschlußprüfern der AG (vgl. § 165 Anm. 5) und den Prüfern der Finanzbehörden im Rahmen der steuerlichen Buch- und Betriebsprüfungen (BFH Großer Senat BStBl. II 1968, 365).

III. Aufsichtsratsausschüsse (Abs. 3)

Anm. 13

1. Allgemeines

Der Aufsichtsrat kann aus seiner Mitte einen oder mehrere Ausschüsse bestellen (Abs. 3). Die Bestellung erfolgt also durch den Aufsichtsrat selbst. Es bedarf zur Bildung eines Ausschusses eines ordnungsmäßigen Aufsichtsratsbeschlusses, für dessen Zustandekommen die allgemeinen Grundsätze gelten. Es ist zulässig, daß die Satzung für diesen Beschluß eine besondere Mehrheit vorschreibt (Janberg, DieAG 1966, 1). Eine solche Bestimmung kann im Interesse der Arbeitnehmervertreter oder der entsandten Mitglieder getroffen werden, um der Mehrheit die Möglichkeit zu nehmen, diese Mitglieder von der Ausschußarbeit auszuschalten. Ein Sonderrecht eines entsendungsberechtigten Aktionärs darauf, daß das von ihm entsandte Mitglied bestimmten Ausschüssen angehören muß, kann nicht begründet werden, da dadurch die Gleichstellung der verschiedenen Aufsichtsratsmitglieder beseitigt würde (Möhring-Tank I 306; Janberg a. a. O. S. 2).

Ebenso haben die nach dem BetrVG oder den Montan-Mitbestimmungsgesetzen gewählten oder entsandten *Arbeitnehmervertreter* kein Recht auf Wahl in die Ausschüsse oder auf eine Beteiligung in allen Ausschüssen im Verhältnis ihrer Beteiligung am Aufsichtsrat; das entsprach der h. L. zum AktG 1937 und ist für das geltende Recht dadurch bestätigt, daß entsprechende Anträge im Gesetzgebungsverfahren der Ablehnung verfallen sind (vgl. die Einleitung). Durch die gesetzliche Beschränkung der Überweisung von Beschlußfassungen über wesentliche Aufgaben des Aufsichtsrats an Ausschüsse (vgl. Anm. 16 unten), hat das Problem auch erheblich an Bedeutung verloren (Godin-Wilhelmi Anm. 1; zum früheren Recht s. insbes. Samson, Die AktG 1957, 73; Vallenthin, BB 1958, 272 jeweils mit weiteren Nachweisen). Nur ein grundsätzlicher und mißbräuchlicher Ausschluß der Arbeitnehmervertreter von allen Ausschüssen würde gegen Geist und Zweck der gesetzlichen Mitbestimmung verstoßen; entsprechende Satzungsbestimmungen sind daher nichtig (Baumbach-Hueck Rdn. 14); ebenso wären Beschlüsse des Aufsichtsrats, die eine bewußte Diskriminierung der Arbeitnehmervertreter bezwecken, unwirksam (Möhring-Tank I, 306). Es wird verlangt werden müssen, daß jedenfalls in den sozialpolitischen Ausschüssen auch Arbeitnehmervertreter beteiligt werden (Baumbach-Hueck Rdn. 14). Für sog. entscheidende Ausschüsse (Anm. 16) gilt das aber im Grundsatz nicht: auch die Bestellung in diese Ausschüsse erfolgt unter Gleichbehandlung aller Aufsichtsratsmitglieder durch den Gesamtaufsichtsrat, und zwar regelmäßig durch einen mit einfacher Mehrheit zu fassenden Beschluß. Einen Rechtsanspruch auf Teilnahme haben auch hier weder die Arbeitnehmervertreter noch ein einzelnes, von der Hauptversammlung gewähltes oder nach § 101 Abs. 2 entsandtes Mitglied; allein ein mißbräuchlicher Ausschluß der Arbeitnehmervertreter von der Teilnahme an den Aufsichtsratsausschüssen ist unzulässig — von einem solchen kann aber nicht gesprochen werden, wenn auch in einzelne, entscheidende Ausschüsse (etwa den Personalausschuß) keine Arbeitnehmervertreter gewählt werden.

Über die Teilnahme von nicht einem Ausschuß angehörenden Aufsichtsratsmitgliedern an Ausschußsitzungen s. § 109 Abs. 2 und daselbst Anm. 4ff.

Der Aufsichtsrat wählt bei Fehlen abweichender Satzungsbestimmung mit einfacher Mehrheit aus seiner Mitte die Ausschußmitglieder. Zulässig ist eine Satzungsbestimmung, nach der jedem Ausschuß sowohl von den Aktionären wie von den Arbeitnehmern gewählte Mitglieder angehören müssen; ebenso die Bestimmung, daß zwischen den Mitgliedern der Ausschüsse oder eines bestimmten Ausschusses im Rahmen des Diskriminierungsverbotes ein bestimmtes zahlenmäßiges Verhältnis bestehen muß. Solche Satzungsbestimmungen können nach den allgemeinen für Satzungsänderungen geltenden Grundsätzen geändert werden; der Zustimmung der entsendungsberechtigten Aktionäre oder der jeweiligen Wahlgremien der Arbeitnehmervertreter bedarf es nicht. Zulässig wird ferner die Bestimmung sein, daß jedem Ausschuß der Vorsitzende des Aufsichtsrats oder einer seiner Stellvertreter angehören muß (Janberg, DieAG 1966, 8; vgl. auch Anm. 5 oben).

Anm. 14

2. Bestimmungen der Satzung

Die *Satzung* kann die Bildung von Ausschüssen vorsehen, was aber angesichts der gesetzlichen Regelung nicht erforderlich ist (Barz DieAG 1966, 42). Die Befugnis des Aufsichtsrats, seine ihm durch das Gesetz zugewiesenen Aufgaben als Gesamtorgan und nicht durch Ausschüsse auszuüben, wird jedoch durch eine solche Bestimmung nicht berührt. Die Satzung kann daher auch die Bildung von Ausschüssen *nicht zwingend* vorschreiben (Godin-Wilhelmi Anm. 7; Janberg DieAG 1966, 1; Schlegelberger-Quassowski AktG 1937, § 92 Anm. 39; Möhring-Tank I 309; a. A. Baumbach-Hueck Rdn. 15; die Voraufl. § 92 Anm. 24). Es muß dem Aufsichtsrat in Anbetracht der ihm auferlegten Verantwortung überlassen bleiben, ob er seine gesetzlichen Aufgaben als Gesamtorgan oder durch Ausschüsse erfüllen will (vgl. auch Anm. 16 am Ende). Nur soweit die Satzung dem Aufsichtsrat über die gesetzlichen Aufgaben hinaus *besondere Aufgaben* zuweist, kann sie sie einem Ausschuß unter Ausschluß des Gesamtaufsichtsrats übertragen (Schlegelberger-Quassowski a. a. O.; Janberg a. a. O.). Angesichts der Zulässigkeit ergänzender satzungsmäßiger Regelungen in § 23 Abs. 5 Satz 2 wird man aber ein Verbot der Satzung, Aufsichtsratsausschüsse zu bilden, für wirksam halten müssen (Möhring-Tank I 309; Godin-Wilhelmi Anm. 7; Möhring-Schwartz, Rowedder-Haberlandt, S. 151; a. A. Baumbach-Hueck Rdn. 15; Janberg a. a. O. S. 1; Ritter AktG 1937 § 92 Anm. 6 und die Voraufl. a. a. O.).

Anm. 15

3. Zahl der Ausschußmitglieder

Wie viele und welche Ausschüsse gebildet werden, bestimmt der Aufsichtsrat selbst. Auch hierfür kann die Satzung, soweit es sich um gesetzliche Aufgaben (z. B. § 84) handelt, nur Sollvorschriften geben. Der Aufsichtsrat bestimmt auch die *Zahl* der Ausschußmitglieder. Es liegt im Begriff des Ausschusses, daß *mindestens zwei Mitglieder* vorhanden sein müssen, h. A.; Schlegelberger-Quassowski AktG 1937, § 92 Anm. 37; Godin-Wilhelmi Anm. 7; Baumbach-Hueck Rdn. 15; Möhring-Tank I 307; Janberg DieAG 1966, 2; v. Gierke DieAG 1957, 75; a. A.Frels Die AG 1957, 9; 1958, 232. Sieht die Satzung vor, daß in dem Ausschuß verschiedene Gruppen von Aufsichtsratsmitgliedern in einem bestimmten Verhältnis vertreten sein sollen (Anm. 13), so müssen dem dem Ausschuß so viel Mitglieder angehören, wie zur Wahrung dieses Verhältnisses erforderlich sind. Soweit dem Ausschuß entscheidende Befugnisse übertragen sind, muß der Grundsatz, daß der Aufsichtsrat nur bei Anwesenheit von mindestens 3 Mitgliedern beschlußfähig ist (§ 108 Abs. 2 Satz 3), auch für den Ausschuß gewahrt sein (Godin-Wilhelmi Anm. 7; Janberg DieAG 1966, 2; Möhring-Tank I 307; wohl auch Baumbach-Hueck Rdn. 15; a. A. Möhring-Schwartz, Rowedder-Haberlandt, S. 153; Schäfer BB 1966, 229, 232; Frels, DieAG 1959, 44, 47). Die *Übertragung* von Aufgaben des Gesamtaufsichtsrats an Ausschüsse ist zugelassen, weil der Gesamtaufsichtsrat für die Erledigung mancher Aufgaben leicht ein zu schwerfälliges Organ sein kann; mit der Frage, wieviel Mitglieder das Gesetz mindestens zur Fassung der von ihm dem Aufsichtsrat übertragenen Entscheidungen verlangt, hat dies nichts zu tun.

Anm. 16

4. Einschränkung für bestimmte Aufgaben

Hinsichtlich der *Aufgaben der Ausschüsse* nennt das Gesetz beispielsweise die Vorbereitung von Verhandlungen und Beschlüssen des Aufsichtsrats oder die Überwachung der Ausführung seiner Beschlüsse. Nach allgemeiner Ansicht können einem Ausschuß *auch entscheidende Befugnisse* übertragen werden. Die Satzung kann dieses Recht des Aufsichtsrats ausschließen (vgl. Anm. 14 a. E.).

Im Anschluß an die Rechtsprechung des Reichsgerichts (RG JW 1924, 1144 zu § 246 HGB) wurde auch unter dem AktG 1937 angenommen, daß gewisse Befugnisse des Aufsichtsrats nicht zur Entscheidung an Ausschüsse delegiert werden können, nämlich die sogenannten handelsrechtlichen Mindestbefugnisse (vgl. die Voraufl. § 92 Anm. 26). Das Gesetz zählt jetzt in Abs. 3 Satz 2 die Aufgaben und Beschlüsse ausdrücklich auf, die *nicht* einem Ausschuß zur Beschlußfassung überwiesen werden können. Daraus folgt durch Gegenschluß, daß alle übrigen Aufgaben des Aufsichtsrats an Ausschüsse nicht nur zur Vorbereitung und Überwachung, sondern auch zur Beschlußfassung delegiert werden können. Im übrigen ist man sich darüber einig, daß der Aufsichtsrat die ihm nach § 111 Abs. 1 zustehende Befugnis, die Geschäftsführung des Vorstandes zu überwachen, seine eigentliche Aufgabe, nicht als solche an einen Aufsichtsratsausschuß übertragen kann (vgl. die amtl. Begründung, bei Kropff S. 149; sowie Baumbach-Hueck Rdn. 13; Godin-Wilhelmi Anm. 8; Janberg DieAG 1966, 4; Möhring-Schwartz, Rowedder-Haberlandt S. 152).

Das Gesetz nennt als nicht delegierbar folgende Aufgaben:

Zustimmung zur Zahlung einer Abschlußdividende, § 59 Abs. 3 (vgl. § 59 Anm. 6);

Erlaß einer Geschäftsordnung für den Vorstand, § 77 Abs. 2 Satz 1 (vgl. § 77 Anm. 8);

Bestellung von Vorstandsmitgliedern sowie wiederholte Bestellung oder Verlängerung der Amtszeit, § 84 Abs. 1 Satz 1 und 3 (vgl. § 84 Anm. 2 und 10);

Ernennung zum Vorstandsvorsitzenden, § 84 Abs. 2 (vgl. § 84 Anm. 60);

Widerruf der Vorstandsbestellung und Widerruf der Ernennung zum Vorsitzenden, § 84 Abs. 3 Satz 1 (vgl. § 84 Anm. 28 und 60);

Wahl des Aufsichtsratsvorsitzenden und seiner Stellvertreter, § 107 Abs. 1 Satz 1 (vgl. Anm. 1 oben);

Bestellung von Aufsichtsratsausschüssen, § 107 Abs. 3 Satz 1 (vgl. Anm. 13 oben);

Festsetzung der Geschäftsordnung für den Aufsichtsrat (vgl. Anm. 19 unten);

Einberufung der Hauptversammlung, wenn das Wohl der Gesellschaft es fordert, § 111 Abs. 3 (vgl. § 111 Anm. 12);

Beschlüsse, daß bestimmte Arten von Geschäften nur mit Zustimmung des Aufsichtsrats vorgenommen werden dürfen, § 111 Abs. 4 Satz 2 (vgl. § 111 Anm. 14ff.);

Prüfung von Jahresabschluß, Geschäftsbericht und dem Gewinnverwendungsvorschlag, sowie des Berichts hierüber an die Hauptversammlung, § 171 Abs. 1 Satz 2, Abs. 2 Satz 1 (vgl. § 171 Anm. 2—8);

Prüfung des Abhängigkeitsberichts und des Berichts hierüber an die Hauptversammlung, § 314 Abs. 2 und 3;

Billigung des Konzernabschlusses, § 331 Abs. 3 Satz 3.

Obgleich die Beschlußfassung über die vorstehend genannten Aufgaben nicht an Ausschüsse delegiert werden kann, kann die Vorbereitung und die Überwachung auch der hier in Frage stehenden Beschlüsse an Ausschüsse übertragen werden, einschließlich der Überwachung konkreter einzelner Geschäftsvorgänge oder sonstiger Umstände der Geschäftsführung des Vorstands. Über die Grenzen einer noch vertretbaren, vorbereitenden Ausschußtätigkeit zur allein zulässigen Beschlußfassung hinsichtlich der in Abs. 3 Satz 2 aufgeführten Aufgaben durch den Gesamtaufsichtsrat s. Prühs DB 1967, 1524.

Im Rahmen der sonstigen allgemein zulässigen Überweisung von Aufgaben an Aufsichtsratsausschüsse auch zur Beschlußfassung seien folgende erwähnt:

Beschluß über Abschluß und Kündigung der Anstellungsverträge der Vorstandsmitglieder (vgl. § 84 Anm. 6 und 40);

Beschlußfassung über Beschränkungen der Geschäftsführung des Vorstands (vgl. § 82 Anm. 12);

Einwilligung zur Befreiung vom gesetzlichen Wettbewerbsverbot der Vorstandsmitglieder (vgl. § 88 Anm. 5);

Zustimmung zur Kreditgewährung an Vorstandsmitglieder, Prokuristen und Generalhandlungsbevollmächtigte sowie an Aufsichtsratsmitglieder (vgl. § 89 Anm. 9 und § 115 Anm. 6);

Zustimmung zu Organkrediten gemäß § 15 Abs. 1 KWG;

Zustimmung zu Geschäften, die der Genehmigung des Aufsichtsrats bedürfen (vgl. § 111 Anm. 17);

Vertretung der Gesellschaft gegenüber Vorstandsmitgliedern, in der Erklärung unbeschränkt, in der Willensbildung nur soweit die Aufgaben an einen Ausschuß delegiert werden können (vgl. § 112 Anm. 3);

Zustimmung zu Verträgen mit Aufsichtsratsmitgliedern (vgl. § 114 Anm. 4).

Durch die Überweisung einer Aufgabe an einen Ausschuß wird die Zuständigkeit des Gesamtaufsichtsrats nicht ausgeschlossen. Vielmehr ist dieser jederzeit berechtigt, die betreffende Aufgabe an sich zu ziehen (Schlegelberger-Quassowski AktG 1937, § 92 Anm. 42). Ausgenommen sind nur diejenigen Aufgaben, die nicht das Gesetz, sondern die Satzung begründet und einem Ausschuß zuweist (Anm. 14).

Anm. 17

5. Geschäftsordnung der Ausschüsse

Für die Erledigung der Geschäfte der Ausschüsse gelten die gleichen Grundsätze wie für die Geschäftsführung des Gesamtaufsichtsrats. Dies gilt insbesondere für die Einberufung der Ausschüsse, das Zustandekommen von Beschlüssen (Godin-Wilhelmi Anm. 7; Janberg DieAG 1966, 4) und die Notwendigkeit einer Niederschrift (Baumbach-Hueck Rdn. 15; Janberg a. a. O. S. 5). Daß zur Ausübung entscheidender Befugnisse mindestens drei Mitglieder anwesend sein müssen, wurde schon erwähnt (Anm. 15). Die Anwesenheit oder die Teilnahme von mindestens drei Mitgliedern an einer schriftlichen Stimmenabgabe wird mangels einer abweichenden Bestimmung der Satzung oder der Geschäftsordnung auch dann ausreichend sein, wenn die Beschlußfähigkeit des Gesamtaufsichtsrats die Beteiligung einer größeren Zahl oder sämtlicher Mitglieder erfordert. Soweit es sich nicht um die Ausübung entscheidender Befugnisse handelt, wird für Beschlüsse eines Ausschusses die Anwesenheit von zwei Mitgliedern ausreichend sein. Sonstige Handlungen wie z. B. die Vorbereitung und Überwachung der Durchführung von Aufsichtsratsbeschlüssen kann auch ein einzelnes Ausschußmitglied vornehmen. Dabei ist immer vorausgesetzt, daß den übrigen Ausschußmitgliedern in ordnungsmäßiger Weise Gelegenheit zur Mitwirkung gegeben worden ist (vgl. die amtliche Begründung, bei Kropff, S. 150). Darüberhinaus bestimmt das Gesetz ausdrücklich, daß auch abwesende Ausschußmitglieder durch einen Dritten eine schriftliche Stimmabgabe überreichen lassen können, der u. U. nicht dem Aufsichtsrat anzugehören braucht (§ 108 Abs. 3 i. V. m. § 109 Abs. 3), und daß auch in Ausschüssen nur dann schriftlich, telegraphisch oder telephonisch abgestimmt werden darf, wenn kein Ausschußmitglied widerspricht. § 109 regelt die Fragen der Teilnahme an Ausschußsitzungen entsprechend der Teilnahme an Sitzungen des Gesamtaufsichtsrats.

Anm. 18

6. Haftung der Ausschußmitglieder

Die Bedeutung der Bildung von Ausschüssen für die *Haftung der Aufsichtsratsmitglieder* ergibt sich daraus, daß diese für eine Aufgabe durch ihre ordnungsmäßige Überweisung an einen Ausschuß hinsichtlich der dem Ausschuß nicht angehörenden Mitgliedern eingeschränkt ist; wie hier Baumbach-Hueck Rdn. 15; Janberg DieAG 1966, 5; Teichmann-Köhler AktG 1937 § 92 Anm. 4; a. A. Schlegelberger-Quassowski AktG 1937 § 92 Anm. 45; Ritter AktG 1937 § 92 Anm. 6; Godin-Wilhelmi § 116 Anm. 4. Der Gesamtaufsichtsrat hat jedoch die Tätigkeit der Ausschüsse zu überwachen, indem er sich von ihnen Bericht erstatten läßt (Baumbach-Hueck a. a. O.). Die dem Ausschuß nicht angehörenden Mitglieder des Aufsichtsrats haften nur bei Verletzung dieser Pflicht oder der Pflicht zur sorgfältigen Auswahl der Ausschußmitglieder (Janberg a. a. O.). Aufgaben, die die Satzung begründet und einem Ausschuß des Aufsichtsrats zuweist, liegen nicht dem Gesamtaufsichtsrat ob. Hier besteht daher keine Verpflichtung zur Überwachung des Ausschusses, deren Nichterfüllung eine Schadensersatzpflicht der übrigen Aufsichtsratsmitglieder begründen könnte (RG 93, 338).

IV. Geschäftsordnung des Aufsichtsrats

Anm. 19

Außer § 107 regeln auch die §§ 108, 109 und 110 Gegenstände, die typischerweise in die Geschäftsordnung eines Beschlußorgans aufgenommen werden. Die Berechtigung des Aufsichtsrats, sich selbst eine Geschäftsordnung zu geben (vgl. die Einleitung), findet an den gesetzlichen Bestimmungen, soweit sie zwingend sind, ihre Grenzen. Insbesondere ist der Aufsichtsrat auch nicht frei, seine Beschlußfähigkeit abweichend vom Gesetz oder einer etwaigen satzungsmäßigen Bestimmung zu regeln (§ 108 Abs. 2 Satz 1); vgl. dazu Möhring-Schwartz, Rowedder-Haberlandt S. 138. Ebensowenig kann die Geschäftsordnung den Grundsatz der einfachen Mehrheit bei Abstimmungen im Aufsichtsrat verschärfen oder sonstwie abändern (vgl. im einzelnen § 108 Anm. 3; s. auch § 28 i. V. m. § 32 Abs. 1 Satz 3 BGB). Es gilt nicht, wie beim Vorstand, das Einstimmigkeitsprinzip (vgl. § 77 Anm. 5); wie hier Godin-Wilhelmi Anm. 9, aber teilweise abweichend § 108 Anm. 2). Es kann aber vorgesehen werden, daß bei Stimmengleichheit die Stimme des Vorsitzenden den Ausschlag gibt (vgl. auch Anm. 4 zu § 77).

Andererseits kann auch die Satzung dem Aufsichtsrat in verschiedener Hinsicht nicht vorgreifen, insbesondere nicht im Hinblick auf die Wahl eines Vorsitzenden (Anm. 1 oben) oder die Bildung von Ausschüssen (Anm. 11 oben).

Die Geschäftsordnung kann die Amtsdauer des Vorsitzenden und seines Stellvertreters festlegen, die Bildung von Ausschüssen regeln, die Pflichten und Obliegenheiten des Vorsitzenden näher umschreiben und ergänzen, und den Behinderungsfall i. S. von Abs. 1 Satz 3 definieren (Anm. 6 oben). Formen und Fristen für die Einberufung können geregelt werden, Verfahrensvorschriften und ähnliches. Die Bestimmungen der Geschäftsordnung bleiben auch nach Ablauf der Amtsdauer des Aufsichtsrats, für den sie zuerst erlassen wurden, in Kraft; eine Ausnahme gilt nur für personenbezogene Bestimmungen (Obermüller, DB 1971, 953). Das Muster einer Geschäftsordnung für den Aufsichtsrat bringen Möhring-Schwartz, Rowedder-Haberlandt Anh. 4, S. 239. Der Aufsichtsrat kann die Geschäftsordnung jederzeit mit einfacher Mehrheit ändern, ergänzen oder aufheben. Soweit Regelungen der Geschäftsordnung des Aufsichtsrats in der Satzung enthalten sind, können sie nur durch die Hauptversammlung geändert werden. Es ist daher zweckmäßig, es bei der Zuständigkeit des Aufsichtsrats selbst zu belassen.

§ 108 Beschlußfassung des Aufsichtsrats

(1) Der Aufsichtsrat entscheidet durch Beschluß.

(2) Die Beschlußfähigkeit des Aufsichtsrats kann, soweit sie nicht gesetzlich geregelt ist, durch die Satzung bestimmt werden. Ist sie weder gesetzlich noch durch die Satzung geregelt, so ist der Aufsichtsrat nur beschlußfähig, wenn mindestens die Hälfte der Mitglieder, aus denen er nach Gesetz oder Satzung insgesamt zu bestehen hat, an der Beschlußfassung teilnimmt. In jedem Fall müssen mindestens drei Mitglieder an der Beschlußfassung teilnehmen. Der Beschlußfähigkeit steht nicht entgegen, daß dem Aufsichtsrat weniger Mitglieder als die durch Gesetz oder Satzung festgesetzte Zahl angehören, auch wenn das für seine Zusammensetzung maßgebende zahlenmäßige Verhältnis nicht gewahrt ist.

(3) Abwesende Aufsichtsratsmitglieder können dadurch an der Beschlußfassung des Aufsichtsrats und seiner Ausschüsse teilnehmen, daß sie schriftliche Stimmabgaben überreichen lassen. Die schriftlichen Stimmabgaben können durch andere Aufsichtsratsmitglieder überreicht werden. Sie können auch durch Personen, die nicht dem Aufsichtsrat angehören, übergeben werden, wenn diese nach § 109 Abs. 3 zur Teilnahme an der Sitzung berechtigt sind.

(4) Schriftliche, telegrafische oder fernmündliche Beschlußfassungen des Aufsichtsrats oder eines Ausschusses sind nur zulässig, wenn kein Mitglied diesem Verfahren widerspricht.

Übersicht

Literatur

Duden, K.: Beschlußfassung im Dreier-Aufsichtsrat, BB 1950, 803

Gessler, E.: Vollständigkeit und Beschlußfähigkeit des Aufsichtsrats im MitbestG Bergbau und Eisen, BB 1951, 942

Schmitt, O. H.: Handlungsfähigkeit des Aufsichtsrats einer AG nach Inkrafttreten des BetrVG, NJW 1953, 1373
Winkhaus, H. H.: Die Handlungs- und Beschlußfähigkeit des Aufsichtsrats einer AG, Diss. Köln, 1955
Kauffmann, H.: Beschlußfähigkeit des Aufsichtsrats bei Mängeln der Wahl oder fehlerhafter Feststellung der gewählten Arbeitnehmervertreter, DB 1955, 1164
Wagner, H.: Die Handlungs- und Beschlußfähigkeit des Aufsichtsrats, BB 1957, 713
Hildebrandt, W.: Die telefonische Abstimmung im Aufsichtsrat, DieAG 1957, 5
Backeberg, H. A.: Beschlußfähigkeit des Aufsichtsrats mit Arbeitnehmer-Drittel, NJW 1957, 1011
Auffahrt, F.: Neuregelung der Beschlußfassung des Aufsichtsrats, NJW 1957, 1704
Meilicke, H.: Fehlerhafte Aufsichtsratsbeschlüsse, Festschrift für Walter Schmidt, 1959, S. 69
Radke, G.: Fehlerhafte Aufsichtsratsbeschlüsse, BB 1960, 1045
Scheuffler, W.: Fehlerhafte Aufsichtsratsbeschlüsse, Diss. München, 1962
Engfer, K.: Der Ausschluß des organschaftlichen Stimmrechts bei Interessen-Kollision, Diss. Berlin, 1970
Prühs, H.: Vorbesprechungen und Fraktionsbildung im Aufsichtsrat, DieAG 1970, 193
ders.: Der Entscheidungsprozeß im Aufsichtsrat, DB 1971, 1961

Einleitung

Die Vorschrift bringt, verglichen zum früheren Recht, sachlich keine wesentlichen Änderungen, faßt jedoch aus Ordnungsgründen (amtl. Begründung, bei Kropff S. 151) die Vorschriften über die Beschlußfassung des Aufsichtsrats, die verstreut geregelt waren, zusammen. In Abs. 1 wird darüber hinaus der Grundsatz festgelegt, daß der Aufsichtsrat durch Beschlüsse entscheidet, die als solche nicht stillschweigend gefaßt werden können (so BGH in st. Rechtsprechung seit BGH 10, 187, 194; vgl. im übrigen Anm. 1). Abs. 2 übernimmt fast wörtlich den früheren § 89 Abs. 1 AktG 1937, der seinerseits durch Gesetz vom 15. 7. 1957 neu gefaßt wurde (vgl. im einzelnen Anm. 11). Abs. 3 erleichtert, verglichen zu AktG 1937, die Stimmabgabe im Aufsichtsrat durch sogenannte Stimmboten (vgl. § 93 Abs. 3 AktG 1937), eine Regelung, die auch deshalb erforderlich wurde, weil das neue Recht die Bestellung von Stellvertretern für Aufsichtsratsmitglieder verbietet (§ 101 Abs. 3 Satz 1). In Abs. 4 wird gesetzlich die bereits zulässig gewesene schriftliche Abstimmung (§ 92 Abs. 3 AktG 1937) auf telefonische und telegrafische Beschlußfassungen ausgedehnt.

I. Beschlußfassung des Aufsichtsrats

Anm. 1

1. Allgemeines (Abs. 1)

Der Aufsichtsrat handelt als Kollegium (RG 90, 206, 208). Seinen Willen kann er nur in einem *Beschluß* ausdrücken, in dem sich die einheitliche Willensbildung der abstimmenden Mitglieder niederschlägt. Das bestimmt Abs. 1 jetzt ausdrücklich, entspricht aber auch dem früheren Recht (BGH DieAG 1959, 286; BGH 41, 282, 286). Aus dem Erfordernis einer Beschlußfassung folgt die Unzulässigkeit einer nicht ausdrücklichen sondern nur *stillschweigenden* Willensbildung (st. BGH-Rechtsprechung; BGH 10, 187, 194; WM 1960, 803, 805; 1961, 569; 1962, 109, 112; BGH 41, 282, 286; WM 1970, 1394, 1395; vgl. auch die amtl. Begründung, bei Kropff S. 151f.). Auch würde bei einer nur stillschweigenden Willensäußerung des Aufsichtsrats sich weder Beschlußfähigkeit noch das Abstimmungsergebnis feststellen lassen. Über den Vorgang der Willensbildung, den zum Beschluß führenden Entscheidungsprozeß im Aufsichtsrat sind erstmalig in dem sog. Mitbestimmungsbericht, 1970 (BT-Drucks. VI/334) Untersuchungen angestellt worden. Dabei sind vor allem für den Bereich der Montanmitbestimmung das Phänomen der Vorbesprechungen der Arbeitnehmervertreter mit dem Vorstand, und damit verbunden, das Problem der Fraktionsbildung in Erscheinung getreten (S. 35ff.; s. auch Prühs, DB 1970, 1961). Der Gesetzgeber hat bewußt darauf verzichtet, weitergehende Regeln des Entscheidungsprozesses im Aufsichtsrat aufzustellen (s. die amtliche Begründung, bei Kropff, S. 147).

Nach h. L. sind für die Verhandlungen und Beschlüsse des Aufsichtsrats, soweit nicht das Gesetz, die Satzung oder eine Geschäftsordnung Regelungen aufstellen, die Vorschriften des Vereinsrechts, insbesondere die Bestimmungen über die Beschlußfassungen des Vereinsvorstandes (§ 28 i.V. m. §§ 32, 34 BGB) heranzuziehen (s. etwa Meilicke, Festschrift für Walter Schmidt, 1959 S. 76; Ritter § 92 AktG 1937 Anm. 2; Scheuffler Diss. München, 1962 S. 5ff. m. w. N.; KGJ 42, A 164; RG 57, 95; 116, 119; a.A. — für das Aktienrecht des HGB — Pinner ZHR 50, 100, ferner Radke BB 1960, 1045).

Anm. 2

2. Sitzungen des Aufsichtsrats

Eine Beschlußfassung setzt regelmäßig die Abhaltung einer *Sitzung* des Aufsichtsrats voraus. Abstimmungen außerhalb von Sitzungen sind nur mit Zustimmung aller Aufsichtsratsmitglieder zulässig (vgl. Anm. 18). Über die *Einberufung* des Aufsichtsrats s. die Erläuterungen zu § 110, insbes. Anm. 1. Sie obliegt in der Regel dem Vorsitzenden (vgl. § 110 Abs. 1). Dieser kann die technische Durchführung der Einladungen dem Vorstand überlassen, wenn Ort, Zeit und Tagesordnung festgesetzt sind (Godin-Wilhelmi Anm. 2). Formen und Fristen schreibt das Gesetz für die Einberufung des Aufsichtsrats nicht vor (§ 110 Anm. 1). Die Satzung oder die Geschäftsordnung des Aufsichtsrats (§ 107 Anm. 19) kann hier regelnd eingreifen. Ist nichts gesagt, so kann in jeder beliebigen Form einberufen werden (a.A. Möhring-Tank I, 314: nur Schriftform), sofern nur sichergestellt ist, daß eine unter den gegebenen Umständen als angemessen anzusehende Zeitspanne zwischen Einladung und Sitzungstag gewährleistet ist. Dabei sind auch die persönlichen Verhältnisse der einzelnen Aufsichtsratsmitglieder in Betracht zu ziehen, wie entfernter Wohnort, Terminnot, häufige Ortsabwesenheit u. ä. Nach § 110 Abs. 3 soll der Aufsichtsrat in der Regel einmal im Quartal, er muß einmal im Halbjahr einberufen werden (im einzelnen s. § 110 Anm. 13).

Mit der Einberufung ist die *Tagesordnung* bekannt zu geben (§ 32 Abs. 1 Satz 2 BGB). Es ist davon auszugehen, daß den Aufsichtsratsmitgliedern Gelegenheit gegeben werden muß, Notwendigkeit und Zweckmäßigkeit ihres persönlichen Erscheinens in der Sitzung (vgl. Anm. 16) pflichtgemäß zu beurteilen und sich auf die zur Beschlußfassung anstehenden Fragen vorzubereiten (Meilicke a. a. O. S. 82; heute h. L.; vgl. ferner Möhring-Tank I 314; Ritter § 92 AktG 1937 Anm. 2; Schlegelberger-Quassowski § 94 AktG 1937 Anm. 6; Scheuffler Diss. München 1962, S. 14; KGJ 42 A 165; OLG Schleswig NJW 1960, 1862; Baumbach-Hueck Rdn. 3, die aber eine Ergänzung der Tagesordnung in der Sitzung für zulässig halten, wenn abwesende Mitglieder nachträglich, vgl. Anm. 4 unten, der Beschlußfassung zustimmen; a.A. Godin-Wilhelmi Anm. 2, Teichmannn-Köhler AktG 1937 § 92 Anm. 3; OLG Köln LZ 1911, 232; OLG Düsseldorf LZ 1913, 789).

Anm. 3

3. Mehrheitsentscheidungen

Zur Beschlußfassung bedarf es nicht der Einstimmigkeit, was Brodmann (§ 246 HGB Anm. 3a) annahm. Vielmehr genügt gemäß BGB § 32 Abs. 1 Satz 3 die *Mehrheit der erschienenen Mitglieder* (herrschende Lehre). Dies entspricht dem allgemeinen Grundsatz für die Beschlußfassung von Kollegien (vgl. auch § 133 Abs. 1), und es dürfte schwerlich im Sinne des Gesetzes liegen, daß ein einzelnes Mitglied den Aufsichtsrat lahmlegen kann. Sich der Stimme enthaltende Mitglieder sind nicht mitzurechnen. Maßgebend ist also die Mehrheit der abgegebenen Stimmen (Schlegelberger-Quassowski AktG 1937 Anm. 19; Baumbach-Hueck Rdn. 4; Godin-Wilhelmi Anm. 2). Dies gilt auch bei *schriftlicher, telegraphischer oder telephonischer Stimmenabgabe.* Die Satzung kann bestimmen, daß bei Stimmengleichheit die Stimme des Vorsitzenden entscheidet. Ohne eine entsprechende Satzungsbestimmung gibt die Stimme des Vorsitzenden nicht den Ausschlag (Schlegelberger-Quassowski AktG 1937 Anm. 17; Baumbach-Hueck Rdn. 4; Godin-Wilhelmi Anm. 2). Ebenso kann bei Stimmengleichheit eine Entscheidung durch das

Los nur getroffen werden, wenn die Satzung es vorschreibt, nach Godin-Wilhelmi Anm. 2 jedoch nur in bezug auf Wahlen. Doch kann jede beliebige Form der Entscheidung gewählt werden, wenn sie die Zustimmung sämtlicher anwesenden Aufsichtsratsmitglieder findet. Kommt eine solche Einigung nicht zustande und bestimmt auch die Satzung nichts für den Fall der Stimmengleichheit, so gilt der Antrag als abgelehnt. Wenn es sich um Fragen handelt, die zum ausschließlichen Geschäftsbereich des Aufsichtsrats gehören oder von denen die Hauptversammlung kraft Gesetzes ausgeschlossen ist, kann auch im Falle der Stimmengleichheit im Aufsichtsrat nicht die Hauptversammlung die Entscheidung treffen. Die Annahme, daß die Hauptversammlung immer einzuberufen ist und zu entscheiden hat, wenn ein Aufsichtsratsbeschluß infolge Stimmengleichheit nicht zustande kommt (so Schlegelberger-Quassowski AktG 1937 Anm. 17), findet im Gesetz keine Stütze mehr (vgl. RG 73, 234, 236) und widerspricht der strengen Aufteilung der Zuständigkeiten der Organe der AG (§ 119).

Die *Satzung* kann nur ausnahmsweise und für bestimmte Beschlüsse eine *größere Mehrheit* verlangen, sofern diese nicht die gesetzlichen Aufgaben des Aufsichtsrats, sondern satzungsmäßige Befugnisse betreffen (Baumbach-Hueck Rdn. 4; Scheuffler Diss. München, 1962, S. 40). Auch hinsichtlich der Änderung einer vom Aufsichtsrat selbst beschlossenen Geschäftsordnung wird man eine qualifizierte Mehrheit für zulässig halten können (Godin-Wilhelmi § 107 Anm. 9). Darüber hinaus ist aber, unbeschadet der Art der Zusammensetzung des Aufsichtsrats, ob insbes. Arbeitnehmervertreter dem Aufsichtsrat angehören oder nicht, für die *gesetzlichen Aufgaben* des Aufsichtsrats an dem Erfordernis der Entscheidung durch einfache Mehrheit festzuhalten (teilw. abw. die Voraufl. § 92 Anm. 17 und Godin-Wilhelmi Anm. 2, wenn auch im Ergebnis ähnlich; a. A. Möhring-Schwartz, Rowedder-Haberlandt S. 147). *Mehrstimmrechte* für einzelne Aufsichtsratsmitglieder sind unzulässig (Baumbach-Hueck Rdn. 4; vgl. auch § 11; a. A. Ritter AktG 1937 Anm. 5); auch würde eine Gewährung von Mehrstimmrechten in Aufsichtsräten mit Arbeitnehmerbeteiligung gegen das jeweils gesetzlich festgelegte Gruppenverhältnis verstoßen.

Anm. 4

4. Nachträgliche Stimmabgabe

Wird der Beschluß des Aufsichtsrats in einer Sitzung gefaßt, so ist eine *nachträgliche Stimmenabgabe* nicht erschienener Mitglieder unwirksam. Doch wird es zulässig sein, daß die anwesenden Mitglieder einstimmig beschließen, die nachträgliche Stimmenabgabe zuzulassen (Schlegelberger-Quassowski AktG 1937 Anm. 19). In diesem Falle muß allen nicht anwesenden Mitgliedern Gelegenheit gegeben werden, nachträglich von ihrem Stimmrecht Gebrauch zu machen. Die Abgabe der Stimme darf keinem Mitglied schwerer gemacht werden als irgendeinem anderen. Wird dieser Grundsatz verletzt, so ist der Beschluß, sofern ihm nicht das benachteiligte Mitglied zustimmt, ebenso unwirksam, wie wenn einem Mitglied keine Gelegenheit gegeben worden wäre, an der Beschlußfassung teilzunehmen.

Erfolgt die Stimmabgabe *schriftlich, telegraphisch oder telephonisch*, so muß die Erklärung bis zu dem in der Aufforderung angegebenen Termin dem Vorsitzenden zugegangen sein. Die Frist darf nicht zu kurz bemessen werden. Fehlt es an einer Fristsetzung, so muß die Stimmabgabe oder der Widerspruch gegen diese Art der Beschlußfassung (Abs. 4) in angemessener Frist erfolgen. Schweigen innerhalb solcher Frist ist Stimmenthaltung. Einer erneuten Aufforderung bedarf es nicht mehr. Ist die Frist verstrichen, ohne daß ein Widerspruch gegen die Abstimmungsart erhoben ist, kann der Vorsitzende das Ergebnis der Beschlußfassung feststellen und die Niederschrift des Beschlusses vornehmen (unten Anm. 18).

Anm. 5

5. Stimmberechtigung

Bei der Abstimmung hat *jedes Aufsichtsratsmitglied eine Stimme*, gleichviel, von wem es in den Aufsichtsrat berufen worden ist. Die Satzung kann, abgesehen von der Bestimmung, daß bei Stimmengleichheit die Stimme des Vorsitzenden den Ausschlag gibt (Anm. 3), nicht bestimmten Mitgliedern ein Vorzugsstimmrecht einräumen (Godin-Wilhelmi Anm. 2; Baumbach-Hueck Rdn. 4). Auch zugunsten der nach § 101 Abs. 2 entsandten Mitglieder kann ein solches Vorzugsstimmrecht nicht begründet werden. Wenn das Gesetz bestimmt, daß die Gesamtzahl der entsandten Mitglieder nicht mehr als ein Drittel aller Mitglieder betragen darf (§ 101 Abs. 2 Satz 4), so will es gerade die Möglichkeit eines alleinigen entscheidenden Einflusses der entsandten Mitglieder auszuschließen. Unzulässig ist es auch, ein Vetorecht bestimmter Mitglieder zu begründen, Schlegelberger-Quassowski AktG 1937 Anm. 18.

Ein Aufsichtsratsmitglied ist *nicht stimmberechtigt*, wenn die Beschlußfassung die Vornahme eines Rechtsgeschäfts mit ihm oder die Einleitung oder Erledigung eines Rechtsstreits zwischen ihm und der AG betrifft oder sonst ein echter Interessenwiderstreit gegeben ist (§ 34 BGB; vgl. auch § 136 Abs. 1 sowie § 47 Abs. 4 GmbHG; § 43 Abs. 3 GenG; übereinstimmend Schlegelberger-Quassowski AktG 1937 Anm. 21; Baumbach-Hueck Rdn. 4; Mestmäcker S. 250; Meilicke, Festschrift für Walter Schmidt, 1959, S. 85ff. mit Beispielen; ferner, unter Heranziehung von § 242 BGB Redding NJW 1956, 48). Bei der Wahl oder dem Widerruf der Wahl des Vorsitzenden oder sonstigen, *die inneren Angelegenheiten* des Aufsichtsrats betreffenden Beschlüssen kann das betroffene Mitglied mitstimmen. Das Stimmrecht der nach § 101 Abs. 2 entsandten Mitglieder ist nicht ausgeschlossen, wenn der Beschluß ein Rechtsgeschäft oder einen Rechtsstreit mit dem Entsendungsberechtigten zum Gegenstand hat. Sie müssen sich bei der Abstimmung von den Interessen der AG leiten lassen (§ 101 Anm. 18). Stehen sie tatsächlich in einem Abhängigkeitsverhältnis zu dem Entsendungsberechtigten, so mögen sie sich der Stimme enthalten, von Rechts wegen verlieren sie sie nicht (BGH 36, 296, 307). Das gleiche gilt für die in den Aufsichtsrat gewählten oder entsandten Arbeitnehmervertreter (dazu ausführlich und auch zur Frage der Interessenkollision allgemein Anm. 1 zu § 96).

Anm. 6

6. Fehlerhafte Aufsichtsratsbeschlüsse

a) Allgemeines

Das Gesetz sagt über die Voraussetzungen der Unwirksamkeit bzw. der Anfechtbarkeit oder Nichtigkeit von Aufsichtsratsbeschlüssen nichts. Die Bestimmungen über die Nichtigkeit oder Anfechtbarkeit von Hauptversammlungsbeschlüssen (§§ 241ff.) sind nicht anwendbar (h. L.; s. Godin-Wilhelmi Anm. 2; Baumbach-Hueck Rdn. 3; Meilicke, Festschrift für Walter Schmidt, 1959 S. 77; Scheuffler, Diss. München S. 8; a.A. nur Radke BB 1960, 1045). Es gelten die subsidiär anwendbaren Vorschriften des Vereinsrechts (vgl. Anm. 1), insbesondere also die §§ 28, 32, 34 BGB betreffend die Beschlußfassungen des Vorstands, mit der Folge, daß fehlerhafte Beschlüsse des Aufsichtsrats *nichtig* sind (h. L.; Nachweise wie vorstehend). Ein Verstoß gegen das Erfordernis, ein Sitzungsprotokoll anzufertigen und gegen die Bestimmungen über dessen Mindestinhalt (§ 107 Abs. 2 Satz 1 und 2) macht allerdings nach ausdrücklicher gesetzlicher Regelung den Beschluß nicht unwirksam (§ 107 Abs. 2 Satz 3; vgl. auch § 107 Anm. 11). Ebenso steht gemäß Abs. 2 Satz 4 der Beschlußfähigkeit und damit der Wirksamkeit der gefaßten Beschlüsse des Aufsichtsrats nicht entgegen, wenn das für die Zusammensetzung des Aufsichtsrats maßgebende zahlenmäßige Verhältnis zwischen Vertretern der Aktionäre und der Arbeitnehmer nicht gewahrt ist (dazu Anm. 12 unten).

Anm. 7

b) Nichtigkeitsgründe

Überhaupt kein Beschluß, ein *Nichtbeschluß*, liegt vor, wenn der Aufsichtsrat nicht ausdrücklich seinen Willen äußert, wie bei sog. *stillschweigenden Beschlüssen* (Anm. 1).

Ferner ist ein beschlußunfähiger Aufsichtsrat nicht in der Lage, Beschlüsse im Sinne des Gesetzes zu fassen. Die von einem beschlußunfähigen Aufsichtsrat gefaßten Beschlüsse sind nichtig (Anm. 10).

Nichtig sind Aufsichtsratsbeschlüsse, die gegen gesetzliche oder satzungsmäßige Verfahrensregeln verstoßen. Das gilt insbesondere für Beschlußfassungen bei nichtordnungsgemäßer Einberufung der Sitzungen, sowie bei Fehlen oder nicht rechtzeitiger Bekanntgabe der Tagesordnung (vgl. Anm. 2 oben). Diese und andere formelle Mängel können nur mit Zustimmung aller Mitglieder des Aufsichtsrats geheilt werden (vgl. auch Abs. 4). Nichtig ist auch ein Beschluß der nicht mit der erforderlichen Mehrheit zustande gekommen ist (vgl. Anm. 3 oben).

Die *Teilnahme Unbefugter* an der Beschlußfassung führt gleichfalls zur Nichtigkeit. Allerdings hat der BGH seine Rechtsprechung, daß die Möglichkeit einer Einflußnahme des nicht Stimmberechtigten auf die Beschlußfassung zur Nichtigkeit des Beschlusses führen kann (BGH 12, 331), jetzt dahin modifiziert, daß die Teilnahme Dritter an der Abstimmung grundsätzlich unschädlich ist, wenn der Nachweis erbracht werden kann, daß der Beschluß nicht auf der Stimmabgabe des Dritten beruht (BGH DieAG 1967, 233 = BB 1967, 647). Das wird damit begründet, daß § 109 Abs. 1 die Teilnahme Dritter an Aufsichtsratssitzungen unter Umständen sogar vorsieht und jedenfalls nicht zwingend verbietet (vgl. Rob. Fischer LM § 93 AktG 1937 Nr. 1 sowie § 101 Anm. 23 und § 109 Anm. 2).

Die Verletzung einer Ordnungsvorschrift führt nicht zur Nichtigkeit, insbesondere also Protokollierungsmängel (§ 107 Abs. 2 Satz 3); gleiches gilt auch für einen Verstoß gegen § 101 Abs. 3, soweit die Einberufung des Aufsichtsrats selbst einmal im Kalenderhalbjahr unterbleibt.

Anm. 8

c) Geltendmachung des Mangels

Nichtigkeit von Aufsichtsratsbeschlüssen kann von jedermann jederzeit und auf jede Weise geltend gemacht werden, also auch durch Feststellungsklage oder im Wege der Einwendung im Prozeß. Eine Heilung der Nichtigkeit, wie sie nach §§ 242, 256 Abs. 5 gegeben ist, stellt eine Ausnahmeregelung dar, die nicht auf andere Fälle der Nichtigkeit von Beschlüssen ausgedehnt werden kann. Man kann sich also nur im Einzelfall fragen, ob eine über Gebühr verzögerte Geltendmachung der Nichtigkeit noch eine zulässige Rechtsausübung darstellt.

Rechtliches Interesse an der Feststellung kann jedes Aufsichtsratsmitglied, jedes Vorstandsmitglied, aber auch ein Aktionär haben. Beklagter ist nicht der Aufsichtsrat, dessen Beschlußfassung angegriffen wird, sondern die AG, vertreten durch den Vorstand (Meilicke a. a. O. S. 112). Ein die Unwirksamkeit eines Aufsichtsratsbeschlusses feststellendes Urteil wirkt allerdings nur inter partes; eine den §§ 99 Abs. 5, 248, 252 entsprechende Regelung fehlt; a.A. Meilicke a. a. O. unter Hinweis auf v. Thur, Allgemeiner Teil des Deutschen Bürgerlichen Rechts, 1910, I S. 518.

Darüber hinaus kann das einzelne Aufsichtsratsmitglied seine Stimmabgabe wegen Willensmängeln nach den allgemeinen Grundsätzen, insbesondere wegen Irrtums oder arglistiger Täuschung *anfechten*. Die Anfechtung ist gegenüber dem amtierenden Aufsichtsratsvorsitzenden zu erklären (teilweise abweichend Godin-Wilhelmi Anm. 2). Führt die Anfechtung einer einzelnen Stimmabgabe zur Nichtigkeit eines Aufsichtsratsbeschlusses, so ist diese gegenüber dem Vorstand geltend zu machen.

II. Beschlußfähigkeit (Abs. 2)

Anm. 9

1. Entstehungsgeschichte

Die Beschlußfähigkeit des Aufsichtsrats war im AktG 1937 ursprünglich nicht geregelt. Der durch G vom 15. 7. 1957 (BGBl. I 714) aufgehobene § 4 Abs. 1 HRBerG

(u. vorher § 11 VO vom 5. 1. 1945 [RGBl. I 5]) sah für die Beschlußfähigkeit eine Mindestbesetzung von drei Mitgliedern vor. Das entsprach auch vor Erlaß dieser Vorschriften der herrschenden Meinung (vgl. BGH 12, 327).

Nach Inkrafttreten des BetrVG Ende 1952 ist über Fragen der Beschlußfähigkeit (Handlungsfähigkeit) und Vollzähligkeit (Vollständigkeit) des Aufsichtsrats eine kaum übersehbare Literatur entstanden, wobei die widersprechendsten Auffassungen vertreten worden sind; vgl. die Nachweise vor der Einleitung. An gerichtlichen Entscheidungen sind BayObLG (NJW 54, 1001), OLG Frankfurt/M., (NJW 54, 1956), LG Mannheim (BB 55, 799) u. AG Mannheim (BB 56, 464) zu erwähnen. Sonderregeln über die Beschlußfähigkeit des Aufsichtsrats fanden sich in § 10 MitbestG a. F. und § 11 MitbestErgG a. F.; zur Entstehungsgeschichte s. E. Gessler BB 1951, 942. Die Zweifel und Schwierigkeiten entstanden dadurch, daß Vollständigkeit des Aufsichtsrats als Voraussetzung für seine Beschlußfähigkeit und die Innehaltung des Verhältnisses zwischen Aktionärs- und Arbeitnehmervertretern (2:1) als starre Norm auch für die Beschlußfähigkeit verlangt wurde. Diese in den zitierten OLG-Entscheidungen vertretene Ansicht zwang die Praxis, ihr Rechnung zu tragen. Man behalf sich mit der Bestellung von Ersatzmitgliedern, um Vakanzen im Aufsichtsrat auszuschließen und ständig einen vollbesetzten Aufsichtsrat sicherzustellen, so daß auch ständig ein beschlußfähiger Aufsichtsrat vorhanden war (vgl. etwa Backeberg NJW 1957, 1011).

Die jetzt geltende Fassung des Abs. 2 entspricht, bis auf geringfügige sprachliche Abweichungen, § 89 Abs. 1 AktG 1937 i. d. F. von Art. I des G vom 15. 7. 1957 BGBl. I 714. Durch diese Neufassung sind die im Zusammenhang mit der Frage nach der Beschlußfähigkeit des Aufsichtsrats aufgetretenen Streitfragen geklärt worden. Beschlußfähigkeit ist unabhängig von der Vollständigkeit des Aufsichtsrats zu beurteilen.

Anm. 10

2. Allgemeine Regelungen

Fehlt eine Regelung der *Beschlußfähigkeit* des Aufsichtsrats im Gesetz oder in der Satzung, so ist der Aufsichtsrat *nur beschlußfähig, wenn mindestens die Hälfte der Mitglieder, aus denen er nach Gesetz oder Satzung insgesamt zu bestehen hat,* an der Beschlußfassung teilnimmt, also bei Sitzungen anwesend ist oder bei schriftlicher, telegraphischer oder telephonischer Abstimmung eine Erklärung abgibt. Dazu gehört auch die Stimmenthaltung (s. Duden BB 1950, 803). Eine *gesetzliche* Regelung der Beschlußfähigkeit ist im MitbestG und MitbestErgG getroffen worden (dazu Anm. 11 unten). Für AGs, die dem BetrVG unterliegen, sowie für Gesellschaften ohne Arbeitnehmerbeteiligung im Aufsichtsrat kann also die Satzung die Beschlußfähigkeit regeln; andernfalls ist sie nur gegeben, wenn die Hälfte der satzungsmäßig vorgesehenen (Baumbach-Hueck Rdn. 6) — nicht der tatsächlich vorhandenen — Zahl der Aufsichtsratsmitglieder an der Beschlußfassung teilnimmt (s. ferner Auffahrth NJW 1957, 1702; Schmidt in Hachenburg § 52 Anh. I Anm. 84, Ziff. 5, vgl. auch BGH 4, 228f.). Die Mindest- und Höchstzahlen ergeben sich aus §§ 95 AktG, 4, 9 MitbestG, 5, 12 MitbestErgG. Es ist aber *niemals* ein beschlußfähiger Aufsichtsrat gegeben, wenn *weniger als drei Mitglieder* an der Beschlußfassung teilnehmen. Entgegenstehende Satzungsbestimmungen sind nichtig; eine Beschlußfassung von weniger als drei Aufsichtsratsmitgliedern ist nichtig (BGH 4, 228).

Besteht der Aufsichtsrat aus *mehr* als drei Mitgliedern, also etwa aus 6, 9 oder 12 Mitgliedern, so ist er also nur beschlußfähig, wenn mindestens 3, 5 oder 6 Mitglieder an der Beschlußfassung teilnehmen. Die Satzung kann auch bei *höheren* Mitgliedszahlen die Beschlußfähigkeit dahin regeln, daß eine Teilnahme von drei Mitgliedern des Aufsichtsrats genügt. Die Satzung kann auch weitere Bestimmungen hinsichtlich der Beschlußfähigkeit treffen, z. B. Anwesenheit des Vorsitzenden oder seines Stellvertreters (OLG Stuttgart, JR 1933, Nr. 1446) verlangen (über die Stimmabgabe im übrigen s. Anm. 3—5 oben). Häufig sind Satzungsbestimmungen, denen zufolge zur Beschlußfähigkeit die Teilnahme von zwei Dritteln der Mitglieder erforderlich ist, bei ausschlaggebendem Stimmrecht des Vorsitzenden bei Stimmengleichheit. Dadurch wird bei größeren Aufsichtsräten vermieden, daß allein die Repräsentanten einer im Aufsichtsrat vertretenen Gruppe einen beschlußfähigen Aufsichtsrat bilden oder bei der Abstimmung den Ausschlag geben können. Eine Satzungsbestimmung, die den Grundsatz der Gleichbehandlung der Aktionärs- und der Arbeitnehmervertreter verletzt (§ 96 Anm. 1) ist nichtig. Ein auf einer nichtigen Satzungsbestimmung beruhender Aufsichtsratsbeschluß ist gleichfalls nichtig (Baumbach-Hueck Rdn. 9)

Anm. 11

3. Sonderregelungen im Rahmen der Montanmitbestimmung

Bei dem *MitbestG* und dem *MitbestErgG* unterliegenden Gesellschaften ist kein Raum für eine die Beschlußfähigkeit des Aufsichtsrats regelnde Satzungsbestimmung. Es gelten *zwingend* § 10 MitbestG und § 11 MitbestErgG (Kötter, MitbestG § 10 Anm. 3; Auffahrt NJW 1957, 1702; Godin-Wilhelmi Anm. 3; Kunze-Spieker, BB 1958, 378f.). Die Beschlußfähigkeit ist in den beiden genannten Gesetzen (jeweils in der Fassung des G vom 15. 7. 1957 — BGBl. I 714 —) dahingehend geregelt, daß allein bei Teilnahme mindestens der Hälfte der nach Gesetz oder Satzung festgelegten Zahl der Aufsichtsratsmitglieder Beschlußfähigkeit vorliegt.

Anm. 12

4. Einfluß des Gruppenverhältnisses auf die Beschlußfähigkeit

Nach Abs. 2 Satz 4 steht es der Beschlußfähigkeit des Aufsichtsrats nicht entgegen, wenn ihm weniger Mitglieder als die durch Gesetz oder Satzung festgesetzte Zahl angehören, auch wenn das für seine Zusammensetzung maßgebende zahlenmäßige Verhältnis nicht gewahrt ist. Damit ist durch den Gesetzgeber die bis zum Inkrafttreten der Novelle vom 15. 7. 1957 (BGBl. I 714) bestehende Streitfrage dahin entschieden, daß *Vollständigkeit* nicht Voraussetzung für die Beschlußfähigkeit des Aufsichtsrats ist. Auch der Begriff einer besonderen Handlungsfähigkeit des Aufsichtsrats ist damit abgelehnt. Das Gesetz bestimmt ausdrücklich, daß es der Beschlußfähigkeit des Aufsichtsrats auch nicht entgegensteht, wenn das *jeweils vorgeschriebene Verhältnis von Aktionärsvertretern und Arbeitnehmervertretern im Aufsichtsrat nicht gewahrt ist.* Konsequent ist damit auch für den Bereich der Beschlußfähigkeit klargestellt, daß beide Gruppen von Aufsichtsratsmitgliedern gleich zu behandeln sind und daß ein besonderes Schutzbedürfnis für die Beteiligten der beiden Gruppen an der Beschlußfassung nicht anerkannt wird.

Abs. 2 Satz 4 ist in § 10 MitbestG und § 11 MitbestErgG jeweils i. d. F. des G vom 15. 7. 1957 darüber hinaus noch ausdrücklich auch hinsichtlich der Gesellschaften, die der qualifizierten Mitbestimmung unterliegen, für anwendbar erklärt worden.

Anm. 13

5. Der nicht vollständig besetzte Aufsichtsrat

Grundsätzlich handelt der Aufsichtsrat nur als *Gesamtkollegium* (Anm. 1 oben). Ist daher der Aufsichtsrat unvollständig, so ist sein Tätigwerden unmöglich, soweit ein Handeln als Gesamtaufsichtsrat erforderlich ist. Zu unterscheiden ist jedoch die Vollbesetzung (Vollständigkeit) und die Beschlußfähigkeit. Enthält die Satzung über die Zusammensetzung des Aufsichtsrats keine Bestimmung, so besteht er aus drei Mitgliedern (§ 95 Satz 1); auch die Beschlußfähigkeit hängt von dem Vorhandensein mindestens dieser drei Mitglieder ab (Anm. 10 oben). Die Satzung kann nicht bestimmen, daß der Aufsichtsrat beschlußfähig ist, wenn weniger als drei Mitglieder an der Beschlußfassung teilnehmen.

Ohne Rücksicht auf vollständige Besetzung des Gesamtaufsichtsrats und auf seine Beschlußfähigkeit bleiben die vom Aufsichtsrat gebildeten *Ausschüsse* handlungsfähig. Auch *einzelne* Aufsichtsratsmitglieder, die von dem Gesamtaufsichtsrat oder einem Ausschuß mit besonderen Aufgaben betraut sind, bleiben zu deren Erfüllung in der Lage, wenn der Gesamtaufsichtsrat beschlußunfähig wird. Das gilt insbesondere von dem Vorsitzenden und seinem Stellvertreter.

Unvollständige Besetzung des Aufsichtsrats verurteilt hiernach die einzelnen Mitglieder nicht zur Untätigkeit und stellt sie, soweit sie handeln können, nicht von ihrer gesetzlichen Haftung (§ 116) frei. Solange noch die zur Beschlußfähigkeit erforderliche Zahl vorhanden ist, müssen sich die restlichen Mitglieder für die Aufsichtsratssitzungen zur Verfügung halten. Vorsätzliche oder fahrlässige Verhinderung beschlußfähiger Sitzungen durch Fernbleiben kann zum Schadenersatz verpflichten. Sind der Vorsitzende und sein Stellvertreter fortgefallen, so können sich die übrigen Mitglieder nicht darauf berufen, daß eine Sitzung nicht habe stattfinden können, weil es an dem zu ihrer Einberufung zuständigen Organ gefehlt habe; vielmehr können, falls es der Vorstand versäumt, zwei Mitglieder in Ausübung des Selbsthilferechts des § 110 Abs. 2 den Aufsichtsrat einberufen (§ 110 Anm. 3), damit zunächst ein neuer Vorsitzender gewählt wird und sodann die weiteren notwendigen Beschlüsse gefaßt werden.

In jedem Fall bleibt dem einzelnen Mitglied das *Recht auf Bericht* gemäß § 90 Abs. 3 Satz 2. Zwar kann es nur Bericht an den Aufsichtsrat verlangen. Das setzt aber nicht die vollständige Besetzung des Aufsichtsrats voraus. Der Vorstand *muß* den Bericht erstatten, wenn das Verlangen des Mitglieds von einem anderen Aufsichtsratsmitglied unterstützt wird. Sind also nur zwei Mitglieder des Aufsichtsrats vorhanden, so ist der Vorstand zur Berichterstattung auf deren Verlangen verpflichtet (§ 90 Anm. 10). Im übrigen *kann* der Vorstand auch dem einzelnen Mitglied unmittelbar Bericht geben (§ 90 Anm. 11). Deshalb muß es zum mindesten den Versuch machen, den Bericht des Vorstands zu erhalten. Sonst kann es sein Unterlassen schadensersatzpflichtig machen.

Eine weitere Verpflichtung der einzelnen Mitglieder eines beschlußunfähigen oder unvollständigen Aufsichtsrats ist in § 104 Abs. 1 und Abs. 2 begründet. Sie müssen die Ergänzung des Aufsichtsrats durch das Gericht beantragen, wenn es ihnen vorher nicht gelungen ist, den Vorstand zur Einberufung einer Hauptversammlung zu veranlassen, die die fehlende Zahl der Aufsichtsratsmitglieder bestellt bzw. die fehlenden Arbeitnehmervertreter nicht gewählt oder entsandt werden (vgl. RG 161, 136).

Im allgemeinen ist zu sagen, daß die restlichen Mitglieder eines unvollständig besetzten Aufsichtsrats eine *erhöhte* Pflicht zur Aufmerksamkeit haben. Sie dürfen nichts, was ihnen an Rechtsbehelfen verblieben ist, versäumen, um die Überwachung des Vorstands durchzuführen (RG 146, 145, 152).

III. Schriftliche Stimmabgabe (Abs. 3)

Anm. 14

1. Grundsatz

Im Gegensatz zum früheren Recht verbietet AktG 1965 die Bestellung von Stellvertretern von Aufsichtsratsmitgliedern (§ 101 Abs. 3 Satz 1). Damit ergibt sich das erhöhte Bedürfnis, die Stimmabgabe durch einen Ermächtigten zu erweitern; grundsätzlich zulässig war sie auch schon nach § 93 Abs. 3 AktG 1937. Damit soll insbesondere sichergestellt werden, daß auch bei unvermeidbarer Verhinderung an der Teilnahme der Sitzung, insbesondere bei paritätisch besetzten Aufsichtsräten, das zahlenmäßige Gruppenverhältnis gewahrt bleibt (vgl. die amtliche Begründung, bei Kropff S. 152). Auch der Vorsitzende und die stellvertretenden Vorsitzenden können ihre Stimme schriftlich überreichen lassen. Daß der zur Stimmabgabe Ermächtigte nicht auch den Vorsitzenden als solchen ersetzen kann, sondern vielmehr an dessen Stelle der stellvertretende Vorsitzende tritt (vgl. § 107 Anm. 6) ist selbstverständlich (amtliche Begründung, a. a. O.). Die Regelung in Abs. 3 gilt nicht nur für Abstimmungen im Gesamtaufsichtsrat, sondern auch in den *Ausschüssen.*

Da die schriftliche Stimmabgabe in der Aufsichtsratssitzung zu überreichen ist, entfällt die Möglichkeit einer telegrafischen oder gar telefonischen Stimmabgabe, wie sie bei Beschlußfassungen ohne Sitzung zulässig ist (Anm. 16 unten).

Anm. 15

2. Durchführung

Der Ermächtigte kann *an der Sitzung des Aufsichtsrats oder des Ausschusses teilnehmen und schriftliche Stimmabgaben des abwesenden Aufsichtsratsmitglieds überreichen.* Er ist nicht Stellvertreter, sondern hat die *Rechtsstellung eines Boten* (h.A.; Baumbach-Hueck Rdn. 12). Das Teilnahmerecht umfaßt zwar die Befugnis, in der Sitzung das Wort zu ergreifen (Geßler JW 1937, 503). Aber der Ermächtigte kann nicht wie ein echter Stellvertreter kraft eigenen Entschlusses im Namen des Vertretenen handeln, sondern nur die Meinung des abwesenden Aufsichtsratsmitgliedes zum Ausdruck bringen. Er kann daher keine Willenserklärungen abgeben. Ebenso kann das Aufsichtsratsmitglied dem Ermächtigten nicht die Entscheidung über die Abgabe seiner Stimme überlassen, indem es ihm die Ausfüllung der Erklärung über die Stimmabgabe nach seinem Ermessen erlaubt (Schlegelberger-Quassowski AktG 1937 Anm. 8). Geschieht dies dennoch, so ist die Abgabe der Stimme unwirksam; doch ist vollständige Ausfüllung durch das abwesende Aufsichtsratsmitglied zu vermuten. Bei der Feststellung der Beschlußfähigkeit kann das abwesende Aufsichtsratsmitglied, das einen andern an der Sitzung teilnehmen läßt, nur mitgezählt werden, sofern der Ermächtigte eine schriftliche Stimmabgabe zu dem zur Abstimmung stehenden Antrag überreicht.

Die schriftliche Stimmabgabe kann nur durch andere Aufsichtsratsmitglieder überreicht werden (Abs. 3 Satz 2). Nur ausnahmsweise, wenn die Satzung es ausdrücklich zuläßt, können auch andere Personen ermächtigt werden (Abs. 3 Satz 3 i. V. m. § 109 Abs. 3).

Die schriftliche Stimmabgabe ist nur wirksam, wenn sie einwandfrei ergibt, auf welchen Antrag sie sich bezieht. Die schriftliche Stimmabgabe, die durch einen von einem abwesenden Aufsichtsratsmitglied zur Teilnahme an der Sitzung Ermächtigten überreicht wird, ändert nicht die Natur der Beschlußfassung. Eine Beschlußfassung ohne Sitzung, die nach Abs. 4 nur zulässig ist, wenn kein Aufsichtsratsmitglied widerspricht, liegt nur vor, wenn überhaupt keine Sitzung und Verhandlung über den betreffenden Gegenstand stattfindet, die Mitglieder des Aufsichtsrats vielmehr zur unmittelbaren schriftlichen Abstimmung aufgefordert werden.

IV. Beschlußfassung ohne Sitzung (Abs. 4)

Anm. 16

Von der schriftlichen Abgabe der Stimme, dem in Abs. 3 geregelten Verfahren, zu unterscheiden, ist die *schriftliche Beschlußfassung*, die schon nach § 92 Abs. 3 AktG 1937 zulässig war, sofern kein Mitglied diesem Verfahren widerspricht. Der schriftlichen ist die *telegrafische* oder *telefonische* Beschlußfassung gleichgestellt; letztere Form der Abstimmung wurde früher überwiegend als unzulässig angesehen (vgl. die Voraufl. § 92 Anm. 11). Wegen Fehlens der bei telefonischer oder telegrafischer Abstimmung notwendigerweise vorhandenen schriftlichen Unterlagen ist, insbesondere bei telefonischer Abstimmung, eine sofortige und korrekte Protokollierung daher unabweisbar (s. auch § 107 Anm. 9). Der telegrafischen ist die fernschriftliche Abstimmung gleichzustellen. Der Ansicht, daß eine Niederschrift nach § 107 Abs. 2 bei Abstimmungen ohne Sitzung vom Gesetz nicht gefordert wird (so Godin-Wilhelmi Anm. 5), kann nicht zugestimmt werden (wie hier Baumbach-Hueck § 107 Rdn. 11).

Die Regelung des Abs. 4 gilt sowohl für Beschlußfassungen des Aufsichtsrats wie auch der Aufsichtsratsausschüsse.

Einer satzungsmäßigen Ermächtigung bedarf es zur Durchführung schriftlicher, telegrafischer oder telefonischer Beschlußfassungen nicht. Die Satzung oder die Geschäftsordnung des Aufsichtsrats (§ 107 Anm. 19) kann jedoch die Beschlußfassung ohne Sitzung ausschließen oder einschränken und über die gesetzlichen Erfordernisse hinausgehend Protokollierungsregeln aufstellen.

Schriftliche, telefonische oder auch telegrafische Beschlußfassungen setzen voraus, daß die einzelnen Aufsichtsratsmitglieder ausreichend informiert werden (Godin-Wilhelmi Anm. 5), und sie setzen ferner voraus, daß alle Mitglieder dem Abstimmungsverfahren zustimmen. Äußert sich ein Mitglied nicht, so gilt das als Ablehnung. Ist ein Mitglied nicht erreichbar und kann somit seine Stellungnahme nicht eingeholt werden, so muß eine Beschlußfassung ohne Sitzung unterbleiben.

§ 109 Teilnahme an Sitzungen des Aufsichtsrats und seiner Ausschüsse

(1) An den Sitzungen des Aufsichtsrats und seiner Ausschüsse sollen Personen, die weder dem Aufsichtsrat noch dem Vorstand angehören, nicht teilnehmen. Sachverständige und Auskunftspersonen können zur Beratung über einzelne Gegenstände zugezogen werden.

(2) Aufsichtsratsmitglieder, die dem Ausschuß nicht angehören, können an den Ausschußsitzungen teilnehmen, wenn der Vorsitzende des Aufsichtsrats nichts anderes bestimmt.

(3) Die Satzung kann zulassen, daß an den Sitzungen des Aufsichtsrats und seiner Ausschüsse Personen, die dem Aufsichtsrat nicht angehören, an Stelle von verhinderten Aufsichtsratsmitgliedern teilnehmen können, wenn diese sie hierzu schriftlich ermächtigt haben.

(4) Abweichende gesetzliche Vorschriften bleiben unberührt.

Übersicht

Einleitung

Die Bestimmung war neu in das AktG 1937 eingefügt worden. AktG 1965 übernimmt den früheren § 93 AktG 1937 mit Ausnahme der Bestimmungen über die schriftliche Stimmabgabe verhinderter Aufsichtsratsmitglieder, die in § 108 Abs. 3 Aufnahme gefunden haben. Außerdem ist in Abs. 2 die Möglichkeit, Nichtausschußmitglieder auch durch die Satzung von den Sitzungen auszuschließen, gestrichen worden. Weitergehende Vorschläge, auch die Befugnisse des Vorsitzenden nach Abs. 2 einzuschränken, fanden keine Billigung der gesetzgebenden Körperschaften (vgl. den Ausschußbericht, bei Kropff S. 153).

I. 1. Teilnahme an Aufsichtsrats- und Ausschußsitzungen

Anm. 1

Abs. 1 begrenzt den Kreis der Personen, die an den Sitzungen des Aufsichtsrats und seiner Ausschüsse teilnehmen dürfen. Die Bestimmung will verhindern, daß etwa in Gestalt von Beiräten, die an den Aufsichtsratssitzungen teilzunehmen berechtigt sind, die Bestimmung des § 95 über die Höchstzahl der Aufsichtsratsmitglieder umgangen wird. Sie soll ferner die gebotene Vertraulichkeit der Sitzungen gewährleisten. *Ohne Rücksicht auf den Gegenstand der Beratung* dürfen nach Satz 1 an den Sitzungen nur *Aufsichtsratsmitglieder und Vorstandsmitglieder* teilnehmen. *Zur Beratung über einzelne,* d. h. bestimmte, *Gegenstände* können nach Satz 2 Sachverständige und Auskunftspersonen zugezogen werden. Der Begriff des Sachverständigen ist weit auszulegen. Es genügt jede besondere Sachkunde, über die die Mitglieder des Aufsichtsrats oder Ausschusses nicht verfügen. Für Gebiete, auf denen es einer besonderen Fachkenntnis bedarf, z. B. für Rechtsfragen, wird man die regelmäßige Zuziehung eines bestimmten Beraters für zulässig halten müssen (a. A. Godin-Wilhelmi Anm. 5). Der Zweck der Bestimmung verbietet es jedoch, die ständige Zuziehung einer Person wegen ihrer besonderen Sachkunde auf dem allgemeinen Tätigkeitsgebiet der Gesellschaft zuzulassen. Die Kenntnisse einer solchen Person lassen sich nach dem Zwecke des Gesetzes nur in der Weise verwerten, daß sie in den Aufsichtsrat gewählt wird. In besonders liegenden einzelnen Fällen wird aber auch mit der besonderen Sachkunde auf dem Tätigkeitsgebiet der Gesellschaft die Hinzuziehung einer Person als eines Sachverständigen zu der Beratung über eine bestimmte Frage gerechtfertigt werden können. Auch können unter Umständen *Aktionäre* zu Aufsichtsratssitzungen hinzugezogen werden; etwa wenn der Aufsichtsrat sich darüber vergewissern will, wie Großaktionäre hinsichtlich künftiger Geschäftsmaßnahmen oder organisatorischer Vorschläge der Verwaltung sich zu den beabsichtigten Maßnahmen stellen werden. Darüberhinaus ist aber die Teilnahme von *Gästen* an Aufsichtsratssitzungen nicht zulässig (Janberg-Oesterlink DieAG 1960, 240). Auch Ehrenmitglieder oder sog. Ehrenvorsitzende des Aufsichtsrats (§ 107 Anm. 7) sowie frühere Mitglieder des Aufsichtsrats oder des Vorstands dürfen nicht teilnehmen, es sei denn, sie werden als Sachverständige oder Auskunftspersonen zugezogen.

Die Zuziehung von Sachverständigen und Auskunftspersonen kann der *Vorsitzende* von sich aus veranlassen. Es handelt sich um eine in den Bereich der Sitzungsleitung fallende Anordnung, die der Vorsitzende auch treffen kann, wenn ihn die Satzung nicht dazu ausdrücklich ermächtigt.

Anm 2

2. Zwingende Regelung

Die Bestimmung ist *zwingender Natur*. Die Satzung kann nicht in weiterem Umfang die Zuziehung von Personen zulassen, die weder dem Aufsichtsrat noch dem Vorstand angehören. Eine Zuwiderhandlung gegen die Bestimmung beeinträchtigt aber weder die Gültigkeit der Aufsichtsratsbeschlüsse (BGH 12, 330) noch hat sie strafrechtliche Folgen; sie vermag aber eine Schadensersatzpflicht der Aufsichtsratsmitglieder zu begründen, z. B. wenn die zu Unrecht hinzugezogene Person die Schweigepflicht verletzt. Haben Unbefugte bei der Beschlußfassung des Aufsichtsrats mitgestimmt, so ist der Beschluß nur dann nichtig, wenn nachgewiesen werden kann, daß der Beschluß auf der Stimmabgabe der Unbefugten beruht (BGH 12, 327; BGH DieAG 1967, 233 = BB 1967, 647; vgl. auch § 108 Anm. 7).

Anm. 3

3. Recht zur Teilnahme

Mit der Frage, wer *zur Teilnahme* an den Sitzungen des Aufsichtsrats *berechtigt* ist, befaßt sich Abs. 1 nicht. Insbesondere kann nicht aus dieser Bestimmung hergeleitet werden, daß die Vorstandsmitglieder ein Recht auf Teilnahme an den Sitzungen des Aufsichtsrats haben. Durch ein solches Teilnahmerecht könnte die Erfüllung der Hauptaufgabe des Aufsichtsrats, die Überwachung des Vorstands, in bedenklichem Maße beeinträchtigt werden (Godin-Wilhelmi Anm. 3; Baumbach-Hueck Rdn. 3). Die Satzungen beschränken vielfach das Teilnahmerecht des Vorstands, entweder in der Art, daß er nur auf Verlangen des Aufsichtsrats oder seines Vorsitzenden teilzunehmen hat, oder dahin, daß der Vorsitzende Sitzungen unter Ausschluß des Vorstands anberaumen kann. Andererseits sind die Vorstandsmitglieder verpflichtet, auf Verlangen des Aufsichtsrats an dessen Sitzungen teilzunehmen, um eine umfassende und einwandfreie Unterrichtung des Aufsichtsrats zu ermöglichen (so jetzt auch Godin-Wilhelmi Anm. 3). Das Teilnahmerecht der Aufsichtsratsmitglieder versteht sich von selbst. Man kann es auch mittels eines Umkehrschlusses aus Abs. 2 ableiten. Unzulässig wäre eine Satzungsbestimmung, daß Aufsichtsratsmitglieder von Sitzungen des Aufsichtsrats oder eines Ausschusses, dem sie angehören, ausgeschlossen werden können.

II. 1. Teilnahmerecht von Nichtmitgliedern an Ausschußsitzungen

Anm. 4

Abs. 2 regelt *das Recht von Aufsichtsratsmitgliedern zur Teilnahme an Sitzungen von Ausschüssen, denen sie nicht angehören.* Das Gesetz *bejaht dieses Recht grundsätzlich* und für alle

Aufsichtsratsmitglieder, also selbstververständlich auch die Arbeitnehmervertreter. Nur der *Vorsitzende des Aufsichtsrats* — nicht der Vorsitzende des Ausschusses — kann etwas anderes bestimmen. Er kann dies für einzelne Sitzungen oder allgemein für die Sitzungen eines bestimmten Ausschusses anordnen. Auch einem einzelnen Mitglied des Aufsichtsrats wird der Vorsitzende die Teilnahme an Ausschußsitzungen verbieten können. Dagegen wird eine allgemeine Anordnung des Vorsitzenden, die schlechthin den Aufsichtsratsmitgliedern die Teilnahme an Sitzungen von Ausschüssen untersagt, denen sie nicht angehören, nicht mehr zulässig sein (a. A. die Voraufl. § 93 Anm. 4); AktG 1937 ließ auch eine satzungsmäßige Regelung über das Teilnahmerecht von Nichtmitgliedern an Ausschußsitzungen zu, die notwendigerweise allgemeiner Natur sein mußten. Solche Regelungen sind nicht mehr zulässig (vgl. auch die Einleitung) und können daher auch nicht durch den Vorsitzenden in Kraft gesetzt werden. Der Ausschluß der Teilnahme umfaßt auch die Einsicht in die Unterlagen und Protokolle des Ausschusses, nicht aber die Kenntnisnahme der Berichte des Ausschusses an den Gesamtaufsichtsrat (s. § 107 Anm. 18 sowie Anm. 6 unten).

Der Gesetzeswortlaut gibt keine Auskunft darüber, ob die *Satzung* das Untersagungsrecht des Vorsitzenden ausschließen kann. Die Frage war früher streitig (vgl. die Voraufl. § 93 Anm. 5); sie dürfte für das neue Recht zu bejahen sein.

Anm. 5

2. Untersagung durch den Vorsitzenden

Die *Entscheidung des Vorsitzenden* ist *unanfechtbar*. Insbesondere sind Beschlüsse des Ausschusses, selbst wenn die Teilnahme an der Ausschußsitzung anderen Aufsichtsratsmitgliedern mißbräuchlich untersagt worden sein sollte, aus diesem Grunde nicht unwirksam. Auch die Anrufung der Hauptversammlung gegen die Versagung der Teilnahme an Ausschußsitzungen ist nicht zulässig (Godin-Wilhelmi Anm. 7). Bei mißbräuchlicher Untersagung der Teilnahme könnte die Hauptversammlung nur derart eingeschaltet werden, daß ihr Bericht erstattet und die Abberufung des Aufsichtsratsvorsitzenden anheimgegeben wird. Mißbräuchlich wäre eine Anordnung des Vorsitzenden, die eine Diskriminierung der Arbeitnehmervertreter bezweckt, oder etwa des Repräsentanten eines bestimmten Aktionärs oder einer Aktionärsgruppe im Aufsichtsrat. Der Teilnahmeausschluß muß sachlich ausreichend begründet sein, und darf den Grundsatz der gleichen Behandlung aller Mitglieder des Aufsichtsrats nicht verletzen (Baumbach-Hueck Rdn. 5). Unter Umständen kann im Wege der Feststellungsklage vor den ordentlichen Gerichten vorgegangen werden, wenn sich ein Rechtsschutzbedürfnis rechtfertigen läßt (einschränkend Godin-Wilhelmi, die überhaupt kein Recht auf Klagerhebung annehmen — § 107 Anm. 10 — was mit heutiger Rechtsauffassung allerdings schlechthin unvereinbar ist). Es kann ein Ausschluß der Klagebefugnis auch nicht damit begründet werden, daß es sich bei Auseinandersetzungen um die Rechte eines einzelnen Aufsichtsratsmitglieds um Fragen der sog. inneren Vereinsordnung handelt, die nicht justiziabel sind — BGH 49, 396, denn ein übergeordnetes Organ, daß bei Auseinandersetzungen zuständig wäre, fehlt gerade. Eine Zuständigkeit der Arbeitsgerichte ist für Klagen der Arbeitnehmervertreter nach § 2 ArbGerG aber nicht gegeben (Samson DieAG 1957, 74). Ein Mißbrauch des Untersagungsrechts wird auch unter Umständen die Niederlegung des Amts durch das betroffene Aufsichtsratsmitglied rechtfertigen können.

Anm. 6

3. Recht auf Auskunft

Aufsichtsratsmitglieder, die einem Ausschuß nicht angehören, haben ein Recht auf *Auskunft* über die Beschlüsse der Ausschüsse. Denn auch durch die Überweisung einzelner Aufgaben des Aufsichtsrats an Ausschüsse wird die allgemeine Überwachungspflicht aller Aufsichtsratsmitglieder nicht berührt; sie müssen sich also über die Beschlüsse des Aufsichtsrats und seiner Ausschüsse unterrichten lassen (§ 107 Anm. 18). Verlangt ein einzelnes Aufsichtsratsmitglied Auskunft über die Beschlüsse eines Ausschusses und wird sie ihm verweigert, so muß er die Entscheidung des Gesamtaufsichtsrats über die Einholung der Auskunft herbeiführen. Lehnt der Aufsichtsrat ab, so ist das Mitglied voll entlastet. Wenn es aber Anlaß hat, zu glauben, die Verantwortung ohne Kenntnis der Beschlüsse des Ausschusses nicht tragen zu können, mag es sein Amt niederlegen. Im übrigen stehen dem betroffenen Mitglied die in Anm. 5 oben genannten Rechtsbehelfe auch bei Auskunftsversagung in dem dort beschriebenen Umfang zur Verfügung.

III. 1. Vertretung durch Dritte

Anm. 7

Abs. 3 schafft die Möglichkeit, daß sich *verhinderte Aufsichtsratsmitglieder in den Sitzungen des Aufsichtsrats und seiner Ausschüsse durch Dritte vertreten lassen.* Voraussetzung für die Zulässigkeit einer solchen Vertretung ist eine entsprechende *Bestimmung der Satzung.* Die Bestimmung gilt für den Fall, daß ein Aufsichtsratsmitglied an der persönlichen Teilnahme verhindert ist. Erforderlich ist eine *schriftliche Ermächtigung* des vertretenen Aufsichtsratsmitglieds. Das Gesetz sieht an dieser Stelle nur eine Ermächtigung von Personen vor, die *nicht dem Aufsichtsrat angehören. Andere Aufsichtsratsmitglieder* sind aber schon aus eigenem Recht zur Teilnahme an den Sitzungen des Gesamtaufsichtsrats ermächtigt; daß sie auch für abwesende Aufsichtsratsmitglieder Stimmabgaben überreichen können, bestimmt § 108 Abs. 3. Dritte können das nur, wenn die Satzung ihre Teilnahme an Sitzungen des Aufsichtsrats und seiner Ausschüsse vorsieht (vgl. im übrigen § 108 Anm. 15).

Anm. 8

2. Satzungsbestimmungen

Da es sich hier nicht um eine gesetzliche Befugnis der Aufsichtsratsmitglieder, sondern nur um ein durch die Satzung begründbares Recht handelt, kann die *Satzung es beliebig beschränken.* Um unerwünschte Personen fernzuhalten, kann die Satzung an die Person des Vertreters bestimmte Anforderungen stellen, auch bestimmen, daß ein Aufsichtsratsmitglied keine andere als eine einmal der Gesellschaft gegenüber benannte Person zur Teilnahme an den Sitzungen ermächtigen darf. Zulässig erscheint es auch, nur bestimmten Aufsichtsratsmitgliedern die Befugnis zur Ermächtigung anderer Personen zur Teilnahme an der Sitzung zu gewähren (Schlegelberger-Quassowski AktG 1937 Anm. 7), sofern der Gleichbehandlungsgrundsatz nicht verletzt wird.

IV. Abweichende gesetzliche Vorschriften (Abs. 4)

Anm. 9

Nach Abs. 4 bleiben *abweichende gesetzliche Vorschriften unberührt.* Gemeint sind Vorschriften, nach denen noch andere als die in § 93 genannten Personen zur Teilnahme an den Sitzungen des Aufsichtsrats und seiner Ausschüsse berechtigt sind (vgl. Gesetz über das Kreditwesen § 44 Abs. 1 Nr. 2; HypBankG § 3; SchiffsbankG § 3; G über Kapitalanlagegesellschaften § 2 Abs. 1 usw.).

§ 110 Einberufung des Aufsichtsrats

(1) Jedes Aufsichtsratsmitglied oder der Vorstand kann unter Angabe des Zwecks und der Gründe verlangen, daß der Vorsitzende des Aufsichtsrats unverzüglich den Aufsichtsrat einberuft. Die Sitzung muß binnen zwei Wochen nach der Einberufung stattfinden.

(2) Wird einem Verlangen, das von mindestens zwei Aufsichtsratsmitgliedern oder vom Vorstand geäußert ist, nicht entsprochen, so können die Antragsteller unter Mitteilung des Sachverhalts selbst den Aufsichtsrat einberufen.

(3) Der Aufsichtsrat soll in der Regel einmal im Kalendervierteljahr, er muß einmal im Kalenderhalbjahr einberufen werden.

Übersicht

Einleitung

Die Bestimmung entspricht § 94 AktG 1937, der auf § 244a HGB zurückgeht. Die Bestimmung des § 244a Abs. 3 HGB über die Kostentragung bei mißbräuchlicher Einberufung des Aufsichtsrats war in § 94 AktG 1937 weggefallen. Abs. 3 war durch § 84 Abs. 4 BetrVG eingefügt worden.

I. Recht und Pflicht zur Einberufung

Anm. 1

Die *Einberufung* liegt grundsätzlich dem Vorsitzenden des Aufsichtsrats ob (§ 107 Anm. 4). Seine Sache ist es auch, die schriftliche, telegrafische oder telefonische Stimmenabgabe zu veranlassen (§ 108 Abs. 4), wenn ihm dies zweckmäßig erscheint. Auch ist der Vositzende in erster Linie dafür verantwortlich, daß der Aufsichtsrat mindestens einmal im Kalenderhalbjahr einberufen wird (Anm. 14) und regelmäßig einmal im Vierteljahr. Zu dieser Sitzung muß jedes Mitglied geladen werden; bei schriftlicher, telegraphischer oder telephonischer Beschlußfassung muß jedes Mitglied zur Abgabe der Stimme aufgefordert werden. Es muß auch dann allen Mitgliedern Gelegenheit zum Erscheinen und zur Stimmenabgabe gegeben werden, wenn eine für den Beschluß ausreichende Mehrheit der Mitglieder erklärt hat, für den Antrag stimmen zu wollen. Wird hiergegen verstoßen, so kommt ein wirksamer Beschluß nicht zustande (RG 66, 369). Die Einladung kann in beliebiger Form, auch mündlich, insbesondere telefonisch erfolgen, sofern nicht die Satzung oder die vom Aufsichtsrat selbst festgesetzte Geschäftsordnung eine besondere Form vorschreibt (vgl. dazu § 107 Anm. 2). Das gleiche wird grundsätzlich für die Aufforderung zur schriftlichen, telegrafischen oder telefonischen Stimmenabgabe zu gelten haben; doch muß der Antrag dem Mitglied bestimmt bekanntgegeben werden (vgl. RG in HRR 1928 Nr. 239), und dies wird in der Regel zuverlässig nur schriftlich geschehen können. Die Einladung muß eine den Umständen nach angemessene Zeit vor der Sitzung erfolgen (§ 107 Anm. 2).

Die Satzung kann *besonder Erfordernisse* hinsichtlich der Form, der Zeit und des Ortes der Einberufung aufstellen. Im Zweifel wird nicht anzunehmen sein, daß die Verletzung solcher Bestimmungen die Unwirksamkeit der Beschlüsse nach sich ziehen soll (vgl. § 108 Anm. 7).

II. 1. Antrag der Aufsichtsratsmitglieder (Abs. 1)

Anm. 2

Jedes Mitglied, also auch die Arbeitnehmervertreter und die nach § 103 Abs. 2 entsandte Mitglieder können *verlangen, daß der Vorsitzende unverzüglich den Aufsichtsrat einberuft.* Er muß den *Zweck* und die *Gründe* angeben. Zweck ist der Gegenstand, über den bei der verlangten Aufsichtsratssitzung verhandelt werden soll. Die Mitteilung eines formulierten Antrags ist nicht erforderlich. Die Gründe müssen die Dringlichkeit der Sache klarlegen. Eine *Form* ist nicht vorgeschrieben.

Anm. 3

2. Antragstellung

Der Antrag ist *an den Vorsitzenden zu richten.* Ist weder ein Vorsitzender noch ein Stellvertreter vorhanden oder sind beide verhindert, so soll nach Schlegelberger-Quassowski AktG 1937 § 94 Anm. 8 das Verlangen an das tatsächlich die Geschäfte führende Mitglied gerichtet werden. Dem kann nur für den Fall zugestimmt werden, daß das betreffende Mitglied von dem Gesamtaufsichtsrat mit der vorübergehenden Führung der Geschäfte des Vorsitzenden beauftragt worden ist oder seine Geschäftsführung *allseits* stillschweigend geduldet wird. Andernfalls ist sein Recht zur alleinigen Einberufung des Aufsichtsrats nicht anzuerkennen; es braucht daher auch kein anderes Mitglied sich mit seinem Einberufungsverlangen an das die Geschäfte tatsächlich, aber ohne einen Auftrag oder allseitige Duldung des Gesamtaufsichtsrats führende Mitglied zu wenden. Fehlt auch ein tatsächlich die Geschäfte führendes Mitglied, so ist nach Schlegelberger-Quassowski a. a. O. das Verlangen an die Gesamtheit des Aufsichtsrats zu richten. Dem ist jedoch nicht zuzustimmen, da eine Einberufung des Aufsichtsrats durch die Gesamtheit der Mitglieder nicht stattfindet. Es können vielmehr in diesen Fällen nach dem sinngemäß anzuwendenden Abs. 2 zwei Mitglieder zusammen selbständig den Aufsichtsrat einberufen (Anm. 8; ebenso Baumbach-Hueck Rdn. 3; Godin-Wilhelmi Anm. 2).

Anm. 4

3. Antrag des Vorstands

Auch der Vorstand kann das Verlangen der Einberufung an den Vorsitzenden des Aufsichtsrats richten. Es handelt sich um einen internen Vorgang innerhalb der Gesellschaft. Die Grundsätze über die Vertretungsmacht der Vorstandsmitglieder finden also keine Anwendung. Es bedarf vielmehr eines Beschlusses des Vorstands. Für den Inhalt des Antrages und für die Rechtslage im Falle der Verhinderung des Vorsitzenden des Aufsichtsrats gilt dasselbe wie für das Verlangen eines Aufsichtsratsmitglieds (s. Anm. 2 u. 3).

Anm. 5

4. Einberufung

Die Einberufung hat *unverzüglich,* d. h. ohne schuldhaftes Zögern (§ 121 BGB), zu erfolgen. *Die Sitzung muß binnen zwei Wochen nach der Einberufung stattfinden* (Abs. 1 Satz 2).

Statt der Einberufung wird eine Beschlußfassung ohne Sitzung (§ 108 Abs. 4) stattfinden können, wenn der Antragsteller einverstanden ist. Dies ist auch anzunehmen, wenn der Vorstand den Antrag gestellt hat. Widerspruch irgendeines Mitglieds des Aufsichtsrats schließt natürlich hier wie sonst die Beschlußfassung durch schriftliche, telegrafische oder telefonische Stimmabgabe aus.

Anm. 6

5. Das Recht auf Einberufung

Jedes Mitglied hat ein *Recht auf Einberufung* des Aufsichtsrats durch den Vorsitzenden. Aus Abs. 2, der das Recht zur eigenen Einberufung einem einzelnen Aufsichtsratsmitglied nicht zugesteht, ist nicht etwa zu schließen, daß der Vorsitzende nach seinem Ermessen zu entscheiden hat, ob der dem Verlangen stattgeben will oder nicht. Das Gesetz gibt ein Recht auf Einberufung des Aufsichtsrats durch den Vorsitzenden jedem einzelnen Aufsichtsratsmitglied, während es das Selbsthilferecht auf eigene Einberufung des Aufsichtsrats nur mindestens zwei Aufsichtsratsmitgliedern zugesteht. Der Vorsitzende muß dem Einberufungsverlangen entsprechen, wenn die gesetzlichen Voraussetzungen vorliegen. Diese bestehen in dem Verlangen eines Mitglieds und in einem zur Behandlung durch den Aufsichtsrat geeigneten Gegenstand. Der Vorsitzende kann das Verlangen daher ablehnen, wenn der angegebene Gegenstand nicht zu den Gesellschaftsangelegenheiten oder nicht in die Zuständigkeit des Aufsichtsrats gehört. Der Vorsitzende ist ebenfalls zur Ablehnung berechtigt, wenn mit der Einberufung offenbar ein dem Gesetz oder den guten Sitten zuwiderlaufender Zweck verfolgt wird oder wenn sonst das Recht auf Einberufung des Aufsichtsrats vorsätzlich mißbraucht wird (KG JFG 2, 220). Ein solcher Mißbrauch liegt aber nicht schon dann vor, wenn die Ablehnung des von dem Aufsichtsratsmitglied gestellten Antrags durch den Aufsichtsrat zu erwarten ist; der Vorsitzende darf dem Aufsichtsrat nicht vorgreifen (vgl. KGJ 32 A 140). Dagegen wird ein solcher Mißbrauch vorliegen, wenn der Aufsichtsrat sich schon mit der Sache befaßt, sich aber ablehnend entschieden hat. Das Verlangen einer erneuten Einberufung zu demselben Zweck erscheint nur gerechtfertigt, wenn Umstände vorliegen, auf Grund deren mit einer veränderten Stellungnahme des Aufsichtsrats gerechnet werden kann (Schlegelberger-Quassowski AktG 1937, § 94 Anm. 13; Baumbach-Hueck Rdn. 4). Der Vorsitzende ist grundsätzlich auch nicht berechtigt, darüber zu entscheiden, ob die Sache dringlich genug ist, um die Einberufung zu rechtfertigen. Dies wäre eine Entscheidung über die Zweckmäßigkeit der Einberufung, die dem Vorsitzenden nicht zusteht (Baumbach-Hueck Rdn. 4). Wegen der weit größeren Schwierigkeiten und Kosten der Einberufung einer Hauptversammlung kann die gegenteilige Entscheidung des BayObLG JFG 1, 247, über das Recht eines Genossen einer eGmbH auf Einberufung einer Hauptversammlung für die vorliegende Frage nicht verwertet werden. Nur wenn die Einberufung den Umständen nach offenbar so wenig dringlich ist, daß sich das Einberufungsverlangen als ein *Mißbrauch* darstellt, kann der Vorsitzende die Einberufung verweigern. Dieselben Grundsätze hinsichtlich der Pflicht zur Einberufung und des Rechts des Vorsitzenden zu deren Verweigerung gelten, wenn das Verlangen von zwei Mitgliedern gestellt wird.

Anm. 7

6. Schadensersatzpflicht

Kommt der Vorsitzende dem Verlangen unberechtigterweise nicht nach, so macht er sich der Gesellschaft gegenüber *schadensersatzpflichtig*. Dies gilt auch dann, wenn das Verlangen von zwei Aufsichtsratsmitgliedern gestellt wurde. Der Vorsitzende wird nicht dadurch entlastet, daß die Antragsteller von ihrem gemäß Abs. 2 gegebenen Recht, den Aufsichtsrat selbst einzuberufen, hätten Gebrauch machen können. Der Vorsitzende kann weder durch Ordnungsstrafen zur Einberufung gezwungen werden, noch macht er sich durch die Unterlassung strafbar. Auch eine Klage auf Einberufung ist nicht gegeben (Godin-Wilhelmi Anm. 5).

III. Selbsthilferecht (Abs. 2)

Anm. 8

Die Antragsteller können, falls ihrem Verlangen nicht entsprochen wird, selbst den Aufsichtsrat einberufen, wenn der Antrag von mindestens zwei Aufsichtsratsmitgliedern oder von dem Vorstand gestellt war (Abs. 2). Es genügt nicht, daß sich dem von einem Mitglied gestellten Antrag nachträglich ein anderes anschließt (Schlegelberger-Quassowski AktG 1937, § 94 Anm. 17; Godin-Wilhelmi Anm. 3; Baumbach-Hueck Rdn. 5). Beide Antragsteller müssen eine Einberufung des Aufsichtsrats zu demselben Zweck verlangt haben. Mitglieder, die das Verlangen nicht gegenüber dem Vorsitzenden geäußert haben, sind zur Einberufung grundsätzlich nicht berechtigt. Fehlt es jedoch an einem Vorsitzenden und seinem Stellvertreter, so ist das *Selbsthilferecht* des Abs. 2 gegeben, auch ohne daß ein Antrag auf Einberufung einer Sitzung vorausgegangen ist (vgl. Anm. 3).

Die Einberufung kann auch dann durch zwei Aufsichtsratsmitglieder erfolgen, wenn das Verlangen an den Vorsitzenden von einer größeren Zahl geäußert war. Dem Verlangen ist nicht entsprochen, wenn der Vorsitzende nicht in angemessener Frist den Aufsichtsrat zu dem von den Antragstellern angegebenen Zweck unter Beachtung der in Abs. 1 Satz 2 vorgeschriebenen zweiwöchigen Höchstfrist einberuft.

Anm. 9

1. Einberufung

Die Einberufung durch die Antragsteller muß *unverzüglich* erfolgen; andernfalls erlischt ihr Recht (Schlegelberger-Quassowski AktG 1937, § 94 Anm. 19; Ritter AktG 1937, § 94 Anm. 3; Baumbach-Hueck Rdn. 5; Godin-Wilhelmi Anm. 5). Die für die Einberufung durch den Vorsitzenden in Abs. 1 Satz 2 vorgeschriebene Höchstfrist von zwei Wochen dürfte nicht vorgesehen sein, um im Interesse der AG eine alsbaldige Sitzung herbeizuführen, sondern um zu verhindern, daß das Verlangen des Mitglieds durch eine Einberufung des Aufsichtsrats zu einem späteren Zeitpunkt vereitelt wird. Die Frist gilt daher nicht für die Einberufung durch die Antragsteller gemäß Abs. 2.

Die Einberufung muß den allgemeinen und den in der Satzung etwa vorgeschriebenen besonderen Erfordernissen der Einberufung (§ 107 Anm. 2) genügen. Sie muß zu dem Zweck erfolgen, der bei der Äußerung des Verlangens gegenüber dem Vorsitzenden angegeben war. Die Einberufung muß überdies den *Sachverhalt mitteilen*, d. h. angeben, daß die Antragsteller das Verlangen dem Vorsitzenden unter Angabe der Gründe und des Zwecks geäußert haben, ihrem Verlangen aber nicht entsprochen worden ist.

Anm. 10

2. Pflicht zur Einberufung

Jedes Mitglied ist *verpflichtet*, die Einberufung des Aufsichtsrats zu verlangen, wenn es dem Gesetz (Abs. 3) oder den Umständen nach geboten erscheint, und macht sich durch die Unterlassung *schadensersatzpflichtig* (vgl. auch Anm. 13). Ebenso kann eine Schadensersatzpflicht begründet sein, wenn die Antragsteller bei Ablehnung ihres Verlangens den Aufsichtsrat nicht selbst einberufen. Das Verschulden des Vorsitzenden entschuldigt sie nicht.

IV. 1. Rechtsmittel bei Versagung der Einberufung oder der Beschlußfassung

Anm. 11

Der Aufsichtsrat kann die Beschlußfassung ablehnen, gleichviel, ob die Einberufung durch den Vorsitzenden, zwei Aufsichtsratsmitglieder oder den Vorstand erfolgt ist. Das Recht der Antragsteller ist mit der Einberufung erschöpft. Ist der Aufsichtsrat nicht beschlußfähig, so gibt ihnen dies regelmäßig kein neues Recht auf Einberufung. Sie können aber von neuem das Verlangen gegenüber dem Vorsitzenden äußern. Dieser wird verpflichtet sein, dem Verlangen nachzukommen, sofern Aussichten bestehen, daß im Fall einer erneuten Einberufung der Aufsichtsrat beschlußfähig ist. Die Beschlußfähigkeit kann gegebenenfalls durch Ersatzbestellung nach § 104 Abs. 1 herbeigeführt werden. Ist die Beschlußfähigkeit des Aufsichtsrats nach der Satzung von der Anwesenheit des Vorsitzenden abhängig gemacht (§ 108 Anm. 10), sabotiert dieser aber durch Nichterscheinen die Beschlußfassung der auf Grund des Selbsthilferechts einberufenen Aufsichtsratssitzung, so kann trotzdem eine gültige Beschlußfassung erfolgen. „Das Selbsthilferecht (des Abs. 2) kann nicht durch den Vorsitzenden vereitelt werden, selbst wenn er sich auf eine ausdrückliche Satzungsbestimmung beruft" (OLG Stuttgart HR

1933 Nr. 1446). Die Satzung kann nicht dazu führen, daß das Selbsthilferecht ausgeschlossen wird, vgl. Anm. 12.

Anm. 12

2. Zwingende Regelung

Die Bestimmung der Absätze 1 und 2 ist *zwingenden Rechts.* Das Recht der Aufsichtsratsmitglieder und des Vorstands auf Einberufung durch den Vorsitzenden und auf eigene Einberufung bei Fruchtlosigkeit ihres Verlangens kann durch die Satzung nicht beschränkt werden (KG HRR 1933 Nr. 835; OLG Stuttgart HRR 1933 Nr. 1446). Das Einberufungsrecht kann aber erweitert werden, indem die Satzung z. B. das Recht auf eigene Einberufung auch einem einzelnen Mitglied einräumt. Ebenso wird es zulässig sein, daß das Aufsichtsratsmitglied von der Pflicht zur Angabe der Gründe befreit wird (KG a. a. O.). Bedenklich aber erscheint es, daß das KG a. a. O. auch die Befreiung von der Pflicht zur Angabe des Zwecks für zulässig erklärt; der Vorsitzende muß doch wissen, was er auf die Tagesordnung der Sitzung zu setzen hat.

Bei mißbräuchlicher Einberufung sind die Aufsichtsratsmitglieder, die das Verlangen geäußert oder den Aufsichtsrat einberufen haben, nach den allgemeinen Bestimmungen schadensersatzpflichtig und haben aus diesem Gesichtspunkt die Kosten der Sitzung zu tragen. Die besondere Regelung der Kostentragungspflicht, wie sie das HGB (§ 244a Abs. 3) kannte, gilt nicht mehr.

V. Mindestsitzungen (Abs. 3)

Anm. 13

Der durch das BetrVG in AktG 1937 eingefügte *Abs. 3* bestimmt *zwingend,* daß der Aufsichtsrat halbjährlich *einberufen werden muß.* Vierteljährlich *soll* eine Aufsichtsratssitzung stattfinden (Ordnungsvorschrift; vgl. § 108 Anm. 10). Es soll dadurch gewährleistet werden, daß die Arbeitnehmervertreter in genügendem Umfang an der Arbeit des Aufsichtsrats beteiligt werden und nicht darauf angewiesen sind, die Einberufung nach Abs. 1 oder 2 zu verlangen (Baumbach-Hueck Rdn. 7). Durch Beschlußfassungen ohne Sitzung oder Ausschußsitzungen wird dem gesetzlichen Erfordernis, einmal im Kalenderhalbjahr eine Aufsichtsratssitzung einzuberufen, nicht genügt. Es ist der offensichtliche Sinn der Vorschrift, daß tatsächlich eine Sitzung des Gesamtaufsichtsrats unter persönlicher Teilnahme der Mitglieder stattfindet. Die Beschlußfähigkiet des Aufsichtsrats an den mindestens halbjährlich durchzuführenden Sitzungen ist durch die Pflicht des Vorstands, bei beschlußunfähigem Aufsichtsrat unverzüglich einen Antrag auf gerichtliche Ergänzung zu stellen (§ 104 Abs. 1) gewährleistet. Unterläßt es der Aufsichtsratsvorsitzende, den Aufsichtsrat mindestens einmal im Kalenderhalbjahr einzuberufen, so setzt er sich Schadensersatzansprüchen nach § 116 aus. Auch die übrigen Aufsichtsratsmitglieder sind verpflichtet, dafür zu sorgen, daß die Mindestsitzungen abgehalten werden, gegebenenfalls durch Ausübung des Selbsthilferechts nach Abs. 2 (s. Anm. 10). Da die für den Regelfall angeordnete Einberufung einmal im Kalendervierteljahr vom Gesetz nicht zwingend verlangt wird, kann bei Verletzung dieser Vorschrift ein Schadensersatzanspruch aus § 116 nur dann geltend gemacht werden, wenn durch das Nichtstattfinden der Sitzungen der Aufsichtsrat daran gehindert war, seine Überwachungsfunktion ordnungsmäßig zu erfüllen. Wird vom Vorstand ordnungsgemäß und eingehend im Rahmen der Fristen des § 90 Abs. 2 Bericht erstattet und in diesem Zusammenhang eine etwa notwendige Beschlußfassung im Wege schriftlicher telegrafischer oder telefonischer Abstimmung durchgeführt, so kann im Einzelfall ein Bedürfnis für die Abhaltung vierteljährlicher Sitzungen entfallen. Das Einberufungsrecht nach Abs. 1 und 2 bleibt unberührt.

Die Satzung kann von der Regelung des Abs. 3 nur abweichen, indem sie über das Gesetz hinausgehend, Mindestsitzungen vorschreibt, also etwa zwingend vierteljährlich. Die Satzung kann aber nicht bestimmen, daß halbjährliche Sitzungen genügen.

§ 111 Aufgaben und Rechte des Aufsichtsrats

(1) Der Aufsichtsrat hat die Geschäftsführung zu überwachen.

(2) Der Aufsichtsrat kann die Bücher und Schriften der Gesellschaft sowie die Vermögensgegenstände, namentlich die Gesellschaftskasse und die Bestände an Wertpapieren und Waren, einsehen und prüfen. Er kann damit auch einzelne Mitglieder oder für bestimmte Aufgaben besondere Sachverständige beauftragen.

(3) Der Aufsichtsrat hat eine Hauptversammlung einzuberufen, wenn das Wohl der Gesellschaft es fordert. Für den Beschluß genügt die einfache Mehrheit.

(4) Maßnahmen der Geschäftsführung können dem Aufsichtsrat nicht übertragen werden. Die Satzung oder der Aufsichtsrat kann jedoch bestimmen, daß bestimmte Arten von Geschäften nur mit seiner Zustimmung vorgenommen werden dürfen. Verweigert der Aufsichtsrat seine Zustimmung, so kann der Vorstand verlangen, daß die Hauptversammlung über die Zustimmung beschließt. Der Beschluß, durch den die Hauptversammlung zustimmt, bedarf einer Mehrheit, die mindestens drei Viertel der abgegebenen Stimmen umfaßt. Die Satzung kann weder eine andere Mehrheit noch weitere Erfordernisse bestimmen.

(5) Die Aufsichtsratsmitglieder können ihre Aufgaben nicht durch andere wahrnehmen lassen.

Übersicht

Einleitung

Die Vorschrift entspricht § 95 AktG 1937. Das Gesetz enthält jedoch verschiedene Änderungen, die im wesentlichen einer Stärkung des Aufsichtsrats dienen. § 95 AktG 1937 hatte im Zuge der Institutionalisierung des Aktienrechts den grundsätzlichen Ausschluß des Aufsichtsrats von der Geschäftsführung dadurch begründet, daß § 246 Abs. 3 HGB aufgehoben wurde, die Möglichkeit, dem Aufsichtsrat durch die Satzung weitere, über das Gesetz hinausgehende Obliegenheiten zu übertragen, und gleichzeitig das ausdrückliche Verbot der Übertragung von Geschäftsführungsmaßnahmen auf den Aufsichtsrat erlassen wurde (§ 95 Abs. 5 Satz 1 AktG 1937 entsprechend dem jetzigen Abs. 4 Satz 1).

Neu ist Abs. 3 Satz 2, wonach der Beschluß zur Einberufung der Hauptversammlung immer mit einfacher Mehrheit gefaßt werden kann. Neu ist die im Gesetzgebungsverfahren umstrittene Regelung in Abs. 4 Satz 3 bis 5, wonach der Vorstand sich bei Verweigerung der Zustimmung des Aufsichtsrats zu einer zustimmungspflichtigen Geschäftsführungsmaßnahme an die Hauptversammlung wenden kann, die allerdings mit dreiviertel Mehrheit, entscheidet. Man hat in dieser Regelung eine Beeinträchtigung der Mitbestimmungsrechte der Arbeitnehmer gesehen, die zwar im Aufsichtsrat, nicht aber in der Hauptversammlung vertreten sind (s. den Ausschußbericht, bei Kropff S. 155). Es ist diesen Bedenken aber nicht Rechnung getragen worden, insbesondere weil in dem Erfordernis eines qualifizierten Hauptversammlungsbeschlusses bereits eine, die Stellung des Aufsichtsrats stärkende Verbesserung zu sehen sei (Godin-Wilhelmi Anm. 1; Jagenburg DieAG 1965, 156, 163; nach AktG 1937 entschied die Hauptversammlung in derartigen Fällen mit einfacher Mehrheit (vgl. die Voraufl. § 103 Anm. 7).

Weggefallen ist im Rahmen des § 111 über die Aufgaben und Rechte des Aufsichtsrats das in § 95 Abs. 2 AktG 1937 geregelte Recht des Aufsichtsrats auf Berichterstattung durch den Vorstand; dieses ist mit der Berichterstattungspflicht des Vorstands zusammengefaßt in § 90 neu und auführlich geregelt. Weggefallen ist im Rahmen der Bestimmungen über den Aufsichtsrat auch die früher in § 96 AktG 1937 geregelte Pflicht des Aufsichtsrats, den Jahresabschluß nebst dem Gewinnverwendungsvorschlag und dem Geschäftsbericht zu prüfen und derHauptversammlung zu berichten. Diese Prüfungs- und Berichterstattungspflicht ist jetzt in § 171 geregelt; eine entsprechende Prüfungs- und Berichterstattungspflicht des Aufsichtsrats besteht für den sogenannten Abhängigkeitsbericht (§ 314 Abs. 2 und 3). Konzernabschlüsse bedürfen unter bestimmten Voraussetzungen der Billigung durch den Aufsichtsrat (§ 331 Abs. 3 Satz 3).

I. Pflichten des Aufsichtsrats

Anm. 1

1. Allgemeines

Der Gesetzgeber hat es weder für möglich noch für zweckmäßig gehalten, die Pflichten und Rechte des Aufsichtsrats in *einer* Vorschrift zusammenzufassen (amtl. Begründung, bei Kropff S. 154). § 111 enthält in der Tat außer der sicher zentralen Aufgabe, die Geschäftsführung zu überwachen (Abs. 1) und dem damit zusammenhängenden Recht, durch die Satzung oder den Aufsichtsrat anzuordnen, daß bestimmte Arten von Geschäften der Zustimmung des Aufsichtsrats bedürfen (Abs. 4 Satz 2 bis 5), praktisch nur noch das weniger bedeutungsvolle Recht zur Einberufung der Hauptversammlung (Abs. 3), und im übrigen die negativen Regeln in Abs. 4 Satz 1 und Abs. 5, daß dem Aufsichtsrat Geschäftsführungsmaßnahmen nicht übertragen werden dürfen (s. dazu die Einleitung oben), und daß die Aufsichtsratsmitglieder ihr Amt persönlich auszuüben haben. Von den anderen Aufgaben des Aufsichtsrats enthält § 111 noch im Abs. 2 das eine sachgerechte Überwachung voraussetzende Einsichts- und Prüfungsrecht, während das Berichtsverlangen gegenüber dem Vorstand mit der Berichterstattungspflicht des Vorstands in § 90 zusammengefaßt worden ist. Die weiteren *wesentlichen* Aufgaben des Aufsichtsrats zählt das Gesetz in § 107 Abs. 3 Satz 2 auf als diejenigen, die einem Ausschuß nicht anstelle des Aufsichtsrats zur Beschlußfassung überwiesen werden dürfen. Wegen Einzelheiten wird auf § 107 Anm. 16 verwiesen; vgl. weiterhin § 15 MitbestErgG. Die weiterhin in der Praxis eine oft erhebliche Rolle spielende allgemeine Beratungstätigkeit des Aufsichtsrats (vgl. § 114 Anm. 2) wird im Gesetz nicht angesprochen. Daß alle diese Aufgaben, einschließlich der Überwachung der Geschäftsführung auf Rechtmäßigkeit und Wirtschaftlichkeit (dazu Anm. 3 unten) ein hohes Maß an Sachverstand voraussetzen, versteht sich, s. dazu Prühs DieAG 1970,

347, der insbesondere auf die bei modernen Großunternehmen hochkomplizierten Vorgänge im Rahmen der Investitions- und Vertriebsplanung hinweist, wie auf die Erfahrung und Sachkunde, die erforderlich ist, um die dem Aufsichtsrat übertragenen Prüfungspflichten (§§ 171, 314 Abs. 2 und 3, 331 Abs. 3 Satz 3) verantwortlich durchzuführen. Das alles erhöht aber insbesondere die Verantwortlichkeit derjenigen, die Vorschläge für Wahlen zum Aufsichtsrat zu machen haben (vgl. §§ 124 Abs. 3 Satz 2, 127), sowie derjenigen, die die Wahl annehmen (§ 101 Anm. 5). Ein gesetzliches Erfordernis des Vorliegens einer bestimmten sachlichen Qualifikation gibt es nicht (§ 100 Anm. 2). Es ist aber nicht damit getan, festzustellen, daß der Abschlußprüfer die Arbeit leistet, „die *an sich* der Aufsichtsrat leisten müßte, jedoch zumeist nicht leisten kann" (BGH 16, 17, 25), denn in Wirklichkeit kann der Aufsichtsrat nicht nur nicht, sondern muß auch nicht die Arbeit der Abschlußprüfer leisten. Das verlangt weder das Gesetz in § 111 Abs. 1 (vgl. dazu Anm. 11 unten) oder § 171 (vgl. dazu § 171 Anm. 2), noch verlangt es die Sorgfalt eines ordentlichen und gewissenhaften Geschäftsleiters (§ 116 i. V. m. § 93 Abs. 1 Satz 1). Eine dennoch gerade bei den sogenannten Publikumsgesellschaften wünschenswerte Intensivierung der Überwachungs- und Prüfungstätigkeit des Aufsichtsrats ließe sich nur erreichen durch funktionstüchtige Aufsichtsratsausschüsse, durch die eine sachgerechte und unparteiische Vorbereitung und spätere Überwachung der Ausführung der Beschlüsse des Aufsichtsrats in die Tat umgesetzt würde. Das Gesetz steht dem nicht entgegen (§ 107 Abs. 3 Satz 1). Erfahrungen in den USA sind positiv (Wüstemann Wp. 1971, 37). Bei Gesellschaften mit einflußreichen Aktionären oder Aktionärsgruppen wird das ohnehin praktiziert. Jede erstrebte Intensivierung der Kontrollfunktion des Aufsichtsrats setzt aber einmal eine gewandelte Einstellung bei der Auswahl der in Betracht kommenden Persönlichkeiten voraus: Nicht das Interesse des Unternehmens an der Pflege geschäftlicher Beziehungen und seines allgemeinen Verhältnisses zu Staat und Gesellschaft (vgl. Mestmäcker, S. 91 und neuerdings den Bericht der Mitbestimmungskommission 1970, BT-Drucks. VI/334 S. 32) sollte primär bei Wahlvorschlägen ausschlaggebend sein, sondern Fähigkeiten, Kenntnisse, Erfahrungen, Einsatz- und Verantwortungsbereitschaft zur Erfüllung der dem jeweiligen Aufsichtsrat gestellten Aufgaben. Die Gewinnung derart qualifizierter Personen für die Mitgliedschaft in Aufsichtsräten der großen Gesellschaften setzt aber zum anderen ein Aufräumen mit der Vorstellung voraus, daß Aufsichtsräte grundsätzlich zu hohe Vergütungen erhalten (vgl. die SPD-Initiative zur Begrenzung der Aufsichtsratsbezüge auf DM 6000,— pro Jahr, BT-Drucks. V 3659), und daß eine unzulängliche Vergütung immer noch ein genügender Anreiz für qualifizierte Fachleute sein könnte, Aufsichtsratsmandate zu übernehmen. Gegebenenfalls müßte bei Bemessung der Vergütung der Zeit- und Arbeitsaufwand der einzelnen Mitglieder unterschiedlich bewertet werden. Zur Kritik der Begrenzung der Aufsichtsratsvergütungen s. auch G. Schmitt, DB 1968, 1545.

Anm. 2

2. Überwachungspflicht (Abs. 1)

Der Aufsichtsrat hat die Geschäftsführung zu überwachen (Abs. 1). Dies ist seine zentrale Aufgabe. Die Mitglieder des Aufsichtsrats sind zur Überwachung des Vorstands berechtigt und verpflichtet. Die Überwachung erstreckt sich auf das gesamte Tätigkeitsgebiet des Vorstands. Das Gesetz sagt nicht, wie früher HGB § 225, daß nur die Geschäftsführung *des Vorstands* Gegenstand der Überwachungstätigkeit des Aufsichtsrats sei. Auch soweit die Geschäfte der Gesellschaft durch *Angestellte* erledigt werden, ist die Überwachungspflicht des Aufsichtsrats gegeben (vgl. unten Anm. 11). Nur hat der Aufsichtsrat seine Kontrollfunktion unmittelbar nur dem Vorstand gegenüber wahrzunehmen, nicht gegenüber den Angestellten. Er ist nicht Vorgesetzter der Angestellten, sondern hat sich als Überwachungsorgan mit seinen Beanstandungen an den Vorstand zu wenden.

Unter *Überwachung* ist nicht eine Nachprüfung der gesamten Geschäftsführung bis in alle Einzelheiten zu verstehen. Solche Nachprüfung wäre nicht möglich. Eine Überspannung der Aufsichtspflicht ins Unzumutbare würde den Aufsichtsrat funktionsunfähig machen (vgl. auch Anm. 11). Der Aufsichtsrat hat alles zu tun, was zu einer wirksamen Kontrolle im Interesse der Aktionäre und der Gläubiger (RG 48, 40, 44) erforderlich ist. Was dazu gehört, hängt von den Umständen des einzelnen Falles ab und ist von dem Aufsichtsrat unter Anwendung der Sorgfalt eines ordentlichen und gewissenhaften Geschäftsleiters nach pflichtmäßigem Ermessen zu entscheiden (§ 116; RG JW 1911, 223). Seiner Pflicht genügt daher, falls nicht besondere Umstände ein Mehr erfordern, in der Regel der Aufsichtsrat, der den Vorstand sorgfältig auswählt und überwacht, die nötigen Prüfungen vornimmt, dafür sorgt, daß ihm mindestens im Rahmen der Fristen des § 90 Abs. 2 Bericht erstattet wird, über die wesentlichen Geschäftsvorgänge in Beratung tritt und einschreitet, wenn Berichterstattung und Prüfung hierzu Anlaß bieten. Der Konkretisierung der Überwachungstätigkeit dient das in § 90 Abs. 3 geregelte Recht auf Berichterstattung und das hier in Abs. 2 geregelte Recht des Aufsichtsrats auf jederzeitige Untersuchung.

Anm. 3

3. Gegenstand der Überwachung

Gegenstand der Überwachung ist nicht nur die *Rechtmäßigkeit*, sondern grundsätzlich auch die *Zweckmäßigkeit und Wirtschaftlichkeit* der Geschäftsführung (RG JW 1924, 1145; Baumbach-Hueck Rdn. 5; Prühs DieAG 1970, 347, 349). Zur Prüfung der Rechtmäßigkeit gehört insbes. die Frage nach der Beachtung der zwingenden Vorschriften des Aktienrechts, bei Konzernverhältnissen auch des Rechts der verbundenen Unternehmen, der Vorschriften über die Rechnungslegung, der Grundsätze des Kartellrechts und des Steuerrechts und der sonstigen wesentlichen, die Belange der Allgemeinheit, nicht zuletzt auch der Gläubiger der AG, wahrenden gesetzlichen Regelungen. Zur Pflicht des Aufsichtsrats, auf Stellung des Konkursantrags zu drängen s. RG 161, 133. Zur Überwachung der Rechtmäßigkeit der Geschäftsführung gehört ferner die Frage, ob der Vorstand den durch die Satzung gezogenen Rahmen des Geschäftsbetriebs nicht überschreitet und sich an die für ihn maßgebenden Bestimmungen (Abs. 4) hält. Für die Prüfung der Zweckmäßigkeit und Wirtschaftlichkeit ergeben sich Grenzen der Überwachungspflicht aus der Stellung des Aufsichtsrats und des Vorstands. Der Vorstand und nicht der Aufsichtsrat hat die Leitung des Unternehmens und trägt in erster Linie die Verantwortung für sein Gedeihen. Es ist grundsätzlich nicht Sache des Aufsichtsrats, reine Ermessensfragen in Angelegenheiten der Geschäftsführung zu entscheiden. Daher kann er auch nicht Handlungen des Vorstands nur deshalb beanstanden, weil er anders handeln würde, wenn er das Unternehmen verantwortlich zu leiten hätte. Er muß sich eine Meinung darüber zu bilden versuchen, ob die Maßnahmen des Vorstands wirtschaftlich richtig sind; irrt er in der Beurteilung der wahrscheinlichen Folgen einer geschäftlichen Maßnahme, so ist er hierfür in der Regel nicht verantwortlich (RG JW 1911, 223); einzuschreiten hat er erst, wenn er Fehler des Vorstands erkennt. Die Überwachungspflicht richtet sich nur gegen *Mängel der Geschäftsführung*; sie soll und darf nicht zu einem Versuch des Aufsichtsrats, selbst die Geschäfte zu leiten oder jede Initiative des Vorstands abzubremsen, ausarten. Als Mängel der Geschäftsführung sind freilich nicht nur Nachlässigkeiten, sondern auch wirtschaftlich schädliche oder zu riskante Maßnahmen anzusehen. Der Aufsichtsrat muß sich auch ein Urteil darüber bilden, ob er die *allgemeine Geschäftspolitik* des Vorstands zu billigen vermag. Hierzu dienen die ihm jährlich vom Vorstand gemäß § 90 Abs. 1 Nr. 1 zu erstattenden Berichte über die beabsichtigte Geschäftspolitik und andere grundsätzliche Fragen der künftigen Geschäftsführung. Durch die weiteren, in § 90 Abs. 1 erwähnten Berichtsgegenstände (Rentabilität, Gang der Geschäfte, insbes. Umsatz und Lage der Gesellschaft, Geschäfte von erheblicher Bedeutung für die Rentabilität oder Liquidität) zeigt sich, was der Gesetzgeber als Gegenstand der Überwachung der Geschäftsführung weiterhin voraussetzt. Zur ordnungsgemäßen Überwachung gehört auch die Prüfung, ob der Vorstand im

Interesse der Arbeitnehmer und im Allgemeininteresse und in sozialer Beziehung tut, was das Unternehmen leisten kann (z. B. Prüfung der Diensteinrichtungen, Anstellungs- und Pensionsverhältnisse und Wohlfahrtseinrichtungen [RG JW 1924, 1145]; Umweltschutz und dgl.). Der Aufsichtsrat hat die Berichte des Vorstands nicht nur zur Kenntnis zu nehmen, sondern sich kritisch mit ihnen auseinanderzusetzen (vgl. § 90 Anm. 12). Muß er die Geschäftspolitik des Vorstands oder einzelne seiner Maßnahmen als fehlerhaft oder schädlich erkennen, so steht der Aufsichtsrat vor der Frage, ob er es noch verantworten kann, den Vorstand im Amte zu lassen oder seine Amtszeit zu verlängern. Geringere Bedenken gegen die Geschäftspolitik des Vorstands können dem Aufsichtsrat Veranlassung geben, in weiterem Umfange seine Zustimmung für bestimmte Arten von Geschäften für erforderlich zu erklären (Abs. 4 Satz 2; vgl. auch § 82 Anm. 14).

Anm. 4

4. Pflicht des Gesamtaufsichtsrats

Die Aufgabe der Überwachung liegt dem *Gesamtaufsichtsrat* ob. Sie kann durch die *Satzung* weder einem anderen Organ noch einem Ausschuß des Aufsichtsrats noch seinen einzelnen Mitgliedern übertragen werden. Sie kann auch ihrem Umfang nach durch die *Satzung* nicht eingeschränkt werden: Das Recht und die Pflicht der Überwachung der Geschäftsführung bildet das eigentliche Wesensmerkmal des Aufsichtsrats; sie kann daher nur vom Aufsichtsrat als solchem wahrgenommen werden (h. L. vgl. die amtliche Begründung, bei Kropff S. 149 sowie die weiteren Nachweise im § 107 Anm. 16). Damit entfällt auch die Möglichkeit, einen gemäß § 107 Abs. 3 gebildeten Ausschuß mit der Überwachungstätigkeit zu betrauen. *Die Satzung kann auch niemals den Aufsichtsrat für die Erfüllung der Aufgaben, die ihm das Gesetz zuweist, an Weisungen der Hauptversammlung binden* (RG 117, 203). Obwohl der Aufsichtsrat hiernach grundsätzlich die Aufsichtstätigkeit selbst und unter der Gesamtverantwortung aller seiner Mitglieder ausübt, kann er mit der *Durchführung* der Überwachung einzelne seiner Mitglieder beauftragen (RG 93, 338). Das schreibt Abs. 2 für das dort geregelte Untersuchungsrecht ausdrücklich vor. Jedes einzelne Mitglied ist dafür verantwortlich, daß der Gesamtaufsichtsrat seiner Überwachungsaufgabe nachkommt, und kann nicht von der Mitwirkung bei der Überwachung ausgeschlossen werden. Es hat auch nach § 90 Abs. 3 Satz 2 ein selbständiges, freilich beschränktes Recht auf Berichterstattung des Vorstands an den Gesamtaufsichtsrat.

Anm. 5

5. Treupflicht der Aufsichtsratsmitglieder

Die Überwachungstätigkeit des Aufsichtsrats kann es mit sich bringen, daß die einzelnen Mitglieder erheblichen *Interessenkonflikten* ausgesetzt sind. Die Aktionärsvertreter werden häufig leitende Positionen in der Wirtschaft bekleiden und daher in ihren Entscheidungen als Aufsichtsratsmitglieder nicht immer frei sein (vgl. C. E. Fischer NJW 58, 1265; Würdinger § 22, 1, c); für die Arbeitnehmervertreter kann sich ein Interessenwiderstreit aus ihrer besonderen Lage als Repräsentanten der Arbeiter und Angestellten der AG ergeben (vgl. Anm. 1 zu § 96).

Bei Beurteilung dieser Situation wird auf die besondere *Treupflicht* hingewiesen, der alle Aufsichtsratsmitglieder gegenüber der Gesellschaft unterliegen (Ritter AktG 1937, § 95 Anm. 2 ee; Baumbach-Hueck Rdn. 4). Das ist anzuerkennen. Durch die Wahl oder Entsendung und Übernahme des Amtes entsteht regelmäßig zwischen dem Aufsichtsratsmitglied und der AG ein Vertragsverhältnis (vgl. hierzu § 101 Anm. 6 und 18), das schon aus sich heraus Treupflichten der einzelnen Aufsichtsratsmitglieder gegenüber der Gesellschaft begründet (nicht gegenüber den einzelnen Aktionären). Das Gesetz verlangt darüber hinaus, daß die Aufsichtsratsmitglieder bei ihrer Amtsführung die Sorgfalt eines ordentlichen und gewissenhaften „Geschäftsleiters" anwenden, §§ 116, 93 Abs. 1. Die so verstandene Treupflicht macht es erforderlich, daß die Aufsichtsratsmitglieder grundsätzlich bei Interessenkonflikten den Interessen der AG den Vorrang geben.

Ihre persönlichen Interessen haben dabei genauso hintanzustehen wie die Interessen ihrer Auftraggeber und Dienstherren. Das ist besonders auch für Aufsichtsratsmitglieder, die als Angestellte eines Großaktionärs oder bei *Konzernverflechtungen*, soweit nicht § 100 Abs. 2 Nr. 2 und 3 entgegenstehen, ein Aufsichtsratsamt bekleiden, beachtlich; nicht die Interessen des Großaktionärs oder der Konzernobergesellschaft, die das Aufsichtsratsmitglied delegiert haben, sondern in erster Linie die Belange der Gesellschaft, deren Aufsichtsrat der Betreffende angehört, sind voranzustellen. Das bedeutet natürlich nicht, daß die Aufsichtsratsmitglieder nicht auch die Interessen ihrer Auftraggeber im Rahmen des Vertretbaren wahren können und dürfen (§ 100 Anm. 2). Nur können sie sich bei echten Konflikten nicht darauf berufen, daß sie wichtigere Belange als die der AG wahrzunehmen hätten (RG 105, 392). Das gilt gleichermaßen für die von der Hauptversammlung oder den Arbeitnehmern gewählten Mitglieder wie die nach § 101 Abs. 2 entsandten (s. auch Anm. 18 zu § 101). Hinsichtlich der Problemstellung bei den Arbeitnehmervertretern ist auf die Ausführungen in Anm. 1 zu § 96 zu verweisen, hinsichtlich des allgemeinen Problems auch noch auf Anm. 18 unten.

Liegt ein grundsätzlich nicht behebbarer Konflikt vor, der es einem Aufsichtsratsmitglied unmöglich macht, seine Funktion sachgerecht auszuüben, so darf er das Amt nicht annehmen oder muß, falls ein solcher Konflikt später hervortritt, sein Amt niederlegen (§ 102 Anm. 6). Treten Konfliktssituationen bei Einzelfragen auf, so muß sich das Mitglied bei Abstimmungen der Stimme enthalten (§ 108 Anm. 5).

Auch schon aus dem Treuverhältnis ergibt sich weiterhin eine *Verschwiegenheitspflicht* der Aufsichtsratsmitglieder über die ihnen bekannt werdenden vertraulichen Umstände und Verhältnisse der AG; das Gesetz sagt das ausdrücklich in § 116 i. V. m. § 93 Abs. 1 Satz 2 (vgl. § 93 Anm. 11). Derartige vertrauliche Dinge dürfen auch nicht den Entsendungsberechtigten preisgegeben werden — trotz des zu ihnen bestehenden etwaigen Vertragsverhältnisses (vgl. § 101 Anm. 18); eine Ausnahme gilt für die von Gebietskörperschaften entsandten oder gewählten Aufsichtsratsmitglieder im Rahmen des § 395. Eine Verletzung der Geheimhaltungspflicht ist strafbar, § 404.

II. Prüfungsrecht (Abs. 2)

Anm. 6

Der Aufsichtsrat kann die Bücher und Schriften sowie die Vermögensgegenstände der Gesellschaft einsehen und prüfen (Abs. 2). Unter den Vermögensgegenständen hebt das Gesetz die Gesellschaftskasse und die Bestände an Wertpapieren und Waren hervor. Es bedarf eines Beschlusses des Aufsichtsrats. Einem einzelnen Mitglied steht ein Untersuchungsrecht nicht zu (BayObLG DieAG 1968, 329 = BB 1968, 727). Der Aufsichtsrat kann aber mit der Einsicht und Prüfung auch *einzelne Mitglieder beauftragen*, auch einen Ausschuß. Von dieser Befugnis wird er in der Regel Gebrauch machen, da, zumindest bei einer größeren Zahl von Mitgliedern, die Untersuchung durch den Gesamtaufsichtsrat untunlich ist. Werden einzelne Mitglieder beauftragt, so haben die übrigen kein Recht auf Teilnahme an der Untersuchung. Dadurch soll die Gesellschaft vor einer Verbreitung von Geschäftsgeheimnissen geschützt werden. Der Aufsichtsrat kann *für bestimmte Aufgaben*, also nicht allgemein, auch *besondere Sachverständige* mit der Einsicht und Prüfung beauftragen. Die Bedeutung dieser Bestimmung liegt zunächst darin, daß die Prüfung durch sorgfältig ausgewählte Sachverständige den Aufsichtsrat von seiner eigenen Prüfungspflicht befreit und daß den von dem Aufsichtsrat beauftragten Sachverständigen die Einsicht in die Bücher und Schriften der Gesellschaft gewährt werden muß. Darüber hinaus ist aus der Bestimmung abzuleiten, daß der Aufsichtsrat namens der Gesellschaft den Sachverständigen mit der Prüfung beauftragen und ihm ein angemessenes Entgelt zusichern kann (Schlegelberger-Quassowski AktG 1937, § 95 Anm. 40; Ritter AktG 1937, § 95 Anm. 4; Godin-Wilhelmi Anm. 3; Adler-Düring-Schmaltz § 171 Tz. 13; nach Baumbach-Hueck Rdn. 6 hat die AG die Kosten des Sachverständigen nur dann zu tragen, wenn die Nachprüfung dem Aufsichtsrat nicht selbst zuzumuten war). Der Aufsichtsrat ist also nicht darauf angewiesen, von dem Vorstand den Abschluß des Vertrages mit dem Sachverständigen zu verlangen. Der Aufsichtsrat wird von der eigenen Überwachung durch die Beauftragung des Sachverständigen nur insoweit befreit, als die besondere Sachkunde des Sachverständigen reicht. Ist etwa ein Sachverständiger mit der Nachprüfung der Ordnungsmäßigkeit der Buchführung beauftragt, so ist der Aufsichtsrat dadurch nicht von der Prüfung der Zulässigkeit und Angemessenheit der richtig gebuchten Geschäfte befreit. Eine sorgfältige Auswahl des Sachverständigen allein entlastet daher nicht immer und unbedingt (vgl. RG 161, 140). Der Vorstand kann durch Ordnungsstrafen angehalten werden, dem Aufsichtsrat die Durchführung des Prüfungsrechts im Rahmen des Abs. 2 zu ermöglichen (§ 407 Abs. 1); s. im übrigen Anm. 10 unten.

III. 1. Grenzen des Überwachungsrechts

Anm. 7

Es kann fraglich sein, ob der Vorstand ein Recht hat, irgendwelche wichtigeren Umstände vor dem Aufsichtsrat geheimzuhalten, weil er die Geheimhaltung im Interesse der AG für geboten erachtet, insbesondere weil er einen Mißbauch der Kenntnis von seiten eines Aufsichtsratsmitglieds befürchtet. Dies ist grundsätzlich ebenso wie bei den durch § 90 vorgeschriebenen Berichten zu verneinen (vgl. § 90 Anm. 9 und Anm. 13). Das Gesetz sieht den Aufsichtsrat als ebenso vertrauenswürdig an wie den Vorstand. Indem es ihm die Überwachung des Vorstands überträgt, spricht es ihm das Recht auf Kenntnis aller Umstände zu, die für die Überwachung von Bedeutung sein können. Das der Überwachung unterliegende Organ kann nicht das Recht haben, über die Zuverlässigkeit des Überwachungsorgans zu urteilen. Es liegt hier anders als bei dem Auskunftsanspruch der Aktionäre und bei dem jährlichen Geschäftsbericht. Denn dabei handelt es sich um eine in der Öffentlichkeit vor sich gehende, für unbestimmte Kreise bestimmte Berichterstattung, hier dagegen um die Berichterstattung an ein der Verschwiegenheitspflicht unterliegendes Organ der AG. Das Recht des Vorstands, gemäß § 131 Abs. 3 oder gemäß der §§ 160 Abs. 4 Satz 3, 334 Abs. 4 Satz 3 unter bestimmten Voraussetzungen im Interesse der AG oder eines beteiligten Unternehmens die Berichterstattung zu unterlassen oder zu verweigern, ist daher keiner Erweiterung auf das Verhältnis zum Aufsichtsrat fähig. Die Schranke des Überwachungsrechts des Aufsichtsrats liegt darin, daß die verlangte *Maßnahme im Rahmen der Überwachungsaufgabe* liegen muß; s. im einzelnen § 90 Anm. 6 sowie Anm. 13. Im Grundsatz hält das Gesetz aber die Gefahren einer unzureichenden Überwachung des Vorstands für größer als die Gefahren, die der Gesellschaft aus einer genauen Kenntnis der Aufsichtsratsmitglieder von den Verhältnissen der AG drohen (wie hier Baumbach-Hueck Rdn. 7). Der Vorstand kann hiernach auch nicht einem von dem Gesamtaufsichtsrat gemäß Abs. 2 Satz 2 beauftragten Aufsichtsratsmitglied oder sonstigen Sachverständigen die Untersuchung verwehren. Es handelt sich hierbei nicht um einen Anspruch des einzelnen Mitglieds, wie Schlegelberger-Quassowski AktG 1937, § 95 Anm. 22 annehmen, sondern um eine bestimmte Form der Ausübung der Überwachung des *Gesamtaufsichtsrats*. Wenn der Vorstand gegen den mit der Einsicht und Prüfung Beauftragten besondere Bedenken hat, muß er sich bemühen, den Gesamtaufsichtsrat von der Ungeeignetheit des Betreffenden zu überzeugen. Gelingt ihm dies nicht, so bleibt die Auffassung des Aufsichtsrats maßgebend. Der Vorstand hat ja auch kein Mittel in der Hand, um die Untersuchung durch den Gesamtaufsichtsrat zu verhindern, falls dieser darauf besteht. Etwaige der AG entstehende Schäden hat dann der Aufsichtsrat gemäß § 116 zu vertreten.

Anm. 8

2. Geheimhaltung durch den Vorstand

Eine andere Frage ist es, ob der Vorstand zur *Geheimhaltung* berechtigt ist, *wenn* nicht die Belange der Gesellschaft, sondern der *Allgemeinheit es fordern* (bejahend Baumbach-Hueck Rdn. 7; Ritter § 81 AktG 1937 Anm. 5; anscheinend verneinend Schlegelberger-Quassowski § 95 AktG 1937, § 95 Anm. 22). Es kann kein Zweifel bestehen, daß grundsätzlich das Gemeinwohl auch dem Interesse an einer völlig ungehinderten Durchführung der Überwachungsaufgabe vorgeht. Die Frage ist nur die, ob es Sache des Vorstands ist, zu beurteilen, ob durch eine Offenbarung der betreffenden Tatsache an den Aufsichtsrat lebenswichtige Allgemeinbelange gefährdet sind oder ob nicht vielmehr davon auszugehen ist, daß die Geheimhaltung von den Mitgliedern des Aufsichtsrats nicht minder zu erwarten ist als von den Mitgliedern des Vorstands. Die Frage läßt sich nicht allgemein beantworten (so auch Godin-Wilhelmi § 90 Anm. 9). Soweit eine öffentlich-rechtliche, vielleicht sogar strafrechtlich geschützte Pflicht zur Geheimhaltung besteht, wie etwa bei militärischen und anderen Staatsgeheimnissen, kann das Recht und die Pflicht des Vorstands zur Verschwiegenheit gegenüber dem Aufsichtsrat nicht geleugnet werden. Das ergibt sich auch aus den Schutzklauseln zugunsten der Bundesrepublik oder eines der Länder (vgl. § 160 Anm. 51). Auch sonst wird eine naheliegende Gefahr einer Verletzung bestimmter öffentlicher Interessen, besonders bei bewiesener Unzuverlässigkeit eines Aufsichtsratsmitglieds, den Vorstand zur Geheimhaltung berechtigen. Dagegen werden bloße unbestimmte Befürchtungen möglicher Schädigungen öffentlicher Interessen dem Vorstand keine Befugnis zur Geheimhaltung von Tatsachen geben, über die der Aufsichtsrat Auskunft verlangt oder zur Erfüllung seiner Überwachungsaufgabe unterrichtet werden muß.

Anm. 9

3. Meinungsverschiedenheiten zwischen Vorstand und Aufsichtsrat

Kommt es zwischen dem Vorstand und dem Aufsichtsrat zu Meinungsverschiedenheiten, so geht nicht schlechthin die Auffassung des Aufsichtsrats vor (so offenbar § 160 Anm. 5 zur Frage, ob die Schutzklausel des § 160 Abs. 4 Satz 3 anwendbar ist). Der Aufsichtsrat ist Überwachungsorgan, aber nicht Vorgesetzter des Vorstands. Dieser leitet die Gesellschaft unter eigener Verantwortung. Der Vorstand braucht sich nicht der Meinung des Aufsichtsrats unterzuordnen. Die Frage, wie weit der Vorstand Bedenken des Aufsichtsrats gegen seine Geschäftsführung immer Rechnung tragen müsse, soweit es nicht schon zu spät ist, ist daher mit Würdinger (§ 22 IV 3e) dahin zu beantworten, daß nur Bedenken gegen pflichtwidrige Handlungen oder Unterlassungen zu beachten sind, da der Vorstand zur pflichtgemäßen Geschäftsführung ohnehin kraft Gesetzes verpflichtet ist (s. auch Möhring-Tank I 227). Der Aufsichtsrat seinerseits kann in Konfliktsfällen gegebenenfalls die Hauptversammlung im Bericht gemäß § 171 Abs. 2 unterrichten oder eine Hauptversammlung nach § 111 Abs. 2 einberufen, die allerdings auch ihrerseits den Vorstand nicht bindend in Geschäftsführungsfragen anweisen kann, sofern der Vorstand es nicht verlangt (§ 119 Abs. 2). Soweit es zu Konflikten zwischen Vorstand und Aufsichtsrat über zustimmungsbedürftige Geschäfte gemäß Abs. 4 Satz 3 kommt vgl. Anm. 18 unten. Im übrigen kann der Aufsichtsrat die Bestellung der Vorstandsmitglieder oder einzelner von ihnen nicht erneuern (§ 84 Abs. 1 Satz 2) oder die Bestellung bei Vorliegen eines wichtigen Grundes widerrufen (§ 84 Abs. 3 Satz 1).

IV. 1. Zwangsmittel

Anm. 10

Die Erfüllung der Pflicht des Vorstands zur Gewährung der Einsicht kann gemäß § 407 Abs. 1 mit §§ 132ff. FGG durch *Ordnungsstrafen* erzwungen werden; wegen der Einzelheiten des Verfahrens s. § 90 Anm. 14. Auch eine Klage auf Duldung der Einsicht und Prüfung dürfte grundsätzlich zulässig sein (Ritter AktG 1937, § 95 Anm. 3c; Staub HGB § 246 Anm. 7). In der Weigerung des Vorstands kann auch ein wichtiger Grund zu seiner Abberufung nach § 84 Abs. 3 liegen. Der Vorstand macht sich ferner durch die pflichtwidrige Weigerung der Gesellschaft gegenüber schadensersatzpflichtig.

Anm. 11

2. Pflicht zur Ausübung der Rechte des Aufsichtsrats

Der Aufsichtsrat ist *verpflichtet*, von dem Recht auf Einsicht und Prüfung Gebrauch zu machen, soweit es nach seinem pflichtgemäßen Ermessen zur ordentlichen und gewissenhaften Erfüllung seiner Überwachungsaufgabe erforderlich ist. Bei der Beurteilung, wie weit die Prüfung des Aufsichtsrats sich auf Einzelheiten erstrecken muß, ist davon auszugehen, daß der eigentliche Gegenstand der Überwachungspflicht die Tätigkeit des Vorstands ist. Die Tätigkeit der Angestellten ist von dem Vorstand zu überwachen (s. auch Anm. 2). Es ist nicht Sache des Aufsichtsrats, neben dem Vorstand die Aufsicht auch über die leitenden Angestellten des Unternehmens zu führen. Gewiß unterliegt auch die Beaufsichtigung der Angestellten durch den Vorstand der Überwachung des Aufsichtsrats. Der Aufsichtsrat kann aber, soweit kein Anlaß zu Zweifeln vorliegt, davon auszugehen, daß die Überwachung der Angestellten in ordnungsmäßiger Weise von dem Vorstand erledigt wird. Er wird also in der Regel seine Überwachungstätigkeit auf die Geschäftsführung des Vorstands beschränken können und sich nur insoweit mit der Durchführung der Anordnungen des Vorstands durch die Angestellten und überhaupt mit deren Tätigkeit befassen müssen, als das Ergebnis der Prüfung der Vorstandstätigkeit oder irgendwelche besonderen Vorkommnisse ihm einen besonderen Anlaß dazu geben. Es ist auch nicht die Aufgabe des Aufsichtsrats, die durch die Abschlußprüfer durchgeführten Prüfungsarbeiten nachzuvollziehen (Anm. 1 oben). Vielmehr ist der Jahresabschluß nur dahin zu prüfen, ob er den gesetzlichen Bestimmungen entspricht und hinsichtlich Vollständigkeit und Wahrheit keinen Anlaß zu Bedenken gibt (s. im einzelnen § 171 Anm. 4). Der Aufsichtsrat wird ferner sein Augenmerk darauf zu richten haben, daß der Vorstand den besonderen ihm durch das Gesetz, die Satzung oder die Geschäftsordnung auferlegten Pflichten, nicht zuletzt auf sozialem Gebiet und im Interesse des Gemeinwohls (vgl. § 76 Anm. 12 und 9), nachkommt. Davon wird er sich durch Revisionen und Stichproben überzeugen müssen. Dann wird er auch über die sorgsame Innehaltung von Bestimmungen wachen müssen, die die Gesellschaft vor einer Übernahme zu großer Risiken oder der Eingehung sonstiger gefährlicher Geschäfte schützen sollen und unter Umständen von seinem Recht, bestimmte Arten von Geschäften von seiner Zustimmung abhängig zu machen (Abs. 4 Satz 2), Gebrauch machen. Das wird man besonders dann verlangen müssen, wenn der Aufsichtsrat Mängel bei der Geschäftsführung feststellt, ohne daß damit schon ein Widerruf der Bestellung einzelner oder aller Vorstandsmitglieder notwendig und gerechtfertigt erscheint.

Da sich die Überwachungstätigkeit des Aufsichtsrats auf die Überwachung der Geschäftsführung durch den Vorstand beschränkt, kommt eine direkte Befragung von *Angestellten* der Gesellschaft unter Umgehung des Vorstands regelmäßig nicht in Frage, auch weil darin ein offensichtliches Mißtrauen gegenüber dem Vorstand zutage tritt. Hat aber der Aufsichtsrat begründeten Verdacht, daß der Vorstand ihm unrichtig berichtet oder wesentliches verschweigt, so hat der Aufsichtsrat das Recht und die Pflicht, von seinem Prüfungsrecht gemäß Abs. 2 Gebrauch zu machen (§ 90 Anm. 7).

Der Aufsichtsrat hat bei der Überwachungstätigkeit nicht nur die Interessen der AG und ihrer Gläubiger wahrzunehmen. Gegen Gesetzesverletzungen und insbesondere gegen die Begehung *unerlaubter Handlungen* muß er sich auch wenden, wenn das betreffende Gesetz *Interessen der Allgemeinheit oder Dritter* schützt oder die unerlaubte Handlung sich gegen Dritte richtet (RG Recht 1929 Nr. 1498). Er haftet für sorgfältige Pflichterfüllung. Es versteht sich von selbst, daß er nur schadensersatzpflichtig werden kann, wenn ihn ein Verschulden trifft; eine schuldlose falsche Beurteilung einer geschäftlichen Maßnahme begründet eine Schadensersatzpflicht nicht (RG JW 1911, 223[86]). Ein *Ordnungsstrafverfahren* zur Erzwingung der Erfüllung der Überwachungspflichten des Aufsichtsrats findet nicht statt.

V. Einberufung der Hauptversammlung (Abs. 3)

Anm. 12

Der Aufsichtsrat hat eine Hauptversammlung einzuberufen, wenn das Wohl der Gesellschaft es fordert (Abs. 3). In der Regel ist die Einberufung der Hauptversammlung Sache des Vorstands (§ 121 Abs. 2). Es versteht sich, daß auch der Vorstand zur Einberufung der Hauptversammlung verpflichtet ist, wenn das Wohl der Gesellschaft es erfordert. Die vorliegende Bestimmung stellt sich als eine Ergänzung der Überwachungsbefugnisse des Aufsichtsrats dar. Dieser vermag selbst die Hauptversammlung einzuberufen, wenn nach seiner Meinung ein Grund dazu vorliegt, während der Vorstand einen solchen nicht für gegeben hält. Erforderlich ist ein Beschluß des Aufsichtsrats, für den kraft zwingender gesetzlicher Vorschrift, einfache Mehrheit genügt (Abs. 3 Satz 2). Weder die Satzung noch eine Geschäftsordnung des Aufsichtsrats kann Abweichendes bestimmen. Auch sind weder der Vorsitzende des Aufsichtsrats noch gar einzelne seiner Mitglieder dazu befugt (Baumbach-Hueck Rdn. 8). Durch die Satzung kann aber das Einberufungsrecht auch für einzelne Aufsichtsratsmitglieder begründet werden (Godin-Wilhelmi Anm. 4).

Die *Kosten* einer vom Aufsichtsrat berufenen Hauptversammlung trägt die Gesellschaft (OLG Köln Recht 1904 Nr. 579; Baumbach-Hueck Rdn. 8).

Das *Wohl der Gesellschaft* erfordert immer dann die Einberufung der Hauptversammlung, wenn es im Interesse der Gesellschaft geboten erscheint, daß die Hauptversammlung einen Beschluß faßt. Das wird immer dann der Fall sein, wenn es sich um eine Angelegenheit handelt, die in die Zuständigkeit der Hauptversammlung fällt. In welchen andern Fällen das Wohl der Gesellschaft eine Einberufung der Hauptversammlung erfordert, läßt sich nicht allgemein bestimmen; die Entscheidung darüber muß dem pflichtmäßigen Ermessen der zur Berufung der Hauptversammlung berechtigten Organe überlassen bleiben. Da die Geschäftsführung grundsätzlich Sache des Vorstands ist und dieser auch in der Regel besser in der Lage ist, über die Ratsamkeit eines einzelnen Geschäfts zu entscheiden, als die Aktionäre, begründet die besondere Wichtigkeit eines von dem Vorstand beabsichtigten Geschäfts keineswegs die Notwendigkeit, die Hauptversammlung einzuberufen. Die Entscheidung des RG Holdheim 12, 197 (vgl. auch RG 35, 83), nach der die Hauptversammlung „in wichtigen Fällen", „vor Einlassung auf wichtige, kostspielige, riskante und deshalb das Interesse der Aktionäre in besonderem Maße berührende Unternehmungen" einzuberufen ist, ist heute, angesichts der beschränkten Möglichkeiten der Hauptversammlung, auf die Geschäftsführung Einfluß zu nehmen, nicht mehr maßgebend (s. auch Möhring-Tank I, 326). Man kann sogar fragen, ob der Aufsichtsrat wegen einer Angelegenheit der Geschäftsführung die Hauptversammlung überhaupt einberufen darf, da diese über Fragen der Geschäftsführung nach § 119 Abs. 2 nur auf Verlangen des Vorstands zu entscheiden hat (so Baumbach-Hueck Rdn. 8). Doch wird die Zulässigkeit einer Einberufung zu diesem Zweck zu bejahen sein, da die Hauptversammlung sich immerhin mit Fragen der Geschäftsführung befassen darf und gegebenenfalls im Rahmen des § 83 Maßnahmen, die in ihre Zuständigkeit fallen, durch den Vorstand vorbereiten und durchführen lassen kann. Welche Maßnahmen in die Zuständigkeit der Hauptversammlung fallen, ist in § 83 Anm. 2 im einzelnen angeführt. Der Aufsichtsrat kann ferner die Hauptversammlung einberufen mit dem Ziel, dem Vorstand das Vertrauen entziehen zu lassen, als Voraussetzung für einen Widerruf der Bestellung aus wichtigem Grunde (§ 84 Abs. 3 Satz 2).

An den Hauptversammlungen *sollen* die Aufsichtsratsmitglieder teilnehmen (§ 118 Abs. 2); das gilt in hohem Maße für Versammlungen, die durch den Aufsichtsrat selbst einberufen worden sind.

VI. 1. Verbot der Geschäftsführung durch den Aufsichtsrat (Abs. 4 Satz 1)

Anm. 13

Maßnahmen der Geschäftsführung können dem Aufsichtsrat nicht übertragen werden (Abs. 4 Satz 1). Über die grundlegende Bedeutung dieser Bestimmung siehe die Vorbemerkung zu § 76. Die Übertragung ist weder unmittelbar zu eigener Erledigung noch mittelbar durch Einräumung der Befugnis, dem Vorstand Weisungen zu erteilen, zulässig. *Satzungsbestimmungen dieser Art sind unwirksam.* Der Aufsichtsrat kann durch die Satzung *nicht zu einem dem Vorstand übergeordneten geschäftsführenden Verwaltungsorgan* erhoben werden, auch nicht in dem Sinne, daß er über Meinungsverschiedenheiten im Vorstand zu entscheiden hat (§ 82 Anm. 14). Eine Ausnahme vom Verbot des Abs. 4 Satz 1 macht § 15 Abs. 1 MitbestErgG (Verhinderung der sog. Potenzierung der Mitbestimmung): Beschlüsse der Mehrheit der Aktionärsvertreter im Aufsichtsrat über die Ausübung von Beteiligungsrechten hinsichtlich der im Gesetz genannten Beschlußfassungen in abhängigen Gesellschaften sind für den Vorstand verbindlich (s. dazu § 82 Anm. 14).

Auch der Vorstand selbst ist nicht in der Lage, Aufsichtsratsmitgliedern *dauernd* die Führung bestimmter Geschäfte zu überlassen. Geschieht dies dennoch, so sind sowohl der Vorstand, der dies veranlaßt, wie die Aufsichtsratsmitglieder, die die Geschäftsführung übernehmen, wie die übrigen Aufsichtsratsmitglieder, die schuldhaft unterlassen, dagegen einzuschreiten, schadensersatzpflichtig. Daß Aufsichtsratsmitglieder nicht als Prokuristen oder Generalhandlungsbevollmächtigte die Geschäfte der Gesellschaft führen dürfen, ist in § 105 Abs. 1 ausdrücklich vorgeschrieben. Ausnahmsweise und für höchstens ein Jahr können einzelne Aufsichtsratsmitglieder zu Stellvertretern fehlender oder behinderter Vorstandsmitglieder bestellt werden (§ 105 Abs. 2). Zulässig erscheint es, daß der Vorstand die Ausführung einzelner von ihm beschlossener Geschäfte Mitgliedern des Aufsichtsrats überläßt und ihnen zu diesem Zweck eine Vollmacht erteilt. Die Aufsichtsratsmitglieder sind hinsichtlich solcher Geschäfte wie andere Beauftragte an den von dem Vorstand erteilten Auftrag gebunden (Schlegelberger-Quassowski AktG 1937, § 95 Anm. 29).

Anm. 14

2. Zustimmungspflichtige Geschäfte (Abs. 4 Satz 2)

Die Satzung oder der Aufsichtsrat kann jedoch bestimmen, daß bestimmte Arten von Geschäften nur mit seiner Zustimmung vorgenommen werden dürfen (Abs. 4 Satz 2). Die Bestimmung steht im Zusammenhang mit der Überwachungsaufgabe des Aufsichtsrats, geht aber darüber hinaus. Sie erleichtert die Durchführung der Überwachung, indem sie den Vorstand zwingt, sich für bestimmte Arten von Geschäften des Einverständnisses des Aufsichtsrats zu vergewissern. Sie läßt den Aufsichtsrat in gewissem Umfang an der Geschäftsführung teilnehmen. Denn im Rahmen dieser Bestimmung ist der Aufsichtsrat nicht darauf beschränkt, Mängeln der Geschäftsführung entgegenzutreten (vgl. Anm. 3). Er kann seine Zustimmung verweigern, weil er die reine Ermessensfrage der Zweckmäßigkeit des Geschäfts anders beurteilt als der Vorstand. Das Recht des Aufsichtsrats, sich über die Zweckmäßigkeit der von dem Vorstand beabsichtigten Maßnahme in vollem Umfange ein eigenes Urteil zu bilden, ist nicht zugleich als Pflicht anzusehen. Der Aufsichtsrat kann sich darauf beschränken zu erwägen, ob der Maßnahme Bedenken entgegenstehen, und, wenn dies nicht der Fall ist, die Zustimmung erteilen, ohne sich darüber schlüssig zu werden, ob er selbst ebenso handeln würde, wenn er auf seine alleinige eigene Verantwortung über die Vornahme des Geschäfts zu entscheiden hätte.

Anm. 15

3. Freiheit der satzungsmäßigen Gestaltung

Die Satzung und ebenso der Aufsichtsrat können grundsätzlich *die Art der zustimmungspflichtigen Geschäfte* frei bestimmen. Jedoch darf diese Befugnis nicht dazu benutzt werden, dem Aufsichtsrat hinsichtlich der Geschäftsführung eine annähernd gleiche Stellung einzuräumen wie dem Vorstand. Denn dies würde der vom Gesetz vorgeschriebenen Stellung des Vorstands als alleinigem, eigenverantwortlich geschäftsführenden Organ der Gesellschaft und der strengen Trennung der Aufgaben der Verwaltungsträger widersprechen; h. L. s. Baumbach-Hueck Rdn. 11; Möhring-Schwartz, Rowedder-Haberlandt S. 156ff., Gessler, JW 1937, 498. Insbesondere kann die Zustimmung nicht für gewöhnliche Geschäfte vorgeschrieben werden, auch nicht allgemein für die Vornahme aller Geschäfte, die über den gewöhnlichen Geschäftsbetrieb hinausgehen. Es wird auch nicht zulässig sein, den Kreis der zustimmungsbedürftigen Geschäfte durch Aufstellung einer Liste in der Satzung so weit zu ziehen, daß praktisch nahezu alle Handlungen und Beschlüsse des Vorstands der Zustimmung des Aufsichtsrats bedürfen. Die Zustimmungspflicht kann also nur für Geschäfte, die durch ihren Gegenstand, ihren Umfang, das mit ihnen verbundene Risiko von besonderer Bedeutung sind, eingeführt werden. Bei der Beurteilung, wie weit hiernach der Vorstand an die Zustimmung des Aufsichtsrats gebunden werden kann, ist die Art und Größe des Unternehmens von maßgebender Bedeutung. Diese wird es bei vielen Unternehmen beispielsweise gestatten, die Zustimmung des Aufsichtsrats für die Erteilung von Krediten oder die Übernahme von Bürgschaften zu verlangen; bei einer Bankgeschäfte treibenden Gesellschaft müßte eine solche Bestimmung, sofern sie sich nicht auf Kredite oder Bürgschaften von ungewöhnlichem Ausmaß beschränkt, als unzulässig angesehen werden. Für Organkredite gelten im übrigen die Sonderregelungen der §§ 89, 115 sowie § 15 KWG.

Anm. 16

4. Bedeutung des Zustimmungserfordernisses

Ist die Zustimmung des Aufsichtsrats in der Satzung vorgeschrieben, so kann sie nur einzeln erteilt werden. Der Zweck der auch für den Aufsichtsrat verbindlichen Satzungsbestimmung würde sonst nicht erreicht. Hat hingegen nur der Aufsichtsrat die Zustimmung vorgeschrieben, so steht es in seinem Ermessen, ob er eine mehr oder minder allgemeine Zustimmung erteilen will. Denn er könnte ja auch ganz von dem Erfordernis der Zustimmung absehen (Möhring-Tank I 324). Da Zustimmung sowohl Einwilligung wie Genehmigung bedeutet (§§ 183, 184 BGB), ist es dem pflichtgemäßen Ermessen des Vorstands überlassen, ob er vor oder nach Abschluß des fraglichen Geschäfts die Zustimmung einholt. Nur über Geschäfte, die für die Rentabilität oder Liquidität der Gesellschaft von erheblicher Bedeutung sein können, hat der Vorstand dem Aufsichtsrat möglichst so rechtzeitig zu berichten, daß der Aufsichtsrat noch Gelegenheit hat, zu ihnen Stellung zu nehmen (§ 90 Abs. 2 Ziff. 4). Die *Zustimmung hat nur im Innenverhältnis Bedeutung* (§ 82 Anm. 14); ihr Fehlen beeinträchtigt die Wirksamkeit des von dem Vorstand vorgenommenen Geschäfts nicht. Hat der Vorstand ohne die erforderliche Zustimmung des Aufsichtsrats das Geschäft abgeschlossen und verweigert der Aufsichtsrat auch nachträglich seine Zustimmung, so ist der Vorstand verpflichtet, das Geschäft rückgängig zu machen, soweit dies ohne Entstehung noch größerer Nachteile für die Gesellschaft möglich ist, ein selten praktischer Fall (Möhring-Tank I 325). Es empfiehlt sich daher, in der Satzung oder Geschäftsordnung klarzustellen, wenn eine vorherige Zustimmung (Einwilligung) verlangt wird. Die nachträglich erteilte Genehmigung beseitigt die Haftung des Vorstands in demselben Maße wie die vorherige Einwilligung, aber nicht darüber hinaus. Da grundsätzlich der Vorstand auch für die von dem Aufsichtsrat genehmigten Geschäfte in erster Linie die Verantwortung trägt, *schließt die Zustimmung des Aufsichtsrats die Haftung des Vorstands keineswegs aus* (§ 93 Anm. 30). Doch kann die Erteilung der Zustimmung für die Beurteilung der Frage, ob den Vorstand ein Verschulden trifft, von Bedeutung sein.

Anm. 17

5. Übertragung der Rechte des Aufsichtsrats

Die Erteilung der Zustimmung gemäß Abs. 4 Satz 2 kann von dem Aufsichtsrat einem nach § 107 Abs. 3 eingesetzten *Ausschuß* überwiesen werden. Dagegen können Beschlußfassungen darüber, daß bestimmte Geschäfte der Zustimmung des Aufsichtsrats bedürfen, einem Ausschuß nicht zur Beschlußfassung überwiesen werden (§ 107 Abs. 3 Satz 2).

Unzulässig sind Beschränkungen des Zustimmungsrechts des Aufsichtsrats durch die *Satzung*. Sie kann nicht vorschreiben, daß der Aufsichtsrat sich für bestimmte Arten von Rechtsgeschäften die Zustimmung nicht vorbehalten dürfe (Godin-Wilhelmi Anm. 11; Mertens, NJW 1970, 1720; a.A. Baumbach-Hueck Rdn. 10). Sie kann auch nicht bestimmen, daß der Aufsichtsrat seine Zustimmung verweigern müsse, wenn eine dritte Person dem Geschäft widerspricht. Abs. 3 läßt nicht zu, daß durch die Satzung neben dem Aufsichtsrat oder an dessen Stelle anderen Gremien (§ 95 Anm. 7) oder Personen ein Zustimmungsrecht eingeräumt werden kann.

Anm. 18

6. Konflikt zwischen Vorstand und Aufsichtsrat (Abs. 4 Satz 3 bis 5)

Sind Rechtsgeschäfte von der Zustimmung des Aufsichtsrats abhängig, so ist der Aufsichtsrat in der Entscheidung über die Zustimmung frei (Anm. 14). Die Verweigerung kann ihn grundsätzlich nicht ersatzpflichtig machen, es sei denn, der Aufsichtsrat hat nicht mit der erforderlichen Sorgfalt und Gewissenhaftigkeit im Sinne von § 116 i. V. m. § 93 gehandelt. Um andererseits sicherzustellen, daß die Entscheidung des Aufsichtsrats einer weiteren Kontrolle unterliegt, sieht das Gesetz in Absatz 4 Satz 3 vor, daß der Vorstand bei Verweigerung der Zustimmung verlangen kann, daß die Hauptversammlung verbindlich über die Zustimmung beschließt. Ob mit dieser Regelung, wie einige meinen, die Stellung des Aufsichtsrats gegenüber dem Vorstand gestärkt worden ist (vgl. die Einleitung), ist müßig zu fragen, denn das Gesetz sieht in Abs. 4 Satz 4 vor, daß der Beschluß der Hauptversammlung einer Dreiviertelmehrheit der abgegebenen Stimmen bedarf; auch darf die Satzung weder eine andere Mehrheit noch sonstige weitere Erfordernisse bestimmen (Abs. 4 Satz 5). Damit ist sichergestellt, daß Überraschungsentscheidungen praktisch ausgeschlossen sind. Für die Haftung des Vorstands ergibt sich aus einem zustimmenden Beschluß der Hauptversammlung allerdings kein Fortfall seiner Ersatzpflicht gegenüber den Gläubigern nach § 93 Abs. 4 Satz 1, ebensowenig wie die Ersatzpflicht ausgeschlossen ist, wenn der Aufsichtsrat einer Handlung des Vorstands zustimmt (§ 93 Abs. 4 Satz 2), vgl. § 93 Anm. 32 und § 76 Anm. 8. Das folgt aus der eigenverantwortlichen Stellung des Vorstands. Im übrigen unterliegt der Hauptversammlungsbeschluß, der über die Zustimmung entscheidet, den allgemeinen Regeln, es kann also insbesondere gemäß § 241 die Nichtigkeit geltend gemacht werden, oder der Beschluß kann nach § 243 angefochten werden. Durch die Gesetzesfassung und die Materialien (vgl. die amtl. Begründung und den Ausschußbericht, bei Kropff S. 154ff.) ist im übrigen klargestellt, daß die Regelung des Abs. 4 Satz 3 bis 5 für alle Aktiengesellschaften gilt, gleichgültig, nach welchen Bestimmungen sich die Zusammensetzung des Aufsichtsrats richtet.

VII. Zwingende Regelung

Anm. 19

Die Bestimmungen des § 111 stellen zwingendes Recht dar. Für eine weitergehende satzungsmäßige Regelung ist kein Raum (§ 23 Abs. 5). Das versteht sich für das dem Aufsichtsrat eingeräumte Überwachungsrecht und die seiner Durchführung dienenden Prüfungsrechte gemäß Abs. 2 und für die korrespondierenden Berichtspflichten des Vorstands gemäß § 90 von selbst. Lediglich eine gewisse Intensivierung und Formalisierung der Berichterstattung des Vorstands über die gesetzliche Regelung hinaus wird man als zulässig ansehen können (dazu § 90 Anm. 15). Frei ist die Satzung in der Bestimmung der zustimmungspflichtigen Geschäfte, und ebenso frei ist der Aufsichtsrat in dieser Bestimmung; die Grenzen ergeben sich, wie in Anm. 15 oben dargelegt, aus der gesetzlichen Stellung des Vorstands gemäß § 76, die nicht zu einer Scheinposition ausgehöhlt werden darf. Ebensowenig darf ein anderes Gremium als der Aufsichtsrat als solcher oder ein von ihm gewählter Ausschuß mit der Beschlußfassung über die Zustimmung betraut werden (oben Anm. 16). Daß die Regelungen hinsichtlich der Kompetenz-Kompetenz der Hauptversammlung (Abs. 4 Satz 3 bis 5) zwingend sind, sagt das Gesetz hinsichtlich der Mehrheits- und anderen Erfordernisse für den Hauptversammlungsbeschluß ausdrücklich.

VIII. Haftung der AG für Handlungen des Aufsichtsrats

Anm. 20

Soweit ein Mitglied des Aufsichtsrats Dritten einen *Schaden zufügt, haftet* weder das Mitglied noch der Aufsichtsrat als solcher, sondern nach § 31 BGB die AG, sofern nur das Aufsichtsratsmitglied „in Ausführung der ihm zustehenden Verrichtungen" gehandelt hat, also insbesondere als Vertreter der AG gegenüber den Vorstandsmitgliedern

(Mertens in Kölner Kommentar § 93 Anm. 84) oder als Vertreter in bestimmten Rechtsstreitigkeiten. Das gilt auch für die *vertragliche* Haftung der AG aus Rechtsgeschäften, in denen sie wirksam durch den Aufsichtsrat vertreten werden kann, insbesondere also mit Vorstandsmitgliedern oder mit Sachverständigen zur Unterstützung des Aufsichtsrats bei seiner Überwachungstätigkeit (s. Anm. 6 oben). Im einzelnen gelten die in Anm. 24 zu § 78 dargelegten Grundsätze, auch soweit ausnahmsweise eine strafrechtliche Verantwortlichkeit der Aufsichtsratsmitglieder auf dem Gebiet der Ordnungswidrigkeiten in Betracht kommen sollte.

IX. Verbot der Ausübung der Aufgaben der Aufsichtsratsmitglieder durch andere (Abs. 5)

Anm. 21

Die Aufsichtsratsmitglieder können ihre Aufgaben nicht durch andere wahrnehmen lassen (Abs. 5). Die Bestimmung bringt zum Ausdruck, daß die Mitglieder des Aufsichtsrats ihre Pflichten persönlich zu erfüllen haben, das Amt also ein *höchstpersönliches* ist. Sie können nicht dritte Personen dazu bevollmächtigen. Ein Aufsichtsratsmitglied kann auch seine Pflicht nicht durch ein anderes ausüben lassen und ihm namentlich nicht sein Stimmrecht übertragen. Eine Einschränkung des Grundsatzes enthält lediglich § 108 Abs. 3, wonach abwesende Aufsichtsratsmitglieder ihre Stimmabgabe schriftlich durch andere Mitglieder überreichen lassen können; Dritte können nur dann als Stimmboten auftreten, wenn sie kraft Satzung an Aufsichtsratssitzungen oder Ausschußsitzungen teilnehmen dürfen (§ 109 Abs. 3). In weiterem Umfang ist eine Übertragung von Rechten und Pflichten, die aus dem Aufsichtsratsamt erwachsen, nicht möglich.

Der Aufsichtsrat ist jedoch durch die Bestimmung des Abs. 5 nicht gehindert, sich bei der *technischen* Ausführung seiner Entschließungen anderer Personen zu bedienen (BGH 12, 336; Baumbach-Hueck Rdn. 12; Ritter AktG 1937, § 95 Anm. 7), etwa Erklärungen dem Empfänger durch Boten zu übermitteln (BGH a. a. O.; KG DR 1940, 456).

Durch die Vorschrift über die persönliche Wahrnehmung der Aufsichtsratspflichten wird die Frage der zulässigen *Arbeitsteilung* und der Übertragung der Geschäfte des Aufsichtsrats auf *Ausschüsse* nicht betroffen. Die Bildung von Ausschüssen ist in § 107 Abs. 3 geregelt. Im übrigen gilt der Grundsatz, daß jedes Mitglied des Aufsichtsrats für die Erfüllung der Überwachungsaufgabe verantwortlich ist, wenn es auch die Natur der Sache mit sich bringt und es zum Teil vom Gesetz (Abs. 2 Satz 2) selbst vorgesehen ist, daß manche Überwachungshandlungen einzelnen Mitgliedern übertragen werden. Daß es darüber hinaus in der Praxis zu Vorbesprechungen zwischen den dem Aufsichtsrat angehörenden Gruppenvertretern und dem Vorstand und damit zu sog. Fraktionsbildungen kommt, ist eine Folge der mit der Einführung der Arbeitnehmervertretung im Aufsichtsrat bewußt in Kauf genommenen Möglichkeit von Interessengegensätzen (vgl. Prühs DieAG 1970, 193 unter Verwertung der Erhebungen der sog. Mitbestimmungskommission, BT-Drucks. VI, 334). Das Gesetz nimmt von solchen tatsächlichen Vorgängen keine Kenntnis; bei Prüfung der Haftungsfrage können sie im Einzelfall eine Rolle spielen. Das Gesetz selbst geht nur davon aus (§ 109 Abs. 1), daß der Aufsichtsrat zu seiner Unterstützung Sachverständige zuziehen darf (vgl. auch Anm. 6). Auch sonst ist eine Hinzuziehung von Hilfskräften nicht ausgeschlossen. Über die Vereinbarung einer Vergütung für Sachverständige und Hilfskräfte vgl. oben Anm. 6.

§ 112 Vertretung der Gesellschaft gegenüber Vorstandsmitgliedern

Vorstandsmitgliedern gegenüber vertritt der Aufsichtsrat die Gesellschaft gerichtlich und außergerichtlich.

Übersicht

Literatur

Pöschl, E.: Nachweis der Vertretungsbefugnis des Aufsichtsrats einer AG gegenüber dem Grundbuchamt, BB 1966, 804

Heim, I.: Befugnis des Aufsichtsratsvorsitzenden bei Rechtsgeschäften mit Vorstandsmitgliedern an Stelle des gesetzlich vertretungsberechtigten Aufsichtsrats aufzutreten? DieAG 1967, 4

Hueck, A.: Die Vertretung von Kapitalgesellschaften im Prozeß, Festschrift für Eduard Bötticher, 1969, S. 197

Heim, I.: Ermächtigung des Aufsichtsratsvorsitzenden zur Vertretung gegenüber Vorstandsmitgliedern, DieAG 1970, 191

Einleitung

Die Vorschrift beruht auf § 97 AktG, geht aber über die Regelung des früheren Rechts insoweit hinaus, als die ausschließliche Vertretungsbefugnis des Aufsichtsrats gegenüber dem Vorstand in allen gerichtlichen und außergerichtlichen Angelegenheiten angeordnet wird. Damit sind mehrere Zweifelsfragen des früheren Rechts geklärt: Die AG kann jetzt auch wenn Vorstandsmitglieder in vertretungsberechtigter Zahl vorhanden sind, nicht durch diese in einem Rechtsstreit mit anderen Vorstandsmitgliedern vertreten werden; zur früheren Rechtslage vgl. § 97 Anm. 4 der Voraufl. Ebenso vertritt jetzt bei Klagen von Vorstandsmitgliedern immer der Aufsichtsrat die AG; zur Rechtslage nach AktG 1937 vgl. dagegen § 97 Anm. 8 der Voraufl. Auch ist die Einschränkung, daß der Aufsichtsrat in der Regel nur befugt war, von der Hauptversammlung beschlossene Prozesse gegen Vorstandsmitglieder zu führen, entfallen.

Darüber hinaus vertritt der Aufsichtsrat die AG bei Rechtsgeschäften mit Dritten, soweit er solche als Sachverständige zur Unterstützung seiner Überwachungstätigkeit heranzieht (vgl. § 111 Anm. 6).

Schließlich vertritt der Aufsichtsrat, regelmäßig gemeinsam mit dem Vorstand, die AG bei Anfechtungs- und Nichtigkeitsklagen (§§ 246 Abs. 2 Satz 2; 249 Abs. 1 Satz 1); klagt der Vorstand, so vertritt der Aufsichtsrat allein die Gesellschaft, klagt der Aufsichtsrat, so vertritt der Vorstand allein.

Die ausschließliche Vertretungsbefugnis des Aufsichtsrats in Prozessen mit dem Vorstand entfällt, wenn gemäß § 147 Abs. 3 zur Geltendmachung der dort geregelten Ersatzansprüche durch die Hauptversammlung Vertreter bestellt werden.

I. 1. Umfang der Vertretungsmacht des Aufsichtsrats

Anm. 1

Der Aufsichtsrat vertritt die AG *gerichtlich und außergerichtlich* gegenüber den Mitgliedern des Vorstands. Diese gesetzliche Vertretungsmacht ist eine ausschließliche. Andere Vorstandsmitglieder oder Prokuristen und Handlungsbevollmächtigte können die AG in Rechtsgeschäften mit Vorstandsmitgliedern in der Regel nicht vertreten. Wegen der sogenannten Geschäfte des täglichen Lebens s. Anm. 2 unten. Die Vertretungsbefugnis des Aufsichtsrats gilt nicht nur für den Abschluß, die Beendigung oder eine Änderung der Anstellungsverträge der Vorstandsmitglieder (s. dazu § 84 Anm. 6 und 7), sondern für jedes Rechtsgeschäft zwischen der AG und den einzelnen Mitgliedern des Vorstands. Es fallen also darunter auch etwa Mietverträge über Dienstwohnungen und jede Zusage laufender oder einmaliger Zuwendungen irgendwelcher Art. Für Kreditgeschäfte gilt die Sonderregelung des § 89, doch vertritt auch bei diesen und bei solchen, die einer Einwilligung des Aufsichtsrats nicht bedürfen, immer der Aufsichtsrat die AG (s. § 89 Anm. 9). Mangels einer Vertretungsbefugnis anderer Organe oder Personen als des Aufsichtsrats kommt auch eine Befreiung einzelner Vorstandsmitglieder, sei es durch den Aufsichtsrat oder durch die Hauptversammlung, von den Beschränkungen des § 181 BGB nicht in Betracht (vgl. § 78 Anm. 22).

Geschäfte, die ein Vorstandsmitglied mit der AG schließt, ohne daß diese durch den Aufsichtsrat vertreten ist, sind *nichtig* (§ 82 Anm. 2). Die Vertretungsbefugnis des Aufsichtsrats in Rechtsstreitigkeiten, die die AG gegen Vorstandsmitglieder führt, wie auch in Prozessen von Vorstandsmitgliedern gegen die AG, erlischt, wenn das Vorstandsmitglied nach Erhebung der Klage sein Amt aus irgendwelchen Gründen verliert, z. B. zwar die Kündigung seines Anstellungsvertrages, nicht aber den Widerruf seiner Bestellung angreift, und damit seine Stellung als Vorstandsmitglied verloren hat (§ 84 Abs. 3 Satz 4); wie hier Möhring-Tank I 328; a. A. die Voraufl. § 97 Anm. 5 m. w. N. In einem Rechtsstreit über die Wirksamkeit des Widerrufs bleibt es bei der Vertretung der AG durch den Aufsichtsrat; BGH 13, 188, 191 ist insoweit überholt (a. A. Würdinger § 22 I, 4). Die Vertretungsmacht des Aufsichtsrats erstreckt sich nicht auf Rechtsgeschäfte oder Rechtsstreitigkeiten mit *früheren* Vorstandsmitgliedern, auch wenn diese Rechtsgeschäfte oder Rechtsstreitigkeiten unmittelbar mit dem nicht mehr bestehenden Vorstandsverhältnis im Zusammenhang stehen (BGH 41, 223, 227; 47, 341, 344). Die Vertretungsbefugnis des Aufsichtsrats ist aber noch für Rechtsgeschäfte gegeben, solange der Bestellungswiderruf noch der gerichtlichen Nachprüfung ausgesetzt ist, um diesem endgültigen Bestand zu verleihen (BGH 26, 236; s. dazu auch R. Fischer LM § 97 AktG 1937, Nr. 5). Gleiches gilt für Vereinbarungen, die dazu dienen, ein faktisches Vorstandsverhältnis (vgl. § 84 Anm. 26) durch die Schaffung rechtswirksamer Verhältnisse zu beenden (BGH 47, 341, 344). In Rechtsgeschäften oder Prozessen mit Mitgliedern des Aufsichtsrats verbleibt es bei der gesetzlichen Vertretung der AG durch den Vorstand (§ 78 Abs. 1).

Anm. 2

2. Geschäfte des täglichen Lebens

Grundsätzlich ist die Vertretungsbefugnis des Aufsichtsrats gegenüber aktiven Vorstandsmitgliedern umfassend und ausschließlich (Anm. 1). Lediglich für die sogenannten Geschäfte des täglichen Lebens wird eine Ausnahme anerkannt, als Prokuristen und Handlungsbevollmächtigte im Rahmen ihres Vertretungsbereichs die AG insoweit gegenüber Vorstandsmitgliedern vertreten können. Gedacht wird dabei in erster Linie an den entgeltlichen oder unentgeltlichen Bezug von Waren und Dienstleistungen für persönlichen Bedarf (Möhring-Schwartz, Rowedder-Haberlandt S. 91). Es erscheint allerdings fraglich, ob man eine stillschweigende Ermächtigung des Aufsichtsrats (nach § 167 Abs. 1 BGB) annehmen kann (vgl. § 108 Anm. 1); vielmehr ist auch hier — dem Vorstand gegenüber — eine ausdrückliche Ermächtigung auszusprechen, soweit sich eine solche nicht dadurch ergibt, daß im Anstellungsvertrag bestimmte Zusagen hinsichtlich des Bezugs von Waren oder Dienstleistungen gemacht worden sind.

II. 1. Ausübung der Vertretungsmacht

Anm. 3

Nur der Gesamtaufsichtsrat, nicht die einzelnen Mitglieder und auch nicht der Vorsitzende des Aufsichtsrats, üben die Vertretungsbefugnis gegenüber den Vorstandsmitgliedern aus (BGH 41, 282, 285). Es ist lediglich zulässig, die Vertretungsmacht aus § 112 an einen Aufsichtsratsausschuß zu delegieren (arg. aus § 107 Abs. 3; vgl. auch Anm. 16 zu § 107). Es vertritt also *in der Willensbildung* immer nur der Gesamtaufsichtsrat oder der zuständige Ausschuß als solcher die AG. Der Aufsichtsratsvorsitzende kann in der Willensbildung des Aufsichtsrats so wenig wie ein anderes einzelnes Aufsichtsratsmitglied an die Stelle des Aufsichtsrats oder des zuständigen Ausschusses treten (BGH 41, a. a. O.; Heim, DieAG 1967, 4; Möhring-Tank I 329; a. A. Pöschl, BB 1966, 804; vgl. Anm. 4 zu § 107). Zulässig ist es dagegen, die *Durchführung* der Vertretung, d. h. den Vollzug des Willens des Aufsichtsrats an ein einzelnes Aufsichtsratsmitglied, insbesondere auch den Aufsichtsratsvorsitzenden, zu übertragen. Das einzelne Aufsichtsratsmitglied handelt dann als weisungsgebundener Erklärungsberechtigter für den Aufsichtsrat (Heim DieAG 1970, 191). Der Ermächtigung muß ein ausdrücklicher, diese aussprechender Beschluß des Aufsichtsrats zugrunde liegen (Heim DieAG 1967, 5; teilw. abweichend Godin-Wilhelmi Anm. 3, die annehmen, daß sich die Ermächtigung des Vorsitzenden ggf. aus den Umständen ergeben könne, während Baumbach-Hueck Rdn. 4 eine stillschweigende Ermächtigung des Vorsitzenden bei Beschlüssen, die ein Geschäft mit dem Vorstand zum Inhalt haben, als gegeben erachten).

Der Aufsichtsrat kann sich auch *des Vorstands* bei der Übermittlung von Willenserklärungen als Bote bedienen (BGH 12, 327, 333; vgl. auch Anm. 20 zu § 111). Auch der Ermächtigung des Vorstands muß aber ein Beschluß des Aufsichtsrats zugrunde liegen; eine stillschweigende allgemeine Ermächtigung, den Aufsichtsrat in Erklärungen gegenüber anderen Vorstandsmitgliedern zu vertreten, kann hinsichtlich des Vorstands nicht angenommen werden.

Anm. 4

2. Satzungsmäßige Regelungen

Es ist streitig geworden, ob die Satzung bereits die Vertretungsbefugnis aus § 112 durch einen Ausschuß oder gar den Vorsitzenden des Aufsichtsrats oder jedenfalls die Ermächtigung des Vorsitzenden oder des Vorsitzenden des zuständigen Ausschusses als Erklärungsbevollmächtigter des Aufsichtsrats zu handeln, vorsehen kann.

§ 107 Abs. 3 gestattet lediglich dem Aufsichtsrat, aus seiner Mitte Ausschüsse zu bilden; die Satzung kann grundsätzlich und auch nicht im Rahmen des § 112 in diese Zuständigkeitsregelung eingreifen (vgl. § 107 Anm. 14), und somit ihrerseits bereits Ausschüsse für bestimmte Aufgaben des Aufsichtsrats vorsehen (§ 23 Abs. 5; wie hier Möhring-Tank I 329; Godin-Wilhelmi Anm. 2; Hueck in Festschrift für E. Bötticher, S. 197, 199; insoweit auch Heim, DieAG 1970, 192; ferner OLG Stuttgart OLGZ 68, 470 = DieAG 1967, 237; a. A. Möhring-Schwartz, Rowedder-Haberlandt S. 143).

Aber auch die Ansicht, daß die Satzung eine Ermächtigung vorsehen könnte etwa des Aufsichtsratsvorsitzenden, Erklärungen des Aufsichtsrats den Mitgliedern des Vorstands gegenüber abzugeben (so Heim, DieAG 1970, 191; Baumbach-Hueck § 107, Anm. 9; Möhring-Schwartz; Rowedder-Haberlandt a. a. O.), ist wegen der gesetzlichen Regelungen der Zuständigkeiten der Organe der AG und mangels ausdrücklicher Ausnahmeregelung im Gesetz (§ 23 Abs. 5) nicht zulässig, denn nur der Aufsichtsrat als solcher kann allgemein in der Geschäftsordnung oder von Fall zu Fall bestimmen, wie und in welcher Form seine Erklärungen den betreffenden Vorstandsmitgliedern kundgetan werden sollen (wie hier Möhring-Tank I 329; Godin-Wilhelmi Anm. 2; Hueck in Festschrift für E. Bötticher a. a. O.).

III. Nachweis der Vertretungsbefugnis

Anm. 5

Soweit, sei es zur Eintragung in Registern, im Prozeß oder sonstwie es darauf ankommt, die Vertretungsbefugnis des in Rechtsgeschäften mit dem Vorstand auftretenden oder handelnden Aufsichtsratsmitglieds nachzuweisen ist, ist es erforderlich, den die Ermächtigung des einzelnen Mitglieds, auch des Vorsitzenden, zugrundeliegenden Aufsichtsratsbeschluß nachzuweisen (wie hier Godin-Wilhelmi Anm. 3; Heim DieAG 1967, 5; a. A. Pöschl, BB 1966, 804). Entsprechend bedarf es auch des Nachweises der etwaigen Ermächtigung eines Ausschusses des Aufsichtsrats. Sind die Nachweise nicht zu erbringen, so hat der gesamte Aufsichtsrat tätig zu werden.

§ 113 Vergütung der Aufsichtsratsmitglieder

(1) Den Aufsichtsratsmitgliedern kann für ihre Tätigkeit eine Vergütung gewährt werden. Sie kann in der Satzung festgesetzt oder von der Hauptversammlung bewilligt werden. Sie soll in einem angemessenen Verhältnis zu den Aufgaben der Aufsichtsratsmitglieder und zur Lage der Gesellschaft stehen. Ist die Vergütung in der Satzung festgesetzt, so kann die Hauptversammlung eine Satzungsänderung, durch welche die Vergütung herabgesetzt wird, mit einfacher Stimmenmehrheit beschließen.

(2) Den Mitgliedern des ersten Aufsichtsrats kann nur die Hauptversammlung eine Vergütung für ihre Tätigkeit bewilligen. Der Beschluß kann erst in der Hauptversammlung gefaßt werden, die über die Entlastung der Mitglieder des ersten Aufsichtsrats beschließt.

(3) Wird den Aufsichtsratsmitgliedern ein Anteil am Jahresgewinn der Gesellschaft gewährt, so berechnet sich der Anteil nach dem Bilanzgewinn, vermindert um einen Betrag von mindestens vier vom Hundert der auf den Nennbetrag der Aktien geleisteten Einlagen. Entgegenstehende Festsetzungen sind nichtig.

Übersicht

Literatur

Thom, G.: Die Versteuerung der Bezüge der Arbeitnehmer-Aufsichtsratsmitglieder, BB 1953, 674

Risse, H.: Die Besteuerung der Aufsichtsratsvergütungen nach Wegfall der Aufsichtsratssteuer, BB 1957, 956

Westrick, K.: Vorstands- und Aufsichtsratsbezüge im Lichte des neuen Körperschaftssteuertarifs, BB 1959, 98

Woeste, K.: Poolung von Aufsichtsratsvergütungen, BB 1960, 200

Spiecker, W.: Aufsichtsratsvergütung und unzulässige Wahlbeeinflußung, BB 1962, 925

Lau, O.: Aufsichtsratsvergütungen im Körperschaftssteuerrecht, BB 1964, 1207

Natzel, B.: Die Vergütung der Aufsichtsratsmitglieder, DB 1965, 1388, 1429; auch erschienen in der Schriftenreihe Der Betrieb, Düsseldorf, 1965

Broschwitz, J.: Vorstands- und Aufsichtsratsbezüge als Kosten in der Preiskalkulation öffentlicher Aufträge, DB 1965, 1409

Falkenhausen von, K. H.: Sonderleistungen von Aufsichtstratsmitgliedern und deren Vergütung, DieAG, 1966 379

Lehmann, K. H.: Zulässigkeit von Satzungsbestimmungen über die Gewährung von Sondervergütungen an Aufsichtsratsmitglieder, DB 1966, 1757
Wilhelmi, S.: Sondervergütungen für Aufsichtsratsmitglieder nach dem neuen AktG, BB 1966, 1172
Zwehl von, W.: Die Berechnung der Vorstands- und Aufsichtsratstantiemen nach dem AktG 1965, DB 1966, 1937
Boesebeck, E.: Die Besteuerung von Aufsichtsratstantiemen, DieAG 1967, 279
Fischer, R.: Sondervergütungen an Aufsichtsratsmitglieder, BB 1967, 859
Bernhardt, W.: Sondervergütungen an Aufsichtsratsmitglieder, BB 1967, 863
Söffing, G.: Aufsichtsratsvergütungen und Mehrwertsteuer, DStZA 1967, 390
Schober, G.: Aufsichtsratsvergütungen nach dem Inkrafttreten des MStG, DB 1967, 1868
Werner, W.: Die Erstattung der Umsatz- (Mehrwert-) Steuer für Aufsichtsratstätigkeit, BB 1968, 64
Meyer-Ladewig, J.: Aufsichtsratsvergütung und Mehrwertsteuer, BB 1968, 406
Freund, H.: Aufsichtsratsvergütung und Mehrwertsteuer, BB 1968, 417
Voss, A.: Zu den Aufsichtsratsvergütungen nach dem Inkrafttreten des Mehrwertsteuergesetzes, DB 1967, 2097
Schmitt, G.: Begrenzung der Aufsichtsratsvergütung, DB 1968, 1545
Schubert, H.-T.: Zur Behandlung der Aufsichtsratsvergütung im Jahresabschluß der AG, WPg 1971, 106
Kenntemich, R.: Zur Bemessungsgrundlage der gewinnabhängigen Vorstands- und Aufsichtsratsvergütung, WPg 1971, 104

Einleitung

Die Vorschrift entspricht in ihren Absätzen 1 und 2 dem früheren Recht (§ 98 Abs. 1 und 2 AktG 1937). Die Gewinnbeteiligung des Aufsichtsrats ist jetzt jedoch anders geregelt. Während nach § 98 Abs. 3 AktG 1937 eine der Gewinnbeteiligung des Vorstands entsprechende Regelung vorgesehen war (vgl. jetzt § 86 Abs. 2), bestimmt Abs. 3, daß sich eine Tantieme nach dem Bilanzgewinn zu richten hat, während für den Vorstand als Bemessungsgrundlage grundsätzlich der Jahresüberschuß maßgebend ist. Damit ist eine Gewinnbeteiligung der Aufsichtsratsmitglieder entsprechend dem Gewinnanspruch der Aktionäre gestaltet (§ 58 Abs. 4), eine nach der amtl. Begründung (bei Kropff, S. 157) der Stellung des Aufsichtsrats besser entsprechende Lösung.

Ein Verstoß gegen § 113 führt auf Grund der neu eingefügten Vorschrift des § 93 Abs. 3 Nr. 7 zur verschärften Haftung von Vorstand und Aufsichtsrat.

Weggefallen ist § 98 Abs. 4 AktG 1937, wonach die Aufsichtsratsbezüge in einem angemessenen Verhältnis zu den Sozialaufwendungen und den Aufwendungen für die Allgemeinheit zu stehen haben, mit der Maßgabe, daß die Einhaltung dieser Vorschrift von der Staatsanwaltschaft im Klagewege erzwungen werden konnte. Dieser Vorschrift lag das gleiche Mißtrauen zugrunde, das seit je (vgl. dazu BFH BStBl. 1968 II 329) bis zur jüngsten Initiative zur Begrenzung der Aufsichtsratsbezüge zutage tritt, daß nämlich diese Bezüge ein „ohne besondere Mühe erworbenes" Einkommen darstellen; vgl. BT-Drucks. V 3659 zur Begrenzung der Aufsichtsratsbezüge auf DM 6000,— pro Jahr, und dazu kritisch G. Schmitt DB 1968, 1545. Während einerseits Inaktivität der Aufsichtsratsmitglieder und ihre Abhängigkeit von den Vorständen beklagt werden, bewirkt man durch gesetzliche Beschneidung oder staatliche Kontrolle der Bezüge das genaue Gegenteil: nur bei angemessener Vergütung sind sachlich qualifizierte und damit auch unabhängige Fachleute als Aufsichtsratsmitglieder zu gewinnen (vgl. auch § 111 Anm. 1).

I. 1. Allgemeines zum Vergütungsanspruch

Anm. 1

Nach Abs. 1 Satz 1 kann den Aufsichtsratsmitgliedern für ihre Tätigkeit eine Vergütung gewährt werden. Die Vorschrift begründet also keinen Anspruch auf Vergütung, sondern eröffnet lediglich die Möglichkeit zu ihrer Gewährung. Sie war, als selbstverständlich vorausgesetzt, im Aktienrecht des HGB nicht enthalten. Rechtsgrund für den Vergütungsanspruch ist das zwischen der AG und dem einzelnen Aufsichtsratsmitglied mit Annahme der Bestellung zustande gekommene Vertragsverhältnis (dazu

§ 101 Anm. 6; wie hier die h. L., s. etwa Godin-Wilhelmi Anm. 2; Möhring-Tank I 285; auch Schubert Wp. 1971, 106; a.A. Natzel DB 1965, 1388, insbesondere 1429ff., der vertragliche Beziehungen leugnet). Dabei ist zu beachten, daß grundsätzlich alle Mitglieder des Aufsichtsrats *gleich* behandelt werden müssen, insbesondere eine Diskriminierung der Arbeitnehmervertreter nicht zulässig ist; so ausdrücklich § 4 Abs. 3 MitbestG und § 5 Abs. 4 MitbestErgG; s. im übrigen § 96 Anm. 1. Das Diskriminierungsverbot hindert nicht, den einzelnen Mitgliedern des Aufsichtsrats unterschiedlich hohe Vergütungen zu gewähren. Insbesondere ist es allgemein üblich, für den Vorsitzenden, in der Regel auch den stellvertretenden Vorsitzenden, eine höhere Vergütung auszuwerfen, als sie den übrigen Mitgliedern des Aufsichtsrats zusteht (Rob. Fischer BB 1967, 859, 860; Natzel DB 1965, 1429, 1434). Das rechtfertigt sich schon aus den dem Vorsitzenden kraft Amtes auferlegten Pflichten (vgl. § 107 Anm. 4 und 5), die über diejenigen der übrigen Mitglieder erheblich hinausgehen.

Die Arbeitnehmervertreter im Aufsichtsrat werden oft veranlaßt, erhebliche Teile ihrer Vergütung an Träger gemeinnütziger oder wohltätiger Institutionen abzuführen; entsprechende Ansinnen vor der Wahl können eine unzulässige Wahlbeeinflussung darstellen (vgl. Spieker BB 1962 925). *Beamte* haben die einen bestimmten Grundbetrag übersteigenden Vergütungen an ihren Dienstherrn abzuführen; vgl. § 69 BBG sowie im einzelnen § 8 BundesnebentätigkeitsVO vom 22. 4. 1964 (BGBl. I 299 und BGBl. 1969 I 685).

Für den Vergütungsanspruch der durch das Gericht bestellten Aufsichtsratsmitglieder s. § 104 Anm. 15, für den der entsandten Mitglieder § 101 Anm. 17 und der Mitglieder des ersten Aufsichtsrats Anm. 4 unten.

Anm. 2

2. Zuständigkeiten

Das Gesetz bestimmt ausdrücklich (Abs. 1 Satz 2), daß die Vergütung der Aufsichtsratsmitglieder nur in der Satzung festgesetzt oder von der Hauptversammlung von Fall zu Fall bewilligt werden kann. Damit ist, im Vergleich zum früheren Recht, klargestellt, daß weder der Vorstand noch der Aufsichtsrat selbst die Vergütung festsetzen kann, gleichgültig, ob es sich um eine feste oder eine gewinnabhängige handelt. Die Bewilligung durch die Hauptversammlung braucht nicht von Jahr zu Jahr zu erfolgen; sie kann auch in einem Grundsatzbeschluß enthalten sein, der bis zu einer Abänderung oder Aufhebung für die jeweiligen Mitglieder des Aufsichtsrats verbindlich gilt (Möhring-Tank I 286).

Soweit es zum Abschluß schriftlicher Verträge zwischen der AG und dem einzelnen Aufsichtsratsmitglied hinsichtlich der Aufsichtsratstätigkeit kommt, ist der Vorstand an die satzungsmäßige Regelung oder die durch die Hauptversammlung erfolgte Festsetzung gebunden (RG JW 32, 720; Baumbach-Hueck Rdn. 4).

Zur Frage der Zuständigkeit für die Gewährung von *Sondervergütungen* für einzelne Aufsichtsratsmitglieder s. Anm. 15 unten.

Anm. 3

3. Fehlende Angemessenheit

Das Angemessenheitsgebot in Abs. 1 Satz 3 entspricht der Regelung in § 87 Abs. 1 für die Bezüge der Vorstandsmitglieder. Es sind also die Aufgaben der einzelnen Aufsichtsratsmitglieder und die Lage der Gesellschaft in Betracht zu ziehen; insoweit kann auf die Ausführungen in Anm. 3 zu § 87 verwiesen werden.

Eine Verletzung des Angemessenheitsgebotes führt aber weder zur Nichtigkeit der entsprechenden Satzungsbestimmung noch eines die Vergütung festsetzenden Hauptversammlungsbeschlusses. Letzterer unterliegt aber gemäß § 243 Abs. 1 der Anfechtung (Godin-Wilhelmi Anm. 2; vgl. dazu LG Mannheim DieAG 1967, 83 = DB 1967, 592). Hält der Vorstand das Angemessenheitsgebot durch eine Festsetzung der Hauptversammlung für verletzt, so wird er als berechtigt angesehen werden müssen, von sich aus Anfechtungsklage zu erheben (§ 245 Nr. 4). Allerdings genügen nicht bloße Zweifel an der Angemessenheit um den Vorstand zur Anfechtung zu berechtigen.

Die Feststellung der Verletzung des Angemessenheitsgebots durch eine Bestimmung in der Satzung wird in der Regel daran scheitern, daß die Voraussetzungen von Jahr zu Jahr und von Mitglied zu Mitglied verschieden sein können. Nichtig wäre allerdings eine Satzungsbestimmung, die sich als eine Verletzung des § 138 BGB darstellt (Schlegelberger-Quassowski § 98 AktG 1937 Anm. 6). Im übrigen sind aber die kraft Satzung oder durch Hauptversammlungsbeschluß festgesetzten Aufsichtsratsbezüge, auch wenn sie unangemessen hoch sind, verbindlich. Die Satzungsänderung in vereinfachter Form ermöglicht für die Zukunft eine Korrektur (vgl. Anm. 5 unten).

Anm. 4

4. Vergütung der Mitglieder des ersten Aufsichtsrats

Mitgliedern des ersten Aufsichtsrats kann nur von der Hauptversammlung und zwar erst von der über die Entlastung des ersten Aufsichtsrats beschließenden Hauptversammlung eine Vergütung bewilligt werden (Abs. 2). Über die Zusammensetzung der Mitglieder des ersten Aufsichtsrats siehe § 30 Anm. 6. Die Bestellung der Mitglieder des ersten Aufsichtsrats endigt mit der Hauptversammlung, die über die Entlastung beschließt (§ 30 Anm. 7). Die Bewilligung der Vergütung setzt gleichfalls voraus, daß über die Entlastung *beschlossen* wird. Damit ist zwar nicht gesagt, daß eine Vergütung nur bewilligt werden kann, wenn die Entlastung erteilt wird; aber im Falle der Verweigerung der Entlastung wird die Hauptversammlung in der Regel keinen Grund haben, den Aufsichtsratsmitgliedern eine Vergütung zu gewähren. Ein vorher gefaßter Beschluß ist nichtig, desgleichen jede etwa zwischen Vorstand und Aufsichtsrat getroffene Abrede; etwa schon gezahlte Vergütungen sind zurückzugewähren; im übrigen können Vorstand und Aufsichtsrat gemäß §§ 93, 116 schadensersatzpflichtig sein.

Anm. 5

5. a) Herabsetzung durch Satzungsbeschluß

Eine Satzungsänderung, durch die die in der Satzung festgesetzte Vergütung herabgesetzt wird, kann von der Hauptversammlung mit einfacher Mehrheit beschlossen werden (Abs. 1 Satz 4). Zweifelhaft ist, von welchem Zeitpunkt ab ein solcher Beschluß wirkt. Früher wurde angenommen, die Herabsetzung wirke schon für das zur Zeit der Beschlußfassung laufende Geschäftsjahr (vgl. etwa Staub § 245 HGB Anm. 4; Schlegelberger-Quassowski § 98 AktG 1937 Anm. 11; ferner Möhring-Schwartz, Rowedder-Haberlandt S. 137). Ein überzeugender Grund für diese Ansicht fehlt. Sie würde voraussetzen, daß der Aufsichtsrat seinen Anspruch auf Vergütung erst mit dem Ende des Geschäftsjahrs oder gar erst mit der Feststellung des Jahresabschlusses für ein Geschäftsjahr und mit der Erteilung der Entlastung für dieses Geschäftsjahr erwirbt. Das ist aber nicht richtig: ein Aufsichtsratsmitglied, das im Laufe eines Geschäftsjahres ausscheidet, hat bereits bei seinem Ausscheiden einen Anspruch auf Vergütung und zwar für das laufende Geschäftsjahr nach Verhältnis der Zeit (Anm. 12; OLGR 24, 141). Man darf auch nicht den Gegensatz verkennen, in dem Satz 4 des Abs. 1 zu Abs. 2, zu der Bestimmung über die Vergütung des *ersten* Aufsichtsrats (Anm. 4), steht. Während die Vergütung für den ersten Aufsichtsrat nur *nachträglich* festgesetzt werden *kann*, sieht Satz 4 des Abs. 1 lediglich *nachträgliche* Änderung der Vergütung *in erleichterter Form* vor; daß solche Abänderungen rückwirkende Kraft haben könnten, darüber sagt das Gesetz nichts. Es kann daher für die Auslegung der Bestimmung nur in Frage kommen, daß der Herabsetzungsbeschluß, wie jeder andere satzungsändernde Beschluß für die Zeit seit der Eintragung des Beschlusses wirkt und daß er erst für das auf die Eintragung des Beschlusses folgende Geschäftsjahr in Kraft tritt. Darüber hinaus wird man aus ihr schließen können, daß die Satzungsänderung nicht erst nach Ablauf der Amtsdauer, für die ein zur Zeit des Beschlusses im Amt befindliches Aufsichtsratsmitglied bestellt ist, wirksam werden soll. Denn für Aufsichtsratsmitglieder, die ihr Amt ohne besondere Vereinbarung annehmen, ist davon auszugehen, daß sie ihre Tätigkeit für das — *jeweils* — nach der Satzung maßgebliche Entgelt ausüben.

Anm. 6

b) bei vertraglichem Anspruch

Die Herabsetzungsbefugnis kommt nicht zum Zuge, wenn die Vergütung in einem mit dem Aufsichtsratsmitglied abgeschlossenen Vertrag festgesetzt ist (Baumbach-Hueck Rdn. 4; Schlegelberger-Quassowski AktG 1937 § 98 Anm. 11). Aus einer Bestimmung, die ihrem Wortlaut nach nur die für einen bestimmten Beschluß der Hauptversammlung erforderliche Mehrheit betrifft, kann man nicht eine Befugnis zur einseitigen Änderung eines Vertrages herleiten. Falls der Vertrag jedoch nicht selbst die Art der Vergütung bestimmt, sondern nur ausdrücklich oder stillschweigend auf die Satzung Bezug nimmt, ist mangels besonderer Umstände anzunehmen, daß auf den jeweiligen Inhalt der Satzung verwiesen ist. Die Hauptversammlung ist freilich imstande, die Wahl zu widerrufen, womit auch die Ansprüche aus einer vertraglichen Abmachung für die Zukunft erlöschen; doch bedarf dieser Beschluß mangels einer abweichenden Satzungsbestimmung einer Dreiviertelmehrheit (§ 103 Abs. 1).

Anm. 7

6. Entgeltlichkeit der Tätigkeit

Eine Vermutung für die *Entgeltlichkeit* der Amtsführung besteht *nicht* (Schlegelberger-Quassowski AktG 1937, § 98 Anm. 10; Baumbach-Hueck Rdn. 4; Staub HGB § 245 Anm. 3; abw. Brodmann HGB § 245 Anm. 1a). Enthält die Satzung keine Bestimmung über eine dem Aufsichtsrat zustehende Vergütung und ist das Amt ohne besondere Vereinbarung einer Vergütung angenommen, so ist je nach den Umständen des Einzelfalls zu entscheiden, ob die Tätigkeit nur gegen Entgelt ausgeübt werden soll oder die Absicht unentgeltlicher Amtsführung vorliegt. Wegen Auslagenerstattung s. Anm. 16.

Über den Anspruch der *entsandten Aufsichtsratsmitglieder* vgl. § 101 Anm. 17, den der gerichtlich bestellten § 104 Anm. 15.

Anm. 8

7. Der Vergütungsanspruch bei Konkurs, Umwandlung usw.

Mit dem *Konkurs* entfällt jeder Anspruch auf weitere Vergütung (RG 81, 333; RAG JW 1930, 85; Brodmann § 245 2d; Godin-Wilhelmi Anm. 3; Baumbach-Hueck Rdn. 3).

Ebenso entfällt jeder Anspruch bei Aufhören der Rechtspersönlichkeit der AG, also etwa bei Löschung im Handelsregister; dagegen bleibt im *Abwicklungsstadium* der Anspruch auf eine vertraglich zugesagte feste Vergütung bestehen, nicht dagegen, wegen Wegfalls der Voraussetzung, ein Anteil am Gewinn (Schlegelberger-Quassowski AktG 1937, § 98 Anm. 20; Godin-Wilhelmi Anm. 3). — *Verstaatlichung* (§ 359), *Verschmelzung* (§§ 339ff.) und *Umwandlung* nach dem UmwandlungsG 1969 bringen die AG ohne Abwicklung zum Erlöschen: in diesen Fällen entfällt also wieder jeder Vergütungsanspruch und zwar hinsichtlich einer gewinnabhängigen Tantieme, wie im Falle der Eröffnung der Liquidation, auch für den Teil des Geschäftsjahres, der vor dem Auflösungsbeschluß liegt. Jedoch sind abweichende Satzungsbestimmungen oder Hauptversammlungsbeschlüsse, deren Wirksamkeit sich nach den in Anm. 15 behandelten Grundsätzen richtet, möglich (Godin-Wilhelmi Anm. 3). Findet eine *formumwandelnde Umwandlung* nach den Vorschriften des AktG §§ 362ff. statt und bleibt der Aufsichtsrat bestehen, so wird hierdurch auch eine gewinnabhängige Tantieme nicht berührt (Godin-Wilhelmi a. a. O). — Bei *vereinfachter Kapitalherabsetzung* darf die Tantieme nicht ausgeschüttet werden, bevor nicht die gesetzliche Rücklage 10% des Grundkapitals erreicht hat (§ 233 Abs. 1).

Ein Konkursvorrecht für die Aufsichtsratsvergütung nach § 61 Nr. 1 KO besteht nicht, da dieses nur bei abhängigen Dienstleistungen Platz greift (Böhle-Stammschräder, 3. Aufl. § 61 KO Anm. 4a; Teichmann-Köhler AktG 1937, § 98 Anm. 1d; Schlegelberger-Quassowski, AktG 1937, § 98 Anm. 14).

II. Art der Vergütung

Anm. 9

Die *Art der Vergütung* kann beliebig festgesetzt werden. Zulässig ist namentlich ein fester Bezug und ein Anteil am Jahresgewinn, auch beides nebeneinander. Auch Sitzungsgelder, Sachleistungen usw. können zugesagt werden. Zum Auslagenersatz siehe im einzelnen Anm. 15, zu Sondervergütungen für einzelne Mitglieder des Aufsichtsrats Anm. 16.

Anm. 10

1. Sonderbestimmungen für eine gewinnabhängige Tantieme

Wird den Aufsichtsratsmitgliedern ein Anteil am Jahresgewinn der AG gewährt, so steht auch diese Art der Vergütung unter dem *Angemessenheitsgebot* des Absatz 1 Satz 3 (s. Anm. 3 oben). Ferner bestimmt das Gesetz, daß sich der Gewinnanteil nicht wie die Tantieme des Vorstands gemäß § 86 Abs. 2 vom Jahresüberschuß i. S. von § 157 Abs. 1 Nr. 28 bestimmt (dazu Anm. 5 zu § 86), sondern vom *Bilanzgewinn* (vgl. dazu Anm. 20 zu § 58), der nach § 58 Abs. 4 die Grundlage des Gewinnanspruchs der Aktionäre bildet.

Entgegenstehende Festsetzungen sind nichtig (Abs. 3 Satz 2) aber nur, sofern sie zu einer Besserstellung der Aufsichtsratsmitglieder führen (Godin-Wilhelmi Anm. 3; Adler-Düring-Schmaltz § 174 Tz. 40; vgl. auch § 86 Anm. 6).

Entsprechend der Regelung in § 98 Abs. 3 AktG 1937 ist bei der Berechnung der Aufsichtsratstantieme eine *Vorabdividende* von 4% in Abzug zu bringen. Diese ist vom Nennbetrag der auf die Aktien geleisteten Einlagen zu berechnen. Durch den noch im Gesetzgebungsverfahren eingeführten ausdrücklichen Hinweis auf den Nennbetrag soll klargestellt werden, daß ein etwaiges Aufgeld nicht zu berücksichtigen ist (vgl. den Ausschußbericht, bei Kropff S. 158). Es ist gleichgültig, wer Inhaber der Aktien ist; auch eigene Aktien der AG sind bei Berechnung der Vorabdividende trotz des § 71 Abs. 6 zu berücksichtigen (Schlegelberger-Quassowski § 98 AktG 1937 Anm. 17; Ritter § 98 AktG 1937 Anm. 5; Adler-Düring-Schmaltz § 174 Tz. 44).

Infolge der gesetzlich angeordneten Bezugnahme auf den *Bilanzgewinn* zur Berechnung des Gewinnanteils ergibt sich unter anderem folgendes: Soweit Zuführungen zu den *offenen Rücklagen* im Rahmen der Bilanzfeststellung gemäß § 58 Abs. 1 oder Abs. 2 erfolgen, sind diese nicht tantiemepflichtig. Etwas anderes gilt aber für Zuführungen im Rahmen der Gewinnverteilung des § 58 Abs. 3, die den Bilanzgewinn nicht mindern. Eine völlige Gleichstellung des Gewinnanspruchs des Aufsichtsrats mit dem der Aktionäre besteht also nicht, denn auch der insoweit nicht ausgeschüttete Gewinnanteil bleibt tantiemepflichtig. Der Gesetzgeber hat hier aber bewußt, um komplizierte und unübersichtliche Rückrechnungen zu vermeiden, die sachlich klarere Lösung gewählt (vgl. die amtliche Begründung, bei Kropff S. 157).

Tantiemepflichtig ist auch der Teil des Bilanzgewinns, der aus der *Auflösung von Rücklagen* herrührt (anders früher § 98 Abs. 3 AktG 1937). Das gilt auch für aufgelöste Rücklagen, die aus einem Gewinnverwendungsbeschluß der Hauptversammlung gemäß § 58 Abs. 3 herrühren und demgemäß bereits einmal tantiemepflichtig gewesen sind (Möhring-Tank I 288). Desgleichen kann der Gewinnvortrag, der Bestandteil des Bilanzgewinns ist, unter Umständen mehrmals der Tantiemeberechnung zugrunde liegen (Adler-Düring-Schmaltz § 174 Tz. 43).

Nicht richtig ist es, daß durch Hauptversammlungsbeschluß die gewinnabhängige Vergütung des Aufsichtsrats gänzlich beseitigt werden kann (so Godin-Wilhelmi Anm. 3); stellen Vorstand und Aufsichtsrat den Jahresabschluß gemäß § 172 fest, was der Normalfall ist, dann hat die Hauptversammlung überhaupt keinen Einfluß auf die Höhe des Bilanzgewinns und damit die Berechnungsgrundlage für die Aufsichtsratstantieme. Stellt die Hauptversammlung den Jahresabschluß fest, so kann sie gemäß § 173 Abs. 2 Satz 2 nur die Beträge in die offene Rücklage einstellen, die nach Gesetz oder Satzung einzustellen sind; das ist nach § 58 Abs. 1 höchstens die Hälfte des Jahresüberschusses (wie hier Möhring-Tank I 287).

Die Aufsichtsratstantieme ist dem Bilanzgewinn für die Berechnung der Tantieme wieder hinzuzurechnen (Adler-Düring-Schmaltz § 174 Tz. 45). Dagegen ist die Frage umstritten, ob auch die gewinnabhängige Vorstandstantieme der tantiemepflichtigen Bemessungsgrundlage hinzuzurechnen ist; das wurde zum früheren Recht im Anschluß an RG 91, 316, bejaht und wird auch für das geltende Recht angenommen, von Godin Wilhelmi Anm. 3; Möhring-Tank I 289; Schäffer BB 1963, 231, a.A. WP Handbuch 1968, 1231; Adler-Düring-Schmaltz § 174 Tz. 45; Kenntemich Wp. 1971, 105.

Zu den sich aus Abs. 3 ergebenden Berechnungsformeln vgl. v. Zwehl DB 1966, 1937.

Wird die Satzung einer AG hinsichtlich der Bemessungsgrundlage für die Aufsichtsratstantieme an die Rechtslage, wie sie gemäß Abs. 3 gilt, angepaßt, so ist ein entsprechender Hauptversammlungsbeschluß auch dann nicht anfechtbar, wenn diese Änderung zu einer Erhöhung der gewinnabhängigen Vergütung führt (LG Mannheim, DieAG 1967, 93 = DB 1967, 592). Eine insoweit eintretende Verbesserung zugunsten der Aufsichtsratsmitglieder war dem Gesetzgeber bewußt (vgl. die amtl. Begründung, bei Kropff S. 157), so daß ein entsprechender Beschluß nicht nach Abs. 1 Satz 3 angefochten werden kann.

Anm. 11

2. Gesamtvergütung

Wird in der Satzung oder in dem Beschluß der Hauptversammlung nur die Vergütung des Gesamtaufsichtsrats festgesetzt, ihre Verteilung unter die einzelnen Mitglieder aber nicht näher geregelt, so gilt grundsätzlich § 420 BGB; die Vergütung wird also gleichmäßig unter die Aufsichtsratsmitglieder verteilt (RG 75, 308; KG OLGE 22, 2; Dresden OLGE 24, 141). Es erscheint jedoch angemessen, dem Vorsitzenden, vielleicht auch seinen Stellvertretern, einen größeren Anteil zu bewilligen. Sehr häufig ist bestimmt, daß der Vorsitzende einen doppelt so hohen Anteil wie das einzelne Mitglied erhält. Dies kann auch Handelsbrauch sein (vgl. KG OLGR 22, 2); jedoch ist ein allgemeiner Handelsbrauch dieses Inhalts anscheinend nicht mit Sicherheit festzustellen (so auch Godin-Wilhelmi Anm. 2). Zulässig ist auch die Bestimmung, daß der Aufsichtsrat über die Verteilung der Gesamtvergütung unter seine Mitglieder beschließt. Der Aufsichtsrat hat in einem solchen Falle die Entscheidung nicht nach freiem, sondern nach billigem Ermessen zu treffen (KG a. a. O.; Schlegelberger-Quassowski AktG 1937, § 98 Anm. 21; Godin-Wilhelmi Anm. 2; Brodmann HGB § 245 Anm. 1c; vgl. § 315 Abs. 1 BGB; a.A. Dresden in OLGE 24, 141, wonach auch in diesem Falle eine ungleichmäßige Verteilung — abgesehen von einem höheren Anteil des Vorsitzenden — nur einstimmig beschlossen werden kann, und Möhring-Tank I 290, die grundsätzlich Einstimmigkeit verlangen, offenbar also auch hinsichtlich einer höheren Vergütung für den Vorsitzenden). Der Aufsichtsrat wird bei der Verteilung insbesondere das Maß der Tätigkeit der einzelnen Mitglieder berücksichtigen können und müssen (Anm. 1), jedoch dürfen die Arbeitnehmervertreter nicht grundsätzlich wegen dieser ihrer Eigenschaft schlechter gestellt werden, als die Aktionärsvertreter.

Anm. 12

3. Ausscheiden im Laufe des Geschäftsjahres

Scheidet ein Mitglied im Laufe des Jahres aus, gleichviel aus welchem Grunde (z. B. Tod, Amtsniederlegung), so hat es Anspruch auf einen entsprechenden Teil der Vergütung (so auch Godin-Wilhelmi Anm. 2; Natzel DB 1965, 1429, 1434). Dies gilt auch für einen Anspruch auf Tantieme. Dieser ist also *nach dem Verhältnis der Zeit*, in der das Aufsichtsratsmitglied im Amt war, nach dem Jahresbilanzgewinn zu berechnen, nicht etwa ist mittels einer besonderen Bilanz der Gewinn während der Amtszeit festzustellen. Auf die im Zusammenhang mit der Währungsreform im Jahre 1948 aufgetretenen Streitfragen, wie die sich auf die Zeit vor dem Umstellungsstichtag beziehenden Tantiemenansprüche in DM umzustellen waren, braucht nicht eingegangen zu werden, da es sich um nicht mehr aktuelle, währensrechtliche Probleme handelt; vgl. dazu Korth in BB 1949, 677 und Patschke BB 1949, 721f.

Anm. 13

4. Ansprüche der einzelnen Aufsichtsratsmitglieder

Die *Ansprüche der einzelnen Aufsichtsratsmitglieder* auf den ihnen zukommenden Anteil an der dem Aufsichtsrat zugesagten Gesamtvergütung sind wie sonstige Ansprüche mehrerer Gläubiger auf teilbare Leistungen selbständig und können selbständig gegen die Gesellschaft geltend gemacht werden (RG 75, 308; KG OLGE 22, 2; Möhring-Tank I 290). Zulässig sind auch rein persönliche Einwendungen gegen das einzelne Aufsichtsratsmitglied. Insbesondere wird die Gesellschaft einwenden können, daß das Aufsichtsratsmitglied überhaupt keine Tätigkeit entfaltet hat (a.A. Natzel DB 1965, 1429, 1434). Anders hat allerdings das RG a. a. O. entschieden. Es hat den *Einwand der Untätigkeit* zurückgewiesen in dem Falle, daß das Mitglied nicht zur Entfaltung von Tätigkeit aufgefordert war und der Gesamtaufsichtsrat seine Pflichten erfüllt hatte. Diese Entscheidung, die allerdings im Schrifttum gebilligt worden ist (vgl. noch Godin-Wilhelmi Anm. 2), dürfte den heutigen Anschauungen schwerlich entsprechen. Die Vergütung des Aufsichtsrats ist Vergütung für geleistete Arbeit. Wenn es sich auch um eine Pauschalvergütung handelt und es nicht auf das Maß der geleisteten Tätigkeit im einzelnen ankommt, so ist doch nicht einzusehen, warum die Gesellschaft sich nur dann auf die Untätigkeit des Mitglieds soll berufen können, wenn dieses zur Tätigkeit aufgefordert worden war. Das Gesetz verlangt grundsätzlich eine Mitwirkung aller Aufsichtsratsmitglieder bei der Überwachung des Vorstands. Es erscheint durchaus billig, daß ein Aufsichtsratsmitglied, das keine Tätigkeit entfaltet hat, auch keine Vergütung erhält. Darüber hinaus kann die Gesellschaft in besonderen Einzelfällen dem Tantiemeanspruch den *Einwand des Rechtsmißbrauchs* entgegensetzen, etwa wenn sich infolge unvorhersehbarer und bei vertraglicher Begründung des Anspruchs nicht in Betracht gezogener Umstände ergibt, daß eine Geltendmachung überhöhter Tantiemeforderungen gegen Treu und Glauben verstößt, vgl. Westrick, BB 1959, 98.

Anm. 14

5. Fälligkeit

Die *Fälligkeit* des Vergütungsanspruchs richtet sich nach Satzung, Hauptversammlungsbeschluß oder nach den getroffenen Bestimmungen und Vereinbarungen. Der Anspruch auf Tantieme wird mit dem Beschluß über die Gewinnverwendung fällig (Godin-Wilhelmi Anm. 2), die feste Vergütung am Ende des jeweiligen Geschäftsjahres und der Auslagenersatz zum Ende der Sitzung (Möhring-Tank I 290; s. auch Natzel DB 1965, 1429, 1435). Die Verjährungsfrist beträgt mangels Abhängigkeit der Aufsichtsratstätigkeit nicht 2 Jahre, § 196 Ziff. 8 BGB, sondern, wenn die Vergütung regelmäßig gezahlt wird, 4 Jahre, § 197 BGB; vgl. BGH WM 59, 502 = DB 1959, 456; s. Natzel DB 1965, 1429, 1435.

III. 1. Sondervergütungen

Anm. 15

Die Hauptversammlung ist berechtigt, aus dem Gewinn, den sie zu verteilen hat, dem Aufsichtsrat eine *Sondervergütung* zukommen zu lassen, sofern und soweit eine entsprechende satzungsmäßige Ermächtigung vorliegt (§ 58 Abs. 3 Satz 2); diese kann jedoch auch in einer Generalklausel bestehen (Godin-Wilhelmi Anm. 4). Die in der Verwendung des Bilanzgewinns zur Gewährung einer freiwilligen Vergütung an den Aufsichtsrat etwa liegende Verletzung des Rechts der Aktionäre auf Verteilung des Bilanzgewinns macht den Beschluß anfechtbar. Wird er nicht angefochten, so ist die Zuweisung an den Aufsichtsrat wirksam. Nichts anderes wollte wohl auch das Reichsgericht in dem auf eine Anfechtungsklage ergangenen Urteil JW 1932, 720 (vgl. auch ROHG 22, 277 S. 281f.) sagen, wenn es dort heißt, daß ein solcher Beschluß nur einstimmig gefaßt werden könnte.

Im Anschluß an die Bemerkung in der amtlichen Begründung (bei Kropff S. 157), derzufolge die Regelung des neuen Gesetzes weitgehend dem AktG 1937 entspricht, ist streitig geworden, ob eine Satzungsbestimmung, wonach der Aufsichtsrat einzelnen seiner Mitglieder Sondervergütungen, insbesondere für Sonderdienste im Rahmen der Aufsichtsratstätigkeit, z. B. Prüfungen gemäß § 111 Abs. 2 Satz 2, gewähren kann, zulässig ist; das wird von Lehmann DB 1966, 1757, im Anschluß an die h. L. zu § 98 AktG 1937 (vgl. die Nachweise in der Voraufl. Anm. 18) bejaht (so auch Möhring-Schwartz, Rowedder-Haberlandt S. 136), dagegen von v. Falkenhausen, DieAG 1966, 379, S. Wilhelmi BB 1966, 1171, Schreib Wertpapier 1967, 47, Rob. Fischer BB 1967, 859 und Bernhardt BB 1967, 863, verneint. Eine Aufspaltung der Aufsichtsratstätigkeit in eine normale und eine das Normale übersteigende Tätigkeit ist nicht möglich (vgl. dazu auch BFH BStBl. 1966 III, 688 m. w. N. aus der Rechtsprechung der Finanzgerichte sowie BFH DB 1971, 899). Auch ist die gesetzliche Regelung in Abs. 1, wonach die Vergütungen der Aufsichtsratsmitglieder nur durch die Satzung oder einen Hauptversammlungsbeschluß gewährt werden können, eindeutig, und läßt satzungsmäßige Abweichungen nicht zu (§ 23 Abs. 5). Demgemäß kann es auch nicht als zulässig angesehen werden, daß durch die Satzung die ausschließliche Zuständigkeit der Hauptversammlung auf den Aufsichtsrat übertragen wird; entsprechende Satzungsbestimmungen sind nichtig (so auch OLG Düsseldorf WM 1968, 67, 74 = DB 1967, 2155 = DieAG 1968, 19 = BB 1968, 59; AG Hamburg DieAG 1967, 203; Godin-Wilhelmi Anm. 4; s. auch Möhring-Tank I 286 und Möhring NJW 1969, 1473). Soweit das einzelne Aufsichtsratsmitglied im übrigen und außerhalb seiner Tätigkeit als Aufsichtsratsmitglied sowie über diese hinaus für die AG tätig ist, gilt § 114; Vergütungen für derartige Tätigkeiten bedürfen demnach der Zustimmung des Aufsichtsrats, werden aber vom Vorstand gewährt.

Anm. 16

2. Auslagenersatz

Unabhängig davon, ob die Aufsichtsratstätigkeit entgeltlich oder unentgeltlich ausgeübt wird, besteht ein Anspruch auf *Ersatz der baren Auslagen*, wie Reise-, Übernachtungs- und Aufenthaltskosten, Telephon- und Telegrammgebühren und dergl. (§§ 675, 670 BGB). Hierher gehören auch die von den Gesellschaften häufig gewährten *Sitzungsgelder*, sofern sie zur Abgeltung tatsächlicher Aufwendungen gezahlt werden. Pauschalzahlungen stellen jedoch insoweit zusätzliche Vergütung dar und können nicht vom Vorstand festgesetzt werden, unterliegen vielmehr der Festsetzung durch die Satzung oder einen Hauptversammlungsbeschluß und auch dem Angemessenheitsgebot des Abs. 1 Satz 2 (Möhring-Tank I 286; Godin-Wilhelmi Anm. 2; a. A. Schlegelberger-Quassowski § 98 AktG 1937, Anm. 4). Die Finanzämter erkennen Sitzungsgelder, die an nicht am Ort ansässige Aufsichtsratsmitglieder als Pauschalabgeltung gezahlt werden, allerdings als im Ergebnis nicht steuerpflichtige Auslagenerstattung an (vgl. OFD Frankfurt/M. BB 1955, 2761). Die Satzungen enthalten meistens Bestimmungen zur Regelung der Aufwandsentschädigung der Aufsichtsratsmitglieder.

Anm. 17

3. Dienstleistungen außerhalb der Aufsichtsratstätigkeit

Vergütungen für Tätigkeiten höherer Art, insbesondere *berufliche Dienstleistungen* außerhalb der Aufsichtsratstätigkeit, etwa für Rechtsberatung der Gesellschaft durch einen freien Anwalt oder Steuerberater oder für besondere gutachtliche Tätigkeit sind mit dem Vorstand zu vereinbaren. Hier steht das Aufsichtsratsmitglied wie jeder Außenstehende zur Gesellschaft; § 113 betrifft derartige Vergütungen nicht. Das gleiche gilt für die Gehalts- oder Lohnbezüge von Arbeitnehmervertretern. Jedoch bedürfen Vereinbarungen über Tätigkeiten höherer Art zu ihrer Wirksamkeit der Zustimmung des Aufsichtsrats; im einzelnen ist auf die Erläuterungen *zu § 114* zu verweisen.

IV. Zwingende Regelung

Anm. 18

§ 113 enthält durchweg *zwingendes Recht*, nicht nur Abs. 3, wo es das Gesetz ausdrücklich sagt. Nur die Bestimmung des Abs. 1 Satz 2 gibt lediglich eine allgemeine Richtlinie, deren Überschreitung nicht die Nichtigkeit der Vereinbarung nach sich zieht (Anm. 3). Im übrigen ist eine Abweichung von den Vorschriften des § 113 zugunsten eines Aufsichtsratsmitglieds unwirksam; s. auch Anm. 15. Der Gesellschaft günstigere Bestimmungen, namentlich hinsichtlich der Berechnung der Tantieme, sind zulässig (vgl. Anm. 10). Eine Erhöhung der in der Satzung festgesetzten Vergütung bedarf der im allgemeinen für Satzungsänderungen erforderlichen Mehrheit.

V. Publizitätspflichten

Anm. 19

Die Gesamtbezüge des Aufsichtsrats (nicht der einzelnen Mitglieder) sind im *Geschäftsbericht* gemäß § 160 Abs. 3 Nr. 8 anzugeben. Zu den Gesamtbezügen gehören auch Sondervergütungen (Anm. 19), nicht aber Vergütungen für Dienste außerhalb der Aufsichtsratstätigkeit (Anm. 17; s. im einzelnen Anm. 36 und 37 zu § 160). Zur Behandlung der Aufsichtsratsvergütungen im Jahresabschluß der AG s. Schubert WPg. 1971, 106. Vergütungen für Verträge gemäß § 114 unterliegen jedoch nicht der Ausweispflicht (Schlaus DieAG 1968, 376, 378).

Ein Verstoß gegen die Bestimmungen des § 113 führt zur verschärften Haftung von Vorstand und Aufsichtsrat gemäß § 93 Abs. 3 Nr. 7 (§ 116).

VI. Die steuerliche Behandlung von Aufsichtsratsvergütungen

Anm. 20

1. Die Aufsichtsratsvergütungen sind bei der AG steuerlich nicht als gewinnmindernde Ausgaben anerkannt, § 12 Ziff. 3 KStG, vgl. Lau BB 1964, 1207 sowie Boesebeck DieAG 1967, 279. Zur Verfassungsmäßigkeit dieser Regelung s. BFH BStBl. I 1968, 392.

2. Bei dem Aufsichtsratsmitglied gehören die Vergütungen zu den einkommensteuerpflichtigen Einkünften aus selbständiger Arbeit (§§ 18 Abs. 1 Ziff. 3 mit 2 Abs. 3 Ziff. 3 EStG); das gilt auch für die Arbeitnehmervertreter (s. BFH 64, 428); zur Versteuerung der Bezüge der Arbeitnehmervertreter s. auch Thom BB 1953, 674. Zur Frage der Poolung von Aufsichtsratsvergütungen s. Woeste, BB 1960, 200. Ein Steuerabzug, durch den in der Regel die Einkommensteuer abgegolten ist, findet nur für beschränkt Steuerpflichtige statt (§ 50a EStG). Die frühere Aufsichtsratssteuer ist durch das SteueränderungsG 1957 (BGBl. I, 848) abgeschafft worden. Dadurch ergaben sich in der Übergangszeit dort unter Umständen Schwierigkeiten, wo die Satzung vorsah, daß die Gesellschaft die Steuer zu tragen habe; vgl. Risse BB 1957, 956. Auslagenerstattung, auch in pauschalierter Form, kann als Betriebsausgabe (Werbungskosten) wieder abgesetzt werden (s. Anm. 16).

3. Hinsichtlich der *Umsatzsteuer* gilt folgendes: Nach § 4 Nr. 9 UStG 1957 waren Aufsichtsratsvergütungen umsatzsteuerfrei. Diese Steuerbefreiung ist im Rahmen des UStG 1967 für die ab 1. 1. 1968 in Kraft getretene Mehrwertsteuer nicht mehr gegeben (so die Praxis der Finanzbehörden und die h. L.; vgl. Sölch-Ringleb UStG § 2 Anm. 33; Söffing DStZ (A) 1967, 391; Boesebeck DieAG 1967, 279, 282; Schober DB 1967, 1868; a.A. mit weiteren Nachweisen Freud BB 1968, 417). Übernimmt die AG die Mehrwertsteuer, so steht ihr insoweit der Vorsteuerabzug gemäß § 15 UStG 1967 zu. Liegt der Gesamtumsatz einschließlich Umsatzsteuer für das einzelne Aufsichtsratsmitglied unter DM 60000,— im Jahr, und hat das Aufsichtsratsmitglied auch nicht gemäß § 19 Abs. 4 UStG 1967 für die Mehrwertsteuer optiert, so unterliegen die Vergütungen dem Steuersatz von 4%; der Vorsteuerabzug für die AG entfällt (§ 19 Abs. 1 UStG 1967).

Streitig ist, ob die AG die Mehrwertsteuer auch ohne ausdrückliche Regelung in der Satzung oder durch Hauptversammlungsbeschluß gemäß Abs. 1 Satz 1 übernehmen kann. Da die Mehrwertsteuer nicht als Aufwand i. S. von §§ 670, 675 BGB angesehen werden kann, entfällt nach richtiger Ansicht auch ein entsprechender Erstattungsanspruch (vgl. Anm. 16 oben). Vielmehr gilt die allgemeine Regel, wonach jede Art der Aufsichtsratsvergütung durch Satzung oder Hauptversammlungsbeschluß festgesetzt werden muß; wie hier Meyer-Ladewig BB 1968, 406; Voss DB 1967, 2097; vgl. auch Söffing DStZ (A) 1967, 390; a. A. Werner BB 1968, 64; Schober DB 1967, 1868; Godin-Wilhelmi Anm. 5.

§ 114 Verträge mit Aufsichtsratsmitgliedern

(1) Verpflichtet sich ein Aufsichtsratsmitglied außerhalb seiner Tätigkeit im Aufsichtsrat durch einen Dienstvertrag, durch den ein Arbeitsverhältnis nicht begründet wird, oder durch einen Werkvertrag gegenüber der Gesellschaft zu einer Tätigkeit höherer Art, so hängt die Wirksamkeit des Vertrags von der Zustimmung des Aufsichtsrats ab.

(2) Gewährt die Gesellschaft auf Grund eines solchen Vertrags dem Aufsichtsratsmitglied eine Vergütung, ohne daß der Aufsichtsrat dem Vertrag zugestimmt hat, so hat das Aufsichtsratsmitglied die Vergütung zurückzugewähren, es sei denn, daß der Aufsichtsrat den Vertrag genehmigt. Ein Anspruch des Aufsichtsratsmitglieds gegen die Gesellschaft auf Herausgabe der durch die geleistete Tätigkeit erlangten Bereicherung bleibt unberührt; der Anspruch kann jedoch nicht gegen den Rückgewähranspruch aufgerechnet werden.

Übersicht

Einleitung

Die Vorschrift ist erst in der 2. Lesung im Bundestag auf Vorschlag der beratenden Ausschüsse in das Gesetz eingefügt worden. Ihr Zweck ist es, sachlich ungerechtfertigte Sonderleistungen der AG an einzelne Aufsichtsratsmitglieder, und damit eine mögliche unsachliche Beeinflussung des Aufsichtsrats durch den Vorstand zu verhindern (Ausschußbericht, bei Kropff, S. 158). Gleichzeitig wurde die Ersatzpflicht gemäß § 93 Abs. 3 Nr. 7 ausdrücklich auf gesetzwidrige Vergütungen an Aufsichtsratsmitglieder erstreckt (amtliche Begründung, bei Kropff S. 123).

I. 1. Zustimmungspflichtige Verträge

Anm. 1

Die Vorschrift des Abs. 1, das Zustimmungserfordernis für bestimmte Verträge zwischen der AG und einzelnen Aufsichtsratsmitgliedern, bezieht sich lediglich auf Dienst- und Werkverträge für Tätigkeiten höherer Art (vgl. § 627 Abs. 1 BGB). Ausdrücklich ausgenommen sind Dienstverträge, durch die ein Arbeitsverhältnis begründet wird (vgl. § 622 BGB), womit insbesondere die Dienstverträge der Arbeitnehmervertreter im Aufsichtsrat von dem Zustimmungserfordernis freigestellt werden. Ferner betrifft die Vorschrift nicht irgendwelche anderen vertraglichen Abreden zwischen der AG und den Aufsichtsratsmitgliedern, und zwar weder einzelne Geschäfte noch das Unterhalten laufender Geschäftsverbindungen (von Falkenhausen, DieAG 1966, 379); hier gelten die allgemeinen Regeln der §§ 93, 116 und gegebenenfalls 117. Auch der Abschluß von Dienst- und Werkverträgen für Tätigkeiten höherer Art, in der Regel Beratungsverträge etwa auf technischem, juristischem, betriebswirtschaftlichem Gebiet, ist vom Gesetz weder eingeschränkt noch gar untersagt. Verträge dieser Art sind lediglich, sofern nicht die (vorherige) Einwilligung (§ 183 BGB) oder die (nachträgliche) Genehmigung (§ 184 BGB) des Aufsichtsrats erteilt wird, schwebend unwirksam. Bei endgültigem Versagen der Zustimmung, oder bei Durchführung des Dienst- oder Werkvertrages ohne Zustimmung treten die Rechtsfolgen des Abs. 2 ein.

Anm. 2

2. Abgrenzung zur Tätigkeit im Aufsichtsrat

Das Zustimmungserfordernis des Abs. 1 bezieht sich nach dem ausdrücklichen Gesetzeswortlaut nur auf Tätigkeiten *außerhalb* der Tätigkeit im Aufsichtsrat. Vergütungen, die einem Aufsichtsratsmitglied für Sonderleistungen *im Rahmen* der Aufsichtsratstätigkeit gewährt werden, müssen durch die Satzung oder einen Hauptversammlungsbeschluß festgesetzt werden (vgl. § 113 Anm. 15). Der Vorstand kann derartige Vergütungen auch mit Zustimmung des Aufsichtsrats nicht gewähren. In diesem Zusammenhang weist Schlaus, DieAG 1968, 376, darauf hin, daß neben der Überwachung gerade die Beratung des Vorstands einer der Schwerpunkte der Aufsichtsratstätigkeit sei, und somit gerade bei den in der Praxis am ehesten anzutreffenden Beratungsverträgen mit Aufsichtsratsmitgliedern eine Überschneidung von Aufsichtsratstätigkeit und echter Beratungstätigkeit möglich ist. Dem kann nur insoweit zugestimmt werden, als eine Beratung im Rahmen der Überwachung des Vorstands erfolgt, denn das Gesetz weist dem Aufsichtsrat die Aufgabe der Überwachung (§ 111 Abs. 1), nicht die der Beratung des Vorstands, zu. Dieser ist in seiner Leitungsbefugnis der AG eigenverantwortlich (§ 76 Anm. 2). Zur Abgrenzung der Aufsichtsratstätigkeit als solcher von echter Beratungstätigkeit s. BFH BStBl. 1966, III, 688: Zu Recht wird in dieser Entscheidung darauf hingewiesen, daß regelmäßig für die außerhalb der Aufsichtsratstätigkeit liegenden Leistungen besondere Verträge abgeschlossen werden, oder anders ausgedrückt, das Vorliegen besonderer Verträge für besonders bezeichnete Leistungen für eine Tätigkeit außerhalb der Aufsichtsratstätigkeit spricht, etwa bei Beauftragung eines dem Aufsichtsrat angehörenden Rechtsanwalts, ein Rechtsgutachten auszuarbeiten oder eine Prozeßführung zu übernehmen, oder eines Architekten mit einer Bauausführung und dergleichen. Andererseits wird dann, wenn Überschneidungen gegeben sind, oder jedenfalls im Zweifel nicht ausgeschlossen sind, ein Hauptversammlungsbeschluß gemäß § 113 Abs. 1 herbeigeführt werden müssen, denn Verträge gemäß § 114 dürfen nicht zu einer Umgehung des Bewilligungsrechts der Hauptversammlung mißbraucht werden (Schlaus a. a. O.).

Anm. 3

3. Betroffener Personenkreis

Die Regelung des Abs. 1 bezieht sich nur auf die im Amt befindlichen Aufsichtsratsmitglieder, und auch nur auf Aufsichtsratsmitglieder der AG selbst, nicht von Konzerngesellschaften, also weder von die AG beherrschenden noch von ihr abhängigen Gesellschaften. Soweit Aufsichtsratsmitglieder für Konzerngesellschaften durch Dienst- oder Werkverträge Tätigkeiten höherer Art erbringen, gelten die allgemeinen Regeln über die Sorgfaltspflichten der Beteiligten (Schlaus DieAG 1968, 377).

Anm. 4

4. Art und Form der Zustimmung

Die Zustimmung erteilt der Aufsichtsrat. Er kann diese Befugnis an einen Ausschuß delegieren (arg. § 107 Abs. 3; h. L. Godin-Wilhelmi Anm. 3; Baumbach-Hueck Rdn. 3; Schlaus DieAG 1968, 377; a. A. Möhring-Schwartz, Rowedder-Haberlandt S. 136).

Der Aufsichtsrat (oder der Ausschuß) entscheidet durch ausdrücklichen Beschluß; eine stillschweigende Beschlußfassung ist nicht möglich (§ 108 Anm. 1). Über die Beschlußfassung ist eine Niederschrift anzufertigen, die den wesentlichen Inhalt des Zustimmungsbeschlusses enthalten soll (§ 107 Abs. 2 Satz 2). Ein Verstoß hiergegen macht den Beschluß allerdings nicht unwirksam (§ 107 Abs. 2 Satz 3). Der Beschluß muß das Vertragsverhältnis und die zugesagte Vergütung wiedergeben (vgl. auch § 84 Anm. 6), wenn auch eine Bezugnahme etwa auf gesetzliche Gebührenordnungen oder übliche Tarife genügen dürfte (Schlaus a. a. O., 378). Nicht genügend bestimmt wäre aber ein Beschluß, der allgemein seine Zustimmung für die dienst- oder werkvertragliche Tätigkeit eines einzelnen Aufsichtsratsmitglieds erteilt, wenn dieser Beschluß nicht, wie etwa die Beauftragung eines Rechtsanwalts mit der laufenden Prozeßführung für die AG, stillschweigend durch das Bestehen der BRAGebO die Vergütungsfrage regelt; zu weitgehend Möhring-Schwartz, Rowedder-Haberlandt S. 136.

II. Rechtsfolgen bei fehlender Zustimmung (Abs. 2)

Anm. 5

Wird die Zustimmung des Aufsichtsrats versagt oder nicht eingeholt, so ist die erhaltene Vergütung durch das Aufsichtsratsmitglied zurückzugewähren. Das Gesetz stellt aber, in Anlehnung an die Regelungen in § 89 Abs. 5 und § 115 Abs. 4 klar, daß der Aufsichtsrat auch noch nach Durchführung des Vertrages, insbesondere nach Zahlung der Vergütung ohne Zustimmung, den Vertrag genehmigen kann.

Dem Rückgewährsanspruch der AG steht ein Bereicherungsanspruch des Aufsichtsratsmitglieds entgegen, mit dem allerdings nicht gegen den Rückgewährsanspruch aufgerechnet werden kann (Abs. 2 Satz 2). Ob der Bereicherungsanspruch praktisch an § 814 BGB (Kenntnis der Nichtschuld) scheitern wird (vgl. den Ausschußbericht, bei Kropff S. 159 und dem folgend Baumbach-Hueck Rdn. 4; Godin-Wilhelmi Anm. 4), hängt von den Umständen des Einzelfalls ab. Zwar wird man unterstellen können, daß das Aufsichtsratsmitglied vom Zustimmungserfordernis wußte, aber leisten wird das Aufsichtsratsmitglied in der Regel in der Erwartung, daß die schwebende Unwirksamkeit durch Genehmigung geheilt wird, ein Fall des § 812 Abs. 1 Satz 2, 2. Alternative BGB, auf den § 814 BGB keine Anwendung findet (Schlaus DieAG 1968, 378 m. w. N.).

Es kann nicht angenommen werden, daß der Vorstand allein als verpflichtet anzusehen ist, Verträge mit Aufsichtsratsmitgliedern über die von Abs. 1 betroffenen Tätigkeiten dem Aufsichtsrat vorzulegen (so Godin-Wilhelmi Anm. 4), mit der Folge, daß bei Nichtvorlage dem Mitglied ein Anspruch aus Verschulden bei Vertragsabschluß durch die AG erwachsen kann, denn ebensogut kann das Aufsichtsratsmitglied als verpflichtet angesehen werden, seinerseits die Zustimmung herbeizuführen (Schlaus a. a. O. 377). Vielmehr gelten sowohl für den Vorstand wie für das betreffende Aufsichtsratsmitglied die verschärften Haftungsvorschriften des § 93 Abs. 3 Nr. 7 bzw. § 116.

III. Übergangsrecht

Anm. 6

Möhring-Tank I 291 (s. auch Obermüller-Werner-Winden, AktG 1965, 1965, S. 69) halten alle Dienst- und Werkverträge für Tätigkeiten höherer Art, die vor dem Inkrafttreten des AktG 1965 rechtswirksam mit Aufsichtsratsmitgliedern abgeschlossen wurden, für von dem neu eingeführten Zustimmungserfordernis nicht berührt. Es ist zweifelhaft, ob das in dieser Allgemeinheit gilt. EG AktG 1965 enthält keine Regelungen. Damit kann man auch ein außerordentliches Kündigungsrecht der AG bei langfristigen Beratungsverträgen nicht ohne weiteres unterstellen. Es wird aber anzunehmen sein, daß die AG laufende Verträge im Rahmen der gesetzlichen oder vereinbarten Kündigungsfristen beenden mußte, sofern eine Zustimmung des Aufsichtsrats zur Fortsetzung des Vertrages nicht eingeholt worden ist (Schlaus DieAG 1968, 378). Trotzdem weiter praktizierte Verträge aus der Zeit vor Inkrafttreten des AktG 1965 sind aber nicht unwirksam; vielmehr haften der Vorstand und das betreffende Aufsichtsratsmitglied nach den allgemeinen Vorschriften (§§ 93 Abs. 3 Nr. 7, 116).

§ 115 Kreditgewährung an Aufsichtsratsmitglieder

(1) Die Gesellschaft darf ihren Aufsichtsratsmitgliedern Kredit nur mit Einwilligung des Aufsichtsrats gewähren. Eine herrschende Gesellschaft darf Kredite an Aufsichtsratsmitglieder eines abhängigen Unternehmens nur mit Einwilligung ihres Aufsichtsrats, eine abhängige Gesellschaft darf Kredite an Aufsichtsratsmitglieder des herrschenden Unternehmens nur mit Einwilligung des Aufsichtsrats des herrschenden Unternehmens gewähren. Die Einwilligung kann nur für bestimmte Kreditgeschäfte oder Arten von Kreditgeschäften und nicht für länger als drei Monate im voraus erteilt werden. Der Beschluß über die Einwilligung hat die Verzinsung und Rückzahlung des Kredits zu regeln. Betreibt das Aufsichtsratsmitglied ein Handelsgewerbe als Einzelkaufmann, so ist die Einwilligung nicht erforderlich, wenn der Kredit für die Bezahlung von Waren gewährt wird, welche die Gesellschaft seinem Handelsgeschäft liefert.

(2) Absatz 1 gilt auch für Kredite an den Ehegatten oder an ein minderjähriges Kind eines Aufsichtsratsmitglieds und für Kredite an einen Dritten, der für Rechnung dieser Personen oder für Rechnung eines Aufsichtsratsmitglieds handelt.

(3) Ist ein Aufsichtsratsmitglied zugleich gesetzlicher Vertreter einer anderen juristischen Person oder Gesellschafter einer Personenhandelsgesellschaft, so darf die Gesellschaft der juristischen Person oder der Personenhandelsgesellschaft Kredit nur mit Einwilligung des Aufsichtsrats gewähren; Absatz 1 Satz 3 und 4 gilt sinngemäß. Dies gilt nicht, wenn die juristische Person oder die Personenhandelsgesellschaft mit der Gesellschaft verbunden ist oder wenn der Kredit für die Bezahlung von Waren gewährt wird, welche die Gesellschaft der juristischen Person oder der Personenhandelsgesellschaft liefert.

(4) Wird entgegen den Absätzen 1 bis 3 Kredit gewährt, so ist der Kredit ohne Rücksicht auf entgegenstehende Vereinbarungen sofort zurückzugewähren, wenn nicht der Aufsichtsrat nachträglich zustimmt.

(5) Ist die Gesellschaft ein Kreditinstitut, so gelten an Stelle der Absätze 1 bis 4 die Vorschriften des Gesetzes über das Kreditwesen.

Übersicht

Einleitung

Eine dem § 115 entsprechende Vorschrift war im AktG 1937 nicht enthalten. Als Vorbild diente eine entsprechende Regelung im AktG — Entwurf 1930 sowie insbesondere § 14 KWG 1934. Es soll nicht die Kreditgewährung an Aufsichtsratsmitglieder unterbunden, sondern lediglich unter Kontrolle gestellt werden, um Mißbräuche zu verhindern (amtl. Begründung, bei Kropff S. 160).

Die Vorschrift lehnt sich eng an § 89 über die Kreditgewährung an Vorstandsmitglieder und bestimmte leitende Angestellte an; es kann daher im wesentlichen auf die dortigen Erläuterungen verwiesen werden. Forderungen aus Krediten gemäß § 115 sind in der Jahresbilanz gesondert auszuweisen (§ 151 Abs. 1 III B Nr. 11); vgl. im übrigen die Einleitung zu § 89.

I. Betroffener Personenkreis

Anm. 1

1. Aufsichtsratsmitglieder

Der Einwilligung durch den Aufsichtsrat bedarf die Kreditgewährung an *Mitglieder des Aufsichtsrats* der AG (Abs. 1 Satz 1), d. h. nur die im Amt befindlichen Mitglieder, aber selbstverständlich auch für Kredite, deren Laufzeit über die Amtszeit hinausgeht. Sie gilt auch für Aufsichtsratsmitglieder, die gemäß § 104 durch das Gericht bestellt sind, und bezieht sich im übrigen gleichermaßen auf die von den Aktionären gewählten oder entsandten Aufsichtsratsmitglieder, wie auf die Arbeitnehmervertreter im Aufsichtsrat.

Anm. 2

2. bei Konzerngesellschaften

Es gilt ferner im Konzernbereich (Abs. 1 Satz 2) entsprechend der Regelung in § 89 Abs. 2 Satz 2, daß eine *herrschende AG* Kredite an Aufsichtsratsmitglieder eines abhängigen Unternehmens (unbeschadet seiner Rechtsform) nur mit Einwilligung ihres, der herrschenden AG Aufsichtsrats gewähren darf, während eine *abhängige AG* an Aufsichtsratsmitglieder des herrschenden Unternehmens (unbeschadet seiner Rechtsform) Kredite auch nur mit Einwilligung des Aufsichtsrats oder des entsprechenden Kontrollgremiums des herrschenden Unternehmens gewähren darf. Die Vorschrift greift also nur ein, wenn das kreditgewährende Unternehmen die Rechtsform der AG hat. Für Aufsichtsratsmitglieder oder Mitglieder ähnlicher Gremien bei ausländischen abhängigen Unternehmen gilt das Einwilligungserfordernis genausowenig, wie für Aufsichtsratsmitglieder oder Mitglieder ähnlicher Gremien eines die AG beherrschenden ausländischen Unternehmens (Luchterhandt, Deutsches Konzernrecht bei grenzüberschreitenden Konzernverbindungen, 1971, S. 224f.). Im einzelnen s. im übrigen § 89 Anm. 3.

Anm. 3

3. Verwandte und Strohmänner

Der Anwendungsbereich des Abs. 1 gilt gemäß Abs. 2 zur Verhinderung von Umgehungen auch für *Ehegatten oder minderjährige Kinder* eines Aufsichtsratsmitgliedes, sowie für *Dritte,* die für Rechnung, sei es des Aufsichtsratsmitglieds, sei es seines Ehegatten oder minderjährigen Kindes, handeln. Dies entspricht der Regelung in § 89 Abs. 3; es kann daher auf die Erläuterungen in § 89 Anm. 4 und 5 verwiesen werden.

Anm. 4

4. Juristische Personen und Personenhandelsgesellschaften

Schließlich besteht das Einwilligungserfordernis einschließlich des Erfordernisses der Beachtung der Vorschriften des Abs. 1 Satz 3 und 4 über die sachliche und zeitliche Begrenzung, für Kredite an *juristische Personen* oder *Personenhandelsgesellschaften*, sofern ein Aufsichtsratsmitglied zugleich gesetzlicher Vertreter der juristischen Person oder Gesellschafter der Personenhandelsgesellschaft ist. Dies entspricht der Regelung in § 89 Abs. 4 Satz 1; es kann daher auf § 89 Anm. 6 verwiesen werden.

II. 1. Kredite i. S. von § 115

Anm. 5

Kredit ist auch i. S. dieser Vorscchrift jede Zuverfügungstellung oder Belassung von Mitteln auf Zeit; im einzelnen s. § 89 Anm. 7.

Eine in § 89 nicht enthaltene Ausnahmeregelung bringt Abs. 1 Satz 5: Danach unterliegen Kredite, die die AG einem Aufsichtsratsmitglied, welches als Einzelkaufmann gewerblich tätig ist, für die Bezahlung von Warenlieferungen, gewährt (sogenannte Lieferantenkredite), nicht dem Einwilligungserfordernis.

Ebenso sind, entsprechend der Regelung in § 89 Abs. 4 Satz 2 Lieferantenkredite soweit vom Einwilligungserfordernis freigestellt (Abs. 3 Satz 2), als es sich um Kredite an juristische Personen oder Personenhandelsgesellschaften gemäß Abs. 3 Satz 1 handelt (vgl. Anm. 4 oben und § 89 Anm. 8).

Zur Frage, in welchem Umfang Bankeinlagen als Kredit i. S. von Abs. 3 zu behandeln sind, s. § 151 Anm. 83 sowie Heinsius, Bankbetrieb 1966, 290, und zustimmend Werner, DieAG 1967 102, 104.

Anm. 6

2. Einwilligung des Aufsichtsrats

Entsprechend der Regelung in § 89 Abs. 1 bedarf die Kreditgewährung an Aufsichtsratsmitglieder und gleichgestellte Personen oder Gesellschaften der Einwilligung, d. h. der vorherigen Zustimmung (§ 183 BGB) des Aufsichtsrats (Abs. 1 Satz 1; Abs. 3 Satz 1). Diese ist durch ausdrücklichen Beschluß zu erklären. Eine stillschweigende Einwilligung durch den Aufsichtsrat kommt nicht in Betracht (vgl. § 108 Anm. 1).

Der Aufsichtsrat kann die Beschlußfassung über die Kreditgewährung einem Ausschuß übertragen (arg. § 107 Abs. 3).

Die Einwilligung kann nur für bestimmte Kreditgeschäfte oder Arten von Kreditgeschäften und für nicht länger als drei Monate im voraus erteilt werden (Abs. 1 Satz 3). Im einzelnen s. § 89 Anm. 10. Auch müssen Verzinsung und Rückzahlung im Einwilligungsbeschluß geregelt werden (Abs 1 Satz 4). Im einzelnen s. § 89 Anm. 11.

Bei Durchführung des vom Aufsichtsrat bewilligten Kreditgeschäftes mit dem einzelnen Aufsichtsratsmitglied vertritt der Vorstand die AG (§ 78 Abs. 1).

Anm. 7

3. Rechtsfolgen bei fehlender Einwilligung

Abs. 4 bestimmt (wie § 89 Abs. 5), daß ein entgegen den Vorschriften des Gesetzes gewährter Kredit ohne Rücksicht auf entgegenstehende Vereinbarungen sofort zur Rückzahlung fällig ist, wenn nicht der Aufsichtsrat noch nachträglich zustimmt. Es kann auf die Erläuterungen in Anm. 12 zu § 89 verwiesen werden. Neben der sofortigen Fälligkeit kommt für den Vorstand und das betreffende Aufsichtsratsmitglied die verschärfte Haftung aus § 93 Abs. 3 Nr. 8 bzw. § 116 in Betracht.

Anm. 8

4. Zwingendes Recht

Wie § 89 enthält auch § 115 zwingendes Recht. Die Satzung kann Abweichendes nicht bestimmen (§ 23 Abs. 5), es sei denn, sie enthält über § 115 hinausgehend erschwerende Erfordernisse oder gar ein vollständiges Verbot der Kreditgewährung an Aufsichtsratsmitglieder. Im einzelnen s. § 89 Anm. 13.

III. Kreditinstitute

Anm. 9

Ist die AG ein Kreditinstitut, so gilt statt § 115 die Sonderregelung des § 15 KWG i. d. F. vom 10. 7. 1961 (BGBl. I 881). S. im einzelnen § 89 Anm. 14.

§ 116 Sorgfaltspflicht und Verantwortlichkeit der Aufsichtsratsmitglieder

Für die Sorgfaltspflicht und Verantwortlichkeit der Aufsichtsratsmitglieder gilt § 93 über die Sorgfaltspflicht und Verantwortlichkeit der Vorstandsmitglieder sinngemäß.

Übersicht

Einleitung

§ 116 ist unverändert aus dem AktG 1937 (§ 99) übernommen worden. Wie dieser regelt er die Pflichten der Aufsichtsratsmitglieder nicht im einzelnen, sondern schreibt nur die *sinngemäße Anwendung* der für die Sorgfaltspflicht und Verantwortlichkeit der Vorstandsmitglieder in § 93 gegebenen Bestimmungen vor. Zur Erläuterung des § 116 kann daher in erster Linie auf das zu § 93 Gesagte verwiesen werden, vgl. insbesondere für die Treu- und Verschwiegenheitspflicht § 93 Anm. 10, 11.

Neben die allgemeine Haftungsvorschrift des § 116 sind im neuen Gesetz besondere *Konzernhaftungsvorschriften* für den Aufsichtsrat der abhängigen Gesellschaft getreten, bei Bestehen eines Beherrschungsvertrags in § 310, bei Fehlen in § 318 Abs. 2—4. In § 310 ist die gesamtschuldnerische Haftung der Aufsichtsratsmitglieder der abhängigen Gesellschaft neben deren Vorstand und dem Vorstand der herrschenden Gesellschaft für die Verletzung der Sorgfaltspflicht bei der *Erteilung bzw. der Befolgung oder Nichtbefolgung von Weisungen* geregelt, in § 318 diejenige für die Verletzung der *Prüfungs- und Berichtspflicht* gemäß § 314. Die Haftung nach § 310 gilt sinngemäß für die Weisungserteilung bei der eingegliederten Gesellschaft, § 323. Im Rahmen ihres Anwendungsbereichs — Weisungserteilung bei §§ 310, 323, Prüfungs- und Berichtspflicht bei § 318 — *verdrängen* diese Vorschriften die Bestimmungen des § 116. Im übrigen gilt § 116 auch für den Aufsichtsrat der abhängigen Gesellschaft.

Anm. 1

1. Die Sorgfaltspflicht des Aufsichtsrats

Wenn den Vorstandsmitgliedern die *Sorgfaltspflicht* eines ordentlichen und gewissenhaften Geschäftsleiters obliegt (§ 93 Anm. 9), so kann die Übertragung auf den Aufsichtsrat nur bedeuten, daß die Aufsichtsratsmitglieder die Sorgfalt anzuwenden haben, die *ein ordentlicher und gewissenhafter Geschäftsmann anwendet, wenn ihm eine Aufsichtsratsstellung übertragen ist.* Da ihm keine Geschäftsleitungsbefugnis zusteht, kann die sinngemäße Anwendung des § 93 Abs. 1 Satz 1 nicht bedeuten, er habe die Sorgfalt eines ordentlichen Geschäftsleiters zu beobachten, vgl. Bauers Zeitschrift 1938 S. 36. Aus der Verschiedenheit der Aufgaben von Vorstand und Aufsichtsrat ergibt sich auch die *Verschiedenheit* der aufzuwendenden *Sorgfalt* und damit auch der *Verantwortlichkeit.* Dieser *Verschiedenheit* trägt § 116 Rechnung, indem er die *sinngemäße* Anwendung des § 93 vorschreibt. Die Einschränkung der Aufgaben des Aufsichtsrats, die durch seinen Ausschluß von der Verwaltung und die Übertragung der alleinigen Verantwortung für diese auf den Vorstand, § 76, erfolgt ist, begrenzt damit auch das Maß der aufzuwendenden Sorgfalt, vgl. auch Anm. 5. Seine Haupttätigkeit ist auf die *Überwachung* der Geschäftsführung gerichtet, § 111 Abs. 1. Daneben sind ihm aber noch andere Aufgaben übertragen, wie Bestellung und Abberufung des Vorstandes § 84, Erteilung der Zustimmung zu bestimmten Arten von Geschäften, § 111 Abs. 5, Zustimmung zur Kreditgewährung an Vorstandsmitglieder und leitende Angestellte, § 89, Vertretung bei Rechtsgeschäften mit dem Vorstand und Führung von Rechtsstreiten gegen diesen, § 112, Regelung der Bezüge der Vorstandsmitglieder und deren Anpassung an die Lage der Gesellschaft § 87, Vorschläge an die Hauptversammlung zur Beschlußfassung (§ 124 Abs. 3), Prüfung und Mitwirkung bei der Feststellung des Jahresabschlusses und des Geschäftsberichts, §§ 171, 172, Mitwirkung bei der Festsetzung der Bedingungen der Aktienausgabe und den Ausschluß des Bezugsrechts bei genehmigtem Kapital, § 204 Abs. 1 Satz 2, bei Anmeldungen zum Handelsregister, vgl. z. B. §§ 188, 223, Anfechtung oder Klage auf Feststellung der Nichtigkeit von Hauptversammlungsbeschlüssen, § 245 Nr. 5, § 249. Unter Umständen muß der Aufsichtsrat auch von den allgemein gegebenen Rechtsbehelfen, wie Anzeigen bei Behörden, Gebrauch machen. Er hat auch die Verpflichtung, den Vorstand vor unerlaubten Handlungen oder schädlichen Geschäften durch Vorstellungen, notfalls durch *Abberufung* desselben abzuhalten. Bei der Erfüllung seiner Pflichten hat er vor allem die ihm durch das Gesetz gegebenen Kontrollmöglichkeiten und die Befugnis zur *Einberufung einer Hauptversammlung* (§ 111 Abs. 3) auszunützen. Wegen des Inhalts dieser Befugnisse und der damit verbundenen Verpflichtungen wird auf die Erläuterungen zu den einzelnen Bestimmungen verwiesen. Durch eine *Amtsniederlegung* kann sich das Aufsichtsratsmitglied nicht ohne weiteres der Verantwortlichkeit entziehen, vgl. § 102 Anm. 6.

Anm. 2

2. Umfang der Verantwortlichkeit

Der *Umfang* der Verantwortlichkeit des Aufsichtsrats richtet sich nach dem Umfang seiner Überwachungspflicht, s. dazu die Erl. zu § 111 Abs. 1 und 2. Er kann sich nicht um jedes einzelne Geschäft kümmern. Sein Verhalten gegenüber dem Vorstand und dessen Berichterstattung darf in der Regel von Vertrauen, nicht von Mißtrauen getragen sein.

Der Aufsichtsrat handelt als *Kollegium* (RG 161, 135), aber das einzelne Mitglied kann (und gegebenenfalls muß) nach § 90 Abs. 3 Satz 2 einen *Bericht verlangen* und im Aufsichtsrat Anträge stellen (Godin-Wilhelmi 5). Nach der amtl. Begr. zu § 90 Abs. 3 kann es sich nicht darauf berufen, eine schädliche Geschäftsgebarung des Vorstands sei ihm ohne eigenes Verschulden unbekannt geblieben, obgleich es sich davon hätte Kenntnis verschaffen können. Das setzt allerdings voraus, daß für das einzelne Mitglied ein besonderer Anlaß bestand, das Berichtsverlangen zu stellen.

Anm. 3

3. Entlastung durch Beschluß der Hauptversammlung

Auf einen *gesetzmäßigen Beschluß der Hauptversammlung* können sich die Aufsichtsratsmitglieder ebenso berufen wie die Vorstandsmitglieder, vgl. § 93 Anm. 31 ff. Er enthebt sie aber nicht ihrer Überwachungspflicht. Der Aufsichtsrat kann diese nicht auf die Hauptversammlung durch deren Einberufung nach § 111 Abs. 3 abwälzen. Das kann schon deshalb nicht sein, weil der Aufsichtsrat über viel weitgehendere Informationsmöglichkeiten verfügt als die Hauptversammlung. Ruft der Vorstand wegen *Verweigerung der Zustimmung* nach § 111 Abs. 4 Satz 3 die Hauptversammlung an und kommt der Zustimmungsbeschluß nach Satz 4 nicht zustande, so bleibt der Aufsichtsrat für eine Sorgfaltspflichtverletzung bei der Nichterteilung der Zustimmung haftbar.

Anm. 4

4. Aufgabenverteilung — Ausschüsse

Auch beim Aufsichtsrat ist eine *Teilung der Aufgaben* und damit eine verschiedene Gestaltung der Haftung der einzelnen Aufsichtsratsmitglieder möglich, insbesondere dadurch, daß *Ausschüsse* bestellt und ihnen besondere Aufgaben zugewiesen werden, § 107 Abs. 3; für deren Erfüllung haften die Ausschußmitglieder besonders, § 107 Anm. 18. Die *allgemeine Überwachungspflicht* der übrigen Aufsichtsratsmitglieder bleibt aber daneben bestehen, RG 93, 338. Es gilt das § 93 Anm. 21 Gesagte. Hat ein Mitglied des Aufsichtsrats auf Grund seiner besonderen Fachkenntnisse eine Prüfung vorgenommen oder ein Votum abgegeben, so dürfen sich die anderen Mitglieder im allgemeinen auf dessen Richtigkeit verlassen.

Anm. 5

5. Maßstab der Sorgfaltspflicht — Ausgleichspflicht zwischen Vorstand und Aufsichtsrat

Wie beim Vorstand kommt es auf die Pflichtverletzung des *einzelnen* Mitglieds an. Handeln oder Unterlassen und Verschulden müssen für jedes Mitglied des Aufsichtsrats besonders festgestellt werden (vgl. § 93 Anm. 23). Dabei können *Vorbildung, Kenntnisse und Fähigkeiten* des einzelnen Mitglieds, soweit sie der (Mehrheit der) Hauptversammlung bei der Wahl bekannt waren, nicht außer Betracht gelassen werden. Insofern kann der *Maßstab der Sorgfaltspflicht* ein *verschiedener* sein (ebenso Godin-Wilhelmi 3, abw. RG DJ 37, 1685 für die Genossenschaft). Es können also an ein Mitglied auf dem einen Gebiet höhere, auf einem anderen geringere Anforderungen gestellt werden. Sonst wäre, worauf Godin-Wilhelmi 2 mit Recht hinweisen, die oft erwünschte, ja notwendige Wahl von Spezialisten in Frage gestellt. Über die Arbeitnehmervertreter s. Anm. 7.

Die schuldigen Mitglieder des Vorstands und des Aufsichtsrats haften der Gesellschaft als *Gesamtschuldner*. Untereinander sind sie nach dem Maß ihrer Beteiligung und ihres Verschuldens zum *Ausgleich* verpflichtet (§ 93 Anm. 23). Daß die Verantwortlichkeit die Mitglieder des Vorstands und des Aufsichtsrats zu gleichen Teilen treffe, weil die Aufsichtspflicht des Aufsichtsrats hinsichtlich der Verantwortlichkeit auf der gleichen Stufe wie die Leitung der Gesellschaft durch den Vorstand stehe (so Schlegelberger AktG 1937 § 99 Anm. 3), wird man allgemein nicht sagen können. Die stärkere Selbständigkeit, die das Aktiengesetz dem Vorstand gegeben hat, und seine größere Nähe zu den geschäftlichen Handlungen führt im Gegenteil in der Regel zu einer stärkeren Verantwortlichkeit.

Anm. 6

6. Beweislast — Verjährung

Für die Beweislastverteilung gilt das in § 93 Anm. 17, 18 Gesagte. Im Rahmen seines Pflichtenkreises hat der Aufsichtsrat für jeden Mißerfolg seiner Überwachungstätigkeit einzustehen, wenn er nicht nachweist, daß er ohne sein Verschulden außerstande gewesen ist, das schädigende Ereignis abzuwenden, d. h. eine pflichtwidrige Handlung des Vorstands zu verhindern oder eine pflichigemäße Handlung herbeizuführen (RG 161, 134).

Der Beginn der *Verjährung* des Anspruchs gegen die Aufsichtsratsmitglieder fällt nicht immer mit dem Beginn der Verjährung gegen die Vorstandsmitglieder zusammen. Die Pflichtwidrigkeit der Vorstandsmitglieder kann beendigt sein, während die des Aufsichtsrats erst später einsetzt, wenn er es an der Aufsicht oder dem erforderlichen Einschreiten fehlen läßt. Sie kann auch fortdauern, wenn der Schaden schon eingetreten ist und es sich um dessen Beseitigung handelt.

Anm. 7

7. Die Haftung der Arbeitnehmervertreter

a) Literatur

Die Erläuterungen zu § 76 in den Komm. zum BetrVG von Dietz Anm. 11 ff., Fitting-Kraegeloh-Auffarth 120 ff., Galperin-Siebert 44 ff.; die Komm. z. MitbestG Kohle und Eisen von Boldt § 4 Anm. 64, Kötter § 4 Anm. 20 ff. und Müller-Lehmann § 2 Anm. 64 ff.; die Komm. z. MitbestErgänzungsG (Holding-Novelle) von Boldt § 5 Anm. 23 und Kötter § 5 Anm. 2, das Lehrbuch des Arbeitsrechts von Hueck-Nipperdey 7. Aufl. II S. 974 ff., 1517 ff.; Neumann-Duesberg, Betriebsverfassungsrecht S. 613 ff.; Baumbach-Hueck Komm. z. AktG § 96 Anh. Anm. 35 ff.; A. Hueck in Hueck-Leibholz, Zwei Vorträge z. Arbeitsrecht S. 7 ff.; Schmidt-Goerdeler in Hachenburg Komm. z. GmbHG 6. Aufl. § 52 Anh. I Anm. 14 f.; Schmedes, Die Rechtsstellung der nach dem BetrVG in die Aufsichtsräte der Aktiengesellschaften entsandten Arbeitnehmervertreter, Bund-Verlag Köln 1956, S. 79 f.; die Aufsätze von Boesebeck AG 61, 117; BötticherRdA 56, 361; Eiselt JZ 57, 204; Kühlewein NJW 54, 622; Meissinger DB 56, 688; 57, 236 und 259; Möhring MDR 51, 513; Schilling RdA 54, 446.

Anm. 8

b) Sorgfaltspflicht

Unbestrittener Ausgangspunkt für die rechtliche Beurteilung der Haftung der Arbeitnehmervertreter im Aufsichtsrat ist ihre *Gleichstellung in Rechten und Pflichten* mit den übrigen Mitgliedern (vgl. § 96 Anm. 1). Sie galt schon für die Mitglieder, die nach § 70 des Betriebsrätegesetzes vom 4. 2. 1920 (RGBl. S. 147) i. V. m. dem Gesetz über die Entsendung von Betriebsratsmitgliedern in den Aufsichtsrat vom 15. 2. 1922 (RGBl. S. 209) dem Aufsichtsrat angehörten (vgl. den Kommentar von Dersch zu dem letztgenannten Gesetz, Erläuterungen zu § 3).

Die Arbeitnehmervertreter haben also gleich den Aktionärvertretern bei ihrer Aufsichtsratstätigkeit die Sorgfalt eines ordentlichen und gewissenhaften Geschäftsmannes anzuwenden, Anm. 1. Bei der *Bemessung* der *Sorgfaltspflicht* müssen auch bei ihnen *Vorbildung, Kenntnisse und Fähigkeiten* berücksichtigt werden, Anm. 5. Es können in finanz- und unternehmenspolitischer Hinsicht an sie nicht dieselben Anforderungen gestellt werden wie an den Bankdirektor und den Unternehmer im Aufsichtsrat, aber es kann von ihnen, wenn sie Betriebsangehörige sind, eine bessere Kenntnis und eine genauere Beobachtung innerbetrieblicher Vorgänge verlangt werden (abw. die Voraufl.).

Anm. 9

c) Interessenkollision

Bei *Interessenkollisionen,* die hier ebenso vorkommen können wie bei Aktionärvertretern, geht das Interesse des *Unternehmens* Sonderinteressen der Arbeitnehmer vor. So dürfen sich die Arbeitnehmervertreter nicht weigern, die Zustimmung zur Abberufung (vgl. § 13 Abs. 1 S. 3 MitbestG) eines Arbeitsdirektors bei Vorliegen eines wichtigen Grundes zu geben.

Besondere Schwierigkeiten ergeben sich, wenn die Arbeitnehmer gegen die Gesellschaft im *Streik* stehen. Im Schrifttum werden verschiedene Meinungen vertreten. Die einen verlangen Enthaltung aktiver und passiver Teilnahme des Aufsichtsratsmitglieds am Streik (es sei denn, daß es sein Amt niederlegt), die anderen gestatten ihm beides, nur dürfe dabei die Stellung als Aufsichtsratsmitglied nicht ausgenutzt werden (Fitting-Kraegeloh-Auffarth). Eine Mittelmeinung geht davon aus, daß der Streik nur das Arbeitsverhältnis zum Ruhen bringe (entsprechend der h. M. im Arbeitsrecht), nicht aber das Aufsichtsratsamt, es sei daher nur passive Teilnahme (Arbeitsniederlegung) gestattet. Das OLG München (JZ 57, 34 = BB 56, 994) hält auch das Aufsichtsratsamt der zur Belegschaft gehörenden Mitglieder für ruhend, weil dem Arbeitsverhältnis entspringend.

Grundlage der Mitbestimmung der Arbeitnehmer im Aufsichtsrat ist der *Ausgleich* oder die Möglichkeit des Ausgleichs der Interessen von Kapital und Arbeit im *Unternehmensinteresse*. Dieser Ausgleich ist während eines Streiks gestört und vorübergehend unmöglich gemacht. Damit ist auch der Mitbestimmung während der Streikdauer die Rechtsgrundlage entzogen, mit der Folge, daß das Aufsichtsratsamt aller Arbeitnehmervertreter (nicht nur der der Belegschaft angehörenden) ruht; anders die h. M., vgl. § 96 Anm. 1. Aber auch während des Ruhens besteht eine *beschränkte Treupflicht*, die die *aktive* Teilnahme am Streik verbietet und, wo möglich, eine *Vermittlungspflicht* auferlegt.

Anm. 10

d) Zuständiges Gericht

Die Ersatzansprüche aus § 116 sind auch gegen die Arbeitnehmervertreter vor den *ordentlichen Gerichten* (§ 93 Anm. 75) geltend zu machen. Das ist allgemeine Meinung (m. Ausn. v. Galperin-Siebert Anm. 54 e, f für betriebsangehörige Mitglieder). Streitig ist die Zuständigkeitsfrage nur, wenn der Ersatzanspruch aus der Beteiligung der Arbeitnehmervertreter an einem Streik hergeleitet wird. Entgegen OLG München (JZ 56, 60 m. zust. Anm. v. Hueck) nehmen Bötticher und Fitting-Kraegeloh Anm. 136 in diesem Fall die arbeitsgerichtliche Zuständigkeit an. Bötticher begründet dies damit, daß die behauptete pflichtwidrige Streikbeteiligung sowohl als unerlaubte Maßnahme des Arbeitskampfes wie auch als betriebsverfassungsrechtliches Delikt des Mitbestimmungsorgans der arbeitsgerichtlichen Zuständigkeit unterfalle. Es ist Bötticher darin zu folgen, daß der zuständigkeitsbegründende Tatbestand nicht nur nach dem Klagvorbringen (Verletzung der Aufsichtsratspflicht), sondern auch nach der Einlassung des Beklagten (Rechtmäßigkeit des Streiks und der Beteiligung an ihm als Arbeitnehmer) zu beurteilen ist. Es ist aber zu fragen, wo der *Schwerpunkt* dieses einheitlich zu beurteilenden Streitverhältnisses liegt. Sieht man ihn als im Gesellschaftsrecht, nicht im Arbeitsrecht liegend an (vgl. Schilling RdA 54, 441 ff.), so muß sich daraus auch die Zuständigkeit der ordentlichen Gerichte für alle Streitfragen ergeben, die aus der Mitgliedschaft zum Aufsichtsrat fließen; s. dazu insbesondere Hueck in Zwei Vorträge S. 15 ff.

Dritter Abschnitt

Benutzung des Einflusses auf die Gesellschaft

§ 117 Schadensersatzpflicht

(1) Wer vorsätzlich unter Benutzung seines Einflusses auf die Gesellschaft ein Mitglied des Vorstands oder des Aufsichtsrats, einen Prokuristen oder einen Handlungsbevollmächtigten dazu bestimmt, zum Schaden der Gesellschaft oder ihrer Aktionäre zu handeln, ist der Gesellschaft zum Ersatz des ihr daraus entstehenden Schadens verpflichtet. Er ist auch den Aktionären zum Ersatz des ihnen daraus entstehenden Schadens verpflichtet, soweit sie, abgesehen von einem Schaden, der ihnen durch Schädigung der Gesellschaft zugefügt worden ist, geschädigt worden sind.

(2) Neben ihm haften als Gesamtschuldner die Mitglieder des Vorstands und des Aufsichtsrats, wenn sie unter Verletzung ihrer Pflichten gehandelt haben. Ist streitig, ob sie die Sorgfalt eines ordentlichen und gewissenhaften Geschäftsleiters angewandt haben, so trifft sie die Beweislast. Der Gesellschaft und auch den Aktionären gegenüber tritt die Ersatzpflicht der Mitglieder des Vorstands und des Aufsichtsrats nicht ein, wenn die Handlung auf einem gesetzmäßigen Beschluß der Hauptversammlung beruht. Dadurch, daß der Aufsichtsrat die Handlung gebilligt hat, wird die Ersatzpflicht nicht ausgeschlossen.

(3) Neben ihm haftet ferner als Gesamtschuldner, wer durch die schädigende Handlung einen Vorteil erlangt hat, sofern er die Beeinflussung vorsätzlich veranlaßt hat.

(4) Für die Aufhebung der Ersatzpflicht gegenüber der Gesellschaft gilt sinngemäß § 93 Abs. 4 Satz 3 und 4.

(5) Der Ersatzanspruch der Gesellschaft kann auch von den Gläubigern der Gesellschaft geltend gemacht werden, soweit sie von dieser keine Befriedigung erlangen können. Den Gläubigern gegenüber wird die Ersatzpflicht weder durch einen Verzicht oder Vergleich der Gesellschaft noch dadurch aufgehoben, daß die Handlung auf einem Beschluß der Hauptversammlung beruht. Ist über das Vermögen der Gesellschaft das Konkursverfahren eröffnet, so übt während dessen Dauer der Konkursverwalter das Recht der Gläubiger aus.

(6) Die Ansprüche aus diesen Vorschriften verjähren in fünf Jahren.

(7) Diese Vorschriften gelten nicht, wenn das Mitglied des Vorstands oder des Aufsichtsrats, der Prokurist oder der Handlungsbevollmächtigte durch Ausübung

1. **des Stimmrechts in der Hauptversammlung,**
2. **der Leitungsmacht auf Grund eines Beherrschungsvertrags oder**
3. **der Leitungsmacht einer Hauptgesellschaft (§ 319), in die die Gesellschaft eingegliedert ist,**

zu der schädigenden Handlung bestimmt worden ist.

Übersicht

Literatur:

Bergmann: Über den Mißbrauch gesellschaftlicher Machtstellungen (§§ 101, 197 Abs. 2 AktG), ZHR 105 (1938), S. 1ff.

Fischer, C. E.: Die Reform des Aktiengesetzes, Acp. 154 (1955), S. 182ff., 238f.

Mestmäcker, E. J.: Verwaltung, Konzerngewalt und Rechte der Aktionäre, Karlsruhe, 1958, S. 251ff., 276ff.

Pleyer, K.: Aktienrecht und Unternehmenskonzentration, DieAG 1959, S. 39ff.

Zöllner, W.: Die Schranken mitgliedschaftlicher Stimmrechtsmacht bei den privatrechtlichen Personenverbänden, München und Berlin, 1963, S. 424ff.
Zartmann, H.: Der Gläubigerschutz bei konzernmäßig verbundenen Unternehmen, insbesondere bei Organschaftsverhältnissen nach geltendem und künftigem Aktienrecht, DieAG 1965, 93.
Leo, H.-C.: Die Einmann-AG und das neue Konzernrecht, DieAG 1965, 352, 356ff.
Geßler, E.: Probleme des neuen Konzernrechts (Teil II), DB 1965, 1729.
Mathern, F.: Die Beurteilung von Rahmenverträgen zwischen Gesellschaften im Abhängigkeitsverhältnis auf Grund der §§ 311ff. AktG 1965, DieAG 1966, 380f.
Havermann, H.: Die verbundenen Unternehmen und ihre Pflichten nach dem AktG 1965, WPg. 1966, 30ff.
Falkenhausen, B. Frhr. v.: Verfassungsrechtliche Grenzen der Mehrheitsherrschaft nach dem Recht der Kapitalgesellschaften (AG und GmbH), Karlsruhe, 1967, S. 86ff.
Kropff, B.: Der „faktische Konzern" als Rechtsverhältnis (Teil I), DB 1967, 2147ff.
Mestmäcker, E. J.: Zur Systematik des Rechts der verbundenen Unternehmen im neuen Aktiengesetz, in Das Unternehmen in der Rechtsordnung, Festgabe für Heinrich Kronstein, Karlsruhe, 1967, S. 129ff.
Großfeld, B.: Aktiengesellschaft, Unternehmenskonzentration und Kleinaktionäre, Tübingen, 1968, S. 211ff.
Knoblau, J.: Leitungsmacht und Verantwortlichkeit bei Bestehen eines Beherrschungsvertrages nach der Regelung des neuen Aktiengesetzes vom 6. 9. 1965 (BGBl. I S. 1089), Diss. Würzburg 1968.
Bachelin, H.: Der konzernrechtliche Minderheitenschutz, Köln, 1969.
Geßler, E.: Faktische Konzerne?; in, Recht und Rechtsleben in der sozialen Demokratie, Festgabe für Otto Kunze, Berlin, 1969, S. 159ff.
Beuthien, V.: Art und Grenzen der aktienrechtlichen Haftung herrschender Unternehmen für Leitungsmachtmißbrauch, DB 1969, 1781ff.
Neuhaus, J. R.: Die zivilrechtliche Organhaftung des Vorstands einer beherrschten Aktiengesellschaft im sogenannten „faktischen Konzern" und im Vertragskonzern, Diss. Bochum 1969 (auch im Selbstverlag 1970 unter dem Titel „Die Haftung des Vorstands einer beherrschten Aktiengesellschaft").
Meulenbergh, C.: Die rechtlichen Möglichkeiten der Einflußnahme auf den Vorstand der Aktiengesellschaft unter besonderer Berücksichtigung des mitgliedschaftlichen Beteiligungsrechts, Diss. Münster 1970.
Luchterhandt, H. F.: Deutsches Konzernrecht bei grenzüberschreitenden Konzernverbindungen, Stuttgart, 1971.

Einleitung

Die Vorschrift entspricht im Kern dem bisherigen § 101 AktG 1937, der damals neu geschaffen wurde. Die Reform hat jedoch eine ganze Reihe von klarstellenden Änderungen gebracht:

In Abs. 1 Satz 1 ist der Anwendungsbereich des Schadensersatzanspruchs durch drei Änderungen in den Voraussetzungen erweitert worden. Während bisher nur die Beeinflussung von Mitgliedern des Vorstandes und des Aufsichtsrats erfaßt wurde, sind nunmehr *auch Prokuristen und Handlungsbevollmächtigte* mit einbezogen, weil diese eine ähnliche Vertrauensstellung besitzen und die Gesellschaft daher des gleichen Schutzes gegen ihre Beeinflussung bedarf (amtliche Begründung, bei Kropff S. 162). Die bisherige Voraussetzung, daß die Handlung zu dem Zwecke geschehen sein mußte, „für sich oder einen anderen gesellschaftsfremde Sondervorteile zu erlangen", ist ersatzlos gestrichen worden, weil sie den Haftungstatbestand unangemessen einengt (amtliche Begründung a. a. O.). Um klarzustellen, daß über die negative „Bestimmung" hinaus kein besonderes mißbräuchliches oder sonst anstößiges Handeln vorausgesetzt wird, ist schließlich statt „Ausnutzung" des Einflusses das neutralere Wort „Benutzung" gesetzt worden (amtliche Begründung a. a. O.).

In Abs. 1 Satz 2 ist im Anschluß an mehrere ausländische Rechtsordnungen klargestellt worden, daß dem Aktionär *nur der Anspruch auf Ersatz seines sogenannten unmittelbaren Schadens* zusteht, d. h., soweit sein Schaden über den, den er durch die Schädigung der Gesellschaft erlitten hat, hinausgeht. Damit soll eine Überschneidung der Ersatzansprüche der Aktionäre und der Gesellschaft ausgeschlossen werden (amtliche Begründung a. a. O. S. 163).

In Abs. 2 wird klargestellt, daß die gesamtschuldnerische Haftung der Mitglieder der Verwaltungsorgane neben den anderen Ersatzpflichtigen nach Abs. 1 auf einem selbständigen Haftungstatbestand beruht, der jedoch im übrigen ähnlich den §§ 93, 116 ausgestaltet ist.

Abs. 3 entspricht dem früheren Abs. 2 Satz 2. Die umstrittene Regelung des § 101 Abs. 3 AktG 1937, die eine Ersatzpflicht ausschloß, wenn „schutzwürdige Belange" im Spiel waren, ist nicht in das neue Gesetz übernommen worden; die beiden heute noch zulässigen Fälle konzernmäßiger Beeinflussung sind jetzt ausdrücklich geregelt, vgl. Abs. 7 Nr. 2 und 3 i. V. m. §§ 291 und 319 sowie unten Anm. 15.

Abs. 5 ist dem Wortlaut von § 93 Abs. 5 Satz 1, 3 und 4 angeglichen worden, womit unter anderem klargestellt ist, daß die Gläubiger nur den Anspruch der Gesellschaft geltend machen können.

§ 117 will die Gesellschaft vor Schädigungen durch eine mißbräuchliche Einflußnahme Dritter auf Mitglieder der Verwaltungsorgane oder auf leitende Angestellte schützen. § 117 geht insoweit über § 826 BGB hinaus, als die Benutzung des Einflusses nicht sittenwidrig zu sein braucht. In der Praxis werden allerdings zumeist beide Tatbestände erfüllt sein, vgl. im einzelnen hinsichtlich des Verhältnisses zu § 826 unten Anm. 16. Unter dem AktG 1937 hatte die Regelung besonderes Gewicht dadurch, daß sie die einzige Bestimmung zum Schutze der Gesellschaft gegen Einflüsse von außen enthielt. Heute hat sie durch die besondere Ausgestaltung des Konzernrechts und den daraus folgenden Schutz der abhängigen Gesellschaft und ihrer Gläubiger sowie der freien Aktionäre an Bedeutung verloren; vgl. im einzelnen insbesondere zum Verhältnis zu §§ 309, 310 und zu § 317 unten Anm. 16.

I. Anspruchsvoraussetzungen (Abs. 1 Satz 1)

Anm. 1

1. Täterkreis

Schadensersatzpflichtig ist jeder, der auf eine bestimmte Weise ein Verwaltungsmitglied oder einen leitenden Angestellten bestimmt hat, zum Schaden der Gesellschaft oder ihrer Aktionäre zu handeln. Die Vorschrift richtet sich nicht an einen bestimmten Täterkreis. Aus der allgemeinen Formulierung („wer") ist zu folgern, daß Täter nicht nur eine natürliche sondern auch eine juristische Person sein kann, soweit diese nach § 31 BGB für ihr Organ haftet (Godin-Wilhelmi, Anm. 1 a. E.; Beuthin, DB 1969, 1781, 1784). Täter kann also grundsätzlich nicht nur jeder beliebige Dritte (z. B. Gläubiger, Lieferanten oder Abnehmer, Kreditgeber) oder Aktionär sein, sondern auch ein Mitglied der Verwaltungsorgane selbst, und theoretisch auch ein sonstiger Angestellter der Gesellschaft. Denkbar ist z. B. die Beeinflussung eines Prokuristen oder Handlungsbevollmächtigten durch ein Mitglied der Verwaltungsorgane; in diesem Falle tritt die Haftung aus § 117 neben die aus § 93 bzw. § 116 (Godin-Wilhelmi Anm. 2). Grundsätzlich kann auch ein Alleinaktionär aus § 117 schadensersatzpflichtig sein (Leo, DieAG 1965, 352, 355; Würdinger § 27 I. 1. c).

Anm. 2

2. Benutzung des Einflusses auf die Gesellschaft

Weitere Anspruchsvoraussetzung ist, daß der Täter „unter Benutzung seines Einflusses auf die Gesellschaft" ein Verwaltungsmitglied oder einen leitenden Angestellten zu einer schädigenden Handlung bestimmt hat. Objektive Tatbestandsvoraussetzung ist lediglich, daß der Täter einen derartigen Einfluß auf die Gesellschaft besitzt, im Zusammenhang mit diesem gehandelt hat, und daß dieser Einfluß zumindest mit ursächlich für die Handlung war. Zur subjektiven Seite und zur Rechtswidrigkeit vgl. unten Anm. 5 und 6.

Welcher Art der fragliche Einfluß ist, spielt grundsätzlich keine Rolle. Der Begriff ist weitgefaßt und weit auszulegen (Godin-Wilhelmi Anm. 2). Ob der Einfluß unmittelbar oder nur mittelbar ausgeübt wird, macht keinen Unterschied. In Betracht kommen, neben Aktienbesitz (vgl. dazu aber Abs. 7) insbesondere eine wirtschaftliche Machtstellung, z. B. aus Kredithingabe oder Lieferungen, oder aus sonstigen geschäftlichen oder finanziellen Beziehungen bzw. Abhängigkeiten, aber auch eine politische Machtstellung. So könnte heute auch die Beeinflussung von Arbeitnehmervertretern im Aufsichtsrat durch andere Arbeitnehmer oder durch die Gewerkschaften unter § 117 fallen (Baumbach-Hueck Rdn. 10). Aus der Entstehungsgeschichte der Vorschrift sowie aus der Abstellung auf den Einfluß „auf die Gesellschaft" folgt jedoch, daß rein persönliche Beziehungen nicht ausreichen (so jetzt auch Godin-Wilhelmi Anm. 2; a. A. Baumbach-Hueck Rdn. 2). Liegt ein solcher Fall vor, so bestimmt sich eine Schadensersatzpflicht lediglich nach den allgemeinen Bestimmungen über unerlaubte Handlungen bzw. nach §§ 93, 116.

Hinsichtlich der *Intensität* des Einflusses gilt, daß es sich um eine besondere Einflußmöglichkeit des Täters handeln muß, es genügt nicht eine solche, die quasi jedermann offensteht (vgl. Würdinger § 27 I. 1. b).

Der Einfluß muß benutzt worden sein, ein Verwaltungsmitglied oder einen Prokuristen oder Handlungsbevollmächtigten zu einer schädigenden Handlung zu *bestimmen*. Dies ist gleichbedeutend mit veranlassen oder anstiften. Die Ausübung von Zwang oder Druck oder eine Bestechung sind nicht erforderlich. Die Bestimmung muß allerdings so mit der Benutzung des Einflusses verknüpft sein, daß die Entschließung des Handelnden durch den Einfluß des Bestimmenden zumindest mit verursacht wurde; vgl. im einzelnen unten Anm. 4.

Unter Umständen kann sich die Bestimmung der Beeinflussung zur Machtstellung des Täters auch schon aus dem Inhalt des angebotenen Geschäfts ergeben, wenn dieses nämlich so beschaffen ist, daß bei Unabhängigkeit der Gesellschaft gegenüber dem Offerenten eine Annahme nicht zu erwarten wäre. Von dem Einfluß auf die Gesellschaft kann unter Umständen auch dem Verwaltungsmitglied oder dem leitenden Angestellten persönlich ein Nachteil drohen, z. B. Kündigung oder Abberufung, Verweigerung der Neuwahl, Erhebung von Ersatzansprüchen. Auch ein solches Handeln fällt im Gegensatz zu der Ausnutzung eines rein persönlichen Verhältnisses unter die Bestimmung.

Anm. 3

3. Schutzbefohlene

In den Schutzbereich des § 117 sind neben den bisher schon aufgeführten Mitgliedern des *Vorstands und des Aufsichtsrates* jetzt auch noch die *Prokuristen und Handlungsbevollmächtigten* aufgenommen worden, aus der Erwägung, daß sie „über besonders große fremde Vermögenswerte verfügen und von den Aktionären, den wirtschaftlichen Eigentümern dieser Vermögenswerte, nur beschränkt überwacht werden können" (amtliche Begründung, bei Kropff S. 162). Wer zu den „geschützten Opfern" zählt, bestimmt sich ausschließlich nach den diesbezüglichen aktien- bzw. handelsrechtlichen Vorschriften, eine Abstellung, etwa auf den Umfang der Vertrauensstellung, ist nach dem Gesetz nicht zulässig (wie hier Godin-Wilhelmi Anm. 2; J. H. Gessler Anm. 5). Wer andere Personen, z. B. nicht von § 117 erfaßte Angestellte oder Aktionäre, dazu bestimmt, zum Nachteil der Gesellschaft zu handeln, kann nur auf Grund der allgemeinen Vorschriften, nämlich §§ 826 oder 823 Abs. 2 BGB oder §§ 1, 12, 17 UWG schadensersatzpflichtig werden.

Anm. 4

4. Handeln zum Schaden der Gesellschaft oder ihrer Aktionäre

Ein Mitglied des Vorstands oder des Aufsichtsrats, ein Prokurist oder ein Handlungsbevollmächtigter muß zum Schaden der Gesellschaft oder ihrer Aktionäre gehandelt haben. Für die fragliche Handlung bzw. die Entschließung des Handelnden muß der Einfluß des Bestimmenden zumindest mit ursächlich gewesen sein (Godin-Wilhelmi

Anm. 2). Dagegen ist es gleichgültig, ob den Handelnden hinsichtlich des Schadens Vorsatz oder Fahrlässigkeit trifft (Baumbach-Hueck Rdn. 12; Godin-Wilhelmi Anm. 2); § 117 greift auch bei der Benutzung eines sogenannten willenslosen Werkzeugs ein. Hat der Bestimmte allerdings vorsätzlich gehandelt, so kommt eine Strafbarkeit aus § 266 StGB (nachdem § 294 AktG 1937 weggefallen ist) in Betracht, und damit eine Haftung aus § 823 Abs. 2 BGB. — Einer Handlung ist nach den allgemeinen Grundsätzen eine Unterlassung gleichzustellen, wenn eine Pflicht zum Handeln bestand (Godin-Wilhelmi Anm. 2).

Der *Schaden* muß in einem adäquaten Zusammenhang mit der fraglichen Handlung bzw. Unterlassung stehen. Es macht keinen Unterschied, ob nur die Gesellschaft oder nur die Aktionäre geschädigt sind. In den meisten Fällen werden allerdings beide Teile gleichzeitig geschädigt sein. Nichtsdestoweniger greift § 117 grundsätzlich aber auch dann ein, wenn nur ein einzelner Aktionär geschädigt ist; geschützt ist allerdings nur sein Interesse als Aktionär; ist er etwa nur als Lieferant der Gesellschaft geschädigt, so ist § 117 nicht einschlägig (Godin-Wilhelmi Anm. 2; a. A. Bergmann ZHR 105 [1938], 16). — Begriff und Berechnung des Schadens bestimmen sich grundsätzlich nach den allgemeinen Regeln. Zu beachten ist allerdings, daß ein relevanter Schaden dann nicht vorliegt, wenn eine entsprechende Nachteilsausgleichung stattgefunden hat (Godin-Wilhelmi Anm. 2; vgl. auch Leo, DieAG 1965, 352, 355). Dies ist jetzt für den sogenannten faktischen Konzern ausdrücklich anerkannt, vgl. §§ 311, 317. Die dortigen Ausgleichsregeln müssen sinngemäß aber auch im Rahmen des § 117 gelten (so im Endergebnis auch Kropff, DB 1967, 2147, 2151, der aber dieses Ergebnis dadurch erreichen will, daß er § 317 Vorrang vor § 117 gibt, ähnlich auch Beuthin, DB 1969, 1781, 1784; vgl. auch unten Anm. 16).

Anm. 5

5. Vorsatz

Der Bestimmende muß vorsätzlich gehandelt haben. Bedingter Vorsatz genügt. Der Gesetzgeber hat davon abgesehen, grobe oder gar leichte Fahrlässigkeit ausreichen zu lassen, weil die Reform für den Hauptanwendungsfall der Konzernverbindung ohnehin besondere Haftungsvorschriften gebracht hat (vgl. amtliche Begründung, bei Kropff S. 160f.). Der Täter muß sich also bewußt sein, daß er Einfluß auf die Gesellschaft besitzt, und daß er zumindest mit durch diesen Einfluß ein Mitglied des geschützten Personenkreises zu einer für die Gesellschaft oder ihrer Aktionäre schädlichen Handlung bestimmt. Der Vorsatz braucht sich nicht auf Art oder Höhe des eingetretenen Schadens zu beziehen, es genügt, daß der Täter sich bewußt ist, daß die fragliche Handlung oder Unterlassung objektiv geeignet ist, die Gesellschaft oder ihre Aktionäre zu schädigen, und daß er diese Folge in Kauf nimmt.

Einer Absicht, gesellschaftsfremde Sondervorteile zu erlangen, bedarf es nicht mehr, vgl. die Einl. und die folgende Anm. 6.

Anm. 6

6. Rechtswidrigkeit

Im Zusammenhang mit der Ersetzung des Begriffs „Ausnutzung“ durch „Benutzung des Einflusses“ stellt die Begründung zum Reg.-Entwurf fest, daß es „wohl stets gegen die Grundsätze anständiger Kaufmannschaft (verstoße), wenn ein Einfluß auf die Gesellschaft dazu verwandt wird, ihre Verwaltungsmitglieder zu gesellschaftsschädlichem Handeln zu bestimmen“, und daß über diesen Verstoß hinaus ein anstößiges Handeln nicht vorausgesetzt werde (vgl. bei Kropff S. 162; in dieser Richtung auch schon die Voraufl. Anm. 2 zu § 101). Gleichzeitig ist auch noch das Tatbestandsmerkmal des Strebens nach „gesellschaftsfremden Sondervorteilen“ mit der Begründung gestrichen worden, „wer die Verwaltung unter Benutzung seines Einflusses dazu bestimmt, die Gesellschaft oder ihre Aktionäre zu schädigen und sich damit bei vorsätzlichem Handeln sogar strafbar zu machen, muß ohne Rücksicht darauf haften, ob er gesellschaftsfremde Sondervorteile erlangen wollte“ (bei Kropff a. a. O.).

Daraus folgt, daß *jede tatbestandsmäßige Handlung zugleich rechtswidrig ist*. Demgegenüber will Würdinger (§ 27 I. 1. b; zustimmend J. H. Gessler, Anm. 4) eine Rechtswidrigkeit nur annehmen, wenn die erwirkte Maßnahme eine „wirtschaftlich inadäquate" ist, so z. B. nicht, wenn ein Lieferant bei Verweigerung eines Preisnachlasses den Abbruch der Geschäftsbeziehungen ankündigt. Dies würde aber im Ergebnis zu einer Wiedereinführung der gestrichenen Tatbestandsvoraussetzung der „Sondervorteile" (vgl. die Einleitung) führen, und im übrigen noch größere Abgrenzungsschwierigkeiten heraufbeschwören. Wie das gewählte Beispiel zeigt, dürfte es in den „adäquaten" Fällen ohnehin an einem relevanten Schaden fehlen.

Der bisherige Rechtfertigungsgrund der „schutzwürdigen Belange" (§ 101 Abs. 3 AktG 1937) ist als solcher weggefallen. Der entsprechende Grundsatz ist jedoch in Abs. 7 Nr. 2 und 3 konkretisiert worden (vgl. unten Anm. 15).

II. Anspruchsberechtigte

Anm. 7

1. Die Gesellschaft (Abs. 1 Satz 1)

Das Gesetz nennt den Ersatzanspruch der Gesellschaft an erster Stelle. Durch die ausdrückliche Normierung des Ersatzanspruchs der Aktionäre in Abs. 1 Satz 2 ist jetzt klargestellt, daß die beiden Ansprüche in keinerlei Abhängigkeitsverhältnis voneinander stehen. Wie sich aus dem letzten Halbsatz von Abs. 1 Satz 1 ergibt, kann die Gesellschaft nur den „ihr" zustehenden Schaden geltend machen, nicht den der Aktionäre. Durch die Streichung der früheren Verweisung auf die §§ 84, 99 AktG 1937 (jetzt §§ 93, 116) ist weiterhin klargestellt, daß § 117 eine selbständige Anspruchsgrundlage abgibt.

Die Gesellschaft wird bei der Klage aus § 117 grundsätzlich durch den Vorstand vertreten; richtet sich die Klage jedoch nach Abs. 2 auch gegen Mitglieder des Vorstands, so ist gemäß § 112 der Aufsichtsrat zur Vertretung berufen (a. A. Baumbach-Hueck Anm. 14).

Die Gesellschaft kann durch einen Hauptversammlungsbeschluß oder durch das Verlangen einer qualifizierten Minderheit gemäß § 147 zur Geltendmachung ihres Anspruches gezwungen werden.

Anm. 8

2. Die Aktionäre (Abs. 1 Satz 2)

Den Aktionären wird durch Abs. 1 Satz 2 ein Anspruch auf Ersatz *nur insoweit eingeräumt als sie, abgesehen von einem Schaden, der ihnen durch Schädigung der Gesellschaft zugefügt worden ist, geschädigt worden sind*. Durch die Trennung der beiden Ansprüche und durch die Beschränkung der Aktionäre auf ihren *sogenannten unmittelbaren Schaden* ist eine Konkurrenz der beiden Ansprüche ausgeschlossen und sind die früheren diesbezüglichen Schwierigkeiten und Streitfragen ausgeräumt. Die Schadensersatzpflicht gegenüber der Gesellschaft und gegenüber den Aktionären ist gleichzeitig gegeben. Es ist möglich, daß nur die Aktionäre, aber nicht die Gesellschaft, geschädigt sind, z. B. in folgendem Fall: Ein Großaktionär bestimmt in der Absicht, die Kleinaktionäre auszuhungern und ihre Aktien billig aufzukaufen, Vorstand und Aufsichtsrat zu einer Festsetzung des Jahresabschlusses, die eine Zahlung einer Dividende an die Aktionäre verhindert, obwohl Dividende bei einer nur von sachlichen Gesichtspunkten geleiteten Feststellung des Jahresabschlusses auszuschütten waren. Meist aber werden die Schäden der Aktionäre lediglich in der Entwertung der Aktien bestehen, die die Folge der der Gesellschaft entstehenden Nachteile ist.

Zu Vorschlägen de lege ferenda hinsichtlich einer „Einzelklage des Aktionärs" vgl. Großfeld, S. 224ff., 292ff.

Anm. 9

3. Die Gläubiger (Abs. 5)

Die Gläubiger der Gesellschaft haben *keinen eigenen Ersatzanspruch*, sie können lediglich, wie jetzt Abs. 5 Satz 1 ausdrücklich klarstellt, *den Ersatzanspruch der Gesellschaft geltend machen, soweit sie von der Gesellschaft keine Befriedigung erlangen können.*

Der Ersatzanspruch der Gläubiger wird — im Gegensatz zu dem der Gesellschaft (vgl. Abs. 4 und unten Anm. 13) — auch *nicht durch Verzicht oder Vergleich der Gesellschaft aufgehoben* (Abs. 5 Satz 2). Während der Dauer eines über das Vermögen der Gesellschaft eröffneten Konkursverfahrens übt der Konkursverwalter das Recht der Gläubiger aus (Abs. 5 Satz 3). Da der Wortlaut des Abs. 5 dem von § 93 Abs. 5 Satz 1, 3 und 4 entspricht, kann im übrigen auf die Erläuterungen zu § 93 verwiesen werden (vgl. § 93 Anm. 41—51, 53, 54). Da es sich um den Anspruch der Gesellschaft handelt, gelten für ihn alle diesbezüglichen Vorschriften des § 117, also auch Abs. 2 und 3.

III. Mithaftung

Anm. 10

1. der Verwaltungsmitglieder (Abs. 2)

Neben dem Täter haften die *Mitglieder des Aufsichtsrats und des Vorstands als Gesamtschuldner, wenn sie unter Verletzung ihrer Pflichten gehandelt haben* (Abs. 2 Satz 1). Die Neufassung stellt klar, daß Abs. 2 einen *selbständigen Haftungsgrund* darstellt, der über die allgemeine Haftung der Verwaltungsmitglieder aus §§ 93 bzw. 116 hinausgeht.

Die gesamtschuldnerische Haftung der Verwaltungsmitglieder nach Abs. 2 tritt unabhängig davon ein, ob sie schädigende Handlungen i. S. von Abs. 1 vorgenommen haben; sie knüpft vielmehr an die allgemeinen Geschäftsführungs- und Überwachungspflichten an (Godin-Wilhelmi Anm. 4). Aus diesem Grund sind wohl auch die Prokuristen und Handlungsbevollmächtigte nicht einbezogen worden, vgl. dazu unten Anm. 12. Die Verwaltungsmitglieder brauchen nur pflichtwidrig, also nicht notwendig vorsätzlich gehandelt zu haben. Wenn auch die Haftung aus Abs. 2 unabhängig von der aus §§ 93, 116 besteht, so ist sie doch weitgehend gleichartig ausgestaltet. Da die Regelung der Beweislast bezüglich der ordnungsgemäßen Sorgfalt (Abs. 2 Satz 2) und des Wegfalls der Ersatzpflicht, wenn die Handlung durch einen Hauptversammlungsbeschluß gedeckt war (Abs. 2 Satz 2 und 3), der in § 93 Abs. 2 Satz 2, Abs. 4 Satz 1 und 2 entspricht, kann auf die dortigen Erläuterungen verwiesen werden, vgl. § 93 Anm. 17f., Anm. 30ff.

Anm. 11

2. der Nutznießer (Abs. 3)

Neben dem Täter (und möglicherweise den Verwaltungsmitgliedern) haftet als Gesamtschuldner auch, *wer durch die schädigende Handlung einen Vorteil erlangt hat, sofern er die Beeinflussung vorsätzlich veranlaßt hat* (Abs. 3).

Die Vorschrift will den „Mann hinter dem Täter“ erfassen, soweit er durch die schädigende Handlung tatsächlich einen Vorteil erlangt hat. Im Gegensatz zum bisherigen § 101 Abs. 2 Satz 2 AktG 1937 ist das bloße Erstreben des Vorteils noch nicht tatbestandsmäßig (es braucht sich allerdings auch nicht mehr um einen „Sondervorteil“ zu handeln). Die Haftung ist also rein erfolgsabhängig, weder tat- noch schadensabhängig (vgl. Godin-Wilhelmi Anm. 4 a. E.). „Veranlassen“ ist weniger als das strafrechtliche Anstiften, aber mehr als bloße Duldung (vgl. Baumbach-Hueck Rdn. 15 a. E.). Die Veranlassung muß vorsätzlich erfolgt sein. Da dies sich auf die „Beeinflussung“ bezieht, muß der entstehende Vorsatz auch den Tatbestand des Abs. 1 mit umfassen. Bedingter Vorsatz genügt (Baumbach-Hueck a. a. O.).

Anm. 12

3. nicht der leitenden Angestellten

Prokuristen und Handlungsbevollmächtigte werden nicht unter den möglichen Gesamtschuldnern des Abs. 2 aufgeführt. Offenbar hat der Gesetzgeber ihre Befugnisse und Pflichten nicht für schwerwiegend genug erachtet. Die Begründung zum Reg.-Entwurf beschränkt sich auf die Bemerkung: „Die Haftung des Prokuristen oder Handlungsbevollmächtigten selbst bestimmt sich nach seinem Anstellungsverhältnis" (bei Kropff S. 162). In Betracht kommt also in erster Linie ein Anspruch der Gesellschaft aus positiver Vertragsverletzung (Baumbach-Hueck Rdn. 3 a. E.). Denkbar sind aber auch Ansprüche aus § 823 Abs. 2 i. V. m. § 266 StGB (vgl. auch oben Anm. 4) oder § 826 BGB, z. B. wenn die fraglichen leitenden Angestellten selbst handelnd i. S. von Abs. 1 waren. Wenn Godin-Wilhelmi (Anm. 2) allerdings der Auffassung sind, daß die Aktionäre auch insoweit nur ihren „selbständigen", d. h. wohl unmittelbaren Schaden ersetzt verlangen können, so übersehen sie, daß alle diese Ansprüche nicht unter die Regelungen des Abs. 1 fallen.

IV. Verzicht und Vergleich der Gesellschaft (Abs. 4)

Anm. 13

Die Ersatzpflicht gegenüber der Gesellschaft *wird aufgehoben, wenn die Gesellschaft auf die Ersatzansprüche verzichtet oder sich über sie vergleicht*; dies ist jedoch erst *drei Jahre nach Entstehung des Anspruchs* (es sei denn, der Ersatzpflichtige ist zahlungsunfähig und vergleicht sich zur Abwendung oder Beseitigung des Konkursverfahrens mit seinem Gläubiger) möglich, und nur *wenn die Hauptversammlung zustimmt, und nicht eine Minderheit, deren Anteile zusammen den zehnten Teil des Grundkapitals erreicht, zur Niederschrift Widerspruch erhebt*, Abs. 4 i. V. m. § 93 Abs. 4 Satz 3 und 4. Vgl. im einzelnen zu den Voraussetzungen § 93 Anm. 39f. Die einzelnen geschädigten Aktionäre können über ihre Ersatzansprüche frei verfügen.

V. Verjährung (Abs. 6)

Anm. 14

Die Ansprüche aus § 117 verjähren in fünf Jahren (Abs. 6). Da die Regelung der in § 93 Abs. 6 entspricht, kann im einzelnen auf die dortigen Erläuterungen verwiesen werden (§ 93 Anm. 55ff.). Die Frist des Abs. 6 hat keinen Einfluß auf die Verjährung gleichzeitig verwirkter anderer Tatbestände; das kann von Bedeutung sein, insbesondere im Hinblick auf § 826 bzw. 852 BGB (vgl. unten Anm. 16), weil es für den Lauf dieser (an sich kürzeren) Verjährungsfrist im Gegensatz zu § 117 Abs. 6 nicht auf die Entstehung des Anspruchs, sondern auf die entsprechende Kenntnis des Geschädigten ankommt.

VI. Ausnahmefälle (Abs. 7)

Anm. 15

Abs. 7 enthält drei Ausnahmefälle, in denen Ersatzansprüche aus § 117 nicht gegeben sind, auch wenn eine schädigende Handlung i. S. v. Abs. 1 vorlag.

Abs. 7 Nr. 1, wonach § 117 nicht gilt, wenn das Mitglied des Vorstands oder des Aufsichtsrats, der Prokurist oder Handlungsbevollmächtigte, durch Ausübung des Stimmrechts in der Hauptversammlung zu der schädigenden Handlung bestimmt worden ist, entspricht dem bisherigen Recht. Der Gesetzgeber hat sich nicht dazu verstanden, die Haftung, wie mehrfach in der Reformdiskussion gefordert, auch auf die Stimmrechtsausübung auszudehnen. In der Begründung zum Reg.-Entwurf wird dazu ausgeführt, der Entwurf habe „dieser Forderung insoweit Rechnung getragen, als er in den konzernrechtlichen Haftungsvorschriften (vgl. die §§ 309, 311, 317) herrschende Unternehmen nicht von der Haftung für die Ausübung des Stimmrechts befreit" und, von der Stimmrechtsausübung herrschender Unternehmen abgesehen, seien die Gesellschaft und die anderen Aktionäre gegen einen Mißbrauch des Stimmrechts durch § 243 Abs. 2 AktG und § 826 BGB hinreichend geschützt (bei Kropff S. 163f.). Kritisch dazu Großfeld S. 219, wie auch schon Zöllner, S. 428ff.; Mestmäcker S. 271 und C. E. Fischer AcP 154, 238f.

Abs. 7 Nr. 1 umfaßt nicht Abstimmungen im Vorstand oder Aufsichtsrat (Baumbach-Hueck Rdn. 19); dagegen kann eine die Schadensersatzpflicht begründende Benutzung des Einflusses vorliegen, wenn ein Großaktionär Vorstandsmitglieder dazu bestimmt, in einer Frage der Geschäftsführung gemäß § 119 Abs. 2 einen Beschluß der Hauptversammlung herbeizuführen, auf der er seine Machtstellung als Großaktionär in die Waagschale zu werfen fähig ist. Auch ohne daß der so herbeigeführte Beschluß der Hauptversammlung gemäß § 243 Abs. 2 angefochten wird, ist die Haftung des Großaktionärs begründet. Etwas anderes als eine bloße Stimmrechtsausübung ist auch eine Drohung mit der Ausübung des Stimmrechts in einem Sinn (ebenso Godin-Wilhelmi Anm. 6). Eine solche Drohung stellt gerade einen besonders klaren Fall der Ausnutzung des Einflusses auf die Gesellschaft i. S. des Abs. 1 dar. Durch die Regelung des Abs. 7 wird auch eine Haftung aus § 826 BGB nicht ausgeschlossen, vgl. Zöllner S. 428 und unten Anm. 16.

Abs. 7 Nr. 2 und 3, wonach Ansprüche aus § 117 entfallen, wenn die Bestimmung durch Ausübung der Leitungsmacht auf Grund eines Beherrschungsvertrages (§ 291) oder der Leitungsmacht einer Hauptgesellschaft (§ 319), in die die fragliche Gesellschaft eingegliedert ist, sind neu. Diese Erweiterung wurde notwendig, nachdem das AktG 1965 ein entwickeltes Konzernrecht gebracht hat, das unter gewissen Voraussetzungen die fraglichen nachteiligen Beeinflussungen von Verwaltungsmitgliedern als schutzbedürftig und damit den Vorstand als weisungsgebunden anerkannt hat, sowie die Minderheitsaktionäre als durch die entsprechenden Vorschriften ausreichend geschützt ansieht (vgl. amtliche Begründung, bei Kropff S. 163). Zu den Voraussetzungen im einzelnen vgl. die Erläuterungen zu §§ 291ff. und §§ 319ff. Die Aufzählung in Abs. 7 ist abschließend und, wie der ganze § 117 (Baumbach-Hueck Rdn. 8), zwingend. Alle anderen Arten auch von konzernmäßigen Weisungen fallen grundsätzlich unter § 117. Hinsichtlich des Verhältnisses zu § 317 vgl. unten Anm. 16. §§ 308, 309 sind gemäß Abs. 7 Nr. 2 gegenüber § 117 Spezialvorschriften (Knoblau S. 94ff.), zwischen § 310 und § 117 Abs. 2 bzw. §§ 93, 116 kann sich jedoch eine Konkurrenz ergeben (Godin-Wilhelmi § 310 Anm. 2; Knoblau S. 98; Neuhaus S. 111).

VII. Verhältnis zu anderen Vorschriften

Anm. 16

1. § 117 ist keine Spezialbestimmung gegenüber § 826 BGB

§ 117 verlangt keine sittenwidrige Handlungsweise. Es ist nicht ausgeschlossen, daß die Voraussetzungen des § 117 gegeben sind, aber eine Verletzung des § 826 BGB nicht vorliegt (vgl. aber auch oben die Einleitung). Rechtlich bestehen die Ansprüche aus § 117 und aus § 826 BGB jedoch grundsätzlich nebeneinander (das dürfte heute, nachdem auch Godin-Wilhelmi, Anm. 6, ihre a. A. aufgegeben haben, allgemeine Meinung sein, vgl. auch die amtliche Begründung, bei Kropff, S. 164). Die Frage kann im Hinblick auf die verschiedene Verjährungsfrist Bedeutung gewinnen (vgl. oben Anm. 14). § 117 ist kein Schutzgesetz gemäß § 823 Abs. 2 BGB (Godin-Wilhelmi Anm. 1 a. E; v. Falkenhausen S. 88). Bei Ansprüchen aus § 117 Abs. 2 kommt jedoch eine Konkurrenz zu Ansprüchen aus §§ 93, 116, aus § 823 Abs. 2 i. V. m. § 266 StGB und aus positiver Vertragsverletzung in Betracht, vgl. auch oben Anm. 10 und 12.

2. §§ 311, 317 sind keine Spezialbestimmungen gegenüber § 117

Beide Regelungen stehen selbständig nebeneinander; die Haftung aus § 117 bleibt grundsätzlich selbst dann neben der aus § 317 bestehen, wenn der Veranlassende ein Alleinaktionär-Unternehmen ist (E. Gessler, DB 1965, 1729f. und Festgabe für Otto Kunze, S. 164; Mathern, DieAG 1966, 380, 381; Havermann, WPg. 1966, 30, 41; Godin-Wilhelmi, § 317 Anm. 1; Meulenbergh, S. 190; J. H. Gessler, § 317, Anm. 1, unklar § 117, Anm. 1; *a. A.* Leo, DieAG 1965, 352, 355; Würdinger, § 60 I. 1. b; Baumbach-Hueck, § 311, Rdn. 6; Bachelin, S. 68, Fn. 233; Neuhaus, S. 76; Kropff, DB 1967, 2147, 2152). Das folgt schon aus dem insoweit klaren Wortlaut des Abs. 7. Außerdem ergibt sich aus der Begründung zum Reg.-Entwurf eindeutig, daß die Haftung aus § 117 nur gegenüber §§ 291, 319 entfallen, aber neben § 317 bestehen bleiben sollte (vgl. bei Kropff, S. 163). Diese Ausführungen zum Reg.-Entwurf bedürfen auch nach der Änderung der §§ 311 Abs. 2, 317 Abs. 2 in den Ausschußberatungen des Bundestages keiner Überprüfung (a. A. Kropff, DB 1967, 2152), weil dort im Grunde nur die Frist für die Nachteilsausgleichung verlängert wurde; vgl. dazu auch oben Anm. 4 a. E.). Praktisch dürfte allerdings § 117 neben § 317 schon deswegen nur selten eine Rolle spielen, weil der Tatbestand des § 317 in wesentlichen Punkten weiter ist: insbesondere ist der Personenkreis nicht begrenzt, keine Benutzung eines Einflusses und kein Vorsatz erforderlich (vgl. E. Gessler, DB 1965, 1730; Mestmäcker, Festgabe für Heinrich Kronstein, S. 141 f.). Der Anspruch aus § 317 ist darüberhinaus, wie sich aus Abs. 4 i. V. m. § 309 Abs. 1 Satz 1 ergibt, mehr als ein Individualrecht ausgestaltet, während §§ 117, 147 nur ein Minderheitenrecht darstellen (vgl. Bachelin, S. 63).

VIII. Kollisionsrecht

Anm. 17

Aus dem Schutzzweck der Vorschrift folgt, daß auch ausländische Täter i. S. v. Abs. 1 Satz 1 und Nutznießer i. S. v. Abs. 3 erfaßt werden (vgl. auch Luchterhandt, S. 101 ff., dessen Ausführungen zu §§ 311 ff. grundsätzlich auch für § 117 gelten). Ob die Beeinflussung oder Veranlassung im Ausland oder im Inland stattgefunden hat, ist gleichgültig. Die geschädigte AG muß allerdings eine inländische sein (vgl. zu den diesbezüglichen Kriterien § 5 Anm. 7 sowie Luchterhandt, S. 6 ff.). Die Klage ist am Sitz des Täters oder Nutznießers zu erheben, oder am Sitz der Gesellschaft, wenn hier ein Gerichtsstand nach § 23 ZPO (vgl. im einzelnen Luchterhandt, S. 114 ff.) begründet ist.

Gegenüber einer ausländischen Gesellschaft können Inländer nicht aus § 117, sondern nur aus den entsprechenden ausländischen Rechten haftbar gemacht werden (vgl. § 17 Anm. 13 sub b); Luchterhandt, S. 124 ff.).

Vierter Abschnitt

Hauptversammlung

Vorbemerkungen

In den Vorbemerkungen zum vierten Teil des AktG ist bereits dargelegt, daß das AktG 1937 die Freiheit der AG und ihrer Satzung, die Zuständigkeiten zwischen Vorstand, Aufsichtsrat und Hauptversammlung zu verteilen, beseitigte und die Verteilung der Kompetenzen selbst zwingend und unabänderlich festlegte. Die Geschäftsführung lag beim Vorstand, die Überwachung des Vorstands und die Entscheidung über seine personelle Zusammensetzung oblag dem Aufsichtsrat, und für die Hauptversammlung blieben dann nur noch die Entscheidungen über den verfassungsmäßigen Aufbau — soweit das Gesetz hier der einzelnen Gesellschaft überhaupt noch Entscheidungsmöglichkeiten gab —, über die Kapitalgrundlage der Gesellschaft sowie über die Zusammensetzung des Aufsichtsrats, die hinter der Entscheidung von Vorstand und Aufsichtsrat nachrangige Entscheidung über die Bilanzfeststellung und die Entscheidung über die Gewinnverteilung. Die Hauptversammlung war damit zwar noch oberstes Organ der Gesellschaft (Voraufl. § 70 Anm. 1 u. § 103 Anm. 1; Baumbach-Hueck § 118 Rdn. 4; Godin-Wilhelmi § 118 Anm. 2 u. § 119 Anm. 1 — aber „nur noch mittelbar" —; Hengeler-Kreifels Beiträge S. 21ff.; skeptisch zu dieser Charakterisierung, und zwar von einer mehr soziologischen Betrachtungsweise her,: Wiethölter S. 82ff.; Gessler AktG 1965, 345 hält die Bezeichnung als oberstes Organ für ein Schlagwort); sie war aber in ihrer Zuständigkeit der große „Verlierer" der Aktienreform 1937.

An diesem grundsätzlichen Aufbau hat die Aktienreform 1965 nichts geändert. Sie ist zwar angetreten unter dem Schlagwort vom „Eigentum des Aktionärs" (vgl. Kropff S. 14; Hengeler-Kreifels a. a. O. S. 15), so daß man eine Verstärkung der Aktionärsrechte und damit eine Wiederaufwertung der Hauptversammlung hätte erwarten müssen. Die Verlagerung des Bilanzfeststellungsrechts auf die Hauptversammlung, die RegE in § 138 als wesentlichen Schritt zur Demokratisierung des Aktienwesens noch vorgesehen hatte, ist aber zugunsten der nur subsidiären Hauptversammlungszuständigkeit des AktG 1937 in der Reformdiskussion auf der Strecke geblieben. Die Neufassung des AktG 1965 beschränkt sich bei den unmittelbaren Aktionärsrechten in Zusammenhang mit der Hauptversammlung auf Verbesserungen in Einzelheiten. Sie bebetreffen im wesentlichen eine vom Aktionär her gesehen bessere Vorbereitung der Hauptversammlung durch Verlängerung der Einberufungsfrist (§ 123 Abs. 1), durch frühere Bekanntmachung der Tagesordnung und ihre Vervollständigung mittels Veröffentlichung der Verwaltungsvorschläge für die Beschlußfassungen (§ 124),durch weitgehende Mitteilungspflichten über Anträge und Wahlvorschläge von Aktionären (§§ 125—128), durch eine stärkere Verbesserung des Auskunftsrechts des einzelnen Aktionärs und seiner Durchsetzbarkeit (§§ 131, 132) und durch Neuregelung des sogenannten Depotstimmrechts (§ 135). Außerhalb der eigentlichen Rechte der Hauptversammlung kommen hinzu eine Erleichterung der Anfechtung durch kostenmäßige Entlastung (§ 247) und Wegfall der Sicherheitspflicht, eine Erweiterung der Anfechtungstatbestände (§ 254) sowie besondere Nichtigkeitsgründe des Jahresabschlusses (§ 256) und die Zulassung einer Sonderprüfung wegen unzulässiger Unterbewertung (§§ 258ff.). Indirekt ist die Aktionärsstellung verstärkt worden durch die Verschärfung des Bilanzrechts mittels des Verbots der bewußten Legung stiller Reserven und durch die Beschränkung der Verwaltung in der Bildung offener Rücklagen (§ 58 Anm. 4 u. 5), wodurch das Recht der Hauptversammlung, offene Rücklagen zu bilden (§ 58 Abs. 3), größere Bedeutung erhalten hat.

Dagegen ist es auch im AktG 1965 dabei geblieben, daß die Geschäftsführung ausschließlich dem Vorstand und seine Überwachung ausschließlich dem Aufsichtsrat obliegt. Indirekt besteht allerdings unverändert ein Einfluß der Hauptversammlung auf die Geschäftsführung; denn der Vorstand wird vom Aufsichtsrat bestellt, der seinerseits, soweit nicht Mitbestimmungsgesetze eingreifen, von der Hauptversammlung bestellt wird. Eine der Hauptversammlung mißliebige Geschäftsführung kann also durch entsprechende personelle Zusammensetzung des Aufsichtsrats, der die Vorstandsmitglieder bestellt und abberuft, geändert werden, wobei der Vertrauensentzug durch die Hauptversammlung als wichtiger Grund zum Widerruf der Bestellung eines Vorstandsmitglieds (§ 83 Abs. 3) von Bedeutung ist. Zum anderen kann die Hauptversammlung die grundsätzliche Linie der Geschäftsführung durch den Vorstand dadurch indirekt beeinflussen, daß sie die zu dessen Investitionspolitik erforderlichen Kapitalerhöhungen nicht billigt oder die Zustimmung zu Unternehmensverträgen, Umwandlungen und Verschmelzungen versagt. In der Praxis kann sich jedenfalls auf längere Dauer ein Vorstand nur halten, wenn seine Geschäftsführung die Zustimmung der Hauptversammlung findet. Darin liegt unbeschadet der Zuständigkeitsregelung im einzelnen auch heute noch die große Bedeutung der Hauptversammlung.

Auf dieser Tatsache beruhte auch vor dem AktG 1965 die Konzernherrschaft. Die Voraufl. hatte in der Vorbemerkung vor § 70 festgestellt (vgl. auch W. Schmidt in NJW 57, 1337), daß sich die zwingende gesetzliche Kompetenzverteilung im Konzernwesen nicht durchgesetzt habe, sondern durch die Besetzung der Aufsichtsräte der Tochtergesellschaften mit Vorstandsmitgliedern und leitenden Angestellten der Konzernspitze und durch die Praktizierung einer legal gar nicht bestehenden Weisungsbefugnis die Konzernspitze die Konzernmitglieder geleitet habe. Dieser Zwiespalt zwischen Recht und Wirklichkeit war der Anlaß für die Schaffung des Konzernrechts im AktG 1965. Es läßt auch für die abhängige Gesellschaft die gesetzliche Kompetenzverteilung zwischen Vorstand, Aufsichtsrat und Hauptversammlung bestehen, setzt bei Bestehen eines Beherrschungsvertrages die eigenverantwortliche Leitung durch den Vorstand aber dadurch außer Kraft, daß es dem herrschenden Unternehmen gestattet, dem Vorstand des beherrschten Unternehmens Weisungen zu erteilen, und zwar auch solche, die sich für dieses Unternehmen nachteilig auswirken (§ 308). Fehlt ein Beherrschungsvertrag und wird trotzdem eine Weisungsmacht in Anspruch genommen, so ist die Konzernspitze für Nachteile, die der Gesellschaft entstehen, ausgleichspflichtig (§ 311), ist alljährlich ein Bericht des Vorstands der abhängigen Gesellschaft über die Beziehungen zu verbundenen Unternehmen zu erstatten (§ 312) und bestehen besondere Haftungen des herrschenden Unternehmens und seiner gesetzlichen Vertreter wie auch der Verwaltungsmitglieder der abhängigen Gesellschaft (§§ 317, 318). Damit ist auch im Konzernwesen Recht und Wirklichkeit — wenigstens weitgehend — in Einklang gebracht.

Von der Mitbestimmung wird das Organ „Hauptversammlung" selbst nicht betroffen. Eine Mitwirkung von Arbeitnehmervertretern bei der Beschlußfassung der Hauptversammlung ist nicht Bestandteil der derzeitigen Mitbestimmungsregelung und ihrer Reformbestrebungen. Nur der Ausschuß I der Studienkommission des 39. DJT über die Reform des Unternehmensrechts hatte für Unternehmen erheblicher Größe ein Modell erarbeitet, nach dem die Hauptversammlung nicht nur aus Vertretern der Aktionäre, sondern auch der Arbeitnehmer und des öffentlichen Interesses im Verhältnis 2:2:1 zusammengesetzt werden sollte (vgl. Einleitung S. 9, 10). Dieses Modell — Vorschlag wäre zu viel gesagt — hat aber keinen Anklang gefunden, ist auch in den weiteren Reformerörterungen und in der heutigen Diskussion ziemlich verschwunden.

Die Hauptversammlung ist also geblieben, was sie im deutschen Aktienrecht — übrigens auch in den Aktiengesetzen der Welt — stets gewesen ist, nämlich die Versammlung ausschließlich der Anteilseigner. Daß bei der Größe der heutigen Publikumsgesellschaften mit ihren zum Teil in die sechsstelligen Ziffern hineinreichenden Zahlen an Einzelaktionären die Hauptversammlung mehr eine Aktionärsvertreter- als eine Aktionärsversammlung sein muß, liegt auf der Hand. Hier liegt die Problematik des Organs

„Hauptversammlung", dessen Konzeption als unmittelbares Vertretungsorgan der Aktionäre nur noch bei der kleinen AG mit überschaubaren Aktionärsbestand zutrifft, nicht mehr aber bei der abhängigen Gesellschaft und erst recht nicht mehr bei der großen Publikumsgesellschaft (vgl. hierzu Wiethölter S. 77ff., 315ff.). Gerade bei den letzteren Gesellschaften, die wegen ihrer überragenden Bedeutung für die Volkswirtschaft in den Augen der Öffentlichkeit das Bild und die Wertung der AG prägen, spielt die Frage einer wirklichen Repräsentanz der Aktionärsinteressen die entscheidende Rolle für die Existenzberechtigung der Hauptversammlung in ihrer heutigen Gestalt. Die am meisten umkämpfte Frage im Hinblick auf die Hauptversammlung war deshalb auch anläßlich der Aktienreform 1965 das sogenannte Depotstimmrecht. Es ist in § 135, wenn auch verbessert, aufrechterhalten worden, und zwar mit Recht. Es ist zwar keineswegs ideal, aber immerhin die beste der bis heute bekannten, praktisch möglichen Gestaltungen, weil es ohne Einsatz zu hoher Kosten die Aktivierung des Stimmrechts der „schweigenden Mehrheit" ermöglicht und — entgegen dem amerikanischen Proxysystem, das, um funktionieren zu können, Namensaktien erfordert — keine Stimmrechtsausübung durch die Verwaltung selbst nötig macht.

Literatur

Adler-Düring-Schmaltz: Rechnungslegung und Prüfung der AG, 4. Aufl.
Barz: Die große Hauptversammlung AktG 62, Sonderbeilage I/62, S. 1—12
v. Falkenhausen: Die nächste Hauptversammlung, BB 66, S. 337
Hengeler-Kreifels: Beiträge zur Aktienrechtsreform, Heidelberg 1959
Horrwitz: Das Recht der Generalversammlungen der Aktiengesellschaften und Kommanditgesellschaften auf Aktien, Berlin 1913
Küster: Inhalt und Grenzen der Rechte von Gesellschaftern, Berlin 1954
Mestmäcker: Verwaltung, Konzerngewalt und Rechte der Aktionäre, Karlsruhe 1958
Möhring-Schwartz-Rowedder-Haberlandt: Die Aktiengesellschaft und ihre Satzung, 2. Aufl. Berlin und Frankfurt 1966
Obermüller: Die erste ordentliche Hauptversammlung nach dem neuen Aktiengesetz, DB 66, Beilage 6/66 zu Heft 11, S. 1—12
Obermüller-Werner-Winden: Die Hauptversammlung der Aktiengesellschaft, 3. Aufl. Düsseldorf 1967
Wiedemann: Übertragung und Vererbung von Mitgliedschaftsrechten bei Handelsgesellschaften, München und Berlin 1965
Wiethölter: Interessen und Organisation der Aktiengesellschaften im amerikanischen und deutschen Recht, Karlsruhe 1961
Zöllner: Die Schranken mitgliedschaftlicher Stimmrechtsmacht bei den privatrechtlichen Personenverbänden, München und Berlin 1963

Erster Unterabschnitt

Rechte der Hauptversammlung

§ 118 Allgemeines

(1) Die Aktionäre üben ihre Rechte in den Angelegenheiten der Gesellschaft in der Hauptversammlung aus, soweit das Gesetz nichts anderes bestimmt.

(2) Die Mitglieder des Vorstands und des Aufsichtsrats sollen an der Hauptversammlung teilnehmen.

Übersicht:

Anm. 1

Einleitung

Art. 224 Abs. 1 ADHGB bestimmte, daß „die Rechte, welche den Aktionären in den Angelegenheiten der Gesellschaft, insbesondere in Beziehung auf die Führung der Geschäfte, die Einsicht und Prüfung der Bilanz und die Bestimmung der Gewinnverteilung zustehen, ... von der Gesamtheit der Aktionäre in der Generalversammlung ausgeübt" werden. Die Aktiennovelle 1884 strich „die Einsicht" der Bilanz und sprach statt „von der Gesamtheit der Aktionäre" von der „Beschlußfassung der erschienenen Aktionäre". Das HGB vom 10. 5. 1897 formulierte in § 250 dahin, daß „die Rechte, welche den Aktionären in den Angelegenheiten der Gesellschaft, insbesondere in bezug auf die Führung der Geschäfte, zustehen, ... durch Beschlußfassung in der Generalversammlung ausgeübt" werden. AktG 1937 nahm der Hauptversammlung die eigenständige Zuständigkeit in Geschäftsführungsfragen (vgl. Vorbem. vor § 76 und vor § 118), strich deshalb die Beschlußfassung der Aktionäre über Geschäftsführungsfragen und bestimmte in § 102 Abs. 1, daß, soweit das Gesetz nichts anderes sage, die Aktionäre ihre Rechte in der Hauptversammlung — dieser Ausdruck trat an die Stelle der früheren Bezeichnung „Generalversammlung" — ausüben; außerdem gab es in Abs. 2 den Mitgliedern des Vorstands und Aufsichtsrats das Recht, an der Hauptversammlung teilzunehmen, auch wenn sie nicht Aktionäre waren. AktG 1965 ließ in § 118 den Abs. 1 des § 102 AktG 1937 unverändert. In Abs. 2 ersetzte es das bloße Teilnahmerecht der Verwaltungsmitglieder zwar nicht durch eine Teilnahmepflicht, aber immerhin durch ein Sollen, und zwar deshalb, „weil im Hinblick auf die Bedeutung, welche jede Hauptversammlung für die Gesellschaft hat", ein bloßes Recht, das die Teilnahme mehr oder weniger in das pflichtgemäße Ermessen stellte, als unzureichend erscheine (Kropff S. 164).

I. Allgemeines

Anm. 2

Während § 250 HGB von den Rechten der Aktionäre „in Angelegenheiten der Gesellschaft, insbesondere in bezug auf die Führung der Geschäfte" spricht, hat AktG 1937 in den §§ 70, 95 Abs. 1 und 5 und 103 Abs. 2 und ihm folgend AktG 1965 in den §§ 76 Abs. 1, 111 Abs. 1 und 4 und 119 Abs. 2 die Zuständigkeitsabgrenzung zwischen den drei gesetzlichen Verwaltungsträgern wesentlich verändert und der abweichenden Bestimmung durch die Satzung entzogen (Jagenburg AktG 65, 161). Das Verhältnis der Verwaltungsträger zueinander ist endgültig festgelegt: dem Vorstand steht die eigenverantwortliche selbständige Leitung des Unternehmens zu (§ 76 Abs. 1), der Aufsichtsrat hat die Geschäftsführung zu überwachen (§ 111 Abs. 1), Aufsichtsrat und Hauptversammlung sind grundsätzlich *von der Geschäftsführung ausgeschlossen* (§ 111 Abs. 4 S. 1 u. § 119 Abs. 2). Dem Aufsichtsrat können Maßnahmen der Geschäftsführung nicht übertragen werden; die Hauptversammlung kann in Fragen der Geschäftsführung nur entscheiden, wenn der Vorstand es verlangt. Damit ist die Kompetenz-Kompetenz der Hauptversammlung aufgehoben. Während nach dem Recht des HGB die Generalversammlung jede Frage der Geschäftsführung an sich ziehen und über sie mit bindender Wirkung für den Vorstand entscheiden konnte, ist der *Vorstand* in der Leitung des Unternehmens *nach dem Aktiengesetz von der Hauptversammlung unabhängig*. Nur soweit er selbst zur eigenen Deckung die Entscheidung der Hauptversammlung anruft, ist deren Zuständigkeit auch in Fragen der Geschäftsführung gegeben. In konsequenter Durchführung dieser Zuständigkeitsabgrenzung ist auch die *Feststellung des Jahresabschlusses* dem Vorstand unter Billigung des Aufsichtsrats vorbehalten (§ 172 S. 1); nur wenn diese beiden Verwaltungsträger über die Feststellung des Jahresabschlusses nicht einig sind oder sich für die Anrufung der Hauptversammlung entschließen, ist deren Zuständigkeit gegeben (§ 173 Abs. 1). Die *Satzung* kann an alledem nichts ändern (§ 23 Abs. 5 S. 1). Die Hauptversammlung bleibt aber, wie nach dem früheren Recht für alle *Entscheidungen über den verfassungsmäßigen Aufbau und die Kapitalgrundlagen der Gesellschaft* zuständig, soweit nicht das Gesetz zwingend die Verfassung festlegt. Die Fragen der Kapitalbeschaffung, Kapitalherabsetzung, Verschmelzung, Vermögensübertragung, Umwandlung und Unternehmensverträge sind der Hauptversammlung vorbehalten. In dieser Beziehung liegt sogar eine *Erweiterung der Zuständigkeit* der Hauptversammlung vor.

II. Rechtsstellung der Aktionäre

Anm. 3

Die Mitgliedschaft, die die Aktie verkörpert, gewährt vermögensrechtliche Ansprüche und Verwaltungsrechte (§ 1 Anm. 35ff., insbesondere Anm. 40; Dür.-Hach.-Flechtheim HGB § 179 Anm. 4). Die Verwaltungsrechte der Aktionäre sind diejenigen Rechte, durch die sie Einfluß auf das Geschick der Gesellschaft nehmen und ihre eigenen vermögensrechtlichen Ansprüche verwirklichen (Gewinnverteilung, Schaffung von Bezugsrechten). Es sind die körperschaftsrechtlichen Befugnisse der Aktionäre oder, wie § 108 sagt, *„ihre Rechte in den Angelegenheiten der Gesellschaft"* (a. A. Schlegelberger-Quassowski Anm. 2, der auch die Vermögensrechte einbegreift; wie hier Baumbach-Hueck Rdn. 2). Sachlich verfehlt ist es, von einem „Eigentum" der Aktionäre (am Vermögen der AG) zu sprechen. Notwendig ist jedes Aktienrecht, Mitgliedschaftsrecht und alles Vermögen der AG, vom Aktionär her gesehen, fremdverwaltetes Vermögen. Auch der gern verwandte Begriff vom „wirtschaftlichen Eigentum" der Aktionäre ist daher zumindest irreführend (vgl. Reinhardt, Festschrift für Walter Schmidt, S. 23ff. und Hengeler-Kreifels, S. 11ff.; Jagenburg, AktG 1965, 158ff.; Würdinger, Aktien- und Konzernrecht 2. Aufl. S. 5). Die Frage nach dem Verhältnis der Rechte des Aktionärs zur AG ist eine solche der Abgrenzung von Individualsphäre zur Gemeinschaftssphäre der Körperschaft, also nicht die des Herrschaftsrechts des Eigentümers i. S. von § 903

BGB oder Art. 14 GG. Problematisch kann also nur werden, wieweit der Einzelaktionär dem Willen der Organe der AG, insbesondere dem Mehrheitswillen der Hauptversammlung unterworfen ist. Vgl. hierzu BVerfG 14, 263 — Feldmühle-Urteil —; Mestmäcker S. 7ff. mit weiteren Nachweisen; v. Falkenhausen AktG 1961, 122ff. Nähere Ausführungen zu dieser Abgrenzung und ihrer Problematik vgl. § 133 Anm. 7. Der Eigentumsbegriff ist jedenfalls für eine Abgrenzung ungeeignet (Wiethölter S. 315); organisatorische Zweckmäßigkeit, Gewichtigkeit der anstehenden Entscheidung, gerechter Ausgleich von Rechtsminderungen sind die entscheidenden Abgrenzungskriterien. Das ändert natürlich nichts daran, daß die vermögensrechtlichen Ansprüche aus der Aktie als solche Eigentum im Sinne des Art. 14 GG sind und dessen Schutz unterstehen (BVerfG 14, 276f.).

III. Bedeutung der Hauptversammlung

Anm. 4

Die Mitgliedschaftsrechte der Aktionäre werden in der Regel *in der Hauptversammlung ausgeübt.* Sie ist die Versammlung der Aktionäre mit der *Stellung eines gesetzlichen Verwaltungsträgers der Gesellschaft.* Über seine Zuständigkeit und seinen Aufgabenkreis vgl. Vorbem. vor § 118 u. § 119 Anm. 2ff., 7. Die Hauptversammlung ist *notwendiger Verwaltungsträger.* Zwar braucht die Satzung (entgegen HGB § 182 Ziffer 5) keinerlei Bestimmung über die Hauptversammlung zu enthalten (§ 23). Da aber eine AG ohne Aktionäre — und wenn es nur einer ist — nicht denkbar ist, kann eine Hauptversammlung stets zusammentreten. Der Unterschied gegenüber den beiden anderen gesetzlichen Verwaltungsträgern — Vorstand und Aufsichtsrat — liegt darin, daß die Hauptversammlung *nicht ständig,* sondern nur in den gesetzlich oder satzungsmäßig vorgesehenen Fällen in Tätigkeit tritt (§ 119 Abs. 1).

Hauptversammlung ist nur diejenige *Versammlung der Aktionäre,* die *unter Einhaltung bestimmter gesetzlicher Formen* (ordnungsmäßige Einberufung, notarielle Verhandlungsniederschrift) stattfindet. Auf die Formalien der Einberufung kann nur eine *Vollversammlung* aller Aktionäre — sog. Universalversammlung — verzichten (vgl. § 121 Anm. 20). Der Verzicht, wenn nur stillschweigend erklärt, ist notwendig. Auch bei Anwesenheit aller Aktionäre kann eine Hauptversammlung bei Widerspruch auch nur eines Aktionärs ohne ordnungsmäßige Einberufung nicht abgehalten werden. Tritt, ohne ordnungsgemäße Einberufung, eine Mehrheit von Aktionären zusammen, so liegt eine Scheinversammlung vor, deren Beschlüsse nichtig sind, ohne daß es dazu einer Anfechtung bedarf; jeder, der ein berechtigtes Interesse hat, kann die Nichtigkeit im Wege der Feststellungsklage nach § 256 ZPO geltend machen (Baumbach-Hueck Rdn. 4; Ritter § 102 Anm. 2b; vgl. RG 89, 379). Auch bei der *Einmanngesellschaft* sind die Formalien des Gesetzes bei Durchführung der Hauptversammlung zu beachten (dazu § 1 Anm. 31 Ziff. 4). Die Bedeutung der Hauptversammlung erschöpft sich nicht im rein rechtlichen. Jedenfalls bei den Publikumsgesellschaften ist sie die alljährlich wiederkehrende Selbstdarstellung der Gesellschaft vor einer breiten Öffentlichkeit, die insbesondere durch die Wirtschaftspresse vermittelt wird. Bei der Bedeutung, die gerade heute die sogenannten public relations haben, läßt sich kaum eine Gesellschaft die Gelegenheit entgehen, mittels der Hauptversammlungen und ihrer Vorbereitung allgemeine Firmenwerbung zu treiben. Das beginnt bei dem auf bestem Papier gedruckten, mit vielen Tabellen und Bildern ausgestatteten Geschäftsbericht, der vor der Veröffentlichung der Einberufung zur Hauptversammlung mit Sperrvermerk allen einschlägigen Presseorganen übersandt und in einer meist mit der Veröffentlichung der Einladung zur Hauptversammlung im Bundesanzeiger zeitlich zusammenfallenden Pressekonferenz vom Vorstand ausführlich den anwesenden Pressevertretern erläutert wird. Der Erfolg einer derartigen Pressekonferenz wird danach gemessen, in wievielen Presseorganen, an welcher Stelle des einzelnen Organs und in welcher Aufmachung und Ausführlichkeit sowie mit welcher Tendenz der Geschäftsbericht mit den zusätzlichen Erläuterungen des Vorstands besprochen wird. Die etwa einen Monat später stattfindende Hauptversammlung ist dann eine weitere Gelegenheit für die AG, sich in der Öffentlichkeit darzustellen. Während früher die Tendenz bestand, die Versammlung in möglichst kurzer Frist abzuwickeln, wird sie heute als öffentliches Forum gesehen, nicht nur um die Verhältnisse der Gesellschaft im einzelnen darzustellen, sondern auch um Erklärungen des Versammlungsleiters und des Vorstands zur allgemeinen Wirtschaftslage und Wirtschaftspolitik entgegenzunehmen. Auch eine möglichst lebhafte und zeitlich umfangreiche Debatte in der Hauptversammlung wird heutzutage oft gesucht. Ihr dienen vorbereitende Unterhaltungen mit Vertretern von Aktionärsgruppen oder -vereinigungen und häufig auch mit bekannteren Oppositionsrednern. Derartige Versammlungsdebatten geben die Möglichkeit einer vertieften Selbstdarstellung des Unternehmens und meistens die Gelegenheit zu interessanten längeren und mehr beachteten Stellungnahmen in der Presse. Auch für das leibliche Wohl der Versammlungsteilnehmer wird heute meistens gesorgt. Anwesende Presse-, Banken- und Aktionärsgruppenvertreter werden zum Essen eingeladen und den Aktionären wird, wenn das Unternehmen Konsumartikel herstellt, eine Probe aus der Produktpalette des Unternehmens mitgegeben. So hat die Hauptversammlung oft den Charakter einer „Geburtstagsfeier" und bezieht von daher eine weit über ihre rechtliche Aufgabe hinausgehende Bedeutung für das Bild der Gesellschaft in der Öffentlichkeit.

Anm. 5

1. a) Ausübung der Aktionärsrechte

In der Hauptversammlung wird das *Stimmrecht* (§ 12, §§134ff.), das *Auskunfts- oder Fragerecht* (§§ 131f.) und notwendig das *Recht auf Teilnahme an der Hauptversammlung* ausgeübt. Eine Ausübung des Stimmrechts außerhalb der Hauptversammlung ist nicht zugelassen. Auch die Ausübung des Fragerechts ist auf die Hauptversammlung beschränkt (§ 131 Abs. 1 S. 1 und Anm. 5). Das *Recht auf Teilnahme* an der Hauptversammlung mit allen sich daraus ergebenden Rechten ist unabhängig vom Stimmrecht, das im Einzelfall wegen nicht geleisteter Einlage (§ 134 Abs. 2), bei stimmrechtslosen Aktien oder wegen Interessenkollision entfallen kann. Das Teilnahmerecht ist ein grundsätzlich unentziehbares Mitgliedschaftsrecht (§ 1 Anm. 40), dessen Ausübung allein durch das Verbot des Rechtsmißbrauchs beschränkt werden kann (BGH 44, 245; Würdinger S. 141; v. d. Burg AktG 1962, 93), s. im einzelnen Anm. 42 zu § 134.

Ferner werden einzelne *Minderheitsrechte* der Aktionäre in der Hauptversammlung ausgeübt, so das Widerspruchsrecht der Minderheit von einem Zehntel des Grundkapitals gegen Verzichte oder Vergleiche, die Ersatzansprüche gegen Gründer, Vorstand und Aufsichtsrat betreffen (§§ 50, 93, 116, 117), das Recht der Minderheit von einem Zehntel des Grundkapitals oder DM 2000000,— Nennbetrag, gesonderte Abstimmung bei der Entlastung einzelner Verwaltungsmitglieder zu verlangen (§ 120 Abs. 1 S. 2), das Recht der Minderheit von einem Zehntel des Grundkapitals auf Geltendmachung von Ersatzansprüchen gegen Gründer, Vorstand und Aufsichtsrat (§ 147; Schlegelberger-Quassowski § 102 Anm. 3 nennen dieses Recht — im Gegensatz zu § 122 Anm. 3 — unter den *außerhalb* der Hauptversammlung auszuübenden Rechten), das Widerspruchsrecht einer Minderheit von einem Zehntel des Grundkapitals oder von DM 2000000,— Nennbetrag gegen die Wahl der Abschlußprüfer (§ 163 Abs. 2).

Anm. 6

b) Beschlußfassung

Während § 250 HGB allgemein erklärte, daß die Ausübung der Verwaltungsrechte der Aktionäre durch *Beschlußfassung* in der Generalversammlung erfolgt, läßt § 118 im Anschluß an § 108 AktG 1937 diese Frage offen und vermeidet damit die unrichtige Fassung des alten Gesetzestextes. *Nur das Stimmrecht* wird durch Beschlußfassung ausgeübt. Die Art der Ausübung der übrigen Rechte ergibt sich aus der Natur der Sache.

Anm. 7

2. Rechte der Aktionäre außerhalb der Hauptversammlung

Die Ausübung der Verwaltungsrechte erfolgt in der Hauptversammlung nur insoweit, als *das Gesetz nichts anderes bestimmt.* Solche *Ausnahmen* sieht das Gesetz in folgenden Fällen vor:

a) Unter den Rechten des *einzelnen* Aktionärs, die *außerhalb* der Hauptversammlung wahrzunehmen sind, steht in erster Reihe das *Anfechtungsrecht* des § 245. Es wird durch Erhebung der Anfechtungsklage ausgeübt (§ 246), setzt aber regelmäßig die Erklärung eines Widerspruchs zur Verhandlungsniederschrift in der Hauptversammlung voraus (§ 245 Ziff. 1). Hierher gehören ferner das Recht der Aktionäre auf *Einsicht* und auf *Erteilung von Abschriften* der Vorlagen für die Hauptversammlungen (§§ 175 Abs. 2, 120 Abs. 3, 125 Abs. 2) sowie auf *Sondermitteilung* der Einladung zur Hauptversammlung und der gefaßten Beschlüsse (§ 125 Abs. 2 u. 4).

b) Auch eine Reihe von *Minderheitsrechten* sind *außerhalb* der Hauptversammlung auszuüben: das Recht einer Minderheit von einem Zwanzigstel des Grundkapitals oder einem Nennbetrag von DM 1000000,—, Sonderprüfung wegen unzulässiger Unterbewertung zu beantragen (§ 258), das Recht der gleichen Minderheit zur Anfechtung des Gewinnverwendungsbeschlusses (§ 254) oder das Recht der gleichen Minderheit auf gerichtliche Entscheidung gegen den Sonderprüfungsbericht wegen Unterbewertung (§ 260), das Recht einer Minderheit vom zwanzigsten Teil des Grundkapitals auf Einberufung einer Hauptversammlung (§ 122 Abs. 1) und einer Minderheit von dem zwanzigsten Teil des Grundkapitals oder dem Nennbetrag von DM 1000000,— auf Ergänzung der Tagesordnung (§ 122 Abs. 2), das Recht einer Minderheit von einem Zehntel des Grundkapitals oder einem Nennbetrag von DM 2000000,— Aktien, die *Bestellung von Sonderprüfern* und von besonderen Vertretern zu beantragen (§§ 142 Abs. 2 u. 147 Abs. 2), und das Recht einer Minderheit von einem Zwanzigstel des Grundkapitals oder einem Nennbetrag von DM 1000000,—, die Bestellung von Abwicklern zu beantragen (§ 265 Abs. 3).

IV. Teilnahme von Vorstand und Aufsichtsrat an der Hauptversammlung (Abs. 2)

Anm. 8

§ 108 Abs. 2 AktG 1937 hat den Mitgliedern des Vorstands und Aufsichtsrats das Teilnahmerecht an der Hauptversammlung gegeben und damit eine nach § 250 HGB entstandene Streitfrage entschieden. Das reine Teilnahmerecht, von dem allerdings auch nach § 108 Abs. 2 AktG 1937 nicht klar war, inwieweit ihm auch eine Teilnahmepflicht entsprach (vgl. Voraufl. § 97 Anm. 17 für den Aufsichtsrat), schien dem Aktiengesetzgeber 1965 angesichts der Bedeutung der Hauptversammlung unzureichend. Er bestimmte deshalb neu, daß die Verwaltungsmitglieder an der Hauptversammlung teilnehmen sollen (vgl. Anm. 1). Dieses Sollen hat einen doppelten Gehalt.
Einmal bestätigt es, da es ja gegenüber der bisherigen Regelung ein Mehr sein soll, das bisher anerkannte Recht zur Teilnahme. Dieses Recht zur Teilnahme hängt nicht davon ab, ob das Vorstands- oder Aufsichtsratsmitglied Aktionär ist und sich als solcher ordnungsgemäß angemeldet oder seine Aktien hinterlegt hat. Das Teilnahmerecht steht jedem einzelnen Mitglied der beiden Organe zu und kann daher unabhängig von einer Teilnahme des gesamten Vorstandes oder gesamten Aufsichtsrats ausgeübt werden. Es steht selbstverständlich auch dem Arbeitsdirektor (§ 76 Anm. 14) und den einzelnen von den Arbeitnehmern oder dem Aufsichtsrat selbst nach den Mitbestimmungsgesetzen bestellten Aufsichtsratsmitgliedern (§ 96) zu; denn sie sind voll berechtigte und voll verpflichtete Mitglieder ihrer Organe. Darüber, ob die Abhaltung einer Universalversammlung ohne Beachtung des Teilnehmerrechts jedes Verwaltungsmitglieds deren Beschlüsse anfechtbar macht, vgl. § 121 Anm. 20.

Zum anderen normiert § 118 Abs. 2 durch den Ausdruck „sollen" eine, wenn auch nicht erzwingbare Pflicht jedes einzelnen Verwaltungsmitglieds zur Teilnahme. Diese Pflicht entzieht die Teilnahme dem pflichtgemäßen Ermessen des einzelnen Mitglieds, bindet aber andererseits nicht so schwer, daß die Verletzung der Teilnahmepflicht einen Anfechtungsgrund gem. § 243 Abs. 1 darstellte. Die Teilnahmepflicht läßt auch Ausnahmen zu, wenn gewichtige Gründe vorliegen; ein Vorstandsmitglied, das erkrankt ist, oder ein Aufsichtsratsmitglied, das auf einer großen Reise ist, kann sich von seiner Teilnahmepflicht aus § 118 Abs. 2 entschuldigt ansehen. Außer aus § 118 Abs. 2 muß auch daraus, daß z. B. der Vorstand gemäß § 131 zur Auskunftserteilung an die Aktionäre und gemäß § 176 Abs. 1 zur Erläuterung von Jahresabschluß, Geschäftsbericht und Gewinnverwendungsvorschlag verpflichtet ist, daß der Aufsichtsrat satzungsgemäß aus seiner Reihe den Versammlungsleiter zu bestellen hat und sein Vorsitzender gemäß § 176 Abs. 1 den Aufsichtsratsbericht der Hauptversammlung erläutern soll, eine Pflicht des Gesamtvorstandes und Gesamtaufsichtsrats entnommen werden, für eine Teilnahme seiner Organmitglieder mindestens insoweit zu sorgen, daß die gesetzlich und satzungsmäßigen Pflichten der Organe in Zusammenhang mit der Abwicklung der Hauptversammlung einwandfrei erfüllt werden können. Hierbei handelt es sich nicht nur um ein Sollen, sondern um ein Müssen. Die Auffassung von Godin-Wilhelmi § 131 Anm. 3, der Vorstand sei zur Teilnahme an der Hauptversammlung verpflichtet, wenn ihm ein Auskunftverlangen angekündigt sei, ist demnach zu eng.

Das Teilnahmerecht des einzelnen Organmitglieds gibt ihm alle mit dem Teilnahmerecht des Einzelaktionärs (hierzu vgl. § 134 Anm. 42) zusammenhängenden Rechte in der Hauptversammlung mit Ausnahme des Stimm- und Auskunftsrechts. Die Organmitglieder können sich also an der Diskussion beteiligen und Anträge stellen (Obermüller-Werner-Winden S. 69). Das Recht, Widerspruch zu Protokoll des Notars zu erklären (vgl. § 245 Ziff. 1), wird man dem einzelnen Aufsichtsrats- und Vorstandsmitglied jedoch nicht zuerkennen können (anders Obermüller-Werner-Winden S. 70), weil dieser Widerspruch nicht rechtserheblich ist und den Belangen des einzelnen Verwaltungsmitglieds hinreichend Rechnung getragen ist, wenn er im Rahmen seiner Diskussionsteilnahme seine Auffassung zum Ausdruck bringt. Das Widerspruchsrecht aus § 163 Abs. 2, auf das Obermüller-Werner-Winden verweisen, steht auch nicht dem einzelnen Vorstands- oder Aufsichtsratsmitglied zu, sondern nur dem Gesamtorgan (§ 163 Anm. 16). Soweit die einzelnen Organmitglieder auch teilnahmeberechtigte Aktionäre sind, stehen ihnen in dieser Eigenschaft selbstverständlich Stimm-, Auskunfts- und Widerspruchsrechte zu.

Eine Befugnis zur Teilnahme — ohne Stimmrecht — haben Vertreter der staatlichen Aufsichtsbehörde nach § 44 Abs. 1 Nr. 2 KreditWG, §§ 63 Abs. 3, 112 VersAufsG, § 3 HypBG sowie der Vertreter der Inhaber von Schuldverschreibungen nach § 15 G vom 4. 12. 1899. Dieses Teilnahmerecht beschränkt sich aber auf die Befugnisse, die sich aus den angeführten Bestimmungen ergeben.

V. Aktionärsausschüsse

Anm. 9

Bei sogenannten Publikumsgesellschaften, d. h. Aktiengesellschaften mit einer großen, kaum noch übersehbaren Zahl von Aktionären, ist die praktische Durchführung der Hauptversammlung oft schwierig. Ursprünglich hat man diese Schwierigkeiten überschätzt, weil man mit viel zu großen Teilnehmerzahlen rechnete; auch haben sich zwischenzeitlich Organisationsformen für die Hauptversammlung mit mehr als 5000 Teilnehmern gefunden. Es wurde deshalb früher einmal die Bildung von Aktionärsausschüssen erwogen, die teilweise heute noch bestehen. Zweck dieser Ausschüsse ist, zwischen den Aktionären und der Verwaltung nähere persönliche und damit auch sachliche Bindungen herzustellen und somit einen gewissen Ausgleich gegen den Charakter der Hauptversammlung als einer reinen Massenversammlung zu schaffen. So wie die Bildung von Beiräten bzw. Verwaltungsräten neben dem Aufsichtsrat (vgl. Erl. zu

§ 95) die nach dem Aktiengesetz bestehende zwingende Kompetenzverteilung zwischen den Organen nicht abändern kann, können auch die im Gesetz nicht vorgesehenen Aktionärsausschüsse keinerlei Rechte, Funktionen oder Pflichten der Hauptversammlung übernehmen. Es bestehen aber keinerlei Bedenken, daß die Satzung die Bildung solcher Ausschüsse vorsieht, mit der Maßgabe, daß die Ausschüsse eine rein informatorische und beratende Stellung als Mittler zwischen den Aktionären und der Verwaltung haben und Beschlüsse der Hauptversammlung vorbereiten. Daß sich derartige Aktionärsausschüsse in der Praxis auf die Dauer durchsetzen werden, ist allerdings nach den bisherigen Erfahrungen nicht anzunehmen.

§ 119 Rechte der Hauptversammlung

(1) Die Hauptversammlung beschließt in den im Gesetz und in der Satzung ausdrücklich bestimmten Fällen, namentlich über

1. **die Bestellung der Mitglieder des Aufsichtsrats, soweit sie nicht in den Aufsichtsrat zu entsenden oder als Aufsichtsratsmitglieder der Arbeitnehmer nach dem Betriebsverfassungsgesetz oder dem Mitbestimmungsergänzungsgesetz zu wählen sind;**
2. **die Verwendung des Bilanzgewinns;**
3. **die Entlastung der Mitglieder des Vorstands und des Aufsichtsrats;**
4. **die Bestellung der Abschlußprüfer;**
5. **Satzungsänderungen;**
6. **Maßnahmen der Kapitalbeschaffung und der Kapitalherabsetzung;**
7. **die Bestellung von Prüfern zur Prüfung von Vorgängen bei der Gründung oder der Geschäftsführung;**
8. **die Auflösung der Gesellschaft.**

(2) Über Fragen der Geschäftsführung kann die Hauptversammlung nur entscheiden, wenn der Vorstand es verlangt.

Übersicht

Literatur

Balser: Die Aktiengesellschaft, Bd. I und II 1966
Barz: Die große Hauptversammlung, AktG 1962 Sonderbeilage I/62 S. 1—12
Baltzer: Der Beschluß als rechtstechnisches Mittel organschaftlicher Funktion im Privatrecht, 1965 (Beiträge z. Zivilrecht und Zivilprozeß 14)
von der Burg: Mißbrauch von Aktionärsrechten und Ausschluß aus der Hauptversammlung, AktG 1962, S. 92—94
von der Burg: Ausschluß aus der Hauptversammlung mit Anfechtungsklage, AktG 1962, S. 116—119
Butenschön: Die Beschränkung der Redezeit der Aktionäre in der Hauptversammlung der AG durch deren Vorsitzer, BB 1958, S. 398
Ebenroth: Das Auskunftsrecht des Aktionärs und seine Durchsetzung im Prozeß, Bielefeld 1970
Erman: Einige Fragen zur Hauptversammlung der AG, AktG 1964, S. 101—102.
v. Falkenhausen: Die nächste Hauptversammlung, BB 1966, S. 337—344
Gessler: Die Behandlung von Stimmrechtsverboten in der Hauptversammlung, BB 1962, S. 1183 bis 1185
Heinitz: Die Rechte des Vorsitzenden, der Mehrheit und des einzelnen Aktionärs in der Generalversammlung der Aktionäre, DJZ 1917, S. 196—201
Klaka: Tonbandprobleme bei Hauptversammlungen, WP 1960, 116—120
Küster: Inhalt und Grenzen der Rechte der Gesellschafter, insbesondere des Stimmrechts im deutschen Gesellschaftsrecht, 1954
Lamers: Die Beurkundung der Hauptversammlung einer AG, DNotZ 1962, S. 287—303
Neuburger: Die Form der Abstimmung in der Hauptversammlung einer AG, BB 1958 S. 397—398
Obermüller: Die erste ordentliche Hauptversammlung nach dem neuen AktG, DB 1966, Beilage Nr. 6/66 zu Heft 11 S. 1—12
Rollecke: Tonbandgeräte in Hauptversammlungen, BB 1959, S. 514
Westrick: Aktienrechtliche Fragen bei der Abwicklung von Hauptversammlungen, BB 1958, S. 395—397
Wolter: Zulässigkeit von Tonbandaufnahmen in Hauptversammlungen, WP 1960, S. 418—419
Zöllner: Die Schranken mitgliedschaftlicher Stimmrechtsmacht bei den privatrechtlichen Personenverbänden, 1963

Anm. 1

Einleitung

Eine dem § 119 entsprechende Bestimmung ist erstmals als § 103 in das AktG 1937 aufgenommen worden, und zwar als Folge der Entmachtung der Hauptversammlung (vgl. Vorbem. vor § 76 und vor § 118). Während nach dem HGB zur Zuständigkeit der Hauptversammlung neben den Gegenständen, die das Gesetz ihr ausschließlich zuwies, und neben den Gegenständen, die die Satzung oft der Beschlußfassung der Hauptversammlung unterstellte, alle Fragen gehörten, die sie, soweit nicht das Statut entgegenstand, an sich zog (vgl. Staub HGB 9. Aufl. § 250 Anm. 7), regelte die Aktienreform 1937 die Verteilung der Kompetenzen zwischen den Organen der Aktiengesellschaft zwingend und verbindlich, so daß die beliebige statutenmäßige Erweiterung der Zuständigkeit ebenso entfiel, wie die Kompetenz-Kompetenz, d. h. die Zuständigkeit, den Umfang der eigenen Zuständigkeit selbst zu bestimmen. Es blieben also nur die gesetzlichen Zuständigkeiten. Wenn § 103 Abs. 1 AktG 1937 auch bestimmte, daß der Hauptversammlung die satzungsmäßig ihr überlassenen Fragen ebenfalls zuständen, so war doch der Rahmen, innerhalb dessen die Satzung zur Erweiterung der Zuständigkeit der Hauptversammlung befugt war, sehr eng (Voraufl. § 103 Anm. 2). Ausdrücklich ordnete § 103 Abs. 2 an, daß über Fragen der Geschäftsführung die Hauptversammlung nur entscheiden dürfe, wenn der Vorstand dies verlange.

An dieser Regelung hat § 119 AktG 1965 nichts geändert. Er entspricht wörtlich der bisherigen Regelung mit der Ausnahme, daß in Anlehnung an Art. 698 des Schweizerischen Obligationsrechts die wichtigsten — aber keineswegs alle — Aufgaben der Hauptversammlung ausdrücklich aufgeführt sind. Abgelehnt wurde bei der Reform der Vorschlag, die Hauptversammlung auf Verlangen des Aufsichtsrats auch über Geschäftsführungsfragen entscheiden zu lassen, und der weitere, von Mitbestimmungsüberlegungen ausgehende Vorschlag, die Anrufung der Hauptversammlung durch den Vorstand dann auszuschließen, wenn der Aufsichtsrat zu einem seiner Zustimmung bedürftigen Geschäfte die Zustimmung verweigere; durch beide Vorschläge wäre das Kräfteverhältnis zwischen Aufsichtsrat und Vorstand zugunsten des Aufsichtsrats verändert und — im letzteren Falle — die Entscheidung des mitbestimmten Organs „Aufsichtsrat" über die der Hauptversammlung gestellt worden (vgl. Kropff Seite 155/56 und 165/66).

I. Zuständigkeit der Hauptversammlung

Anm. 2

Die Hauptversammlung beschließt in den im Gesetz und in der Satzung ausdrücklich bestimmten Fällen (Abs. 1). Diese Bestimmung bringt gegenüber dem HGB eine wesentliche Begrenzung der Aufgaben der Hauptversammlung. Das HGB enthielt keine Bestimmung über die Zuständigkeit der Hauptversammlung. Nach dem Grundsatz des § 32 BGB hatte sie über alle Angelegenheiten zu beschließen, die nicht aufgrund des Gesetzes oder der Satzung von einem der anderen Organe zu besorgen waren. Nach dem Aktiengesetz hingegen hat sie nur in den ihr vom Gesetz oder der Satzung ausdrücklich zugewiesenen Fällen zu beschließen. Kraft Gesetzes ist sie vor allem zuständig für alle Entscheidungen über den verfassungsmäßigen Aufbau und die Kapitalgrundlage der Gesellschaft (§ 118 Anm. 1), für die Bestellung und Abberufung des Aufsichtsrats (mit den sich aus dem BetrVG und den MitbestG ergebenden Einschränkungen) und für die Gewinnverteilung. Satzungsmäßig können der Hauptversammlung nur im engen Rahmen des § 23 Abs. 5 Kompetenzen zugewiesen werden. Außerhalb von Gesetz und Satzung kann die Hauptversammlung keine Kompetenz für sich in Anspruch nehmen; die Kompetenz-Kompetenz steht ihr also nicht zu. Nur eigene Angelegenheiten darf sie selbst regeln.

Anm. 3

1. Gesetzliche Zuständigkeiten

Die Hauptfälle der gesetzlichen Zuständigkeit führt Abs. 1 nunmehr auf, aber nur beispielhaft und nicht vollständig. Abs. 1 ist auch nicht die gesetzliche Grundlegung der Zuständigkeit, sondern nur eine referierende Wiedergabe von in anderen Bestimmungen begründeten gesetzlichen Kompetenzen: so § 101 für Ziff. 1, § 174 für Ziff. 2, § 120 für Ziff. 3, § 163 für Ziff. 4, § 179 für Ziff. 5, §§ 182, 192, 202, 207, 221/22, 229 und 237 für Ziff. 6, § 142 für Ziff. 7 und § 262 Abs. 1 Ziff. 2 für Ziff. 8. Daneben gibt es noch eine weitere Anzahl von gesetzlich bestimmten Zuständigkeiten der Hauptversammlung, von denen die wichtigsten die Feststellung des Jahresabschlusses in den Fällen des § 173 Abs. 1, die Mitwirkung bei Abschluß und Änderung von Unternehmensverträgen sowie bei Eingliederung, Verschmelzung und Umwandlung sind. Eine genauere Aufführung der gesetzlichen Zuständigkeiten der Hauptversammlung findet sich in Anm. 6ff. zu § 133.

Eine gesetzliche Vertretungsbefugnis für die AG hat die Hauptversammlung grundsätzlich nicht (Baumbach-Hueck Rdn. 7), auch nicht im Rahmen ihrer Zuständigkeit gemäß Abs. 1 und 2, und auch dann nicht, wenn der Vertragsgegner ein Aktionär ist (BGH in WM 60, 803). Die Hauptversammlung kann also auch keine Aktienzeichnung entgegennehmen (RG 43, 286). Ebenso sind Rechtsgeschäfte, die der Zustimmung der Hauptversammlung bedürfen (z. B. Unternehmensverträge gemäß § 293, Verschmelzungsverträge gemäß § 340), nach außen nur wirksam, wenn der Vorstand den Vertrag mit dem Dritten auch abschließt. Das schließt allerdings nicht aus, daß bei vorangegangenem Vertragsabschluß, der unter dem gesetzlichen Erfordernis der Zustimmung der Hauptversammlung steht, diese Zustimmung als solche Bedingung der Wirksamkeit des Vertragsschlusses ist. Dann erlangt der Vertrag mit dem Eintritt dieser Bedingung ohne weiteres Rechtswirksamkeit. Das beruht dann aber nicht auf einer Vertretungsbefugnis der Hauptversammlung, sondern ausschließlich darauf, daß ihre Zustimmung in diesem Falle Bedingung der Rechtswirksamkeit eines von dem Vorstand abgeschlossenen Vertrages ist. Davon gibt es Ausnahmen; so kann die Hauptversammlung die AG bei der Bestellung eines Aufsichtsratsmitgliedes vertreten, so daß bei Anwesenheit des neu gewählten Aufsichtsratsmitgliedes in der Hauptversammlung mit seiner Annahmeerklärung die Aufsichtsratsbestellung sofort rechtswirksam wird (RG 63, 208). Das gleiche gilt für die Bestellung der Sonderprüfer gemäß § 142 Abs. 1 und der Prozeßvertreter gemäß § 147 Abs. 3.

Anm. 4

2. Satzungsmäßige Zuständigkeiten

Außerdem beschließt die Hauptversammlung in den von der *Satzung* ausdrücklich bestimmten Fällen. Die Satzung ist aber keineswegs in der Lage, der Hauptversammlung Geschäfte in beliebigem Umfang zu übertragen (vgl. § 23 Abs. 5). Sie vermag nichts an der gesetzlichen Zuständigkeitsordnung der verschiedenen Organe zu ändern und kann daher der Hauptversammlung nicht Gegenstände zur Beschlußfassung zuweisen, die nach dem Gesetz von einem der anderen Organe zu besorgen sind, z. B. die Bestellung des Vorstands, da sie dem Aufsichtsrat gesetzlich zugewiesen ist. Dies gilt namentlich auch für Fragen der Geschäftsführung (Anm. 7ff.). Es ist daher für die Zuweisung von Aufgaben an die Hauptversammlung wenig Raum. In Betracht kommt etwa die Wahl der Mitglieder eines besonderen durch die Satzung geschaffenen beratenden Organs (§ 95 Anm. 7), die Gestellung und Regelung von Aktionärsausschüssen (§ 118 Anm. 9), die Erteilung der Zustimmung zur Übertragung gebundener Namensaktien (§ 68 Anm. 8). Die in der Voraufl. § 103 Anm. 2 in diesem Zusammenhang aufgeführte Einforderung von Einzahlungen auf die Aktien ist Geschäftsführungsmaßnahme (§ 63 Anm. 4) und kann auch satzungsmäßig der Hauptversammlung nicht überlassen werden.

Für *Streitigkeiten zwischen der Gesellschaft und einem Aktionär* kann ein Organ der Gesellschaft, also auch die Hauptversammlung, weder durch die Satzung noch durch eine Vereinbarung zum *Schiedsrichter* bestellt werden (RG 55, 326; vgl. RG 80, 191; 93, 288; RG in LZ 1919, 803[23]); denn das würde bedeuten, daß die Gesellschaft zum Richter in eigener Sache bestellt würde. Nach Ritter § 103 Anm. 3b soll entscheidend sein, ob der mit der Gesellschaft in Streit befindliche Aktionär mitentscheiden kann. Dies sei aber nicht die Meinung der Schiedsklausel; nur die übrigen Aktionäre sollten Schiedsrichter sein. Zwar seien sie in der Regel befangen, doch könnten sich die Beteiligten hierauf nicht berufen, da sie diese Befangenheit in Kauf genommen hätten. Dem kann nicht zugestimmt werden. Das Entscheidende ist nicht, daß der streitbeteiligte Aktionär nicht bei der Entscheidung mitwirken kann, sondern daß die Entscheidung nicht von einem Organ der an dem Streit beteiligten Gesellschaft gefällt werden darf. Die Hauptversammlung hört nicht auf, Organ der Gesellschaft zu sein, wenn sich der beteiligte Aktionär von der Mitwirkung ausschließt. Eine Satzungsbestimmung oder Vereinbarung, nach der die Hauptversammlung unter Ausschluß des beteiligten Aktionärs Schiedsrichter sein soll, kann auch nicht in die Bestimmung umgedeutet werden, daß diejenigen Aktionäre, die auf der Hauptversammlung stimmberechtigt sind, Schiedsrichter sein sollen. Wäre dies der Wille der Parteien, so wäre nicht nach den Bestimmungen des AktG eine Hauptversammlung zur Entscheidung einzuberufen, sondern es müßten nach den Bestimmungen der ZPO alle vorhandenen Aktionäre als Schiedsgericht zusammentreten. Dies wird schon im Hinblick auf die Schwierigkeiten, die sich dabei ergeben können, z. B. hinsichtlich der Feststellung der vorhandenen Aktionäre, schwerlich von den Parteien gewollt sein. Daß im übrigen Anfechtungs- oder Nichtigkeitsklagen ausschließlich vor die ordentlichen Gerichte gehören, jede Schiedsabrede innerhalb der Satzung oder durch Vertrag also insoweit unwirksam ist, hat der BGH LM Nr. 1 zu § 199 AktG in Übereinstimmung mit der herrschenden Lehre entschieden (vgl. § 246 Abs. 3 und Bem. dazu).

Anm. 5

3. Zuständigkeit in eigenen Angelegenheiten

Die Hauptversammlung kann in nur sie betreffenden eigenen Angelegenheiten selbst entscheiden. Dazu bedarf es keiner satzungsmäßigen Ermächtigung oder Regelung; diese Zuständigkeit versteht sich vielmehr aus der Natur der Sache. Allerdings ist die Hauptversammlung, soweit die Satzung Bestimmungen enthält, an diese gebunden. Wenn z. B. die Satzung sagt, wer den Vorsitz in der Hauptversammlung führt, kann die Hauptversammlung nicht von sich aus einen Vorsitzenden bestellen. Nur soweit die Satzung schweigt, tritt die Zuständigkeit der Hauptversammlung ein. Fraglich ist, ob die Hauptversammlung derartige Entscheidungen nur von Fall zu Fall treffen oder ob sie sie institutionalisieren und in einer ein für allemal geltenden Geschäftsordnung festlegen kann (so Voraufl. § 103 Anm. 2; Baumbach-Hueck Rdn. 11). Dem stehen jedoch zwei Bedenken entgegen: Einmal ist die Grundordnung, nach der die AG lebt, das Aktiengesetz und die Satzung, deren Fassung aus dem Handelsregister für jeden Interessierten ersichtlich ist. Eine Geschäftsordnung, die die Hauptversammlung beschließt, ohne sie zum Satzungsbestandteil zu machen, ist aber für einen außenstehenden Aktionär nur mit Schwierigkeiten feststellbar, obwohl die Geschäftsordnung, z. B. durch Bestimmungen über Redezeit, über Teilnahme von Presse, Rundfunk und Fernsehen, über Verwendung von Tonbandgeräten, über Abstimmungsverfahren und dergleichen, in seine Befugnisse eingreift. Zum anderen hat die Geschäftsordnung nur dann ihren Sinn, wenn sie insbesondere die Versammlungsleitung und ihre Befugnisse regelt. Damit lenkt sie die Befugnisse des Versammlungsleiters in feste Bahnen und schränkt sie damit ein, bindet sie zum mindesten an die Regelung der Geschäftsordnung. BGH 44, 245 hat aber dem Leiter der Hauptversammlung eine eigene Zuständigkeit für die Versammlungsleitung zuerkannt, die sich aus der Natur der Sache verstehe und nicht von der Zustimmung der Hauptversammlung abhängig sei, wobei es als zweifelhaft bezeichnet ist, ob er diese Entscheidungsbefugnis punktuell auf die Hauptversammlung delegieren könne. Das schließt zwar nicht die satzungsmäßige Regelung der Leitung und des Ablaufs einer Hauptversammlung aus, wohl aber die eigene Zuständigkeit der Hauptversammlung in Form einer nicht zum Satzungsbestandteil werdenden und trotzdem auch in die Zukunft wirkenden Geschäftsordnung. Eine Geschäftsordnung für die Verhandlungen der Hauptversammlung wird man deshalb nur für die gerade stattfindende Sitzung (RG 36, 24) und auch nur unter Beachtung der eigenständigen Befugnisse des Vorsitzenden, im übrigen aber nur als Satzungsbestandteil als zulässig anerkennen können. In der Praxis gibt es derartige Geschäftsordnungen auch nicht.

Die Entscheidungskompetenz der Hauptversammlung in Fragen der Durchführung der eigenen Verhandlung wird außerdem insoweit eingeschränkt, als Satzungsbestimmungen eingreifen oder eigene Befugnisse des Versammlungsleiters in Frage stehen; (hierüber vgl. unten Anm. 21 ff.). In der Entscheidungskompetenz des Versammlungsleiters unterliegenden Fragen mag dieser sich zwar der Zustimmung der Hauptversammlung versichern; das ändert aber an seiner Zuständigkeit nichts, und der Hauptversammlungsbeschluß ist dann nichts anderes als eine unverbindliche Meinungsbefragung (BGH 44, 248). Trotz dieser Einschränkungen der Befugnisse der Hauptversammlung zur Entscheidung in eigenen Angelegenheiten bleibt noch eine hinreichende eigene Kompetenz. So kann die Hauptversammlung, wenn die Satzung schweigt oder Satzungsbestimmungen nicht eingreifen, den Vorsitzenden bestellen und den von ihr Bestellten — nicht aber den von der Satzung Berufenen — wieder absetzen (Anm. 18/19). Sie kann Punkte von der Tagesordnung absetzen und die Hauptversammlung vertagen (Anm. 38). Auch wird man die Hauptversammlung für befugt ansehen müssen, bei Zweifeln über die Teilnahmeberechtigung eines Aktionärs oder Aktionärsvertreters über die Zulassung zu entscheiden, allerdings nur vorbehaltlich einer anderweitigen Gerichtsentscheidung im Falle eines Anfechtungsprozesses.

Anm. 6

4. Zwingender Charakter der Zuständigkeitsverteilung

Die Regelung des Abs. 1 ist zwingend. Das bedeutet einmal, daß der Hauptversammlung außerhalb des Abs. 1 keine Zuständigkeiten übertragen oder von ihr selbst in Anspruch genommen werden können, und zum anderen, daß ihr auch keine Kompetenzen weggenommen oder beschnitten werden dürfen, es sei denn, daß das Gesetz selbst, wie z. B. beim genehmigten Kapital (§ 202) oder bei der Abschlagszahlung auf den Gewinn (§ 59), eine Delegation an die Verwaltung zuläßt. Diese Rechtslage ist die notwendige Folge der starren Kompetenzverteilung, wie sie seit der Aktienreform 1937 im deutschen Aktienwesen besteht (vgl. Vorbem. vor § 73 und vor § 118). Eine gewisse Aufweichung dieser Zuständigkeitsabgrenzung gibt es nur bei der KGaA, weil hier das Verhältnis der Komplementäre gegenüber den Kommandit-Aktionären dem weitgehend dispositiven Handelsgesellschaftsrecht unterliegt (vgl. Erl. zu § 278).

II. Entscheidungskompetenz in Geschäftsführungsfragen

Anm. 7

1. Nur auf Verlangen des Vorstands

Über Fragen der Geschäftsführung kann die Hauptversammlung nur entscheiden, wenn der Vorstand es verlangt (Abs. 2). Die Hauptversammlung kann also in Fragen der Geschäftsführung weder von sich aus noch auf Verlangen des Aufsichtsrats entscheiden. Die Satzung vermag daran nichts zu ändern. Es steht im freien Ermessen des Vorstands, ob er eine Entscheidung der Hauptversammlung verlangen will. Die Satzung kann das Ermessen des Vorstands nicht beschränken und ihn nicht verpflichten, allgemein oder unter bestimmten Voraussetzungen, etwa auf Verlangen des Aufsichtsrats oder bei Meinungsverschiedenheiten mit diesem, die Entscheidung zu verlangen. Der Vorstand soll imstande sein, auf eigene Verantwortung ungebunden durch die Meinung der Hauptversammlung, die oft ein zur Entscheidung von Geschäftsführungsfragen wenig geeignetes Organ ist, die Geschäfte zu führen. Die Hauptversammlung oder gar der einzelne Aktionär ist auch nicht befugt, auf Vornahme oder Unterlassung bestimmter Geschäftsführungsmaßnahmen zu klagen, selbst dann nicht, wenn der Verdacht besteht, daß von der Verwaltung geplante Maßnahmen sich nicht innerhalb des Gesetzes halten oder zu Schadensersatzansprüchen führen können (vgl. RG in JW 27, 1677; RG 142, 227; Schlegelberger-Quassowski § 102 Anm. 6; Teichmann-Köhler § 102 Anm. 2).

Unter Fragen der Geschäftsführung sind alle Fragen zu verstehen, die in den Geschäftsbereich des Vorstandes fallen (vgl. § 76 Anm. 2 u. 3). Die Selbständigkeit dieses Geschäftsbereichs von jedem unmittelbaren Einfluß der Hauptversammlung freizustellen, ist der eigentliche Zweck der Bestimmung des Abs. 2. Deshalb geht ihr Anwendungsbereich genau so weit wie der Handlungsbereich des Vorstandes. Jedoch macht das Aktiengesetz selbst gewisse Ausnahmen: wenn z. B. eine subsidiäre Zuständigkeit der Hauptversammlung für die Bilanzfeststellung in § 173 oder eine Mitwirkung der

Hauptversammlung zur Schaffung von Wandel- oder Gewinnschuldverschreibungen (§ 221) oder zu Unternehmensverträgen (§ 293) vorgesehen ist, so schneidet sich hier die Geschäftsführungskompetenz des Vorstands mit der Kompetenz der Hauptversammlung.

Der Vorstand verlangt die Entscheidung der Hauptversammlung, indem er sie zu diesem Zweck einberuft oder die Verhandlung über die betreffende Frage auf die Tagesordnung einer aus anderen Gründen stattfindenden Hauptversammlung setzt. Der Fall, daß auf einer Hauptversammlung ohne vorherige Ankündigung ein entsprechender Antrag gestellt wird, dürfte wohl nur auf einer Universal-Hauptversammlung vorkommen, wo es einer vorherigen Ankündigung bei Einverständnis aller Aktionäre nicht bedarf (vgl. § 121 Anm. 20). Für andere Hauptversammlungen müßte aufgrund der angekündigten Tagesordnung ein Verhandlungsgegenstand anstehen, der die Geschäftsführungsmaßnahme betrifft (§ 124 Abs. 4 S. 2). Das ist aber kaum denkbar, weil Geschäftsführungsmaßnahmen wegen des § 119 Abs. 2 nicht ohne Antrag des Vorstandes zum Gegenstand der Tagesordnung gemacht werden dürfen. Daß etwa im Rahmen der Entlastung gewisse Geschäftsführungsmaßnahmen zur Diskussion kommen, rechtfertigt den Vorstand nicht, ohne vorherige Aufnahme in die Tagesordnung einen Antrag gemäß § 119 Abs. 2 zu stellen. Denn der Zusammenhang der Entlastung mit einem derartigen Antrag ist nicht so eng, daß aufgrund der Ankündigung der Entlastung mit einer Beschlußfassung nach § 119 Abs. 2 gerechnet werden könnte; außerdem geht eine derartige Beschlußfassung schon wegen § 93 Abs. 4 S. 1 (§ 93 Anm. 32) in ihrer Tragweite über die Entlastung hinaus (vgl. § 120 Anm. 5).

Der Antrag gemäß § 119 Abs. 2 ist selbst Teil einer Geschäftsführungsmaßnahme des Vorstandes, so daß mehrere Vorstandsmitglieder den Antrag nur aufgrund eines Beschlusses stellen können, der gemeinschaftlich oder nach näherer Regelung der Satzung oder der Geschäftsordnung zu fassen ist (§ 77 Anm. 2ff.). Die Sondervorschrift des § 121 Abs. 2 für die Einberufung der Hauptversammlung gilt hier nicht.

Ob der Vorstand einen Antrag gemäß § 119 Abs. 2 stellen will, hat er aus eigener Verantwortung heraus zu entscheiden. Ebenso wenig wie die Satzung kann ihm der Aufsichtsrat hier Vorschriften machen, auch nicht in der Weise, daß er eine Genehmigung gemäß § 111 Abs. 4 davon abhängig macht, daß der Vorstand die Entscheidung der Hauptversammlung gemäß § 119 Abs. 2 einholt. Eine derartige Entscheidung würde als Verweigerung der erforderlichen Zustimmung anzusehen sein mit der Maßgabe, daß der Vorstand berechtigt, aber nicht verpflichtet ist, gemäß § 111 Abs. 4 S. 3 die Hauptversammlung anzurufen. Ebenso wenig wäre ein Beschluß der Hauptversammlung rechtmäßig, der den Vorstand aufforderte, für eine bestimmte Geschäftsführungsmaßnahme den Antrag aus § 119 Abs. 2 zu stellen. Wie es mit dem Verlangen aus § 119 Abs. 2 steht, wenn dem Vorstand zur Durchführung der Geschäftsführungsmaßnahme im Einzelfall die Vertretungsbefugnis wegen § 181 BGB fehlt, und deshalb der Aufsichtsrat gemäß § 112 Vertretungsorgan ist, bleibt zweifelhaft. BGH in WM 60, 803 äußert Zweifel, ob dann trotz des Wortlauts gemäß § 119 Abs. 2 der Vorstand berechtigt bleibt, die Entscheidung der Hauptversammlung zu verlangen. Da man aber nicht allgemein die Geschäftsführungsmaßnahmen, zu deren Durchführung der Vorstand wegen § 181 BGB nicht vertretungsberechtigt ist, von § 119 Abs. 2 ausnehmen kann, bleibt nur eine Alternative: Entweder gibt man die Anrufungsbefugnis für diesen Einzelfall dem Aufsichtsrat, dem ja, wenn der Vorstand aus § 181 BGB ausgeschlossen ist, im Grunde auch die Entscheidung über die Durchführung der Maßnahme und damit insoweit die Geschäftsführung zusteht, oder man läßt entgegen den auf Sinn und Zweck des § 119 Abs. 2 gestützten Zweifeln des BGH die Zuständigkeit des Vorstands zur Anrufung der Hauptversammlung bestehen. Die logisch richtigere Entscheidung wäre die, für einen derartigen Fall dem Aufsichtsrat die Befugnis aus § 119 Abs. 2 zuzuerkennen. Das erfordert dann aber eine weitgehende Analogie, die trotz der scharfen Organabgrenzung jedoch geboten ist, weil wegen Behinderung des Vorstands im Einzelfalle nicht nur die behelfsmäßige Vertretung der Gesellschaft, sondern die Entscheidung über die Vornahme des Geschäftes beim Aufsichtsrat liegt. Er muß dann aber ebenso wie der Vorstand die Möglichkeiten aus § 119 Abs. 2 mit den daraus resultierenden Haftungsfolgen aus § 93 Abs. 4 S. 1 haben.

Die Frage der Anrufung der Hauptversammlung aus § 119 Abs. 2 ist nach der Schwere und Bedeutung des in Frage stehenden Geschäftes zu entscheiden. Diese Bestimmung ist für besondere Ausnahmefälle gedacht und soll keineswegs dem Vorstand die Möglichkeit geben, sich in seiner Verantwortung hinter der Hauptversammlung zu verstecken (Baumbach-Hueck Rdn. 9). Die Anrufung kann insbesondere berechtigt sein, wenn im Vorstand oder zwischen Vorstand und Aufsichtsrat schwerwiegende Differenzen über die Zweckmäßigkeit einer wichtigen Geschäftsführungsmaßnahme bestehen, wenn durch das beabsichtigte Geschäft die Unternehmensstruktur stark beeinflußt wird und dgl. Die bisherige Praxis hat gezeigt, daß die Vorstände deutscher Aktiengesellschaften sehr verantwortungsfreudig sind und von der Möglichkeit des § 119 Abs. 2 nur höchst selten Gebrauch machen. Das ist auch richtig; denn § 119 Abs. 2 soll ja an dem Prinzip der eigenverantwortlichen Leitung der Gesellschaft durch den Vorstand nichts ändern. Es wird deshalb nur höchst selten Fälle geben, in denen man den Vorstand für verpflichtet halten wird, den Antrag zu stellen mit der Maßgabe, daß die Unterlassung der Antragsstellung als Verletzung seiner Sorgfaltspflicht anzusehen ist (zu weitgehend deshalb Voraufl. § 103 Anm. 4).

Darüber, ob die Erteilung der Hauptversammlungszustimmung die etwa erforderliche Aufsichtsratszustimmung ersetzt, vgl. Anm. 9. Darüber ob die Hauptversammlung auch nach Vornahme der Geschäftsführungsmaßnahme noch angerufen werden kann und welche Wirkung die Anrufung hat, vgl. § 120 Anm. 5.

Anm. 8

2. Bindung des Vorstands an die Entscheidung

Hat der Vorstand gemäß § 119 Abs. 2 die Entscheidung der Hauptversammlung angerufen, so ist er auch verpflichtet, diese Entscheidung durchzuführen (so Kropff S. 165). Das ist durch die 1965 neu eingeführte Bestimmung des § 83 Abs. 2 eindeutig klargestellt (vgl. § 83 Anm. 5; § 93 Anm. 36/37). Der abweichenden Meinung von Godin-Wilhelmi Anm. 6 kann nicht zugestimmt werden; der von ihnen zitierte § 82 Abs. 2, der die Bindung nur an beschränkende und ablehnende Beschlüsse anordnen soll, ist demgegenüber nicht einschlägig. Die mangelnde Deckung des Vorstands den Gläubigern gegenüber, wie sie sich aus § 93 Abs. 5 ergibt, ist kein Argument. Wenn die Befolgung des Hauptversammlungsbeschlusses wirklich einmal eine gröbliche Sorgfaltsverletzung sein sollte, muß der Vorstand seine Position durch Ausübung des ihm gemäß § 245 Ziff. 4 zustehenden Anfechtungsrechts wahren (§ 93 Anm. 37). Wenn jedoch neue Tatsachen eintreten oder Entwicklungen erkennbar werden, die nach pflichtgemäßer Auffassung des Vorstands eine gegenüber der Entscheidungsbasis der Hauptversammlung veränderte Lage schaffen, kann er die Ausführung der Maßnahme aussetzen, muß dann aber unverzüglich eine erneute Entscheidung der Hauptversammlung herbeiführen (§ 93 Anm. 38).

Die Bindung besteht aber nur an gesetzmäßige Hauptversammlungsbeschlüsse, sie dürfen also weder nichtig noch innerhalb der Anfechtungsfrist angefochten sein. Wegen der Einzelheiten vgl. § 93 Anm. 33.

Ein gesetzmäßiger Hauptversammlungsbeschluß befreit den Vorstand von seiner Ersatzpflicht der Gesellschaft gegenüber (§ 93 Abs. 4 S. 1), nicht aber den Gläubigern gegenüber (§ 93 Abs. 5 S. 3), die die Haftung aber nur dann in Anspruch nehmen können, wenn eine gröbliche Verletzung der Sorgfaltspflicht vorliegt (§ 93 Anm. 51/52).

Anm. 9

3. Verhältnis zu § 111 Abs. 4

Nach § 111 Abs. 4 S. 3 kann der Vorstand in Geschäftsführungsfragen die Hauptversammlung dann anrufen, wenn eine durch Satzungs- oder Aufsichtsratsbestimmung angeordnete Zustimmung zu einer Geschäftsführungsmaßnahme vom Aufsichtsrat verweigert wird. In diesem Falle geht das Verlangen des Vorstands dahin, über die Erteilung der Zustimmung zu beschließen. Nach der Fassung des § 93 Abs. 4 S. 3 übernimmt in einem derartigen Konfliktsfall zwischen Vorstand und Aufsichtsrat die Hauptversammlung die Funktion des Aufsichtsrats und hat — wenn auch nur mit einem Beschluß, der zwingend eine Mehrheit von mindestens ¾ der abgegebenen Stimmen umfaßt — über die Zustimmung zu der Geschäftsführungsmaßnahme zu entscheiden. Hat die Entscheidung der Hauptversammlung in diesem Falle auch die Bedeutung des § 119 Abs. 2, d. h. bindet sie den Vorstand und befreit ihn von einer Schadensersatzpflicht gemäß § 93 Abs. 4 S. 1? Die Vorschriften des § 111 Abs. 4 S. 3 und des § 119 Abs. 2 gleichen sich darin, daß es allein dem pflichtgemäßen Ermessen des Vorstandes unterliegt, ob er die Entscheidung der Hauptversammlung anrufen will. Bei § 111 Abs. 4 S. 3 geht es aber um einen Konfliktsfall mit dem Aufsichtsrat — das allein ist die Grundlage für das Erfordernis der ¾-Majorität (vgl. Erl. zu § 111 Abs. 4) — und ersetzt der Beschluß nur die Zustimmung des Aufsichtsrats zu einer zustimmungspflichtigen Geschäftsführungsmaßnahme. Der die Zustimmung erteilende Beschluß bedeutet demnach keine Verpflichtung des Vorstandes zur Vornahme des Geschäfts, sondern befreit den Vorstand nur von einer der Durchführung entgegenstehenden Schranke. Es bleibt nach wie vor Entscheidung des pflichtgemäßen Ermessens des Vorstandes, ob er die Geschäftsführungsmaßnahme durchführen oder unterlassen will, so daß auch die die Entscheidung des Aufsichtsrats ersetzende Zustimmung der Hauptversammlung ebensowenig wie die Zustimmung des Aufsichtsrats eine Haftungsbefreiung gemäß § 93 Abs. 4 S. 2 erwirkt (§ 93 Anm. 32). Dann aber hat der die Zustimmung gemäß § 111 Abs. 4 S. 3 erteilende Beschluß der Hauptversammlung nicht die Bedeutung eines Beschlusses nach § 119 Abs. 2. Im Rahmen dieser letzteren Bestimmung tritt die Hauptversammlung an die Stelle des Geschäftsführungsorgans „Vorstand", während er im Falle des § 111 Abs. 4 S. 3 nur die Stelle des Aufsichtsrats ersetzt. Daß in diesem Falle eine ¾-Mehrheit erforderlich ist, darf den Blick nicht trüben; das hat seinen Grund ausschließlich darin, daß die einfache Mehrheit der Hauptversammlung das mitbestimmte Organ „Aufsichtsrat" nicht gar zu einfach soll überspielen können, beruht also nicht auf dem Gewicht der zur Entscheidung anstehenden Frage, sondern auf der Abgrenzung der Organzuständigkeiten. Sind aber die Entscheidungen der Hauptversammlung nach § 111 Abs. 4 S. 3 und § 119 Abs. 2 verschiedene Dinge, so wird man dem Vorstand anraten müssen, wenn er die Hauptversammlung nach § 111 Abs. 4 S. 3 anruft, das Anrufungsverlangen gleichzeitig auf § 119 Abs. 2 zu stützen, weil er damit eine ihn bindende und damit von der Haftung gemäß § 93 Abs. 4 S. 1 freistellende Entscheidung erlangt.

Das aber läßt die weitere Frage entstehen, ob Geschäftsführungsmaßnahmen, die durch Bestimmungen der Satzung oder des Aufsichtsrats von dessen Zustimmung abhängig sind, dieser Zustimmung nicht bedürfen, wenn der Vorstand die Entscheidung der Hauptversammlung gemäß § 119 Abs. 2 anruft. Aus dem Organaufbau der AG, der die Aufsichtsratsmitglieder von der Hauptversammlung bestellen und abberufen läßt, müßte eigentlich gefolgert werden, daß die Zustimmung der Hauptversammlung die satzungsgemäß oder durch Beschluß des Aufsichtsrats erforderliche Zustimmung dieses Organs ersetzt; denn es scheint schwer vorstellbar, das über die personelle Zusammensetzung des Aufsichtsrats entscheidende Organ „Hauptversammlung", wenn es anstelle des Vorstandes Geschäftsführungsorgan wird, an die Zustimmung des Aufsichtsrats zu binden. Andererseits könnte dann aber der Vorstand den meist mitbestimmten Aufsichtsrat leicht überspielen, indem er einer drohenden Verweigerung der Zustimmung durch vorherige Anrufung der Hauptversammlung nach § 119 Abs. 2 zuvorkäme und damit der Hauptversammlung die Möglichkeit gäbe, die Entscheidung über die zur Frage stehende Geschäftsführungsmaßnahme mit einfacher Mehrheit zu fällen. Man wird deshalb in analoger Anwendung des § 111 Abs. 4 S. 3 annehmen müssen, daß der Beschluß der Hauptversammlung die erforderliche Aufsichtsratszustimmung nur ersetzt, wenn er mit der Stimmenmehrheit des § 111 Abs. 4 S. 4 gefaßt worden ist. Ist er nur mit einfacher Mehrheit gefaßt, so muß der Vorstand nunmehr die Aufsichtsratszustimmung einholen; wird sie verweigert, so kann er dann gemäß § 111 Abs. 4 S. 3 vorgehen, um zu versuchen, im zweiten Anlauf eine ¾-Mehrheit in der Hauptversammlung zu erhalten. Diese Regelung wird man auch für die Unternehmen gelten lassen müssen, die von der Mitbestimmung freigestellt sind (z. B. aus § 76 Abs. 5 oder § 81 Abs. 1 S. 1 BetrVG 1952); denn § 111 Abs. 4 S. 4 beruht zwar auf der Mitbestimmung, beschränkt seine Anwendbarkeit aber nicht auf die der Mitbestimmung unterliegenden Gesellschaften.

Anm. 10

4. Beschlußfassung und Erörterung über Fragen der Geschäftsführung

Faßt die Hauptversammlung in Geschäftsführungsfragen ohne Verlangen des Vorstands einen Beschluß, so ist dieser für den Vorstand nicht bindend. Der Beschluß ist auch kein gesetzmäßiger, den Vorstand von der Haftung gegenüber der Gesellschaft befreiender Beschluß im Sinne des § 93 Abs. 4 S. 1 (§ 93 Anm. 32). Eine andere Frage ist es, ob die Hauptversammlung überhaupt befugt ist, ohne Verlangen des Vorstands Beschlüsse in Fragen der Geschäftsführung zu fassen. Weder der Wortlaut noch der Sinn des Gesetzes zwingen zu der Annahme, daß es der Hauptversammlung verwehrt ist, ihrer Meinung in einer Frage der Geschäftsführung durch einen — den Vorstand allerdings nicht bindenden und nicht entlastenden — Beschluß Ausdruck zu geben (Teichmann-Koehler § 103 Anm. 3; Baumbach-Hueck Rdn. 10). Als eine unzulässige Behinderung der Geschäftsführung müßte hingegen eine Satzungsbestimmung angesehen werden, nach der vor der Entscheidung bestimmter Fragen der Geschäftsführung die Hauptversammlung zu hören ist (§ 82 Anm. 12 u. 13). Auch hat die Minderheit kein Recht auf Einberufung der Hauptversammlung zum Zwecke der Beratung und Beschlußfassung über Fragen der Geschäftsführung (§ 122 Anm. 6), wenn damit keine in die Zuständigkeit der Hauptversammlung fallenden Anträge auf Beschlußfassung verbunden werden (dazu im Folgenden). Dagegen ist ein Recht des Aufsichtsrats, die Hauptversammlung einzuberufen, um über Fragen der Geschäftsführung zu verhandeln, anzuerkennen. Denn der Aufsichtsrat kann im Hinblick auf Beschlüsse, die er auf eigene Verantwortung zu fassen hat, ein berechtigtes Interesse daran haben, die Meinung der Hauptversammlung zu erfahren (§ 111 Anm. 12).

Das grundsätzliche Verbot, über Fragen der Geschäftsführung *zu entscheiden*, bedeutet natürlich nicht, daß es der Hauptversammlung versagt ist, Gegenstände und Maßnahmen der Geschäftsführung im Rahmen der Tagesordnung *zu erörtern*. Jede Beschlußfassung der Hauptversammlung im Rahmen ihrer gesetzlichen Zuständigkeiten, etwa über die Entlastung der Verwaltungsmitglieder, den Jahresabschluß oder die Gewinnverteilung, über Maßnahmen der Kapitalbeschaffung oder die Zustimmung zu Verträgen im Sinne von §§ 291/92 setzt ihrer Natur nach, wenn eine Aussprache stattfindet die Erörterung geschäftlicher Vorfälle und Maßnahmen voraus. Ebenso kann, falls eine entsprechende Ankündigung (§ 124) bzw. ein entsprechendes Minderheitsverlangen (§ 122 Abs. 2) vorliegt, die Erörterung geschäftlicher Maßnahmen erzwungen werden, mit dem Ziel, eine Sonderprüfung zu verlangen (§ 142) oder die Geltendmachung von Ersatzansprüchen gegen die Verwaltung durchzusetzen (§ 147); s. OLG Köln WM 59, 1402.

Auch ist der Hauptversammlung nicht versagt (gegebenenfalls aufgrund von Tatsachen, die durch Sonderprüfung bekannt werden) der Verwaltung das Vertrauen oder *Mißtrauen* auszusprechen (§ 84 Abs. 2 S. 2; vgl. BGH 13, 192ff.; 15, 71ff.; OLG Köln a. a. O.; Baumbach-Hueck Rdn. 10; Godin-Wilhelmi Anm. 6). Ein Mißtrauensvotum der Hauptversammlung bildet gemäß § 84 Abs. 2 S. 2 in der Regel einen wichtigen Grund zum Widerruf der Bestellung des Vorstands (dazu im einzelnen Anm. 33ff. zu § 84).

III. Beschlüsse der Hauptversammlung

Anm. 11

Beschlüsse sind im Wege der Abstimmung zustandegekommene Willensäußerungen der Hauptversammlung. Der Gegenstand und das Ergebnis der Abstimmung ist für das Vorliegen eines Beschlusses unerheblich. Auch Abstimmungen über Anträge, die keine Rechtswirkung hervorrufen, sondern nur die Meinung der Hauptversammlung zum

Ausdruck bringen oder einen Wunsch äußern wollen, führen zu Beschlüssen. Nicht nur, wenn ein Antrag angenommen wird, sondern auch, wenn ein Antrag abgelehnt wird, liegt eine Beschlußfassung vor (RG 122, 102). Das Gesetz gebraucht das Wort Beschluß aber nicht immer in diesem weitesten Sinn. Wenn z. B. § 133 Abs. 1 für die Beschlüsse der Hauptversammlung grundsätzlich die einfache Stimmenmehrheit verlangt, so versteht es unter Beschlüssen nur die positive Willensäußerung der Hauptversammlung zu einem Antrag (vgl. über die Folgerungen, die sich daraus für die richtige Stellung der Anträge ergeben, § 133 Anm. 3). Wenn hingegen § 130 Abs. 1 S. 1 für Beschlüsse der Hauptversammlung die Beurkundung in der Niederschrift verlangt, so gilt die Vorschrift auch für einen Antrag ablehnende Beschlüsse. Beschlüsse, die nur die Geschäftsordnung betreffen — nicht aber auch Beschlüsse über die Absetzung von der Tagesordnung oder Vertagung —, sind keine der Anfechtung unterliegenden Beschlüsse im Sinne des § 243 (LG Düsseldorf in AktG 1963, 123 mit weiteren Literaturangaben; Obermüller-Werner-Winden S. 322).

Anm. 12

1. Ausführung der Beschlüsse

Rechtmäßige Beschlüsse der Hauptversammlung binden die überstimmte Minderheit, den Vorstand und den Aufsichtsrat (Teichmann-Koehler § 103 Anm. 5). Der Vorstand hat sie auszuführen (§ 83 Abs. 2; vgl. § 83 Anm. 5 u. § 93 Anm. 36); der Aufsichtsrat hat die Ausführung zu überwachen (vgl. § 111 Abs. 1). Glaubt der Vorstand, einen Beschluß der Hauptversammlung nicht ausführen zu können, so steht ihm das Anfechtungsrecht zu (§§ 245 Abs. 1 Ziff. 4, 249); unter Umständen darf er die Ausführung des Beschlusses aussetzen (§ 93 Anm. 38), und als letzter Ausweg einer nicht lösbaren Konfliktslage bleibt die Amtsniederlegung (§ 84 Anm. 37ff.).

Die Hauptversammlung hat keine Möglichkeit, zur besseren und schnelleren Durchführung ihrer Beschlüsse besondere Personen oder Organe einzusetzen. Sie ist vielmehr auf die Tätigkeit des Vorstandes angewiesen. Verletzt dieser seine Pflicht zur Durchführung der Hauptversammlungsbeschlüsse, so ist das ein wichtiger Grund zum Widerruf seiner Bestellung durch den Aufsichtsrat und zum Vertrauensentzug durch die Hauptversammlung (§ 83 Anm. 5). Die Hauptversammlung kann den Vorstand durch Beschluß auch mit Weisungen über die Durchführung ihrer Beschlüsse versehen, z. B. Zeitpunkt und Reihenfolge der Anmeldung von Satzungsänderungen, Unternehmensverträgen oder Verschmelzungen zum Handelsregister, Hinausschiebung der Dividendenauszahlung (§ 58 Anm. 33). Jedoch dürfen diese Weisungen nicht so weit gehen, daß sie die Entscheidung über den Bestand des Hauptversammlungsbeschlusses in das Ermessen des Vorstands stellen. Darin läge eine Übertragung der Entscheidungskompetenz auf den Vorstand, die unzulässig ist (Anm. 6).

Anm. 13

2. Rechtsnatur der Beschlüsse

Die *Rechtsnatur der Beschlüsse* ist nicht immer die gleiche. Die Hauptversammlung ist ein Organ der Gesellschaft; ihr Beschluß ist rechtlich der Wille der Gesellschaft. Zu dem wirksamen Zustandekommen des Beschlusses gehört aber auch seine Beurkundung in der Niederschrift (§ 130 Abs. 1 S. 1) und seine Verkündung = Feststellung über die Beschlußfassung (§ 130 Abs. 2; BGH 44, 249/50; Würdinger S. 144/45; Zöllner S. 393f.). Er enthält also zugleich eine Erklärung. Soweit seine Wirkung in der Verwirklichung der von der Hauptversammlung gewollten Rechtsbegründung oder Rechtsänderung besteht, ist er Willenserklärung (vgl. Würdinger S. 143ff.; Baltzer S. 147/48, 177/78; Godin-Wilhelmi Anm. 7). Eine Willenserklärung ist also nicht nur ein Beschluß der Hauptversammlung, bei dem diese die Gesellschaft gegenüber Dritten oder gegenüber Mitgliedern ihrer Organe vertritt (vgl. Anm. 3), sondern auch ein Beschluß, der nur für die Gesellschaft selbst Rechtswirkungen hat, wie z. B. die Feststellung der Bilanz. Nicht immer tritt die gewollte Wirkung aufgrund der bloßen wirksamen Beschlußfassung ein.

Satzungsändernde Beschlüsse bedürfen z. B. noch der Eintragung. Die Wahl einer nicht anwesenden Person zum Aufsichtsratsmitglied bedarf der Mitteilung an den Gewählten und der Annahme durch ihn. In solchen Fällen ist der Beschluß ein Teil eines aus mehreren Bestandteilen zusammengesetzten Rechtsgeschäfts. Dies ändert nichts daran, daß der Beschluß eine Willenserklärung ist. Nur wenn der Beschluß keine Begründung oder Änderung von Rechtsverhältnissen zum Inhalt hat, ist ihm die rechtsgeschäftliche Natur abzusprechen. Ein einen Antrag ablehnender Beschluß ist keine Willenserklärung; es ist vielmehr der Willensentschluß, keine Willenserklärung abzugeben. Ebensowenig sind rechtsgeschäftlicher Natur Beschlüsse, die nur den Gang der Verhandlungen auf der Hauptversammlung betreffen (s. Düringer-Hachenburg-Lehmann HGB § 250 Anm. 23—40 sowie Küster S. 71 mit zahlreichen Literaturhinweisen, ferner Bartholomeyczik ACP 144, 287 sowie ZHR 105, 293ff.).

Anm. 14

3. Auslegung

Für die *Auslegung* der Beschlüsse der Hauptversammlung muß im Interesse der Sicherheit der Grundsatz gelten, daß sich aus dem Beschluß nicht ergebende Umstände, insbesondere Vorgänge auf der Hauptversammlung, nicht berücksichtigt werden können (RG 146, 154; 108, 326 sowie Baumbach-Hueck Rdn. 4; Ritter § 103 Anm. 3c; Würdinger S. 145). Es gelten die gleichen Grundsätze wie für die Auslegung einer Satzung (§ 23 Anm. 19). Die Meinung von Godin-Wilhelmi Anm. 11, eine Beschränkung in der Auslegung gelte nicht für die Innenwirkung und für die Außenwirkung auch nur dann, wenn das Hauptversammlungsprotokoll die für eine Auslegung etwa in Betracht kommenden Erwägungen, Erläuterungen und Verhandlungen nicht ergäbe, geht zu weit. Es geht nicht an, die Auslegung eines Hauptversammlungsbeschlusses im Innen- und Außenverhältnis verschieden vorzunehmen; außerdem können, worauf Baumbach-Hueck Rdn. 5 zutreffend hinweisen, die Aktionäre wechseln. Der Zweck des Hauptversammlungsprotokolls ist auch nicht die Wiedergabe von Erwägungen und Verhandlungen, so daß ein Außenstehender sich auf das Protokoll, das ihm nicht bekannt zu sein braucht, nicht verweisen lassen muß (vgl. RGZ 108, 326).

Anm. 15

4. Willensmängel

Obwohl der Beschluß der Hauptversammlung rechtsgeschäftlichen Charakter hat, ist eine Anwendung der Bestimmungen des BGB über *Willensmängel* grundsätzlich ausgeschlossen (Baumbach-Hueck Rdn. 3; Küster S. 72; Ritter § 103 Anm. 3c; a. M. Schmidt in Voraufl. § 103 Anm. 10; Godin-Wilhelmi Anm. 9). Die Gründe, aus denen ein Hauptversammlungsbeschluß *nichtig* sein kann, zählt § 241 erschöpfend auf; das Vorliegen von Willensmängeln ist dort nicht genannt. Ein Willensmangel kann also nicht die Nichtigkeit des Beschlusses zu Folge haben. Er kann aber als Willensmangel der Versammlung oder der Mehrheit auch nicht zur Vernichtbarkeit, d. h. zur Anfechtbarkeit führen. Irrtum, Täuschung und Zwang kann nicht die Hauptversammlung, sondern nur die abstimmenden Aktionäre betreffen. Infolgedessen kann aus derartigen Willensmängeln nicht unmittelbar die Vernichtbarkeit des Hauptversammlungsbeschlusses folgen, sondern immer nur als Konsequenz der Einwirkung des Willensmangels auf die Stimmabgabe des einzelnen Aktionärs. Der in dem Beschluß zum Ausdruck kommende Wille der Aktionäre wird zwar der Gesellschaft als eigener Wille zugerechnet; der nicht erklärte Wille der Aktionäre ist hingegen nicht Wille der Gesellschaft. Erst mit Erklärung der Anfechtung der Stimmabgabe der Aktionäre könnte daher von einem Willensmangel der Gesellschaft selbst gesprochen werden. Liegen derartige Erklärungen vor, so ist die Anfechtungsklage gemäß § 243ff., sofern die sonstigen Voraussetzungen gegeben sind, immer dann möglich, wenn der Beschluß nicht mit der erforderlichen Mehrheit gültiger Stimmen gefaßt worden ist. Jedoch kann die Erhebung der Anfechtungsklage immer nur binnen Monatsfrist erfolgen (§ 241 Abs. 1), und das Anfechtungsrecht des Aktionärs hat zur Voraussetzung, daß er in der Hauptversammlung Widerspruch zur Niederschrift erklärt hat (§ 245 Abs. 1 Nr. 1; a. M. Schilling § 243 Anm. 15). Wenn also ein Aktionär unter dem Einfluß eines Willensmangels für den Beschluß gestimmt hat, so kann er doch nur innerhalb der Monatsfrist anfechten und die Anfechtungsklage nur erheben, wenn er Widerspruch zur Niederschrift erklärt hat. Daß ein für einen Beschluß stimmender Aktionär gegen den Beschluß Widerspruch erklärt, wird nur äußerst selten vorkommen, praktisch wohl nur in dem Falle, wenn er noch auf der Hauptversammlung bemerkt, daß er infolge eines Mißverständnisses mit Ja statt Nein gestimmt hat (vgl. Dür.-Hach.-Lehmann HGB § 250 Anm. 48). Im allgemeinen wird daher die Anfechtung durch einen Aktionär an dem Mangel eines Widerspruchs scheitern. Doch kann sich auf die Änderung des Abstimmungsergebnisses, zu der die wirksame Anfechtung der Abstimmungserklärung führen kann, auch ein anderer anfechtender Aktionär berufen, der den Beschluß anficht, vorausgesetzt, daß die Monatsfrist gewahrt ist. Das Anfechtungsrecht des Vorstands hat nicht die Erhebung des Widerspruchs zur Voraussetzung (§ 245 Abs. 1 Ziff. 4); es ist aber ebenfalls an die Monatsfrist gebunden. Innerhalb der Monatsfrist ist der Vorstand also in der Lage, die Anfechtungsklage zu erheben, wenn Aktionäre in der erforderlichen Zahl ihre Stimmabgabe bis dahin angefochten haben. Wenn die Gesamtheit der für den Beschluß stimmenden Aktionäre die Stimmabgabe wegen eines Willensmangels angefochten hat, wird die Erhebung der Anfechtungsklage als Pflicht des Vorstandes angesehen werden müssen. Wenn nur ein Teil der für den Beschluß stimmenden Aktionäre die Stimmabgabe anficht, wird der Vorstand nach eigenem pflichtmäßigen Ermessen zu entscheiden haben, ob er die Anfechtungsklage erheben will.

Die Anfechtung der Stimmabgabe des Einzelaktionärs erfolgt entweder durch Erklärung auf der Hauptversammlung oder nach der Hauptversammlung durch Erklärung gegenüber der Gesellschaft (Dür.-Hach.-Lehmann HGB § 250 Anm. 48). Im übrigen bestehen keine Bedenken, die allgemeinen Bestimmungen des BGB über Willensmängel anzuwenden, soweit sie nicht durch das Erfordernis der einmonatigen Frist für die Anfechtungsklage und des Widerspruchs zur Niederschrift gegenstandslos sind oder sich ihre Anwendung durch die Eigenart der Abstimmungserklärung verbietet. Insbesondere muß verlangt werden, daß eine Anfechtung wegen Irrtums unverzüglich erfolgt. Eine nach der Hauptversammlung ausgesprochene Anfechtung wird nicht mehr als unverzüglich angesehen werden können, wenn der Aktionär seinen Irrtum schon auf der Hauptversammlung bemerkt hat. Die Stimmabgabe erfolgt gegenüber allen ihre Stimme abgebenden Aktionären. Die Anfechtung wegen arglistiger Täuschung (§ 123 BGB) setzt voraus, daß sämtliche ihre Stimme abgebenden Aktionäre die Täuschung begangen haben oder sie kannten oder kennen mußten, mit Ausnahme derjenigen, die in gleicher Weise getäuscht wurden, wie man vernünftigerweise annehmen muß. Hat der Beschluß ein mit oder gegenüber einem Dritten vorzunehmendes Rechtsgeschäft zum Gegenstand, so genügt, daß der Geschäftsgegner die Täuschung begangen hat oder sie kannte oder kennen mußte. Wird die Anfechtung noch auf der Hauptversammlung ausgesprochen, so kann die Abstimmung wiederholt werden; dies ist auch möglich, wenn die Versammlung bereits zu einem andern Punkt der Tagesordnung übergegangen war (Anm. 16). Nicht anwendbar wird die Bestimmung des § 122 BGB sein, wonach der wegen Irrtums Anfechtende dem Geschäftsgegner, bei nicht empfangsbedürftigen Willenserklärungen jedem Dritten gegenüber zum Ersatz des negativen Interesses verpflichtet ist, sofern der Geschädigte den Irrtum schuldlos nicht kannte. Denn die Bestimmung der Schadensersatzpflicht in § 122 BGB paßt nicht für die Anfechtung der Stimmabgabe, und das Aktienrecht schützt durch die Voraussetzungen, denen es die Anfechtungsklage unterwirft, die Gesellschaft selbst und Dritte in ausreichender Weise.

Anm. 16

5. Widerruf

Hauptversammlungsbeschlüsse können in gewissem Umfange *widerrufen* werden. Dabei ist zu unterscheiden zwischen der Außen- und Innenwirkung des Widerrufs. Die

Außenwirkung richtet sich nach dem bürgerlichen Recht und hängt davon ab, ob der Beschluß einem Dritten gegenüber schon Wirksamkeit erlangt hat. Solange das noch nicht der Fall ist, kann er widerrufen werden, z. B. das in der Wahl zum Sonderprüfer liegende Angebot zur Übernahme der Tätigkeit vor dem Zugehen an den Dritten. Die Wahl zum Aufsichtsrat kann auch nach Zugehen auf Grund der Sondervorschrift des § 103 einseitig von der Gesellschaft — allerdings mit höherer Mehrheit — widerrufen werden. Eine andere hier insbesondere interessierende Frage ist es, wann ein nach Aktienrecht wirksamer und Wirkungen zu äußern fähiger Beschluß vorliegt und ob vor diesem Zeitpunkt der Wirksamkeit der Beschluß schon unwiderruflich sein kann. Nach § 130 ist zur Wirksamkeit von Hauptversammlungsbeschlüssen die Beurkundung durch eine notarielle Niederschrift erforderlich. Der Beschluß kann daher nicht vor dem Abschluß der Niederschrift, also regelmäßig erst mit Schluß der Hauptversammlung oder kurze Zeit danach (§ 130 Anm. 12; unten Anm. 42) wirksam werden. Streitig ist, ob der Beschluß schon vorher bindend, d. h. unwiderruflich ist. Das Gesetz pflegt es im allgemeinen zu sagen, wenn es will, daß eine noch nicht wirksame Willenserklärung unwiderruflich sein soll (vgl. z. B. § 873 BGB). Eine solche Bestimmung fehlt hier. Es fehlt auch sonst an Gründen dafür, daß ein einmal gefaßter Beschluß nicht auf derselben Hauptversammlung vor dem Abschluß der Niederschrift widerrufen werden kann. Eine Unwiderruflichkeit würde sich allerdings aus dem Übergang der Versammlung zu einem anderen Punkt der Tagesordnung ergeben, wenn die Hauptversammlung an die Reihenfolge der Tagesordnung gebunden und gehindert wäre, auf einen bereits erledigten Punkt noch einmal zurückzukommen. Doch besteht eine solche Bindung an die Reihenfolge der Tagesordnung nicht. Jeder Beschluß kann also grundsätzlich auf derselben Hauptversammlung widerrufen werden (vgl. § 124 Anm. 13).

Die Frage, welche Stimmenmehrheit für den Widerruf erforderlich ist, ist streitig. Ihre Beantwortung wird teilweise davon abhängig gemacht, in welchem Zeitpunkt der Widerruf erfolgt und welche rechtliche Bedeutung er hat; so 1. Aufl. § 103 Anm. 11. Ist der erste Beschluß und damit die in ihm enthaltene Erklärung voll wirksam, so kann ein Widerruf nur in der Form des ersten Beschlusses erfolgen, sofern nicht besondere Vorschriften etwas anderes vorsehen. So bedarf der Widerruf der Wahl zum Aufsichtsrat, die mit einfacher Mehrheit erfolgt, mangels einer abweichenden Satzungsbestimmung gemäß § 103 Abs. 1 einer Dreiviertelmehrheit. Ebenso stellt der Widerruf einer eingetragenen Satzungsänderung seinerseits eine Beschlußfassung über eine Satzungsänderung dar und bedarf daher der entsprechenden Stimmenmehrheit. Das gleiche gilt aber auch für einen noch nicht rechtswirksam gewordenen Beschluß, etwa eine noch nicht eingetragene Satzungsänderung. Man sagt, daß der *Aufhebungsbeschluß*, mag der erste Beschluß bereits eingetragen sein oder noch nicht eingetragen sein, die gleiche Tragweite hat (Dür.-Hach.-Lehmann HGB § 250 Anm. 43; Staub HGB § 278 Anm. 21). Die Gegenmeinung (1. Aufl. § 103 Anm. 11; Brodmann § 275 HGB Anm. 1e; Godin-Wilhelmi Anm. 8), die für Aufhebungsbeschlüsse rechtlich noch nicht wirksam gewordener Beschlüsse immer die einfache Mehrheit des § 133 Abs. 1 zuläßt, würde zum Ergebnis führen, daß die geringere Mehrheit den Willen der qualifizierten Mehrheit nachträglich aufheben könnte. Das kann nicht zugelassen werden, denn schon bevor ein Beschluß nach außen rechtswirksam wird (etwa durch Eintragung), besteht eine gesellschaftrechtliche Bindung (wie hier Schilling in Hachenburg GmbHG Anm. 39 zu § 53; s. auch Erl. zu § 241).

IV. Vorsitz in der Hauptversammlung

Anm. 17

Das Gesetz setzt in verschiedenen Bestimmungen voraus, daß die Hauptversammlung von einem Vorsitzenden geleitet wird. Das Teilnehmerverzeichnis ist nach § 129 Abs. 4 S. 2 vom Vorsitzenden zu unterzeichnen; die Niederschrift muß nach § 130 Abs. 2 die Feststellung des Vorsitzenden über die Beschlußfassung angeben. In der Tat versteht es sich von selbst, daß jede Versammlung mit einer unbestimmten Zahl von Mitgliedern einen Vorsitzenden haben muß (Ritter § 103 Anm. 5a); denn ohne einen Leiter ist eine ordnungsmäßige Verhandlung auf einer solchen Versammlung nicht denkbar, es sei denn, daß nur ganz wenige Aktionäre oder Aktionärvertreter vorhanden sind. Insbesondere kommt dem Leiter der Versammlung auch die Aufgabe zu, die Feststellung über die Beschlußfassung zu verkünden, wodurch einmal das Ergebnis der Abstimmung festgestellt und zum anderen eine wesentliche Voraussetzung für das Wirksamwerden des Beschlusses gesetzt wird (Zöllner S. 392ff.; § 130 Anm. 6, 7). Eine Ausnahme gilt nur für eine Ein-Mann-Gesellschaft, weil es hier dem Wesen der Sache nach keiner besonderen Feststellung des Beschlußergebnisses bedarf, weil sie durch die Stimmabgabe des alleinigen Aktionärs oder Aktionärvertreters von selbst feststeht (§ 130 Anm. 7; Godin-Wilhelmi Anm. 12 a.E.). Auch aus Rechtsgründen ist deshalb ein Vorsitzender grundsätzlich erforderlich. Sein Fehlen und damit die Unmöglichkeit der Feststellung eines Beschlußergebnisses durch ihn und dessen Protokollierung bewirkt nicht nur, wie Godin-Wilhelmi Anm. 11, annehmen, die Anfechtbarkeit der Beschlußfassung, sondern führt gemäß § 241 Ziff. 2 zu deren Nichtigkeit (Zöllner S. 394; § 130 Anm. 16).

Anm. 18

1. Bestimmung des Vorsitzes durch die Satzung

Das Gesetz bestimmt nicht, wer den Vorsitz zu führen hat. Die Satzung kann daher den Vorsitz der Hauptversammlung frei regeln (Godin-Wilhelmi Anm. 12; Baumbach-Hueck Rdn. 11; Obermüller-Werner-Winden S. 84; Möhring-Schwartz-Rowedder-Haberlandt S. 187; Barz S. 3) und tut dies fast durchweg (vgl. § 21 der Mustersatzung bei Möhring-Schwartz-Rowedder-Haberlandt S. 323; § 12 der Mustersatzung bei Balser II S. 33).

Üblicherweise geht die Regelung dahin, daß die Versammlung durch den Vorsitzenden des Aufsichtsrats oder seinen Stellvertreter und bei deren Ausfall durch ein anderes vom Aufsichtsrat bestelltes Aufsichtsratsmitglied geleitet wird. Auch unter mehreren durch die Satzung berufenen Personen wird bei dieser Fassung der Satzung der Aufsichtsrat den Vorsitzenden für die Hauptversammlung auszuwählen haben, sofern sich nicht aus der Aufzählung der Satzung eine Reihenfolge der Berufung ergibt. Die Auswahl des Aufsichtsrats, so ist weiter anzunehmen, erfolgt auch dann, wenn die Satzung es nicht ausdrücklich sagt, durch die in der Hauptversammlung anwesenden Mitglieder des Aufsichtsrats. Diese Auslegung ist aus der Natur der Sache heraus notwendig, weil sonst im Falle einer plötzlich eintretenden Verhinderung des vorgesehenen Versammlungsleiters die sachlich notwendige sofortige Bestellung eines Ersatzes nicht möglich wäre und weil außerdem die Bestellung des Versammlungsleiters keine der Zuständigkeit des Aufsichtsrats gesetzlich vorbehaltene Maßnahme ist. Für den Fall, daß kein Aufsichtsratsmitglied den Versammlungsvorsitz übernimmt, bestimmen die Satzungen gelegentlich auch noch (vgl. Balser a. a. O.; Möhring-Schwartz-Rowedder-Haberlandt S. 187), daß dann unter Vorsitz des an Lebensjahren ältesten Aktionärs oder auch des Notars — letzteres ist allerdings wegen des Charakters des Notars als reiner Urkundsperson nicht unbedenklich — ein Versammlungsleiter gewählt wird. Ist eine derartige Bestimmung in der Satzung nicht vorhanden, so tritt die gleiche Rechtslage ein, wie wenn die Satzung über die Bestellung des Vorsitzenden überhaupt nichts sagt (vgl. Anm. 19).

Fällt der Vorsitzende während der Versammlung aus, so bestimmt sich sein Nachfolger entsprechend den vorstehenden Ausführungen nach der Satzung. Die Abberufung des aus der Satzung sich ergebenden Vorsitzenden ist der Versammlung nicht möglich. Die Hauptversammlung ist, wenn die Satzung die Verhandlungsleitung regelt, an diese Regelung gebunden und kann nicht durch eigene Beschlußfassung in diese Regelung eingreifen. Das geht auch nicht einstimmig (a. M. Voraufl. § 103 Anm. 13), da auch die Gesamtheit der Aktionäre sich nicht über die Satzung hinwegsetzen kann.

Wird der Vorsitz anders als sich aus der Satzung ergibt geregelt, so liegt ein Satzungsverstoß vor, der Anfechtbarkeit gemäß § 243 Abs. 1 begründet, sofern ein Kausalzusammenhang zwischen der Verhandlungsführung des Vorsitzenden und der Beschlußfassung nicht einwandfrei auszuschließen ist.

Anm. 19

2. Bestimmung des Vorsitzes durch die Hauptversammlung

Schweigt die Satzung über den Versammlungsvorsitz entweder ganz oder für den Fall des Ausfalls der in ihr vorgesehenen Personen, so kommt die Kompetenz der Hauptversammlung zur Regelung ihrer eigenen Angelegenheiten zum Zuge (Anm. 5) und wählt die Versammlung ihren Vorsitzenden selbst. Den von ihr gewählten Vorsitzenden kann die Hauptversammlung auch wieder abberufen, da er sein Amt von der Hauptversammlung und nicht von der Satzung ableitet. Dem hier sich ergebenden Dilemma, daß die Wahl eines Vorsitzenden bereits Beschlußfassung ist und zu ihrer Wirksamkeit einer Verkündung durch einen Vorsitzenden bedarf (Anm. 17), wird man dadurch abzuhelfen haben, daß man dem Einberufer der Versammlung die Befugnis zuerkennt, bis zur Wahl eines Versammlungsleiters durch die Hauptversammlung selbst den Vorsitz zu führen oder zu bestimmen (Baumbach-Hueck Rdn. 11; Ritter § 103 Anm. 5a) Führt auch das nicht zum Ziel, so wird man — einer weitgehenden Handhabung im deutschen Vereinsrecht folgend — dem ältesten anwesenden Aktionär oder Aktionärsvertreter die Versammlungsleitung bis zur Wahl des Vorsitzenden zu überlassen haben. Mit Rücksicht auf § 129 Abs. 4 empfehlen Godin-Wilhelmi Anm. 12, nach Aufstellung und Auslegung des Teilnehmerverzeichnisses die Wahl bestätigen zu lassen. Das dürfte wohl aber etwas zu weit gehen.

Die Hauptversammlung ist in ihrer Wahl frei, muß aber wohl eine Person wählen, die an der Versammlung teilnahmeberechtigt ist (Obermüller-Werner-Winden S. 84; Baumbach-Hueck Rdn. 11). Eine stillschweigende Wahl des Versammlungsleiters dadurch, daß eine durch die Satzung nicht berufene Person ohne Widerspruch der Aktionäre einfach das Amt des Vorsitzenden ausübt (so Voraufl. § 103 Anm. 13), ist nicht zulässig, da es stillschweigende Hauptversammlungsbeschlüsse schon wegen der Bestimmung des § 130 nicht gibt und geben kann (Godin-Wilhelmi Anm. 12).

Anm. 20

3. Bestimmung des Vorsitzes durch das Gericht

In einem Ausnahmefall kann auch das Gericht den Vorsitz bestimmen. Nach § 122 Abs. 3 S. 2 kann das Registergericht, wenn dem Verlangen einer Minderheit auf Einberufung einer Hauptversammlung oder auf Ergänzung der Tagesordnung nicht entsprochen wird, neben der Ermächtigung der Minderheit zur Einberufung der Hauptversammlung oder Ergänzung der Tagesordnung auch den Vorsitzenden der Hauptversammlung bestimmen. Wegen der Einzelheiten vgl. § 122 Anm. 14. Das Gericht ist bei der Bestimmung der Person des Vorsitzenden keinen Beschränkungen unterworfen, kann also auch einen Vorsitzenden bestellen, der an der Versammlung nicht teilnahmeberechtigt ist und sein Recht auf Teilnahme erst aus der gerichtlichen Bestellung herleitet.

Anm. 21

4. Aufgaben und Befugnisse des Vorsitzenden

Über die Aufgaben und Rechte des Vorsitzenden vgl. die folgenden, den Hergang der Hauptversammlung behandelnden Anm. 22ff. Der von der Hauptversammlung Gewählte ist zur Annahme des Amtes als Vorsitzender nicht verpflichtet. Für den Fall der Regelung des Vorsitzes durch die Satzung besteht für Mitglieder von Organen der AG aus ihrer Organmitgliedschaft heraus die Pflicht, den Vorsitz zu übernehmen und zu führen. Einem Aktionär oder sonst an der Hauptversammlung Teilnahmeberechtigten kann die Satzung die Pflicht zur Übernahme und Führung des Vorsitzes dagegen nicht auferlegen (§§ 54/55; § 54 Anm. 6). Hat er aber den Vorsitz übernommen, so ist er auch, vorbehaltlich einer Niederlegung aus wichtigem Grund, verpflichtet, ihn zu führen.

V. Der Ablauf der Hauptversammlung

Anm. 22

Die Frage, wie eine Hauptversammlung abzulaufen hat, ist im Gesetz nicht geregelt. In den §§ 121 ff. wird zwar die Einberufung der Hauptversammlung sowie die Festsetzung und Bekanntgabe der Tagesordnung geregelt. Über die Ordnung des Ablaufs, die dazu zur Verfügung stehenden Mittel und die Zuständigkeit zu ihrer Anwendung schweigt sich das Gesetz aber aus. Auch die in Deutschland üblichen Satzungen pflegen diese Frage nicht zu behandeln, mit Ausnahme von Bestimmungen wie: „Der Vorsitzende leitet die Verhandlungen, bestimmt die Reihenfolge der Gegenstände der Tagesordnung und die Art der Abstimmung" (Möhring-Schwartz-Rowedder-Haberlandt S. 323; ähnlich Balser II S. 32). Für die in Gesetz und Satzung nicht geregelten Fragen bleibt als Beurteilungsgrundlage nur die „Natur der Sache", d. h. Aufgabe und Zweck der Hauptversammlung und ihrer Leitung. Insbesondere aus der Aufgabe des Versammlungsleiters müssen seine Befugnisse im einzelnen hergeleitet werden (vgl. BGH 44, 351; Batz S. 3). Dabei versteht sich von selbst, daß die Verhandlungsleitung unparteiisch und ökonomisch erfolgen muß und nicht einseitig die Interessen der Aktionäre oder der Verwaltung — wenn man beide als gegensätzlich sehen will — vertreten darf. Aus diesen Grundsätzen ergibt sich im einzelnen folgendes:

Anm. 23

1. Öffentlichkeit der Hauptversammlung

Die Frage, ob neben den Aktionären und den sonst teilnahmeberechtigten Personen (Verwaltung gemäß § 118 Abs. 2, Abschlußprüfer gemäß § 176 Abs. 2, Vertreter staatlicher Aufsichtsbehörden, vgl. § 118 Anm. 8) sonstige Personen der Hauptversammlung beiwohnen können und dürfen, regelt das Aktiengesetz nicht. Damit ist nicht nur die Frage offen, ob und ggf. auf Grund welcher Zulassung jeder Beliebige, geladene Gäste und Vertreter der Kommunikationsmittel (Presse, Rundfunk, Fernsehen) teilnahmebefugt sind, sondern auch wer über die Teilnahmebefugnis entscheidet.

Anm. 24

a) Keine Anwesenheit beliebiger Personen

Aus § 118 folgt, daß die Hauptversammlung eine Versammlung der Aktionäre ist. Das wird man dahin verstehen müssen, daß die Hauptversammlung grundsätzlich auch die Versammlung „*nur*" der Aktionäre ist. Die Zulassung beliebiger Personen aus dem Publikum ist damit ausgeschlossen. Auch Angestellte und Arbeiter des Unternehmens sind, soweit sie in der Hauptversammlung keine besonderen Hilfsaufgaben (wie Stimmzähler, Ordnungsdienst und dergleichen) zu erfüllen haben, nicht allgemein zugelassen. Eine Teilnahme beliebig vieler Personen würde den ordnungsgemäßen Ablauf der Hauptversammlung sprengen, sei es daß aus der Anwesenheit ein moralischer Zwang auf die Aktionäre entstehen könnte, sei es daß die Platzverhältnisse im Versammlungsraum zu eng würden, sei es daß die Ordnungsaufgabe des Vorsitzenden unmöglich gemacht oder gefährdet würde. Deshalb kann auch die Satzung eine derartige Teilnahme berechtigung nicht schaffen, weil sie dem Wesen der Hauptversammlung als Versammlung der Aktionäre widerspräche. Üblicherweise werden deshalb in Hauptversammlungen auch nur Personen zugelassen, die sich als Aktionäre, Aktionärsvertreter oder sonst teilnahmeberechtigt ausweisen, die gesondert eingeladen sind (Anm. 25) oder sich als Mitglieder der öffentlichen Kommunikationsmittel vorstellen (Anm. 26). Die Zulassung beliebig vieler Mitglieder würde die Beschlußfassung gemäß § 243 Abs. 2 anfechtbar machen, wenn sich ein Einfluß der Zulassung auf die Beschlußfassung nicht mit Sicherheit ausschließen läßt. Dagegen vermag die unberechtigte Anwesenheit nichtteilnahmeberechtigter und nicht gemäß b) und c) zugelassener Einzelpersonen die Ordnungsgemäßheit der Beschlußfassung nicht zu beeinträchtigen, es sei denn, daß sie sie nachweisbar gestört hat.

Anm. 25

b) Einladung von Gästen

Die Zulassung einzelner Personen als Gäste stört die ordnungsgemäße Abwicklung einer Hauptversammlung im Grundsatz nicht und ist deshalb zulässig. Das gilt insbesondere dann, wenn vernünftige Gründe für die Zulassung bestehen. Das ist der Fall, wenn eine in der Hauptversammlung in den Aufsichtsrat zuzuwählende Person oder wenn bei der Beschlußfassung über die Zustimmung zu einem Unternehmensvertrag, über die Eingliederung oder Verschmelzung die Organmitglieder und Aktionäre der anderen Gesellschaften, wenn die Mitglieder eines Beirats der Gesellschaft oder des Betriebsrats eingeladen werden. Auch gegen die Zulassung von Seminarmitgliedern einer juristischen oder wirtschaftswissenschaftlichen Fakultät, die Rechtstatsachen studieren wollen, ist nichts einzuwenden. Das gilt jedenfalls dann, wenn es sich um Publikumsgesellschaften handelt, bei denen durch die Anwesenheit von Pressemitgliedern sowieso die Öffentlichkeit teilnimmt und irgendein Interesse an einer Geheimhaltung nicht besteht.

Fraglich kann nur sein, wer die Zulassung auszusprechen hat: der Versammlungsleiter oder die Hauptversammlung selbst. Eine sachgemäße Lösung dieser Frage erfordert die Zustimmung des Versammlungsleiters (Obermüller-Werner-Winden S. 73; Barz S. 7); denn nur dann ist eine vorherige Einladung möglich, ohne daß sich die Gesellschaft gegebenenfalls der Peinlichkeit gegenübersieht, die eingeladenen Gäste wieder auszuladen. Schutzwerte Interessen der Hauptversammlung werden auch nicht verletzt. Es kann auch nicht als richtig anerkannt werden, daß bei Widerspruch eines Aktionärs die Hauptversammlung zur Entscheidung berufen wäre (Godin-Wilhelmi Anm. 16; Obermüller-Werner-Winden S. 73). Das Interesse des Einzelaktionärs kann durch die aus vernünftigen Gründen erfolgende Zulassung einer beschränkten Anzahl von Gästen kaum beeinträchtigt werden. Sein Widerspruch würde im übrigen den Beginn der Hauptversammlung verzögern, weil seine Erledigung eine Abstimmung erforderte, die erst nach Fertigstellung des Teilnehmerverzeichnisses möglich wäre (§ 129 Abs. 4), während andernfalls schon mit der Erledigung der Tagesordnung und der Diskussion begonnen werden kann (Anm. 34). Auch würde eine andere Entscheidung den Versammlungsleiter zwingen, die Anwesenheit von eingeladenen Gästen zu Beginn der Hauptversammlung bekannt und damit den einzelnen Aktionären Gelegenheit zum Widerspruch zu geben. Das geschieht aber in der Praxis kaum jemals.

Handelt es sich dagegen nicht um eine Publikumsgesellschaft, so wird man die Entscheidung über die Zulassung von Gästen nicht dem Versammlungsleiter überlassen können. Hier greift vielmehr die Zuständigkeit der Hauptversammlung selbst ein, weil durch die Zulassung von Gästen die Möglichkeit einer vollen Öffentlichkeit der Hauptversammlung begründet und über die Öffentlichkeit bei Nichtpublikumsgesellschaften die Hauptversammlung zur Entscheidung berufen ist (Anm. 26).

Nach diesem Grundsatz entscheidet sich auch die Frage der Anwesenheit eines Beistandes für einen Einzelaktionär. Er kann — muß aber nicht — vom Vorsitzenden zugelassen werden, wenn nicht vernünftige Gründe gegen die Zulassung sprechen. Allerdings spielt diese Frage in der Praxis kaum jemals eine Rolle, weil der Beistand durch Bevollmächtigung für nur eine Aktie oder durch entsprechende Legitimationsübertragung teilnahmeberechtigt gemacht werden kann (vgl. § 134 Anm. 31).

Anm. 26

c) Anwesenheit von Presse, Rundfunk und Fernsehen

Die Zulassung von Vertretern der Presse, des Rundfunks und Fernsehens betrifft unmittelbar die Frage der Öffentlichkeit der Hauptversammlung. Für Gesellschaften, deren Aktien weder zum Börsenhandel zugelassen noch im freien Verkehr gehandelt werden, für Gesellschaften also, die einen eng begrenzten und meist festen Kreis von Aktionären haben, die durch persönliche oder geschäftliche Bande verbunden sind, ist eine Öffentlichkeit der Hauptversammlung nicht üblich, bei den Beziehungen der Aktionäre untereinander auch nicht angebracht. Hier würde die Zulassung von Vertretern der Presse usw. Bild und Charakter der Hauptversammlung ändern. Das aber geht über die Kompetenz des Versammlungsleiters hinaus und bedarf eines Mehrheitsbeschlusses der Versammlung. In derartigen Fällen besteht ja auch die Möglichkeit, sich vor Beginn der Hauptversammlung der Zustimmung der Versammlungsmehrheit durch Rückfragen bei den Hauptaktionären zu versichern, tritt eine Verzögerung des Versammlungsbeginns wegen des kleinen Kreises der Aktionäre durch das Warten auf das Teilnehmerverzeichnis nicht ein und können die anwesenden Aktionäre von selbst feststellen, ob eine ihnen als Aktionär unbekannte Person an der Versammlung teilnimmt.

Anders liegt es dagegen bei Publikumsgesellschaften. Hier ist, wenn auch die einzelnen Vertreter der öffentlichen Meinung kein Teilnahmerecht haben, Teil der heutigen deutschen Rechtswirklichkeit, die Vertreter der öffentlichen Meinung zur Hauptversammlung zuzulassen (Barz S. 7; Obermüller-Werner-Winden S. 73c, wenn auch mit gewissen Einschränkungen). Keine deutsche Publikumsgesellschaft hat es in den letzten Jahren gewagt, den Vertretern der Presse die Anwesenheit zu verbieten. Abgesehen davon, daß Pressejournalisten dann zu dem leicht gangbaren Ausweg gezwungen würden, sich die Vertretung auch nur einer Aktie für die Hauptversammlung zu sichern, um über deren Ablauf, für den es ja keine Geheimhaltungspflicht gibt, genauso zu berichten, wie sie es sonst tun, würde es die öffentliche Meinung nicht verstehen, warum man der Presse nicht die Möglichkeit zur Berichterstattung gibt. Denn die vielen Publikumsaktionäre mit kleinem und kleinstem Aktienbesitz können es sich wegen der entstehenden Kosten meist gar nicht leisten, Hauptversammlungen außerhalb ihres Wohnsitzes zu besuchen. Sie erhalten am nächsten Tag einen meist sehr zuverlässigen und umfassenden Bericht über den Verlauf der Hauptversammlung durch die Presse. Diese Möglichkeit abzuschneiden, wäre ein wesentlich schärferer Eingriff in die Interessen der Aktionäre wie z. B. die Beseitigung des Auskunftsrechts aus § 131. Auch wenn AktG 1965 so tut, als ob die Hauptversammlung ein reines Zusammensein von Aktionären und Verwaltungsmitgliedern wäre und von der Teilnahme der Vertreter der öffentlichen Meinung gar nichts weiß, würde der Ausschluß der Presse von der Hauptversammlung einer Publikumsgesellschaft einen Verstoß gegen die praeter legem herrschende Rechtsauffassung darstellen. Daraus folgt dann auch, daß der Einzelaktionär der Anwesenheit von Pressemitgliedern nicht widersprechen und über den Ausschluß der Presse eine Entscheidung der Hauptversammlung nicht erzwingen kann (so Barz S. 7/8; a.M. Obermüller-Werner-Winden S. 73; Godin-Wilhelmi Anm. 16 a.E.; Baumbach-Hueck § 118 Rdn. 11).

Bei Anwesenheit von Rundfunk und Fernsehen wird das allgemeine Persönlichkeitsrecht des Aktionärs betroffen. Trotzdem wird man — für die Hauptverhandlung eines Strafverfahrens gelten andere Grundsätze (vgl. BGHSt. 10, 202; Barz S. 8) — eine Verletzung der persönlichen Sphäre nicht annehmen und die Anwesenheit von Fernsehen und Rundfunk nicht von seiner Zustimmung oder Duldung abhängig machen können. Andererseits ist für die Wahrung der Öffentlichkeit einer Hauptversammlung der Publikumsgesellschaft Rundfunk und Fernsehen nicht von der gleichen Bedeutung wie die Presse. Man sollte es deshalb hier dem pflichtgemäßen Ermessen des Vorsitzenden überlassen, ob man Rundfunk und Fernsehen zulassen will, wobei zu beachten sein wird, daß der technische Apparat, den beide benötigen, leicht zu unerwünschten Störungen der Hauptversammlung führen kann. Auch gegen den Widerspruch einzelner Akitonäre muß es der Entscheidung des Versammlungsleiters überlassen bleiben, ob er die Zulassung aus sprechen will. Selbst ein ablehnendes Votum der Hauptversammlung kann nur eine unverbindliche Meinung feststellen, nicht aber eine den Vorsitzenden zum Ausschluß von Fernsehen und Rundfunk verpflichtende Beschlußfassung darstellen (Barz S. 8; a.M. Obermüller-Werner-Winden S. 73).

2. Benutzung von Tonbandgeräten

Die Benutzung von Tonbandgeräten zwecks Festhaltung des Gangs der Verhandlungen ist ebenfalls streitig, und zwar wiederum sowohl hinsichtlich ihrer Zulässigkeit wie der Entscheidungskompetenz. Man wird unterscheiden müssen, ob das Tonbandgerät von der Verwaltung oder vom einzelnen Aktionär verwendet wird.

Anm. 27

a) durch die Verwaltung

Die Verwaltung kann den Ablauf der Verhandlungen durch ein Stenogramm festhalten lassen (Obermüller-Werner-Winden S. 302). In die Zuständigkeit des die Hauptversammlung protokollierenden Notars wird dadurch nicht eingegriffen, weil dessen Protokoll im wesentlichen nur dazu bestimmt ist, die Beachtung der Formvorschriften und die Beschlußfassung, nicht aber den Gang der Verhandlung selbst, die Diskussionsbeiträge der Aktionäre und ihrer Vertreter, die Ausführungen der Verwaltung, die Auskunftsverlangen und die darauf erteilten Antworten (Ausnahme in § 131 Abs. 5) aufzunehmen. Zur Gewährleistung eines einwandfreien Stenogramms (vgl. BGH 44, 254), aber auch zur selbständigen Aufnahme des Verhandlungsablaufs kann die Verwaltung ein Tonbandgerät aufstellen und ablaufen lassen. Das Persönlichkeitsrecht des einzelnen Aktionärs, dessen Beitrag auf dem Tonband festgehalten wird, kann dadurch nicht als beeinträchtigt angesehen werden, wenn es sich um die Hauptversammlung einer Publikumsgesellschaft handelt. Denn hier geht es nicht mehr um private Gespräche zwischen Verwaltung und Aktionär — deshalb kann auch BGH 27, 284 nicht als Gegenbeweis herangezogen werden —, sondern um eine öffentliche Veranstaltung (Anm. 26). Wer an ihr aktiv durch Beiträge teilnimmt, erklärt notwendig sein Einverständnis mit der Festhaltung seines Beitrags (Barz S. 8; Klaka, Wertpapier 1960 S. 118; Wolter, Wertpapier 1960 S. 419; a.M. Voraufl. § 123 Anm. 16; Roellecke BB 59, 514; Obermüller-Werner-Winden S. 303; Godin-Wilhelmi Anm. 17 und Baumbach-Hueck Rdn. 11, die einen einstimmigen Beschluß der Hauptversammlung verlangen; v. Falkenhausen BB 66, 343, der einen Mehrheitsbeschluß für notwendig hält). Zur ordnungsgemäßen Verwendung von Tonbandgeräten in Hauptversammlungen gehört es aber einmal, daß ihre Anwendung vorher bekanntgegeben wird, zum anderen, daß jedem Versammlungsteilnehmer unter zuverlässiger Aufsicht das Abhören gestattet und gegen Kostenvergütung eine ganze oder teilweise schriftliche Übertragung überlassen wird, und schließlich daß eine Mißbrauch ausschließende Aufbewahrung erfolgt (vgl. Obermüller-Werner-Winden S. 303/4; Klaka a. a. O., Wolter a. a. O.). In der Hauptversammlung von Gesellschaften, die keine Publikumsgesellschaften sind und die deshalb nicht als öffentliche Veranstaltung anzusehen sind, ist wegen des vorrangigen Persönlichkeitsrechts des Einzelaktionärs die Verwendung eines Tonbandgerätes nur zulässig, wenn kein Aktionär, Aktionärvertreter oder Verwaltungsmitglied widerspricht. Will in einer derartigen Hauptversammlung der Versammlungsleiter ein Tonband mitlaufen lassen, so hat er dies nicht nur zu Beginn anzukündigen, sondern auch festzustellen, ob Widerspruch gegen die Verwendung erfolgt. Erfolgt er, so muß das Mitlaufen unterbleiben.

Anm. 28

b) durch den einzelnen Aktionär

Dem einzelnen Aktionär oder Aktionärvertreter ist dagegen die Verwendung eines Tonbandgerätes nicht gestattet. Das folgt allerdings für die Hauptversammlung einer Publikums AG nicht aus dem Persönlichkeitsrecht des Aktionärs (so Klaka a. a. O.), sondern daraus, daß dann jeder Aktionär aus dem Gleichheitsgrundsatz heraus zur Verwendung befugt wäre und eine derartige Verwendung zu einer Störung der Hauptversammlung führen müßte, daß außerdem die Gefahr einer mißbräuchlichen Verwendung wesentlich vergrößert wäre und die Möglichkeit einer Abhörung durch andere Aktionäre und die Zurverfügungstellung von Übertragungen nicht so einwandfrei gewährleistet wäre, wie wenn die Gesellschaft selbst das Tonband verwendet (Obermüller-Werner-Winden S. 304; Barz S. 8; Klaka a. a. O.). Erklärt sich aber der einzelne Aktionär bereit, die Tonbandaufnahme sofort nach Ende der Hauptversammlung der Gesellschaft oder dem Notar zu übergeben, und ist die Gewähr für eine vollständige und nicht manipulierte Aufnahme durch den Einzelaktionär gegeben, so kann der Versammlungsleiter die Aufnahme gestatten, sofern der Gleichbehandlungsgrundsatz nicht verletzt und eine Störung der Hauptversammlung nicht zu befürchten ist. Der mehrheitlichen oder gar einstimmigen Zustimmung der Hauptversammlung bedarf der Vorsitzende nicht, wenn es sich um die Hauptversammlung einer Publikumsgesellschaft handelt. Es gelten insoweit vielmehr die gleichen Grundsätze, wie wenn die Verwaltung selbst das Tonbandgerät verwendet.

Aktionäre oder Aktionärvertreter, die ohne Zustimmung des Versammlungsleiters ein Tonbandgerät benutzen, haben die Tonbandaufnahme zur Löschung durch die Gesellschaft oder den Notar zur Verfügung zu stellen. Tun sie dies nicht, so kann der Versammlungsleiter das Band kraft seiner Ordnungsgewalt (Anm. 29) sicherstellen lassen. Setzt ein Versammlungsleiter trotz Abmahnung durch den Vorsitzenden die Tonbandaufnahme fort, so kann er, wenn er das Tonbandgerät zur Aufbewahrung nicht sofort ausliefert, aus dem Saal entfernt werden (v. Falkenhausen BB 66, 343; Lamers DNotZ 62, 300; vgl. unten Anm. 32).

Verletzung dieser Grundsätze über die Verwendung von Tonbandgeräten begründet die Anfechtbarkeit von Hauptversammlungsbeschlüssen, sofern eine Kausalität mit der Beschlußfassung nicht von der Hand zu weisen ist.

Anm. 29

3. Ordnungsgewalt des Vorsitzenden

Jede Versammlungsleitung erfordert eine gewisse Ordnungsgewalt, auf Grund deren der Ablauf in geordneten Bahnen gehalten und gegen Störungen geschützt wird. Diese Ordnungsgewalt wird häufig „Hausrecht" genannt (z. B. Voraufl. § 103 Anm. 16; Möhring-Schwartz-Rowedder-Haberlandt S. 188; Baumbach-Hueck Rdn. 11). BGH 44, 251 — ähnlich Erman AktG 1964, 101/02 — finden diese Bezeichnung irreführend, da sie üblicherweise die Befugnisse bezeichne, die ein Eigentums- oder Gebrauchsrecht gegenüber Außenstehenden gebe, während hier die Befugnisse aus der Aufgabe der Versammlungsleitung abzuleiten seien. Dieser Begründung für die Ordnungsgewalt des Versammlungsleiters ist zuzustimmen. Wer die Aufgabe hat, eine Versammlung zu leiten, muß auch bei Schweigen des Gesetzgebers die Befugnisse ausüben können, die zur Durchführung seiner Aufgaben erforderlich sind (BGH a. a. O.; Barz S. 3; Obermüller-Werner-Winden S. 93; Godin-Wilhelmi Anm. 16; Ebenroth S. 26/27). Die Zulässigkeit und der Umfang von Ordnungsmaßnahmen des Vorsitzenden ist also stets an seiner Aufgabe zu messen, den reibungslosen Ablauf der Hauptversammlung sicherzustellen. Dabei ist der Grundsatz der Unparteilichkeit gegenüber Aktionären und Verwaltung ebenso zu wahren wie der der Gleichbehandlung und das Prinzip der Verhältnismäßigkeit. Die einzelnen Ordnungsmaßnahmen müssen stets in einem der Sache entsprechenden Verhältnis zu dem sie auslösenden Anlaß stehen und das zur Erreichung des reibungslosen Ablaufs der Hauptversammlung geeignete Mittel sein, wobei unter den in der gleichen Situation gleich wirkungsvollen Mitteln stets das zu wählen ist, das den betroffenen Aktionär am wenigsten belastet.

Ordnungsmaßnahmen sind nicht selbständig anfechtbar, und zwar auch dann nicht, wenn ihnen — unnötigerweise — ein Beschluß der Hauptversammlung zugrundeliegt. Nur können Hauptversammlungsbeschlüsse, die nach Ordnungsmaßnahmen gefaßt werden, und zwar nicht nur von dem von der Maßnahme betroffenen Aktionär, sondern auch von einem anderen mit der Begründung angefochten werden, die Ordnungsmaßnahme sei zu Unrecht erfolgt (BGH 44, 250; Obermüller-Werner-Winden S. 96).

Die wichtigsten Ordnungsmaßnahmen des Versammlungsleiters sind die Beschränkung der Redezeit, die Entziehung des Wortes, der Verweis aus dem Saal und die Anordnung des Schlusses der Debatte.

Anm. 30

a) Beschränkung der Redezeit

Eine Beschränkung der Redezeit muß als zulässig angesehen werden, weil ohne sie eine sachgemäße Durchführung jedenfalls einer größeren Hauptversammlung nicht möglich ist; 3 bis 4 Aktionäre könnten andernfalls durch stundenlanges Reden — Filibustern — jede Hauptversammlung sprengen. Die Zulässigkeit der Redezeitbeschränkung ist demgemäß auch allgemein anerkannt (BGH 44, 247; Baumbach-Hueck Rdn. 12; Godin-Wilhelmi Anm. 18; Butenschön BB 58, 398; Obermüller-Werner-Winden S. 93/94; Barz S. 3/4; Erman AktG 1964, 101/02; Ebenroth S. 26/27; zweifelnd nur Lamers DNotZ 62, 300; vgl. auch BVerfG in NJW 59, 1723 für die Redezeitbeschränkung im Parlament). Jedoch darf eine Beschränkung der Redezeit nicht dazu führen, eine sachgemäße und erschöpfende Diskussion der einzelnen Tagesordnungspunkte zu unterbinden (RG 36, 24). Sie muß allen Rednern gegenüber gleich lang festgesetzt und in gleicher Weise ihnen gegenüber gehandhabt werden. Sie kann nur angeordnet werden, wenn sie zur sachgemäßen Durchführung der Hauptversammlung in einer vernünftigen Zeit notwendig ist. Einmal kann sie von vorneherein angeordnet werden, weil zu viele Wortmeldungen zu erwarten sind oder schon vorliegen. Sie kann aber auch dem einzelnen Redner gegenüber angeordnet werden, der bereits lange gesprochen hat und durch mehrfache Wiederholungen die sachgemäße Abwicklung der Hauptversammlung aufhält (BGH 44, 248). Wie lange die Redezeit sein muß, läßt sich allgemein nicht beurteilen. Das hängt von der Länge der Rednerliste, der Schwierigkeit der zu erörternden Tagesordnungspunkte und der der Gesamtheit der Aktionäre zuzumutenden Dauer der Hauptversammlung ab. Im allgemeinen dürfte die Grenze für eine zulässige Redezeitbeschränkung zwischen 10 und 20 Minuten liegen (Barz S. 4; Obermüller-Werner-Winden S. 93).

Bestritten ist die Frage, wer für die Festsetzung der Redezeit zuständig ist. Wird sie als Einzelmaßnahme einem Einzelaktionär gegenüber angeordnet, so ist nach BGH 44, 248 der Versammlungsleiter zuständig. Dann aber kann für eine allgemeine Beschränkung der Redezeit, die zu Beginn der Diskussion oder in dem Zeitpunkt, in dem die Länge der Rednerliste zu übersehen ist, erfolgt, nichts anderes gelten (Barz S. 4; Obermüller-Werner-Winden S. 93; Ebenroth S. 27; a.M. Erman AktG 1964, 102; Voraufl. § 103 Anm. 20; Butenschön BB 58, 398). Wird trotzdem die Hauptversammlung vom Vorsitzenden befragt, so handelt es sich lediglich um eine unverbindliche Meinungsbefragung. Ein mit Anfechtungs- oder Nichtigkeitsklage angreifbarer Hauptversammlungsbeschluß kann gar nicht vorliegen. Die gerichtliche Kontrolle einer Beschränkung der Redezeit, auch wenn für sie die Hauptversammlung zuständig wäre, erfolgt ausschließlich durch eine Anfechtung des zur Sache selbst ergangenen Hauptversammlungsbeschlusses mit der Begründung, infolge einer ungebührlichen Beschränkung der Redezeit beruhe der Beschluß auf einer Verletzung des Gesetzes.

Anm. 31

b) Wortentziehung

Auch eine Wortentziehung gehört zu den zulässigen Ordnungsmaßnahmen eines Versammlungsleiters. Zwar ist die Befugnis, in der Hauptversammlung das Wort zu ergreifen, ein grundsätzlich unentziehbarer Bestandteil des Teilnahmerechts jedes Aktionärs und Aktionärvertreters. Infolgedessen besteht keine Befugnis, einem Teilnahmeberechtigten überhaupt nicht das Wort zu erteilen, etwa mit der Begründung, schon andere Aktionäre hätten den gleichen Standpunkt dargelegt oder auf Grund früherer Erfahrungen mit diesem Aktionär sei mit einem sachgemäßen Beitrag zur Diskussion nicht zu rechnen. Nur wenn Schluß der Debatte angeordnet ist oder wenn bei Anordnung einer Redezeitbeschränkung ein Aktionär, der zu dem zur Verhandlung stehenden Punkt der Tagesordnung bereits gesprochen hat, sich erneut zum Wort meldet, kann die Worterteilung versagt werden. Jedoch kann dem einzelnen Aktionär das Wort entzogen werden, wenn er beleidigende oder unsachgemäße Ausführungen macht, sich ständig wiederholt, an der Sache vorbei- oder zu anderen Tagesordnungspunkten spricht (Barz S. 5; Obermüller-Werner-Winden S. 94; Erman AktG 1964, 102; Möhring-Schwartz-Rowedder-Haberlandt S. 188; Ebenroth S. 29/30). Zweckmäßigerweise geht der Wortentziehung ein Ordnungsruf oder eine Verwarnung voraus, es sei denn, daß eine so schwere Beschimpfung oder Verleumdung erfolgt ist, daß im Sinne des ordnungsgemäßen Versammlungsablaufs eine sofortige scharfe Reaktion des Versammlungsleiters erforderlich ist.

Die Wortentziehung gehört zur Zuständigkeit des Versammlungsleiters, was so gut wie unbestritten ist (a.M. nur Heinitz DJZ 1917, 200 und Düringer-Hachenburg-Lehmann § 259 Anm. 46). Eine andere Zuständigkeit ist auch schwer vorstellbar. Fügt sich der Aktionär dem Wortentzug nicht, so bieten sich als Maßnahmen zur Durchführung des Wortentzugs die Abstellung des Mikrofons, ggf. eine kurze Unterbrechung der Hauptversammlung oder als äußerstes Mittel die Saalverweisung an. Auch der Wortentzug ist als Ordnungsmaßnahme des Versammlungsleiters nicht einer selbständigen Anfechtungsmöglichkeit unterworfen. Nur als Begründung einer Anfechtungsklage gegen den Hauptversammlungsbeschluß kann darauf zurückgegriffen werden, daß einem Aktionär oder Aktionärvertreter zu Unrecht das Wort entzogen worden sei.

Anm. 32

c) Saalverweisung

Der Saalverweis ist das schärfste Mittel, das dem einzelnen Aktionär gegenüber zur Aufrechterhaltung der Ordnung in der Hauptversammlung zur Verfügung steht. Er bedeutet den Ausschluß von der weiteren Teilnahme an der Hauptversammlung. Auch hier ist es wie beim Wortentzug nicht zulässig (Anm. 31), dem teilnahmeberechtigten Aktionär oder Aktionärvertreter von vorneherein die Teilnahme an der Hauptversammlung zu verbieten; es ist kaum eine Begründung denkbar, die, sei es dem Versammlungsleiter, sei es der Hauptversammlung, eine derartige das Teilnahmerecht versagende Befugnis geben könnte. Erst dann, wenn der Aktionär oder Aktionärvertreter durch sein Verhalten den reibungslosen Ablauf der Hauptversammlung gestört hat und die Störung auf andere Weise nicht behoben werden kann, ist ein Saalverweis zulässig (BGH 44, 251; Obermüller-Werner-Winden S. 94; Barz S. 6; Baumbach-Hueck Rdn. 11; Godin-Wilhelmi Anm. 16; v. Falkenhausen BB 66, 343; v. d. Burg AktG 1962, 93ff.; Ebenroth S. 31). Ein Ausschluß des Aktionärs von der weiteren Teilnahme ist nicht bloß unter den Voraussetzungen der Notwehr zulässig. Die Störung der Hauptversammlung kann auch anders als durch rechtswidrige Angriffe auf Versammlungsteilnehmer, z. B. durch sinnlosen Lärm, Nichtbeachten des Wortentzugs und dgl. erfolgen. Immer aber ist zu beachten, daß es die ultima ratio und der schärfste Eingriff in die Rechte des Aktionärs ist, von der nach dem Prinzip der Verhältnismäßigkeit nur Gebrauch gemacht werden darf, wenn er nicht zu umgehen ist. Auch dann sollte von dem Ausschluß nur Gebrauch gemacht werden, nachdem dem Aktionär Gelegenheit gegeben worden ist, die von ihm vertretenen Stimmen auf einen anderen Aktionär zu übertragen (Barz S. 6; Obermüller-Werner-Winden S. 94). Fügt sich der Aktionär dem Saalverweis nicht freiwillig, so kann er zwangsweise aus dem Saal entfernt werden.

Auch der Saalverweis gehört zur Zuständigkeit des Versammlungsleiters und erfordert keinen Beschluß der Hauptversammlung (BGH 44, 248; Barz S. 6; v. d. Burg AktG 1962, 94; a.M. Düringer-Hachenburg-Lehmann § 259 Anm. 46). Die gerichtliche Kontrolle des Saalverweises ist wieder nur im Rahmen einer gegen die anschließend gefaßten Hauptversammlungsbeschlüsse gerichteten Anfechtungsklage möglich, wobei für den zu Unrecht vom Saalverweis betroffenen Aktionär das Erfordernis eines Widerspruchs zu Protokoll entfällt (BGH 44, 250).

Anm. 33

d) **Schluß der Debatte**

Auch Schluß der Debatte kann angeordnet werden. Redezeitbeschränkung und Wortentziehung gewährleisten nicht unter allen Umständen die ordnungsgemäße Durchführung der Hauptversammlung. Wenn sich z. B. auf einer großen Hauptversammlung 100 Aktionäre und mehr zu Wort melden, kann selbst eine Redezeitbeschränkung auf 10 Minuten eine den Aktionären noch zumutbare Länge der Hauptversammlung nicht gewährleisten. Hier muß dann das aus der Praxis der Parlamente und auch des Vereinswesens bekannte Mittel eines Schlusses der Debatte Platz greifen (so Barz S. 6; Obermüller-Werner-Winden S. 94/95; Baumbach-Hueck Rdn. 12; Godin-Wilhelmi Anm. 18; Erman AktG 1964, 102; Lamers DNotZ 62, 300; Ebenroth S. 31/32; Balser I 53/54). Von diesem Mittel darf aber keineswegs Gebrauch gemacht werden, um der Opposition eine ausreichende Darlegung ihres Standpunktes unmöglich zu machen. Erst wenn hinreichend Gelegenheit hierzu bestand und von ihr auch Gebrauch gemacht worden ist, kommt ein Schluß der Debatte in Frage, insbesondere also dann, wenn weitere Darlegungen nur als Obstruktion und Filibustern beurteilt werden können. Die Wirkung einer Anordnung auf Schluß der Debatte geht dahin, daß der Versammlungsleiter weitere Wortmeldungen ablehnen und — insbesondere im Hinblick auf eine überlange Rednerliste im Falle der Obstruktion — bereits vorher erfolgte Wortmeldungen beiseite schieben kann (a.M. Balser I, S. 54, der eine Anhörung der bereits vorher gemeldeten Redner verlangt), sowie daß alsbald zur Abstimmung zu schreiten ist. Ob man, wie in der Vereinspraxis üblich, vor Anordnung des Schlusses der Debatte noch einen Redner für und einen Redner gegen den Antrag reden läßt, ist Ermessenssache. Notwendig ist es nicht, zumal ein geschickter Redner seinen Standpunkt zur Sache leicht in seine Äußerung zum Schluß der Debatte kleiden kann.

Auch für die Anordnung auf Schluß der Debatte ist der Versammlungsleiter zuständig (Barz S. 7; Obermüller-Werner-Winden 93/94; Lamers DNotZ 62, 300; a.M. Voraufl. § 103 Anm. 20; Erman AktG 1964, 102; Ebenroth S. 32). Die Gegenmeinung ist nicht ganz konsequent, weil sie den Vorsitzenden für verpflichtet hält, über einen Antrag auf Schluß der Debatte nicht abstimmen zu lassen, wenn er einen Punkt noch nicht für erschöpfend erörtert hält. Da es Aufgabe des Vorsitzenden ist, für die sachgemäße Erledigung der Geschäfte der Hauptversammlung zu sorgen (RG in LZ 1920, 763), muß auch ihm die Entscheidung darüber überlassen werden, wann dieser Zweck erfüllt ist. Die Überprüfung der Zulässigkeit einer Anordnung auf Schluß der Debatte ist wiederum nur im Rahmen einer Anfechtungsklage gegen nachher gefaßte Beschlüsse möglich.

Anm. 34

4. Die Eröffnung der Hauptversammlung

Der Vorsitzende *eröffnet* die Hauptversammlung (vgl. KG in OLG 40, 202). Er hat die Ordnungsmäßigkeit der Einberufung zu prüfen, sofern es sich nicht um eine Gesamtversammlung handelt (§ 121 Anm. 20). Ist die Einberufung mangelhaft, so muß er darauf hinweisen. Liegt, ohne daß das aus der Versammlung heraus bestritten wird, ein Mangel vor, der die Nichtigkeit der gefaßten Beschlüsse nach sich ziehen würde, so darf der Vorsitzende keine Beschlüsse fassen lassen. Liegt dagegen ein Mangel vor, der nur die Anfechtbarkeit zur Folge hat, so wird der Vorsitzende dem einstimmigen Verlangen der erschienenen Aktionäre auf Beschlußfassung trotz der Gefahr der Anfechtung des Beschlusses nachkommen müssen. Wenn aber ein anwesender Aktionär der Beschlußfassung widerspricht, so darf sie der Vorsitzende nicht stattfinden lassen. Denn der Aktionär hat im Falle nicht ordnungsmäßiger Ankündigung oder Einberufung nicht nur ein Recht, gegen die Beschlußfassung Widerspruch zu erheben und den Beschluß anzufechten, sondern er hat auch ein Recht darauf, daß der Beschluß überhaupt nicht gefaßt wird (§ 124 Anm. 12). Die Mehrheit hat nicht das Recht, gegen den Widerspruch eines Aktionärs Beschlüsse, deren Anfechtbarkeit wegen formeller Mängel unbestritten von vornherein feststeht, zu fassen, in der Hoffnung, daß der Aktionär die Unannehmlichkeiten und Kosten einer Anfechtungsklage scheuen wird. Eine Hauptversammlung, die trotz feststehender Mängel der Einberufung oder Ankündigung gegen den Widerspruch eines Aktionärs Beschlüsse faßt, verläuft nicht ordnungsmäßig. Wird dagegen der vom Vorsitzenden festgestellte Mangel aus der Versammlung heraus bestritten oder für unerheblich erklärt, so kann der Vorsitzende sich nicht die Entscheidung über die Berechtigung dieses Widerspruchs anmaßen. Er muß diese Entscheidung vielmehr im Rahmen einer Anfechtungs- oder Nichtigkeitsklage dem Gericht überlassen. Das aber bedingt, daß er die Versammlung durchzuführen hat, weil andernfalls eine Entscheidung über den Mangel der Einberufung gar nicht möglich wäre.

Neben der Feststellung der Ordnungsgemäßheit der Einberufung stellt der Vorsitzende zu Beginn meistens fest, wer von den Organen der Gesellschaft erschienen ist und wer als Notar die Protokollierung der Hauptversammlung (§ 130) durchführt. Dem Notar wird üblicherweise zur Verwendung bei seinem Protokoll ein Belegblatt der Nummer des Bundesanzeigers und der sonst für die Veröffentlichung vorgesehenen Gesellschaftsblätter übergeben, in denen die Einberufung der Hauptversammlung bekanntgemacht ist.

Die Eröffnung erfolgt meistens nicht auf die Minute der Zeit, zu der die Hauptversammlung einberufen ist. Mit Rücksicht auf etwa sich verspätende Aktionäre und Aktionärvertreter wird meistens bis zu einer Viertelstunde mit der Eröffnung gewartet. Einen Anspruch auf eine derartige „Respektfrist" hat aber kein Aktionär.

Der Eröffnung schließt sich regelmäßig die Bekanntmachung der Art der Abstimmung und im Bedarfsfall die Bestellung von *Stimmzählern* an (Anm. 41 β). Deren Aufgabe besteht lediglich in einer Unterstützung des Vorsitzenden. Der Vorsitzende kann daher nach seinem Belieben teilnahmeberechtigte Personen zu Stimmzählern ernennen. Er ist aber auch nicht gehindert, sie durch die Hauptversammlung wählen zu lassen. Über die Form der Abstimmung s. Anm. 41.

Weiter ist es Aufgabe des Vorsitzenden, für die Aufstellung des *Teilnehmerverzeichnisses* (§ 129 nebst Erläuterungen) Sorge zu tragen. Das Teilnehmerverzeichnis braucht nicht schon zu Beginn der Verhandlungen, sondern erst vor der ersten Abstimmung auszuliegen. Bei Publikumsgesellschaften erfordert die Aufstellung des Teilnehmerverzeichnisses oft erhebliche Zeit, und zwar bis zu einer Stunde nach der Einberufungszeit. Um diese Zeit nicht zu verlieren, hat es sich eingebürgert und auch als zweckmäßig erwiesen, daß die Hauptversammlung zunächst ohne Vorlage des Teilnehmerverzeichnisses eröffnet und daß — allerdings ohne Beschlußfassung (Anm. 39) — in die Erledigung der Tagesordnung eingetreten wird. Wenn das Teilnehmerverzeichnis dann vorliegt, unterbricht der Vorsitzende kurz den Gang der Verhandlungen und teilt mit, daß das Verzeichnis nunmehr fertiggestellt und von ihm unterzeichnet ist. Üblicherweise wird dabei auch die Höhe des vertretenen Kapitals bekannt gemacht. Für den Fall eines Streits über die Teilnahmeberechtigung vgl. § 123 Anm. 16.

Anm. 35

5. Die Erledigung der Tagesordnung

Alsdann hat der Vorsitzende für die ordnungsmäßige Erledigung aller *Punkte der Tagesordnung* zu sorgen. Üblicherweise wird die Tagesordnung damit eröffnet — der erste Punkt pflegt die Vorlage des Jahresabschlusses zu sein — daß der Vorstand, gegebenenfalls an seiner Stelle oder zusätzlich auch der Aufsichtsratsvorsitzende den schriftlich vorliegenden Geschäftsbericht nebst Jahresabschluß nochmals mündlich erläutert und in diesem Zusammenhang auch zu den die Gesellschaft betreffenden aktuellen wirtschaftspolitischen Tagesfragen Stellung nimmt. Dieser Vortrag, der manchmal eine beachtliche Länge hat, wird der Presse zur Verfügung gestellt und gibt dann das Gerippe für die Berichterstattung über die Hauptversammlung ab. Alsdann wird in die eigentliche Verhandlung eingetreten. Dazu gehört, daß die Aktionäre Gelegenheit erhalten, alle sachdienlichen Ausführungen zu dem Gegenstand der Verhandlungen zu machen, ihr Auskunftsrecht (§ 131) auszuüben und Anträge zur Tagesordnung zu stellen

(Anm. 37). Nicht zur Sache gehörige Ausführungen braucht der Vorsitzende nicht zuzulassen. Ebenso kann der Vorsitzende unangebracht lange, sich wiederholende und keinerlei neue Gesichtspunkte bringende Ausführungen abschneiden (Anm. 32; vgl. RG in LZ 1920, 567[6]). Kommt ein Redner den Mahnungen des Vorsitzenden, zur Sache zu reden und überflüssige Wiederholungen zu vermeiden, nicht nach, so kann ihm der Vorsitzende das Wort entziehen, da weder er noch die Versammlung einen Mißbrauch der Teilnahmerechte zu dulden braucht (Anm. 31). Wegen einer Beschränkung der Redezeit vgl. Anm. 30 und wegen der Anordnung eines Debattenschlusses Anm. 33.

Anm. 36

a) Reihenfolge der Verhandlungspunkte

An eine bestimmte Reihenfolge in der Erledigung der Wortmeldungen ist der Vorsitzende nicht gebunden (Obermüller-Werner-Winden S. 85; a.M. Balser I, 51, der die zeitliche Reihenfolge der Meldungen für verbindlich hält). Er sollte aber, wenn er sich an die Reihenfolge des Eingangs der Meldungen nicht halten will, nicht nach Willkür, sondern nach einem durchschaubaren Prinzip vorgehen und darf unter keinen Umständen oppositionelle Sprecher benachteiligen. Der Vorsitzende kann einen Tagesordnungspunkt für die Diskussion auch in mehrere sachlich abgrenzbare Themen aufteilen und die einzelnen Themen jeweils getrennt diskutieren lassen. Dann kann er, wenn später ein Redner zu einem bereits abgeschlossenen Thema sich zu Wort meldet, die Erteilung des Wortes versagen.

Die Diskussionsbeiträge der Aktionäre erfordern meistens eine Antwort der Verwaltung, zumal die Beiträge weitgehend Auskunftsverlangen nach § 131 und deren Begründung enthalten. Diese Antwort braucht nicht sofort im Anschluß an die einzelne Frage gegeben zu werden, sondern kann auch am Schluß der Diskussion zusammengefaßt gegeben werden. Damit wird dann zwar ein Frage- und Antwortspiel zwischen Aktionär und Verwaltung unterbunden, das sich bei einem geschickten Aktionär leicht zu einer inquisitorischen Vernehmung des Vorstands zuspitzen kann. Der Straffung der Hauptversammlung dient meist die zusammengefaßte Stellungnahme der Verwaltung nach Vorliegen sämtlicher Diskussionsbeiträge; denn erfahrungsgemäß stellen mehrere Aktionäre die gleichen Fragen, wenn auch mit verschiedenem Akzent oder aus verschiedenem Blickwinkel heraus. Der einzelne Aktionär hat jedenfalls keinen Anspruch darauf, daß die Verwaltung sofort zu seinem Beitrag Stellung nimmt, sondern muß sich damit zufrieden geben, daß die Stellungnahme nach Schluß der Diskussion erfolgt (Barz S. 8/9). Das bedingt aber, daß nicht nach der Stellungnahme der Verwaltung die Debatte abgeschlossen und sofort zur Abstimmung geschritten wird. Vielmehr werden durch die Antworten der Verwaltung häufig weitere Fragen und Stellungnahmen der Aktionäre ausgelöst, die zugelassen werden müssen. Die Redezeitbeschränkung, die ggf. für die Diskussion angeordnet war, kann gegen die Verwaltung nicht gelten, wie schon daraus hervorgeht, daß sie ja zu allen Beiträgen der Aktionäre Stellung zu nehmen und Auskunft zu erteilen hat. Jedoch sollte sich auch die Verwaltung gerade dann, wenn eine Redezeitbeschränkung bestand, ihrerseits kurzzufassen versuchen, um bei den Aktionären nicht den Eindruck zu erwecken, hinsichtlich der Möglichkeit der Stellungnahme werde mit zweierlei Maß gemessen.

Kann der Vorsitzende innerhalb eines bestimmten Tagesordnungspunkts eine Themenunterteilung vornehmen, so ist er auch befugt, von der Reihenfolge der Tagesordnung selbst abzuweichen. Denn er ist an die Reihenfolge der Tagesordnung nicht gebunden (vgl. Ritter § 103 Anm. 5b; Baumbach-Hueck Rdn. 12; Godin-Wilhelmi Anm. 18; a.A. Düringer-Hachenberg-Lehmann, HGB § 259 Anm. 44). Allerdings sollte der Vorsitzende nicht ohne besonderen Grund die angekündigte Reihenfolge der Tagesordnung verlassen, da im allgemeinen die Innehaltung der Reihenfolge der Tagesordnung erwartet wird und daher eine Verhandlung in anderer Reihenfolge die Gefahr von Irrtümern über die noch zu verhandelnden Gegenstände mit sich bringt. Dennoch ist der Vorsitzende berechtigt, die Gegenstände in einer andern als der der Tagesordnung entsprechenden Reihenfolge zur Verhandlung zu stellen, wenn ihm dies sachdienlich erscheint; im Falle einer Ankündigung einer sachlich ungeeigneten Reihenfolge kann sich ein Abgehen von der Tagesordnung sogar als notwendig erweisen. Nur wird der Vorsitzende darauf hinzuweisen haben und dabei am besten die Gründe der Abweichung kurz angeben. Jedenfalls ist ein Beschluß der Hauptversammlung nicht anfechtbar, weil die Reihenfolge der Tagesordnung nicht innegehalten worden ist (vgl. auch KG in NJW 57, 1680). Die Aktionäre müssen es sich auch gefallen lassen, daß ein schon erledigter Punkt der Tagesordnung wieder aufgenommen wird; wer sich vor Schluß der Hauptversammlung entfernt, tut dies auf eigene Gefahr (§ 124 Anm. 13; unten Anm. 43). Ob die Hauptversammlung ihrerseits den Vorsitzenden durch eine entsprechende Beschlußfassung an eine bestimmte Reihenfolge der Tagesordnung binden kann (KG in NJW 57, 1680), erscheint zweifelhaft; das bedeutet einen Eingriff in die dem Vorsitzenden zustehende Verhandlungsführung, meist auch einen Verstoß gegen die Satzung, die häufig dem Vorsitzenden ausdrücklich die Befugnis gibt, die Reihenfolge der Tagesordnung zu ändern.

Anm. 37

b) Reihenfolge der Behandlung der Anträge

Die Reihenfolge in der Behandlung der Anträge zu ein und demselben Tagesordnungspunkt macht häufig Schwierigkeiten. Soweit nicht § 137 eingreift, gelten hier keine festen Grundsätze. Insbesondere kann ein Prinzip, über den weitergehenden Antrag sei zunächst abzustimmen, schon wegen der Schwierigkeit der Feststellung, welches der weitergehende Antrag ist, ebensowenig anerkannt werden (a.M. Voraufl. § 103 Anm. 22) wie das Prinzip, daß über einen Gegenantrag vor dem Hauptantrag abzustimmen sei oder daß Anträge zu Verfahrensfragen vor den Sachfragen zu erledigen wären (Obermüller DB 65, 884). Es gilt hier einfach die Sachdienlichkeit, über die der Vorsitzende zu entscheiden und demnach die Reihenfolge in der Behandlung der Anträge zu bestimmen hat. Die Sachdienlichkeit aber erfordert, daß der Antrag in der Abstimmung an die erste Stelle gesetzt wird, von dem anzunehmen ist, daß er die meisten Stimmen auf sich vereinigen wird (Obermüller-Werner-Winden S. 88). Das Prinzip der Sachdienlichkeit erfordert es auch, das Verhältnis mehrerer Anträge zueinander zu berücksichtigen. Ein Antrag, der nur einen Sinn hat, wenn ein anderer Antrag angenommen ist (Zusatzantrag), kann selbstverständlich erst nach Erledigung des Hauptantrags zur Abstimmung gestellt werden. Ebenso sollte ein Antrag, der durch einen anderen überholt wird, nicht an erster Stelle zur Abstimmung gestellt werden. Sachdienlich ist die Reihenfolge, die am schnellsten und sichersten zu einer klaren und eindeutigen Entscheidung führt. Über Anträge, die in einer echten Alternative zueinander stehen, kann übrigens auch in *einem* Abstimmungsgang entschieden werden. Eine Entscheidung fällt aber nur, wenn einer der Vorschläge die erforderliche Mehrheit erhält, andernfalls muß die Abstimmung wiederholt werden. Anträge, die sachlich zusammenhängen, können, wenn es sachdienlich erscheint, auch in einen Abstimmungsgang zusammengefaßt werden. Das erfordert den Hinweis des Vorsitzenden, daß jeder Aktionär, der mit einem der Einzelanträge nicht einverstanden ist, gegen die ganzen zusammengefaßten Anträge stimmen muß. Auch muß, wenn der zusammengefaßte Antrag abgelehnt wird, alsdann über die Einzelanträge einzeln abgestimmt werden, weil sich durch Addierung der von verschiedenen Aktionären gegen verschiedene Einzelanträge abgegebenen Stimmen eine Ablehnung der zusammengefaßten Anträge ergeben kann, obwohl die einen oder anderen — theoretisch sogar alle — Einzelanträge bei Einzelabstimmung eine Mehrheit erhalten können. Das gilt auch für Wahlen und wird praktisch bei der Zusammenfassung der Wahlen der Mitglieder des Aufsichtsrats in der sogenannten Listenwahl, die heute bei großen Gesellschaften fast allgemein gehandhabt wird (Barz in der Festschrift für Hengeler, S. 14; Obermüller-Werner-Winden S. 254; Obermüller DB 69, 2055; a.M. Meyer-Landrut in § 101 Anm. 4, der die Listenwahl ohne Zustimmung aller wahlberechtigten Teilnehmer der Hauptversammlung für unzulässig hält).

Die Entscheidung über die Reihenfolge ebenso über die Zusammenfassung liegt beim Vorsitzenden. Seine Entscheidung begründet, wenn sie auf einer unzweckmäßigen

Reihenfolge oder Zusammenfassung beruht und damit zu einem Verstoß gegen das Prinzip der Sachdienlichkeit führt, keine Anfechtbarkeit, die Zusammenfassung aber dann, wenn Anträge ohne inneren Zusammenhang zusammengefaßt werden.

Anm. 38

c) Absetzung von Tagesordnungspunkten

Die Aufnahme von Gegenständen in die Tagesordnung begründet keinen gesetzlichen Zwang für die Hauptversammlung, diesen Gegenstand sachlich zu erledigen. Es ist vielmehr sowohl eine Absetzung von der Tagesordnung wie eine Verlegung auf eine spätere Hauptversammlung möglich. Die Entscheidung hierüber steht nicht dem Versammlungsleiter zu; denn seine Aufgabe besteht darin, die Versammlung mit der angegebenen Tagesordnung sachlich zur Erledigung zu bringen. Da diejenigen Stellen, die die Hauptversammlung einberufen und die Tagesordnung festlegen, die Hauptversammlung nicht dahin präjudizieren können, daß sie die Tagesordnung auch sachlich erledigt, obliegt es der Hauptversammlung, d. h. ihrer Mehrheit, welche Beschlüsse sie fassen will. Dann aber kann sie auch eine Beschlußfassung zur Sache ablehnen, was entweder in der Form geschieht, daß sie den Punkt von der Tagesordnung absetzt oder aber eine Beschlußfassung über ihn vertagt (Obermüller-Werner-Winden S. 91; Godin-Wilhelmi Anm. 18 a. E.; Baumbach-Hueck Rdn. 12; vgl. für die GmbH Schmidt in Hachenburg 6. Aufl. § 50 Anm. 10; Scholz GmbH-Gesetz 4. Aufl. § 50 Rdn. 7). Ein derartiger Absetzungs- oder Vertagungsbeschluß unterliegt der Anfechtung, da er ja mindestens insoweit ein Beschluß zur Sache ist, als die beantragte Entscheidung ganz oder mindestens zur Zeit abgelehnt wird.

Anm. 39

d) Abstimmung

Gegenstand eines Tagesordnungspunktes kann einmal die Vorlage von Unterlagen z. B. die Vorlage des festzustellenden Jahresabschlusses nebst Geschäftsbericht (§ 175 Abs. 1), zum anderen eine Berichterstattung z. B. über den Verlust des halben Grundkapitals (§ 92 Abs. 1) und schließlich — das ist der Regelfall — die Entscheidung über Anträge sein. Sobald die Diskussion über einen Tagesordnungspunkt erschöpft oder Schluß der Debatte angeordnet ist, kann wegen Erledigung des Tagesordnungspunktes bei Vorlage oder Berichterstattung zum nächsten Punkt der Tagesordnung übergegangen werden; sofern dagegen über einen Antrag zu entscheiden ist, schließt sich an das Ende der Diskussion die Abstimmung über den Antrag an. Das ist zwar die Regel, jedoch braucht die Abstimmung nicht unmittelbar im Anschluß an die Verhandlungen über den betreffenden Punkt der Tagesordnung zu erfolgen, es kann vielmehr die Abstimmung vorläufig zurückgestellt werden. Anlaß hierzu kann etwa der Umstand geben, daß das Teilnehmerverzeichnis, das vor der ersten Abstimmung vorliegen muß, noch nicht fertiggestellt ist, oder die Abhängigkeit der Beschlußfassung von dem Ergebnis der Diskussion zu einem folgenden Tagesordnungspunkt, wenn z. B. zum ersten Punkt über eine Umwandlungs- oder Verschmelzungsbilanz abzustimmen ist und zum folgenden Punkt über die Umwandlung und Verschmelzung selbst. Dann empfiehlt es sich häufig, beide Abstimmungen miteinander zu verbinden.

Anm. 40

aa) Antrag als Grundlage der Abstimmung

Voraussetzung einer Abstimmung ist das Vorliegen eines Antrags, über den abgestimmt werden soll. Der Antrag kann von dem Vorstand, vom Aufsichtsrat oder von einem Aktionär gestellt sein und muß regelmäßig durch die veröffentlichte Tagesordnung gedeckt sein (§ 124 Abs. 4 S. 1). Nur über den auf einer Hauptversammlung gestellten Antrag auf Einberufung einer neuen Hauptversammlung und zu Anträgen, die zu angekündigten Gegenständen der Tagesordnung gestellt werden, bedarf es keiner vorherigen Bekanntmachung (§ 124 Abs. 4 S. 2). Die ordnungsgemäße Bekanntgabe erfordert gemäß § 124 Abs. 3 entsprechende Vorschläge der Verwaltung. Über die Einzelheiten hierzu, insbesondere auch über die Frage, ob und wie von den bekanntgegebenen Vorschlägen abgewichen werden kann, vgl. § 124 Anm. 6ff.

Der Vorsitzende darf grundsätzlich nur Anträge zulassen, die durch eine ordnungsgemäße Bekanntmachung gedeckt sind. Dem einstimmigen Verlangen aller erschienenen Aktionäre auf Fassung eines nicht ordnungsgemäß angekündigten Beschlusses darf er aber entsprechen; jedoch wird er auf die etwaigen Folgen hinweisen müssen. Ergibt sich Widerspruch, so darf die Abstimmung nicht stattfinden (vgl. Anm. 34). Wegen der Reihenfolge, in der die Anträge zur Abstimmung zu stellen sind, vgl. Anm. 37. Über gesetzwidrige Ahträge, z. B. auf Ausschüttung eines Gewinns, der über den in dem festgestellten Jahresabschluß ausgewiesenen Bilanzgewinn hinausgeht, braucht der Vorsitzende ebensowenig abstimmen zu lassen wie über sinnlose oder schikanöse (§ 226 BGB) Anträge (Obermüller-Werner-Winden S. 90). Dabei sollte der Vorsitzende aber immer bedenken, daß er kein Richter ist, und daß er deshalb von der Abstimmung über Anträge nur dann absehen sollte, wenn ihre Charakterisierung als gesetzwidrig, sinnlos oder schikanös offensichtlich ist. Andernfalls begründet er die Gefahr der Anfechtbarkeit der Hauptversammlungsbeschlüsse, die mit der abgelehnten Abstimmung in innerem Zusammenhang stehen, und ggf. von Ansprüchen auf Durchführung einer Abstimmung gegen die Aktiengesellschaft, während bei der Zulassung einer Abstimmung angesichts der meist vorhandenen Aussicht auf Ablehnung eine sichere und unanfechtbare Rechtslage hergestellt wird.

Eine Verlesung der Anträge ist nicht erforderlich (Obermüller-Werner-Winden S. 91), soweit ihr Wortlaut im Rahmen der angekündigten Tagesordnung den Aktionären vorliegt. Steht aber ein Antrag zur Abstimmung, der z. B. als Gegenantrag im Rahmen des § 124 Abs. 4 S. 2 in der Hauptversammlung gestellt ist oder der durch Gegenanträge abgeändert werden soll, so empfiehlt es sich — auch der protokollierende Notar wird hierauf zu achten haben —, daß der Vorsitzende den Gegenstand der Beschlußfassung genau klarstellt. Zu empfehlen ist auch, daß der Vorsitzende bei der Abstimmung bekanntgibt, welche Mehrheit für die Annahme des Antrags erforderlich ist, und ob Sonderabstimmungen einzelner Aktiengattungen oder Aktiengruppen erforderlich sind (vgl. z. B. § 141 Abs. 1 einerseits und § 297 Abs. 2 andererseits). Schließlich sollte der Vorstand auch auf Stimmenthaltungsverbote gemäß § 136 hinweisen.

Anm. 41

bb) Abstimmungsverfahren

Über die Form der Abstimmung bestimmt das Gesetz selbst nichts. § 134 Abs. 4 verweist auf die Satzung, die sich aber üblicherweise darauf beschränkt, die Form der Abstimmung dem Vorsitzenden zu überlassen (vgl. Möhring-Schwartz-Rowedder-Haberlandt S. 189; Balser II S. 32 § 12 Abs. 2). Aber auch wenn die Satzung nichts sagt, kann die Befugnis des Vorsitzenden zur Bestimmung der Form der Abstimmung nicht zweifelhaft sein (RG Warn. 29 S. 61; Barz S. 9 N 48). Daraus ergibt sich, daß der Aktionär keinen Anspruch auf eine bestimmte Form der Abstimmung hat, die Bestimmung dieser Form vielmehr Sache des Ermessens des Vorsitzenden ist. Die sich aus der Sache ergebende Anforderung an die Form der Abstimmung ist die einer möglichst sicheren und eindeutigen Kenntlichmachung des materiellen Abstimmungsergebnisses (Baumbach-Hueck Rdn. 12; Barz S. 9; Obermüller-Werner-Winden S. 137; Westrick BB 58, 396; Neuburger BB 58, 398). Aus diesen Grundsätzen ergeben sich folgende Schlußfolgerungen.

α) Eine geheime Abstimmung gibt es nicht. Abgesehen davon, daß die Abstimmung im Anfechtungsverfahren nachprüfbar sein muß, also schon deshalb nicht völlig geheim durchgeführt werden kann (Obermüller-Werner-Winden S. 137), ist das Stimmrecht der in der Hauptversammlung teilnahmeberechtigten Personen — anders als im Parlament — nicht gleich, sondern hängt ab von der Zahl der von ihnen vertretenen Stimmen. Aus der Zahl der Stimmen, die aus der Stimmkarte irgendwie hervorgehen muß, läßt sich also, wenn nicht zufällig mehrere Aktionäre und Aktionärvertreter gleich viele Stimmen haben, stets auf die Person des Abstimmenden rückschließen. Infolgedessen ist auch nichts gegen eine völlig offene Abstimmung in Form des Zurufs, des Erhebens von den Plätzen oder durch Handaufheben einzuwenden. Dieses Verfahren ist bei Hauptversammlungen mit geringen Teilnehmerzahlen durchaus die Regel, indem jeder Aktionär die ihm zustehende Stimmenzahl nennt, die leicht anhand der Anwesenheitsliste nachgeprüft werden kann. In großen Hauptversammlungen ist dagegen die Verwendung von Stimmkarten nicht zu umgehen, die heute meist in Form von Lochkarten zwecks schnellerer Ergebnisrechnung mittels Maschinen verwendet werden.

β) Für die Zusammenzählung der Stimmen und die Einsammlung der Stimmkarten werden meist Stimmzähler oder Stimmhelfer verwandt. Sie sind Hilfspersonen des Versammlungsleiters bei der Feststellung des Abstimmungsergebnisses, werden von ihm benannt und, wenn es nicht zu viele sein müssen, der Versammlung namentlich bekanntgemacht. Ihre Verwendung ist, weil notwendig, unbedenklich, auch wenn es sich stets um Angestellte der Gesellschaft handelt. In großen Hauptversammlungen haben sie Kästen für die Einsammlung der Stimmkarten, die mit „ja" oder „nein" gekennzeichnet sind, und in die die einzelnen Aktionäre ihre Stimmkarten hineinwerfen. Die Karten werden dann zu den Zählmaschinen gebracht und dort maschinell ausgewertet, die Ergebnisse werden von dem Stimmzähler unter Aufsicht einer Hilfsperson des Notars notiert und mit dessen Unterschrift dem Versammlungsleiter zwecks Verkündung des Abstimmungsergebnisses übergeben.

γ) Auch die Feststellung des Abstimmungsergebnisses kann einmal durch Addition der mit ja oder nein stimmenden Aktionäre gewonnen werden (sog. Additionsverfahren). Dabei ist die Erfassung der Stimmenthaltungen nicht erforderlich (Gessler BB 62, 1183; Barz S. 9; Obermüller-Werner-Winden S. 137), weil sie bei der Beschlußfassung nicht vertreten sind und deshalb nicht mitgezählt zu werden brauchen; das Abstimmungsergebnis ergibt sich vielmehr vollständig und einwandfrei aus dem Verhältnis der Ja- zu den Nein-Stimmen. Das Abstimmungsergebnis kann aber auch im Wege der Subtraktionsmethode ermittelt werden: dann werden von der durch die Anwesenheitsliste festgestellten Gesamtstimmenzahl die Stimmen in Abzug gebracht, die erwartungsgemäß die geringste Addition erfordern. In diesem Falle müssen natürlich die Stimmenthaltungen mitgezählt werden, da ihre Stimmen ja in der Gesamtpräsens enthalten sind. Wählt man dieses Verfahren, so werden z. B. bei einer Abstimmung, bei der ein großes Übergewicht der Ja-Stimmen erwartet wird, nur die Stimmenthaltungen und Nein-Stimmen eingesammelt und addiert, so daß sich dann durch Subtraktion dieser beiden Ziffern von der Gesamtpräsens die Summe der Ja-Stimmen ergibt. Dieses Verfahren ist in seiner Zulässigkeit etwas umstritten, vgl. die Zusammenstellung des Schrifttums bei Obermüller-Werner-Winden S. 138 N 114. Voraussetzung für ein ordnungsgemäßes Funktionieren ist einmal die zum Zeitpunkt jeder Abstimmung einwandfrei feststellbare tatsächliche Präsens, die nur durch eine strenge Kontrolle und Erfassung der nach Aufstellung der Anwesenheitsliste den Versammlungsraum neu betretenden und ihn verlassenden Aktionäre und Aktionärsvertreter möglich ist. Zum anderen werden bei diesem Verfahren diejenigen Aktionäre, die sich bei der Abstimmung überhaupt nicht rühren, also weder Stimmenthaltung erklären noch Nein-Stimmen abgeben, notwendig den Ja-Stimmen zugerechnet. Darauf muß der Versammlungsleiter bei der Abstimmung ausdrücklich und so deutlich hinweisen, daß jeder anwesende Aktionär und Aktionärvertreter weiß, daß seine Nichtbeteiligung zwangsläufig der durch Subtraktion zu ermittelnden Stimmenzahl zugute kommt.

Anm. 42

cc) Feststellung des Ergebnisses

Sobald das Abstimmungsergebnis zahlenmäßig vorliegt, hat der Vorsitzende es festzustellen. Dazu ist er aufgrund seiner Aufgabe, die Versammlung zu leiten und die Tagesordnung zu erledigen, verpflichtet (vgl. RG 75, 239; 82, 182; § 130 Anm. 6). Die Feststellung, die gemäß § 130 Abs. 2 in die notarielle Versammlungsniederschrift aufzunehmen ist, bedeutet den Abschluß der Abstimmung und das Zustandekommen des Beschlusses (vgl. auch Zöllner S. 393ff.). Allerdings ist damit der Beschluß noch nicht endgültig. Das ergibt sich schon aus § 130 Abs. 1, wonach jeder Beschluß notarieller Beurkundung bedarf, die notarielle Beurkundung aber erst abgeschlossen ist, wenn der Notar nach Beendigung der Hauptversammlung das Protokoll abschließt. Erst dann ist der als gefaßt verkündete Beschluß — selbstverständlich vorbehaltlich einer Anfechtungsklage nach § 243 — endgültig. Daraus folgt, daß er auch bis zum Schluß der Hauptversammlung wieder aufgehoben werden kann, allerdings nicht durch den Vorsitzenden, sondern nur durch eine erneute Beschlußfassung der Hauptversammlung (Anm. 16). Fraglich aber ist, unter welchen Voraussetzungen der Vorsitzende eine neue Abstimmung zuzulassen hat. Der praktisch bedeutsamste Fall ist der, daß die Diskussion zu einem weiteren Tagesordnungspunkt völlig neue Aspekte eröffnet, die die Beschlußfassung zu einem früheren Punkt in einem anderen Licht erscheinen lassen.

Außerdem dürfte Voraussetzung für die Pflicht des Vorsitzenden, einen neuen Beschluß fassen zu lassen, die Aussicht sein, daß die erneute Abstimmung zu einem anderen Ergebnis als die frühere führt. Besteht diese Aussicht nicht, wäre eine erneute Abstimmung nur eine Zeitvergeudung, die den Aktionären nicht zugemutet werden kann. Oppositionsgruppen, die sich mit der Abstimmungsniederlage und einem etwaigen Widerspruch zu Protokoll (§ 245 Ziff. 1) nicht zufriedengeben, können also eine erneute Abstimmung nicht verlangen.

Sollte sich aufgrund irgendwelcher bei der Abstimmung vorgekommener Mängel oder Unklarheiten ein eindeutiges Bild über das Abstimmungsergebnis nicht gewinnen lassen, so muß der Vorsitzende von der Feststellung eines Abstimmungsergebnisses und damit der Verkündung eines Beschlusses Abstand nehmen und eine neue Abstimmung durch führen lassen. Erst wenn der Vorsitzende überzeugt ist, daß das Abstimmungsergebnis richtig ermittelt ist, kann er das Ergebnis feststellen und den Beschluß verkünden.

Anm. 43

6. Schließung der Versammlung

Wenn die Tagesordnung erschöpft ist, hat der Vorsitzende die Versammlung zu schließen. Vor deren vollständiger Erledigung darf er es nicht. Erklärt er sie dennoch für geschlossen, so ist die Hauptversammlung damit grundsätzlich wirksam beendigt. Denn es geht nicht an, daß die Versammlung noch Beschlüsse faßt, nachdem zweifelhaft geworden ist, ob sie rechtlich noch eine Hauptversammlung darstellt. Jeder Teilnehmer muß sich darauf verlassen können, daß die von dem Vorsitzer für beendet erklärte Hauptversammlung beendet ist, so daß er sich entfernen kann ohne die Gefahr zu laufen, daß ohne seine Anwesenheit später doch noch Beschlüsse gefaßt werden (KG in OLGR 40, 202; Ritter § 103 Anm. 5b; Godin-Wilhelmi Anm. 22; Dür.-Hach.-Lehmann HGB § 259 Anm. 44). Durch einstimmigen Beschluß aller bisher anwesenden Stimmberechtigten kann jedoch die Fortsetzung der Versammlung beschlossen werden. Auch die Mehrheit kann sofort die Fortsetzung beschließen, wenn die Schließung der Versammlung durch den Vorsitzer offenbar willkürlich vor Erledigung der Tagesordnung erfolgt ist (KG in OLGR 40, 200; Dür.-Hach.-Lehmann a. a. O.). In diesem Falle hat die Schließung der Versammlung durch den Vorsitzer die Wirkung der Niederlegung des Vorsitzes (Dür.-Hach.-Lehmann a. a. O.; vgl. KG a. a. O.).

Im übrigen steht dem Vorsitzenden — nicht der Hauptversammlung — auch das Recht zu, die Hauptversammlung durch Einlegung einer Pause für gewisse Zeit zu unterbrechen. Das kann einmal notwendig werden, wenn ein des Saales verwiesener Aktionär den Saal nicht verlassen oder ein Redner, dem das Wort entzogen ist, das Rednerpult nicht räumen will. Es kann auch notwendig werden, weil die Hauptversammlung schon zu lange andauert und das Aufnahmevermögen der Teilnehmer gelitten hat. Die Unterbrechung ist aber in diesem Falle längstens bis zum nächsten Werktag zulässig (§ 124 Anm. 13; Schlegelberger-Quassowski § 108 Anm. 5). Allerdings ist bei der Anordnung einer Pause und einer längeren Unterbrechung zu beachten, daß dann das Teilnehmerverzeichnis meist höchst ungenau wird, weil eine große Zahl von Aktionären, ohne daß ihr Name und die von ihnen vertretenen Aktien feststellbar wären, die Versammlung endgültig verlassen. Eine Abstimmung im Subtraktionsverfahren (Anm. 41 γ) würde ohne vollständige Neuerstellung der Anwesenheitsliste nach einer

Pause oder Unterbrechung keine zuverlässige Feststellung des Stimmergebnisses mehr ermöglichen und wäre deshalb unzulässig. Pausen sollten deshalb ohne zwingenden Grund nicht eingelegt werden.

§ 120 Entlastung

(1) Die Hauptversammlung beschließt alljährlich in den ersten acht Monaten des Geschäftsjahrs über die Entlastung der Mitglieder des Vorstands und über die Entlastung der Mitglieder des Aufsichtsrats. Über die Entlastung eines einzelnen Mitglieds ist gesondert abzustimmen, wenn die Hauptversammlung es beschließt oder eine Minderheit es verlangt, deren Anteile zusammen den zehnten Teil des Grundkapitals oder den Nennbetrag von zwei Millionen Deutsche Mark erreichen.

(2) Durch die Entlastung billigt die Hauptversammlung die Verwaltung der Gesellschaft durch die Mitglieder des Vorstands und des Aufsichtsrats. Die Entlastung enthält keinen Verzicht auf Ersatzansprüche.

(3) Die Verhandlung über die Entlastung soll mit der Verhandlung über die Verwendung des Bilanzgewinns verbunden werden. Der Vorstand hat den Jahresabschluß, den Geschäftsbericht und den Bericht des Aufsichtsrats der Hauptversammlung vorzulegen. Für die Auslegung dieser Vorlagen und für die Erteilung von Abschriften gilt § 175 Abs. 2 sinngemäß.

Übersicht

Literatur

Boesebeck: Anm. zu RG Urt. v. 2. 10. 1934, Az. II 164/34, JW 1935 S. 921—23
Brox: Probleme der Entlastung im Gesellschaftsrecht, BB 1960 S. 1226—1230
v. Gleichenstein-Stallbaum: Zum Informationsrecht des Aktionärs nach § 175 Abs. 2 AktG, AG 1970 S. 217—219
Goerdeler: Anm. zu BGH Urt. v. 30. 10. 1958 — II ZR 253/56 — JR 1959 S. 300
Hengeler: Probleme der Entlastung und Sonderprüfung im Aktienrecht, AG 1962 S. 87—92; 119—123
Hueck: Die Entlastung im Recht der GmbH in GmbHRdsch. 1959 S. 189—194
Koch: Fragen zur Entlastung nach § 120 AktG, AG 1969 S. 1—5
Neflin: Die Verweigerung der Entlastung von Vorstand und Aufsichtsrat einer AG und deren Rechtsfolgen, NJW 1959 S. 1666—1668
Nitschke-Bartsch: Über Bedeutung und Umfang des Auskunftsrechts, insbesondere im Zusammenhang mit Entlastungsbeschlüssen, AG 1969 S. 95—100
Schippert: Die Entlastung des Vorstands und des Aufsichtsrats einer AG, BB 1959 S. 1191—1192
Schönle: Der Entlastungsbeschluß im deutschen Gesellschaftsrecht, ZHR 126, S. 199—227

Schuler: Die Klage auf Entlastung im Aktienrecht, NJW 1960, S. 601—605
Seybold: Die Gesetze über die Umwandlung von Kapitalgesellschaften, DNotZ 1934 S. 716—741
Westhoff: Das Stimmrechtsverbot bei der Entlastung von Vorstand und Aufsichtsrat, DNotZ 1958, S. 227—231
Witte: Grundsätzliche Fragen des Bilanz- und Stimmrechts bei Aktiengesellschaften, 1957

Anm. 1

Einleitung

Das ADHGB in der Fassung der Novelle vom 11. 6. 1870 sprach in Art. 239 Abs. 2 von der Entlastung, indem es bestimmte, daß zur Entlastung des Vorstands bei Legung der Rechnung keine Person bestimmt werden könne, die irgendwie an der Geschäftsführung teilnehme. Hier kommt die ursprüngliche Bedeutung des Ausdrucks „Entlastung" als Bestandteil der Rechnungslegung des Vorstands noch deutlich zum Ausdruck. Das gleiche gilt auch für Art. 239a Abs. 3 ADHGB in der Fassung der Aktiennovelle vom 18. 7. 1884, wo es heißt, die Entlastung des Vorstands gelte bezüglich der nicht bemängelten Bilanzansätze als erteilt, wenn auf Verlangen einer 10%-igen Minderheit wegen Bemängelung bestimmter Ansätze die Verhandlung über die Bilanz vertagt werde. In § 260 HGB vom 10. 5. 1897 ist die Entlastung von Vorstand und Aufsichtsrat neben der Genehmigung der Jahresbilanz und der Gewinnverteilung ein selbständiger Punkt der Tagesordnung der ordentlichen Generalversammlung geworden, die Entlastung hat sich somit von der Bilanzgenehmigung emanzipiert. § 104 AktG 1937 enthält dann eine im wesentlichen der jetzigen Regelung des § 120 Abs. 1 S. 1 und Abs. 3 entsprechende Bestimmung. Sie bedeutete trotz ihrer äußerlich geringen Änderung eine wesentliche Neuerung, die sich aus § 84 Abs. 4 S. 3 — jetzt § 93 Abs. 4 S. 3 — ergab, wonach die Gesellschaft auf Schadensersatzansprüche gegen die Mitglieder der Verwaltung erst 5 Jahre nach Entstehung der Ansprüche verzichten kann.

AktG 1965 ändert an dieser grundsätzlichen Bedeutung der Entlastung nichts, stellt sie vielmehr klar und bringt eine Reihe von Ergänzungen. Um klarzustellen, daß auch getrennt über die Entlastung der einzelnen Verwaltungsmitglieder abgestimmt werden kann, spricht Abs. 1 S. 1 nicht mehr von der Entlastung des Vorstands und des Aufsichtsrats, sondern der Mitglieder des Vorstands und der Mitglieder des Aufsichtsrats. S. 2 schreibt sogar die gesonderte Abstimmung vor, wenn die Hauptversammlung es beschließt, oder wenn eine Minderheit es verlangt, deren Anteile 10% des Grundkapitals oder den Nennbetrag von DM 2 Millionen erreichen. Außerdem wird entsprechend der Fristverlängerung für die Abhaltung der ordentlichen Hauptversammlung in § 175 Abs. 1 S. 2 auch für den Entlastungsbeschluß eine durch die Satzung nicht mehr verlängerbare Frist von 8 Monaten bestimmt. Abs. 2 stellt gegenüber den bisherigen Zweifeln über die Bedeutung der Entlastung klar, daß sie sich in einer Billigung der Verwaltung durch ihre Träger erschöpft, aber keinen Verzicht auf Ersatzansprüche enthält. Damit entfallen dann auch, weil die Billigung im Ermessen der Hauptversammlung steht, Ansprüche der Verwaltungsträger auf Entlastung. Im übrigen bleibt die Regelung des § 104 AktG 1937 unverändert.

I. Rechtsnatur und Wirkung der Entlastung

Anm. 2

1. Nach früherem Aktienrecht

Die Entlastung im Sinne des früheren Aktienrechts bis zur Reform 1937, also zuletzt des § 260 HGB, war die von der Hauptversammlung ausgesprochene Erklärung, die Tätigkeit der die Entlastung empfangenden Verwaltungsorgane sei einwandfrei und nicht zu beanstanden gewesen (RG 55, 75; 65, 241; 75, 308). Sie bedeutete wie überall dort, wo ein Verwalter fremden Vermögens Rechenschaft abzulegen hatte, in der Form des negativen Schuldanerkenntnisses die Feststellung, daß Ersatzansprüche aus der Verwaltung nicht bestünden und, sofern sie doch bestünden, den Verzicht auf sie (RG 106, 258; 115, 246; JW 35, 921). Während diese Urteile aber die Entlastung noch als Bestandteil eines Anerkenntnis- oder Verzichtsvertrags ansehen, also die Wirkung durch offene oder stillschweigende Entgegennahme der Entlastung durch die Verwaltungsträger eintreten lassen, betont RG in DR 41, 508 erstmals, daß die Entlastung eine „rechtserhebliche, dem Gesellschaftsrecht eigentümliche Erklärung eigener Art" sei und daß sie ihre Wirkung „als einseitige Erklärung äußert und einer Annahme durch den zu Entlastenden nicht bedarf". Dem ist die spätere Rechtsprechung (vgl. BGH 24, 54; WM 58, 1503 = JR 59, 298 mit Anm. von Goerdeler) und auch das Schrifttum (vgl. Kommentar-Literatur zu § 46 Ziff. 5 GmbHG; Hueck in GmbH Rdsch. 59, 190; Schönle ZHR 126, 199 mit weiteren Literaturangaben; Brox BB 60, 1221) gefolgt. RG in DR 41, 508 ist aber auch insoweit interessant, als diese Entscheidung, obwohl sie eine GmbH betraf, für die § 84 Abs. 4 S. 3 AktG 1937, jetzt § 93 Abs. 4 S. 3 AktG 1965 nicht galt, nicht mehr den materiellen Gehalt einer Anerkennung des Nichtbestehens von Ansprüchen und ggf. den Verzicht auf sie in den Vordergrund stellte, sondern aussprach, im Grunde bringe die Entlastung nichts weiter zum Ausdruck als die Billigung der Geschäftsführung und das Vertrauen in sie (so schon Boesebeck JW 35, 921). Das ist im Grunde bereits der heutige § 120 Abs. 2.

Anm. 3

2. Im geltenden Recht

Zwar hatte § 104 Abs. 1 AktG 1937 eine Änderung der Rechtsnatur der Entlastung in seiner Formulierung, die in ihrem entscheidenden Teil dem § 260 HGB entsprach, nicht erkennen lassen. Sie ergab sich aber aus der Vorschrift des § 84 Abs. 4 S. 3, wonach die Gesellschaft auf Ersatzansprüche erst nach 5 Jahren seit deren Entstehung verzichten konnte und auch nicht gegen den Widerspruch einer Minderheit, die über 20% des Grundkapitals verfügte. Es war allerdings nicht ganz unbestritten, ob nicht § 104 der Regelung des § 84 Abs. 4 S. 3 vorging (vgl. Schippart, BB 58, 1191 und die dortigen Zitate) und auch sonst war das Verhältnis der beiden Vorschriften (Beweislastregelung?) nicht ganz klar, so daß AktG 1965 die Rechtsnatur und Bedeutung der Entlastung in Abs. 2 des § 120 klargestellt hat als eine Billigung der Verwaltung ohne die Wirkung eines Verzichts auf Ersatzansprüche.

Damit hat die Entlastung zwar sehr viel von ihrem früheren rechtlichen Gehalt und ihrer unmittelbaren materiellen Auswirkung verloren. Das ändert aber nichts daran, daß sie im Leben der Gesellschaft eine große Bedeutung hat. Das gilt einmal für die Aktionäre. Nachdem die Bilanzfeststellung durch die Verwaltung (§ 172 S. 1) — schon mit Rücksicht auf die andernfalls erweiterte Auskunftspflicht des § 131 Abs. 3 Ziff. 3. u. 4 — heute absolut die Regel ist und der zur Verfügung der Hauptversammlung stehende Bilanzgewinn meist genau auf die von der Verwaltung vorgeschlagene Dividende ausgerichtet ist, ist der Entlastungsbeschluß der einzige alljährlich wiederkehrende Tagesordnungspunkt der Hauptversammlung, zu dem die Aktionäre ihrer etwaigen Unzufriedenheit mit der Verwaltung stimmenmäßig Ausdruck geben können, und der z. B. bei Verweigerung einer erbetenen Auskunft Gegenstand einer Anfechtungsklage sein wird. Für die Verwaltung gilt spiegelbildlich das gleiche. Abgesehen davon, daß die Dauer der Aufsichtsratsmandate mit dem Entlastungsbeschluß gekoppelt ist (§ 30 Abs. 3, § 102), und daß die Verweigerung der Entlastung für das Vorstandsmitglied ein wichtiger Grund zur Beendigung der Bestellung sein kann (§ 84 Abs. 3 S. 2), bedeutet die Entlastung den Vertrauensbeweis der Aktionäre, dessen moralische Bedeutung ganz unabhängig von ihrer juristischen für jeden Verwalter fremden Vermögens auf der Hand liegt (Anm. 6).

Im einzelnen ist folgendes festzuhalten.

Anm. 4

a) Rechnungslegung als Grundlage

Die Entscheidung über die Erteilung der Entlastung erfolgt aufgrund der Rechenschaft, die die Verwaltungsorgane der Gesellschaft der Hauptversammlung für das zur Beschlußfassung anstehende Geschäftsjahr durch Vorlage des Jahresabschlusses, des Geschäftsberichts, des Berichts des Aufsichtsrates über seine Prüfungen und das Ergebnis der Prüfung durch die Abschlußprüfer abzulegen haben und ggf. aufgrund der in der Hauptversammlung erteilten Auskünfte und des Ergebnisses einer von ihr angeordneten Sonderprüfung. Gehen diese Unterlagen nicht in Ordnung, ist z. B. eine Auskunft nicht oder falsch erteilt oder fehlt trotz faktischer Abhängigkeit ein Abhängigkeitsbericht und demnach der Bericht des Aufsichtsrates gemäß § 314 Abs. 2 sowie ggf. die Erklärung des Vorstandes gemäß § 312 Abs. 3 letzter Satz, so beruht der Entlastungsbeschluß auf einer Verletzung des Gesetzes und ist damit gemäß § 243 anfechtbar. Als Stellungnahme der Aktionäre zu der Tätigkeit der Verwaltungsorgane während des vergangenen Geschäftsjahres ist die Entlastung aber etwas anderes als die Genehmigung des Jahresabschlusses, soweit diese überhaupt der Hauptversammlung noch zukommt: Die Entlastung hat nicht die Ordnungsmäßigkeit des Jahresabschlusses selbst, also die Richtigkeit der Zahlen, zum Gegenstand, sondern die Ordnungsmäßigkeit der Geschäftsführung, deren Ergebnis sich in den Zahlen widerspiegelt. Mit anderen Worten: Der Jahresabschluß muß auch die Zahlen, die sich aus einer schlechten Geschäftsführung ergeben, wahrheitsgemäß wiedergeben und, wenn er dies tut, festgestellt werden; die Entlastung dagegen kann aufgrund einer schlechten Geschäftsführung versagt werden. In der Genehmigung des Jahresabschlusses liegt also auch nicht implizite die Erteilung der Entlastung (RG 44, 66; 49, 142; 112, 26).

Hieraus folgt, daß eine Entlastung immer nur nach ordnungsgemäßer Rechenschaftslegung erteilt werden kann. Deshalb kann sich die Entlastung auch immer nur auf die Zeit erstrecken, für die Rechenschaft gelegt ist. Das ist der Grund, warum Abs. 3 die Verhandlung über die Entlastung mit der über die Verteilung des Bilanzgewinns verbunden sehen will und Vorlage des Jahresabschlusses, des Geschäftsberichts und des Aufsichtsratsberichts verlangt. Daraus folgt dann aber auch, daß ein während eines Geschäftsjahres einem ausscheidenden Vorstands- oder Aufsichtsratsmitglied erteilte Entlastung unwirksam ist (RG 34, 57; Adler-Düring-Schmaltz, 4. Aufl. § 176 Anm. 20; a. M. Obermüller-Werner-Winden S. 222; Baumbach-Hueck Rdn. 9). Das gilt auch bei Verschmelzungen und Umwandlungen für die Zeit zwischen dem Stichtag der Umwandlungs- und Verschmelzungsbilanz und der Beschlußfassung bzw. Eintragung des Beschlusses ins Handelsregister (so auch Goerdeler JR 59, 300; a. M. Seybold DNotZ 34, 716). Die Entlastung für die Zeit nach dem Stichtag der Umwandlungs- oder Verschmelzungsbilanz kann nur die aufnehmende oder neu gebildete Gesellschaft durch ihre Organe erteilen, zumal sich ja auch deren Rechenschaftspflicht auf die Zeit nach dem Stichtag der Umwandlungs- oder Verschmelzungsbilanz bezieht.

Anm. 5

b) Entlastung für Einzelmaßnahmen?

Die Entlastung des § 120 erstreckt sich allgemein auf die Geschäftsführung während des zur Beschlußfassung stehenden abgelaufenen Geschäftsjahres. Das ändert nichts daran, daß der Grund für die Entlastungsverweigerung in einer einzelnen Maßnahme des Verwaltungsträgers liegen kann, und daß wegen dieser einzelnen Maßnahme die Entlastung für den Gesamtzeitraum verweigert werden kann. Wird sie aber trotz Beanstandung einzelner Maßnahmen erteilt, so deckt sie auch diese einzelnen Maßnahmen. Daneben kann eine „Entlastung" auch für ein einzelnes Geschäft verlangt werden. Das ist dann zwar keine Entlastung im Sinne des § 120, sondern eine Art Entscheidung über eine Frage der Geschäftsführung, für die die Hauptversammlung dann zuständig ist, wenn der Vorstand es verlangt (§ 119 Abs. 2). Die Entlastung für ein Einzelgeschäft unterscheidet sich von dem typischen Fall des § 119 Abs. 2 nur dadurch, daß hier die Geschäftsführungsmaßnahme schon erfolgt ist und nicht erst bevorsteht. Es ist aber nicht einzusehen, daß das eine „Entlastung" für eine Einzelmaßnahme durch die Hauptversammlung unzulässig machen sollte. Einmal kann das Verlangen nach einer Einzelentlastung durchaus als Frage nach der Rückgängigmachung der bereits vorgenommenen Geschäftsführungshandlung gesehen werden und damit selbst als eine Frage der Geschäftsführung. Zum anderen wird man die Möglichkeit des Vorstandes, die Zuständigkeit der Hauptversammlung für Geschäftsführungsmaßnahmen zu begründen, nicht davon abhängig machen können, daß die Geschäftsführungsmaßnahme noch nicht erfolgt ist. Wenn z. B. über eine einzelne Geschäftsführungshandlung des Vorstands nachträglich eine schwerwiegende Differenz mit dem Aufsichtsrat entstanden ist oder die Geschäftsführungsmaßnahme zu erheblichen Angriffen aus dem Aktionärskreis geführt hat, wird man ein berechtigtes Interesse des Vorstands, die Entscheidung der Hauptversammlung herbeizuführen, nicht bestreiten können. Allerdings kann ein die Entlastung aussprechender Hauptversammlungsbeschluß dann nicht mehr die Wirkung des § 93 Abs. 4 S. 1 haben, da die Geschäftsführungsmaßnahme ja nicht auf dem Hauptversammlungsbeschluß beruht, sondern ihm vorausgegangen ist. Die Wirkung einer derartigen Einzelentlastung ist demnach auch nur eine Billigung (Anm. 6); eine Verzichtswirkung für etwa entstandene Schadenersatzansprüche oder auch nur eine Beweislaständerung kann auch ihr schon wegen § 93 Abs. 4 S. 3 nicht entnommen werden.

Anm. 6

c) Nur Billigung der Geschäftsführung

Die rechtliche Bedeutung der Entlastung als Billigung der Geschäftsführung ist jedenfalls dann, wenn sie erteilt wird, äußerst gering (so auch Schönle S. 220). Sie beschränkt sich auf eine „bloß platonische Vertrauenskundgebung" (Schönle a. a. O.), die rechtlich kaum Auswirkung hat, mag ihr auch optisch und moralisch weitgehende Bedeutung zukommen (Anm. 3 und unten). Wird einem Aufsichtsratsmitglied die Entlastung verweigert, so bleibt es trotzdem unverändert in seinem Amt, es sei denn, daß sich 75% der Stimmen fänden, die neben der Entlastungsverweigerung auch die vorzeitige Abberufung aus dem Amt beschließen (§ 103 Abs. 1). Auch ein Vorstandsmitglied, dem die Entlastung verweigert wird, scheidet dadurch nicht automatisch aus; nur kann die Entlastungsverweigerung als wichtiger Grund für die vorzeitige Abberufung durch den Aufsichtsrat angesehen werden (§ 84 Abs. 3 S. 2; § 84 Anm. 33); für die Regel dürfte das aber nur gelten, wenn die Verweigerung mit Recht erfolgt ist, wie es überhaupt stets auf die Gesamtheit der Umstände ankommt. Eine *Pflicht* des Aufsichtsrats, die Bestellung des Vorstands in diesem Falle zu widerrufen, ist jedoch nicht anzuerkennen. Die Annahme einer solchen Verpflichtung würde mit der gesetzlichen Abgrenzung der Zuständigkeit der verschiedenen Organe der AG in Widerspruch stehen (so auch Obermüller-Werner-Winden S. 226/27). Da das Gesetz den Widerruf der Bestellung des Vorstands ausschließlich dem Aufsichtsrat zugewiesen hat, kann ohne eine besondere gesetzliche Bestimmung nicht angenommen werden, daß die Hauptversammlung den Aufsichtsrat gegen seinen Willen zum Widerruf der Bestellung des Vorstands zwingen kann. Eine Verpflichtung des Aufsichtsrats, die Bestellung des Vorstands auf Verlangen der Hauptversammlung zu widerrufen, würde auch geeignet sein, das Recht des Vorstands und des Aufsichtsrats, gemeinsam ohne Mitwirkung der Hauptversammlung den Jahresabschluß festzustellen (§ 172), völlig zu untergraben. Endlich könnte man auch vom Standpunkt der gegenteiligen Meinung gemäß § 105 Abs. 1 in der Verweigerung der Entlastung des Aufsichtsrats nur dann einen Widerruf seiner Bestellung sehen, wenn eine Dreiviertelmehrheit sich für die Verweigerung der Entlastung ausgesprochen hat (so auch Baumbach-Hueck Rdn. 10). Es ist aber mit den vom Gesetz begründeten und gewollten Macht- und Abhängigkeitsverhältnissen zwischen den verschiedenen Organen der AG nicht zu vereinen, daß die Hauptversammlung die Abberufung des Vorstands mit einer geringeren Mehrheit erreichen könnte als die Abberufung des Aufsichtsrats. Auch würde ein willkürlicher oder gegen Treu und Glauben verstoßender, die Entlastung verweigernder Hauptversammlungsbeschluß einen Widerruf der Vorstandsbestellung nicht rechtfertigen und folglich auch den Aufsichtsrat nicht zum Ausspruch des Widerrufs berechtigen (vgl. § 84 Anm. 33).

Aufsichtsrats- und Vorstandsmitglieder sind jedoch berechtigt, ihrerseits bei Verweigerung der Entlastung ihr Amt niederzulegen bzw. fristlos zu kündigen, da in der Entziehung der Vertrauensgrundlage für die weitere Tätigkeit ein wichtiger Grund im Sinne des § 626 BGB zu sehen ist (§ 84 Anm. 38; § 102 Anm. 21; Obermüller-Werner-Winden S. 227; Baumbach-Hueck Rdn. 10).

Erteilt die Hauptversammlung trotz Beanstandungen die Entlastung, so entfällt zwar der Vertrauensentzug als Widerrufsgrund; der Aufsichtsrat ist aber nicht gehindert, Beanstandungen trotzdem als Widerrufsgrund zu verwenden. Allerdings wird dann in einem etwaigen Prozeßverfahren der Standpunkt des Aufsichtsrates nicht einfach zu verteidigen sein. Ob die mit Rücksicht auf die Entlastung durch die Hauptversammlung unterbliebene Abberufung eines Vorstandsmitglieds im Sinne des § 116 in Verbindung mit § 93 Abs. 4 S. 1 auf einem gesetzmäßigen Beschluß der Hauptversammlung beruht (so Voraufl. § 104 Anm. 2 a), erscheint zweifelhaft, weil eben die Verweigerung der Entlastung keinen Zwang zum Widerruf der Vorstandsbestellung auslöst (vgl. oben) und die Gründe, die eine Hauptversammlung zur Entlastung trotz Verfehlungen veranlaßt haben, ganz andere sein können als die, die für den Aufsichtsrat bei der Entscheidung über den Widerruf der Bestellung maßgebend sind (vgl. Obermüller-Werner-Winden S. 220/21, die es auf die Einzelumstände abstellen wollen).

Man darf aber die Bedeutung der Entlastung nicht rein rechtlich sehen. Im Leben einer Gesellschaft sind auch andere Betrachtungsweisen bedeutsam. Eine Verwaltung, der die Entlastung verweigert ist, verliert nicht nur intern den Arbeitnehmern der Gesellschaft gegenüber, sondern auch im Außenverhältnis gegenüber Lieferanten und Kunden erheblich an Ansehen und Durchsetzvermögen. Die nicht entlasteten Aufsichtsratsmitglieder müssen damit rechnen, bei der nächsten Wahl nicht wiedergewählt zu werden. Die nicht entlasteten Vorstandsmitglieder müssen, auch wenn sie beim derzeitigen Aufsichtsrat noch eine Rückendeckung finden und deshalb weiter im Amt bleiben können, damit rechnen, nach einer Neubesetzung des Aufsichtsrats dessen Vertrauen nicht mehr zu besitzen und die Verlängerung ihrer Vorstandsbestellung nicht zu erhalten. Diese Möglichkeiten werden nicht ohne Einfluß bleiben. Entweder werden die nicht entlasteten Verwaltungsmitglieder ihre Ämter zur Verfügung stellen oder sie werden sich bemühen, bei ihrer künftigen Geschäftsführung den Auffassungen und Stimmungen Rechnung zu tragen, die zur Entlastungsverweigerung geführt haben. Auch aus Gründen des gesellschaftlichen Prestiges ist der Entlastungsbeschluß für Vorstands- und Aufsichtsratsmitglieder von erheblicher tatsächlicher Bedeutung (Schuler NJW 60, 603; Westhoff DNotZ 1958, 227; Witte, Grundsätzliche Fragen des Bilanz- und Stimmrechts bei Aktiengesellschaften, 1957, S. 51 f.), auch wenn ihm aktienrechtlich eine Verzichtserklärung auf mögliche Schadensersatzansprüche nicht zukommt.

Damit erweist sich dann die Möglichkeit einer Entlastungsverweigerung doch als höchst wirksames, wenn auch indirektes Mittel der Hauptversammlung, auf die Geschäftsführung der Gesellschaft Einfluß zu nehmen. Auch wenn man der Entlastung die unmittelbaren rechtlichen Wirkungen fast ganz genommen hat, bleibt sie doch von wesentlicher Bedeutung für das Leben einer Aktiengesellschaft.

Anm. 7

d) Vertrauensbeweis für die Zukunft

Als Billigung der Geschäftsführung im Abrechnungszeitraum hat die Entlastung notwendig auch den Charakter eines Vertrauensbeweises für die Zukunft (Obermüller-Werner-Winden S. 220; Godin-Wilhelmi Anm. 2; Nitschke-Bartsch AktG 1969 S. 96). Diese Wirkung liegt notwendig in der Billigung und bedeutet deshalb nicht eine Erstreckung des § 120 Abs. 2. Sie bedeutet auch keineswegs eine Billigung künftiger Geschäftsführung, sondern schafft nur für die Zukunft durch die Bestätigung des Vertrauens die Basis einer erfolgreichen Weiterarbeit der Verwaltung. Die Billigung umfaßt stets nur die Geschäftsführung des Zeitraums, für den die Rechnungslegung erfolgt (Anm. 4; Adler-Düring-Schmaltz § 176 Rdn. 30); der in der Billigung liegende Vertrauensbeweis ist für die Vergangenheit belanglos und wirkt in die Zukunft. Insoweit geht für ausscheidende Aufsichtsrats- und Vorstandsmitglieder die Entlastung etwas ins Leere, verliert aber als Einverständniserklärung mit der bisherigen Tätigkeit des ausscheidenden Verwaltungsmitgliedes keinesfalls ihre Wirkung, zumal das ja auch für den im Sinne seines Vorgängers arbeitenden Nachfolger künftig von Bedeutung ist.

Anm. 8

e) Kein Anspruchsverzicht, auch keine Beweiserleichterung

Wenn Abs. 2 bestimmt, daß die Entlastung keinen Verzicht auf Ersatzansprüche enthält, so soll das nicht eine einfache Wiederholung des § 93 Abs. 4 S. 3 bedeuten. Das hätte man dann klarer und einfacher durch eine Bezugnahme auf diese Bestimmung ausdrücken können. Die Begründung zum Reg.E § 120 (Kropff S. 167) betont vielmehr mit Recht, daß die Entlastung auch dann keinen Verzicht auf Ersatzansprüche beinhaltet, wenn die Sperrfrist von 3 Jahren bereits abgelaufen ist. Das wird zwar nicht häufig vorkommen, ist aber möglich, wenn Entlastungsbeschlüsse für die Vergangenheit wegen ungeklärter Verhältnisse ausgesetzt worden sind, oder wenn ein erfolgreich angefochtener Beschluß über die Entlastung erneut zur Abstimmung steht. Wird dann nach 3 oder 4 Jahren die Entlastung erteilt, so bedeutet sie trotzdem keinen Verzicht auf mögliche Ersatzansprüche. Infolgedessen kann trotz eines Entlastungsbeschlusses eine Minderheit von 10% auch in diesem Falle die Geltendmachung von Ersatzansprüchen gemäß § 147 erzwingen.

Da § 120 Abs. 2 als abschließende Regelung der Entlastungsfolgen angesehen werden muß, sind auch zwei weitere, vom früheren Schrifttum angenommene Folgen der Entlastung entfallen. Einmal wollte man in der Entlastung auch eine Quittung über die erfolgte Rechenschaftslegung sehen mit der Wirkung, daß die Hauptversammlung weitere Rechnungslegung vom Vorstand und Aufsichtsrat vorbehaltlich der Sonderprüfung nicht mehr verlangen könne (so Voraufl. § 104 Anm. 2; Schlegelberger-Quassowski § 104 Anm. 4; Schönle S. 220; Adler-Düring-Schmaltz § 176 Anm. 29; etwas abweichend Brox BB 60, 1228, der in der Entlastung das Bekenntnis der erfüllten Vorlagepflicht für die Rechnungslegung sehen will). Abgesehen davon, daß eine derartige Quittung schon wegen der Möglichkeit jederzeitiger Anordnung einer Sonderprüfung kaum nennenswerte Bedeutung hat, würde sie über eine Billigung der Geschäftsführung durch die Verwaltung hinausgehen und wäre deshalb nach § 120 Abs. 2 unzulässig. Ebensowenig kann man der Entlastung eine Beweislastwirkung in dem Sinne zuerkennen, daß sie eine tatsächliche Vermutung der Ordnungsmäßigkeit der Geschäftsführung zugunsten der Verwaltung schaffe und damit die Beweislastregelung des § 93 Abs. 2 S. 2 umkehre, mindestens aber die Beweisführung der Verwaltung erleichtere (Schlegelberger-Quassowski § 104 Anm. 4; Ritter § 104 Anm. 2c; BGH 29, 390: „Beweisstütze"). Auch damit würde über § 120 Abs. 2 hinausgegriffen (so Schönle S. 209, 210; Hengeler AktG 1962, 91). Außerdem könnte dann die Hauptversammlung mit einfacher Mehrheit die Geltendmachung von Schadensersatzansprüchen durch eine 10%ige Minderheit (§ 93 Abs. 4 und § 147) mehr oder weniger erschweren. Eine derartige Beweislastregelung scheitert deshalb auch an § 93 Abs. 4 und § 147.

Anm. 9

f) Entlastung aufgrund einstimmiger Beschlüsse

BGH 29, 390 hatte bei einer von allen Aktionären erteilten Entlastung im Hinblick auf den Charakter des jetzigen § 93 Abs. 4 S. 3 als Minderheitenschutzbestimmung die Wirkung eines Anspruchsverzichts anerkannt. Diese Auffassung hatte im Schrifttum überwiegend Zustimmung gefunden (Voraufl. § 104 Anm. 2a; Baumbach-Hueck 12. Aufl. § 104 Anm. 1 B; Neflin NJW 59, 1666; Schönle ZHR 126, 221), war aber auch im Hinblick auf die Sperrfrist von früher 5, jetzt 3 Jahren und die daraus hergeleitete Schutzwirkung nicht nur für die Minderheit, sondern für die Gesellschaft selbst auf Widerspruch gestoßen (Schuler NJW 60, 601; Brox BB 60, 1228; vgl. auch § 93 Anm. 39). Ob BGH 29, 390 auch für das heutige Recht Geltung verlangen kann, ist streitig (bejahend Baumbach-Hueck Rdn. 7; verneinend Schönle S. 223; Obermüller-Werner-Winden S. 220; Godin-Wilhelmi Anm. 2; Adler-Düring-Schmaltz § 176 Rdn. 28; Koch AktG 1969, S. 2 N 18). Bestanden gegen BGH 29, 390 schon nach bisherigem Recht Bedenken, weil die Hauptversammlung sich auch nicht einstimmig über den Ablauf der Sperrfrist von 5, jetzt 3 Jahren hinwegsetzen kann (§ 93 Anm. 39), so entzieht § 120 Abs. 2 S. 2 der Entlastung nun einmal ganz allgemein den Verzichtscharakter. Im Interesse einer einheitlichen Bedeutung des Begriffs der Entlastung sollte man daran auch dann nichts ändern, wenn im Einzelfall die Entlastung mit 100% der stimmberechtigten Aktien beschlossen worden ist. Wäre die Gegenmeinung, die es auf den Minderheitenschutz abstellt, der bei 10% einsetzt, konsequent, so müßte der einstimmigen Entlastung auch die mit mehr als 90% der Stimmen erteilte Entlastung gleichstehen. § 120 Abs. 2 S. 2 hat aber (vgl. Anm. 8) neben § 98 Abs. 4 S. 3 durchaus eine selbständige Bedeutung und soll den Begriff der Entlastung klar umschreiben. Das zwingt gar nicht, Tatbestände, wie sie der Entscheidung BGH 29, 390 zugrunde lagen, anders als in dieser Entscheidung geschehen zu entscheiden. Dort konnte man durchaus in der Zusage der Entlastung auch die Zusage eines Verzichts auf Ersatzansprüche sehen und dann, soweit die 3jährige Ausschlußfrist des § 93 Abs. 4 S. 3 entgegenstand, eine Stimmrechtsabrede annehmen, nach Ablauf der 3 Jahre den Anspruchsverzicht zu beschließen. Die deshalb im Ergebnis wohl richtige Entscheidung BGH 29, 390 erfordert aber nicht, den Begriff der Entlastung verschieden zu sehen, je nachdem ob sie einstimmig bzw. mit mehr als 90% der Stimmen ausgesprochen wurde oder nicht. Da Entlastungsbeschlüsse in der Rechtswirklichkeit unserer großen Aktiengesellschaften meist gegen wenige Gegenstimmen, kaum einmal mehr als gegen 3 oder 4% des stimmberechtigten Kapitals gefaßt zu werden pflegen, wäre andernfalls die Bestimmung des § 120 Abs. 2 mit dem gesetzgeberischen Willen auf eine klare Ablehnung jeder Verzichtswirkung der Entlastung auch weitgehend obsolet.

Anm. 10

g) Keine Klage auf Entlastung

Unter dem Recht des HGB wurde angenommen, daß den Verwaltungsmitgliedern ein *klagbarer Anspruch auf Entlastung* zustünde (RG 89, 396), der auch noch heute für die Verwaltungsorgane der GmbH (s. Schmidt in Hachenburg § 46 Anm. 25 u. 29; Baumbach-Hueck GmbHG § 46 Anm. 8 D) und die eGmbH (s. OLG Hamburg in AktG 1960, 230 zu § 48 GenG) bejaht wird. Das AktG sieht die Beschlußfassung über die Entlastung als einen regelmäßigen Gegenstand der ordentlichen Hauptversammlung vor. Es legt also der Hauptversammlung die Pflicht auf, über die Entlastung der Verwaltungsmitglieder zu beschließen. Da diese Pflicht in niemandes anderen Interesse gegeben sein kann als im Interesse der Verwaltungsmitglieder, über deren Entlastung beschlossen werden soll, liegt die Annahme eines Anspruchs der Verwaltungsmitglieder auf Erteilung der Entlastung, wenn sich die Geschäftsführung nach dem Rechenschaftsbericht als einwandfrei erweist, durchaus nahe. Aber die Entlastung hat heute keinerlei Einwirkung auf mögliche Ersatzansprüche mehr (Anm. 6ff.). Hat es unter diesen Umständen überhaupt noch einen vernünftigen Sinn, eine Klage auf Entlastung zuzulassen? Das wurde von einer Anzahl von Kommentatoren mit verschiedenster Begründung für AktG 1937 bejaht; vgl. Schlegelberger-Quassowski § 104 Anm. 9; Teichmann-Köhler § 104 Anm. 3; Godin-Wilhelmi 2. Aufl. § 104 Anm. II, 4; Neflin NJW 59, 1666; Schuler AktG 1960, 1ff. und ders. NJW 1960, 601ff.; Adler-Düring-Schmaltz 3. Aufl. § 125 Anm. 54 u. 63. Der Zweck der Klage auf Entlastung nach früherem Recht war im Grunde der, die Hauptversammlung zu einer Entscheidung darüber zu zwingen, ob sie Ansprüche gegen die Verwaltungsmitglieder geltend machen wollte. Die klagenden Mitglieder der Verwaltung brauchten nichts anderes zu beweisen, als daß sie den vom Gesetz verlangten Rechenschaftsbericht abgelegt hatten. Obwohl die Klage der Form nach eine Leistungsklage, nämlich eine Klage auf Abgabe der Entlastungserklärung war, traf die Beweislast die Gesellschaft wie bei einer negativen Feststellungsklage (RG 89, 396). Die Klage war sachlich nichts anderes als eine Klage auf Verzicht der Gesellschaft auf etwaige ihr zustehende Ansprüche. Dieser Verzicht aber ist jetzt unzulässig. Das Urteil auf Entlastung würde die Ansprüche der Gesellschaft gegen die Verwaltungsmitglieder unberührt lassen. Es könnte nur diejenigen Wirkungen äußern, die die Entlastung für die Vergangenheit hat, d. h. die bisherige Geschäftsführung billigen, wodurch aber die Anordnung einer Sonderprüfung nicht ausgeschlossen würde, und weiterhin für die Zukunft der Verwaltung das Vertrauen aussprechen. Ein Rechtsanspruch auf eine derartige Entlastungserklärung besteht nicht. Die Entlastung steht vielmehr ihrer Natur nach im freien Ermessen der Hauptversammlung, die ihr Vertrauen schenken und versagen kann, ganz wie es ihr zusagt. Auch wenn die Hauptversammlung ohne oder mit einer unsachlichen Begründung die Entlastung einzelner oder aller Verwaltungsmitglieder versagt, besteht kein Anspruch auf Entlastung (Begr. zum Reg.E bei Kropff S. 167; Adler-Düring-Schmaltz 4. Aufl. § 176 Rdn. 32; Godin-Wilhelmi Anm. 4 a. E.; Baumbach-Hueck Rdn. 11; Obermüller-Werner-Winden S. 227). Da die Bedeutung der Entlastung heute nicht mehr im rechtlichen, sondern im außerrechtlichen Raum liegt (Anm. 6), würde für eine Klage auf Entlastung auch ein Rechtsschutzinteresse zu verneinen sein. Insbesondere kann dieses Interesse auch nicht dadurch gegeben sein, daß die Versagung der Entlastung für den Vorstand ein wichtiger Grund zur Abberufung sein kann. Denn die Entlastungsverweigerung zwingt den Aufsichtsrat nicht zum Widerruf der Vorstandsbestellung, sondern verlangt von ihm eine eigene Prüfung (Anm. 6). Im übrigen kann gerade das für die starke Stellung des Vorstandes (im Gegensatz zum früheren Aktienrecht und zum GmbH- und allgemeinen Vereinsrecht) die Legitimationsgrundlage bildende Vertrauensverhältnis zur Hauptversammlung nicht durch richterlichen Spruch ersetzt werden. Denn selbst wenn ordnungsgemäß Rechnung gelegt ist — und allein das kann ein Gericht nachprüfen —, ist es der Hauptversammlung nicht versagt, etwa aus Gründen, die in der Art der Geschäftsführung oder im Auftreten der Verwaltungsmitglieder in der Öffentlichkeit liegen, die Entlastung zu verweigern und damit ihr Mißtrauen auszusprechen. Sollte ein derartiger Ausspruch rechtsmißbräuchlich sein, kann er in einem Rechtsstreit über die Wirksamkeit des Widerrufs oder aufgrund einer Anfechtungsklage (dazu Anm. 21 unten) gerichtlich überprüft werden. Auch rechtfertigt die Tatsache, daß die Verwaltungsmitglieder sich ohne Entlastung einem erheblichen Druck möglicher Schadensersatzansprüche ausgesetzt sehen, nicht die Zubilligung eines klagbaren Anspruchs auf Entlastung; denn die Verzichtswirkung kann auch ein die Entlastung ersetzendes Urteil nicht haben. Sind gegen ein Mitglied der Verwaltung oder ein Gesamtorgan konkrete Schadensersatzansprüche angedroht, so besteht jederzeit, d. h. auch vor Ablauf der Dreijahresfrist des § 93 Abs. 4 S. 3 die Möglichkeit, im Wege einer negativen Feststellungsklage gegen die AG eine gerichtliche Klärung herbeizuführen (s. Anm. 11). Ein Anspruch, die freie Ermessensentscheidung der Hauptversammlung durch ein Gerichtsurteil zu ersetzen und zu erzwingen, kann demnach nicht anerkannt werden.

Anm. 11

Damit ist auch die früher streitige Frage, *ob das Urteil auf Entlastung eine weitergehende Wirkung habe als der Entlastungsbeschluß*, gegenstandslos. Dies nahm RG 89, 396 an. Diese Frage kann nur auftauchen, soweit die Entlastung überhaupt ein Erlöschen etwaiger Ansprüche nach sich ziehen kann. Diese Voraussetzung ist heute nicht mehr gegeben. Daß die Verwaltungsmitglieder auf Feststellung klagen können, daß der Gesellschaft gegen sie aus der Geschäftsführung keine Schadensersatzansprüche zustehen, ist bereits in Anm. 10 gesagt. Eine solche Klage ist durch § 93 Abs. 4 S. 3 grundsätzlich nicht ausgeschlossen. Aber eine andere Frage ist es, ob die bloße Tatsache der Verweigerung der Entlastung für die Verwaltungsmitglieder ein Interesse an der Feststellung begründet, daß der Gesellschaft keine Ansprüche gegen sie zustehen. Dies ist zu verneinen. Die negative Feststellungsklage setzt voraus, daß der Beklagte sich eines Anspruchs gegen den Kläger berühmt hat. Die Voraussetzungen dieses Anspruchs muß der Beklagte alsdann gegenüber der negativen Feststellungsklage ebenso beweisen, wie wenn er selbst den Anspruch im Wege der Klage geltend gemacht hätte. Es bedarf also grundsätzlich der Behauptung eines bestimmten Anspruchs; die bloße Unterlassung der Anerkennung daß aus einem bestimmten Rechtsverhältnis keine Ansprüche entstanden sind, kann nur dann ein Feststellungsinteresse begründen, wenn der Betroffene ein Recht auf die rechtlich bindende Anerkennung hat, daß gegen ihn keine Ansprüche begründet sind; ein solches Recht besteht aber hier nicht (Anm. 10). Das Verwaltungsmitglied kann daher eine negative Feststellungsklage gegen die Gesellschaft nur erheben, soweit von der Hauptversammlung — nicht nur von einzelnen Aktionären — das Bestehen bestimmter Ansprüche behauptet wird; es kann also der Gesellschaft auch nicht durch eine negative Feststellungsklage unerkannte Ansprüche aus der Geschäftsführung nehmen.

Anm. 12

§ 92 Abs. 4 S. 3 betrifft nicht nur Beschlüsse der Hauptversammlung, durch die auf Schadensersatzansprüche gegen die Mitglieder der Verwaltung verzichtet wird, sondern schließt schlechthin jeden Verzicht der Gesellschaft innerhalb von drei Jahren aus. Ein dieser Bestimmung zuwiderlaufender Erlaßvertrag ist nichtig. Damit ist auch die frühere Streitfrage gegenstandslos geworden, ob die Erteilung der *Entlastung ausschließlich Sache der Hauptversammlung* ist, oder ob auch der Vorstand im Namen der Gesellschaft auf Ansprüche gegen den Aufsichtsrat oder der Aufsichtsrat auf Ansprüche gegen den Vorstand verzichten kann (vgl. dazu einerseits Staub HGB § 260 Anm. 9; andererseits Ritter § 104 Anm. 2f.). Gegenstandslos ist ferner die Frage, ob die Entlastung auch erteilt werden kann, wenn *Ansprüche* gegen die Verwaltungsmitglieder *erkennbar* sind (was durchaus möglich ist, weil die Entlastung die Ersatzansprüche nicht berührt), und ob in solchen Fällen der Beschluß wegen eines *Verstoßes gegen die guten Sitten* nichtig sein kann (vgl. RG 68, 314; 112, 19; RG in DJZ 1913, 465). Ebenso ist als gegenstandslos die Frage der Kondiktion der Entlastung anzusehen (vgl. RG in JW 1926, 2904). Denn das Recht auf Sonderprüfung und Geltendmachung von Schadensersatzansprüchen wird durch den Entlastungsbeschluß nicht berührt. Desgleichen ist die Frage ohne Bedeutung, auf welche Pflichtverletzungen sich die von der Hauptversammlung erteilte Entlastung (vgl. RG 12, 74; 13, 43; 18, 56; 70, 132; 89, 396) und die durch Urteil erteilte Entlastung (s. Anm. 6) bezieht, sowie die prozeßrechtliche Frage hinsichtlich der Klage auf Erteilung der Entlastung (vgl. dazu insbes. Schuler, NJW 60, 601 ff.).

II. Der Entlastungsbeschluß

Anm. 13

1. Ausschließliche und zwingende Zuständigkeit der Hauptversammlung

Zuständig für die Entlastung von Vorstand und Aufsichtsrat ist ausschließlich und zwingend die Hauptversammlung. Eine Entlastungserklärung, die z. B. der Aufsichtsrat einem Vorstandsmitglied anläßlich seines Ausscheidens aus den Diensten der Gesellschaft erklärt, ist keine Entlastung im Sinne des § 120 — wegen § 93 Abs. 4 S. 3 auch kein Anspruchsverzicht —, sondern kann nur als goodwill-Erklärung des Aufsichtsrats angesehen werden, sich für die Entlastung des Vorstands einzusetzen und sie der Hauptversammlung vorzuschlagen (§ 124 Abs. 3); eine Entlastungswirkung fehlt einer derartigen Erklärung übrigens auch schon deshalb, weil sie nicht auf der Basis des Jahresabschlusses erfolgt (Anm. 4). Das gleiche gilt für entsprechende Erklärungen des Vorstands dem Aufsichtsrat, einzelnen Aufsichtsrats- oder einzelnen Vorstandsmitgliedern gegenüber. An der ausschließlichen Zuständigkeit der Hauptversammlung für die Entlastung kann auch die Satzung nichts ändern (§ 23 Abs. 5). Diese Zuständigkeit kann auch nicht dahingehend eingeschränkt werden, daß der Entlastungsbeschluß der Hauptversammlung zu seiner Wirksamkeit noch der Zustimmung einer anderen, innerhalb oder außerhalb der AG stehenden Stelle — z. B. bei einer der öffentlichen Hand gehörenden AG der Zustimmung der Aufsichtsbehörde oder einer politischen Körperschaft — bedarf. Auch das wäre eine Abweichung von der abschließenden Regelung des § 120, die das Gesetz nicht zuläßt.

Anm. 14

2. Tagesordnungspunkt der ordentlichen Hauptversammlung

Die Entlastung ist Gegenstand der sog. ordentlichen Hauptversammlung (§§ 175, 176; § 121 Anm. 3). Die für sie vorgesehenen Tagesordnungspunkte sind gemäß § 175: Vorlage des Jahresabschlusses nebst Geschäftsbericht des Vorstandes und Bericht des

Aufsichtsrats, Beschlußfassung über die Feststellung des Jahresabschlusses, soweit die Hauptversammlung dazu gemäß §§ 173, 286 zuständig ist, und Beschlußfassung über die Gewinnverwendung sowie gemäß § 120 Beschlußfassung über die Entlastung. Außerdem gehört zur Tagesordnung der ordentlichen Hauptversammlung wegen der an die Entlastung angehängten Amtsdauer der Aufsichtsratsmitglieder (§ 102) die etwa anstehende Wahl von Aufsichtsratsmitgliedern und regelmäßig auch wegen der Regelung des § 163 Abs. 1 S. 2 die Wahl der Abschlußprüfer. Die Aufnahme der Entlastung in die Tagesordnung der ordentlichen Hauptversammlung ist aber nicht zwingend. Abs. 3 S. 1 ist eine Sollvorschrift. Die Beschlußfassung über die Entlastung außerhalb der ordentlichen Hauptversammlung, etwa wegen Vertagung der Beschlußfassung oder wegen einer aufgrund einer erfolgreichen Anfechtungsklage gegebenen Notwendigkeit eines erneuten Entlastungsbeschlusses, beeinträchtigt die Wirksamkeit des Entlastungsbeschlusses nicht und gibt auch keinen Anfechtungsgrund nach § 243 (Obermüller-Werner-Winden S. 222; Godin-Wilhelmi Anm. 6).

Wie § 175 Abs. 1 S. 2 für die Vorlage des Jahresabschlusses und die Beschlußfassung über die Verwendung des Bilanzgewinns den Zeitpunkt der ordentlichen Hauptversammlung auf die ersten 8 Monate des Geschäftsjahres festlegt, so schreibt auch § 120 Abs. 1 S. 1 vor, daß die über die Entlastung beschließende Hauptversammlung in den ersten 8 Monaten stattzufinden hat. Diese Frist ist zwingend und anders als in § 104 Abs. 1 AktG 1937 durch die Satzung nicht abänderbar (§ 176 Anm. 3). Ob auf sie § 193 BGB anwendbar ist, wonach bei Ablauf der Frist an einem Sams-, Sonn- oder Feiertag der nächste Werktag maßgebend ist, scheint zweifelhaft. Palandt, BGB § 193 Anm. 3 verneint das unter Berufung auf den Schutz der Aktionäre wohl zu Unrecht; denn der Sinn der Fristablaufhemmung ist die Freistellung der Wochenenden und Feiertage vom rechtlichen Zwang zum Tätigwerden, und zwar unter voller Laufzeit der gesetzlichen Fristen. Die dadurch eintretende Verlängerung der Frist für die Abhaltung der ordentlichen Hauptversammlung muß der Aktionär hinnehmen, zumal er andernfalls anerkennen müßte, daß die AG befugt ist, ihre Hauptversammlung auch auf einen Sams-, Sonn- oder Feiertag einzuberufen (vgl. hierzu § 121 Anm. 16). Die Entlastung ist alljährlich zum Gegenstand der Tagesordnung der ordentlichen Hauptversammlung zu machen, und zwar ebenso wie die Vorlage bzw. Feststellung des Jahresabschlusses und die Gewinnverwendung. Das Gesetz gibt also nicht — auch nicht im Liquidationszeitraum, in dessen fortgeschrittenem Stadium die alljährliche Hauptversammlung eine unnütze Plage sein kann — die Möglichkeit, die ordentliche Hauptversammlung für mehrere Jahre zusammenzufassen. Der Vorstand ist vielmehr verpflichtet, alljährlich auf die Tagesordnung der ordentlichen Hauptversammlung auch die Entlastung der Verwaltungsträger zu setzen.

Kommt der Vorstand dieser Verpflichtung nicht nach, so kann er anders als bei der Pflicht zur Vorlage des Jahresabschlusses und Aufnahme der Gewinnverwendung in die Tagesordnung der Hauptversammlung durch das Registergericht nicht durch Ordnungsstrafen angehalten werden (Koch, AktG 1969, 3); denn § 120 ist in § 407 nicht aufgeführt und diese Bestimmung ist ihrerseits schon als Strafvorschrift nicht extensiv auslegbar (Baumbach-Hueck § 407 Rdn. 3). Auch aus der Pflicht zur Verbindung der Verhandlung über die Entlastung mit der unter dem Schutz des § 407 stehenden Pflicht betreffend die Gewinnverwendung folgt keine Möglichkeit des Registergerichts, den Vorstand durch Ordnungsstrafen dazu anzuhalten, die Entlastung auf die Tagesordnung der ordentlichen Hauptversammlung zu setzen (so Koch a. a. O.). Eine gewisse Sanktion ist nur über § 122 Abs. 2 gegeben.

Anm. 15

3. Verbindung des Entlastungsbeschlusses mit dem Gewinnverwendungsbeschluß

Gemäß Abs. 3 ist die Verhandlung über die Entlastung mit der Verhandlung über die Verwendung des Reingewinns zu verbinden, welch letzter Beschluß gemäß § 175 Abs. 1 in Verbindung mit der Vorlage des festgestellten Jahresabschlusses steht und mit den Verhandlungen über die Feststellung des Jahresabschlusses gemäß § 175 Abs. 3 S. 2

zu verbinden ist. In diesen, allerdings als Sollvorschriften ausgestalteten Bestimmungen kommt der enge Zusammenhang zwischen Entlastung und Rechnungslegung zum Ausdruck (Anm. 1 und 4). Die Verbindung der Verhandlungen erfordert einen zeitlichen Zusammenhang, der bereits dadurch gegeben ist, daß Entlastung und Gewinnverwendung auf der Tagesordnung derselben Hauptversammlung stehen; die Verbindung kann aber noch enger sein, indem die Diskussion in der Hauptversammlung zu den Punkten Gewinnverwendung und Entlastung zusammengefaßt und einheitlich abgewickelt wird; notwendig zur Erfüllung der Verbindungspflicht des Abs. 3 S. 1 ist diese Zusammenfassung aber nicht. Die Beschlüsse zur Gewinnverwendung und Entlastung müssen sowieso gesondert gefaßt werden, da die Stimmabgabe der Aktionäre zu den beiden Beschlüssen nicht einheitlich zu sein braucht (vgl. RG 112, 26). Allerdings sollen nach dem Willen des Gesetzgebers auch die Beschlüsse derart in zeitlichem Zusammenhang stehen, daß sie auf der gleichen ordentlichen Hauptversammlung gefaßt werden (a. M. Koch, AktG 1969, 2, der den in Abs. 3 S. 1 und entsprechend in § 175 Abs. 3 S. 2 gebrauchten Terminus „Verhandlung" wohl zu wörtlich nimmt).

Der engen Verbindung zwischen Entlastung und Rechnungslegung (Anm. 4) dient auch die Vorschrift des Abs. 3 S. 2 und 3, wonach zum Entlastungsbeschluß Jahresabschluß, Geschäftsbericht des Vorstandes und Aufsichtsratsbericht vorzulegen und entsprechend § 175 Abs. 2 von der Einberufung der Hauptversammlung ab zur Einsicht der Aktionäre in den Geschäftsräumen der Gesellschaft auszulegen und auf Verlangen jedem Aktionär in Abschrift unverzüglich zuzusenden sind. Vgl. hierzu § 175 Anm. 4ff. Unter Geschäftsraum sind nicht sämtliche Räumlichkeiten zu verstehen, in denen die AG irgendwie tätig ist, sondern die Räumlichkeiten, in denen der Vorstand am Sitz der Gesellschaft und, wenn dieser mit dem Verwaltungssitz nicht zusammenfällt, am Verwaltungssitz tätig wird, sofern er für die Aktionäre erkennbar ist (vgl. Adler-Düring-Schmaltz § 175 Rdn. 7; v. Gleichenstein-Stallbaum AktG 1970, 217ff.). Sofern die Entlastung neben der Vorlage des Jahresabschlusses und der Gewinnverwendung auf der Tagesordnung der ordentlichen Hauptversammlung steht, genügt die Erfüllung der Pflicht aus § 175 Abs. 2 auch der aus § 120 Abs. 3 S. 2 und 3. Steht die Entlastung aber auf der Tagesordnung einer Hauptversammlung, die nicht auch für das betreffende Jahr mit der Entgegennahme des Jahresabschlusses und der Gewinnverwendung befaßt ist, so muß gemäß Abs. 3 S. 2 und 3 verfahren werden, auch wenn in einer vorausgegangenen ordentlichen Hauptversammlung den Vorschriften des § 175 Abs. 2 schon Genüge getan worden ist (Begr. zum Reg.E § 120 bei Kropff S. 168).

Die Verletzung der Pflicht zur Vorlage und Auslegung begründet Anfechtbarkeit des Entlastungsbeschlusses (vgl. Anm. 21).

Die enge Verbindung zwischen Entlastung und Rechnungslegung macht es übrigens erforderlich, daß bei einer Vertagung des Beschlusses über die Feststellung des Jahresabschlusses und die Gewinnverwendung auch die Beschlußfassung über die Entlastung vertagt wird, es sei denn, daß die Vertagung der Bilanzfeststellung und Gewinnverwendung aus Gründen erfolgt, die für die Frage der Entlastungserteilung unerheblich sind (RG 44, 66; 126, 26, vgl. unten Anm. 20). Dies gilt trotz der veränderten Natur der Entlastung, da die ordnungsgemäße Rechnungslegung Grundlage der Entlastung ist (Anm. 4).

Anm. 16

4. Einzel- oder Gesamtentlastung

Während § 104 AktG 1937 von der Entlastung des Vorstands und des Aufsichtsrates sprach und damit grundsätzlich nur eine Gesamtentlastung des Vorstands und des Aufsichtsrates kannte, spricht Abs. 1 S. 1 von der „Entlastung der Mitglieder des Vorstandes" und der „Entlastung der Mitglieder des Aufsichtsrates". Damit ist klargestellt, daß die Entlastung dem einzelnen Mitglied des Vorstands und Aufsichtsrates und nicht dem Organ „Vorstand" und „Aufsichtsrat" erteilt wird. Das bedingt aber nicht, daß, wie der Reg.E vorsah, über die Entlastung jedes Verwaltungsmitgliedes grundsätzlich gesondert abzustimmen ist. Es ist vielmehr durchaus zulässig — S. 2 bestätigt das —, über die Entlastung des Vorstands oder des Aufsichtsrates in je einem Beschluß zu entscheiden. Ob auch die Entlastung für Vorstand und Aufsichtsrat in einem Beschluß zusammengefaßt werden kann, ist streitig; Baumbach-Hueck Rdn. 4; Gessler Anm. zu § 120 lehnen dies ab, während Obermüller-Werner-Winden S. 223 und Adler-Dürig-Schmaltz § 176 Rdn. 21 die Zusammenfassung in einem Beschluß zwar nicht für die Regel, aber für zulässig halten. Der ersteren Meinung ist zuzustimmen. Mag zwar die Neufassung des Abs. 1 S. 1 im wesentlichen der Klarstellung der Frage gedient haben, ob die Entlastung eines einzelnen Verwaltungsmitgliedes zulässig ist und wann sie gesondert zu erfolgen hat, so ist doch die Formulierung, die Hauptversammlung beschließe „über die Entlastung der Mitglieder des Vorstands und über die Entlastung der Mitglieder des Aufsichtsrats", statt der einfacheren Fassung, sie beschließe über die Entlastung der Mitglieder des Vorstands und des Aufsichtsrats, nur dahin zu verstehen, daß getrennt je über den Vorstand und den Aufsichtsrat abzustimmen ist. Das ist auch in der Praxis absolut üblich. Durch Anordnung einer einzigen Globalabstimmung über die Entlastung der Gesamtverwaltung verletzt der Versammlungsleiter also das Gesetz.

Anm. 17

Eine gesonderte Beschlußfassung über die Entlastung eines einzelnen, mehrerer einzelnen oder aller einzelnen Vorstands- und/oder Aufsichtsratsmitglieder ist gemäß Abs. 1 S. 2 dann geboten, wenn entweder die Hauptversammlung dies beschließt oder eine Minderheit dies verlangt, die 10% des Grundkapitals vertritt oder deren Aktien DM 2 Millionen erreichen. Die angegebene Minderheit kann also z. B. bei einer AG, die 14 Vorstands- und 21 Aufsichtsratsmitglieder hat, 35 Abstimmungen erzwingen, sich aber auch damit begnügen, nur über je ein Mitglied des Vorstands und/oder des Aufsichtsrats gesondert abstimmen zu lassen, während über die übrigen Mitglieder je des Vorstands und des Aufsichtsrats geschlossen abgestimmt wird. Obermüller-Werner-Winden S. 224 weisen mit Recht darauf hin, daß das Verlangen eines Aktionärs auf Einzelentlastung eine doppelte Bedeutung haben kann, nämlich einmal den Antrag auf Beschlußfassung der Hauptversammlung auf Einzelentlastung wie auch die Geltendmachung des Minderheitsverlangens. Im letzteren Fall ist, wenn der Aktionär die erforderliche Minderheit nicht repräsentiert, sein Antrag gleichzeitig auch als Aufforderung an andere Aktionäre zu verstehen, sich ihm zwecks Erreichung der erforderlichen Minderheit anzuschließen. Wird der Antrag des Aktionärs, die Hauptversammlung möge Einzelabstimmung beschließen — diesen Antrag kann jeder Aktionär, der nur eine Stimme vertritt, stellen —, abgelehnt, stellen aber die für den Antrag abgegebenen Stimmen 10% des Grundkapitals oder 2 DM Millionen Nennbetrag dar, so ist in dem Abstimmungsergebnis die Geltendmachung des Minderheitsbegehrens zu sehen. Die Einzelabstimmung muß also bei dem von einem Aktionär beantragten Hauptversammlungsbeschluß auch dann erfolgen, wenn der Antrag zwar abgelehnt wird, die Ja-Stimmen aber 10% des Grundkapitals oder DM 2 Millionen Nennbetrag erreichen. Die von Obermüller-Werner-Winden S. 225, Godin-Wilhelmi Anm. 4 und Adler-Düring-Schmaltz § 176 Rdn. 24 vertretene Auffassung, in der Stimmabgabe käme keine Geltendmachung eines Minderheitsverlangens zum Ausdruck, erscheint zu formalistisch; dadurch daß 10% des Grundkapitals für die Einzelentlastung stimmen, verlangen sie doch diese Einzelabstimmung. Warum sonst stimmen sie dafür? Wird über den Antrag eines Aktionärs auf Herbeiführung eines Beschlusses der Hauptversammlung über Einzelentlastung nicht abgestimmt oder werden die für den Antrag abgegebenen Minderheitsstimmen nicht als Minderheitsverlangen behandelt, so verstößt ein Gesamtentlastungsbeschluß gegen das Gesetz und ist gemäß § 243 anfechtbar.

In der Geltendmachung des Minderheitsverlangens kann, worauf Obermüller-Werner-Winden S. 225 mit Recht hinweisen, ein Mißbrauch liegen. Das wird insbesondere dann gelten, wenn ohne jeden sachlichen Grund Einzelabstimmung für alle Verwaltungsmitglieder verlangt wird und damit z. B. 20 und mehr Abstimmungen erforderlich werden. Auch wenn die Minderheit, die Einzelabstimmung erzwingt, nicht verpflichtet ist, ihr Verlangen zu begründen, so kann doch in einem derartigen Verhalten die Absicht einer Störung des ordnungsgemäßen Ablaufs der Hauptversammlung offensichtlich sein. Allerdings wird ein Versammlungsleiter gut daran tun, mit einer derartigen Annahme zurückhaltend zu sein.

Anm. 18

Aufgrund der Fassung des § 104 AktG 1937 wurde früher weitgehend angenommen, daß eine gesonderte Abstimmung über die Entlastung einzelner Verwaltungsmitglieder nur möglich sei, wenn Umstände vorlägen, die eine verschiedene Stellungnahme rechtfertigen (RG 55, 75; 65, 241; Voraufl. § 104 Anm. 10 und § 114 Anm. 33). Diese Auffassung ist durch die neue Bestimmung des Abs. 1 S. 2 überholt. Fraglich bleibt aber, ob über Abs. 1 S. 2 hinaus der Versammlungsleiter von sich aus Einzelabstimmung anordnen kann. Das nehmen Obermüller-Werner-Winden S. 226 an, indem sie aber richtigerweise darauf hinweisen, daß eine demnach beschlossene Einzelabstimmung zugleich auch einen Beschluß der Hauptversammlung gemäß Abs. 1 S. 2 darstelle. Godin-Wilhelmi Anm. 4 und Adler-Düring-Schmaltz § 176 Rdn. 25 lassen eine Anordnung des Versammlungsleiters auf Einzelabstimmung nicht zu, es sei denn, daß kein stimmberechtigter Teilnehmer der Hauptversammlung widerspricht. Dieser letzteren Auffassung ist zuzustimmen, wenn ihr auch, wie Obermüller-Werner-Winden a. a. O. betonen, keine besondere aktuelle Bedeutung zukommt. Wenn Abs. 1 S. 2 die Entscheidung über die Einzelentlastung der Hauptversammlung selbst zuweist, ist sie der Entscheidungsbefugnis des Versammlungsleiters entzogen. Er muß also, wenn er Einzelabstimmung will, einen entsprechenden Beschluß der Hauptversammlung herbeiführen. Stimmt die Hauptversammlung aber, wie von ihm angeordnet, ab, so liegt in der Abstimmung gleichzeitig auch der Beschluß gemäß Abs. 1 S. 2.

Anm. 19

5. Beschlußfassung

Der Entlastungsbeschluß der Hauptversammlung bedarf einfacher Mehrheit, wenn die Satzung nicht eine größere Mehrheit oder sonstige Erfordernisse bestimmt hat (§ 133 Abs. 1). Bei der Abstimmung darf für sich oder einen anderen nicht mitstimmen, wer selbst entlastet werden soll; er darf auch das ihm an sich zustehende Stimmrecht nicht durch andere ausüben lassen (§ 136 Abs. 1). Fraglich ist, ob bei Einzelentscheidung die übrigen Verwaltungsmitglieder und bei Entlastung des Aufsichtsrats die Vorstandsmitglieder oder bei Entlastung des Vorstands die Aufsichtsratsmitglieder mitstimmen dürfen. Da die Entlastung den einzelnen Verwaltungsmitgliedern und nicht dem Gremium erteilt wird und eine kollektive Verantwortung für die Geschäftsführung nicht besteht, ist die Frage heute zu bejahen (Baumbach-Hueck Rdn. 2; Godin-Wilhelmi § 136 Anm. 3; Adler-Düring-Schmaltz § 176 Rdn. 16). Da die Entlastung keinen Anspruchsverzicht gegenüber einem Mitschuldner mehr enthalten kann, ist kein Grund einzusehen, warum ein Organmitglied nicht dem anderen sein Vertrauen aussprechen kann. Erfolgt allerdings keine Einzelentlastung, sondern wird über die Entlastung des Vorstands oder über die Entlastung des Aufsichtsrats jeweils global abgestimmt, so sind alle Vorstandsmitglieder bei der Entlastung des Vorstands und alle Aufsichtsratsmitglieder bei der Entlastung des Aufsichtsrats von der Ausübung des Stimmrechts ausgeschlossen (§ 136 Anm. 6). Für den Einmanngesellschafter, der Mitglied des Vorstands oder Aufsichtsrats ist, entbehrt der Entlastungsbeschluß zwar jeder Bedeutung. Trotzdem entbindet das Gesetz auch in diesem Falle nicht von einem Entlastungsbeschluß. Um ihn zu ermöglichen, muß deshalb das Stimmrechtsverbot entfallen (§ 136 Anm. 10; Obermüller-Werner-Winden S. 228).

Anm. 20

6. Beschlußinhalt

Wie aus der Möglichkeit der Beschlußfassung über die Entlastung eines einzelnen Mitgliedes des Vorstands oder Aufsichtsrats folgt, kann die Entlastung einem oder einzelnen Mitgliedern versagt, den übrigen aber erteilt werden. Die Entscheidung braucht also nicht einheitlich für das einzelne Gremium auszufallen. Erfolgt allerdings keine Einzelentlastung, so müssen Aktionäre, die eine Einzelbeschlußfassung nicht durchsetzen konnten, ihre Stimme gegen die Entlastung des ganzen Gremiums abgeben, was ja auch insoweit ihrer Auffassung entspricht, als sie nicht das ganze Gremium entlasten wollen.

Der Entlastungsbeschluß braucht nicht unbedingt von „Entlastung" zu sprechen. Es genügt jede Formulierung, die zum Ausdruck bringt, daß man die Tätigkeit der Vorstands- und Aufsichtsratsmitglieder billige, mit ihr einverstanden sei, Vertrauen in sie habe oder dgl. mehr. Es ist auch möglich, die Entlastung eingeschränkt zu erteilen, etwa derart, daß man zwar Entlastung erteilt oder die Geschäftsführung im allgemeinen billigt, aber ausdrücklich erklärt, mit der Behandlung der einen oder anderen bestimmten Angelegenheit nicht einverstanden zu sein. Das ist dann eine Teilentlastung. Darüber daß die Feststellung des Jahresabschlusses durch die Hauptversammlung oder gar der Gewinnverwendungsbeschluß keine Entlastung enthält, vgl. Anm. 4.

Wegen der Entlastung für Einzelmaßnahmen vgl. Anm. 5.

Die Gründe für die Verweigerung oder Beschränkung der Entlastung können verschiedener Art sein; sie entziehen sich, weil die Entlastung im freien Ermessen der Hauptversammlung liegt, der gerichtlichen Überprüfung. Kein Organ kann gegen seinen Willen zu einer Vertrauenskundgebung gezwungen werden. Nur wenn eine Verweigerung rechtsmißbräuchlich ist — der Tatbestand der Entscheidung BGH 29, 392 (oben Anm. 9) stellt einen derartigen Mißbrauchsfall dar, vgl. auch Adler-Düring-Schmaltz § 176 Rdn. 28 — kann gegen sie vorgegangen werden. Willkür allein, wie Obermüller-Winden-Werner S. 223 annehmen, dürfte allerdings nicht genügen, weil es sich bei der Entlastung um eine freie und nicht um eine billige Ermessensentscheidung handelt. Die Hauptversammlung ist auch nicht gehindert, trotz festgestellter Verfehlungen die Entlastung zu erteilen. Allerdings darf auch diese Möglichkeit nicht rechtsmißbräuchlich gehandhabt werdne. Wenn z. B. einem betrügerischen Vorstandsmitglied in Kenntnis seiner Verfehlungen Entlastung erteilt wird oder die Entlastung der Verfolgung gesellschaftsfremder Sondervorteile eines Großaktionärs dient, ist mit Obermüller-Werner-Winden S. 223 ein Verstoß gegen das Gesetz im Sinne des § 243 anzunehmen.

Inhalt des zur Entlastung ergehenden Beschlusses kann auch eine Vertagung sein (§ 119 Anm. 38). Allerdings wird man nicht annehmen können, daß bei einer Vertagung der Feststellung des Jahresabschlusses, soweit die Hauptversammlung zur Feststellung gemäß §§ 173 Abs. 1, 286 Abs. 1 zuständig ist, oder einer Vertagung des Gewinnverteilungsbeschlusses die Vertagung der Entlastung zwingend ist (vgl. Anm. 15). Es wird auf die Gründe für die Vertagung dieser beiden Beschlüsse ankommen. Beruhen sie z. B. darauf, daß die Hauptversammlung die ihr vorgelegten Unterlagen als unvollständig ansieht, so ist auch eine Vertagung der Entlastung erforderlich, um der Vorschrift des § 120 Abs. 3 S. 1 zu genügen; denn der Entlastungsbeschluß soll auf ordnungsgemäßen und vollständigen Unterlagen beruhen. Erfolgt aber die Vertagung aus einem Grund, der mit der Vollständigkeit und Ordnungsgemäßheit der Unterlagen nichts zu tun hat, so steht Abs. 3 S. 1 der Beschlußfassung über die Entlastung nicht entgegen, mag sich die Vertagung auch der Entlastung aus Zweckmäßigkeitsgründen vielleicht empfehlen (vgl. Obermüller-Werner-Winden S. 228/29).

Anm. 21

7. Anfechtbarkeit

Der Beschluß über die Erteilung oder die Verweigerung der Entlastung ist wie jeder andere Hauptversammlungsbeschluß anfechtbar, wenn er gegen Gesetz oder Satzung verstößt. Der Anfechtungstatbestand kann einmal darin liegen, daß vom Verfahren her der Entlastungsbeschluß nicht in Ordnung ist; das ist z. B. der Fall, wenn die Auskunft zu einer zur Entlastung gestellten Frage eines Aktionärs zu Unrecht verweigert worden ist (§§ 131/32), oder wenn die gemäß Abs. 3 erforderlichen Vorlagen nicht gemacht oder unvollständig sind (Anm. 4), oder wenn über die Entlastung trotz Vertagung des Beschlusses über die Feststellung des Jahresabschlusses und die Gewinnverwendung wegen nicht ordnungsgemäßer oder unvollständiger Unterlagen abgestimmt wird (Anm. 20). Dagegen kann die Entlastung oder ihre Verweigerung aus materiellen Gründen nur dann als Gesetzesverstoß angefochten werden, wenn sie rechtsmißbräuchlich erteilt oder verweigert ist oder der Tatbestand des § 243 Abs. 2 vorliegt (vgl. Anm. 10, 20).

Die geringe rechtliche Bedeutung der Entlastung (Anm. 6) nimmt einer Anfechtungsklage gegen den Entlastungsbeschluß oder den die Entlastung verweigernden Beschluß nicht das Rechtsschutzbedürfnis. Denn trotzdem bleibt die Entlastung eine gesetzlich vorgesehene und in ihren praktischen Auswirkungen bedeutsame Erklärung. Ihr Charakter als reine Ermessensentscheidung der Hauptversammlung beschränkt zwar die materiellen Anfechtungsgründe, beeinträchtigt aber, wenn Anfechtungsgründe vorliegen, das Rechtsschutzbedürfnis nicht.

§ 121 Allgemeines

(1) Die Hauptversammlung ist in den durch Gesetz oder Satzung bestimmten Fällen sowie dann einzuberufen, wenn das Wohl der Gesellschaft es fordert.

(2) Die Hauptversammlung wird durch den Vorstand einberufen, der darüber mit einfacher Mehrheit beschließt. Personen, die in das Handelsregister als Vorstand eingetragen sind, gelten als befugt. Das auf Gesetz oder Satzung beruhende Recht anderer Personen, die Hauptversammlung einzuberufen, bleibt unberührt.

(3) Die Einberufung ist in den Gesellschaftsblättern bekanntzumachen. Sie muß die Firma, den Sitz der Gesellschaft, Zeit und Ort der Hauptversammlung und die Bedingungen angeben, von denen die Teilnahme an der Hauptversammlung und die Ausübung des Stimmrechts abhängen.

(4) Wenn die Satzung nichts anderes bestimmt, soll die Hauptversammlung am Sitz der Gesellschaft stattfinden. Sind die Aktien der Gesellschaft an einer deutschen Börse zum amtlichen Handel zugelassen, so kann, wenn die Satzung nichts anderes bestimmt, die Hauptversammlung auch am Sitz der Börse stattfinden.

Übersicht

Anm. 1

Einleitung

Art. 236 ADHGB bestimmte, daß die Generalversammlung der Aktionäre durch den Vorstand berufen werde, soweit nicht nach dem Gesellschaftsvertrag auch andere Personen dazu berufen sind. Art. 237 Abs. 1 verlangte die Einberufung in den im Gesellschaftsvertrag ausdrücklich genannten Fällen und auch dann, wenn sie im Interesse der Gesellschaft erforderlich erscheint. Für die Berufung verwies Art. 238 Abs. 1 auf die durch den Gesellschaftsvertrag bestimmte Weise. Die Novelle 1884 hatte die beiden ersten Bestimmungen in § 236 zusammengefaßt, wobei neben den Gesellschaftsvertrag als Einberufungsgrund das Gesetz gestellt wurde. In das HGB sind diese Bestimmungen als § 253 und 255 Abs. 1 S. 1 wörtlich übernommen worden. § 105 AktG 1937 fügte den jetzigen Abs. 2 S. 2 und weitgehend auch schon Abs. 3 und 4 neu ein. Der jetzige Abs. 1 war in § 106 Abs. 1 AktG 1937 enthalten, jedoch war die Einberufungspflicht aus dem Wohl der Gesellschaft heraus nicht erwähnt. Diese Pflicht ist erst wieder entsprechend § 253 Abs. 2 HGB durch Abs. 1 eingefügt worden, der eine ausdrückliche Bestimmung in Gesetz und Satzung nicht mehr verlangt. In Abs. 2 ist gegenüber dem bisherigen Recht neu eingefügt die Vorschrift, wie der Vorstand intern über die Frage der Einberufung zu entscheiden hat. Abs. 3 und 4 entsprechen dem § 105 Abs. 2 und 3 AktG 1937 mit gewissen sprachlichen Änderungen und mit einer Erweiterung der in der Einberufung zu machenden Angaben.

I. Pflicht zur Einberufung einer Hauptversammlung (Abs. 1)

Anm. 2

Während § 106 Abs. 1 AktG 1937 eine Verpflichtung zur Einberufung einer Hauptversammlung nur begründete, wenn Gesetz und Satzung — gemeint war wohl Gesetz oder Satzung — es ausdrücklich bestimmte, besteht diese Pflicht nunmehr, wenn 1) das Gesetz es bestimmt, oder 2) die Satzung es bestimmt, oder 3) wenn das Wohl der Gesellschaft es erfordert. Ist ohne diese Voraussetzungen eine Hauptversammlung von jemand einberufen worden, der dazu berechtigt ist (Anm. 7ff.), so wird die Einberufung dadurch nicht hinfällig, unwirksam oder nichtig, und die in der Hauptversammlung gefaßten Beschlüsse sind weder nichtig — in § 241 Ziff. 1 sind lediglich die Abs. 2 und 3 nicht aber der Abs. 1 des § 121 aufgeführt —, noch nach § 243 Abs. 1 anfechtbar. Denn abgesehen davon, daß die Einberufung vom Einberufer wohl stets als im Wohle der Gesellschaft liegend angesehen wird und diese seine Entscheidung als Ermessensentscheidung vom Gericht kaum als ermessensfehlerhaft nachgewiesen werden kann, bestimmt Abs. 1 nur die Fälle, in denen die Hauptversammlung einzuberufen ist, ohne damit sagen zu wollen, daß sie in anderen Fällen nicht einberufen werden dürfe. Die Einberufung ohne die Voraussetzung des Abs. 1 ist also kein Verstoß gegen das Gesetz. Andererseits bedeutet die Unterlassung der Einberufung trotz Vorliegens der Voraussetzungen des Abs. 1 eine Pflichtverletzung gemäß §§ 93, 116, die zu Schadensersatzpflichten führen kann.

Anm. 3

1. Kraft Gesetzes

Die vom Gesetz vorgesehenen Fälle, in denen alljährlich die Einberufung einer Hauptversammlung erforderlich wird, sind die Entlastung der Verwaltungsmitglieder (§ 120 Abs. 1), die Verwendung des Bilanzgewinns (§ 175 Abs. 1) und die Feststellung des Jahresabschlusses, sofern sie in die Zuständigkeit der Hauptversammlung fällt (§ 175 Abs. 1). Da die Verhandlungen über diese 3 Gegenstände nach §§ 120 Abs. 3 und 175 Abs. 3 verbunden werden sollen, ist für sie eine einheitliche Hauptversammlung einzuberufen. Sie wird üblicherweise „ordentliche Hauptversammlung" genannt (§ 120 Anm. 14); diesen Ausdruck verwendet das Gesetz — AktG 1937 kannte ihn nicht — nunmehr in der Überschrift des 3. Unterabschnitts des 3. Abschnitts des 5. Teils im ersten Buch vor § 175. In der Praxis war und ist er in den Satzungen und in den Einberufungen fast stets verwendet worden. Zu den üblichen Punkten der ordentlichen Hauptversammlung gehört auch die alljährlich erforderliche Wahl des Abschlußprüfers und die Neuwahl von Aufsichtsratsmitgliedern (§ 120 Anm. 14). All diese Punkte werden denn auch häufiger in den Satzungen als Gegenstand der Tagesordnung der ordentlichen Hauptversammlung aufgeführt (Möhring-Schwartz-Rowedder-Haberlandt § 18 S. 322; Balser, Die AG II S. 126 § 18). Das ist zwar, weil sich direkt oder indirekt aus dem AktG ergebend, überflüssig, begründet aber, wenn es geschieht, auch eine satzungsmäßige Pflicht zur Einberufung der Hauptversammlung.

Der Gegensatz zur ordentlichen Hauptversammlung ist die außerordentliche Hauptversammlung. Darunter versteht man jede Hauptversammlung, die nicht die sich aus §§ 120, 175 ergebenden 3 Punkte: Entgegennahme oder Feststellung des Jahresabschlusses, Gewinnverwendung und Entlastung enthält und die deshalb außerhalb des jährlich vorgeschriebenen Rhythmus steht. Obwohl § 106 Abs. 1 AktG 1937 die Pflicht zur Einberufung nur an eine ausdrückliche gesetzliche Bestimmung knüpfte, war nie streitig, daß eine Pflicht zur Einberufung auch dann bestand, wenn eine nach dem Gesetz zur ausschließlichen Zuständigkeit der Hauptversammlung gehörende Maßnahme zu treffen war (Voraufl. § 106 Anm. 2). Das ist durch die Streichung des Wortes „ausdrücklich" in Abs. 1 jetzt außer jeden Zweifel gestellt. Das AktG sagt auch außerhalb der vorzitierten Vorschrift des § 175 und des § 92 Abs. 1 (Verlustanzeige) nicht, daß eine Hauptversammlung einzuberufen ist, sondern beschränkt sich darauf, die Zuständigkeit der Hauptversammlung für gewisse Maßnahmen anzuordnen (vgl. §§ 101, 119 Abs. 3, 179 usw.). Darin liegt dann, wenn derartige Maßnahmen anstehen, die Pflicht, eine Hauptversammlung nunmehr auch einzuberufen.

Eine gesetzlich begründete Verpflichtung zur Einberufung einer Hauptversammlung kann sich für ein Kreditinstitut aus einem Verlangen des Bundesaufsichtsamts für das Kreditwesen aus § 44 Abs. 1 Nr. 3 des Kreditwesengesetzes ergeben, desgleichen für die zuständigen Organe eines Versicherungsunternehmens aus § 83 VAG sowie schließlich aus § 4 Hyp.Bank.G für die Organe einer Hypothekenbank.

Anm. 4

2. Kraft Satzung

Für eine satzungsmäßig begründete Pflicht zur Einberufung einer Hauptversammlung läßt das AktG 1965, wie aus § 23 Abs. 5 zu entnehmen ist, kaum Raum. Zwar kann die Satzung die kraft Gesetzes begründete Einberufungspflicht auch als satzungsmäßige begründen. Das ist aber dann eine reine Wiederholung, die überflüssig ist und keine besonderen rechtlichen Folgerungen zeitigt. Eine eigenständige Zuständigkeit der Hauptversammlung wäre z. B. denkbar für die Wahl und Abberufung von Beiratsmitgliedern (§ 95 Anm. 7). In der Anordnung einer derartigen Zuständigkeit läge für den Fall, daß eine Wahl oder Abberufung ansteht, mittelbar die satzungsmäßige Verpflichtung des Vorstandes, die Hauptversammlung nunmehr auch zur Beschlußfassung einzuberufen. Höchst zweifelhaft erscheint, ob die Satzung die Einberufung der Hauptversammlung aus Anlässen vorschreiben kann, bei denen nicht die Hauptversammlung, sondern ein anderes Organ kraft Gesetzes die Entscheidungsbefugnis hat, insbesondere vor Feststellung des Jahresabschlusses und anläßlich bestimmter Maßnahmen der Geschäftsführung. Die Hauptversammlung ist an sich nicht gehindert, über solche Gegenstände zu beraten und auch darüber Beschlüsse zu fassen. Diese binden freilich das zur Entscheidung befugte Organ nicht (§ 119 Anm. 10). Eine Satzungsvorschrift, daß in allen solchen Fällen die Hauptversammlung gehört werden muß, ist trotzdem recht bedenklich. Sie kann nicht nur das zur Entscheidung befugte Organ zur Hinausschiebung seiner Entscheidung zwingen, sondern sie kann auch seine freie Entschlußfähigkeit wesentlich einengen. Denn wenn der Vorstand auch eine Geschäftsführungsmaßnahme gegen den Willen der Hauptversammlung vornehmen und gemeinsam mit dem Aufsichtsrat auch den Jahresabschluß anders, als es die Hauptversammlung will, feststellen darf, so wird er sich doch dazu im Hinblick auf die Gefahr seiner Verantwortlichkeit nicht leicht entschließen, und erst recht wird es der Aufsichtsrat, dessen von der Hauptversammlung gewählte Mitglieder kraft Gesetzes durch Beschluß einer Dreiviertelmehrheit, aufgrund der Satzung auch durch eine kleinere Mehrheit abberufen werden können, selten wagen, dem in einem Beschluß zum Ausdruck gekommenen Wunsch der Hauptversammlung zuwiderzuhandeln. Die von dem Gesetz gewollte Selbständigkeit des Vorstandes und des Aufsichtsrats wird also durch eine Bestimmung, die der Hauptversammlung ein Recht auf Gehör gibt, wesentlich gefährdet. Es ist daher mit Schlegelberger-Quassowski § 106 Anm. 3 eine solche Satzungsbestimmung für unzulässig zu halten (wie hier auch Baumbach-Hueck Rdn. 4; a. A. Ritter § 106 Anm. 2).

Anm. 5

3. Aus dem Interesse der Gesellschaft heraus

Die Bestimmung, daß die Hauptversammlung auch einzuberufen ist, wenn das Wohl der Gesellschaft es erfordert, ist jetzt im Anschluß an § 253 Abs. 2 HGB wieder ins Gesetz aufgenommen worden. Sie hat aber auch in der Zwischenzeit unter der Herrschaft des AktG 1937 ohne gesetzliche Festlegung gegolten. Für den Aufsichtsrat bestimmte § 95 Abs. 4, jetzt § 111 Abs. 3, daß er die Hauptversammlung einzuberufen habe, wenn es das Wohl der Gesellschaft erfordere; es bestand aber auch kein Zweifel, daß der Vorstand zur Einberufung verpflichtet war, wenn es das Interesse der Gesellschaft erforderte (Voraufl. § 106 Anm. 2). Die Entscheidung darüber, ob das Wohl der Gesellschaft die Einberufung erfordert, ist von dem zur Einberufung zuständigen Organ selbständig zu treffen, und zwar nach pflichtgemäßem Ermessen, wobei die Gesamtsituation unter Abwägung sämtlicher Umstände zu berücksichtigen ist (vgl. hierzu für den Aufsichtsrat § 111 Anm. 12 und für den Vorstand § 119 Anm. 7). Da in all den Fällen, in denen gesetz- oder satzungsgemäß eine Entscheidung der Hauptversammlung ansteht — auch etwa nach § 119 Abs. 2 —, die Pflicht zur Einberufung sich bereits aus Gesetz oder Satzung ergibt (Anm. 3), gehören unter die Rubrik einer Einberufungspflicht aus dem Wohl der Gesellschaft heraus eigentlich nur die Fälle, in denen eine Entscheidungszuständigkeit der Hauptversammlung nicht besteht, das Wohl der Gesellschaft es aber erfordert, gewisse Vorfälle, Maßnahmen oder Pläne in der Hauptversammlung diskutieren zu lassen. Das zeigt, daß die Fälle einer Einberufungspflicht aus dem Wohl der Gesellschaft heraus sehr selten sein werden, und daß schon ganz besondere Umstände vorliegen müssen, um sie zu begründen. Ob allerdings die Auffassung von Obermüller-Werner-Winden S. 35 nicht schon zu weit geht, die annehmen, die Pflicht bestehe sicher dann, wenn der Vorstand die Durchführung völlig unüblicher Geschäfte beabsichtige, zumal dann, wenn deren Auswirkungsmöglichkeiten nur schwer übersehbar und die Interessen der Gesellschaft oder der Gesellschafter dadurch in erheblichem Maße gefährdet seien oder gefährdet werden könnten, erscheint zweifelhaft. Weiter wird man jedenfalls die Pflicht nicht spannen können (vgl. auch Baumbach-Hueck Rdn. 4).

Anm. 6

4. Sanktion der Einberufungspflicht

Die Sanktion für die Erfüllung der Einberufungspflicht liegt in der Schadensersatzpflicht, die die Gesellschaftsorgane trifft, wenn sie der Pflicht nicht nachkommen (vgl. Anm. 2). Eine Klage auf Einberufung dürfte unzulässig sein (Baumbach-Hueck Rdn. 4). Die Rechte der Minderheit aus § 122 sollen vielmehr auch die Fälle einer Einberufungspflicht durch die Gesellschaftsorgane abdecken. Ebenso entfällt eine Erzwingung der Einberufung durch Ordnungsstrafe gemäß § 407, der den § 121 Abs. 1 nicht aufführt. Anderes gilt nur für die ordentliche Hauptversammlung gemäß § 175. Darüber, daß die

Einberufung, ohne daß eine der Voraussetzungen des Abs. 1 vorläge, nicht hinfällig oder unbeachtlich ist, vgl. Anm. 2.

II. Zuständigkeit zur Einberufung (Abs. 2)

Die Pflicht zur Einberufung gemäß Abs. 1 trifft diejenigen, die zur Einberufung zuständig sind.

Anm. 7

1. Der Gesamtvorstand

Die Zuständigkeit zur Einberufung liegt in erster Linie beim Vorstand (Abs. 2 S. 1), weil sie Geschäftsführungsmaßnahme im Sinne des § 77 Abs. 1 ist (§ 77 Anm. 3). Sie ist Sache des Gesamtvorstandes. Dieser kann aber einzelne seiner Mitglieder mit der Durchführung beauftragen (Obermüller-Werner-Winden S. 33; Baumbach-Hueck Rdn. 5). Die Vertretungsmacht des Vorstands bezieht sich nur auf die Vornahme von Rechtsgeschäften mit Dritten, wirkt aber nicht im inneren gesellschaftlichen Bereich, so daß einzelne Vorstandsmitglieder nicht aufgrund der ihnen zustehenden Einzel- oder Gesamtvertretungsmacht die Hauptversammlung einberufen können (vgl. § 82 Anm. 1 und 10). Für die Geschäftsführung sieht § 77 Abs. 1 gemeinsames Handeln derart vor, daß im Beschlußwege einstimmig zu entscheiden ist (§ 77 Anm. 2). Diese Regelung würde die Einberufung der Hauptversammlung von der Zustimmung jedes einzelnen Vorstandsmitglieds abhängig machen. Um eine dadurch eintretende Erschwerung zu vermeiden, schreibt Abs. 2 S. 1 zwingend vor, daß der Vorstand über die Frage der Einberufung einer Hauptversammlung mit einfacher Mehrheit zu entscheiden hat. Das gilt unabhängig davon, was die Satzung oder eine Geschäftsordnung für die Entscheidungsbildung innerhalb des Vorstands vorsehen. Auch wenn Satzung und Geschäftsordnung es bei dem Grundsatz des einstimmigen Handelns gemäß § 77 Abs. 1 S. 1 belassen, oder wenn sie $^2/_3$ oder $^3/_4$ Mehrheit für eine Entscheidung vorsehen oder 2 oder mehreren Mitgliedern ein Vetorecht gegen eine Entscheidung der Mehrheit geben, für die Entscheidung über die Einberufung der Hauptversammlung ist die einfache Mehrheit stets ausreichend und erforderlich. Die gleiche Regelung gilt übrigens aufgrund des § 111 Abs. 3 für den Aufsichtsrat, wenn er einberuft (§ 111 Anm. 12).

Ist die Einberufung Sache des Gesamtvorstands, so erfordert ein Einberufungsbeschluß, daß der Vorstand handlungsfähig ist (§ 76 Anm. 5 und 13), d. h., es müssen im Zeitpunkt der Einberufung so viele Vorstandsmitglieder vorhanden sein und mitwirken, als der sich aus § 76 Abs. 2 S. 2 oder der Satzung ergebenden Mindestzahl der Vorstandsmitglieder entspricht (§ 76 Anm. 5; Obermüller-Werner-Winden S. 33/34). Fehlt es daran, ist also z. B. ein Vorstand, der gemäß § 76 Abs. 2 S. 2 aus 2 Personen bestehen muß, durch Ausfall eines Vorstandsmitglieds reduziert, so kann der Vorstand die Hauptversammlung nicht einberufen. Ruft das verbliebene Vorstandsmitglied trotzdem ein, so ist die Einberufung unwirksam und kann auch nicht dadurch wirksam werden, daß sie durch ein nach der Einberufung bestelltes weiteres Vorstandsmitglied oder durch ein anderes einberufungsberechtigtes Organ bestätigt oder gebilligt wird (KG in OLG 24, 138; Obermüller-Werner-Winden S. 34).

Anm. 8

2. Legitimation des eingetragenen Vorstandsmitglieds

Nach allgemeinen Grundsätzen wäre die Einberufung unwirksam, wenn die Einberufenden nicht Vorstandsmitglieder sind, mögen sie auch als solche im Handelsregister eingetragen sein. Die Unwirksamkeit der Bestellung einzelner Vorstandsmitglieder würde zwar meistens unschädlich sein, da die Einberufung von dem Gesamtvorstand ausgeht. Die Wirksamkeit der Einberufung könnte aber gefährdet sein, wenn der Einberufungsbeschluß nicht einstimmig gefaßt wurde. Auch könnten alle vorhandenen Vorstandsmitglieder unwirksam bestellt sein; der Vorstand braucht ja auch aus nicht mehr als einer Person zu bestehen. Der Gefahr der Unwirksamkeit der Einberufung in diesen Fällen begegnet Abs. 2 S. 2 mit der Bestimmung, daß *Personen, die als Vorstand in das Handelsregister eingetragen sind, als zur Einberufung befugt gelten.* Während sonst der Eintragung der Vorstandsbestellung rechtsbegründende Wirkung nicht zukommt, wird ihr für die Einberufung der Hauptversammlung im Interesse der Rechtssicherheit die besondere Bedeutung einer Rechtsvermutung (entsprechend etwa § 15 HGB) beigelegt. Die Vermutung greift Platz, gleichgültig ob die Vorstandsbestellung von vornherein unwirksam war oder nachträglich unwirksam wurde, insbesondere eine Abberufung des Vorstands erfolgte. Die Wirksamkeit der Einberufung ist auch unabhängig davon, ob die Aktionäre die Unwirksamkeit der Vorstandsbestellung kennen oder nicht. Das ist auch bei Kenntnis aller Aktionäre anzunehmen (ebenso Godin-Wilhelmi Anm. 5).

Entscheidend ist allein, ob *zur Zeit der Einberufung die Eintragung im Handelsregister* bestand. Ist für die Einberufung wiederholte Bekanntmachung oder Veröffentlichung in mehreren Blättern vorgeschrieben, so muß die Eintragung zur Zeit der sämtlichen vorgeschriebenen Veröffentlichungen bestanden haben (Schlegelberger-Quassowski § 105 Anm. 4). Die Bestimmung des Abs. 2 S. 2 ändert aber nichts daran, daß ein bestelltes aber noch nicht im Handelsregister eingetragenes Vorstandsmitglied zur Mitwirkung bei der Einberufung — wenn es Alleinvorstand ist, zur Einberufung — befugt ist (Baumbach-Hueck Rdn. 7).

Die Einberufung ist aber *trotzdem unwirksam,* wenn in der Person der als Vorstand Eingetragenen ein gesetzlicher Unfähigkeitsgrund, insbesondere mangelnde Geschäftsfähigkeit (§ 76 Anm. 15), vorliegt. Die Eintragung vermag nur die Bestellung zu ersetzen, nicht aber die gesetzliche Fähigkeit, überhaupt und insbesondere als Vorstandsmitglied einer AG rechtlich wirksame Handlungen vorzunehmen.

Anm. 9

3. Andere gesetzlich bestimmte Personen

Das auf Gesetz oder auf Satzung beruhende Einberufungsrecht anderer Personen bleibt unberührt (Abs. 2 S. 3).

a) Der *Aufsichtsrat* hat nach § 111 Abs. 3 eine Hauptversammlung zu berufen, wenn das Wohl der Gesellschaft es fordert. Damit ist dem Aufsichtsrat ein Recht zur jederzeitigen Einberufung der Hauptversammlung gegeben. Macht er von seinem Einberufungsrecht Gebrauch, so ist die Wirksamkeit der Einberufung und der von der Hauptversammlung gefaßten Beschlüsse nicht davon abhängig, daß die Einberufung durch das Wohl der Gesellschaft geboten war (vgl. Anm. 2). Die Einberufung ist durch einen dazu nicht Berechtigten erfolgt, wenn die Wahl des einberufenden Aufsichtsrats nichtig im Sinne des § 241 ist. Das hat zur Folge, daß die in einer von einem nichtigen Aufsichtsrat einberufenen Hauptversammlung gefaßten Beschlüsse auch ihrerseits nichtig im Sinne des § 241 sind (BGH 11, 236; Schlegelberger-Quassowski § 105 Anm. 4; Baumbach-Hueck Rdn. 7). Die in der Voraufl. § 105 Anm. 3 vertretene Auffassung, daß nach den für die faktische Gesellschaft entwickelten Grundsätzen die Rechtshandlungen eines unwirksam gewählten Aufsichtsrats im allgemeinen nicht als nichtig, sondern nur als anfechtbar zu behandeln seien, wird im Anschluß an § 101 Anm. 23 nicht mehr aufrechterhalten. Diese Grundsätze passen jedenfalls auf die Zusammensetzung des Organs „Aufsichtsrat" nicht, dessen Handeln sich grundsätzlich nicht an die Öffentlichkeit wendet und auch keine kaum rückgängig zu machenden Rechtstatsachen nach außen oder für die Aktionäre setzt. Daß die Anfechtbarkeit der Wahl der Aufsichtsratsmitglieder und auch die erfolgte Anfechtung vor rechtskräftiger Feststellung der Nichtigkeit der Wahl die Einberufungsbefugnis nicht berührt, versteht sich daraus, daß der anfechtbare Beschluß so lange gültig ist, als er nicht rechtskräftig für nichtig erklärt ist. Dabei kommt es auf den Zeitpunkt der Einberufung an. Die ex tunc Wirkung des auf Anfechtungsklage die Nichtigkeit feststellenden Urteils vermag die im Zeitpunkt der

Einberufung bestehende Einberufungsbefugnis und damit die ordnungsgemäße Einberufung nicht zu beseitigen (§ 101 Anm. 23 und Erl. zu § 252; so auch Baumbach-Hueck Rdn. 7).

b) Nach § 122 Abs. 3 kann eine *Minderheit von Aktionären*, die über 5% des Grundkapitals verfügt, vom Gericht zur Einberufung ermächtigt werden, wenn weder der Vorstand noch der Aufsichtsrat ihrem Einberufungsverlangen entspricht. Vgl. Erl. zu § 122.

c) Weiter sind zur Einberufung berechtigt die *Abwickler* an Stelle des Vorstands während der Abwicklung (§ 268 Abs. 2) sowie ein gemäß § 29 BGB bestellter Notvorstand, und zwar beide nach den für den Vorstand geltenden Bestimmungen.

d) Spezialgesetze enthalten Einberufungsrechte in besonderen Fällen (so das Einberufungsrecht der Aufsichtsbehörde nach VAG § 83; vgl. Anm. 3).

Die Sonderbestimmung des Abs. 2 S. 2 ist nur für den Vorstand — ihm steht der Abwickler ebenso wie der Notvorstand gleich — gegeben. Steht den neben dem Vorstand zur Einberufung der Hauptversammlung Berechtigten die Rechtsstellung, kraft deren sie zur Berufung berechtigt erscheinen, in Wahrheit nicht zu, so ist die Einberufung nichtig (BGH 11, 236).

Anm. 10

4. Andere satzungsmäßig bestimmte Personen

Die *Satzung kann den vom Gesetz zur Einberufung ermächtigten Personen das Recht zur Einberufung nicht nehmen oder schmälern, es aber anderen Personen einräumen.* Das bringt die Formulierung des Abs. 2 S. 3 damit zum Ausdruck, daß sie nur die Befugnis anderer Personen zur Einberufung unberührt läßt, aber keine — angesichts des § 23 Abs. 5 erforderliche — Ermächtigung gibt, gesetzlich begründete Einberufungsbefugnisse zu beseitigen. Satzungsmäßige Einberufungsrechte können z. B. erteilt werden dem Vorsitzenden des Aufsichtsrats, ferner jedem einzelnen Vorstandsmitglied, jedem einzelnen Aufsichtsratsmitglied, Prokuristen, sonstigen Personen. Auch einzelnen Aktionären kann die Satzung das Einberufungsrecht gewähren (Schlegelberger-Quassowski § 105 Anm. 3; Ritter § 105 Anm. 4; Godin-Wilhelmi Anm. 6; Baumbach-Hueck Rdn. 6; Dür.-Hach.-Lehmann HGB § 253 Anm. 3; a. A. Brodmann HGB § 253 Anm. 1d). § 107 Abs. 3 S. 2, der die Delegation der Einberufungsbefugnisse auf einen Ausschuß verbietet, steht der satzungsmäßigen Überlassung einer Einberufungsbefugnis an ein oder mehrere Aufsichtsratsmitglieder nicht entgegen, weil sie auf einer anderen Ebene, nämlich der der Satzung liegt (Obermüller-Werner-Winden S. 40). Wenn die Satzung Aktionären ein Einberufungsrecht gibt, muß bei der Ermächtigung darauf geachtet werden, daß sie der Allgemeinheit der von der Einberufung betroffenen Aktionären auch als gegeben erkennbar gemacht werden kann (Anm. 13). Denn jeder Aktionär muß aus der Einberufung zuverlässig feststellen können, daß der Einberufer zur Einberufung befugt ist. Beachtet die satzungsmäßige Ermächtigung dieses Erfordernis nicht, so wird man sie als unzulässig ansehen müssen.

Der Aufsichtsrat oder der Vorstand können niemandem, der nicht durch Gesetz oder Satzung zur Einberufung der Hauptversammlung ermächtigt ist, diese Befugnis erteilen, ebensowenig die Hauptversammlung selbst anders als durch Satzungsänderung. Eine Einberufung durch eine nicht durch Gesetz oder Satzung berechtigte Person wird auch nicht dadurch wirksam, daß sie von einem Einberufungsberechtigten genehmigt wird (KG in OLGR 24, 158; Brodmann HGB § 253 Anm. 1 e).

Anm. 11

5. Zurücknahme der Einberufung

Nur der Einberufer kann die von ihm ausgehende Einberufung *widerrufen* (KGJ 3, 18; RGZ 166, 133). Soweit der Vorstand einberufen hat, kommt, da das Einberufungsrecht nicht jedem zur Vertretung der Gesellschaft berechtigten Vorstandsmitglied, sondern dem Gesamtvorstand zusteht, eine Zurücknahme der Einberufung durch ein anderes Vorstandsmitglied nicht in Betracht. Der Widerruf bedarf derselben Form wie die Einberufung (Schlegelberger-Quassowski § 105 Anm. 7; Ritter § 105 Anm. 5; Dür.-Hach.-Lehmann HGB § 253 Anm. 6; Staub HGB § 253 Anm. 7; a. A. KGJ 3, 18) und muß *vor* der Hauptversammlung erfolgen (Brodmann HGB § 253 Anm. 1 i). Die Nichtbeteiligung des Vorstands an der Hauptversammlung ist kein Widerruf und hindert eine Beschlußfassung nicht (Dür.-Hach.-Lehmann a. a. O.; a. A. KG a. a. O.). Die vorstehenden Grundsätze für den Widerruf gelten entsprechend für den Fall der Einberufung durch einen andern Einberufungsberechtigten als den Vorstand. Abbestellen kann die Hauptversammlung immer nur, wer sie einberufen hat.

Anm. 12

6. Einberufung durch einen Nichtberechtigten

Wird die Hauptversammlung durch jemanden einberufen, der dazu nicht berechtigt ist, so sind sämtliche Beschlüsse, die in ihr gefaßt werden, gemäß § 241 Ziff. 1 nichtig. Gültige Beschlüsse können in ihr nur gefaßt werden, wenn alle Gesellschafter erschienen oder vertreten sind und gegen die Durchführung der Hauptversammlung keine Einwendungen erhoben werden (Anm. 20). Heilung der nichtigen Beschlüsse erfolgt, sofern sie im Handelsregister eintragungspflichtig sind und eingetragen werden, nach Ablauf von 3 Jahren ab ihrer Eintragung gemäß § 242 (vgl. Erl. dazu); das gleiche gilt für den Gewinnverwendungsbeschluß (§ 253 Abs. 1 S. 2 in Verbindung mit § 256 Abs. 6). Hat eine offensichtlich unbefugte Person eine Hauptversammlung einberufen, so liegt eine Scheinversammlung vor, deren Beschlüsse überhaupt keine Rechtswirkungen haben (BGH 11, 235; Obermüller-Werner-Winden S. 42), so daß auch eine Heilung ausscheidet.

III. Form, Inhalt und Bekanntgabe der Einberufung (Abs. 3 und 4)

Anm. 13

1. Allgemeines. Angabe des Einberufers

Die Einberufung muß in ihrer Ausgestaltung klar zum Ausdruck bringen, daß eine Zusammenkunft sämtlicher Aktionäre einer bestimmten Gesellschaft zu einer bestimmten Zeit an einem bestimmten Ort zu einem bestimmten Zweck stattfinden soll. Sie muß infolgedessen den Namen der Gesellschaft, den Ort der Hauptversammlung und ihren Zeitpunkt sowie ihre Tagesordnung enthalten. Darüber hinaus aber muß sie auch den Einberufer erkennen lassen und, soweit seine Befugnis zur Einberufung sich nicht ohne weiteres aus Gesetz oder Satzung ergibt, diejenigen Merkmale, die zur Beurteilung der Einberufungsbefugnis erforderlich sind (vgl. Anm. 10). Deshalb erfordert z. B. § 122 Abs. 3 S. 3 die Angabe der gerichtlichen Ermächtigung an die Minderheit zur Einberufung. Deshalb ist, wenn die Satzung einer Minderheit die Einberufung einer Hauptversammlung gestattet (Anm. 10), eine konkrete und nachprüfbare Angabe darüber, daß eine derartige Minderheit hinter der Einberufung steht, erforderlich. Sofern ein Gremium wie Vorstand oder Aufsichtsrat einberuft, muß sie zwar erkennen lassen, daß sie von diesem Gremium ausgeht (Godin-Wilhelmi Anm. 8), die Angabe der Namen der Mitglieder dieses Gremiums ist aber nicht erforderlich. Als gültig wird die Einberufung durch ein Kollegium auch dann anzusehen sein, wenn sie der Form nach nur von dem Vorsitzer des Kollegiums ausgeht, seiner Einberufung aber ein Beschluß dieses Gremiums zugrundeliegt (Schlegelberger-Quassowski § 105 Anm. 5). Es ist also nicht zu beanstanden, wenn der Vorstandsvorsitzende oder der Aufsichtsratsvorsitzende als solche die Einberufung herausgeben, obwohl nicht ihnen sondern nur dem von ihnen repräsentierten Gremium die Einberufungsbefugnis zusteht. Es würde also genügen, wenn die Einberufung die Unterschrift „Vorstandsvorsitzender" oder „Aufsichtsratsvorsitzender" trägt, obwohl die Bezeichnung „Der Vorstand durch seinen Vorstandsvorsitzenden" oder „Der Aufsichtsrat durch seinen Vorsitzenden" richtiger wäre. Die Meinung von Baumbach-Hueck Rdn. 8, es sei nicht unbedingte Voraussetzung für die Gültigkeit der Einberufung, daß sie den Einberufer erkennen lasse, weil die in § 241 Ziff. 1 angezogene Vorschrift der Abs. 2 und 3 die Angabe des Einberufers nicht vorschreibe, geht fehl; eine Einberufung, die den Einberufer nicht erkennen läßt, gibt dem Aktionär keine Möglichkeit, die Einberufungsberechtigung nach Abs. 2 zu prüfen, um danach die Notwendigkeit seines Erscheinens in der Hauptversammlung zu beurteilen. Die Ermöglichung einer derartigen Prüfung gehört zum Zweck der Abs. 2 und 3, so daß die Nichtangabe des Einberufers als Verstoß gegen diese Vorschriften angesehen werden muß und damit § 241 Ziff. 1 eingreift.

Anm. 14

2. Angabe von Firma und Sitz der Gesellschaft

Die Einberufung muß die Firma der Gesellschaft und seit AktG 1965 auch den Sitz der Gesellschaft angeben. Die Firma ist vollständig anzugeben so, wie sie dem § 4 entspricht, also unter Ausschreibung des Wortes „Aktiengesellschaft". Jedoch sind Ungenauigkeiten so lange unschädlich, als nach dem Inhalt der Einberufung kein Zweifel bestehen kann, auf welche Gesellschaft die Einberufung sich bezieht (RG 34, 110). Der Bundesanzeiger, über den zwingend alle Einberufungen laufen (Abs. 3 S. 1 in Verbindung mit § 25), sorgt seinerseits für die Einhaltung dieser Formvorschrift. Die ordnungsgemäß geschriebene vollständige Firma wird üblicherweise an den Anfang jeder Einberufungsveröffentlichung gestellt. Die Angabe des Sitzes der Gesellschaft dient für den Fall weitgehender Firmengleichheit mehrerer Unternehmen der besseren Kennzeichnung der einberufenden Gesellschaft. Sind mehrere Sitze vorhanden, so müssen alle angegeben werden (Obermüller-Werner-Winden S. 41). Werden Niederlassungen angegeben, die nicht Sitz der Gesellschaft sind, so muß der Sitz als solcher gekennzeichnet werden.

Anm. 15

3. Ort der Hauptversammlung

Die Angabe des Ortes muß mit der verkehrsüblichen Genauigkeit erfolgen, so daß jeder Aktionär den Ort, an den einberufen ist, genau und sicher feststellen kann. Dazu wird bei Vororten von Großstädten die Vorortsangabe gehören, insbesondere, wenn die Stadt mehrere Straßen gleichen Namens hat, und bei größeren Gebäuden die Angabe des Raumes, in dem die Hauptversammlung stattfinden soll.

Den Ort, an den die Hauptversammlung einzuberufen ist, bestimmt in erster Linie die Satzung. Sie ist in der Wahl des Ortes frei, kann also auch einen Ort wählen, der nur schwer zu erreichen ist. Jedoch muß es ein Ort sein, zu dem jeder Aktionär, der die Hauptversammlung besuchen will, freien Zutritt hat, und den er ohne unverhältnismäßige Schwierigkeiten erreichen kann. Die satzungsmäßige Festlegung des Ortes der Hauptversammlung auf einen außerhalb der Bundesrepublik liegenden Ort ist unzulässig (Baumbach-Hueck Rdn. 9; Godin-Wilhelmi Anm. 10; Möhring-Schwartz-Rowedder-Haberlandt S. 180). Einmal läge darin eine unzulässige Erschwerung der Teilnahme; zum anderen könnten Schwierigkeiten hinsichtlich der Protokollierung eintreten, zumal eine Protokollführung durch einen ausländischen Notar nicht im Sinne des deutschen Gesetzgebers liegen dürfte. Auch sollte eine Gesellschaft, die ihre Rechtspersönlichkeit der Anerkennung durch den inländischen Gesetzgeber verdankt, mit ihrer Hauptversammlung nicht ins Ausland ausweichen. Immerhin sind aufgrund von Veränderungen der politischen Verhältnisse, wie z. B. bei Verhältnissen gleich denen nach 1945, Umstände denkbar, die es notwendig machen, die Frage des Orts der Hauptversammlung anders zu entscheiden.

Die Satzung braucht nicht einen bestimmten Ort zu nennen. Sie kann auch mehrere zur Wahl stellen. Die Wahlbefugnis unter mehreren zugelassenen Orten steht dann dem Einberufer zu. Es ist aber nicht einzusehen, daß die Satzung nicht die Wahl einem anderen Organ der Gesellschaft, z. B. dem Aufsichtsrat, überlassen könnte, auch wenn dieses Organ nicht einberuft (anders Godin-Wilhelmi Anm. 10; Hertig DJ 38, 235). Dann ist dieses Organ natürlich verpflichtet, auf Verlangen eines Einberufungsberechtigten die Wahl über den Ort der Hauptversammlung unverzüglich zu treffen. Tut es dies nicht, so muß die Wahlbefugnis als auf den Einberufer übergehend angesehen werden. Zweifelhaft erscheint, ob die Satzung die Bestimmung des Ortes unbeschränkt dem Einberufer überlassen kann. Der Wortlaut des Gesetzes „wenn die Satzung nichts anderes bestimmt" läßt sowohl die Auslegung zu, daß nur die Satzung selbst einen andern Ort bestimmen kann, als auch die Auslegung, daß die Satzung bestimmen kann, wie und von wem der Ort der Hauptversammlung zu bestimmen ist. Ein Bedürfnis, die Hauptversammlung an einen beliebig vom Einberufer bezeichneten Ort einzuberufen, ist im allgemeinen nicht zu erkennen. Gegen die Zulässigkeit der Einberufung an einen beliebigen Ort spricht, daß sie die Möglichkeit gibt, die Hauptversammlung an einen verhältnismäßig entfernten und nur mit größeren Kosten erreichbaren Ort einzuberufen, um die Teilnahme zu erschweren. Daher ist der engeren Auslegung, die die freie Bestimmung des Orts durch ein in der Satzung bestimmtes Organ oder durch den Einberufungsberechtigten nicht zuläßt, zuzustimmen (Schlegelberger-Quassowski § 105 Anm. 11; Ritter §105 Anm. 7; Schmidt, Umgestaltung der Satzungen S. 99; Möhring-Schwartz-Rowedder-Haberlandt S. 179; Baumbach-Hueck Rdn. 9; OLG München in HRR 39 Nr. 1476; vgl. auch RG in HRR 1931 Nr. 776 sowie BayObLG in NJW 1959, 485; abw. Godin-Wilhelmi Anm. 10). Zulässig dürfte jedoch eine solche Bestimmung für den Fall sein, daß sich der Abhaltung der Hauptversammlung an dem im Gesetz oder in der Satzung vorgesehenen Ort Schwierigkeiten in den Weg stellen (Obermüller-Werner-Winden S. 41). Ist die Einberufung an dem im Gesetz oder in der Satzung bestimmten Ort unmöglich, so ist nicht anzunehmen, daß die Hauptversammlung überhaupt nicht abgehalten werden kann; vielmehr ist die Hauptversammlung dann — wohl auch ohne ausdrückliche satzungsmäßige Anordnung — an einen geeigneten Ort einzuberufen (Schlegelberger-Quassowski § 105 Anm. 12; a. A. Ritter § 105 Anm. 7).

Trifft die Satzung keine Bestimmung, so „soll" die Hauptversammlung am Sitz der Gesellschaft und, wenn ihre Aktien an einer Börse zum amtlichen Handel zugelassen sind, auch am Sitz der Börse stattfinden. Die Ausgestaltung dieser Vorschrift als Sollvorschrift bringt zum Ausdruck, daß dieser Ort der Hauptversammlung zwar die Regel aber nicht unabänderlich ist. Wenn also beachtliche Gründe vorliegen, die Hauptversammlung nach einem anderen Ort einzuberufen, so ist das zulässig. Der Sitz einer Börse, an der die Aktien im Freiverkehr gehandelt werden, genügt nicht (Obermüller-Werner-Winden S. 41).

Die Einberufung an einen nach der Satzung unzulässigen Ort ist, wenn nicht Unmöglichkeit der Einberufung an einen zugelassenen Ort vorliegt, ein Verstoß gegen die Satzung und macht die Beschlüsse nach § 243 anfechtbar. Schweigt die Satzung über den Ort der Einberufung, so schließt der Charakter des Abs. 4 als Sollvorschrift einen Verstoß gegen das Gesetz aus, es sei denn, daß die Einberufung ohne zwingende Gründe an einem Ort erfolgt, der die ungehinderte Geltendmachung der Aktionärsrechte nicht ermöglicht (Godin-Wilhelmi Anm. 12). Eine Nichtigkeit entfällt, zumal Abs. 4 auch in § 241 Ziff. 1 nicht genannt ist.

Der in der Einberufung angegebene Ort ist bindend. Er kann nur durch eine die Einberufungsfrist des § 123 achtende Nachtragseinberufung geändert werden. Das schließt aber nicht aus, daß die Hauptversammlung nach einem Raum verlegt wird, der in unmittelbarer Nähe des in der Einberufung genannten Ortes liegt, z. B. in einen anderen Raum des Gebäudes, in das einberufen ist, oder ein Nachbargebäude. „Derartig unschädliche Abweichungen" (Godin-Wilhelmi Anm. 9) müssen aber so deutlich gekennzeichnet werden, daß jeder Aktionär, der die Hauptversammlung besuchen will, den neuen Versammlungsort ohne Schwierigkeiten finden kann.

Anm. 16

4. Zeit der Hauptversammlung

Über die *Zeit* des Stattfindens der Hauptversammlung schweigt das Gesetz. Die Satzung kann Bestimmungen treffen, tut dies aber in der Regel nicht. Fehlt es daran, so ist anzunehmen, daß die Hauptversammlung nicht zu einer Zeit einberufen werden kann. zu der den Aktionären das Erscheinen nicht zuzumuten ist. Das wäre anzunehmen für die Nachtzeit, Sonn- und Feiertage und heute wohl auch Samstage; auch Tage wie der 24. oder 31. Dezember scheiden als verkehrsunüblich aus (vgl. Obermüller-Werner-Winden S. 42). Auch die Einberufung zu einer so späten Tageszeit, daß die Dauer der Hauptversammlung in die späte Nacht hinein voraussehbar ist, dürfte unzulässig sein.

Die angegebene Zeit muß grundsätzlich auch eingehalten werden. Eine Verzögerung in der Eröffnung um etwa 15—20 Minuten entspricht allerdings der Übung. Erhebliche Verzögerungen, die einzelne Aktionäre zum Weggehen veranlassen können, müßten zu einem zeitlichen Auseinanderfallen der angegebenen Zeit mit der wirklichen Zeit der Hauptversammlung führen, die die Ordnungsgemäßheit der Einberufung in Zweifel ziehen und die Anfechtbarkeit der gefaßten Beschlüsse begründen.

Anm. 17

5. Bedingungen für Teilnahme und Stimmrechtsausübung

Abs. 3 verlangt entgegen dem früheren Recht zur besseren Unterrichtung der Aktionäre in der Einberufung auch eine Angabe darüber, von welchen Bedingungen die Teilnahme an der Hauptversammlung und die Ausübung der Stimmrechte abhängt. Gedacht ist hier an die Bestimmungen, die die Satzung gemäß § 123 Abs. 2 treffen kann, um die Teilnahme an der Hauptversammlung und die Ausübung des Stimmrechts davon abhängig zu machen, daß die Aktien bis zu einem bestimmten Zeitpunkt vor der Hauptversammlung hinterlegt werden oder davon, daß die Aktionäre sich vor der Hauptversammlung anmelden. Vgl. hierzu die Erläuterungen zu § 123. Nicht gemeint sind hier die satzungsmäßigen Stimmrechtsbeschränkungen gemäß § 134 Abs. 1 S. 2 und Abs. 2 S. 2. Von der Ermächtigung des § 123 Abs. 2 machen die Satzungen in der Praxis meist eingehenden Gebrauch. Die entsprechenden Bedingungen müssen in die Einberufung aufgenommen werden. Das erfordert zwar keine wörtliche Wiedergabe, aber immerhin eine inhaltlich zutreffende und vollständige. Da die Unvollständigkeit oder Unrichtigkeit unter der Androhung der Nichtigkeit der in der Hauptversammlung gefaßten Beschlüsse steht (§ 241 Ziff. 1), empfiehlt es sich für die Praxis, die Satzungsbestimmungen möglichst wörtlich wiederzugeben (so auch Obermüller-Werner-Winden S. 42). Dabei müssen dann auch die Hinterlegungsstellen genau angegeben werden. Die Satzungen enthalten hierzu meist die Bestimmung, daß die Aktien „bei der Gesellschaft, bei einer in der Einberufung zur Hauptversammlung bestimmten Stelle oder bei einem Notar oder bei einer Wertpapiersammelbank" zu hinterlegen und bis zur Beendigung der Hauptversammlung zu belassen sind (vgl. Möhring-Schwartz-Rowedder-Haberlandt S. 323). Bei einer derartigen Regelung steht die Angabe der Hinterlegungsstellen dem Einberufer der Hauptversammlung zu. Ein Verstoß gegen die richtige und vollständige Angabe der Bedingungen über die Teilnahme und Stimmrechtsausübung begründet Nichtigkeit sämtlicher in der Hauptversammlung gefaßten Beschlüsse (§ 241 Ziff. 1).

Anm. 18

6. Tagesordnung

Inhalt der Einberufung ist auch die Tagesordnung. Ihre Bekanntgabe ist gemäß § 124 nunmehr mit der Einberufung zwingend verbunden. Vgl. im einzelnen Erl. zu § 124. Ein wesentlicher Unterschied zwischen den in § 121 genannten Teilen der Einberufung und der Tagesordnung liegt aber darin, daß ein Verstoß gegen § 121 Abs. 2

und 3 die in der Hauptversammlung gefaßten Beschlüsse nichtig macht, ein Verstoß gegen die Pflicht zur Bekanntgabe der Tagesordnung dagegen nur Anfechtbarkeit begründet.

Anm. 19

7. Bekanntgabe

Die gemäß den Anm. 13—18 ausgestaltete Einberufung ist in den Gesellschaftsblättern bekanntzugeben. Das sind gemäß § 25 der Bundesanzeiger und die von der Satzung außerdem als Gesellschaftsblätter bezeichneten anderen Blätter (§ 23 Abs. 4; vgl. § 23 Anm. 16). In diesen anderen Blättern muß die Einberufung in gleicher Form und Vollständigkeit erfolgen wie im Bundesanzeiger (vgl. jedoch § 25 Anm. 3). Einzelmitteilungen, z. B. durch eingeschriebenen Brief an alle Aktionäre, ersetzt die Bekanntgabe im Bundesanzeiger selbst dann nicht, wenn sie satzungsgemäß vorgesehen sein sollte. Erscheinen aber aufgrund einer derartigen Einladung sämtliche Aktionäre, so entfällt gemäß § 241 Ziff. 1 eine sonst eintretende Nichtigkeit sämtlicher Beschlüsse der Hauptversammlung.

IV. Universal- oder Vollversammlung

Anm. 20

Die Vorschriften der §§ 121 ff. über die Formen und Fristen der Einberufung und Ankündigung der Hauptversammlung sind zu dem Zweck geschaffen, jedem Aktionär die Möglichkeit der Teilnahme an der Hauptversammlung zu sichern. Sie brauchen daher nicht beachtet zu werden, wenn *alle Aktionäre* anwesend oder vertreten und mit der Durchführung der Hauptversammlung ohne Beachtung der Fristen und Formvorschriften einverstanden sind. Zwingend sind sie nur in dem Sinn, daß die Satzung und erst recht die Mehrheit der Hauptversammlung die Erfordernisse einer ordnungsmäßigen Einberufung und Ankündigung nicht beschränken kann. Ebenso ist anzunehmen, daß die Aktionäre selbst *nicht allgemein* auf ihre Innehaltung verzichten können. Wohl aber können die versammelten sämtlichen Aktionäre einer AG, die sog. Vollversammlung oder Universalversammlung, einstimmig auf die Einberufung und Ankündigung verzichten. Dies ist allgemein anerkannt (vgl. § 51 Abs. 3 GmbHG und dazu RG 92, 410). Es folgt dies ohne weiteres aus dem Sinn und Zweck der Bestimmungen über die Einberufung sowie aus dem Wortlaut des § 241 Ziff. 1; man braucht daher keinen Gewohnheitsrechtssatz (so Ritter § 105 Anm. 8) anzunehmen. Demgemäß braucht auch der Alleinaktionär einer *Einmanngesellschaft* die Einberufungsvorschriften nicht zu beachten (BGH 19, 109). Notwendig ist dagegen auch für die Vollversammlung die Beachtung der Bestimmungen der §§ 129, 130 über das Teilnehmerverzeichnis und die Niederschrift (RG 114, 202; 119, 229); denn diese Bestimmungen wollen für Klarheit der Rechtsverhältnisse der AG im Interesse der Gesellschaft selbst und auch ihrer Gläubiger sorgen und dienen nicht nur dem Schutz der Rechte der Aktionäre.

Dadurch daß sämtliche Aktionäre erschienen oder vertreten sind, wird gemäß § 241 Ziff. 1 lediglich die Nichtigkeit der in der Hauptversammlung gefaßten Beschlüsse beseitigt. Zu beachten ist aber, daß es dazu der Anwesenheit aller Stimmberechtigten und aller Teilnahmeberechtigten bedarf, also auch der Anwesenheit und *Zustimmung der Inhaber von stimmrechtslosen Aktien*, da diese ein Recht auf Teilnahme an der Hauptversammlung haben (§ 140 Abs. 1). Die bloße Anwesenheit oder Vertretung sämtlicher Aktionäre beseitigt aber nicht die Anfechtbarkeit der Beschlüsse. Vielmehr kann jeder Aktionär unter den Voraussetzungen des § 245 Ziff. 1 anfechten. Soll auch diese Anfechtbarkeit ausgeschlossen werden, so müssen die Aktionäre ihr Einverständnis mit der Durchführung der Hauptversammlung ohne Einhaltung der Form- und Fristvorschriften für die Einberufung erklären, d. h. auf die Einhaltung dieser Vorschriften verzichten (vgl. unten). Erst damit entfällt die Anfechtbarkeit und steht die Vollversammlung einer ordnungs- und fristgemäß einberufenen Hauptversammlung gleich.

Bedarf es auch der Zustimmung der *Mitglieder des Vorstands und des Aufsichtsrats*, die zwar kein Stimmrecht, aber nach § 118 Abs. 2 ein Recht auf Teilnahme an der Hauptversammlung haben? Die Bestimmungen über die Einberufung und Ankündigung sind im Interesse der Aktionäre, nicht im Interesse der Vorstands- und Aufsichtsratsmitglieder geschaffen; es bedarf also ihres Verzichts auf die Einhaltung jener Bestimmungen nicht. Wohl aber darf ihr Anwesenheitsrecht nicht verletzt werden; es muß ihnen daher so rechtzeitig von dem Zeitpunkt, Ort und Gegenstand der Verhandlung Kenntnis gegeben werden, daß sie noch an der Versammlung teilnehmen können. Sonst ist die Anfechtung durch den Vorstand oder durch Aktionäre, die der Beschlußfassung, sei es wegen der Abwesenheit der Verwaltungsmitglieder, sei es aus anderen Gründen, widersprochen haben, möglich (so treffend Ritter § 105 Anm. 8; auch Baumbach-Hueck Rdn. 10; Godin-Wilhelmi Anm. 13; Brodmann § 235 HGB Anm. 4a). Das einzelne Vorstandsmitglied sowie der Aufsichtsrat und seine einzelnen Mitglieder haben dagegen kein Anfechtungsrecht, abgesehen von dem Fall des § 245 Abs. 1 Nr. 5.

Der Verzicht braucht nicht ausdrücklich ausgesprochen zu werden, sondern kann auch stillschweigend erfolgen. Ein solcher Verzicht ist namentlich anzunehmen, wenn die Beschlüsse einstimmig von sämtlichen Aktionären gefaßt werden. Die Protokollierung des Verzichts ist zur Gültigkeit der Beschlüsse der Versammlung nicht erforderlich (KG in OLGR 43, 314 unter Aufgabe des gegenteiligen Standpunkts von KGJ 41 A 134; Ritter § 105 Anm. 8; Schlegelberger-Quassowski § 195 Anm. 5; Baumbach-Hueck Rdn. 10, Brodmann HGB § 256 Anm. 4; Dür.-Hach.-Lehmann HGB § 256 Anm. 11; a. A. Staub HGB § 256 Anm. 9a). Es genügt auch, daß die Aktionäre sich ohne Widerspruch auf die Beschlußfassung einlassen (KGJ 48 A 132). In der Niederschrift muß die Anwesenheit sämtlicher Aktionäre beurkundet werden (KGJ 31 A 164). Nicht notwendig ist, daß beurkundet wird, auf welche Weise der Nachweis dafür erbracht wird, daß es sich um eine Vollversammlung handelt; einer solchen Beurkundung bedarf es auch dann nicht, wenn die Beschlüsse nicht einstimmig angenommen werden (Ritter § 105 Anm. 8; a. A. Godin-Wilhelmi Anm. 13; Dür.-Hach.-Lehmann HGB § 256 Anm. 12). Welchem Zweck sollte auch die ausdrückliche Protokollierung der Art der Feststellung dienen?

§ 122 Einberufung auf Verlangen einer Minderheit

(1) Die Hauptversammlung ist einzuberufen, wenn Aktionäre, deren Anteile zusammen den zwanzigsten Teil des Grundkapitals erreichen, die Einberufung schriftlich unter Angabe des Zwecks und der Gründe verlangen; das Verlangen ist an den Vorstand zu richten. Die Satzung kann das Recht, die Einberufung der Hauptversammlung zu verlangen, an den Besitz eines geringeren Anteils am Grundkapital knüpfen.

(2) In gleicher Weise können Aktionäre, deren Anteile zusammen den zwanzigsten Teil des Grundkapitals oder den Nennbetrag von einer Million Deutsche Mark erreichen, verlangen, daß Gegenstände zur Beschlußfassung einer Hauptversammlung bekanntgemacht werden.

(3) Wird dem Verlangen nicht entsprochen, so kann das Gericht die Aktionäre, die das Verlangen gestellt haben, ermächtigen, die Hauptversammlung einzuberufen oder den Gegenstand bekanntzumachen. Zugleich kann das Gericht den Vorsitzenden der Versammlung bestimmen. Auf die Ermächtigung muß bei der Einberufung oder Bekanntmachung hingewiesen werden. Gegen die Entscheidung ist die sofortige Beschwerde zulässig.

(4) Die Gesellschaft trägt die Kosten der Hauptversammlung und im Fall des Absatzes 3 auch die Gerichtskosten, wenn das Gericht dem Antrag stattgegeben hat.

Übersicht

Anm. 1

Einleitung

Bereits Art. 188 und 237 ADHGB kannten die Befugnis von Aktionären, die 10% des Aktienkapitals vertraten, die Einberufung einer Generalversammlung zu verlangen. Für den Fall, daß diesem Einberufungsbegehren nicht entsprochen wurde, hatte das Gesetz vom 18. 7. 1884 bestimmt, daß das Handelsgericht die Aktionäre zur Berufung der Hauptversammlung ermächtigen könne; auch war das Recht auf Geltendmachung des Verlangens bereits einer Minderheit von 5% zuerkannt worden. Diese Bestimmung war als § 254 ins HGB und von dort als § 106 Abs. 2—5 ins AktG 1937 übernommen worden. AktG 1965 hat nur wenig geändert. Das Einberufungsverlangen, dessen Adressat früher streitig war, ist nunmehr an den Vorstand zu richten (Abs. 1). Das Verlangen auf Bekanntgabe von Gegenständen zur Beschlußfassung der Hauptversammlung kann jetzt gemäß Abs. 2 auch von Aktionären geltend gemacht werden, deren Aktien den Nennbetrag von DM 1 Million erreichen. Abs. 3 gibt bei Ablehnung des Verlangens ohne Anrufung des Aufsichtsrats die Befugnis, um gerichtliche Ermächtigung nachzusuchen, und gewährt gegen die Entscheidung des Gerichts die sofortige Beschwerde. Anstelle eines Beschlusses der Hauptversammlung über die Kostentragung bestimmt Abs. 5 die Kostenpflicht der Gesellschaft.

I. Verlangen auf Einberufung einer Hauptversammlung

Anm. 2

1. 5%ige oder satzungsmäßig geringere Minderheit

Das Verlangen auf Einberufung einer Hauptversammlung kann jeder Aktionär an diejenigen Personen oder Gremien stellen, die zur Einberufung berechtigt sind. Eine Verpflichtung zur Einberufung besteht aber erst, wenn das Verlangen von Aktionären an den Vorstand gestellt wird, deren Anteile zusammen den zwanzigsten Teil des Grundkapitals erreichen (Abs. 1 S. 1). Maßgebend ist der Nennbetrag des Grundkapitals der Gesellschaft und der Aktien, welche den die Einberufung verlangenden Aktionären zustehen. Der auf die Aktien eingezahlte Betrag, die Ausgabe von Aktienurkunden, die Gattung der Aktien ist unerheblich. Auch die Inhaber stimmrechtsloser Aktien können die Einberufung verlangen (§ 140; Godin-Wilhelmi Anm. 2); auch ist das nichtstimmberechtigte Grundkapital bei der Errechnung des von der Minderheit vertretenen Teils mitzurechnen. Erst recht ist es ohne Bedeutung, ob der Aktionär bei dem beabsichtigten Antrag stimmberechtigt wäre. Es kommt auch nicht darauf an, wem die übrigen Aktien zustehen; auch wenn sie im Eigentum der Gesellschaft stehen, mindern sie das Grundkapital, von dem die Antragsteller 5% besitzen müssen, nicht (Baumbach-Hueck Rdn. 2; Düringer-Hachenburg-Lehmann HGB § 254 Anm. 10; Staub HGB § 254 Anm. 7; a.A. Brodmann HGB § 254 Anm. 1a). *Die Satzung kann das Einberufungsrecht an einen geringeren Aktienbesitz knüpfen* (Abs. 1 S. 2). Eine solche Bestimmung kann auch lediglich für die Einberufung zu bestimmten Zwecken getroffen werden. Einen größeren Aktienbesitz kann die Satzung nicht verlangen (Anm. 19). Die Satzung kann auch außerhalb des § 121 Aktionären und Aktionärgruppen, selbstverständlich auch Minderheiten, ein eigenes Einberufungsrecht geben (§ 120 Anm. 10).

Anm. 3

2. Nachweis der Aktionärstellung

Die von dem Einberufungsrecht Gebrauch machenden Aktionäre müssen wie bei jeder Ausübung der Rechte aus der Aktie ihren Aktienbesitz nachweisen (Obermüller-Werner-Winden S. 37 N. 22; Baumbach-Hueck Rdn. 2; Godin-Wilhelmi Anm. 2). Bei *Inhaberaktien* hat der Besitz der Aktienurkunden die Legitimationswirkung; sie müssen also grundsätzlich vorgelegt werden. Eines Nachweises des Eigentums bedarf es nicht (Hamburg in OLGR 41, 206). Der Antrag kann aber abgelehnt werden, wenn die Gesellschaft nachzuweisen vermag, daß der Inhaber der Aktien nicht deren Eigentümer und auch sonst nicht zur Ausübung der Rechte des Aktionärs berechtigt ist (Brodmann HGB § 254 Anm. 1c: abw. OLG Hamburg a. a. O.). Bei *Namensaktien* werden die Aktionäre durch die Eintragung im Aktienbuch ausgewiesen (vgl. KG in RJA 9, 44). Die Vorlegung von Inhaberaktien ist nicht erforderlich, wenn der Eigenbesitz auf andere Weise nachgewiesen wird, z. B. durch Bescheinigung einer Bank oder eines Notars über die bei ihm für den Aktionär hinterlegten Aktien. Die Hinterlegung der Aktien kann nicht verlangt werden, auch nicht durch die Satzung vorgeschrieben werden, da darin eine unzulässige Erschwerung des gesetzlichen Rechts auf Einberufung liegen würde (KG a. a. O.). Es genügt auch der Nachweis des Sammeleigentums (Depotgesetz vom 4. 2. 1937 § 5; Ritter § 105 Anm. 3; Obermüller-Werner-Winden S. 37 N. 22; Baumbach-Hueck Rdn. 2). Im Falle der Verpfändung der Aktien oder bei Bestehen eines Nießbrauchs vgl. § 134 Anm. 5 u. 6.

Anm. 4

3. Schriftliches Verlangen, Angabe von Zweck und Gründen

Die Einberufung muß schriftlich unter Angabe des Zweckes und der Gründe verlangt werden. Es ist also gemäß § 126 BGB die eigenhändige Unterschrift von Aktionären erforderlich, die zusammen über den erforderlichen Teil des Grundkapitals verfügen. Im Falle einer Bevollmächtigung bezieht sich die Formvorschrift des Abs. 1 nicht auf die Vollmacht (§ 167 Abs. 2 BGB). Die Gesellschaft ist aber befugt, den Nachweis zu verlangen (Ritter § 106 Anm. 3a), was praktisch Schriftlichkeit notwendig macht. Bei Zurverfügungstellung der Aktienurkunden entfällt dank der Legitimationswirkung des Gesetzes die Notwendigkeit eines Nachweises (Anm. 3).

Die Angaben über den Zweck müssen die gewünschte Tagesordnung ersichtlich machen; die Gründe müssen darlegen, weshalb die Hauptversammlung gerade jetzt einberufen werden soll (vgl. § 110 Anm. 2). Einen der Hauptversammlung zur Beschlußfassung vorzulegenden Antrag braucht das Verlangen grundsätzlich nicht zu enthalten (KGJ 32 A 146; KG in OLGR 43, 313; OLG Köln WM 1959, 1402; Godin-Wilhelmi Anm. 3; Baumbach-Hueck Rdn. 2; a.A. Ritter § 106 Anm. 3b). Anders aber, wegen § 124 Abs. 2 S. 2, wenn über eine Satzungsänderung beschlossen werden soll (Werner AktG 1967, 106; Obermüller-Werner-Winden S. 36). Wenn die Angabe des Zweckes kränkend und für die Gesellschaft schädigend ist (vgl. KGJ 32 A 146/47), kann das wohl kaum dazu führen, die Zweckangabe als nicht erfolgt anzusehen. Etwas anderes gilt nur, wenn der Antrag insgesamt nur Schädigungszweck hat und deshalb rechtsmißbräuchlich ist (Anm. 8). Ergibt der im Verlangen angegebene Zweck, daß eine Zuständigkeit der Hauptversammlung überhaupt nicht gegeben ist, so ist das Verlangen unzulässig.

Anm. 5

4. Adressat des Verlangens

Adressat des Verlangens ist der Vorstand. Das war in der Fassung des § 106 Abs. 2 AktG 1937 nicht ausdrücklich gesagt und deshalb zweifelhaft. Teils hielt man einen Antrag an den Vorstand oder Aufsichtsrat für ausreichend, teils verlangte man, an beide Organe heranzutreten, bevor das Verlangen auf gerichtliche Ermächtigung gestellt werden könne. Nunmehr ist ausdrücklich gesagt, daß das Verlangen an den Vorstand und damit nur an den Vorstand zu richten ist. Geht es beim Aufsichtsrat oder einem anderen zur Einberufung der Hauptversammlung Zuständigen ein, so ist es an den Vorstand zur Erledigung weiterzugeben, wenn sich nicht aus dem Verlangen eine Bitte um anderweite Behandlung ergibt. Geht das Verlangen einfach an die Gesellschaft, so ist es als an den Vorstand gerichtet anzusehen. Der Vorstand ist als Gesamtorgan angesprochen, das nach § 77 tätig zu werden hat.

Anm. 6

5. Pflicht zur Einberufung der Hauptversammlung

Die gesetzliche oder die in der Satzung bestimmte geringere Minderheit der Aktionäre hat ein *Recht auf Einberufung der Hauptversammlung*. Der Vorstand ist zur Einberufung verpflichtet, ebenso im Rahmen seiner Aufsichtspflicht und des § 111 Abs. 3 der Aufsichtsrat, wenn der Vorstand dem Verlangen unberechtigterweise nicht nachkommt. Der Vorstand hat bei seiner Entscheidung das Vorliegen der Voraussetzungen des Abs. 1, also die Frage, ob die gesetzlich erforderte oder satzungsmäßig verminderte Zahl von Aktionären das Verlangen gestellt hat, ob es schriftlich gestellt ist und Zweck und Gründe angibt, zu prüfen. Ob der Vorstand mit dem angegebenen Zweck und Grund der Hauptversammlung übereinstimmt, ob er die Angaben für falsch oder sogar für die Gesellschaft schädlich erachtet (vgl. Anm. 4), ist unerheblich und kann nicht zur Ablehnung des Verlangens führen. Auch kann eine Ablehnung nicht mit der Begründung erfolgen, der an die Hauptversammlung zu stellende Antrag verfalle nach den Mehrheitsverhältnissen der Gesellschaft auf der Hauptversammlung mit Sicherheit der Ablehnung (KGJ 32 A 143; a.M. unter Berufung auf KG in HRR 35 Nr. 1478: Obermüller-Werner-Winden S. 37, was jedoch nur unter den verschärften Voraussetzungen eines Rechtsmißbrauchs gelten kann) oder die Abhaltung der Hauptversammlung sei nicht dringlich (vgl. Anm. 8 für den Fall, daß die ordentliche Hauptversammlung bevorsteht). Berechtigte Ablehnungsgründe sind dagegen:

Anm. 7

a) Unzuständigkeit der Hauptversammlung für das gestellte Verlangen, z. B. wenn Bestellung eines Herrn X zum Vorstand oder Änderung der vom Vorstand und Aufsichtsrat festgestellten Bilanz beantragt wird. Unzulässig ist auch das Verlangen auf Einberufung einer Hauptversammlung zur Entscheidung über eine Maßnahme der Geschäftsführung (§ 119 Abs. 2). Zweifelhaft kann aber sein, ob eine Einberufung zur Beratung über eine *Maßnahme der Geschäftsführung* zulässig ist. Nach § 119 Abs. 2 kann zwar die Hauptversammlung in solchen Fragen nur entscheiden, wenn der Vorstand es verlangt; doch ist eine Beratung und die Fassung eines den Vorstand nicht bindenden Beschlusses der Hauptversammlung über Angelegenheiten der Geschäftsführung nicht unzulässig (§ 119 Anm. 10). Es dürfte jedoch nicht dem Sinn des § 119 Abs. 2 entsprechen, daß sich die Hauptversammlung von sich aus mit solchen Fragen befaßt und gar auf Verlangen einer Minderheit zu diesem Zweck einberufen wird. Aus der Befugnis des Aufsichtsrats, die Hauptversammlung einzuberufen, um ihre Auffassung in Fragen der Geschäftsführung zu erfahren (§ 111 Anm. 12), lassen sich für die vorliegende Frage keine Schlüsse ziehen. Der Aufsichtsrat muß auf Grund seiner gesamten Stellung, namentlich im Hinblick auf seine Überwachungspflicht, der Geschäftsführung sein Augenmerk zuwenden. Für seine Stellungnahme und etwaige von ihm gegen den Vorstand zu ergreifende Maßnahmen kann die Auffassung der Hauptversammlung von erheblicher Bedeutung sein. Wenn hingegen Aktionäre verlangen, daß die Hauptversammlung sich mit Fragen der Geschäftsführung befassen soll, liegt die Vermutung des Versuchs einer vom Gesetz nicht gewollten Beeinflussung der Geschäftsführung durch die Hauptversammlung nahe. Einem Verlangen auf Einberufung der Hauptversammlung zur Beratung über Maßnahmen der Geschäftsführung braucht der Vorstand daher nicht stattzugeben (so auch Schlegelberger-Quassowski § 106 Anm. 4). Streng davon zu unterscheiden ist das Verlangen der Einberufung einer Hauptversammlung, die über die Geltendmachung von Schadensersatzansprüchen gegen Vorstandsmitglieder wegen in der Vergangenheit liegender schuldhafter Handlungen bei der Geschäftsführung beschließen soll; s. auch Anm. 5 zu § 119 und OLG Köln in WM 59, 1402.

Anm. 8

b) Rechtsmißbrauch des Verlangens. Er dürfte anzunehmen sein, wenn eine nicht allzu lang zurückliegende Hauptversammlung den Gegenstand des Verlangens der Minderheit bereits behandelt und abgelehnt hat und von der Minderheit bei dem neuen Verlangen keine Gründe geltend gemacht werden können, die eine Änderung der Verhältnisse dartun (Baumbach-Hueck Rdn. 3; vgl. § 110 Anm. 6 für die Frage der Einberufung des Aufsichtsrats), oder wenn das Verlangen offensichtlich nicht zur Verfolgung wenn auch konträr zur beurteilender Aktionärinteressen, sondern nur zur Schädigung der Gesellschaft gestellt wird (vgl. KGJ 32 A. 146/47; jedoch dazu auch Anm. 6), oder wenn die auf Grund des Aktionärverlangens einzuberufende Hauptversammlung gegenüber einer von den Organen der Gesellschaft für die allernächste Zukunft beabsichtigten ordentlichen oder außerordentlichen Hauptversammlung nur eine geringfügige Zeitersparnis bringt und die in der verlangten Hauptversammlung zu behandelnden Tagesordnungspunkte nicht besonders dringlich sind (Obermüller-Werner-Winden S. 37). Im letzteren Falle steht der Aktionärsminderheit der Antrag auf Ergänzung der Tagesordnung gemäß Abs. 2 offen und reicht auch aus. Dagegen reicht es für die Rechtsmißbräuchlichkeit nicht aus, daß das Verlangen nicht begründet ist — eine Begründung verlangt das Gesetz nicht —, daß das Verlangen dem Vorstand nicht einleuchtet (Baumbach-Hueck Rdn. 3) — die Überzeugung des Vorstands von der Zweckmäßigkeit des Verlangens ist nicht erfordert —, daß mit Sicherheit ein ablehnendes Ergebnis bei der Abstimmung zu erwarten ist (a. M. Obermüller-Werner-Winden S. 37) — auch die Diskussion auf der Hauptversammlung und die Geltendmachung des Auskunftsrechts nach § 131 ist eine berechtigte Grundlage für die Geltendmachung des Einberufungsverlangens —, daß die Begründung des Verlangens kränkend ist (vgl. Anm. 4; a. M. KGJ 32 A 146/47) — wenn das Gesetz eine Begründung des Verlangens nicht erfordert, muß die Aggressivität einer doch beigefügten Begründung unerheblich sein —.

Anm. 9

6. Zeitpunkt der Einberufung

Die Einberufung muß *unverzüglich* erfolgen, sofern die das Verlangen äußernden Aktionäre nicht mit einer Einberufung zu einem späteren Zeitpunkt einverstanden sind. Daß der Aufsichtsrat einige Zeit braucht, um sich zu versammeln, ist nicht in Rechnung zu stellen. Denn der Vorstand muß, ohne vorher den Aufsichtsrat zu hören, dem Verlangen ohne weiteres stattgeben. Hat der Vorstand Zweifel, ob er dem Verlangen nachzukommen verpflichtet ist, wird man ihm eine angemessene Frist zur Überlegung und zur Beratung durch sachverständige Juristen einräumen müssen. Die Versammlung darf nicht zu einem unangemessenen späten Zeitpunkt einberufen werden, wenn auch eine bestimmte Frist hier anders als für die von einem Aufsichtsratsmitglied verlangte Einberufung des Aufsichtsrats (§ 110 Abs. 1 S. 2) vom Gesetz nicht vorgesehen ist.

Für die Einberufung gelten die allgemeinen Bestimmungen. Die Tagesordnung muß den von den Antragstellern angegebenen Zweck zum Ausdruck bringen (KG in JFG 2, 220). Sie kann vom Vorstand ergänzt werden, wobei eine Bindung an die von der Minderheit verlangte Reihenfolge nicht besteht (vgl. Anm. 11).

Der Aufsichtsrat ist, wenn er von der Ablehnung des Verlangens durch den Vorstand Kenntnis erlangt, im Rahmen des § 111 Abs. 3 zur Prüfung verpflichtet, ob er von sich aus eine Hauptversammlung einberufen soll (Obermüller-Werner-Winden S. 37). Verpflichteter aus § 121 Abs. 1 ist er nicht.

Anm. 10

7. Zurücknahme des Verlangens

Die Antragsteller können ihr *Verlangen jederzeit zurücknehmen.* Alsdann kann der Vorstand, der bereits die Hauptversammlung einberufen hat, sie absagen, sofern nicht nach seiner Auffassung das Wohl der Gesellschaft ihre Abhaltung fordert (vgl. RG 103, 195). Dies ist auch dann anzunehmen, wenn nur ein Teil der Aktionäre, die das Verlangen geäußert haben, es zurücknimmt, sofern die übrigbleibenden nicht über 5% des Grundkapitals verfügen. Ebenso kann die Einberufung widerrufen werden, wenn nach Stellung des Verlangens die Antragsteller aufhören, über 5% des Grundkapitals zu verfügen. Wird die Einberufung nicht widerrufen, so bleibt sie wirksam und die Hauptversammlung ist zur Fassung von Beschlüssen imstande (vgl. Düringer-Hachenburg-Lehmann HGB § 254 Anm. 5). Das Verlangen bleibt auch wirksam, wenn der Aktionär, der es geäußert hat, zwar seine Aktien veräußert, sein Rechtsnachfolger aber das Verlangen aufrechterhält (Brodmann AR § 254 Anm. 1 b).

II. Verlangen auf Ergänzung der Tagesordnung (Abs. 2)

Anm. 11

In gleicher Weise wie eine Minderheit gemäß Abs. 1 das Verlangen auf Einberufung einer Hauptversammlung stellen kann, kann sie auch verlangen, daß Gegenstände zur Beschlußfassung einer Hauptversammlung bekanntgemacht werden. Voraussetzung ist hier, daß eine Hauptversammlung, deren Tagesordnung durch das Verlangen ergänzt werden soll, entweder schon einberufen ist oder demnächst einberufen werden wird. Im ersteren Falle erfordert das Verlangen auf Ergänzung der Tagesordnung, daß die in § 124 Abs. 1 S. 2 bestimmte Frist von 10 Tagen nach der Einberufung der Hauptversammlung noch eingehalten werden kann. Der letztere Fall wird insbesondere dann praktisch werden, wenn das Verlangen auf Einberufung einer besonderen Hauptversammlung gemäß Abs. 1 wegen der sowieso bevorstehenden Einberufung einer Hauptversammlung abgelehnt werden kann (Anm. 8); in diesem Falle wird entweder das Verlangen auf Ergänzung der Tagesordnung ausdrücklich hilfsweise gestellt oder ein derartiges Verlangen ist dem Begehren auf Einberufung der Hauptversammlung stillschweigend zu entnehmen. Selbstverständlich ist es aber auch möglich, daß das Verlangen auf Ergänzung der Tagesordnung unabhängig vom Zeitpunkt der nächsten Hauptversammlung gestellt wird und nur dahin geht, daß auf der nächsten Hauptversammlung ein oder mehrere Punkte zusätzlich zur Beschlußfassung gestellt werden.

Für das Verlangen auf Ergänzung der Tagesordnung gilt im wesentlichen das gleiche wie für das Verlangen nach Einberufung einer Hauptversammlung. Nur genügt hier neben einem Aktienbesitz von 5% des Grundkapitals (Anm. 2) auch der Besitz von DM 1 Million Nennbetrag. Diese Erleichterung hat AktG 1965 eingefügt, um sicherzustellen, daß eine Minderheit, die gemäß § 142 Abs. 2 eine Sonderprüfung durchsetzen kann, mindestens auch in der Lage ist, den Gegenstand der beabsichtigten Sonderprüfung auf die Tagesordnung setzen zu lassen (Begr. zum Reg.E. bei Kropff S. 170), was nach der früheren Fassung des Gesetzes, die 5% des Grundkapitals vorsah, bei einer Gesellschaft mit einem Grundkapital von mehr als DM 40 Millionen nicht gewährleistet war, da hier bereits DM 2 Millionen ausreichen, um eine Sonderprüfung gemäß § 142 Abs. 2 zu erzwingen. Zwar bleiben die Prozentsätze in Abs. 2 um die Hälfte hinter denen des § 142 Abs. 2 zurück. Das aber ist, wie der Ausschußbericht des Bundestags erwähnt (Kropff a. a. O.), einmal unschädlich, weil die Ausübung des Minderheitsrechts des Abs. 2 der Gesellschaft keinen bleibenden Nachteil zufügt, und zum anderen auch zweckmäßig, weil es der Minderheit den Weg eröffnet, durch Behandlung auf der Hauptversammlung den Anschluß anderer Aktionäre für den Wunsch auf Sonderprüfung zu erlangen. Der Nennbetrag von DM 1 Million kann ebenso wie die 5% des Grundkapitals gemäß Abs. 1 aus stimmrechtslosen Vorzugsaktien bestehen (Anm. 2). Auch insoweit gilt das gleiche wie zu Abs. 1. Ebenso müssen die das Verlangen stellenden Aktionäre außer dem Zweck, der mit dem Inhalt des Verlangens hier identisch ist, die Gründe angeben. Das Recht auf Ankündigung von Gegenständen zur Beschlußfassung ist ohne Rücksicht darauf gegeben, von wem die Hauptversammlung berufen ist. Das Verlangen ist wie im Falle des Abs. 1 an den Vorstand zu richten, und zwar auch dann, wenn die Hauptversammlung von einer anderen Person, z. B. vom Aufsichtsrat oder auf Grund der Satzung von dem Vorsitzenden des Aufsichtsrats oder auf Grund einer gerichtlichen Ermächtigung von einer Minderheit von Aktionären einberufen ist. Denn der Vorstand, der das Recht hat, jederzeit eine Hauptversammlung einzuberufen, hat nicht weniger das Recht, die Tagesordnung einer von anderen Berechtigten einberufenen Hauptversammlung zu ergänzen

Die Minderheit kann nur verlangen, daß die von ihr genannten Punkte auf die Tagesordnung kommen, nicht aber auch eine bestimmte Reihenfolge innerhalb der Tagesordnung. Somit hat der Vorstand durchaus die Möglichkeit, die Punkte an das Ende der Tagesordnung zu setzen und durch Aufnahme zusätzlicher Punkte an früherer Stelle der Tagesordnung die von der Minderheit verlangten Punkte weitgehend zu präjudizieren.

III. Gerichtliche Entscheidung

Anm. 12

1. Ermächtigung der Minderheit zum eigenen Handeln (Abs. 3)

Das Gericht kann die Aktionäre zur Einberufung der Hauptversammlung oder zur Ankündigung des Gegenstandes der Beschlußfassung ermächtigen. Voraussetzung ist, daß *dem Verlangen nicht entsprochen worden ist.* Während das bisherige Recht erforderte, daß dem Verlangen weder vom Vorstand noch vom Aufsichtsrat entsprochen wurde, genügt heute, daß dem an den Vorstand gerichteten Verlangen nicht entsprochen worden ist. Die Einschaltung des Aufsichtsrats ist also seitens der verlangenden Minderheit nicht mehr erforderlich, mag vielleicht der Vorstand, der dem Verlangen nicht entsprechen will, auch verpflichtet sein, seinerseits den Aufsichtsrat zu unterrichten oder gar einzuschalten. Dem Verlangen ist nicht entsprochen, wenn es entweder ausdrücklich abgelehnt wird oder wenn ihm nicht unverzüglich (Anm. 9) entsprochen wird.

Unter der Geltung des HGB wurde angenommen, daß von dem Erfordernis des Verlangens an den Vorstand, eine Versammlung einzuberufen, abgesehen werden könne, wenn Ungewißheit darüber bestehe, wer Vorstand und Aufsichtsrat sei, z. B. im Falle der Anfechtung der Wahl des Aufsichtsrats, der den gegenwärtig eingetragenen Vorstand bestellt hat (Staub § 273 Anm. 14a; Brodmann § 254 Anm. 2). Dieser Ausweg braucht mit Rücksicht auf die Vorschrift des § 121 Abs. 2 S. 2 nicht mehr gegangen zu werden. Nur wenn es an Vorstandsmitgliedern fehlt und auch ein Aufsichtsrat nicht vorhanden, kann die Minderheit das Gericht unmittelbar um die Ermächtigung zur Einberufung ersuchen. Zwar ist der Aufsichtsrat nicht Adressat des Verlangens nach Abs. 1 und 2; bevor man den unmittelbaren Antrag ans Registergericht zuläßt, ist aber die Zwischenschaltung des Aufsichtsrats, der seinerseits den Vorstand zu bestellen hat, geboten. Auch bei Fehlen eines Aufsichtsrats wird man mit OLG Celle, BB 63, 1036, und Baumbach-Hueck Rdn. 5 eine besondere Dringlichkeit verlangen müssen, da andernfalls der Weg über § 85 der Minderheit zumutbar ist.

Zuständig ist das *Registergericht des Sitzes der Gesellschaft* (§ 14). Dem Gericht sind die oben dargelegten Voraussetzungen für das Verlangen, insbesondere der erforderliche Aktienbesitz (vgl. Hamburg in OLGR 41, 206; BayObLG in JFG 2, 213), sowie die fruchtlose Erhebung des Verlangens nachzuweisen. Der Antrag auf die gerichtliche Ermächtigung muß, auch wenn das Gesetz keine Frist vorsieht, unverzüglich gestellt werden. Denn Voraussetzung des Antrages ist, daß der Vorstand und der Aufsichtsrat gegenwärtig dem Verlangen nicht entsprechen; daß sie einem früher gestellten Verlangen nicht entsprochen haben, genügt nicht (Baumbach-Hueck Rdn. 5; vgl. auch § 110 Anm. 9). Die Meinung von Godin-Wilhelmi Anm. 7, eine „übermäßige Verzögerung" begründe u. U. eine Ablehnung des Antrags, wird der Rechtslage nicht gerecht, da nach einem übermäßig langem Zuwarten die Auffassung des Vorstands wieder eine andere sein kann. Der Antrag bedarf *keiner besonderen Form*. Er kann nur von Aktionären gestellt werden, die das Verlangen an die Gesellschaft gerichtet haben. Den Antrag bei dem Gericht brauchen zwar nicht alle Aktionäre zu stellen, die das Verlangen gegenüber der Gesellschaft ausgesprochen haben; aber die Antragsteller müssen über die vorgeschriebene Zahl von Aktien verfügen. Im Falle der Veräußerung der Aktien können sich auch die Rechtsnachfolger an dem Antrag beteiligen (a. A. Schlegelberger-Quassowski § 106 Anm. 6; Godin-Wilhelmi Anm. 7). Das Gericht hat im allgemeinen die Gesellschaftsorgane zu hören (vgl. Karlsruhe in OLG 43, 205; KGJ 28 A 216). Der Antrag erledigt sich, wenn ein zur Einberufung berechtigtes Organ vor der gerichtlichen Entscheidung dem Verlangen nachkommt. Wegen der Gerichtskosten s. § 121 KostO.

Anm. 13

2. Prüfungspflicht des Gerichts

Das Gericht *muß* die Ermächtigung erteilen, wenn die gesetzlichen Voraussetzungen des Verlangens und des Antrags gegeben sind (Ritter § 105 Anm. 5a; Baumbach-Hueck Rdn. 6; Godin-Wilhelmi Anm. 8; BayObLG in AktG 68, 331 mit weiteren Literaturangaben). Das Gesetz sagt zwar nur, daß das Gericht die Ermächtigung erteilen *kann*. Aber das Gericht muß nach pflichtgemäßem Ermessen beurteilen, ob es von dieser Befugnis Gebrauch zu machen hat, und dies ist immer zu bejahen, wenn der Vorstand dem Verlangen hätte stattgeben müssen. Es hat ebensowenig wie die Gesellschaftsorgane die Zweckmäßigkeit des Antrags nachzuprüfen. Wohl aber kann das Gericht offensichtlich *mißbräuchliche* Anträge zurückweisen; insoweit besteht eine Prüfungspflicht (es gelten die in Anm. 8 oben dargelegten Grundsätze, s. auch OLG Köln in WM 59, 1402; BayObLG in AktG 68, 331; Kühn BB 65, 1171; Baumbach-Hueck Rdn. 6). Besteht Streit über den erforderlichen Aktienbesitz, so genügt im allgemeinen auch für das Gericht die in dem Besitz oder in der Eintragung im Aktienbuch liegende Legitimation. Das Gericht kann gemäß § 12 FGG auch Ermittlungen anstellen, muß aber die Aktionäreigenschaft der gehörig legitimierten Aktionäre bejahen, wenn es sie nicht durch das Ergebnis der Ermittlungen für widerlegt hält (Ritter § 106 Anm. 5a). Das Gericht wird sich bemühen müssen, möglichst schnell zu entscheiden, zumal für die Ergänzung der Tagesordnung gemäß § 124 Abs. 1 S. 2 nur 10 Tage zur Verfügung stehen.

Anm. 14

3. Bestimmung eines Vorsitzenden der Hauptversammlung

In dem die Ermächtigung erteilenden Beschluß kann das Gericht *den Vorsitzenden der Versammlung bestimmen* (Abs. 3 S. 2). Mangels einer solchen gerichtlichen Bestimmung gelten für den Vorsitz in der Hauptversammlung die allgemeinen Bestimmungen

(§ 119 Anm. 17ff.). Das Gericht kann auch einen Außenstehenden als Vorsitzenden bestimmen, wird die Bestimmung aber von der Feststellung abhängig machen, ob der von ihm Bestimmte auch bereit ist, den Vorsitz zu übernehmen. Zulässig wird auch die Bestimmung des Gerichts sein, daß eine bestimmte Person nicht den Vorsitz führen darf. Die Änderung der Fassung — nach HGB § 254 Abs. 3 S. 2 konnte das Gericht „über die Führung des Vorsitzes" Bestimmung treffen — zwingt nicht zu einer gegenteiligen Annahme (Ritter § 106 Anm. 5d). Die Bestimmung des Vorsitzenden ist auch zulässig, wenn nur eine Ermächtigung zur Ankündigung eines Gegenstandes zur Beschlußfassung erteilt wird. Doch darf alsdann nur bei der Verhandlung und Beschlußfassung über den aufgrund der gerichtlichen Ermächtigung angekündigten Gegenstand ein Vorsitzender vom Gericht bestimmt werden (Ritter a. a. O.). Die Bestimmung des Vorsitzenden kann auf Antrag oder von Amts wegen erfolgen. Sie ist auch nach dem Erlaß des Ermächtigungsbeschlusses zulässig (Ritter a. a. O.; Brodmann HGB § 254 Anm. 2d). Das Gericht muß einen Vorsitzenden bestimmen, wenn andernfalls ein ordnungsgemäßer Ablauf der Hauptversammlung nicht gewährleistet ist (HRR 40, 17; Baumbach-Hueck Rdn. 7).

Anm. 15

4. Sofortige Beschwerde

Die Entscheidung über den Antrag auf Erteilung der Ermächtigung und über die Bestimmung des Vorsitzenden unterliegt, was Abs. 3 S. 4 nunmehr selbst zum Ausdruck bringt und damit die Bezugnahme auf § 145/46 FGG überflüssig macht, der *sofortigen Beschwerde* und der weiteren Beschwerde wegen Gesetzesverletzung (FGG § 27). Die Aktionäre sind nur beschwerdeberechtigt, wenn sie über den für das Verlangen vorgeschriebenen Aktienbesitz verfügen (KG in Recht 1929 Nr. 2009; OLG München in HRR 1937 Nr. 461). Die Beschwerde hat keine aufschiebende Wirkung; die Einberufung aufgrund der Ermächtigung kann trotz Einlegung der Beschwerde erfolgen (Godin-Wilhelmi Anm. 8; RG 170, 90ff.).

Anm. 16

5. Legitimationswirkung für den eingetragenen Vorstand

Ein an den Vorstand gerichtetes Verlangen der Einberufung ist auch dann als wirksam anzusehen, wenn der *Vorstand unwirksam bestellt oder aus dem Amt ausgeschieden, aber noch im Handelsregister eingetragen ist*; denn dann ist der Vorstand gemäß § 121 Abs. 2 S. 2 zur wirksamen Einberufung einer Hauptversammlung imstande. Die Aktionäre sind aber in diesem Fall auch berechtigt, sofern der Aufsichtsrat nicht andere Vorstandsmitglieder bestellt, gemäß § 85 bei Gericht die Bestellung der erforderlichen Zahl von Vorstandsmitgliedern zu beantragen. Außerdem kann das Verlangen an den Aufsichtsrat gerichtet werden (Anm. 12). Bestehen Zweifel, wer Vorstandsmitglied ist, so müssen die Aktionäre ihr Verlangen an die im Handelsregister eingetragenen Vorstandsmitglieder richten. In diesem Fall kann im Hinblick auf § 121 Abs. 2 S. 2 anders als früher (Staub HGB § 273 Anm. 14a; Brodmann HGB § 254 Anm. 2f.) von dem Verlangen gegenüber der Gesellschaft nicht abgesehen werden (vgl. Anm. 12).

Anm. 17

6. Einberufung der Hauptversammlung

Die ermächtigten Aktionäre müssen bis zur Einberufung der Hauptversammlung — die spätere Zeit bis zur Hauptversammlung selbst ist unbeachtlich (vgl. § 121 Anm. 7 und 8) — als Minderheit zusammenbleiben, und zwar in einer so großen Anzahl, daß der die Ermächtigung tragende Mindestbetrag des Grundkapitals erhalten bleibt

(RG 170, 93/94). Die Auffassung von Godin-Wilhelmi Anm. 7, daß die ermächtigte Minderheit persönlich ganz unverändert bleiben müsse, geht zu weit. Das entscheidende Kriterium ist nicht die persönliche Zusammensetzung der Minderheit im einzelnen, sondern daß die den Antrag auf gerichtliche Ermächtigung stellende Minderheit den in Abs. 1 und 2 vorgeschriebenen Mindestbetrag des Aktienkapitals repräsentiert. Allerdings wird man nicht so weit gehen können, daß die die Minderheit bildenden Aktionäre beliebig austauschbar wären; solange aber aus der ursprünglichen Gruppe einschließlich ihrer Rechtsnachfolger (Anm. 12) noch so viele Aktionäre beteiligt sind, als dem Mindestbetrag entspricht, können sie von der Ermächtigung Gebrauch machen. Sie müssen bei der Berufung der Hauptversammlung oder der Ankündigung des Gegenstandes auf die Ermächtigung hinweisen (Abs. 3 S. 3). Das erfordert weder eine wörtliche Wiedergabe der Ermächtigung noch die Angabe des Tages ihres Erlasses oder des Aktenzeichens, da ja jeder Aktionär die Ermächtigung in den Registerakten nachprüfen kann, es genügt die Angabe, die Einberufung geschehe „aufgrund richterlicher Ermächtigung" (RG 170, 95).

Im übrigen gelten für die Berufung und Ankündigung durch die Aktionäre die allgemeinen Bestimmungen. Die Aktionäre legen also im Rahmen von Gesetz und Satzung Ort und Zeit der Hauptversammlung fest sowie im Falle einer Satzungsbestimmung nach § 123 Abs. 2 auch die Hinterlegungsstellen (§ 121 Anm. 17). Sie haben auch sonst für die Vorbereitung der Hauptversammlung zu sorgen, z. B. den Tagungsraum zu beschaffen, den Notar zu beauftragen und dgl. mehr. An eine Frist ist die Einberufung nicht gebunden, sofern nicht das Gericht bei der Erteilung der Ermächtigung eine Frist gesetzt hat; jedoch wird zu verlangen sein, daß die Einberufung binnen angemessener Zeit erfolgt und nicht etwa erst Monate nach der Ermächtigung. Die Einberufung erfolgt durch die Aktionäre im eigenen Namen und nicht im Namen der Gesellschaft. Für die Hauptversammlung gelten dieselben Bestimmungen wie für jede andere Hauptversammlung. Dies gilt auch in der Frage des Vorsitzes, sofern nicht das Gericht über die Führung des Vorsitzes eine Bestimmung getroffen hat (Anm. 14). Können infolge eines Mangels der Einberufung keine wirksamen Beschlüsse gefaßt werden, so können die ermächtigten Aktionäre aufgrund der Ermächtigung nochmals eine Hauptversammluhg einberufen (vgl. KG in OLG 41, 207).

Ein Recht auf Beschlußfassung haben die einberufenen Aktionäre nicht. Die Hauptversammlung kann die Beschlußfassung über die von ihnen gestellten Anträge ablehnen, also die von der Minderheit auf die Tagesordnung gesetzten Punkte absetzen oder die Beschlußfassung vertagen (§ 119 Anm. 38; Kühn BB 65, 1171).

Die Nichtigkeit und Anfechtbarkeit der Beschlüsse der Hauptversammlung ist nach den allgemeinen Grundsätzen zu beurteilen. Ob die Voraussetzungen für die Erteilung der Ermächtigung vorgelegen haben, ist außerhalb des Beschwerdeverfahrens nicht nachprüfbar. Die Beschlüsse der Hauptversammlung können daher wegen Fehlens einer der Voraussetzungen für die Erteilung der Ermächtigung so wenig angefochten werden, wie wenn die Hauptversammlung aufgrund eines unberechtigten Verlangens von dem Vorstand oder Aufsichtsrat einberufen worden wäre (OLG Colmar in LZ 1908, 871[3]; RG 170, 93).

IV. Kosten der Hauptversammlung

Anm. 18

Nach § 106 Abs. 5 AktG 1937 hatte die Versammlung darüber zu entscheiden, ob die durch die Erfüllung des Minderheitsverlangens entstandenen Kosten von der Gesellschaft zu tragen seien. Dazu gab es im früheren Recht eine Reihe von Streitfragen (vgl. Voraufl. § 106 Anm. 19—21). Da die Regelung außerdem die Minderheitsrechte in ihrer Ausübung erschwerte, hat § 122 Abs. 4 AktG 1965 bestimmt, daß die Gesellschaft die Kosten der Hauptversammlung trägt. Diese Kostenlast kann für die Gesellschaft aber nur entstehen, wenn entweder der Vorstand dem Verlangen der Minderheit entspricht oder wenn das Gericht die Minderheit ermächtigt. Damit ist einer Belastung der Gesellschaft mit unnötigen Kosten ein Riegel vorgeschoben (Begr. zum Reg.E. bei Kropff S. 171). Von der Regelung des Abs. 4 werden erfaßt: Kosten der Einberufung im Falle des Abs. 1 und 3 sowie Kosten nachträglicher Bekanntgabe von Tagesordnungspunkten gemäß § 124 Abs. 1 S. 2 im Falle des Abs. 2 und 3, Kosten der Durchführung der Hauptversammlung (Notar-, Raum-, Personal- und sonstige Kosten), die durch die Ermächtigung gemäß Abs. 3 entstehenden Gerichtskosten und wohl auch eine angemessene Vergütung für den vom Gericht bestellten Vorsitzenden der Hauptversammlung. Dagegen gehen nicht zu Lasten der Gesellschaft die Beratungskosten und Auslagen der Minderheit bei Geltendmachung ihres Verlangens nach § 122 und auch nicht die Kosten eines erfolglosen Antrags an das Gericht gemäß Abs. 3. Soweit die demnach von der Gesellschaft zu tragenden Kosten bei ihr selbst anfallen, besteht keinerlei Erstattungsanspruch gegen die Minderheit; ein derartiger Anspruch kann auch nicht durch einen Beschluß der Hauptversammlung geschaffen werden. Soweit die Kosten bei der antragstellenden Minderheit entstehen (vgl. Anm. 17), sind sie ihr von der Gesellschaft zu erstatten. Ein Ersatzanspruch wegen rechtsmißbräuchlicher Geltendmachung des Minderheitsverlangens (§ 826 BGB) kann für die Gesellschaft nicht in Betracht kommen, weil in diesem Fall der Vorstand und, sofern gerichtliche Entscheidung verlangt wird, das Gericht das Minderheitsverlangen ablehnen kann und muß (Anm. 8 und 13). Hat das Gericht dem Minderheitsverlangen stattgegeben und ist die Ermächtigung trotz Beschwerde aufrechterhalten worden, so wird die Gesellschaft auch mit einer etwaigen Ersatzklage aus § 826 BGB keinen Erfolg haben können.

V. Rechtsnatur des § 122

Anm. 19

Die Bestimmungen über das Recht von Aktionären auf Einberufung einer Hauptversammlung oder Ankündigung eines Gegenstandes zur Beschlußfassung sind *zwingender Natur*. Das Recht kann durch die Satzung nicht erschwert werden. Es kann daher nicht eine Hinterlegung der Aktien bei der Gesellschaft vorgeschrieben werden (KG in RJA 9, 44). Die Satzung kann nach der ausdrücklichen Vorschrift des Abs. 1 S. 2 das Recht auch einer geringeren Minderheit einräumen; sie ist auch berechtigt, einzelnen Aktionären ein selbständiges Einberufungsrecht zu gewähren (§ 121 Anm. 10). Hiervon abgesehen kann die Satzung die Voraussetzungen des Einberufungsrechts nicht abschwächen; sie kann insbesondere nicht das an die Gesellschaft zu richtende Verlangen oder die Angabe der Gründe für unnötig erklären. Ebensowenig kann sie von dem gesetzlich vorgeschriebenen Hinweis auf die gerichtliche Ermächtigung bei der Einberufung oder Ankündigung befreien. Das alles ergibt sich aus § 23 Abs. 5.

§ 123 Einberufungsfrist

(1) Die Hauptversammlung ist mindestens einen Monat vor dem Tage der Versammlung einzuberufen.

(2) Die Satzung kann die Teilnahme an der Hauptversammlung oder die Ausübung des Stimmrechts davon abhängig machen, daß die Aktien bis zu einem bestimmten Zeitpunkt vor der Versammlung hinterlegt werden, ferner davon, daß sich die Aktionäre vor der Versammlung anmelden. Sieht die Satzung eine solche Bestimmung vor, so tritt für die Berechnung der Ein-

berufungsfrist an die Stelle des Tages der Versammlung der Tag, bis zu dessen Ablauf die Aktien zu hinterlegen sind oder sich die Aktionäre vor der Versammlung anmelden müssen.

(3) Hängt nach der Satzung die Teilnahme an der Hauptversammlung oder die Ausübung des Stimmrechts davon ab, daß die Aktien bis zu einem bestimmten Zeitpunkt vor der Versammlung hinterlegt werden, so genügt es, wenn sie nicht später als am zehnten Tage vor der Versammlung hinterlegt werden. Die Hinterlegung bei einem Notar oder bei einer Wertpapiersammelbank ist ausreichend.

(4) Hängt nach der Satzung die Teilnahme an der Hauptversammlung oder die Ausübung des Stimmrechts davon ab, daß sich die Aktionäre vor der Versammlung anmelden, so genügt es, wenn sie sich nicht später als am dritten Tage vor der Versammlung anmelden.

Übersicht

Anm. 1

Einleitung

Art. 189 ADHGB überließ die Form und Art der Einberufung einer Generalversammlung dem Gesellschaftsvertrag, der hierüber Bestimmungen enthalten mußte. Durch die Novelle von 1884 wurde in Art. 238 eine Einberufungsfrist von mindestens 2 Wochen aufgenommen und für die Berechnung der Frist bestimmt, daß bei Hinterlegungszwang für die Hinterlegung mindestens 2 Wochen frei bleiben müßten. § 255 HGB hat dann eine im wesentlichen dem § 107 AktG 1937 entsprechende Bestimmung gebracht; letztere hatte nur die Hinterlegungsmöglichkeit bei den ministeriell zugelassenen Wertpapiersammelbanken neu eingefügt. § 123 ändert diese Rechtslage in manchen Punkten. Einmal wurde, um den Mitteilungspflichten im Rahmen des Depotstimmrechts zeitlich genügen zu können und für die Bildung einer Opposition Zeit zu lassen, die Einberufungsfrist auf die doppelte Mindestzeit, nämlich auf einen Monat, verlängert, wobei die besonderen Bestimmungen für die Berechnung dieser Frist als bereits durch § 187ff. BGB gedeckt in Fortfall kamen. Abs. 2 stellt klar, daß die Satzung die Teilnahme und/oder die Stimmrechtsausübung nur von einer vorherigen Hinterlegung oder Anmeldung abhängig machen kann, und entscheidet gleichzeitig die Streitfrage, ob bei Schweigen der Satzung eine Anmeldung zur Hauptversammlung erforderlich ist, verneinend. Außerdem begrenzt Abs. 3 die Möglichkeit einer satzungsmäßig angeordneten Hinterlegungsfrist dahin, daß es genügt, wenn die Aktien nicht später als am 10. Tage vor der Versammlung hinterlegt werden. Schließlich enthält die Neufassung einige kleinere Änderungen und — gegenüber der etwas unglücklichen Formulierung des § 107 AktG 1937 — Klarstellungen.

I. Einberufungsfrist

Anm. 2

1. Berechnung der Monatsfrist

Die Einberufung hat mindestens einen Monat vor dem Tag der Hauptversammlung zu erfolgen. Der Tag der Einberufung und der Tag der Versammlung sind hierbei nicht mitzurechnen. Das war bisher in § 107 Abs. 1 S. 2 AktG 1937 ausdrücklich gesagt. § 123 Abs. 1 hat diesen Passus gestrichen, jedoch nicht um die Rechtslage zu ändern, sondern weil sich diese Rechtslage bereits aus §§ 187ff. BGB ergibt (Begr. z. Reg.E bei Kropff S. 172). Die Einberufungsfrist endet also an dem Tage des folgenden Monats, der durch seine Zahl dem Tage der Einberufung entspricht und, wenn dieser Tag im folgenden Monat fehlt, mit dem Monatsende (§ 188 Abs. 2 und 3 BGB). Die Einberufungsfrist für eine am 31. 1. 1972 einberufene Hauptversammlung endet also mit Ablauf des 29. 2. 1972, so daß am 1. 3. 1972 die Hauptversammlung stattfinden kann. Unerheblich für die Berechnung der Frist ist, ob der letzte Tag Sams-, Sonn- oder Feiertag ist, desgleichen, wieviele derartige Tage in die einmonatliche Frist fallen.

Unter dem Tag der Einberufung ist der Tag zu verstehen, an dem die Erfordernisse der Einberufung vollständig erfüllt sind. Da die Einberufung gemäß § 121 Abs. 3 S. 1 in *allen* Gesellschaftsblättern (§ 25) zu veröffentlichen ist, ist der Tag der Einberufung *derjenige Tag, an dem das letzte der Gesellschaftsblätter, das die Einberufung enthält, erscheint.* Eine tatsächliche Ausgabe vor dem Tage, dessen Datum das Blatt trägt, ist unerheblich (Schlegelberger-Quassowski § 107 Anm. 2; Brodmann, HGB § 255 Anm. 16; a. A. KGJ 2 A 23; Godin-Wilhelmi Anm. 3; Obermüller-Werner-Winden S. 44). Hingegen ist die tatsächliche Ausgabe des Blattes maßgebend, wenn sie nach dem in ihm angegebenen Datum erfolgt (Schlegelberger-Quassowski a. a. O.). Es ist zwar richtig, daß in der Regel nur das Ausgabedatum eindeutig feststeht (anders aber bei einem Ausgabedatum „Ostern" oder einem bei einem Feiertag gebräuchlichen Doppeldatum); gewichtiger dürfte aber sein, daß durch eine verspätete Ausgabe die Einberufungsfrist zu Lasten der Aktionäre verkürzt würde.

Anm. 3

2. Mehrfache Einberufung

Die gesetzliche Frist beginnt auch dann am Tage nach der Einberufung zu laufen, wenn die Satzung für die Einberufung eine mehrfache Bekanntmachung verlangt; sie läuft dann also erst nach der letzten Bekanntmachung (OLG Dresden in ZHR 35, 248). Eine mehrfache Bekanntmachung, die nicht durch die Satzung vorgeschrieben ist, ist hingegen für den Zeitpunkt, an dem die Einberufung rechtlich als erfolgt gilt, nicht von Bedeutung; die Frist beginnt also am Tage nach dem erstmaligen Erscheinen der Bekanntmachung in allen Gesellschaftsblättern zu laufen (Ritter § 107 Anm. 2; Teichmann-Köhler § 107 Anm. 1; Baumbach-Hueck Rdn. 2; Godin-Wilhelmi Anm. 3). Das gleiche ist anzunehmen, wenn die Satzung zwar eine mehrmalige Bekanntmachung vorschreibt, aber zum Ausdruck bringt, daß die Einberufung bereits mit der einmaligen Bekanntmachung als erfolgt gelten soll, z. B. indem sie ausdrücklich bestimmt, daß die Frist von der ersten Bekanntmachung ab laufen soll (Brodmann HGB § 255 Anm. 1 b; a. A. OLG Dresden in ZHR 35, 248).

Anm. 4

3. Fristverlängerung bei Hinterlegungs- oder Anmeldepflicht

Eine Verlängerung der Frist hat die *Satzungsbestimmung* zur Folge, die die Teilnahme an der Hauptversammlung oder die Ausübung des Stimmrechts davon abhängig macht, daß die Aktien bis zu einem bestimmten Zeitpunkt vor der Versammlung hinterlegt oder angemeldet werden. In diesem Fall tritt gemäß Abs. 2 S. 2 für die Fristberechnung an die Stelle des Tages der Hauptversammlung der Tag, bis zu derem Ablauf die Aktien zu hinterlegen oder anzumelden sind. Die einmonatliche Frist, die sonst zwischen der Einberufung und dem Tage der Hauptversammlung liegen muß, verlängert sich also um diejenige Zeit, die zwischen der Hinterlegung bzw. Anmeldung und der Versammlung liegen muß. Schreibt z. B. die Satzung vor, daß die Aktien spätestens am fünften Tage vor der Hauptversammlung hinterlegt werden müssen, so müssen zwischen der Hinterlegung und der Hauptversammlung vier, zwischen der Einberufung und der Hauptversammlung also ein Monat zuzüglich vier Tage frei bleiben. Die am Ersten eines Monats erfolgte Einberufung darf also für die Hauptversammlung keinen früheren Tag als den siebten des folgenden Monats vorsehen.

Anm. 5

4. Anwendbarkeit des § 193 bei Hinterlegung oder Anmeldung

Streitig ist, ob und wie § 193 BGB — seit dem Gesetz vom 10. 8. 1965 umfaßt er auch die Sonnabende — anzuwenden ist, wenn der sich aus dem Tag der Einberufung ergebende letzte Tag für die Hinterlegung oder Anmeldung ein Sonnabend, Sonn- oder Feiertag ist. Vgl. über den Streitstand Voraufl. § 107 Anm. 4.

a) Für die Praxis hat diese Streitfrage fast alle Bedeutung verloren. Denn der ziemlich undurchsichtige Meinungsstand im Schrifttum — Urteile hat es über diese Streitfrage, soweit ersichtlich, nie gegeben — hat in der Praxis zu satzungsmäßigen Regelungen geführt, die die Streitfrage eliminieren. Diese Regelungen gehen dahin, daß der letzte Tag für die Hinterlegung oder Anmeldung nicht mehr nach Tagen sondern nach Werktagen bestimmt wird (vgl. Muster-Satzung der Deutschen Bank in Aktiengesetz 1965 § 17 S. 272; Muster-Satzung bei Balser AktG II § 11 S. 31; so wohl auch Möhring-Schwartz-Rowedder-Haberlandt § 20 S. 323, wenn hier in Abs. 1 auch versehentlich nur von „Tag" gesprochen ist, währed Abs. 3 erkennen läßt, daß es richtig „Werktag" heißen müßte) oder dahin, daß ausdrücklich gesagt wird, die Hinterlegungsfrist, deren letzter Tag nicht auf einen Werktag falle, ende mit Ablauf des ihm vorangehenden Werktages (so Mustersatzung der Dresdner Bank in Aktienrechtsreform 1965 § 22 S. 53/54). Dabei soll dann der Sonnabend entsprechend dem Gesetz vom 10. 8. 1965 nicht als Werktag gelten. Beispiele für die Fristberechnung vgl. bei Obermülller-Werner-Winden S. 46. Rechnet man nun in derartigen Fällen vom Tage der Hauptversammlung rückwärtsgehend, so sind im ersten Falle nur Werktage (ohne Samstage) zu rechnen, während im letzteren Falle Wochenenden und Feiertage zwar mitzurechnen sind, wenn der letzte Fristtag aber auf einen derartigen Tag fällt, der vorangehende Werktag (wieder ohne Samstag) maßgebend ist. Von diesem letzten Hinterlegungs- oder Anmeldetag aus ist dann wieder rückwärtsrechnend der letzte Tag zu bestimmen, an dem die Einberufung bekanntgemacht sein muß, um für den Tag der Hauptversammlung auszureichen. Geht man vom ersten Beispiel (Hinterlegung spätestens am fünften Werktag vor der Versammlung) aus und unterstellt, daß die Hauptversammlung zum 25. 5. 1972 einberufen ist, so ergibt sich als letzter Hinterlegungstag der 17. Mai. Denn der 21. und 22. 5. sind die Pfingsttage und der 20. 5. fällt als Sonnabend aus, so daß bei Rückrechnung nur in Werktagen ausschließlich der 24., 23., 19. und 18. als Zwischenwerktage und der 17. als fünfter Werktag vor dem Versammlungstag verbleiben. Dann müßte die Einberufung zur Hauptversammlung, um der Bestimmung des Abs. 1 zu genügen, an sich am 16. 4. erfolgen. Dieser Tag ist aber ein Sonntag, an dem kein Bundesanzeiger erscheint, so daß die Einberufung in der Samstag-Ausgabe des Bundesanzeigers vom 15. 4. erscheinen müßte, um die Hauptversammlung am 25. 5. 1972 zu ermöglichen. Die Bekanntgabe im Bundesanzeiger am 17. 4. würde den 17. 5. als letzten Hinterlegungstag nicht mehr ermöglichen, sondern den 18. 5. erfordern, der nicht der fünfte sondern nur der vierte Werktag vor dem 25. 5. 1972 wäre.

Anm. 6

b) Für den Fall, daß die Satzung keine Regelung für die Behandlung eines Wochenend- und/oder Feiertags als letzten Fristtag trifft, ergibt sich aus dem Sinn der Einberufungsfrist einerseits und dem Zweck der Hinterlegungs- oder Anmeldefrist andererseits folgende Lösung: Die Hinterlegungs- oder Anmeldefrist soll der Gesellschaft, wie Godin-Wilhelmi Anm. 5 mit Recht betonen, die Möglichkeit einer ordnungsgemäßen Vorbereitung der Hauptversammlung und dabei insbesondere des Teilnehmerverzeichnisses geben. Da der Sinn des § 193 BGB die Freistellung der Wochenenden und Feiertage vom Zwang zum geschäftlichen oder rechtlichen Tun ist, kann man eine Hinterlegungs- oder Anmeldefrist nicht an einem derartigen Tage enden lassen, sondern muß den vorangehenden Werktag als Schluß nehmen. Zwar verkürzen dann die zwischen diesem Tage und der Hauptversammlung liegenden Wochenenden oder Feiertage auch die der Gesellschaft zur Verfügung stehende Zeit, immerhin ergibt sich aber mindestens ein Tag mehr, als wenn man den nachfolgenden Werktag nähme; reicht dies der Gesellschaft nicht aus, so mag sie dem durch eine andere Festlegung des Tages ihrer Hauptversammlung Rechnung tragen. Vom Zweck der Hinterlegungs- oder Anmeldefrist her gesehen kann also der letzte Tag nie ein unter § 193 BGB fallender Tag und erst recht nicht der auf ihm folgende Werktag sein. Es bleibt also nur die Möglichkeit, den vorangehenden Werktag als letzten Fristtag zu nehmen. Dieser Tag tritt aber nun im Sinne des § 123 Abs. 2 S. 2 für die Fristberechnung an die Stelle des Versammlungstages, so daß gemäß Abs. 1 zwischen ihm und dem Einberufungstag mindestens ein Monat liegen muß. Diese Monatsfrist ist zwingend und kann im Interesse der Aktionäre, denen das Gesetz diese Mindestfrist gewähren will (vgl. Anm. 7), nicht gekürzt werden. Die durch die analoge Anwendung des § 193 BGB eintretende Verlängerung der Hinterlegungs- und Anmeldefrist führt also im Ergebnis zu einer entsprechenden Verlängerung der Einberufungsfrist. Damit kommt die Auslegung des Gesetzes zum gleichen Ergebnis, wie sie der in Anm. 5 als zweite in der Praxis übliche Alternative angegebenen Satzungsbestimmung entspricht, wonach die Hinterlegungs- oder Anmeldefrist, deren letzter Tag auf einen Werktag fällt, mit dem vorangehenden Werktag endet (so auch Godin-Wilhelmi Anm. 5; Schlegelberger-Quassowski § 107 Anm. 6).

Anm. 7

5. Mindestfrist

Die Einberufungsfrist — auch in ihrer sich aus Abs. 2 S. 2 ergebenden Verlängerung — ist eine Mindestfrist. Das bedeutet, die Satzung kann sie zwar verlängern, nicht aber verkürzen. Während bei der 2-wöchentlichen Einberufungsfrist des § 107 Abs. 1 AktG 1937 eine Verlängerung der Einberufungsfrist weitgehend die Regel war, ist sie heute in der Praxis wesentlich seltener geworden, zumal die bei großen Gesellschaften zur ordnungsgemäßen Vorbereitung des Teilnehmerverzeichnisses nicht zu umgehende Anordnung einer Hinterlegungs- oder Anmeldefrist gemäß Abs. 2 und die Frist zwischen Absendung der Einberufung an den Bundesanzeiger und ihrem Erscheinen sowieso dazu führt, daß die Anzeige über die Einberufung im Schnitt etwa 6 Wochen vor dem Tage der Hauptversammlung abgesandt werden muß.

Ebenso wie satzungsmäßig eine Verlängerung der Einberufungsfrist zulässig ist, steht es der Gesellschaft selbstverständlich frei, mit wesentlich längerer Zwischenfrist als der Frist des Abs. 1 einzuberufen (vgl. aber Anm. 13). Die Vorschrift des § 175 Abs. 2, wonach mit der Einberufung Jahresabschluß, Geschäftsbericht, Aufsichtsratsbericht und Gewinnverwendungsvorschlag zur Einsicht der Aktionäre in dem Geschäftsraum der

Gesellschaft auszulegen sind, verhindert aber für die ordentliche Hauptversammlung eine zu frühzeitige Einberufung, weil diese Unterlagen bei Einhaltung der 8-Monatsfrist nach Geschäftsjahrende für die ordentliche Hauptversammlung (§§ 120 Abs. 1, 175 Abs. 1 S. 2) meist nur ganz knapp vor dem Einberufungstermin fertig werden und außerdem § 175 Abs. 1 S. 1 die unverzügliche Einberufung der Hauptversammlung nach Eingang des Aufsichtsratsberichts erfordert.

Wird die Einberufungsfrist des Abs. 1 und ihre Verlängerung durch Abs. 2 S. 2 nicht beachtet, so ist die Hauptversammlung nicht gesetz- und satzungsgemäß einberufen. Ihre Beschlüsse sind zwar nicht nichtig, weil § 241 die Vorschrift des § 123 nicht aufführt, wohl aber gemäß § 243 anfechtbar.

II. Hinterlegung und Anmeldung als Voraussetzung für Teilnahme und Stimmrechtsausübung

Anm. 8

1. Satzungsmäßige Anordnung

Nach Abs. 2 S. 1 kann die Satzung die Teilnahme an der Hauptversammlung und die Stimmrechtsausübung in der Hauptversammlung davon abhängig machen, daß die Aktien bis zu einem bestimmten Zeitpunkt vor der Hauptversammlung hinterlegt werden und/oder davon, daß die Aktionäre sich vor der Hauptversammlung anmelden. Ersteres war in § 107 AktG 1937 nur in der Weise zugelassen, daß für den Fall einer Hinterlegungsanordnung eine Verlängerung der Einberufungsfrist vorgesehen war, hinsichtlich der Anmeldung war nur eine Zulassungspflicht zur Hauptversammlung angeordnet, wenn die Aktionäre sich spätestens am 3. Tage vor der Versammlung anmeldeten, so daß streitig war, ob ohne satzungsmäßige Regelung eine Anmeldepflicht bestand. Durch die Neufassung des Abs. 2 S. 1 ist nunmehr klargestellt, daß kraft Gesetzes nicht nur keine Hinterlegungs- sondern auch keine Anmeldepflicht — genauer gesagt: „Obliegenheit" — besteht, sondern daß Teilnahme und Stimmrecht nur durch Satzungsbestimmung von einer Hinterlegung oder Anmeldung abhängig gemacht werden können. Abs. 2 S. 1 ist damit eine Ausnahmebestimmung im Sinne des § 23 Abs. 5. Damit ergibt sich aber auch, daß die Satzung Teilnahme und Stimmrechtsausübung nur von diesen Voraussetzungen und nicht von anderen abhängig machen darf (Begr. z. Reg.E bei Kropff S. 172). Eine Vorschrift z. B., daß nur diejenigen Aktionäre an der Hauptversammlung teilnehmen oder in ihr stimmen dürfen, die ihre Aktien vorlegen oder vorher an einer Aktionärversammlung teilgenommen haben, wäre unzulässig und nichtig. Fraglich ist, ob als Voraussetzung für Teilnahme und Stimmrechtsausübung die Vorlage eines Nummernverzeichnisses der Aktien verlangt werden kann (vgl. Schäfer BB 66, 233; v. Falkenhausen BB 66, 339). Das wird davon abhängen, ob die Vorlage eines Nummernverzeichnisses, die natürlich zur Verhinderung von Täuschungen sehr wichtig sein kann, als Bestandteil einer Hinterlegung und Anmeldung anzusehen ist oder ob eine zusätzliche über sie hinausgehende Voraussetzung für Teilnahme und Stimmrechtsausübung gestellt wird, die dann, weil in Abs. 2 nicht zugelassen, unzulässig wäre. Weil die Hinterlegung und Anmeldung jeweils bestimmte Aktien betrifft, die konkretisiert sein müssen, ist das Verlangen nach Vorlage eines Nummernverzeichnisses ein möglicher, wenn auch nicht notwendiger Bestandteil einer Hinterlegung und Anmeldung und das Verlangen nach seiner Vorlage wohl durch Abs. 2 gedeckt (vgl. Anm. 14). Das gilt aber nicht für Giro-Sammelstücke, weil hier keine Nummern angegeben werden können. Unzulässig nach Abs. 2 dürfte es dagegen sein, wenn die Satzung, sei es dem Vorstand, sei es dem Einberufer der Hauptversammlung anheimstellt, ob er die Teilnahme oder die Stimmrechtsausübung von einer Hinterlegung oder Anmeldung abhängig macht. Abs. 2 verlangt die Abhängigmachung durch die Satzung, gibt aber der Satzung keine Ermächtigung, irgendjemand die Befugnis zu überlassen, nach seinem Ermessen derartige Voraussetzungen anzuordnen. Eine solche Auslegung des Abs. 2 verbietet sich schon deshalb, weil der Aktionär aus Gesetz und

Satzung einwandfrei muß entnehmen können, unter welchen Voraussetzungen er seine wichtigsten Verwaltungsrechte aus den Aktien, nämlich die Teilnahme an der Hauptversammlung und die Stimmrechtsausübung, geltend machen kann.

Die beiden nach Abs. 2 S. 1 zulässigen Voraussetzungen, nämlich Hinterlegung und Anmeldung, können sowohl einzeln wie nebeneinander angeordnet werden (Anm. 15). Neben Abs. 2 S. 1 kennt das Gesetz in § 134 Abs. 1 und 2 weitere Möglichkeiten einer Beschränkung des Stimmrechts, nicht auch des Teilnahmerechts. Sie gehören nicht zu den Bedingungen, die gemäß § 121 Abs. 3 S. 2 in der Einberufung bekanntzumachen sind (§ 121 Anm. 17).

2. Hinterlegung

Die erste für die Ausübung des Teilnahme- und Stimmrechts in der Hauptversammlung gesetzlich zugelassene Bedingung ist die Hinterlegung der Aktien bis zu einem bestimmten Zeitpunkt vor der Hauptversammlung.

Anm. 9

a) Durchführung der Hinterlegung

Zweck ihrer Anordnung ist der einwandfreie Nachweis der Aktionärseigenschaft. Deshalb wird die Hinterlegung meist nur bei Inhaberaktien gefordert, kann aber selbstverständlich auch bei Namensaktien verlangt werden, obwohl sie hier im Grunde überflüssig ist, da nach § 67 Abs. 2 bei Namensaktien im Verhältnis zur Gesellschaft nur der als Aktionär gilt, der als solcher im Aktienbuch eingetragen ist. Bei Namensaktien begnügt sich die Praxis zur Vorbereitung des Teilnehmerverzeichnisses mit der Anmeldung als Voraussetzung für die Teilnahme und die Ausübung des Stimmrechts. Ist der Zweck der Hinterlegungsanordnung der Nachweis der Aktionärstellung, so versteht es sich bei Inhaberaktien, daß die tatsächliche Verfügungsgewalt über die Aktienurkunden der Hinterlegungsstelle übertragen werden muß, und daß nur mittelbarer Besitz nicht genügen kann (RG 112, 109; Klausing ZBlHR 26, 277). Da die Hinterlegung den Inhaber der Aktienurkunden nur für den Zeitpunkt der Hinterlegung ausweist und bei einer Beendigung der Hinterlegung vor der Hauptversammlung ein anderer Inhaber in die Lage versetzt wird, sich ebenfalls als Aktionär für die gleichen Aktien auszuweisen, versteht sich aus dem Zweck der Hinterlegung heraus, daß sie bis zur Beendigung der Hauptversammlung erfolgen muß, daß also die Hinterlegungsstelle dem Aktionär, der seine Aktien für eine bestimmte Hauptversammlung hinterlegt hat, diese Aktien erst wieder nach Beendigung der Hauptversammlung zurückgeben darf. Das bringen die Satzungen, die eine Hinterlegung anordnen, meist damit noch besonders zum Ausdruck, daß sie die Belassung der Aktien bis zur Beendigung der Hauptversammlung bei der Hinterlegungsstelle verlangen. Die Hinterlegungsstelle erteilt dem Aktionär eine Hinterlegungsbescheinigung, die entweder zugleich Eintritts- und Stimmkarte für die Hauptversammlung ist oder als Grundlage für deren Ausgabe dient (Obermüller-Werner-Winden S. 75). Gleichzeitig unterrichten die Hinterlegungsstellen — es sei denn, daß die Hinterlegung bei der Gesellschaft selbst erfolgt — die Gesellschaft von der erfolgten Hinterlegung und ermöglichen damit die Aufnahme der hinterlegten Aktien in das vorbereitete Teilnehmerverzeichnis.

Anm. 10

b) Erleichterung der Hinterlegung

Es steht der Satzung frei, die Hinterlegung zu erleichtern und von der Verschaffung der tatsächlichen Verfügungsgewalt freizustellen. Das geschieht meist mit der Bestimmung, der Hinterlegungspflicht werde dadurch genügt, daß mit Zustimmung der Hinterlegungsstelle die Aktien für sie bei einem Kreditinstitut bis zur Beendigung der Hauptversammlung gesperrt bleiben. Das muß aber in der Satzung gesagt sein, von selbst versteht es sich nicht. Befinden sich dagegen die Aktienurkunden im unmittelbaren Besitz eines Kreditinstituts, das Hinterlegungsstelle ist, so versteht sich, daß eine besondere Hinterlegung nicht erforderlich ist und die Sperrung bis zur Beendigung der Hauptversammlung genügt. Diese Sperre muß auch dann als genügend angesehen werden, wenn sich die Aktien in einer Girosammelverwahrung befinden. Hier besitzt der Aktionär weder direkt noch indirekt bestimmte Aktienurkunden, an denen er eine tatsächliche Verfügungsgewalt verschaffen könnte, sondern nur Miteigentumsanteile. Es muß deshalb genügen, wenn auf dem Depot des Kreditinstituts der Aktienbesitz gesperrt wird.

Sind Aktienurkunden überhaupt nicht ausgegeben, so entfällt allgemein eine Hinterlegungsmöglichkeit und kann deshalb auch die Hinterlegung nicht zur Voraussetzung für Teilnahme und Stimmrechtsausübung gemacht werden. Ist sie trotzdem in der Satzung angeordnet, so ist sie gegenstandslos. Hier kann die Gesellschaft, wenn sie ihr Teilnehmerverzeichnis vorbereiten will, nur eine Anmeldung vorschreiben. Aber dann steht dahin, wie der Nachweis der Aktionärseigenschaft erfolgen soll. Hierüber kann die Gesellschaft in der Satzung oder in der Einberufung Bestimmungen treffen, die aber keine Voraussetzungen für das Teilnahme- und Stimmrecht im Sinne des Abs. 2 sind und mangels Zulassung in dieser Bestimmung auch nicht sein können, zumal die Voraussetzungen nicht in die Ermächtigung des Einberufers gestellt werden können (Anm. 8). Die Bestimmungen regeln vielmehr nur die Führung des Nachweises der Aktionärseigenschaft und schließen die Beweisführung in einer anderen einwandfreien Form nicht aus (mißverständlich Obermüller-Werner-Winden S. 77 und Möhring-Schwartz-Rowedder-Haberlandt S. 182).

Anm. 11

c) Nachweis der Hinterlegung

Ist die Hinterlegung angeordnet, so muß sie selbstverständlich der Gesellschaft auch nachgewiesen werden. Bestimmt die Satzung keine Frist, so reicht der Nachweis in der Hauptversammlung. Er wird durch die von der Hinterlegungsstelle ausgestellten Eintritts- und Stimmkarten oder die Hinterlegungsbescheinigung geführt (Anm. 9). Die Satzung kann aber auch für den Nachweis — das wird durch die Ermächtigung des Abs. 2 noch gedeckt (so die Praxis wie die nachstehend zitierten Mustersatzungen ergeben; a. M. Baumbach-Hueck Rdn. 5; Godin-Wilhelmi Anm. 8) — Fristen setzen. Das geschieht meist für alle die Fälle, in denen die Gesellschaft nicht automatisch Mitteilung über die erfolgte Hinterlegung erhält, in denen also die Hinterlegung nicht bei der Gesellschaft selbst oder einer von ihr zugelassenen Hinterlegungsstelle erfolgt. Wird dagegen bei einem Notar oder einer Wertpapiersammelbank hinterlegt, was Abs. 3 S. 2 für ausreichend erklärt, so erhält die Gesellschaft nicht automatisch eine Unterrichtung. Für diese Fälle bestimmen deshalb die Satzungen meist, daß die Hinterlegungsbescheinigung spätestens am ersten Werktag nach Ablauf der Hinterlegungsfrist einzureichen ist (Mustersatzungen der Deutschen Bank § 17 Abs. 3 S. 273 und Mustersatzung der Dresdner Bank § 22 Abs. 3 S. 54).

Anm. 12

d) Hinterlegungsstellen

Die Satzung bestimmt grundsätzlich auch darüber, *wo die Hinterlegung erfolgen soll.* Als Hinterlegungsstelle werden meist die Gesellschaftskasse und die Kreditinstitute, mit denen die Gesellschaft in Geschäftsverkehr steht, bezeichnet. Die Satzung kann die Bezeichnung der Hinterlegungsstellen auch der Bekanntmachung der Hauptversammlung und damit ihre Bestimmung dem Einberufer der Versammlung vorbehalten und tut dies auch meist (vgl. Mustersatzung der Deutschen Bank § 17 Abs. 1, der Dresdner Bank § 22 Abs. 2; Möhring-Schwartz-Rowedder-Haberlandt § 20 Abs. 1).

Nach Abs. 3 S. 2 genügt jedoch die Hinterlegung *bei einem Notar oder bei einer Wertpapiersammelbank*. Das Gesetz nimmt damit Bezug auf § 1 Abs. 3 des Gesetzes über die Verwahrung und Anschaffung von Wertpapieren vom 4. 2. 1937 (Depotgesetz). Wertpapiersammelbanken sind Banken, die von den zuständigen Behörden als Sammelverwahrer im Effektengiroverkehr bezeichnet sind: Sie werden üblicherweise Kassenvereine genannt, ihre Geschäftsbedingungen siehe im bankgeschäftlichen Formularbuch, 18. Ausg. S. 103ff. Der Notar, bei dem die Hinterlegung erfolgt, muß ein *deutscher Notar* sein (Brodmann HGB § 255 Anm. 2a; Dür.-Hach.-Lehmann HGB § 255 Anm. 13; Schlegelberger-Quassowski § 107 Anm. 4). Die Zulässigkeit der Hinterlegung bei einer Wertpapiersammelbank oder einem beliebigen Notar kann durch die Satzung nicht ausgeschlossen werden. Jedoch steht es der Satzung natürlich frei, auch ausländische Notare als Hinterlegungsstellen zuzulassen. Die Hinterlegungsstellen müssen gemäß § 121 Abs. 3 in der Einberufung angegeben werden, und zwar konkret mit Namen und Ort, so daß sich die Aktionäre danach richten können. Die Bestimmung liegt, soweit die Satzung sie offenläßt, bei dem Einberufer der Hauptversammlung.

Anm. 13

e) Höchstdauer für die Hinterlegung

Zu § 107 AktG 1937 wurde angenommen, daß die Satzung grundsätzlich Freiheit hinsichtlich der Bestimmung des Zeitpunktes habe, bis zu dem die Hinterlegung erfolgt sein müsse, daß die Freiheit aber nicht zur Festsetzung einer unangemessen langen Frist ausgenutzt werden dürfe (Voraufl. § 107 Anm. 5). Abs. 3 S. 1 bestimmt nunmehr ausdrücklich, daß es ohne Rücksicht auf die satzungsmäßig vorgesehene Hinterlegungsfrist ausreicht, wenn die Aktien nicht später als am 10. Tage vor der Hauptversammlung hinterlegt werden. Damit wird einmal indirekt eine unangemessene Verlängerung der Einberufungsfrist verhindert, zum anderen aber auch der Aktionär, der an der Hauptversammlung teilnehmen und sein Stimmrecht ausüben will, nicht allzu lange durch Sperrung seiner Aktien vom Aktienmarkt ausgeschlossen. Auf die Frist von 10 Tagen ist § 193 BGB derart anwendbar, daß, wenn der letzte Tag auf einen Wochenend- oder Feiertag fällt, der nächste Werktag gilt (Baumbach-Hueck Rdn. 4; a. M. Godin-Wilhelmi Anm. 5). Die Höchstfrist für die Hinterlegung des Abs. 3 S. 1 ist im Hinblick auf § 193 BGB anders zu beurteilen als die satzungsmäßig angeordnete Hinterlegungsfrist, für die, wenn der letzte Tag ein Wochenend- oder Feiertag ist, der vorangehende Werktag maßgebend ist (Anm. 6). Bei Abs. 3 S. 1 geht es um den Willen des Gesetzgebers, daß die Hinterlegung nicht länger als 11 Tage (den Tag der Hauptversammlung mitgerechnet) dauern soll. Diese Frist zu Lasten des Aktionärs aus den Gründen des § 193 BGB zu verlängern, würde mit dem gesetzgeberischen Willen in Widerspruch stehen.

Die Satzung kann selbstverständlich hinter den 10 Tagen des Abs. 3 S. 1 zurückbleiben, tut dies auch üblicherweise. Eine Verlängerung der 10 Tage ist der Satzung nicht möglich. Zu beachten ist, daß Abs. 3 S. 1 bei einer besonderen Häufung von Feier- und Wochenendtagen im Kalender auch dann eingreifen kann, wenn z. B. die Satzung die Hinterlegung am 5. Werktag vor der Hauptversammlung vorsieht. Umschließt diese Frist mehr als 5 Wochenend- oder Feiertage, dann muß die satzungsmäßige Vorschrift der Bestimmung des Abs. 3 S. 1 weichen und verkürzt sich die Hinterlegungsfrist entsprechend.

Anm. 14

3. Anmeldung

Die zweite Bedingung, die die Satzung als Voraussetzung für die Teilnahme an und die Stimmrechtsausübung in der Hauptversammlung anordnen darf, ist die Anmeldung. Sie wird meist bei Namensaktien vorgesehen, bei denen die Frage des Nachweises der Aktionärseigenschaft wegen § 67 Abs. 2 keine Schwierigkeiten macht. Die Anmeldung ist eine formlose Erklärung an die Gesellschaft, man nehme mit einer bestimmten Anzahl von Aktien an der Hauptversammlung teil. Meldet der Aktionär sich nur mit einem Teil seiner Aktien an, so kann er auch nur mit ihnen teilnehmen und stimmen, nicht auch mit den übrigen nicht angemeldeten Aktien. Denn für die Anmeldung ist nicht die Person des Aktionärs, sondern der Aktienbesitz entscheidend. Die Satzung kann für die

Anmeldung Schriftform und auch die Benennung der angemeldeten Aktien nach Nummern — Beifügung eines Nummernverzeichnisses (Anm. 8) — verlangen; beides wird, da ja primär Aktien und nicht Aktionäre anzumelden sind, durch die Ermächtigung des Abs. 2 gedeckt. Die Anordnung der Schriftform für die Anmeldung empfiehlt sich, weil andernfalls nur sehr schwer zu gewährleisten ist, daß mündliche oder telefonische Anmeldungen wirklich auch die mit der Vorbereitung des Teilnehmerverzeichnisses beauftragte Stelle der Gesellschaft erreichen und wohl auch der Nachweis der erfolgten Anmeldung sonst kaum zu führen ist. In der Bestimmung der Frist für die Anmeldung steckt Abs. 4 der Satzung ziemlich enge Grenzen. Nach zwingender gesetzlicher Bestimmung genügt eine Anmeldung, die nicht später als am 3. Tag vor der Hauptversammlung erfolgt. Zwischen Anmeldung und Hauptversammlung müssen also nur 2 Tage liegen. Zu beachten ist, daß die Anmeldung eine empfangsbedürftige Erklärung ist, so daß ihre Rechtzeitigkeit nicht nach der Absendung, sondern nach dem Eingang zu bemessen ist. Die Satzung kann diese Frist zwar verkürzen, nicht aber verlängern. Sie kann deshalb auch nicht den Begriff „Tag" durch „Werktag" ersetzen, weil je nach der Gestaltung des Kalenders der 3. Werktag vor der Hauptversammlung bis zu 5 Tage Zwischenfrist bedeuten kann. Bei einer auf den 15. 5. 1972 einberufenen Hauptversammlung ist bei Zugrundelegung des Begriffs „Werktag" gemäß § 193 BGB der 3. Werktag vor der Hauptversammlung der 9. 5. (der 11. 5. ist Himmelfahrtstag und der 13. u. 14. 5. sind Wochenendtage), während der gesetzlich als Höchstgrenze vorgesehene 3. Tag vor dem 15. 5. der 12. 5. ist. Ist der 3. Tag vor der Hauptversammlung ein Wochenend- oder Feiertag, so kann zwar an diesem Tage angemeldet werden, z. B. durch Telex, Telegramm oder Eilbrief, das ändert aber nichts daran, daß für die Bemessung der Einberufungsfrist nicht dieser Wochenend- oder Feiertag einzusetzen ist, sondern der vorausgehende Werktag (Anm. 6).

Zu betonen ist, daß kraft Gesetzes die Teilnahme und Stimmrechtsausübung in der Hauptversammlung nicht von einer Anmeldung abhängt. Diese Abhängigkeit kann nur durch eine entsprechende Satzungsbestimmung geschaffen werden. Das bringt die Fassung des Abs. 2 ganz klar zum Ausdruck (vgl. Begr. z. Reg.E bei Kropff S. 172), womit sich die zu § 107 AktG 1937 bestehende Streitfrage einer gesetzlichen Anmeldepflicht erledigt hat (Anm. 8).

Anm. 15

4. Verhältnis der Voraussetzungen zueinander

Die satzungsmäßigen Möglichkeiten des Abs. 2 gehen dahin, daß sowohl die Teilnahme als auch die Ausübung des Stimmrechts von der Hinterlegung oder Anmeldung abhängig gemacht werden kann. Beschränkungen der Teilnahme schließen die entsprechenden Beschränkungen der Ausübung des Stimmrechts ein. Denn wenn der Aktionär die Voraussetzung für die Teilnahme nicht erfüllt, versteht es sich von selbst, daß aus den von der Teilnahme an der Hauptversammlung ausgeschlossenen Aktien auch keine Stimmrechte auf der Hauptversammlung ausgeübt werden können. Beschränkungen des Stimmrechts dagegen schließen entsprechende Beschränkungen des Teilnahmerechts nicht ein (RG 112, 109). Wird z. B. Hinterlegung oder Anmeldung nur für die Ausübung des Stimmrechts satzungsmäßig vorgeschrieben, so ist das Teilnahmerecht nicht beschränkt. Unabhängig davon, ob der Aktionär hinterlegt oder anmeldet, kann er deshalb an der Hauptversammlung teilnehmen und z. B. das Auskunftsrecht nach § 131 geltend machen.

Andererseits steht es der Satzung frei, die beiden Voraussetzungen Hinterlegung und Anmeldung kumulativ vorzusehen, und zwar sowohl für die Teilnahme und damit auch für die Ausübung des Stimmrechts oder nur für die Ausübung des Stimmrechts allein. Allerdings wird für eine derartige Kumulierung der Voraussetzungen kaum ein Bedürfnis bestehen. Die Hinterlegung ist die typische Voraussetzung für Inhaberaktien, die Anmeldung die für die Namensaktien. Kumuliert die Satzung die Voraussetzungen aber, so ist sie für die Aktionäre verbindlich; sie müssen, je nachdem ob die Teilnahme oder nur die Stimmrechtsausübung von beiden Voraussetzungen abhängig ist, beide erfüllen, um sowohl teilnehmen wie auch stimmen zu können. Es ist natürlich auch möglich, die Teilnahme z. B. von der Anmeldung, die Stimmrechtsausübung dagegen zusätzlich von der Hinterlegung abhängig zu machen oder umgekehrt.

III. Prüfung der Legitimation

Hinsichtlich der Frage der *Prüfung der Legitimation* ist zu unterscheiden zwischen der Entscheidung über die *Zulassung* zur Teilnahme und Abstimmung und der Entscheidung über die *Berechtigung* zur Teilnahme und Abstimmung.

Anm. 16

1. Entscheidung über die Zulassung

Die Entscheidung über die *Zulassung* ist Sache der Hauptversammlung selbst (RG 106, 258). Die Satzung kann sie einem anderen Organ übertragen, z. B. dem Vorsitzenden oder dem Aufsichtsrat. Jedoch braucht in diesem Fall die Entscheidung eine nur vorläufige zu sein; der die Zulassung verlangende oder ein ihr widersprechender Aktionär kann die Entscheidung der Hauptversammlung verlangen. Doch dürfte eine das endgültige Entscheidungsrecht der Hauptversammlung ausschließende Satzungsbestimmung zulässig sein (vgl. Dür.-Hach.-Lehmann HGB § 255 Anm. 67); denn es erscheint durchaus angebracht, daß die Entscheidung statt von der Mehrheit der Hauptversammlung, die selbst in der Sache Partei ist, von einer anderen Stelle getroffen wird.

Die Bedeutung der Zulassung liegt darin, daß der zur Teilnahme zugelassene Aktionär anwesend sein, das Wort ergreifen, Anträge stellen, Widerspruch erheben darf und daß seine Stimme, wenn er auch zur Abstimmung zugelassen ist, bei der auf der Hauptversammlung vorzunehmenden Feststellung des Abstimmungsergebnisses mitzuzählen ist. Es versteht sich von selbst, daß die Hauptversammlung sich bei ihrer Entscheidung von den Bestimmungen des Gesetzes und der Satzung leiten lassen muß. Sie muß aber als berechtigt angesehen werden, Aktionäre zur Teilnahme und Abstimmung trotz eines ihr bekannten Mangels der Legitimation zuzulassen, wenn keiner der Anwesenden widerspricht. Soweit keine Bestimmungen des Gesetzes oder der Satzung entgegenstehen, ist es ihre Sache zu beurteilen, ob ein Aktionär seine Legitimation nachgewiesen hat. Sie kann z. B. eine Hinterlegungsbescheinigung einer Bank für ausreichend erachten, wenn die Satzung nichts darüber vorschreibt, auf welche Weise sich die Aktionäre über ihren Aktienbesitz auszuweisen haben. Enthält freilich die Satzung solche Bestimmungen, so ist im Zweifel anzunehmen, daß der Nachweis nur in der durch die Satzung oder vom Gesetz bestimmten Weise erbracht werden darf (RG 106, 258).

Schwierigkeiten bereitet die Frage, *wer bei der Abstimmung über die Zulassung von Aktionären mitstimmen darf.* Grundsätzlich sind hier auch die Aktionäre, um deren Zulassung es sich handelt, stimmberechtigt (Dür.-Hach.-Lehmann HGB § 252 Anm. 10, § 255 Anm. 7; Godin-Wilhelmi Anm. 8; vgl. RG 106, 258). Ihre Stimmen sind also mitzuzählen. Das Recht zur Beteiligung an der Abstimmung über die Zulassung ist nur dann zu verneinen, wenn an dem Fehlen des Teilnahmerechts offenbar kein Zweifel bestehen kann, so etwa wenn der betreffende Aktionär entgegen einer Satzungsbestimmung nicht hinterlegt hat oder weder die Aktien vorlegt noch irgendein Schriftstück über seinen Aktienbesitz vorweist.

Anm. 17

2. Anfechtungsbefugnisse

Die aufgrund der erfolgten Nichtzulassung oder Zulassung zustande gekommenen Beschlüsse können mit der Begründung angefochten werden, daß dem Anfechtenden die Teilnahme zu Unrecht verweigert (§ 245 Ziff. 2) oder ein anderer zu Unrecht als Aktionär zugelassen oder als legitimiert angesehen worden ist. *Der Entscheidung der*

Hauptversammlung kommt nur vorläufige Bedeutung zu (Düringer-Hachenburg-Lehmann § 255 Anm. 9); sie schließt die *Entscheidung über die Berechtigung der Teilnahme und Abstimmung durch das Gericht* nicht aus (Baumbach-Hueck Rdn. 7; Godin-Wilhelmi Anm. 8 u. 9). Das ist ausdrücklich in § 245 Ziff. 2 bestimmt für den Fall der unberechtigten Nichtzulassung. Bei der Entscheidung hat das Gericht alle gesetzlichen und satzungsmäßigen Voraussetzungen des Teilnahmerechts nachzuprüfen (RG 106, 258). Dazu gehört, daß sich der Aktionär gemäß den Bestimmungen der Satzung über seinen Aktienbesitz ausgewiesen, insbesondere die Aktien in vorschriftsmäßiger Weise und rechtzeitig hinterlegt und sich rechtzeitig angemeldet hat. Fehlt es an Satzungsbestimmungen über den Nachweis der Aktionäreigenschaft, so kann bei Zulassung eines Aktionärs durch die Hauptversammlung die Anfechtung nicht darauf gestützt werden, daß die Hauptversammlung die Legitimation des zur Abstimmung zugelassenen Aktionärs unzureichend geprüft hat, sondern nur darauf, daß dem Aktionär die materielle Legitimation, d. h. der Besitz der Inhaberaktien oder die Eintragung im Aktienbuch, gefehlt hat. Ist ein Aktionär umgekehrt wegen unzureichender Legitimation nicht zugelassen worden, so kann er nur anfechten, wenn er sich auf der Hauptversammlung genügend legitimiert hatte, also mangels besonderer Bestimmungen seine Aktien vorgelegt oder ihren Besitz durch öffentliche Urkunde oder in anderer nach dem Handelsgebrauch oder nach den Gepflogenheiten der Gesellschaft üblichen Weise, z. B. Vorlage der Depotbescheinigung eines Kreditinstituts, nachgewiesen hatte (vgl. OLG Hamburg in HansGZ 1922, 2722). Bei der Abstimmung aufgrund einer Vollmacht ist die Vorlegung der schriftlichen Vollmacht gemäß § 134 Abs. 3 gesetzliches Erfordernis der Legitimation. Die Anfechtung kann also darauf gestützt werden, daß die Hauptversammlung einen Bevollmächtigten zur Abstimmung zugelassen hat, obwohl er seine Vollmacht nicht vorgelegt hat (a. A. RG 106, 258; s. § 134 Anm. 29).

Der Mehrheitsbeschluß der Hauptversammlung, durch den trotz des Mangels eines der Erfordernisse der Legitimation ein Aktionär zugelassen wird, *hindert* also *nicht die Anfechtung des Beschlusses*. Es wäre allenfalls zu erwägen, ob der Verzicht der Hauptversammlung auf gewisse formelle Erfordernisse, die im Interesse der Nachprüfung der Legitimation durch die Gesellschaft geschaffen sind, für das Gericht verbindlich sein sollte, also z. B. eine Zulassung trotz verspäteter, wenn auch im übrigen ordnungsmäßiger Hinterlegung oder Anmeldung. Doch ist auch dies zu verneinen, da sonst die *Mehrheit* zu einer verschiedenen Behandlung verschiedener Aktionäre in der Lage wäre (Dür.-Hach.-Lehmann HGB § 255 Anm. 14).

Hat eine AG durch fortgesetzte oder auch einmalige, aber sonst vielfach übliche widerspruchslose Zulassung trotz Nichtbeachtung gewisser Erfordernisse die Annahme erweckt, daß es der Wahrung dieser Erfordernisse nicht bedürfe, so kann es gegen die guten Sitten verstoßen, wenn die Hauptversammlung die Aktionäre nicht zuläßt, weil sie jene Erfordernisse nicht innegehalten haben, und ihnen auch nicht durch Vertagung die Möglichkeit gibt, die Erfordernisse noch zu erfüllen (RG 112, 109; vgl. dazu Dür.-Hach.-Lehmann HGB § 255 Anm. 15).

Praktisch wird eine unberechtigte Zulassung eines Aktionärs ohne Stimmrecht in der Regel auf die Beschlußfassung keinen Einfluß haben (Schlegelberger-Quassowski § 107 Anm. 7; Baumbach-Hueck Rdn. 7).

§ 124 Bekanntmachung der Tagesordnung

(1) Die Tagesordnung der Hauptversammlung ist bei der Einberufung in den Gesellschaftsblättern bekanntzumachen. Hat die Minderheit nach der Einberufung der Hauptversammlung die Bekanntmachung von Gegenständen zur Beschlußfassung der Hauptversammlung verlangt, so genügt es, wenn diese Gegenstände binnen zehn Tagen nach der Einberufung der Hauptversammlung bekanntgemacht werden.

(2) Steht die Wahl von Aufsichtsratsmitgliedern auf der Tagesordnung, so ist in der Bekanntmachung anzugeben, nach welchen gesetzlichen Vorschriften sich der Aufsichtsrat zusammensetzt, und ob die Hauptversammlung an Wahlvorschläge gebunden ist. Soll die Hauptversammlung über eine Satzungsänderung oder über einen Vertrag beschließen, der nur mit Zustimmung der Hauptversammlung wirksam wird, so ist auch der Wortlaut der vorgeschlagenen Satzungsänderung oder der wesentliche Inhalt des Vertrags bekanntzumachen.

(3) Zu jedem Gegenstand der Tagesordnung, über den die Hauptversammlung beschließen soll, haben der Vorstand und der Aufsichtsrat, zur Wahl von Aufsichtsratsmitgliedern und Prüfern nur der Aufsichtsrat, in der Bekanntmachung der Tagesordnung Vorschläge zur Beschlußfassung zu machen. Dies gilt nicht, wenn die Hauptversammlung bei der Wahl von Aufsichtsratsmitgliedern nach § 6 des Mitbestimmungsgesetzes an Wahlvorschläge gebunden ist, oder wenn der Gegenstand der Beschlußfassung auf Verlangen einer Minderheit auf die Tagesordnung gesetzt worden ist. Der Vorschlag zur Wahl von Aufsichtsratsmitgliedern oder Prüfern hat deren Namen, Beruf und Wohnort anzugeben.

(4) Über Gegenstände der Tagesordnung, die nicht ordnungsgemäß bekanntgemacht sind, dürfen keine Beschlüsse gefaßt werden. Zur Beschlußfassung über den in der Versammlung gestellten Antrag auf Einberufung einer Hauptversammlung, zu Anträgen, die zu Gegenständen der Tagesordnung gestellt werden, und zu Verhandlungen ohne Beschlußfassung bedarf es keiner Bekanntmachung.

Übersicht

Literatur

Einmahl: Alternativvorschläge des Aufsichtsrats bei Wahl seiner Mitglieder, DB 1968, 1936
Erle: Die Vorschläge zur Wahl des Aufsichtsrates nach dem Mitbestimmungsgesetz und nach dem Aktiengesetz, AktG 70, 31
Laabs: Darf der Aufsichtsrat zur Wahl von Aufsichtsratsmitgliedern Alternativvorschläge machen? DB 68, 1014

Anm. 1

Einleitung

Art. 189 ADHGB verlangte in Abs. 2, daß der Zweck der Generalversammlung bei ihrer Einberufung bekanntgemacht werde, und daß über nicht angekündigte Gegenstände (außer dem Antrag auf Berufung einer außerordentlichen Generalversammlung) keine Beschlüsse gefaßt werden dürften. Von der Ankündigungspflicht waren freigestellt die Stellung von Anträgen im Rahmen angekündigter Gegenstände und die Verhandlungen ohne Beschlußfassung. Diese Regelung war dann in § 256 HGB übernommen worden. Dieser bestimmte ferner für die Bekanntmachung der Tagesordnung eine Frist von einer Woche und bei Beschlüssen, die qualifizierte Mehrheit erforderten, eine Frist von zwei Wochen. Außerdem verpflichtete § 256 die Gesellschaft, jedem Aktionär auf Verlangen eine Abschrift der Anträge zu erteilen. § 108 AktG 1937 hatte nichts Entscheidendes geändert. Dagegen bringt § 124 AktG 1965 gegenüber dem früheren Rechtszustand wesentliche Verbesserungen. Ihr Ziel ist es, den Aktionären eine bessere Vorbereitung der Hauptversammlung zu ermöglichen, wozu mehr Zeit und bessere Information gehört. Deshalb bestimmt Abs. 1, daß die Tagesordnung bei der Einberufung, also grundsätzlich mit 1-Monatsfrist bekanntzumachen ist. Nur Gegenstände, deren Aufnahme eine Minderheit gemäß § 122 Abs. 2 in die Tagesordnung durchgesetzt hat, können noch binnen 10 Tagen nach der Einberufung bekanntgemacht werden. Abs. 2 und 3 verschaffen den Aktionären mehr Information: bei der Aufsichtsratswahl durch die Angabe, nach welchen gesetzlichen Vorschriften der Aufsichtsrat sich zusammensetzt und ob die Hauptversammlung an besondere Vorschläge gebunden ist, bei Satzungsänderungen durch Mitteilung des vollen Wortlauts, bei Genehmigung eines Vertrages durch Wiedergabe seines wesentlichen Inhalts und bei jedem Punkt der Tagesordnung durch Bekanntgabe der Vorschläge der Verwaltung zur Beschlußfassung. Diese Vorschläge müssen bei Wahlen von Aufsichtsratsmitgliedern und Prüfern Name, Beruf und Wohnort angeben. Abs. 4 übernimmt dann Regelungen des bisherigen Rechts im wesentlichen unverändert.

Die Vorschriften der §§ 125 bis 128 ergänzen die Neuregelung des § 124 Abs. 1—3 in wesentlichen Punkten.

I. Inhalt der Tagesordnung

Anm. 2

1. Angabe der in der Hauptversammlung zu behandelnden Punkte

Während § 108 Abs. 1 AktG 1937 die Bekanntgabe des „Zwecks der Hauptversammlung“ verlangte, formuliert Abs. 1 S. 1 genauer, daß die Tagesordnung bekanntzumachen sei. Als Tagesordnung bezeichnet man die Angabe und Reihenfolge der Gegenstände, die auf der Hauptversammlung behandelt werden sollen. Als Behandlung auf der Hauptversammlung ist nicht nur die Beschlußfassung, sondern auch die Vorlage von Unterlagen im Sinne des § 176 Abs. 1 S. 1, die Anzeige eines Ereignisses im Sinne des § 92 Abs. 1 und auch die bloße Verhandlung ohne Beschlußfassung zu verstehen. Die Tagesordnung enthält üblicherweise nur Stichworte, da jedenfalls grundsätzlich (anders z. B. Abs. 2 S. 2) Anträge weder dem Wortlaut noch dem Inhalt nach bekanntgemacht werden müssen. Die Angabe des Gegenstandes in der Tagesordnung muß *so klar und genau* sein, *daß die Aktionäre erkennen können, worüber verhandelt und Beschluß gefaßt werden soll*, so daß sie imstande sind, sich darauf vorzubereiten (RG 86, 22; 89, 378; RG in JW 1908, 674[2]; Godin-Wilhelmi Anm. 2). Eine bloße Verweisung auf die Satzung ist unzulässig. Eine Einladung „zur ordentlichen Hauptversammlung“ ohne Aufzählung der Verhandlungsgegenstände genügt nicht, selbst wenn die Satzung die Tagesordnung der ordentlichen Hauptversammlung festlegt (§ 126 Anm. 3) und bestimmen würde, daß die Einladung zu ihr die in der Satzung vorgesehenen Gegenstände auch ohne deren ausdrückliche Angabe umfaßt. Eine derartige Satzungsvorschrift wäre nichtig.

Maßnahmen, die im Zusammenhang mit anderen vorgenommen werden sollen, müssen neben diesen angekündigt werden, wenn nicht schon bei deren Ankündigung nach der Verkehrsauffassung ohne weiteres mit der Beschlußfassung über jene gerechnet wird. So hat dem RG in LZ 1916, 327[21] die Ankündigung „Neuwahl des Vorstandes und des Aufsichtsrates“ nicht für einen Beschluß genügt, durch den der bisherige Vorstand und

Aufsichtsrat abgesetzt wird. Dagegen bedürfen nicht der besonderen Ankündigung Beschlußfassungen, die sich als *Maßnahmen in Verfolg eines angekündigten Gegenstandes* darstellen, also nur Anträge von Gegenständen der Tagesordnung im Sinne des Abs. 4 S. 2 sind, z. B. Bestellung von Sonderprüfern gemäß § 142 bei „Vorlegung des Geschäftsberichts" oder „Entlastung", sofern die Sonderprüfung Vorgänge des Jahres betreffen, über das berichtet oder für das Entlastung erteilt werden soll, oder Einstellung des Bilanzgewinns in offene Rücklagen bei „Dividendenausschüttung".

Die Rechtsprechung zeigte im allgemeinen die Neigung, keine zu scharfen Anforderungen an die Angabe in der Tagesordnung zu stellen (vgl. als Beispiele RG 17, 171; 65, 241; 67, 105; 107, 76) und waren die Fälle, in denen sie die Ankündigung nicht als ausreichend erklärt hat — außer bei der Ankündigung von Satzungsänderungen (RG 68, 232; 87, 155; 110, 194) —, höchst selten. Durch die Vorschrift des Abs. 3, der die Verwaltung verpflichtet, konkrete Beschlußvorschläge zu machen und damit die kurze Angabe des Tagesordnungspunktes im Ergebnis zu erläutern, ist diese Rechtsprechung aber überholt.

Die Ankündigung „Verschiedenes" ist natürlich für Beschlußfassungen völlig unzureichend (KG in RJA 19, 289; Godin-Wilhelmi Anm. 2; Obermüller-Werner-Winden S. 49). Sie läßt aber Erörterungen oder Mitteilungen ohne Beschlußfassungen zu und gibt damit den Aktionären die Möglichkeit, im Rahmen der Tagesordnung beliebige Ausführungen zu den verschiedensten Angelegenheiten zu machen und Fragen zu stellen (vgl. Anm. 13).

2. Zusätzliche Informationspflicht für den Einberufer

§ 124 begnügt sich nicht mit der Pflicht zur Bekanntgabe einer Tagesordnung, sondern legt in Abs. 2 S. 1 dem Einberufer der Hauptversammlung zusätzliche Informationspflichten auf.

Anm. 3

a) bei Aufsichtsratswahlen

Steht die Wahl von Aufsichtsratsmitgliedern auf der Tagesordnung, so muß angegeben werden, nach welchen gesetzlichen Bestimmungen sich der Aufsichtsrat zusammensetzt und ob die Hauptversammlung an Wahlvorschläge gebunden ist. Damit ist die Geltung der verschiedenen Mitbestimmungsgesetze im Sinne des § 96 gemeint. Es muß also angegeben werden, ob sich der Aufsichtsrat rein nach Aktienrecht, d. h. nur aus Vertretern der Aktionäre, zusammensetzt — das ist der Fall bei einer AG mit weniger als 5 ständigen Arbeitnehmern (§ 96 Anm. 4), bei kleineren Familiengesellschaften und bei Tendenzbetrieben (§ 96 Anm. 7) —, oder ob eine $^1/_3$-Beteiligung der Arbeitnehmerseite nach dem BetrVerfG 1952 besteht (§ 96 Anm. 2 und 3), oder ob die paritätische Mitbestimmung nach dem Mitbestimmungsgesetz oder dem Mitbestimmungsergänzungsgesetz eingreift (§ 96 Anm. 5 und 6). Dieser Informationspflicht wird durch Angabe der gesetzlichen Grundlage genügt. Es ist nicht erforderlich, daß auch der Inhalt der gesetzlichen Regelung oder die Zahl der Aufsichtsratsmitglieder angegeben wird. Das muß der Aktionär aus den ihm angegebenen gesetzlichen Bestimmungen ggf. in Verbindung mit der Satzung selbst feststellen. Bestehen Zweifel über die Zusammensetzung des Aufsichtsrats, so wird man für § 124 Abs. 2 annehmen müssen, daß nach dem Kontinuitätsprinzip des § 96 Abs. 2 (§ 96 Anm. 8) die für die bisherige Zusammensetzung maßgeblichen gesetzlichen Bestimmungen so lange aufzuführen sind, bis gemäß §§ 97, 98 eine andere Zusammensetzung feststeht oder festgestellt ist.

Bei der Angabe der Bindung an Wahlvorschläge ist die Definition des § 101 Abs. 1 S. 2 maßgebend, so daß nicht nur die Bindung des § 6 Abs. 5 MitbestG, sondern auch die in § 8 geregelte Bindung wegen der Wahl des weiteren Mitglieds im Sinne des § 4 Abs. 1 lit. c gemeint ist. Auch wenn nur die Aufsichtsratswahl dieses weiteren Mitglieds auf der Tagesordnung steht, ist mithin in der Bekanntmachung anzugeben, daß die Hauptversammlung an Wahlvorschläge gebunden ist.

In der Praxis wird übrigens die Pflicht zur Bekanntgabe einer Bindung an Wahlvorschläge meist mißverstanden. Man glaubt, es käme darauf an, den Aktionären zu sagen, daß sie an die gemäß Abs. 3 vom Aufsichtsrat gemachten Vorschläge für die Aufsichtsratswahl nicht gebunden wären, und formuliert die Bekanntgabe meist dahin, die Hauptversammlung sei „an die Wahlvorschläge" nicht gebunden, während bei Nichteingreifen des § 6 MitbestG dahin zu formulieren ist, die Hauptversammlung sei „an Wahlvorschläge nicht gebunden". Die Mitteilung über eine Bindung ist übrigens sowohl dann zu machen, wenn sie besteht, wie auch dann, wenn sie nicht besteht.

Die Pflicht zur Angabe der gesetzlichen Bestimmungen über die Zusammensetzung des Aufsichtsrats und der Bindung an Wahlvorschläge trifft denjenigen, der die Hauptversammlung einberuft, also keineswegs nur Vorstand oder Aufsichtsrat, sondern z. B. auch die Minderheit, wenn sie gemäß § 122 Abs. 3 einberuft (§ 121 Anm. 7 and 10; § 122 Anm. 17).

Anm. 4

b) bei Satzungsänderungen

§ 145 Abs. 2 AktG 1937 hatte bestimmt, daß ein Satzungsänderungsbeschluß nur gefaßt werden könne, wenn die beabsichtigte Satzungsänderung „nach ihrem wesentlichen Inhalt ausdrücklich" angekündigt worden sei. Die Begr. z. Reg.E (Kropff S. 174) meint, die gegenwärtige Praxis zeige, daß das zur Vorbereitung der Hauptversammlung nicht ausreiche, und verlangt die Bekanntgabe des Wortlauts der vorgeschlagenen Satzungsänderung. Der Einberufer der Hauptversammlung — auch hier betrifft die Bekanntgabepflicht den Einberufer (vgl. Anm. 3 a. E.) — muß sich also Gedanken über die von ihm vorgeschlagene Satzungsänderung machen und sie so in die Bekanntgabe der Tagesordnung aufnehmen, wie sie Gegenstand des Beschlusses sein soll. Er muß also die formulierte Neufassung der von der Änderung betroffenen Satzungsbestimmung in die Bekanntgabe aufnehmen. Das bedeutet bei einer Neufassung der Satzung, daß die ganze neue Satzung veröffentlicht werden muß. Wenn einzelne Satzungsbestimmungen geändert oder neu gefaßt werden sollen, müssen sie nach § und Abs. bezeichnet und die betroffenen Passagen in ihrem neuen Wortlaut angegeben werden. Diese Bekanntgabepflicht dient aber nur der Unterrichtung der Aktionäre, die aus dem Wortlaut der Satzungsänderung genau sollen entnehmen können, worum es sich handelt. Dagegen bedeutet sie nicht eine Bindung der Hauptversammlung an den bekanntgegebenen Wortlaut derart, daß nur dieser Wortlaut und kein anderer beschlossen werden könnte, der Hauptversammlung also nur die Wahl zwischen Annahme und Ablehnung offen stünde. In der Hauptversammlung kann jeder Teilnehmer, auch der Einberufer selbst, eine andere Formulierung und auch einen anderen Inhalt der angeregten Satzungsänderung vorschlagen; nur muß die inhaltliche Änderung den gleichen Gegenstand betreffen. Wenn z. B. eine Satzungsänderung bekanntgemacht wird, wonach der Aufsichtsrat künftig statt aus 6 aus 9 Mitgliedern bestehen soll, kann die Hauptversammlung durchaus die Erhöhung der Zahl der Aufsichtsratsmitglieder auf 12 beschließen, nicht aber auch z. B. unter Ablehnung einer Veränderung der Zahl die Erhöhung oder Ermäßigung der Aufsichtsratsvergütung (Godin-Wilhelmi Anm. 5).

Anm. 5

c) bei Zustimmung zu Verträgen

Wenn die Hauptversammlung über Verträge zu beschließen hat, die nur mit ihrer Zustimmung wirksam werden, ist der beabsichtigte Inhalt des Vertrages bekanntzugeben. Eine derartige Zustimmungsbedürftigkeit kennt das Gesetz bei den Unternehmensverträgen der §§ 291/92 (vgl. § 293 Abs. 1 S. 1), bei Verschmelzungsverträgen (§ 340 Abs. 1) und bei Vermögensübertragungsverträgen (§ 359 Abs. 2, 360 Abs. 2, 361 Abs. 1). Es steht dem Vorstand aber frei, im Bereich seiner Zuständigkeit einen Vertrag mit der Maßgabe zu beschließen, daß er nur mit Zustimmung der Hauptversammlung wirksam wird. Dann unterfällt auch ein derartiger Vertrag dem § 124

Abs. 2 S. 2. In allen derartigen Fällen ist der wesentliche Inhalt des Vertrages in die Bekanntgabe der Tagesordnung aufzunehmen. Was als wesentlicher Inhalt anzusehen ist, mag im einzelnen Fall durchaus zweifelhaft sein. Die Rechtsprechung zu dem früheren § 145 Abs. 2 gibt hier Anhaltspunkte (Voraufl. § 145 Anm. 13). Der Inhalt des Vertrages muß so deutlich und vollständig angegeben werden, daß jeder Aktionär daraus mit Bestimmtheit entnehmen kann, um was es sich bei dem Vertrag handelt, was das Wesen seiner Regelung ausmacht und wie Leistung und Gegenleistung geregelt sind. Bei einem Unternehmensvertrag muß z. B. mindestens angegeben werden, welchem der Typen der §§ 291/92 er angehört, welche Hauptleistungen er für die beiden beteiligten Gesellschaften vorsieht, wie die Sicherung der außenstehenden Aktionäre erfolgen soll und welche Dauer- und Kündigungsbestimmungen vorgesehen sind. Die Bekanntgabe eines Verschmelzungsvertrages muß mindestens den Stichtag der Verschmelzung, das Umtauschverhältnis, etwaige Kündigungsbestimmungen und die Herkunft der zur Durchführung der Verschmelzung benötigten Aktien enthalten. Allgemein empfiehlt sich, eher zu viel als zu wenig bekanntzugeben. Allerdings wird die Bekanntgabepflicht für den wesentlichen Inhalt des Vertrages bei gesetzlicher Zustimmungsbedürftigkeit dadurch zugunsten der Aktionäre verbessert, daß außerdem der Vertrag von der Einberufung ab in den Geschäftsräumen der Gesellschaft auszulegen und jedem Aktionär auf Verlangen eine Abschrift zu erteilen ist (§ 293 Abs. 3, §§ 340 Abs. 3, 359 Abs. 2, 360 Abs. 2, 361 Abs. 2).

Die Verpflichtung zur Angabe des wesentlichen Vertragsinhalts trifft nach dem Wortlaut des Abs. 2 wieder den Einberufer; da die Zustimmung zu einem vom Vorstand abgeschlossenen Vertrag aber schwerlich von einem anderen Einberufer als dem Vorstand oder dem Aufsichtsrat auf die Tagesordnung gesetzt werden kann, andere Einberufer über den wesentlichen Inhalt des Vertrages auch kaum unterrichtet sein werden, richtet sich die Bekanntgabepflicht ähnlich der des Abs. 3 praktisch nur an die Verwaltung.

Anm. 6

3. Vorschlagspflicht für die Verwaltung

Abs. 3 verpflichtet die Verwaltung außerdem, Vorschläge zur Beschlußfassung zu machen.

a) Bedeutung der Vorschläge

Zu jedem Gegenstand der Tagesordnung, d. h. also zu jedem Tagesordnungspunkt, über den die Hauptversammlung beschließen soll, hat die Verwaltung Vorschläge für die Beschlußfassung zu machen. Sinn dieser Regelung ist, den Aktionären eine weitere Information darüber zu geben, was mit dem einzelnen Tagesordnungspunkt wirklich beabsichtigt ist. Die stichwortartige Angabe in der Tagesordnung (Anm. 2) läßt das nicht immer so deutlich erkennen, daß die Aktionäre sich darauf bei der Vorbereitung der Hauptversammlung einstellen und ihrer Depotbank zweckmäßige Weisungen für die Ausübung des Stimmrechts geben können. Dagegen bedeutet die Beifügung der Verwaltungsvorschläge nicht eine Bindung der Hauptversammlung derart, daß sie die Vorschläge nur annehmen oder ablehnen könnte. Die Vorschläge können aufgrund der Diskussion in der Hauptversammlung geändert und umgestaltet werden und dann in der neuen Fassung gutgeheißen oder abgelehnt werden. Auch die Verwaltung ist zur Änderung ihrer Vorschläge befugt, wenn sie aufgrund neuer Überlegungen oder Einsichten seit der Bekanntgabe zu neuen Ergebnissen gekommen ist. Dagegen dürfte es der Verpflichtung der Verwaltung zur Bekanntgabe von Vorschlägen nicht genügen, wenn sie die Vorschläge nicht ernstlich meint und sie nur macht, um dem Buchstaben des Gesetzes zu genügen. Ein derartiger Tatbestand wird allerdings kaum nachweisbar sein, so daß er für die Praxis unbeachtlich ist.

Beschlußvorschläge sind natürlich nur zu den Punkten zu machen, zu denen Beschlüsse zu fassen sind, dagegen nicht zu reinen Vorlagen (§ 176 Abs. 1 S. 1) oder zu Anzeigen (§ 92 Abs. 1).

Anm. 7

b) Inhalt der Vorschläge

Die Vorschläge des Abs. 3 brauchen — unbeschadet des Abs. 2 S. 2 für Anträge auf Satzungsänderungen — keine formulierten Anträge zu enthalten, sondern sollen nur umschreiben, was die Verwaltung mit dem von ihr auf die Tagesordnung gesetzten Beschlußgegenstand erreichen will. Wenn z. B. der Vorstand gemäß § 119 Abs. 2 die Zustimmung der Hauptversammlung zu einer Geschäftsführungsmaßnahme beantragen will, so mag es für die Angabe der Tagesordnung ausreichen, wenn er z. B. formuliert „Zustimmung zu einem Beteiligungsverkauf". In dem Vorschlag muß dann aber gesagt werden, um welche Beteiligung es sich handelt und um welchen Preis sie verkauft werden soll. Denn der aufgrund des Tagesordnungspunktes zu fassende Beschluß der Hauptversammlung muß diese Angabe enthalten, weil ja nur zu einer konkreten Geschäftsführungsmaßnahme die Zustimmung erteilt oder versagt werden kann und zur Konkretisierung mindestens die Angabe von Leistung und Gegenleistung des beabsichtigten Vertrages gehört. Aus derartigen Erwägungen bestimmt auch Abs. 3 S. 3 ausdrücklich, daß bei der Wahl von Personen als Aufsichtsratsmitglieder oder Prüfer die zu wählende Person konkret angegeben werden muß, wozu die Bezeichnung nach Name, Beruf und Wohnort gehört. Der in den gesetzgebenden Körperschaften gemachte Vorschlag des Wirtschaftsausschusses, zur Kennzeichnung der Kandidaten die Unternehmen aufzuführen, in denen sie Inhaber, gesetzliche Vertreter oder Aufsichtsratsmitglieder sind, ist im weiteren Verlauf der legislativen Arbeiten abgelehnt worden, weil die Angaben im Einzelfall dann sehr umfangreich sein müßten, ohne dem Aktionär, der sich über die Person des Kandidaten wirklich unterrichten will, etwas wesentlich Neues zu sagen (Kropff S. 175).

Bei Aufsichtsratswahlen sind Vorschläge nur insoweit zu machen, als die Aufsichtsratsmitglieder von der Hauptversammlung zu wählen sind, und auch dann nur insoweit, als keine Bindung an Wahlvorschläge gemäß § 6 MitbestG besteht (unten Anm. 9). Auch für die Wahl des neutralen Mitgliedes gemäß § 4 Abs. 1 lit c. MitbestG braucht der Wahlvorschlag nicht nach Abs. 3 bekanntgemacht zu werden, obwohl § 8 MitbestG in § 124 Abs. 3 nicht genannt ist. Denn § 8 ist gegenüber dem § 124 Abs. 3 vorrangiges Spezialgesetz (§ 3 MitbestG), das einen Vorschlag nur durch bestimmte Aufsichtsratsmitglieder, die schwerlich als Aufsichtsratsausschuß qualifiziert werden können, vorsieht und außerdem nur durch Mitglieder des neuen, nicht aber des alten Aufsichtsrats, der seinerseits gemäß § 123 Abs. 3 verpflichtet wäre (a. M. Erbe AktG 70, 31 ff.). Wenn demnach in § 8 MitbestG das Vorschlagsrecht für das neutrale Mitglied abweichend von § 123 Abs. 3 bestimmten Mitgliedern des neu gewählten Aufsichtsrats überlassen wird, ist damit ein Vorschlagsrecht des bisherigen Aufsichtsrats für das neutrale Mitglied ausgeschlossen, womit dann auch die Bekanntgabepflicht des Abs. 3 entfällt.

Anm. 8

c) Pflicht der Verwaltung

Die Pflicht, Vorschläge zur Tagesordnung zu machen, trifft grundsätzlich Vorstand und Aufsichtsrat. Die Entscheidung darüber, welcher Vorschlag gemacht werden soll, ist beim Vorstand eine Geschäftsführungsmaßnahme und unterliegt dem § 77, wobei die Entscheidungserleichterung des § 121 Abs. 2 S. 1 (einfache Mehrheit) nicht gilt. Der Aufsichtsrat hat durch Beschluß zu entscheiden, wobei die Ausnahmevorschrift des § 111 Abs. 2 S. 2 ebenfalls keine Geltung hat, die Überlassung an einen Ausschuß aber zulässig ist (vgl. § 107 Abs. 3). Die Vorschrift des § 124 Abs. 3 S. 1 erfordert in der Praxis zur Vorbereitung jeder Hauptversammlung eine Aufsichtsratssitzung, bei der dann der Vorstand ebenfalls anwesend ist und in Abstimmung beider Gremien der der Tagesordnung beizufügende Vorschlag erarbeitet wird. Einigen sich Vorstand und Aufsichtsrat nicht, so gibt das keine Möglichkeit, von der Beifügung eines Vorschlages abzusehen. Man wird in diesem Falle vielmehr dahin entscheiden müssen, daß dann eben Vorstand und Aufsichtsrat je einen eigenen Vorschlag nebeneinander unter Angabe, von wem jeder stammt, bekanntzugeben haben (Baumbach-Hueck Rdn. 7).

Kommt es entweder beim Vorstand oder beim Aufsichtsrat nicht zu einem wirksamen Beschluß über den zu machenden Vorschlag, so wird allerdings nichts anderes übrig bleiben, als von der Bekanntgabe eines Vorschlags des Gremiums, das zu keiner Entscheidung gekommen ist, ganz abzusehen und den Vorschlag des anderen Gremiums genügen zu lassen.

Bei der Wahl von Aufsichtsratsmitgliedern und Prüfern ist lediglich der Aufsichtsrat berechtigt und verpflichtet, Vorschläge zur Wahl zu machen. Das beruht auf der gesetzgeberischen Erwägung, daß die zu wählenden Aufsichtsratsmitglieder und Prüfer in erster Linie die Tätigkeit des Vorstandes zu überwachen und zu prüfen haben, und daß deshalb der Vorstand die Wahl nicht beeinflußen soll. Diese Begründung wird zwar der Rechtswirklichkeit nicht gerecht, nach der bei Publikumsgesellschaften der Einfluß des Vorstandes auf den Vorschlag zur Wahl neuer Aufsichtsratsmitglieder mindestens so groß ist wie der des Aufsichtsrats. Der mit der Tagesordnung zu publizierende Vorschlag ist trotzdem allein der des Aufsichtsrats, der über ihn durch Beschluß zu entscheiden hat, und der, wenn er nicht zu einem Beschluß kommt, dann eben bekanntgeben muß, daß er mangels einer Verständigung über einen Beschluß keinen Vorschlag machen könne. Dieser Fall wird allerdings sehr selten sein, weil die Satzungen der Aktiengesellschaften im Falle einer Stimmengleichheit Stichentscheid des Vorsitzenden vorzusehen pflegen.

Der Vorstand, der eine Hauptversammlung einberufen möchte oder muß, hat an den Aufsichtsrat heranzutreten, ihm seine Tagesordnung bekanntzugeben und um möglichst umgehende Einberufung einer Aufsichtsratssitzung, mindestens um Herbeiführung einer Beschlußfassung im Wege des Umlaufs, zu bitten, um die Vorschläge zu verabschieden und dem Vorstand zur Bekanntgabe mitzuteilen. Das gleiche gilt für den Aufsichtsrat, wenn er seinerseits eine Hauptversammlung einberufen will, gegenüber dem Vorstand. Die Organe sind gegenseitig zur möglichst schnellen Beschlußfassung über die Vorschläge verpflichtet.

Fraglich ist, insbesondere bei Wahlvorschlägen, ob die Verwaltung befugt ist, einen Alternativvorschlag zu machen (bejahend Einmahl in DB 68, 1936; verneinend Laabs DB 68, 1014; Obermüller-Werner-Winden S. 253). Der Gesetzgeber hat an diese Frage offensichtlich nicht gedacht, wie daraus hervorgeht, daß dann die Mitteilungspflicht aus §§ 125ff. nicht auf den Gegenantrag eines Aktionärs hätte beschränkt, sondern auch auf die Aktionärsentscheidung für einen der Alternativvorschläge hätte erstreckt werden müssen. Auch paßte dann nicht ganz die Regelung des § 128 Abs. 2 S. 1, weil das Kreditinstitut im Rahmen seiner eigenen Vorschläge sich für eine der Alternativen der Verwaltung entscheiden müßte und damit eine Verantwortung übernähme, die Abs. 3 der Verwaltung überträgt. Hinzu kommt, daß, wenn man eine Alternative im Vorschlag zuläßt, dann auch deren 5, 6 oder noch mehr zugelassen werden müßten, womit der ganze Sinn der Vorschlagspflicht der Verwaltung entfiele. Man wird deshalb Alternativvorschläge nicht zulassen können.

Anm. 9

d) Ausnahmen

Die Pflicht, Vorschläge zur Beschlußfassung zu machen, entfällt einmal, wenn der Hauptversammlung eine Wahlmöglichkeit überhaupt nicht zusteht, der Beschlußinhalt ihr vielmehr vorgeschrieben ist. Das ist der Fall, wenn die Hauptversammlung bei der Aufsichtsratswahl an die Wahlvorschläge gemäß § 6 Abs. 5 MitbestG gebunden ist. Weil hier keine Entscheidungsfreiheit besteht, wären Vorschläge des Aufsichtsrats sinnlos. Zum anderen entfällt die Pflicht zur Bekanntgabe von Vorschlägen, wenn der Gegenstand der Beschlußfassung auf Verlangen einer Minderheit auf die Tagesordnung gesetzt worden ist. Das ist nicht nur beim Tatbestand des § 122 Abs. 2, auf den die Formulierung des § 124 Abs. 3 S. 2 allein abstellt, der Fall, sondern auch dann, wenn die Minderheit aufgrund des § 122 Abs. 3 die Hauptversammlung selbst aufgrund gerichtlicher Ermächtigung einberuft. Da die Pflicht zur Bekanntgabe von Vorschlägen gemäß Abs. 3 nicht die Einberufer, sondern die Verwaltung trifft, diese aber für die von der Minderheit veranlaßte Hauptversammlung und damit auch für ihre einzelnen Tagesordnungspunkte weder initiativ noch verantwortlich ist, muß hier, wie im Falle des § 122 Abs. 2, die Pflicht zur Beifügung von Vorschlägen entfallen, während die Befugnis dazu bestehen bleibt. Dem Sinn des Abs. 3 entspricht es aber, den Einberufer an der Stelle der Verwaltung für verpflichtet zu halten, seinerseits — auch über den nach Abs. 2 S. 2 erforderlichen Vorschlag zur Satzungsänderung hinaus — Vorschläge für den einzelnen Tagesordnungspunkt zu machen. Denn auch bei Einberufung der Hauptversammlung durch die Minderheit besteht das der Regelung des Abs. 3 zugrundeliegende Informationsbedürfnis der Aktionäre. Auch für die Punkte, die auf Verlangen der Minderheit auf die Tagesordnung einer von der Verwaltung einberufenen Hauptversammlung gesetzt werden, sollte man der Minderheit im Interesse der Information der Aktionäre eine Vorschlagspflicht auferlegen. Die Minderheit wird aber in beiden Fällen zu beachten haben, daß die Vorschläge nicht in ein Plädoyer für die von ihr erstrebten Beschlüsse ausarten dürfen, sondern sich auf die in Form eines Vorschlags zu kleidende nähere Umschreibnug des Beschlußgegenstandes zu beschränken haben.

II. Bekanntgabe der Tagesordnung

Anm. 10

1. Frist

Während § 108 Abs. 1 AktG 1937 die Angabe des Zwecks der Hauptversammlung bei der Einberufung nur als Sollvorschrift vorsah — sie entsprach allerdings schon zwecks Vermeidung einer doppelten Bekanntgabe in den Gesellschaftsblättern durchaus der Regel —, ist heute die Bekanntgabe der Tagesordnung bei der Einberufung zwingend vorgeschrieben. Sie ist heute damit Bestandteil der Einberufung und unterliegt als solche der Vorschrift des § 123. Die Tagesordnung muß also mindestens einen Monat vor dem Tage der Hauptversammlung bekanntgegeben werden, wobei sich eine Verlängerung ergibt, wenn die Satzung eine Hinterlegung oder Anmeldung der Aktien vorsieht. Im einzelnen ist auf die Erl. zu § 123, insbesondere Anm. 2 bis 7, zu verweisen. Eine nach der Einberufung der Hauptversammlung liegende Bekanntgabe der Tagesordnung ist nur dann und insoweit zulässig, als die Minderheit nach der Einberufung die Bekanntmachung von Gegenständen gemäß § 122 Abs. 2 verlangt. Das Verlangen der Minderheit muß also gestellt sein, nachdem die Einberufung erfolgt ist. Damit kann nach dem Zweck der Bestimmung nur gemeint sein, daß die Ergänzung oder Abänderung der Einberufung der Einwirkungsmöglichkeit des Einberufers entzogen ist. Wenn also der Antrag auf Ergänzung der Tagesordnung am Vorabend der Veröffentlichung der Einberufung im Bundesanzeiger bei der Gesellschaft eingeht, muß er für die Geltung des Abs. 1 S. 2 als „nach der Einberufung" erfolgt angesehen werden. Das gleiche muß gelten, wenn der Vorstand den an ihn vor der Einberufung gestellten Antrag abgelehnt hat, das Gericht die Minderheit aber nach der Einberufung gemäß § 122 Abs. 3 ermächtigt, den Gegenstand ergänzend bekanntzumachen. Auch in diesen beiden Fällen, in denen das Minderheitsverlangen vor der Einberufung erfolgt ist, muß eine Nachtragsbekanntgabe als gemäß Abs. 1 S. 2 zulässig angesehen werden.

Diese Bekanntgabe ist dann noch binnen 10 Tagen nach der Einberufung der Hauptversammlung zulässig. Das bedeutet, daß sich die Frist für die Bekanntgabe der zusätzlichen Tagesordnung um bis zu 10 Tagen verkürzen kann. Für den Fall, daß der 10. Tag nach der Einberufung auf einen durch § 193 BGB geschützten Wochenend- oder Feiertag fällt, entsteht wiederum die Frage, ob sich die Bekanntmachungsfrist von 10 Tagen nach der Einberufung entsprechend verlängert oder verkürzt (vgl. § 123 Anm. 6). Da die Interessen der Aktionärgesamtheit an der Möglichkeit einer ordnungsgemäßen Vorbereitung einer Hauptversammlung gewichtiger zu beurteilen sind als das durch die Möglichkeit der Einberufung einer neuen Hauptversammlung gemäß § 122 Abs. 1 geschützte Interesse der Minderheit an einer Verlängerung der Frist, wird man sich dahin zu entscheiden haben, daß die 10-Tagefrist des Abs. 1 S. 2, wenn der letzte Fristtag ein Tag ist, an dem kein Bundesanzeiger erscheint — er erscheint samstags —, der letzte Tag der Frist der vorausgehende und nicht der nachfolgende Tag ist, an dem der Bundesanzeiger erscheint. Die Frist von 10 Tagen ist zwingend und kann durch die Satzung weder verkürzt noch verlängert werden.

Anm. 11

2. Gesellschaftsblätter

Die Veröffentlichung der Tagesordnung hat, einerlei ob sie zusammen mit der Einberufung oder später erfolgt, in den Gesellschaftsblättern zu erfolgen (§ 121 Anm. 19). Auch für die Form der Veröffentlichung gilt grundsätzlich das, was für die Form der Einberufung gesagt ist (§ 121 Anm. 13ff.). Das gilt auch dann, wenn die Bekanntgabe der Tagesordnung gemäß Abs. 1 S. 2 später erfolgt. Die Satzung kann für diesen Fall nicht geringere Erfordernisse vorsehen, als das Gesetz in § 121 Abs. 3 für die Veröffentlichung der Einberufung vorschreibt. Eine Bestimmung der Satzung, daß für die Ankündigung nach Abs. 1 S. 2 die Bekanntmachung in einem von mehreren in der Satzung vorgesehenen Gesellschaftsblättern genüge oder daß sie nur in den Gesellschaftsblättern, nicht aber in weiteren Blättern, in denen die Einberufung nach der Satzung zu veröffentlichen ist, zu erfolgen brauche, ist unzulässig. Dagegen kann die Satzung vorschreiben, daß die Ankündigung noch in weiteren Blättern, als die Satzung für die Einberufung vorsieht, zu erfolgen hat (so wohl auch Düringer-Hachenburg-Lehmann § 256 Anm. 1).

III. Beschlüsse ohne Bekanntgabe der Tagesordnung

Anm. 12

1. Folgen eines Verstoßes

Über nicht rechtzeitig und ordnungsmäßig angekündigte Gegenstände können keine Beschlüsse gefaßt werden. Ein Verstoß gegen die Bestimmungen über die Ankündigung hat jedoch, wie die erschöpfende Aufzählung der Nichtigkeitsgründe in § 241 zweifelsfrei ergibt, nicht die Nichtigkeit zur Folge, sondern nur die *Anfechtbarkeit* nach § 243 (so schon nach früherem Recht RG 89, 378ff.; KGJ 34 A 136; KG in RJA 14, 289). Der Registerrichter muß also auch bei Verletzung von § 124, wenn keine Anfechtung erfolgt ist, die Beschlüsse eintragen (Teichmann-Köhler § 108 Anm. 2).

Jeder Aktionär hat ein Recht auf Einhaltung der gesetzlichen Bestimmungen über die Einberufung und Ankündigung. Der Vorsitzende der Hauptversammlung ist daher verpflichtet, über nicht ordnungsmäßig angekündigte Anträge nicht abstimmen zu lassen, wenn der Abstimmung widersprochen wird. Dagegen darf der Vorsitzende die Abstimmung zulassen, wenn ihr von keiner Seite widersprochen wird (§ 119 Anm. 40; Ritter § 108 Anm. 4; Baumbach-Hueck Rdn. 8; Düringer-Hachenburg-Lehmann § 256 Anm. 6; a. A. Schlegelberger-Quassowski § 108 Anm. 7). Es ist aber hervorzuheben, daß ein solcher Beschluß gemäß § 245 Nr. 2 auch von nicht erschienenen Aktionären angefochten werden kann, so daß selbst einstimmige Annahme durch die erschienenen Aktionäre keine Sicherheit gegen eine Anfechtung gewährt.

Anm. 13

2. Zulässigkeit von Beschlußfassung und Verhandlung ohne Vorankündigung

Keiner Ankündigung bedarf es zu einem Beschluß auf Einberufung einer außerordentlichen Hauptversammlung, zu Anträgen im Rahmen eines Tagesordnungspunktes und zu bloßen Verhandlungen (Abs. 4 S. 2).

§ 108 Abs. 3 sprach früher von dem „Antrag auf Einberufung einer außerordentlichen Hauptversammlung" (hierüber vgl. § 121 Anm. 3). Jedoch war anerkannt

(Voraufl. § 108 Anm. 7), daß jede Hauptversammlung die Einberufung einer neuen beschließen und auch Zeit und Ort für diese festsetzen konnte; Abs. 4 S. 2 hat deshalb den Zusatz „außerordentlich" gestrichen. Auch für die von einer Hauptversammlung beschlossene Einberufung einer neuen Hauptversammlung sind die Bestimmungen des Gesetzes und der Satzung natürlich zu beachten; insbesondere bedarf es der ordnungsmäßigen und fristgemäßen Einberufung und Ankündigung. Die Befugnis zu einer bloßen *Unterbrechung der Versammlung*, die keine neue Einberufung und Ankündigung erforderlich macht, aber auch keine Änderung der Tagesordnung gestattet, folgt aus allgemeinen Gesichtspunkten (§ 119 Anm. 43); jedoch liegt eine Unterbrechung nur dann vor, wenn die Versammlung spätestens am nächsten Werktag fortgesetzt wird (Schlegelberger-Quassowski § 108 Anm. 5).

Keiner Ankündigung bedarf es ferner, wie das Gesetz sagt, zu *Anträgen*, die zu Gegenständen der Tagesordnung gestellt werden. Es ist dabei vorausgesetzt, daß die Bestimmungen der Abs. 1—3 erfüllt sind, also der Gegenstand, auf den sich die Anträge beziehen, rechtzeitig und ordnungsmäßig bekannt gemacht ist. Daß keine Bindung an die Vorschläge gemäß Abs. 2 S. 2 und 3 besteht, vgl. Anm. 4 u. 6. Die Anträge müssen nur durch die Angabe des Gegenstandes in der Tagesordnung gedeckt sein. Das ist der Fall, wenn z. B. statt des vorgeschlagenen Herrn X Frau Y in den Aufsichtsrat gewählt wird oder die Dividende höher oder geringer als vorgeschlagen beschlossen wird (Obermüller-Werner-Winden S. 50/51). Ferner können in der Hauptversammlung alle Anträge gestellt werden, die nur die Geschäftsordnung, d. h. die Durchführung der Versammlung und den Gang der Verhandlung betreffen (Wahl des Versammlungsleiters, Legitimationsprüfung der Aktionäre, Art der Abstimmung, Vertagung).

OLG Breslau (OLG 34, 351) meint, daß die *Aufhebung eines von der Hauptversammlung gefaßten Beschlusses* nur auf einer neuen Hauptversammlung beschlossen werden könne, da mit der Annahme die Tagesordnung erschöpft sei (ebenso Ritter § 108 Anm. 2c; grundsätzlich auch Dür.-Hach.-Lehmann HGB § 259 Anm. 45; Staub HGB § 256 Anm. 11). Dem kann nur teilweise zugestimmt werden. Der Gegenstand eines Beschlusses und ihn aufhebenden Beschlusses ist derselbe, sofern sich nicht schon aufgrund des ersten Beschlusses die Änderung eines Rechtsverhältnisses vollzogen hat. Da die Anträge nicht angekündigt zu werden brauchen, ist nicht einzusehen, was der Aufhebung des Beschlusses entgegenstehen soll. Nur besteht allerdings keine Verpflichtung, in die Verhandlung über einen erledigten Punkt der Tagesordnung nochmals einzutreten. Geschieht dies dennoch und kommt ein Beschluß zustande, so ist dieser wirksam. So wird etwa die Hauptversammlung, die die Verteilung einer Dividende aus dem ausgewiesenen Reingewinn abgelehnt hat, unter Aufhebung des Beschlusses wirksam eine Dividendenverteilung beschließen können, wenn z. B. aufgrund eines Beschlusses zu einem andern Punkt der Tagesordnung sich unerwartet nachträglich die Möglichkeit hierfür ergibt. Es ist allerdings möglich, daß sich ein Aktionär im Glauben, daß der Punkt der Tagesordnung erledigt sei, entfernt hat. Aber ein Aktionär, der sich vorzeitig entfernt, tut dies auf eigene Gefahr. Ein Recht des einzelnen Aktionärs darauf, daß die Reihenfolge der Tagesordnung innegehalten und ein erledigter Punkt nicht nochmals aufgegriffen wird, ist nicht anzuerkennen (§ 119 Anm. 16 u. 42; Obermüller-Werner-Winden S. 51; Godin-Wilhelmi Anm. 8 und im Ergebnis ebenso Brodmann HGB § 259 Anm. 2c; vgl. Dür.-Hach.-Lehmann HGB § 259 Anm. 75). Dagegen kann eine Hauptversammlung, die ein Aufsichtsratsmitglied gewählt hat, nach der sogleich erfolgten Annahme durch den Gewählten den Beschluß nicht mehr aufheben, da der neue Beschluß sich als ein Widerruf darstellen würde, der — abgesehen von der größeren Mehrheit — besonderer Ankündigung bedürfte (§ 119 Anm. 16).

Keiner Ankündigung bedarf es ferner zu *Verhandlungen, d. h. Aussprachen ohne Beschlußfassung*. Sie können also stets zugelassen werden. Ein Recht, das Wort zu ergreifen, hat jedoch der einzelne Aktionär nur zu Punkten der Tagesordnung (a. A. Ritter § 108 Anm. 5c; Schlegelberger-Quassowski § 108 Anm. 5; Teichmann-Köhler § 108 Anm. 3, die eine Aussprache auch für zulässig halten über Gegenstände, die mit der Tagesordnung in keinerlei Zusammenhang stehen). Die Tagesordnung kann aber Erörterungen ohne Beschlußfassung über beliebige Fragen vorsehen, z. B. durch die Ankündigung „Verschiedenes". Dann haben die Aktionäre ein Recht, Fragen zu stellen und Ausführungen zu beliebigen Punkten zu machen (Anm. 2), vorausgesetzt, daß sie im Rahmen der allgemeinen Zuständigkeit der Hauptversammlung überhaupt liegen (wie hier Baumbach-Hueck Rdn. 11; Godin-Wilhelmi Anm. 8; s. auch § 119 Anm. 10).

§ 125 Mitteilungen für die Aktionäre und an Aufsichtsratsmitglieder

(1) Der Vorstand hat binnen zwölf Tagen nacn der Bekanntmachung der Einberufung der Hauptversammlung im Bundesanzeiger den Kreditinstituten und den Vereinigungen von Aktionären, die in der letzten Hauptversammlung Stimmrechte für Aktionäre ausgeübt oder die die Mitteilung verlangt haben, die Einberufung der Hauptversammlung, die Bekanntmachung der Tagesordnung und etwaige Anträge und Wahlvorschläge von Aktionären einschließlich des Namens des Aktionärs, der Begründung und einer etwaigen Stellungnahme der Verwaltung mitzuteilen.

(2) Die gleiche Mitteilung hat der Vorstand den Aktionären zu übersenden, die

1. eine Aktie bei der Gesellschaft hinterlegt haben,

2. es nach der Bekanntmachung der Einberufung der Hauptversammlung im Bundesanzeiger verlangen oder

3. als Aktionär im Aktienbuch der Gesellschaft eingetragen sind und deren Stimmrechte in der letzten Hauptversammlung nicht durch ein Kreditinstitut ausgeübt worden sind.

(3) Jedes Aufsichtsratsmitglied kann verlangen, daß ihm der Vorstand die gleichen Mitteilungen übersendet.

(4) Jeder Aktionär, der eine Aktie bei der Gesellschaft hinterlegt oder als Aktionär im Aktienbuch der Gesellschaft eingetragen ist, und jedes Aufsichtsratsmitglied kann verlangen, daß der Vorstand ihm die in der Hauptversammlung gefaßten Beschlüsse schriftlich mitteilt.

Übersicht

Literatur

Boetius: Problematische Mitteilungspflichten, DB 68, 1845

Mitteilung des Bundesverbandes des privaten Bankgewerbes, „Ausübung des Stimmrechts durch Kreditinstitute"; WM 65, 1090

Eckardt Die Ausübung des Stimmrechts durch einen anderen, insbesondere durch ein Kreditinstitut, DB 67, 191, 233

B. von Falkenhausen: Das Bankenstimmrecht im neuen Aktienrecht, AktG 66, 69

K. von Falkenhausen: Die nächste Hauptversammlung, BB 66, 75
Niethammer: Die Kosten der Hinterlegung im Rahmen des § 109 AktG, 60, 87
Schmidt: Die Ausübung des Depotstimmrechts durch Kreditinstitute, BB 67, 818
Vallenthin: Die Neuregelung des Bankenstimmrechts im AktG 65, Bankbetrieb 65, 242

Anm. 1

Einleitung

Nach bisherigem Recht wurden die Aktionäre über die Hauptversammlung grundsätzlich nur durch die Einberufung und Mitteilung der Tagesordnung in den Gesellschaftsblättern unterrichtet. § 108 Abs. 1 S. 2 AktG 1937 — übernommen aus § 256 HGB — kannte zusätzlich die Pflicht der Gesellschaft, dem Aktionär auf Verlangen eine Abschrift der Anträge zu erteilen, und § 109 Abs. 1, der aus § 257 HGB stammte, verpflichtete die Gesellschaft, dem Aktionär, der eine Aktie bei ihr hinterlegt hatte, die Einberufung der Hauptversammlung, ihre Tagesordnung und die gefaßten Beschlüsse mitzuteilen. Aufgrund eines aus 1952 stammenden Beschlusses des Bundesverbandes des privaten Bankgewerbes betreffend Grundsätze über die Ausübung des Depotstimmrechts (vgl. BAnz. Nr. 240 vom 28. 12. 1963) hatten die Depotbanken es übernommen, ihren Depotkunden die Punkte der Tagesordnung, über die nur mit ¾-Mehrheit des vertretenen Grundkapitals beschlossen werden konnte, sowie eine beabsichtigte Opposition mitzuteilen, letzteres jedoch nur dann, wenn sie der Depotbank mindestens 14 Tage vor der Hauptversammlung bekannt wurde. Diese ganze Rechtslage genügte dem Reg.E für ein neues Aktiengesetz nicht; er wollte deshalb die Ausübung des Depotstimmrechts durch ein Kreditinstitut davon abhängig machen, daß es den Aktionär zu den Gegenständen der Tagesordnung unter Mitteilung der Vorschläge der Verwaltung, etwaiger Gegenanträge und seiner eigenen Vorschläge um Weisungen für die Ausübung des Stimmrechts gebeten hatte. Dem Rechts- und Wirtschaftsausschuß gefiel insbesondere nicht die Verbindung der Mitteilungspflicht mit dem Bankenstimmrecht, weil das Kreditinstitut durch Nichtausübung des Stimmrechts der Mitteilungspflicht entgehen konnte, und weil es auch die Aktionäre, die selbst ihre Stimmrechte auszuüben beabsichtigten, unterrichtet sehen wollte. Deshalb sind die Informationspflichten aus § 124 Abs. 2 und 3 durch die Regelung der §§ 125 bis 128 erheblich verstärkt worden. § 125 schreibt vor, welche Mitteilungen der Vorstand vor der Hauptversammlung an Aktionäre und Kreditinstitut zu machen hat. §§ 126, 127 regeln, welche Anträge und Wahlvorschläge von Aktionären zusätzlich mitzuteilen sind. Schließlich bestimmt § 128 die Weitergabe der Mitteilungen durch Kreditinstitute und Aktionärsvereinigungen.

I. Mitteilungspflichten des Vorstandes vor der Hauptversammlung

Abs. 1 verpflichtet den Vorstand zu über § 124 hinausgehenden Mitteilungen über Einberufung, Tagesordnung sowie Anträge und Wahlvorschläge von Aktionären.

Anm. 2

1. Inhalt der Mitteilung

Inhalt der Mitteilungspflicht aus Abs. 1 ist einmal die Einberufung der Hauptversammlung, und zwar in der Form, wie sie gemäß § 121 Abs. 3 in den Gesellschaftsblättern bekanntzumachen ist. Sie muß also Firma und Sitz der Gesellschaft, Ort und Zeit der Hauptversammlung und die satzungsmäßigen Bedingungen für die Ausübung des Teilnahme- und Stimmrechts nebst den Hinterlegungsstellen angeben (§ 121 Anm. 13 bis 17). Zum anderen muß die Tagesordnung — der Gesetzeswortlaut spricht ungenau von der Bekanntgabe der Tagesordnung, die mitzuteilen sei — mitgeteilt werden, und zwar in dem vollständigen Wortlaut, wie er sich aus § 124 Abs. 1 bis 3 ergibt. Auch die Gegenstände, die gemäß § 124 Abs. 1 S. 2 aufgrund eines Verlangens der Minderheit binnen 10 Tagen nach der Einberufung der Hauptversammlung bekanntzumachen sind, müssen mitgeteilt werden. Die Mitteilung muß die die Tagesordnung ergänzenden Angaben nach § 124 Abs. 2 sowie die Vorschläge der Verwaltung gemäß § 124 Abs. 3 voll enthalten, und zwar in der Fassung, wie sie in den Gesellschaftsblättern veröffentlicht sind. Das gilt auch dann, wenn die Vorschläge etwa inzwischen z. B. durch Tod einer zur Wahl in den Aufsichtsrat vorgeschlagenen Person hinfällig geworden sein sollten. Schließlich sind mitzuteilen, etwaige Anträge und Wahlvorschläge von Aktionären im Rahmen der §§ 126, 127 mit dem Namen des Aktionärs und seiner Begründung. Diese letztere Mitteilungspflicht steht aber unter den Voraussetzungen des § 126 für Anträge und des § 127 für Wahlvorschläge; vgl. die Erl. zu §§ 126, 127.

Wenn das Gesetz auch nichts darüber sagt, so steht es selbstverständlich dem Vorstand frei und wird in der Praxis auch oft so gehandhabt, die Anträge und Wahlvorschläge den Aktionären mit einer eigenen Stellungnahme versehen zur Mitteilung zu bringen. Sie gibt der Verwaltung die Möglichkeit, ihre eigenen Anträge bereits vor der Hauptversammlung zu deren Vorbereitung zu begründen und die Argumente in der Begründung der Aktionärsanträge zu widerlegen. Eine derartige Handhabung ist auch durchaus zweckmäßig, weil sie den übrigen Aktionären vor der Hauptversammlung eine bessere Willensbildung und, soweit sie nicht selbst an der Hauptversammlung teilnehmen, eine besser fundierte Auftragserteilung zur Ausübung der Stimmrechte an die Depotbank ermöglicht. Der Aktionär hat jedenfalls keinen Anspruch darauf, daß die Mitteilung über seinen Gegenantrag ohne jede Stellungnahme der Verwaltung an die Mitaktionäre erfolgt. Seinen Interessen ist ausreichend dadurch Rechnung getragen, daß die von ihm gegebene Begründung unter der Voraussetzung, daß sie insgesamt nicht mehr als 100 Worte beträgt, wörtlich mitgeteilt werden muß. Der Vorstand ist nicht befugt, die Begründung durch Auslassungen oder Streichungen zu kürzen oder zu straffen oder gar neu zu formulieren. Nur wenn aus irgendeinem Grund der Tatbestand des § 126 Abs. 2 die Mitteilungspflicht ganz oder für die Begründung entfallen läßt, kann der Vorstand, der dann bei einer trotzdem erfolgenden Mitteilung nicht mehr im Rahmen einer gesetzlichen Pflicht handelt, die Begründung z. B. durch den Sinn nicht entstellende Streichung beleidigender Worte oder durch Neuformulierung ändern; das muß er aber nicht, sondern kann auch von der Mitteilung ganz absehen.

Anm. 3

2. Vorstand als Schuldner

Verpflichtet zur Mitteilung ist der Vorstand, und zwar unabhängig davon, ob er oder ein anderer gesetzlich oder satzungsgemäß Berechtigter (§ 121 Anm. 7 ff.) oder eine Minderheit nach § 122 Abs. 3 die Hauptversammlung einberufen hat. Auch hier handelt es sich für den Vorstand um eine Geschäftsführungsmaßnahme, für deren Durchführung § 77 gelten würde und ein handlungsfähiger Vorstand (§ 76 Anm. 5 und 13) notwendig wäre. Da es sich bei der Erfüllung des § 125 aber um konkret durch das Gesetz vorgeschriebene Maßnahmen handelt, für die keine Ermessensentscheidung erforderlich ist und ein Interesse irgendeines Beteiligten auf das Tätigwerden des gesamten und handlungsfähigen Vorstands nicht ersichtlich ist, sind die verbliebenen Vorstandsmitglieder auch dann zur Mitteilung nach § 125 verpflichtet, wenn der Vorstand nicht handlungsfähig ist, oder wenn eine Entscheidungsbildung im Rahmen des § 77 nicht möglich ist.

Anm. 4

3. Frist

Die Mitteilung hat binnen 12 Tagen nach Bekanntmachung der Einberufung im Bundesanzeiger zu erfolgen, und zwar in Schriftform auf Kosten der Gesellschaft. Sie kann auch vor oder gleichzeitig mit der Bekanntmachung erfolgen. Eingeschriebener Brief wie nach § 109 AktG 1937 ist nicht mehr erforderlich. Mündliche Mitteilung genügt, wenn das Verlangen gemäß Abs. 2 Ziff. 2 erst in der Hauptversammlung geltend gemacht wird (Anm. 8 lit. b).

Für die Fristbestimmung kommt es nur auf den Bundesanzeiger, nicht auch auf sonstige Gesellschaftsblätter, wie sie durch die Satzung etwa vorgesehen sind, an. Auch hier entsteht wieder die Frage, welche Folge es hat, wenn der letzte Tag ein unter § 193 BGB fallender Wochenend- oder Feiertag ist. Gilt der vorausgehende oder der nachfolgende Werktag? Da es dem Gesetzgeber bei den Bestimmungen der §§ 125ff. darauf ankam, eine ordnungsgemäße Vorbereitung der Hauptversammlung ohne allzu großen Zeitdruck zu ermöglichen, und durch die Annahme einer Verlängerung der Frist auf den nächsten Werktag die Bekanntgabe durch die Banken und Aktionärsvereinigungen verzögert und damit die dem Aktionär tatsächlich zur Verfügung stehende Vorbereitungszeit verkürzt würde, muß man annehmen, daß auch hier (vgl. § 123 Anm. 6; § 124 Anm. 10) eine Verlängerung der Frist nicht erfolgt.

Streitig ist, ob die Mitteilungen nach § 125 innerhalb der 12-Tagefrist zugegangen oder nur abgesandt sein müssen. Im ersteren Sinne entscheiden sich Mitteilung des Bundesverbandes des privaten Bankgewerbes vom 4. 11. 1965 in WM 65, 1091; B. von Falkenhausen AktG 66, 75; Obermüller-Werner-Winden S. 56; Boetius DB 68, 1845; im letzteren Sinne Godin-Wilhelmi Anm. 4; Schmidt BB 67, 818 und wohl auch Eckardt DB 67, 195; zweifelnd K. von Falkenhausen BB 66, 339. Man sollte die Frage nicht danach entscheiden, ob die Mitteilung eine zugangsbedürftige Willenserklärung oder ihr gleich zu behandeln ist (so Obermüller-Werner-Winden S. 56 einerseits und Schmidt BB 67, 818 andererseits), auch nicht danach, daß § 125 Abs. 1 von „hat mitzuteilen" und § 126 Abs. 1 von „mitgeteilt hat" spricht (so Eckardt DB 67, 195), sondern danach, daß es sich um eine Mitteilung an eine Großzahl von Banken und Aktionärsvereinigungen handelt, von denen die einen am gleichen Ort, andere mehr oder weniger weit entfernt und die eine oder andere sogar im Ausland sitzen wird. Dann aber kann eine einheitliche, sämtlichen Empfängern gegenüber bestimmte Frist nicht den Zugang, sondern nur die Absendung betreffen. Es genügt also die Absendung am 12. Tag, ggf. am vorausgehenden Werktag.

Anm. 5

4. Folge einer Fristüberschreitung oder unterlassenen Mitteilung

Hält der Vorstand die Frist des Abs. 1 nicht ein oder unterläßt er die Mitteilung ganz, so verletzt er seine Pflicht und macht sich grundsätzlich gemäß § 93 schadensersatzpflichtig. Darüber hinaus wird bei Nichtmitteilung oder verspäteter Mitteilung eine Anfechtbarkeit begründet, sofern ein Kausalzusammenhang mit der Mehrheitsbildung bei der Beschlußfassung besteht. Strittig ist, ob die Anfechtbarkeit nicht nur für den in der Hauptversammlung erschienenen und widersprechenden Aktionär gegeben ist, sondern auch für den nichterschienenen Aktionär wegen nicht ordnungsgemäß einberufener Hauptversammlung gemäß § 245 Ziff. 2 (im ersteren Sinne Obermüller-Werner-Winden S. 59 und 341; im letzteren Sinne Godin-Wilhelmi Anm. 10). Da die Bestimmungen über die Mitteilungspflicht durch die Einfügung in den zweiten mit „Einberufung der Hauptversammlung" betitelten Unterabschnitt des 4. Abschnittes über die Hauptversammlung vom Gesetzgeber als Bestandteil der Einberufung qualifiziert sind und die nicht rechtzeitige oder unterlassene Mitteilung sehr wohl Anlaß dafür sein kann, daß ein Aktionär vom Besuch einer Hauptversammlung Abstand nimmt, wird man auch § 245 Ziff. 2 als gegeben ansehen müssen. Daß die Mitteilungspflicht, wie Obermüller-Werner-Winden S. 59 und 341 meinen, erst nach der Einberufung einsetzt, ist unbeachtlich; auch die Mitteilung der Nachtrags-Tagesordnung gemäß § 124 Abs. 1 S. 2 erfolgt erst nach der Einberufung und gehört materiell doch zu den Einberufungsvorschriften (vgl. dazu auch Erl. zu § 245 Ziff. 2).

Schließlich ist auch streitig, ob die Versäumung der 12-Tagefrist die Banken oder Aktionärsvereinigungen von der Weitergabepflicht nach § 128 Abs. 1 freistellt. Das nehmen das Rundschreiben des Bundesverbandes des privaten Bankgewerbes in WM 65, 1091; Vallenthin, Bankbetrieb 65, 246 und B. von Falkenhausen AktG 66, 75 an, während Godin-Wilhelmi Anm. 3 widersprechen. Jedoch ist nicht einzusehen, warum die verspätete Mitteilung durch den Vorstand die Folge haben sollte, daß Banken und Aktionärsvereinigungen sie nicht weiterzugeben brauchen. Abgesehen davon, daß dadurch die Lage der Gesellschaft für eine etwaige Anfechtungsklage verschlechtert würde, erfolgt die Weitergabe durch die Banken und Aktionärsvereinigungen, auch wenn die Mitteilung verspätet erfolgt, auf Kosten der Gesellschaft (§ 128 Anm. 7), so daß den Banken durch die Verspätung kein Nachteil entsteht. Nur dann, wenn die Mitteilung so verspätet eingeht, daß eine Weitergabe an die Aktionäre diese nach Lage der Postverhältnisse nicht mehr vor der Hauptversammlung erreicht, wird man von einer Verpflichtung zur Weitergabe durch das Kreditinstitut oder die Aktionärsvereinigung absehen können (§ 128 Anm. 6).

II. Empfangsberechtigung

Anspruch auf die Mitteilung über die Einberufung der Hauptversammlung, die Tagesordnung und die Anträge und Wahlvorschläge von Aktionären haben folgende Personengruppen:

Anm. 6

1. Kreditinstitute

Kreditinstitute im Sinne des § 1 Kreditwesengesetz vom 10. 7. 1961, wenn sie

a) in der letzten Hauptversammlung Stimmrechte für Aktionäre ausgeübt haben. Gleichgültig ist, ob die Hauptversammlung eine ordentliche oder außerordentliche war. Maßgebend ist allein die letzte Hauptversammlung. Eine Vertretung auf früheren Hauptversammlungen ist auch dann unerheblich, wenn sie nicht nur sporadisch, sondern ständig erfolgte. Unter Ausübung von Stimmrechten von Aktionären versteht Abs. 1 nicht die Ausübung von Stimmen aus eigenem Besitz des Kreditinstituts, sondern eine Ausübung gemäß § 135. Im Falle einer Unterbevollmächtigung gemäß § 135 Abs. 3 übt das bevollmächtigte Kreditinstitut und nicht das unterbevollmächtigte im Sinne des § 125 Abs. 1 das Stimmrecht aus. Die Kreditinstitute, die auf der letzten Hauptversammlung Stimmrechte für Aktionäre ausgeübt haben, ergeben sich aus dem Teilnehmerverzeichnis, das insoweit entscheidend ist (Obermüller-Werner-Winden S. 57; K. von Falkenhausen BB 66, 339). Die Mitteilung gemäß Abs. 1 hat ohne besondere Anforderung des Kreditinstituts zu erfolgen.

b) oder die Mitteilung verlangt haben. Kreditinstitute, die auf der letzten Hauptversammlung das Stimmrecht für Aktien nicht ausgeübt haben, haben Anspruch auf die Mitteilung dann, wenn sie sie verlangen. Ein besonderes Interesse, sei es des Kreditinstituts, sei es seiner Depotkunden, muß weder angegeben noch gar nachgewiesen werden. Das Kreditinstitut braucht auch nicht darzutun, daß es das Verlangen im Interesse von Depotkunden stellt. Das Verlangen kann aber nicht für alle Zukunft gestellt werden, sondern nur für die als nächste anstehende Hauptversammlung. Vertritt das Kreditinstitut in dieser Hauptversammlung Depotkunden, so hat es die Mitteilung für die darauf folgende Hauptversammlung gemäß lit. a zu erhalten. Vertritt es nicht, so muß es die Mitteilung neu anfordern (Godin-Wilhelmi Anm. 5; a. M. Schmidt BB 67, 818). Für die Mitteilungspflicht kann der Vorstand demnach von dem Teilnehmerverzeichnis der letzten Hauptversammlung ausgehen und hat die Mitteilung an die Kreditinstitute zu machen, die in diesem Verzeichnis aufgeführt sind, oder die seit der letzten Hauptversammlung die Mitteilung für die nächste verlangt haben. Die Frage, ob ein Kreditinstitut, das die Mitteilung nicht aufgrund der Ausübung von Stimmrechten aus Depotaktien in der letzten Hauptversammlung automatisch erhält, im Interesse eines neuen Depotkunden verpflichtet ist, die Mitteilung anzufordern, entscheidet sich aus dem Depotverhältnis heraus, bzw. dessen Erweiterung aus § 128 Abs. 1 heraus. Hierüber vgl. § 128 Anm. 5. Im übrigen wird sich bei einer Veränderung der Zahl der Depots, die Aktien eines bestimmten Unternehmens enthalten, sowieso für die

Bank die Notwendigkeit ergeben, sich mit dem Unternehmen in Verbindung zu setzen, um die benötigte Zahl von Mitteilungen zu erhalten. Denn in der Praxis werden die Mitteilungen meist von den Unternehmen fertiggestellt und dann den Banken in der von ihnen benötigten Zahl zur Weiterleitung überlassen.

Anm. 7

2. Aktionärsvereinigungen

Vereinigungen von Aktionären, soweit die Voraussetzungen des Abs. 1 gegeben sind. Was unter Vereinigungen von Aktionären zu verstehen ist, wird im Gesetz nicht definiert, versteht sich aber aus der Natur der Sache. Darunter sind Zusammenfassungen von unbeschränkt vielen Aktionären zwecks Geltendmachung von Aktionärsrechten, einerlei in welcher Rechtsform — bürgerlich-rechtliche Gesellschaft, rechtsfähiger oder nicht rechtsfähiger Verein oder auch GmbH — und einerlei, ob auf einzelne oder mehrere Unternehmen beschränkt oder nicht, zu verstehen. Der Aktienbesitz mehrerer bestimmter Personen, auch wenn er z. B. aufgrund eines Stimmpoolungsvertrags gemeinsam abstimmt, reicht nicht aus (vgl. Eckhardt DB 67, 237). Die bekannteste Aktionärsvereinigung ist die Deutsche Schutzvereinigung für Wertpapierbesitz e. V. in Düsseldorf. Daneben bestehen eine Reihe weiterer Aktionärsvereinigungen allgemeiner Art und auch Aktionärszusammenschlüsse für einzelne Gesellschaften.

Anm. 8

3. Einzelaktionäre

Jeder Aktionär,

a) der eine Aktie bei der Gesellschaft hinterlegt hat (Abs. 2 Ziff. 1). Das Erfordernis der Hinterlegung bei Ziff. 1 besteht auch für Namensaktien und Zwischenscheine, hat allerdings wegen der neuen Vorschrift der Ziff. 3 keine praktische Bedeutung. Die Hinterlegung an einer anderen Stelle, insbesondere bei einem Notar oder einer Wertpapiersammelstelle (wie nach § 123 Abs. 2) genügt hier nur, wenn sie von der Satzung zugelassen wird oder sich die Gesellschaft mit dieser Hinterlegung einverstanden erklärt (Obermüller-Werner-Winden S. 57); jedoch kann, auch wenn die Satzung eine anderweite Hinterlegung vorsieht, die Hinterlegung bei der Gesellschaft selbst nicht ausgeschlossen werden. Sind Aktienurkunden nicht ausgegeben, so genügt das Verlangen mit dem Nachweis der Aktionärseigenschaft in anderer Weise (Schlegelberger-Quassowski § 109 Anm. 2; Ritter § 109 Anm. 1; vgl. auch unter b). Die Hinterlegung braucht mit einem Mitteilungsverlangen nicht verbunden zu werden. Die Hinterlegung bei der Gesellschaft, einerlei aus welchem Grunde sie erfolgt, löst die Mitteilungspflicht aus, da Abs. 2 Ziff. 1 entgegen § 109 AktG 1937 kein Verlangen mehr erfordert und das Verlangen jedenfalls dann, wenn es nach Einberufung der Hauptversammlung geäußert wird, nach Ziff. 2 eine besondere Mitteilungspflicht auslöst. Die Kosten der Hinterlegung und der späteren Rücksendung der Aktien aus der Hinterlegung trägt die Gesellschaft (Niethammer AktG 60, 87; a. M. Obermüller-Werner-Winden S. 59), die der Übermittlung an die Gesellschaft zwecks Hinterlegung der Aktionär.

b) oder der nach der Bekanntmachung der Einberufung der Hauptversammlung im Bundesanzeiger die Mitteilung verlangt (Abs. 2 Ziff. 2). Der Aktionär muß sich als solcher ausweisen, sei es durch Vorlage einer Aktie, sei es durch Bescheinigung eines Kreditinstituts oder in anderer Weise. Das Verlangen kann schriftlich oder mündlich geltend gemacht werden, und zwar gegenüber demjenigen, der zur Mitteilung verpflichtet ist, d. h. dem Vorstand (a. M. Godin-Wilhelmi Anm. 7, nach denen das Verlangen an den Einberufer zu richten ist). Das Verlangen muß nach der Einberufung der Hauptversammlung im Bundesanzeiger — auf andere Gesellschaftsblätter kommt es nicht an — gestellt sein. Ein vorher gestelltes Verlangen ist unbeachtlich. Ein Endtermin für das Verlangen ist nicht genannt, so daß es auch noch in der Hauptversammlung, jedenfalls für die noch nicht abgehandelten Punkte der Tagesordnung, geltend gemacht werden kann. Da für die Mitteilung keine besondere Form vorgeschrieben ist, reicht bei Geltendmachung des Mitteilungsverlangens in der Hauptversammlung eine Verlesung als Mitteilung aus.

c) oder der im Aktienbuch der Gesellschaft (§ 67) eingetragen ist und in der letzten Hauptversammlung seine Stimmrechte nicht durch ein Kreditinstitut gemäß § 135 ausgeübt hat (Abs. 2 Ziff. 3). Gleichgültig ist auch hier, ob die letzte Hauptversammlung eine ordentliche oder außerordentliche war und ob der Aktionär in früheren Hauptversammlungen sich stets selbst oder durch einen anderen Bevollmächtigten als ein Kreditinstitut hat vertreten lassen. Dem Kreditinstitut ist in Ziff. 3 die Aktionärsvereinigung nicht gleichgestellt, so daß die Vertretung durch eine solche Vereinigung in der letzten Hauptversammlung die Mitteilungspflicht der Gesellschaft nicht beseitigt (Godin-Wilhelmi Anm. 8).

Anm. 9

4. Aufsichtsratsmitglieder

Jedes Aufsichtsratsmitglied, das die Mitteilung verlangt (Abs. 3). Eine Aktionärseigenschaft des Aufsichtsratsmitgliedes ist nicht erforderlich. Aufsichtsratsmitglied im Sinne dieser Bestimmung ist selbstverständlich auch das von der Arbeitnehmerseite gewählte Aufsichtsratsmitglied. Berechtigt ist nicht der Aufsichtsrat als Gremium, sondern jedes einzelne Mitglied. Das Verlangen kann schriftlich oder mündlich gestellt werden.

Anm. 10

5. Rechtsnatur des Anspruchs auf Mitteilung

Die Vorschriften über die Empfangsberechtigung zur Mitteilung sind ebenso zwingender Natur wie die über den Mitteilungsinhalt. Die Satzung kann sie nicht beschränken oder gar beseitigen, sondern höchstens erweitern und erleichtern. Der Anspruch auf Mitteilung ist außerdem einklagbar und kann eine Schadensersatzpflicht auch der Gesellschaft begründen (Schlegelberger-Quassowski § 109 Anm. 5), die sich ihrerseits an den Vorstand halten kann. Die Verletzung der Mitteilungspflicht kann überdies die Anfechtbarkeit der von der Hauptversammlung gefaßten Beschlüsse begründen (Anm. 5). Dabei ist zu beachten, daß, wenn Kausalität anzunehmen ist, die mangelnde Mitteilung an andere Aktionäre auch Anfechtungsgrund für den widersprechenden Aktionär sein kann.

III. Mitteilungspflicht für Hauptversammlungsbeschlüsse

Anm. 11

1. Inhalt

Während Abs. 1 bis 3 die Mitteilung bis zur Hauptversammlung behandelt, verpflichtet Abs. 4 im Anschluß an § 109 Abs. 1 S. 2 AktG 1937 den Vorstand, Mitteilung über die in der Hauptversammlung gefaßten Beschlüsse zu machen. Die Mitteilungspflicht umfaßt nur die Beschlüsse als solche, nicht Urkunden und sonstige Unterlagen, es sei denn, daß sie zum Inhalt der Beschlüsse gemacht worden sind, und insbesondere nicht das Hauptversammlungsprotokoll. Auch ist nicht mitzuteilen, mit welcher Stimmenmehrheit der Beschluß gefaßt worden ist. Die Beschlüsse sind also ihrem bloßen Inhalt nach mitzuteilen, und zwar auch dann, wenn sie auf Vertagung lauten. Beschlüsse, die lediglich das Verfahren auf der Hauptversammlung betreffen, wie Wahl eines Vorsitzenden, Zulassung von Aktionären und dergleichen, unterliegen keiner

Mitteilungspflicht, da sie sich in ihrer Auswirkung auf die Hauptversammlung beschränken und die Mitteilungspflicht des Abs. 4 nicht etwa als Mittel zur Vorbereitung einer Anfechtungsklage gedacht ist. Die Mitteilung hat auf Kosten der Gesellschaft grundsätzlich schriftlich zu erfolgen. Wenn jedoch nur eine mündliche oder telefonische Mitteilung erbeten wird, ist die Verpflichtung aus Abs. 4 durch eine solche erfüllt. Mitteilung durch eingeschriebenen Brief ist nicht mehr vorgeschrieben.

Anm. 12

2. Empfangsberechtigung

Anspruch auf Mitteilung gemäß Abs. 4 hat jeder Aktionär, der bei der Gesellschaft eine Aktie hinterlegt hat (Anm. 8 lit. a), oder als Aktionär im Aktienbuch eingetragen ist (Anm. 8 lit. c), ohne daß es, wie in Abs. 2 Ziff. 3 darauf ankäme, ob er in der letzten Hauptversammlung die Stimmrechte nicht durch ein Kreditinstitut ausgeübt hat, und schließlich jedes einzelne Aufsichtsratsmitglied (Anm. 9). Das Verlangen kann mündlich oder schriftlich an die Gesellschaft gerichtet werden, und zwar an den Vorstand. Unerheblich ist, ob der Mitteilungsberechtigte an der Hauptversammlung teilgenommen hat oder nicht (Baumbach-Hueck §§ 125 bis 128 Rdn. 4; Obermüller-Werner-Winden S. 64). Auf die Mitteilung besteht ein durch Klage verfolgbarer Rechtsanspruch, dessen Verletzung ggf. Schadensersatzpflichten begründen kann.

§ 126 Anträge von Aktionären

(1) Anträge von Aktionären brauchen nach § 125 nur mitgeteilt zu werden, wenn der Aktionär binnen einer Woche nach der Bekanntmachung der Einberufung der Hauptversammlung im Bundesanzeiger der Gesellschaft einen Gegenantrag mit Begründung übersandt und dabei mitgeteilt hat, er wolle in der Versammlung einem Vorschlag des Vorstands und des Aufsichtsrats widersprechen und die anderen Aktionäre veranlassen, für seinen Gegenantrag zu stimmen.

(2) Ein Gegenantrag und dessen Begründung brauchen nicht mitgeteilt zu werden,

1. **soweit sich der Vorstand durch die Mitteilung strafbar machen würde,**
2. **wenn der Gegenantrag zu einem gesetz- oder satzungswidrigen Beschluß der Hauptversammlung führen würde,**
3. **wenn die Begründung in wesentlichen Punkten offensichtlich falsche oder irreführende Angaben oder wenn sie Beleidigungen enthält,**
4. **wenn ein auf denselben Sachverhalt gestützter Gegenantrag des Aktionärs bereits zu einer Hauptversammlung der Gesellschaft nach § 125 mitgeteilt worden ist,**
5. **wenn derselbe Gegenantrag des Aktionärs mit wesentlich gleicher Begründung in den letzten fünf Jahren bereits zu mindestens zwei Hauptversammlungen der Gesellschaft nach § 125 mitgeteilt worden ist und in der Hauptversammlung weniger als der zwanzigste Teil des vertretenen Grundkapitals für ihn gestimmt hat,**
6. **wenn der Aktionär zu erkennen gibt, daß er an der Hauptversammlung nicht teilnehmen und sich nicht vertreten lassen wird, oder**
7. **wenn der Aktionär in den letzten zwei Jahren in zwei Hauptversammlungen einen von ihm mitgeteilten Gegenantrag nicht gestellt hat oder nicht hat stellen lassen.**

Die Begründung braucht nicht mitgeteilt zu werden, wenn sie insgesamt mehr als einhundert Worte beträgt.

(3) Stellen mehrere Aktionäre zu demselben Gegenstand der Beschlußfassung Gegenanträge, so kann der Vorstand die Gegenanträge und ihre Begründungen zusammenfassen.

Übersicht

Literatur

Vgl. Zusammenstellung zu § 125

Anm. 1

Einleitung

Wegen der Entstehung des § 126 und seines Einbaus in die §§ 124ff. vgl. § 125 Anm. 1. § 126 regelt die Voraussetzungen, unter denen ein Gegenantrag gemäß § 125 mitgeteilt werden muß. Entsprechend dem Vorschlag des Rechts- und Wirtschaftsausschusses des Bundestags schließt Abs. 2 die unzulässigen und rechtsmißbräuchlichen Gegenanträge von der Mitteilungspflicht aus, während der RegE sämtliche Anträge mitteilungspflichtig machen wollte. Die Entscheidung über die Mitteilung liegt beim Vorstand.

I. Voraussetzungen der Mitteilungspflicht (Abs. 1)

Anm. 2

1. Gegenantrag

Mitteilungspflichtig sind nur Gegenanträge. Darunter sind zu verstehen Anträge zur Beschlußfassung — Wahlvorschläge sind in § 127 geregelt —, die von Vorschlägen der Verwaltung gemäß § 124 Abs. 3 S. 1 abweichen. Voraussetzung eines Gegenantrags ist also einmal, daß ein Vorschlag der Verwaltung gemäß § 124 Abs. 3 S. 1 zu machen war und gemacht ist. Daraus ergibt sich, daß der Gegenantrag zu einem bestimmten Tagesordnungspunkt gestellt werden muß, denn auch der Verwaltungsvorschlag ist ja zu einem konkreten Tagesordnungspunkt zu machen. Zu den Tagesordnungspunkten, zu denen gemäß § 124 Abs. 3 S. 2 kein Vorschlag der Verwaltung vorgeschrieben und gemacht ist, kann somit kein Gegenantrag im Sinne des § 126 gestellt werden. Macht die Verwaltung bei Bekanntgabe der Tagesordnung, ohne dazu vom Gesetz her verpflichtet zu sein, trotzdem einen Vorschlag, also z. B. zu einem von der Minderheit gemäß § 122 Abs. 2 auf die Tagesordnung gesetzten Punkt, so fällt ein von Aktionären eingereichter Gegenantrag unter § 126. Macht die Verwaltung entgegen ihrer Pflicht aus § 124 Abs. 3 S. 1 keinen Vorschlag, so ist ein von einem Aktionär gestellter Antrag als Gegenantrag zu betrachten, denn die Rechtslage der Aktionäre aus §§ 125, 126 darf nicht dadurch verschlechtert werden, daß die Verwaltung ihrer Pflicht aus § 124 nicht nachkommt. Unerheblich ist aber trotz des Wortlauts des Abs. 1, ob der Verwaltungsvorschlag vom Vorstand und Aufsichtsrat oder nur vom Aufsichtsrat zu machen ist (zweifelnd OLG Düsseldorf in WM 68, 70). Andernfalls würde die Wahl von Aufsichtsratsmitgliedern und Abschlußprüfern ganz aus den §§ 126, 127 herausfallen, was nicht als dem Willen des Gesetzes entsprechend angesehen werden kann (vgl. auch § 127 Anm. 2). Was sollte denn auch die Bestimmung des § 127, für die § 126 entsprechend gilt, da er doch fast nur Fälle betrifft, in denen der Vorschlag gemäß § 124 Abs. 3 S. 1 nur vom Aufsichtsrat zu machen ist? Zum anderen muß ein Gegenantrag, sei es inhaltlich, sei es formulierungsmäßig von den Vorschlägen der Verwaltung abweichen, wobei es gleichgültig ist, wie groß die Abweichung ist. Anträge von Aktionären, die dem Verwaltungsvorschlag zustimmen, fallen also nicht unter § 126 — ein Grund übrigens, warum Alternativvorschläge nach § 124 Abs. 3 nicht zulässig sind (vgl. § 124 Anm. 8) —, auch wenn sie sich etwa gegen Gegenanträge anderer Aktionäre wenden. Schließlich setzt ein Gegenantrag einen bestimmten Tagesordnungspunkt voraus, zu dem eine Beschlußfassung erforderlich ist. Zur Vorlage des Jahresabschlusses gemäß § 175 Abs. 1 oder zur Entgegennahme einer Anzeige gemäß § 92 Abs. 1 können also keine Gegenanträge gestellt werden, auch nicht zu Gegenständen, die nicht auf der Tagesordnung stehen. Anträge zu derartigen Beschlußpunkten sind gemäß § 122 Abs. 2 zu behandeln (Obermüller-Werner-Winden S. 54; Godin-Wilhelmi Anm. 2; v. Falkenhausen AktG 66, 74).

Berechtigt zu Gegenanträgen ist nur ein Aktionär, der sich bei der Stellung von Gegenanträgen kraft Vollmacht vertreten lassen kann. Aktionärseigenschaft und ggf. Vollmacht müssen, wenn sie der Gesellschaft nicht bekannt sind, nachgewiesen werden. Wegen der kurzen Frist, an die ein Antrag nach § 126 gebunden ist, empfiehlt es sich deshalb, die Nachweise gleich mit dem Antrag der Gesellschaft vorzulegen. Der Gegenantrag im Sinne des § 126 braucht kein formuliertes petitum zu enthalten, das ohne weiteres zum Beschlußgegenstand gemacht werden könnte, und zwar auch dann nicht, wenn er sich gegen eine vorgeschlagene Satzungsänderung gemäß § 124 Abs. 2 S. 2 richtet. Es genügt für den Gegenantrag, daß er den Willen des Aktionärs erkennen läßt, eine vom Vorschlag der Verwaltung abweichende Beschlußfassung herbeizuführen.

Anm. 3

2. Begründung

Der Gegenantrag muß, um unter § 126 zu fallen, begründet sein. Ob die Begründung schlüssig, logisch und sachlich ist, bleibt (selbstverständlich unbeschadet des Abs. 2 Ziff. 3, Anm. 9) unerheblich. Dem Aktionärantrag muß nur eine Begründung beigefügt werden. Fehlt sie — das ist auch der Fall, wenn sie sich in der Bemerkung erschöpft, die Begründung verstehe sich von selbst — so ist dem Erfordernis des § 126 Abs. 1 nicht genügt, der ausdrücklich einen „Gegenantrag mit Begründung" verlangt. Die Begründung ist auch dann erforderlich, wenn sich der Antrag in der reinen Ablehnung eines Verwaltungsvorschlags erschöpft. Da der Gegenantrag des § 126 zur Mitteilung an die übrigen Aktionäre bestimmt ist und sie veranlassen soll, für den Gegenantrag zu stimmen, muß eben gesagt werden, aus welchen Gründen der Aktionär vom Verwaltungsvorschlag abweichen will. Wenn es für die Mitaktionäre vielleicht auch ganz interessant sein mag, zu wissen, daß der eine oder andere Aktionär mit dem Verwaltungsvorschlag nicht einverstanden ist, so ist für eine Diskussion über den Vorschlag und damit eine bessere Meinungsbildung der Aktionäre — diesem Anliegen dienen die Vorschriften der §§ 125ff. — die Kenntnis der Begründung erforderlich. Die Begründung ist auch deshalb notwendig, um dem Vorstand die Beurteilungsgrundlage für die Tatbestände des Abs. 2 Ziff. 2 bis 5 zu geben.

Anm. 4

3. Einwirkungswille auf die Mitaktionäre

Des weiteren ist die Erklärung erforderlich, der Aktionär wolle in der Hauptversammlung einem Vorschlag der Verwaltung widersprechen und die anderen Aktionäre veranlassen, für seinen Gegenantrag zu stimmen. Eine derartige Erklärung erfordert der Wortlaut des Abs. 1 ausdrücklich, so daß die Auffassung von Godin-Wilhelmi Anm. 2d, sie liege automatisch im Gegenantrag, nicht zutreffen kann (so auch Obermüller-Werner-Winden S. 55 N. 70; Baumbach-Hueck §§ 125 bis 128 Rdn. 5; v. Falkenhausen BB 66, 339). Richtig ist nur, daß eine derartige Erklärung nicht wörtlich in den Gegenantrag aufgenommen werden muß. Inhaltlich muß sie aber abgegeben werden und versteht sich aus dem Gegenantrag nicht von selbst. Die in der Praxis heute übliche Bezeichnung des Gegenantrags als „Oppositionsanmeldung" reicht dagegen, um klar zu machen, daß nicht nur ein Gegenantrag gestellt, sondern für diesen Gegenantrag auch die Zustimmung der übrigen Aktionäre gesucht werden soll. Abs. 1 enthält darüber hinaus noch — insoweit der Regelung des Abs. 2 Ziff. 6 vorgreifend — das Erfordernis einer Mitteilung des Aktionärs, er werde in der Hauptversammlung aktiv werden. Eine rein schriftliche Agitation außerhalb der Hauptversammlung soll damit von der Mitteilungspflicht des § 125 ausgeschlossen werden, die eben nur helfen soll, eine Opposition in der Hauptversammlung aufzubauen. Es dürfte aber auch insoweit, wie die Ausnahmeregel des Abs. 2 Ziff. 6 erkennen läßt, keine ausdrückliche Erklärung des Willens zum Auftreten in der Hauptversammlung erforderlich sein. Die Erklärung kann auch dem übrigen Inhalt des Gegenantrags und seiner Begründung entnommen werden; nur dann, wenn das nicht möglich ist und somit erkennbar wird, daß der Aktionär an der Hauptversammlung nicht teilnehmen und sich auch nicht vertreten lassen will, fehlt es an dem Oppositionswillen. Abs. 2 Ziff. 6 ist damit im Grunde überflüssig, da bei diesem Tatbestand die Mitteilungspflicht bereits aus Abs. 1 entfällt.

Anm. 5

4. Frist

Der Vorschrift des § 126 Abs. 1 wird nur genügt und damit eine Mitteilungspflicht begründet, wenn der den Anm. 2 bis 4 entsprechende Gegenantrag binnen einer Woche nach der Bekanntmachung der Einberufung zur Hauptversammlung im Bundesanzeiger bei der Gesellschaft eingeht. Ebenso wie in § 125 Abs. 1 kommt es für den Fristbeginn nur auf den Bundesanzeiger, nicht auch auf sonstige Gesellschaftsblätter an (§ 125 Anm. 4). Fällt das Fristende auf einen unter § 193 BGB fallenden Wochenend- oder Feiertag, so wird man aus den gleichen Erwägungen, wie zu § 125 Abs. 1 dargelegt, annehmen müssen, daß dadurch keine Fristverlängerung auf den nachfolgenden Werktag eintritt, der Aktionär vielmehr für seine Oppositionsmeldung weniger Zeit zur Verfügung hat, wenn er die Meldung nicht an dem unter § 193 BGB fallenden Tag vornehmen will (vgl. § 125 Anm. 4; a. M. v. Falkenhausen AktG 66, 75). Der Antrag muß der Gesellschaft innerhalb der Frist zugehen. Absendung innerhalb der Frist reicht nicht aus (Obermüller-Werner-Winden S. 54; Eckardt DB 67, 195; Boetius DB 68, 1875). Wenn die Frage, ob Zugang oder Absendung maßgeblich ist, hier anders als zu § 125 Abs. 1 entschieden wird (§ 125 Anm. 4), so deshalb, weil dort eine Großzahl von Empfängern der befristeten Mitteilung der Gesellschaft in Frage steht, hier aber ein Empfänger für Mitteilungen, die von einer großen Zahl von Aktionären mit den verschiedensten Wohnorten ausgehen können.

Maßgebend ist der Zugang bei der Gesellschaft. Er ist erfolgt, wenn die Mitteilung in den Machtbereich der Gesellschaft gelangt ist. Ein Zugang beim Vorstand ist nicht erforderlich. Es ist vielmehr Sache der Gesellschaft selbst, dafür Sorge zu tragen, daß

Mitteilungen, die bei einer zum Empfang von Mitteilungen befugten Stelle eingehen, unverzüglich an die zuständige Stelle weitergeleitet werden.

II. Ausnahmen von der Mitteilungspflicht (Abs. 2)

Anm. 6

1. Allgemeines

Abs. 2 führt sieben Ausnahmen von der Mitteilungspflicht im ganzen und eine von der Mitteilungspflicht für die Begründung auf. Die Entscheidung über die Mitteilung liegt heute — anders als unter der Geltung der Grundsätze über die Ausübung des Depotstimmrechts (§ 125 Anm. 1) — beim Vorstand. Denn gemäß § 125 Abs. 1 hat er die Mitteilungspflicht zu erfüllen und muß deshalb auch, wenn das Gesetz keine andere Instanz bestimmt, von sich aus entscheiden, ob die Voraussetzungen für eine Ausnahme von der Mitteilungspflicht vorliegen. Die Entscheidung kann nur auf der Basis des Gegenantrags nebst Begründung und der dem Vorstand sonst bekannten Tatsachen gefällt werden. Die Anstellung eigener Nachforschungen und die Einziehung von Informationen kann schon wegen der kurzen dem Vorstand für die Weitergabe des Gegenantrags zur Verfügung stehenden Zeit nicht im Sinne des Gesetzes liegen. Die Entscheidung steht unter der Sanktion einer Schadensersatzpflicht des Vorstandes und einer Anfechtbarkeit der Beschlüsse der Hauptversammlung, bei denen die Mehrheitsbildung durch Unterlassung der Mitteilung beeinflußt sein kann (§ 125 Anm. 5). Die Gegenanträge können jederzeit, und zwar auch noch in der Hauptversammlung, zurückgenommen werden. Wenn die Rücknahme vor der Mitteilung erfolgt, entfällt die Mitteilungspflicht.

Anm. 7

2. Fortfall der ganzen Mitteilungspflicht

Die Mitteilungspflicht entfällt ganz in jedem der nachstehenden sieben Fälle.

a) Strafbarkeit

Wenn der Vorstand sich durch die Mitteilung strafbar machen würde (Ziff. 1). Das trifft insbesondere zu, wenn der Vorstand durch die Mitteilung eines Gegenantrags nebst Begründung, der eine strafbare Handlung enthält, sich zu deren Gehilfe machen würde. Als strafbare Handlungen kommen alle denkbaren Straftatbestände in Betracht, insbesondere unbefugte Offenlegung eines Staatsgeheimnisses, Aufforderung zu strafbaren Handlungen, Beleidigung dritter Personen — die Beleidigung der Gesellschaftsorgane gehört unter Ziff. 3 (Anm. 9) —, Verletzung fremder Geheimnisse, Nötigung oder dergl. Ein Straftatbestand der §§ 399, 400 und 404, die Godin-Wilhelmi Anm. 3 beispielhaft aufführen, kann allerdings kaum Gegenstand einer Mitteilung nach § 125 sein, da diese Bestimmungen eigene Angaben in der Eigenschaft als Gründer, Vorstand oder Aufsichtsratsmitglied oder Abwickler verlangen (§§ 399, 400) und nur die Verletzung der Geheimhaltungspflicht aus § 404 als Gegenstand einer Mitteilung denkbar wäre, wenn eine der dort genannten Personen als Aktionär in seinem Gegenantrag oder dessen Begründung geheimzuhaltende Tatsachen behandelt. Unerheblich für die Geltung der Ziff. 1 ist, ob es sich um ein Antragsdelikt handelt. Schon deshalb, weil der Vorstand nicht zur Anstellung eigener Ermittlungen verpflichtet ist (Anm. 6), kann es auch nicht auf etwaige Schuld- oder Strafausschließungsgründe des Aktionärs ankommen, es sei denn, daß sie sich aus dem Gegenantrag oder seiner Begründung ergeben.

Anm. 8

b) Gesetz- oder Satzungswidrigkeit des erstrebten Beschlusses

Wenn mit dem Gegenantrag ein gesetz- oder satzungswidriger Hauptversammlungbeschluß erstrebt wird (Ziff. 2). Soll der Gegenantrag zur Beschlußfassung über einen

Punkt führen, der überhaupt auf der Tagesordnung nicht angegeben ist, so entfällt die Mitteilungspflicht schon deshalb, weil es sich nicht um einen Gegenantrag, sondern um einen Antrag handelt, der nach § 122 Abs. 2 zu behandeln ist (Anm. 2). Ist der Gegenantrag durch die Tagesordnung gedeckt, so kommt es für das Eingreifen der Ziff. 2 nur darauf an, ob der erstrebte Beschluß gegen Gesetz oder Satzung verstößt, nicht ob er dadurch nichtig oder nur anfechtbar wird oder ob die Geltendmachung seiner Anfechtbarkeit oder Nichtigkeit zu erwarten ist. Gesetzwidrigkeit liegt z. B. vor, wenn der Gegenantrag die Ausschüttung einer höheren Dividende, als sie nach dem festgestellten Jahresabschluß möglich ist, oder die Feststellung des Jahresabschlusses durch die Hauptversammlung unter Mißachtung gesetzlicher Bewertungsvorschriften oder die Ausgabe neuer Aktien unter pari oder die Abberufung eines entsandten oder von der Belegschaft gewählten Aufsichtsratsmitglieds erstrebt. Satzungswidrigkeit liegt vor, wenn bei Feststellung des Jahresabschlusses durch die Hauptversammlung die Bildung geringerer freier Rücklagen, als die Satzung sie gemäß § 58 Abs. 1 vorschreibt, oder die Wahl von mehr Aufsichtsratsmitgliedern, als die Satzung vorsieht, oder die Festsetzung einer geringeren Aufsichtsratsvergütung, als in der Satzung bestimmt, begehrt wird.

Anm. 9

c) falsche, irreführende oder beleidigende Angaben

Wenn die Begründung in wesentlichen Punkten offensichtlich falsche oder irreführende Angaben macht oder Beleidigungen enthält (Ziff. 3). Der Wortlaut des Gesetzes stellt hier zwar nur auf die Begründung ab, es dürfte aber keinen Unterschied machen, wenn die zu beanstandenden Angaben oder Beleidigungen im Gegenantrag selbst enthalten sind. Unrichtigkeiten und Irreführungen in nebensächlichen Punkten der Begründung sind unerheblich, sie müssen das Wesen der Begründung ausmachen. Wenn die Begründung eines Gegenantrags, wie das häufig der Fall ist, in Seitenhieben gegen die Gesellschaft Unrichtigkeiten oder Irreführungen enthält, kann deshalb von der Mitteilung nicht abgesehen werden. Hier verlangt das Gesetz eine gewisse Toleranz und Großzügigkeit von der Gesellschaft, der es ja freisteht, die Begründung mit einer eigenen Stellungnahme versehen zur Mitteilung zu bringen (§ 125 Anm. 2) und darin die unwesentlichen Punkte richtigzustellen. Für die Frage, ob offensichtlich falsche oder irreführende Angaben vorliegen, kommt es auf den Standpunkt des unbefangenen, mit den Verhältnissen nicht vertrauten Lesers an (OLG Düsseldorf in WM 68, 70). Ist also eine richtige Angabe so ausgedrückt, daß ein Außenstehender sie falsch verstehen wird, so kann sie im Sinne der Ziff. 3 falsch oder irreführend sein.

Da der Sinn der Ziff. 3 darin besteht, eine richtige Information der Aktionäre vor der Hauptversammlung sicherzustellen, reicht es für die Ausnahme von der Mitteilungspflicht nicht aus, daß die Beurteilung richtiger Tatsachen in der Begründung des Gegenantrags falsch oder irreführend ist. Es müssen vielmehr die der Beurteilung zugrunde liegenden Tatsachen oder Verhältnisse falsch und irreführend sein, um die Mitteilungspflicht auszuschließen.

Die Mitteilung von Beleidigungen dritter Personen begründet schon gemäß Ziff. 1 eine Ausnahme von der Mitteilungspflicht (Anm. 7). Bei Ziff. 3 kann es sich deshalb nur um Beleidigungen der Organe und der Gesellschaft selbst handeln (Godin-Wilhelmi Anm. 5). Beleidigung ist hier nicht nur Formalbeleidigung des § 185 StGB, sondern auch üble Nachrede und Verleumdung (§§ 186, 187). Beurteilungsgrundlage dafür, ob eine Beleidigung vorliegt, sind auch hier die Begründung des Gegenantrags und die sonst dem Vorstand bekannten Tatsachen.

Anm. 10

d) Gleichheit des Sachverhalts

Wenn ein auf den gleichen Sachverhalt gestützter Gegenantrag bereits zu einer Hauptversammlung nach § 125 mitgeteilt war (Ziff. 4). Diese Bestimmung will die Gesellschaft von der Mitteilungspflicht freistellen, wenn der Gegenantrag überflüssig oder von vorneherein aussichtslos erscheint. Während Ziff. 5 es auf die Identität des Gegenantrags abstellt, ist für die Anwendbarkeit der Ziff. 4 die Identität des dem Gegenantrag zugrunde liegenden Sachverhalts erforderlich. Unter diese Ziffer fällt also z. B. der Tatbestand, daß aus einem bestimmten Vorfall heraus in einem Jahr beantragt wird, die Entlastung des Aufsichtsrats zu verweigern, und in einem der nächsten Jahre aus dem gleichen Vorfall heraus Opposition gegen die Wiederwahl des Aufsichtsrats angemeldet wird. Der Gesetzgeber geht hier davon aus, daß der Vorgang als solcher bekannt ist und sich alle Aktionäre ein Urteil über den Vorgang bilden konnten, während eine aus ihm in Abweichung von dem früheren Antrag gezogene neue Schlußfolgerung zur Vorbereitung der Hauptversammlung nicht so wesentlich ist, daß sie bekannt gemacht werden müßte. Ob diese gesetzgeberische Wertung richtig ist und nicht Einschränkungen ähnlich wie bei Ziff. 5 erforderte, mag zweifelhaft sein. Jedenfalls wird man aus dem gesetzgeberischen Zweck zu folgern haben, daß die frühere Mitteilung des gleichen Sachverhalts nicht schon so lange zurückliegen darf, daß der Durchschnittsaktionär keine Erinnerung mehr haben kann. Allerdings liegt derselbe Sachverhalt nicht vor, wenn der früher mitgeteilte Sachverhalt nunmehr nur unterstützend im Rahmen eines erweiterten Sachverhalts vorgetragen wird, während die Zufügung oder Weglassung bedeutungsloser Einzelheiten die Identität des Sachverhalts nicht ändert. Im übrigen kann Ziff. 4 die überflüssige Mitteilung von auf denselben Sachverhalt gestützten Gegenanträgen um deswillen nicht ganz verhindern, weil es sich immer um den Gegenantrag desselben Aktionärs handeln muß. Wenn der Gesetzeswortlaut vom „Gegenantrag des Aktionärs" statt vom „Gegenantrag eines Aktionärs" spricht, ist eindeutig die Identität des antragstellenden Aktionärs verlangt. Wenn also ein anderer Aktionär auf der nächsten Hauptversammlung aufgrund des gleichen Sachverhalts einen gleichen oder ähnlichen Gegenantrag stellt, muß er mitgeteilt werden.

Anm. 11

e) Gleichheit des Gegenantrags

Wenn derselbe Gegenantrag mit im wesentlichen gleicher Begründung in den letzten 5 Jahren auf 2 Hauptversammlungen mitgeteilt worden ist und keine Unterstützung von 5% des vertretenen Grundkapitals gefunden hat (Ziff. 5). Diese Ausnahme stellt eine Reihe von Voraussetzungen auf. Zunächst einmal muß — das unterscheidet diese Ausnahme von der Ziff. 4 — der Gegenantrag derselbe sein. Ablehnung der Wahl in den Aufsichtsrat, Verweigerung der Entlastung für das trotzdem gewählte Mitglied und Geltendmachung von Schadensersatzansprüchen gemäß § 116 sind, auch wenn sie auf den gleichen Sachverhalt in jeweils aufeinander folgenden Jahren gestützt werden und im Grunde alle ein ähnliches Ziel verfolgen, verschiedene Anträge. Auch der Antrag, geringere Reserven gemäß § 58 Abs. 3 zu stellen und dafür die Dividende zu erhöhen, ist für einzelne aufeinander folgende Jahre nicht derselbe Antrag, weil die Reservenbildung und die Dividendenausschüttung je ein anderes Jahr betrifft. Auch die Entlastung und die Wahl des Abschlußprüfers beziehen sich in der Tagesordnung der ordentlichen Hauptversammlungen immer auf verschiedene Jahre, so daß Anträge auf Verweigerung oder auf Wahl eines anderen Prüfers, auch wenn sie in aufeinanderfolgenden Jahren gestellt werden, nicht dieselben Anträge sind. In die Beurteilung der Identität des Gegenantrags ist also auch die Zeit, auf die er sich bezieht, einzubeziehen. Die Fälle einer Antragsidentität sind deshalb höchst selten. Zum anderen erfordert die Ausnahme der Ziff. 5 eine „im wesentlichen gleiche Begründung". Das bedeutet, daß der Sachverhalt, auf den der Gegenantrag gestützt ist, in seinem Kern der gleiche wie in den Vorjahren ist. Es ist also nicht wie in Ziff. 4 die Identität des Sachverhalts erforderlich. Während diese (vgl. Anm. 10) nur dann erhalten bleibt, wenn bedeutungslose Einzelheiten zugefügt oder weggelassen werden, bleibt das Wesen einer Begründung auch dann das gleiche, wenn sie z. B. in einen erweiternden Zusammenhang gestellt, mit zusätzlichem Material versehen oder durch bedeutsame Einzelheiten ergänzt wird. Auch hier spielt das Zeitmoment eine Rolle. Wenn z. B. zur Begründung einer Entlastungsverweigerung des Vorstands für das vergangene Jahr Vorgänge aus diesem Jahr vorgetragen werden und für die Entlastungsverweigerung des folgenden Jahres ähnliche Vorgänge aus dem neuen Jahr als Begründung angegeben werden, handelt es sich nicht um eine wesentlich gleiche Begründung, weil die zur Begründung angeführten Vorgänge verschiedene Jahre betreffen. Zum dritten muß der gleiche Gegenantrag mit der im wesentlichen gleichen Begründung für zwei Hauptversammlungen im Verlauf der letzten 5 Jahre mitgeteilt worden sein. Ob die Hauptversammlungen ordentliche oder außerordentliche waren, ist gleichgültig. Bei der Bemessung der Zeitdauer von 5 Jahren ist von der Hauptversammlung ab, für die die neue Mitteilung verlangt wird, 5 Jahre zurückzurechnen und nicht etwa von dem Datum an, an dem der Gegenantrag eingeht. Der gleiche Gegenantrag mit im wesentlichen gleicher Begründung muß aber auch bereits innerhalb der letzten 5 Jahre zu zwei Hauptversammlungen gemäß § 126 mitgeteilt worden sein. Ist er zu einer dieser beiden früheren Hauptversammlungen, sei es zu Recht, sei es zu Unrecht, nicht mitgeteilt worden, so greift der Ausnahmetatbestand der Ziff. 5 nicht ein. Das gilt nach dem Wortlaut der Ziff. 5 auch dann, wenn nur der Gegenantrag gemäß Abs. 2 S. 2 aber nicht die Begründung mitgeteilt worden ist. Zum vierten ist erforderlich, daß der Gegenantrag in keiner der beiden Hauptversammlungen, zu denen er mit Begründung mitgeteilt worden ist, mindestens 5% des vertretenen Grundkapitals für sich gewinnen konnte. Wenn der Gegenantrag die Ablehnung eines Verwaltungsantrags betraf und der Gegenantrag seine Erledigung durch Annahme des Verwaltungsantrags fand, kommt es darauf an, ob die Nein-Stimmen gegen den Verwaltungsantrag 5% des vertretenen Grundkapitals erreichten. Schließlich ist auch bei Ziff. 5 die Identität des Aktionärs erforderlich, weil diese Bestimmung, ebenso wie die Ziff. 4, auf den Gegenantrag „des Aktionärs" abstellt (vgl. Anm. 10).

Anm. 12

f) Nichtvertretung des Gegenantrags in der Hauptversammlung

Wenn der Aktionär zu erkennen gibt, daß er an der Hauptversammlung nicht teilnehmen und sich nicht vertreten lassen wird (Ziff. 6). Diese Bestimmung ist, wie Godin-Wilhelmi Anm. 8 feststellen (vgl. Anm. 4), überflüssig. Denn der Gegenantrag braucht gemäß Abs. 1 nur mitgeteilt zu werden, wenn der Aktionär bei seiner Einreichung erklärt oder erkennen läßt, er wolle in der Hauptversammlung widersprechen und die anderen Aktionäre für sich gewinnen. Das erfordert zwar keine ausdrückliche aber eine erkennbare Erklärung der Absicht, an der Hauptversammlung teilzunehmen oder sich vertreten zu lassen. Ziff. 6 stellt es darauf ab, daß der Aktionär diese Absicht zu erkennen gibt. Ob diese Absicht glaubhaft ist, bleibt für die Ziff. 6 bedeutungslos; insoweit greift Ziff. 7 ein. Ziff. 6 macht aber die gesetzgeberische Absicht klarer, daß die Mitteilungspflicht des § 125 nur der Erleichterung eine Opposition in der Hauptversammlung, nicht auch einem Schriftsatzkrieg außerhalb der Hauptversammlung dienen soll.

Anm. 13

g) Nichtvertretung von Gegenanträgen in zwei Hauptversammlungen

Wenn der Aktionär in den letzten 2 Jahren in zwei Hauptversammlungen einen von ihm mitgeteilten Gegenantrag weder gestellt hat noch hat stellen lassen (Ziff. 7). Diese Formulierung enthält einen Fehler insofern, als sie von einem vom Aktionär mitgeteilten Gegenantrag spricht, während der Aktionär den Gegenantrag nur stellen kann, die Mitteilung aber Sache der Gesellschaft ist. Obwohl das Gesetz, soweit es auf die Mitteilung abstellt, stets den § 125 mit heranzieht (Ziff. 4 und 5), ist trotzdem in Berichtigung des lapsus linguae des Gesetzgebers der vom Aktionär übersandte und von der Gesellschaft mitgeteilte Gegenantrag zu verstehen. Es reicht also aus, daß der Aktionär der AG innerhalb der letzten 2 Jahre — sie rechnen wieder wie in Anm. 11 vom Tag der Hauptversammlung, zu dem der neue Gegenantrag gestellt wird, zurück — bei insgesamt zwei Hauptversammlungen einen übersandten Gegenantrag, den die Gesellschaft mitgeteilt hat, weder selbst noch durch einen anderen gestellt hat. Es muß also in zwei Hauptversammlungen der Gesellschaft mindestens je ein Gegenantrag des Aktionärs unvertreten geblieben sein. Die Auffassung von Obermüller-Werner- Winden

S. 76, es müsse sich nicht um zwei Hauptversammlungen der Gesellschaft selbst handeln, findet zwar im Gesetzeswortlaut eine Begründung darin, daß in Ziff. 4 und 5, nicht aber auch in Ziff. 7, von Hauptversammlungen der Gesellschaft gesprochen wird. Trotzdem geht diese Auslegung zu weit. Abgesehen davon, daß von der Nichtvertretung einer mitgeteilten Opposition kaum eine hinreichende Kenntnis bei anderen Aktiengesellschaften unterstellt werden kann, bedeutete die Heranziehung des Verhaltens eines Aktionärs bei anderen Gesellschaften eine derartige Anomalie, daß sie aus der Weglassung des Wortes „der Gesellschaft" nicht hergeleitet werden kann. Das gilt um so mehr, als die ganze Formulierung des Abs. 2 S. 1, der vom Bundestag eingefügt worden ist, nicht die Ausgewogenheit besitzt und auch gar nicht besitzen kann wie die aus dem Referentenentwurf entnommenen Teile.

Der Tatbestand des Nichtvertretens eines Gegenantrags ist sowohl dann gegeben, wenn der Aktionär der Hauptversammlung ferngeblieben ist, sich auch nicht hat vertreten lassen, wie auch dann, wenn er oder sein Vertreter in der Hauptversammlung für seinen Gegenantrag überhaupt nicht eingetreten ist. Dazu ist keineswegs notwendig, daß der Aktionär die Begründung seines Gegenantrags in der Hauptversammlung vorträgt und erläutert, es genügt vielmehr, wenn der Gegenantrag gestellt wird. Da eine jederzeitige Rücknahme auch des bereits mitgeteilten Gegenantrags möglich ist (vgl. Anm. 6), steht es dem Aktionär, ohne die Konsequenzen der Ziff. 7 für einen auf der nächsten Hauptversammlung etwa zu stellenden Gegenantrag zu riskieren, frei, auch noch in der Hauptversammlung seinen Gegenantrag zurückzunehmen. Das muß schon deshalb zulässig sein, weil es andernfalls einem Aktionär zu schwer gemacht würde, die ihm entgegengehaltenen Argumente als besser anzuerkennen (so auch Obermüller-Werner-Winden S. 56).

Anm. 14

3. Fortfall der Mitteilungspflicht für die Begründung

Die Mitteilungspflicht für die Begründung — nicht aber auch für den Gegenantrag selbst — entfällt, wenn die Begründung insgesamt mehr als 100 Worte beträgt. Der Sinn dieser Bestimmung liegt darin zu verhindern, daß der Aktionär, der den Gegenantrag stellt, durch eine übermäßig lange Begründung die Kosten der Mitteilung des Gegenantrags unangemessen erhöht (Begr. z. Reg.E bei Kropff S. 179). Mit dieser Regelung wird der Aktionär angehalten, seine Begründung knapp zu fassen, weil er bei Überschreitung der Grenze von 100 Worten keinen Anspruch darauf hat, daß die Begründung seines Gegenantrags seinen Mitaktionären vom Vorstand mitgeteilt wird. Fraglich ist, was das Wort „insgesamt" in S. 2 bedeuten soll. Es muß wohl schlicht als überflüssig bezeichnet werden. Denn es kann weder bedeuten, daß in die 100 Worte der Gegenantrag selbst mit einzubeziehen sei; nachdem das Gesetz zwischen Gegenantrag und Begründung unterscheidet und in S. 2 nur die Begründung anspricht, kann nicht angenommen werden, daß die Worte des Gegenantrags mitzuzählen sind. Es kann aber auch nicht, wenn mehrere Gegenanträge seitens des Aktionärs gestellt werden, angenommen werden, daß die Begründung zu der Gesamtheit der Gegenanträge nicht mehr als 100 Worte betragen dürfe. Dem steht einmal die Formulierung des Beginns des Abs. 2 S. 1 entgegen (so auch Baumbach-Hueck §§ 125 bis 128 Rdn. 9) und zum anderen die Erwägung, daß der Aktionär, der mehrere Gegenanträge glaubt stellen zu müssen, durch Einschränkung seiner Begründungsmöglichkeiten nicht beeinträchtigt werden darf. Baumbach-Hueck a. a. O. weist aber mit Recht in diesem Zusammenhang darauf hin, daß das nicht dazu führen dürfe, einen Gegenantrag künstlich in mehrere Teile zu zerlegen, um damit die Beschränkung auf 100 Worte zu umgehen. Übersteigt die Begründung 100 Worte, so kann die Gesellschaft von der Mitteilung der Begründung absehen. Sie ist aber nicht verpflichtet, die vom Aktionär gegebene Begründung auf 100 Worte zu kürzen (Obermüller-Werner-Winden S. 57). Die Befugnis dazu wird man ihr allerdings nicht absprechen können. Da das, was eine Gesellschaft ihren Aktionären mitteilen will, in ihrem Ermessen steht, kann sie, wenn sie den Wortlaut der vom Aktionär gegebenen Begründung wegen Abs. 2 S. 2 nicht mitzuteilen braucht, den wesentlichen Inhalt der nicht mitteilungspflichtigen Erklärung mit ihren Worten mitteilen. Die dem Aktionär durch Abs. 2 S. 2 auferlegte Pflicht zur knappen Begründung sollte die Gesellschaft ihrerseits auch für ihre Stellungnahme gelten lassen, die sie der Begründung des Gegenantrags beifügt.

III. Mitteilung bei Mehrheit von Gegenanträgen (Abs. 3)

Anm. 15

Abs. 3 gestattet dem Vorstand, die von mehreren Aktionären zu demselben Tatbestand der Beschlußfassung gestellten Gegenanträge und ihre Begründungen zusammenzufassen. Würde diese Bestimmung nur besagen wollen, daß die mehreren Gegenanträge und Begründungen in einem Schriftstück gemäß § 125 mitgeteilt werden können, so würde sie Selbstverständliches ausdrücken und systematisch in § 125 und nicht in § 126 gehören. Ihre Bedeutung kann deshalb, wie auch die Begr. z. Reg.E zu § 126 (Kropff S. 179) zum Ausdruck bringt, nur darin liegen, daß sie inhaltlich zusammengefaßt werden dürfen. Während in der Regel also Gegenantrag und Begründung in dem vom Aktionär gewählten Wortlaut unverändert mitzuteilen sind (Anm. 6), gibt Abs. 3 dem Vorstand die Möglichkeit, sowohl die Anträge wie ihre Begründungen inhaltlich zusammenzufassen. Das beinhaltet die Befugnis, von dem von den Aktionären übersandten Wortlaut zum Zwecke der Zusammenfassung sowohl beim Gegenantrag als auch bei der Begründung abzuweichen. Selbstverständlich sind die Ausführungen der Aktionäre möglichst wörtlich zu verwenden, und können nur Wiederholungen und überflüssige Ausführungen gestrichen werden, ohne daß wesentliche Gesichtspunkte ausgelassen werden dürfen. Erfolgt eine derartige Zusammenfassung unter Einbeziehung eines Gegenantrags, dessen Begründung gemäß Abs. 2 S. 2 nicht mitteilungspflichtig ist, so greift diese Ausnahmevorschrift nicht ein, vielmehr muß auch die zu lange Begründung bei der inhaltlichen Zusammenfassung berücksichtigt werden. Voraussetzung für die Befugnis des Vorstandes zu einer Zusammenfassung ist nicht, daß die Gegenanträge und ihre Begründung in ihrem wesentlichen Inhalt gleich sind. Es reicht vielmehr aus, daß zu ein- und demselben Beschlußgegenstand der Hauptversammlung mehrere Gegenanträge gestellt sind. Daß auch bei Zusammenfassung der Gegenanträge nebst Begründungen mehrerer Aktionäre ihre Namen gemäß § 125 Abs. 1 mitzuteilen sind, ist selbstverständlich.

§ 127 Wahlvorschläge von Aktionären

Für den Vorschlag eines Aktionärs zur Wahl von Aufsichtsratsmitgliedern oder von Abschlußprüfern gilt § 126 sinngemäß. Der Wahlvorschlag braucht nicht begründet zu werden. Der Vorstand braucht den Wahlvorschlag auch dann nicht mitzuteilen, wenn der Vorschlag nicht die Angaben nach § 124 Abs. 3 Satz 3 enthält.

Übersicht

Literatur

Vgl. Zusammenstellung vor § 125.

Anm. 1

Einleitung

Wegen der Entstehung des § 127 und seines Einbaus in die §§ 124ff. vgl. § 125 Anm. 1. § 127 regelt die Voraussetzungen, unter denen ein Gegenvorschlag zur Wahl von Aufsichtsratsmitgliedern und Abschlußprüfern gemäß § 125 mitgeteilt werden muß. Der entscheidende Unterschied zu den in § 126 aufgeführten Voraussetzungen für die Mitteilung eines Gegenantrags liegt darin, daß der vom Vorschlag der Verwaltung abweichende Wahlvorschlag eines Aktionärs nicht begründet zu werden braucht (S. 2).

Anm. 2

1. Voraussetzungen für die Mitteilungspflicht

Die gleichen Voraussetzungen, die § 126 für die Mitteilungspflicht des Vorstandes hinsichtlich des Gegenantrags eines Aktionärs bestimmt, erfordert § 127 auch für die Mitteilungspflicht von Wahlvorschlägen für Aufsichsratsmitglieder und Abschlußprüfer. Da in § 125 und § 126 zwischen Gegenanträgen einerseits und Wahlvorschlägen andererseits unterschieden ist, in § 127 aber nicht der Wahlvorschlag allgemein, sondern nur der für Aufsichtsratsmitglieder und Abschlußprüfer genannt ist — in § 124 Abs. 3 S. 1 ist immerhin allgemeiner von der Wahl von Prüfern gesprochen —, bleibt offen, wie es mit Vorschlägen zur Wahl anderer Personen, z. B. von Sonderprüfern gemäß § 142 oder Abwicklern gemäß § 265 Abs. 2 zu halten ist, ob für sie § 126 oder § 127 oder keine dieser Bestimmungen gilt. Da letzteres schwerlich als im Willen des Gesetzgebers liegend angesehen werden kann und der Unterschied zwischen § 126 und § 127 nur darin liegt, daß der Wahlvorschlag anders als der Gegenantrag keiner Begründung bedarf und die Angabe von Namen, Beruf und Wohnort des Vorgeschlagenen erfordert, dürfte es wohl richtig sein, § 127 auch auf die Wahl anderer Personen als der Aufsichtsratsmitglieder und Abschlußprüfer analog anzuwenden.

Von einem Wahlvorschlag kann nur gesprochen werden, wenn der Aktionär sich nicht darauf beschränkt, dem Wahlvorschlag der Verwaltung gemäß § 124 Abs. 3 lediglich zu widersprechen oder ihm zuzustimmen, sondern wenn er eine andere Person als die Verwaltung zur Wahl vorschlägt. Das reine Neinsagen zum Verwaltungsvorschlag muß deshalb wohl als Gegenantrag gemäß § 126 behandelt werden und erfordert mithin auch eine Begründung, um die Mitteilungspflicht auszulösen. Der Wahlvorschlag dagegen bedarf nach S. 2 keiner Begründung, muß aber die zur Wahl vorgeschlagenen Personen nach Namen, Beruf und Wohnort aufführen, so daß ihre Identität für jeden Aktionär feststellbar ist. Das schließt aber nicht aus, daß der Aktionär seinen Wahlvorschlag begründen darf. Tut er dies, so muß die Begründung auch mitgeteilt werden (Baumbach-Hueck §§ 125 bis 128 Rdn. 10). Denn die Freistellung von der Begründungspflicht soll den Aktionär nur von der für ihn vielleicht peinlichen Aufgabe befreien, eine Diskussion über persönliche Qualifikationen auszulösen. Macht der Aktionär von dieser Erleichterung keinen Gebrauch, so hat er auch Anspruch darauf, daß seine Begründung mitgeteilt wird, allerdings nur vorbehaltlich § 126 Abs. 2 S. 2.

Im übrigen gelten für die Mitteilungspflicht die gleichen Voraussetzungen wie bei § 126. Es muß also eine Wahl zur Beschlußfassung stehen (§ 126 Anm. 2). Der Aktionär muß eine andere Person vorschlagen als die Verwaltung; bei Aufsichtsratsmitgliedern und Prüfern ist das gemäß § 124 Abs. 3 S. 1 allein der Aufsichtsrat. Auch wenn der Aufsichtsrat gemäß § 124 Abs. 3 S. 2 keinen Vorschlag zu machen hat (§ 124 Anm. 9), ein derartiger Vorschlag aber trotzdem gemacht wird, sei es vom Aufsichtsrat, sei es von der die Hauptversammlung durchsetzenden Minderheit, greift § 127 ein. Unterläßt der Aufsichtsrat pflichtwidrig einen Vorschlag, so kann dadurch das Recht des Aktionärs auf Mitteilung seines Vorschlags aus § 127 nicht beeinträchtigt werden; der Vorschlag ist also mitzuteilen. Dagegen entfällt die Mitteilungspflicht, wenn gemäß § 124 Abs. 3 ein Vorschlag der Verwaltung nicht zu machen ist und auch nicht gemacht worden ist. Auch muß der Gegenvorschlag als sogenannte Opposition gekennzeichnet sein. Er muß also die Willensäußerung erkennen lassen, in der Hauptversammlung die anderen Aktionäre zu veranlassen, für den Gegenvorschlag zu stimmen (§ 126 Anm. 3). Schließlich muß der Vorschlag, um die Mitteilungspflicht zu begründen, binnen einer Woche nach Bekanntgabe der Einberufung der Hauptversammlung bei der Gesellschaft eingegangen sein (§ 126 Anm. 4).

Anm. 3

2. Ausnahmen von der Mitteilungspflicht

Die Ausnahmen von der Mitteilungspflicht, die § 126 Abs. 2 aufführt, gelten auch für die Wahlvorschläge. Sind diese also gemäß § 126 Abs. 1 unter Beachtung der Bestimmungen des § 127 S. 2 und 3 mitteilungspflichtig, so entfällt die Pflicht, wenn ein Ausnahmetatbestand vorliegt. Der Ausnahmetatbestand des § 126 Abs. 2 Ziff. 1 (§ 126 Anm. 7) dürfte allerdings nur hinsichtlich der Begründung des Wahlvorschlags vorliegen können. Dann aber ist es mit Rücksicht auf § 127 S. 2 geboten, nur von der Mitteilung der Begründung abzusehen, den Vorschlag selbst aber mitzuteilen. Der Ausnahmetatbestand der Ziff. 2 (§ 126 Anm. 8) kann bei Wahlvorschlägen nur gegeben sein, wenn eine Person gewählt werden soll, die gesetz- oder satzungsmäßig von der Wahl ausgeschlossen ist, z. B. für den Abschlußprüfer aus § 164 heraus. Auch das Eingreifen des Ausnahmetatbestandes der Ziff. 3 (§ 126 Anm. 9) kann hier aufgrund des § 127 S. 2 nur zu der Konsequenz führen, die Begründung nicht mitzuteilen, während der Wahlvorschlag selbst mitzuteilen ist. Der gegenteiligen Auffassung des OLG Düsseldorf in WM 68, 70 kann nicht zugestimmt werden; denn die von ihm angesprochene Einheit von Antrag und Begründung ist durch S. 2 unterbrochen. Als sachgerecht kann es auch schwerlich angesehen werden, wegen der Unzulässigkeit einer überflüssigen Begründung den für sich allein zulässigen Wahlvorschlag von der Mitteilungspflicht freizustellen. Hinsichtlich der Ausnahmetatbestände der Ziff. 4 bis 7 (§ 126 Anm. 10 bis 13) gelten keine Besonderheiten. Da eine dem Wahlvorschlag des Aktionärs beigefügte Begründung mitzuteilen ist (Anm. 2), greift auch die Bestimmung des § 126 Abs. 2 S. 2 ein; die Mitteilungspflicht für eine überflüssigerweise beigefügte Begründung entfällt also, wenn sie länger als 100 Worte ist (§ 126 Anm. 14).

Anm. 4

3. Zusammenfassung mehrerer Vorschläge

Mehrere Wahlvorschläge verschiedener Aktionäre können im Sinne des § 126 Abs. 3 sowohl in ihrem Petitum wie in ihrer Begründung zusammengefaßt werden (§ 126 Anm. 15). Besonderes gilt hier nicht.

§ 128 Weitergabe der Mitteilungen durch Kreditinstitute und Vereinigungen von Aktionären

(1) Verwahrt ein Kreditinstitut für Aktionäre Aktien der Gesellschaft, so hat es die Mitteilungen nach § 125 Abs. 1 unverzüglich an sie weiterzugeben.

(2) Beabsichtigt das Kreditinstitut, in der Hauptversammlung das Stimmrecht für Aktionäre auszuüben oder ausüben zu lassen, so hat es dem Aktionär außerdem eigene Vorschläge für die Ausübung des Stimmrechts zu den einzelnen Gegenständen der Tagesordnung mitzuteilen. Bei den Vorschlägen hat sich das Kreditinstitut vom Interesse des Aktionärs leiten zu lassen. Das Kreditinstitut hat den Aktionär ferner um Erteilung von Weisungen für die Ausübung des Stimmrechts zu bitten und darauf hinzuweisen, daß es, wenn der Aktionär nicht rechtzeitig eine andere Weisung erteilt, das Stimmrecht entsprechend seinen nach Satz 1 mitgeteilten Vorschlägen ausüben werde.

Das Kreditinstitut hat der Bitte um Erteilung von Weisungen ein Formblatt beizufügen, durch dessen Ausfüllung der Aktionär Weisungen für die Ausübung des Stimmrechts zu den einzelnen Gegenständen der Tagesordnung erteilen kann. Gehört ein Vorstandsmitglied des Kreditinstituts dem Aufsichtsrat der Gesellschaft oder ein Vorstandsmitglied der Gesellschaft dem Aufsichtsrat des Kreditinstituts an, so hat das Kreditinstitut auch dies mitzuteilen.

(3) Soweit ein Aktionär nach Einberufung der Hauptversammlung dem Kreditinstitut zu den einzelnen Gegenständen der Tagesordnung schriftlich Weisungen für die Ausübung des Stimmrechts erteilt hat, braucht das Kreditinstitut keine eigenen Vorschläge nach Absatz 2 mitzuteilen und den Aktionär nicht um Erteilung von Weisungen zu bitten.

(4) Die Verpflichtung des Kreditinstituts zum Ersatz eines aus der Verletzung der Absätze 1 oder 2 entstehenden Schadens kann im voraus weder ausgeschlossen noch beschränkt werden.

(5) Gehören einer Vereinigung von Aktionären Aktionäre der Gesellschaft als Mitglieder an, so hat die Vereinigung die Mitteilungen nach § 125 Abs. 1 an diese Mitglieder auf deren Verlangen unverzüglich weiterzugeben. Im übrigen gelten die Absätze 2 bis 4 für Vereinigungen von Aktionären entsprechend.

(6) Der Bundesminister der Justiz wird ermächtigt, im Einvernehmen mit dem Bundesminister für Wirtschaft durch Rechtsverordnung

1. **ein Formblatt für die Erteilung von Weisungen durch den Aktionär vorzuschreiben, das die Kreditinstitute und die Vereinigungen von Aktionären ihrer Bitte um Weisungen nach Absatz 2 Satz 3 beizufügen haben,**
2. **vorzuschreiben, daß die Gesellschaft den Kreditinstituten und den Vereinigungen von Aktionären die Aufwendungen für die Vervielfältigungen der Mitteilungen und für ihre Übersendung an die Aktionäre oder an ihre Mitglieder zu ersetzen hat. Zur Abgeltung der Aufwendungen kann für jedes Schreiben nach Absatz 1 ein Pauschbetrag festgesetzt werden.**

Die Rechtsverordnung bedarf nicht der Zustimmung des Bundesrates.

Übersicht

Literatur

wie vor § 125 und zusätzlich

Consbruch: Das neue Aktiengesetz und die Kreditinstitute, ZKW 65, 1155
Gessler: Aktuelle gesellschaftsrechtliche Probleme, DB 66, 215
Johannsson: Die Ausübung des Depotstimmrechts aufgrund eigener Vorschläge des Kreditinstituts, BB 67, 1315
Penzkofer: Die Kostenerstattung für die Kreditinstitute nach § 128 AktG, AktG 68, 144
Seifert: Verzicht auf die Weitergabe von Mitteilungen nach § 128 AktG, AktG 68, 371
Vallenthin: Stimmrechtsvertretung durch Banken nach AktG 1965, Frankfurt a. Main 1966
Werner: Der erste Kommentar zum neuen AktG, AktG 67, 102

Anm. 1

Einleitung

Auch hier ist wegen der Entstehung der Vorschrift und ihres Einbaus in die §§ 124 ff. auf § 125 Anm. 1 zu verweisen. Die Regelung des § 128 ist eine wesentliche Ergänzung des in § 135 geregelten Depotstimmrechts, dessen Beibehaltung auf der Tatsache beruht, daß dem einzelnen Aktionär nicht nur über die Kreditinstitute oder Aktionärsvereinigungen die Mitteilungen des Vorstandes gemäß § 125 zugehen, sondern auch eigene Vorschläge dieser Institutionen zur Ausübung des Stimmrechts zu machen sind. § 128 beschränkt sich aber nicht darauf, durch Einschaltung der Depotbanken und der Aktionärsvereinigungen dafür Sorge zu tragen, daß die Mitteilungen des Vorstands nach § 125 den Einzelaktionär auch erreichen (Abs. 1 und 5), sondern begründet in den Abs. 2 bis 5 für Kreditinstitute und Aktionärsvereinigungen, die in der Hauptversammlung für Aktionäre das Stimmrecht ausüben wollen, die Pflicht, eigene Vorschläge für die Ausübung des Stimmrechts zu unterbreiten, Mitteilungen über etwaige Verflechtungen der Organe der Gesellschaft mit denen der Kreditinstitute zu machen und entsprechend einem Formblatt Weisungen für die Ausübung des Depotstimmrecht einzuholen.

I. Pflicht zur Weitergabe der Mitteilungen des Vorstandes

Anm. 2

1. Schuldner der Weitergabepflicht

Zur Weitergabe der gemäß § 125 Abs. 1 vom Vorstand zu machenden Mitteilungen ist einmal ein Kreditinstitut (Definition in § 1 Kred.Wes.G) und zum anderen eine Vereinigung von Aktionären (wegen dieses Begriffs vgl. § 125 Anm. 7) verpflichtet. Die Weitergabepflicht besteht für das Kreditinstitut aber nur dann und insoweit, als es für Aktionäre Aktien der Gesellschaft verwahrt. Der Begriff der Verwahrung bestimmt sich nach dem Gesetz über die Verwahrung und Anschaffung von Wertpapieren vom 4. 2. 1937 (Depot-Gesetz), das in § 1 Abs. 2 als Verwahrer einen Kaufmann — gemäß § 1 Abs. 1 Ziff. 5 ist er durch den kaufmännischen Betrieb der Verwahrungsgeschäfte Kreditinstitut — bezeichnet, „dem im Betrieb seines Handelsgewerbes Wertpapiere unverschlossen zur Verwahrung anvertraut werden". Ob die Verwahrung als Sonder-(verwahrung (§ 2 Dep.G), als Sammelverwahrung (§ 5) oder als Tauschverwahrung (§ 10) erfolgt, ist gleichgültig, ebenso ob die Verwahrung im Zusammenhang mit einem Anschaffungs- oder Veräußerungsgeschäft oder aufgrund eines gesonderten Verwahrungsvertrages erfolgt. Legt ein Dritter die dem Aktionär gehörenden Aktien bei dem Kreditinstitut z. B. als Treuhandstelle ein, so ist auch das im Sinne des Abs. 1 eine Verwahrung für den Aktionär, und es entsteht nur die aus dem dem Kreditinstitut erteilten Auftrag heraus zu entscheidende Frage, ob die Mitteilungen an den Einleger oder den Aktionär zu gehen haben. Für die Aktionärsvereinigung gilt die Mitteilungspflicht gegenüber ihren Mitgliedern. Bei einem eingetragenen Verein sind das die Vereinsmitglieder, einerlei, ob ordentliche oder außerordentliche, ständige oder vorübergehende, bei einer bürgerlich rechtlichen Gesellschaft die Gesellschafter und bei einer GmbH die Anteilseigner.

Anm. 3

2. Verzicht auf Mitteilungspflicht gegenüber Kreditinstitut

Die Weitergabepflicht hängt bei dem Kreditinstitut nicht davon ab, ob der Aktionär ein entsprechendes Verlangen stellt. Die Tatsache der Verwahrung von Aktien einer Gesellschaft für einen Aktionär reicht für die Pflicht zur Weitergabe der Mitteilung aus. Die Frage, ob der Aktionär auf die Weitergabepflicht verzichten kann, ist recht umstritten. Consbruch ZKW 65, 1155, Gessler DB 66, 217, Eckardt DB 67, 193 und Schmidt BB 67, 818 sind der Meinung, die Interessen der Öffentlichkeit und der Aktiengesellschaft schlössen eine Verzichtsmöglichkeit aus, was das Gesetz durch den Ausschluß des Verzichts auf Schadensersatzansprüche wegen Verletzung des Abs. 1 in Abs. 4 selbst bestätige. Eine vermittelnde Auffassung vertreten Godin-Wilhelmi Anm. 2 und Baumbach-Hueck §§ 125 bis 128 Rdn. 11, die den Verzicht ausnahmsweise bei besonderem Interesse des Aktionärs zulassen wollen. Demgegenüber lassen Vallenthin S. 44, Bundesverband des privaten Bankgewerbes WM 65, 1092 I Ziff. 6 und Werner AktG 67, 102 die Möglichkeit eines Verzichts ohne weitere Begründung zu, begründet B. v. Falkenhausen AktG 66, 76 die Verzichtsmöglichkeit mit der Erwägung, die Gesellschaft habe kein Recht, ihren Aktionären gegen deren Willen Mitteilungen zuzusenden und ein Verzicht gegenüber der Bank wirke auch gegenüber der Gesellschaft, und rechtfertigt insbesondere Seifert AktG 68, 371 ff. die Zulässigkeit des Verzichts damit, daß weder im Gesetz noch in seiner Entstehungsgeschichte Anhaltspunkte für das Verbot eines Verzichts vorhanden wären, und daß das Interesse der Öffentlichkeit und der AG an der Information des Aktionärs an dem Willen des Aktionärs, sich nicht informieren zu lassen, seine Grenze finde. Dieser letzteren Auffassung ist zuzustimmen. Abs. 1 und seine Entstehungsgeschichte gibt keinen Anhaltspunkt für ein Verzichtsverbot. Das Interesse der AG und der Öffentlichkeit geht nicht so weit, den Aktionär zu zwingen, von den ihm übersandten Mitteilungen des Vorstandes nun auch wirklich Kenntnis zu nehmen. Aus dem Verbot des Abs. 4 für einen vorzeitigen Verzicht auf Schadensersatzansprüche wegen Verletzung des Abs. 1 auch auf die Unverzichtbarkeit der Weitergabepflicht zu schließen, wäre ein unzulässiger Schluß a minore ad majus. Wenn Godin-Wilhelmi a. a. O. und Baumbach-Hueck a. a. O. für den Fall eines besonderen Interesses Ausnahmen zulassen wollen, so muß festgestellt werden, daß die Banken weder berufen noch in der Lage sind, dieses besondere Interesse zu überprüfen. Richtig ist an der Gegenmeinung — und insbesondere Gessler a. a. O. bringt das zum Ausdruck — daß ein formularmäßiger Verzicht und gar durch Anerkennung der allgemeinen Geschäftsbedingungen nicht im Sinne des Gesetzgebers liegt. In Analogie zu § 135 Abs. 2 wird man den Verzicht auch nur auf die Höchstdauer von 15 Monaten und auch nur als jederzeit widerruflich zulassen können.

Anm. 4

3. Verlangen als Voraussetzung der Mitteilungspflicht einer Aktionärsvereinigung

Für Aktionärsvereinigungen hängt die Weitergabepflicht von einem vom Aktionär zu stellenden Verlangen ab. Diese Regelung ist erst in der 3. Lesung des Aktiengesetzes im Bundestag eingeführt worden (Kropff in Begr. z. Reg.E S. 181 N. 2). Sie war erforderlich, weil die Aktionärsvereinigung anders als die Depotbank nicht zuverlässig weiß, bei welchen Aktiengesellschaften ihre Mitglieder beteiligt sind, und zum anderen deshalb, weil die Aktien auch der Mitglieder einer Aktionärsvereinigung weitgehend bei

Kreditinstituten verwahrt werden, eine Mitteilung also schon nach Abs. 1 durch das Kreditinstitut erfolgt. Mitteilungsverlangen werden auch in der Praxis an Aktionärsvereinigungen nicht gestellt. Sollte ausnahmsweise ein Weitergabeverlangen einmal praktisch werden, so wird man seine Geltung in Analogie zu § 135 Abs. 9 Ziff. 1 und Abs. 2 S. 1 auf längstens 15 Monate beschränken müssen, zumal ja der Aktienbesitz des einzelnen Mitglieds ständig wechseln kann und es nicht Aufgabe der Vorstandsmitteilung nach § 125 und ihrer Weitergabepflicht ist, Nichtaktionäre zu informieren. Das Verlangen als Voraussetzung der Mitteilungspflicht gemäß Abs. 1 entfällt für Aktionärsvereinigungen auch dann nicht, wenn sie das Stimmrecht für ihre Mitglieder auszuüben beabsichtigen (a. M. Obermüller-Werner-Winden S. 63; Möhring-Tank I 170 Tz. 371). Denn Abs. 5 S. 1 macht die Geltung des Abs. 1 für Aktionärsvereinigungen nun einmal davon abhängig, daß ein Verlangen gestellt wird, und macht dabei keinen Unterschied, ob eine Stimmrechtsausübung beabsichtigt ist oder nicht. Wenn Abs. 2 S. 1 an Abs. 1 auch mit dem Wort „außerdem" anschließt, liegt darin keine zusätzliche Begründung einer Mitteilungspflicht aus Abs. 1; außerdem gelten die Abs. 2 bis 4 für die Aktionärsvereinigungen nur „im übrigen", ändern also nichts daran, daß die Mitteilungspflicht aus Abs. 1 von einem Verlangen abhängig ist.

Anm. 5

4. Pflicht zur Anforderung der Unterlagen

Die Weitergabepflicht des Abs. 1 ist für ein Kreditinstitut nicht davon abhängig, daß die Gesellschaft ihm nach § 125 Abs. 1 zur Übersendung der Mitteilungen verpflichtet war. Auch dann, wenn das Kreditinstitut in der letzten Hauptversammlung keine Depotstimmrechte ausgeübt und auch kein Verlangen auf Mitteilung gestellt hat, ist es doch verpflichtet, ihm zugehende Mitteilungen an die Aktionäre, für die es Aktien der Gesellschaft verwaltet, weiterzugeben (so Consbruch ZKW 65, 1155; Gessler DB 66, 216; Schmidt BB 67, 192f.; Baumbach-Hueck §§ 125 bis 128 Rdn. 11; a. M. Vallenthin S. 43, 49; Obermüller DB 66 Beilage 6 S. 3; Obermüller-Werner-Winden S. 60). Wenn Abs. 1 auch von den Mitteilungen nach § 125 Abs. 1 spricht, so ist damit nur die Einzelaufzählung der verschiedenen Mitteilungen in dieser Bestimmung gemeint (vgl. Ausschußbericht zu § 128 bei Kropff S. 180), nicht aber auch für die Weitergabepflicht die Voraussetzung aufgestellt, daß die Mitteilung einer Pflicht des Vorstandes aus § 125 Abs. 1 entspricht. Außerdem ist, wie Godin-Wilhelmi Anm. 2, § 125 Anm. 5 mit Recht betonen, das Kreditinstitut bei der Erfüllung der Weitergabepflicht nur Erfüllungsgehilfe des Vorstands, hat also nicht zu prüfen, ob der Vorstand zur Mitteilung verpflichtet ist.

Damit hängt die Frage zusammen, ob das Kreditinstitut die Mitteilung nach § 125 Abs. 1 anzufordern hat, wenn es erstmals Aktien einer Gesellschaft in Verwahrung hat, in der letzten Hauptversammlung also noch kein Stimmrecht für einen Aktionär dieser Gesellschaft ausgeübt hat. Obermüller-Werner-Winden S. 60, Vallenthin, S. 43, Schmidt BB 67, 819, B. v. Falkenhausen AktG 66, 73 und Bundesverband des privaten Bankgewerbes WM 65, 1091 I 3 verneinen diese Frage, Consbruch ZKW 65, 1156 und Godin-Wilhelmi § 125 Anm. 5 bejahen sie. Daß diese Anforderungspflicht nicht ausdrücklich ins Gesetz aufgenommen ist, kann nicht entscheidend sein. Da der Erhalt der Vorstandsmitteilung für den Aktionär nur vorteilhaft sein kann, das Kreditinstitut einem Depotkunden diesen Vorteil auch ohne eigene Kosten verschaffen kann, muß es als eine selbstverständliche Nebenverpflichtung aus dem Depotverhältnis angenommen werden, dem Aktionär diese Mitteilung nun auch zu verschaffen. Das Kreditinstitut ist also, wenn es erstmals Aktien einer Gesellschaft verwahrt, verpflichtet, das Verlangen gemäß § 125 Abs. 1 bei der Gesellschaft zu stellen und damit die Mitteilungspflicht der Gesellschaft auszulösen. Dagegen wird man nicht annehmen können, daß das Kreditinstitut auch verpflichtet sei, den mit seiner Mitteilungspflicht in Verzug befindlichen Vorstand zu mahnen.

Die Pflicht zur Anforderung der Mitteilung aus § 125 Abs. 1 trifft auch die Aktionärsvereinigungen, wenn erstmals eines ihrer Mitglieder Aktien der Gesellschaft hat und die

Weitergabe der Mitteilung verlangt. Auch die Aktionärsvereinigung muß ihr zugehende Mitteilungen dem Aktionär auf sein Verlangen ohne Rücksicht darauf zusenden, ob eine Mitteilungspflicht des Vorstandes aus § 125 Abs. 1 bestand.

Anm. 6

5. Fristfragen

Die Pflicht zur Weitergabe aus Abs. 1 ist auch unabhängig davon, ob der Vorstand die ihm in § 125 Abs. 1 gesetzte 12-Tage-Frist einhält (Godin-Wilhelmi § 125 Anm. 3; Baumbach-Hueck §§ 125 bis 128 Rdn. 11; Gessler Anm. 2; Eckardt DB 67, 194; Schmidt BB 67, 818; a. M. Vallenthin S. 43; Obermüller-Werner-Winden S. 58; B. v. Falkenhausen AktG 66, 75; Bundesverband des privaten Bankgewerbes WM 65, 1091 I 2). Die Begründung für diese Auffassung ergibt sich aus § 125 Anm. 5. Nur wenn die Mitteilung des Vorstands so verspätet bei dem Kreditinstitut oder der Aktionärsvereinigung eingeht, daß die Weitergabe nach Lage der Postverhältnisse die Aktionäre nicht mehr vor der Hauptversammlung erreicht, entfällt die Weitergabepflicht, weil ihre Erfüllung sinnlos wäre.

Die Weitergabe der Mitteilung des Vorstandes hat seitens des Kreditinstituts und der Aktionärsvereinigung unverzüglich zu erfolgen. In der Regel stellt die Gesellschaft den Kreditinstituten ihre Mitteilung in so vielen Exemplaren zur Verfügung, wie diese zur Weitergabe an die berechtigten Aktionäre benötigen, so daß keine zusätzlichen Druck- oder Schreibarbeiten hinsichtlich der Mitteilung erforderlich sind. Jedoch muß das Erfordernis der Unverzüglichkeit dem Kreditinstitut nicht nur so viel Zeit lassen, als erforderlich ist, um die empfangsberechtigten Aktionäre aus den Unterlagen zuverlässig festzustellen und die Kuvertierung und Postversendung der Mitteilung durchzuführen, sondern auch um dem Kreditinstitut oder der Aktionärsvereinigung, die in der Hauptversammlung das Stimmrecht für Aktionäre selbst ausüben oder ausüben lassen wollen, die Möglichkeit zugeben, eigene Vorschläge gemäß Abs. 2 zu erarbeiten und sie gemeinsam mit einem Formular für Weisungen drucken zu lassen. Wenn Abs. 1 und 2 nicht ausdrücklich vorschreiben, daß die Weitergabe der Vorstandsmitteilung und die Mitteilung eigener Vorschläge nebst Bitte um Erteilung von Weisungen gleichzeitig zu erfolgen hat, so ist diese Gleichzeitigkeit doch schon aus Kostenersparnis und auch deshalb geboten, um dem Aktionär das zur Vorbereitung der Hauptversammlung erforderliche Material geschlossen vorlegen zu können. Die Weitergabe erfordert demnach, auch wenn die Mitteilung ohne Zögern bearbeitet wird, einige Tage Zeit.

Zu der Frage, welcher Stichtag maßgebend ist, um die Weitergabeberechtigung der Aktionäre zu begründen, nimmt Abs. 1 keine ausdrückliche Stellung. Nach allgemeinen Grundsätzen wird man deshalb anzunehmen haben, daß diejenigen Aktionäre bei der Mitteilung zu berücksichtigen sind, die im Zeitpunkt der Erfüllung der Weitergabepflicht Aktien der Gesellschaft bei dem Kreditinstitut in Verwahrung haben oder Mitglieder der Aktionärsvereinigung sind und die Weitergabe verlangt haben (Obermüller-Werner-Winden S. 61; a. M. Obermüller DB 66 Beilage 6 S. 3, der auf den Ablauf der 12-Tage-Frist abstellen möchte, was jedoch schon deshalb unerheblich ist, weil dieser Tag nur für die Absendung durch die Gesellschaft gilt, vgl. § 125 Anm. 4, und Eckardt DB 67, 195, der die Weitergabepflicht auch den Depotkunden gegenüber annimmt, die erst nach Ablauf der 12-Tage-Frist ihre Aktien ins Depot geben, wenn die verfügbare Zeit die Weitergabe sinnvoll erscheinen läßt; letzteres dürfte aber von einem Kreditinstitut zu viel verlangen).

Anm. 7

6. Kostenerstattung

Bei der Weitergabe der Mitteilung gemäß Abs. 1 handeln Kreditinstitute und Aktionärsvereinigungen als verlängerter Arm des Vorstandes. Ihre Einschaltung ist erforderlich, weil andernfalls für die Gesellschaft eine Möglichkeit, an die Einzelaktionäre heranzukommen, nicht bestünde. Die bei den Kreditinstituten und Aktionärsvereinigungen durch die Weitergabe entstehenden Kosten müssen demnach der Sache nach zu Lasten der Gesellschaft gehen. Das Gesetz hat eine derartige Regelung jedoch nicht selbst getroffen, sondern in Abs. 6 Ziff. 2 den Bundesminister der Justiz im Einvernehmen mit dem Bundesminister für Wirtschaft ermächtigt, ohne Zustimmung des Bundesrats eine Rechtsverordnung zu erlassen, die die Gesellschaft verpflichtet, die Aufwendungen für die Vervielfältigung der Mitteilung und die Übersendung unter Festsetzung von Pauschbeträgen zu ersetzen. Eine derartige Rechtsverordnung über den Ersatz der Aufwendungen für Kreditinstitute ist unter dem Datum vom 18. 6. 1968 (BGBl. 68 I S. 270) erlassen worden. Sie setzt für die Briefe je nach ihrer Anzahl einen Aufwendungsersatz von DM 0,25 bis DM 1,50 und für Portokosten die Gebühr für Briefdrucksachen fest, wobei aber die durch Beifügung eigener Mitteilungen nach § 128 Abs. 2 entstehenden höheren Postgebühren zu Lasten des Kreditinstituts gehen. Soweit dem Kreditinstitut die weiterzugebenden Mitteilungen in erforderlicher Anzahl nicht rechtzeitig zur Verfügung gestellt werden, kann für die Vervielfältigung die übliche Gebühr verlangt werden.

Für Aktionärsvereinigungen ist eine entsprechende Verordnung bisher nicht ergangen, und zwar deshalb, weil sie nicht für erforderlich gehalten wurde. Denn das für ihre Weitergabepflicht erforderliche Verlangen der Mitglieder wird in der Praxis nicht gestellt (Anm. 4), zumal die Aktionäre ihre Mitteilungen über die Depotbanken erhalten.

II. Pflicht zu weiteren Mitteilungen bei Ausübung des Stimmrechts

Ein Kreditinstitut und entsprechend eine Aktionärsvereinigung hat über Abs. 1 hinaus den Aktionären eigene Vorschläge für die Ausübung des Stimmrechts zukommen zu lassen, um Erteilung von Weisungen zu bitten und eine Organverflechtung mitzuteilen, wenn beabsichtigt ist, in der Hauptversammlung das Stimmrecht für Aktionäre auszuüben oder ausüben zu lassen.

Anm. 8

1. Vertretungsabsicht des Kreditinstituts

Voraussetzung dieser zusätzlichen Mitteilungspflicht ist die Absicht, in der einberufenen Hauptversammlung das Stimmrecht für Aktionäre auszuüben oder ausüben zu lassen. Nach § 129 Abs. 3 S. 2 RegE z. AktG sollte die Ausübung des Stimmrechts durch das Kreditinstitut nur zulässig sein, wenn es vor Erteilung der Vollmacht dem Aktionär die zusätzlichen Mitteilungen gemacht und daraufhin eine Vollmacht erhalten hatte. Diese direkte Verknüpfung zwischen Mitteilung und Stimmrechtsausübung ist von den Ausschüssen des Bundestags beseitigt worden (§ 125 Anm. 1); jedoch kann das Stimmrecht, wenn keine Weisungen erteilt sind, nur nach den mitgeteilten Vorschlägen ausgeübt werden, so daß indirekt diese Verknüpfung doch besteht. Die durch eine Schadensersatzpflicht des Kreditinstituts sanktionierte (Anm. 16) Mitteilungspflicht knüpft statt dessen an die Absicht zur Stimmrechtsausübung an. Diese Absicht, die als solche ein interner, nicht nach außen wirkender und von außen deshalb auch nicht erkennbarer Vorgang des Kreditinstituts ist, ist für die Hauptversammlungen sämtlicher Aktiengesellschaften immer dann anzunehmen, wenn das Kreditinstitut von seinen Depotkunden Stimmrechtsvollmachten gemäß § 135 Abs. 2 ohne Beschränkung auf bestimmte Gesellschaften anfordert (Consbruch ZKW 65, 1156; a. M. Schmidt BB 67, 821). Die Stimmrechtsausübung des Kreditinstituts in früheren Hauptversammlungen begründet zwar unmittelbar keine Verpflichtung zu weiteren Mitteilungen nach Abs. 2, jedoch ist aus ihr auf die Absicht zu schließen, auch auf neuen Hauptversammlungen das Depotstimmrecht auszuüben, es sei denn, daß das Kreditinstitut erkennbar für die Zukunft eine andere Geschäftspolitik als bisher betreibt. Das Kreditinstitut kann seine Absicht, in der Hauptversammlung Aktionäre zu vertreten, auf bestimmte Aktiengesellschaften beschränken, muß dann aber, um diese Beschränkung seiner Vertretungsabsicht erkennbar zu machen, die Anforderung der Vertretungsvollmacht nach § 135 Abs. 2 auf die Hauptversammlung dieser Aktiengesellschaften beschränken. Ob das Kreditinstitut, um der weiteren Mitteilungspflicht aus Abs. 2 allen Depotkunden gegenüber zu entgehen, seine Vertretungsabsicht auf bestimmte Kunden beschränken kann, ist streitig. Godin-Wilhelmi Anm. 2, Eckardt DB 67, 195, Gessler Anm. 3, B. v. Falkenhausen BB 66, 340 und Johansson BB 67, 1316 nehmen an, daß die erweiterte Mitteilungspflicht des Abs. 2 allen Depotkunden gegenüber besteht, wenn das Kreditinstitut beabsichtigt, auch nur für einen das Stimmrecht auszuüben, während Baumbach-Hueck §§ 125 bis 128 Rdn. 12, Schmidt BB 67, 820 und Bundesverband des privaten Bankgewerbes WM 65, 1093 die Mitteilungspflicht nur den Depotkunden gegenüber annehmen, die das Kreditinstitut zu vertreten wünscht. Es mag sein, daß eigene Vorschläge und Bitte um Weisungen nur gegenüber den Depotkunden sinnvoll sind, die das Kreditinstitut auch wirklich vertreten will, der Wortlaut des Abs. 2 S. 1 spricht aber für die Mitteilungspflicht sämtlichen Depotkunden gegenüber und der Ausdruck „außerdem" schließt die Mitteilungspflicht aus Abs. 2 S. 1 an die des Abs. 1 an, die unterschiedslos für alle Depotkunden gilt. Auch verbietet der Grundsatz der Gleichbehandlung sämtlicher Depotkunden dem Kreditinstitut sowieso, einen Depotkunden zu vertreten, einen anderen aber nicht, es sei denn, daß für diese unterschiedliche Handhabung gewichtige Gründe vorliegen (§ 135 Abs. 10; vgl. § 135 Anm. 32—34). Soweit ein Depotkunde noch keine Vertretungsvollmacht nach § 135 Abs. 2 erteilt hat, kann die Zusendung der weiteren Mitteilung des Abs. 2 auch als Aufforderung angesehen werden, das bisher Unterlassene nachzuholen. Abs. 2 S. 1 dient nach dem Willen des Gesetzgebers dem Ziel, die Stimmen möglichst vieler Aktionäre in der Hauptversammlung präsent sein zu lassen, so daß die erweiterte Mitteilungspflicht des Abs. 2 ihren Sinne auch darin findet, den Aktionär durch die Vorschläge und die Weisungsbitte dazu anzuhalten, selbst zur Hauptversammlung zu gehen oder Vertretungsauftrag zu erteilen.

Besitzt das Kreditinstitut eigene Aktien der Gesellschaft und will es diese in der Hauptversammlung vertreten oder vertreten lassen, so erfüllt diese Absicht die Voraussetzungen des S. 1 noch nicht. Diese Vorschrift verlangt die Absicht zur Ausübung des Stimmrechts für andere Aktionäre und nicht nur für die eigenen Aktien.

Anm. 9

2. Vertretungsabsicht einer Aktionärsvereinigung

Auch für die Aktionärsvereinigungen hängt die Mitteilungspflicht aus Abs. 2 davon ab, ob sie beabsichtigen, das Stimmrecht für Aktionäre auszuüben. Auch hier ist entweder aus entsprechenden Erklärungen oder aus der Anforderung von Vollmachten für eine bestimmte Gesellschaft oder — sofern keine neue anderweite Willensrichtung der Aktionärsvereinigung erkennbar ist — aus der Vertretung in der letzten Hauptversammlung einer Gesellschaft auf die Absicht zu schließen, Stimmrechte bei dieser Gesellschaft auszuüben. Jedoch kann man einer Aktionärsvereinigung nicht unterstellen, das Stimmrecht für die Mitglieder auf allen Hauptversammlungen auszuüben, bei denen diese Aktien haben. Denn anders als ein Kreditinstitut, das die Aktien seiner Depotkunden verwahrt, weiß die Aktionärsvereinigung nicht, an welchen Gesellschaften im einzelnen ihre Mitglieder beteiligt sind. Auch soweit die Aktionärsvereinigung auf der letzten Hauptversammlung Aktien eines Mitgliedes vertreten hat, ist ihr unbekannt, ob diese Aktien noch vorhanden sind. Die Meinung von Godin-Wilhelmi § 128 Anm. 13, die Aktionärsvereinigung müsse aus ihren Unterlagen feststellen, welche ihrer Mitglieder bisher an einer Gesellschaft beteiligt waren, um diese alsdann anzuschreiben, ob sie noch beteiligt sind, geht zu weit (so auch Baumbach-Hueck §§ 125 bis 128 Rdn. 15). Eine derartige Pflicht könnte sich höchstens aus der Satzung ergeben. Beschränkt sich somit vorbehaltlich einer anderweiten Satzungsbestimmung die Vertretungsabsicht der Aktionärsvereinigung aus der Natur der Sache heraus auf die Hauptversammlungen der Gesellschaften, für die die Absicht allgemein oder durch Anforderung von Vertretungsvollmachten bekundet wird oder bei denen die Vereinigung in der letzten Hauptversammlung aufgetreten war, so muß hier auch anders als bei der Depotbank eine

Beschränkung der Vertretungsabsicht auf einzelne Mitglieder anerkannt werden, die der Aktionärsvereinigung aufgrund der Vertretung in der letzten Hauptversammlung, aufgrund besonderer Mitteilung oder sonst als Aktionäre einer bestimmten Gesellschaft bekannt sind. Es kann jedenfalls keine Rede davon sein, daß die Aktionärsvereinigung für alle Hauptversammlungen, in denen sie auftreten will, ihre gesamten Mitglieder anzuschreiben, sich nach ihrer Aktionärseigenschaft zu erkundigen und gleichzeitig den Mitteilungspflichten nach Abs. 2 nachzukommen hätte.

Anm. 10

3. Mitteilung von Vorschlägen für die Stimmrechtsausübung

Soweit eine relevante Vertretungsabsicht (Anm. 8 und 9) vorliegt, haben das Kreditinstitut oder die Aktionärsvereinigung dem Aktionär eigene Vorschläge für die Ausübung des Stimmrechts zu den einzelnen Gegenständen der Tagesordnung zu machen. Neben den Vorschlägen, die gemäß § 124 Abs. 3 von der Verwaltung zu machen und gemäß §§ 125 Abs. 1, 128 Abs. 1 mitzuteilen und weiterzugeben sind, müssen von dem Kreditinstitut oder der Aktionärsvereinigung eigene Vorschläge gemacht werden. Diese Vorschläge brauchen nicht von denen der Verwaltung abzuweichen, sondern können selbstverständlich auch dahin gehen, den Verwaltungsvorschlägen zuzustimmen (Bundesverband des privaten Bankgewerbes in WM 65, 1093 III 3; Johansson BB 67, 1318). Eine Begründung ist nicht vorgeschrieben, aber selbstverständlich zulässig und kann gelegentlich auch geboten sein (Eckardt BB 67, 233; Johansson BB 67, 1318; Bundesverband des privaten Bankgewerbes WM 67, 1093 III 3). Ebensowenig wie bei § 124 Abs. 3 brauchen die Vorschläge gemäß § 128 Abs. 2 S. 1 formulierte Anträge zu enthalten. Es genügt die Mitteilung, welche Einstellung die Bank oder die Aktionärsvereinigung dem Aktionär zu den einzelnen Gegenständen der Tagesordnung empfiehlt. Dieser Vorschlag kann auf Zustimmung zum Verwaltungsvorschlag, auf Ablehnung, Abänderung, auf einen Gegenantrag oder auch auf Stimmenthaltung gehen. Dagegen würde die Pflicht aus Abs. 2 S. 1 verletzt, wenn ein Kreditinstitut dem Aktionär mitteilt, es sähe sich nicht in der Lage, überhaupt einen Vorschlag zu machen.

Zu jedem Gegenstand der Tagesordnung ist ein Vorschlag zu machen. Damit können aber nur die Gegenstände gemeint sein, die eine Entscheidung des Aktionärs, also eine Beschlußfassung erfordern. Denn die Vorschläge dienen der Ausübung des Stimmrechts und entfallen dort, wo nur Vorlage gemäß § 176 Abs. 1 erfolgt oder Anzeige gemäß § 92 entgegenzunehmen ist. Sofern jedoch die Vorlagen z. B. unvollständig erscheinen, kann der Vorschlag gemacht werden, vom Auskunftsrecht Gebrauch zu machen. Auch ein derartiger Vorschlag oder auch der Vorschlag, einen etwa im Sinne der Verwaltungsvorschläge ergehenden Beschluß anzufechten, fällt, weil es sich beim Auskunfts- und Anfechtungsrecht um Hilfsmittel für die Stimmrechtsausübung handelt, unter den Begriff „Ausübung des Stimmrechts". Sofern ein Kreditinstitut glaubt, für die gesamte Tagesordnung dem Aktionär die Vorlage der Verwaltungsvorschläge empfehlen zu können, ist nicht eine gesonderte Empfehlung zu jedem Tagesordnungspunkt erforderlich, sondern genügt ein alle Gegenstände umfassender Vorschlag.

Die Pflicht zur Mitteilung eigener Vorschläge entfällt gemäß Abs. 3, wenn der Aktionär nach Einberufung der Hauptversammlung dem Kreditinstitut zu den einzelnen Gegenständen der Tagesordnung schriftlich Weisungen erteilt hat. Diese Ausnahme greift aber nur insoweit ein, als die Weisungen gehen. Ist z. B. zu einem Punkt der Tagesordnung eine Weisung nach Einberufung der Hauptversammlung erteilt, zu einem anderen dagegen nicht, so muß das Kreditinstitut insoweit eigene Vorschläge mitteilen (Godin-Wilhelmi Anm. 10; a. M. Bundesverband des privaten Bankgewerbes in WM 65, 1090 III 5). Außerdem sind auch nur die Weisungen für die Ausnahme beachtlich, die nach der Einberufung der Hauptversammlung im Bundesanzeiger erteilt worden sind, nicht aber vorher erteilte, da sie nicht von der genauen Kenntnis der Tagesordnung getragen sein können. Gleichgültig ist allerdings, ob sich aus der Weisung eine vollständige Unterrichtung des Aktionärs ergibt oder nicht (a. M. Godin-Wilhelmi Anm. 10). Eine derartige Prüfung ist für das Kreditinstitut gar nicht möglich (Werner AktG 67, 107).

Anm. 11

4. Inhalt der Vorschläge

Zu dem Inhalt der Vorschläge schreibt Abs. 2 S. 2 vor, daß das Kreditinstitut oder die Aktionärsvereinigung sich vom Interesse des Aktionärs leiten zu lassen habe. Diese Formulierung schließt es aus, dem Kreditinstitut bei der Erarbeitung seiner Vorschläge eine Art Mittlerrolle im Sinn eines Interessenausgleichs zwischen Unternehmen und Aktionär zuzuweisen (vgl. Vallenthin S. 18). Die Vorschläge haben sich ausschließlich nach dem Interesse des Aktionärs auszurichten (Johansson BB 67, 1318; Eckardt DB 67, 233). Unter „dem Aktionär" kann nicht der konkrete Aktionär gemeint sein, weil sonst die Interessen jedes einzelnen Depotkunden geprüft und die Vorschläge nach seinem vermutlichen Interesse ausgerichtet werden müßten. Gemeint sein kann nur der übliche Typus des Depotaktionärs des einzelnen Kreditinstituts oder des Mitglieds einer Aktionärsvereinigung. Dagegen dürfte die Meinung von Johansson BB 67, 1318, das Kreditinstitut müsse bei erkennbar von dem üblichen Typus abweichenden Interesse einzelner Aktionäre verschiedene Vorschläge machen, zu weit gehen. Entscheidend ist, was nach dem Ermessen des Kreditinstituts dem Interesse des von ihm vertretenen Durchschnittsaktionärs entspricht (vgl. Godin-Wilhelmi Anm. 4). Zur Wahrung der Aktionärsinteressen bei der Erstellung der Vorschläge muß das Kreditinstitut oder die Aktionärsvereinigung das gesamte ihr zur Verfügung stehende Material heranziehen. Dazu gehören die bei dem Kreditinstitut meist vorhandenen Unterlagen der Gesellschaft aus früheren Jahren (Jahresabschlüsse, Geschäftsbericht, Hauptversammlungsbericht, Presseveröffentlichungen), der Abschluß und der Geschäftsbericht des letzten Jahres, die für die anstehende Hauptversammlung selbst von der Gesellschaft gemäß § 125 Abs. 1 mitgeteilten Unterlagen, etwaige Ergänzungen in den von der Wirtschaftspresse üblicherweise besprochenen Pressekonferenzen der Gesellschaft und sonstige Unterlagen. Hat das Kreditinstitut oder die Aktionärsvereinigung überhaupt keine Unterlagen außer den Mitteilungen gemäß § 125 Abs. 1, so wird es sich für seine Vorschläge zur ordentlichen Hauptversammlung zumindest den Jahresabschluß und den Geschäftsbericht zu beschaffen haben, weil ohne sie ein auch nur halbwegs verantwortlicher Vorschlag kaum zu erarbeiten sein wird (so auch Johansson BB 67, 1319; a. M offensichtlich Godin-Wilhelmi Anm. 4).

Anm. 12

5. Bitte um Weisungen

Außerdem hat das Kreditinstitut oder die Aktionärsvereinigung um Weisungen für die Ausübung des Stimmrechts zu bitten, wobei darauf hinzuweisen ist, daß bei nicht rechtzeitiger Erteilung von Weisungen das Stimmrecht gemäß den nach S. 2 gemachten Vorschlägen ausgeübt wird. Ein genauer Wortlaut ist für die Bitte um Weisungen nicht erforderlich. Ein verständiger Aktionär muß der Mitteilung aber entnehmen können, daß das Kreditinstitut oder die Aktionärsvereinigung Weisungen für die Ausübung des Stimmrechts zu den einzelnen Punkten der Tagesordnung der bevorstehenden Hauptversammlung erwartet und um diese Weisungen bittet. Es muß des weiteren deutlich aus der Mitteilung hervorgehen, daß das Stimmrecht nach den eigenen Vorschlägen des Kreditinstituts oder der Aktionärsvereinigung ausgeübt werden wird, wenn keine Weisungen erteilt werden, was allerdings wegen der Vorschrift des § 135 Abs. 1 S. 2 nicht für die Hauptversammlung des Kreditinstituts selbst gilt. Ausdrückliche Vorschläge für die Weisungen brauchen nicht gemacht zu werden. Sie ergeben sich mittelbar aus den Vorschlägen, die dem Aktionär für die Ausübung seines Stimmrechts gemacht werden. Der Aktionär braucht sich aber daran selbstverständlich nicht zu halten, sondern kann rechtswirksam jede Weisung erteilen, die im Sinne des Gesetzes liegt und die Stimmrechtsausübung auf der Hauptversammlung betrifft. Dabei ist auch hier (vgl. oben Anm. 10) der Begriff der Stimmrechtsausübung weit zu fassen. Er umschließt auch die zur Vorbereitung einer Anfechtungsklage erforderliche Einlegung eines Widerspruchs zur Niederschrift des Notars oder die Stellung von Fragen zwecks Geltendmachung des Auskunftsrechts oder auch die Abgabe von Erklärungen auf der Hauptversammlung zwecks Begründung der Stimmabgabe. Kreditinstitute und Aktionärsvereinigungen müssen die Weisung ausführen, einerlei ob sie sie für richtig halten, und einerlei ob sie von anderen Aktionären gegenteilige Weisungen erhalten und einerlei ob sie der Weisung irgendwelche Erfolgsaussichten auf der Hauptversammlung geben. Nur wenn der Fragenkatalog oder die Erklärung ein dem Vertreter auf der Hauptversammlung zumutbares Maß übersteigen, kann von der Erfüllung der Weisung abgesehen werden. Auch ist erforderlich, daß die Weisungen rechtzeitig erteilt werden. Eine Frist bestimmt das Gesetz nicht. Sie kann auch von dem Kreditinstitut oder der Aktionärsvereinigung nicht gesetzt werden, jedoch steht nichts entgegen (Consbruch ZKW 65, 1156), daß dem Aktionär mitgeteilt wird, welches der späteste Eingangszeitpunkt ist, um die Weisung noch berücksichtigen zu können. Rechtzeitig ist jedenfalls jede Weisung, die bei sorgfältiger Anwendung der banküblichen technischen und organisatorischen Mittel und unter Beachtung der Umstände des konkreten Falles (Größe der Gesellschaft, Notwendigkeit zur Einschaltung eines anderen Kreditinstituts, Größe des Kreditinstituts selbst) bei der Stimmrechtsausübung noch berücksichtigt werden kann (Consbruch a. a. O.; Eckardt DB 67, 234; Schmidt BB 67, 821; etwas zu weitgehend Bundesverband des privaten Bankgewerbes WM 65, 1094 III 4d).

Auch die Notwendigkeit, um Weisungen zu bitten, entfällt gemäß Abs. 3, soweit der Aktionär nach Einberufung der Hauptversammlung bereits Weisungen erteilt hat. Vgl. dazu oben Anm. 10.

Anm. 13

6. Übersendung eines Formblatts für Weisungen

Ferner verlangt Abs. 2 S. 4, daß der Bitte um Erteilung von Weisungen seitens des Kreditinstituts oder der Aktionärsvereinigung ein Formblatt beigefügt wird, durch dessen Ausfüllung der Aktionär seine Weisungen für die Stimmrechtsausübung erteilen kann. Sinn dieser Vorschrift ist es, dem Aktionär die Erteilung der Weisungen so bequem wie möglich zu machen. Das Muster eines derartigen Formblattes, wie es in der Praxis weitgehend verwendet wird, findet sich in WM 65, 1110. Die Beifügung des Formblattes ist obligatorisch, seine Benutzung durch den Aktionär aber nicht. Dieser kann seine Weisungen auch in anderer Form erteilen.

Abs. 6 Ziff. 1 ermächtigt den Bundesminister der Justiz, im Einvernehmen mit dem Bundesminister für Wirtschaft ohne Zustimmung des Bundesrats durch Rechtsverordnung ein Formblatt für die Erteilung von Weisungen zu gestalten. Von dieser Ermächtigung ist mit Rücksicht auf das vom Bundesverband des privaten Bankgewerbes erarbeitete Formular bisher noch kein Gebrauch gemacht worden.

Anm. 14

7. Mitteilung über Verflechtungen

Schließlich verlangt Abs. 2 S. 5 für den Fall, daß ein Vorstandsmitglied des Kreditinstituts dem Aufsichtsrat der Gesellschaft oder ein Vorstandsmitglied der Gesellschaft dem Aufsichtsrat des Kreditinstituts angehört — das gleiche gilt gemäß Abs. 5 für Aktionärsvereinigungen —, die Mitteilung dieser Verflechtung. Der Name des in Betracht kommenden Vorstands- und Aufsichtsratsmitglieds braucht nicht angegeben zu werden (Consbruch ZKW 65, 1156; Bundesverband des privaten Bankgewerbes WM 65, 1093 III 2). Für den Fall, daß ein Vorstandsmitglied des Kreditinstituts oder der Aktionärsvereinigung auch Vorstandsmitglied der Gesellschaft ist, greift, obwohl hier die Verflechtung noch enger ist, S. 5 nicht ein, sollte aber entsprechend angewandt werden. Die Informationspflicht aus S. 5 soll den Aktionär nicht unmittelbar auf die Hauptversammlung vorbereiten, sondern ihn nur darauf hinweisen, daß er wegen der personellen Verflechtung die Vorschläge des Kreditinstituts oder der Aktionärsvereinigung besonders genau auf sachliche Befangenheit prüfen sollte.

Auch die Verflechtungsanzeige aus S. 5 ist zwingend und gehört zur Ordnungsgemäßheit der weiteren Mitteilungspflicht des Abs. 2. Liegt keine Verflechtung vor, so ist eine Negativmitteilung nicht erforderlich.

III. Rechtsfolgen bei Verstoß gegen Mitteilungspflicht

Anm. 15

1. Kein Anfechtungsrecht

Verstöße gegen § 128 begründen nach der ausdrücklichen Vorschrift des § 243 Abs. 3 keine Anfechtbarkeit. Diese Regelung war notwendig, weil die Gesellschaft und ihre Organe für Verstöße von Kreditinstituten und Aktionärsvereinigungen nicht verantwortlich gemacht werden können (vgl. Begr. zu § 243 Abs. 3 bei Kropff S. 330; § 243 Anm. 28).

Anm. 16

2. Schadensersatzansprüche

Aus der Verletzung des § 128 macht sich das Kreditinstitut oder die Aktionärsvereinigung aber schadensersatzpflichtig, sofern der Verstoß schuldhaft ist. Es handelt sich hier nicht um einen gesetzlichen Haftungstatbestand. Zu einer derartigen Annahme ist die Vorschrift des Abs. 4, die lediglich vorherige Beschränkungen der Schadensersatzpflicht ausschließt, nicht ausreichend. Haftungsgrundlage bei dem Kreditinstitut kann nur der Depotvertrag sein, der durch die Regelung des § 128 erweitert ist, so daß dessen Regelung Bestandteil des Depotverhältnisses ist (Godin-Wilhelmi Anm. 11; Johansson BB 67, 1320; Eckardt DB 67, 236; B. v. Falkenhausen AktG 66, 77). Daneben kann § 128 auch als Schutzgesetz im Sinne des § 823 Abs. 2 BGB angesehen werden, so daß auch eine Deliktshaftung eingreift (v. Falkenhausen a. a. O.). Die Durchsetzung eines Ersatzanspruches wird allerdings einmal wegen des Verschuldens und zum anderen wegen der Kausalität stets höchst zweifelhaft sein. Durch Abs. 4 wird der Schadensersatzanspruch dahingehend privilegiert, daß er im voraus weder beschränkt noch ausgeschlossen werden kann. Insbesondere greifen also die Haftungsfreistellungen aus den Geschäftsbedingungen der Kreditinstitute nicht ein.

Bei einer Aktionärsvereinigung entfällt ein Depotverhältnis als Vertragsgrundlage; hier muß ein Betreuungsverhältnis als Haftungsgrundlage angenommen werden, das ggf. seine Grundlegung in den Satzungsbestimmungen der Vereinigung findet.

Anm. 17

3. Sonstige Sanktionen

Mittelbar kann ein Verstoß gegen § 128 über § 135 Gegenstand einer Ordnungswidrigkeit gemäß § 405 Abs. 3 Ziff. 4 und 5 sein. Über die Problematik dieser Sanktiou vgl. Johansson BB 67, 1320. Auch ist die Beachtung des § 128 durch den gemäß § 36 EG. AktG neu in § 30 Abs. 1 Kreditwesengesetz eingefügten Satz 2 zum Gegenstand der Depotkontrolle der Bankenaufsichtsbehörden gemacht worden.

Dritter Unterabschnitt

Verhandlungsniederschrift. Auskunftsrecht

§ 129 Verzeichnis der Teilnehmer

(1) In der Hauptversammlung ist ein Verzeichnis der erschienenen oder vertretenen Aktionäre und der Vertreter von Aktionären mit Angabe ihres

Namens und Wohnorts sowie des Betrags der von jedem vertretenen Aktien unter Angabe ihrer Gattung aufzustellen.

(2) Sind einem Kreditinstitut oder einer in § 135 Abs. 9 bezeichneten Person Vollmachten zur Ausübung des Stimmrechts erteilt worden und übt der Bevollmächtigte das Stimmrecht im Namen dessen, den es angeht, aus, so sind der Betrag und die Gattung der Aktien, für die ihm Vollmachten erteilt worden sind, zur Aufnahme in das Verzeichnis gesondert anzugeben. Die Namen der Aktionäre, welche Vollmachten erteilt haben, brauchen nicht angegeben zu werden.

(3) Wer von einem Aktionär ermächtigt ist, im eigenen Namen das Stimmrecht für Aktien auszuüben, die ihm nicht gehören, hat den Betrag und die Gattung dieser Aktien zur Aufnahme in das Verzeichnis gesondert anzugeben. Dies gilt auch für Namensaktien, als deren Aktionär der Ermächtigte im Aktienbuch eingetragen ist.

(4) Das Verzeichnis ist vor der ersten Abstimmung zur Einsicht für alle Teilnehmer auszulegen. Es ist vom Vorsitzenden zu unterzeichnen.

Übersicht

Literatur

Gessler, Die Behandlung von Stimmrechtsverboten in der Hauptversammlung, BB 62, 1182.
Henseler, Die Abstimmung in der Hauptversammlung einer Aktiengesellschaft, BB 62, 1023.
Lamers, Die Beurkundung der Hauptversammlung einer Aktiengesellschaft, DNotZ 62, 287.
Obermüller, Einsichtnahme in das Teilnehmerverzeichnis durch Pressevertreter, NJW 69, 235.
Schippert, Anwesenheitskontrolle in Hauptversammlungen von Aktiengesellschaften, BB 58, 725
Seybold, Die Pflichten des Notars bei der Beurkundung von Generalversammlungsbeschlüssen, DNotZ 33, 27.
Westrick, Aktienrechtliche Fragen bei der Abwicklung von Hauptversammlungen, BB 58, 395 und 726.

Anm. 1

Einleitung

Nachdem durch § 238a, der durch das Gesetz vom 18. 7. 1884 dem Aktiengesetz eingefügt wurde, gerichtliche oder notarielle Beurkundung der Generalversammlung vorgeschrieben worden war, wurde es schnell üblich, als Bestandteil der Beurkundung ein Aktionärsverzeichnis beizufügen. Durch § 258 HGB ist es mit den jetzt in Abs. 2 und 4 enthaltenen Bestimmungen vorgeschrieben worden. § 110 AktG 1937 hatte die Bestimmungen erweitert durch das Erfordernis der Angabe etwaigen Fremdbesitzes, wie es heute in Abs. 3 S. 1 enthalten ist. § 129 AktG 1965 hat den Inhalt des Teilnehmerverzeichnisses an die neuen Vorschriften über die Stimmrechtsausübung durch Kreditinstitute und die in § 135 Abs. 9 genannten Personen angeglichen und deshalb den Abs. 2 eingefügt. Abs. 3 hat klarstellend den bisherigen § 111 S. 2 auf Namensaktien erweitert, Abs. 4 hat gegenüber § 111 S. 3 klargestellt, daß jeder Versammlungsteilnehmer das Verzeichnis in der Hauptversammlung einsehen kann.

Anm. 2

1. Aufstellung eines Teilnehmerverzeichnisses

Die Bestimmung des Abs. 1 begründet die Pflicht zur Aufstellung eines *Teilnehmerverzeichnisses.* Sie gilt auch für eine Vollversammlung (§ 121 Anm. 20; a. M. Godin-Wilhelmi Anm. 7, anders aber § 121 Anm. 13). Das Gesetz sagt nicht, *wer* es aufzustellen hat, sondern nur, daß es *in der Hauptversammlung* aufzustellen ist. Nach Abs. 4 S. 2 ist es vom Vorsitzenden zu unterzeichnen. Hiernach wird der *Vorsitzende* dafür verantwortlich sein, daß das Verzeichnis in der Hauptversammlung angelegt wird und den von den Erschienenen gemachten Angaben und den von ihnen geführten Nachweisen (Anm. 7) entspricht (wie hier Schippert, BB 58, 725; Lamers DNotZ 62, 297; Obermüller-Werner-Winden S. 79; Henseler BB 62, 1024). Er hat die Anfertigung zu überwachen. Neben ihm wird der *Notar,* der die Niederschrift gemäß § 130 anfertigt, für die Anfertigung verantwortlich sein; er hat es gemäß § 130 Abs. 3 der Verhandlungsniederschrift beizufügen. Die Vorschrift der Zuziehung eines Notars bezweckt zudem neben der Beschaffung einer öffentlichen Urkunde über das Ergebnis der Hauptversammlung die Wahrung der für den Verlauf der Hauptversammlung geltenden formellen gesetzlichen Vorschriften (a. M. Obermüller-Werner-Winden S. 79; Henseler BB 62, 1024). Daß der Vorsitzende der Versammlung oder der beurkundende Notar das Teilnehmerverzeichnis selbst anfertigen müssen, ist nicht vorgeschrieben (a. A. Schlegelberger-Quassowski § 300 Anm. 7 — freilich in Widerspruch zu § 111 Anm. 8), ist auch, jedenfalls bei großen und mittleren Gesellschaften mit großen Aktionärszahlen gar nicht möglich. Es wird anhand der Hinterlegungen und Anmeldungen (§ 128 Anm. 9) vorbereitet. Am Eingang des Versammlungsraumes wird die vorbereitete Liste anhand der von den Aktionären und ihren Vertretern vorzulegenden Hinterlegungsbescheinigungen oder Eintrittskarten geprüft, berichtigt und ergänzt. Dabei sind meist die Listen bereits aufaddiert, die vertretenen Aktionäre werden abgehakt und die nicht vertretenen gestrichen. Die Summe der Streichungen, die üblicherweise viel geringer ist als die Summe der vertretenen Aktien, werden zusammengezogen und von der aufaddierten Gesamtzahl in Abzug gebracht. Das alles erfordert bei der Teilnahme von hunderten oder tausenden von Aktionären oder Vertretern viel Arbeit — bei den großen Publikumsgesellschaften sind gelegentlich bis zu 30 Angestellte mit dieser Tätigkeit befaßt — und auch Zeit, so daß die Liste meist erst längere Zeit nach der Uhrzeit der Einberufung fertiggestellt wird (vgl. § 119 Anm. 34). Die Versammlung wird aber zwischenzeitlich regelmäßig bereits eröffnet, da sie bis zur ersten Beschlußfassung (Abs. 4 S. 1) auch ohne Teilnehmerverzeichnis durchgeführt werden kann. Nach Vorliegen wird sie dann kurz unterbrochen, um dem Vorsitzenden die Unterzeichnung des Verzeichnisses und die Bekanntgabe der vertretenen Stimmen zu ermöglichen. Dieses Verfahren zeigt, daß die Verantwortung des Vorsitzenden und des Notars für die Aufstellung des Teilnehmerverzeichnisses bei Publikumsgesellschaften nur eine formale sein kann und sich auf die Feststellung beschränken muß, ob seitens der Gesellschaft ein geeignetes Team von Angestellten mit der Zusammenstellung des Teilnehmerverzeichnisses beauftragt und ordnungsgemäß eingewiesen ist, ob wirksame Kontrollen für die Erfassung sämtlicher ankommender und während der Hauptversammlung weggehender Teilnehmer eingerichtet sind, sowie ob das Teilnehmerverzeichnis inhaltlich und äußerlich der Vorschrift des § 129 entspricht.

Das Teilnehmerverzeichnis muß als Liste ausgestaltet werden, da es vom Vorsitzenden gemäß § 129 Abs. 4 S. 2 zu unterzeichnen und gemäß § 130 Abs. 3 S. 1 dem notariellen Protokoll über die Hauptversammlung als Anlage beizufügen und mit ihm durch Schnur und Siegel zu verbinden ist. Die Ausgestaltung des Verzeichnisses als Kartothek entfällt damit (Barz, Akt.Ges. 62 Sonderbeilage I S. 2).

Stellt ausnahmsweise der Notar selbst das Teilnehmerverzeichnis auf, so steht nichts entgegen, daß er es in die Verhandlungsniederschrift aufnimmt. Er muß nur gemäß Abs. 4 S. 2 dafür sorgen, daß der Vorsitzende die Niederschrift und damit auch das in ihr enthaltene Teilnehmerverzeichnis unterzeichnet (vgl. unten Anm. 7) und daß es vor der ersten Abstimmung fertiggestellt und zur Einsicht für die Aktionäre ausgelegt wird. Die in § 130 Abs. 3 vorgeschriebene Beifügung des Verzeichnisses ist gegenüber seiner

Aufnahme in die Niederschrift die leichtere Form; sie schließt die sichere Form der Beurkundung nicht aus.

Eine Verantwortung des Vorsitzenden oder Notars für die Richtigkeit der von den einzelnen Aktionären gemachten Angaben besteht in keinem Fall. Die Verantwortung beschränkt sich wegen Fehlens weitergehender Kontrollmöglichkeiten stets auf den durch Vorlage der Hinterlegungsbescheinigung, gegebenenfalls der Aktienurkunden selbst oder durch Vergleich des vertretenen Aktienbesitzes feststellbaren Betrag des vertretenen Aktienbesitzes. Wegen der Verantwortung für die Vollständigkeit der Liste vgl. Anm. 6.

Anm. 3

2. Inhalt des Teilnehmerverzeichnisses

In dem Verzeichnis sind aufzuführen

a) die erschienenen und vertretenen Aktionäre,

b) die Vertreter von Aktionären,

c) der Betrag und die Gattung der von Erschienenen oder in offener Vollmacht vertretenen Aktien,

d) der Betrag und die Gattung der Aktien, die gemäß § 135 Abs. 4 S. 2 im Namen dessen, den es angeht, vertreten werden,

e) der Betrag und die Gattung der Aktien, für die jemand, dem sie nicht gehören, im eigenen Namen das Stimmrecht ausübt.

Zu a) Die erschienenen und die offen vertretenen Aktionäre sind mit ihren Namen und Wohnort anzugeben. Berufsbezeichnung, Titel oder genaue Adressen sind nicht erforderlich. Sie werden üblicherweise in der ersten Spalte des Teilnehmerverzeichnisses aufgeführt. Hier sind auch die Personen als Aktionäre aufzuführen, die ihnen nicht gehörende Aktien im eigenen Namen vertreten, und werden auch die Personen zu nennen sein, die im Namen dessen, den es angeht, ohne seine Benennung Aktien vertreten. Diese für nicht genannte Aktionäre auftretenden Personen sind zwar keine Aktionäre, benennen aber ihre Vollmachtgeber nicht. Es ist deshalb zweckmäßiger — die Praxis verfährt entsprechend —, sie als Aktionäre aufzuführen, indem gleichzeitig in der Liste kenntlich gemacht wird, daß sie unter § 129 Abs. 2 oder 3 fallen (Obermüller-Werner-Winden S. 78). Die Namen der Aktionäre, die Vollmachten gemäß § 135 Abs. 4 S. 2 erteilt haben, brauchen nicht angegeben zu werden und können auch dem Sinn der von ihnen erteilten Vollmacht entsprechend gar nicht angegeben werden. Abs. 2 S. 2 stellt ausdrücklich klar, daß ihre Namen nicht angegeben zu werden brauchen. Damit ist der Grundsatz der Anonymität der Inhaberaktien gewährleistet und für die Depotkunden der Kreditinstitute das Bankgeheimnis gewahrt.

Zu b) Ebenfalls mit ihrem Namen und ihrem Wohnort sind die Vertreter von Aktionären in die Liste aufzunehmen, und zwar üblicherweise in der 2. Spalte. Als Vertreter kommen sowohl gesetzliche Vertreter juristischer oder nicht handlungsfähiger natürlicher Personen als auch gewillkürte Vertreter in Frage, nicht dagegen Vertreter im Namen dessen, den es angeht, oder gar Ermächtigte, die im eigenen Namen fremde Stimmrechte ausüben. Diese beiden letzten Kategorien sind als Aktionäre aufzuführen (vgl. oben zu a). Die Namen der Vertreter können, da sie den Hinterlegungsbescheinigungen und Anmeldungen nicht zu entnehmen sind, erst beim Eintritt in die Hauptversammlung in die Liste eingetragen werden.

Zu c) Abs. 1 schreibt die Angabe des gesamten von oder für jeden Aktionär vertretenen Aktienbesitzes nach Betrag und Gattung vor. Da Abs. 2 die besondere Angabe des Aktienbesitzes, der im Namen dessen, den es angeht, vertreten wird, und Abs. 3 die besondere Angabe der im eigenen Namen vertretenen fremden Aktien verlangt, bleibt als unter Abs. 1 fallend praktisch nur noch der von dem Aktionär selbst oder in offener Vollmacht für ihn vertretene Aktienbesitz übrig. Er wird in der Praxis Eigenbesitz genannt und meist als solcher in die Teilnehmerliste aufgenommen, obwohl seine gesonderte Angabe nicht erforderlich ist, weil alle Aktien, die nicht gemäß Abs. 2 und 3 besonders anzugeben sind, als Eigenbesitz anzusehen sind. Die Angabe der Gattung ist erforderlich, da Sonderabstimmungen z. B. nach § 179 Abs. 3 notwendig sein können. Nicht als besondere Gattung gelten Namensaktien einerseits und Inhaberaktien andererseits. Die Aufaddierung der insgesamt vertretenen Aktienbeträge oder mindestens jeder Gattung ist nicht vorgeschrieben, aber in der Praxis allgemein üblich. Denn das Teilnehmerverzeichnis erfüllt seinen Zweck, Auskunft über die insgesamt vertretenen Aktienbeträge zu geben, nicht voll, wenn nicht addiert wird. Addiert man aber schon einmal, dann ist zweckmäßig auch in jeder Aktiengattung aufzuaddieren.

Zu d) Die durch ein Kreditinstitut oder durch eine in § 135 Abs. 9 genannte Person im Namen deren, die es angeht, vertretenen Aktien sind — ebenfalls dem Betrag und der Gattung nach — gesondert anzugeben und in dem Verzeichnis entsprechend zu kennzeichnen. Für diese Aktien hat sich in der Praxis die Bezeichnung Vollmachtsbesitz eingebürgert. Als solcher ist er in dem Teilnehmerverzeichnis kenntlich zu machen. Diese Kenntlichmachung ermöglicht es dann auch, die vertretenden Personen, wie zu a aufgeführt, in das Teilnehmerverzeichnis als Aktionäre aufzunehmen. Zu der Vertretung im Namen dessen, den es angeht, vgl. im übrigen Erl. zu § 139.

Zu e) Schließlich sind gesondert ebenfalls nach Betrag und Gattung anzugeben diejenigen Aktien, die auf Grund einer Ermächtigung des Aktionärs von einem anderen im eigenen Namen vertreten werden. In der Praxis werden diese Aktien Fremdbesitz genannt und als solche im Teilnehmerverzeichnis gekennzeichnet. Es handelt sich um den Fall der sogenannten Legitimationsübertragung (§ 134 Anm. 33, 34). Die Auffassung von Ritter § 110 Anm. 3, der Legitimationsaktionär sei als Vertreter und der wirkliche Aktionär als solcher in das Teilnehmerverzeichnis einzutragen, hat sich nicht durchsetzen können (vgl. Voraufl. § 110 Anm. 2) und ist, obwohl sie auch durch die Formulierung des Abs. 3 nicht widerlegt ist, überholt. Auch Namensaktien, bei denen der Legitimationsaktionär im Aktienbuch eingetragen ist, müssen gemäß Abs. 3 S. 2 als Fremdbesitz angegeben werden, was auch früher schon angenommen wurde und durch diese Neueinfügung nur klargestellt ist.

Anm. 4

3. nicht erforderliche Angaben

Nicht angegeben zu werden brauchen dagegen:

a) der Treugeber und überhaupt die treuhänderische Natur des Eigentums des wahren Aktionärs (so auch Ritter a. a. O.). Denn der Treuhänder ist — anders als der Legitimationsaktionär — wahrer Eigentümer, der dem Treugeber gegenüber nur schuldrechtlich gebunden ist.

b) die *Zahl der Stimmen*, die jedem Aktionär zustehen (Ritter § 110 Anm. 2; Baumbach-Hueck Rdn. 3; Lamers DNotZ 62, 296; Godin-Wilhelmi Anm. 2; a. A. Schlegelberger-Quassowski § 110 Anm. 3). Die Angabe wäre natürlich nur von Bedeutung, soweit sich das Stimmrecht nicht ohne weiteres aus dem Nennbetrag ergibt (§ 134 Abs. 1 Satz 2; § 12 Abs. 2; § 134 Abs. 2). In diesem Falle ist eine Angabe über das Stimmrecht zweckmäßig, wenn auch nicht vom Gesetz vorgeschrieben. Das gleiche gilt von der Stimmrechtslosigkeit nicht voll eingezahlter Aktien, während das Fehlen des Stimmrechts für Vorzugsaktien ohne Stimmrecht (§ 139) sich aus dem Teilnehmerverzeichnis durch Angabe der *Aktiengattung* ergeben *muß*. Unterbleibt die Angabe über ein erhöhtes oder eingeschränktes Stimmrecht im Teilnehmerverzeichnis, so muß der Umfang des Stimmrechts vor den einschlägigen Abstimmungen von dem Vorsitzenden festgestellt und das Ergebnis von dem Notar in die Verhandlungsniederschrift aufgenommen werden (§ 130 Abs. 2).

c) andere Teilnehmer als Aktionäre und deren Vertreter. Insbesondere brauchen also nicht die anwesenden Vorstands- und Aufsichtsratsmitglieder in dem Teilnehmerverzeichnis aufgeführt zu werden.

Anm. 5

4. Bedeutung des Teilnehmerverzeichnisses

Die Bedeutung des Teilnehmerverzeichnisses ist eine verschiedenartige. Aus der Regelung des Abs. 4 S. 1, wonach es vor der ersten Abstimmung zur Einsicht durch alle Teilnehmer auszulegen ist, mithin vor der ersten Abstimmung fertiggestellt sein muß, geht hervor, daß es Grundlage der Abstimmung sein soll, und zwar mindestens insoweit, als es über die Gesamtzahl der vertretenen Aktien und die die Stimmen ausübenden Personen unterrichtet. Sofern für die Feststellung des Abstimmungsergebnisses das Subtraktionsverfahren (§ 119 Anm. 41) angewendet wird, ist die Bedeutung noch wesentlich größer, da hier die Subtraktion der Nein-Stimmen und Enthaltungen von der aus dem Teilnehmerverzeichnis sich ergebenden Stimmenzahl die Ja-Stimmen angibt. Bei der gewöhnlichen Abstimmung, bei der die Ja- und Nein-Stimmen, sei es durch mündliches Auszählen, sei es durch Einsammeln und Auszählen der Stimmkarten, je gesondert festgestellt werden, ist das Teilnehmerverzeichnis für die Ordnungsgemäßheit der Abstimmung selbst nicht erforderlich (falsch Henseler BB 62, 1064).Es schafft nur die Möglichkeit einer Art von Gegenkontrollrechnung, ob die Auszählung der Stimmen sich auch im Rahmen der Anwesenheitsliste hält. Darüber hinaus soll das Teilnehmerverzeichnis auch die Zusammensetzung des in der Hauptversammlung vertretenen Aktionärskreises in gewisser Hinsicht offenlegen. Dieser Grundsatz ist aber nicht voll durchsetzbar, einmal weil die Anonymität der Inhaberaktien gewahrt werden muß, und zum anderen, weil Kreditinstitute wegen des Bankgeheimnisses ihre Auftraggeber nicht preisgeben können. Infolgedessen offenbart die Teilnehmerliste die wirklichen Aktionäre nur, soweit sie ihren Besitz als Eigenbesitz angemeldet haben. Hinsichtlich der als Vollmachts- und Fremdbesitz vertretenen Aktien macht das Teilnehmerverzeichnis aber immerhin deutlich, ob und inwieweit die Stimmberechtigten ihr Stimmrecht kraft dieser ihrer Befugnis ausüben.

Anm. 6

5. Auslegung des Verzeichnisses

Das Verzeichnis ist vor der ersten Abstimmung auszulegen (Abs. 4 S. 1). Das bedeutet nicht, daß es zu Beginn der Hauptversammlung oder zu der Erstabstimmung abzuschließen und von späteren Veränderungen der Teilnehmerzahl unberührt bliebe. Es ist vielmehr auch während des Verlaufs der Hauptversammlung ständig auf dem laufenden zu halten. Nach Beginn der Hauptversammlung erscheinende Aktionäre sind noch in die Liste einzutragen und können nicht etwa mit ihrem Teilnahme- oder Stimmrecht ausgeschlossen werden (vgl. Seybold DNotZ 32, 43; Lamers DNotZ 62, 297 N 22). Ihre Aufnahme in das Teilnehmerverzeichnis kann nur dann unterlassen werden, wenn sie erklären, nicht in ihrer Eigenschaft als Aktionäre, sondern nur als Besucher an der Hauptversammlung teilzunehmen, und damit auf die Ausübung jedweder Aktionärsrechte für die Hauptversammlung verzichten. Auch wenn Aktionäre sich vor Schluß der Hauptversammlung entfernen, ist das in dem Teilnehmerverzeichnis zu vermerken (Ritter § 110 Anm. 4; Baumbach-Hueck Rdn. 6; Godin-Wilhelmi Anm. 5; Henseler BB 62, 1024). Dabei muß das nachträgliche Erscheinen oder frühere Weggehen so vermerkt werden, daß erkennbar ist, bei welchen Abstimmungen die Aktionäre zugegen waren. Schwierig ist aber die Frage, wieweit durch Kontrollen wirksam sichergestellt werden kann, daß das Teilnehmerverzeichnis der jeweils schwankenden Anwesenheit angepaßt wird. Während jemandem, der den Saal betreten will, der Zutritt verwehrt werden kann, wenn er sich nicht vorher als Aktionär ausweist, seine Hinterlegungsbescheinigung oder Eintrittskarte vorweist und sich in die Anwesenheitsliste eintragen läßt, kann man eine den Saal verlassende Person kraft Hausrecht wohl schwerlich gegen ihren Willen zwingen, ihre Stimmkarte abzugeben (so auch Lamers DNotZ 62, 297). Westrick BB 58, 395 und — etwas zurückhaltender — 726 verlangt vom Vorsitzenden, durch wirksame Kontrollen sicherzustellen, daß jeder Zu- und Abgang ins Teilnehmerverzeichnis aufgenommen wird, und zwar auch dann, wenn der Aktionär sich nicht an- oder abmeldet. Das geht aber, worauf Schippert BB 58, 725 mit Recht hinweist, zu weit, und zwar auch schon deshalb, weil es die tatsächlichen und rechtlichen Möglichkeiten des Versammlungsvorsitzenden überfordert (Lamers DNotZ 62, 297). Zwar wird man die Einrichtung wirksamer Kontrollen für Zu- und Abgang verlangen müssen, ein Zwang auf Abmeldung kann aber nicht ausgeübt werden, so daß als Abgang im wesentlichen nur die Aktionäre in das Teilnehmerverzeichnis eingetragen werden können, die sich tatsächlich abmelden. Allerdings ist, wenn durch Nichterfassen von Abgängen Unrichtigkeiten im jeweiligen Stand des Teilnehmerverzeichnisses entstehen, eine Abstimmung im Subtraktionsverfahren nicht mehr zulässig (§ 119 Anm. 41). Da außer bei Verwendung des Subtraktionsverfahrens das Teilnehmerverzeichnis in die Abstimmung selbst nicht eingeht, kann insoweit eine Unrichtigkeit oder Unvollständigkeit eines Teilnehmerverzeichnisses wegen Zu- und Abgängen eine Anfechtungsklage nicht begründen.

Als erste Abstimmung im Sinne des Abs. 4 gelten nicht nur Beschlüsse zur Tagesordnung, sondern auch zum Verfahren der Hauptversammlung, z. B. Wahl des Vorsitzenden (§ 119 Anm. 19), Vertagung oder Verlegung (§ 119 Anm. 38). Dagegen kann man in der Bestimmung des Vorsitzenden, in welcher Weise er abstimmen zu lassen beabsichtige (so Henseler BB 62, 1023), keine Abstimmung sehen; auch wenn diese Bestimmung des Versammlungsablaufs nicht in der Satzung ausdrücklich enthalten ist, ist ihre Bestimmung Aufgabe des Vorsitzenden und nicht Sache eines Hauptversammlungsbeschlusses (§ 119 Anm. 41).

Neuerdings ist es in den Hauptversammlungen üblich geworden, Aktien, die gemäß § 136 vom Stimmrecht ausgeschlossen sind, bei den vom Stimmausschluß betroffenen Punkten als nicht vertreten oder nicht anwesend zu behandeln (Obermüller-Werner-Winden S. 127). Das geschieht entweder durch eine an den Vorsitzenden der Hauptversammlung gerichtete Erklärung des Aktionärs oder, soweit Vollmachten vorliegen, durch Beschränkung der Vollmachten auf die nicht vom Stimmausschluß betroffenen Tagesordnungspunkte, was zweckmäßigerweise auch dem Vorsitzenden besonders mitzuteilen ist. Der Grund dieses Vorgehens liegt darin, daß die vom Mitstimmen ausgeschlossenen Aktien nicht als Stimmenthaltungen aufzuführen sind. Eine Berichtigung des Teilnehmerverzeichnisses ist ebensowenig notwendig wie das Verlassen des Versammlungssaales (Gessler BB 62, 1184; a. M. Henseler BB 62, 1026). Denn auch die Aktien, für die eine Nichtteilnahme an der Abstimmung erklärt wird, bleiben Teilnehmer der Versammlung und stehen damit zu Recht im Teilnehmerverzeichnis (Gessler a. a. O.; Obermüller-Werner-Winden S. 127).

Das Verzeichnis muß während der ganzen Versammlung zur Einsicht ausliegen. Nach Schluß der Versammlung kann sie abgelehnt werden. Die Einsicht ist allen Teilnehmern der Versammlung, also insbesondere den anwesenden Aktionären und den Mitgliedern des Vorstands und Aufsichtsrats (§ 118 Abs. 2) zu gewähren. Unter Teilnehmern sind aber wohl nur die Personen zu verstehen, die ein Recht zur Teilnahme haben, nicht auch Gäste und Pressevertreter (vgl. Obermüller NJW 69, 245).

Eine *Vorlesung des Verzeichnisses* ist nicht vorgeschrieben (vgl. § 130 Anm. 2).

Anm. 7

6. Unterzeichnung des Verzeichnisses

Das Verzeichnis ist vom Vorsitzenden zu unterzeichnen. Die Unterschrift soll dem Verzeichnis Urkundscharakter verleihen. Dagegen läßt sich nicht sagen, daß das Verzeichnis vor der Unterschrift noch gar kein Verzeichnis sei und daher vor seiner Auslegung bereits unterschrieben sein müsse (Lamers DNotZ 62, 298; a. A. Ritter § 110 Anm. 5). Es braucht also erst unterschrieben zu werden, wenn es gemäß § 110 Abs. 3 der Niederschrift beigefügt wird. Der Vorsitzende bezeugt mit seiner Unterschrift nicht nur, daß der Inhalt des Verzeichnisses den von den Aktionären oder ihren Vertretern gemachten Angaben und den von ihnen geführten Nachweisen (Vorlegung der auf Grund von Hinterlegungsbescheinigungen ausgestellten Stimmkarten und Vollmachten usw.) entspricht, sondern auch, daß dieses Verzeichnis in der Hauptversammlung vor der ersten

Abstimmung ausgelegen hat. Das Verzeichnis darf daher nach der Abstimmung nicht mehr ergänzt werden, soweit nicht Aktionäre nachträglich erscheinen, was in dem Verzeichnis zum Ausdruck zu bringen ist (Anm. 6). Bei einem Wechsel des Vorsitzenden wird derjenige unterschreiben müssen, der den Vorsitz führte, als die Teilnehmerliste ausgelegt wurde, bei späteren Ergänzungen oder Änderungen der Liste auch derjenige der zur Zeit der Ergänzung oder Änderung die Sitzung leitete (Ritter § 110 Anm. 4; Henseler BB 62, 1024).

Anm. 8

7. Verletzungsfolgen

Die Unterlassung oder unrichtige Führung des Teilnehmerverzeichnisses stellt eine Gesetzesverletzung dar, die gemäß § 243 die *Anfechtung* begründet, wenn ein Beschluß auf dem Verstoß beruht (Baumbach-Hueck Rdn. 7; Godin-Wilhelmi Anm. 6; Lamers DNotZ 62, 297; Schippert BB 62, 726). Eine objektive Unrichtigkeit einer Angabe, auf Grund deren eine Eintragung im Teilnehmerverzeichnis erfolgt ist, z. B. falsche Angabe eines Namens eines vertretenen Aktionärs, vermag die Anfechtung nicht zu begründen. Die falsche Angabe ist aber gemäß § 405 Abs. 2 eine Ordnungswidrigkeit.

Über die Rechtsfolge der Unterlassung der Beifügung des Teilnehmerverzeichnisses siehe § 130 Anm. 13.

Anm. 9

8. Sonderregelung für Volkswagenwerk-Aktionäre

Das Gesetz über die Überführung der Anteilsrechte an der Volkswagenwerk GmbH in private Hände vom 21. 7. 1960 (BGBl. I 315) bestimmte in § 3 Abs. 4, daß, wer Aktionäre vertrete, der Gesellschaft eine alphabetisch geordnete Liste der von ihm vertretenen Aktionäre mit der Angabe des Vor- und Zunamens, des Wohnsitzes und des Betrags der Aktien und der Stimmen jedes vertretenen Aktionärs zu überreichen habe und daß diese Liste vor der ersten Abstimmung zur Einsicht auszulegen und dem Teilnehmerverzeichnis beizufügen sei, während in das Teilnehmerverzeichnis selbst nur der Vertreter aufzunehmen sei, der Betrag und Gattung der ihm nicht gehörenden Aktien mit Stimmenzahl zur Aufnahme in das Teilnehmerverzeichnis gesondert anzugeben habe. Durch § 38 Abs. 1 Ziff. 4 EG AktG ist diese höchst unhandliche Bestimmung dahin abgeändert, daß der Vertreter nur seine Vollmachtsurkunden alphabetisch geordnet der Gesellschaft vorzulegen hat und daß sie vor der ersten Abstimmung zur Einsicht für alle Teilnehmer auszulegen sind. Dem Teilnehmerverzeichnis sind sie nicht mehr beizufügen. Auch die früher vorgesehene alphabetische Liste der Vollmachten entfällt und damit auch deren Beifügung zum Teilnehmerverzeichnis. Bei der Aufnahme der Vertreter in das Teilnehmerverzeichnis ist über § 129 Abs. 2 und 3 hinaus auch die Zahl der von dem Vertreter vertretenen Stimmen zur Aufnahme in das Verzeichnis gesondert anzugeben.

§ 130 Niederschrift

(1) Jeder Beschluß der Hauptversammlung ist durch eine über die Verhandlung notariell aufgenommene Niederschrift zu beurkunden. Gleiches gilt für jedes Verlangen einer Minderheit nach § 120 Abs. 1 Satz 2, §§ 137 und 147 Abs. 1.

(2) In der Niederschrift sind der Ort und der Tag der Verhandlung, der Name des Notars sowie die Art und das Ergebnis der Abstimmung und die Feststellung des Vorsitzenden über die Beschlußfassung anzugeben.

(3) Das Verzeichnis der Teilnehmer an der Versammlung sowie die Belege über die Einberufung sind der Niederschrift als Anlagen beizufügen. Die Belege über die Einberufung brauchen nicht beigefügt zu werden, wenn sie unter Angabe ihres Inhalts in der Niederschrift aufgeführt werden.

(4) Die Niederschrift ist von dem Notar zu unterschreiben. Die Zuziehung von Zeugen ist nicht nötig.

(5) Unverzüglich nach der Versammlung hat der Vorstand eine öffentlich beglaubigte Abschrift der Niederschrift und ihrer Anlagen zum Handelsregister einzureichen.

Übersicht

Literatur

Barz, Die große Hauptversammlung, AktG Sonderbeilage I/62 1 ff.
K. von Falkenhausen, Die nächste Hauptversammlung, BB 66, 337.
Jansen, FGG III. Band (Beurkundungsgesetz) 1971.
Knur, Die Niederschrift über die Hauptversammlung der Aktiengesellschaft DNotZ 38, 700.
Lamers, Die Beurkundung der Hauptversammlung einer Aktiengesellschaft, DNotZ 62, 287.
Zöllner, Die Schranken mitgliedschaftlicher Stimmrechtsmacht 1963.

Anm. 1

Einleitung

Erstmals durch Art. 238a des Gesetzes vom 18. 7. 1964 war vorgeschrieben worden, daß jeder Beschluß einer Generalversammlung zu seiner Gültigkeit der gerichtlichen oder notariellen Beurkundung ohne Zuziehung von Zeugen bedürfe. Der Vorstand wurde gleichzeitig verpflichtet, ohne Verzug eine beglaubigte Abschrift der Urkunde zum Handelsregister einzureichen. Aus dieser Bestimmung ist dann die inhaltlich gleiche Vorschrift des § 259 HGB geworden, die durch § 111 AktG 1937 im wesentlichen nur dahin ergänzt wurde, daß neben der Art und dem Ergebnis der Beschlußfassung auch die Feststellung des Vorsitzers über die Beschlußfassung aufzunehmen war. § 130 übernimmt den § 111 im wesentlichen unverändert. Gestrichen wurde im Hinblick auf §§ 241 Nr. 2, 242 Abs. 1 der Hinweis, daß die Beurkundung Voraussetzung für die Gültigkeit des Hauptversammlungsbeschlusses sei. Eingefügt wurde die Protokollierungspflicht des Notars für sämtliche Minderheitsverlangen in der Hauptversammlung.

In Abs. 5 ist die Einreichungspflicht des Vorstands für die Verhandlungsniederschrift auch auf deren Anlagen erstreckt worden. Durch das Beurkundungsgesetz vom 28. 8. 1969 ist die bisher neben der notariellen zugelassene richterliche Beurkundung der Hauptversammlung gestrichen worden.

I. Notarielle Beurkundung

Anm. 2

Die notarielle Beurkundung ist Erfordernis der Gültigkeit der Beschlüsse (Abs. 1 S. 1). Dies gilt auch für einstimmige Beschlüsse einer Vollversammlung (RG 114, 202), insbesondere auch für Beschlüsse des Einmanngesellschafters (RG 119, 229).

1. Erschöpfende Regelung der Form der Niederschrift. Ausschluß des Notars.

Die Form der Niederschrift ist in § 130 *erschöpfend geregelt* (KGJ 32 A 148; Knur DNotZ 38, 705/06). Weder finden Anwendung die Bestimmungen des FGG über die notariellen Urkunden, insbesondere über den Identitätsnachweis gemäß § 176 FGG (KG a. a. O.; RG 75, 266) noch die Bestimmungen von Landesgesetzen (KG a. a. O.) noch die Bestimmungen des neuen BeurkG vom 28. 8. 1969 (BGBl. I S. 1513). Dies letztere Gesetz enthält zwar in seinem dritten Abschnitt besondere Vorschriften für „Sonstige Beurkundungen“, d. h. für Beurkundungen über andere Gegenstände als Willenserklärungen und damit insbesondere auch über den Hergang und die Beschlußfassung in einer Hauptversammlung und regelt in § 37 den Inhalt der Niederschrift bei derartigen Beurkundungen. Diese Bestimmungen greifen aber für die Beurkundung der Hauptversammlung einer Aktiengesellschaft und auch einer Kommanditgesellschaft auf Aktien nicht ein, weil die Sondervorschriften der §§ 130, 278 Abs. 3 gemäß § 59 BeurkG unberührt geblieben sind (Jansen § 37 Anm. 9). Infolgedessen hat das Beurkundungsgesetz außer der Streichung der gerichtlichen Zuständigkeit für die Hauptversammlung (§ 56 BeurkG) keine Änderung der Rechtslage gebracht. Die Regelung des § 130 über die bei der Beurkundung der Ergebnisse einer Hauptversammlung zu beachtenden Formvorschriften ist demnach auch heute noch erschöpfend. Deshalb bedarf es auch heute nicht der in Landesgesetzen (z. B. Preußisches FGG Art. 55), vorgeschriebenen Verlesung, auch nicht der Personenfeststellung durch Vorlegung amtlicher Ausweise für die dem Notar nicht persönlich bekannten Aktionäre. Ebensowenig kann die Satzung die gesetzlichen Bestimmungen abändern oder ergänzen (RG 65, 91; Knur DNotZ 38, 706; vgl. Anm. 8).

Anwendbar sind jedoch die Bestimmungen anderer Gesetze, mögen es Bundes- oder Landesgesetze sein, über Fragen, die in § 130 nicht geregelt sind. Vor allem kommt in Betracht die *Frage des Ausschlusses des Notars*, die jetzt in § 3 BeurkG geregelt ist (irrig Godin-Wilhelmi Anm. 6, die in der 1971 erschienenen 4. Aufl. die Aufhebung des § 16 BNotO durch § 57 Abs. 17 Ziff. 2 BeurkG übersehen haben). Danach soll ein Notar bei einer Beurkundung nicht mitwirken, wenn es sich um eigene Angelegenheiten handelt — auch in Form der Mitberechtigung oder Mitverpflichtung —, um Angelegenheiten eines Ehegatten, früheren Ehegatten oder Verlobten, um Angelegenheiten eines näheren Verwandten, um Angelegenheiten einer Person, deren gesetzlicher Vertreter der Notar ist, oder deren vertretungsberechtigtem Organ er angehört, oder um Angelegenheiten einer Person, die den Notar in der gleichen Angelegenheit bevollmächtigt hat, oder zu der er in einem ständigen Dienst- oder ähnlichem ständigen Geschäftsverhältnis steht. Ebenso wie schon nach § 16 Abs. 2 BNotO das Vorliegen von Ausschließungsgründen die Gültigkeit der Beurkundung unberührt ließ, zieht § 3 BeurkG als Sondervorschrift keine beurkundungsrechtlichen Folgen aus einem Verstoß, sondern nur dienstrechtliche. Für die Gültigkeit des Hauptversammlungsprotokolls ist die Einhaltung des § 3 BeurkG also ohne jede Bedeutung (Jansen § 3 Anm. 2). Demnach interessiert rein aktienrechtlich die Frage nicht mehr, ob der Notar, der eigene Aktien der Gesellschaft besitzt oder ihrem Vorstand oder Aufsichtsrat angehört, von der Protokollierung ausgeschlossen ist.

Die neue Fassung des § 3 BeurkG stellt diese Frage nicht mehr wie bei § 16 BNotO dahin, ob der Notar selbst beteiligt ist oder zu einem Beteiligten im Verhältnis des Mitberechtigten steht, sondern dahin, ob es sich um eine eigene Angelegenheit, auch wenn der Notar nur mitberechtigt ist, handelt. Die Frage ist sehr umstritten (vgl. Jansen § 3 N 22). Lamers DNotZ 62, 302, Godin-Wilhelmi Anm. 6, Knur DNotZ 38, 713 sehen kein Verbot der Mitwirkung, wenn der Notar oder eine ihm nahestehende Person Aktionär ist, es sei denn, daß sie als solche an der Verhandlung durch Stimmabgabe, Antragstellung usw. teilnimmt. Voraufl. § 111 Anm. 1 (dort auch weitere Zitate) und Baumbach-Hueck Rdn. 2 sehen jeden Aktienbesitz des Notars oder einer ihm nahestehenden Person als Ausschließungsgrund an, was jedoch zu unhaltbaren Ergebnissen führt. Das entscheidende Kriterium für das Vorliegen einer „eigenen Angelegenheit" sollte die Einflußmöglichkeit sein, die die Aktien geben, die den unter § 3 BeurkG fallenden Personen zustehen. Erst wenn dieser Einfluß Beteiligungscharakter hat, kann von einer eigenen Angelegenheit gesprochen werden. Im übrigen muß es ausreichen, daß der amtierende Notar nicht in seiner Person selbst als Aktionär an der Hauptversammlung teilnehmen, Anträge stellen, Widerspruch erklären oder protokollierungspflichtige Verlangen vorbringen kann. Ist der Notar Vorstand oder Aufsichtsrat, so greift § 3 Abs. 1 Ziff. 4 und 5 BeurkG ein, nicht aber, wenn Angehörige Vorstands- oder Aufsichtsratsmitglieder sind (Jansen § 3 Rdn. 16 und die dortigen Zitate in N 23 und 23a). Fast das gesamte aktienrechtliche Schrifttum (vgl. Voraufl. § 111 Anm. 1) ist hier allerdings anderer Meinung, wobei aber der Ausschließungsgrund aus dem Begriff der Beteiligung hergeleitet wird, während es heute nur darauf ankommen kann, daß ein Beschluß der Gesellschaft keine Angelegenheit des Vorstands- oder Aufsichtsratsmitglieds ist, also nicht unter § 3 Abs. 1 Ziff. 1—3, sondern nur unter Ziff. 4 oder 5 fallen kann.

Anm. 3

2. Gegenstand der Protokollierung

Der Gegenstand der Niederschrift ergibt sich im wesentlichen aus Abs. 1. Aus ihm ist nicht zu entnehmen, daß der Inhalt der Verhandlungen anzugeben wäre und etwa, wie das von Oppositionsrednern häufig verlangt wird, die Diskussionsbeiträge einzelner Aktionäre und ihre Fragen — soweit nicht § 131 Abs. 5 gegeben ist — aufzunehmen wären. Über den vorgeschriebenen Gegenstand hinausgehende Angaben sind aber nicht unzulässig. Angemessen wird insbesondere die Aufführung der an der Hauptversammlung teilnehmenden Vorstands- und Aufsichtsratsmitglieder sein, da diese nicht in das Teilnehmerverzeichnis aufzunehmen sind (§ 129 Anm. 4c), und namentlich die Angabe des Vorsitzenden der Versammlung, der das Teilnehmerverzeichnis zu unterzeichnen hat.

Gegenstand der Niederschrift sind einmal die Beschlüsse der Hauptversammlung, und zwar sowohl die zustimmenden wie auch die ablehnenden Beschlüsse. Darüberhinaus macht Abs. 1 S. 2 nunmehr zum Gegenstand der Niederschrift auch

1. das Verlangen einer Minderheit, deren Anteile zusammen den zehnten Teil des Grundkapitals oder den Nennbetrag von DM 2 Mio. erreichen, auf Einzelentlastung von Mitgliedern des Vorstands und des Aufsichtsrats (§ 120 Abs. 1 S. 2);
2. das Verlangen einer 10%-igen Minderheit, vor dem Vorschlag des Aufsichtsrats über den Vorschlag eines Aktionärs zur Wahl von Aufsichtsratsmitgliedern nach § 127 abzustimmen (§ 137);
3. das Verlangen einer Minderheit, deren Anteile zusammen den zehnten Teil des Grundkapitals erreichen, auf Geltendmachung von Ersatzansprüchen der Gesellschaft aus der Gründung gegen die Gründer oder aus der Geschäftsführung gegen die Mitglieder der Verwaltung oder aus § 117 gegen die Schädiger und Verwaltungsmitglieder (§ 147 Abs. 1).

Aus anderen Bestimmungen des Gesetzes ergeben sich noch folgende Gegenstände, die in die Niederschrift aufzunehmen sind,

4. die Frage eines Aktionärs, auf die die Auskunft verweigert wird, und die Gründe für die Auskunftsverweigerung (§ 131 Abs. 5). Die Aufnahme hat nur auf Verlangen des Aktionärs zu erfolgen;
5. der Widerspruch eines Aktionärs gegen einen Beschluß der Hauptversammlung (§ 245 Ziff. 1);
6. der Widerspruch des Vorstands, des Aufsichtsrats oder einer Minderheit, deren Anteile zusammen den zehnten Teil des Grundkapitals oder den Nennbetrag von DM 2 Mio. erreichen, gegen die Wahl des Abschlußprüfers (§ 163 Abs. 2 S. 3);
7. der Widerspruch einer Minderheit, deren Anteile zusammen 10% des Grundkapitals erreichen, gegen einen Verzicht auf oder einen Vergleich über Ersatzansprüche gegen Gründer (§ 50) oder gegen Vorstands- oder Aufsichtsratsmitglieder (§ 93 Abs. 4 S. 2 und § 116);
8. der Widerspruch einer Minderheit von 10% des bei einem Sonderbeschluß der außenstehenden Aktionäre vertretenen Grundkapitals, wenn es sich bei dem Sonderbeschluß um die Zustimmung zu einem Verzicht auf oder einem Vergleich über Ansprüche handelt,
   a) auf Ausgleich (§ 302 Abs. 3 S. 3),
   b) auf Ersatz wegen Pflichtverletzung bei Erteilung von Weisungen (§ 309 Abs. 3 S. 1; § 310 Abs. 4 und § 323 Abs. 1),
   c) auf Ersatz wegen ausgleichsloser Erteilung nachteiliger Weisungen (§ 317 Abs. 4; § 318 Abs. 4).

Über den Gesetzeswortlaut hinaus muß eine Pflicht zur Aufnahme in die Niederschrift für alle die Vorgänge angenommen werden, die für die Beständigkeit und Wirksamkeit eines Beschlusses und die Ordnungsmäßigkeit seines Zustandekommens erheblich sind (Lamers DNotZ 62, 293ff.; Godin-Wilhelmi Anm. 2; vgl. auch Knur DNotZ 38, 701ff.). Jedoch handelt es sich insoweit nicht um ausdrückliche Gesetzesgebote, sondern um die Erfüllung der Amtspflicht des Notars, für die weitgehend sein pflichtgemäßes Ermessen maßgebend ist. Hierher gehören z. B. Ordnungsmaßnahmen des Vorsitzenden wie Festsetzung einer Redezeit, Wortentzug, Saalverweisung, Anordnung des Schlusses der Debatte (§ 119 Anm. 30—33), Abweichungen von der Tagesordnung (§ 119 Anm. 36), als unzulässig zurückgewiesene Anträge, Feststellungen und Erklärungen zur Ordnungsgemäßheit der Einberufung, zur Tagesordnung oder zur Abstimmung oder Feststellungen des Vorsitzenden zur Vorlage des Jahresabschlusses oder zur Erstattung von Berichten oder Anzeigen. Durch die Regelung des § 131 Abs. 5 ist klar gestellt, daß weitergehende Protokollierungspflichten bei Auskünften, als diese Bestimmung vorsieht, nicht bestehen, insbesondere besteht keine Pflicht, die von Aktionären gestellten Fragen und die Auskünfte der Verwaltung festzuhalten. Nur wenn auf konkrete Frage die Antwort verweigert wird, ist der Notar auf Verlangen verpflichtet, die Frage und den Grund der Auskunftsverweigerung in seine Niederschrift aufzunehmen.

Anm. 4

3. Inhalt der Protokollierung

Gemäß Abs. 2 muß die Niederschrift enthalten:

a) *Ort und Tag der Versammlung.* Die Angabe der Räumlichkeit (des Hauses) und der Tageszeit ist nicht gesetzlich vorgeschrieben, aber üblich und erforderlich, um darzutun, daß die Hauptversammlung entsprechend der Einberufung stattgefunden hat (Lamers DNotZ 62, 296). Dauert die Verhandlung über Mitternacht hinaus, so muß das in geeigneter Form zum Ausdruck gebracht werden.

b) *Der Name des Notars.* Der Name besteht aus dem Vor- und Zunamen. Die Angabe des Zunamens allein genügt also nicht (a. A. Ritter § 111 Anm. 3). Auch der Hinweis auf die Unterschrift reicht nicht aus. Vgl. auch unten Anm. 11.

Anm. 5

c) *Die Art der Abstimmung.* Die Niederschrift muß ergeben, in welcher Weise die Abstimmung erfolgt, ob sie durch Handaufheben, durch Zuruf, Abgabe von Stimmzetteln oder auf welche sonstige Weise sie zustande gekommen ist (RG 75, 267; vgl. 105, 373). Zu der in der Niederschrift festzuhaltenden Art der Abstimmung gehören auch die vom Vorsitzenden getroffenen Maßnahmen zwecks Beachtung des Stimmausschlusses gemäß § 136, in der Regel also der Hinweis des Vorsitzenden auf diese Bestimmung mit der Aufforderung zur Stimmenthaltung oder Nichtteilnahme an der Abstimmung (vgl. § 129 Anm. 6). Die Protokollierung der Art der Abstimmung erfolgt üblicherweise derart, daß zunächst angegeben wird, welche Bestimmung die Satzung oder im Falle ihres Schweigens der Vorsitzende für die Durchführung der Abstimmung trifft. Alsdann wird angegeben, daß die einzelne Abstimmung in dieser angegebenen oder einer anderen Weise auch stattgefunden hat. Dabei kommt es nicht darauf an, ob der Notar die Art der Abstimmung für zweckmäßig und zulässig hält. Er hat zu protokollieren, was er als tatsächlich geschehen wahrnimmt. Hält er die vorgesehene Art der Abstimmung für unzulässig, so muß er den Vorsitzenden daraufhinweisen (vgl. Anm. 18). Zur Angabe der Art der Abstimmung gehört auch die Angabe, ob Stimmzähler bestimmt sind — in diesem Falle ist die Angabe ihrer Namen zweckmäßig — (vgl. § 119 Anm. 41), oder ob die Feststellung des Abstimmungsergebnisses im Wege des Subtraktionsverfahrens erfolgt ist (vgl. § 119 Anm. 41). Selbst wenn man mit der Voraufl. § 111 Anm. 3d die Feststellung des Abstimmungsergebnisses im Wege des Subtraktionsverfahrens für unzulässig hält, liegt darin doch kein Verstoß gegen § 111, jetzt § 130. Denn diese Bestimmung sagt über die Abstimmung und die Feststellung ihres Ergebnisses gar nichts, sondern verlangt nur Angaben darüber, wie tatsächlich verfahren worden ist. Dieser Bestimmung ist genügt, auch wenn die gewählte Art der Abstimmung und ihre Feststellung unzulässig war.

Anm. 6

d) *Das Ergebnis der Abstimmung.* Dazu gehört zunächst einmal das ziffernmäßige Ergebnis der Abstimmung, und zwar so, wie es der Notar wahrgenommen hat. Wenn auch RG 105, 375 es genügen lassen will, daß nach der Gesamtheit des Beurkundeten kein Zweifel über die Ordnungsmäßigkeit des Hergangs besteht, als dessen Ergebnis das Protokoll den Beschluß feststellt (vgl. hierzu Anm. 15), so ist doch wegen erheblicher Zweifel an der Richtigkeit dieser Entscheidung dringend eine genaue ziffernmäßige Erfassung anzuraten (vgl. auch v. Falkenhausen BB 66, 341). Es ist also die Feststellung darüber, wie viele Stimmen für und wie viele Stimmen gegen einen Antrag abgegeben worden sind und wie viele Stimmen sich enthalten haben, aufzunehmen. Werden die Enthaltungsstimmen nicht gezählt — was außer bei der Abstimmung in der Form des Subtraktionsverfahrens (§ 119 Anm. 41) auch nicht erforderlich ist —, so können sie auch nicht festgehalten werden. Besteht das Ergebnis nur aus Ja- oder nur aus Nein-Stimmen, so genügt die Angabe einstimmig, und zwar auch dann, wenn Stimmenthaltungen vorhanden waren. Sind nur wenige Nein-Stimmen und Stimmenthaltungen abgegeben, so genügt auch eine Angabe „mit allen Stimmen gegen X Nein-Stimmen bei X Stimmenthaltungen", also eine Ergebnisfeststellung im Stile eines vereinfachten Subtraktionsverfahrens (vgl. RGZ 105, 375). Für die Regel aber gehört zur Feststellung des Abstimmungsergebnisses die genaue ziffernmäßige Feststellung der Ja- und Nein-Stimmen. Darüber, von wem Ja- oder Nein-Stimmen abgegeben worden sind, ist selbst dann, wenn es z. B. in kleineren Hauptversammlungen feststellbar wäre, nichts anzugeben. Das ist aber anders, wenn verschiedene Aktiengattungen vorhanden sind und die Gattungsverschiedenheit für die Beschlußfassung erheblich ist; in diesem Fall ist das Ergebnis nach Gattungen getrennt festzuhalten (RGZ 122, 102; 142, 123). Das gleiche muß gelten, wenn Streit über Stimmberechtigung, Stimmrechtsausschluß und dgl. besteht (vgl. RGZ 142, 123).

Das Erfordernis, das Abstimmungsergebnis festzuhalten, meint aber nicht nur das rein zahlenmäßige Ergebnis der Abstimmung, sondern muß, wenn es einen Sinn haben soll, auch den Gegenstand der Abstimmung miterfassen, also den Inhalt des Beschlusses angeben. Dazu ist, wenn der gestellte Antrag abgelehnt wird, die wörtliche Angabe des Antrags erforderlich, während sich im Falle der Annahme des Antrags der Inhalt aus dem Beschluß selbst ergibt. Auch das Ergebnis von Abstimmungen über die Geschäftsordnung ist zu beurkunden. Keiner Beurkundung bedürfen aber Beschlüsse, die rein den Geschäftsgang betreffende Fragen zum Gegenstand haben, ohne sachliche Bedeutung sind und das Teilnahmerecht der Aktionäre oder ihre sonstigen Rechte nicht zu beeinträchtigen vermögen, z. B. der Beschluß einer Unterbrechung der Sitzung (RG 81, 332; Godin-Wilhelmi Anm. 3; Lamers DNotZ 62, 289).

Anm. 7

e) Die Niederschrift muß ferner *die Feststellung des Vorsitzenden über die Beschlußfassung* angeben. Dieser weitere notwendige Inhalt des Protokolls, der durch das AktG 1937 erstmals erfordert wurde, beruht darauf, daß als Ergebnis von Hauptversammlungsbeschlüssen — vorbehaltlich gerichtlicher Nachprüfung — das maßgebend ist, was der Vorsitzende als Ergebnis verkündet (RGZ 142, 127; BGH 14, 35 und Fischer in LM § 47 GmbHG Nr. 1 sowie Zöllner S. 397). Daraus ist zu schließen, daß der Vorsitzende verpflichtet ist, den gefaßten Beschluß festzustellen, d. h. ihn zu verkünden (Schlegelberger-Quassowski § 111 Anm. 7; Baumbach-Hueck Rdn. 5; vgl. RG 75, 239; 82, 182; a. A. Ritter § 111 Anm. 3c; s. auch unten Anm. 16). Der Notar muß auch dann die Feststellung des Vorsitzenden in der Niederschrift angeben, wenn sie seiner Meinung nach unrichtig ist und sich mit dem von ihm nach eigener Rechtsauffassung beurkundeten Ergebnis der Abstimmung nicht deckt (Anm. 6). Ein Widerspruch zwischen dem Ergebnis der Abstimmung und der Feststellung des Vorsitzenden über die Beschlußfassung wird namentlich vorkommen können, wenn zweifelhaft ist, ob ein Beschluß einer besonderen Mehrheit bedarf, oder wenn Zweifel über das Stimmrecht von Aktionären bestehen. Vgl. Anm. 17.

Eine Ausnahme vom Erfordernis der Feststellung gilt für Beschlußfassungen des *Alleinaktionärs*: es genügt, wenn dieser seine Beschlüsse erklärt und sie zu Protokoll genommen werden (Teichmann-Köhler § 111 Anm. 1b; Godin-Wilhelmi Anm. 4; Baumbach-Hueck Rdn. 5); das gleiche gilt für die einstimmig beschließende *Vollversammlung* (KG JW 1938, 1901; § 121 Anm. 20).

Anm. 8

f) *Bei anderen Vorgängen.* Für die Niederschrift der anderen Vorgänge außerhalb der Beschlußfassung gibt das Gesetz keine ausdrücklichen inhaltlichen Vorschriften. Hier ergibt sich das, was in die Niederschrift aufzunehmen ist, aus der gesetzlichen Umschreibung der in die Niederschrift aufzunehmenden Tatbestände. Die Niederschrift muß also enthalten: die Verlangen, Anträge, Widersprüche, Fragen und Verweigerungsgründe, so wie die einzelnen in Anm. 3 aufgeführten Tatbestände sie vorsehen. Soweit die Verlangen, Anträge oder Widersprüche von einer Minderheit getragen sein müssen, wird man aus der analogen Heranziehung des Abs. 2 zu folgern haben, daß die Art der Feststellung des von der Minderheit vertretenen Anteilsbesitzes ebenso festgehalten wird wie das Ergebnis dieser Feststellungen. Die Verlangen und Anträge müssen genau angegeben werden, so daß über ihren Inhalt und Gegenstand kein Zweifel bestehen kann. Die Verlangen, Anträge und Widersprüche sind von dem Notar von Amts wegen aufzunehmen und bedürfen zu ihrer Aufnahme in die Niederschrift keines besonderen Verlangens von Aktionären; nur soweit es sich um Fragen handelt, deren Beantwortung verweigert worden ist, erfordert § 131 Abs. 5 ein besonderes Verlangen des Aktionärs, ohne das keine Pflicht zur Aufnahme in die Niederschrift besteht (§ 131 Anm. 25). Auch hier wird man keine Pflicht des Notars annehmen können, den Aktionär auf die Befugnis aus § 131 Abs. 5 aufmerksam zu machen und ihn gar hierüber zu belehren. Das gleiche gilt auch für die Erklärung des Widerspruchs gegen einen Beschluß der Hauptversammlung oder der außenstehenden Aktionäre (vgl. Anm. 18). Die gemäß

§ 131 Abs. 5 aufzunehmenden Fragen sind so in die Niederschrift aufzunehmen, wie sie vom Aktionär gestellt sind, und können, wenn der Aktionär einen vorbereiteten Fragezettel vorgelegt hat, aus diesem Zettel entnommen werden, ggf. kann der Zettel der Niederschrift als Anlage beigefügt werden. Die Gründe für die Verweigerung der Auskünfte können auch durch Bezugnahme auf die entsprechenden Vorschriften des § 131 Abs. 3 angegeben werden (§ 131 Anm. 25).

Anm. 9

4. Richtigkeit der Niederschrift

Es versteht sich von selbst, daß die Niederschrift in allen Punkten richtig sein muß (vgl. RG 109, 368; BayObLG in JW 1927, 1704[4]). Insbesondere hat der Notar bei Zweifeln über das Abstimmungsergebnis das nach seiner Überzeugung richtige Ergebnis anzugeben und ist nicht an die Feststellung des Vorsitzenden gebunden (Schlegelberger-Quassowski § 111 Anm. 7; Baumbach-Hueck Rdn. 5; a. A. Godin-Wilhelmi Anm. 5c). Die Feststellung des Vorsitzenden über die Beschlußfassung ist als solche in die Niederschrift aufzunehmen, auch wenn sie mit dem angegebenen Ergebnis der Abstimmung nicht übereinstimmt (Schlegelberger-Quassowski a. a. O.; Ritter § 111 Anm. 3c; Baumbach-Hueck a. a. O.). Die Niederschrift darf nicht abgelehnt werden, weil der Beschluß wegen der Art und Weise seines Zustandekommens oder wegen seines Inhalts gegen das Gesetz oder die Satzung verstößt. Doch darf und muß die Niederschrift abgelehnt werden, wenn mit dem Beschluß erkennbar unerlaubte oder unredliche Zwecke verfolgt werden (§ 4 BeurkG), insbesondere wenn sein Inhalt gegen ein Strafgesetz verstößt. Über die Pflichten des Notars s. Anm. 18.

Anm. 10

5. Anlagen der Niederschrift

Beizufügen ist der Niederschrift das gemäß § 129 aufzustellende und auszulegende *Teilnehmerverzeichnis und die Belege über die ordnungsmäßige Einberufung* (Abs. 3).

a) Unter den Belegen über die ordnungsmäßige Einberufung sind die Belege zu verstehen, aus denen sich die Ordnungsmäßigkeit der Einberufung ergibt (KGJ 32 A 153), in der Regel also ausschließlich die Bekanntmachung im Bundesanzeiger (§ 121 Abs. 3). Es können natürlich keine anderen Belege beigefügt werden, als vorhanden sind. Die vorhandenen Belege über die Einberufung sind auch dann beizufügen, wenn sich aus ihnen ergibt, daß die Einberufung nicht ordnungsmäßig erfolgt ist. Die Belege und das Teilnehmerverzeichnis müssen der Urschrift beigefügt werden (RG 114, 202; KGJ 34 A 142); Bezugnahme auf nicht beigefügte Belege genügt nicht (KGJ 32 A 148; 34 A 142). Die Belege müssen spätestens bei dem Abschluß der Niederschrift, d. h. bei deren Unterzeichnung durch den Notar, beigefügt werden (KGJ 32 A 148). Eine nachträgliche Beifügung ist nicht ausreichend (KG RJA 7, 239; Schlegelberger Quassowski § 111 Anm. 8; Teichmann-Köhler § 111 Anm. 2; a. A. Baumbach-Hueck Rdn. 7). Die Beifügung ist in der Niederschrift zu vermerken (KG a. a. O.; Schlegelberger-Quassowski § 111 Anm. 8; Ritter § 111 Anm. 4).

b) *Die Belege über die Einberufung brauchen nicht beigefügt zu werden, wenn sie unter Angabe ihres Inhalts in der Niederschrift aufgeführt werden* (Satz 2). Die Angaben müssen so genau sein, daß daraus die ordnungsmäßige Berufung hervorgeht (KG a. a. O. = RJA 7, 239; vgl. zu dieser Entscheidung auch Ritter § 111 Anm. 4). Zulässig erscheint die Satzungsbestimmung, daß die Belege über die Einberufung stets in der Niederschrift anzuführen sind (Ritter a. a. O.).

Der Beifügung der Einberufungsbelege oder ihrer Aufführung in der Niederschrift bedarf es nicht, wenn die Niederschrift ergibt, daß sämtliche Aktionäre auf der Versammlung vertreten waren und auf die Einhaltung der Bestimmungen über die Einberufung verzichtet haben (KGJ 41 A 134; § 121 Anm. 20).

c) *Der Beifügung des Teilnehmerverzeichnisses* bedarf es nicht, wenn es unter Beachtung der Bestimmungen des § 129 in die Verhandlungsniederschrift aufgenommen und zur Einsicht ausgelegt wird (§ 129 Anm. 2).

Stimmrechtsvollmachten sind dem Verzeichnis nicht beizufügen (§ 134 Abs. 3; § 135).

Anm. 11

6. Unterschrift der Niederschrift

Die Niederschrift muß von dem Notar unterschrieben werden (Abs. 4). Es genügt die Unterzeichnung mit dem Zunamen. Weitere formelle Erfordernisse bestehen nicht. Insbesondere bedarf es, wie das Gesetz in Satz 2 ausdrücklich sagt, nicht einer Zuziehung von Zeugen; ebensowenig bedarf es der Unterschrift der Teilnehmer der Versammlung oder auch nur des Vorsitzenden. Es ist auch nicht nötig, die Niederschrift zu verlesen (KGJ 34 A 142; vgl. Anm. 2 u. 12). Unzulässig ist all dies natürlich nicht. Insbesondere ist es oft üblich, daß der Vorsitzende die Niederschrift mitunterschreibt. Es ist aber nicht durch das Gesetz vorgeschrieben und kann auch nicht durch die Satzung bindend vorgeschrieben werden, da die Satzung dem Notar nicht Vorschriften über die Ausübung seiner Amtsbefugnisse machen kann (RG 65, 91; Schlegelberger-Quassowski § 111 Anm. 3, 9; Baumbach-Hueck Rdn. 8; zum Teil abweichend Ritter § 111 Anm. 8; vgl. oben Anm. 2).

Anm. 12

7. Fertigstellung der Niederschrift

Das Gesetz bestimmt nicht, daß die Niederschrift noch auf der Hauptversammlung fertiggestellt werden muß. Die endgültige Fertigstellung, insbesondere die Unterzeichnung, kann also nach Schluß der Versammlung erfolgen (Ritter § 111 Anm. 5; Godin-Wilhelmi Anm. 11; Baumbach-Hueck Rdn. 8). Aus der Bestimmung, daß unverzüglich nach der Versammlung die Einreichung zum Handelsregister erfolgen soll (Abs. 5), ist jedoch zu schließen, daß die Fertigstellung unverzüglich zu erfolgen hat. Später ist nur noch eine Berichtigung von offenbaren Schreibfehlern und ähnlichen offenbaren Unrichtigkeiten zulässig, nicht dagegen eine sonstige Berichtigung (Ritter a. a. O.; Baumbach-Hueck Rdn. 4; OLG München in HRR 39, 1109).

II. Folgen eines Verstoßes gegen die Beurkundungspflicht

Anm. 13

1. bei Beschlüssen

Nach dem Wortlaut des § 111 Abs. 1 AktG 1937 bedurfte es *zur Wirksamkeit jedes Beschlusses der Hauptversammlung* der Beurkundung durch die gerichtlich oder notarisch aufgenommene Niederschrift. Abs. 1 hat diesen Hinweis gestrichen, ohne damit eine sachliche Änderung zu beabsichtigen. Denn in welchem Sinne die Beurkundung Gültigkeitserfordernis ist, ergab sich früher aus §§ 195 Nr. 2, 196 Abs. 1 AktG 1937 und ergibt sich jetzt aus §§ 241 Nr. 2, 242 Abs. 1. Danach ist der Beschluß nur *nichtig*, wenn er nicht nach § 130 Abs. 1, 2 und 4 beurkundet ist, wenn also überhaupt keine Niederschrift aufgenommen ist oder wenn die Niederschrift nicht den in Abs. 2 vorgeschriebenen Inhalt (oben Anm. 4ff.) hat oder wenn sie nicht unterschrieben ist. Hingegen ist die in Abs. 3 vorgeschriebene Beifügung des Teilnehmerverzeichnisses und der Belege über die Einberufung kein Wirksamkeitserfordernis. Aber auch die Nichtigkeit wegen eines Verstoßes gegen Abs. 1, 2 oder 4 wird *durch Eintragung* des Beschlusses *in das Handelsregister geheilt* (§ 242 Abs. 1). Man kann also nicht sagen, daß ohne Niederschrift gar kein Beschluß vorliegt (dagegen mit Recht Ritter § 111 Anm. 2b; s. auch die amtliche Begründung zum RegE 1937 § 124). Zweifelhaft erscheint, ob eine *Unterlassung der Beifügung des Teilnehmerverzeichnisses* oder der Einberufungsbelege die Anfechtbarkeit begründet oder ob sie die Wirksamkeit des Beschlusses überhaupt nicht beeinträchtigt. Die Anfechtbarkeit eines Beschlusses setzt voraus, daß der Beschluß auf der Verletzung des Gesetzes oder der Satzung *beruht*. Es ist nicht ersichtlich, wie ein Beschluß auf der Verletzung der Vorschrift über die Beifügung des Teilnehmerverzeichnisses oder der Einberufungsbelege beruhen soll. Daher ist die Anfechtbarkeit zu verneinen (Baumbach-Hueck Rdn. 3; a. A. Schlegelberger-Quassowski § 111 Anm. 11; Ritter § 111 Anm. 4).

Als der Beurkundung bedürftiger Beschluß der Hauptversammlung ist auch der in gesonderter Abstimmung gefaßte Beschluß der benachteiligten Aktionäre bei einer Satzungsänderung (§ 179 Abs. 3) und der außenstehenden Aktionäre bei einer Änderung, Aufhebung oder Kündigung eines Unternehmensvertrags (§§ 295/97 jeweils Abs. 2) oder bei Verzicht auf oder Vergleich über Ersatzansprüche im Rahmen eines Konzernverhältnisses (§ 309 Abs. 3, §§ 310, 317/18 jeweils Abs. 2) anzusehen. Es handelt sich um nichts als eine besondere Abstimmung, die in der Tagesordnung für die Hauptversammlung angekündigt werden muß. Der Umstand, daß bei dieser Abstimmung nur die benachteiligten oder außenstehenden Aktionäre stimmberechtigt sind, ändert nichts daran, daß es sich um einen Beschluß der *Hauptversammlung* handelt (Baumbach-Hueck Rdn. 4; a. A. Ritter § 111 Anm. 2a). Dabei ist es unerheblich, ob man die Abstimmung als einen Teil des Änderungs-, Aufhebungs- usw. beschlusses oder als einen selbständigen Beschluß ansieht.

Über die Auslegung von Beschlüssen der Hauptversammlung s. § 119 Anm. 14.

Anm. 14

2. bei anderen Vorgängen

Die gemäß Abs. 1 beurkundungspflichtigen Minderheitsverlangen sind wie die übrigen beurkundungspflichtigen Vorgänge (vgl. Anm. 3) den Beschlüssen zwar gleichgestellt. Deshalb besteht in all diesen Fällen eine Pflicht des Notars, den Vorgang in der Niederschrift festzuhalten (Anm. 4), aber die Beurkundung ist hier nicht Wirksamkeitserfordernis. Es fehlen irgendwelche den §§ 241 Nr. 2, 242 Abs. 2 entsprechende Vorschriften; sie wären auch fehl am Platze. Die Beurkundungspflicht für die anderen Vorgänge außerhalb der Beschlüsse soll die Geltendmachung der Minderheitsrechte nicht erschweren, sondern einmal ihr Gewicht für den Ablauf der Hauptversammlung betonen und zum andern der Beweiserleichterung dienen. Daraus ergibt sich dann, daß unter Umständen die Urkundsperson schadensersatzpflichtig werden kann, wenn sie schuldhaft eine sachlich erforderliche Beurkundung nicht durchgeführt hat (vgl. Godin-Wilhelmi Anm. 5 m. w. N.).

Anm. 15

3. Mangel der Angabe über die Abstimmungsart

Zweifelhaft erscheint, ob ein *Mangel hinsichtlich der in Abs. 2 vorgeschriebenen Erfordernisse* immer die Nichtigkeit des Beschlusses nach § 241 Nr. 2 nach sich zieht. Außer Zweifel steht, daß grundsätzlich mangels Erfüllung der Erfordernisse dieser Bestimmung der Beschluß nichtig ist. RG 105, 373 hat jedoch angenommen, daß der Zweck der Bestimmung zu berücksichtigen und der Beschluß demnach wirksam sei, wenn nach der Gesamtheit des Beurkundeten kein Zweifel über die Ordnungsmäßigkeit der Beschlußfassung bestehen kann. Mit dieser Begründung hat das Reichsgericht die Gültigkeit des Beschlusses bejaht, obwohl die Niederschrift *keinerlei Angaben über die Art der Abstimmung* enthielt (ebenso Brodmann HGB § 259 Anm. 6b). Dem kann — mindestens nach dem gegenwärtigen Stand der Gesetzgebung — nicht zugestimmt werden. Zwar ist auch bei der Auslegung einer Formvorschrift der Zweck des Gesetzes zu berücksichtigen. Daher wird etwa die Fortlassung des Vornamens des die Niederschrift führenden Notars unschädlich sein, wenn Zweifel über seine Person ausgeschlossen erscheinen. Aber unhaltbar erscheint eine Auslegung, nach der die gesetzliche Form nicht gewahrt zu werden braucht, wenn der Zweck auf andere Weise erreicht wird (s. auch Staub HGB § 259 Anm. 11). Unter der Geltung des HGB konnten über das Erfordernis der Angabe, auf welche Weise abgestimmt sei, allenfalls Zweifel bestehen, weil das Gesetz nur von der Art der Beschlußfassung sprach und im einzelnen nichts über die Wirkung eines Verstoßes gegen HGB § 259 bestimmte. Jetzt hingegen verlangt das Gesetz ausdrücklich die Angabe der Art der Abstimmung neben der Angabe der Feststellung des Vorsitzenden über die Beschlußfassung und sieht in § 241 Nr. 2 die Nichtigkeit eines Beschlusses vor, der nicht nach § 130 Abs. 1, 2 und 4 beurkundet ist, unterscheidet also zwischen der Wirkung von Verstößen gegen Abs. 2 und gegen Abs. 3 (Anm. 13). Hiernach muß das Fehlen irgendeiner der in Abs. 2 verlangten Angaben die Nichtigkeit des Beschlusses nach sich ziehen. Das Gesetz hält eben zum Ausschluß aller Zweifel über die Ordnungsmäßigkeit der Beschlußfassung die Angabe des Abstimmungsergebnisses für erforderlich. So wohl auch Ritter § 111 Anm. 3; Ritter teilt zwar die grundsätzliche Auffassung des Reichsgerichts, nach der es genügt, daß nach der Gesamtheit des Beurkundeten kein Zweifel über die Ordnungsmäßigkeit der Beschlußfassung bestehen kann; aber das von ihm gegebene Beispiel enthält eine Angabe über die Art der Abstimmung (ähnlich auch Boesebeck NJW 55, 1657 [1659]).

Anm. 16

4. Mangel der Angabe über die Verkündung eines Beschlusses

Ebenso notwendig wie die Angabe der Art der Abstimmung ist die Angabe der *Feststellung des Vorsitzenden über das Ergebnis der Beschlußfassung*. Der Vorsitzende ist zur Verkündung der Beschlüsse verpflichtet (Anm. 7; § 119 Anm. 42). Das RG hat früher angenommen, daß die Verkündung nicht Voraussetzung des rechtsgültigen Beschlusses sei (RG 125, 149; RG in JW 1926, 1813[5]; vgl. RG 122, 106). Damals sprach aber das Gesetz nicht von der Feststellung des Vorsitzenden über das Ergebnis der Beschlußfassung, während es ihre Beurkundung heute neben der Beurkundung des Ergebnisses der Abstimmung ausdrücklich verlangt. Es kann also nicht angenommen werden, daß der Vorsitzende die Feststellung nicht zu treffen braucht und daß demgemäß, wenn er es unterläßt, auch die Beurkundung unterbleiben kann (so Ritter § 111 Anm. 3c). Vielmehr ist die Verkündung und deren Beurkundung zur Gültigkeit des Beschlusses erforderlich. Inhalt der Verkündung ist die Angabe, was beschlossen worden ist. Doch bedarf es nicht dieser Worte; die Mitteilung des Stimmenverhältnisses durch den Vorsitzenden wird genügen, wenn es den Umständen nach klar ist, daß damit die Annahme des Antrages zum Ausdruck gebracht werden soll. Das Gesetz geht ersichtlich davon aus, daß zu dem Wirksamwerden des Beschlusses die Verkündung gehört. Jedoch ist anzunehmen, daß der Mangel der Verkündung ebenso wie andere Formfehler durch Eintragung des Beschlusses in das Handelsregister geheilt werden (§ 242 Abs. 1). Über Ausnahmen bei der Einmanngesellschaft und über die Vollversammlung s. Anm. 7 am Ende.

Anm. 17

5. Folgen einer unrichtigen Verkündung

Mit der Auffassung des Gesetzes, daß zur Beschlußfassung die Verkündung gehört, steht die frühere Rechtsprechung zur *Frage der unrichtigen Verkündung* eines Beschlusses in Einklang. Danach gilt der Beschluß so als zustande gekommen, wie er verkündet ist (RG 60, 409; 116, 83; 122, 102; 125, 149; 142, 123). Dies gilt auch dann, wenn sich die Unrichtigkeit der Verkündung aus dem sonstigen Inhalt der Niederschrift ergibt. War die Verkündung unrichtig, weil es z. B. zur Annahme des Beschlusses einer größeren Mehrheit bedurfte, als der Vorsitzende annahm, oder weil der Vorsitzende Stimmen von nicht stimmberechtigten Aktionären mitgerechnet hat, so ist der Beschluß anfechtbar

(RG 122, 102; 125, 149; 142, 123). Wird der Beschluß nicht rechtzeitig erfolgreich angefochten, so ist er so, wie er verkündet ist, gültig (RG 60, 409; 116, 83). Der nicht verkündete Beschluß ist zweifellos nichtig, soweit er nicht beurkundet ist.

Geltend gemacht werden kann eine falsche Verkündung nur im Wege der — befristeten — Anfechtungs- oder Nichtigkeitsklage, nicht durch Feststellungsklage (RG 142, 128; Godin-Wilhelmi Anm. 4; Teichmann-Köhler § 111, Anm. 1c; abw. Ritter § 103 Anm. 5b). Darüber ob mit der Anfechtung nicht nur Aufhebung des verkündeten unrichtigen Beschlusses, sondern auch positive Feststellung des in Wirklichkeit gefaßten Beschlusses begehrt werden kann, vgl. Erl. zu § 248.

Anm. 18

6. Aufgabe des Notars in der Hauptversammlung

Zweifelhaft ist, wie weit die *Aufgaben des Notars* in der Hauptversammlung reichen. Seine unmittelbare Aufgabe ist nur die Anfertigung der Niederschrift, bei der er die gesetzlichen Bestimmungen zu beachten hat. Es handelt sich um eine rein beurkundende Tätigkeit, um einen nicht rechtsgeschäftlichen Bericht (RG in Recht 1929 Nr. 262; RG 75, 266; BayObLG in JW 1929, 1704[4]; Westhoff DNotZ 58, 230; vgl. auch §§ 36ff. BeurkG). Eine Pflicht zur Beratung hat der Notar nicht (KG in OLGR 44, 206). Er muß aber darauf hinwirken, daß die Versammlung einen gesetzmäßigen Verlauf nimmt und daß möglichst keine gesetz- und satzungswidrigen Beschlüsse gefaßt werden (Schlegelberger-Quassowski § 111 Anm. 6; Baumbach-Hueck Rdn. 6; a. A. Ritter § 111 Anm. 3d). Daher muß er auch prüfen, ob die Einberufung und Ankündigung ordnungsmäßig erfolgt ist, und auf etwaige Mängel der Einberufung wie auch auf Mängel der Leitung der Versammlung hinweisen (Schlegelberger-Quassowski § 111 Anm. 8; Baumbach-Hueck Rdn. 6; a. A. Ritter § 111 Anm. 4; Brodmann HGB § 259 Anm. 3); er muß auch darauf hinwirken, daß die Bestimmungen des § 129 über das Teilnehmerverzeichnis beachtet werden.

Anm. 19

7. Niederschrift als öffentliche Urkunde. Einsichtsrecht

Die Niederschrift hat die Natur einer *öffentlichen Urkunde*. Sie begründet vollen Beweis der in ihr beurkundeten Vorgänge. Der Gegenbeweis ist zulässig (ZPO § 415). Doch vermag der Beweis des richtigen Beschlusses den Mangel seiner Verkündung und Beurkundung nicht zu ersetzen (Anm. 16). Während früher jeder, der ein berechtigtes Interesse glaubhaft machte, ein Recht auf Einsicht hatte und eine beglaubigte Abschrift verlangen konnte (FGG § 34; PreußFGG § 61 Abs. 2; zur Rechtslage vgl. Barz AktG 62 Sonderbeilage 1, S. 11/12), insbesondere die Mitglieder des Vorstands und des Aufsichtsrats, aber auch die Aktionäre, hat § 51 BeurkG die Rechtslage entscheidend geändert (das übersehen Godin-Wilhelmi § 130 Anm. 1): § 51 Abs. 3 BeurkG beschränkt das Recht auf Abschrifterteilung und Einsicht auf die Personen, die Ausfertigungen verlangen können, d. h. die Personen, die die Aufnahme der Urkunde beantragt haben (Abs. 1 Ziff. 2). Damit entfällt das Recht auf Abschriftserteilung und Einsicht für Aktionäre bzw. die Pflicht des Notars auf Herausgabe von Abschriften und Gewährung der Einsicht (Jansen FGG 2. Aufl. § 51 BeurkG Anm. 15). Allerdings kann der Aktionär die gemäß Abs. 5 dem Handelsregister einzureichende Abschrift nach § 9 Abs. 2 HGB dort einsehen und Erteilung einer Abschrift verlangen (Anm. 20).

Aus § 124 Abs. 4 ist ein Anspruch auf Abschrift des Hauptversammlungsprotokolls nicht herzuleiten (§ 125 Anm. 11; Barz DieAG 62 Sonderbeilage I S. 12).

Aus dem Charakter der Hauptversammlungsniederschrift als öffentlicher Urkunde folgt im übrigen auch, daß die Aktionäre auf die notarielle Beurkundung weder im Ganzen noch in Teilen verzichten können, so daß auch die Vollversammlung und die Hauptversammlung des Alleinaktionärs notariell beurkundet sein müssen (§ 129 Anm. 20; oben Anm. 2).

III. Einreichung zum Handelsregister

Anm. 20

Der Vorstand hat eine öffentlich beglaubigte Abschrift der Niederschrift und ihrer Anlagen unverzüglich nach der Versammlung zum Handelsregister einzureichen (Abs. 5). Für jede Zweigniederlassung ist ein Stück beizufügen (§ 43). Mit der Abschrift der Niederschrift sind auch die vorgeschriebenen Anlagen, das Teilnehmerverzeichnis und die Einberufungsbelege einzureichen. Das ist gegenüber der abweichenden Meinung von Ritter § 111 Anm. 6 nunmehr ausdrücklich im Gesetz selbst gesagt. Eine Prüfung durch den Registerrichter erfolgt nur bei der Anmeldung von Beschlüssen zur Eintragung. Für die Anmeldung von Beschlüssen zum Handelsregister genügt aber die Einreichung der Niederschrift nicht, es bedarf zusätzlich der besonderen Anmeldung. Die Einreichung kann nach HGB § 14 durch Ordnungsstrafen erzwungen werden. Die zum Handelsregister eingereichten Unterlagen können von jedermann eingesehen werden; ohne Vorliegen eines berechtigten Interesses können auch Abschriften verlangt werden, § 9 Abs. 2 HGB (Anm. 19).

§ 131 Auskunftsrecht des Aktionärs

(1) Jedem Aktionär ist auf Verlangen in der Hauptversammlung vom Vorstand Auskunft über Angelegenheiten der Gesellschaft zu geben, soweit sie zur sachgemäßen Beurteilung des Gegenstands der Tagesordnung erforderlich ist. Die Auskunftspflicht erstreckt sich auch auf die rechtlichen und geschäftlichen Beziehungen der Gesellschaft zu einem verbundenen Unternehmen.

(2) Die Auskunft hat den Grundsätzen einer gewissenhaften und getreuen Rechenschaft zu entsprechen.

(3) Der Vorstand darf die Auskunft verweigern,

1. **soweit die Erteilung der Auskunft nach vernünftiger kaufmännischer Beurteilung geeignet ist, der Gesellschaft oder einem verbundenen Unternehmen einen nicht unerheblichen Nachteil zuzufügen;**
2. **soweit sie sich auf steuerliche Wertansätze oder die Höhe einzelner Steuern bezieht;**
3. **über den Unterschied zwischen dem Wert, mit dem Gegenstände in der Jahresbilanz angesetzt worden sind, und einem höheren Wert dieser Gegenstände, es sei denn, daß die Hauptversammlung den Jahresabschluß feststellt;**
4. **über die Bewertungs- und Abschreibungsmethoden, soweit die Angabe dieser Methoden im Geschäftsbericht zur Vermittlung eines möglichst sicheren Einblicks in die Vermögens- und Ertragslage der Gesellschaft ausreicht; dies gilt nicht, wenn die Hauptversammlung den Jahresabschluß feststellt;**
5. **soweit sich der Vorstand durch die Erteilung der Auskunft strafbar machen würde.**

Aus anderen Gründen darf die Auskunft nicht verweigert werden.

(4) Ist einem Aktionär wegen seiner Eigenschaft als Aktionär eine Auskunft außerhalb der Hauptversammlung gegeben worden, so ist sie jedem anderen Aktionär auf dessen Verlangen in der Hauptversammlung zu geben, auch wenn sie zur sachgemäßen Beurteilung des Gegenstands der Tagesordnung nicht erforderlich ist. Der Vorstand darf die Auskunft nicht nach Absatz 3 Satz 1 Nr. 1 bis 4 verweigern.

(5) Wird einem Aktionär eine Auskunft verweigert, so kann er verlangen, daß seine Frage und der Grund, aus dem die Auskunft verweigert worden ist, in die Niederschrift über die Verhandlung aufgenommen werden.

Übersicht

Literatur

Acher, Auskunftspflicht über Vorstandsbezüge? BB 1960, S. 428—430

Barz, Grenzen des Auskunftsrechts des Aktionärs, BB 1957, S. 1253—1256.

Boesebeck, Auskunftserteilung außerhalb der Hauptversammlung, AktG 1963, S. 89—93.

Brox, Fehler bei der Leitung einer Hauptversammlung und ihre Folgen, DB 1965, S. 731—735.

v. d. Burg, Mißbrauch von Aktionärsrechten und Ausschluß aus der Hauptversammlung, AktG 62, 92ff.

Dempewolf, Auskunftspflicht über Vorstandsbezüge, DB 1960, S. 687—688.

Deuss, Das Auskunftsrecht des Aktionärs in der Hauptversammlung der Aktiengesellschaft nach § 112 AktG und als Problem der Aktienrechtsreform, München und Berlin 1962.

Ebenroth, Das Auskunftsrecht des Aktionärs und seine Durchsetzung im Prozeß, Bielefeld 1970.

Ernst, Der Genußschein als Kapitalbeschaffungsmittel, AktG 1967, S. 75—81.

Gessler, Auskunftsrecht des Aktionärs, Gedanken zur Aktienrechtsreform, DB 1957, S. 1254—1259.

Haberlandt, Auskunftserteilung außerhalb der Hauptversammlung, BB 1962, S. 1142—1144.
Ders., Zur Auskunftspflicht über Vorstandsbezüge, BB 1962, S. 117—119.
Jagenburg, Erste Erfahrungen mit dem neuen Aktiengesetz, DB 1967, S. 1399—1405.
Janberg, Das Auskunftsrecht des Aktionärs außerhalb der Hauptversammlung, AktG 1965, S. 191—194.
Ders., Das Recht auf Betriebsbesichtigung, AktG 1965, S. 1—3.
Karehnke, Zum Auskunftsrecht des Aktionärs, AktG 1968, 280ff.
Kropff, Der „faktische Konzern" als Rechtsverhältnis, Teil I DB 1967, S. 2147—2153, Teil II DB 1967, S. 2204—2208.
Möhring, Das neue Aktiengesetz, NJW 1966, S. 1—8, 87—93.
Neuburger, Das Auskunftsrecht des Aktionärs, BB 1957, S. 1045—1047.
Nitschke-Bartsch, Über Bedeutung und Umfang des Auskunftsrechts, insbesondere im Zusammenhang mit Entlastungsbeschlüssen, AktG 1969, S. 95—100.
Pabst, Das Auskunftsrecht des Aktionärs, BB 1956, S. 149—151.
Pleyer-Schaudwet, Die Verlesung von Urkunden als Gegenstand des Auskunftsanspruchs, Anm. zu BGH II ZR 245/63 vom 30. März 1967, GmbH-Rundschau 1967, S. 250—254.
Rasch, Die Auskunftspflicht der Banken in ihren Hauptversammlungen, AktG 1966, S. 205—206.
Reinicke, Das Auskunftsrecht des Aktionärs, S. 117—146, in: Beiträge zur Aktienrechtsreform Heidelberg 1959.
Schilling, Anm. zu BGH vom 23. 11. 1961 (II ZR 4/60), JZ 1962, S. 410.
Schleyer, Übertragende Umwandlung — verfassungs- und gesetzwidrig, NJW 1960, S. 1552—1557.
Schuler, Auskunftsrecht der Aktionäre über Vorstandsbezüge, NJW 1962, S. 841—844.
Seifert, Zum Auskunftsrecht des Aktionärs nach neuem Aktienrecht insbesondere zur Auslegung von § 131 Abs. 4 AktG, AktG 1967, S. 1—4.
Wolany, Zu den Grundlagen und Grenzen des Auskunftsrechts des Aktionärs, AktG 1959, Sonderbeilage zu Heft 12, S. 1—19.

Anm. 1

Einleitung

Das Auskunftsrecht ist erstmals durch § 112 AktG 1937 in das deutsche Aktiengesetz eingeführt worden. In RGZ 34, 57 war zwar im Falle einer Entlastung für Liquidatoren ein Auskunftsrecht als Individualrecht anerkannt worden, was aber wohl als Sonderfall anzusehen war (Gessler DB 57, 1255). Im übrigen vertrat die Rechtsprechung eindeutig den Standpunkt, die Verwaltung sei nur dann auskunftspflichtig, wenn die Hauptversammlung die Erteilung der Auskunft mit Mehrheit beschließe, und ein Auskunftsrecht des einzelnen Aktionärs bestehe nicht (RG 82, 182; 105, 42; 115, 339; OLG 32, 113). Dieser Standpunkt war im Schrifttum sehr umstritten (vgl. die Literaturübersicht bei Deuss, Auskunftsrecht S. 14ff.). Die Befürworter des Individualrechts erhielten aber mehr und mehr die Überhand. § 86 des Entwurfs des RJM von 1930 sah die Verpflichtung der Verwaltung vor, jedem Aktionär auf Verlangen in der Hauptversammlung Auskunft über die Fragen zu erteilen, die mit dem Gegenstand der Verhandlung im Zusammenhang standen. Diese Bestimmung wurde aber ebensowenig wie § 88 des Entwurfs des RJM aus 1931, der bei Verweigerung der Auskunft eine Pflicht zur Erteilung nur bei Unterstützung durch eine Minderheit von 10% des Grundkapitals vorsah, das Auskunftsrecht also zum Minderheitenrecht machte, in die Aktienrechtsnovelle vom 19. 9. 1931 übernommen. Erst § 112 AktG 1937 anerkannte ein Individualrecht des Aktionärs auf Auskunft über Angelegenheiten der Gesellschaft, die mit dem Gegenstand der Verhandlung in Zusammenhang stehen, wobei sich die Auskunftspflicht auch auf Beziehungen zu einem Konzernunternehmen erstreckte. Die Auskunft konnte nur insoweit verweigert werden, wie überwiegende Belange der Gesellschaft oder eines beteiligten Unternehmens oder der gemeine Nutzen von Volk und Reich es forderten. Über die Voraussetzungen für die Auskunftsverweigerung entschied der Vorstand nach pflichtgemäßem Ermessen.

Diese Regelung hat nicht befriedigt, weil der Vorstand als Richter in eigener Sache angesehen wurde. § 131 AktG 1965 hat deshalb eine andere Lösung im Ausgleich der Interessen zwischen Aktionär und Gesellschaft gesucht und dabei das Auskunftsrecht entscheidend umgestaltet. Einmal hat § 131 klargestellt, daß auskunftspflichtig der Vorstand ist. Zum anderen hat er die Pflicht zur Auskunftserteilung von dem zusätzlichen Erfordernis abhängig gemacht, daß die Auskunft zur sachgemäßen Beurteilung des

Gegenstands der Tagesordnung erforderlich sein müsse. Weiterhin ist die Auskunftspflicht auf die rechtlichen und geschäftlichen Beziehungen der Gesellschaft zu einem verbundenen Unternehmen (und nicht nur zu einem Konzernunternehmen) erstreckt worden. Der wesentlichste Unterschied zum Auskunftsrecht des § 112 AktG 1937 liegt darin, daß die Fälle, in denen die Auskunft verweigert werden darf, nunmehr in Abs. 3 abschließend und erschöpfend aufgeführt werden. Abs. 4 bestimmt dann, daß eine einem Aktionär außerhalb der Hauptversammlung gegebene Auskunft jedem anderen Aktionär auf dessen Verlangen in der Hauptversammlung mitzuteilen ist. Abs. 5 gibt dem Aktionär das Recht, bei Auskunftsverweigerung seine Frage und den Grund der Verweigerung in die Niederschrift über die Verhandlung aufnehmen zu lassen. Nimmt man noch dazu, daß § 132 ein besonderes Auskunftserzwingungsverfahren neu eingeführt hat, so ist festzustellen, daß § 131 ein echt durchsetzbares Individualrecht auf Auskunft geschaffen hat.

I. Berechtigte und Verpflichtete des Auskunftsrechts

Anm. 2

1. Auskunftsrecht jeden Aktionärs

Auskunftsberechtigt ist jeder Aktionär. Die Höhe seines Aktienbesitzes ist dabei gleichgültig; denn Sinn des Auskunftsrechts ist es, wie die Begr. RegE zu § 131 (Kropff S. 185) ausführt, „jedem Aktionär eine sachgemäße Ausübung seiner Rechte zu ermöglichen". Dabei kann das Auskunftsrecht nicht etwa als ein Annex des Stimmrechts angesehen werden; dann entfiele es bei allen Tagesordnungspunkten, zu denen kein Beschluß zu fassen ist, sondern nur Unterlagen vorzulegen (§ 176) oder Anzeigen zu machen (§ 92) sind. Das Auskunftsrecht ist vielmehr ein aus der Aktie fließendes Mitverwaltungsrecht (Neuburger BB 57, 1045; Barz BB 57, 1253; Deuss, Auskunftsrecht, S. 29 mit weiteren Literaturangaben). Für seine Handhabung ist es praktisch ohne Bedeutung (so Reinicke, Beiträge, S. 119), ob es ein selbständiges Recht (Schlegelberger-Quassowski § 112 Anm. 2; Neuburger BB 57, 1045) oder ein Hilfsrecht ist (Barz BB 57, 1253; Deuss, Auskunftsrecht, S. 42; Ebenroth, Auskunftsrecht, S. 20).

Da das Auskunftsrecht nach Abs. 1 S. 1 in der Hauptversammlung besteht, hängt seine Ausübung davon ab, daß der Aktionär an der Hauptversammlung teilnahmeberechtigt ist (Obermüller-Werner-Winden S. 155; Godin-Wilhelmi Anm. 2; Neuburger BB 57, 1045; Deuss, Auskunftsrecht, S. 29; Ebenroth, Auskunftsrecht, S. 11). Der Aktionär, dessen Recht auf Teilnahme an der Hauptversammlung ruht (z. B. wegen § 20 Abs. 7, § 21 Abs. 4, § 56 Abs. 1 S. 3 oder § 71 Abs. 6 S. 2) hat also kein Auskunftsrecht aus § 131. Soweit Rechte aus den Aktien gemäß § 71 Abs. 6 S. 1 oder § 328 ruhen, spielt das Auskunftsrecht keine Rolle, und zwar bei § 71 Abs. 6 S. 1, weil die Aktiengesellschaft sich selbst keine Auskunft gibt, und bei § 328, weil ein Aktienbesitz bis zu 25% teilnahme- und damit auskunftsberechtigt bleibt. Aktionäre, die lediglich vom Stimmrecht ausgeschlossen sind, z. B. Vorzugsaktionäre ohne Stimmrecht (§ 139ff.) oder die in einem Interessenwiderstreit gemäß § 136 Abs. 1 stehen, haben ein Auskunftsrecht aus § 131 und können es voll ausüben (Baumbach-Hueck Rdn. 4; Deuss, Auskunftsrecht, S. 29).

Das Auskunftsrecht aus § 131 steht aber immer nur dem Aktionär zu. Zwar nicht in dem Sinn, daß der Fragensteller selbst Träger des Aktienrechts sein müsse; es genügt vielmehr Bevollmächtigung gemäß § 134 Abs. 3, und zwar auch dann, wenn das Stimmrecht ohne Benennung des Aktionärs, den es angeht, ausgeübt wird, und auch Legitimationsübertragung (Baumbach-Hueck Rdn. 4; Deuss, Auskunftsrecht, S. 30; Ebenroth, Auskunftsrecht, S. 12/13). Wohl aber muß das Auskunftsrecht aus dem Aktienbesitz hergeleitet sein. Es steht deshalb Personen, denen wie Gästen oder Pressevertretern die Teilnahme an der Hauptversammlung nur gestattet wird, nicht zu. Ebensowenig steht es Personen zu, die auf Grund spezial-gesetzlicher Vorschriften (§ 44 Abs. 1 Nr. 2 KWG, § 3 HypBankG und §§ 83 Abs. 1, § 112 Abs. 1 VersAufsG) befugt sind, an den Hauptversammlungen teilzunehmen und das Wort zu ergreifen, und auch nicht dem

Gläubigervertreter für die Inhaber von Obligationen gemäß § 15 des Gesetzes betr. die gemeinsamen Rechte der Besitzer von Schuldverschreibungen vom 4. 12. 1899. Die Teilnahme- und Diskussionsbefugnis dieser Personen dient anderen Zwecken als das Auskunftsrecht des Aktionärs (Ebenroth, Auskunftsrecht, S. 13/14). § 131 findet auch keine Anwendung auf Genußscheininhaber, denen satzungs- oder vertragsgemäß ein Auskunftsrecht zusteht (Obermüller-Werner-Winden S. 156 N 6; Ebenroth, Auskunftsrecht, S. 14/15; a. M. Ernst, AktG 67, 80). Sie haben, wenn zugesagt, ein sich nach Satzung oder Vertrag richtendes Auskunftsrecht. Auf § 131 können sie sich aber nicht berufen, da ihnen hierzu die Aktionärseigenschaft und damit das Recht auf Mitverwaltung der Aktiengesellschaft fehlt.

Anm. 3

2. Auskunftsrecht der Hauptversammlung

Ob § 131 Raum für ein Auskunftsrecht der Hauptversammlung, das durch Mehrheitsbeschluß geltend zu machen wäre, läßt, ist umstritten (bejahend Barz BB 57, 1253; LG Detmold BB 58, 1073; Deuss, Auskunftsrecht, S. 26/27; verneinend Reinicke, Beiträge, S. 119 N 10; Voraufl. § 111 Anm. 1, Baumbach-Hueck Rdn. 5; Ebenroth, Auskunftsrecht, S. 15/16). Da jedem Einzelaktionär ein Auskunftsanspruch zusteht, könnte die Bedeutung eines Auskunftsrechts der Hauptversammlung nur darin liegen, daß die Hauptversammlung durch Mehrheitsbeschluß die Schranken des Individualrechts nach § 131 überspielen und den Vorstand zu einer Auskunft z. B. auch dann zwingen könnte, wenn ein Auskunftsanspruch des einzelnen Aktionärs wegen eines Verweigerungsrechts aus § 131 Abs. 3 Ziff. 1 bis 4 nicht besteht. Für die Bejahung eines derartigen Auskunftsrechts spricht die Stellung der Hauptversammlung, die institutionell das oberste Organ der Gesellschaft ist, ferner die Rechenschaftspflicht der Verwaltung als beauftragter Geschäftsführung gemäß §§ 675, 666 BGB und schließlich die Ausgestaltung des § 131 als Individualrecht, das das historisch bereits früher bestehende Recht der Hauptversammlung auf Auskunft (vgl. RG 82, 182) nicht tangiert. Gegen ein schrankenloses Auskunftsrecht der Hauptversammlung spricht einmal die Gefahr, daß die Verwaltung Auskünfte erteilen müßte, die der Gesellschaft nachteilig sind und deshalb nicht im wohlverstandenen Interesse der Aktionärsmehrheit liegen können, zum anderen das Interesse der bei dem Beschluß auf Auskunftserteilung überstimmten Minderheit, die geschädigt würde, wenn die Auskunftserteilung für die Gesellschaft nachteilig ist, und schließlich, daß der auskunftsberechtigte Dienstherr des Vorstands der Aufsichtsrat und nicht die Hauptversammlung ist. Zwar wird man annehmen müssen, daß es legitime Sache der Hauptversammlungsmehrheit ist, darüber zu entscheiden, was der Gesellschaft vorteilhaft oder nachteilig ist. Jedoch kann sich aus dem Organaufbau der AG (Hauptversammlung — Aufsichtsrat — Vorstand) eine Rechenschaftspflicht des Vorstands immer nur gegenüber dem Aufsichtsrat ergeben und würde sich aus der Eigenschaft als oberstes Organ der Gesellschaft nur gegenüber dem Aufsichtsrat ein Auskunftsanspruch herleiten, der sich durch Abberufung auch erzwingen ließe. Warum ein derartiges Recht der Hauptversammlung gegenüber dem Aufsichtsrat durch § 131 ausgeschlossen sein sollte, ist eigentlich nicht einzusehen. Die Schranken eines derartigen Rechts ergeben sich, da das Gesetz sie nicht regelt, nur aus allgemeinen Erwägungen, z. B. muß das Auskunftsrecht entfallen, wenn der Aufsichtsrat sich durch Erteilung der Auskunft strafbar machen würde. Auch bedarf die Geltendmachung dieses Auskunftsrechts einer vorherigen Aufnahme in die Tagesordnung, was praktisch wohl nur über § 122 Abs. 2 denkbar wäre.

Anm. 4

3. Vorstand zur Auskunft verpflichtet

Verpflichtet zur Auskunft ist gemäß Abs. 1 S. 1 nur der Vorstand. Das ist durch AktG 1965 ausdrücklich klargestellt worden, indem die Worte „durch den Vorstand" eingefügt wurden. Infolgedessen besteht kein Auskunftsanspruch des Einzelaktionärs gegenüber dem Aufsichtsrat, seinen Mitgliedern oder dem Vorsitzenden der Hauptversammlung. Wird von einer dieser Personen auf Anfrage eines Aktionärs in einer Hauptversammlung eine Auskunft erteilt — das geschieht in der Praxis sehr häufig durch den als Versammlungsleiter amtierenden Aufsichtsratsvorsitzenden, wenn er die zur Auskunftserteilung erforderliche Kenntnis zu haben glaubt —, so braucht der Aktionär sie nicht als Erfüllung seines Auskunftsanspruchs hinzunehmen, wenn sie nicht vom Vorstand bestätigt wird, und gilt sie, wenn der Aktionär sie als Erfüllung seines Auskunftsanspruchs hinnimmt, bei Nichtwiderspruch des Vorstands als von der Verantwortung des Vorstands getragen. Vorausgesetzt ist dabei, daß der Vorstand mindestens durch eines seiner Mitglieder an der Hauptversammlung teilnimmt, wie es § 118 Abs. 2 als Sollvorschrift verlangt (§ 118 Anm. 8). Das gilt auch dann, wenn die Frage des Aktionärs eine Handlung des Aufsichtsrats, z. B. dessen Überwachung oder Zustimmung zu einer Geschäftsführungsmaßnahme des Vorstands oder Vorgänge aus Aufsichtsratssitzungen betrifft. Auch für diesen Fall ist nicht der Aufsichtsrat, sondern ausschließlich der Vorstand auskunftspflichtig (Godin-Wilhelmi Anm. 3; Ebenroth, Auskunftsrecht, S. 17). Allerdings erstreckt sich die Aufsichtspflicht des Aufsichtsrats über den Vorstand auch auf die Auskunftserteilung in der Hauptversammlung, so daß der Aufsichtsrat durch seinen Vorsitzenden oder einzelne seiner Mitglieder eingreifen muß, wenn der Vorstand eine nach Auffassung des Aufsichtsrats unzutreffende Auskunft erteilt oder zu Unrecht ein Auskunftsverweigerungsrecht ausübt oder nicht ausübt.

Auskunftspflichtig ist der Vorstand in seiner zur Zeit der Hauptversammlung bestehenden Zusammensetzung. Das gilt auch für Vorgänge, für die ein bereits ausgeschiedenes Vorstandsmitglied verantwortlich war (Obermüller-Werner-Winden S. 157; Ebenroth, Auskunftsrecht, S. 18). Da der Vorstand als solcher und nicht das einzelne ressortmäßige Vorstandsmitglied auskunftspflichtig ist, hat die Auskunft auf Grund einer Meinungsbildung des Gesamtvorstands zu erfolgen. Allerdings wird der Vorsitzende oder Sprecher des Vorstands, der in der Hauptversammlung üblicherweise die Beantwortung der gestellten Fragen übernimmt, oder ein für die bestimmte Hauptversammlung zur Auskunftserteilung bestelltes Vorstandsmitglied als ermächtigt angesehen werden müssen, alle Fragen im Sinne der grundsätzlichen Einstellung des Vorstands zu beantworten, ohne vorher eine Meinungsäußerung des Gesamtvorstands herbeizuführen (vgl. BGH in WM 61, 1325; LG Essen in AktG 62, 126). Wenn ein Vorstandsmitglied mit der Beantwortung einer Frage durch ein anderes Vorstandsmitglied nicht einverstanden ist, so steht ihm ebenso wie bei der Beantwortung von Fragen durch den Versammlungsleiter die Möglichkeit zu, die Auskunftserteilung zu unterbrechen und eine Entscheidung des Gesamtvorstands herbeizuführen. Wird ein derartiges Verlangen geltend gemacht oder hält das für die Auskunftserteilung bestimmte Vorstandsmitglied selbst eine Abstimmung mit seinen Kollegen für erforderlich, so muß eine Willensbildung darüber herbeigeführt werden, ob ein Auskunftsverweigerungsrecht geltend gemacht oder mit welchem Inhalt die Auskunft erteilt werden soll. Da die Auskunftserteilung eine Geschäftsführungsmaßnahme darstellt (BGH 36, 129), gilt § 77 Abs. 1, so daß grundsätzlich Einstimmigkeit erforderlich ist, Satzung oder Geschäftsordnung aber etwas anderes, z. B. Mehrheitsentscheidungen zulassen können. Die Unmöglichkeit, die nach Gesetz, Satzung oder Geschäftsordnung erforderliche Willensbildung des Vorstands für die Geltendmachung eines Auskunftsverweigerungsrechts oder einen bestimmten Inhalt der Auskunft herbeizuführen, gibt dem Vorstand kein Recht, die Auskunft nicht zu erteilen. Soweit ein Verweigerungsrecht zur Diskussion steht, wird man annehmen müssen, daß die Auskunft, wenn die nach Gesetz, Satzung oder Geschäftsordnung erforderliche Einstimmigkeit oder Mehrheit für die Ausübung der Verweigerungsbefugnis nicht zustandekommt, erteilt werden muß; denn als Grundsatz gilt die Auskunftspflicht und ist die Geltendmachung eines Verweigerungsrechts die Ausnahme, deren Inanspruchnahme einer für Geschäftsführungsmaßnahmen erforderlichen Mehrheit bedarf. Schwieriger liegt es, wenn die erforderliche Einstimmigkeit oder Mehrheit für einen bestimmten Inhalt der Antwort innerhalb der durch den Weiterlauf der Hauptversammlung gegebenen Zeitnot nicht gefunden werden kann. Führt in einem derartigen Fall auch die vermittelnde Tätigkeit der in der Hauptversammlung anwesenden Aufsichtsratsmitglieder nicht zu einer Entscheidung, so bleibt in der Tat nichts anderes übrig, als die Auskunft nicht zu erteilen in der klaren Erkenntnis, daß die Gesellschaft im anschließenden Auskunftserzwingungsverfahren des § 132 zur Erteilung verurteilt werden wird. Eine Rechtsgrundlage, anstelle der für Geschäftsführungsmaßnahmen vorgesehenen Einstimmigkeit einen Mehrheitsentscheid genügen zu lassen (BGH 36, 130; Obermüller-Werner-Winden S. 156) besteht jedenfalls nicht (Godin-Wilhelmi Anm. 3; Ebenroth, Auskunftsrecht, S. 18ff.). Auch besteht nicht die Möglichkeit, daß jedes anwesende Vorstandsmitglied sich zu der gestellten Frage äußert und seine Version vorträgt (vgl. Boesebeck, AktG 63, 89; Godin-Wilhelmi Anm. 3).

Aus der Auskunftspflicht des Vorstands folgt, daß das Verlangen auf Erteilung der Auskunft, wenn es erkennbar auf § 131 gestützt ist, als an den Vorstand gerichtet auch dann anzusehen ist, wenn der äußeren Form nach die Frage an den Versammlungsleiter gestellt wird. Jedenfalls kann der Vorstand eine Auskunft nicht mit der Begründung verweigern, die Frage sei nicht an ihn, sondern an den Versammlungsleiter gestellt (Obermüller-Werner-Winden S. 157). Hier gilt etwas anderes nur dann, wenn die Frage auch ihrem Inhalt nach nur als an den Versammlungsleiter gerichtet angesehen werden kann, z. B. nach der aus dem Teilnahmeverzeichnis ersichtlichen Zusammensetzung des Aktionärskreises und dgl.

Die Auskunftspflicht des Vorstands erfordert nicht, daß der Vorstand selbst durch einen ihm angehörigen Sprecher die Auskunft erteilt. Er kann die Erteilung durch ein anwesendes Aufsichtsratsmitglied ebenso hinnehmen, wie er einen Angestellten oder eine sonstige Person, etwa den Rechts- oder Steuerberater, mit der Beantwortung beauftragen kann. An der Verantwortung des Vorstands für den Inhalt der Auskunft ändert dies nichts. Die Auskunft kann deshalb auch nur in Gegenwart des Vorstands erteilt werden. Daraus ergibt sich dann indirekt eine Anwesenheitspflicht des Vorstands in der Hauptversammlung, und zwar, da Fragen nach § 131 nicht vorher angekündigt zu werden brauchen, auch dann, wenn sie nicht angekündigt sind (zu eng Godin-Wilhelmi Anm. 3); vgl. im übrigen zur Anwesenheitspflicht des Vorstands § 118 Anm. 8.

Anm. 5

4. Erfüllung der Auskunftspflicht in der Hauptversammlung

Ein Auskunftsrecht des Einzelaktionärs und eine Auskunftspflicht des Vorstands besteht nur in der Hauptversammlung. Zwar spricht Abs. 1 S. 1 nur davon, daß die Auskunft in der Hauptversammlung zu geben ist, nicht aber auch davon, daß sie in der Hauptversammlung zu verlangen ist. Aus dem engen Zusammenhang zwischen Frage und Auskunft und aus der Regelung des § 118, daß Aktionärsrechte im Zweifel in der Hauptversammlung auszuüben sind, ergibt sich aber die Notwendigkeit für den Aktionär, ihm aus § 131 zustehende Rechte in der Hauptversammlung geltend zu machen (Ebenroth, Auskunftsrecht, S. 24; Godin-Wilhelmi Anm. 2). Selbstverständlich kann der Aktionär auch außerhalb der Hauptversammlung Fragen stellen und kann der Vorstand diese Fragen beantworten. Es besteht aber außerhalb der Hauptversammlung kein Recht des Aktionärs auf und keine Pflicht des Vorstands zur Auskunft. Erteilt der Vorstand außerhalb der Hauptversammlung einem Aktionär eine Auskunft, so greift Abs. 4 für die übrigen Aktionäre ein (vgl. Anm. 27). Wird eine außerhalb der Hauptversammlung gestellte Frage in der Hauptversammlung wiederholt, so ist sie zu beantworten. Die Auskunftspflicht besteht auch dann, wenn der schriftliche Anfrager in der Hauptversammlung anwesend oder vertreten ist, die Frage zur Beantwortung in der Hauptversammlung gestellt war und der Anfrager durch sein Verhalten keinen Verzicht auf seine Frage erkennen läßt. Allerdings kann der Versammlungsleiter in diesem Falle verlangen, daß der Aktionär seine schriftlich gestellte Frage in der Hauptversammlung wiederholt.

Streitig ist, ob die von einem Aktionär in der Hauptversammlung gestellte Frage auch dann in der Hauptversammlung zu beantworten ist, wenn sich der Aktionär zwischenzeitlich aus der Hauptversammlung entfernt hat. Godin-Wilhelmi Anm. 2 nehmen das mit der Begründung an, die Hauptversammlung und nicht der Aktionär sei zu unterrichten, während Obermüller-Werner-Winden S. 166 dies mit Recht verneinen; denn Abs. 1 S. 1 ist nicht dahin formuliert, daß der Hauptversammlung auf

Verlangen eines Aktionärs Auskunft zu erteilen ist, sondern dahin, daß dem Aktionär in der Hauptversammlung Auskunft gegeben werden muß. Diese Rechtsfolge ergibt sich im übrigen auch aus der Regelung des Abs. 4.

Anm. 6

5. Zwingender Charakter der Regelung des Auskunftsrechts

Die Regelung des Auskunftsrechts in § 131 ist zwingend und sowohl für die Satzung wie auch für Mehrheitsbeschlüsse der Hauptversammlung unantastbar. Die Satzung einer Gesellschaft kann also das Auskunftsrecht nicht erweitern, z. B. durch Streichung aller oder einiger Auskunftsverweigerungsgründe des Abs. 3 oder durch Erstreckung der Auskunftspflicht auf die Verhältnisse der verbundenen Unternehmen anstelle der rechtlichen und geschäftlichen Beziehungen zu ihnen. Die Satzung kann aber insbesondere die Auskunftsrechte des Aktionärs auch nicht einschränken, also z. B. von einem das Auskunftsverlangen billigenden Beschluß der Versammlungsmehrheit oder einer Minderheit abhängig machen (Baumbach-Hueck Rdn. 5; Godin-Wilhelmi Anm. 1). Daraus folgt dann aber auch, daß der Vorstand nicht die Entscheidung der Hauptversammlung anrufen kann, wenn er eine Frage nicht beantworten will, sei es, daß keiner der Verweigerungsgründe des Abs. 3 eingreift, sei es, daß der Vorstand die Entscheidung über die Ausübung eines Weigerungsrechts der Hauptversammlung überlassen will (Würdinger S. 143).

II. Gegenstand des Auskunftsrechts

Anm. 7

1. Angelegenheiten der Gesellschaft

Gegenstand der Auskunft sind „Angelegenheiten der Gesellschaft". Es kann also nur nach Angelegenheiten gefragt werden, die die Gesellschaft betreffen und ihre Angelegenheiten sind. Die Grenzen sind dabei sehr weit zu ziehen, so daß es wohl kaum eine die Gesellschaft angehende Frage geben dürfte, auf die sich das Auskunftsrecht nicht erstrecken könnte (Barz BB 57, 1254; Brox DB 65, 733). Vgl. wegen der Aufsichtsratstätigkeit im einzelnen Anm. 32. Schwierigkeit macht die Abgrenzung häufig gegenüber persönlichen Angelegenheiten der Organmitglieder oder der Personen, die als künftige Organmitglieder zur Wahl stehen. Ihre persönlichen Angelegenheiten können sehr wohl auch eine Angelegenheit der Gesellschaft sein (wegen der Bezüge der einzelnen Vorstandsmitglieder vgl. Anm. 33). So muß es die Hauptversammlung interessieren, ob die als Kandidaten für ein Aufsichtsratsmandat vorgeschlagenen Personen andere Aufsichtsratsmandate und wenn ja, welche, innehaben, welchen Beruf die Kandidaten ausüben, wie alt sie sind, welche Vorbildung sie haben, ob sie bestraft worden sind und dgl. mehr (Brox DB 65, 733; Obermüller-Werner-Winden S. 160/161; Ebenroth, Auskunftsrecht, S. 41 und 112/113). Derartige Fragen können insbesondere nicht mit der Begründung abgelehnt werden, sie bedeuteten einen unzulässigen Eingriff in die Persönlichkeitssphäre der Kandidaten. Für Fragen nach dem Namen von Aktionären oder nach Aktionären, die eine bestimmte Anzahl von Aktien vertreten, besteht über das zur Einsicht ausliegende Teilnehmerverzeichnis hinaus aber keine Auskunftspflicht (Reinicke, Beiträge, S. 124 N 27), weil es sich bei der durch die Teilnehmerliste nicht offenkundig gemachten oder gemäß §§ 20/21 nicht mitgeteilten Aktienverteilung nicht um Angelegenheiten der Gesellschaft handelt.

Anm. 8

2. Rechtliche und geschäftliche Beziehungen zu verbundenen Unternehmen

Abs. 1 S. 2 erstreckt den Gegenstand der Auskunftspflicht auch auf die rechtlichen und geschäftlichen Beziehungen der Gesellschaft zu ihr verbundenen Unternehmen.

In § 112 Abs. 1 S. 2 AktG 1937 waren nur die Beziehungen zu einem Konzernunternehmen erfaßt. Nunmehr ist an die Stelle des Konzernunternehmens das verbundene Unternehmen gesetzt, das neben dem Konzernunternehmen die in Mehrheitsbesitz stehenden oder mit Mehrheit beteiligten Unternehmen, die abhängigen und herrschenden Unternehmen, die wechselseitig beteiligten Unternehmen und die Vertragsteile eines Unternehmensvertrags umfaßt (§ 15). Die Erweiterung ist erfolgt, weil alle verbundenen Unternehmen der Gesellschaft so nahe stehen, daß die Kenntnis der Beziehungen zu ihnen für die Beurteilung der Lage der Gesellschaft wesentlich sein kann. Außerdem ist gegenüber dem früheren Recht klargestellt, daß unter „Beziehungen“ nur die rechtlichen und geschäftlichen Beziehungen zu verstehen sind, und damit nicht die Lage der verbundenen Unternehmen selbst. Allerdings können Vorgänge und Verhältnisse bei einem verbundenen Unternehmen so gewichtig sein, daß sie die Beziehung der Gesellschaft zu diesem Unternehmen und ggf. die Lage der Gesellschaft selbst beeinflussen können. Dann unterfallen sie dem Auskunftsrecht (vgl. Begr. RegE § 131 bei Kropff S. 185).

Anm. 9

3. Weitere gesetzlich vorgeschriebene Auskunftsgegenstände

Darüberhinaus bestimmt das Gesetz selbst noch eine Anzahl weiterer Gegenstände des Auskunftsrechts. Es handelt sich hier um

a) §§ 293 Abs. 4, 295 Abs. 1 S. 2, die in einer Hauptversammlung, die über die Zustimmung zu einem Beherrschungs- oder Gewinnabführungsvertrag oder dessen Änderung beschließt, Auskunft auch über alle für den Vertragsschluß wesentlichen Angelegenheiten des Partners vorschreiben;

b) § 295 Abs. 2 S. 2, der in der Hauptversammlung, die durch Sonderabstimmung der außenstehenden Aktionäre über die Zustimmung zu einer Änderung des Unternehmensvertrags beschließt, jedem außenstehenden Aktionär ein Auskunftsrecht auch über alle für die Änderung wesentlichen Angelegenheiten des anderen Vertragsteils gibt;

c) §§ 319 Abs. 2 S. 5, 320 Abs. 1 S. 3, die in einer Hauptversammlung der Hauptgesellschaft zur Auskunft auch über alle im Zusammenhang mit der Eingliederung wesentlichen Angelegenheiten der einzugliedernden Gesellschaft verpflichten;

d) § 320 Abs. 3, der in der Hauptversammlung, die über die Eingliederung der Gesellschaft durch Mehrheitsbeschluß entscheidet, jedem Aktionär ein Auskunftsrecht über alle im Zusammenhang mit der Eingliederung wesentlichen Angelegenheiten der zukünftigen Hauptgesellschaft gibt;

e) § 326, der jedem Aktionär der Hauptgesellschaft das gleiche Auskunftsrecht über Angelegenheiten der eingegliederten Gesellschaft wie über Angelegenheiten der Hauptgesellschaft gibt;

f) § 337 Abs. 4, der die Auskunftspflicht des Vorstands der Obergesellschaft in der Hauptversammlung, dem der Konzernabschluß und -geschäftsbericht vorgelegt werden, auch auf die Lage des Konzerns und der in den Konzernabschluß einbezogenen Gesellschaften erstreckt; und

g) schließlich um § 340 Abs. 4, der jedem Aktionär in der über eine Verschmelzung beschließenden Hauptversammlung ein Auskunftsrecht über alle für die Verschmelzung wesentlichen Angelegenheiten des Partners des Verschmelzungsvertrags gibt.

In allen diesen Fällen gilt § 131 uneingeschränkt, insbesondere das Weigerungsrecht aus Abs. 3, aber auch die Einschränkung, daß die verlangten Auskünfte zur sachgemäßen Beurteilung des Gegenstands der Tagesordnung erforderlich sind; ebenso gilt die Erzwingung der Auskünfte gemäß § 132.

III. Schranken des Auskunftsrechts

Anm. 10

1. Zur sachgemäßen Beurteilung erforderlich

Das Auskunftsrecht ist nicht schrankenlos. Nach bisherigem Recht genügte gesetzlich ein Zusammenhang mit dem Tagesordnungspunkt. Das reicht jetzt jedoch nicht mehr aus. Die Auskunftsgegenstände können nach der neuen Fassung des § 131 Abs. 1, die auf eine Anregung von Gessler (DB 57, 1257) zurückgeht, nur erfragt werden, soweit die Auskunft zur sachgemäßen Beurteilung des Gegenstandes der Tagesordnung erforderlich ist. Dieses zusätzliche Erfordernis soll Mißbräuche verhindern und einen ordnungsgemäßen Ablauf der Hauptversammlung erleichtern und gewährleisten (Begr. RegE bei Kropff S. 185). Da es entgegen § 122 Abs. 4 Nr. 1 RefE nicht mehr als Auskunftsverweigerungsrecht, sondern als Voraussetzung des Auskunftsrechts formuliert ist, hat der Aktionär im Streitfalle darzutun und zu beweisen, daß die Auskunft zur sachgemäßen Beurteilung des Gegenstands der Tagesordnung erforderlich ist. Das bedingt, wenn das Auskunftsverlangen auch nicht begründungspflichtig ist (Obermüller-Werner-Winden S. 163; Ebenroth, Auskunftsrecht, S. 33; Balser AG I, 45), doch in den Fällen, in denen das Erfordernis der Auskunft zur sachgemäßen Beurteilung des Tagesordnungspunktes nicht offensichtlich ist, einer gewissen Darlegung. Zwar ging es im Ausdruck zu weit, wenn in der Voraufl. § 112 Anm. 3f deshalb von einem „Begründungszwang" gesprochen wurde; in der Sache wirkt sich die Notwendigkeit, einen nicht ohne weiteres erkennbaren Zusammenhang der erbetenen Auskunft mit der sachgemäßen Beurteilung des Tagesordnungspunktes darzutun, aber in dieser Richtung aus (Deuss, Auskunftsrecht S. 247; Baumbach-Hueck Rdn. 9; Godin-Wilhelmi Anm. 4; HansOLG in AktG 70, 51). Kann der Aktionär den Zusammenhang nicht dartun, so riskiert er die Ablehnung der Auskunft durch den Vorstand.

Die neue Formulierung des Abs. 1 S. 1 will von der Hauptversammlung Fragen fernhalten, die zwar mit dem Tagesordnungspunkt zusammenhängen, für seine Beurteilung aber nicht erheblich sind. Abstrakte Kriterien für diese Erheblichkeit gibt es nicht. Entscheidend ist der Einzelfall. Für die Frage der Sachgemäßheit der Beurteilung kann es dabei nicht auf das subjektive Urteil des fragenden Aktionärs ankommen; das würde die vom Gesetz gewollte Begrenzung des Auskunftsrechts völlig illusorisch machen und die Schranke der Sachgemäßheit auf die Fälle einengen, in denen dem Aktionär nachgewiesen werden kann, daß er nicht gefragt hat, um besser urteilen zu können, sondern aus sachfremden Motiven. Andererseits kann aber auch nicht die Auffassung des Vorstands maßgebend sein (so zu Unrecht Ebenroth S. 42). Dann würde das Auskunftsrecht viel zu stark eingeschränkt, wäre es weitgehend wieder vom Ermessen des Vorstands abhängig und ginge das bessere Wissen des Vorstands über die inneren Zusammenhänge dem vielleicht berechtigten Aufklärungsbedürfnis des Aktionärs vor. Die Sachgemäßheit ist vielmehr zu beurteilen vom Standpunkt eines objektiv denkenden Aktionärs, der die Verhältnisse der Gesellschaft lediglich auf Grund der allgemein bekanntgegebenen Tatsachen kennt und beurteilen kann. Ist ein derart urteilender Aktionär der Meinung, die erbetene Auskunft sei ein für seine Urteilsbildung wesentliches Moment, so muß die Frage als zur sachgemäßen Beurteilung des Tagesordnungspunktes erforderlich angesehen werden. Mit Darlegungen wie, die Grenzen dürften nicht zu eng gezogen werden (Nitschke-Bartsch AktG 69, 97; Baumbach-Hueck Rdn. 7) und es dürfe nicht kleinlich verfahren werden (so Voraufl. § 112 Anm. 3b), war zwar dem Tatbestandsmerkmal des Zusammenhangs in § 112 Abs. 1 S. 1 AktG 1937 beizukommen, nicht aber dem der Sachgemäßheit. Außerdem würde damit übersehen, daß dieses Erfordernis vom Gesetzgeber bewußt in die Voraussetzungen des Auskunftsrechts eingebaut worden ist, um Mißbräuche zu verhindern und den sachgemäßen Ablauf der Hauptversammlung zu gewährleisten. Dabei ist ganz offensichtlich an die von Gessler in DB 57, 1259 und später von Deuss, Auskunftsrecht, S. 3ff., 31ff. erwähnten Tatbestände gedacht worden, die als Mißbrauchsfälle angesehen und durch die Neufassung des Auskunftsrechts verhindert werden sollten. Mit Warnungen vor einer zu engen und kleinlichen Handhabung würde man aber derartigen mißbräuchlichen Handhabungen des Auskunftsrechts Tür und Tor öffnen. Natürlich wird es im Einzelfall immer wieder Zweifel geben und manche Verwaltung wird, um ein Auskunftserzwingungsverfahren und dessen eventuellen Verlust zu vermeiden, zur nachgiebigen und damit zu großzügigen Beantwortung noch so unerheblicher Fragen bereit sein. Es sollte in der Praxis den Verwaltungen aber mehr als bisher bewußt sein, daß die Notwendigkeit der Auskunft zu einer sachgemäßen Beurteilung des Tagesordnungspunktes eine vom Gesetzgeber bewußt geschaffene Schranke darstellt, die die Fragen auf das Maß beschränken soll, das ein objektiv urteilender Aktionär zur Meinungsbildung tatsächlich benötigt. Wie zurückhaltend die Gerichtspraxis eine Ausweitung des Auskunftsrechts beurteilt, mögen die Urteile des LG Frankfurt in AktG 68, 25 und des LG Dortmund in AktG 67, 237 dartun, die beide nur Fragen zugelassen haben, die sich ganz eng auf den Gegenstand der Tagesordnung bezogen.

Auf das Tatbestandsmerkmal des Erfordernisses zur sachgemäßen Beurteilung des Tagesordnungspunktes kommt es allerdings nicht an, wenn eine außerhalb der Hauptversammlung einem Aktionär erteilte Auskunft von anderen Aktionären in der Hauptversammlung erbeten wird (Abs. 4 S. 1). In diesem Falle dürfte es auch entgegen Ebenroth, Auskunftsrecht S. 102 und Seifert, AktG 67, 4 nicht auf den Zusammenhang mit einem Tagesordnungspunkt ankommen. Abgesehen davon, daß dies der Fassung des Abs. 4 S. 1 widerspräche, ist der maßgebende Grund für die Bestimmung des Abs. 4 S. 1 der der Gleichbehandlung der Aktionäre. Dann aber muß in der Hauptversammlung auch ohne Zusammenhang mit einem konkreten Tagesordnungspunkt jede außerhalb der Hauptversammlung erteilte Auskunft wiederholt werden, um auch den übrigen Aktionären, wenn es verlangt wird, die gleiche Information zu geben wie dem Aktionär, der die Auskunft bereits erhalten hat.

Anm. 11

2. Einzelfälle

Als sachgemäße Erfragung der Beurteilungsgrundlagen können, vorbehaltlich einer besonderen Gestaltung des einzelnen Falles, angesehen werden:

a) bei Vorlage des Jahresabschlusses nebst Geschäftsbericht alle Fragen, die unter Beachtung der Bilanzdimensionen der näheren Erläuterung bedeutenderer Bilanzansätze und Geschäftsvorfälle und dem Vergleich mit den Ergebnissen der Vorjahre (BGH 32, 163) dienen, nicht dagegen z. B. die Aufgliederung des Spendenpostens auf genaue Summen für die einzelnen Spendenempfänger (im einzelnen vgl. Anm. 34) oder der Rückstellungen für gefährdete Forderungen auf die einzelnen Schuldner. Auch besondere Vorfälle des laufenden Jahres können erfragt werden, wenn sie die Bewertung zum Bilanzstichtag beeinflussen oder Rückstellungen geboten sein lassen (RGZ 167, 166; BGH 32, 159).

b) bei dem Entlastungsbeschluß alle Fragen, die wichtige Vorgänge der Geschäftsführung des Berichtsjahres sowie besondere Geschäftsvorfälle des laufenden Jahres (BGH 32, 159) direkt oder indirekt betreffen. Auch die rechtlichen Beziehungen der Mitglieder des Vorstands oder Aufsichtsrats zur Gesellschaft sind für die Entlastung von Bedeutung, zumal die Entlastung auch eine Vertrauenskundgebung für die Zukunft ist (§ 120 Anm. 7). Für Fragen, die Geschäftsvorgänge oder die Geschäftsführung früherer Jahre betreffen, besteht kein sachgemäßer Zusammenhang, wenn diese Vorfälle den Jahresabschluß nicht berühren oder wenn bereits in den Vorjahren die Fragen nach ihnen beantwortet worden sind und Entlastung erteilt wurde (OLG Düsseldorf WM 68, 76); das gleiche gilt für Dauerwirkungen aus Geschäftsvorgängen früherer Geschäftsjahre, wenn sie im Rahmen der Entlastung früherer Geschäftsjahre bereits behandelt worden sind (OLG Düsseldorf a. a. O.). Im einzelnen vgl. Nitschke-Bartsch DieAG 69, 95. Wenn ein in früheren Jahren abgeschlossener Pensionsvertrag im Berichtsjahr abgegolten wird, so wird dieses Jahr berührt, so daß Fragen nach diesem Pensionsvertrag sachgemäß sind (OLG Koblenz in WM 67, 1288).

c) bei Umwandlung, Kapitalerhöhung oder Genehmigung eines Vertrags oder ähnlichen Maßnahmen alle Fragen, die die sachliche Beurteilung dieser Maßnahmen betreffen. Die übertragende Umwandlung durch Mehrheitsbeschluß setzt eine möglichst vollständige Auskunft über die Vermögensverhältnisse der übertragenen Gesellschaft voraus, damit der ausscheidende Aktionär sich ein Urteil über das Abfindungsangebot machen kann (Schleyer NJW 60, 1556). Die Kapitalerhöhung setzt eine genaue Kenntnis des Kapitalbedarfs und der beabsichtigten Verwendung des neuen Kapitals voraus, die Schaffung genehmigten Kapitals zusätzlich die Kenntnis des Grundes, warum dem Vorstand freie Hand für die Kapitalerhöhung gelassen werden soll. Die Genehmigung eines Vertrags erfordert nicht nur die Kenntnis seines Wortlauts, sondern auch die Kenntnis seiner Hintergründe, seiner wirtschaftlichen Bedeutung und der Verhältnisse des Vertragspartners, so daß darauf zielende Fragen sachgemäß sind.

d) bei der Gewinnverwendung sämtliche Fragen, die die Ertragslage der Gesellschaft und ihre Reservepolitik betreffen und zwar auch dann, wenn die Hauptversammlung gemäß § 174 an den ausgewiesenen Gewinn des festgestellten Jahresabschlusses gebunden ist;

e) bei Aufsichtsratswahlen alle Fragen, die die persönliche Eignung der vorgeschlagenen Kandidaten betreffen (Anm. 7).

Anm. 12

3. Schranken aus §§ 226, 826, 242 BGB

Das Auskunftsrecht unterliegt wie die Geltendmachung aller Rechte dem Schikaneverbot des § 226 BGB, dem Verbot bewußter sittenwidriger Schädigung (§ 826 BGB) und auch dem Gebot von Treu und Glauben nach § 242 BGB. Jedoch sollten die Auswirkungen dieser Schranken nicht überschätzt werden. Eine Schikane wird bei Geltendmachung des Auskunftsrechts ebenso schwer nachweisbar sein wie eine vorsätzlich sittenwidrige Schädigung. Eine Treuwidrigkeit wird nur dann vorliegen, wenn das Auskunftsrecht für Zwecke mißbraucht wird, für die es nicht bestimmt ist. BGH 32, 159 sprach in diesem Zusammenhang von den immanenten Grenzen des Auskunftsrechts. Dabei ist aber zu beachten, daß die Entscheidung zu § 112 AktG 1937 erging, der Auskunft über alle Angelegenheiten der Gesellschaft verlangte, die mit dem Gegenstand der Verhandlung im Zusammenhang standen. Hier sollte der Hinweis auf den Zweck des Auskunftsrechts klarstellen, daß er der Aufklärung der Aktionäre zwecks sachgemäßer Beurteilung der Tagesordnungspunkte diente. Diese Einschränkung ist jetzt in Abs. 1 S. 1 aufgenommen und bedarf mithin keiner Rechtfertigung über eine Begründung aus § 242 oder einen Mißbrauchstatbestand (OLG Koblenz WM 67, 1293). Mißbrauchstatbestände können also nur vorliegen, wenn das Auskunftsverlangen zwar dem Erfordernis einer sachgemäßen Beurteilung eines einzelnen Tagesordnungspunktes dient, aber noch zusätzliche Tatbestandsmerkmale dazutreten, die diesen Zweck in den Hintergrund treten lassen. Das kann der Fall sein, wenn das Auskunftsverlangen der Diskriminierung der Gesellschaft oder ihrer Organe dienen soll (z. B. aus der Sachlage heraus nicht gerechtfertigte Fragen nach Unterschlagungen, Untreue- oder Betrugstatbeständen), wenn es dem Rachebedürfnis des Fragestellers entspringt (z. B. Fragen, die ein in Unfrieden ausgeschiedener früherer Vorstand trotz eigener Kenntnis der Vorgänge stellt), wenn es der Ausforschung von Betriebsgeheimnissen dient — hier wird allerdings der Verweigerungstatbestand des Abs. 3 Ziff. 1 meist eingreifen —, oder wenn es durch Länge oder Umfang den ordnungsgemäßen Ablauf der Hauptversammlung stört, z. B. langatmige Fragenkataloge mit Dutzenden von Fragen. Die Einsetzung des Fragerechts zur Verfolgung legitimer Oppositionsziele ist dagegen nicht zu beanstanden; der Aktionär kann also mit seiner Frage versuchen, seine Mitaktionäre zu beeinflussen, mit ihm zu stimmen (Janberg AktG 65, 191; Nitschke-Bartsch AktG 69, 99; a. M. Brox DB 65, 733). Auch dürfte es zutreffend sein, daß BGH 36, 135 einen Mißbrauchsfall verneint, wenn der Aktionär eine hohe Dividende für möglich hält und erstrebt und zu erkennen gibt, daß er vom Auskunftsrecht und einer Anfechtungsklage absehen werde, wenn ihm seine Aktien zu einem der erstrebten höheren Dividende entsprechenden Kurs abgekauft werden (a. M. Haberlandt BB 62, 119). Dagegen ist die Grenze des Mißbrauchstatbestands erreicht, wenn die Fragestellung schlicht erreichen soll, daß Aktien zu einem überhöhten Preise abgenommen werden (Schuler NJW 62, 844).

Insgesamt wird man dahin definieren können, daß ein Mißbrauch des Fragerechts nicht nur dann vorliegt, wenn die Verfolgung auskunftsfremder Ziele ausschließlicher Zweck der gestellten Frage ist, sondern schon dann, wenn diese sachfremden Ziele derart überwiegen, daß bei einer Abwägung nach Treu und Glauben das Verhalten des Aktionärs nicht gebilligt werden kann (Barz BB 57, 1255; Deuss, Auskunftsrecht, S. 114; v. d. Burg AktG 62, 93; Nitschke-Bartsch AktG 69, 99; Haberlandt BB 67, 119). Ob ein Aktionär, der den Sachverhalt bereits kennt, trotzdem eine Auskunft über diesen Sachverhalt verlangen kann, ist zweifelhaft (bejahend Godin-Wilhelmi Anm. 2; verneinend Obermüller-Werner-Winden 183; Brox BB 65, 733). Sicher liegt in einem derartigen Falle die Annahme, daß mit dem Auskunftsbegehren sachfremde Zwecke verfolgt werden und damit ein Mißbrauch vorliegt, nahe. Da der Aktionär aber das Fragerecht zur Beeinflussung seiner Mitaktionäre verwenden darf (vgl. oben), auch ein berechtigtes Interesse daran haben kann, daß seine Mitaktionäre über Angelegenheiten vom Vorstand aufgeklärt werden, die er bereits kennt, wird man die Frage eines die Antwort bereits wissenden Aktionärs nur dann als Mißbrauch ansehen können, wenn außerdem noch weitere auf einen Mißbrauch hindeutende Tatbestandsmerkmale vorliegen.

Anm. 13

4. Auskunftsverweigerungsrecht nach Abs. 3

Weitere Schranken des Auskunftsrechts ergeben sich aus der Befugnis des Vorstands, aus den Gründen des Abs. 3 die Auskunft zu verweigern. Das Verweigerungsrecht greift ein, wenn ein an sich ordnungsgemäßes Auskunftsverlangen vorliegt, insbesondere also die Voraussetzungen des Abs. 1 gegeben sind und auch keine rechtsmißbräuchliche Fragestellung vorliegt. Allerdings erübrigt sich in der Praxis die Frage eines Rechtsmißbrauchs, wenn ein Verweigerungsrecht aus Abs. 3 eingreift.

Die Verweigerungsrechte aus Abs. 3 sind, wie S. 2 ausdrücklich feststellt, erschöpfend. Aus anderen als aus den in S. 1 Ziff. 1—5 aufgeführten Gründen darf also ein ordnungsgemäßes Auskunftsverlangen nicht abgelehnt werden. So kann sich der Vorstand, der nach vertraglichen Beziehungen zu einem anderen Unternehmen gefragt wird, nicht einfach darauf berufen, es sei mit dem Vertragspartner Vertraulichkeit vereinbart; eine vereinbarte Vertraulichkeit ist kein in Abs. 3 aufgeführter Weigerungsgrund. Allerdings kann — muß aber nicht in allen Fällen — die zugesagte Vertraulichkeit unter den Weigerungsgrund der Ziff. 1 fallen, und zwar dann, wenn ihr Bruch der Gesellschaft einen nicht unerheblichen Nachteil zufügt. Auch die zu § 112 AktG 1937 erörterte Frage, ob aus den gesetzlichen Gliederungsvorschriften für die Rechnungslegung und den für den Geschäftsbericht vorgeschriebenen Angaben ein Auskunftsverweigerungsrecht gegenüber weitergehenden Fragen bestehe (vgl. Voraufl. § 112 Anm. 3c sowie die Literaturzusammenstellung bei Deuss, Auskunftsrecht, S. 75ff.), hat sich dadurch erledigt, daß die Weigerungsgründe des Abs. 3 erschöpfend sind.

Ob ein ordnungsgemäßes Auskunftsverlangen vorliegt, ob ein Auskunftsverweigerungsrecht gegeben ist und ob es geltend gemacht wird, entscheidet nicht die Hauptversammlung oder ihr Leiter, sondern ausschließlich der zur Auskunft verpflichtete Vorstand. Während die Entscheidung über das Auskunftsverweigerungsrecht nach § 112 AktG 1937 eine Ermessensentscheidung war, so daß sie vom Richter nur auf Ermessensmißbrauch überprüft werden konnte (Voraufl. § 112 Anm. 8; BGH 32, 159), ist durch die Neuformulierung das wenn auch pflichtgemäße subjektive Ermessen ausgeschaltet und auf objektive Tatbestandsmerkmale abgestellt. Das gilt offensichtlich für die Weigerungsgründe in Ziff. 2—5, aber auch für den in Ziff. 1, da hier nicht das Ermessen des Vorstands, sondern die vernünftige kaufmännische Beurteilung als Maßstab herangezogen ist (vgl. Baumbach-Hueck Rdn. 12; Ebenroth, Auskunftsrecht, S. 81/82; a. M.

für Ziff. 1 und 5 Godin-Wilhelmi Anm. 10; S. Wilhelmi NJW 68, 733). Ist der Aktionär mit der Entscheidung des Vorstands nicht einverstanden, so steht ihm der Rechtsbehelf des § 132 zur Verfügung. Aus dem Zweck, die Auskunftsverweigerung gerichtlich voll nachprüfbar zu machen, ergibt sich (vgl. BGH 32, 159; BGH WM 67, 504) trotz Schweigen des Gesetzes die Verpflichtung des Vorstands, die Auskunftsverweigerung zu begründen, also zu sagen, ob ein ordnungsgemäßes Auskunftsverlangen verneint oder ob und, wenn ja, welches der in Abs. 3 genannten Verweigerungsrechte geltend gemacht wird (a. M. Obermüller-Werner-Winden S. 163). Diese Rechtslage ergibt sich im übrigen indirekt auch aus der Regelung des Abs. 5, die dem Aktionär das Recht gibt, bei einer Auskunftsverweigerung nicht nur seine Frage, sondern auch den Grund, aus dem die Auskunft verweigert wird, in das notarielle Protokoll aufnehmen zu lassen.

Die in der Hauptversammlung zu gebende Begründung des Weigerungsrechts braucht nicht ausführlich zu sein und insbesondere im Falle der Ziff. 1 den Nachteil nicht eingehend damit zu begründen, daß die zu gebende Auskunft mehr oder minder weitgehend angedeutet wird. Es genügt zur Begründung, wenn der Vorstand sagt, daß er die Voraussetzung des Abs. 1 als nicht gegeben oder einen Rechtsmißbrauch als vorliegend ansieht oder sich auf einen und welchen der fünf Tatbestände des Abs. 3 beruft. In dem anschließenden Auskunftserzwingungsverfahren des § 132 dagegen muß auch vom Tatbestand her soviel vorgetragen werden, daß dem Gericht eine sachliche Entscheidung über die Berechtigung der Verweigerung möglich ist. Dabei darf der Vorstand eine in der Hauptversammlung etwa unterlassene Begründung nachschieben und eine gegebene Begründung ergänzen und abändern (Obermüller-Werner-Winden S. 164; Godin-Wilhelmi § 132 Anm. 7; Baumbach-Hueck § 132 Rdn. 2; Ebenroth, Auskunftsrecht, S. 127ff., 142, 143; für das bisherige Recht BGH 36, 130; a. M. Voraufl. Anm. 7d; Barz BB 57, 1258). Denn das Gesetz enthält selbst unmittelbar keinen Begründungszwang und damit auch keine Bindung an eine einmal gegebene Begründung; zum anderen ist nicht einzusehen, daß z. B. die Gesellschaft einen nicht unerheblichen Nachteil oder der Vorstand eine Strafbarkeit hinnehmen müßte nur deshalb, weil zunächst keine oder eine falsche Begründung für die Verweigerung gegeben worden ist.

Anm. 14

a) Eignung der Auskunft zur Schadenszufügung

Der wichtigste Verweigerungsgrund ist der in Abs. 3 Ziff. 1 genannte Tatbestand, daß die Erteilung der Auskunft nach vernünftiger kaufmännischer Beurteilung geeignet ist, der Gesellschaft oder einem verbundenen Unternehmen einen nicht unerheblichen Nachteil zuzufügen. Damit ist der in § 112 Abs. 3 genannte Weigerungsgrund der überwiegenden Belange ersetzt, und zwar nach der Begr. RegE (Kropff S. 186) im wesentlichen deshalb, weil kein Maßstab für die Beurteilung vorhanden war, ob die Interessen der Gesellschaft oder des Aktionärs überwiegen. Nunmehr wird auf objektive, richterlich nachprüfbare Tatbestände abgestellt und damit das Ermessen des Vorstands ausgeschaltet (Anm. 13). Beurteilungsmaßstab für die Nachteilseignung der Auskunft ist die vernünftige kaufmännische Beurteilung. Es kommt also auf die Auffassung eines ordentlichen und gewissenhaften Kaufmanns an. Von seiner Sicht ist zu beurteilen, ob aus der erteilten Auskunft Nachteile entstehen können und ob die Gefahr ihrer Entstehung so groß ist, daß es besser ist, die Auskunft nicht zu geben. Das kann mit letzter Sicherheit nur beurteilen, wer die zu erteilende Auskunft kennt (§ 131 Anm. 11). Weil es aber nicht Sinn der Auskunftsverweigerung sein kann, die Auskunft zur Beurteilung eines drohenden Nachteils im vorweg schon einmal zu geben, wird Beurteilungsmaßstab — auch für das sich anschließende Auskunftserzwingungsverfahren — immer nur sein können, daß aus der in ihrem konkreten Inhalt dahinstehenden Auskunft abstrakt eine Schadensgefahr erwächst (Ebenroth, Auskunftsrecht, S. 83; Baumbach-Hueck Rdn. 13; vgl. auch das etwas mißverständliche Urteil des LG Heilbronn in AktG 67, 81). Es kommt also nicht darauf an, daß ein Schaden entstehen wird; die Gefahr der Entstehung reicht für Ziff. 1 aus, weil hier nur auf Eignung zur Nachteilzufügung abgestellt sein kann. Allerdings darf die Gefahr eine nicht ganz entfernt liegende Möglichkeit sein — im Grunde kann alles, was man sagt, nachteilig sein —, sondern muß nach dem

Urteil eines vernünftigen Kaufmanns so konkret sein, daß es besser ist, die Auskunft zu verweigern. Schon hier kommt ein relativer Maßstab in der Beurteilung des Verweigerungsgrundes aus Ziff. 1 zum Vorschein; ein weiterer ergibt sich daraus, daß der drohende Nachteil „nicht unerheblich" sein soll (so Baumbach-Hueck Rdn. 13; a. M. Ebenroth, Auskunftsrecht, S. 83). Denn damit soll im Grunde doch das Gewicht der Auskunft für den fragenden Aktionär mit dem Nachteil der Gesellschaft in Beziehung gesetzt werden. Das gilt sicher nicht in dem Sinne, daß beides vermögensmäßig gegeneinander abzuwägen wäre, jedoch wird man sagen können, daß je gewichtiger die Auskunft für den Aktionär ist, der der Gesellschaft drohende Nachteil um so beachtlicher sein muß, um das Tatbestandsmerkmal „nicht unerheblich" zu erfüllen. Ihn lediglich, wie Ebenroth a. a. O. es will, an der Vermögens- und Ertragslage der Gesellschaft zu messen und nur Bagatellfälle auszuschalten, geht nicht an. Letztlich ist die Frage der Auskunftsverweigerung immer eine Frage der Abwägung zwischen den Interessen des fragenden Aktionärs und denen der Gesellschaft, die, soweit unbestimmte Rechtsbegriffe zur Beurteilung herangezogen werden, in die Auslegung dieser Begriffe durchschlägt. Dem Nachteil für die Gesellschaft selbst wird ein Nachteil auch für ein verbundenes Unternehmen gleichgestellt. Der Nachteil braucht nicht in Mark und Pfennig erfaßbar zu sein. Auch eine Ansehensminderung der Gesellschaft, eine Erschütterung des Vertrauens der Geschäftswelt in die Gesellschaft, eine Erschwerung ihrer künftigen Geschäftsmöglichkeiten und dgl. stellen sich als Nachteil im Sinne der Ziff. 1 dar.

Für die Beurteilung des Weigerungsrechts kommt es auf den Zeitpunkt der Weigerung an; wenn nach vernünftiger kaufmännischer Beurteilung im Zeitpunkt der Hauptversammlung, auf der die Auskunft verlangt wird, die Erteilung dieser Auskunft zur Zufügung eines nicht unerheblichen Schadens geeignet ist, ist die Auskunftsverweigerung berechtigt und zwar auch dann, wenn diese Eignung später sich verflüchtigt oder ganz wegfällt (Godin-Wilhelmi Anm. 8a; Wolany, Sonderbeilage zu Heft 12 AktG 59 S. 14).

Anm. 15

b) Steuerliche Wertansätze und Steuerhöhe

Eine Auskunft kann auch dann verweigert werden, wenn die Frage sich auf steuerliche Wertansätze oder die Höhe einzelner Steuern bezieht. Anlaß für die Aufnahme dieser Bestimmung in die Verweigerungsgründe war die Wahrung des Steuergeheimnisses auch im Verhältnis zwischen Gesellschaft und Aktionär. Die Frage nach der Steuerhöhe und den steuerlichen Wertansätzen war unter der Herrschaft des AktG 1937 eine beliebte Frage, mittels deren Beantwortung man den steuerlichen Ertrag und das steuerliche Vermögen feststellen wollte in der Annahme, den wirklichen betriebswirtschaftlichen Ertrag und — unter Eliminierung der Einheitswerte für den Grundbesitz — die wirkliche Substanz des Unternehmens feststellen zu können. Da das ein, wenn auch verbreiteter Irrtum ist (vgl. Begr. RegE bei Kropff S. 186), hat der Gesetzgeber, um das Vertrauen in die durch das AktG 1965 neu geschaffenen handelsrechtlichen Bewertungsgrundsätze zu stützen, gegenüber Fragen nach steuerlichen Werten und Erträgen ein Verweigerungsrecht gegeben. Dieses Recht greift allen Steuern gegenüber ein, mag es sich um Ertrags-, Vermögens- oder Verkehrssteuern handeln. Es kann also z. B. auch nicht nach der Höhe der Biersteuer oder Mineralölsteuer gefragt werden, um damit bei einem auf verschiedenen Sparten tätigen Unternehmen den Umsatz in einer Sparte errechnen zu können. Das schließt allerdings nicht aus, daß nach dem Umsatz in den einzelnen Sparten unmittelbar gefragt wird und diese Frage im Zusammenhang mit der Erörterung des Jahresergebnisses gemäß Abs. 1 grundsätzlich zulässig ist. Da § 157 Abs. 1 Ziff. 24 die Position „Steuern" der Gewinn- und Verlustrechnung in die Steuern vom Einkommen, Ertrag und Vermögen einerseits und sonstige Steuern andererseits aufgliedert, kann also keine Vertiefung dieser Gliederung durch ein Auskunftsverlangen durchgesetzt werden.

Als Steuer im Sinne der Ziff. 2 dürfte auch die Vermögensabgabe anzusehen sein, die zwar streng genommen keine Steuer ist, aber wie eine Steuer behandelt und im Verkehr angesehen wird. Unter steuerlichen Wertansätzen sind die Beträge zu verstehen, mit denen die Aktiven oder Passiven, sei es in der aus dem Jahresabschluß abgeleiteten sogenannten Steuerbilanz, sei es in der für die Zwecke der Einheitsbewertung und der Vermögenssteuer errichteten Vermögensbilanz aufgenommen sind. Damit entfällt für den einzelnen Aktionär auch die Möglichkeit, von sich aus bei nicht notierten Aktienwerten nach den Einzelheiten der Höhe des Steuerkurses zu fragen. Denn alle darauf hinzielenden Fragen sind auf steuerliche Wertansätze gerichtet.

Anm. 16

c) Unterschied zwischen Buch- und Verkehrswert

Ziff. 3 gibt, falls nicht die Hauptversammlung die Bilanz feststellt, ein Auskunftsverweigerungsrecht auch gegenüber Fragen, die auf den Unterschied zwischen dem Wert der einzelnen Gegenstände in der Jahresbilanz und einem ihnen etwa zukommenden höheren Wert abzielen, kürzer ausgedrückt: die die stillen Reserven betreffen. Diesen Ausdruck wollte man jedoch im Gesetzeswortlaut wegen seiner Mehrdeutigkeit (vgl. § 58 Anm. 2 a. E.) nicht verwenden und hat ihn ja auch bei der Regelung der Rechnungslegung vermieden. Der Unterschied kann nicht nur unmittelbar erfragt werden, auch die Frage nach dem wirklichen Wert eines selbständig ausgewiesenen Bilanzpostens und wohl auch der in einem Bilanzposten zusammengefaßten Einzelgegenstände fällt unter Ziff. 3; denn sie will eine der beiden für die Errechnung des Unterschieds erforderlichen Werte, und zwar den wichtigsten, ermitteln, und der Buchansatz kann bei einer Reihe von Werten unmittelbar aus den Bilanzen und Geschäftsberichten, ggf. der früheren Jahre, festgestellt werden. Im übrigen kann der Frage nach den Ansätzen bestimmter einzelner Gegenstände in dem Jahresabschluß Ziff. 3 nicht entgegengehalten werden. Ob der „höhere Wert" der Verkehrswert, der steuerliche Teilwert, ein Schätzwert oder irgendein anderer Wert ist, macht keinen Unterschied. Jeder Frage nach einem höheren Wert steht das Auskunftsverweigerungsrecht entgegen, dagegen nicht der Frage nach einem niedrigeren Wert. Einen gegenüber dem Buchwert niedrigeren Wert kann es beim Anlagevermögen deshalb geben, weil hier das Mindestwertprinzip nicht unbedingt gilt und der Buchansatz den schwankenden Marktpreisen solange nicht zu folgen braucht, als die Wertminderung nicht von Dauer ist (§ 153 Anm. 23).

Das Auskunftsverweigerungsrecht aus Ziff. 3 greift aber nicht ein, wenn die Hauptversammlung den Jahresabschluß feststellt. Das ist bei der KGaA der Fall (§ 286 Abs. 1 S. 1) und bei der AG dann, wenn Vorstand und Aufsichtsrat es beschließen oder der Aufsichtsrat den ihm vom Vorstand vorgelegten Jahresabschluß nicht billigt (§ 173 Abs. 1), außerdem in den Fällen der §§ 234 Abs. 2 S. 1 und 270 Abs. 2 S. 1. Den Grund für den Fortfall des Verweigerungsrechts sieht das Gesetz darin, daß die den Jahresabschluß feststellenden Aktionäre die Möglichkeit haben müssen, sich über alle für die Bewertung wesentlichen Umstände zu unterrichten. Die Kenntnis dieser Umstände ist in der Tat für die Dividenden- und Rücklagenpolitik von wesentlicher Bedeutung.

Anm. 17

d) Bewertungs- und Abschreibungsmethoden

Ziff. 4 beruht auf gleichen Erwägungen wie Ziff. 3, wird ja auch insoweit gleich behandelt, als diese Bestimmung nicht gilt, wenn die Hauptversammlung selbst den Jahresabschluß feststellt. Allerdings scheint Ziff. 4 nicht so eindeutig formuliert wie Ziff. 3, wenn sie auf das Erfordernis eines möglichst sicheren Einblicks in die Vermögens- und Ertragslage der Gesellschaft verweist. Jedoch wird damit nur das Tatbestandsmerkmal des § 160 Abs. 2 S. 2 angesprochen, wonach bei der Erläuterung des Jahresabschlusses im Geschäftsbericht Bewertungs- und Abschreibungsmethoden so vollständig anzugeben sind, wie es zur Vermittlung eines möglichst sicheren Einblicks in die Vermögens- und Ertragslage der Gesellschaft erforderlich ist. Das Auskunftsverweigerungsrecht der Ziff. 3 greift also in allen Fällen ein, in denen die Gesellschaft im Geschäftsbericht ihrer Verpflichtung aus § 160 Abs. 2 S. 2 nachgekommen ist. Dabei ist zu beachten, daß die Methoden, wenn keine Änderungen vorgenommen worden sind, nur alle vier Jahre anzugeben sind; diese Verweisungsmöglichkeit hat auch Geltung im

Rahmen der Ziff. 4. Daß der Geschäftsbericht der Verpflichtung aus § 160 Abs. 2 S. 2 nachgekommen ist, wird durch die Prüfung des Abschlußprüfers festgestellt, der den Bestätigungsvermerk versagen muß, wenn die Erläuterung des Geschäftsberichts zum Jahresabschluß den gesetzlichen Vorschriften nicht entspricht (§ 166 Abs. 1 S. 2). Damit ist auch das Auskunftsverweigerungsrecht aus Ziff. 4 eindeutig zu handhaben. Als Frage nach Bewertungsmethoden ist auch die Frage anzusehen, die zwar nicht direkt nach der Methode fragt, aber den Versuch macht, sie indirekt einzukreisen und zu erfassen.

Anm. 18

e) Auskunftsverweigerungsrecht aus § 26a KWG

Für Aktienbanken gibt § 26a KWG in der Fassung des Art. 36 EG AG die Möglichkeit, Forderungen und Wertpapiere des Umlaufvermögens mit einem niedrigeren als dem nach § 151 vorgeschriebenen oder zugelassenen Wert anzusetzen, soweit dies zur Sicherung der besonderen Risiken der Kreditinstitute nach vernünftiger kaufmännischer Beurteilung erforderlich ist. Auch brauchen die Aktienbanken Angaben nach § 160 Abs. 2 nicht zu machen. Obwohl die gesetzlich vorgeschriebenen Wertansätze und die Gliederung des Jahresabschlusses sowie die erforderlichen Angaben des Geschäftsberichts grundsätzlich keinen Ausschluß des Auskunftsrechts für weitergehende Fragen enthalten (RG 167, 156ff.; vgl. auch Anm. 13), ist die Praxis der Auffassung, daß aus einer sinnvollen Anwendung des § 26a KWG als lex specialis ein zusätzliches Auskunftsverweigerungsrecht folge, das auch, soweit die Vorschriften der Ziff. 3 und 4 wegen Feststellung des Jahresabschlusses durch die Hauptversammlung nicht eingreifen, Geltung beanspruchen müsse (Rasch AG 66, 205; Obermüller-Werner-Winden S. 182/183; Ebenroth, Auskunftsrecht, S. 90ff.).

Anm. 19

f) Strafbarkeit

Schließlich gibt Ziff. 5 dem Vorstand ein Auskunftsverweigerungsrecht, wenn er sich durch die Erteilung der Auskunft strafbar machen würde. Damit wird das in § 112 Abs. 3 AktG 1937 enthaltene Verweigerungsrecht aus dem „gemeinen Nutzen von Volk und Reich" ersetzt, das zum mindesten in seiner Formulierung eine nationalsozialistische Errungenschaft war und als zu unbestimmt und unfaßlich in das neue AktG nicht übernommen wurde. Der wesentlichste Anwendungsfall war die Preisgabe eines Staatsgeheimnisses durch Erteilung der Auskunft. Damit aber würde sich der Vorstand strafbar machen, so daß insoweit nunmehr Ziff. 5 eingreift. Neben dem Bruch eines Staatsgeheimnisses kommt als durch die Erteilung der Auskunft verwirkbarer Straftatbestand insbesondere üble Nachrede oder auch Geheimnisverrat nach § 404 in Betracht. Nicht dagegen reicht es für das Verweigerungsrecht nach Ziff. 5 aus, daß der Vorstand durch die Erteilung der Auskunft sich oder einen Angehörigen des Unternehmens der Gefahr einer Strafverfolgung aussetzen würde, weil die Auskunft dann nur anderweit bereits erfüllte Tatbestände enthüllen würde. Hier könnte nur die Frage entstehen, ob und inwieweit ein derartiger Tatbestand unter Abs. 3 Ziff. 1 fällt.

Anm. 20

g) Pflicht zur Geltendmachung des Auskunftsverweigerungsrechts

Die Entscheidung über die Geltendmachung eines Auskunftsverweigerungsrechts fällt der Gesamtvorstand als Geschäftsführungsmaßnahme; hierzu vgl. oben Anm. 4. Wenn ein Auskunftsverweigerungsrecht gegeben ist, wird grundsätzlich der Vorstand für verpflichtet angesehen werden müssen, es auch geltend zu machen. Das versteht sich für das Verweigerungsrecht aus Ziff. 5 schon aus dem eigenen Interesse des Vorstands heraus und für das Recht aus Ziff. 1 aus der Pflicht des Vorstands, Schaden von der Gesellschaft fernzuhalten. Nur bei Ziff. 2—4 könnte man zweifeln. Die Offenbarung der Steuerhöhe und der stillen Reserven braucht einem Unternehmen nicht schädlich zu sein und wird in der Öffentlichkeit vielleicht sogar als besonders publizitätsfreudiges Verhalten gewertet. Andererseits kann aber die Bekanntgabe von Steuerbeträgen und stillen Reserven eines Unternehmens einen positiven oder auch negativen Einfluß auf seine Kursentwicklung haben, zumal ja einwandfreie Vergleichsmöglichkeiten mit anderen Unternehmen, die die Ziffern nicht preisgeben, fehlen. Beachtet man noch, daß Verkehrs- und Steuerwerte sich häufig sehr schnell ändern und stille Reserven in Krisenzeiten wie Butter an der Sonne dahinschmelzen können, so ist eigentlich ein Vorteil für die Gesellschaft bei Nichtausübung des Weigerungsrechts auch aus Ziff. 2—4 kaum vorstellbar; entsprechendes müßte auch für das aus § 26a KWG etwa zu folgernde Auskunftsverweigerungsrecht gelten. Man wird deshalb als Grundsatz, der seine Ausnahmen finden kann, die Verpflichtung des Vorstands anzunehmen haben, von einem ihm zustehenden Auskunftsverweigerungsrecht auch Gebrauch zu machen, vgl. auch BGH 36, 296; Deuss, Auskunftsrecht, S. 351.

Anm. 21

h) Fortfall des Auskunftsverweigerungsrechts bei Abs. 4

Für den Fall, daß der Vorstand außerhalb der Hauptversammlung eine Auskunft gemäß Abs. 4 erteilt hat (Anm. 27), entfallen für das entsprechende in der Hauptversammlung gestellte Auskunftsverlangen eines Aktionärs nicht nur das Erfordernis, daß die Auskunft zur sachgemäßen Beurteilung des Gegenstands der Tagesordnung notwendig ist, sondern auch die Verweigerungsrechte aus Abs. 3 Ziff. 1—4 sowie aus § 26a KWG. Diese Regelung muß für jeden Vorstand eine ernstzunehmende Mahnung sein, Auskünfte außerhalb der Hauptversammlung nicht zu erteilen. Da von der außerhalb der Hauptversammlung erteilten Auskunft die Öffentlichkeit in der Regel nichts erfährt, wird jeder Vorstand weit großzügiger bei dieser Auskunftserteilung sein und Auskunftsverweigerungsrechte nicht ganz so streng prüfen. Das hat aber dann zur Folge, daß, wenn die gleiche Auskunft auf der Hauptversammlung ansteht, sie unverändert vor der Hauptversammlungsöffentlichkeit zu erteilen ist und Verweigerungsrechte mit Ausnahme der Ziff. 5 nicht eingreifen. Das Recht aus Ziff. 5 greift übrigens auch dann ein, wenn der Vorstand sich bereits durch außerhalb der Hauptversammlung erteilte Auskünfte strafbar gemacht hat und es sich jetzt nur um einen Wiederholungsfall handeln würde (Seifert AktG 67, 4).

IV. Inhalt und Form der Auskunftserteilung auf der Hauptversammlung

Anm. 22

1. Gewissenhafte und getreue Rechenschaft

Inhaltlich muß die Auskunft den Grundsätzen einer gewissenhaften und getreuen Rechenschaft entsprechen (Abs. 2). Mag auch gemeinhin Auskunft etwas anderes besagen als Rechenschaft (so mit Recht Ritter § 112 Anm. 4), so zeigt die Formulierung des Abs. 2 doch, daß der Gesetzgeber die Auskunftserteilungspflicht des Vorstands als Bestandteil seiner Rechenschaftspflicht ansieht. Der Sinn der Auskunft liegt nicht nur darin, der Hauptversammlung Fakten bekanntzugeben, sondern durch das Warum und Wieso dieser Fakten soll der Vorstand gleichzeitig auch Rechenschaft über seine Geschäftsführung ablegen. In diesem Sinne wird das Auskunftsrecht von der Praxis auch verstanden, denn es dient meist dazu, die Rechnungslegung der Verwaltung, wie sie sich im Jahresabschluß, im Geschäftsbericht und in den mündlichen Erläuterungen der Verwaltung gegenüber der Presse oder gegenüber der Hauptversammlung äußert, kritisch zu durchdringen, um eine Vertiefung, eine nähere Erläuterung und Ergänzung zu erreichen. Die Erteilung der Auskünfte in der Hauptversammlung sichert ihnen auch die Publizität durch die Presseberichterstattung. Sie ist deshalb in der Tat ein gewichtiger Bestandteil der Rechenschaftspflicht der Verwaltung.

Die Auskunft muß, um den Anforderungen des Abs. 2 zu entsprechen, vollständig, zutreffend und sachgemäß sein. Sie ist allerdings anders als die des Vorstands gegenüber dem Aufsichtsrat nicht uneingeschränkt (§ 90 Anm. 13; § 111 Anm. 8), sondern nur eingeschränkt, einmal dadurch, daß die Auskünfte zur sachgemäßen Beurteilung des Gegenstands der Tagesordnung erforderlich sein müssen, und zum anderen, was insbesondere den Inhalt betrifft, durch die Auskunftsverweigerungsrechte des Abs. 3. Diese Beschränkungen dürfen aber nicht dazu führen, daß die Auskunft falsch wird, auch nicht durch die Verschweigung wesentlicher Tatbestandsmerkmale. Das wäre weder gewissenhaft noch getreu. Wenn ein Auskunftsverweigerungsrecht bei Beantwortung einer Frage zur Diskussion steht, dann muß es entweder ausgeübt werden oder, wenn dies nicht geschieht, muß die Frage vollständig, wahrheitsgemäß und ohne Rücksicht auf einen Schaden der Gesellschaft beantwortet werden. Fällt nur ein Teil der Auskunft unter Abs. 3, dann muß deutlich gemacht werden, daß ein Teil der Antwort nicht gegeben werden kann und es sich bei der erteilten Auskunft nur um eine teilweise Aufklärung handelt (Deuss, Auskunftsrecht, S. 60). Der Vorstand darf — und muß (Anm. 20) — unter bestimmten Voraussetzungen schweigen, darf aber niemals lügen (Lehmann-Hirsch, VO über Aktienrecht § 260a HGB Anm. 14). Aus dem Tatbestandsmerkmal „gewissenhaft" ist zu folgern, daß der Vorstand bei Erteilung der Auskunft so sorgfältig und gründlich wie möglich vorzugehen hat. Er darf also die Antwort nur auf Grund einer wirklichen Kenntnis der Vorgänge geben und muß, wenn er diese Kenntnis nicht hat, sie sich auch innerhalb der auf einer Hauptversammlung zur Verfügung stehenden Zeit nicht beschaffen kann (Anm. 23), darauf bei seiner Antwort hinweisen. Bei großen Gesellschaften ist es oft unmöglich, daß der Vorstand als ganzer oder einzelne Vorstandsmitglieder das zur Beantwortung erforderliche Wissen selbst haben. Sie müssen es sich deshalb von den zuständigen Sachbearbeitern beschaffen. Da das bei Fehlen einer Vorankündigung der Fragen vor der Hauptversammlung nicht möglich ist, ist es bei großen Hauptversammlungen üblich geworden, daß ein Heer von Sachbearbeitern in oder vor dem Versammlungsraum zur Verfügung steht, das die gestellten Fragen entweder mithört oder auf Grund stenografischen Mitschreibens sofort schriftlich erhält und dann den zur Auskunft bestimmten Sprecher des Vorstands schriftlich unterrichtet. Es dürfte aber zu weit gehen, wenn Baumbach-Hueck Rdn. 10 aus dem Erfordernis der Gewissenhaftigkeit die Pflicht herleitet, „die Auskunft, falls notwendig, mit Belegen" zu versehen. Denn Abs. 2 will nur ein Prinzip festlegen, an dem sich die konkrete Auskunft zu orientieren hat, will aber nicht selbständig den Umfang und die Art der Auskunft regeln (Deuss, Auskunftsrecht S. 61).

Anm. 23

2. Mündliche Antwort auf Grund der präsenten Unterlagen

Das Auskunftsrecht beschränkt sich auf Auskunftserteilung in der Hauptversammlung. Die Auskunft ist mündlich und im Laufe der Hauptversammlung zu erteilen. Ein Anspruch auf schriftliche Auskunft besteht nicht. Dabei ist die Beantwortung mehrerer und auch aller Fragen in einer einheitlichen Stellungnahme der Verwaltung zulässig (Barz, AktG Sonderbeilage I, 62, S. 8/9; Obermüller-Werner-Winden, S. 169; Ebenroth, Auskunftsrecht, S. 132). Denn § 131 gibt dem Aktionär nur einen Anspruch auf Beantwortung seiner Frage, nicht aber auf eine Diskussion. Die Zusammenfassung der Fragen zur einheitlichen Beantwortung läßt dem Vorstand auch Zeit, sich die zur Beantwortung erforderlichen Unterlagen geben und Rückfragen von den Sachbearbeitern beantworten zu lassen — auf diese Zeit hat der Vorstand Anspruch, BGH 32, 165 —, und ermöglicht die zeitsparende gleichzeitige Beantwortung mehrerer, von verschiedenen Aktionären zu dem gleichen Thema gestellten Fragen. Auch eine Bezugnahme auf eine vom Vorstand auf eine gleichliegende Frage schon früher erteilte Antwort ist zulässig (Obermüller-Werner-Winden, S. 170; LG Essen in AktG 62, 126).

Selbstverständlich können im Rahmen des § 131 auch Fragen gestellt werden, die gar nicht ins Wissen der Geschäftsführung fallen (z. B. über Aufsichtsratssitzungen oder über Vorgänge bei verbundenen Unternehmen) oder deren Beantwortungsmöglichkeit über das Gedächtnis des Vorstands und die ihm vorliegenden Unterlagen hinausgeht. Dann ist der Vorstand verpflichtet, die Unterlagen aus den Akten und Auskünfte von den Sachbearbeitern unverzüglich zu beschaffen, die unschwer und ohne wesentliche Verzögerung der Hauptversammlung beschafft werden können (RG 167, 169; BGH 32, 165). Dazu ist erforderlich, da er das notwendige Personal zur Verfügung hält (Pabst BB 56, 149). Das gilt auch bei Abhaltung einer Hauptversammlung an einem an sich arbeitsfreien Tag (BGH a. a. O.) oder bei Ausdehnung der Hauptversammlung in die Nachtzeit. Zweckmäßigerweise werden die wichtigsten Sachbearbeiter mit zur Hauptversammlung genommen, damit sie ohne nennenswerte Verzögerung dem Vorstand die erforderlichen Unterlagen heraussuchen und Informationen erteilen können. Andererseits verbieten Treu und Glauben, daß der Aktionär den Vorstand mit Fragen überrumpelt, deren Beantwortung aus dem Stegreif oder auch mit Hilfe des erforderlichen Personals billigerweise nicht zu erwarten ist, sondern eine eingehende Prüfung erfordert (BGH 32, 165). Solche Fragen muß der Aktionär, wenn er eine Antwort erwarten will, rechtzeitig vor der Hauptversammlung mitteilen (Barz BB 57, 1251; vgl. auch LG Bonn in AktG 57, 159, allerdings zu weitgehend). Eine solche vorherige Mitteilung verpflichtet den Vorstand, die Beantwortung so vorzubereiten, daß er in der Hauptversammlung Auskunft geben kann. Andernfalls kann der Vorstand nur das sagen, was er aus dem Gedächtnis zu der Frage weiß, muß dabei aber zum Ausdruck bringen, daß ihm eine erschöpfende Antwort nicht möglich ist. Das ist dann keine Auskunftsverweigerung, die gemäß Abs. 3 S. 2 auch gar nicht zulässig wäre, sondern eine Beschränkung der Auskunft auf das, was dem Vorstand im Augenblick unter Aufbietung der ihm zumutbaren Materialbeschaffung möglich ist. Auf mehr kann die Auskunftsverpflichtung nicht gerichtet sein. Der Vorstand hat keinen Anspruch darauf, daß ihm vor der Hauptversammlung die beabsichtigten Fragen mitgeteilt werden. Es kann sogar im Interesse des Aktionärs liegen, eine Frage unvorbereitet zu stellen (BGH a. a. O.). Der Aktionär muß dann aber hinnehmen, daß ihm die Frage nur aus dem präsenten Gedächtnis des Vorstands heraus unter Zurhilfenahme des in der Hauptversammlung verfügbaren Materials beantwortet wird und damit eine vielleicht nicht erschöpfende Auskunft ist. Ist dem Vorstand unter Berücksichtigung dieser Abwägungen die sofortige Beantwortung einer Frage nicht möglich und zumutbar, so kann die Hauptversammlung unterbrochen oder vertagt werden, um dem Vorstand Gelegenheit zu geben, die zur vollständigen Beantwortung etwa erforderlichen Feststellungen zu treffen. Ein Anspruch auf Unterbrechung oder Vertagung zu diesem Zweck hat der Aktionär aber nicht.

Anm. 24

3. Betriebsbesichtigung; Verlesung von Unterlagen

Daraus, daß die Auskunft in der Hauptversammlung mündlich zu erteilen ist, ergibt sich, daß ein Recht auf Betriebsbesichtigung aus dem Auskunftsrecht nicht herzuleiten ist (LG Kassel in AktG 61, 839; Janberg, AktG 65, 2; Ebenroth, Auskunftsrecht, S. 106). Auch gilt das Auskunftsrecht aus gleichem Grunde kein Recht auf Einsicht in Bücher und Akten der Gesellschaft oder auf Vorlage von Belegen (Godin-Wilhelmi Anm. 2 und 12; Barz BB 57, 1254; Deuss, Auskunftsrecht, S. 99; Ebenroth, Auskunftsrecht, S. 129; ungenau Baumbach-Hueck Rdn. 10). Zweifelhaft aber ist, ob und inwieweit das Auskunftsrecht einen Anspruch auf Verlesung von Urkunden gewährt. Mit dem Verlesen bleibt die Auskunft eine mündliche; die Frage, ob Verlesung verlangt werden kann, ist also eine Frage der gewissenhaften und zuverlässigen Auskunftserteilung. Nach BGH WM 67, 505 ist die Verlesung einer Urkunde die umfassendste Form der Auskunftserteilung; wenn es im allgemeinen auch ausreiche, den wesentlichen Inhalt einer Urkunde mitzuteilen, so stehe dem Aktionär doch im Rahmen seines Auskunftsrechts ein Anspruch auf Verlesung bei Verträgen über lebenswichtige Vorgänge zu, die für die Entwicklung des Unternehmens von größter Bedeutung seien; anderes könne nur dann gelten, wenn die Verlesung wegen der Länge der dazu benötigten Zeit — OLG Hamburg in AktG 68, 190 hält eine Dauer von zwei Stunden für zumutbar, von vier Stunden und zehn Minuten für unzumutbar — oder aus anderen überragenden Gründen der Verhandlungsführung nicht durchführbar sei. OLG Koblenz WM 67, 1293 ist bewußt über diese Entscheidung des BGH hinausgegangen und hat zur Verlesung eines strittigen Pensionsvertrags im Rahmen des Auskunftsrechts verurteilt, was auch der Auffassung von Pleyer-Schaudwet GmbH-Rdsch. 67, 250 entspricht, die das Kriterium der Lebenswichtigkeit als nicht sachgerecht ansehen und die Verlesung davon abhängig machen wollen, ob die sachgerechte Beurteilung einer Frage die Kenntnis des genauen Wortlauts voraussetze (so auch Ebenroth, S. 131). Da in der Tat Merkmale wie „Lebenswichtigkeit" und „größte Bedeutung" in der Praxis schwer zu beurteilen sind, scheint es richtig, darauf abzustellen, ob zur gewissenhaften Auskunft, die ein sachgemäßes Urteil ermöglichen soll, eine Kenntnis des genauen Wortlauts erforderlich ist (a. M. Obermüller-Werner-Winden S. 166).

Anm. 25

4. Protokollierung

Die auf Grund des § 131 von Aktionären in der Hauptversammlung gestellten Fragen sind ebensowenig wie die darauf erteilten Antworten Gegenstand der notariellen Niederschrift über die Hauptversammlung gemäß § 130 (§ 130 Anm. 3). Will die Gesellschaft sie festhalten, so muß sie entweder ein Tonband mitlaufen (wegen der Zulässigkeit vgl. § 119 Anm. 27) oder ein Stenogramm aufnehmen lassen. Der Notar braucht im Rahmen des Auskunftsrechts nur im Falle des Abs. 5 tätig zu werden, und zwar ist die Protokollierung dann keine Wirksamkeitsvoraussetzung für Frage und Auskunftsverweigerung, sondern dient lediglich Beweissicherungszwecken. Denn nach der Begr. Reg.E. (Kropff S. 188) dient die notarielle Niederschrift im Rahmen des Abs. 5 der Vermeidung späterer Auseinandersetzungen darüber, ob und aus welchem Grund der Vorstand die Auskunft verweigert hat. Voraussetzung des Tätigwerdens des Notars ist einmal, daß der Aktionär im Rahmen seines gesetzlichen Auskunftsrechts gemäß § 131 — also nicht etwa bei Fragen an den Versammlungsvorsitzenden wegen der Versammlungsleitung oder des Teilnehmerverzeichnisses — eine Frage an den Vorstand (Anm. 4) gestellt hat, zum anderen, daß auf die Frage die Auskunft verweigert worden ist, und schließlich, daß der fragende Aktionär die Aufnahme in die Niederschrift verlangt. Dabei umfaßt die Verweigerung nicht nur die Geltendmachung des Verweigerungsrechts nach Abs. 3 oder § 26a KWG, sondern auch die Verweigerung der Auskunft um deswillen, weil der Vorstand die Auskunft zur sachgemäßen Beurteilung eines Gegenstands der Tagesordnung nicht für erforderlich oder das Verlangen auf Auskunft als rechtsmißbräuchlich angesehen hat. Werden andere Gründe für die Nichterteilung der Auskunft angeführt, so liegt unbeschadet des Abs. 3 S. 2 eine Auskunftsverweigerung vor, die der Notar mit der angegebenen Begründung zu Protokoll nehmen muß. Auch wenn ohne ausdrückliche Auskunftsverweigerung eine Frage einfach nicht beantwortet wird, liegt eine Verweigerung vor, die auf Verlangen des Aktionärs festzuhalten ist.

Wird ein demnach berechtigtes Protokollierungsverlangen an den Notar gestellt, so hat er einmal die Frage des Aktionärs und zum anderen den Grund, aus dem heraus die Antwort nicht gegeben worden ist, in die Niederschrift aufzunehmen. Bei der Aufnahme der Frage sollte sich der Notar möglichst an die Formulierung des Aktionärs selbst halten; nur wenn sie gar zu unbeholfen oder langatmig ist, kann er sie in eigener Fassung aufnehmen. Auch braucht der Notar nur die Frage, aber nicht die dazu vom Aktionär gemachten Ausführungen und Begründungen aufzunehmen. Als Grund der Auskunftsverweigerung hat der Notar das wiederzugeben, was in der Hauptversammlung seitens des Vorstands dazu gesagt wird (Anm. 13); es reicht jedoch, wenn er die mit dem Verweigerungsgrund angesprochene gesetzliche Vorschrift (Nichtvorliegen der Voraussetzung des Abs. 1 S. 1, Verweigerungsgründe gemäß Abs. 3 Ziff. 1—5 oder § 26a KWG) angibt. Wird ohne Begründung eine Frage nicht beantwortet, so hat der Notar festzuhalten, daß eine Begründung für die Nichtbeantwortung nicht gegeben wurde.

Kommt der Notar seiner Verpflichtung zur Aufnahme in die Niederschrift nicht oder nicht ordnungsgemäß nach, so ist das lediglich eine Dienstpflichtverletzung; Folgen für den Aktionär hat die nicht oder nicht ordnungsgemäß erfolgte Aufnahme nicht. Insbesondere kann auch bei nicht erfolgter Aufnahme das Auskunftserzwingungsverfahren gemäß § 132 durchgeführt werden. Wenn bestritten, muß die Frage und der angegebene Grund der Auskunftsverweigerung dann eben durch Beweisaufnahme geklärt werden, die aber auch dann erforderlich ist, wenn die eine oder andere Seite die Niederschrift durch den Notar nicht als richtig oder vollständig anerkennt. Die Aufnahme des Grundes für die Auskunftsverweigerung ist sowieso ziemlich bedeutungslos, da im gerichtlichen Verfahren die auf der Hauptversammlung angegebenen Gründe geändert und ergänzt und neue Gründe nachgeschoben werden können (Anm. 13).

V. Auskünfte außerhalb der Hauptversammlung

Anm. 26

1. Frage der Zulässigkeit

Da die Auskunft gemäß § 131 mündlich in der Hauptversammlung zu geben ist, hat kein Aktionär Anspruch auf Auskunft außerhalb der Hauptversammlung, sei es mündlich, sei es schriftlich. § 131 hat aber nicht den Sinn, dem Vorstand oder den sonstigen Organen einer Gesellschaft außerhalb der Hauptversammlung Auskünfte zu verbieten. Im Interesse der Beziehungen zwischen Gesellschaft und Aktionär ist eine derartige Auskunftserteilung häufig geboten und in der Form allgemeiner Rundschreiben mit Quartals- oder Halbjahresberichten auch durchaus üblich. Gehen die Auskünfte aber nicht an alle Aktionäre, werden sie insbesondere nur dem einen oder anderen erteilt, so schaffen sie einen Informationsvorsprung und verletzen den Grundsatz der Gleichbehandlung sämtlicher Aktionäre. Das kann aber keine Veranlassung geben, Auskünfte an einzelne Aktionäre außerhalb der Hauptversammlung für unzulässig zu halten. Einmal würde dann der Verkehr der Gesellschaft mit ihren Aktionären zu stark beengt, und zum anderen könnte auch das Verhältnis der Gesellschaft zu einzelnen Aktionären zu stark belastet werden. Der Gesetzgeber hat deshalb statt eines Verbotes von Einzelauskünften den Weg gewählt, jedem Aktionär in der Hauptversammlung auf sein Verlangen einen Anspruch auf die gleiche Auskunft zu geben, die ein anderer Aktionär außerhalb der Hauptversammlung erhalten hat. Diese Regelung ist zwar, wie die darüber entstandene Literatur zeigt, auf viel Kritik gestoßen (vgl. Boesebeck AktG 63, 89ff.), ist aber in der Praxis bisher ohne größere Bedeutung geblieben. Der in Abs. 4 gemachte Versuch, den durch Einzelauskunft verletzten Gleichbehandlungsgrundsatz wiederherzustellen, schafft in Wahrheit keine Gleichbehandlung; denn dazu gehört auch der Zeitpunkt, in dem der Aktionär die Auskunft erhält (Karehnke AktG 68, S. 283 N. 27). Was der Zeitpunkt ausmachen kann, zeigen die sogenannten Insider-Informationen, die dem rechtzeitig unterrichteten Aktionär die Möglichkeit zum günstigen Kauf oder Verkauf seiner Aktien geben, während der erst in der Hauptversammlung unterrichtete Aktionär hier zu spät kommt. Man darf auch aus der Regelung des Abs. 4 nicht etwa den Schluß ziehen, außerhalb der Hauptversammlung erteilte Auskünfte seien rechtlich nicht zu beanstanden. Sie brauchen es nicht zu sein; wenn aber dem einen oder anderen Aktionär das Bevorstehen eines besonders günstigen Geschäftes oder der Eintritt eines hohen Verlustes gewissermaßen exklusiv mitgeteilt wird, kann darin durchaus eine Verletzung des § 93 oder gar eine Untreue liegen, die das Vorstandsmitglied aus §§ 826, 823 Abs. 2 BGB und gegebenenfalls den bevorzugten Aktionär nach § 117 den benachteiligten Aktionären gegenüber schadensersatzpflichtig machen kann.

Anm. 27

2. Voraussetzung des Auskunftsanspruchs nach Abs. 4

Abs. 4 schafft für den Fall einer Auskunft außerhalb der Hauptversammlung einen von den Voraussetzungen der Abs. 1 und 3 unabhängigen Auskunftsanspruch jeden

Aktionärs auf die gleiche Auskunft in der Hauptversammlung. Voraussetzung dieses Auskunftsanspruchs ist, daß einem anderen Aktionär wegen dieser seiner Eigenschaft außerhalb der Hauptversammlung eine Auskunft erteilt worden ist. Maßgebend ist nur die Tatsache der Auskunft; ob sie vom Vorstand oder Aufsichtsrat der Gesellschaft erteilt worden ist, ist gleichgültig. Auch die von einer anderen verantwortlichen Stelle des Unternehmens, als welche man mindestens die leitenden Angestellten anzusehen hat, ausgehende Auskunft wird man für den Tatbestand des Abs. 4 genügen lassen müssen, während man Informationen, die auf unterer Ebene ohne Wissen von Vorstand und Aufsichtsrat erteilt werden, nicht genügen lassen kann. Auskunft ist demnach jede Information über eine die Gesellschaft oder ein verbundenes Unternehmen betreffende Angelegenheit, die von einer berufenen Stelle des Unternehmens ausgeht. Daß eine ausdrückliche Frage beantwortet worden ist, wird man nicht verlangen müssen.

Erforderlich ist aber, daß die Auskunft dem Aktionär in seiner Eigenschaft als Aktionär erteilt wird. Auskünfte an ein Aufsichtsratsmitglied, einen Berater, einen Lieferanten oder Abnehmer, die Hausbank und dergleichen fallen auch dann nicht unter Abs. 4, wenn der Auskunftsempfänger außerdem auch Aktionär ist. Erforderlich ist, daß gerade die Aktionärseigenschaft und damit das Gesellschaftsverhältnis Grund und Anlaß für ihre Erteilung war. Das kann natürlich auch bei einem Aktionär der Fall sein, der als Aufsichtsratsmitglied, Berater, Lieferant oder Abnehmer, als Bank oder dergleichen mit der Gesellschaft in Verbindung steht. Man wird also immer zu erforschen haben, was der eigentliche Grund und Anlaß der Auskunft war, wobei auch der innere Sachzusammenhang der Auskunft von Bedeutung ist (Seifert AktG 67, 2/3; Karehnke AktG 68, 284; Ebenroth, Auskunftsrecht S. 96ff.; Obermüller-Werner-Winden S. 168/69). Wenn für die Auskunft sowohl die Aktionärsstellung wie auch eine andere Eigenschaft maßgebend war, wird es darauf ankommen, welche dominiert (Seifert a. a. O.; a. M. Karehnke a. a. O.).

Auch die Auskunft, die einem Großaktionär erteilt ist, ist ihm in seiner Eigenschaft als Aktionär erteilt. Allerdings wird man hier das Konzernverhältnis auszunehmen haben: Ist mit einem Großaktionär ein Beherrschungs- und Gewinnabführungsvertrag abgeschlossen, so ist das dadurch begründete Rechtsverhältnis Grund für die Information, so daß Abs. 4 für im Rahmen eines derartigen Unternehmensvertrages erteilte Informationen nicht gilt (Seifert a. a. O.; Ebenroth, Auskunftsrecht S. 100; Obermüller-Werner-Winden S. 168). Beim faktischen Konzern kann es nicht anders sein. Hier ist das Beherrschungsverhältnis entscheidend, mag es in aller Regel auch auf dem Aktienbesitz aufgebaut sein. Die auch im faktischen Konzern geltende Auskunftspflicht des § 335 Abs. 2 würde andernfalls eine schrankenlose Auskunftspflicht gemäß § 131 Abs.4 allen Aktionären gegenüber auslösen. Auch die Informationen, die zur Ausübung einer einheitlichen Leitung erforderlich sind, stellen im Sinne des Abs. 4 keine Auskünfte an einen Aktionär außerhalb der Hauptversammlung dar, sondern sind Ausfluß des den Gleichheitsgrundsatz gegenüber anderen Aktionären nicht beeinflussenden Beherrschungsverhältnisses und fallen deshalb nicht unter Abs. 4 (Kropff DB 67, 2204; Seifert a. a. O.; Werner AktG 67, 122; Obermüller-Werner-Winden S. 168; Ebenroth, Auskunftsrecht S. 101). Ähnliches wird auch dann gelten müssen, wenn ohne einheitliche Leitung nur ein Beherrschungsverhältnis vorliegt; hier ist der Hinweis auf den Informationsbedarf, der erforderlich ist, um die sich aus § 311ff. ergebenden Rechtsfolgerungen abwägen zu können, durchschlagend (Kropff a. a. O.; Seifert a. a. O.; Werner a. a. O.; Ebenroth a. a. O.; Obermüller-Werner-Winden a. a. O.). Bei einer Mehrheitsbeteiligung, die ohne beherrschenden Einfluß ist oder für die die Vermutung des § 17 Abs. 2 widerlegt ist, gilt aber keine Ausnahme; die hier der Muttergesellschaft erteilten Auskünfte fallen unter § 131 Abs. 4 (Kropff a. a. O.; Ebenroth a. a. O.). Der Versuch, Auskünfte an Großaktionäre wegen ihrer andersartigen Stellung ganz aus Abs. 4 herauszulösen (so Janberg AktG 65, 193 und — allerdings mehr de lege ferenda — Boesebeck AktG 63, 91), ist dagegen mit dem Gesetz nicht vereinbar (Kropff a. a. O.; Jagenberg DB 67, 1400ff.; Möhring NJW 66, 87); das mag, weil es „ein vertrauliches Gespräch zwischen Vorstand und Aktionären fast unmöglich" macht (so Möhring a. a. O.), bedauerlich sein, ist aber nach Abs. 4 zwingend.

Anm. 28

3. Erteilung der Auskunft auf Verlangen

Ist außerhalb der Hauptversammlung einem Aktionär wegen dieser seiner Eigenschaft eine Auskunft erteilt worden, so besteht nicht ohne weiteres die Pflicht, sie in der Hauptversammlung für alle Aktionäre zu wiederholen. Es muß vielmehr von einem Aktionär in der Hauptversammlung ein entsprechendes Verlangen gestellt werden. Ein Verlangen, alle Auskünfte, die außerhalb der Hauptversammlung etwa erteilt sein könnten, auf der Hauptversammlung zu wiederholen, reicht allerdings nicht aus (Boesebeck AktG 63, 91; Karehnke AktG 68, 283; Obermüller-Werner-Winden S. 167; Werner AktG 67, 123). Dementsprechend hat auch das LG Frankfurt in AktG 68, 24 die Behauptung, der Vorstand habe außerhalb der Hauptversammlung anderen Aktionären Auskünfte erteilt, allein für einen Antrag aus § 132 nicht als ausreichend angesehen. Diese Rechtsfolge ergibt sich allerdings nicht daraus, daß, wie Karehnke a. a. O. meint, der Zusammenhang des Verlangens mit einem konkreten Tagesordnungspunkt entfalle (vgl. dazu Anm. 10 a. E.), sondern deshalb, weil damit die mit dem Erfordernis eines Verlangens beabsichtigte Einschränkung praktisch bedeutungslos wäre (so Boesebeck a. a. O.). Deshalb ist auch eine Frage „auf Verdacht" dahingehend, wem welche Auskünfte gegeben worden seien, nicht ausreichend (a. M. Ebenroth, Auskunftsrecht S. 103; Godin-Wilhelmi Anm. 14). Das Verlangen des Aktionärs erfordert vielmehr entweder die Angabe, welchem anderen Aktionär eine Auskunft erteilt worden ist (LG Frankfurt a. a. O.), oder die Angabe des Gegenstandes der Auskunft (Werner a. a. O.). Wird das Verlangen gestellt, so ist die Auskunft zu erteilen, und zwar auch ohne Zusammenhang mit einem Tagesordnungspunkt (Anm. 10 a. E.), ohne Rücksicht darauf, ob die Auskunft zur sachgemäßen Beurteilung des Punktes der Tagesordnung erforderlich ist, und auch ohne das Eingreifen der Auskunftsverweigerungsgründe gemäß Abs. 3 Ziff. 1—4 und § 26a KWG. Unerheblich ist, ob die dem Aktionär außerhalb der Hauptversammlung erteilte Auskunft zwischenzeitlich bedeutungslos geworden und überholt ist; sofern sie falsch gewesen oder zwischenzeitlich falsch geworden ist, muß die außerhalb der Hauptversammlung gegebene Auskunft wiederholt und gleichzeitig berichtigt und ergänzt werden. Eine Beschränkung des Auskunftsverlangens aus Abs. 4 auf die nächste Hauptversammlung nach der Auskunftserteilung oder nach Kenntniserlangung von der Auskunft durch den verlangenden Aktionär ist dem Gesetzeswortlaut nicht zu entnehmen. Ob man mit Godin-Wilhelmi Anm. 14 eine zeitliche Beschränkung im letzteren Sinne annehmen muß, erscheint zweifelhaft; es dürfte ausreichen, das Verlangen dazu als rechtsmißbräuchlich zu behandeln, wenn nach allgemeinen zivilrechtlichen Grundsätzen eine Verwirkung vorläge.

Kommt es aus Abs. 4 zu einem Auskunftserzwingungsverfahren gemäß § 132, so trifft den Aktionär die Darlegungslast, daß einem anderen Aktionär außerhalb der Hauptversammlung eine Auskunft erteilt worden ist (Obermüller-Werner-Winden S. 167; Ebenroth, Auskunftsrecht S. 103).

VI. Folgen einer Verletzung des Auskunftsanspruchs

Anm. 29

1. Rechtsanspruch auf Auskunft

Unter den Voraussetzungen des § 131 besteht ein Rechtsanspruch des Aktionärs auf Erteilung der von ihm verlangten Auskunft. Während dieser Anspruch früher durch ordentlichen Prozeß gegen die Gesellschaft dahin geltend zu machen war, daß der Vorstand in der nächsten Hauptversammlung die Auskunft erteile (BGH 32, 159), hat nunmehr § 132 ein ausschließlich zuständiges Auskunftserzwingungsverfahren geschaffen, das einen normalen Zivilprozeß auf Auskunft ausschließt. Das Verfahren nach § 132 befaßt sich allerdings nur mit der Frage, ob der Vorstand eine Auskunft zu erteilen hat, nicht auch mit der Frage, ob die erteilte Auskunft richtig war. Diese Frage kann Gegenstand eines besonderen Prozesses sein, z. B. einer Feststellungsklage, einer Schadensersatzklage gegen den Vorstand oder auch einer Anfechtungsklage (vgl. § 132 Anm. 2) und ggf. auch eines Strafverfahrens (§ 400 Ziff. 1). Die Erteilung der Auskunft im Verfahren nach § 132 kann der Aktionär nicht mehr verlangen, wenn er sich mit der unzureichenden Auskunft zufriedengegeben hat (RG 167, 167; Godin-Wilhelmi Anm. 7).

Anm. 30

2. Anfechtungsklage

Die unberechtigte Verweigerung der Auskunft ist ebenso wie die inhaltlich falsche oder unvollständige Auskunft eine Gesetzesverletzung, die gemäß § 243 Abs. 1 einen Anfechtungsgrund bilden kann. Hier wie sonst muß die Verweigerung oder die inhaltliche Unrichtigkeit der Auskunft kausal für den anzufechtenden Beschluß sein. Allerdings ist die neue Bestimmung des § 243 Abs. 4 zu beachten, die die Erklärung der Hauptversammlung oder auch von Aktionären als unerheblich normiert, die Verweigerung der Auskunft habe ihre Beschlußfassung nicht beeinflußt. Diese Bestimmung beschränkt sich auf die Verweigerung der Auskunft und erfaßt nicht ihre Unrichtigkeit, besagt auch nicht, daß die Kausalitätskette zwischen verweigerter Auskunft und Beschluß unterbrochen wäre, sondern nur, daß die Erklärung der Hauptversammlung oder der Aktionäre kein Beweismittel darstellt (vgl. OLG Düsseldorf in WM 67, 71; OLG Hamburg in AktG 69, 193). Im einzelnen vgl. Erl. zu § 243. Da die Frage, ob eine Auskunft zu Unrecht verweigert wurde, ausschließlich im Verfahren nach § 132 entschieden werden kann (§ 132 Anm. 9), ist ein Anfechtungsprozeß, der während des Laufs des Auskunftserzwingungsverfahrens oder vor seiner noch möglichen Einleitung angestrengt wird, auszusetzen. Hat das Landgericht im Verfahren nach § 132 entschieden, so ist seine Entscheidung präjudiziell. Ist das Landgericht nicht angerufen worden, so kann eine Verpflichtung zur Erteilung einer Auskunft auch im Anfechtungsprozeß nicht angenommen werden (§ 132 Anm. 9).

Anm. 31

3. Schadensersatzpflicht

Die Verletzung der Auskunftspflicht, sei es, daß eine falsche Auskunft erteilt oder die Auskunft zu Unrecht verweigert wurde, macht den Vorstand schadensersatzpflichtig. Das gilt einmal auf Grund des § 93 der Gesellschaft gegenüber. Darüber hinaus kann aber eine Ersatzpflicht auch unmittelbar nicht nur dem die Auskunft verlangenden Aktionär, sondern auch den übrigen Aktionären der Gesellschaft gegenüber entstehen. Denn für verweigerte Auskünfte ist § 131 wohl als Schutzgesetz nach § 823 Abs. 2 zu betrachten (Würdinger S. 143; Baumbach-Hueck Rdn. 20; zweifelnd Deuss, Auskunftsrecht S. 141/42; Neuburger BB 57, 1047 N. 27). Außerdem ergibt sich für inhaltlich falsche Auskünfte über § 400 Ziff. 1 die gleiche Rechtsfolgerung. Pabst BB 57, 1256 hält — weitergehend — sogar einen quasi-vertraglichen Schadensersatzanspruch für gegeben.

VII. Zusatz: Auskunftsverlangen über bestimmte Gegenstände

In den Hauptversammlungen der letzten Jahre sind immer wieder bestimmte Gegenstände von Auskunftsbegehren aufgetaucht, die außerhalb der systematischen Erläuterungen des § 131 behandelt werden sollen.

Anm. 32

1. Aufsichtsratstätigkeit

Hier gehen die Fragen meist auf die Zahl der Aufsichtsratssitzungen während des Jahres, auf die Teilnahme der einzelnen Aufsichtsratsmitglieder an den Sitzungen und auf bestimmte Vorgänge in den Aufsichtsratssitzungen. Daß der zur Auskunft nach § 131 verpflichtete Vorstand kein gesetzliches Teilnahmerecht an Aufsichtsratssitzungen hat (§ 109 Anm. 3) und deshalb nicht über alle den Aufsichtsrat betreffenden Tatsachen unterrichtet sein kann, ist kein Grund für eine Auskunftsverweigerung. Der Vorstand hat sich dann eben zu erkundigen (Anm. 23). Zur Frage der Entlastung des Aufsichtsrats ist es auch von Bedeutung, daß die Aktionäre sich einen Überblick darüber verschaffen können, wieviel Aufsichtsratssitzungen stattgefunden und welche Aufsichtsratsmitglieder an ihnen jeweils teilgenommen haben. Die Beantwortung dieser Fragen gibt zwar nur einen höchst unvollständigen Überblick über die Aufsichtsratstätigkeit, weil Beschlußfassungen und Beratungen auch außerhalb von Sitzungen möglich sind und auch die Beaufsichtigung des Vorstandes außerhalb von Sitzungen erfolgen kann. Auch das ist aber kein Grund, derartige Fragen nicht als ordnungsgemäß gelten zu lassen. Verweigerungsgründe aus Abs. 3 sind nicht ersichtlich. Die Beantwortung von Fragen über Vorgänge in den Sitzungen wird dagegen abgelehnt werden können. Allerdings läßt sich das nicht, wie Obermüller-Werner-Winden S. 161 und Ebenroth, Auskunftsrecht S. 119 meinen, aus Abs. 3 Ziff. 1 rechtfertigen, sondern nur daraus, daß die Aufsichtsratstätigkeit ihrer Natur nach grundsätzlich vertraulich und geheim sein soll (§ 109), und daß, wenn sie vom Gesetzgeber als Gegenstand der Auskunftspflicht gewollt gewesen wäre, insoweit eine Auskunftspflicht des Aufsichtsrats selbst und nicht des Vorstands geboten gewesen wäre. Fragen nach Vorgängen in Aufsichtsratssitzungen können demnach nicht als unter die „Angelegenheiten der Gesellschaft" im Sinne des Abs. 1 S. 1 fallend angesehen werden. Die Hauptversammlungsmehrheit kann aber Rechenschaft vom Aufsichtsrat verlangen (Anm. 3).

Anm. 33

2. Bezüge einzelner Vorstandsmitglieder

Hier gehen die Fragen meist auf eine Aufgliederung der Gesamtbezüge über § 160 Abs. 3 Ziff. 8 und 9 hinaus sowie auf Mitteilung bestimmter Vertragsregelungen. Das Schrifttum verneint fast übereinstimmend die Zulässigkeit der Frage nach den Bezügen des einzelnen Vorstandsmitglieds (Dempewolf DB 60, 687; Schuler NJW 62, 842; Haberlandt BB 62, 118; Schilling JZ 62, 410/11; Deuss, Auskunftsrecht S. 90; Obermüller-Werner-Winden S. 160; grundsätzlich auch Ebenroth, Auskunftsrecht S. 120ff.). Nur Acher BB 60, 428 und Nitschke-Bartsch AktG 69, 97/98 sind gegenteiliger Meinung. BGH 36, 121 hat den Anspruch auf Aufgliederung der in den Gesamtbezügen enthaltenen Tantiemen einerseits und Ruhestandsbezüge andererseits bei einem aus drei Mitgliedern bestehenden Vorstand zuerkannt, weil die Aufgliederung die Höhe der Bezüge des einzelnen Vorstandsmitglieds nicht erkennen lasse. OLG Koblenz in WM 67, 1288 hat sich in Zusammenhang mit einer Klage auf Vorlage eines Pensionsvertrages mit der Frage nach den Bezügen des einzelnen Vorstandsmitglieds beschäftigt und festgestellt, daß, wenn der einzelne Aktionär ein eigenes sachliches Interesse gerade an den Bezügen des einzelnen Vorstandsmitglieds habe, das Interesse des Vorstandsmitglieds an der Achtung vor seiner Privatsphäre zurücktreten müsse. Damit wird, und zwar zu Recht, die Voraussetzung des Abs. 1 S. 1 angesprochen, nämlich die Frage, ob die Kenntnis der Bezüge des einzelnen Vorstandsmitglieds zur sachgemäßen Beurteilung eines Tagesordnungspunktes erforderlich ist. Das dürfte zumindest in der Regel nicht der Fall sein, so daß der fragende Aktionär dieses Erfordernis darlegen muß (Anm. 10). Kann er es dartun, z. B. weil die Frage, ob ein einzelnes Vorstandsmitglied nicht ein zu hohes Gehalt bekommt, zur sachgemäßen Beurteilung der Entlastung des Aufsichtsrats dienlich ist, dann ist die Frage auch nach den Bezügen des einzelnen Vorstandsmitglieds keine Frage nach persönlichen Angelegenheiten, sondern nach solchen der Gesellschaft und deshalb nach Abs. 1 S. 1 auch durchaus zulässig (ähnlich auch Ebenroth, Auskunftsrecht S. 122). Ein Verweigerungsrecht aus Abs. 3 Ziff. 1 wird sich nicht begründen lassen, zumal jedes Vorstandsmitglied künftig ja wissen wird, daß bei begründeter Veranlassung seine Bezüge der Hauptversammlung bekanntgegeben werden müssen.

Anm. 34

3. Spenden

Eine Frage nach dem Gesamtbetrag der Spenden im Berichtsjahr ist durchaus zulässig, wird auch üblicherweise stets beantwortet. Die Zurückhaltung in der Beantwortung beginnt erst dann, wenn die Aufgliederung der Spenden auf die einzelnen Empfänger erfragt wird. Obermüller-Werner-Winden S. 162 und Ebenroth, Auskunftsrecht S. 113/14 meinen, der Aktionär müsse sich mit pauschalen Angaben zufrieden geben, wobei Ebenroth bei Spenden an politische Parteien allerdings eine Auskunft stets für erforderlich bezeichnet. Da Spenden auch an politische Parteien legitime Ausgaben und keineswegs Gewinnverwendung darstellen (§ 58 Anm. 22), ist für Spenden an politische Parteien gegenüber den übrigen Spendenbeiträgen keine Besonderheit geboten. Bei Auskünften über Spenden kann es sich einmal nur fragen, wieweit die Kenntnis der einzelnen Empfänger zur sachgemäßen Beurteilung, sei es des Jahresabschlusses, sei es der Entlastung, erforderlich ist (Anm. 11 a), und zum andern, ob das Verweigerungsrecht aus Abs. 3 Ziff. 1 eingreift. Aus persönlicher Neugierde oder persönlichem Interesse an der einen oder anderen gemeinnützigen Organisation mag der einzelne Aktionär gelegentlich Interesse daran haben zu erfahren, ob und wieviel diese Organisation von der Gesellschaft an Spenden erhalten hat. Dieses Wissen ist aber für die sachgemäße Beurteilung von Tagesordnungspunkten der Gesellschaft nicht erforderlich. Das Interesse kann höchstens bis zu einer pauschalen Aufteilung der Spenden für die einzelnen Empfänger gehen. Weitergehende Fragen dienen nicht mehr der sachgemäßen Beurteilung von Tagesordnungspunkten, fachen im übrigen auch den Eifer der nach ihrer Meinung nicht genügend bedachten Institutionen an, von der Gesellschaft auch etwas oder mehr als bisher zu erhalten. Ob das allerdings den Tatbestand des Abs. 3 Ziff. 1 erfüllt, mag zweifelhaft sein.

§ 132 Gerichtliche Entscheidung über das Auskunftsrecht

(1) Ob der Vorstand die Auskunft zu geben hat, entscheidet auf Antrag ausschließlich das Landgericht, in dessen Bezirk die Gesellschaft ihren Sitz hat. Ist bei dem Landgericht eine Kammer für Handelssachen gebildet, so entscheidet diese an Stelle der Zivilkammer. Die Landesregierung kann die Entscheidung durch Rechtsverordnung für die Bezirke mehrerer Landgerichte einem der Landgerichte übertragen, wenn dies der Sicherung einer einheitlichen Rechtsprechung dient. Die Landesregierung kann die Ermächtigung auf die Landesjustizverwaltung übertragen.

(2) Antragsberechtigt ist jeder Aktionär, dem die verlangte Auskunft nicht gegeben worden ist, und, wenn über den Gegenstand der Tagesordnung, auf den sich die Auskunft bezog, Beschluß gefaßt worden ist, jeder in der Hauptversammlung erschienene Aktionär, der in der Hauptversammlung Widerspruch zur Niederschrift erklärt hat. Der Antrag ist binnen zwei Wochen nach der Hauptversammlung zu stellen, in der die Auskunft abgelehnt worden ist.

(3) § 99 Abs. 1, Abs. 3 Satz 1, 2, 4 bis 9 und Abs. 5 Satz 1 und 3 gilt sinngemäß. Die sofortige Beschwerde findet nur statt, wenn das Landgericht sie in der Entscheidung für zulässig erklärt. Es soll sie nur zulassen, wenn dadurch die Klärung einer Rechtsfrage von grundsätzlicher Bedeutung zu erwarten ist.

(4) Wird dem Antrag stattgegeben, so ist die Auskunft auch außerhalb der Hauptversammlung zu geben. Aus der Entscheidung findet die Zwangsvollstreckung nach den Vorschriften der Zivilprozeßordnung statt.

(5) Für die Kosten des Verfahrens gilt die Kostenordnung. Für das Verfahren des ersten Rechtszugs wird das Doppelte der vollen Gebühr erhoben. Für den zweiten Rechtszug wird die gleiche Gebühr erhoben; dies gilt auch dann, wenn die Beschwerde Erfolg hat. Wird der Antrag oder die Beschwerde zurückgenommen, bevor es zu einer Entscheidung oder einer vom Gericht vermittelten Einigung kommt, so ermäßigt sich die Gebühr auf die Hälfte. Der Geschäftswert ist von Amts wegen festzusetzen. Er bestimmt sich nach § 30 Abs. 2 der Kostenordnung mit der Maßgabe, daß der Wert regelmäßig auf zehntausend Deutsche Mark anzunehmen ist. Das mit dem Verfahren befaßte Gericht bestimmt nach billigem Ermessen, welchem Beteiligten die Kosten des Verfahrens aufzuerlegen sind.

Übersicht

Literatur

wie zu § 131; zusätzlich noch folgende Autoren:

K. v. Falkenhausen, Das Verfahren der freiwilligen Gerichtsbarkeit im Aktienrecht, AktG 1967, S. 309ff.

Henn, Anm. zum Beschl. LG Heilbronn v. 6. 3. 1967, AktG 1967, S. 83.

Tetzlaff-Gröpke, Anm. zum gleichen Beschluß, NJW 67, S. 1715.

S. Wilhelmi, Probleme zum aktienrechtlichen Auskunftsrecht, NJW 68, S. 731ff.

Einleitung

Anm. 1

Das in § 132 geregelte Auskunftserzwingungsverfahren ist neu. Nach bisherigem Recht wurde in einem gewöhnlichen Zivilprozeß entschieden, wenn auf Erteilung der Auskunft geklagt (§ 131 Anm. 29) oder wegen nicht erteilter Auskunft Anfechtungsklage erhoben wurde (§ 131 Anm. 30). Dieses Verfahren empfand der Gesetzgeber als zu zeitraubend. Ohne Einschaltung des Gerichts ist aber eine sachgemäße Entscheidung darüber, ob eine Auskunft zu erteilen ist, kaum möglich. Wie bisher den Vorstand nach pflichtgemäßem Ermessen entscheiden zu lassen, macht ihn zum Richter in eigener Sache. Dem Aufsichtsrat kann die Entscheidung nicht überlassen werden, weil er in den Augen des Aktionärs keine unparteiische Schiedsinstanz, sondern ausgesprochener Repräsentant des Gesellschaftsinteresses ist. Will man der Hauptversammlung die Entscheidung überlassen, so wird, je nachdem welche Unterstützung für die Frage des Einzelaktionärs verlangt wird, aus einem Individualrecht auf Auskunft ein Mehrheits- oder Minderheitsrecht. Bleibt deshalb für eine Entscheidung über die Pflicht zur Auskunftserteilung nur das Gericht, so sollte durch ein dem § 99 nachgebildetes Verfahren zumindest eine schnellere und billigere Entscheidungsmöglichkeit geschaffen werden. Sie ist auch besser und umfassender als bisher ausgestaltet, weil die Entscheidung sich nicht mehr darauf beschränkt, ob der Vorstand bei der Auskunftsverweigerung sein Ermessen mißbraucht hat, sondern nach objektiven Gesichtspunkten festzustellen ist, ob die Auskunft zu erteilen war (§ 131 Anm. 13). Damit ist das Auskunftsrecht erstmals durch die Regelung der §§ 131/32 zu einem echten und durchsetzbaren Individualrecht geworden (§ 131 Anm. 1).

I. Antrag auf Entscheidung über die Pflicht zur Auskunft

Anm. 2

1. Gegenstand des Antrags

Gegenstand des Antrags nach § 132 kann nur die Frage sein, „ob der Vorstand die Auskunft zu erteilen hat“. Es kann durch diesen Antrag also nicht festgestellt werden, ob eine erteilte Auskunft richtig oder unrichtig war. Besteht hierüber Streit, so bleibt außer einem Strafverfahren nach § 400 Ziff. 1 nur der Zivilprozeß, und zwar entweder in der Form einer Feststellungsklage — allerdings unter der Voraussetzung eines echten Interesses des Aktionärs und auch nur dann, wenn es nicht um Tatsachen geht — oder in Form einer Anfechtungsklage nach § 243 mit der Begründung, der angefochtene Beschluß beruhe auf einer vom Vorstand unrichtig gegebenen Auskunft, oder ggf. auch in Form einer Schadensersatzklage aus § 93 mit der Begründung, durch die falsche Auskunft sei der Gesellschaft ein Schaden entstanden, oder aus § 823 Abs. 2 BGB in Verbindung mit § 400 mit der Begründung, die unrichtige Auskunft habe den Aktionär unmittelbar geschädigt. Die Abgrenzung zwischen einer unrichtigen und einer verweigerten Auskunft kann allerdings zweifelhaft werden, wenn die Unrichtigkeit auf einer Unvollständigkeit beruht (§ 131 Anm. 22); denn eine unvollständig erteilte Auskunft ist auch eine zum Teil verweigerte Auskunft. Der Antrag aus § 132 kann auch dann nicht gestellt werden, wenn es darum geht, ob der Versammlungsleiter verpflichtet war, eine an ihn gestellte Frage eines Aktionärs zu beantworten, z. B. betreffend seine Verhandlungsführung oder die Zusammensetzung des Aktionärskreises. Denn wenn hier überhaupt eine Auskunftspflicht besteht, beruht sie nicht auf § 131 und trifft nicht den Vorstand. Das gleiche gilt, wenn man eine Auskunftspflicht des Aufsichtsrats der Hauptversammlung gegenüber annimmt (§ 131 Anm. 3). Hier greift nicht § 132 ein, sondern bleibt es bei den allgemeinen Rechtsbehelfen.

Der Antrag aus § 132 setzt voraus, daß vom Vorstand eine Auskunft nicht erteilt worden ist. Aus welchem Grunde die Auskunft nicht gegeben wurde, ist dabei unerheblich. § 132 greift also ein, wenn der Vorstand zur Begründung der Nichterteilung entweder den Sachzusammenhang mit einem Tagesordnungspunkt oder die Notwendigkeit der Auskunft zur sachgemäßen Beurteilung dieses Tagesordnungspunktes verneint (§ 131 Anm. 10) oder einen Mißbrauch des Fragerechts angenommen (§ 131 Anm. 12) oder aus den Gründen des § 131 Abs. 3 die Auskunft verweigert hat (§ 131 Anm. 13ff.), schließlich aber auch dann, wenn er wegen der Unmöglichkeit, eine Vorstandsentscheidung über den Inhalt der Auskunft herbeizuführen, die Auskunft nicht erteilen konnte (§ 131 Anm. 4), oder wenn er die gestellte Frage ohne Begründung einfach nicht beantwortet hat. Auch wenn eine Auskunft teilweise nicht erteilt worden ist, gilt § 132 (BGH 32, 159; Baumbach-Hueck Rdn. 2).

Das Verfahren nach § 132 beschränkt sich auch nicht auf die Nachprüfung der Richtigkeit der vom Vorstand in der Hauptversammlung gegebenen Begründung für die Nichterteilung der Auskunft. Abgesehen davon, daß es dann nicht eingreifen würde, wenn der Vorstand eine Begründung für die Auskunftsverweigerung überhaupt nicht gegeben hat, ist es Aufgabe des Verfahrens nach § 132, die Pflicht zur Erteilung der Auskunft umfassend zu prüfen. Während es nach früherem Recht bei der Klage auf Auskunft oder der Anfechtungsklage wegen Auskunftsverweigerung nur um die Nachprüfung ging, ob der Vorstand bei der Nichterteilung der Auskunft sein pflichtgemäßes Ermessen mißbraucht habe — gerade aus diesem Grund wurde von der Voraufl. § 112 Anm. 7d und Barz BB 57, 1256 die Bindung an die einmal gegebene Begründung für die Nichterteilung angenommen —, verlangt die Neuregelung des § 132, die Frage der Auskunftserteilungspflicht „in vollem Umfange gerichtlich" zu überprüfen (Begr. RegE bei Kropff S. 189). Das aber macht eine Bindung an die in der Hauptversammlung gegebene Begründung der Auskunftsverweigerung hinfällig (§ 131 Anm. 13 a. E.).

Anm. 3

2. Antragsberechtigung

Antragsberechtigt ist zunächst einmal jeder Aktionär, auch der Legitimationsaktionär, dem die verlangte Auskunft nicht gegeben worden ist. Antragsberechtigung setzt also ein Auskunftsverlangen in der Hauptversammlung (§ 131 Anm. 5), die Nichterteilung der Auskunft und die Fortdauer der Aktionärseigenschaft voraus. Nicht erforderlich ist, daß der Aktionär gegen die Unterlassung der Auskunft Widerspruch erhoben oder auch nur die Protokollierung gemäß § 131 Abs. 5 verlangt hat (§ 131 Anm. 25). Zwar verliert der Aktionär durch Unterlassung eines Widerspruchs gemäß § 245 Ziff. 1 die Anfechtungsmöglichkeit eines Hauptversammlungsbeschlusses mit der Begründung, eine verlangte Auskunft sei zu Unrecht nicht erteilt worden. § 132 dient aber primär nicht der Vorbereitung einer Anfechtungsklage, sondern der unmittelbaren Durchsetzung des Auskunftsanspruchs und erfordert deshalb nicht das Vorliegen der Voraussetzungen einer Anfechtungsklage.

Abs. 2 erweitert die Anfechtungsberechtigung mit Rücksicht auf das Verhältnis des § 132 zur Anfechtungsklage (Anm. 9) auch auf andere Aktionäre. Dann aber ist Voraussetzung:

a) Die Auskunft muß sich auf einen Tagesordnungspunkt bezogen haben, zu dem ein Beschluß gefaßt worden ist. Es scheiden also einmal alle Fragen aus, die zu Tagesordnungspunkten gestellt wurden, bei denen es um Vorlagen (§ 176) oder um Anzeigen (§ 92) geht. Zum anderen alle Fragen, die sich nicht auf einen konkreten Tagesordnungspunkt bezogen; für sie besteht zwar aus § 131 Abs. 1 S. 1 keine Auskunftspflicht, was aber erst die Begründetheit des Auskunftsverfahrens, nicht die Antragsberechtigung des Aktionärs betrifft. Und schließlich alle Fragen zu Tagesordnungspunkten, bei denen zwar eine Beschlußfassung — auch in Form einer Wahl — beabsichtigt war, aus irgendwelchen Gründen aber unterblieb. Eine Beschlußfassung liegt auch dann vor, wenn der zu dem Tagesordnungspunkt gestellte Antrag abgelehnt worden ist, und ggf. auch dann, wenn er vertagt worden ist. Das Kriterium für die Entscheidung, ob eine Beschlußfassung vorliegt, ist die Anfechtungsbefugnis gemäß § 243. Denn die Antragsberechtigung anderer Aktionäre dient der Vorbereitung einer möglichen Anfechtungsklage aus der Auskunftsverweigerung heraus und muß deshalb so weit gehen, wie diese Anfechtungsbefugnis geht (vgl. Erl. zu § 243). Allerdings ist nicht erforderlich, daß Anfechtungsklage erhoben ist; vgl. unten zu c).

b) Der andere Aktionär muß in der Hauptversammlung erschienen sein. Erschienen in diesem Sinne ist auch der Aktionär, der offen oder gemäß § 134 Abs. 4 S. 2 im Namen dessen, den es angeht, vertreten ist. Das schließt es aus, daß der Vertreter, wie LG Heilbronn in AktG 67, 81 mit Zustimmung von Tetzlaff-Gröpke in NJW 67, 1716 angenommen hat, von sich aus antragsberechtigt ist; er ist dies auch dann nicht, wenn er als Kreditinstitut oder gemäß § 135 Abs. 4 in verdeckter Stellvertretung gehandelt hat. Das gilt für das Auskunftserzwingungsverfahren nicht anders als für das Anfechtungsverfahren. Die durch die Vollmacht im Namen dessen, den es angeht, verbürgte Anonymität endet mit der Hauptversammlung und erstreckt sich nicht auf ein anschließendes Auskunftserzwingungsverfahren (OLG Hamburg in AktG 70, 50; Henn AktG 67, 83; S. Wilhelmi NJW 68, 731; Ebenroth, Auskunftsrecht S. 146; Obermüller-Werner-Winden S. 173; Godin-Wilhelmi Anm. 2). Dagegen ist der Legitimationsaktionär im Sinne des Abs. 2 S. 1 „erschienen" und deshalb im eigenen Namen antragsberechtigt (Ebenroth a. a. O.; Obermüller-Werner-Winden a. a. O.).

Dem in diesem Sinne nicht erschienenen Aktionär steht nach dem eindeutigen Wortlaut des Abs. 2 S. 1 das Antragsrecht nicht zu. Da eine zu Unrecht erfolgte Auskunftsverweigerung nur im Rahmen des § 132 festgestellt werden kann (Anm. 9), bedeutet das, daß der in der Hauptversammlung nicht erschienene Aktionär, auch wenn die Voraussetzungen des § 245 Ziff. 2 vorliegen, wegen der einem anderen Aktionär verweigerten Auskunft keine Anfechtungsklage durchführen kann. Da er aber wegen unberechtigter Nichtzulassung sowieso anfechten kann und bei der Prüfung der Kausalität dieser Gesetzesverletzung auch die Möglichkeiten zu beachten sind, die dem Aktionär beim Erscheinen auf der Hauptversammlung gemäß § 132 zugestanden hätten, geht es wohl zu weit, wenn Obermüller-Werner-Winden S. 173 es als unbillig betrachten, daß der unter § 245 Ziff. 2 fallende Aktionär nach § 132 nicht antragsberechtigt sei, und ihm deshalb in Analogie zu § 243 Ziff. 2 ein Antragsrecht zubilligen wollen (wie hier auch Ebenroth, Auskunftsrecht 145/46; Baumbach-Hueck Rdn. 5).

c) Der Aktionär muß Widerspruch zu Protokoll erklärt haben, und zwar zu dem Beschluß über den Tagesordnungspunkt, auf den sich die Auskunft bezog. Es reicht nicht, daß er bei einem anderen Tagesordnungspunkt Widerspruch erhoben hat. Denn die Anfechtungsklage zu einem Punkt kann nicht mit einer zu einem anderen Punkt verweigerten Auskunft gerechtfertigt werden, es sei denn, daß die Punkte zusammenhängen (Feststellung des Jahresabschlusses und Entlastung), oder daß sie in der Hauptversammlung zusammen behandelt worden sind (Obermüller-Werner-Winden S. 172). Nicht erforderlich ist, daß der andere Aktionär die Anfechtungsklage tatsächlich auch erhebt. Der Antrag wird also wegen Fortfalls des Rechtsschutzbedürfnisses nicht unzulässig, wenn z. B. die Frist für die Anfechtungsklage ohne deren Erhebung abläuft.

Anm. 4

3. Antragsgegner

Antragsgegner ist die Gesellschaft, vertreten durch den Vorstand. Die Ausnahmevorschrift des § 246 Abs. 2 S. 2, wonach die Gesellschaft durch Vorstand und Aufsichtsrat vertreten wird, gilt hier nicht. Es greift vielmehr die Regel des § 78 Abs. 1 ein (Ebenroth, Auskunftsrecht S. 147; Obermüller-Werner-Winden S. 174).

Anm. 5

4. Antragsfrist

Da das Auskunftserzwingungsverfahren des § 132 auch der Erreichung einer möglichst schnellen Entscheidung dient (Anm. 1), ist eine verhältnismäßig kurze Frist von 2 Wochen nach der Hauptversammlung, in der die Auskunft abgelehnt worden ist, für die Antragstellung bestimmt. Diese Frist ist eine Ausschlußfrist. Eine Wiedereinsetzung in den vorigen Stand kennt das Gesetz aber nicht, so daß sie als unzulässig angesehen werden muß (Ebenroth, Auskunftsrecht S. 148; Obermüller-Werner-Winden S. 172). Für die Fristberechnung gelten die Vorschriften der §§ 186ff. BGB, was sich aus Abs. 3 S. 1 in Verbindung mit § 99 Abs. 1 und § 17 FGG ergibt. Infolgedessen endet die Frist erst mit Ablauf des nächsten Werktages, wenn der 2-wöchentliche Fristablauf auf einen Sonntag, Sonnabend oder allgemeinen Feiertag fällt. Erstreckt sich die Hauptversammlung über mehrere Tage, so ist für den Fristbeginn das Ende der Hauptversammlung maßgebend (Obermüller-Werner-Winden a. a. O.; Ebenroth a. a. O.; a. M. Godin-Wilhelmi Anm. 5, die aber den Gesetzeswortlaut unbeachtet lassen und nicht berücksichtigen, daß dann dem die Hauptversammlung selbst bis zum Schluß beiwohnenden Aktionär ein Tag der ihm vom Gesetz zugestandenen Frist verloren ginge). Die Wahrung der Frist auch bei Anrufung eines unzuständigen Gerichts bejaht OLG Celle in AktG 69, 328, sofern dadurch keine nennenswerte Verzögerung — 6 Tage wurden als solche nicht angesehen — eintritt, während das Schrifttum zum FGG die Einreichung bei einem unzuständigen Gericht schon wegen Fehlens einer dem § 276 ZPO entsprechenden Verweisungsvorschrift nicht ausreichen läßt (vgl. Jansen FGG 2. Aufl. Vorbem. §§ 8—18 FGG Rdn. 10; so auch v. Falkenhausen AktG 67, 314). Der Sache nach spricht, sofern das angerufene Gericht den Antrag an das zuständige Gericht abgibt, viel für den Standpunkt des OLG Celle, zumal die Anrufung des unzuständigen Landgerichts meist auf Nichtbeachtung der landesrechtlichen Zuständigkeitsverordnungen gemäß Abs. 1 S. 3 (vgl. Anm. 8) beruhen wird; mit den Prinzipien des FGG und dem Beschleunigungszweck des Auskunftserzwingungsverfahrens ist dieser Standpunkt aber nur sehr schwer in Einklang zu bringen.

Anm. 6

5. Form des Antrags

Eine Form für den Antrag ist, wie es dem FGG-Verfahren eigen ist, nicht vorgeschrieben. Infolgedessen besteht trotz Landgerichtszuständigkeit kein Anwaltszwang. Der Antrag kann gemäß § 11 FGG zu Protokoll des Gerichts erklärt, aber auch in Schriftform eingereicht werden. Auch eine telegrafische oder telefonische Einreichung wird als zulässig anzusehen sein (Ebenroth, Auskunftsrecht S. 149 unter Hinweis auf das FGG-Schrifttum). Außer beim zuständigen Gericht können Anträge auch bei der Geschäftsstelle jedes Amtsgerichts gestellt werden (§ 11 FGG). Der Antrag muß dann aber an das zuständige Gericht weitergegeben werden und dort innerhalb der Frist von 2 Wochen eingehen (vgl. Anm. 5; v. Falkenhausen AktG 67, 314).

II. Zuständigkeit

Anm. 7

1. Sachlich

Sachlich zuständig für das Auskunftserzwingungsverfahren ist das Landgericht. Insoweit entspricht das Verfahren des § 132 dem des § 98. Während dort aber die Zivilkammer für zuständig erklärt ist, erklärt § 132 Abs. 1 S. 2 die Kammer für Handelssachen für zuständig, und zwar deshalb, weil für die Entscheidung über eine Auskunftspflicht kaufmännische Kenntnisse und Erfahrungen erforderlich sind, § 131 Abs. 3 Ziff. 1 es sogar ausdrücklich auf eine kaufmännische Beurteilung abstellt und auch für die Verweigerungsgründe des Abs. 3 Ziff. 2—4 Buchhaltungs- und Bilanzkenntnisse mindestens zweckmäßig sind. Durch Zuweisung des Auskunftserzwingungsverfahrens an das Landgericht legt der Gesetzgeber weiter Wert auf eine Kollegialentscheidung, weshalb auch § 349 Abs. 3 ZPO nicht als anwendbar anzusehen ist, was sich auch aus der Nichtgeltung der ZPO für das Verfahren ergibt.

Anm. 8

2. Örtlich

Örtlich ist das Landgericht des Sitzes der Gesellschaft zuständig. Im Falle eines Doppelsitzes (§ 5 Anm. 5a) kann aber nicht, wie bei Eintragungen im Handelsregister, die Anrufung jedes Landgerichts, in dessen Bezirk sich ein Sitz der Gesellschaft befindet, als erforderlich angesehen werden. Es genügt die Anrufung eines zuständigen Landgerichts. Wie bei § 98 Abs. 1 S. 2 und 3 können die Landesregierungen durch Rechtsverordnung die Entscheidung über Auskunftserzwingungsverfahren für die Bezirke mehrerer Landgerichte einem Landgericht übertragen, wenn dies der Sicherung einer einheitlichen Rechtsprechung dient. Davon haben, ebenso wie zu § 98 die Länder Nordrhein-Westfalen, Bayern, Niedersachsen und Baden-Württemberg Gebrauch gemacht (vgl. § 98 Anm. 3). während sich für Berlin, Bremen, Hamburg und Saarland eine Regelung erübrigt, weil es hier jeweils nur ein Landgericht gibt. Die Landesregierungen können die Ermächtigung auf die Landesjustizverwaltung übertragen.

Anm. 9

3. Ausschließlichkeit

Die landgerichtliche Zuständigkeit ist eine ausschließliche. Das bedeutet, daß über die Pflicht zur Auskunftserteilung ausschließlich im Rahmen des Auskunftserzwingungsverfahrens gemäß § 132 entschieden werden kann. Wieweit diese Ausschließlichkeit im einzelnen geht, ist umstritten. Eindeutig und unstreitig ist nur, daß der Vorstand zur Erteilung einer Auskunft ausschließlich in dem Verfahren nach § 132 gezwungen werden kann. Eine Klage, die im ordentlichen Zivilverfahren auf Auskunftserteilung gemäß § 131 gegen die Gesellschaft erhoben würde, wäre also als unzulässig abzuweisen. Darüber, ob eine Verweisung an das nach § 132 zuständige Landgericht zwecks Fortführung des Verfahrens im Rahmen des § 132 zulässig ist, vgl. Ebenroth, Auskunftsrecht S. 143ff. Geht aber die Ausschließlichkeit so weit, daß auch die in anderen Verfahren, insbesondere im Anfechtungsprozeß entstehende Vorfrage einer Pflicht zur Auskunftserteilung nicht in diesem Verfahren entschieden werden kann und daß eine Bindung an die im Verfahren nach § 132 ergehende Entscheidung besteht? Die Begr. z. AktG § 132 (bei Kropff S. 189) sagt das in der Tat; denn hier heißt es, „hängt die Entscheidung eines anderen Rechtsstreits, insbesondere eines Anfechtungsverfahrens davon ab, ob eine Auskunft zu geben ist, so hat das mit diesem Verfahren befaßte Gericht den Rechtsstreit auszusetzen, bis das nach § 132 zuständige Gericht die Frage entschieden hat". Für den Fall, daß bei Erhebung einer Anfechtungsklage ein Verfahren nach § 132 schwebt, wird fast allgemein (a. M. Meyer-Landrut-Miller in AktG 70, 157; Möhring-Tank AG I S. 393) angenommen, daß das Anfechtungsverfahren nach § 148 ZPO ausgesetzt werden muß. Das gleiche muß dann auch gelten, wenn bei Erhebung der Anfechtungsklage die Frist für den Antrag aus § 132 noch nicht abgelaufen ist. Nimmt man einen Zwang zur Aussetzung gemäß § 148 ZPO wegen Präjudizialität an, so bedingt das logisch, daß die Entscheidung die nach § 132 ergeht, auch für das Anfechtungsverfahren verbindlich ist (Baumbach-Hueck Rdn. 7; Godin-Wilhelmi Anm. 2; v. Falkenhausen AktG 67, 311; Ebenroth, Auskunftsrecht S. 161; Obermülller-Werner-Winden S. 171 und 327/28; a. M. Möhring-Tank a. a. O.; Meyer-Landrut-Miller a. a. O.; Schilling in § 243 Anm. 12). Schwieriger wird die Frage, wenn ein Verfahren nach § 132 nicht eingeleitet worden ist. Muß dann für alle anderen Verfahren davon ausgegangen werden, daß eine Auskunftspflicht nicht bestand? Dann wäre für eine Anfechtungs- und auch spätere Schadensersatzklage jeweils die vorherige erfolgreiche Durchführung eines Verfahrens nach § 132 erforderlich (so Obermüller-Werner-Winden S. 326/27; Ebenroth a. a. O.; a. M. Godin-Wilhelmi Anm. 2; Möhring-Tank a. a. O.; Meyer-Landrut-Miller a. a. O.; Schilling in § 243 Anm. 12). Für diese Auffassung spricht einmal die Entstehungsgeschichte des § 132. Zum anderen ist die Zuerkennung der Antragsberechtigung an jeden widersprechenden Aktionär gemäß Abs. 2 S. 1 nur vom Standpunkt dieser Auffassung her verständlich. Schließlich beruht die Regelung der §§ 131/32 doch auf der Absicht, durch die Einschaltung des Gerichts als Entscheidungsinstanz gegenüber der zunächst als vorläufig anzusehenden Entscheidung des Vorstands, die Auskunft nicht zu erteilen, endgültig außer Streit zu stellen, ob eine Pflicht zur Auskunftserteilung bestanden hat. Billigt das Gericht nach § 132 die vorläufige Entscheidung des Vorstands oder wird das Verfahren nach § 132 gar nicht angerufen, so wird die vorläufige Entscheidung des Vorstands endgültig und verbindlich. Daß das Verfahren nach § 132 nicht die gleichen Rechtsgarantien bietet wie ein Anfechtungs- oder Schadensersatzprozeß, ist richtig; der Gesetzgeber hat aber, um eine schnelle und sachkundige Entscheidung zu erreichen, das Verfahren nach § 132, ohne ihm etwas von seiner Verbindlichkeit nehmen zu wollen, bewußt einfach ausgestaltet. Daß wegen der Anfechtungsfrist von einem Monat gemäß § 246 Abs. 1 die beiden Verfahren nebeneinander eingeleitet werden müssen, ließ sich im Interesse der Rechtssicherheit nicht vermeiden, da andernfalls der Rechtsbestand der Hauptversammlungsbeschlüsse gegenüber einer möglichen Anfechtung aus Auskunftsverweigerung zu lange im Ungewissen geblieben wäre. Die Nichtanwendbarkeit des § 99 Abs. 5 S. 2 im Rahmen des § 132 besagt nichts; denn bei dem Verfahren nach § 99 handelt es sich um die Zusammensetzung des Organs, die anders zu beurteilen ist als die Pflicht zur Erteilung einer Auskunft, bei der die Formulierung der Frage und der Zeitpunkt ihrer Stellung ganz verschiedenartige Beurteilungen der Beantwortungspflicht ergeben können.

III. Verfahren

1. Verfahren nach FGG

Das Verfahren regelt sich wie bei § 99 nach FGG. Das Gericht hat den Sachverhalt von Amts wegen zu ermitteln (§ 12 FGG), die Parteien haben dem Gericht bei der Ermittlung zu helfen (Ebenroth, Auskunftsrecht S. 150). Die Antragsteller und Antragsgegner haben ein Anhörungsrecht, eine eigentliche Beweislast gibt es nicht. Das ändert aber nichts daran, daß der antragstellende Aktionär z. B. darzutun hat, wieso die Erteilung der Auskunft für die sachgemäße Beurteilung des Tagesordnungspunktes erforderlich ist, und daß, wenn er dies nicht überzeugend tun kann und das Gericht auch seinerseits keine Gründe dafür findet, der Antrag abgewiesen werden muß. Gleiches gilt für die Schadenseignung, die gemäß § 131 Abs. 3 Ziff. 1 der Vorstand zur Begründung seiner Auskunftsverweigerung darzulegen hat. Das Gericht ist in der Gestaltung seiner Ermittlungen frei und entscheidet nach eigenem Ermessen, ob und welche Zeugen und Sachverständige es hören und ggf. beeiden will. Das Verfahren ist, da nirgends eine Öffentlichkeit vorgeschrieben ist, nicht öffentlich (vgl. v. Falkenhausen AktG 67, 314ff.).

Anm. 11

2. Beurteilungsmaßstab

Eine Entscheidung darüber, ob die Auskunft zur sachgemäßen Beurteilung des Gegenstands der Tagesordnung erforderlich ist und ob ihre Erteilung einen Nachteil zufügen kann, und wohl auch, ob der Vorstand sich durch die Erteilung der Auskunft strafbar machen würde, ist im Grunde nur möglich, wenn das Gericht die zu erteilende Auskunft kännte. Es kann aber nicht Sinn des Auskunftserzwingungsverfahrens sein, daß der Vorstand die Auskunft, um deren Erteilung die Parteien streiten, dem Gericht mitteilt, um ihm eine volle Beurteilungsgrundlage zu geben; denn diese Auskunft müßte dann auch dem antragstellenden Aktionär mitgeteilt werden (Begr. z. RegE zu § 132 bei Kropff S. 189). Das führt dazu, daß für die Beurteilung der Tatbestandsmerkmale des § 131 Abs. 1 S. 1 und Abs. 3 Ziff. 1 und 5 nur die Eignung der Auskunft zur Beurteilung des Tagesordnungspunktes, zur Zufügung eines Nachteils oder zur Erfüllung der Voraussetzungen einer Straftat Beurteilungsmaßstab sein kann (Godin-Wilhelmi Anm. 6; Obermüller-Werner-Winden S. 158, 174; Ebenroth, Auskunftsrecht S. 151). Die Begr. z. RegE bei Kropff S. 189 sagt hinsichtlich des Tatbestandes des § 131 Abs. 3 Ziff. 1, die Gesellschaft könne sich damit begnügen, „dem Gericht darzulegen, daß Auskünfte der verlangten Art nach vernünftiger kaufmännischer Beurteilung im allgemeinen geeignet sind, der Gesellschaft Nachteile zuzufügen". Das Gericht braucht also nicht festzustellen, daß die erbetene Auskunft schädlich oder strafbar oder zur sachgemäßen Beurteilung eines Tagesordnungspunktes nicht notwendig ist, für seine Entscheidung genügt die Feststellung, daß die Auskunft abstrakt die Eignung besitzt, Schaden zuzufügen, strafbar zu sein oder die Beurteilungsgrundlagen zu verbessern. Es wird eine Frage des einzelnen Falles sein, wie nah die Entscheidung an den Inhalt der begehrten Auskunft herangehen muß, um diese Feststellung treffen zu können. Ob sie, wie die Begr. z. RegE a. a. O. meint, immer ohne Mitteilung der Auskunft möglich ist, hängt wohl davon ab, wie tief eine Entscheidung in den Sachverhalt eindringt. Wenn z. B. zur Erläuterung eines Verlustes aus einem großen Warengeschäft nach den Einkaufsbedingungen gefragt wird, läßt sich leicht argumentieren, diese Bedingungen könnten wegen der Konkurrenz nicht offengelegt werden; wenn es sich aber um ein einmaliges

Sondergeschäft handelte, kann die Offenlegung durchaus unschädlich sein. Um das wirklich festzustellen, müßte die Entscheidung und damit auch der Parteivortrag im Verfahren sehr viel konkreter an den Inhalt der erfragten Auskunft herangehen. Häufig wäre es dann nur eine Frage der Geschicklichkeit des antragstellenden Aktionärs, den Vorstand bei der Darlegung des Schadens so einzuengen, daß mindestens die Konturen der zu erteilenden Auskunft sichtbar würden. Da es aber, wie gesagt, nicht Sinn des Auskunftserzwingungsverfahrens sein kann, die umstrittene Auskunft bereits vor der Entscheidung über ihre Erteilungspflicht zu geben oder auch nur erkennen zu lassen, können Verfahren und Entscheidung nicht in die konkreten Einzelheiten eindringen, sondern müssen sich in Allgemeinheiten und damit doch ziemlich an der Oberfläche bewegen. Dem wäre nur durch ein ganz anders geartetes Auskunftserzwingungsverfahren abzuhelfen, das dem Richter ohne Kenntnismöglichkeit des Aktionärs den Inhalt der erbetenen Auskunft zugängig machte und ihm damit ermöglichte, ganz lapidar und ohne weitere Begründung die Pflicht zur Auskunftserteilung entweder zu bejahen oder zu verneinen. Das aber wäre mit unserem verfassungsmäßig garantierten Anspruch auf rechtliches Gehör und der Pflicht zur Begründung einer Entscheidung nicht zu vereinbaren (Reinicke, Beiträge S. 136). Über diese Rechtslage ist auch nicht etwa damit hinwegzukommen, daß der antragstellende Aktionär sich zur Vertraulichkeit verpflichtet. Darauf kann sich, von allen anderen Bedenken abgesehen, der Vorstand schon deshalb nicht einlassen, weil er trotz der Vertraulichkeit gemäß § 131 Abs. 4 zur Erteilung der „vertraulichen" Auskunft an andere Aktionäre verpflichtet wäre (Obermüller-Werner-Winden S. 175).

Anm. 12

3. Entscheidung

Die Entscheidung über die Pflicht zur Auskunftserteilung ergeht durch Beschluß, der mit Gründen zu versehen ist (Abs. 3 S. 1 in Verbindung mit § 99 Abs. 3 S. 1). Eine vorherige Bekanntmachung des Antrags in den Gesellschaftsblättern ist ebensowenig vorgeschrieben wie die Anhörung von am Verfahren nicht beteiligten Stellen oder Organen; das ergibt sich aus der Nichtzitierung des § 99 Abs. 2 in Abs. 3 S. 1. Ebensowenig ist die Entscheidung selbst in den Gesellschaftsblättern bekanntzugeben. Denn für ihre Bekanntgabe ist, da § 99 Abs. 4 ebenfalls in Abs. 3 S. 1 nicht angezogen ist, die Regelung des FGG allein maßgebend; es gilt also § 16 Abs. 2 FGG. Für den Inhalt der Entscheidung gelten die in Anm. 11 dargelegten Grundsätze. Nach Rechtskraft ist sie gemäß Abs. 3 S. 1 in Verbindung mit § 99 Abs. 5 S. 3 unverzüglich dem Handelsregister einzureichen. Die Entscheidung wird erst mit Rechtskraft wirksam, Abs. 3 S. 1 in Verbindung mit § 99 Abs. 5 S. 1. Die Auskunft braucht erst erteilt zu werden, wenn die Entscheidung rechtskräftig ist, wenn also das Landgericht die sofortige Beschwerde nicht für zulässig erklärt hat. Eine Wirkung der Entscheidung für und gegen alle, wie sie der in Abs. 3 S. 1 nicht angezogene § 99 Abs. 5 S. 2 für die Entscheidung über die Aufsichtsratszusammensetzung vorsieht, ist für die Entscheidung über die Auskunftserteilungspflicht nicht vorgesehen (vgl. hierzu oben Anm. 9).

Anm. 13

4. Sofortige Beschwerde

Die Entscheidung des Landgerichts ist grundsätzlich unanfechtbar. Nur wenn das Landgericht die sofortige Beschwerde für zulässig erklärt hat, kann der Beschluß mit diesem Rechtsmittel beim Oberlandesgericht angefochten werden. Die Nichtzulassung der sofortigen Beschwerde ist ihrerseits nicht mit einer Nichtzulassungsbeschwerde anfechtbar, da eine derartige Beschwerde besonderer gesetzlicher Anordnung bedurft hätte (Obermüller-Werner-Winden S. 175). Der Beschluß kann auch nicht etwa mit der Begründung angefochten werden, die Nichtzulassung sei ein Gesetzesverstoß

(BayObLG in AktG 67, 170; Ebenroth, Auskunftsrecht S. 152) oder beruhe auf Willkür (das nimmt OLG Karlsruhe AktG 69, 296 an, jedoch zu Unrecht, weil der Gedanke der Rechtsmittelklarheit und Rechtssicherheit Vorrang erfordert; vgl. Janssen FGG 2. Aufl. Vorbem. zu § 19 Rdn. 16) oder, wie Godin-Wilhelmi Anm. 8 und Ebenroth a. a. O. meinen, es lägen Gründe gemäß § 551 ZPO vor. Letzteres ist schon deshalb unzutreffend, weil ja auch im Zivilprozeß ein sonst nicht zugelassenes ordentliches Rechtsmittel durch den Tatbestand des § 551 ZPO nicht eröffnet wird (Obermüller-Werner-Winden S. 176). Auch eine nachträgliche Zulassung gemäß § 321 ZPO scheidet aus (Obermüller-Werner-Winden S. 175; Ebenroth, Auskunftsrecht S. 152), weil kein Haupt- oder Nebenanspruch übergangen sein kann. Jedoch können ggf. die Voraussetzungen des § 319 ZPO (Berichtigung offenbarer Unrichtigkeiten) gegeben sein, was aber nicht schon der Fall ist, wenn der Beschluß sich über die Zulassung der sofortigen Beschwerde überhaupt nicht äußert; denn Schweigen bedeutet Nichtzulassung.

Das Landgericht soll die Beschwerde nur zulassen, wenn dadurch die Klärung einer Rechtsfrage von grundsätzlicher Bedeutung zu erwarten ist. Diese Zulassung muß, weil es dem Gesetzgeber auf eine möglichst bald rechtskräftig werdende Entscheidung über die Auskunftspflicht ankommt, eine Ausnahme bleiben. Deshalb hat nicht jede Rechtsfrage grundsätzliche Bedeutung und kann auch nicht jede Abweichung von der Entscheidung eines anderen Gerichts, auch eines Oberlandesgerichts (so Godin-Wilhelmi Anm. 8; Ebenroth a. a. O.) die Zulassung rechtfertigen. Es muß schon um Rechtsfragen gehen, deren Bedeutung über das anhängige Verfahren hinaus ins Grundsätzliche geht. Hat aber das Landgericht die sofortige Beschwerde einmal zugelassen, so ist diese Entscheidung für das Beschwerdegericht bindend und kann nicht wegen Fehlens ihrer Voraussetzungen, wegen Willkür oder wegen sonstiger Gründe unbeachtet bleiben; ebenso scheidet eine Anfechtbarkeit der Zulassung aus.

Ist die Beschwerde zugelassen, so hindert die Zulassung die Rechtskraft und damit die Wirksamkeit der Entscheidung, hat also aufschiebende Wirkung. Die Beschwerdefrist beträgt 2 Wochen (§ 22 Abs. 5 FGG). Gegen ihre Versäumung findet gemäß § 22 Abs. 2 FGG die Wiedereinsetzung in den früheren Stand statt, über die das Beschwerdegericht endgültig entscheidet (Obermüller-Werner-Winden S. 177). Die Beschwerde unterliegt dem Anwaltszwang, kann also nur durch Einreichung einer von einem Rechtsanwalt unterzeichneten Beschwerdeschrift eingelegt werden, Abs. 3 S. 1 in Verbindung mit § 99 Abs. 3 S. 4. Der Anwaltszwang gilt nur für den Beschwerdeführer, nicht auch für den Beschwerdegegner (§ 99 Anm. 5; Obermüller-Werner-Winden S. 176). Die Einreichung kann unmittelbar beim Oberlandesgericht, aber auch beim Landgericht, dessen Entscheidung angefochten wird, erfolgen (§ 21 FGG). Eine Abänderungsbefugnis für die Entscheidung hat das Landgericht gemäß § 18 Abs. 2 FGG nicht. Eine unselbständige Anschlußbeschwerde des Beschwerdegegners wird als zulässig anzusehen sein (Obermüller-Werner-Winden S. 177; Ebenroth, Auskunftsrecht S. 154), kann aber auch nur mit einem von einem Rechtsanwalt unterzeichneten Schriftsatz eingelegt werden. Rücknahme des Antrags ist auch in der Beschwerdeinstanz zulässig (v. Falkenhausen AktG 67, 314/15; Janssen a. a. O. Vorbem. §§ 8—18 Rdn. 18).

Die Landesregierung kann gemäß Abs. 3 S. 1 in Verbindung mit § 99 Abs. 3 S. 8. u. 9 durch Rechtsverordnung die Beschwerdeentscheidung für die Bezirke mehrerer Oberlandesgerichte einem von ihnen zur Sicherung einer einheitlichen Rechtsprechung übertragen und diese Ermächtigung auch der Landesjustizverwaltung überlassen (vgl. Anm. 8). Will das Oberlandesgericht von einer Entscheidung eines anderen Oberlandesgerichts oder des BGH abweichen, so hat es die weitere Beschwerde unter Begründung seiner Rechtsansicht dem BGH zur Entscheidung vorzulegen (§ 28 Abs. 2 FGG). Bei seiner Entscheidung ist das Beschwerdegericht nicht auf die Prüfung der Rechtsfragen beschränkt, denn Abs. 3 S. 1 erklärt den § 99 Abs. 3 S. 3 für nicht anwendbar, so daß auch das OLG oder der BGH als Tatsacheninstanz tätig zu werden haben. Die Entscheidung des Beschwerdegerichts, auch als OLG, ist endgültig; eine weitere Beschwerde ist ausgeschlossen. Eine Zurückverweisung an das LG wird nur bei ganz schwerwiegenden Verfahrensmängeln der ersten Instanz in Betracht kommen können, die stärker wiegen als das dem Auskunftserzwingungsverfahren zugrunde liegende Beschleunigungsgebot.

Anm. 14

5. Auskunftserteilung nach der Entscheidung

Ist rechtskräftig entschieden, daß der Vorstand die Auskunft zu geben hat, so ist die Auskunft „auch außerhalb der Hauptversammlung zu geben". Diese Formulierung macht deutlich, daß der Aktionär wie nach bisherigem Recht (§ 131 Anm. 29) die Auskunft in der nächsten Hauptversammlung verlangen kann, daß er aber jetzt auch befugt ist, die Auskunft außerhalb der Hauptversammlung zu verlangen. Grundsätzlich ist auch die außerhalb der Hauptversammlung zu erteilende Auskunft eine mündliche (vgl. § 131 Anm. 23), jedoch entspricht es der Natur der Sache, daß der Vorstand die Auskunft auch schriftlich geben und der Aktionär sie auch schriftlich verlangen kann. Wird die Abgabe der Auskunft in der nächsten Hauptversammlung gewählt, so erfordert sie keinen Zusammenhang mit einem bestimmten Punkt der Tagesordnung und auch keine vorherige Ankündigung, da es sich um eine Verhandlung ohne Beschlußfassung im Sinne des § 124 Abs. 4 handelt (Obermüller-Werner-Winden S. 181).

Der obsiegende Aktionär kann die Erteilung der Auskunft im Wege der Zwangsvollstreckung erzwingen; es gilt dann § 888 ZPO, wonach der Vorstand durch Geld- oder Haftstrafeen zur Auskunftserteilung anzuhalten ist. Treten neue Verweigerungsgründe auf, so können sie analog § 767 ZPO nur im Wege eines Vollstreckungsgegenantrags an das gemäß § 132 zuständige Gericht geltend gemacht werden. Dieses Verfahren muß auch dann eingeleitet werden, wenn der obsiegende Aktionär zu vollstrecken sucht, obwohl er nach Rechtskaft der Entscheidung seine Aktien veräußert hat; denn Voraussetzung der Auskunftspflicht ist stets die Fortdauer der Aktionärseigenschaft (Anm. 3; Obermüller-Werner-Winden S. 181/82; Ebenroth, Auskunftsrecht S. 157). Die dem obsiegenden Aktionär außerhalb der Hauptversammlung erteilte Auskunft löst gemäß § 131 Abs. 4 die Pflicht aus, sie auf der Hauptversammlung jedem anderen Aktionär, der sie verlangt, ebenfalls zu erteilen. Dabei wird man die rechtskräftige Verurteilung zur Auskunft einer erfolgten Auskunftserteilung gleichzustellen haben (Obermüller-Werner-Winden S. 182).

Anm. 15

6. Kosten

Die Kosten des Auskunftserzwingungsverfahrens werden in Abs. 5 geregelt. Er erleichtert dem Aktionär die Anrufung des Verfahrens dadurch, daß die Gebühren für die Regel nach einem Geschäftswert von DM 10000 gemäß KostO zu berechnen sind. Damit weicht das Gesetz zwar von dem in § 30 Abs. 2 KostO vorgesehenen Regelwert von DM 3000 ab, was aber gegenüber den Kostensätzen des GKG eine wesentliche Ermäßigung bedeutet. In Ausnahmefällen kann das Gericht den Streitwert abweichend von dem Regelwert von DM 10000 festsetzen, aber nicht unter DM 200 und nicht über DM 1 Million. Darüber, ob dieser Wert für das gesamte Verfahren oder nur für die einzelne streitige Auskunft maßgebend ist und bei mehreren Fragen ein entsprechend Vielfaches des Regelwerts — ggf. unter Ermäßigung des Regelwerts für zusammenhängende Fragen — anzusetzen ist, vgl. LG Frankfurt in AktG 68, 25.

Für die erste und auch die zweite Instanz wird je eine doppelte Gebühr erhoben, und zwar auch dann, wenn eine Beschwerde Erfolg hat. Die Gebühr ermäßigt sich auf die Hälfte, wenn der Antrag oder die Beschwerde zurückgenommen wird, bevor es zu einer Entscheidung oder einer vom Gericht vermittelten Einigung kommt. Die Ermäßigung tritt aber nur für die Instanz ein, in der der Antrag oder die Beschwerde zurückgenommen werden.

Für die Kosten des für einen Verfahrensbeteiligten auftretenden Rechtsanwalts ist zwar der vom Gericht festgesetzte Geschäftswert, für die Regel also DM 10000, maßgebend. Die Gebühren richten sich aber nach BRAGO, und zwar nach § 118 (Obermüller-Werner-Winden S. 180).

Das Gericht hat nach billigem Ermessen zu entscheiden, welcher Partei die Kosten aufzuerlegen sind. Das wird in der Regel die unterlegene Partei sein. Die Erstattung außergerichtlicher Kosten hat zu erfolgen, da eine dem § 99 Abs. 6 letzter Satz entsprechende Bestimmung in § 132 Abs. 5 nicht aufgenommen ist. Sie regelt sich aber nach § 13a FGG (BayObLG AktG 67, 170; KG in NJW 69, 1030), wonach das Gericht nach Billigkeit zu entscheiden hat, ob die Kosten, die zur zweckentsprechenden Erledigung des Verfahrens notwendig waren, von einem Beteiligten ganz oder teilweise zu erstatten sind; Kosten, die durch ein unberechtigtes Rechtsmittel oder durch grobes Verschulden veranlaßt sind, sind dem Verursacher aufzuerlegen.

Die Meinung von Godin-Wilhelmi Anm. 10, für die der Gesellschaft zur Last fallenden Kosten hafte gemäß § 93 der Vorstand, geht viel zu weit. Eine Auskunftsverweigerung, die vom Gericht nicht als berechtigt anerkannt wird, braucht keineswegs eine schuldhafte Pflichtverletzung des Vorstandes zu sein, ist es vielmehr in aller Regel nicht.

Vierter Unterabschnitt

Stimmrecht

§ 133 Grundsatz der einfachen Stimmenmehrheit

(1) Die Beschlüsse der Hauptversammlung bedürfen der Mehrheit der abgegebenen Stimmen (einfache Stimmenmehrheit), soweit nicht Gesetz oder Satzung eine größere Mehrheit oder weitere Erfordernisse bestimmen.

(2) Für Wahlen kann die Satzung andere Bestimmungen treffen.

Übersicht

Literatur

B. v. Falkenhausen: Anmerkung zum Urteil des OLG Düsseldorf vom 14. 4. 1966; AktG 60, 225.
B. v. Falkenhausen: Verfassungsrechtliche Grenzen der Mehrheitsherrschaft im Aktienrecht; AktG 61, 122.
Fechner-Schneider: Verfassungswidrigkeit und Rechtsmißbrauch im Aktienrecht, 1960.
Gessler: Die Behandlung von Stimmrechtsverboten in der Hauptversammlung; BB 62, 1182.
Hamann: Umwandlungsgesetz und Eigentumsgarantie; BB 60, 1306.
Henseler: Die Abstimmung in der Hauptversammlung einer Aktiengesellschaft; BB 62, 1023.
Horn: Zum Mitverwaltungs- und Kontrollrecht der Aktionäre; AktG 69, 369.

Hueck: Zur Frage der Verfassungsmäßigkeit des Umwandlungsgesetzes; DB 60, 375.
Körner: Zur Verfassungswidrigkeit der sogenannten Mehrheitsumwandlung; BB 60, 687.
Kronstein: Recht und wirtschaftliche Machtentfaltung; BB 60, 221.
Pohle: Das Stimmrecht der nicht vollbezahlten Aktien; Bankarch. 36, 447.
Schleyer: Übertragende Umwandlung — verfassungs- und gesetzwidrig? NJW 60, 1552.
Wilhelmi: Das neue Aktiengesetz; AktG 65, 153.

Anm. 1

Einleitung

Art. 190 ADHGB in der Fassung des Gesetzes vom 11. 6. 1870 bestimmte in Art. 190 für die Kommanditgesellschaft auf Aktien, daß, soweit der Gesellschaftsvertrag nichts anderes vorsehe, die Beschlüsse der Generalversammlung der Kommanditisten mit einfacher Stimmenmehrheit gefaßt würden. Art. 209 Ziff. 11 verlangte, daß der Gesellschaftsvertrag der Aktiengesellschaft u. a. die Gegenstände zu bestimmen habe, über die nicht schon durch einfache Stimmenmehrheit, sondern nur durch eine größere Mehrheit oder nach anderen Erfordernissen Beschluß gefaßt werden könne. Von dort ist das Mehrheitsprinzip in § 251 HGB übernommen worden, und zwar in einer Formulierung, die der Regelung des § 113 AktG 37 entspricht, die ihrerseits, abgesehen von einer belanglosen sprachlichen Änderung in Abs. 1, mit § 133 AktG 65 übereinstimmt. Eine Ergänzung findet § 133 durch die besonderen Gesetzesbestimmungen, nach denen die Beschlußfassung — neben dem Erfordernis der einfachen *Stimmen*mehrheit — einer *Kapital*mehrheit bedarf. Diese Bestimmungen wollen die Macht der Mehrstimmrechtsaktien, soweit sie aufrechterhalten (§ 5 EGAktG) oder neu zugelassen werden (§ 12 Abs. 2), einschränken. Unter der Geltung des HGB war zunächst die Auslegung der Gesetzesbestimmungen, die eine bestimmte *Mehrheit des bei der Beschlußfassung vertretenen Grundkapitals* vorschrieben (§§ 275, 278, 288), streitig. Die herrschende Lehre und die Auffassung der Praxis ging dahin, daß ein mehrfaches Stimmrecht eines Aktionärs bei der Berechnung des von ihm vertretenen Grundkapitals mitzählt. RG 125, 356 hat jedoch die Auslegung durchgesetzt, daß die strittigen Vorschriften nur auf die Kapitalbeteiligung abstellen und ein erhöhtes Stimmrecht bei der Berechnung der *Kapital*mehrheit nicht zu berücksichtigen ist. Das Aktiengesetz 1937 hat seiner Amtl. Begründung zufolge diese Entscheidung des RG zum Ausgangspunkt für die Regelung des Stimmrechts und seine Unterscheidung zwischen Stimmen- und Kapitalmehrheit genommen.

I. Grundsatz der einfachen Stimmenmehrheit

Anm. 2

1. Mehrheit der abgegebenen Stimmen; Stimmenthaltung

Die Beschlüsse der Hauptversammlung bedürfen der Mehrheit der abgegebenen Stimmen (Abs. 1). Das bedeutet, daß für den Beschluß eine Stimme mehr als gegen ihn abgegeben sein muß oder, da nach Aktiennennbeträgen abgestimmt wird (§ 134 Abs. 1 S. 1), für den Beschluß sich ein höherer Aktiennennbetrag ausgesprochen hat als dagegen. Dabei spielt die Zahl der Aktionäre keine Rolle. Repräsentiert ein Aktionär mehr als 50% der anwesenden stimmberechtigten Aktiennennbeträge, so stellt er die Stimmenmehrheit dar, einerlei, ob er allein anwesend ist oder ob die Minderheit sich aus 100, 1000 oder mehr Aktionären zusammensetzt. Auch der allein erschienene Aktionär muß aber einen Beschluß fassen, d. h. seine Stimme für oder gegen einen Antrag abgeben. Ist kein Aktionär auf der Hauptversammlung erschienen oder geben die erschienenen Aktionäre keine Stimmen für oder gegen einen Antrag ab, so kommt ein Hauptversammlungsbeschluß nicht zustande. Die *einfache Stimmenmehrheit* braucht keine Kapitalmehrheit zu sein; soweit ein mehrfaches Stimmrecht begründet ist (vgl. § 12), kann die einfache Stimmenmehrheit von einer kapitalmäßigen Minderheit erreicht werden. Sind Mehrstimmrechtsaktien nicht vorhanden und Beschränkungen des Stimmrechts gemäß § 134 Abs. 1 S. 2 nicht eingeführt und liegen auch nicht Ungleichheiten im Stimmrecht mangels Volleinzahlung der Einlagen vor (§ 134 Abs. 2), so fällt Stimmenmehrheit und Kapitalmehrheit zusammen. Gezählt werden nur die *gültigen* Stimmen, also nicht die Stimmen von Aktionären, die nicht stimmberechtigt sind oder deren Stimmrecht ruht (RG 106, 263; § 136 Anm. 12) oder die sich an der Abstimmung nicht beteiligen (RG 20, 140; 82, 388). Stimmenthaltungen dürfen weder den Ja-Stimmen noch den Nein-Stimmen zugerechnet werden. Das ist herrschende Meinung (vgl. RG 80, 195; OLG Frankfurt NJW 54, 803; Baumbach-Hueck Rdn. 2; Würdinger 2. Aufl. S. 145; Obermüller-Werner-Winden S. 127; Henseler BB 62, 1023; Gessler BB 62, 1183; Horn AktG 69, 370 N. 11); die gegenteilige Auffassung v. Godin-Wilhelmi Anm. 4, der Aktionär, der mündlich oder durch Abgabe eines weißen Stimmzettels erkläre, daß er sich der Stimme enthalte, nehme an der Abstimmung teil und sei mitzurechnen, ist abwegig. Die Abstimmung ist die Entscheidung für oder gegen einen Antrag. Wer weder ja noch nein sagt, entzieht sich dieser Entscheidung und nimmt deshalb an der Abstimmung nicht teil. Godin-Wilhelmi unterstellen im Endergebnis eine Nein-Stimme, obwohl der Aktionär weder ja noch nein sagen will.

Anm. 3

2. Stimmengleichheit

Bei *Stimmengleichheit* ist der Beschluß nicht zustande gekommen. Es ist unerheblich, ob man annimmt, der Antrag sei abgelehnt (Ritter § 113 Anm. 2; Baumbach-Hueck Rdn. 2; Godin-Wilhelmi Anm. 2; Brodmann HGB § 251 Anm. 1b; Dür.-Hach.-Lehmann HGB § 251 Anm. 5; s. auch KGJ 40 A 73) oder er sei unentschieden geblieben (Staub HGB § 251 Anm. 1). Der *Antrag* ist *stets in positivem Sinne zu formulieren*, d. h. es muß dasjenige beantragt werden, wozu es eines Beschlusses der Hauptversammlung bedarf oder was nur auf Grund des Beschlusses der Hauptversammlung geschehen würde, und nicht die Ablehnung dessen, was ohne einen Beschluß der Hauptversammlung geschehen würde (vgl. Brodmann a. a. O.). Es ist also nicht die Verweigerung der Entlastung, sondern die Erteilung der Entlastung zu beantragen, ebenso nicht die Ablehnung des von dem Vorstand der Hauptversammlung zur Beschlußfassung vorgelegten Jahresabschlusses, sondern seine Feststellung, nicht das Verbleiben der Aufsichtsratsmitglieder im Amt bis zum Ablauf ihrer Amtszeit, sondern der Widerruf ihrer Bestellung. Ist der Antrag richtig gestellt, so ist klar, daß die Stimmengleichheit dieselbe Folge wie die Ablehnung hat. Ist der Antrag falsch gestellt, so bedeutet seine Ablehnung mit Stimmengleichheit keineswegs die Annahme des Gegenteils. Selbst bei der Ablehnung mit Mehrheit ist es Auslegungsfrage, ob das Gegenteil angenommen ist. Denn die Ablehnung des Antrages kann auch den Grund haben, daß der Ablehnende die derzeitige Entscheidung der Sache nicht will (vgl. Brodmann a. a. O.).

Anm. 4

3. Ausnahmen wie größere Mehrheit oder andere Erfordernisse

Der Grundsatz der Beschlußfassung mit einfacher Stimmenmehrheit gilt nur, *soweit nicht Gesetz oder Satzung eine größere Mehrheit oder noch andere Erfordernisse vorschreiben.* Unter größerer Mehrheit ist ein größerer Teil der abgegebenen Stimmen als die einfache Mehrheit zu verstehen. Andere Erfordernisse sind z. B. mehrmalige Abstimmung, wiederholte Beschlußfassung in zwei Hauptversammlungen, das Erfordernis einer bestimmten *Kapitalmehrheit*, insbesondere in den Fällen, in denen das Gesetz eine Kapitalmehrheit vorschreibt (Anm. 12), oder einer Mehrheit nach Köpfen, getrennte Abstimmung verschiedener Gruppen, Zustimmung aller vorhandenen Aktionäre oder Zustimmung wenigstens bestimmter Gruppen von Aktionären (insofern abw. Dür.-Hach.-Lehmann HGB § 251 Anm. 14). Die anderen Erfordernisse, die die Satzung aufstellen kann, müssen Erfordernisse der Beschlußfassung sein (RG 169, 80; Ritter § 113 Anm. 3; Godin-Wilhelmi Anm. 4; Baumbach-Hueck Rdn. 4). Daher kommt die Zustimmung eines anderen Organs der Gesellschaft oder die Zustimmung eines Dritten als ein zulässiges Erfordernis nicht in Betracht. Eine gegenteilige Satzungsbestimmung würde in die zwingende Zuständigkeitsabgrenzung des Gesetzes eingreifen und die Herrschaftsrechte der Aktionäre gesetzwidrig (§ 118) einschränken. Zulässig erscheint aber grundsätzlich die Bestimmung, daß für bestimmte Beschlußfassungen eine größere Mehrheit oder noch andere Erfordernisse erforderlich sind, falls der Vorstand und Aufsichtsrat dem Antrag nicht zustimmen oder die Beschlußfassung nicht von dem Vorstand oder dem Aufsichtsrat beantragt ist.

Anm. 5

4. Stets Stimmenmehrheit

Das Gesetz verlangt *stets die einfache Stimmenmehrhrit.* Es kann nicht in der Satzung bestimmt werden, daß Beschlüsse von einer Minderheit gefaßt werden können. Wo das Gesetz einer Minderheit bestimmte positive Rechte gibt, gibt es ihr ein Recht, ein Verlangen an die Hauptversammlung (z. B. auf eine bestimmte Reihenfolge der Abstimmung, § 137) oder einen Antrag bei Gericht (z. B. auf Bestellung von Sonderprüfern, § 142 Abs. 2) zu stellen; nicht aber erklärt es zur Annahme eines Antrages auf der Hauptversammlung eine Minderheit für ausreichend. Ebenso ist die Bestimmung unzulässig, daß bei Stimmengleichheit ein Antrag nicht als abgelehnt gilt, sondern die Entscheidung durch den Vorsitzenden oder durch das Los getroffen wird (vgl. Anm. 1).

Das Erfordernis der einfachen Stimmenmehrheit muß auch dann erfüllt sein, wenn das Gesetz oder die Satzung andere Erfordernisse für die Beschlußfassung aufstellt. Da § 133 Abs. 1 die einfache Stimmenmehrheit erfordert, soweit nicht Gesetz oder Satzung eine größere Mehrheit oder *noch andere* Erfordernisse vorschreibt, sind solch andere Erfordernisse *neben* der einfachen Stimmenmehrheit zu erfüllen. In allen Fällen, in denen das Gesetz eine *Kapital*mehrheit vorsieht, bedarf daher die Beschlußfassung *auch* der einfachen *Stimmen*mehrheit. Ebenso darf die *Satzung* nicht eine Kapitalmehrheit allein genügen lassen; *neben* ihr muß auch die einfache Stimmenmehrheit erreicht sein. Fällt Kapitalmehrheit und Stimmenmehrheit auseinander, weil Mehrstimmrechtsaktien vorhanden sind oder eine Beschränkung des Stimmrechts gemäß § 134 Abs. 1 S. 2 eingeführt ist, so muß in den Fällen, in denen nach Gesetz oder Satzung eine Kapitalmehrheit vorgeschrieben ist, bei jeder Abstimmung eine doppelte Zählung stattfinden. In diesen Fällen liegt die Macht der Mehrstimmrechtsaktien darin, daß sie, wenn sie die Hälfte der Stimmen darstellen, jede Beschlußfassung verhindern können; im Falle des § 134 Abs. 1 S. 2 bietet die Kapitalmehrheit der im Stimmrecht beschränkten Aktien oder die Stimmenmacht der im Stimmrecht nicht beschränkten Aktien den gleichen Schutz (vgl. Anm. 13). Beides — Stimmenmacht und Kapitalmacht — muß vorhanden sein, um eine Beschlußfassung durchzusetzen.

II. Fälle der gesetzlichen Regelung der Mehrheit und sonstiger Erfordernisse

Anm. 6

1. Gesetzliche Fälle einfacher Stimmenmehrheit

Die Fälle, in denen es das *Gesetz* bei dem Grundsatz der Entscheidung durch *einfache Stimmenmehrheit* bewenden läßt, sind folgende: Die Wahl der Aufsichtsratsmitglieder (§ 101 Abs. 1, § 119 Abs. 1 Ziff. 1), die Abberufung eines entsandten Aufsichtsratsmitglieds nach Wegfall der Voraussetzungen des Entsendungsrechts (§ 103 Abs. 2 S. 2), die Bewilligung einer Vergütung für die Mitglieder des Aufsichtsrats gemäß § 113 Abs. 1 u. 2 nebst der Herabsetzung der in der Satzung festgesetzten Vergütung des Aufsichtsrats, die Zustimmung zum Verzicht auf Ersatzansprüche gemäß §§ 50, 53, 93 Abs. 4 S. 3, 116, die Entscheidung über Fragen der Geschäftsführung auf Verlangen des Vorstands (§ 119 Abs. 2), die Erteilung der Entlastung (§§ 119 Abs. 1 Ziff. 3, 120, 270 Abs. 2), die Feststellung des Jahresabschlusses, soweit sie der Hauptversammlung obliegt (§ 175 Abs. 3, § 286 Abs. 1) und der Abwicklungseröffnungsbilanz (§ 270 Abs. 2) die Gewinnverteilung (§ 119 Abs. 1 Ziff. 2, § 174 Abs. 1 S. 1), die Bestellung von Sonderprüfern (§ 119 Abs. 1 Ziff. 7, § 142 Abs. 1 S. 1, § 315 S. 3) und der Abschlußprüfer (§ 119 Abs. 1 Ziff. 4, § 163 Abs. 1), der Widerruf der Wahl zum Abschlußprüfer (§ 163 Abs. 6), die Geltendmachung von Ansprüchen gegen Verwaltungsmitglieder, Gründer usw. (§ 147 Abs. 1 S. 1) und die Bestellung besonderer Vertreter zu diesem Zweck (§ 147 Abs. 3), die Kapitalherabsetzung durch Einziehung von Aktien, die der Gesellschaft unentgeltlich zur Verfügung gestellt werden, oder durch Einziehung von Aktien zu Lasten des Reingewinns oder einer freien Rücklage (§ 237 Abs. 4), die Bestellung anderer Abwickler (§ 265 Abs. 2), die Ermächtigung des Aufsichtsrats zur Verleihung der Einzelvertretungsbefugnis an Abwickler (§ 269 Abs. 3 S. 2), die Satzungsänderung betr. Aufsichtsrat gemäß § 97 Abs. 2 S. 4.

Anm. 7

2. Gesetzliche Fälle größerer Mehrheit und sonstiger Erfordernisse

Hingegen verlangt das Gesetz *eine größere Mehrheit oder sonstige Erfordernisse in folgenden Fällen*:

a) *eine Mehrheit von drei Vierteln der abgegebenen Stimmen* für den Widerruf der Bestellung von gewählten Aufsichtsratsmitgliedern (§ 103 Abs. 1 S. 2), für die Zustimmung zu Vorstandsgeschäften im Falle des § 111 Abs. 4 S. 4.

b) *eine Mehrheit von drei Vierteln des bei der Beschlußfassung vertretenen Grundkapitals* bei der Nachgründung (§ 52 Abs. 5 S. 1), der Satzungsänderung (§ 119 Abs. 1 Ziff. 5, § 179 Abs. 2 S. 1), der Kapitalerhöhung (§ 182 Abs. 1 S. 1, § 207), dem Ausschluß des Bezugsrechts (§ 186 Abs. 3, § 221 Abs. 3), der bedingten Kapitalerhöhung (§ 193 Abs. 1 S. 1), dem genehmigten Kapital (§ 202 Abs. 2 S. 2), der Ausgabe von Wandelschuldverschreibungen, Gewinnschuldverschreibungen, Genußrechten (§ 221 Abs. 1 S. 2, Abs. 2), der Kapitalherabsetzung (§ 119 Abs. 1 Ziff. 6, § 222 Abs. 1 S. 1, § 229 Abs. 3, § 237 Abs. 2), der Auflösung (§ 119 Abs. 1 Ziff. 8, § 262 Abs. 1 Ziff. 2), der Fortsetzung der aufgelösten Gesellschaft (§ 274 Abs. 1 S. 2), der Zustimmung zu einem Unternehmensvertrag und seiner Änderung (§ 293 Abs. 1 u. 2, § 295 Abs. 1), der Eingliederung (§ 319 Abs. 2, § 320 Abs. 1), der Verschmelzung (§ 340 Abs. 2 S. 1, § 353 Abs. 1, § 354 Abs. 2, § 355 Abs. 2, § 357 Abs. 2), der Zustimmung zur Satzung der neu gebildeten Gesellschaft und der Bestellung ihres Aufsichtsrates (§ 353 Abs. 3, § 354 Abs. 2), der Verstaatlichung (§ 359 Abs. 2), der Vermögensübertragung (§ 360 Abs. 2, § 361 Abs. 1 S. 2), der Umwandlung in eine Kommanditgesellschaft auf Aktien (§ 362 Abs. 2 S. 2). In allen diesen Fällen muß außer der Dreiviertelmehrheit des vertretenen Grundkapitals eine einfache Mehrheit der abgegebenen Stimmen für den Antrag vorhanden sein (Anm. 5). Ein Mehrstimmrecht kann sich also auswirken, sofern die Inhaber der Vorzugsaktien mit dem mehrfachen Stimmrecht gegen den Antrag stimmen.

c) in einer Reihe der unter b) genannten Fälle, falls mehrere Aktiengattungen vorhanden sind, *einen in gesonderter Abstimmung jeder Gattung mit derselben Mehrheit zu fassenden Beschluß*, nämlich bei der Kapitalerhöhung (§ 182 Abs. 2), dem Ausschluß des Bezugsrechts (§ 186 Abs. 3 i. Verb. m. § 182 Abs. 2), der bedingten Kapitalerhöhung (§ 193 Abs. 1 S. 3), dem genehmigten Kapital (§ 202 Abs. 2 S. 4), der Ausgabe von Wandelschuldverschreibungen, Gewinnschuldverschreibungen, Genußrechten (§ 221 Abs. 1 S. 4), der Kapitalherabsetzung (§ 222 Abs. 2 S. 3). Im Falle einer Satzungsänderung, durch die das Verhältnis mehrerer Gattungen von Aktien zum Nachteil einer Gattung geändert wird, bedarf es eines ebensolchen gesonderten Beschlusses der benachteiligten Aktionäre (§ 179 Abs. 3 S. 3). Die Zustimmung der Vorzugsaktionäre zu einem Beschluß, durch den der Vorzug, den Vorzugsaktien ohne Stimmrecht genießen, aufgehoben oder beschränkt werden soll, oder durch den Aktien mit vorhergehenden oder gleichstehenden Rechten geschaffen werden sollen, bedarf nur *eines in gesonderter Verhandlung mit Dreiviertelmehrheit der abgegebenen Stimmen — nicht auch einer Kapitalmehrheit — zu fassenden Beschlusses der Vorzugsaktionäre* (§ 141 Abs. 3 S. 1, 4).

d) nur eine Mehrheit von drei Vierteln des bei der Beschlußfassung vertretenen Grundkapitals für den Beschluß auf Beseitigung oder Beschränkung der Mehrstimmrechte (§ 5 Abs. 2 EGAktG).

e) *eine Mehrheit, die drei Viertel des bei der Beschlußfassung vertretenen Grundkapitals und ein Viertel des gesamten Grundkapitals umfaßt*, bei der Nachgründung im ersten Jahr nach Eintragung der Gesellschaft (§ 52 Abs. 5 S. 1).

f) *eine einfache Mehrheit, der nicht eine Minderheit von einem Zehntel des Grundkapitals widersprechen darf*, für den Verzicht auf und den Vergleich über Ersatzansprüche gegen die Gründer und die neben ihnen haftenden Personen (§ 50 S. 1), gegen die Vorstandsmitglieder (§ 50 S. 1, § 53 S. 1, § 93 Abs. 4 S. 3), gegen die Aufsichtsratsmitglieder (§ 50 S. 1, § 53 S. 2, § 116), gegen Dritte wegen Handelns zum Schaden der Gesellschaft zwecks Erlangung gesellschaftsfremder Vorteile (§ 117 Abs. 4). Beim Verzicht auf oder Vergleich über Ersatzansprüche im Konzernrecht (§ 309 Abs. 3; §§ 310, 317 u. 318 — jeweils Abs. 1 u. 4 —; § 323 Abs. 1) sowie beim Verzicht auf oder Vergleich über den Ausgleich eines Jahresfehlbetrages aus einem Beherrschungs- oder Gewinnabführungsvertrag (§ 302 Abs. 3 S. 3) gilt gleiches für den Sonderbeschluß der außenstehenden Aktionäre, der neben der Stimmenmehrheit dieser Aktionäre weiterhin erfordert, daß nicht eine Minderheit von 10% des von den außenstehenden Aktionären vertretenen Grundkapitals widerspricht.

g) *die Zustimmung aller betroffenen Aktionäre* bei der Begründung von Nebenverpflichtungen (§ 180 Abs. 1).

h) neben der einfachen Stimmenmehrheit eine Mehrheit von 90% des Grundkapitals bei Umwandlung einer Aktiengesellschaft oder Kommanditgesellschaft auf Aktien in eine GmbH und aller Aktionäre, wenn mehr als 49 vorhanden sind (§§ 369 Abs. 2 u. 3, 388).

i) Nach dem Umwandlungsgesetz in der Neufassung vom 6. 11. 1969 (BGBl. 69 I 2081) bedarf die Umwandlung einer Aktiengesellschaft oder Kommanditgesellschaft auf Aktien auf eine bestehende offene Handelsgesellschaft, Kommanditgesellschaft, bürgerlich-rechtliche Gesellschaft oder den alleinigen oder Mehrheitsgesellschafter der — beim Alleingesellschafter notwendigerweise 100%igen — Zustimmung des alleinigen Aktionärs (§§ 3, 15, 20, 23) oder des Mehrheitsbeschlusses von 90% des Grundkapitals (§§ 9, 15, 20, 23). Die Umwandlung einer Aktiengesellschaft oder Kommanditgesellschaft auf Aktien auf eine gleichzeitig zu errichtende offene Handelsgesellschaft, Kommanditgesellschaft oder bürgerlich-rechtliche Gesellschaft bedarf, wenn alle Aktionäre sich an der Personengesellschaft beteiligen, der Zustimmung aller anwesenden Aktionäre und der notariell zu beurkundenden Zustimmung aller nicht erschienenen Aktionäre (§ 17, 20, 21, 23) und, wenn nur die zustimmenden Aktionäre sich an der gleichzeitig zu errichtenden Personengesellschaft beteiligen, einer Mehrheit von ¾ des bei der Beschlußfassung vertretenen Grundkapitals und der notariell zu beurkundenden Zustimmung der nicht erschienenen Aktionäre bis zur Erreichung einer Mehrheit von 90% des gesamten Grundkapitals (§§ 19, 20, 22, 23).

Die Frage der Rechtsgültigkeit der Umwandlungsbestimmungen, insbesondere auf den Mehrheitsaktionär unter Ausschluß der anderen Aktionäre ist Gegenstand umfassender Erörterungen gewesen, insbesondere im Anschluß an die bei der Feldmühle AG durchgeführte Umwandlung auf den Alleingesellschafter: Die Verfassungsmäßigkeit des Gesetzes bejahten OLG Düsseldorf BB 60, 534 (s. die Vorentscheidung des LG Düsseldorf in BB 60, 226); OLG Hamburg AktG 60, 44 sowie Hueck Betr. 60, 375; Schleyer NJW 60, 1552; v. Falkenhausen AktG 60, 225. Dagegen hat das Registergericht beim AG Düsseldorf, BB 60, 683 in Übereinstimmung mit Kronstein BB 60, 221 und Körner BB 60, 687 die Verfassungsmäßigkeit wegen Verletzung des Gleichheitsgrundsatzes bezweifelt und das BVerfG angerufen; s. auch Fechner-Schneider, Verfassungswidrigkeit und Rechtsmißbrauch im Aktienrecht, 1960 sowie Hamann BB 60, 1306 und v. Falkenhausen AktG 61, 122 m. w. N. Das BVerfG hat durch Urteil vom 7. 8. 1962 (BVerfG 14, 263) die Vereinbarkeit mit dem Grundgesetz bejaht.

III. Satzungsmäßige Regelung

Anm. 8

1. Erschwerung grundsätzlich zulässig

Auch die *Satzung* kann eine größere Mehrheit oder andere Erfordernisse vorschreiben. Die in § 23 Abs. 5 für die Abweichung von der gesetzlichen Regelung verlangte ausdrückliche gesetzliche Zulassung ist in § 133 Abs. 1 enthalten. Diese Zulassung bezieht sich unmittelbar nur auf die Fälle, in denen nach dem Gesetz die einfache Mehrheit entscheidet. Jedoch erklärt das Gesetz in allen Fällen, in denen es eine Mehrheit verlangt, die drei Viertel des Grundkapitals oder der Stimmen umfaßt (Anm. 7a bis e), die Ersetzung dieser Mehrheit teils durch eine beliebige andere, teils durch eine größere Mehrheit für zulässig. Daraus ist der allgemeine Grundsatz zu entnehmen, daß *eine Erschwerung der Beschlußfassung grundsätzlich stets zulässig* ist. In einigen Fällen ergibt sich jedoch eine *Ausnahme* von diesem Grundsatz aus dem Gesetz selbst. Wo das Gesetz besonders sagt, daß ein bestimmter Beschluß von der Hauptversammlung mit einfacher Stimmenmehrheit gefaßt werden kann, kann die Beschlußfassung nicht durch die Satzung erschwert werden. Wo das Gesetz aus andern Gründen die Zulässigkeit der Beschlußfassung mit einfacher Mehrheit besonders zum Ausdruck bringt, ohne eine Erschwerung durch die Satzung ausschließen zu wollen, sagt es dies ausdrücklich (vgl. § 237 Abs. 4 S. 2). Die Beschlußfassung durch einfache Stimmenmehrheit muß demgemäß als zwingend vorgeschrieben gelten für die Abberufung entsandter Mitglieder des Aufsichtsrats nach Wegfall der Voraussetzungen des Entsendungsrechts (§ 103 Abs. 2 S. 2), für die Herabsetzung der satzungsmäßigen Vergütung des Aufsichtsrats (§ 113 Abs. 1 S. 4), für die Bestellung von Sonderprüfern (§ 148 Abs. 1 S. 1), für die Beschlußfassung über die Geltendmachung von Ansprüchen gegen die Gründer und die Mitglieder der Verwaltungsorgane (§ 147 Abs. 1 S. 1).

Anm. 9

2. Fälle der Unzulässigkeit

Nach der herrschenden Lehre sind diese in Anm. 8 genannten Fälle die einzigen Fälle, in denen eine Erschwerung der Beschlußfassung durch die Satzung ausgeschlossen ist. Danach wäre also die Gesellschaft sogar in der Lage, für sämtliche anderen Beschlüsse der Hauptversammlung die Zustimmung aller vorhandenen Aktionäre zu fordern. Eine solche Bestimmung würde bei Gesellschaften, deren Aktien sich nicht in den Händen weniger bestimmter Personen befinden, sondern die im Verkehr umlaufen und an der Börse gehandelt werden, praktisch eine völlige Ausschaltung der Hauptversammlung bedeuten. Horrwitz, Das Recht der Generalversammlung der AG, S. 63, hat die Meinung vertreten, daß der Beschluß der ordentlichen Generalversammlung über die Genehmigung der Jahresbilanz, die Gewinnverteilung sowie die Entlastung des Vorstands und des Aufsichtsrats nicht von der Zustimmung aller Aktionäre abhängig gemacht werden dürfe (dagegen Dür.-Hach.-Lehmann HGB § 251 Anm. 4; Staub HGB § 251 Anm. 2; vgl. auch Fischer in Ehrenbergs Handbuch II 1, 362). Dieser Gedanke trifft in viel weiterm Umfange zu. In allen Fällen, in denen nach der Struktur und der gesetzlichen Organisation der AG eine Pflicht der Hauptversammlung zur Beschlußfassung anzunehmen ist, muß jede Erschwerung der Beschlußfassung durch die Satzung als unzulässig gelten (vgl. auch Baumbach-Hueck Rdn. 4 für den Fall von im öffentlichen Interesse gelegenen Pflichten). Es kommen hier nur Fälle in Betracht, in denen nach dem Gesetz die einfache Stimmenmehrheit entscheidet. Denn wo das Gesetz eine größere Mehrheit vorsieht, geht es selbst davon aus, daß es nicht notwendig ist, daß der betreffende Beschluß unter allen Umständen gefaßt werden kann. In den Fällen aber, in denen nach dem Gesetz die einfache Stimmenmehrheit ausreicht, ist zu unterscheiden, ob es sich um ein bloßes Recht oder auch um eine Pflicht zur Beschlußfassung handelt. Wenn die Satzung in der Lage ist, die Fassung des Beschlusses zu verbieten, kann sie ihn auch beliebig erschweren. Daher wird z. B. eine beliebige Erschwerung für den Beschluß der Verteilung einer Dividende zulässig sein, allerdings unbeschadet der Regelung des § 254. Einen Widerspruch, der die Bestimmung unwirksam macht, wird man hierin auch dann nicht sehen können, wenn die Erzielung von Gewinn zu dem Zweck der Gesellschaft gehört (a. A. Fischer a. a. O. für den Fall, daß die Satzung eine Gewinnverteilung nur durch einstimmigen Beschluß zuläßt); der Zweck würde sich hier im Falle der Auflösung bei der Verteilung des Vermögens auswirken. Dagegen ist die Festsetzung des Jahresabschlusses und die

Erteilung der Entlastung, soweit diese noch eine Bedeutung hat (vgl. § 120 Anm. 6), eine Pflicht der Gesellschaft; die Möglichkeit ihrer Erfüllung darf nicht durch das Verlangen einer größeren Stimmenmehrheit bedroht werden. Hiergegen läßt sich nicht einwenden, daß der Fall der Unmöglichkeit der Beschlußfassung auch sonst vorkommen kann, falls kein Aktionär erscheint oder alle Beschlüsse mit Stimmengleichheit abgelehnt werden (Staub a. a. O.). Denn dabei handelt es sich um gar nicht oder nur schwer vermeidbare Folgerungen aus der grundsätzlichen Regelung des Gesetzes. Daraus kann nicht geschlossen werden, daß eine Regelung in der Satzung zulässig ist, durch die die Hauptversammlung bei normalen Mehrheitsverhältnissen dauernd völlig lahmgelegt werden kann. Als unzulässig muß es auch angesehen werden, daß für Wahlen (s. über diese im übrigen Anm. 14, 15), insbesondere für die Wahl des Aufsichtsrats eine größere Mehrheit als die einfache Stimmenmehrheit gefordert wird. Die gesamte Organisation der AG beruht darauf, daß die Hauptversammlung den Aufsichtsrat wählt, der seinerseits den Vorstand bestellt. Zwar sieht das Gesetz in § 104 die Möglichkeit vor, Aufsichtsratsmitglieder durch das Gericht zu bestellen. Aber diese Bestimmung ist ihrem Inhalt nach als Aushilfsmaßnahme für vorübergehende Fälle gedacht. Eine Satzungsbestimmung, welche die Hauptversammlung in weitem Umfange unfähig zur Wahl der von ihr zu bestellenden Aufsichtsratsmitgliedern macht, läßt sich mit der in § 104 geschaffenen Möglichkeit des Eingreifens des Gerichts nicht rechtfertigen. Ebensowenig darf die Bestellung der Abschlußprüfer (§ 163) durch eine Bestimmung der Satzung, die eine größere Mehrheit erfordert, in Frage gestellt werden.

Über die Frage der Abänderung unentziehbarer Vorrechte siehe § 11 Anm. 8. Über die Behandlung von Sonderrechten § 1 Anm. 35, über das Recht auf gleichmäßige Behandlung (Gleichheitsgrundsatz) § 1 Anm. 36, über die allgemeinen Mitgliederrechte § 1 Anm. 40.

In den Fällen, in denen das Gesetz eine größere als die einfache Mehrheit verlangt, kann die Satzung die einfache Mehrheit oder eine sonstige geringere als die vom Gesetz verlangte Mehrheit nur für ausreichend erklären, soweit das Gesetz dies ausdrücklich zuläßt. Dies ist der Fall bei dem Widerruf der Bestellung der Aufsichtsratsmitglieder (§ 103 Abs. 1 S. 4). In einigen andern Fällen gestattet das Gesetz, daß die Satzung die vom Gesetz geforderte größere Kapitalmehrheit durch eine andere, also auch eine kleinere Kapitalmehrheit ersetzen kann, nämlich bei einer Satzungsänderung, soweit es sich nicht um eine Änderung des Gegenstands des Unternehmens handelt (§ 179 Abs. 2 S. 2), bei der Erhöhung des Grundkapitals, soweit es sich nicht um die Ausgabe stimmrechtsloser Vorzugsaktien handelt (§ 182 Abs. 1 S. 2), bei der Ausgabe von Wandel- oder Gewinnschuldverschreibungen und der Gewährung von Genußrechten (§ 221 Abs. 1 S. 3, Abs. 3). In diesen Fällen ist es nicht zulässig, die Kapitalmehrheit durch einfache *Stimmen*mehrheit zu ersetzen (anders HGB § 275, 278). In den übrigen oben Anm. 7 zu b) angeführten Fällen kann die Satzung nur eine größere Kapitalmehrheit verlangen.

Anm. 10

3. Übliche Satzungsbestimmungen

Die Satzungsbestimmung, daß einfache Stimmenmehrheit entscheidet, „*soweit nicht gesetzliche Vorschriften entgegenstehen*“, gibt nur wieder, was § 133 ohnehin besagt (vgl. für das frühere Recht KG in DJZ 1921, 496). Die Satzungsbestimmung, daß einfache *Stimmen*mehrheit genügt und erforderlich ist, *soweit nicht das Gesetz zwingend eine größere Mehrheit vorschreibt*, hat nach dem Aktiengesetz eine gegenüber dem früheren Recht wesentlich eingeschränkte Bedeutung. Nach dem HGB war nur für Satzungsänderungen, die den Gegenstand des Unternehmens betrafen, eine ¾ Kapitalmehrheit zwingend vorgeschrieben; für gewöhnliche Satzungsänderungen, auch für Kapitalerhöhungsbeschlüsse konnte die Satzung einfache Stimmenmehrheit vorsehen. Nach dem HGB hatte die erwähnte Satzungsbestimmung die Bedeutung, daß nur in den Fällen der Kapitalherabsetzung, der Vermögensübertragung und Verschmelzung, der Änderung des Gegenstandes des Unternehmens und der Auflösung der AG eine Mehrheit von ¾ des vertretenen Grundkapitals erforderlich war, dagegen in allen übrigen Fällen einfache *Stimmen*mehrheit genügte. Nach dem Aktiengesetz kann die Satzung, wie oben dargelegt, nicht eine Kapitalmehrheit durch einfache Stimmenmehrheit ersetzen. Die erwähnte Satzungsbestimmung hat daher nur noch die Bedeutung, daß im Falle des § 103 Abs. 1 S. 3, des Widerrufs der Bestellung von gewählten Aufsichtsratsmitgliedern, einfache Stimmenmehrheit genügt. Dagegen berührt die erwähnte Satzungsbestimmung überhaupt nicht die Fälle, in denen das Gesetz eine *Kapital*mehrheit vorsieht. Das muß auch dann gelten, wenn Mehrstimmrechtsaktien nicht ausgegeben sind oder sonstige Ungleichheiten im Stimmrecht nicht vorliegen (§ 134 Abs. 1 und 2), also Stimmenmehrheit und Kapitalmehrheit zusammen fallen. Will die Satzung in allen Fällen die geringste vom Gesetz zugelassene Mehrheit genügen lassen, so muß die Bestimmung lauten:

> „Die einfache Mehrheit der abgegebenen Stimmen oder des bei der Beschlußfassung vertretenen Grundkapitals genügt, soweit nicht das Gesetz zwingend eine größere Mehrheit vorschreibt."

Nur in dieser Fassung wird erreicht, daß für gewöhnliche Satzungsänderungen und Kapitalerhöhungsbeschlüsse die *einfache* Kapitalmehrheit genügt (vgl. Möhring-Schwartz-Rowedder-Haberlandt S. 209; Lehmann Aktienrechtsreform 1965 § 24 S. 55, Deutsche Bank, Aktiengesetz 1965 § 18 Abs. 3 und Anm. 26).

Über *Wahlen* siehe unten Anm. 14, 15.

Anm. 11

4. Beschlußfähigkeit

Das Gesetz verlangt wohl in einzelnen Fällen, daß eine bestimmte Mehrheit des vorhandenen Grundkapitals für einen Antrag stimmen muß oder daß nicht eine bestimmte Minderheit gegen den Antrag stimmen darf (Anm. 7 zu e, f, h und i). Es verlangt aber niemals, daß ein *bestimmter Teil des Aktienkapitals vertreten* sein muß, sei es nun, daß die Stimmen für oder gegen den Antrag abgegeben werden. *Die Hauptversammlung ist immer beschlußfähig.* Erscheint nur ein Aktionär, so kann dieser im Rahmen der Tagesordnung jeden beliebigen Beschluß fassen (RG 34, 110; 82, 386). Ist zur Beschlußfassung die gesonderte Abstimmung einzelner Aktiengattungen erforderlich, so muß mindestens ein Aktionär von jeder Gattung vertreten sein. Die *Satzung* kann jedoch besondere Erfordernisse für die Beschlußfähigkeit aufstellen, z. B. Anwesenheit von Aktionären, die einen bestimmten Teil des Grundkapitals vertreten. Im Zweifel ist dann anzunehmen, daß bei der Feststellung der Beschlußfähigkeit stimmberechtigte Aktien, die auf der Hauptversammlung vertreten sind, auch mitzählen, wenn sich die Aktionäre der Stimme enthalten (a.M. Godin-Wilhelmi Anm. 4; s. RG 80, 194). Aktionäre, deren Stimmrecht kraft Gesetzes ausgeschlossen ist (§§ 136 Abs. 1, 140 Abs. 1) dürfen aber nicht mitgezählt werden. Die Satzung kann auch vorschreiben, daß im Falle der Beschlußfähigkeit eine neue Hauptversammlung einzuberufen ist, die ohne Rücksicht auf die Zahl der vertretenen Aktien beschlußfähig ist. Die neue Hauptversammlung kann erst nach dem Stattfinden der ersten einberufen werden (KG in JW 1926, 1675[2]). Entsprechende Bestimmungen kann die Satzung treffen, soweit sie eine größere als die einfache Stimmenmehrheit verlangt oder sonstige Erfordernisse aufstellt. Soweit das Gesetz diese Erfordernisse aufstellt, aber der Satzung gestattet, eine geringere Mehrheit für ausreichend zu erklären, gilt das gleiche. Ohne eine ausdrückliche Satzungsbestimmung bedarf es auch bei der erneut einberufenen Hauptversammlung der vom Gesetz oder von der Satzung für den Beschluß oder die Beschlußfähigkeit vorgeschriebenen Mehrheit oder sonstigen Erfordernisse (KGJ 26 A 228).

IV. Begriff des „vertretenen Grundkapitals"

Anm. 12

1. Nur gültige Ja- oder Nein-Stimmen

Soweit das Gesetz oder die Satzung für einen Beschluß eine bestimmte *Mehrheit des vertretenen Grundkapitals* verlangt, sind ebenso wie bei der Berechnung der einfachen

Stimmenmehrheit nur diejenigen Aktien mitzuzählen, für die gültige Stimmen abgegeben werden (RG 20, 148; 80, 189; s. Anm. 2; vgl. auch § 179 Anm. 5; a. A. KG in JFG 1, 372). Es ist unerheblich, ob der Aktionär nicht mitbestimmen kann oder nicht mitstimmen will (Schlegelberger-Quassowski § 113 Anm. 4; Ritter § 113 Anm. 3a). Nicht mitzuzählen sind bei Berechnung der notwendigen Mehrheit die Stimmen nicht Stimmberechtigter nach §§ 136 Abs. 1, 2 und auch nicht der stimmrechtslosen Vorzugsaktien, was mittelbar aus § 140 Abs. 2 S. 2 hervorgeht. Aktien mit *mehrfachem Stimmrecht* sind nicht als Aktien mit einem dem Stimmrecht entsprechenden mehrfachen Nennbetrag anzusehen (RG 125, 356); denn der Zweck des Erfordernisses einer bestimmten Mehrheit des vertretenen Grund*kapitals* ist es gerade, daß sich für die betreffenden Beschlüsse Mehrstimmrechte nicht entscheidend auswirken sollen (vgl. Anm. 1). Die Satzung kann nur soweit eine abweichende Regelung treffen, als das Erfordernis der erhöhten Mehrheit in ihr und nicht im Gesetz begründet ist.

Anm. 13

2. Behandlung der Stimmrechtsbeschränkungen

Die früher streitige Frage (vgl. Voraufl. § 113 Anm. 9), ob Aktien, die gemäß § 134 Abs. 1 S. 2 satzungsgemäß vom Stimmrecht ausgeschlossen sind, zum „vertretenen Grundkapital" rechnen, ist jetzt durch § 134 Abs. 1 S. 6 im Sinne der früher herrschenden Lehre dahin entschieden, daß bei einer nach Gesetz oder Satzung erforderlichen Kapitalmehrheit die Beschränkungen außer Betracht bleiben, so daß also die gemäß § 134 Abs. 1 S. 2 vom Stimmrecht ausgeschlossenen Aktien zum „vertretenen Grundkapital" rechnen (vgl. § 134 Anm. 17; Möhring-Schwartz-Rowedder-Haberlandt S. 201/02).

Sind neben volleingezahlten Aktien solche vorhanden, auf die die Einlage noch nicht vollständig geleistet ist, und läßt die Satzung für die letzteren das Stimmrecht nicht gemäß § 134 Abs. 2 S. 2 zu, so können die nicht volleingezahlten Aktien nicht mitgezählt werden, und zwar weder bei der Zählung der abgegebenen Stimmen noch bei der Zählung des bei der Beschlußfassung vertretenen Grundkapitals. *Das Fehlen des Stimmrechts schließt eine Mitwirkung bei der Beschlußfassung aus* (vgl. Anm. 12). Läßt die Satzung gemäß § 134 Abs. 2 S. 2 das Stimmrecht zu, so sind die nicht voll eingezahlten Aktien dem „vertretenen Grundkapital" zuzurechnen, und zwar mit der vollen und nicht nur mit der eingezahlten Einlage. Die nicht vollständige Erfüllung der Einlagepflicht ändert nichts daran, daß ein entsprechendes Grundkapital bereits vorhanden ist und durch das Stimmrecht bei der Abstimmung präsent sein kann (Pohle Bankarch. 36, 448; a.M. Godin Soz. Prax. 38, 1507; Godin-Wilhelmi § 134 Anm. 13; Baumbach-Hueck § 134 Rdn. 14).

V. Wahlen

Anm. 14

1. Freie Satzungsgestaltung

Für Wahlen kann die Satzung andere Bestimmungen treffen (Abs. 2). Unter anderen Bestimmungen sind Bestimmungen zu verstehen, die weniger als die Mehrheit der abgegebenen Stimmen verlangen. Insbesondere kann die *relative Mehrheit*, d. h. die größte Zahl der abgegebenen Stimmen, für ausreichend erklärt werden. Bei Stimmengleichheit kann Entscheidung durch das Los oder durch den Vorsitzenden vorgesehen werden. Für notwendige Wahlen ist eine Erschwerung, die die Gefahr begründet, daß bei normalen Mehrheitsverhältnissen eine Wahl nicht zustande kommen kann, als unzulässig anzusehen (Anm. 9). „Andere Bestimmungen" im Sinne des Abs. 2 dürfen aber nicht so weit gehen, daß sie Nichtaktionären eine Einwirkung auf das Wahlergebnis einräumen. Deshalb ist z. B. mit Godin-Wilhelmi Anm. 5 ein Stichentscheid durch den Versammlungsleiter bedenklich, weil er kein Aktionär zu sein braucht. Des weiteren darf die Satzungsbestimmung auch nicht in das jedem Aktionär gleichermaßen zustehende

Stimmrecht eingreifen, also z. B. die Wahl nur einer bestimmten Gruppe überlassen (Baumbach-Hueck Rdn. 4 zu c; Godin-Wilhelmi Anm. 5). Schließlich kann die Satzung die Wahl auch nicht dahin umgestalten, daß sie überhaupt keine Mehrheitsentscheidung mehr ist, also z. B. derjenige gewählt sein soll, der die zweithöchste oder niedrigste Stimmenzahl erhält (Möhring-Schwartz-Rowedder-Haberlandt S. 121).

Anm. 15

2. Verhältniswahl

Zweifelhaft erscheint die Zulässigkeit der *Verhältniswahl.* Diese hat zur Voraussetzung, daß mehrere Posten auf Grund einer einzigen Abstimmung zu besetzen sind. Sie sichert einer der Zahl der zu besetzenden Posten entsprechenden Minderheit die Besetzung eines Postens. Sofern nicht eine Verpflichtung besteht, über alle zu besetzenden Posten in einer einzigen Abstimmung zu beschließen, hat es der Leiter der Versammlung (§ 119 Anm. 37) in der Hand, die Verhältniswahl dadurch gegenstandslos zu machen, daß eine besondere Beschlußfassung über jeden einzelnen Posten herbeigeführt wird. Der für die Minderheit in der Zulässigkeit der Verhältniswahl liegende Schutz ist daher gering. Ein zwingender Grund dafür, eine Satzungsbestimmung, die die Verhältniswahl vorsieht, allgemein für unzulässig zu halten, fehlt aber. Für die praktisch wichstigsten Fälle kann sie aber nicht zugelassen werden. Insbesondere kann sie nicht für die *Wahl der Aufsichtsratsmitglieder* vorgeschrieben werden. Nach § 101 können bis zu einem Drittel der Aufsichtsratsmitglieder von entsendungsberechtigten Aktionären entsandt werden. Die Begrenzung der entsandten Mitglieder auf ein Drittel zeigt, daß das Gesetz will, daß die Hauptversammlung unter allen Umständen in der Lage sein soll, mindestens zwei Drittel der von den Aktionären zu besetzenden Aufsichtsratsstellen zu besetzen (§ 101 Anm. 12). Nun sind, da das Gesetz nichts anderes bestimmt, die entsendungsberechtigten Aktionäre berechtigt, bei der Wahl der übrigen Aufsichtsratsmitglieder in der Hauptversammlung mitzustimmen. Dies könnte bei Geltung des Verhältniswahlsystems leicht dahin führen, daß die nur über eine Minderheit von Aktien verfügenden entsendungsberechtigten Aktionäre die Mehrheit der Aufsichtsratsmitglieder bestellen. Eine solche Ausschaltung der Mehrheit der Aktionäre steht aber mit den Grundprinzipien des Aktienrechts in Widerspruch. Es kommt hinzu, daß das Verhältniswahlrecht hier noch zu anderen Schwierigkeiten führen kann. Die gewählten Aufsichtsratsmitglieder können jederzeit abberufen werden. Zwar bedarf es dazu nach dem Gesetz einer Dreiviertelmehrheit, doch kann die Satzung auch eine geringere Mehrheit für ausreichend erklären (§ 103 Abs. 1). Die Mehrheit könnte also das von der Minderheit gewählte Aufsichtsratsmitglied abberufen; bei der Neuwahl könnte sich, da nur ein Mitglied zu wählen wäre, das Verhältniswahlsystem nicht auswirken. Auch sonst könnte dieser Fall im Hinblick auf die Möglichkeit, einzelne Aufsichtsratsmitglieder abzuberufen, und im Hinblick auf das oft übliche turnusmäßige Ausscheiden leicht eintreten. Dies alles zeigt, daß die Verhältniswahl für die Wahl von Aufsichtsratsmitgliedern nicht im Sinne des Gesetzes liegt (Möhring-Schwartz-Rowedder-Haberlandt S. 121; ähnlich Ritter § 113 Anm. 5; a.A. Teichmann-Koehler Anm. zu § 113). Die Zulassung der Verhältniswahl ist auch bei der Beratung des Aktien-Gesetzes 1965 vom Rechts- und Wirtschaftsausschusses des Bundestages ausdrücklich abgelehnt worden (Wilhelmi AktG 65, 133). Unzulässig wird auch die Einführung der Verhältniswahl für die *Bestellung von Sonderprüfern* sein (§ 142). Deren Bestellung scheint das Gesetz nicht als Wahl anzusehen. Es schreibt für sie überdies ausdrücklich die einfache Stimmenmehrheit vor. Damit ist nicht nur eine größere, sondern auch eine kleinere und überhaupt jede andere Mehrheit als ausgeschlossen anzusehen (Anm. 8). Das Gesetz selbst schützt hier eine Minderheit von 10% oder einen Aktienbesitz von DM 2 Millionen durch das Recht, die Bestellung anderer Prüfer beim Gericht zu beantragen (§ 142 Abs. 2). Auch bei der Wahl der Abschlußprüfer sieht das Gesetz ein entsprechendes Minderheitsrecht vor (§ 163 Abs. 2). Hier fehlt es daher an einem Bedürfnis für die Zulässigkeit der Verhältniswahl. Zulässig mag die Verhältniswahl bei der Wahl der Mitglieder eines von der Satzung vorgeschriebenen Organs, eines Beirats oder Verwaltungsrats sein (§ 23 Anm. 18).

§ 134 Stimmrecht

(1) Das Stimmrecht wird nach Aktiennennbeträgen ausgeübt. Für den Fall, daß einem Aktionär mehrere Aktien gehören, kann die Satzung das Stimmrecht durch Festsetzung eines Höchstbetrags oder von Abstufungen beschränken. Die Satzung kann außerdem bestimmen, daß zu den Aktien, die dem Aktionär gehören, auch die Aktien rechnen, die einem anderen für seine Rechnung gehören. Für den Fall, daß der Aktionär ein Unternehmen ist, kann sie ferner bestimmen, daß zu den Aktien, die ihm gehören, auch die Aktien rechnen, die einem von ihm abhängigen oder ihn beherrschenden oder einem mit ihm konzernverbundenen Unternehmen oder für Rechnung solcher Unternehmen einem Dritten gehören. Die Beschränkungen können nicht für einzelne Aktionäre angeordnet werden. Bei der Berechnung einer nach Gesetz oder Satzung erforderlichen Kapitalmehrheit bleiben die Beschränkungen außer Betracht.

(2) Das Stimmrecht beginnt mit der vollständigen Leistung der Einlage. Die Satzung kann bestimmen, daß das Stimmrecht beginnt, wenn auf die Aktie die gesetzliche oder höhere satzungsmäßige Mindesteinlage geleistet ist. In diesem Fall gewährt die Leistung der Mindesteinlage eine Stimme; bei höheren Einlagen richtet sich das Stimmenverhältnis nach der Höhe der geleisteten Einlagen. Bestimmt die Satzung nicht, daß das Stimmrecht vor der vollständigen Leistung der Einlage beginnt, und ist noch auf keine Aktie die Einlage vollständig geleistet, so richtet sich das Stimmenverhältnis nach der Höhe der geleisteten Einlagen; dabei gewährt die Leistung der Mindesteinlage eine Stimme. Bruchteile von Stimmen werden in diesen Fällen nur berücksichtigt, soweit sie für den stimmberechtigten Aktionär volle Stimmen ergeben. Die Satzung kann Bestimmungen nach diesem Absatz nicht für einzelne Aktionäre oder für einzelne Aktiengattungen treffen.

(3) Das Stimmrecht kann durch einen Bevollmächtigten ausgeübt werden. Für die Vollmacht ist die schriftliche Form erforderlich und genügend. Die Vollmachtsurkunde ist der Gesellschaft vorzulegen und bleibt in ihrer Verwahrung.

(4) Die Form der Ausübung des Stimmrechts richtet sich nach der Satzung.

Übersicht

Literatur

Boesebeck: Abstimmungsvereinbarungen mit Aktionären; NJW 60, 7ff.

von Boehmer: Die uneinheitliche Stimmrechtsausübung bei Handelsgesellschaften; NJW 49, 564.

Brauksiepe: Zum Unternehmensbegriff des neuen Aktienrechts; BB 66, 869.

Dietrich: Zum neuen Aktiengesetz; JW 37, 1455.

Erman: Zwangsweise Durchsetzung von Ansprüchen aus einem Stimmbindungsvertrag im Aktienrecht; AktG 59, 267.

Fechner: Treubindungen des Aktionärs; 1942.

Fischer: Die Grenzen bei der Ausübung gesellschaftlicher Mitgliedsrechte; NJW 54, 777.

Fischer: Zulässigkeit und Wirkung von Abstimmungsvereinbarungen; GmbH-Rdsch. 53, 68.

von Godin: Wertung nicht voll bezahlter Aktien bei der Berechnung der Kapitalmehrheit; Soz. Pr. 38, 1507.

Hueck: Der Treuegedanke im modernen Privatrecht; 1947.

Heckelmann: Uneinheitliche Abstimmung bei Kapitalgesellschaften; ACP 170, 306ff.

Janberg-Schlaus: Abstimmungsverträge nach neuem Aktienrecht unter Berücksichtigung des Rechts der verbundenen Unternehmen; AktG 67, 33ff.

Klausing: Uneinheitliche Ausübung mehrerer Stimmen durch Einzelpersonen und Personenverbände; 1928.

Klausing: Anm. zu RG 16. 9. 1927 II 21/27; JW 27, 2982.

Kropff: Das Konzernrecht des Aktiengesetzes; BB 66, 869.

Küster: Inhalt und Grenzen der Rechte der Gesellschafter, insbesondere des Stimmrechts im deutschen Gesellschaftsrecht; 1954.

Peters: Die Ausübung des Stimmrechts bei nutznießungsbelasteten Aktien; 1952.

Peters: Die Erzwingbarkeit vertraglicher Stimmrechtsbindungen; ACP 156, 311.

Pohle: Das Stimmrecht der nicht vollbezahlten Aktien; Bankarch. 36, 447.

Schäfer: Aktuelle Probleme des neuen Aktienrechts; BB 66, 229.

Teichmann: Der Nießbrauch an Gesellschaftsrechten; ZGR 1, 1.

Uhlenbruck: Der Schutz der Familienaktiengesellschaften gegen das Eindringen unerwünschter Aktionäre; DB 67, 1927.

Wiedemann: Die Übertragung und Vererbung von Mitgliedschaftsrechten bei Handelsgesellschaften; 1965.

Wilhelmi: Das neue Aktiengesetz; AktG 65, 152.

Witte: Grundsätzliche Fragen des Bilanz- und Stimmrechts bei Aktiengesellschaften; 1957.

Zöllner: Die Schranken mitgliedschaftlicher Stimmrechtsmacht bei den privatrechtlichen Personenverbänden; 1963.

Anm. 1

Einleitung

Über das Stimmrecht enthielt das ADHGB in Art. 190 nur den Satz, daß jede Aktie das Stimmrecht gewähre. Der durch die Novelle vom 18. 7. 1884 neu gefaßte Art. 190 bestimmte dann weiterhin, daß das Stimmrecht nach Aktienbeträgen ausgeübt werde und der Gesellschaftsvertrag die Ausübung des Stimmrechts durch einen Höchstbetrag, in Abstufungen oder nach Gattungen beschränken könne. Außerdem wurde festgelegt, daß das Stimmrecht auch kraft schriftlicher Vollmacht, die in der Verwahrung der Gesellschaft bleibe, ausgeübt werden könne. Neben der Regelung über den Ausschluß des Stimmrechts verwies Art. 190 für die Bedingungen des Stimmrechts und die Ausübungsform auf den Gesellschaftsvertrag. Diese Bestimmung des revidierten Art. 190 ist ziemlich unverändert in § 252 HGB übernommen worden. Nur wurde die Möglichkeit einer Beschränkung des Stimmrechts nach Gattungen gestrichen und lediglich die Gewährung eines höheren Stimmrechts bei Vorhandensein mehrerer Gattungen zugelassen. Von dort ist die Regelung in § 114 AktG 1937 überführt worden, wobei die Abstufung des Stimmrechts nach Gattungen mit Rücksicht auf das grundsätzliche Verbot der Mehrstimmrechtsaktien (§ 12) gestrichen wurde. Auch umfaßte § 114 außer der Regelung des Stimmrechts selbst noch die Ausübung des Stimmrechts durch Kreditinstitute auf Grund einer Stimmrechtsermächtigung sowie den Ausschluß des Stimmrechts. AktG 1965 hat, um die Gesamtregelung übersichtlicher zu machen, aus § 134 die Bestimmungen über die Ausübung des Stimmrechts durch Kreditinstitute und geschäftsmäßig handelnde Vertreter in einen neuen § 135 und die Vorschriften über den Ausschluß des Stimmrechts in einen neuen § 136 verwiesen, so daß § 134 sich nur noch mit dem Stimmrecht als solchem beschäftigt. Der erste Satz des § 114 Abs. 1 AktG 1937, wonach das Stimmrecht nach Aktiennennbeträgen ausgeübt werde, ist mit Rücksicht darauf, daß er bereits in § 12 S. 1 enthalten und ohne Hinweis auf die Zulassung von stimmrechtslosen Vorzugsaktien falsch ist, gestrichen worden. Abs. 1 S. 3—6 sind neu eingefügt und stellen Fragen klar, die im bisherigen Recht umstritten waren.

I. Stimmrecht als Ausfluß des Aktienrechts

Anm. 2

1. Allgemeines

Von den Verwaltungsrechten, die die Aktien als Anteilsrechte gewähren, ist das Stimmrecht das Gewichtigste. Da es in der Hauptversammlung auszuüben ist (§ 118 Abs. 1), schließt es notwendig das Teilnahmerecht ein (Anm. 42), fällt aber mit ihm nicht ganz zusammen. Das Stimmrecht ist allerdings nicht notwendiger Bestandteil des Aktienrechts, wie die Zulässigkeit von Aktien ohne Stimmrecht (§ 12 Abs. 1 S. 2, §§ 139ff.) zeigt. Es ist grundsätzlich unantastbar (§ 1 Anm. 40). Nur die Satzung kann das Stimmrecht in den Fällen, in denen das Gesetz es zuläßt, abändern: einmal durch Erweiterung, wie Abs. 2 S. 2 (Beginn des Stimmrechts vor Leistung der Mindesteinlage) und § 12 Abs. 2 S. 2 (ausnahmsweise Zulassung von Mehrstimmrechten) zeigen, zum anderen durch Einschränkung, wie sie Abs. 1 S. 2ff. (Festsetzung von Höchtbeträgen und Abstufungen) regelt. Den Gesellschaftsorganen ist, einerlei ob es sich um Vorstand, Aufsichtsrat oder Hauptversammlung handelt, keine Befugnis zum Eingreifen in das Stimmrecht gegeben. Das Stimmrecht ist auch unabhängig von der Ausgabe von Aktienurkunden; es besteht auch dann, wenn noch keine Aktienurkunden ausgegeben sind (RG 34, 110; Baumbach-Hueck Rdn. 3). Über das Stimmrecht bei Namensaktien vgl. § 67 Anm. 15.

Anm. 3

2. Keine Beschränkung durch die Satzung

Die *Satzung* kann dem Aktionär das Stimmrecht nicht entziehen, weder im allgemeinen noch für den bestimmten Fall. Sie kann daher nicht bestimmen, daß ein Aktionär oder die Inhaber einer bestimmten Gattung von Aktien über die gesetzlichen Beschränkungen des Stimmrechts hinaus in gewissen Fällen nicht stimmberechtigt sein sollen. Es ist zwar zulässig, daß die Satzung für gewisse Beschlüsse das Erfordernis einer besonderen Abstimmung einer bestimmten Gattung von Aktien aufstellt (§ 133 Anm. 5). Dies bedeutet aber keinen Ausschluß des Stimmrechts der an der besonderen Abstimmung nicht teilnehmenden Aktien, da zur Annahme des Beschlusses jedenfalls eine Abstimmung notwendig ist, an der auch sie beteiligt sind.

Ebensowenig kann die Satzung dem Aktionär das Recht nehmen, das Stimmrecht persönlich auszuüben. Es kann also nicht vorgeschrieben werden, daß sich Personen mit gewissen Eigenschaften, z. B. Frauen, durch einen Bevollmächtigten vertreten lassen müssen (RG 55, 41 unter Aufhebung des Urteils des OLG Hamburg in OLGR 6, 190). Über die Zulässigkeit von Beschränkungen des Rechts des Aktionärs, sich durch einen Bevollmächtigten vertreten zu lassen, siehe Anm. 27 und 32.

Ebenso kann die Satzung keine beliebigen Beschränkungen der Ausübung des Stimmrechts anordnen. Nur § 123 Abs. 2 S. 1 gibt hier der Satzung gewisse Möglichkeiten (§ 123 Anm. 8). Über sie kann nicht hinausgegangen werden. Auch ein genereller Verzicht auf das Stimmrecht ist nicht möglich, wenn es dem Aktionär selbstverständlich auch frei steht, im einzelnen Fall von seinem Aktienrecht keinen Gebrauch zu machen.

Anm. 4

3. Inhaber des Aktienrechts als Stimmberechtigter

Das Stimmrecht steht grundsätzlich dem Inhaber des Aktienrechts zu. Das ist bei Namensaktien derjenige, der der Gesellschaft gegenüber als Inhaber des Aktienrechts gilt (§ 67 Abs. 2; dort Anm. 15, 17) und bei Inhaberaktien der Inhaber der Urkunde (§ 793 Abs. 1 BGB). Der Schluß von der Innehabung der Aktienurkunde auf die Inhaberschaft des Aktienrechts ist widerlegbar. Wenn die Aktiengesellschaft einen durch die Aktienurkunde ausgewiesenen Aktionär nicht zum Stimmrecht zuläßt, handelt sie auf ihr Risiko (Kölner Kommentar Anh. zu § 68 Anm. 13), d. h. es liegt eine grundsätzlich zur Anfechtung berechtigende Gesetzesverletzung vor, wenn sich später herausstellt, daß der Urkundeninhaber doch Rechtsinhaber war. Läßt sie dagegen den Inhaber der Urkunde zum Stimmrecht zu, so ist ihre Zulassung durch § 793 Abs. 1 BGB gedeckt und liegt keine Gesetzesverletzung vor, auch wenn sich später herausstellt, daß der Urkundeninhaber nicht Aktionär war. Die Entscheidung über die Zulassung fällt im übrigen in der Hauptversammlung, jedoch vorbehaltlich einer Überprüfung durch das Gericht, wenn ein Verfahren anhängig wird. Eine Abtrennung des Stimmrechts von dem Aktienrecht in Form einer Übertragung nur des Stimmrechts ist nicht zulässig (§ 8 Anm. 15; Wiedemann S. 276). Das schließt Stimmrechtsvereinbarungen nicht aus (Anm. 41), ebensowenig auf das Stimmrecht beschränkte Stimmrechtsvollmachten (Abs. 3; Anm. 27ff.).

Anm. 5

4. Stimmrecht bei Verpfändung und Sicherungsübereignung

Im Falle einer *Verpfändung* von Aktien steht das Stimmrecht nach wie vor dem Aktionär und nicht dem Pfandgläubiger zu (RG 139, 224; 157, 55; OLG Jena im Recht 1903 Nr. 3032; OLG Colmar in LZ 1908, 871[8]); dies gilt ohne Rücksicht auf den Gegenstand der Beschlußfassung (h. L.; Godin-Wilhelmi Anm. 2; Teichmann-Köhler § 114 Anm. 2c; Baumbach-Hueck Rdn. 4; Würdinger S. 57; Wiedemann S. 428 für GmbH-Geschäftsanteile; Spring in Staudinger § 1293 Rdn. 3 und die dort angegebene weitere Literatur) und ohne Rücksicht darauf, daß der Verpfänder die Aktie dem Pfandgläubiger zu übertragen bzw. zu übergeben hat (§§ 1292, 1293, 1205 BGB). Ebenso behält der Aktionär im Falle einer Pfändung der Aktien das Stimmrecht (KG im Recht 1929 Nr. 2471). Der Pfandgläubiger hat dem Aktionär die Ausübung des Stimmrechts, z. B. durch die satzungsgemäß vorgesehene Hinterlegung zu seinen Gunsten mit der Maßgabe der Rückgabe an ihn zu ermöglichen (Spring in Staudinger § 1293 Rdn. 3).

Zur Stimmrechtsausübung, die das Pfandrecht beeinträchtigt, ist der Aktionär dann zwar nicht befugt, aber legitimiert. Zulässig ist aber auch die Erteilung einer Vollmacht zur Ausübung des Stimmrechts oder die Übertragung des Stimmrechts (Legitimationsübertragung; s. § 68 Anm. 25 und unten Anm. 33) auf den Pfandgläubiger (RG bei Bolze 12 Nr. 510; RG 157, 52 [55f.]; KG in OLGR 37, 8). Nicht zulässig erscheint im Hinblick auf die dadurch hervorgerufene Rechtsunsicherheit, daß das Stimmrecht dem Pfandgläubiger nur insoweit übertragen wird, als es zur Wahrung und Durchführung des Pfandrechts notwendig ist (Brodmann HGB § 252 Anm. 1f.; Ritter § 12 Anm. 2c; a.A. KG a. a. O.).

Im Falle der *Sicherungsübereignung* hat der Sicherungsnehmer das Stimmrecht (RG in JW 1934, 2906[3]; h. L.). Denn er ist Inhaber des Aktienrechts. Es bedarf in diesem Fall umgekehrt der Bevollmächtigung oder Stimmrechtsübertragung, wenn der Sicherungsgeber zur Ausübung des Stimmrechts befugt sein soll (RG a. a. O.). Ebenso ist bei sonstigen Treuhandverhältnissen stimmberechtigt der Treuhänder und nicht der Treugeber. Der Sicherungsnehmer oder Treuhänder ist aber im Innenverhältnis verpflichtet, vom Stimmrecht nicht einen den Treugeber schädigenden Gebrauch zu machen (h. L.). Sein Stimmrecht ruht, solange der Treugeber kein Stimmrecht hat, da dieser nicht mehr Rechte übertragen kann, als ihm zustehen (RG in JW 35, 3303). Erst recht ist nicht stimmberechtigt, wer nur einen rein schuldrechtlichen Anspruch auf die Aktien hat, wie z. B. der Wiederkaufsberechtigte beim Report-Geschäft (RG in LZ 1907, 1391).

Anm. 6

5. Stimmrecht bei Nießbrauch

Sehr umstritten ist, wem bei einem *Nießbrauch* an der Aktie das Stimmrecht zusteht. Im wesentlichen werden drei verschiedene Auffassungen vertreten. Die wohl herrschende Meinung beläßt das Stimmrecht trotz Nießbrauchs dem Aktionär (so Voraufl. § 114 Anm. 4; Obermüller-Werner-Winden S. 68; Lehmann-Dietz, Gesellschaftsrecht, 3. Aufl. S. 340; Schilling-Hachenburg GmbHG § 15 Anh. I Anm. 20; Teichmann ZGR 1, 11/12; weitere Nachweise bei Wiedemann S. 414 N. 1). Eine Mindermeinung entscheidet sich für die Stimmberechtigung des Nießbrauchers (Godin-Wilhelmi Anm. 3; Palandt-Degenhardt § 1068 Anm. 4; weitere Nachweise bei Wiedemann S. 413 N. 1). Eine letzte Auffassung entscheidet sich für eine gemeinsame Ausübung des Stimmrechts durch Aktionär und Nießbraucher, wobei häufiger die Bestellung eines gemeinschaftlichen Vertreters verlangt wird (Peters S. 25ff.; Staudinger-Spring gem. Bem. zu §§ 1080/81 Rdn. 1; weitere Nachweise bei Wiedemann S. 413 N. 2 und S. 414 N. 2), gelegentlich auch ein Ruhen der Stimmrechte für den Fall einer Nichteinigung zwischen Aktionär und Nießbraucher (RGR Kom. § 1068 Anm. 3) oder eine Belassung des Stimmrechts nach außen beim Aktionär — damit berührt sich diese Auffassung mit der h. M. —, jedoch mit der unter die Sanktion einer Schadensersatzpflicht gestellten Verpflichtung, auch die Interessen des Nießbrauchers bei der Stimmabgabe zu wahren (Wiedemann S. 412ff.). Das Stimmrecht ist Verwaltungsrecht; für seine Zuordnung zwischen Aktionär und Nießbraucher muß also entscheidend sein, wem bei Bestellung eines Nießbrauches die Verwaltungsbefugnisse an dem Nießbrauchsobjekt zustehen. Das ist nach §§ 1036ff. BGB im deutschen Recht der Nießbraucher. Zwar ist diese Regelung auf den Nießbrauch an Sachen abgestellt und paßt, wie Wiedemann S. 409, 411/12 ausführt, nur beschränkt auf Beteiligungsrechte. Aber dieser Regelung des BGB, mag sie auch auf den Nießbrauch an Rechten nicht ohne weiteres passen, ist doch immerhin der gesetzgeberische Wille zu entnehmen, daß die Verwaltung dem Nießbraucher zustehen soll. Das muß dann aber auch für Aktien gelten (so auch das schweizerische Recht in Art. 690 Abs. 2 Obl. Recht und — jedenfalls für die ordentliche, nicht aber auch für die außerordentliche Hauptversammlung — das französische Recht in Art. 663 Abs. 1 des Gesetzes über die Handelsgesellschaften vom 24. 7. 1966). Der Nießbrauch ist eben im deutschen Recht kein reines Recht zum Bezug der geldwerten Nutzungen, sondern beinhaltet auch das Recht zum Besitz und bei Inhaberpapieren neben dem ausschließlichen

Recht zum Besitz an den Dividendenscheinen das Recht zum Mitbesitz an der Aktienurkunde selbst (§ 1081 Abs. 1 BGB). Richtiger, als dem Eigentümer das Stimmrecht mit der durch eine Ersatzpflicht sanktionierten Verpflichtung zur Beachtung der Interessen des Nießbrauchers zu belassen (so Wiedemann S. 412ff.), scheint es deshalb, den Nießbraucher für stimmberechtigt zu erklären und ihn im Rahmen des § 1041 BGB für verpflichtet zu halten, die Interessen des Eigentümers an der Erhaltung des Aktienrechts in seinem wirtschaftlichen Bestand zu achten.

Solange vom deutschen Gesetzgeber anders als vom schweizerischen und französischen keine klare Entscheidung über die Zuordnung des Stimmrechts getroffen ist und deshalb mit dem Fortbestand der weit divergierenden Auffassungen gerechnet werden muß, ist es für die Praxis von wesentlicher Bedeutung, ob die Zuordnung durch Vereinbarung zwischen Nießbraucher und Aktionär geregelt werden kann. Daß der eine dem anderen eine Vollmacht zur Stimmrechtsausübung erteilen kann, genügt für eine interne Regelung nicht immer. Auch diese Frage ist heftig umstritten, wie die Nachweise bei Wiedemann S. 416 N. 3 ergeben, der selbst für eine vertragliche Zuordnung eine satzungsmäßige Erlaubnis erfordert. Wenn aber zwischen Nießbraucher und Aktionär auf Grund der Nießbrauchsbestellung eine auch im gemeinsamen Besitz an der Aktienurkunde zum Ausdruck kommende Rechtsgemeinschaft besteht, sollte eine vertragliche Regelung über die Zuordnung des Stimmrechts als zulässig anerkannt werden, die dann den Streit über die gesetzliche Zuordnung für den konkreten Nießbrauch hinfällig macht (so auch Baumbach-Hueck Rdn. 4).

Anm. 7

6. Stimmrecht beim Güterstand

Für den früheren *gesetzlichen Güterstand* der Verwaltung und Nutznießung des Ehemanns hinsichtlich der zum eingebrachten Gut gehörigenAktien wurde überwiegend die Ansicht vertreten, daß der Ehemann uneingeschränkt stimmberechtigt sei (s. die Nachweise in der 1. Auflage und bei Peters a. a. O. S. 33ff.). Bei einer *vor* dem 1. 4. 1953 vereinbarten Gütergemeinschaft wird das Stimmrecht weiterhin vom Ehemann als dem Verwalter des Gesamtguts ausgeübt (Ritter § 12 Anm. 2d; Baumbach-Hueck Rdn. 4); das gleiche gilt hinsichtlich des Gesamtguts für bestehen gebliebene Errungenschafts- und Fahrnisgemeinschaften (vgl. Art. 8 I Ziff. 6 und 7 GleichberechtigungsG vom 18. 7. 1957, BGBl. I 609, sowie im einzelnen Peters a. a. O. S. 51). Bei dem jetzigen gesetzlichen Güterstand der sogenannten Zugewinngemeinschaft gilt, wie auch bei Gütertrennung, daß allein die Ehefrau das Stimmrecht aus ihr gehörenden Aktien ausübt (§ 1364 BGB). Bei einer später als dem 31. 3. 1953 vereinbarten Gütergemeinschaft verwalten die Ehegatten vorbehaltlich anderweiter Vereinbarung im Ehevertrag die zum Gesamtgut gehörenden Aktien gemeinschaftlich, so daß ihnen das Stimmrecht gemeinschaftlich zusteht (§ 1421 BGB). Für die fortgesetzte Gütergemeinschaft vgl. § 1487 Abs. 1 BGB.

Anm. 8

7. Stimmrecht bei gesetzlicher Vertretung

Der Vormund, der Pfleger und andere Personen, die die Stellung von *gesetzlichen Vertretern* haben, üben das Stimmrecht kraft ihrer Vertretungsmacht im Namen des Aktionärs aus. Auch für *Minderjährige* stimmt der gesetzliche Vertreter. Nach § 1629 BGB i. d. F. des GleichberechtigungsG war die gesetzliche Vertretung des ehelichen Kindes dem Vater übertragen, der Mutter nur, wenn die elterliche Gewalt des Vaters aus tatsächlichen oder rechtlichen Gründen aufgehoben wurde. Das BVerf-Gericht hat § 1629 Abs. 1 BGB für nichtig erklärt (BGBl. 1959 I 633). Es gilt also, daß die Eltern nur gemeinsam das Kind vertreten können (Art. 3 Abs. 2 GG); so BGH in NJW 1959, 2111 auch für die Zeit vor Inkrafttreten der GleichberechtigungsG. Die Bestimmung des Abs. 3 über die Schriftform der Vollmacht zur Abstimmung in der Hauptversammlung gilt für sie nicht. Doch müssen sie sich in geeigneter Weise über die Rechtsstellung, die ihnen das Vertretungsrecht gibt, ausweisen. Entsprechendes gilt für die im eigenen Namen als Inhaber ihres Amtes stimmenden Personen, die die Rechtsstellung von *Parteien kraft Amtes* haben, wie Konkursverwalter und Testamentsvollstrecker.

Haben die gesetzlichen Vertreter nur Gesamtvertretungsbefugnis, so können sie nur zusammen stimmen. Eine Verpflichtung, einen gemeinsamen Vertreter zu bestellen, besteht nicht (Ritter § 114 Anm. 5a; a. A. Brodmann § 252 Anm. 3b). Ein einzelner Kollektivvertreter muß Vollmacht der übrigen Gesamtberechtigten vorlegen. Auch die *Satzung* kann nichts Abweichendes bestimmen, insbesondere nicht vorsehen, daß juristische Personen oder Personenmehrheiten durch *einen* Geschäftsführer oder *einen* Prokuristen vertreten werden, wenn diese nur gemeinsam mit anderen Personen vertretungsberechtigt sind.

Über das Stimmrecht Mitberechtigter siehe § 69 Anm. 6.

Anm. 9

8. Stimmrecht bei anderen Rechtsverhältnissen

Bei einem Treuhandverhältnis wird in der Regel das Aktienrecht treuhänderisch auf den Treuhänder übertragen sein, so daß dieser rechtlich Inhaber der Aktien ist. Infolgedessen steht ihm das Stimmrecht zu (Anm. 5). Der Stimmrechtsausschluß des Treugebers aus § 136 trifft aber auch den Treuhänder. Dem Verwahrer steht, weil er nicht Inhaber der Aktien ist, das Stimmrecht nicht zu. Bei Kost- oder Reportgeschäften und auch bei Pensionsgeschäften mit Aktien wird der Hereinnehmer der Aktien deren Inhaber, so daß ihm das Stimmrecht zusteht. Das Sammeldepot nimmt dem Aktionär das Stimmrecht nicht; der Aktionär ist zwar nicht mehr Inhaber bestimmter Aktien, die selbständige Ausübung seiner Aktionärsrechte bleibt ihm aber gewahrt (vgl. im einzelnen Opitz, Depotgesetz Anm. 23 zu §§ 6—8). Wegen der Legitimationszession vgl. § 68 Anm. 25 und unten Anm. 33/34.

Anm. 10

9. Stimmrecht bei Kapitalanlagegesellschaften

Kapitalanlagegesellschaften sollen, nicht müssen, nach §§ 9, 10 des Gesetzes über Kapitalanlagegesellschaften in der Neufassung vom 14. 1. 1970, BGBl. I, 127, das Stimmrecht aus zum Sondervermögen gehörenden Aktien im Regelfall selbst ausüben, d. h. durch ihre Organe oder Angestellte. Einen anderen dürfen sie zur Stimmrechtsausübung nur für den Einzelfall ermächtigen; dabei sollen Weisungen erteilt werden. Obgleich die Investmentgesellschaften Kreditinstitute im Sinne des KreditwesenG sind, bedürfen sie zur Stimmrechtsausübung keine besonderen Vollmacht oder Ermächtigung, gleichgültig, ob rechtlich das Sondervermögen im Miteigentum der Anteilsinhaber steht oder ob die sogenannte Treuhandlösung gewählt ist, bei der die Kapitalanlagegesellschaft formal Eigentümerin der Aktien des Fondsvermögens ist (vgl. §§ 9 Abs. 1 und 6 des G vom 14. 1. 1970).

Ausdrücklich verlangt das Gesetz aber in § 10, daß die Kapitalanlagegesellschaft auch bei Ausübung des Stimmrechts aus Aktien des Sondervermögens mit der Sorgfalt eines ordentlichen Kaufmanns handelt und insbesondere die Interessen der Anteilinhaber wahrt.

Anm. 11

10. Einheitliche Stimmabgabe?

Nach RG 118, 67 und der zur Zeit des Erlasses dieses Urteils fast allgemein herrschenden Lehre konnte jeder Aktionär für seine sämtlichen Aktien seine Stimme nur *einheitlich abgeben*. Der Hauptgrund für diese Ansicht wurde darin gesehen, daß ein vernünftiger, schutzwürdiger Grund dafür, daß ein und derselbe Aktionär mit einem Teil seiner Aktien für einen Antrag, mit einem anderen dagegen stimmt, nicht erkennbar sei (vgl. auch RG 157, 58). Demgegenüber hat Klausing in der Anm. in JW 1927,

2982 sowie in seiner Schrift „Uneinheitliche Ausübung mehrerer Stimmen" für in Händen von juristischen Personen befindlichen Aktien und sodann Flechtheim in BankA 28, 418ff. allgemein überzeugend dargelegt, daß es berechtigte Gründe für eine uneinheitliche Stimmenabgabe sehr wohl geben kann. Der Aktionär und besonders der Legitimationsaktionär sowie ein Treuhänder, der im eigenen Namen für verschiedene Treugeber auftritt, kann hinsichtlich verschiedener Aktien Bindungen gegenüber verschiedenen Personen in bezug auf die Ausübung des Stimmrechts unterliegen und daher zu einer uneinheitlichen Stimmenabgabe verpflichtet sein. Die juristische Person des öffentlichen Rechts, der Aktien gehören, kann aus anderen Verbänden zusammengesetzt sein, die jeder ein unabhängiges Recht haben, über die Ausübung des Stimmrechts für eine gewisse Zahl von Aktien zu bestimmen. Auf der andern Seite wird durch eine uneinheitliche Stimmenabgabe niemand in seinen Rechten verletzt oder geschädigt. Wenn das Reichsgericht der Entscheidung RG 118, 67 den Satz voranstellt, daß die Willensäußerung eines Aktionärs nur einheitlich denkbar sei, so zeigt doch die Fülle der Lebenserscheinungen und die sich daraus ergebende Praxis, daß man bei Behandlung dieser Frage mit rein logischen Erwägungen nicht auskommt, was auch das RG anerkennen mußte (RG 137, 313; vgl. auch RG 124, 371 und 157, 52ff.). Die vom Reichsgericht in RG 118, 67 zur Unterstützung seiner Ansicht angeführten früheren aktienrechtlichen Vorschriften des HGB treffen nicht mehr zu. Das gilt auch für die Anfechtungsbefugnis nach § 245 Nr. 1; diese hat mit der Gültigkeit der Stimmabgabe nichts zu tun, und nirgends wird verlangt, daß der anfechtende Aktionär mit allen seinen Stimmen einheitlich gegen einen Beschluß stimme, um anfechten zu können. Eine andere Frage ist es, ob je nach den Umständen eine Verwirkung der Anfechtungsbefugnis gegeben sein kann, wenn uneinheitlich sowohl für wie gegen den Beschluß gestimmt worden ist.

Die Praxis, die sich trotz der RG-Rechtsprechung herausgebildet hat, hat die uneinheitliche Stimmabgabe zu einem schon als gewohnheitsrechtlich anerkannten Rechtsinstitut werden lassen. Seit Jahrzehnten haben auf allen größeren Hauptversammlungen Bankenvertreter bei Vorliegen entsprechender Weisungen uneinheitlich mit dem von ihnen vertretenen Aktienbesitz abgestimmt, ohne daß bekannt geworden wäre, daß dieses Verfahren beanstandet worden ist. Auch die neuen Bestimmungen des § 135, die den Banken die Ausübung als Legitimationsaktionäre verbieten — dieses Verbot hat mit der Frage einer uneinheitlichen Stimmabgabe nichts zu tun —, ändern nichts daran, daß außerhalb des Kreises der unter § 135 fallenden Vertreter die uneinheitliche Stimmabgabe üblich ist und als zulässig angesehen wird. Auch in der aktienrechtlichen Literatur wird die uneinheitliche Stimmabgabe allgemein für zulässig gehalten: Ritter § 114 Anm. 13; Godin-Wilhelmi Anm. 4; Baumbach-Hueck, Rdn. 5; Teichmann-Köhler § 114 Anm. 2c; von Böhmer NJW 1949, 564; Obermüller-Werner-Winden S. 100; neuerdings Heckelmann ACP 170, 306ff. mit weiteren Literaturangaben S. 318ff.; teilweise abweichend Würdinger S. 73, § 14 IV 2, der die uneinheitliche Abstimmung nur aus verschiedenen Personen gehörenden Fremdaktien zulassen will, u. Klausing a. a. O. S. 24ff., der sie nur bei juristischen Personen zulassen will. Ist die uneinheitliche Stimmabgabe zulässig, so ist auch nicht darauf abzustellen, ob im einzelnen Fall ein vernünftiger Grund für sie vorliegt (Ritter a. a. O.; Heckelmann ACP 170, 331). Denn die Hauptversammlung ist außerstande, dies zu entscheiden; die damit gegebene Rechtsunsicherheit ist unbedingt zu vermeiden. Es dürfte anzunehmen sein, daß auch der Inhaber einer einzigen Aktie, die mehrere Stimmen gewährt, diese verschiedenen Stimmen uneinheitlich abgeben kann. Es fehlt an einem sachlichen Grunde, dem Inhaber einer Aktie von 2000 DM nicht dieselben Möglichkeiten der Abstimmung zuzusprechen wie dem Inhaber von zwei Aktien über je 1000 DM (a. M. Heckelmann ACP 170, 328/32). Dagegen kann eine Aktie mit nur einer Stimme nicht uneinheitlich abstimmen.

Soweit die uneinheitliche Stimmenabgabe zulässig ist, kann der Aktionär sich auch durch verschiedene Bevollmächtigte vertreten lassen oder das Stimmrecht teils selbst ausüben, teils durch Vertreter ausüben lassen.

Da die im Aktienrecht zulässige Legitimationsübertragung im GmbH-Recht problematisch und ohne erhebliche praktische Bedeutung ist, und wegen der überhaupt nicht ohne weiteres vergleichbaren rechtlichen Stellung des Aktionärs mit dem Gesellschafter einer GmbH kann die RG-Rechtsprechung und Literatur zum GmbHG nur bedingt herangezogen werden; jedoch ist aus den vorstehend dargelegten Gründen im Grundsatz auch für das GmbH-Recht die uneinheitliche Stimmabgabe als zulässig anzusehen (Schmidt-Hachenburg § 47 Anm. 6a; Heckelmann ACP 170, 334ff.).

II. Berechnung der Stimmen

Anm. 12

1. Nach Aktiennennbeträgen

Das Stimmrecht wird nach Aktiennennbeträgen ausgeübt (Abs. 1 S. 1). Da jede Aktie das Stimmrecht gewährt, entfällt auf jede Aktie mindestens eine Stimme. Die Zahl der Aktien und somit auch ihre Stückelung ist im übrigen unerheblich. Lauten die Aktien über verschiedene Nennbeträge, so gewährt die Aktie mit dem geringsten Nennbetrag eine Stimme. Sind beispielsweise Aktien über 300 DM und solche über 1000 DM vorhanden, so entfällt auf jede Aktie von 300 DM eine Stimme. Die Aktie von 1000 DM gewährt dann $3^1/_3$ Stimmen. Man kann ebensogut sagen, daß die Aktie von 300 DM 3 Stimmen und die Aktie von 1000 DM 10 Stimmen gewährt; denn es kommt allein auf das Verhältnis der Nennbeträge zueinander an. Die Regelung des Abs. 2 S. 6, wonach Bruchteile von Stimmen nur gezählt werden, soweit ihre Zusammenzählung für den stimmberechtigten Aktionär volle Stimmen ergibt, gilt hier nicht (Schlegelberger-Quassowski § 114 Anm. 4). Es ist allerdings in der deutschen Aktienpraxis üblich, das Stimmrecht an einen bestimmten Nennbetrag der Aktien anzuhängen, und zwar entweder an den der Aktie mit dem kleinsten Nennbetrag oder, wenn nicht alle übrigen Aktiennennbeträge durch den kleinsten Nennbetrag teilbar sind, an den größten gemeinsamen Teiler sämtlicher Aktiennennbeträge. Notwendig ist eine derartige, durch die Satzung zu treffende Regelung aber keineswegs. Fehlt sie, so wird einfach nach Aktiennennbeträgen gerechnet und entfällt eine Berechnung der Mehrheiten oder Minderheiten nach Stimmen.

Die Bestimmung des Abs. 1 S. 1 ist zwingend. Stimmenzahl und Aktiennennbetrag müssen sich immer entsprechen. Eine satzungsmäßige Regelung, die einer Aktie von DM 300,— eine Stimme, einer von DM 1000,— aber nur drei oder gar vier Stimmen gäbe, wäre wegen Verstoß gegen Abs. 1 S. 1 nichtig. Nur als Mehrheitsstimmrechtsaktien gemäß § 12 Abs. 2 S. 2 wäre eine derart von den Aktiennennbeträgen abweichende Stimmrechtsgestaltung zulässig. Abs. 1 S. 1 statuiert den Grundsatz, daß alle Aktien ihren Nennbeträgen entsprechende Zählwerte haben müssen. Bei Wahlen bedeutet das aber keineswegs, daß sie auch den gleichen Erfolgswert haben müßten; das würde nur dann gelten, wenn das Aktienrecht für Wahlen das Verhältniswahlsystem vorschriebe (vgl. BVerfG 13, 246), was aber bewußt nicht geschehen hat (vgl. Wilhelmi AktG 65, 154).

Anm. 13

2. Mehrstimmrechtsaktien

Das Gesetz sagt es nicht, aber es versteht sich von selbst, daß *Mehrstimmrechtsaktien*, soweit solche vor dem Inkrafttreten des Aktiengesetzes rechtmäßig geschaffen worden sind oder nach dem Inkrafttreten zulässigerweise begründet sind (§ 12 Abs. 2 S. 2), das ihrem Vorzug entsprechende Vielfache des auf andere Aktien gleichen Nennbetrages entfallenden Stimmrechts gewähren. HGB § 252 Abs. 1 S. 4, der früher grundsätzlich Mehrstimmrechte zuließ, gab zu der Streitfrage Anlaß, ob Mehrstimmrechte Aktien eingeräumt werden können, die sich, abgesehen von dem Mehrstimmrecht, von den Stammaktien nicht unterscheiden. Diese Frage ist mit der Fortlassung des Abs. 1 S. 4 gegenstandslos geworden. Irgendein Anhalt dafür, daß die Begründung von Mehrstimmrechtsaktien gemäß § 12 Abs. 2 S. 2 nur genehmigt werden könnte, wenn die Aktien auch in anderer Hinsicht eine besondere Gattung bilden, liegt nicht vor. Sieht die Satzung nicht vor, daß ein bestimmter Aktiennennbetrag eine Stimme ergibt, so berechnet sich das Mehrstimmrecht nach dem Vielfachen des Nennbetrags der Mehrstimmrechtsaktien.

III. Satzungsmäßiges Verbot der Stimmenhäufung

Anm. 14

1. Festsetzung eines Höchstbetrags oder von Abstufungen

Das Stimmrecht kann in der Satzung durch *Festsetzung eines Höchstbetrages oder von Abstufungen* beschränkt werden (Abs. 1 S. 2). Eine solche Beschränkung braucht nicht in der ursprünglichen Satzung enthalten zu sein; sie kann auch nachträglich eingeführt werden, selbst wenn zu dieser Zeit schon ein Großaktionär vorhanden ist, der durch das Verbot betroffen werden soll (Schlegelberger-Quassowski § 114 Anm. 5; Baumbach-Hueck Rdn. 8; Godin-Wilhelmi Anm. 6; a. M. Meilicke JW 1937, 2431). Die früher in § 13 der 3. DV vom 21. 12. 1938 vorgesehene Genehmigungsbedürftigkeit durch den Reichswirtschaftsminister für derartige Hauptversammlungsbeschlüsse ist im AktG 1965 und seinem EG gestrichen (Godin-Wilhelmi Anm. 6). Höchstbetrag kann auch die auf *eine* Aktie entfallende Stimmenzahl sein, so daß, wenn alle Aktien auf denselben Nennbetrag lauten, im Ergebnis eine Abstimmung nach Köpfen stattfindet (Ritter § 114 Anm. 3; Brodmann HGB § 252 Anm. 2a; a.A. Staub § 252 Anm. 12). Das Gesetz sieht ausdrücklich die Zulässigkeit der Beschränkungen nur für den Fall vor, daß ein Aktionär mehrere Aktien besitzt. Der Besitzer einer einzigen Aktie muß also das volle, dem Nennbetrag der Aktie entsprechende Stimmrecht haben. Der Betrag, von dem ab ein Aktionär keine Stimme erhält oder von dem ab das Stimmrecht geringer wird, darf also nicht niedriger als der Nennbetrag derjenigen Aktien sein, die auf den größten Nennbetrag lauten. Die Abstufungen dürfen nicht so beschaffen sein, daß auf einen steigenden Mehrbetrag im Verhältnis mehr Stimmen entfallen; denn dies wäre keine Beschränkung des Stimmrechts, sondern eine Erweiterung und liefe dem Verbot der Schaffung von Mehrstimmrechtsaktien ohne staatliche Genehmigung zuwider.

Zulässig ist auch, das Stimmrecht sowohl durch Abstufungen als durch Festsetzung eines Höchstbetrages zu beschränken (Ritter § 114 Anm. 3; Brodmann HGB § 252 Anm. 2a). Es kann also etwa bestimmt werden, daß ein Aktienbesitz über 100 Aktien auf je 5 weitere Aktien nur eine Stimme gewährt und daß kein Aktionär mehr als 200 Stimmen haben kann. Dagegen kann nicht auf Kriterien außerhalb des Nennbetrags abgestellt werden, z. B. Umfang des Geschäftsverkehrs mit der Gesellschaft (KG JW 39, 491), Dauer der Zugehörigkeit zur Gesellschaft u. dgl.

Stimmrechtsbeschränkungen können nur für bestimmte Beschlußfassungen, z. B. Aufsichtsratswahlen oder Satzungsänderungen, aber auch allgemein vorgesehen werden. Unzulässig ist es, daß die Satzung dem Aufsichtsrat die Festsetzung des Höchstbetrages oder der Abstufungen im Stimmrecht überläßt (KG HRR 31, 1242). Die Satzung selbst muß die Festsetzungen treffen. Für die Berechnung des Höchststimmrechts kommt es übrigens auf den Aktionär, nicht auf seinen Vertreter an, und zwar einerlei, ob er in offener Stellvertretung oder im Namen dessen, den es angeht, auftritt (für den Legitimationsaktionär vgl. unten Anm. 34). Das erschwert zwar in der Praxis die Feststellung der Einhaltung der Stimmrechtsbeschränkungen. Aber auch die Satzung kann nicht bestimmen, daß es auf den Vertreter statt auf den Aktionär selbst ankomme.

Anm. 15

2. Einbeziehung fremder Aktien in das Verbot

Um zu verhindern, daß die Stimmrechtsbeschränkung durch Legitimationsübertragung umgangen wird, gibt Abs. 1 S. 3 der Satzung die Ermächtigung, daß zu den mehreren einem Aktionär gehörenden Aktien auch die zu rechnen sind, die einem anderen für seine Rechnung gehören. Damit werden die einem Legitimationsaktionär, Treuhänder, Pfandgläubiger (hierzu a. M. Möhring-Schwartz-Rowedder-Haberlandt

S. 32), oder derart Berechtigtem gehörenden Aktien in das Verbot der Stimmrechtshäufung einbezogen. Diese nach früherem Recht streitige Einbeziehung gilt aber nur, wenn sie durch die Satzung bestimmt ist (Godin-Wilhelmi Anm. 9; Baumbach-Hueck Rdn. 9). Schweigt die Satzung, so kann nicht in analoger Anwendung des § 136 Abs. 1 S. 2 eine Einrechnung erfolgen.

Desgleichen kann gemäß Abs. 1 S. 4 durch die Satzung — aber auch nur durch eine Satzungsregelung — bestimmt werden, daß zu den Aktien, die einem Unternehmen gehören, auch die Aktien zu rechnen sind, die einem abhängigen, herrschenden oder konzernverbundenen Unternehmen unmittelbar gehören oder für dessen Rechnung gehalten werden. Es ist hier also nicht auf den Begriff der verbundenen Unternehmen gemäß § 15 abgestellt, sondern nur auf das abhängige und herrschende Unternehmen im Sinne des § 17 und auf den Konzernverbund gemäß § 18. Zu letzterem gehören gemäß § 18 Abs. 1 S. 2 auch die mittels Beherrschungsvertrag oder Eingliederung verbundenen Unternehmen (Obermüller-Werner-Winden S. 135; Godin-Wilhelmi Anm. 9; a.M. Möhring-Schwartz-Rowedder-Haberlandt S. 32). Verbindung durch einen anderen Unternehmensvertrag als einen Beherrschungsvertrag reicht dagegen nicht aus. Daran vermag auch die Satzung nichts zu ändern, weil die gesetzliche Ermächtigung für die Satzungsregelung gemäß Abs. 1 S. 4 eben nicht weiter geht.

Anm. 16

3. Nicht für einzelne Aktionäre

Die Stimmrechtsbeschränkungen können nur für alle Aktionäre gleichermaßen, nicht aber für einzelne Aktionäre oder eine Gruppe einzelner Aktionäre angeordnet werden (Abs. 1 S. 5). Das wäre, wenn die betroffenen Aktionäre nicht einverstanden sind, außerdem ein Verstoß gegen den Gleichheitsgrundsatz, ist aber auch dann wegen Abs. 1 S. 5 unzulässig, wenn die betroffenen Aktionäre ihr Einverständnis erteilen. Der Grund für diese gesetzliche Beschränkung des Verbots der Stimmrechtshäufung liegt darin, daß sonst das Verbot der Schaffung von Mehrstimmrechtsaktien in § 12 Abs. 2 gar zu leicht umgangen werden könnte. Ob damit auch die Unzulässigkeit der Stimmrechtsbeschränkung für eine bestimmte Gattung von Aktien ausgesprochen ist, erscheint zweifelhaft. § 128 RegE hatte die Erstreckung des Verbots des Abs. 1 S. 5 auch auf Aktiengattungen vorgesehen. Das haben die Ausschüsse des Bundestages jedoch gestrichen. Nach ihrer Auffassung besteht für die Zulassung der Stimmrechtsbeschränkungen bei einzelnen Gattungen durchaus ein Bedürfnis in der Praxis. Das Höchststimmrecht könne nicht ebenso wie das Mehrstimmrecht behandelt werden; denn der Inhaber einer Mehrstimmrechtsaktie könne mehr Stimmen als seiner Kapitalbeteiligung entspräche, ausüben und damit ohne entsprechenden Kapitaleinsatz die Gesellschaft ggf. beherrschen, während der durch das Höchststimmrecht beschränkte Aktionär nicht einmal das seiner Kapitalbeteiligung entsprechende Stimmrecht ausüben und ggf. trotz einer Kapitalmehrheit die Gesellschaft nicht beherrschen könne (Kropff S. 192; vgl. auch Godin-Wilhelmi Anm. 7). Wenn diese Begründung der Ausschüsse auch nicht ganz unbedenklich ist (vgl. Voraufl. § 114 Anm. 10, die die Beschränkung für bestimmte Gattungen nur für Abstimmungen innerhalb dieser Gattung zulassen wollte), muß es doch durch die vom Gesetzgeber gestrichene ausdrückliche Erweiterung der Stimmrechtsbeschränkung auf einzelne Aktiengattungen als gesetzlicher Wille angesehen werden, daß das Verbot der Stimmrechtshäufung nur für eine bestimmte Aktiengattung in der Satzung angeordnet wird. Voraussetzung ist aber, daß die von der Stimmrechtsbeschränkung betroffenen Aktien eine Aktiengattung im Sinne des § 11 bilden (Godin-Wilhelmi Anm. 7), andernfalls wäre Abs. 1 S. 5 ohne jede praktische Bedeutung. Das für eine Aktiengattung angeordnete Höchststimmrecht gilt nicht nur für Sonderabstimmungen innerhalb der Gattung, sondern auch für Abstimmungen im Kreise aller Aktien.

Die Stimmrechtsbeschränkung schafft keine selbständige Aktiengattung im Sinne des § 11; denn sie haftet nicht der einzelnen Aktie an, sondern stellt auf eine Mehrheit von Aktien in der Hand eines Aktionärs ab (Godin-Wilhelmi Anm. 9).

Anm. 17

4. Ohne Bedeutung für Kapitalmehrheit

Außer Betracht bleiben die Stimmrechtsbeschränkungen bei der Berechnung einer nach Gesetz oder Satzung erforderlichen Kapitalmehrheit (Abs. 1 S. 6; § 133 Anm. 13). Auch das ist, um Zweifel auszuschließen, ausdrücklich in das Gesetz aufgenommen worden. Überall dort, wo als Voraussetzung für die Geltendmachung von Minderheitsrechten ein bestimmter Prozentsatz des Grundkapitals oder für Hauptversammlungsbeschlüsse eine bestimmte Mehrheit des vertretenen Grundkapitals erforderlich ist, sind alle Aktien der Aktionäre, die der Stimmrechtsbeschränkung unterliegen, mit ihrem vollen Nennbetrag zu berücksichtigen. Die Aktien behalten damit ihren kapitalmäßigen Einfluß, wenn er auch nicht zur Durchsetzung eines Beschlusses, sondern unter Umständen nur zu seiner Verhinderung eingesetzt werden kann (Kropff S. 192). Das gilt auch für die Feststellung von Mehrheiten des Grundkapitals bei gesonderter Abstimmung einer Aktiengattung. Daß überall dort, wo Gesetz oder Satzung eine Kapitalmehrheit vorschreiben, daneben für das Zustandekommen eines Beschlusses auch eine Stimmenmehrheit nötig ist, bei der die Stimmrechtsbeschränkung sich auswirkt, vgl. § 133 Anm. 5.

Anm. 18

5. Sanktion

Die Sicherung der Stimmrechtsbeschränkung erfolgt durch die Bestimmung des § 405 Abs. 3 Ziff. 5. Sie droht Ordnungsstrafen sowohl gegen den an, der nach § 134 Abs. 1 nicht stimmberechtigte Aktien einem anderen zum Zwecke der Ausübung des Stimmrechts überläßt, wie auch gegen den, der ihm überlassene nicht stimmberechtigte Aktien zur Ausübung des Stimmrechts benutzt. Außerdem ist ein mit den Stimmen von nach § 134 Abs. 1 nicht stimmberechtigten Aktien zustandegekommener Beschluß aus § 243 Abs. 1 heraus anfechtbar, vorausgesetzt, daß ohne das Mitstimmen der in der Stimmrechtsausübung beschränkten Aktien der Beschluß nicht zustande gekommen wäre.

Anm. 19

6. Zusätzliche Stimmrechtsbeschränkung beim Volkswagenwerk

Ein gesetzlich angeordnetes Verbot der Stimmrechtshäufung befindet sich in dem Gesetz über die Überführung der Anteilsrechte an der Volkswagenwerk GmbH in private Hände vom 21. 7. 1960 in der Fassung des § 38 EG z. AktG. § 2 bestimmt, daß ein Aktionär, dem Aktien im Gesamtnennbetrag von mehr als dem 1/10000 des Grundkapitals gehören, nur mit der Anzahl von Stimmen abstimmen darf, die Aktien im Gesamtnennbetrag von 1/10000 des Grundkapitals gewähren. Außerdem sind Bestimmungen, wie sie Abs. 1 S. 3—4 der Satzung gestattet, Bestandteil der gesetzlichen Stimmrechtsbeschränkung des VW-Werks. Eine Übertragung von Aktien zur Umgehung der Stimmrechtsbeschränkung ist verboten mit der Sanktion, daß verbotswidrig übertragene Aktien nicht zurückgefordert werden können. Von der Stimmrechtsbeschränkung sind auf die Dauer von 10 Jahren nach Umwandlung der VW-GmbH in eine AG die der Bundesrepublik und dem Land Niedersachsen gehörenden Aktien ausgeschlossen. Das ist eine Ausnahme von der Regelung des Abs. 1 S. 5, weil die Aktien in der Hand der Bundesrepublik und des Landes Niedersachsen gegenüber den Aktien der übrigen Aktionäre keine gesonderte Aktiengattung darstellen.

IV. Stimmrecht und Einlage

Anm. 20

1. Beginn des Stimmrechts mit Leistung der vollen Einlage

Das Stimmrecht beginnt mit der vollständigen Leistung der Einlage (Abs. 2 S. 1). Unter dem Recht des HGB war das Stimmrecht nicht von der Leistung der Einlage abhängig (RG

119, 386). Die heutige Regelung steht im Zusammenhang mit dem grundsätzlichen Verbot von Aktien mit mehrfachem Stimmrecht (§ 12 Abs. 2). Sie will die Schaffung verkappter Mehrstimmrechtsaktien verhindern.

Aktien, auf die die Einlage nicht voll geleistet ist, gewähren also nicht etwa ein der Höhe der geleisteten Einlage entsprechendes Stimmrecht, sondern überhaupt kein Stimmrecht (vgl. auch § 133 Anm. 13). Unerheblich ist es, ob der Aktionär zur Einzahlung verpflichtet war und aus welchem Grunde die Einzahlung nicht erfolgt ist. Der Fall der teilweisen Rückgewährung der Einlage wird der nicht vollständigen Leistung gleichzusetzen sein, und zwar gleichviel, ob die Rückgewähr zulässigerweise oder unzulässigerweise erfolgt ist (Ritter § 114 Anm. 4). Die Zahlung des Entgelts bei der gemäß § 237 zulässigen Kapitalherabsetzung durch Einziehung von Aktien ist aber keine Rückgewähr einer Einlage.

Anm. 21

2. Ausnahme kraft Satzung

Es ist in gewissen Grenzen möglich, nicht voll eingezahlten Aktien das Stimmrecht nach Maßgabe der geleisteten Einzahlung zu gewähren. *Die Satzung — nicht etwa ein einfacher Hauptversammlungsbeschluß — kann bestimmen, daß das Stimmrecht mit der Leistung der Mindesteinlage beginnt. Dann gewährt die Mindesteinlage eine Stimme und bildet die Einheit, nach der das Stimmrecht der Aktien zu berechnen ist* (Abs. 2 S. 2, 3). Die Mindesteinlage beträgt nach § 36 Abs. 2 ein Viertel des Nennbetrags und außerdem im Falle der Überpariemission das Agio. Außer den 25% des Nennbetrages muß also auch der Mehrbetrag des Agios geleistet sein, damit das Stimmrecht auf Grund einer entsprechenden Satzungsbestimmung entstehen kann. Als Einheit für die Berechnung des Stimmrechts verschieden hoch eingezahlter Aktien wird jedoch nur das Viertel des Nennbetrages anzusehen sein. Es ist verkehrsüblich, bei der Betrachtung der Höhe der geleisteten Einzahlung das Agio nicht zu berücksichtigen, und es ist nicht anzunehmen, daß der Gesetzgeber sich zu dieser Auffassung in Widerspruch setzen wollte, zumal bei einer Berücksichtigung des Mehrbetrages das Stimmrecht der einzelnen Aktien nicht ohne weiteres ersichtlich wäre, sondern immer erst berechnet werden müßte. Außerdem ist im Rahmen des S. 4 auch allein auf die Mindesteinlage abgestellt. Verlangt die Satzung eine höhere Mindesteinlage, so muß diese geleistet sein, bevor das Stimmrecht beginnt; sie bildet dann auch die Einheit für die Berechnung des Stimmrechts verschieden hoch eingezahlter Aktien. Das Agio muß auch hier geleistet sein, während es bei der Feststellung des Stimmrechts verschieden hoch eingezahlter Aktien wiederum nicht zu berücksichtigen ist. Da es Mindesteinlagen nur bei Geldeinlagen gibt (§ 36 Abs. 2), kann die Satzung eine Ausnahme gemäß S. 2 nicht für Aktien anordnen, auf die Sacheinlagen zu erbringen sind (Baumbach-Hueck Rdn. 13; a. M. Godin-Wilhelmi Anm. 14). Bei Sacheinlagen beginnt das Stimmrecht aus den für sie gewährten Aktien zwingend immer erst dann, wenn die volle Sacheinlage in die freie Verfügung des Vorstandes übertragen ist. Eine Ausnahme gilt nur im Rahmen des S. 4.

Anm. 22

3. Aktien mit verschiedenen Nennbeträgen

Sind *Aktien mit verschiedenen Nennbeträgen* ausgegeben, so entfällt grundsätzlich auf eine Aktie mit dem geringsten Nennbetrag eine Stimme (Anm. 12). Sieht die Satzung vor, daß das Stimmrecht mit Einzahlung der Mindesteinlage beginnt, so wird die Einheit, nach der das Stimmrecht der in verschiedener Höhe eingezahlten Aktien zu berechnen ist, durch die Mindesteinlage der Aktien mit dem kleinsten Nennbetrag gebildet, und zwar auch dann, wenn die Aktien mit dem kleinsten Nennbetrag voll eingezahlt sind. Dies folgt aus dem Sinn der Bestimmung; die Satzung soll die geleisteten Einlagen zur Grundlage des Stimmrechts machen können, sofern die Mindesteinlage geleistet ist. Sind volleingezahlte Aktien zu 100 DM und zu 25% eingezahlte Aktien zu 1000 DM vorhanden, so sind mangels einer Satzungsbestimmung stimmberechtigt nur die Aktien über 100 DM. Bestimmt die Satzung, daß die Mindesteinlage eine Stimme gewähren soll, so entfällt auf je 25 DM eine Stimme. Die voll eingezahlten Aktien über 100 DM gewähren also vier Stimmen und die zu 25% eingezahlten Aktien über 1000 DM zehn Stimmen (im Ergebnis übereinstimmend Ritter § 114 Anm. 4a; Dietrich JW 1937, 1455). Dies folgt aus dem Gesetz, ohne daß es einer besonderen Satzungsbestimmung bedürfte (Ritter § 114 a. a. O.; a. A. anscheinend Schlegelberger-Quassowski § 114 Anm. 11; Pohle BankA. 36, 447).

Anm. 23

4. Beschränkung in der Satzungsgestaltung

Die Satzung kann nicht bestimmen, daß das Stimmrecht beginnt, bevor die gesetzliche oder höhere satzungsmäßige Mindesteinlage geleistet ist. Dagegen ist kein Grund ersichtlich, weshalb die Satzung nicht sollte bestimmen können, daß das Stimmrecht mit der Leistung einer Einlage beginnt, die größer als die gesetzliche oder satzungsmäßige Mindesteinlage ist, aber hinter der ganzen Einlage zurückbleibt. Das Gesetz läßt zwar in dem Falle, daß noch keine Aktie voll eingezahlt ist, keine Bestimmung der Satzung — entgegen § 114 Abs. 2 S. 4, Halbs. 2 AktG 1937 — mehr zu, nach der eine andere als die gesetzliche Mindesteinlage eine Stimme gewährt. Aber die Formulierung des Anfangs des Abs. 2 S. 4 „Bestimmt die Satzung nicht, daß das Stimmrecht vor der vollständigen Leistung der Einlage beginnt ...", zeigt, daß der Gesetzgeber nicht voraussetzt, daß stets die Mindesteinlage maßgebend sein muß, wenn es die Satzung nicht bei dem Erfordernis der vollständigen Leistung der Einlage beläßt. Es wird also die Satzungsbestimmung, daß das Stimmrecht mit der Leistung einer größeren als der Mindesteinlage beginnt, als zulässig angesehen werden können. Auch hier ist anzunehmen, daß die Einlage, von der ab die Stimmberechtigung nach der Satzung besteht, ohne Berücksichtigung eines etwaigen Agios die Einheit bildet, auf die eine Stimme entfällt (Anm. 21).

Anm. 24

5. Satzungsbestimmungen

Ist noch auf keine Aktie die volle Einlage geleistet, so richtet sich kraft Gesetzes das Stimmrecht nach der Höhe der geleisteten Einlagen; dabei gewährt die Leistung der Mindesteinlage eine Stimme (Abs. 2 S. 4), und zwar auch dann, wenn sie satzungsmäßig höher festgesetzt ist. S. 4 Halbsatz 2 stellt heute nicht mehr auf die gesetzliche Mindesteinlage ab, was Baumbach-Hueck Rdn. 14 und Godin-Wilhelmi Anm. 13 übersehen. Anders als AktG 1937 läßt der Gesetzeswortlaut im zweiten Halbsatz des S. 4 auch eine anderweite Satzungsbestimmung nicht mehr zu (auch das übersehen Godin-Wilhelmi Anm. 13). Die Satzung kann deshalb nicht für den allerdings höchst konstruiert erscheinenden Fall, daß sie, obwohl für keine Aktien die Einlage vollständig geleistet ist, keine Bestimmung über den Beginn des Stimmrechts vor vollständiger Einlageleistung enthält, eine Satzungsbestimmung ausdrücklich dahin treffen, daß nicht die gesetzliche oder satzungsmäßige Mindesteinlage Basis der Stimmberechtigung sei, sondern irgendeine andere, sei es höhere, sei es niedrigere Größe. Auch hier ist (vgl. Anm. 21) für die Mindesteinlage, nach der die Stimmen der verschieden hoch eingezahlten Aktien zu berechnen sind, das Agio ohne Bedeutung.

Der Fall, daß eine Aktie voll eingezahlt ist, liegt auch dann vor, wenn auf Aktien, auf die Sacheinlagen zu leisten sind, diese voll erbracht sind. In diesem Falle haben also die Inhaber von Aktien, auf die bare Einlagen zu leisten sind, kein Stimmrecht, sofern die Aktien nicht voll eingezahlt sind. Das Gesetz gibt keinen Anhalt dafür, daß in einem solchen Fall angenommen werden könnte, die Satzung schreibe stillschweigend vor, daß sich das Stimmrecht nach der Mindesteinlage richtet. Es ist vielmehr Sache der Satzung, in einem solchen Fall eine ausdrückliche Bestimmung zu treffen.

In der Abhängigkeit des Stimmrechts von der Leistung der Einlage liegt übrigens auch einer der Gründe, warum die Aktionäre nicht ohne Einforderung durch den Vorstand (§ 63 Abs. 1) ihre Einlage leisten können und dürfen (§ 41 Anm. 9; § 63 Anm. 4).

Anm. 25

6. Zusammenrechnung der Bruchteile von Stimmen

In allen diesen Fällen werden *Bruchteile von Stimmen* nur berücksichtigt, *soweit ihre Zusammenzählung für den stimmberechtigten Aktionär volle Stimmen ergibt* (Abs. 2 S. 5). Erklärt z. B. die Satzung die satzungsmäßige Mindesteinlage für maßgebend und beträgt diese 60% des Nennbetrages, so hat ein Aktionär, der eine voll eingezahlte Aktie besitzt, ebenso wie ein Aktionär, der eine Aktie besitzt, auf die nur die Mindesteinlage von 60% eingezahlt ist, nur eine Stimme. Es liegt hierin eine gewisse Inkonsequenz des Gesetzgebers, der offenbar den Zweck verfolgt, rechnerische Schwierigkeiten zu vermeiden. Diese Inkonsequenz ließ sich in Kauf nehmen, da sie nie dazu führen kann, daß ein Aktionär mehr als den Bruchteil einer Stimme oder daß er seine einzige Stimme verliert. Doch kann die Bestimmung erhebliche praktische Bedeutung gewinnen, wenn eine Aktiengesellschaft nur Aktien mit sehr großen Nennbeträgen ausgibt. Je geringer der Betrag ist, der eine Stimme gewährt, um so weniger kann sich die Bestimmung schädlich auswirken. Ihre Anwendbarkeit wird vermieden, wenn alle geleisteten Einlagen und namentlich die vollständigen Einlagen ganze Vielfache der Einheit, also in der Regel der Mindesteinlage, bilden, oder wenn die Satzung von der Festlegung von Stimmen ganz absieht und die Mehrheiten einfach nach Nennbeträgen — hier dann eingezahlten Nennbeträgen — feststellt.

Anm. 26

7. Verbot verkappter Mehrheitsaktien

Die Satzung kann Bestimmungen über den Betrag, der eine Stimme gewährt, nicht für einzelne Aktionäre oder für einzelne Aktiengattungen treffen (Abs. 2 S. 6). Diese Bestimmung ist zur Erreichung des Ziels, die Schaffung verkappter Mehrstimmrechtsaktien zu verhindern, notwendig; denn wäre es möglich, es für eine Gattung oder einzelne Aktien bei dem Grundsatz des Beginns des Stimmrechts mit der Leistung der vollständigen Einlage zu belassen, einer andern Gattung oder anderen Einzelaktionären dagegen das Stimmrecht bei Leistung der gesetzlichen Mindesteinlage von 25% zu gewähren, so ließe sich dies praktisch zur Schaffung von Vorzugsaktien mit vierfachem Stimmrecht verwerten. Auch im übrigen kann die Satzung für das Stimmrecht nicht voll eingezahlter Aktien nur insoweit von der gesetzlichen Regelung abweichende Bestimmungen treffen, als sich deren Zulässigkeit aus dem Gesetz ergibt (vgl. Anm. 23).

Darüber, wie teileingezahlte Aktien beim vertretenen Grundkapital zu berechnen sind, vgl. § 133 Anm. 13.

V. Stimmrechtsvollmacht

Anm. 27

1. Zulässigkeit

Das Stimmrecht kann durch einen Bevollmächtigten ausgeübt werden (Abs. 3 S. 1). Die Satzung kann das Recht der Aktionäre, sich durch einen Bevollmächtigten vertreten zu lassen, nicht ausschließen. Hingegen können — das wird durch Abs. 4 gedeckt — an die Person des Bevollmächtigten bestimmte Anforderungen (Inländer oder Aktionär) gestellt werden oder Personen mit bestimmten Eigenschaften (Mitglieder des Vorstands) von der Vertretung ausgeschlossen werden. Insbesondere ist es grundsätzlich zulässig zu bestimmen, daß nur Aktionäre bevollmächtigt werden können (RG 55, 41; RG in JW 1904, 73[47]). Jedoch kann eine solche Bestimmung nicht als zulässig angesehen werden, wenn dadurch Aktionären die Möglichkeit, sich durch einen Bevollmächtigten vertreten zu lassen, genommen oder unangemessen erschwert wird (Ritter § 114 Anm. 5a; Brodmann, HGB § 252 Anm. 3a). Eine solche Erschwerung ist namentlich anzunehmen, wenn die Aktien sich nicht im freien Verkehr, sondern in den Händen weniger bestimmter Aktionäre befinden (vgl. KG in RJA 3, 234).

Die Anordnung der sog. *Zwangs*vertretung ist unzulässig. Die Satzung kann dem Aktionär das Recht auf persönliche Stimmabgabe nicht nehmen und Vertretung, z. B. für Ausländer, nicht zwingend vorschreiben. Derartige Regelungen können nur durch Vereinbarung unter den Aktionären (vgl. Anm. 41) getroffen werden. Steht eine Aktie mehreren Berechtigten zu, so ordnet § 69 Abs. 1 allerdings eine Zwangsvertretung durch einen gemeinschaftlichen Vertreter an.

Mangels einer abweichenden Satzungsbestimmung ist auch die Erteilung einer *Gesamtvollmacht* zur Ausübung des Stimmrechts an mehrere Bevollmächtigte zulässig (Ritter § 114 Anm. 5a; Baumbach-Hueck Rdn. 15; Dür.-Hach.-Lehmann, HGB § 252 Anm. 13; a.A. Brodmann, HGB § 252 Anm. 3b; Staub, HGB § 252 Anm. 20). Die Möglichkeit der Gesamtbevollmächtigung steht nach allgemeinen Grundsätzen außer Zweifel, und es ist kein Grund ersichtlich, hier das Gegenteil anzunehmen. Der gesetzliche Wortlaut „durch *einen* Bevollmächtigten" ist nicht entscheidend. Das Gesetz *hat* den Normalfall im Auge, ohne zu der Frage der Gesamtvertretung Stellung nehmen zu wollen. Der Fall ist nicht anders zu beurteilen, als wenn eine juristische Person oder Handelsgesellschaft kollektiv vertreten wird. Aus § 69 kann man keine gegenteiligen Schlußfolgerungen entnehmen (§ 69 Anm. 3; Kölner Kom. § 69 Rdn. 8). Ebenso sind Untervollmachten zulässig, wenn sie schriftlich erteilt werden. Aus der schriftlichen Hauptvollmacht muß die Befugnis zur Erteilung von Untervollmachten hervorgehen. Über die Frage, ob ein Aktionär verschiedene Bevollmächtigte für je einen Teil der ihm gehörigen Aktien bestellen kann, siehe Anm. 11.

Anm. 28

2. Arten der Vollmacht

Die Art der Vollmacht ist unerheblich. Es bedarf insbesondere keiner Sondervollmacht. Eine Prokura, eine Generalvollmacht oder eine sonstige Vollmacht allgemeiner Natur, die ihrem Inhalt nach die Ausübung des Stimmrechts in der Hauptversammlung umfaßt, genügt (Hamburg in OLGR 3, 66). Über Form und Nachweis der Vollmacht in diesen Fällen siehe Anm. 29.

Anm. 29

3. Form der Vollmacht

Für die Vollmacht ist die schriftliche Form erforderlich und genügend (Abs. 3 S. 2); sie ist der Gesellschaft vorzulegen und bleibt in ihrer Verwahrung (Abs. 3 S. 3). Der Wortlaut läßt keinen Zweifel, daß die nur mündliche Vollmacht nicht wirksam ist (Ritter § 114 Anm. 5c). Die bloße Ausstellung einer schriftlichen Vollmacht genügt nicht, sondern die Vollmachtsurkunde ist in der Hauptversammlung vorzulegen; das hat die Neufassung des Abs. 3 S. 3 dadurch klar gestellt, daß sie Vorlage der Urkunde an die Gesellschaft verlangt, und zwar grundsätzlich dort, wo sie benötigt wird, also in der Hauptversammlung. Ohne Vorlegung der Vollmacht ist der Vertreter grundsätzlich nicht legitimiert und daher nicht zur Teilnahme an der Abstimmung berechtigt. Er kann also zurückgewiesen werden. Geschieht dies aber nicht, so ist seine Stimmabgabe rechtmäßig. Das war früher im Anschluß an RGZ 106, 261 streitig (vgl. die Literaturangaben in Voraufl. § 114 Anm. 21). Nachdem nunmehr die Vorlage der Vollmacht zwar gesetzlich vorgeschrieben, aber nicht „in der Hauptversammlung", sondern nur an die Gesellschaft, muß mit Baumbach-Hueck Rdn. 16 (so auch Obermüller-Werner-Winden S. 103; Godin-Wilhelmi Anm. 16; a.M. wohl Gessler Anm. 5) angenommen werden, daß der Gesetzgeber nicht gegen RGZ 106, 261 entscheiden wollte und daß es genügt, wenn der Bevollmächtigte die vor der Hauptversammlung erteilte schriftliche Vollmacht nachträglich beibringt. Das Interesse der Gesellschaft an der Klarheit der Abstimmungsberechtigung ist dadurch gewährleistet, daß der Bevollmächtigte, der die schriftliche Vollmacht nicht in der Hauptversammlung vorlegt, zurückgewiesen werden kann.

Zur Wahrung der Schriftform ist erforderlich, daß der wesentliche Inhalt der Erklärung, für die das Gesetz die Schriftform vorschreibt, aus der unterschriebenen Urkunde ersichtlich ist. Eine bloße Bezugnahme auf andere Schriftstücke, die u. a. auch jene Erklärung enthalten, genügt nicht. Daher ist die Schriftform nicht gewahrt, wenn zwar die Geschäftsbedingungen die Bevollmächtigung enthalten, der Kunde aber nicht die Bedingungen selbst, sondern nur eine Erklärung unterschreibt, nach der er die Bedingungen erhalten hat und mit ihnen einverstanden ist (RG 105, 289). Die Ausstellung einer Blankovollmacht genügt, wenn sie bei Vorlage entsprechend ausgefüllt ist. Das ist bei Kreditinstituten anders; vgl. § 135 Abs. 2 und § 135 Anm. 9 u. 10.

Die *Satzung* kann von dem Erfordernis der Schriftform nicht absehen, insbesondere nicht telegraphische oder mündliche Bevollmächtigungen genügen lassen. Noch weniger kann sie ein Vertretungsverhältnis unterstellen: sie kann nicht vorsehen, daß Witwen durch volljährige Söhne ohne Vorlegung einer Vollmacht als ordnungsmäßig vertreten gelten. Die Satzung kann auch nicht erschwerende Erfordernisse aufstellen, z. B. notarielle Beglaubigung der Unterschrift verlangen.

Im Hinblick auf den Zweck der Bestimmung genügt für den Nachweis der *Prokura* ein Handelsregisterauszug (Baumbach-Hueck Rdn. 16); es bedarf hier nicht der Vorlegung der Urkunde über die Prokuraerteilung (Brodmann, HGB § 252 Anm. 3b; Dür.-Hach.-Lehmann, HGB § 252 Anm. 11; Staub, HGB § 252 Anm. 17; a.A. Ritter § 114 Anm. 5c). Auch die Vollmacht des gemeinschaftlichen Vertreters, den mehrere Berechtigte nach § 69 zur Ausübung ihrer Rechte bestellen müssen, bedarf der Schriftform. Bei Generalvollmacht ist zwar die Vorlage der Generalvollmacht selbst erforderlich; zum Verbleib in der Verwahrung der Gesellschaft genügt aber eine beglaubigte Abschrift.

Anm. 30

4. Erlöschen der Vollmacht

Für das *Erlöschen der Vollmacht* gelten die allgemeinen Grundsätze. Als Dritter, dem gegenüber der Widerruf zu erklären ist oder dem er sonstwie zur Kenntnis kommen muß (BGB §§ 172, 173), ist bis zum Beginn der Hauptversammlung der Vorstand, alsdann der Vorsitzende der Hauptversammlung anzusehen (Obermüller-Werner-Winden S. 103). Es kommt nicht auf die Kenntnis der Verwaltungsorgane der AG an (a. A. Hamburg in OLGR 3, 66; vgl. in SeuffArch. 47 Nr. 131). Der Widerruf bedarf nicht der Schriftform (Ritter a. a. O.; Brodmann HGB § 252 Anm. 3e; vgl. BGB § 173).

Vertretung ohne Vertretungsmacht ist unzulässig. Die nachträgliche Genehmigung heilt den Mangel nicht.

Anm. 31

5. Keine Beistandschaft

Die Zulassung der Stimmrechtsausübung durch Bevollmächtigte bedeutet nicht, daß der Aktionär oder sein Bevollmächtigter zu seiner Hilfe in die Hauptversammlung einen Berater oder Beistand mitbringen dürfte. Derartige Beistände sind weder Aktionäre noch Bevollmächtigte von Aktionären und haben deshalb keine Teilnahmebefugnis, können vielmehr von der Teilnahme ausgeschlossen werden (§ 119 Anm. 25). Will der Aktionär seinen Berater auf der Hauptversammlung anwesend haben, so muß er entweder einen Teil der Aktien auf ihn hinterlegen und anmelden oder er muß für einen Teil der für ihn hinterlegten und angemeldeten Aktien dem Berater Vollmacht erteilen.

Anm. 32

6. Gesetzliche Sonderregelungen

Besondere gesetzliche Einzelregelungen sind durch § 3 des G zur *Privatisierung des Volkswagenwerkes* vom 27. 7. 1960 (BGBl. I 585) in der Fassung des § 38 EG z. AktG für die Stimmrechtsausübung durch Bevollmächtigte getroffen worden. Abgesehen davon, daß niemand im eigenen Namen für Aktien, die ihm nicht gehören, das Stimmrecht ausüben darf, die Legitimationszession also untersagt ist, können Aktien stets nur mittels einer Vollmacht vertreten werden, die jeweils nur für die nächste Hauptversammlung ausgestellt ist. Damit scheiden Generalvollmachten und Handlungsvollmachten — Prokuren aber wohl nicht — als Grundlage für die Ausübung des Stimmrechts im fremden Namen aus. Außerdem muß die Vollmacht Namen, Wohnsitz sowie Betrag der Aktien und Stimmen des vertretenen Aktionärs enthalten, womit die Vertretung im Namen dessen, den es angeht (§ 135 Abs. 4 S. 2), ausscheidet. Allerdings ist — ähnlich wie bei der Vertretung von Inhaberaktien im Namen dessen, den es angeht — nur der Vertreter in das Teilnehmerverzeichnis aufzunehmen (§ 129 Anm. 9). Die Vollmachten müssen alphabetisch geordnet der Gesellschaft vorgelegt und vor der ersten Abstimmung zur Einsicht durch sämtliche Teilnehmer in der Hauptversammlung ausgelegt werden. Die Vollmachtsurkunden sind von der Gesellschaft drei Jahre nach der Hauptversammlung, bei Schweben einer Anfechtungsklage bis zu deren rechtskräftiger Entscheidung oder endgültiger Erledigung aufzubewahren; jedem Aktionär ist auf Verlangen Einsicht zu gewähren (im übrigen vgl. § 129 Anm. 9).

Eine weitere gesetzliche Sonderregelung enthält § 135 für die Ausübung des Stimmrechts kraft Vollmacht durch Kreditinstitute, Aktionärsvereinigungen oder geschäftsmäßige Aktionärsvertreter (dazu vgl. Erl. zu § 135).

VI. Legitimationsübertragung

Anm. 33

1. Zulässigkeit

Wie bereits in § 68 Anm. 25 erwähnt, hat sich der Rechtsverkehr in der sogenannten Legitimationszession ein Instrument geschaffen, durch das der Aktionär einen anderen in die Lage versetzen kann, das Stimmrecht aus fremden Aktien im eigenen Namen auszuüben. Das geschieht dadurch, daß dem anderen der Rechtsschein — bei Inhaberaktien also der Besitz an der Aktienurkunde, bei Namensaktien die Eintragung im Aktienbuch — überlassen wird, der Grundlage der Ausübung der Stimmrechte in der Hauptversammlung ist (Wiedemann S. 289). Die Zulässigkeit dieses Rechtsinstituts war unter der Herrschaft des HGB sehr umstritten (vgl. Literaturangaben bei Staub § 222 HGB Anm. 16ff.). In § 114 Abs. 4 AktG 1937, der den Banken die Ausübung des Stimmrechts aus ihnen nicht gehörenden Aktien gestattete, wenn sie dazu schriftlich ermächtigt waren, wurde mit Recht eine gesetzgeberische Sanktion der Legitimationsübertragung gesehen, so daß ihre Zulässigkeit unbestritten war. Durch § 135 ist die Legitimationszession als Grundlage der Stimmrechtsausübung für Kreditinstitute, Aktionärsvereinigungen und geschäftsmäßig handelnde Stimmrechtsvertreter bei Inhaberaktien aufgehoben, so daß sie heute nur noch Bedeutung hat für Namensaktien allgemein und für Inhaberaktien, wenn durch den Besitz der Urkunde eine Person zur Ausübung des Stimmrechts legitimiert wird, die weder Kreditinstitut noch Aktionärsvereinigung ist noch sich geschäftsmäßig gegenüber Aktionären zur Ausübung des Stimmrechts erbietet; das ist z. B. der Fall bei ausländischen Kreditinstituten ohne inländische Niederlassung (vgl. § 135 Anm. 2), bei Verwandten, bei nahestehenden oder verbundenen Unternehmen, sofern es sich nicht um Kreditinstitute handelt, und bei Anwälten oder anderen Beratern einzelner Aktionäre. In diesem engen Bereich kann die Zulässigkeit der Legitimationsübertragung auch für Inhaberaktien nicht bezweifelt werden, einmal, weil AktG 1965 die Legitimationszession als Grundlage der Stimmrechtsausübung nur für den Bereich der unter § 135 fallenden Personen ausschließen wollte, und zum anderen, weil man hinsichtlich der Legitimationszession grundsätzlich Inhaberaktien nicht schlechter als Namensaktien behandeln kann.

Anm. 34

2. Rechtsstellung des Legitimationsaktionärs

Da der Legitimationsaktionär bei Inhaberaktien durch die Überlassung der Innehabung an der Aktienurkunde und bei Namensaktien durch Eintragung im Aktienbuch als Aktionär ausgewiesen wird, ist er der Gesellschaft gegenüber zur Stimmrechtsausübung berechtigt. Er tut dies auch im Einvernehmen mit dem wirklichen Aktionär, der ihm ja gerade zum Zwecke der Stimmrechtsausübung die Legitimation verschafft hat. Der Legitimationsaktionär ist also wie der wahre Aktionär zur Geltendmachung des Stimmrechts befugt, im übrigen auch zur Ausübung des Auskunftsrechts (§ 130 Anm. 2), zur Durchführung des Auskunftserzwingungsverfahrens (§ 131 Anm. 3) und zur Anfechtung (vgl. Erl. zu § 245). Er muß nur, was durch die Ordnungsstrafvorschrift des § 405 Abs. 2 sanktioniert wird, die von ihm vertretenen Aktien gemäß § 129 Abs. 3 als Fremdbesitz zur Aufnahme in das Teilnehmerverzeichnis angeben. Während nach außen die Stimmabgabe des Legitimationsaktionärs, einerlei wie sie erfolgt, voll rechtswirksam ist, bestimmt sich im Verhältnis zwischen ihm und dem wahren Inhaber des Aktienrechts die Stimmrechtsausübung nach den zwischen den beiden im Innenverhältnis getroffenen Vereinbarungen. Verstößt der Legitimationsaktionär gegen diese Vereinbarungen, so handelt er vertragswidrig und macht sich ggf. schadensersatzpflichtig; eine Ordnungswidrigkeit nach § 405 Abs. 3 Ziff. 1 liegt allerdings nicht vor, weil er zur Vertretung der Aktien in der Hauptversammlung befugt ist. Die Stimmverbote des § 136 treffen in gleicher Weise wie den wahren Aktionär auch den Legitimationsaktionär. Auch das satzungsmäßige Höchststimmrecht des Abs. 1 S. 2 kann, wenn die Satzung eine dem Abs. 1 S. 2 entsprechende Bestimmung enthält, durch eine Legitimationsübertragung nicht unterlaufen werden; ob daraus allerdings mit Obermüller-Werner-Winden S. 136 gefolgert werden kann, daß der Legitimationsaktionär das Höchststimmrecht insoweit überschreiten kann, als er mehrere Aktionäre als Legitimationszessionar vertritt, erscheint etwas zweifelhaft, da dann ja jede außerprozessuale Überprüfung der Einhaltung des Höchststimmrechts unterbunden würde. Denn der Legitimationsaktionär braucht ja nicht — auch nicht im Rahmen des § 129 Abs. 3 — zu offenbaren, wie sich die von ihm als Legitimationsaktionär vertretenen Aktien auf einen oder mehrere Aktionäre aufteilen. Das gleiche Problem entsteht übrigens bei Vertretung kraft Vollmacht im Namen dessen, den es angeht.

VII. Satzungsmäßige Regelung der Form der Stimmrechtsausübung

Anm. 35

Nach § 114 Abs. 7 AktG 1937 sollten sich sowohl die Bedingungen wie die Form der Ausübung des Stimmrechts im übrigen nach der Satzung richten. Abs. 4 schränkt diese Satzungsermächtigung auf die Form des Stimmrechts ein, und zwar offensichtlich deshalb, weil der satzungsmäßige Spielraum für die Regelung der Bedingungen der Stimmrechtsausübung in § 123 Abs. 2—4 als erschöpfend geregelt angesehen wird. Infolgedessen wäre heute wohl die nach früherem Recht (Voraufl. § 114 Anm. 41) als zulässig angesehene Satzungsbestimmung, daß die Ausübung des Stimmrechts von der Abgabe einer schriftlichen Erklärung über das Nichtvorliegen von Stimmrechtsausschlußgründen abhängig sei, unzulässig, denn sie betrifft nicht die Form, sondern die Voraussetzung für die Ausübung des Stimmrechts. Die der satzungsmäßigen Gestaltung freigegebene Regelung der Form der Stimmrechtsausübung betrifft Fragen wie schriftliche Abstimmung, Stimmkarten, Stimmzähler, Person der Bevollmächtigten (Anm. 27), Stimmabgabe bei Nichtausgabe von Aktienurkunden und dgl. Allerdings kennen die heutigen Satzungen derartige Regelungen kaum mehr, sondern beschränken sich auf die Bestimmung, die Form der Abstimmung regele der Vorsitzende der Hauptversammlung (§ 114 Anm. 41). Selbst diese Bestimmung ist überflüssig, weil sich aus der Aufgabenstellung des Vorsitzenden seine Befugnis zu einer derartigen Regelung bei Schweigen der Satzung von selbst ergibt. Die rechtliche Bedeutung des Abs. 4 besteht also weitgehend darin, im Hinblick auf § 23 Abs. 5 festzulegen, daß die Art der Abstimmung in Beschränkung der Ermessensfreiheit des Versammlungsleiters auch durch die Satzung bestimmt werden kann.

VIII. Freiheit der Stimmrechtsausübung

Anm. 36

1. Allgemeiner Grundsatz

Es gilt der Grundsatz der Freiheit in der Stimmrechtsausübung. Er besagt, daß es der freien Entscheidung des Aktionärs überlassen ist, ob er überhaupt sein Stimmrecht ausüben will, und wenn ja in welchem Sinn. Das bedeutet einmal, daß nicht ein objektiv festzustellendes Interesse der Gesellschaft für die Stimmrechtsausübung richtungsweisend ist, sondern daß der Aktionär durchaus befugt ist, sich seine eigenen subjektiven Vorstellungen über das Wohl der Gesellschaft zu machen und seine Stimmrechtsausübung danach auszurichten. Das bedeutet aber zum anderen auch, daß der Aktionär nicht gehalten ist, sich bei seiner Entschließung, ob und wie er das Stimmrecht ausübt, allein vom Wohle der Gesellschaft leiten zu lassen und seine eigenen Interessen hinter denen der Gesellschaft zurückzustellen. So kann also ein Aktionär gegen eine im Gesellschaftsinteresse höchst wünschenswerte Kapitalerhöhung stimmen, weil er z. B. zur Zeit kein Geld hat, die ihm zufallenden Bezugsrechte auszuüben, und er durch Nichtausübung seine bisherige qualifizierte Minderheit verlieren würde (BGH 14, 38), oder für eine Dividende stimmen, da er auf das Einkommen angewiesen ist, obwohl die durch die Dividendenauszahlung erfolgende Beanspruchung der Liquidität der Gesellschaft deren Interessen verletzt, oder als Mehrheitsaktionär den Aufsichtsrat ausschließlich mit Personen seiner Wahl zusammensetzen (BGH in WM 62, 811).

Anm. 37

2. Grenzen der Freiheit

Selbstverständlich ist aber diese Freiheit nicht schrankenlos. Auch hier gelten vielmehr die allgemeinen für das Aktienrecht maßgebenden Grundsätze von Treu und Glauben (§ 242 BGB), das Schikaneverbot (§ 226 BGB) und das Verbot des Rechtsmißbrauchs und der Sittenwidrigkeit. Häufig wird die Konstruktion einer besonderen aktienrechtlichen Treupflicht sowohl der Aktionäre untereinander als auch im Verhältnis zur Gesellschaft (so insbesondere die Rechtsprechung des RG — RG 146, 76 und 394; 158, 248 — und des BGH — BGH 14, 38 —; Fischer NJW 52, 777) bemüht, um diese der Stimmrechtsausübung gezogenen Grenzen zu bestimmen. Dabei handelt es sich aber mehr um eine terminologische Auseinandersetzung (Zöllner S. 337; Baumbach-Hueck Übers. vor § 54 Rdn. 11; vgl. auch § 1 Anm. 34; Küster S. 58ff.; Fechner S. 110ff.; Hueck S. 25ff.). Die Konstruktion einer Treupflicht bringt keine neuen Erkenntnisse, sondern formuliert nur die aus den Gegebenheiten des einzelnen Falls zu ermittelnde Abgrenzung anders und leitet sie aus einer positiven Pflicht zum treugemäßen Verhalten ab, während sie ebenso gut als Schranke einer Rechtsausübung zu gewinnen ist. Wenn überhaupt ein Unterschied besteht, so nur bei der Frage, ob den Aktionär ggf. eine Pflicht zur Stimmabgabe treffen kann. Das scheidet aber für die AG praktisch wohl sowieso aus (Zöllner S. 354). Denn ein gerichtlich durchsetzbarer, auf Treu und Glauben und dgl. gestützter Anspruch gegen einen Aktionär, der sich von der Hauptversammlung fernhält, auf Abgabe seiner Stimme für einen bestimmten Beschluß, ist tatbestandlich nicht vorstellbar, es sei denn, daß er aus dem einer vertraglichen Stimmabgabeverpflichtung (vgl. unten Anm. 41) gleich zu behandelnden früheren Verhalten (venire contra factum proprium) hergeleitet werden könnte.

Anm. 38

3. Einzelne Fälle von Verstößen

Wann die Ausübung des Stimmrechts an die allgemein für die Rechtsausübung geltenden Schranken stößt, muß, ohne daß sich allgemein gültige Regeln aufstellen lassen, von Fall zu Fall entschieden werden (so auch Witte S. 48; Zöllner S. 336ff.). Immerhin gibt es einige Grundtatbestände, nach denen sich die Mißbrauchsfälle in etwa katalogisieren lassen (vgl. hierzu auch Zöllner S. 287ff.). Das ist einmal die Ausnutzung der Stimmenmacht, um zum Schaden der Gesellschaft oder der Mitaktionäre eigene Vorteile zu erlangen (vgl. hierzu insbesondere die Erl. zu § 243 Abs. 2); auch die Schadensersatzpflicht des § 117 gehört in diese Kategorie, obwohl sie für die Stimmrechtsausübung selbst nicht gilt. Besondere Bedeutung hat sie im Konzernrecht, wenn an abhängigen Unternehmen freie Aktionäre beteiligt sind (vgl. hierzu die Literaturzusammenstellung zu § 117). Zum anderen kommen in Frage Verstöße gegen die das allgemeine Recht beherrschenden Grundsätze der Gleichbehandlung und Verhältnismäßigkeit, die besondere Bedeutung bei der Frage des Ausschlusses des Bezugsrechts (§ 186 Anm. 2, 12, 14) oder der Festsetzung des Umtauschverhältnisses bei Verschmelzungen (vgl. Erl. zu § 341 und 305 Anm. 13) haben. Weiter gibt es Verstöße aus der Mißachtung berechtigter Interessen der Mitaktionäre, die allerdings bei der kapitalistischen Struktur der AG schon ein besonderes Maß an Intensität erreichen und zu echten Schädigungen bei den Mitaktionären führen müssen, was z. B. in Fällen der „Aushungerung" anderer Aktionäre durch übermäßige Rücklagenbildung möglich ist (vgl. Erl. zu § 254, dessen Ausgestaltung im einzelnen allerdings höchst fragwürdig ist). Schließlich können noch Fälle eines allgemeinen Sittenverstoßes durch Stimmrechtsausübung in Frage kommen.

Anm. 39

4. Folgen der Verstöße

Jeder Stimmrechtsmißbrauch begründet die Nichtigkeit der einzelnen Stimme und führt dazu, daß sie bei der Feststellung des Beschlußergebnisses nicht berücksichtigt werden darf (Zöllner S. 359, 365ff.). Wird sie berücksichtigt, so führt sie zur Anfechtbarkeit des auf ihr beruhenden Hauptversammlungsbeschlusses (§ 243), zu einer Nichtigkeit dagegen nur im Rahmen des § 241 Ziff. 4 (vgl. Erl. dazu). Soweit die Stimmrechtsausübung den Tatbestand des § 826 BGB begründet, ist auch eine Schadensersatzpflicht gegeben (Zöllner S. 426ff.). Der Sondertatbestand der Schadensersatzpflicht aus § 117 dagegen kann bei der Stimmrechtsausübung nicht eingreifen, weil er als Haftungstatbestand in Abs. 7 Ziff. 1 ausdrücklich ausgenommen ist (vgl. dazu § 117 Anm. 15).

Anm. 40

5. Kapitalanlagegesellschaften

Bei Kapitalanlagegesellschaften verlangt § 10 des Gesetzes über Kapitalanlagegesellschaften vom 14. 1. 1970 (BGBl. I, S. 12), daß bei der Ausübung der mit dem Sondervermögen verbundenen Stimmrechte die Interessen der Anteilseigner mit der Sorgfalt eines ordentlichen Kaufmanns zu beachten sind. Ein Verstoß gegen diese Verpflichtung führt aber nicht zur Nichtigkeit der Stimmabgabe, sondern nur zu Ersatzpflichten der Geschäftsführer der Kapitalanlagegesellschaft.

Anm. 41

6. Stimmrechtsvereinbarungen

Zulässig sind Vereinbarungen zwischen Aktionären oder mit Dritten über die Ausübung des Stimmrechts. Solche Vereinbarungen verstoßen nicht gegen den Grundsatz, daß jede Aktie das Stimmrecht gewährt; denn es handelt sich nur um eine rein schuldrechtliche Bindung, die die Wirksamkeit einer ihr zuwiderlaufenden Ausübung des Stimmrechts nicht berührt (RG 107, 67; 119, 386; 133, 90; 156, 139; 160, 262; 165, 78; BGH 29, 385; 48, 170; vgl. auch Godin-Wilhelmi § 236 Anm. 8; Baumbach-Hueck § 118 Rdn. 8; Schlegelberger-Quassowski § 114 Anm. 24f.; Würdinger S. 74f.; Obermüller-Werner-Winden S. 128; Uhlenbruck DB 67, 1930; Fischer GmbHRdsch. 1953, 65ff.; Peters AcP 156, 311ff.; Erman, AktG 59, 267ff., 300ff.; Boesebeck NJW

60, 7ff.; Janberg-Schlaus AktG 67, 33). Sie sind aber nichtig im Rahmen des § 136 Abs. 3 (§ 136 Anm. 16) und wegen Verstoßes gegen ein gesetzliches Verbot, z. B. wegen Umgehung des § 136 Abs. 1 (§ 136 Anm. 3), gegen die guten Sitten (Janberg-Schlaus, AktG 67, 35) und wenn die Voraussetzungen des Stimmenkaufs (§ 405 Abs. 3 Z. 2, 3, 6 u. 7) erfüllt sind, d. h. wenn für die Abstimmung besondere Vorteile gewährt oder versprochen werden. In der bloßen Abstimmung liegt aber kein besonderer Vorteil im Sinne des § 405 (RG 132, 37; 133, 90); ebensowenig liegt ein besonderer Vorteil in der bloßen Überlassung der Aktien, deren Stimmrecht in bestimmter Weise auszuüben ist (RG 119, 67). Ein Vorteil, der der Gesellschaft als solcher und mithin der Gesamtheit der Aktionäre zugute kommt, kann ebenfalls kein besonderer Vorteil im Sinne des § 405 Abs. 3 sein (RG 132, 37). Vgl. dazu auch Janberg-Schlaus a. a. O. S. 34/35. Auch ein Verstoß gegen die guten Sitten liegt in solchen Verträgen nicht, es sei denn, daß besondere Umstände hierfür gegeben sind (vgl. RG 107, 67). Vereinbarungen über Abstimmungen, die verschiedene Aktionäre untereinander treffen, um ihre Rechte in der Hauptversammlung übereinstimmend wahrzunehmen (sog. *Konsortialverträge*, Schutzgemeinschaftsverträge, Poolverträge), sind also grundsätzlich wirksam. Grundsätzlich zulässig ist auch die Bindung eines Aktionärs gegenüber einem Dritten, sein Stimmrecht in einer bestimmten Weise auszuüben (Schlegelberger-Quassowski § 114 Anm. 24, 25; Ritter § 114 Anm. 11). Unzulässig ist eine derartige Bindung aber zugunsten der Gesellschaft (§ 136 Abs. 3).

Konsortialverträge können als Gesellschaftsverträge aus wichtigem Grunde gekündigt werden; sie können jederzeit — auch ohne wichtigen Grund — gekündigt werden, wenn nicht eine bestimmte Vertragsdauer vereinbart ist (BGB § 723).

Durch eine Verletzung der Abstimmungsvereinbarung wird zwar die Stimmabgabe nicht ungültig, jedoch macht sich der Aktionär seinem Vertragsgegner gegenüber schadensersatzpflichtig und verwirkt eine etwa vereinbarte Vertragsstrafe (RG 119, 386; 133, 95). Seit BGH 48, 170 wird auch der Erfüllungsanspruch und die Vollstreckbarkeit anerkannt, die im Schrifttum immer stärker schon seit längerer Zeit gefordert worden war (Fischer a. a. O.; Erman a. a. O.; Peters a. a. O.). Allerdings bleibt streitig, ob die Vollstreckung nach § 894 ZPO (so BGH) oder nach § 888 (so Uhlenbruck DB 27, 1930) oder nach §§ 887, 890 (so Peters a. a. O.) zu erfolgen hat. Die Bindung an eine Stimmrechtsvereinbarung entfällt, soweit sie gegen Treu und Glauben verstoßen würde. Insbesondere kann von dem Aktionär nicht verlangt werden, daß er seine Stimme bei Aufsichtsrats- oder anderen Wahlen für eine zur Wahrnehmung des Amts ungeeignete Person abgibt (RG 133, 90; RG in BankA 35, 48). Das gleiche gilt für eine Stimmabgabe, die gegen allgemeinrechtliche oder aktienrechtliche Grundsätze verstößt, also z. B. zu einem Beschluß führen soll, der sich als Machtmißbrauch zum Schaden der Gesellschaft darstellt (vgl. Janberg-Schlaus AktG 67, 35).

Zu der Frage, ob ein Konvertialvertrag ein herrschendes Unternehmen begründen kann, vgl. Kropff BB 65, 1285; Schäfer BB 66, 231, Brauksiepe BB 66, 870, Janberg-Schlaus AktG 67, 37.

IX. Zusatz: Recht auf Teilnahme an der Hauptversammlung

Anm. 42

Von dem Stimmrecht ist das Recht zur Teilnahme an der Hauptversammlung zu unterscheiden (RG in LZ 1919, 881[30]; vgl. auch Anm. 5 zu § 118). Die Bestimmungen des § 134 über die Ausübung des Stimmrechts gelten grundsätzlich *nicht für das Teilnahmerecht* (RG 112, 109). Auch ein Aktionär, der kein Stimmrecht hat oder sein Stimmrecht nicht ausüben kann, ist berechtigt, auf der Hauptversammlung zu erscheinen, in ihr das Wort zu ergreifen, Anträge zu stellen, Auskünfte nach § 131 zu verlangen, Widerspruch gegen Beschlüsse zu erheben. Insbesondere sind auch die Inhaber von Vorzugsaktien ohne Stimmrecht zur Teilnahme berechtigt (§ 140 Abs. 1). Lediglich § 134 Abs. 3, der die Zulässigkeit der Abgabe der Stimme durch einen Bevollmächtigten festsetzt und für die Vollmacht die Schriftform verlangt, dürfte auf die Vollmacht zur

Teilnahme an der Hauptversammlung entsprechend anzuwenden sein. Ferner gilt § 123 Abs. 2 in gleicher Weise für das Teilnahmerecht wie für die Ausübung des Stimmrechts, so daß die Satzung die Ausübung des Teilnahmerechts an dieselben Voraussetzungen knüpfen kann, denen sie das Stimmrecht unterwerfen kann (RG 112, 109). Insbesondere kann sie die Hinterlegung und Anmeldung verlangen (§ 123 Anm. 8). Im Verkehr wird nicht selten unter dem Stimmrecht das Teilnahmerecht mitverstanden. Ob eine Satzungsbestimmung, die nur von dem Stimmrecht spricht, auch das Teilnahmerecht meint, ist Auslegungsfrage. Im Zweifel ist anzunehmen, daß die Satzung das Wort in seiner genauen, engeren Bedeutung gebraucht. Nur wenn sich aus der Satzung selbst Anhaltspunkte für eine weitere Auffassung ergeben, kann das Teilnahmerecht mit darunter verstanden werden. Ein solcher Anhaltspunkt liegt nicht schon darin, daß die Satzung das Teilnahmerecht nicht regelt. Liegt kein sonstiger Grund zur Annahme vor, daß die Satzung das Wort Stimmrecht in einem allgemeineren Sinne gebraucht, so verbleibt es für das Teilnahmerecht bei der gesetzlichen Regelung (RG a. a. O.).

Das Teilnahmerecht steht grundsätzlich demjenigen zu, der das Stimmrecht hat. Auch wo dieser von dem Eigentümer der Aktie oder dem Inhaber eines sonstigen dinglichen Rechts an der Aktie, auf Grund dessen er zum Besitz der Aktienurkunde berechtigt ist, verschieden ist, hat er das Teilnahmerecht. Die Annahme, daß außer dem Stimmberechtigten auch der Inhaber eines sonstigen dinglichen Rechts an der Aktie teilnahmeberechtigt sein kann, verstößt gegen den Grundgedanken des § 69, nach dem mehrere Berechtigte die Rechte aus der Aktie nur durch einen gemeinschaftlichen Vertreter ausüben können, und ist daher abzulehnen (so mit Recht Dür.-Hach.-Lehmann HGB § 252 Anm. 8; a.A. Brodmann HGB § 252 Anm. 1 g). Der Inhaber der Legitimationstitel muß dem Teilnahmeberechtigten ebenso wie dem Stimmberechtigten (Anm. 5) die Ausübung seines Rechts ermöglichen und kann darauf verklagt werden.

§ 135 Ausübung des Stimmrechts durch Kreditinstitute und geschäftsmäßig Handelnde

(1) Ein Kreditinstitut darf das Stimmrecht für Inhaberaktien, die ihm nicht gehören, nur ausüben oder ausüben lassen, wenn es schriftlich bevollmächtigt ist. In der eigenen Hauptversammlung darf das bevollmächtigte Kreditinstitut das Stimmrecht auf Grund der Vollmacht nur ausüben, soweit der Aktionär eine ausdrückliche Weisung zu den einzelnen Gegenständen der Tagesordnung erteilt hat.

(2) Die Vollmacht darf nur einem bestimmten Kreditinstitut und nur für längstens fünfzehn Monate erteilt werden. Sie ist jederzeit widerruflich. Die Vollmachtsurkunde muß bei der Erteilung der Vollmacht vollständig ausgefüllt sein und darf keine anderen Erklärungen enthalten. Sie soll das Datum der Ausstellung enthalten. Die Frist in Satz 1 beginnt spätestens mit dem Tage der Ausstellung.

(3) Das bevollmächtigte Kreditinstitut darf Personen, die nicht seine Angestellten sind, nur unterbevollmächtigen, wenn die Vollmacht eine Unterbevollmächtigung ausdrücklich gestattet und das bevollmächtigte Kreditinstitut am Ort der Hauptversammlung keine Niederlassung hat. Gleiches gilt für eine Übertragung der Vollmacht durch das bevollmächtigte Kreditinstitut.

(4) Auf Grund der Vollmacht kann das Kreditinstitut das Stimmrecht unter Bennenung des Aktionärs in dessen Namen ausüben. Wenn es die Vollmacht bestimmt, kann des Kreditinstitut das Stimmrecht auch im Namen dessen, den es angeht, ausüben. Übt das Kreditinstitut das Stimmrecht unter

Benennung des Aktionärs in dessen Namen aus, ist die Vollmachtsurkunde der Gesellschaft vorzulegen und von dieser zu verwahren. Übt es das Stimmrecht im Namen dessen, den es angeht, aus, genügt zum Nachweis seiner Stimmberechtigung gegenüber der Gesellschaft die Erfüllung der in der Satzung für die Ausübung des Stimmrechts vorgesehenen Erfordernisse; enthält die Satzung darüber keine Bestimmungen, genügt die Vorlegung der Aktien oder einer Bescheinigung über die Hinterlegung der Aktien bei einem Notar oder einer Wertpapiersammelbank.

(5) Hat der Aktionär dem Kreditinstitut keine Weisung für die Ausübung des Stimmrechts erteilt, so hat das Kreditinstitut das Stimmrecht entsprechend seinen eigenen, den Aktionären nach § 128 Abs. 2 mitgeteilten Vorschlägen auszuüben, es sei denn, daß das Kreditinstitut den Umständen nach annehmen darf, daß der Aktionär bei Kenntnis der Sachlage die abweichende Ausübung des Stimmrechts billigen würde.

(6) Die Wirksamkeit der Stimmabgabe wird durch einen Verstoß gegen Absatz 1 Satz 2, Absätze 2, 3 und 5 nicht beeinträchtigt.

(7) Ein Kreditinstitut darf das Stimmrecht für Namensaktien, die ihm nicht gehören, als deren Aktionär es aber im Aktienbuch eingetragen ist, nur auf Grund einer schriftlichen Ermächtigung, wenn es nicht als deren Aktionär eingetragen ist, nur unter Benennung des Aktionärs in dessen Namen auf Grund einer schriftlichen Vollmacht ausüben. Auf die Ermächtigung oder Vollmacht sind Absatz 1 Satz 2, Absätze 2, 3 und 5, auf die Vollmacht außerdem Absatz 4 Satz 3 anzuwenden. Im übrigen gilt Absatz 6.

(8) Ist das Kreditinstitut bei der Ausübung des Stimmrechts von einer Weisung des Aktionärs oder, wenn der Aktionär keine Weisung erteilt hat, von seinem eigenen, dem Aktionär nach § 128 Abs. 2 mitgeteilten Vorschlag abgewichen, so hat es dies dem Aktionär mitzuteilen und die Gründe anzugeben.

(9) Die Absätze 1 bis 8 gelten sinngemäß für die Ausübung des Stimmrechts durch

1. Vereinigungen von Aktionären,
2. Geschäftsleiter und Angestellte eines Kreditinstituts, wenn die ihnen nicht gehörenden Aktien dem Kreditinstitut zur Verwahrung anvertraut sind,
3. Personen, die sich geschäftsmäßig gegenüber Aktionären zur Ausübung des Stimmrechts in der Hauptversammlung erbieten.

Dies gilt nicht, wenn derjenige, der das Stimmrecht ausüben will, gesetzlicher Vertreter oder Ehegatte des Aktionärs oder mit ihm bis zum vierten Grade verwandt oder verschwägert ist.

(10) Ein Kreditinstitut ist verpflichtet, den Auftrag eines Aktionärs zur Ausübung des Stimmrechts in einer Hauptversammlung anzunehmen, wenn es für den Aktionär Aktien der Gesellschaft verwahrt und sich gegenüber Aktionären der Gesellschaft zur Ausübung des Stimmrechts in derselben Hauptversammlung erboten hat. Die Verpflichtung besteht nicht, wenn das Kreditinstitut am Ort der Hauptversammlung keine Niederlassung hat und der Aktionär die Übertragung der Vollmacht auf oder die Unterbevollmächtigung von Personen, die nicht Angestellte des Kreditinstituts sind, nicht gestattet hat.

(11) Die Verpflichtung des Kreditinstituts zum Ersatz eines aus der Verletzung der Absätze 1 bis 3, 5, 7, 8 oder 10 entstehenden Schadens kann im voraus weder ausgeschlossen noch beschränkt werden.

Übersicht

Literatur

Bundesverband des privaten Bankgewerbes: Die Ausübung des Stimmrechts durch Kreditinstitute; WM 65, 1090.
Consbruch: Das neue Aktiengesetz und die Kreditinstitute; ZKW 65, 1155.
Eckardt: Die Ausübung des Stimmrechts durch einen anderen, insbesondere durch ein Kreditinstitut; DB 67, 199ff., 233ff.
v. Falkenhausen: Das Bankenstimmrecht im neuen Aktienrecht; AktG 66, 69.
Gessler: Das neue Aktienrecht; BB 65, 677.
Gessler: Aktuelle gesellschaftsrechtliche Probleme; DB 66, 215.
Herold: Das Depotstimmrecht der Banken; Festschrift für Heinrich Lehmann 1965, Seite 563ff.
Huppert: Perspektiven für das Depotstimmrecht der Banken; BB 70, 221ff.
Johansson: Die Ausübung des Depotstimmrechts aufgrund eigener Vorschläge des Kreditinstituts; BB 67, 1315.
Mestmäcker: Verwaltung, Konzerngewalt und Rechte der Aktionäre; 1958.
Schmidt: Die Ausübung des sogenannten Depotstimmrechts durch Kreditinstitute; BB 67, 818.
Vallenthin: Die Stimmrechtsvertretung durch Banken nach dem Aktiengesetz 1965, Frankfurt 1966.
Werner: Der erste Kommentar zum neuen Aktiengesetz; AktG 67, 102.

Anm. 1

Einleitung

§ 114 Abs. 4 AktG 1937 bestimmte, daß eine Bank für ihr nicht gehörende Aktien das Stimmrecht nur ausüben dürfe, wenn gerade sie dazu schriftlich ermächtigt sei, und zwar mittels einer Erklärung, die auf längstens 15 Monate erteilt und jederzeit widerruflich sei. Dieses Stimmrecht der Banken aus den in ihrem Depot liegenden Aktien ihrer Kunden war unter der Herrschaft des HGB — nicht ohne zahlreiche Bedenken — entwickelt worden, und zwar aus dem Zwang heraus, für die immer zahlreicher und größer werdenden Publikumsgesellschaften überhaupt eine Vertretung der vielen Einzelaktionäre zu ermöglichen und die Hauptversammlungsmehrheit nicht einzelnen Großaktionären zu überlassen. Das war auch der Grund, warum 1937 das Depotstimmrecht in § 114 Abs. 4 geregelt und damit anerkannt wurde. Der Bundesverband des privaten Bankgewerbes hatte im Zusammenwirken mit dem Bundesjustizministerium im Jahre 1952 „Grundsätze über die Ausübung des Depotstimmrechtes" erarbeitet und 1955 ergänzt (vgl. Trost-Schütz, Bankgeschäftliches Formularbuch, 15. Ausg., S. 127, und Herold, S. 567ff.). Nach diesen Grundsätzen hatten die Banken die Weisungen ihrer Depotkunden über die Art der Stimmrechtsausübung zu befolgen, bei fehlenden Weisungen das Stimmrecht im Interesse der Kunden auszuüben, zu Satzungsänderungen und Beschlüssen, die eine Dreiviertelmehrheit erforderten, Weisungen einzuholen, 14 Tage vor der Hauptversammlung bekanntwerdende Oppositionen mitzuteilen und eigene Opposition mittels Depotstimmrechts nur mit ausdrücklichem Einverständnis des Depotkunden zu betreiben. Diese sehr konkrete Regelung, die sich durchaus bewährte, änderte aber nichts daran, daß das Depotstimmrecht in der Debatte über die Aktienrechtsreform Gegenstand außergewöhnlich heftiger rechtspolitischer Auseinandersetzungen war und neben dem Konzern- und Bilanzrecht zu den Hauptdifferenzpunkten gehörte (vgl. die Literaturangaben in der Voraufl. § 114 Anm. 23b).

Auch die Reformbestrebungen konnten sich trotz aller Angriffe gegen das Depotstimmrecht nicht dem Zwang entziehen — um einen modernen Ausdruck zu zitieren —, die „schweigende Mehrheit" der Aktionäre zu mobilisieren. Unter Verbot der in der Optik schlechten Legitimationszession für Inhaberaktien wollte der RegE nur eine Stimmrechtsausübung kraft Vollmacht gestatten, und zwar entweder unter namentlicher Benennung des Aktionärs oder „im Namen dessen, den es angeht", d. h. ohne Namensnennung. Er wollte nur Vollmachten zulassen, die frühestens 2 Wochen vor Einladung zur Hauptversammlung erteilt waren, und die Ausnutzung der Vollmachten davon abhängig machen, daß dem Aktionär die Vorschläge gemäß dem jetzigen § 128 bekanntgemacht waren und er um Weisungen für die Ausübung des Stimmrechts gebeten worden war. In dem Bestreben, die Stimmrechtsvertretung durch die Kreditinstitute, die dazu durch ihre Erfahrung und Sachkunde besonders berufen sind, nicht allzu sehr durch Formulare einerseits und zu kurze Bearbeitungsmöglichkeiten andererseits zu belasten, haben die Bundestagsausschüsse die auf 15 Monate beschränkte Vollmacht gemäß § 114 Abs. 4 AktG 1937 genügen lassen und damit auch ihre Koppelung an die — nach § 128 weiter aufrechterhaltenen — Mitteilungspflichten und Weisungen gelöst. Wird dem Kreditinstitut keine Weisung erteilt, so kann es das Stimmrecht nach seinen eigenen Vorschlägen ausüben, vorbehaltlich allerdings der Regelung des § 665 S. 1 BGB. Bei Namensaktien benötigt das Kreditinstitut eine Ermächtigung und, wenn es nicht selbst im Aktienbuch eingetragen ist, eine schriftliche Vollmacht, die unter Benennung des Aktionärs auszuüben ist. Der Regelung für Kreditinstitute sind die Aktionärsvereinigungen und die Personen unterworfen, die sich geschäftsmäßig für die Vertretung in den Hauptversammlungen erbieten.

Damit ist eine Regelung erreicht, die einerseits die Hauptversammlungen nicht veröden und die Beschlüsse durch einige wenige Aktionäre fassen läßt, andererseits aber den durch die Mitteilung gemäß § 128 orientierten Aktionären die volle Entscheidungsmöglichkeit über die Ausübung des Stimmrechts aus ihren Aktien gibt. Zwar wird diese Regelung immer noch von Einzelaktionären angegriffen, aber im Grunde weniger, weil die Regelung nicht sachgemäß sei, sondern deshalb, weil die Aktionäre, die sich von Banken vertreten lassen, durchweg den Ratschlägen für die Stimmrechtsausübung der Kreditinstitute folgten. Das aber hängt weniger mit dem System der Stimmrechtsmobilisierung — mehr will die Regelung des § 135 gar nicht sein — als mit dem Verhalten des durchschnittlichen Depotaktionärs zusammen, der den Ratschlägen der Bank, der er die Aufbewahrung seiner Aktien anvertraut, auch hinsichtlich der Stimmrechtsausübung vertraut. Jedenfalls muß § 135 als eine im großen und ganzen gelungene Regelung der Stimmrechtsausübung aus den den vielen Publikumsaktionären gehörenden Aktien angesehen werden, die jedenfalls sehr viel weniger als das in den USA übliche proxy-System (darüber vgl. Mestmäcker, S. 60ff.) zu Bedenken Anlaß gitb, trotzdem aber, wie die Entwicklung der letzten Jahre zeigt, die Hauptversammlungen füllt und damit dem Zweck, die schweigende Mehrheit zu mobilisieren, Genüge tut. Wegen Verbesserungsvorschlägen im Rahmen des geltenden Rechts vgl. Huppert, BB 70, 223/24.

I. Betroffene Bevollmächtigte

Anm. 2

1. Kreditinstitute

Von der Sonderregelung des § 135 über die Stimmrechtsausübung werden in erster Linie Kreditinstitute betroffen. Dieser Begriff ist dem § 1 Abs. 1 Kreditwesengesetz (KWG) entnommen und ebenso wie dort auszulegen. Die Ausnahmen des § 2 KWG gelten allerdings nur für dieses Gesetz selbst, ändern aber nichts daran, daß auch die dort genannten Institute im Sinne des § 135 Kreditinstitute sind. Während § 114 Abs. 4 AktG 1937 nur für Banken galt, umfaßt § 135 sämtliche Kreditinstitute, also insbesondere auch die Sparkassen. Auch Kapitalanlagegesellschaften sind auf Grund der besonderen Bestimmung in § 2 Abs. 1 KAGG — im übrigen auch nach § 1 Abs. 1 Ziff. 6 KWG — Kreditinstitute. Sofern sie für ihnen nicht gehörende Aktien — das gilt natürlich nicht für die zu ihrem eigenen Wertpapiersondervermögen gehörenden Aktien — Stimmrechte ausüben wollen, unterfallen sie der Regelung des § 135.

Diese Bestimmung gilt aber nur für inländische Kreditinstitute oder inländische der deutschen Bankenaufsicht unterfallende Filialen ausländischer Kreditinstitute; nur diese Zweigstellen sind gemäß § 53 Abs. 1 KWG Kreditinstitute (vgl. auch Godin-Wilhelmi Anm. 1). Nicht erforderlich für die Anwendung des § 135 ist, daß das Kreditinstitut die Depotbank ist; die Verwahrung von Aktien für den Aktionär ist nicht Tatbestandsmerkmal des § 135 (anders nur in Abs. 9 Ziff. 2).

Anm. 3

2. Aktionärsvereinigungen

Gleichgestellt sind den Kreditinstituten die Aktionärsvereinigungen (Abs. 9 Ziff. 1). Über ihren Begriff vgl. § 125 Anm. 7. Ihnen sind deshalb auch gemäß § 125 Abs. 1 die dort vorgesehenen Mitteilungen seitens des Vorstands einer Aktiengesellschaft zu machen, wenn sie in der letzten Hauptversammlung Stimmrechte für Aktionäre ausgeübt oder die Mitteilungen verlangt haben, und außerdem sind sie nach § 128 verpflichtet, die Mitteilungen der Gesellschaft an ihre Mitglieder auf deren Verlangen weiterzugeben und eigene Vorschläge mitzuteilen, wenn sie eine Stimmrechtsausübung beabsichtigen.

Anm. 4

3. Geschäftsleiter und Angestellte von Kreditinstituten

Außerdem unterwirft Abs. 9 Ziff. 2 auch die Geschäftsleiter und Angestellten eines Kreditinstitutes den Regelungen des § 135, jedoch nur für den Fall, daß sie Aktien vertreten, die ihnen nicht gehören und dem Kreditinstitut, bei dem sie tätig sind, zur Verwahrung anvertraut sind. Sinn dieser Vorschrift ist, das Kreditinstitut soll den Vorschriften des § 135 nicht dadurch entgehen können, daß es die Vollmacht nicht auf sich, sondern auf einen Geschäftsleiter oder einen Angestellten ausstellen läßt. Vertritt das Vorstandsmitglied oder der Angestellte Depotaktien, die nicht bei dem eigenen Kreditinstitut verwahrt werden, so können sie sowohl auf Grund einer nur dem

§ 134 Abs. 3 unterworfenen Vollmacht wie auch auf Grund einer Legitimationszession (§ 134 Anm. 33/34) in der Hauptversammlung das Stimmrecht ausüben, ohne den Vorschriften des § 135 zu unterfallen. Geschieht die Vertretung allerdings auf Grund der nur in den engen Grenzen des Abs. 3 zulässigen Untervollmacht, so bleibt es bei der Geltung des § 135.

Der Begriff „Geschäftsleiter" ist dem § 1 Abs. 2 KWG entnommen und deshalb auch entsprechend dieser Bestimmung auszulegen; es handelt sich um die natürlichen Personen, die als Alleininhaber oder nach Gesetz, Satzung oder Gesellschaftsvertrag zur Geschäftsführung und Vertretung eines als juristische Person oder Personenhandelsgesellschaft geführten Kreditinstitutes berufen sind (Geschäftsführer von Kreditgenossenschaften auch ohne Vorstandszugehörigkeit) oder die durch das Bundesaufsichtsamt für das Kreditwesen als Geschäftsleiter bezeichnet werden. Unter Angestellten sind alle Personen zu verstehen, die sich in den Diensten des Kreditinstitutes in Form sogenannter abhängiger Arbeit befinden; dieser Begriff kommt in Abs. 3 nochmals vor, wo die Unterbevollmächtigung der eigenen Angestellten ohne Einschränkung gestattet wird.

Diese Regelung gilt nicht, wenn der Geschäftsleiter oder Angestellte gesetzlicher Vertreter, Ehegatte oder bis zum 4. Grade Verwandter oder Verschwägerter des Aktionärs ist.

Anm. 5

4. Geschäftsmäßige Vertreter

Schließlich gilt § 135 auch für alle die Personen, die sich gegenüber Aktionären geschäftsmäßig zur Ausübung des Stimmrechts in der Hauptversammlung erbieten. Eine geschäftsmäßige Ausübung des Stimmrechts in der Hauptversammlung liegt immer dann vor, wenn aus der Vertretung in der Hauptversammlung eine geschäftsmäßige Tätigkeit gemacht wird, wenn sie also in der Absicht und der Bereitschaft vorgenommen wird, sie öfters und nicht nur gelegentlich zu wiederholen; die Entgeltlichkeit ist nicht erforderlich (Eckardt, DB 67, 237). Geschäftsmäßig handelt also bereits ein nicht nur aus verwandtschaftlichen oder freundschaftlichen Gründen heraus in der Hauptversammlung auftretender Vermögensverwalter, Anwalt, Wirtschaftsprüfer oder dergl. (Obermüller-Werner-Winden S. 114). Allerdings ist nicht die geschäftsmäßige Stimmrechtsausübung das für die Geltung des Abs. 9 Ziff. 3 maßgebende Moment, sondern das Erbieten dazu. Das Erbieten erfordert eine ausdrückliche Erklärung der Bereitschaft, einen unbestimmten, nicht näher bezeichneten Personenkreis geschäftsmäßig im eben umschriebenen Sinne auf der Hauptversammlung stimmrechtsmäßig zu vertreten. Die Tatsache, daß z. B. ein Rechtsanwalt oder eine Vermögensverwaltungsgesellschaft berufsmäßig zu einer derartigen Tätigkeit bereit und berufen ist, ist noch kein Erbieten im Sinne des Abs. 9 Ziff. 3. Derartige Personen können also durchaus auf Grund einer Legitimationszession (§ 134 Anm. 33/34) das Stimmrecht ausüben und sind dann gemäß § 129 Abs. 3 als Fremdbesitzer in das Teilnehmerverzeichnis aufzunehmen (§ 129 Anm. 3 zu e). Erst wenn sich der Anwalt oder die Vermögensverwaltungsgesellschaft — z. B. zwecks Sammlung einer Oppositionsgruppe — für die Hauptversammlung zur Stimmrechtsausübung durch Rundschreiben, öffentliche Bekanntmachung oder dgl. anbieten, fallen sie unter die Vorschriften des § 135 Abs. 1—8, müssen also in offener Vertretung oder in Vollmacht dessen, den es angeht, auftreten (a. M. offensichtlich Eckardt a. a. O.). Auch die Regelung der Ziff. 3 gilt nicht für gesetzliche Vertreter, Ehegatten oder nahe Verwandte eines Aktionärs.

Anm. 6

5. Keine Treuhänder

Immer aber erfordert die Anwendung des § 135, daß es sich um Aktien handelt, die den dieser Bestimmung unterfallenden Personen (Anm. 2—5) nicht gehören. Dieses Tatbestandsmerkmal ist in Abs. 1 S. 1 für Inhaberaktien und Abs. 7 S. 1 für

Namensaktien ausdrücklich aufgeführt. Ist also z. B. das Kreditinstitut selbst Inhaber des Aktienrechts, so findet § 135 keine Anwendung, auch wenn diese Inhaberschaft nur eine treuhänderische ist und für fremde Rechnung erfolgt (Obermüller-Werner-Winden S. 112/13; Godin-Wilhelmi Anm. 2). Hier kann also das Kreditinstitut ohne die einschränkenden Bestimmungen des Abs. 3 Vollmachten erteilen und hat die Aktien in das Teilnehmerverzeichnis als sogenannten Eigenbesitz aufnehmen zu lassen (§ 129 Anm. 3 zu c). Ist die treuhänderische Übertragung dagegen nur eine Umgehung der Legitimationsübertragung im Sinne des früheren Depotstimmrechts, so sind die Aktien als dem Kreditinstitut nicht gehörend anzusehen. Eine derartige Umgehung liegt ,wie Godin-Wilhelmi Anm. 2, mit Recht anführen, nicht vor, wenn, was in der Praxis häufiger vorkommt, zur Ermöglichung einer Mehrheitsentscheidung bei einer 50:50-Beteiligung beiderseits einige Aktien einem Kreditinstitut zur eigenen Stimmrechtsausübung übertragen werden.

Anm. 7

6. Für Inhaberaktien keine Legitimationsübertragung

Die Ausübung des Stimmrechts für fremde Inhaberaktien ist dem unter § 135 fallenden Personenkreis mittels einer Legitimationsübertragung nicht mehr gestattet. Das kommt dadurch zum Ausdruck, daß Abs. 1 S. 1 einem Kreditinstitut und den ihm gemäß Abs. 9 gleichgestellten Personen die Ausübung des Stimmrechts für ihm nicht gehörende Aktien „nur“ auf Grund einer schriftlichen Vollmacht gestattet, für die alsdann die Einzelregelung des § 135 maßgebend ist. Nur bei Namensaktien ist die Legitimationsübertragung an ein Kreditinstitut noch zulässig, erfordert dann aber die Eintragung im Aktienbuch (Abs. 7 S. 1; vgl. § 68 Anm. 25). Ist das Kreditinstitut im Aktienbuch nicht eingetragen, so ist eine Vollmacht erforderlich, von der nur unter Benennung des Aktionärs Gebrauch gemacht werden darf.

II. Erfordernisse der Bevollmächtigung

Anm. 8

1. Schriftlichkeit

Die erste Anforderung, die das Gesetz an die Vollmacht stellt, ist ihre Schriftlichkeit (Abs. 1 S. 1). Insoweit unterscheidet sich die Vollmacht des § 135 nicht von der des § 134 Abs. 3; vgl. § 134 Anm. 29. Selbstverständlich kann ein Formular benutzt werden. Wegen des Inhalts eines derartigen Formulars vgl. Bankgeschäftliches Formularbuch, 18. Ausg. S. 145. Nur die Unterschrift muß gemäß § 126 Abs. 1 BGB eigenhändig durch Namensunterschrift vollzogen werden.

Anm. 9

2. Vollständigkeit

Zum anderen muß der wesentliche Inhalt der Vollmacht aus der unterschriebenen Erklärung hervorgehen. Während im Rahmen des § 134 Abs. 3 die Ausfüllung der Vollmacht wenn überhaupt so bei Vorlage an die Gesellschaft erforderlich ist, muß im Rahmen des § 135 die Vollmacht, um rechtswirksam zu sein, bei der Erteilung vollständig ausgefüllt sein (Abs. 2 S. 3). Sie muß also ihren Gegenstand, nämlich die Stimmrechtsausübung für den Aktionär, ihren Umfang, eine bestimmte Hauptversammlung oder einzelne näher anzugebende Hauptversammlungen oder alle in ihre Geltungsdauer fallenden Hauptversammlungen, und die von der Vollmacht betroffenen Aktien sowie den Vollmachtempfänger enthalten und eigenhändig durch Namensunterschrift (§ 126 Abs. 1 BGB) unterschrieben sein. Die Benutzung eines Formulars ist selbstverständlich zulässig. Die von der Vollmacht umfaßten Aktien brauchen auch nicht nummernmäßig angegeben zu sein; es reicht aus, daß von den im Depot des Kreditinstitutes oder einer anderen Verwahrungsstelle liegenden Aktien oder von den dem Kreditinstitut jeweils zur Verfügung gestellten Stimmkarten oder von allen Aktien, die der Aktionär besitzt, die Rede ist. Für den Fall, daß die Vollmacht auch ohne Nennung des Vollmachtgebers, also im Namen dessen, den es angeht, ausgenutzt werden soll (Abs. 4 S. 2), muß auch dies in der Vollmachtsurkunde angegeben werden. Das gleiche gilt für die Zulassung der Unterbevollmächtigung oder der Übertragung auf einen anderen Bevollmächtigten (Abs. 3).

Wenn Abs. 2 S. 3 bestimmt, daß die Urkunde bei Erteilung vollständig ausgefüllt sein muß, so ist eine Vollmacht, die nicht alle Essentialien der Vollmacht enthält, oder gar eine Blankovollmacht keine dem § 135 genügende Vollmachterteilung. Das brauchte an sich nicht auszuschließen, daß die Vollmachtsurkunde im Augenblick ihrer späteren vollständigen Ausfüllung als wirksam erteilt gilt. Damit wird man jedoch dem Sinn der Gesetzesvorschrift nicht gerecht. Dann könnte nämlich die Vollmachterteilung durch Blankounterschrift eines Aktionärs erfolgen, die von dem Kreditinstitut, wenn es die Vollmacht benötigt, vollständig ausgefüllt werden würde, und könnte die Längstlaufzeit von 15 Monaten beliebig manipuliert werden, was dem Abs. 2 S. 5 ganz klar widerspricht. Die Vollmacht muß also bei der Unterschriftsleistung durch den Aktionär, spätestens bei der Übergabe an den Bevollmächtigten bereits vollständig ausgefüllt sein. Jedoch wäre es wohl ein übertriebener Formalismus, wenn man nicht auch die Ausfüllung einer ganz oder teilweisen Blanketterklärung, die zunächst nicht als Erteilung einer Vollmacht im Sinne des § 135 gelten kann, als Vollmachterteilung dann gelten ließe, wenn die Ausfüllung durch den Aktionär erfolgt. Die nochmalige Beifügung der Unterschrift ist dann überflüssig.

Anm. 10

3. Ausschließlichkeit

Die Vollmacht darf keine anderen Erklärungen außer der Vollmacht enthalten (Abs. 2 S. 3). Die Urkunde darf also nur Erklärungen enthalten, die Bestandteil der Vollmacht selbst — dazu gehört auch ein Hinweis auf die Widerruflichkeit — oder ihrer Erweiterung gemäß Abs. 3 S. 1 (Ermächtigung zur Unterbevollmächtigung) oder Abs. 4 S. 2 (Ermächtigung zur Ausübung im Namen dessen, den es angeht) sind. Damit soll der Aktionär — ähnlich wie der Nichtkaufmann in § 1027 Abs. 1 S. 1 Hs. 2 ZPO bei der Schiedsklausel — auf die Bedeutung der Vollmacht hingewiesen und es soll verhindert werden, daß die Vollmacht im Rahmen der Anerkennung allgemeiner Geschäftsbedingungen, einer alljährlichen Depotbestätigung oder einer Ankaufs- oder Verkaufsorder erfolgt.

Als zulässigen Inhalt einer Vollmacht wird man aber Weisungen über die Ausübung der Vollmacht ansehen müssen (so Consbruch ZKW 65, 1155; v. Falkenhausen AktG 66, 73; Schmidt BB 67, 823; a. M. Eckardt DB 67, 234). Das kann zwar nicht damit begründet werden, daß die Weisungen das Außenverhältnis betreffen; denn die Weisungen schränken üblicherweise die Vollmacht nach außen nicht ein, sondern bedeuten die schuldrechtliche Auflage, von der Vollmacht nur einen bestimmten Gebrauch zu machen. Die Zulässigkeit der Beifügung von Weisungen ergibt sich vielmehr aus Sinn und Zweck der gesetzlichen Regelung, die ja gerade Weisungen des Aktionärs zur Stimmrechtsausübung veranlassen will und inkonsequent würde, wenn ihre Erteilung in der Vollmachtsurkunde die Stimmrechtsausübung unzulässig machen würde. Außerdem beweist die Beifügung von Weisungen zur Vollmacht doch, daß ihre Bedeutung dem Aktionär durchaus bewußt ist und damit der Sinn des Ausschließlichkeitserfordernisses nicht verletzt ist. Andere Erklärungen als Weisungen und inhaltliche oder zeitliche Beschränkungen der Vollmacht selbst dürfen ihr allerdings nicht beigefügt werden. Deshalb läßt die Praxis die früher in den Vollmachten enthaltene Erklärung, das Kreditinstitut brauche von der Vollmacht keinen Gebrauch zu machen, heute zu Recht fort. Sind unzulässigerweise andere Erklärungen in der Vollmachtsurkunde enthalten, so ist sie unwirksam und gilt als nicht erteilt. Äußerlich kann die Stimmrechtsvollmacht aber mit derartigen Erklärungen, z. B. mittels eines perforiert beigefügten besonderen Textteils, verbunden sein, wenn sie nur gesondert unterschrieben wird.

Anm. 11

4. Nur ein bestimmter Vollmachtsempfänger

Außerdem darf die Vollmacht nur einem bestimmten Kreditinstitut oder bestimmten unter Abs. 9 fallenden Bevollmächtigten erteilt werden. Sie kann also nicht einer ganzen Gruppe von Kreditinstituten, etwa einer Bankenkette oder einem Konzern erteilt werden. Jedoch ist es gemäß Abs. 3 S. 2 möglich, das bevollmächtigte Kreditinstitut zu ermächtigen, die Vollmacht zu übertragen, wovon aber nur im Rahmen des Abs. 3 S. 1 Gebrauch gemacht werden darf, also nur dann, wenn das bevollmächtigte Kreditinstitut am Ort der Hauptversammlung keine Niederlassung hat.

Anm. 12

5. Dauer der Vollmacht

Die Dauer der Vollmacht beschränkt Abs. 2 S. 1 auf einen Zeitraum von 15 Monaten. Damit diese zeitliche Beschränkung nicht durch Vordatierung umgangen wird, bestimmt S. 5, daß die Frist spätestens mit dem Tag der Ausstellung beginnt (vgl. Anm. 14). Die zeitliche Beschränkung auf 15 Monate wird zwar in die heute üblichen Vollmachtsurkunden aufgenommen, erforderlich ist das aber nicht. Enthält die Vollmacht keine zeitliche Beschränkung oder läuft sie auf einen längeren Zeitraum als 15 Monate von ihrer Ausstellung ab, so tritt kraft Gesetzes die 15-Monats-Frist in Kraft (Godin-Wilhelmi Anm. 3; Baumbach-Hueck Rdn. 10; Eckardt DB 67, 192). Die Anordnung einer kürzeren Laufzeit als 15 Monate ist selbstverständlich zulässig, und damit auch eine Rückdatierung, die die gleiche Wirkung hat. Die Berechnung der 15-Monats-Frist erfolgt gemäß §§ 187ff. BGB.

Mit der Bestimmung einer Höchstdauer von 15 Monaten für die Vollmacht und einer jederzeitigen Widerruflichkeit der Vollmacht verbietet sich die Annahme, der Aktionär könne einem Kreditinstitut gegenüber wirksam eine Verpflichtung zur Vollmachterteilung übernehmen. Nur soweit dem Kreditinstitut ein nicht von einer Gegenleistung abhängiger, unbedingter Anspruch auf die Aktien gegen den Aktionär zusteht, wird eine Verpflichtung zur Vollmachterteilung ohne Widerrufsmöglichkeit anzuerkennen sein.

Wegen der Besonderheit der Vollmacht für die Stimmrechtsvertretung in der Hauptversammlung der Volkswagenwerk AG vgl. unten Anm. 26.

Anm. 13

6. Widerruflichkeit

Die Stimmrechtsvollmacht ist gemäß Abs. 2 S. 2 jederzeit widerruflich, also ohne Rücksicht darauf, daß sie für einen bestimmten Zeitraum — in der Regel 15 Monate — erteilt ist. Irgendein wichtiger Grund für ihren Widerruf braucht nicht vorzuliegen (Eckardt DB 67, 192). Sinn dieser Regelung ist, es dem Aktionär jederzeit zu ermöglichen, selbst sein Stimmrecht auszuüben und dann nicht durch eine einem Kreditinstitut erteilte Vollmacht gehindert zu sein. Die Widerruflichkeit braucht in der Vollmacht nicht besonders zum Ausdruck gebracht zu werden. Die Stimmrechtsvollmacht ist vielmehr kraft Gesetzes widerruflich (Godin-Wilhelmi Anm. 3). Das gilt auch dann, wenn sie als unwiderruflich bezeichnet ist. Hier könnte nur die Frage entstehen, ob sie, weil sie als unwiderrufliche gewollt ist, ganz nichtig ist. Das wäre aber wohl eine zu scharfe Reaktion des Gesetzes; einmal schließt vom Willen des Vollmachtgebers aus die unwiderrufliche Vollmacht die widerrufliche immer ein, und zum anderen würde die Nichtigkeit der Vollmacht die Stimmen des Aktionärs ganz von der Vertretung ausschließen, obwohl vielleicht konkrete Weisungen für die Ausübung des Stimmrechts gegeben sind. Die in der Praxis heute üblichen Vollmachten enthalten den Hinweis auf die jederzeitige Widerruflichkeit. Der Widerruf der Vollmacht erfolgt durch formlose Erklärung an das bevollmächtigte Kreditinstitut. Ebensowenig wie der Widerruf ausgeschlossen werden kann, kann er erschwert werden. Die Vereinbarung der Schriftform für den Widerruf ist zwar eine Erschwerung, aber doch wohl zulässig, da die Schriftform für die ordnungsgemäße Geschäftsabwicklung im Rahmen der Kreditinstitute notwendig ist.

Anm. 14

7. Datierung

Zur vollständigen Ausstellung einer Urkunde gehört an sich die Datierung. Da die 15-Monats-Frist für die Höchstdauer der Vollmacht vom Tage der Ausstellung ab läuft (Abs. 2 S. 5; vgl. oben Anm. 12), ist die Datierung durchaus wichtig. Trotzdem ordnet sie Abs. 2 S. 4 nur als Sollbestimmung an. Das beruht darauf, daß das in der Praxis häufige Vergessen einer Datierung die Vollmacht nicht unwirksam machen soll. Erforderlich ist andererseits aber auch nicht, daß der Ablauf der Höchstdauer von 15 Monaten aus der Vollmachtsurkunde erkenntlich sein müßte. Kommt es im Einzelfalle darauf an, so muß das Datum der Ausstellung mit anderen Mitteln, z. B. Eingangsstempel des Kreditinstitutes auf der Vollmacht oder Absendung des Vollmachtformulars an den Aktionär zwecks schriftlicher Vollziehung, festgestellt werden.

Anm. 15

8. Verhältnis von § 128 Abs. 2 zu § 135

Gemäß § 128 Abs. 2 S. 1 hat ein Kreditinstitut, das die Stimmrechte für seine Depotaktionäre in der Hauptversammlung auszuüben beabsichtigt, dem Aktionär die in § 128 Abs. 2 vorgesehene Mitteilung zu machen und Weisungen zu erbitten. Die Erfüllung dieser Verpflichtung aus § 128 Abs. 2 — das gleiche gilt für die Verpflichtung zur Weitergabe der Vorstandsmitteilungen aus § 128 Abs. 1 — ist aber nicht Erfordernis der Rechtswirksamkeit der Vollmacht (vgl. auch Obermüller-Werner-Winden S. 110). Eine derart enge Verknüpfung zwischen Mitteilungspflicht, Weisungsanforderung und Stimmrechtsausübung hatte § 129 Abs. 3 S. 2 RegE z. AktG vorgesehen, sie ist durch die Ausschüsse des Bundestages aber beseitigt worden (Anm. 1; § 128 Anm. 8; § 125 Anm. 1). Die Gültigkeit der Vollmacht aus § 135 ist also nicht von der Erfüllung der Verpflichtungen des Kreditinstitutes aus § 128 abhängig, kann es in der Regel auch gar nicht sein, weil Vollmachten zur Vertretung der Depotaktien in der Regel eingeholt werden, bevor die Einladungen der einzelnen Gesellschaften zu ihren Hauptversammlungen vorliegen. Jedoch ist — jedenfalls für den Regelfall — die Ausübung der Vollmacht von der Erfüllung der Verpflichtungen aus § 128 abhängig. § 128 Abs. 2 knüpft die Pflicht zur Mitteilung und zur Weisungsanforderung zwar an die Absicht der Stimmrechtsausübung für die Aktionäre, macht aber die Erfüllung dieser Pflicht nicht zur Voraussetzung der Stimmrechtsausübung. Jedoch bestimmt Abs. 5, daß das Kreditinstitut, wenn keine Weisungen für die Ausübung des Stimmrechts durch den Aktionär erteilt werden, das Stimmrecht gemäß den nach § 128 Abs. 2 mitgeteilten eigenen Vorschlägen auszuüben hat. Sind also die Pflichten aus § 128 Abs. 2 für die Mitteilung eigener Vorschläge nicht erfüllt worden, so fehlen, wenn der Aktionär nicht von sich aus Weisungen erteilt hat, für das Kreditinstitut die Richtlinien, nach denen allein das Stimmrecht ausgeübt werden kann, womit die Möglichkeit zur Ausübung entfällt. Damit ist die Verknüpfung zwischen § 128 Abs. 2 und § 135 derart gegeben, daß die Ausübung der Stimmrechtsvollmacht die Erfüllung des § 128 Abs. 2 mindestens insoweit voraussetzt, als eigene Vorschläge gemacht sein müssen. Nur für den Fall, daß der Aktionär Weisungen erteilt, setzt die Ausübung der Stimmrechtsvollmacht die Erfüllung der Verpflichtungen aus § 128 Abs. 2 nicht voraus. Auch stellt es Abs. 5 nur auf die Mitteilung eigener Vorschläge gemäß § 128 Abs. 2, nicht aber auf die Erfüllung der übrigen sich aus § 128 Abs. 2 für ein Kreditinstitut ergebenden Verpflichtungen ab. Die

Formulierung von Godin-Wilhelmi Anm. 4, das Kreditinstitut dürfe, wenn es Aktien eines Aktionärs verwahre, von den Vollmachten nur Gebrauch machen, wenn es die Verpflichtungen aus § 128 erfüllt habe, geht also wohl zu weit.

III. Stimmrechtsvollmacht für die eigene Hauptversammlung

Anm. 16

1. Grundsätzliche Zulässigkeit

Die Frage, ob ein Kreditinstitut von dem Depotstimmrecht in der eigenen Hauptversammlung Gebrauch machen durfte, war nach früherem Recht sehr umstritten (Voraufl. § 114 Anm. 40). Bei dem Streit der Meinungen spielte, da früher Grundlage des Depotstimmrechts die Legitimationsübertragung war, das Verbot, aus eigenen Aktien Stimmrechte auszuüben (§ 65 Abs. 7 AktG 1937, jetzt § 71 Abs. 6 AktG 1965), eine entscheidende Rolle (vgl. Voraufl. § 65 Anm. 5 und 32). Nachdem § 135 das Depotstimmrecht für Inhaberaktien aus der Legitimationsermächtigung herausnimmt und als Stimmrecht kraft Vollmacht regelt, ist diese Begründung in Fortfall gekommen. Demgemäß ist es nur konsequent, wenn Abs. 1 S. 2 die Ausübung des Stimmrechts gemäß § 135 auch in der eigenen Hauptversammlung des Kreditinstitutes als zulässig behandelt. Das gilt sowohl unter Benennung des Aktionärs wie im Namen dessen, den es angeht; auch im übrigen unterfällt die Ausübung des Stimmrechts in der eigenen Hauptversammlung allen Vorschriften des § 135.

Anm. 17

2. Erfordernis ausdrücklicher Weisung

Allerdings stellt Abs. 1 S. 2 ein zusätzliches Erfordernis für die Zulässigkeit der Stimmrechtsausübung in der eigenen Hauptversammlung auf, nämlich eine ausdrückliche Weisung des Aktionärs zu den einzelnen Gegenständen der Tagesordnung. Als Weisung ist die Willensäußerung des Aktionärs zu verstehen, das Stimmrecht in einem bestimmten Sinne auszuüben, wobei die Verwendung des Ausdrucks „Weisung" nicht notwendig ist; auch ein Wunsch, eine Bitte, gegebenenfalls sogar eine Empfehlung reichen zur Annahme einer Weisung aus (vgl. Eckhardt DB 67, 235), nicht dagegen die Erklärung, das Kreditinstitut möge nach eigenem Gutdünken abstimmen (Würdinger S. 76). Die Weisung braucht auch nicht schriftlich zu sein (Vallenthin S. 53), muß aber, wie Abs. 1 S. 2 es verlangt, ausdrücklich sein. Sie kann also nicht aus Indizien, z. B. Schweigen des Depotkunden auf Übersendung der Vorschläge und Weisungsbitten nach § 128 Abs. 2, Einverständnis des Aktionärs mit der Geschäftspolitik des Kreditinstitutes, Übermittlung von Stimmkarten für die demnächstige Hauptversammlung u. dgl. entnommen werden, und zwar auch dann nicht, wenn dem Depotkunden etwa gemäß Abs. 5 bei der Weisungsbitte mitgeteilt worden ist, man werde das Schweigen als Weisung zur Stimmrechtsausübung nach den eigenen Vorschlägen auffassen. Als Willensäußerung ist die Weisung aber ebenso wie die Willenserklärung bei Unklarheit aus sich heraus im Rahmen der allgemeinen Grundsätze auslegungsfähig (a. M. Eckhardt DB 67, 235) und ist dann im Sinne des Auslegungsergebnisses eine ausdrückliche. Die Weisung muß zu den einzelnen Tagesordnungspunkten ergehen. Das bedeutet, daß nur zu den von der Weisung erfaßten Tagungsordnungspunkten die Stimmrechtsausübung gestattet ist; zu den anderen dagegen darf das Kreditinstitut von der Vollmacht keinen Gebrauch machen, so daß zu diesen Punkten die Aktien unvertreten bleiben. Jedoch braucht bei der Weisung nicht jeder einzelne Punkt angesprochen zu werden, es genügt auch eine zusammengefaßte Angabe, wie das Stimmrecht auszuüben ist, z. B. die Weisung, zu allen Punkten der Tagesordnung für die Verwaltungsvorschläge zu stimmen (Bundesverband des privaten Bankgewerbes in WM 65, 1096). Eine zeitliche Grenze für die Weisungserteilung kennt der Gesetzeswortlaut nicht, jedoch wird man eine dem Abs. 1 S. 2 genügende Weisung nur annehmen können, wenn sie nach Einberufung der Hauptversammlung erteilt worden ist (vgl. § 128 Abs. 3), während der Endzeitpunkt für die Weisung der ist, der es dem Kreditinstitut noch gestattet, gemäß der Weisung abzustimmen, so daß, wenn die Aktien ordnungsgemäß angemeldet sind, auch eine Weisung noch in der Hauptversammlung möglich ist (vgl. § 128 Anm. 12). Wegen der Möglichkeit, von der Weisung abzuweichen, gilt grundsätzlich die allgemeine Regelung (vgl. Anm. 30), jedoch wird das Kreditinstitut, da es sich um die Ausübung des Stimmrechts in der eigenen Hauptversammlung handelt und mit Rücksicht darauf, daß ausdrückliche Weisungen verlangt sind, wohl nur unter ganz besonders schwerwiegenden Voraussetzungen sich veranlaßt sehen können, von den Weisungen abzuweichen.

Anm. 18

3. Untervollmacht

Erfolgt die Stimmrechtsausübung des Kreditinstitutes in der eigenen Hauptversammlung auf Grund einer im Rahmen des Abs. 3 erfolgten Untervollmacht, so muß mit Rücksicht auf Abs. 5 das bevollmächtigte Kreditinstitut bei Erteilung der Untervollmacht mitteilen, wie von der Untervollmacht im Rahmen der erteilten Weisungen oder der eigenen Vorschläge Gebrauch zu machen ist. Diese Mitteilungen gelten dann als Weisungen im Sinne des Abs. 1 S. 2. Sie nehmen dem Kreditinstitut für die eigene Hauptversammlung die Freiheit der Stimmrechtsausübung nach eigenem Ermessen durch Bindung an Weisungen und genügen damit der Vorschrift des Abs. 1 S. 2. Daß sie nicht unmittelbar von dem Aktionär, soweit er nicht selbst Weisungen erteilt hat, ausgehen, ist unerheblich. Einmal ist das bevollmächtigende Kreditinstitut im Rahmen des Abs. 5 selbst gebunden, zum anderen kommt es dem Gesetzgeber bei Abs. 1 S. 2 darauf an, dem Kreditinstitut für seine eigene Hauptversammlung keinerlei Manipulierungsmöglichkeit zu geben (vgl. Kropff, S. 196), was durch die Bindung an die Weisung des bevollmächtigten Kreditinstituts ausgeschlossen ist (Bundesverband des privaten Bankgewerbes WM 65, 1096/97). Für die Stimmrechtsübertragung des Abs. 3 gilt Entsprechendes.

IV. Untervollmacht und Stimmrechtsübertragung

Anm. 19

1. Untervollmacht

Die Frage der Unterbevollmächtigung im Rahmen des Depotstimmrechts war nach AktG 1937 zweifelhaft und heftiger Kritik ausgesetzt gewesen (Voraufl. § 114 Anm. 25; Vallenthin S. 46). Deshalb hat § 135 Abs. 3 diese Frage ausdrücklich angeschnitten und die Erteilung der Untervollmacht an bestimmte Voraussetzungen gebunden. Für die Erteilung der Untervollmacht gilt, weil es sich ja um eine Stimmrechtsvollmacht handelt, § 134 Abs. 3, die Vollmacht muß also schriftlich erteilt werden, ist der Gesellschaft vorzulegen und bleibt in ihrer Verwahrung. Soweit sie einem Kreditinstitut erteilt wird, gilt auch § 135 Abs. 2, muß also einem bestimmten Kreditinstitut erteilt werden, darf nicht über 15 Monate laufen, ist jederzeit widerruflich und muß vollständig ausgefüllt werden, ohne andere Erklärungen zu enthalten.

Anm. 20

a) Unbeschränkt zulässig für Angestellte

Die Unterbevollmächtigung eigener Angestellter ist unbeschränkt zulässig. Es muß sich aber um Personen handeln, die zum Kreditinstitut im Anstellungsverhältnis stehen, also abhängige Arbeit leisten; freie Mitarbeiter, auch wenn sie ständig für das Kreditinstitut tätig sind, können im Sinne dieser Bestimmung nicht als Angestellte behandelt werden; denn das entscheidende Kriterium für die Freigabe der Unterbevollmächtigung an einen Angestellten ist dessen strikte Weisungsunterworfenheit, die bei einem freien Mitarbeiter nicht im gleichen Maße vorhanden zu sein braucht. Geschäftsleiter brauchten in Abs. 3 im Gegensatz zu Abs. 9 Ziff. 2 nicht mit aufgeführt zu werden, und zwar deshalb, weil sie gesetzliche Vertreter des Kreditinstitutes sind oder ihnen gleichstehen (vgl. Anm. 4) und deshalb keine Bevollmächtigung — bei kollektivzeichnungsberechtigten Vertretern höchstens eine Ermächtigung zum Alleinhandeln — erforderlich ist, um ihnen Vertretungsbefugnis für das Kreditinstitut zu geben.

Anm. 21

b) Ausdrückliche Ermächtigung

Die Unterbevollmächtigung anderer Personen als Angestellter erfordert eine ausdrückliche Gestattung der Unterbevollmächtigung bei der dem Kreditinstitut erteilten Vollmacht. Auch hier ist ähnlich wie bei den Weisungen des Abs. 1 S. 2 eine ausdrückliche Erklärung erforderlich, die nicht aus Indizien allgemeiner oder besonderer Art entnommen werden kann. Die Gestattung der Unterbevollmächtigung kann trotz Abs. 2 S. 3 in die Vollmachtsurkunde aufgenommen werden, muß das aber nicht, sie kann von dem Aktionär auch gesondert erklärt werden, allerdings nur schriftlich. Der Name des Unterbevollmächtigten braucht in die Gestattung einer Unterbevollmächtigung nicht aufgenommen zu werden; es genügt die allgemeine Ermächtigung zur Unterbevollmächtigung; Abs. 2 S. 1, der die Hauptvollmacht nur für ein bestimmtes Kreditinstitut gestattet, gilt für die Untervollmacht nicht (vgl. Kropff, S. 197; v. Falkenhausen, AktG 66, 76; Eckardt DB 67, 192).

Anm. 22

c) Keine Niederlassung am Ort der Hauptversammlung

Außerdem erfordert die Erteilung der Untervollmacht, daß das bevollmächtigte Kreditinstitut am Ort der Hauptversammlung keine eigene Niederlassung hat. Diese Bestimmung will einerseits die im früheren Recht häufige, aber stets stark kritisierte Konzentration des Depotstimmrechts in möglichst einer oder wenigen Händen zwecks Verstärkung der Einflußmöglichkeit auf die Gesellschaft verhindern, andererseits aber den Bedürfnissen der Privat- und Regionalbanken Rechnung tragen, die geringe Aktienbestände nicht in einer Hauptversammlung vertreten können, die an weit entfernten Orten abgehalten wird. Für die Zulässigkeit der Untervollmacht kommt es auf die Identität des Ortes der Hauptversammlung und der Niederlassung an, wobei die politischen Gemeindegrenzen maßgebend sind, einerlei, wie groß innerhalb desselben Ortes die tatsächlichen Entfernungen sind.

Diese Regelung macht es z. B. einem Kreditinstitut unmöglich, auch in rechtlich noch so schwierigen Abstimmungsfällen die Ausübung des Stimmrechts einem Anwalt oder sonstigen Sachverständigen im Wege der Untervollmacht zu überlassen, wenn die Hauptversammlung am Sitz einer seiner Niederlassungen stattfindet. Da ein Sachverständiger auch nicht als Berater hinzugezogen werden kann (§ 134 Anm. 31), bleibt in diesem Falle, wenn ein geeigneter Sachverständiger nicht in den Reihen der eigenen Angestellten zu finden ist, nur übrig, einen Aktionär zur unmittelbaren Vollmachterteilung an einen Sachverständigen zu veranlassen, um diesem die Teilnahme an der Hauptversammlung und dabei die Beratung des Kreditinstitutes zu ermöglichen.

Anm. 23

2. Übertragung der Stimmrechtsvollmacht

Nur unter den gleichen Voraussetzungen, unter denen die Erteilung einer Untervollmacht zulässig ist, gestattet Abs. 3 die Übertragung der Vollmacht. Sie unterscheidet sich von der Untervollmacht dadurch, daß das bevollmächtigte Kreditinstitut ermächtigt wird, unter Beendigung seiner eigenen Vollmacht einen anderen Hauptbevollmächtigten des Aktionärs zu bestimmen. Die Einbeziehung der Vollmachtsübertragung in die Regelung des Abs. 3 ist erfolgt, um die Umgehung der Vorschriften über die Untervollmacht zu verhindern.

V. Ausübung der Vollmacht

Anm. 24

1. In formeller Hinsicht

Die dem Kreditinstitut erteilte Stimmrechtsvollmacht gibt formell zwei Möglichkeiten ihrer Ausnutzung, nämlich einmal als offene, den Vollmachtgeber benennende Vertretung und zum andern als verdeckte, den Vollmachtgeber nicht benennde Vertretung.

a) Unter Benennung des Aktionärs

Wird von der Vollmacht offen Gebrauch gemacht (Abs. 4 S. 1 und 3), so liegt ein Anwendungsfall des § 134 Abs. 3 vor. Die den Namen des Vollmachtgebers enthaltende Vollmachtsurkunde wird also der Gesellschaft übergeben und bleibt in ihrer Verwahrung. Abs. 4 S. 3 sagt dies nochmals ausdrücklich, obwohl es sich schon aus § 134 Abs. 3 ergeben würde. Das bedingt, daß für jede Hauptversammlung, auf der das Kreditinstitut für einen Aktionär das Stimmrecht offen ausübt, eine besondere Vollmacht erteilt werden muß. Hier muß also der Aktionär aus seiner Anonymität heraustreten und seinen Namen der Gesellschaft offenbaren, die ihn in das Teilnehmerverzeichnis des § 129 als Eigenbesitzer aufzunehmen und damit der Hauptversammlungsöffentlichkeit bekanntzugeben hat. Besteht wegen der Wahrung seiner Anonymität schon wenig Neigung des durchschnittlichen Depotaktionärs zur offenen Vollmacht, so kommt hinzu, daß jeder einem einzelnen Aktionär gehörende Aktienposten unter Beifügung der Vollmacht gesondert angemeldet und in das Teilnehmerverzeichnis einzutragen ist und die Zusammenfassung der gleichen Aktien aller Depotkunden eines Kreditinstitutes oder wenigstens einer Niederlassung des Kreditinstitutes nicht möglich ist, wodurch die Verwaltungsarbeit zur Vorbereitung der Hauptversammlung wesentlich vergrößert und erschwert wird. Die offene Stellvertretung wird deshalb immer nur in Sonderfällen zur Anwendung kommen, z. B. wenn ein größeres Aktienpaket eines bestimmten Aktionärs durch ein Kreditinstitut vertreten wird. Dagegen ist diese offene Stellvertretung vorgeschrieben bei Namensaktien, als deren Aktionär das Kreditinstitut nicht im Aktienbuch eingetragen ist (Abs. 7 S. 1, 2. Teil). Das beruht darauf, daß hier der Name des Aktionärs sowieso im Aktienbuch eingetragen und damit bekannt ist, Gründe der Anonymität also nicht zur Diskussion stehen, und zum Nachweis der Stimmberechtigung für Aktien eines bestimmten Aktionärs sowieso auf seine Eintragung Bezug genommen werden muß. Daß für die von einem im Aktienbuch eingetragenen Namensaktionär einem Kreditinstitut erteilte Vollmacht die gleichen Bestimmungen wie für die Vollmacht eines Inhaberaktionärs gelten, besagt Abs. 7 S. 2 nochmals — überflüssigerweise — ausdrücklich.

Anm. 25

b) Im Namen dessen, den es angeht

Von der Vollmacht kann aber auch im Namen dessen, den es angeht, Gebrauch gemacht werden (Abs. 4 S. 2 und 4). Hier wird der Name des Aktionärs nicht genannt, so daß für Inhaberaktien wie bei der früheren Legitimationsübertragung die Anonymität gewahrt bleibt. Sachlich hat sich durch die Zulassung der verdeckten Vertretung gegenüber der Legitimationszession kaum etwas geändert, nur optisch kommt durch die Stimmrechtsvollmacht zum Ausdruck, daß keine eigenen Rechte des Kreditinstitutes bei der Abstimmung ausgeübt werden, sondern ein fremdes Stimmrecht kraft rechtsgeschäftlicher Vertretung. Deshalb wird der Besitz als Vollmachtsbesitz in der Hauptversammlung angemeldet und als solcher ins Teilnehmerverzeichnis gemäß § 129 Abs. 2 aufgenommen (vgl. § 129 Anm. 3 zu d). Für diese Art der Ausübung des Stimmrechts genügt es also, daß das bevollmächtigte Kreditinstitut erkennen läßt, daß es für fremde Aktionäre handelt, ohne aber den konkreten Vollmachtgeber erkennen zu lassen. Jedoch endet die Möglichkeit, Aktionärsrechte in verdeckter Stellvertretung geltendzumachen, wenn bei der Anfechtungsklage der Aktionär selbst als Kläger tätig werden muß, während der Widerspruch des § 245 Ziff. 1 noch von dem Kreditinstitut ohne Bekanntgabe des Namens des Aktionärs erhoben werden kann und muß (vgl. Erl. zu § 245).

Das Auftreten in verdeckter Vollmacht erfordert gemäß Abs. 4 S. 2 eine besondere Zulassung in der Vollmacht. Sie kann trotz Abs. 2 S. 3 in die Vollmachtsurkunde aufgenommen werden, kann aber auch in einer besonderen Urkunde in Ergänzung der Vollmacht erklärt werden. Für eine derartige gesonderte Urkunde gilt dann Abs. 2. Die Erklärung braucht nicht ausdrücklich zu sein, kann also nicht nur durch Auslegung ermittelt, sondern auch aus anderen Indizien entnommen werden, wenn sie nur ihre Grundlage in der schriftlichen Vollmachtsurkunde findet.

Da der vollmachtgebende Aktionär nicht zu benennen ist, entfällt für die verdeckte Stimmabgabe die Vorlage der Vollmacht sowie der Nachweis der Stimmberechtigung, d. h. der Aktionärsstellung in der Person des Aktionärs. Das bedingt aber, daß nun das Kreditinstitut die Nachweise für seine Person zu erbringen hat, die andernfalls der Aktionär als Legitimationsnachweis seiner Aktionärsstellung erbringen müßte. Das sind die nach der Satzung für die Ausübung des Stimmrechts vorgesehenen Erfordernisse des § 123 Abs. 2 und, wenn die Satzung entsprechende Anforderungen nicht stellt, die Vorlage der Aktienurkunde oder einer Hinterlegungsbescheinigung eines Notars oder einer Wertpapiersammelbank.

Eine gleiche Rechtslage wie bei der Ausübung des Stimmrechts aus Inhaberaktien für den, den es angeht, entsteht bei Namensaktien, wenn das Kreditinstitut im Aktienbuch als Aktionär eingetragen ist. Da die Aktien dem Kreditinstitut aber nicht gehören, darf es — entsprechend dem Grundgedanken des Abs. 1 — das Stimmrecht gemäß Abs. 7 S. 1, 1. Teil nur auf Grund einer schriftlichen Ermächtigung ausüben. Für diese Ermächtigung gelten alle Vorschriften, die § 135 für die Vollmacht aufstellt, so daß sie ihr in jeder Weise gleichgestellt ist. Sie hat nur deshalb eine andere Bezeichnung, weil derjenige, der der Gesellschaft gegenüber durch Eintragung im Aktienbuch allein zur Ausübung des Stimmrechts legitimiert ist, zur Stimmrechtsausübung nicht erst noch bevollmächtigt werden kann.

Anm. 26

c) Besonderheit bei VW

Für das Volkswagenwerk bestehen auf Grund des § 3 des Ges. über die Überführung der Anteilsrechte an der Volkswagenwerk GmbH in private Hand vom 21. 7. 1960 in der Fassung des § 38 EGAktG Besonderheiten (vgl. auch § 129 Anm. 9; § 134 Anm. 32). Zwei Besonderheiten der Volkswagen-Regelung sind hier einschlägig: Einmal darf die Vollmacht für die Stimmrechtsausübung erst nach Einberufung der Hauptversammlung frühestens mit den Mitteilungen des § 128 AktG eingeholt werden. Hier ist also keine Vertretung auf Grund einer generellen, für 15 Monate geltenden Vollmacht möglich, sondern muß jeweils für die einzelne Hauptversammlung nach deren Einberufung eine besondere schriftliche Vollmacht eingeholt werden. Zum anderen gibt es beim Volkswagenwerk keine Ausübung des Stimmrechts im Namen dessen, den es angeht. Denn die Vollmachtsurkunden müssen der Gesellschaft vorgelegt und damit der Name jedes vertretenen Aktionärs offenbart werden. Im Teilnehmerverzeichnis erscheint aber allein der Vertreter, was eine Annäherung an die Regelung des § 135 Abs. 4 S. 2 bedeutet.

Anm. 27

2. In materieller Hinsicht

In materieller Hinsicht hat sich die Stimmrechtsausübung durch das Kreditinstitut nach Auftragsgrundsätzen zu vollziehen. Es ist zu unterscheiden, ob der Aktionär Weisungen tatsächlich erteilt hat oder nicht — den letzteren Fall regelt Abs. 5 —, und ob von Weisungen abgewichen werden kann — einen Teilaspekt dieses letzteren Falles regelt Abs. 8 —. Die gesetzlichen Teilregelungen stehen mit dem Auftragsrecht durchaus im Einklang, so daß nichts entgegensteht, auch gesetzlich nicht geregelte Teilfragen entsprechend dem allgemeinen Charakter des Verhältnisses zwischen Aktionär und Kreditinstitut dem Auftragsrecht zu unterwerfen.

Anm. 28

a) Weisungen des Aktionärs

Hat der Aktionär Weisungen erteilt, so ist das Kreditinstitut an diese Weisungen gebunden. Das kann aber nur gelten, wenn sie rechtzeitig eingegangen sind, wenn sie also unter Berücksichtigung aller Gegebenheiten bei der Stimmrechtsausübung noch berücksichtigt werden konnten (vgl. dazu im einzelnen § 128 Anm. 12 und die dort angegebene Literatur sowie Obermüller-Werner-Winden S. 108). Ob das Kreditinstitut die Weisung für richtig, zweckmäßig oder aussichtsreich hält, ist gleichgültig. Auch wenn es von verschiedenen Aktionären sich widersprechende Weisungen erhält, muß es jede von dem einzelnen Aktionär für seine Aktien erteilte Weisung ausführen. Nur wenn die Weisung gesetzwidrig ist, z. B. auf Abstimmung für einen Dividendenantrag geht, der über dem in dem festgestellten Jahresabschluß festgestellten Reingewinn liegt, entfällt zwar nicht die Zulässigkeit der Befolgung der Weisung, wohl aber die Bindung an die Weisung. Diese Freiheit kann aber nicht dahin verstanden werden, daß mangels einer gesetzmäßigen Weisung das Kreditinstitut entgegen der Weisung gemäß seinen eigenen, nach § 128 Abs. 2 mitgeteilten Vorschlägen stimmen dürfte; die Weisung ist vielmehr in möglichstem Einklang mit dem Willen des Aktionärs dahin zu verstehen, daß eine rechtlich vertretbare Stimmabgabe erfolgt, im Beispielsfalle also ein Nein zum Dividendenvorschlag der Verwaltung. Der Zeitpunkt der Weisungserteilung ist — jedenfalls außerhalb des Rahmens des Abs. 1 S. 2 für die eigene Hauptversammlung (dazu oben Anm. 17) — gleichgültig. Zwar entfällt die Pflicht des Kreditinstitutes zur Mitteilung eigener Vorschläge gemäß § 128 Abs. 3, wenn nach Einberufung der Hauptversammlung zu den einzelnen Punkten der Tagesordnung von dem Aktionär Weisung erteilt wird. Das besagt aber nicht, daß bereits früher bindend erteilte Weisungen, soweit sie nicht auf Grund der Mitteilung eigener Vorschläge gemäß § 128 Abs. 2 rückgängig gemacht worden sind, vom Kreditinstitut nicht zu beachten wären (so zutreffend Godin-Wilhelmi Anm. 6). Nur muß die Befolgung früher erteilter Weisungen für das Kreditinstitut auch zumutbar sein, wobei zu beachten ist, daß die Zusammenstellung der für eine Hauptversammlung erteilten Weisungen zur Stimmrechtsausübung ein Massengeschäft ist, das nur nach Schema erledigt werden kann, und die Durchsicht der Akten des einzelnen Depotkunden dahingehend, ob sich aus ihnen ältere Weisungen ergeben, nicht gestattet.

Die Pflicht, den Weisungen des Aktionärs entsprechend abzustimmen, schließt die Verpflichtung ein, alles zu tun, daß überhaupt in dem vom Aktionär gewünschten Sinne abgestimmt werden kann. Würde z. B. der Versammlungsleiter, was er nicht kann (§ 119 Anm. 38), einen Tagesordnungspunkt, zu dem eine Weisung vorliegt, von der Tagesordnung absetzen, so muß das Kreditinstitut dagegen mit den zulässigen Mitteln zwecks Erfüllung der Weisungen des Aktionärs vorgehen (etwas zurückhaltend Obermüller-Werner-Winden S. 109).

Anm. 29

b) Keine Weisungen des Aktionärs

Sind von dem Aktionär keine Weisungen erteilt, so hat die Ausübung des Stimmrechts nach den Vorschlägen zu erfolgen, die das Kreditinstitut gemäß § 128 Abs. 2 dem Aktionär mitgeteilt und auf die hin dieser keine Weisungen selbst erteilt hat, obwohl er darauf hingewiesen worden ist, daß, wenn rechtzeitig keine anderen Weisungen erteilt werden, das Stimmrecht entsprechend den Vorschlägen des Kreditinstitutes ausgeübt werde. Die Abstimmung nach den eigenen Vorschlägen des Kreditinstitutes setzt voraus, daß bei der Mitteilung dieser Vorschläge § 128 Abs. 2 beachtet worden ist.

Darüber, was hier erforderlich ist, vgl. § 128 Anm. 10ff. Es kommt aber nur auf die Beachtung des § 128 Abs. 2 hinsichtlich der Mitteilung eigener Vorschläge an. Ob z. B. auch gemäß § 128 Abs. 1 die Weitergabe der Mitteilung des Vorstands ordnungsgemäß erfolgt ist, spielt für die Anwendung des § 135 Abs. 5 keine Rolle. Ist § 128 Abs. 2 hinsichtlich der eigenen Vorschläge beachtet, so gelten diese als Weisung des Aktionärs und ist das Stimmrecht entsprechend auszuüben. Sind die Vorschriften des § 128 Abs. 2 insoweit aber ganz oder teilweise nicht beachtet, so entfällt die Möglichkeit, nach den eigenen Vorschlägen des Kreditinstitutes abzustimmen. Das bedeutet aber nicht, daß der mutmaßliche Wille des Aktionärs nach anderen Kriterien zu bestimmen wäre; nach der Absicht des Gesetzgebers kann vielmehr kein Zweifel daran bestehen, daß dann das Kreditinstitut das ihm qua Vollmacht übertragene Stimmrecht überhaupt nicht ausüben darf. Gerade in diesem Punkte und nur in diesem Punkte liegt nach Änderung des RegE durch die Ausschüsse des Bundestages die Klammer zwischen § 128 Abs. 2 und § 135 (oben Anm. 15). Wird also die Regelung des § 128 Abs. 2 durch das Kreditinstitut nicht beachtet, so darf es, sofern keine Weisungen des Aktionärs gegeben werden, mit den ihm überlassenen Aktien nicht mitstimmen, und zwar gleichgültig, ob in offener oder verdeckter Vollmacht.

Anm. 30

c) Abweichung von Weisungen

§ 665 BGB gestattet eine Abweichung von den Weisungen des Auftraggebers, wenn anzunehmen ist, daß der Auftraggeber bei Kenntnis der Sachlage die Abweichung billigen würde. Für den Fall des Abs. 5, wenn also das Kreditinstitut wegen Nichterteilung von Weisungen an seine nach § 128 Abs. 2 mitgeteilten Vorschläge gebunden ist, gestattet das Gesetz unter diesen Voraussetzungen die Abweichung. Für den Fall einer echten und nicht nur vermuteten Weisung enthält § 135 keine Regelung, läßt aber durch die Anordnung einer Mitteilungs- und Begründungspflicht für den Fall des Abweichens auch von einer erteilten Weisung erkennen, daß es auch eine derartige Abweichung für möglich und damit doch auch für grundsätzlich zulässig hält. Im übrigen ergibt sich ihre Zulässigkeit aus der grundsätzlichen Geltung des Auftragsrechts für die Stimmrechtsausübung (vgl. oben Anm. 27). Das entspricht der allgemein herrschenden Meinung (Baumbach-Hueck Rdn. 17; Godin-Wilhelmi Anm. 6; Obermüller-Werner-Winden S. 108; Bundesverband des privaten Bankgewerbes WM 65, 1095; Consbruch ZKW 65, 1165; Vallenthin S. 48; v. Falkenhausen AktG 66, 69; Gessler BB 65, 679; Schmidt BB 67, 823; Johansson BB 67, 1390). Die grundsätzliche Zulässigkeit der Abweichung gilt auch für die in Abs. 1 S. 2 vorgesehenen Weisungen (vgl. Anm. 17).

Die Schwierigkeiten liegen in der Abgrenzung des einzelnen Falles. Einfach liegen die Fälle, in denen Weisungen oder eigene Vorschläge sich von der Sache her rein tatbestandlich überholt haben; z. B. eine zur Aufsichtsratswahl vorgeschlagene Person ist verstorben und die Verwaltung schlägt, sei es vor sei es in der Hauptversammlung, eine andere vor oder die zum Abschlußprüfer vorgeschlagene Wirtschaftsprüfungsgesellschaft fusioniert mit einer anderen und für den Fall der Fusion wird in der Hauptversammlung die fusionierte Gesellschaft benannt. In derartigen Fällen kann ohne weiteres angenommen werden, daß der Aktionär je nach seiner früheren Weisung für oder gegen die von der Verwaltung genannte Ersatzperson oder das verschmolzene Unternehmen als Abschlußprüfer gestimmt wissen will (Obermüller-Werner-Winden S. 109/10). Schwieriger liegen die Fälle, in denen die Vorschläge der Verwaltung oder Opposition, für die eine Stimmrechtsweisung des Aktionärs vorliegt oder vermutet wird, auf Grund von Diskussionen in der Presse oder auf der Hauptversammlung ganz oder teilweise geändert werden, weil man den aus der Diskussion gewonnenen Erkenntnissen Rechnung tragen will. Sinn der Bindung des Kreditinstituts an die wirklichen oder vermuteten Weisungen des Aktionärs kann es nicht sein, von vornherein starre Fronten zu ziehen, die Diskussion überflüssig zu machen und wirklich bessere Erkenntnisse unbeachtet zu lassen. Hier wird man — schon der Flexibilität der Hauptversammlung wegen, auf der Diskussionen andernfalls ja überflüssig wären — dem Kreditinstitut je nach Gewicht und Überzeugungskraft der Antragsänderungen die Befugnis nicht versagen können, der Entwicklung im Rahmen der Meinungen und Interessen der von ihm vertretenen Aktionäre Rechnung zu tragen. Bei der Pluralität in den Meinungen der vertretenen Aktionäre ist aber gerade dieses Kriterium höchst problematisch. Am schwierigsten liegen die Fälle, in denen die Fronten für oder gegen einen Antrag unverändert sind, das Kreditinstitut aus der Diskussion aber die Erkenntnis gewinnt, daß seine eigenen gemäß § 128 Abs. 2 mitgeteilten Vorschläge falsch sind oder die Weisungen des Aktionärs von einer unzutreffenden Beurteilung der Sach- oder Rechtslage ausgehen. Hier handelt es sich wirklich um eine Gewissensentscheidung des Kreditinstitutes oder seines Vertreters auf der Hauptversammlung, wobei die sichere Seite natürlich beim Beharren auf den wirklichen oder vermuteten Weisungen liegt. Ebenso schwierig liegen die Verhältnisse, wenn auf der Hauptversammlung zulässige Verfahrensanträge (z. B. über die Absetzung von Tagesordnungspunkten oder Vertagung der Hauptversammlung; vgl. § 119 Anm. 38) gestellt werden, zu denen Weisungen, weil die Anträge gar nicht angekündigt werden mußten und angekündigt waren, nicht erteilt sind oder sein können. Die Entscheidung nach dem Interesse und dem mutmaßlichen Willen des Aktionärs ist — jedenfalls bei Publikumsgesellschaften — unmöglich, da der Hauptversammlungsvertreter des Kreditinstitutes bei der Vielzahl der von ihm vertretenen Aktionäre beides gar nicht kennen kann. Hier hilft nur das Abstellen auf den von dem Kreditinstitut vertretenen „Durchschnittsaktionär", sein hypothetisches Interesse und seinen vermutlichen Willen, zugegebenermaßen höchst fragwürdige Kriterien, die aber kaum zu ersetzen sind.

Sofern die Änderungen der Grundlagen für die bisher erteilten Weisungen und mitgeteilten Vorschläge so rechtzeitig erkennbar sind, daß die Auffassung der Aktionäre zu ihnen noch eingeholt werden kann, wird man das Kreditinstitut — unabhängig von den Fristen des § 128 Abs. 2 — für verpflichtet halten müssen, die Meinung der Aktionäre unter Mitteilung gegebenenfalls geänderter Vorschläge erneut einzuholen (Vallenthin S. 49; Bundesverband des privaten Bankgewerbes WM 65, 1096; Johansson BB 67, 1319). Eine derartige Pflicht wird man aber nur dann annehmen können, wenn eine erneute Mitteilung die Mehrheit der vom Kreditinstitut vertretenen Aktionäre so rechtzeitig erreicht, daß ihre Antworten für die bevorstehende Hauptversammlung noch verwendet werden können.

Anm. 31

d) Mitteilung von Abweichungen

Abs. 8 legt dem Kreditinstitut die Pflicht auf, dem Aktionär Mitteilung zu machen, wenn es bei der Ausübung des Stimmrechts von einer Weisung oder seinen eigenen, gemäß § 128 Abs. 2 mitgeteilten Vorschlägen abgewichen ist, und ihm dabei auch die Gründe anzugeben. Diese Mitteilungspflicht betrifft nur Fälle, in denen bei der Ausübung des Stimmrechts von den erteilten oder mutmaßlichen Weisungen abgewichen wurde. Kommt es überhaupt nicht zur Abstimmung, so liegt keine Abweichung in der Stimmrechtsausübung vor und entfällt eine Mitteilungspflicht, die als solche sowieso uninteressant ist, weil die Presse schneller unterrichtet, und ihre eigentliche Grundlage in der Pflicht zur Begründung der Abweichung in der Stimmabgabe hat (teilweise abweichend Obermüller-Werner-Winden S. 109). Ob die Abweichung in tatbestandlichen Gründen (z. B. Tod einer zur Aufsichtsratswahl vorgeschlagenen Person und Ersatz durch eine andere), in einer Änderung der Anträge oder in einer abgeänderten Beurteilung der zur Abstimmung stehenden Anträge hat, ist für die Mitteilungspflicht aus Abs. 8 unerheblich. Jedoch wird man in Fällen, in denen die Abweichung nur formaler Natur ist (z. B. andere Formulierung einer Satzungsänderung ohne materielle Änderung) oder geringe Bedeutung hat (z. B. Ersetzung der vorgeschlagenen Wirtschaftsprüfungsgesellschaft durch die fusionierte Gesellschaft), wegen Geringfügigkeit von einer Mitteilung nach Abs. 8 absehen können, zumal sie den Aktionär nicht interessieren dürfte und in keinem Verhältnis zu den durch die zusätzliche Mitteilung verursachten Kosten steht. Die Kosten einer derartigen Mitteilung gehen zu Lasten des Kreditinstitutes und fallen nicht unter die Rechtsverordnung über den Ersatz der Aufwendungen der Kreditinstitute vom 18. 6. 1968 (§ 128 Anm. 7).

VI. Kontrahierungszwang für Stimmrechtsausübung

Anm. 32

1. Zweck und Umfang der Vertretungspflicht

Um sicherzustellen, daß die Kreditinstitute bei der Übernahme von Aufträgen zur Stimmrechtsausübung auf einer bestimmten Hauptversammlung keine Auswahl der von ihnen zu vertretenden Aktionäre treffen und ihrem Konzept widersprechende Weisungen durch Ablehnung des Vertretungsauftrags hinfällig machen, hat der Gesetzgeber in Abs. 10 eine Verpflichtung von Kreditinstituten zur Übernahme von Vertretungsaufträgen begründet. Da das Depot- oder Bankenstimmrecht trotz der vielen dagegen gerichteten Angriffe mit der Begründung ins Aktiengesetz aufgenommen wurde, es stelle unter den sonst vorhandenen Möglichkeiten immer noch die beste und billigste zur Mobilisierung eines weit gestreuten Aktienbesitzes in den Hauptversammlungen der Publikumsgesellschaften dar, mußte der Gesetzgeber dafür Sorge tragen, daß dieses Instrument auch allen Aktionären zur Verfügung steht. Infolgedessen ist ein Kreditinstitut grundsätzlich verpflichtet, den Auftrag eines Aktionärs zur Ausübung des Stimmrechts in einer Hauptversammlung anzunehmen. Damit hat das Gesetz einen Kontrahierungszwang der Kreditinstitute geschaffen. Er gibt dem einzelnen Aktionär unter gewissen Voraussetzungen einen Anspruch gegen das von ihm ausgewählte Kreditinstitut, seine Aktien auf der Hauptversammlung zu vertreten.

Den Begriff der „Ausübung des Stimmrechts" darf man aber nicht mit dem Bundesverband des privaten Bankgewerbes in WM 65, 1098 (ähnlich Obermüller-Werner-Winden S. 111; v. Falkenhausen AktG 1966, 69) so eng auffassen, daß er lediglich die Stimmabgabe, nicht aber auch die Übernahme weiterer Handlungen, wie Stellung eines Gegenantrages, Verlesen von Ausführungen usw., einschlösse. Auch hier (vgl. § 128 Anm. 10 und 12) ist der Begriff der Ausübung des Stimmrechts weiter zu fassen und schließt mindestens die Befugnisse ein, die als Hilfsmittel für die Stimmrechtsausübung gelten. Der Hauptversammlungsvertreter muß deshalb als verpflichtet angesehen werden, entsprechend den ihm erteilten Weisungen Anträge zu stellen, Begründungen für die Stimmabgabe zu geben, Auskünfte zu verlangen und gegebenenfalls Widerspruch zu Protokoll zu erklären (so auch Schmidt BB 67, 822). Er muß das, was dem Kreditinstitut aufgetragen wird, im Rahmen des Zumutbaren auch ausführen (§ 128 Anm. 12).

Anm. 33

2. Voraussetzungen der Vertretungspflicht

Nicht jedes Kreditinstitut braucht jeden Aktionär auf jeder Hauptversammlung zu vertreten. Die Vertretungspflicht beschränkt sich einmal auf das Kreditinstitut, das Aktien des Aktionärs verwahrt, und zwar Aktien gerade der Gesellschaft, auf deren Hauptversammlung der Aktionär vertreten sein will. Da jedes Kreditinstitut ohne Abschlußzwang sich seine Depotkunden aussuchen kann, ist die Pflicht zur Stimmrechtsausübung auf von dem Kreditinstitut als Kunden begrüßte Aktionäre beschränkt. Auch braucht kein Kreditinstitut Aktien einer ihm nicht genehmen Gesellschaft ins Depot zu nehmen. Weitere Voraussetzung der Pflicht zur Stimmrechtsausübung ist, daß das Kreditinstitut sich gegenüber Aktionären der Gesellschaft zur Ausübung des Stimmrechts in deren Hauptversammlung erboten hat. Der Begriff des Erbietens ist streitig. Während der Bundesverband des privaten Bankgewerbes WM 65, 1097; Vallenthin S. 50; v. Falkenhausen AktG 66, 75 und Obermüller-Werner-Winden S. 111 verlangen, daß das Kreditinstitut selbst initiativ und aktiv seine Bereitschaft zur Stimmrechtsausübung auf einer bestimmten Hauptversammlung bekanntgibt, lassen Baumbach-Hueck Rdn. 21; Godin-Wilhelmi, Anm. 11; Schmidt BB 67, 822 und Johansson BB 67, 1317 genügen, daß das Kreditinstitut für einen fremden Aktionär die Stimmrechtsvertretung auf einer bestimmten Hauptversammlung übernommen hat. Dieser letzteren Auffassung ist trotz einer gewissen Abweichung von der Auslegung des Abs. 9 Ziff. 3 (oben Anm. 5) aus Sinn und Zweck des Abs. 10 heraus zuzustimmen (vgl. auch § 128 Anm. 8), wobei lediglich die Annahme eines Vertretungsauftrages auszuscheiden hat, für den unter dem Gesichtspunkt des Gleichbehandlungsgrundsatzes besondere, auf andere Aufträge nicht zutreffende Gründe maßgebend sind. Als ein Erbieten ist die Übersendung der Mitteilungen und die Einholung von Weisungen gemäß § 128 Abs. 2 zu werten, da diese Bestimmung nur eingreift, wenn das Kreditinstitut beabsichtigt, fremde Aktionäre auf der Hauptversammlung zu vertreten, und diese Absicht durch die Übersendung allen in Betracht kommenden Interessierten kundgemacht wird (h.M.; a.M. Gessler Anm. 8 und Johansson BB 67, 1317, welch letzterer das Erbieten fälschlich als das bindende Angebot zur Ausübung des Stimmrechts oder die Annahme eines entsprechenden Kundenangebotes ansieht und einen derartigen Tatbestand durch das Vorgehen gemäß § 128 Abs. 2 als nicht erfüllt annimmt). Auch die Anforderung der 15-Monats-Vollmacht gemäß Abs. 2 muß als Erbieten zur Vertretung in allen Hauptversammlungen angesehen werden, für die das Kreditinstitut Aktien im Depot hat, bei Beschränkung der Bitte um Vollmacht auf bestimmte Gesellschaften allerdings nur für diese Gesellschaften (§ 128 Anm. 8; Consbruch ZKW 65, 1156; Gessler DB 66, 217; Eckardt DB 67, 196; Schmidt BB 67, 818; a.M. Godin-Wilhelmi Anm. 11; Baumbach-Hueck Rdn. 21; Bundesverband des privaten Bankgewerbes WM 65, 1097; Vallenthin S. 50; v. Falkenhausen AktG 66, 75 N. 32; Obermüller-Werner-Winden S. 111; Werner AktG 67, 107; Johansson BB 67, 1317). In der Tatsache, daß das Kreditinstitut in früheren Hauptversammlungen der Gesellschaft Aktionäre vertreten hat, kann — anders als für die Absicht der Vertretung nach § 128 Abs. 2 (vgl. § 128 Anm. 6) — ein Erbieten zur Vertretung nicht gesehen werden. Das Erbieten muß sich immer auf eine bestimmte Hauptversammlung beziehen; wird die Hauptversammlung von der Stimmrechtsvollmacht des Abs. 2 nicht erfaßt und wird für sie auch keine weitere Mitteilung nach § 128 Abs. 2 gemacht, so fehlt es, solange kein Vertretungsauftrag für diese Hauptversammlung von dem Kreditinstitut angenommen wird, an dem Erbieten. Ob sich daraus, wie Godin-Wilhelmi Anm. 11, annehmen, eine Verpflichtung des Kreditinstitutes ergibt, seine Depotkunden auf die fehlende Vertretungsabsicht in der Hauptversammlung hinzuweisen, ist eine Frage des Vertragsverhältnisses zwischen Kreditinstitut und Depotkunden und wohl nur aus den Verhältnissen des einzelnen Falles heraus zu beurteilen.

Auch dann, wenn ein Depotverhältnis und ein Erbieten vorliegen, entfällt die Vertretungspflicht für ein Kreditinstitut, das am Ort der Hauptversammlung keine Niederlassung hat, wenn der Depotaktionär eine Unterbevollmächtigung oder Vollmachtsübertragung gemäß Abs. 3 nicht gestattet, d. h. praktisch in seine Vollmachtsurkunde gemäß Abs. 2 nicht aufgenommen hat. Mit Recht betonen aber Baumbach-Hueck Rdn. 21, daß das Kreditinstitut auf die mangelnde Gestattung nach Abs. 3 sich nicht berufen darf, wenn es sowieso entschlossen ist, auf der Hauptversammlung durch einen gesetzlichen Vertreter oder Angestellten aufzutreten.

Anm. 34

3. Nur für Kreditinstitute

Die Pflicht zur Übernahme der Vertretung gemäß Abs. 10 gilt nur für Kreditinstitute, nicht auch für die ihnen nach Abs. 9 gleichgestellten Personengruppen, insbesondere also auch nicht für Aktionärsvereinigungen. Ob und inwieweit diese verpflichtet sind, Vertretungsaufträge zu übernehmen, bestimmt sich, solange keine gesetzliche Regelung vorliegt, ausschließlich nach ihrer Satzung; vgl. auch § 128 Anm. 9.

VIII. Folgen von Verstößen

Anm. 35

1. Weitgehender Ausschluß einer Anfechtbarkeit

Die normale Folge bei Verstößen gegen Bestimmungen des Aktienrechts ist die Anfechtung der von dem Verstoß betroffenen Beschlüsse gemäß § 243. Nachdem § 243 Abs. 3 wegen Verstößen gegen § 128 eine Anfechtung nicht zuläßt, bestimmt für Inhaberaktien Abs. 6, daß Verstöße gegen Abs. 1 S. 2 und die Abs. 2, 3 und 5 die Wirksamkeit der Stimmabgabe nicht beeinträchtigen; die gleiche Rechtsfolge bestimmt Abs. 7 S. 3 für Namensaktien. Bleibt trotz der Verstöße gegen die genannten Vorschriften die Stimmabgabe wirksam, so ist damit auch die Anfechtbarkeit wegen eines Verstoßes gegen die genannten Bestimmungen ausgeschlossen (§ 243 Anm. 27). Auch kann weder der Vorsitzende noch die Hauptversammlung die entgegen Abs. 1 S. 2, Abs. 2, 3 bis 5 abgegebenen Stimmen als nicht wirksam zurückweisen oder bei der Feststellung des Abstimmungsergebnisses unbeachtet lassen; andernfalls wäre das Abstimmungsergebnis falsch festgestellt und der Beschluß anfechtbar, wenn die Nichtbeachtung der Stimmen für das Ergebnis der Beschlußfassung kausal war. Dieser Regelung wie auch dem Ausschluß der Anfechtbarkeit für Verstöße gegen § 128 liegt der Rechtsgedanke zugrunde, daß die Gesellschaft mit der Folge der Anfechtbarkeit ihrer Beschlüsse nicht für die Erfüllung von Pflichten außerhalb ihres Einflußbereiches verantwortlich gemacht werden kann (Begr. z. Reg.E. bei Kropff, S. 198; vgl. auch Kropff S. 330). Allerdings ist dieser Rechtsgedanke nicht ganz konsequent durchgeführt. Mag man die Unbeachtlichkeit eines Verstoßes gegen Abs. 1 S. 2, der, da es um die eigene Hauptversammlung geht, der Gesellschaft selbst zur Last zu legen ist, mit Godin-Wilhelmi Anm. 12 vielleicht noch damit rechtfertigen können, daß zwischen der Gesellschaft als Bevollmächtigtem des Aktionärs und der Willensbildung eines ihrer Organe zu unterscheiden sei, so ist durch die Herausnahme des Abs. 1 S. 1 und des ganzen Abs. 4 aus Abs. 6 die Wirksamkeit der Stimmabgabe wegen Fehlens einer schriftlichen Vollmacht auch dann in Frage gestellt, wenn das Kreditinstitut im Namen dessen abstimmt, den es angeht, und infolgedessen die Vollmacht der Gesellschaft gar nicht vorliegt; das gleiche gilt für das Fehlen der Ermächtigung gemäß Abs. 7 S. 1, da auch diese Bestimmung nicht in die Regelung des Abs. 6 einbezogen ist. Andererseits sind durch die volle Einbeziehung der Abs. 2 und 3 in Abs. 6 bei Ausübung des Stimmrechts unter Benennung des Aktionärs auch Verstöße für unbeachtlich erklärt, die die Gesellschaft, weil sie die Urkunde über die Vollmacht und Untervollmacht erhält, sehr wohl selbst feststellen könnte. Während die letztere Ungereimtheit, weil vom Gesetz positiv angeordnet, hingenommen werden muß, fragt es sich doch, ob das Fehlen einer schriftlichen Vollmacht bei Abstimmung im Namen dessen, den es angeht, oder das Fehlen einer schriftlichen Ermächtigung bei der Abstimmung aus Namensaktien, die auf den Namen des Kreditinstitutes eingetragen sind, die Wirksamkeit der Stimmabgabe wirklich beeinträchtigen soll, obwohl dieser Vorgang völlig außerhalb des Einflusses und der Kontrolle der Gesellschaft abläuft. Auf diesen Fall muß man Abs. 7 analog anwenden (so auch § 243 Anm. 27; a.M. Eckardt DB 67, 236). Das gleiche muß gelten, wenn die der Gesellschaft ja unbekannten und unbekannt bleibenden Vollmachten die im Abs. 4 S. 2 vorgesehene Bestimmung über die Zulässigkeit einer verdeckten Stimmabgabe nicht enthalten (a.M. Baumbach-Hueck Rdn. 18).

Für Verstöße gegen die Vollmachtsregelung des § 135 Abs. 1 und 7 sowie 9 steht also eine Anfechtbarkeit aus § 243 nur offen, wenn bei Abstimmung unter Benennung des Aktionärs überhaupt keine schriftliche Vollmacht vorlag oder bei Inhaberaktien nicht vorgelegt worden ist und wenn bei Abstimmung im Namen dessen, den es angeht, die Nachweisregelung des Abs. 4 S. 4 verletzt worden ist. Ein Verstoß gegen Abs. 8 kann seiner Natur nach keine Anfechtbarkeit begründen, da er Pflichten begründet, die erst nach der Abstimmung eingreifen, für diese also niemals kausal sein können. Ein Verstoß gegen Abs. 10 scheidet um deswillen aus, weil er das schuldrechtliche Verhältnis zwischen Depotkunden und Bank betrifft, das seiner Natur nach ebensowenig wie die Verletzung von Stimmrechtsbindungsverträgen der Sanktion durch eine Anfechtbarkeit fähig ist, ganz abgesehen davon, daß es auch außerhalb der Kontrolle und Einwirkungsmöglichkeit der Gesellschaft liegt (Eckardt DB 67, 236; Godin-Wilhelmi Anm. 12).

Anm. 36

2. Schadensersatzpflicht

Die im Rahmen des Abs. 6 angeordnete Wirksamkeit der Stimmabgabe ändert aber nichts daran, daß ein Verstoß gegen die hier genannten wie auch gegen die übrigen

Vorschriften des § 135 eine Verletzung der Pflichten bedeutet, die dem Kreditinstitut und der ihm gemäß Abs. 9 gleichgestellten Personen obliegen. Erfolgt dieser Verstoß schuldhaft, so löst er Schadensersatzpflichten aus. Dabei wird allerdings häufig der Nachweis eines Schadens höchst problematisch sein.

Für Kreditinstitute — nicht auch für die ihnen gemäß Abs. 9 gleichgestellten Personen — bestimmt Abs. 11 noch eine Verschärfung der Ersatzpflicht. Sie kann im voraus weder ausgeschlossen noch beschränkt werden, insbesondere also nicht durch Geschäftsbedingungen. Im übrigen wiederholt diese Bestimmung nur eine gleichliegende Regelung in § 128 Abs. 4. Auch für Abs. 11 wird man, ebenso wie für § 128 Abs. 4, einen gesetzlichen Haftungstatbestand nicht annehmen können; als Haftungsgrundlage kommt lediglich das schuldrechtliche Verhältnis zwischen Kreditinstitut und Aktionär, gegebenenfalls auch die Verletzung eines Schutzgesetzes gemäß § 823 Abs. 2 BGB infrage (vgl. § 128 Anm. 16). Aktionärsvereinigungen und ihnen nach Abs. 9 gleichgestellte Personen haften zwar auch wegen Verletzung der ihnen nach § 135 obliegenden Verpflichtungen, können die Haftung, soweit der Verstoß kein vorsätzlicher ist, aber durch vorherige Abrede ausschließen oder beschränken. Denn auf sie erklärt Abs. 9 lediglich die Abs. 1—8, nicht aber auch den Abs. 11 für anwendbar, und diese Bestimmung selbst nennt nur die Kreditinstitute.

Anm. 37

3. Strafschutz

Eine gewichtigere Sanktion für die Beachtung des § 135 stellt die Ordnungsstrafbestimmung des § 405 Abs. 3 Ziff. 4 und 5 dar. Sie erklärt eine Verletzung des § 135 sowohl bei dem, der die Aktien eines anderen zur Ausübung des Stimmrechts benutzt, wie bei dem, der sie zum Zweck der Stimmrechtsausübung überläßt, als Ordnungsstraftat. Auch kann in Ausnahmefällen § 402 eingreifen, der die falsche Ausstellung oder die Verfälschung einer Hinterlegungsbescheinigung für strafbar erklärt.

Anm. 38

4. Depotprüfung bei Kreditinstituten

Für Kreditinstitute liegt eine wohl noch wirksamere Sanktion in dem durch § 36 Abs. 2 EGAktG neu eingefügten S. 2 des § 30 Abs. 1 KWG. Er erweitert die Depotprüfung auch auf die Einhaltung der §§ 128 und 135 AktG.

§ 136 Ausschluß des Stimmrechts

(1) Niemand kann für sich oder für einen anderen das Stimmrecht ausüben, wenn darüber Beschluß gefaßt wird, ob er zu entlasten oder von einer Verbindlichkeit zu befreien ist oder ob die Gesellschaft gegen ihn einen Anspruch geltend machen soll. Für Aktien, aus denen der Aktionär nach Satz 1 das Stimmrecht nicht ausüben kann, kann das Stimmrecht auch nicht durch einen anderen ausgeübt werden.

(2) Das Stimmrecht kann nicht ausgeübt werden für Aktien, die der Gesellschaft oder einem abhängigen Unternehmen oder einem anderen für Rechnung der Gesellschaft oder eines abhängigen Unternehmens gehören.

(3) Ein Vertrag, durch den sich ein Aktionär verpflichtet, nach Weisung der Gesellschaft, des Vorstands oder des Aufsichtsrats der Gesellschaft oder nach Weisung eines abhängigen Unternehmens das Stimmrecht auszuüben, ist nichtig. Ebenso ist ein Vertrag nichtig, durch den sich ein Aktionär verpflichtet, für die jeweiligen Vorschläge des Vorstands oder des Aufsichtsrats der Gesellschaft zu stimmen.

Übersicht

Literatur

Boesebeck: Stimmenthaltung bei der Entlastung von Vorstand und Aufsichtsrat; NJW 55, 1657.
Boesebeck: Abstimmungsvereinbarungen mit Aktionären; NJW 60, 7.
Fischer: Zulässigkeit und Wirkung von Abstimmungsvereinbarungen; GmbH-Rdsch. 53, 64.
Griebel: Die Einmanngesellschaft; 1933.
Heim: Ausdehnung des Stimmverbots nach § 114 Abs. 5 auch auf eine Unterbevollmächtigung? AktG 63, 57.
Hengeler: Probleme der Entlastung und Sonderprüfung im Aktienrecht; AktG 62, 87.
Janberg-Schlaus: Abstimmungsverträge nach neuem Aktienrecht unter Berücksichtigung des Rechts der verbundenen Unternehmen; AktG 67, 33.
Loewenheim: Zulässigkeit und Vollstreckbarkeit von Stimmbindungsverträgen; JuS 68, 260.
Schütze: Die Ausübung des Stimmrechts bei der Entlastung des Aufsichtsrats; AktG 67, 165.
Surminski: Stimmrechtsausschluß juristischer Personen gem. § 133 AktG; DB 71, 417.
Westhoff: Das Stimmrechtsverbot bei der Entlastung von Vorstand und Aufsichtsrat; DNotZ 58, 227.
Westrick: Aktienrechtliche Fragen bei der Abwicklung von Hauptversammlungen; BB 58, 395.
Wiedemann: Die Übertragung und Vererbung von Mitgliedschaftsrechten bei Handelsgesellschaften 1965.
Zimbauer: Zur Frage des Stimmrechtsverbots des § 114 Abs. 5 für Unterbevollmächtigte von stimmrechtsverhinderten Hauptbevollmächtigten; AktG 62, 268.
Witte: Grundsätzliche Fragen des Bilanz- und Stimmrechts bei Aktiengesellschaften; 1957.
Zöllner: Die Schranken mitgliedschaftlicher Stimmrechtsmacht bei den privatrechtlichen Personenverbänden; 1963.
Zöllner: Das Stimmrecht bei der Veräußerung vinkulierter Gesellschaftsanteile; GmbH-Rdsch. 68, 177.

Anm. 1

Einleitung

Die erste allgemeine Stimmrechtsausschlußvorschrift in der Entwicklung des deutschen Aktienrechts war als Art. 190 Abs. 3 durch die Novelle vom 18. 7. 1884 eingeführt worden. Er schloß jeden vom Stimmrecht oder von der Vertretung beim Stimmrecht aus, der entlastet oder von einer Verbindlichkeit befreit werden sollte oder mit dem die Eingehung eines Rechtsgeschäftes zur Genehmigung anstand. Diese Bestimmung wurde dann in § 252 Abs. 3 HGB übernommen und durch die Aufnahme der Beschlußfassung über Einleitung oder Erledigung eines Rechtsstreites ergänzt. § 114 Abs. 5 AktG 1937 strich den Stimmrechtsausschluß bei der Beschlußfassung über die Vornahme eines

Rechtsgeschäfts mit einem Aktionär, erweiterte ihn in Abs. 6 aber für Aktien, die der Gesellschaft, einem abhängigen Unternehmen oder einem anderen für Rechnung der Gesellschaft oder eines abhängigen Unternehmens gehören. Im AktG 1965 wurde die gesamte Regelung des Stimmrechtsausschlusses der Übersichtlichkeit halber von den Bestimmungen über die Ausübung des Stimmrechts durch den Aktionär oder durch ein Kreditinstitut getrennt und in einen neuen § 136 aufgenommen. Dabei wurde der früher bereits herrschenden Lehre entsprechend einerseits auch der Nichtaktionär in den Ausschluß vom Stimmrecht einbezogen, wenn er für einen anderen das Stimmrecht ausübt, und andererseits die Ausübung des Stimmrechts aus Aktien durch einen anderen ausgeschlossen, wenn sie beim Aktionär vom Ausschluß ausgeschlossen sind. Außerdem wurde ein neuer Abs. 3 angefügt, der das Stimmrecht der sogenannten gebundenen Aktien regelt.

I. Stimmrechtsausschluß wegen Interessenkonflikts

Anm. 2

1. Umfassender Charakter der Regelung

Stimmverbote sind problematisch. Auf der einen Seite müssen sie sein, weil von einem Selbst-Betroffenen nicht erwartet werden kann, daß er im Rahmen der Gesellschaft seine Stimme ohne Voreingenommenheit abgibt, auf der anderen Seite führen sie, wenn größere Teile des Aktienbesitzes vom Mitstimmen ausgeschlossen werden, zu einer Verfälschung der Mehrheitsverhältnisse. Die bisher gesetzlich angeordneten Stimmverbote sind auch, wenn man sie auf den Einzelfall anwenden will, entweder zu weit oder zu eng. Das kommt daher, daß Art und Umfang des Interessenwiderstreits so mannigfaltig und verschiedenartig sind, daß er durch scharf umrissene gesetzliche Bestimmungen kaum eingefangen werden kann. Versucht man, die Bestimmungen flexibel zu gestalten, so werden ihre Grenzen zu unbestimmt und schwankend und damit die Handhabung des Stimmrechtsausschlusses zu riskant. Über die Problematik des Stimmrechtsausschlusses vgl. insbesondere Zöllner S. 157ff. In Berücksichtigung derartiger Erwägungen hatte die Rechtsprechung vor dem AktG 1937 z. B. beim Stimmrechtsausschluß für die Beschlußfassung über die Vornahme eines Rechtsgeschäfts so viele Ausnahmen zugelassen, daß dieses Stimmrechtsverbot nahezu bedeutungslos geworden war (vgl. die Darstellung bei Ritter § 114 Anm. 8). AktG 1937 hatte dieses Verbot dann ebenso fallen lassen wie das der Teilnahme an der Beschlußfassung über die Einleitung oder Erledigung eines Rechtsstreites mit dem Aktionär. Der Versuch von Ritter a. a. O., dieses Verbot über § 34 BGB weiter gelten zu lassen, scheiterte an der Gesetz gewordenen Absicht des Gesetzgebers (Voraufl. § 114 Anm. 37). Das gilt auch für § 136 Abs. 1, der als umfassende Regelung des Stimmrechtsausschlusses wegen Interessenwiderstreits zu verstehen ist und damit gemäß § 23 Abs. 5 auch eine satzungsmäßige Erweiterung verbietet (Zöllner S. 179; Baumbach-Hueck Rdn. 2). Eine Erweiterung für einen Sonderfall enthält § 142 Abs. 1 S. 2 und 3. Einen flexibleren Schutz vor Stimmrechtsmißbräuchen auch bei Beschlußfassung über Verträge oder Prozesse mit einem Aktionär enthält die Regelung des § 243 Abs. 2 (vgl. § 134 Anm. 37/38).

Anm. 3

2. Persönlicher Geltungsbereich

a) Der Aktionär selbst

Betroffen von dem Stimmrechtsausschluß ist einmal der mit seinen Aktien selbst stimmende Aktionär, auf den einer der drei Tatbestände des Abs. 1 (Entlastung, Schuldbefreiung, Anspruchserhebung) zutrifft. Das gilt auch dann, wenn die Aktien ihm als Miteigentümer zur gesamten Hand oder nach Bruchteilen gehören, z. B. als Gesellschafter einer OHG oder einer KG (RG 146, 74; Baumbach-Hueck Rdn. 4;

Godin-Wilhelmi Anm. 3; Schlegelberger-Quassowski § 114 Anm. 19; Ritter § 114 Anm. 7b; a. M. Zöllner S. 275 mit weiteren Literatur-Angaben in N. 22). Zöllner a. a. O. will ähnlich wie Düringer-Hachenburg-Lehmann § 252 Anm. 32 darauf abstellen, ob der von den Tatbeständen des § 136 Abs. 1 Betroffene für die Entscheidungen der Miteigentümer praktisch allein maßgebend ist, womit in die Frage des Stimmrechtsausschlusses ein für die Praxis schwer erkennbares und auch kaum justiziables Element hereingetragen wird. Betroffen ist auch der Erbe, wenn in der Person des Erblassers einer der drei Tatbestände des Abs. 1 gegeben war (Obermüller-Werner-Winden S. 121), nur bei der Entlastung wird man mit Rücksicht darauf, daß sie nach § 120 keine vermögensrechtlichen Auswirkungen mehr hat (§ 120 Anm. 8), eine Ausnahme machen können (Zöllner S. 272). Vom Stimmrecht ausgeschlossen ist auch der Aktienbesitz einer juristischen Person, wenn bei dem sie beherrschenden Gesellschafter einer der drei Ausschlußfälle des Abs. 1 vorliegt (RG 146, 385; Baumbach-Hueck Rdn. 4; Godin-Wilhelmi Anm. 3), wobei aber ein rechtlich fundierter und nicht bloß ein faktischer Einfluß verlangt werden muß (BGH 36, 299; OLG Hamburg DB 60, 1497 und AktG 64, 48; Hengeler AktG 62, 88; Heim AktG 63, 58; Obermüller-Werner-Winden S. 121; Surminski DB 71, 417). Das gleiche wird für den umgekehrten Fall gelten müssen, daß der Ausschlußgrund bei der juristischen Person und der Aktienbesitz bei dem sie beherrschenden Gesellschafter liegt (Zöllner S. 279/80). Dagegen besteht nach § 136 Abs. 1 keine Möglichkeit, einer juristischen Person das Stimmrecht zu versagen, wenn einer der Ausschlußgründe bei einem ihrer Organmitglieder vorliegt, das keinen rechtlich beherrschenden Einfluß auf sie hat (RG in „Recht" 1927 Nr. 1664; Schmidt in Hachenburg, GmbH-Gesetz § 47 Anm. 18 m. w. N.; LG Wuppertal in DB 66, 1362; OLG Düsseldorf in WM 68, 67ff.; a. M. Zöllner S. 281). Das folgt für das neue Recht schon daraus, daß § 127 Abs. 1 S. 2 des Ref.E z. AktG, der die juristische Person vom Stimmrecht ausschließen wollte, wenn bei einem ihrer gesetzlichen Vertreter ein Ausschlußgrund gegeben war, nicht Gesetz geworden ist. Bedeutung hat dies insbesondere in gemischtwirtschaftlichen Unternehmen, deren Verwaltungsmitglieder gleichzeitig maßgebende leitende Stellungen in der die Aktiengesellschaft beherrschenden öffentlich-rechtlichen Körperschaft innehaben. Da aber eine oder mehrere Einzelpersonen in einem demokratisch organisierten Gemeinwesen keinen beherrschenden Einfluß, der dem eines Alleinaktionärs etwa vergleichbar ist, haben, kann regelmäßig ein Stimmrechtsausschluß nicht Platz greifen (BGH 36, 299; OLG Hamburg DB 60, 1497; Baumbach-Hueck Rdn. 4).

Trifft einer der Ausschlußgründe des Abs. 1 auf einen Aktionär zu, so ist er auch von der indirekten Mitwirkung bei der Beschlußfassung auf dem Wege über einen Stimmrechtsbindungsvertrag ausgeschlossen (Fischer, GmbH-Rdsch. 53, 64). Berücksichtigt der Pool-Vertrag diese Rechtslage nicht, so ist er mindestens insoweit nichtig (Fischer a. a. O.; Zöllner S. 283; Janberg-Schlaus, AktG 67, 35) und sind die an der Stimmrechtsvereinbarung im übrigen beteiligten Partner frei. Stimmen sie, von der Nichtigkeit ihrer Verpflichtungen nichts wissend, im Sinne der Bindung, so wird man je nach den Umständen eine Umgehung des Abs. 1 und damit einen Ausschluß vom Stimmrecht annehmen können.

Der Ausschluß des Aktionärs vom Stimmrecht hindert seine Familienangehörigen nicht, aus den ihnen gehörenden Aktien das Stimmrecht auszuüben. Das führt zwar häufig zu Ärgernissen, ist aber auch durch eine ausdehnende Auslegung des Stimmrechtsverbotes nicht zu erfassen, da die Interessenkollision bei den Verwandten nicht im gleichen Maße wie beim Aktionär selbst besteht (Zöllner S. 182/82). Auch ist eine brauchbare Abgrenzung, die auf die tatsächliche Abhängigkeit der Familienmitglieder vom Aktionär abstellen müßte, nicht möglich.

Anm. 4

b) Vertreter des Aktionärs

Betroffen ist aber des weiteren jeder, auf den ein Ausschlußgrund des Abs. 1 zutrifft, wenn er das Stimmrecht für einen anderen ausübt. Das trifft den Fall der Legitimationsübertragung, soweit noch zulässig, ebenso wie den Fall der verdeckten Vertretung nach § 135 Abs. 4 S. 2 wie insbesondere auch den Fall der offenen Vertretung, einerlei ob auf Grund gesetzlicher oder rechtsgeschäftlicher Vertretungsmacht. Dabei ist es nicht entscheidend, ob der Vertreter nach Weisung oder auf Grund eigener Entscheidung abstimmt. Ob der in seiner Person selbst von einem Stimmrechtsverbot betroffene Vertreter dadurch ausweichen kann, daß er einem Nichtbetroffenen eine Untervollmacht erteilt oder das Stimmrecht weiter überträgt, ist streitig. RG 106, 263 hat diese Frage bejaht und Zustimmung gefunden bei Baumbach-Hueck Rdn. 4; Ritter § 114 Anm. 7b; Heim, AktG 63, 57 und Obermüller-Werner-Winden S. 122. Die Frage ist aber mit Zöllner S. 273; Zimbauer, AktG 62, 268; Boesebeck, NJW 55, 1657; Westhoff, DNotZ 58, 269 zu verneinen, da die Gefahr besteht, daß der Interessenkonflikt sich in der Person des Unterbevollmächtigten oder des vom Erstbevollmächtigten bestellten neuen Bevollmächtigten fortsetzt. Auf den Umfang der Weisungsunterworfenheit des Unter- oder Nachbevollmächtigten kann man es auch hier nicht abstellen.

Anm. 5

c) Keine Umgehung durch Vertretung

Schließlich können Aktien, wenn ihr Inhaber von den Stimmrechtsverboten des Abs. 1 betroffen wird, auch nicht dadurch stimmbefugt werden, daß sie einem von Abs. 1 nicht betroffenen Dritten zur Abstimmung überlassen werden. Das wird in Abs. 1 S. 2 jetzt ausdrücklich gesagt, entsprach aber schon der herrschenden Meinung zum früheren Recht (Kropff S. 201). Auch hier kommt es nicht darauf an, ob die Ausübung des Stimmrechts verdeckt — durch, soweit zulässig, Legitimationszession oder im Namen dessen, den es angeht — oder offen — ob durch gesetzliche oder rechtsgeschäftliche Vertreter — erfolgt. In gleicher Weise ist es unerheblich, ob dem Vertreter gestattet ist, das Stimmrecht nach eigener Entscheidung und nicht nach Weisung des Aktionärs auszuüben; eine gesetzliche, allerdings rechtlich streng an Weisung gebundene Ausnahme enthält § 135 Abs. 1 S. 2. Betroffen von dem Verbot des Abs. 1 S. 2 werden aber nicht der Vertreter als solcher, sondern nur die ihm vom betroffenen Aktionär überlassenen Aktien, so daß der Vertreter mit eigenen oder fremden, nicht vom Ausschluß betroffenen Aktien stimmen darf (Zöllner S. 272).

Abs. 1 S. 2 ist entsprechend anzuwenden, wenn Aktien bei einem Strohmann, Treuhänder oder Dritten liegen, der sie für Rechnung des von Abs. 1 betroffenen wirtschaftlichen Inhabers hält. Hier wird in der Regel auch eine Umgehungsabsicht anzunehmen sein, wenn das von RG 85, 170 wegen Fehlens einer rechtlichen Stimmverpflichtung auch verneint worden war. Aber auch ohne Umgehungsabsicht ist die analoge Anwendung wegen des wirtschaftlichen Eigentums des wirklichen Aktionärs geboten. Beim Report- oder Pensionsgeschäft wird man dagegen, um Abs. 1 anzuwenden, eine Umgehungsabsicht verlangen müssen, weil hier der normalen Gestaltung nach der Aktieninhaber für die Dauer des Geschäfts in der Verwaltung der Aktien frei ist.

Anm. 6

3. Sachlicher Geltungsbereich

a) Entlastung

Gegenständlich greift der Stimmrechtsausschluß einmal ein, wenn es um die Entlastung des Aktionärs geht. Eine Entlastung kennt das Gesetz für Vorstands- und Aufsichtsratsmitglieder (§ 120) sowie für Abwickler (§ 264 Abs. 2) und persönlich haftende Gesellschafter einer KGaA (§ 285 Abs. 1 Ziff. 2). Im AktG bedeutet die Entlastung nur noch die Billigung der Geschäftsführung ohne jeden Verzicht auf irgendwelche Ansprüche und damit nur eine Vertrauenskundgebung (§ 120 Anm. 6—8). Sie kann sich auf die Geschäftsführung während einer gewissen Periode und auch auf einzelne Maßnahmen beziehen (§ 120 Anm. 5). Alles, was in diesem Sinne Entlastung ist, fällt unter § 135 Abs. 1, ohne daß es auf die Bezeichnung ankäme (RG 106, 262; 115, 249). Wird die Entlastung von Vorstand und Aufsichtsrat in einem Beschluß zusammengefaßt (über die Zulässigkeit vgl. § 120 Anm. 16), so ist jedes Mitglied des Vorstandes und des Aufsichtsrates von dem Stimmrechtsausschluß betroffen (RG 55, 75; Zöllner S. 198; a. M. Schütz, AktG 67, 165). Wird über die Entlastung des Vorstandes und des Aufsichtsrates getrennt abgestimmt, so ist jedenfalls bei der Entlastung des Vorstandes jedes Vorstandsmitglied und bei der Entlastung des Aufsichtsrates jedes Aufsichtsratsmitglied vom Stimmrecht ausgeschlossen. Dagegen darf ein Vorstandsmitglied bei der Entlastung des Aufsichtsrates oder seiner Mitglieder und ein Aufsichtsratsmitglied bei der Entlastung des Vorstands oder seiner Mitglieder mitstimmen (Godin-Wilhelmi Anm. 3; Obermüller-Werner-Winden S. 119; Ritter § 114 Anm. 7a; Adler-Düring-Schmaltz § 176 Rdn. 16; a. M. Zöllner S. 204 zu N. 46 mit weiteren Lit.-Angaben; vgl. auch die wegen einer anderen Fassung des Gesetzes andere Auslegung bei § 142 Abs. 1 S. 2; § 142 Anm. 6). Das gilt auch dann, wenn eine gesamtschuldnerische Haftung der Mitglieder beider Organe in Frage steht (a. M. Schlegelberger-Quassowski, § 104 Anm. 7); angesichts der Tatsache, daß die Entlastung keinerlei Anspruchsverzicht, ja nicht einmal eine Beweiserleichterung enthält (§ 120 Anm. 8), kann auf eine gesamtschuldnerische Haftung nicht abgestellt werden (vgl. auch Hengeler, AktG 62, 90). Höchst streitig ist die Frage, ob bei der Entlastung der einzelnen Mitglieder des Vorstandes die übrigen Vorstandsmitglieder und bei der Entlastung der einzelnen Mitglieder des Aufsichtsrates die übrigen Aufsichtsratsmitglieder mitstimmen dürfen. Der Wortlaut des Abs. 1 S. 1 scheint das zuzulassen. Ritter § 114 Anm. 7a; Obermüller-Werner-Winden S. 119/20; Godin-Wilhelmi Anm. 3; Adler-Dürig-Schmaltz § 176, Rdn. 16 lassen das ohne Einschränkung gelten; Baumbach-Hueck Rdn. 4 und Würdinger S. 78 nur dann, wenn das Mitglied des Organs völlig unbeteiligt ist und nicht etwa gesamtschuldnerisch haftet; Schmidt in Hachenburg, GmbH-Gesetz § 43, Anm. 9, wenn es sich nicht um einen einheitlichen Vorgang handelt, insbesondere wenn keine gesamtschuldnerische Haftung in Frage kommt. Demgegenüber wollen Fischer in Ehrenberg III, 1, S. 312 und Düringer-Hachenburg-Lehmann § 252 Anm. 90 die übrigen Verwaltungsmitglieder vom Stimmrecht ausschließen, wenn nicht schon feststeht, daß sie unbeteiligt sind, was durch die ihnen bereits erteilte Entlastung dargetan werden soll. Zöllner S. 204 will auch bei getrennter Abstimmung alle Organmitglieder vom Stimmrecht ausgeschlossen sehen, wobei er — mit Recht — die gesamtschuldnerische Haftung als unerheblich betrachtet und es auf die Solidarität, die Zusammenarbeit und andere Zusammengehörigkeitsgefühle innerhalb eines Organs abstellt. Diese Auffassung beseitigt zwar die Ungereimtheit einer verschiedenen Behandlung des Stimmrechtsausschlusses, je nachdem ob Einzel- oder Gesamtabstimmung erfolgt, findet aber in der gesetzlichen Regelung keine Grundlage mehr. Da die Entlastung den einzelnen Verwaltungsmitgliedern und nicht dem Gremium erteilt wird und eine kollektive Verantwortung für die Vorstands- und Aufsichtsratstätigkeit nicht besteht, die Entlastung auch keinen Anspruchverzicht gegenüber einem Mitschuldner enthält, ist kein Grund einzusehen, warum bei getrennter Abstimmung nicht ohne Einschränkung ein Organmitglied dem anderen sein Vertrauen aussprechen kann (vgl. auch § 120 Anm. 19).

Für die gemäß § 120 Abs. 1 S. 2 etwa erforderliche Vorabstimmung darüber, ob über die Entlastung der Mitglieder des Vorstandes oder des Aufsichtsrates gesondert abzustimmen ist, muß entgegen der Auffassung von Obermüller-Werner-Winden S. 122 das Stimmrechtsverbot des § 136 Abs. 1 S. 1 gelten. Andernfalls würde man dem einzelnen Vorstands- oder Aufsichtsratsmitglied die Möglichkeit geben, sein Stimmrecht, das bei Gesamtentlastung des einzelnen Organs ausgeschlossen ist, für die Entlastung seiner Organkollegen ins Spiel zu bringen. Ein Beschluß auf Einzelabstimmung betrifft eine verfahrensmäßige Vorfrage des Entlastungsbeschlusses, gehört also zur Entlastung im Sinne des Abs. 1 S. 1 und betrifft, da die Regel die Gesamtabstimmung für Vorstand oder Aufsichtsrat ist, das Gesamtorgan und damit auch die Entlastung des einzelnen Organmitglieds selbst.

Anm. 7

b) Freistellung von Verbindlichkeiten

Der zweite Fall des Stimmrechtsausschlusses ist der Beschluß über die Befreiung von einer Verbindlichkeit. Da bei der Aktiengesellschaft die Hauptversammlung grundsätzlich über Geschäftsführungsfragen nicht entscheiden kann, es sei denn, daß der Vorstand es gemäß § 119 Abs. 2 verlangt, kommt eine Beschlußfassung über die Freistellung von einer Verpflichtung im wesentlichen als Verzicht oder Vergleich über Ersatzansprüche gegen Gründer und die neben ihnen haftenden Personen (§ 50) sowie gegen Vorstands- und Aufsichtsratsmitglieder (§ 93 Abs. 4, § 116), gegen Schädiger gemäß § 117 sowie aus dem Konzernrecht (vgl. §§ 309, 310, 317, 318, 323) in Betracht, wo jeweils eine Zustimmung der Hauptversammlung für erforderlich erachtet wird. Fraglich ist, ob die Befreiung von einer Verbindlichkeit im Sinne des Abs. 1 S. 1 auch dann vorliegt, wenn sie z. B. im Wege der Kapitalherabsetzung durch Verzicht auf die Leistung von Einlagen (§ 66 Abs. 3, § 225 Abs. 2 S. 2, § 237 Abs. 2 S. 2; vgl. § 66 Anm. 4) oder im Wege der sonstigen Satzungsänderung z. B. durch Aufhebung einer Nebenleistungspflicht (§ 55 Anm. 21) erfolgt. Godin-Wilhelmi Anm. 4 verneinen die Frage, Zöllner S. 209 bejaht sie; letzterem ist zuzustimmen. Auch der Verzicht auf die Leistung von Einlagen oder auf die Nebenleistungen ist Befreiung von einer Verbindlichkeit im Sinne des Abs. 1 S. 1. Daß sie durch Satzungsänderung statt durch Vertrag geschieht, kann keinen Unterschied machen. Trifft die Kapitalherabsetzung oder Satzungsänderung alle Gesellschafter gleichmäßig, so muß allerdings ähnlich wie bei dem vom Stimmrechtsausschluß betroffenen Einmann-Gesellschafter (Anm. 10) der Stimmrechtsausschluß unbeachtet bleiben, weil sonst überhaupt keine Beschlußfassung möglich wäre. Als Befreiung von einer Verbindlichkeit muß auch eine ihr in der Wirkung nahekommende Aufrechnungs- oder Stundungsvereinbarung angesehen werden. Der Stimmrechtsausschluß trifft den gesamtschuldnerisch mithaftenden Aktionär nur, wenn die Freistellung des Mitschuldners Auswirkungen auf ihn hat (Godin-Wilhelmi Anm. 4). Da das bei Freistellung des Hauptschuldners für den Bürgen, Garanten und Besteller einer dinglichen Sicherheit zutrifft, werden sie vom Stimmrechtsausschluß betroffen (vgl. Zöllner S. 211/12).

Anm. 8

c) Geltendmachung von Ansprüchen

Als dritten Fall des Stimmrechtsausschlusses zählt Abs. 1 S. 1 die Beschlußfassung über die Geltendmachung eines Anspruches der Gesellschaft gegen den Aktionär oder Aktionärvertreter auf. Soweit ein Beschluß, den Anspruch nicht geltendzumachen, die Freistellung von einer Verbindlichkeit bedeutet, fällt dieser dritte Ausschlußgrund mit dem zweiten zusammen. Die Billigung einer Geschäftsführungsmaßnahme nach § 119 Abs. 2 kann nicht als Unterlassung der Geltendmachung von Ansprüchen gegen Verwaltungsmitglieder angesehen werden, so daß diese voll mitstimmen können (Godin-Wilhelmi Anm. 5). Welcher Art die Geltendmachung ist, ob gerichtlich oder außergerichtlich, ob bei gerichtlicher Geltendmachung durch ordentlichen Prozeß, durch Arrest, durch Zwangsvollstreckung, durch verwaltungsgerichtliches Parteiverfahren, durch Schiedsverfahren oder dgl., ist gleichgültig. Unerheblich ist auch die Art der Ansprüche; auch soweit sie gesellschaftsrechtlicher Natur sind, z. B. die Einforderung von Einlagen (§ 63) oder die Geltendmachung von Nebenleistungsforderungen (§ 55) in Frage steht, gilt, wenn die Geltendmachung Gegenstand eines Hauptversammlungsbeschlusses ist, der Stimmrechtsausschluß. Soweit aber sämtliche Gesellschafter gleichermaßen betroffen sind, muß, um überhaupt einen Beschluß zu ermöglichen, der Stimmrechtsausschluß außer Kraft treten (Anm. 10). Unter die Geltendmachung eines Anspruches muß auch der Fortgang eines gegen den Aktionär oder Aktionärsvertreter geführten Verfahrens und wohl auch eine Feststellungs- und Gestaltungsklage subsumiert werden (Zöllner S. 217). Geht der Anspruch nicht nur gegen den Aktionär oder Aktionärsvertreter, sondern auch gegen andere Personen, so greift, wenn einheitlich über die Geltendmachung gegen alle beschlossen wird, das Stimmrechtsverbot ein; dagegen ist der Aktionär oder Aktionärsvertreter von der Beschlußfassung nicht ausgeschlossen, wenn lediglich über die Geltendmachung eines Anspruches gegen einen Mitschuldner, Hauptschuldner, Bürgen oder Garanten beschlossen werden soll, und zwar einerlei, ob der Anspruch auf demselben Rechtsgrund beruht oder nicht (Zöllner S. 219).

Da alle die Geltendmachung eines Anspruches betreffenden Handlungen Geschäftsführungshandlungen sind, können sie, was zu beachten ist, nur dann zu einer Beschlußfassung der Hauptversammlung führen, wenn der Vorstand gemäß § 119 Abs. 2 es beantragt. Ausnahmen bilden Bestimmungen wie § 147.

Anm. 9

4. Ausschließlichkeit der Regelung des Abs. 1

Die Regelung des Abs. 1 ist ausschließlich und zwingend, kann also nicht durch die Satzung ergänzt oder erweitert werden. Sie läßt auch, soweit nicht wie in § 142 Abs. 1 S. 2 zusätzliche gesetzliche Ausschlußbestimmungen getroffen sind, keine Ausdehnung aus anderen rechtlichen Gesichtspunkten zu. Diese können auch nicht aus Treu und Glauben gewonnen werden. Hier steht, soweit die Mitwirkung zu einem unbilligen Beschluß geführt hat, in der Regel nur der Weg der Anfechtungsklage nach § 243 Abs. 2 zur Verfügung. Schließlich gibt auch § 181 BGB keinen zusätzlichen Stimmrechtsausschlußgrund, weil er begrifflich für nur Innenwirkung äußernde Beschlußfassungen eines Organs nicht gilt und es sich bei der Beschlußfassung nicht um die Vertretung entgegenstehender Interessen handelt, wie es § 181 voraussetzt (Zöllner S. 269).

Ein Stimmrechtsverbot gilt auch nicht für den Fall, daß die Hauptversammlung gemäß § 68 Abs. 2 S. 3 auf Grund der Satzung berufen ist, die Zustimmung zur Übertragung vinkulierter Namensaktien zu erteilen. Der Veräußerer, der bis zur Erteilung der Zustimmung noch Aktionär ist, darf also hier mitstimmen. Nachdem durch AktG 1937 das Stimmverbot bei Beschlußfassung über die Vornahme eines Rechtsgeschäfts mit einem Gesellschafter in Wegfall gekommen ist, gibt es für die Aktiengesellschaft — ganz abgesehen davon, daß diese Zustimmung gemäß BGH 48, 163 ein sozialrechtliches, nicht unter das Stimmrechtsverbot fallendes Geschäft ist — insoweit keinen Stimmrechtsausschluß mehr (h. M.; vgl. Zusammenstellung bei Wiedemann S. 99 N. 1). Entgegen Zöllner S. 245 (ebenso in GmbH-Rdsch. 68, 177) läßt sich ein Stimmrechtsverbot weder aus der am Sinn der Vinkulierung orientierten Interpretation des Gesellschaftsstatuts nach § 157 BGB noch aus der Überlegung herleiten, daß der Mehrheitsgesellschafter die Vinkulierung überwinden kann, während der Minderheitsgesellschafter gebunden ist; denn die Regelung des § 136 Abs. 1 ist erschöpfend, und im übrigen ist, worauf Löwenheim JuS 68, 260 mit Recht hinweist, das Mehrheitsprinzip nun einmal Grundlage der Willensbildung in der Gesellschaft.

Anm. 10

5. Einmanngesellschaft

Bei einer Einmanngesellschaft entfällt der Stimmrechtsausschluß aus Abs. 1, und zwar auch dann, wenn ein Vertreter stimmt. Das versteht sich daraus, daß sonst in all den Fällen, in denen das Stimmrechtsverbot eingreifen würde, z. B. bei der gesetzlich vorgesehenen Entlastung, einer Kapitalherabsetzung durch Erlaß der Einlagepflicht, einem Verzicht auf Nebenleistungen, überhaupt keine Beschlußfassung möglich wäre. Das aber liegt nicht im Sinne des Gesetzes, zumal eine Interessenkollision nur bei einzelnen Gesellschaftern vorliegen kann (oben Anm. 2). § 136 Abs. 1 will die Abstimmung den unbeteiligten Aktionären allein überlassen. Sind solche nicht vorhanden, so müssen die Beschlüsse von den vorhandenen Aktionären allein gefaßt werden können. Sind neben Aktionären, die aus Abs. 1 vom Stimmrecht ausgeschlossen sind, nur solche vorhanden, die gemäß Abs. 2 nicht stimmberechtigt sind, so entfällt der Stimmrechtsausschluß aus Abs. 1, da der Grund für den Ausschluß nach Abs. 2 stärker ist als der für den Ausschluß nach Abs. 1.

Bei der Entlastung bestehen Meinungsverschiedenheiten; zum Teil wird die Selbstentlastung für unnötig (Griebel S. 23ff.; Zöllner S. 184; Baumbach-Hueck § 120 Rdn. 2) — weil es keine Ersatzansprüche geben könne —, zum Teil für unzulässig (Hachenburg-Schmidt, GmbH-Gesetz § 46 Anm. 25a) — weil eine Selbstentlastung als Vertrauenskundgebung an sich selbst nicht möglich sei — und im übrigen wie hier für unter Mitwirkung des Einmanngesellschafters zulässig angesehen. Wenn die Entlastung des Einmanngesellschafters überflüssig oder gar unnötig ist, so schadet sie doch jedenfalls nicht, da auch bei der Einmanngesellschaft, wie Zöllner S. 186 selbst betont, das Interesse besteht, gewisse Angelegenheiten durch Beschlußfassung endgültig abzuschließen.

Eine ähnliche Situation wie bei der Einmanngesellschaft tritt dann ein, wenn der Stimmrechtsausschlußgrund für alle Aktionäre gleichermaßen gegeben ist; z. B. sie sind alle Vorstands- oder Aufsichtsratsmitglieder, werden alle von dem Erlaß der Einlage durch Kapitalherabsetzung betroffen, sind sämtlich an dem zur Abstimmung vorliegenden Vertrag beteiligt. Auch hier hat aus den bei der Einmanngesellschaft maßgebenden Gründen der Stimmrechtsausschluß zu entfallen (Zöllner S. 181/82).

Anm. 11

6. Pflichten der Kreditinstitute

Da in der Praxis nicht selten Verwaltungsmitglieder Aktien der eigenen Gesellschaft besitzen, ist insbesondere bei Ausübung des Bankenstimmrechts nach § 135 darauf zu achten, daß nicht Entlastungsbeschlüsse mit den von den Banken vertretenen Depotaktien der zu entlastenden Mitglieder des Aufsichtsrats oder Vorstandes gefaßt werden. Darauf haben Boesebeck NJW 55, 1657 und Westhoff DNotZ 58, 227 nachdrücklich unter Hinweis auf eine mögliche Anfechtbarkeit des Entlastungsbeschlusses und besonders auf die Strafbestimmungen — jetzt des § 405 Abs. 3 Ziff. 5 — aufmerksam gemacht; vgl. auch Westrick BB 58, 397 und Obermüller-Werner-Winden S. 126.

Anm. 12

7. Folgen eines Verstoßes

Alle Verstöße gegen Abs. 1 machen die Stimmabgabe mit den vom Stimmrecht ausgeschlossenen Aktien nichtig und unwirksam. Sie ist mithin vom Versammlungsleiter zurückzuweisen und begründet, wenn sie die Beschlußfassung beeinflußt hat oder nur haben kann, eine Anfechtbarkeit des Beschlusses. Darüber hinaus begeht gemäß § 405 Abs. 3 Ziff. 5 eine Ordnungswidrigkeit, wer Aktien, für die das Stimmrecht nach § 136 ausgeschlossen ist, einem anderen zum Zwecke der Stimmrechtsausübung überläßt und solche ihm überlassenen Aktien zur Ausübung des Stimmrechts benutzt.

II. Stimmverbot für eigene und ihnen gleichstehende Aktien

Anm. 13

1. Allgemeines

Während das Stimmrechtsverbot des Abs. 1 aus der Beziehung des Aktionärs zu dem einzelnen Beschlußgegenstand hergeleitet ist, beruht das Stimmrechtsverbot des Abs. 2 allein auf der Person des Aktionärs und hat mit dem jeweiligen Beschlußgegenstand gar nichts zu tun. Seine Grundlage ist die ebenso praktische wie nüchterne Erwägung, daß ein Abstimmen aus eigenen oder beherrschten Aktien der Verwaltung eines Unternehmens einen erheblichen Machtzuwachs geben und ihr einen Einfluß auf die ihrem Machtbereich entzogenen Hauptversammlungsbeschlüsse gewähren würde (vgl. § 71 Anm. 41). Den Ausschluß der eigenen oder beherrschten Aktien vom Stimmrecht nennt man üblicherweise „Ruhen des Stimmrechts", womit es einmal von den eigentlichen Ausschlußgründen des Abs. 1 abgegrenzt ist, zum anderen aber zum Ausdruck gebracht wird, daß der Ausschluß kein dauernder ist, sondern nur so lange währt, als die Aktien von der Gesellschaft selbst besessen oder beherrscht werden. Als weitere vergleichbare Fälle eines derartigen Ruhens des Stimmrechts möge die Bestimmung des § 285 Abs. 1 S. 2, die dem Komplementär einer KGaA für die dort aufgeführten Fälle das Stimmrecht versagt, wohl auch des § 135 Abs. 2, die den Beginn des Stimmrechts zu einem nach der Entstehung des Aktienrechts liegenden Zeitpunkt regelt, und schließlich des § 20 Abs. 7 und § 21 Abs. 4 angeführt werden, wonach Aktien, für die die erforderlichen Mitteilungen nicht gemacht worden sind, für die Zeit der unterlassenen Mitteilungen nicht stimmberechtigt sind.

Anm. 14

2. Eigene Aktien

Schon § 71 Abs. 6 bestimmt, daß der Gesellschaft aus eigenen Aktien und aus Aktien die einem anderen für Rechnung der Gesellschaft gehören, keine Rechte zustehen. Das schließt bereits das Stimmrecht aus, so daß sich das Aktiengesetz wiederholt, wenn es in § 136 Abs. 2 das Stimmrecht für Aktien ausschließt, die der Gesellschaft oder einem anderen für Rechnung der Gesellschaft gehören. Insoweit darf auf § 71 Anm. 42—45 verwiesen werden. Wenn Rechte aus eigenen Aktien von der Gesellschaft nicht geltend gemacht werden können und gemäß § 71 Abs. 3 verpfändete Aktien den eigenen gleichstehen — erst recht sicherungsübereignete Aktien (§ 71 Anm. 5 und 29) — so trifft das für den Ausschluß der Geltendmachung von Rechten aus diesen Aktien durch die Gesellschaft gemäß § 71 Abs. 6 und auch § 136 Abs. 2 nur insoweit zu, als diese Rechte auf Grund der Verpfändung oder Sicherungsübereignung überhaupt auf die Gesellschaft übergegangen sind (vgl. § 71 Anm. 43). Da beim Pfandrecht das Stimmrecht sowieso dem Verpfänder bleibt (§ 134 Anm. 5) und auch dem Sicherungsübereigner durch Legitimationsübertragung überlassen bleiben kann, trifft insoweit weder § 71 Abs. 6 noch § 136 Abs. 2 zu und ist der Verpfänder oder Sicherungsübereigner selbst oder durch einen Bevollmächtigten — der im Rahmen des § 135 Abs. 1 S. 2 trotz § 136 Abs. 2 auch das Kreditinstitut selbst sein kann — zur Ausübung des Stimmrechts befugt Godin-Wilhelmi Anm. 6).

Anm. 15

3. Aktien abhängiger Unternehmen

Abs. 2 schließt des weiteren das Stimmrecht auch aus für Aktien, die einem abhängigen Unternehmen oder für dessen Rechnung einem anderen gehören. Auch dieser Ausschluß beruht auf der Erwägung (Anm. 13), dem Vorstand der Gesellschaft auf dem Umwege über ein von seinem Willen abhängiges Unternehmen keinen Einfluß auf die Hauptversammlung zu gewähren. Da diese Einflußmöglichkeit bei einem bloß im Mehrheitsbesitz stehenden Unternehmen nicht gegeben ist — die Vermutung des § 17 Abs. 2, daß das in Mehrheitsbesitz stehende Unternehmen ein abhängiges sei, kann nur durch den Nachweis widerlegt werden, es bestehe keine Herrschaftsmacht oder -möglichkeit (§ 17 Anm. 15/16) —, sind Aktien der Gesellschaft im Besitz eines in ihrem Mehrheitsbesitz stehenden Unternehmens von der Regelung des Abs. 2 ausgenommen. Aktien konzernverbundener Unternehmen sind nur dann vom Stimmrecht in der Gesellschaft ausgeschlossen, wenn sie gerade von ihr abhängig sind; die Tatsache, daß sie beide von einem sie gemeinsam beherrschenden Unternehmen abhängig sind, läßt das Stimmrecht nicht ruhen, zumal ja auch das herrschende Unternehmen mit seinen Aktien beim abhängigen Unternehmen stimmen darf. Sofern wechselseitig beteiligte

Unternehmen an dem anderen jeweils mit Mehrheit beteiligt sind oder sonst einen beherrschenden Einfluß ausüben können, sind beide Unternehmen gemäß § 19 Abs. 3 herrschend und abhängig, so daß, wenn beide Aktiengesellschaften sind, für beide das Ruhen des Stimmrechts nach § 136 Abs. 2 gilt (§ 328 Einleitung; § 19 Anm. 10). Für die Fälle, in denen keines der wechselseitig beteiligten Unternehmen herrschendes Unternehmen ist, bestimmt § 328 ein Ruhen grundsätzlich auch der Stimmrechte für Aktien, die über den vierten Teil aller Anteile der anderen Gesellschaft hinausgehen (§ 328 Anm. 5).

III. Gebundene Aktien

Anm. 16

1. Zweck und Voraussetzung des Abs. 3

Sinn der Regelung des Abs. 2 ist es, der Verwaltung die Möglichkeit zu nehmen, die Abstimmung in der Hauptversammlung zu beeinflussen. Das kann aber nicht nur durch Aktienbesitz geschehen, der der Gesellschaft selbst, einem abhängigen Unternehmen oder einem Dritten für deren Rechnung gehört, sondern auch durch einen Stimmbindungsvertrag (§ 135 Anm. 41), der einen oder mehrere Aktionäre verpflichtet, nach Weisung der Gesellschaft oder eines abhängigen Unternehmens oder deren Organe das Stimmrecht auszuüben. Der Gesetzeswortlaut nennt zwar die Weisungsgebundenheit an den Vorstand oder Aufsichtsrat des abhängigen Unternehmens nicht; da er aber seine Weisungen von der herrschenden Gesellschaft erhält, muß auch dieser Fall dem Abs. 3 eingeordnet werden (a. M. Godin-Wilhelmi Anm. 7). Auch kann die Weisungsgebundenheit an Vorstand oder Aufsichtsrat nicht dadurch umgangen werden, daß sie an ein bestimmtes Mitglied des Vorstands oder Aufsichtsrats angehängt wird; entscheidend ist, ob die Bindung an diese Mitglieder wegen ihrer Zugehörigkeit zum Vorstand oder Aufsichtsrat erfolgt. Gleichgültig ist, wer Vertragspartner ist (Obermüller-Werner-Winden S. 129; Godin-Wilhelmi Anm. 7; Baumbach-Hueck Rdn. 8). Auch wenn die Aktiengesellschaft oder ein von ihr abhängiges Unternehmen an dem Vertrag nicht beteiligt ist, kann Abs. 3 doch eingreifen, wenn der Vertrag der Gesellschaft, einem abhängigen Unternehmen oder ihren Organen ein Weisungsrecht gibt.

Gleichgestellt wird gemäß Abs. 3 S. 2 ein Vertrag, durch den der Aktionär zwar nicht weisungsgebunden wird, aber die Verpflichtung übernimmt, für die jeweiligen Vorschläge des Vorstands oder Aufsichtsrats der Gesellschaft zu stimmen. Hier sind die Aktien, ohne daß es einer Weisung bedürfte, an das gebunden, was Vorstand oder Aufsichtsrat der Hauptversammlung zur Beschlußfassung vorlegen.

Alle von Abs. 3 betroffenen Aktien nennt man gebundene Aktien, die definiert werden können als Aktien, deren Inhaber durch Vereinbarung zugunsten der Gesellschaft in der Ausübung des Stimmrechts gebunden sind. Dazu vgl. Witte S. 42ff. und auch Boesebeck, NJW 60, 9. Die gebundenen Aktien stellen einen Unterfall der Stimmrechtsvereinbarung dar. Zu ihr und ihrer grundsätzlichen Zulässigkeit vgl. § 134, Anm. 41.

Anm. 17

2. Verwaltungsmitglieder als Berechtigte des Stimmbindungsvertrages

Fraglich ist, ob bei einem reinen Konsortialvertrag unter Aktionären, der der Gesellschaft, ihren Organen oder einem von ihr abhängigen Unternehmen keine Weisungsbefugnis gibt, der auch keine Verpflichtung enthält, nach den Verwaltungsvorschlägen zu stimmen, Abs. 3 deshalb eingreifen kann, weil beteiligte Aktionäre Verwaltungsmitglieder sind. Das dürfte so lange nicht schädlich sein, als die der Verwaltung angehörenden Aktionäre nicht die für Entscheidungen des Pools erforderliche Mehrheit besitzen. Aber auch dann, wenn sie die Mehrheit besitzen und von ihr Gebrauch machen, wird man Abs. 3 nur dann zur Anwendung bringen können, wenn ihre Beteiligung am Vertrag weniger auf ihrer Eigenschaft als Aktionäre als auf ihrer Stellung als Mitglieder der Verwaltung beruht, der Vertrag also seinem Zweck nach ein Instrument ist, um gerade der Verwaltung mehr oder minder entscheidenden Einfluß auf die Hauptversammlung zu gewähren (so auch Obermüller-Werner-Winden S. 129/30; Godin-Wilhelmi Anm. 7).

Anm. 18

3. Nichtigkeit der Bindung, aber keine Anfechtbarkeit des Beschlusses

Als Konsequenz einer Stimmbindung an die Gesellschaft, an ihre Organe oder an von ihr abhängige Unternehmen ist nicht, wie in Abs. 1 und 2, der Ausschluß vom Stimmrecht angeordnet, sondern nur die Nichtigkeit der vertraglichen Bindung. Daraus muß geschlossen werden, daß die Nichtigkeit der Stimmbindung keine Außenwirkung haben soll und daß die Stimmabgabe, einerlei wie sie erfolgt, zulässig und wirksam ist und der auf ihr beruhende Beschluß nicht angefochten werden kann (Baumbach-Hueck Rdn. 8; a. M. Godin-Wilhelmi Anm. 7). Das Gesetz begnügt sich vielmehr damit, den Aktionär von der von ihm eingegangenen Stimmbindung freizustellen und ihm damit eine von Erfüllungszwang, Vertragsstrafen und Schadensersatz freie Stimmabgabe zu gewährleisten. Daraus folgt des weiteren, daß der Aktionär aber aus freien Stücken im Sinne der nichtigen Vertragsbindung abstimmen darf und kann, und daß dann eine Nichtigkeit der Stimmabgabe nicht eintritt. Das gilt auch dann, wenn dem Aktionär die Nichtigkeit seiner Stimmbindung nicht bekannt war und er seine Stimme nur deshalb entsprechend der Stimmbindung abgegeben hat, weil er sich gebunden glaubte. Dieser Tatbestand stellt nur einen rechtlich unbeachtlichen Motivirrtum dar, so daß auch eine Anfechtung der Stimmabgabe wegen Willensmangels entfällt (vgl. § 119 Anm. 15). Auch greift die Ordnungsstrafvorschrift des § 405 Abs. 3 Ziff. 5 nicht ein; denn Abs. 3 verbietet dem angeblich gebundenen Aktionär nicht, das Stimmrecht auch im Sinne der nichtigen Bindung auszuüben.

§ 137 Abstimmung über Wahlvorschläge von Aktionären

Hat ein Aktionär einen Vorschlag zur Wahl von Aufsichtsratsmitgliedern nach § 127 gemacht und beantragt er in der Hauptversammlung die Wahl des von ihm Vorgeschlagenen, so ist über seinen Antrag vor dem Vorschlag des Aufsichtsrats zu beschließen, wenn es eine Minderheit der Aktionäre verlangt, deren Anteile zusammen den zehnten Teil des vertretenen Grundkapitals erreichen

Übersicht

Anm. 1

Einleitung

Diese Bestimmung ist neu. Sie wurde während der Gesetzgebungsarbeiten zum AktG von den Bundestagsausschüssen eingefügt, um die Wahl zum Aufsichtsrat aufzulockern und einem von einem Aktionär gemäß § 127 mitgeteilten Wahlvorschlag gewisse Erfolgschancen zu geben.

Anm. 2

1. Voraussetzungen

Die Bestimmung der Reihenfolge, in der über Anträge zu den einzelnen Tagesordnungspunkten abzustimmen ist, ist Sache des Versammlungsleiters (§ 119 Anm. 37; vgl. auch OLG Hamburg, AktG 68, 332). Dieser hat nach dem Prinzip der Sachdienlichkeit zu handeln und deshalb den Vorschlag zuerst zur Abstimmung zu stellen, von dem er annimmt, daß er die meisten Stimmen auf sich vereinigen wird, und von dem deshalb — bei gleicher Sicherheit des Ergebnisses — die schnellste Beendigung der Abstimmung zu erwarten ist. Im allgemeinen wird das der Antrag der Verwaltung sein, so daß der Vorsitzende in aller Regel über ihn zuerst und vor Gegenanträgen von Aktionären abstimmen lassen wird, wenn diese Handhabung auch keine unbedingte Pflicht ist, deren Verletzung eine Anfechtbarkeit begründen könnte. In der Annahme, daß der zuerst zur Abstimmung gestellte Antrag eine bessere Erfolgschance hat, gibt § 138 auch Oppositionsanträgen die Chance an erster Stelle vor dem Antrag der Verwaltung zur Abstimmung gestellt zu werden. Das gilt aber nur für Vorschläge zur Wahl von Aufsichtsratsmitgliedern, nicht auch von Prüfern oder gar für andere Gegenanträge und erfordert insgesamt folgende Voraussetzungen:

a) Der Aktionär muß einen dem § 127 entsprechenden Vorschlag für die Wahl von Aufsichtsratsmitgliedern gemacht haben (hierzu vgl. § 127 Anm. 1 und 2), er muß also dem Wahlvorschlag, den die Verwaltung gemäß § 124 gemacht hat, widersprochen, andere Personen, als von der Verwaltung geschehen, zur Wahl vorgeschlagen und zu erkennen gegeben haben, daß er in der Hauptversammlung die anderen Aktionäre veranlassen wird, für seinen Wahlvorschlag zu stimmen. Eine Begründung braucht er nicht zu geben. Der Vorschlag muß auch Namen, Beruf und Wohnort der vorgeschlagenen Person enthalten. Dieses Erfordernis ist in § 127 zwar nicht als wesentlicher Bestandteil des Vorschlages, sondern nur der Mitteilungspflicht des Vorstandes verlangt, § 138 will aber offensichtlich nicht jeden beliebigen Wahlvorschlag vorziehen, insbesondere nicht den, der erst in der Hauptversammlung gemacht wird. Wenn § 138 einen Wahlvorschlag als nach § 127 gemacht verlangt, so muß er wegen der Bezugnahme des § 127 auf § 126 auch die Voraussetzungen der Mitteilungspflicht im einzelnen erfüllen (a. M. Godin-Wilhelmi Anm. zu § 138 unter Berufung auf LG Dortmund, AktG 68, 190).

b) Der Vorschlag muß mitteilungspflichtig gemäß § 127 in Verbindung mit § 126 sein. Es muß also eine Aufsichtsratswahl auf der Tagesordnung stehen, zu der gemäß § 124 Abs. 3 ein Verwaltungsvorschlag zu machen war oder gemacht ist. Der Vorschlag muß binnen einer Woche nach Bekanntgabe der Einberufung der Hauptversammlung bei der Gesellschaft eingegangen sein (§ 126 Anm. 4), und schließlich dürfen keine Ausschließungsgründe gemäß § 126 Abs. 2 für die Mitteilungspflicht vorliegen. Ob der Vorstand allerdings seiner Mitteilungspflicht aus den §§ 125—127 auch nachgekommen ist, bleibt unerheblich. Wenn die Gesellschaft durch ihren Vorstand mitteilungspflichtig war, diese Mitteilungspflicht aber nicht erfüllt hat, kann sie aus dieser Pflichtverletzung dem Aktionär gegenüber keine Rechte herleiten und ihm nicht die Möglichkeit aus § 138 nehmen.

c) Der Aktionär muß in der Hauptversammlung einen Antrag gemäß seinem Wahlvorschlag stellen, und zwar muß dies der gleiche Aktionär oder sein Vertreter sein, der den Wahlvorschlag gemäß § 127 gemacht hat. Das ergibt sich eindeutig aus dem Wortlaut des Nebensatzes zu Beginn dieser Bestimmung.

d) Eine Minderheit von mindestens 10% des vertretenen Grundkapitals muß die Vorziehung des Oppositionsantrages verlangen. Wegen der Berechnung des „vertretenen Grundkapitals" vgl. § 133 Anm. 12/13. Wenn ein Aktionär, der nicht selbst 10% des Grundkapitals vertritt, das Verlangen stellt, ist es seine Sache, die notwendige Unterstützung anderer Aktionäre zu beschaffen (Godin-Wilhelmi § 137 Anm.; Obermüller-Werner-Winden S. 276; Werner, AktG 67, 106; Horn, AktG 69, 374). Er kann nicht verlangen, daß in einer Art Vorabstimmung festgestellt wird, ob nicht vielleicht 10% des auf der Hauptversammlung vertretenen Grundkapitals seinem Verlangen beitreten. Er kann das auch nicht wie bei der Entlastung gemäß § 120 Abs. 1 S. 2 dadurch erreichen, daß er einen Antrag auf Abstimmung in der Hauptversammlung über die Vorziehung seines Wahlvorschlages stellt; denn hier entscheidet über die zeitliche Reihenfolge der Abstimmung ausschließlich der Versammlungsleiter (§ 119 Anm. 37). Dagegen muß der Versammlungsleiter natürlich feststellen, ob die das Vorziehen des Wahlvorschlages verlangende Minderheit wirklich 10% des vertretenen Grundkapitals erreicht. Er muß also die von der Minderheit vertretenen Stimmen, sei es aus der Anwesenheitsliste, sei es aus den Stimmkarten, sei es auf andere Weise, ermitteln.

Anm. 3

2. Durchführung. Folgen eines Verstoßes

Sind die Voraussetzungen des § 137 erfüllt, so muß vor den Vorschlägen der Verwaltung über den Wahlvorschlag der Opposition abgestimmt werden. Dabei ist es gleichgültig, ob ein Oppositionsvorschlag oder mehrere die Voraussetzungen des § 137 erfüllen. Im letzteren Falle darf der Versammlungsleiter die Reihenfolge unter den Oppositionsvorschlägen festlegen, da § 137 ja lediglich den Vorrang des oder der Oppositionsanträge vor denen der Verwaltung, nicht aber die Reihenfolge unter den Oppositionsanträgen regelt. Es ist auch gleichgültig, ob der Oppositionsvorschlag eine oder mehrere Einzelwahlen oder eine Listenwahl zum Gegenstand hat. Daß auch eine Listenwahl zum Aufsichtsrat zulässig ist, vom Antragsteller begehrt und vom Vorsitzenden zugelassen werden kann, ist zwar in § 101 Anm. 4 verneint, mit der herrschenden Meinung (Obermüller-Werner-Winden S. 163; Obermüller, DB 69, 2025; Möhring-Schwartz-Rowedder-Haberlandt S. 214; Barz, Listenwahl zum Aufsichtsrat in der Festschrift für Hengeler, S. 8ff. und Werner AktG 72 138) aber anzunehmen. Auch die von der Minderheit verlangte Listenwahl hat der Versammlungsleiter zwecks Ersparung mehrfacher Wahlgänge in gleicher Weise wie den Listenwahlvorschlag der Verwaltung zuzulassen. Dabei hat er den Hinweis zu machen, daß jeder Aktionär, der einen Listenkandidaten nicht wählen möchte, gegen die gesamte Liste stimmen muß. Findet die Oppositionsliste keine Mehrheit, dann ist die Verwaltungsliste zur Abstimmung zu stellen, und zwar mit dem gleichen Hinweis. Erst wenn auch sie keine Mehrheit findet, sind einzelne Wahlgänge durchzuführen, wobei die in der Oppositionsliste nach § 137 aufgeführten Kandidaten zuerst zur Wahl zu stellen sind.

Wird der Antrag eines Aktionärs, der die Voraussetzung des § 137 erfüllt, übergangen, so ist die Wahl anfechtbar nach § 243 Abs. 1, wobei der Nachweis der mangelnden Kausalität sehr schwer zu führen sein wird, es sei denn, daß eine aus wenigen Personen bestehende klare Majorität vorhanden ist, die hinter der Verwaltung steht. § 137 ist insoweit zwingend, als die Anforderungen an den Minderheitsantrag nicht verschärft werden können. Jedoch wird nichts entgegenstehen, satzungsmäßig die Freiheit des Hauptversammlungsleiters in der Bestimmung der Reihenfolge der Anträge zu regeln und dabei die Voraussetzungen für das zeitliche Vorziehen eines Minderheitsantrages über § 137 hinaus zu erleichtern. § 23 Abs. 5 greift insoweit nicht ein (§ 119 Anm. 4 und 5).

Fünfter Unterabschnitt

Sonderbeschluß

§ 138 Gesonderte Versammlung. Gesonderte Abstimmung

In diesem Gesetz oder in der Satzung vorgeschriebene Sonderbeschlüsse gewisser Aktionäre sind entweder in einer gesonderten Versammlung dieser Aktionäre oder in einer gesonderten Abstimmung zu fassen, soweit das

Gesetz nichts anderes bestimmt. Für die Einberufung der gesonderten Versammlung und die Teilnahme an ihr sowie für das Auskunftsrecht gelten die Bestimmungen über die Hauptversammlung, für die Sonderbeschlüsse die Bestimmungen über Hauptversammlungsbeschlüsse sinngemäß. Verlangen Aktionäre, die an der Abstimmung über den Sonderbeschluß teilnehmen können, die Einberufung einer gesonderten Versammlung oder die Bekanntmachung eines Gegenstands zur gesonderten Abstimmung, so genügt es, wenn ihre Anteile, mit denen sie an der Abstimmung über den Sonderbeschluß teilnehmen können, zusammen den zehnten Teil der Anteile erreichen, aus denen bei der Abstimmung über den Sonderbeschluß das Stimmrecht ausgeübt werden kann.

Übersicht

Anm. 1

Einleitung

Außer in § 117 Abs. 2 regelte AktG 1937 die Fassung von Sonderbeschlüssen nicht, obwohl es sie nicht nur beim Vorhandensein von Vorzugsaktionären (§ 117 Abs. 2) vorsah, sondern auch beim Vorhandensein mehrerer Aktiengattungen, falls ihr Verhältnis zueinander geändert (§ 146 Abs. 2) oder das Kapital erhöht oder herabgesetzt (§§ 149 Abs. 2, 175 Abs. 2) werden sollte. Die Häufigkeit derartiger Sonderbeschlüsse ist im AktG 1965 erhöht worden, indem auch bei Änderung, Aufhebung und Kündigung von Unternehmensverträgen ein Sonderbeschluß der außenstehenden Aktionäre erfordert wird (§§ 295—297, jeweils Abs. 2). In § 138 ist deshalb eine Bestimmung aufgenommen worden, die vorbehaltlich gesetzlicher Sonderregelung — eine derartige ist in § 141 Abs. 3 enthalten — allgemein die Sonderbeschlußfassung regelt, und zwar dadurch, daß sie dem Hauptversammlungsrecht unterstellt wird.

Anm. 2

1. Anwendungsfälle

Wenn § 138 S. 1 von „in diesem Gesetz" vorgeschriebenen Sonderbeschlüssen gewisser Aktionäre spricht, so sind darunter verstanden:

a) die Beschlußfassung der Vorzugsaktionäre gemäß § 141 Abs. 1 bei Aufhebung oder Beschränkung ihres Vorzugs; allerdings ist hier die Sonderbeschlußfassung in § 141 Abs. 3 im einzelnen geregelt;

b) die Beschlußfassung der verschiedenen Aktiengattungen gemäß §§ 179 Abs. 3, 182 Abs. 2, 193 Abs. 1 S. 3, 202 Abs. 2 S. 4, 221 Abs. 1 S. 4, 222 Abs. 2, 229 Abs. 3 und 237 Abs. 2 S. 1 bei Änderung des bisherigen Verhältnisses der verschiedenen Gattungen zum Nachteil einer Gattung, bei Kapitalerhöhung und bei Kapitalherabsetzung;

c) die Beschlußfassung außenstehender Aktionäre gemäß §§ 295 Abs. 2, 296 Abs. 2 und 297 Abs. 2 bei Änderung, Aufhebung oder Kündigung eines Unternehmensvertrages.

In der Satzung vorgeschriebene Sonderbeschlüsse sind selten. Ein derartiger Fall war Gegenstand von BGH 36, 296. Zwar mag, wie Godin-Wilhelmi Anm. 2 annehmen, § 134 Abs. 4 gegenüber § 23 Abs. 5 eine Rechtsgrundlage für eine Satzungsbestimmung über Sonderbeschlüsse abgeben; Voraussetzung ist aber immer, daß eine abgrenzbare Gruppe „gewisser Aktionäre" vorhanden ist, wie in BGH 36, 296 die nicht stadteigenen Aktien.

Anm. 3

2. Fassung des Sonderbeschlusses (S. 1)

Für die Fassung der Sonderbeschlüsse stellt S. 1 zwei Möglichkeiten zur Verfügung. Daran kann die Satzung nichts ändern, indem sie bindend die eine oder andere Möglichkeit vorschreibt (a. M. Godin-Wilhelmi Anm. 2). Nach der Fassung des S. 1 kann nur das Gesetz die eine oder andere Möglichkeit ausschließen, was in § 141 Abs. 3 geschehen ist, indem eine Sonderversammlung als alleinige Möglichkeit vorgeschrieben wurde.

Anm. 4

a) gesonderte Versammlung

Es kann für die Sonderbestimmung eine gesonderte Versammlung der bei den Sonderbeschlüssen stimmberechtigten Aktionäre einberufen werden. Zu ihr sind nur die Aktionäre einzuladen, die die Sonderbeschlüsse zu fassen haben. Sie sind allein auch teilnahmeberechtigt. Denn grundsätzlich hängt das Teilnahmerecht mit dem Stimmrecht zusammen. Daß einem einzelnen Aktionär wegen seines Zusammenhangs mit dem Beschlußgegenstand oder wegen seiner Person das Stimmrecht fehlen kann (§ 136), schließt das Teilnahmerecht nicht aus (vgl. § 134 Anm. 42), und zwar deshalb, weil die Aktie grundsätzlich stimmberechtigt bleibt. Für Vorzugsaktionäre bestimmt dann § 140 ausdrücklich, daß sie alle Aktionärsrechte mit Ausnahme des Stimmrechts haben, mithin also auch das Teilnahmerecht. Eine derartige Bestimmung, die die Stammaktionäre auch an Versammlungen von Vorzugsaktionären teilnahmeberechtigt machte, fehlt. Daß sie zwangsläufig anwesend sind, wenn der Sonderbeschluß in einer Sonderabstimmung im Rahmen der allgemeinen Hauptversammlung gefaßt wird (unten Anm. 5), besagt nichts für ein Teilnahmerecht, das die Befugnis einschlösse, zum Sonderbeschluß das Wort zu ergreifen, Anträge zu stellen, Auskünfte zu verlangen und Widerspruch gegen Beschlüsse zu erheben, sondern nur für eine zwangsläufig gegebene tatsächliche Teilnahme. Vorstand und Aufsichtsrat dagegen sind teilnahmeberechtigt und sollen nach § 118 Abs. 2 auch an der Sonderversammlung teilnehmen (so auch Baumbach-Hueck Rdn. 4; Werner AktG 71, 73).

Anm. 5

b) gesonderte Abstimmung in der Hauptversammlung

Es kann aber auch in der allgemeinen Hauptversammlung eine gesonderte Abstimmung der bei den Sonderbeschlüssen stimmberechtigten Aktionäre stattfinden. Dann ist der Sonderbeschluß Bestandteil der allgemeinen Hauptversammlung, so daß auch die Personen, die an der Hauptversammlung teilnehmen, zwangsläufig bei der Sonderabstimmung anwesend sind, jedoch hinsichtlich des Sonderbeschlusses nicht stimmberechtigt und auch nicht eigentlich teilnahmeberechtigt sind (vgl. Anm. 4). Als Bestandteil der allgemeinen Hauptversammlung muß der Sonderbeschluß in die bei der Einberufung bekanntzumachende Tagesordnung aufgenommen und mit einem Vorschlag der Verwaltung versehen werden (§ 124). Dabei ist es selbstverständlich, daß der Beschluß als Sonderbeschluß nur der an ihr beteiligten Aktionäre gekennzeichnet sein muß. Um eine geeignete Grundlage für die Sonderabstimmung zu haben, muß für die bei dem Sonderbeschluß stimmberechtigten Aktionäre entweder ein Sonderteilnehmerverzeichnis aufgestellt oder die in der Sonderabstimmung stimmberechtigten Aktionäre müssen in dem allgemeinen Teilnehmerverzeichnis gesondert kenntlich gemacht werden (Godin-Wilhelmi Anm. 3). Für die Leitung auch der Sonderabstimmung ändert sich gegenüber der Leitung der Gesamthauptversammlung nichts. Auch für den Sonderbeschluß gilt § 130 Abs. 1 S. 2 über das Erfordernis der notariellen Protokollierung. Für das Stimmrecht bei dem Sonderbeschluß gelten die Vorschriften der §§ 134—136.

Anm. 6

c) Wahlbefugnis des Einberufers

Soweit für die Fassung eines Sonderbeschlusses die Alternative einer gesonderten Hauptversammlung oder einer gesonderten Abstimmuhg im Rahmen der allgemeinen Hauptversammlung besteht, übt der Einberufer das Wahlrecht aus. Die allgemeine Hauptversammlung kann trotz ihrer Souveränität in Fragen der Geschäftsordnung (§ 119 Anm. 5; so auch Baumbach-Hueck Rdn. 3) durch einfachen Mehrheitsbeschluß nicht entscheiden, wie von diesem Wahlrecht Gebrauch zu machen ist, daß also z. B. der Sonderbeschluß von der Tagesordnung abgesetzt und einer Sonderversammlung zugewiesen wird. Denn bei Sonderbeschlüssen hat die allgemeine Hauptversammlung auch in ihrer Eigenschaft als Satzungsgeber eine Zuständigkeit nur für die Anordnung von Sonderbeschlüssen, nicht aber für ihre Durchführung. Einen derartigen Absetzungs- und Verweisungsbeschluß können also nur die beim Sonderbeschluß beteiligten Aktionäre fassen. Soweit die Minderheit gemäß S. 3 die Einberufung einer gesonderten Versammlung oder die Bekanntmachung eines Gegenstandes zur gesonderten Abstimmung verlangt, ist der Vorstand als Adressat des Minderheitsverlangens (§ 122 Anm. 5) befugt, anstelle der Einberufung einer Sonderversammlung den Gegenstand auf die Tagesordnung einer für die allernächste Zukunft beabsichtigten ordentlichen oder außerordentlichen Hauptversammlung zu stellen (§ 122 Anm. 8). Insoweit bleibt dem Vorstand das Wahlrecht (Baumbach-Hueck Rdn. 5; a. M. Godin-Wilhelmi Anm. 3). Wenn eine Hauptversammlung in allernächster Zeit nicht stattfindet, bleibt dem Vorstand allerdings keine andere Möglichkeit, als die Sonderversammlung einzuberufen.

Anm. 7

3. Anwendbarkeit der Bestimmungen über die Hauptversammlung (S. 2)

S. 2 unterwirft sowohl die gesonderte Versammlung wie auch die Sonderbeschlüsse dem allgemeinen Recht der Hauptversammlung, wobei man unbedenklich auch die das Gesetz ergänzenden oder abändernden Bestimmungen der Satzung als anwendbar betrachten darf. Der einzige materielle Unterschied liegt darin, daß stimm- und teilnahmeberechtigt nicht alle Aktionäre der Gesellschaft, sondern nur die Aktionäre sind, die für den Sonderbeschluß stimmberechtigt sind. Es gelten also die Bestimmungen über die Einberufung (§§ 121 ff.) nebst der Mitteilungspflicht der §§ 125 ff., über die Verhandlungsniederschrift (§§ 129, 130; wegen des Teilnehmerverzeichnisses vgl. Anm. 5), über das Auskunftsrecht (§§ 131/32) und über das Stimmrecht (§ 133 ff.). Auch die Bestimmungen über die Nichtigkeit und Anfechtbarkeit von Hauptversammlungsbeschlüssen (§§ 241 ff.) finden Anwendung. Das Anfechtungsrecht beschränkt sich aber neben Vorstand und Aufsichtsrat auf die am Sonderbeschluß stimmberechtigten Aktionäre, und zwar auch im Falle des § 243 Abs. 2. Auch die satzungsmäßigen Bestimmungen über die Art der Einberufung, über die Abstimmung, über den Verhandlungsvorsitz u. dgl. haben Geltung.

Anm. 8

4. Anwendung des Minderheitsrechts aus § 122 (S. 2)

Daß die Minderheitsrechte aus § 122 auch für die gesonderte Versammlung und Abstimmung gelten, ergibt sich im Grunde aus der in S. 2 erfolgten Unterstellung der Sonderbeschlüsse unter das Hauptversammlungsrecht. Zweifelhaft könnte aber sein, wie die Minderheit zu berechnen ist. Daß sie nicht vom Gesamtkapital berechnet werden kann, versteht sich von selbst. Wäre S. 3 nicht aufgenommen worden, würde man wohl den zwanzigsten Teil des beim Sonderbeschluß stimmberechtigten Kapitals verlangt haben, wobei zweifelhaft bliebe, wie die in § 122 Abs. 2 genannte absolute Ziffer von DM 1000000 zu übertragen gewesen wäre. S. 3 bestimmt nun schlechthin, daß für die Sonderbeschlüsse das Minderheitsverlangen aus § 122 geltend gemacht werden kann, wenn die Minderheit 10% des beim Sonderbeschluß stimmberechtigten Kapitals vertritt. Als Anteile, aus denen bei der Abstimmung über den Sonderbeschluß das Stimmrecht ausgeübt werden kann, sind auch die Aktien anzusehen, die stimmberechtigt wären, wenn nicht ein Stimmrechtsausschluß gemäß § 136 in Betracht käme. Daß für die Fälle der Sonderbeschlüsse nach §§ 295—297, jeweils Abs. 2, allerdings Aktien, die der Gesellschaft, einem abhängigen Unternehmen oder für deren Rechnung einem Dritten gehören, trotzdem um deswillen bei der Berechnung des am Sonderbeschluß stimmberechtigten Kapitals ausscheiden, weil sie keine „außenstehenden" Aktien mehr sind, ergibt sich aus dem Begriff der außenstehenden Aktien (dazu vgl. § 295 Anm. 5 und § 304 Anm. 3).

Die Ausübung des Minderheitsrechts aus § 122 in Verbindung mit § 138 S. 3 setzt aber selbstverständlich voraus, daß gesetz- oder satzungsmäßig ein Sonderbeschluß vorgesehen ist und Tatbestände wirklich vorliegen und nicht nur von der Minderheit behauptet werden, die eine Sonderbeschlußfassung erforderlich machen könnten. Es müssen also Aufhebung oder Beschränkung des Vorzugs von Vorzugsrechten, Kapitalerhöhungen oder -herabsetzungen sowie Änderungen, Aufhebungen oder Kündigungen von Unternehmensverträgen tatsächlich zur Diskussion stehen (Baumbach-Hueck Rdn. 7). Wird dem Minderheitsverlangen keine Rechnung getragen, so greift auch § 122 Abs. 3 ein.

Sechster Unterabschnitt

Vorzugsaktien ohne Stimmrecht

§ 139 Wesen

(1) Für Aktien, die mit einem nachzuzahlenden Vorzug bei der Verteilung des Gewinns ausgestattet sind, kann das Stimmrecht ausgeschlossen werden (Vorzugsaktien ohne Stimmrecht).

(2) Vorzugsaktien ohne Stimmrecht dürfen nur bis zu einem Gesamtnennbetrag in Höhe des Gesamtnennbetrags der anderen Aktien ausgegeben werden.

Übersicht

Literatur zu §§ 139—141

Herbig: Vorzugsaktien ohne Stimmrecht; JW 37, 510.
Quassowski: Aktienrechtliche Formen der Kapitalbeschaffung; in Festgabe für Schlegelberger S. 377ff.
Werner: Die Beschlußfassung der Inhaber von stimmrechtslosen Vorzugsaktien; AktG 71, 69ff.

Anm. 1

Einleitung

AktG 1937 hatte erstmals in den §§ 12 Abs. 1 S. 2, 115—117 in der Form stimmrechtsloser Vorzugsaktien den Aktiengesellschaften ein neues Finanzierungsmittel zur Verfügung gestellt. Es nähert sich etwas den Obligationen, indem der Dividendenanspruch nachzahlbar gestaltet wird, womit Dividendenausfälle in gewinnlosen Jahren durch Nachzahlungen aus Reingewinnen späterer Jahre ausgeglichen werden und damit der Ertrag stetiger gemacht wird. Die stimmrechtslose Vorzugsaktie bleibt aber, wie jede Aktie, ein Beteiligungspapier und in ihren Erträgen von den Gewinnen des Unternehmens abhängig. Die Vorzugsaktien ohne Stimmrecht mußten gesetzlich geregelt werden, weil sie eine Ausnahme von der Regelung des § 12 Abs. 1 darstellen, daß jede Aktie das Stimmrecht gewährt. Die Vorzugsaktie sollte insbesondere den Fall abdecken, daß die Mehrheitsverhältnisse in einer Gesellschaft durch die Hereinnahme neuen Kapitals nicht verschoben werden sollten, es andererseits den Geldgebern nicht auf die Ausübung von Einfluß, sondern nur auf die Anlage von Geld gegen eine gute Rendite und eine Beteiligung an der Substanz ankam (Begr. z. RegE bei Kropff S. 203). Die Vorzugsaktien haben sich in der Praxis nach 1937 durchaus bewährt und eine verhältnismäßig große Verbreitung gefunden. Ein Bedürfnis nach weiteren Arten stimmrechtsloser Vorzugsaktien, etwa mit fester Mindestverzinsung und einem Vorzugsrecht auf Rückzahlung mindestens des Nennbetrages hat der Aktiengesetzgeber 1965 ebensowenig anerkannt wie die Gewährung des Stimmrechts bei Satzungsänderungen und Maßnahmen der Kapitalbeschaffung oder -herabsetzung (Kropff a. a. O.). Diese Entscheidung ist richtig, zumal ja nichts im Wege steht, im Rahmen des § 11 Vorzugsaktien mit Stimmrecht zu schaffen (§ 11 Anm. 3 und 6).

Das Rechtsinstitut der Vorzugsaktien ohne Stimmrecht ist in das AktG 1965 mit geringfügigen Änderungen übernommen worden. In § 139 hat der Gesetzgeber nur die bisherige Beschränkung in der Ausgabe der Vorzugsaktien auf die Hälfte des Gesamtnennbetrages der anderen Aktien geändert und die Ausgabe von Vorzugsaktien in Höhe des Gesamtnennbetrages der anderen Aktien zugelassen.

I. Wesen des Vorzugsrechts

Anm. 2

1. Nachzahlbarer Gewinnbezug

Voraussetzung für die Zulässigkeit des Stimmrechtsausschlusses ist die Ausstattung der Aktien mit einem *nachzuzahlenden Vorzug bei der Verteilung des Gewinns*. Ein Vorzug anderer Art, insbesondere ein Vorzug bei der Vermögensverteilung im Falle der Auflösung der Gesellschaft, genügt nicht. Das Erfordernis der Nachzahlbarkeit ist aufgestellt, damit nicht die allein stimmberechtigten sonstigen Aktionäre durch Ausschluß der Gewinnverteilung in einem Jahr und Verteilung eines höheren Gewinns im nächsten Jahr die Vorzugsaktionäre um ihren Anteil an dem Gewinn eines Jahres bringen können. Unter einem *Vorzug bei der Gewinnverteilung* kann nichts anderes verstanden werden, als daß eine *bestimmte* Dividende an die Vorzugsaktionäre gezahlt werden muß, bevor eine Dividende an die Stammaktionäre gezahlt werden kann (§ 11 Anm. 4). Über die verschiedenen Arten des *Nachbezugsrechts* vgl. § 11 Anm. 4. In § 139 handelt es sich, wie nunmehr in § 140 Abs. 3 ausdrücklich klargestellt ist, um das *unselbständige, von der Aktie nicht lösbare Nachbezugsrecht*, das dem Aktionär des Gewinnjahres zusteht (vgl. zu dieser Begriffsbestimmung § 11 Anm. 4). S. auch BGH 9, 283f., der für die Frage nach der Art des Nachbezugsrechts entscheidend auf die jeweiligen Satzungsbestimmungen abstellt; allerdings bildet auch nach Ansicht des BGH das unselbständige Nachbezugsrecht die Regel (BGH WM 56, 87; Kuhn AktG 56, 28).

Nach Ritter § 115 Anm. 2a soll der Vorzug auch ausschließlich in dem Nachbezugsrecht bestehen können. Es dürfte etwa an die Bestimmung zu denken sein, daß die

Vorzugsaktien in gleicher Weise wie die Stammaktien an dem Gewinn beteiligt sind, daß ihnen aber aus dem Gewinn der nächsten Jahre eine Nachzahlung zu leisten ist, wenn in einem Jahr nicht eine Dividende von bestimmter Höhe verteilt wird. Eine solche Regelung des Vorzugsrechts ist an sich denkbar; doch verlangt das Gesetz für stimmrechtslose Aktien einen Vorzug bei der Verteilung des Gewinns, d. h. des Bilanzgewinns, selbst und nicht bloß ein Nachbezugsrecht. Nicht notwendig ist, daß die gesamte auf die Vorzugsaktie zu zahlende Dividende einen Vorzug genießt und nachzahlbar ist. Es kann also z. B. bestimmt werden, daß auf die Vorzugsaktie eine Vorzugsdividende von 6% entfällt, die bei ungenügendem Reingewinn in späteren Jahren nachgezahlt werden muß, bevor auf die Stammaktien eine Dividende verteilt werden kann, und daß die Vorzugsaktionäre außerdem an dem Jahresgewinn neben den Stammaktionären in bestimmter Weise beteiligt sind. Es ist aber auch zulässig, daß die Vorzugsaktionäre ausschließlich Anspruch auf die mit einem Nachbezugsrecht ausgestattete Vorzugsdividende haben. Ebenso ist es zulässig, daß für die Vorzugsdividende ein gleitender Maßstab festgesetzt wird, z. B. der Bundesbankdiskont; doch muß dieser Maßstab ein objektiv jederzeit feststellbarer sein und kann nicht von dem Vorliegen eines Bilanzgewinnes abhängig gemacht werden, weil sonst das Erfordernis der Nachzahlbarkeit umgangen würde (Schlegelberger-Quassowski § 115 Anm. 2; Baumbach-Hueck Rdn. 2; Teichmann-Köhler § 115 Anm. 2).

Anm. 3

2. Keine Beschränkbarkeit des Nachbezugs

Die *Satzung* kann das den Vorzugsaktien ohne Stimmrecht zustehende Nachbezugsrecht nicht ausschließen. Würde sie es dennoch tun und würde die Eintragung erfolgen, so würde das Nachbezugsrecht zwar nicht bestehen, aber der Stimmrechtsausschluß würde unwirksam sein. Die Vorzugsaktien hätten also das gleiche Stimmrecht wie die Stammaktien. Das Nachbezugsrecht kann auch nicht auf eine bestimmte Dauer oder in sonstiger Weise beschränkt werden. Auch hier wäre die Folge einer Zuwiderhandlung, daß den Aktionären das Stimmrecht zusteht. Zulässig wird die Bestimmung sein, daß Vorzug und Nachbezugsrecht zu bestehen aufhören, wenn eine bestimmte Zeit abgelaufen ist oder wenn während bestimmter Zeit kein Gewinn oder kein ausreichender Gewinn erzielt wird, und daß alsdann die Aktien das Stimmrecht gewähren (Ritter § 114 Anm. 2a). Jedoch kann auch in diesem Falle das Nachbezugsrecht nicht rückwirkend, also nicht für ein Geschäftsjahr, in dem die Vorzugsaktionäre noch nicht stimmberechtigt waren, ausgeschlossen werden. Die Vorzugsdividende für Jahre, während deren die Vorzugsaktionäre nicht stimmberechtigt waren, ist also aus dem Gewinn der späteren Zeit, in der die Vorzugsaktionäre nach der Satzung stimmberechtigt sind, vorweg nachzuzahlen (a. M. Godin-Wilhelmi § 141 Anm. 3).

Anm. 4

3. Vorzugsdividende und allgemeiner Dividendenanspruch

In den Satzungen wird meistens bei Vorhandensein von Vorzugsaktien ohne Stimmrecht vorgesehen, daß der Reingewinn in folgender Reihenfolge zu verteilen ist: 1. etwaige Rückstände auf die Vorzugsaktien, 2. die Vorzugsdividende, 3. die Dividende auf die Stammaktien bis zur Höhe der Vorzugsdividende, 4. gleichmäßige Zahlung weiterer Gewinnanteile an Vorzugs- und Stammaktionäre. Schweigt die Satzung über die Reihenfolge, so gilt kraft Gesetzes das gleiche. Die Vorzugsaktionäre haben, außer dem Stimmrecht, alle aus der Aktie sich ergebenden Mitgliedschafts- und Vermögensrechte (§ 140 Abs. 1); sie haben daher auch bei Fehlen entgegenstehender Satzungsbestimmungen (§ 11 Anm. 2) einen Anspruch auf gleichmäßige Behandlung bei der Gewinnverteilung (§ 1 Anm. 36), wenn eine über die Vorzugsdividende hinausgehende Dividende verteilt werden kann, entsprechend dem Verhältnis der Aktiennennbeträge (§ 60 Abs. 1).

II. Gesamtbetrag der stimmrechtslosen Vorzugsaktien

Anm. 5

Vorzugsaktien ohne Stimmrecht dürfen nur bis zu einem Gesamtnennbetrag in Höhe des Gesamtnennbetrages der anderen Aktien ausgegeben werden (Abs. 2). Der Gesamtnennbetrag der Vorzugsaktien ohne Stimmrecht kann also höchstens die Hälfte des Nennbetrages des Grundkapitals betragen. Die Vorschrift will verhindern, daß Aktionäre mit einem kleinen stimmberechtigten Kapital eine Gesellschaft mit einem großen Kapital stimmrechtsloser Aktien beherrschen und ein zu großer Unterschied zwischen Verwaltungs- und Finanzaktionären entsteht. Die Vorschrift ist *im öffentlichen Interesse* gegeben. Ihre Verletzung führt zur *Nichtigkeit* des Beschlusses (§ 241 Z 3). Das vorgeschriebene Verhältnis zwischen stimmberechtigten Stammaktien und stimmrechtslosen Aktien wird auch im Falle der Kapitalherabsetzung gewahrt werden müssen. Es könnte sonst durch teilweise Rückzahlung der Stammaktien die Lage geschaffen werden, die gerade nach dem Sinn und Zweck der Regelung vermieden werden soll (ebenso Ritter § 115 Anm. 3; Baumbach-Hueck Rdn. 4; a. A. Schlegelberger-Quassowski § 115 Anm. 3; Godin-Wilhelmi Anm. 3). Der den § 139 Abs. 2 verletzende Kapitalherabsetzungsbeschluß ist nichtig.

Bei der Berechnung des Gesamtnennbetrages der anderen Aktien sind nicht volleingezahlte Aktien, auch wenn sie etwa gemäß § 134 Abs. 2 kein Stimmrecht haben, mitzuzählen.

Für die Stückelung von Vorzugsaktien ohne Stimmrecht gelten die allgemeinen Bestimmungen.

III. Nachträgliche Schaffung von Vorzugsaktien

Anm. 6

Vorzugsaktien ohne Stimmrecht können auch *nachträglich durch Satzungsänderung geschaffen* werden, sei es durch neue Ausgabe im Fall einer Kapitalerhöhung, sei es durch Änderung der Rechte anderer Aktien (Schlegelberger-Quassowski § 115 Anm. 2; Ritter § 115 Anm. 2c; Baumbach-Hueck Vorbem. vor § 139 Rdn. 1; Godin-Wilhelmi Anm. 2). Jedoch bedarf der Ausschluß des Stimmrechts der Zustimmung aller betroffenen Aktionäre (Schlegelberger-Quassowski a. a. O.; Godin-Wilhelmi Anm. 2; Baumbach-Hueck a. a. O.; s. im übrigen Anm. 40 zu § 1). Das gilt auch im Falle der Verschmelzung. Durch Gewährung anderer Vorteile kann der Verlust des Stimmrechts nicht ausgeglichen werden (a. A. anscheinend Ritter § 115 Anm. 2c).

IV. Kein teilweiser Stimmrechtsausschluß

Anm. 7

Kann das Stimmrecht von Aktien, die mit einem nachzuzahlenden Vorzug bei der Gewinnverteilung ausgestattet sind, *teilweise* ausgeschlossen werden? Denkbar erscheint ein Ausschluß des Stimmrechts für Beschlüsse bestimmter Art oder die Ausstattung der Aktien mit einem Minderstimmrecht. Jenes wäre eine Ausnahme von dem Grundsatz, daß die Satzung den Aktionären nicht das Stimmrecht für bestimmte Beschlüsse nehmen kann (§ 134 Anm. 3); dieses würde den Stammaktionären gegenüber den mit Vorzug bei der Gewinnverteilung ausgestatteten Aktionären ein Mehrstimmrecht gewähren, was mit dem Grundsatz des § 12 Abs. 2, wonach Mehrstimmrechtsaktien nur mit staatlicher Genehmigung zulässig sind, in Widerspruch stehen würde. Ist nun aus der Möglichkeit, das Stimmrecht von Aktien auszuschließen, die mit einem nachzahlbaren Vorzug bei der Gewinnverteilung ausgestattet sind, zu folgern, daß derartige Aktien jenen Grundsätzen überhaupt nicht unterliegen? Dies ist zu verneinen. Das Gesetz hat die besondere fest umrissene Institution der stimmrechtslosen Vorzugsaktien geschaffen. Daraus kann nicht geschlossen werden, daß es zulässig ist, durch die Satzung Gebilde zu schaffen, die zwischen den Vorzugsaktien ohne Stimmrecht und den den allgemeinen Grundsätzen unterliegenden Aktien stehen. Im Gegenteil muß angenommen werden, daß die Regelung der §§ 139ff. abschließend ist, so daß sich gemäß § 23 Abs. 5 nicht nur eine Abänderung, sondern auch eine Ergänzung verbietet. Diese Erwägung wird durch die Begr. zum RegE § 139 (Kropff S. 203) unterstrichen, daß kein Anlaß bestanden habe, die stimmrechtslosen Vorzugsaktien so auszugestalten, daß sie nur bei bestimmten Beschlüssen stimmberechtigt seien (Anm. 1). Ein teilweiser Ausschluß des Stimmrechts muß daher als unzulässig angesehen werden (a. A. Ritter § 115 Anm. 2; Godin-Wilhelmi Anm. 2). Aktien, die ein Minderstimmrecht gewähren, können aber gemäß § 12 Abs. 2 mit staatlicher Genehmigung ausgegeben werden.

§ 140 Rechte der Vorzugsaktionäre

(1) Die Vorzugsaktien ohne Stimmrecht gewähren mit Ausnahme des Stimmrechts die jedem Aktionär aus der Aktie zustehenden Rechte.

(2) Wird der Vorzugsbetrag in einem Jahr nicht oder nicht vollständig gezahlt und der Rückstand im nächsten Jahr nicht neben dem vollen Vorzug dieses Jahres nachgezahlt, so haben die Vorzugsaktionäre das Stimmrecht bis die Rückstände nachgezahlt sind. In diesem Fall sind die Vorzugsaktien auch bei der Berechnung einer nach Gesetz oder Satzung erforderlichen Kapitalmehrheit zu berücksichtigen.

(3) Soweit die Satzung nichts anderes bestimmt, entsteht dadurch, daß der Vorzugsbetrag in einem Jahr nicht oder nicht vollständig gezahlt wird, noch kein durch spätere Beschlüsse über die Gewinnverteilung bedingter Anspruch auf den rückständigen Vorzugsbetrag.

Übersicht

Anm. 1

Einleitung

Die Vorschrift des § 116 AktG 1937 ist durch § 140 außer sprachlichen Verbesserungen in zweifacher Hinsicht ergänzt worden. Durch die Beifügung des Abs. 3 ist klargestellt, daß, soweit die Satzung nichts anderes bestimmt, das Nachbezugsrecht ein unselbständiges Recht im Sinne der höchstrichterlichen Rechtsprechung (RG 82, 138; BGH 7, 263; 9, 279; vgl. § 11 Anm. 4) ist. Die Beifügung des S. 2 in Abs. 2 stellt klar, daß bei Nichtbezahlung des Gewinnvorzugs die Vorzugsaktien auch den nach Gesetz oder Satzung erforderlichen Kapitalmehrheiten zuzurechnen sind, womit gleichzeitig gesagt ist, daß sonst eine derartige Einrechnung nicht erfolgt (vgl. Anm. 2). Darüber hinaus sind in Abs. 2 S. 1 die Worte „bei der Verteilung des Gewinns" in Fortfall gekommen, um deutlich zu machen, daß es für die Frage des Rückstandes nicht auf die Beschlußfassung, sondern auf die Zahlung ankommt.

I. Rechte der Inhaber stimmrechtsloser Vorzugsaktien

Anm. 2

Die Vorzugsaktionäre ohne Stimmrecht haben alle Rechte aus der Aktie mit Ausnahme des Stimmrechts (Abs. 1). Sie haben insbesondere das Recht auf Teilnahme an der Hauptversammlung (§ 122 Anm. 2), das Recht auf Auskunft (§ 131 Anm. 2), das Recht auf Einsicht des Jahresabschlusses (§ 175 Abs. 2), das Bezugsrecht (§ 186 Anm. 5 u. 6), das Recht, die Bestellung von Sonderprüfern zu verlangen (§ 142 Abs. 2), das Recht, sich an Erörterungen auf der Hauptversammlung zu beteiligen, den Anspruch auf den Bilanzgewinn (§ 58 Abs. 4), das Recht, Widerspruch gegen Beschlüsse der Hauptversammlung zu erheben und sie anzufechten (§ 245 Z. 1-3) usw. Schließlich ist zur Durchführung von Voll- oder Universalversammlungen ihre Mitwirkung erforderlich (§ 121 Anm. 20). Sie haben endlich die Rechte, die sich aus dem ihnen eingeräumten Vorzug ergeben (vgl. auch § 11 Anm. 4 u. 5). Die gesetzlichen Rechte, die dem Inhaber einer Vorzugsaktie ohne Stimmrecht ebenso wie einem sonstigen Aktionär zustehen, können auch in derselben Weise beschränkt werden.

Bei Beschlußfassungen gelten die Vorzugsaktionäre, da sie nicht stimmberechtigt sind, als nicht vertreten. Dies gilt auch, weil es sich um Ausübung des Stimmrechts handelt, für Wahlen oder Entscheidungen über Fragen der Geschäftsführung (§ 119 Abs. 2) sowie bei Abstimmungen, bei denen eine bestimmte Mehrheit des vertretenen Grundkapitals entscheidet; „vertreten" bedeutet hier bei der Beschlußfassung vertreten, und dies können Inhaber stimmrechtsloser Aktien nicht sein (§ 134 Anm. 12). Andernfalls würden bei einem Verhältnis der Stamm- zu den Vorzugsaktien 1 : 1 Beschlüsse, die einer Mehrheit des vertretenen Grundkapitals bedürfen, selbst bei einstimmiger Annahme nicht gefaßt werden können! Das ist heute auch dadurch indirekt klargestellt, daß Abs. 2 S. 2 für den Fall der Entstehung des Stimmrechts wegen Rückständen die Einrechnung in die Kapitalmehrheit anordnet, woraus zu folgern ist, daß sie ohne Stimmrecht nicht zu erfolgen hat. Es trifft nicht zu, daß die Vorzugsaktien ohne Stimmrecht in ihrer Kapitalbeteiligung ebenso schutzwürdig sind wie die anderen Aktionäre: Das Erfordernis einer Mehrheit des Grundkapitals bezweckt den Schutz des das Stimmrecht gewährenden Aktienkapitals gegen Aktien, die mit einem bevorzugten Stimmrecht ausgestattet sind. Die Vorzugsaktien ohne Stimmrecht sind aber überhaupt nicht gegen gesetz- und satzungsmäßige Beschlüsse der übrigen Aktionäre geschützt. Es liegt daher kein Grund vor, sie gegen Aktionäre mit bevorzugtem Stimmrecht zu schützen.

II. Stimmrecht bei Dividendenrückständen

Anm. 3

1. Rückstand mit der Zahlung des Vorzugs

Das Recht auf die Vorzugsdividende bildet das Äquivalent für den Ausschluß des Stimmrechts. Das Gesetz zieht daraus die Folgerung, daß es den Vorzugsaktionären *das Stimmrecht gewährt, wenn der Vorzugsbetrag in einem Jahr nicht vollständig bezahlt und auch im nächsten Jahr nicht der Rückstand und der volle Vorzug dieses Jahres gezahlt wird.* Beträgt z. B. die Vorzugsdividende 5% und ist in einem Jahr nur 3% an die Vorzugsaktionäre gezahlt worden, so erlangen sie das Stimmrecht, wenn im nächsten Jahre nicht 2% + 5% gezahlt werden. Es genügt also nicht etwa die Nachzahlung des Rückstands allein, so daß die Gesellschaft dauernd mit einer Einjahrsdividende in Rückstand bleiben könnte.

Unerheblich ist, ob die Nichtzahlung erfolgt, weil die Gesellschaft keine Dividende verteilen kann oder weil sie keine Dividende verteilen will. §116 Abs. 2 AktG 1937 sprach von dem Unterbleiben „bei der Verteilung des Gewinns“; dieser Zusatz ist gestrichen worden, um klarzustellen, daß das für die Entstehung des Stimmrechts maßgebende Kriterium nicht die Beschlußfassung über die Gewinnverwendung, sondern die wirkliche Zahlung ist. Die Vorzugsaktionäre sollen nach dem Zweck des Gesetzes geschützt werden, wenn sie keine Dividenden in Höhe des Vorzugs erhalten. Unterläßt daher die Gesellschaft gesetzwidrig die Auszahlung einer beschlossenen Vorzugsdividende, so erwächst trotz des Gewinnverteilungsbeschlusses das Stimmrecht der Vorzugsaktionäre bis zur tatsächlichen Zahlung.

Anm. 4

2. Beginn des Stimmrechts

Die Nichtzahlung steht fest, sobald der Jahresabschluß einen ungenügenden Bilanzgewinn ausweist oder sobald die Hauptversammlung eine Verwendung des zur Verfügung stehenden Gewinns beschließt, bei der der Vorzug dieses Jahres und der Rückstand früherer Jahre an die Vorzugsaktionäre ohne Stimmrecht nicht zur Auszahlung gelangt. Weist der von dem Vorstand mit Billigung des Aufsichtsrats gemäß § 172 festgesetzte Jahresabschluß keinen ausreichenden Gewinn aus, so steht also den Vorzugsaktionären schon in der ordentlichen Hauptversammlung, der dieser Jahresabschluß vorgelegt wird, das Stimmrecht zu (Schlegelberger-Quassowski § 116 Anm. 3; Godin-Wilhelmi Anm. 3). Dagegen gelangt das Stimmrecht noch nicht zur Entstehung, wenn der in dem festgestellten Jahresabschluß ausgewiesene Bilanzgewinn ausreichend ist, der Vorstand aber der Hauptversammlung eine andere Verwendung des Gewinns vorschlägt. Ein derartiger Vorschlag bindet die Hauptversammlung nicht und sowohl Stamm- wie Vorzugsaktionäre können auf der Hauptversammlung eine andere Gewinnverteilung beantragen. Ein von dem Beschluß über die Ausschüttung einer Dividenden unabhängiges Recht auf Verwendung des Bilanzgewinns zur Zahlung ihrer Vorzugsdividende haben die Vorzugsaktionäre nicht in weiterem Umfange, als Aktionäre überhaupt ein Recht auf Verteilung von Dividende haben (§ 58 Anm. 27; § 174 Anm. 4). Sie können also nicht immer einen Beschluß anfechten, der die Verteilung einer Dividende aus dem Bilanzgewinn ablehnt. In dieser Hinsicht haben sie auch dann keine weitergehenden Rechte, wenn ihnen nach Abs. 2 das Stimmrecht zusteht. Wird eine die Zahlung der Rückstände und des Vorzugs des Jahres nicht gestattende Verwendung des Gewinns beschlossen, so entsteht das Stimmrecht der Vorzugsaktionäre nicht sofort mit dem Beschluß, weil er erst nach Ende der Hauptversammlung endgültig wird (§ 119 Anm. 16). Das Stimmrecht kann also erst auf der nächsten Hauptversammlung ausgeübt werden.

Anm. 5

3. Ende des Stimmrechts

Die Vorzugsaktionäre haben das Stimmrecht, *bis die Rückstände nachgezahlt sind.* Rückstände in diesem Sinne sind alle Beträge, deren Zahlung notwendig ist, wenn die Vorzugsaktionäre keinen Anspruch auf Nachzahlung aus dem Gewinn des nächsten Jahres haben sollen. Der Beschluß über die Verteilung des Gewinns eines Geschäftsjahres muß neben den Rückständen früherer Jahre auch den Dividendenvorzug dieses Geschäftsjahrs decken. Dieser Beschluß reicht für die Beendigung des Stimmrechts aber noch nicht aus. Denn Abs. 2 S. 1 stellt es auf die Zahlung ab. In der Hauptversammlung, in der eine den Gewinnvoraus für die Vergangenheit erledigende Beschlußfassung erfolgt, haben die Vorzugsaktionäre also noch ihr Stimmrecht. Das wäre nur dann anders, wenn nach § 59 eine so hohe Abschlagsdividende zulässig wäre und gezahlt würde, daß damit der Rückstand für die Vergangenheit und der Vorzug für das laufende Jahr gedeckt wäre.

Anm. 6

4. Umfang des Stimmrechts

Solange die Vorzugsaktionäre hiernach *stimmberechtigt* sind, sind sie es *bei Beschlüssen aller Art*, nicht etwa nur bei der Beschlußfassung über die Gewinnverwendung. Sowohl bei der Berechnung der Stimmenmehrheit als auch der Kapitalmehrheit sind sie als voll stimmberechtigte Aktien zu berücksichtigen. Das ist in S. 2 nunmehr ausdrücklich gesagt. In den Fällen, in denen das Gesetz einen in gesonderter Abstimmung zu fassenden Beschluß der Aktionäre jeder Gattung verlangt, ist auch ein besonderer Beschluß der ausnahmsweise stimmberechtigten Vorzugsaktionäre ohne Stimmrecht erforderlich. Denn durch die Stimmberechtigung in der allgemeinen Hauptversammlung entfällt § 141 nicht (Werner AktG 71, 75). Darüber, ob die Sonderbeschlüsse nach § 141 und nach § 179 Abs. 2 in einem Beschluß zusammengefaßt werden können, und welche Anforderungen dann zu stellen sind, vgl. Werner a. a. O.

III. Rechtscharakter des Nachbezugsrechts

Anm. 7

Wie in § 11 Anm. 4 dargelegt, hat die Rechtsprechung bei der Beurteilung von Nachbezugsrechten eine Unterscheidung zwischen selbständigen und unselbständigen Nachbezugsrechten gemacht. Der Unterschied liegt darin, daß sich beim ersteren das Nachbezugsrecht in der Person des Inhabers des Gewinnanteilsscheins des Ausfalljahres von der Aktie verselbständigt, während es beim letzteren an dem Gewinnanteilsschein des Nachzahlungsjahres hängt. Im ersteren Falle ist das Recht ein durch spätere Gewinnverteilungsbeschlüsse bedingtes Gläubigerrecht des Aktionärs des Ausfalljahres, im letzteren ist es ein Bestandteil des Mitgliedschaftsrechts. Im ersteren Falle ist das Nachbezugsrecht als Gläubigerrecht der Satzungsgestaltung entzogen, im letzteren Falle unterliegt es der Regelung des § 141. Auf diese Unterscheidung Bezug nehmend, bestimmt Abs. 3 S. 2, daß, wenn die Satzung nichts anderes bestimmt, das Nachbezugsrecht der stimmrechtslosen Vorzugsaktionäre ein unselbständiges ist. Allerdings hilft diese Bestimmung nur für den Fall, daß sich durch Auslegung der Satzung ein selbständiges Nachbezugsrecht nicht ermitteln läßt.

§ 141 Aufhebung oder Beschränkung des Vorzugs

(1) Ein Beschluß, durch den der Vorzug aufgehoben oder beschränkt wird, bedarf zu seiner Wirksamkeit der Zustimmung der Vorzugsaktionäre.

(2) Ein Beschluß über die Ausgabe von Vorzugsaktien, die bei der Verteilung des Gewinns oder des Gesellschaftsvermögens den Vorzugsaktien ohne Stimmrecht vorgehen oder gleichstehen, bedarf gleichfalls der Zustimmung der Vorzugsaktionäre. Der Zustimmung bedarf es nicht, wenn die Ausgabe bei Einräumung des Vorzugs oder, falls das Stimmrecht später ausgeschlossen wurde, bei der Ausschließung ausdrücklich vorbehalten worden war und das Bezugsrecht der Vorzugsaktionäre nicht ausgeschlossen wird.

(3) Über die Zustimmung haben die Vorzugsaktionäre in einer gesonderten Versammlung einen Sonderbeschluß zu fassen. Er bedarf einer Mehrheit, die mindestens drei Viertel der abgegebenen Stimmen umfaßt. Die Satzung kann weder eine andere Mehrheit noch weitere Erfordernisse bestimmen. Wird in dem Beschluß über die Ausgabe von Vorzugsaktien, die bei der Verteilung des Gewinns oder des Gesellschaftsvermögens den Vorzugsaktien

ohne Stimmrecht vorgehen oder gleichstehen, das Bezugsrecht der Vorzugsaktionäre auf den Bezug solcher Aktien ganz oder zum Teil ausgeschlossen, so gilt für den Sonderbeschluß § 186 Abs. 3 bis 5 sinngemäß.

(4) Ist der Vorzug aufgehoben, so gewähren die Aktien das Stimmrecht.

Übersicht

Anm. 1

Einleitung

Die in § 117 AktG 1937 erstmals eingeführten Bestimmungen über die Aufhebung und Beschränkung des Vorzugs sind in § 141 AktG 1965 nur geringfügig geändert übernommen worden. Einmal ist in Abs. 2 S. 1 klargestellt, daß nur die Ausgabe neuer Vorzugsaktien, nicht auch die neuer Stammaktien zustimmungspflichtig sein kann. Zum anderen ist durch die Einfügung des § 138 über den Sonderbeschluß die entsprechende Regelung in Abs. 3 hinfällig geworden und gestrichen. Weiterhin stellt der neu eingefügte Abs. 3 S. 3 klar, daß die gesetzlich vorgeschriebene Mehrheit bei dem Sonderbeschluß für die Satzung nicht abänderbar ist, sowie die Streichung des bisherigen Abs. 3 S. 3 und die Einfügung des neuen Abs. 3 S. 4, daß der Ausschluß des Bezugsrechts zulässig ist und den Vorschriften des § 186 Abs. 3—5 unterliegt, so daß ein Sonderbeschluß der Vorzugsaktionäre erforderlich ist.

I. Aufhebung und Beschränkung des Vorzugs

Anm. 2

Ein Beschluß, durch den der Vorzug aufgehoben oder beschränkt wird, bedarf zu seiner Wirksamkeit der Zustimmung der Vorzugsaktionäre (Abs. 1). Jede unmittelbare Minderung der in der Satzung begründeten Rechte, die die Vorzugsaktionäre vor anderen Aktionären voraushaben, bedarf hiernach ihrer Zustimmung, nicht nur des Vorzugs bei der Verteilung des Reingewinns, sondern auch des etwaigen Vorzugs bei der Verteilung des Gesellschaftsvermögens oder in anderer Hinsicht (Werner, AktG 71, 69). Nicht unter die Bestimmung fallen Beschlüsse, welche die Rechte der Vorzugsaktionäre nicht ändern, sondern den Vorzugsaktionären sonst nachteilig sind, wie z. B. eine Satzungsänderung, durch die die Verteilung von Bilanzgewinn beschränkt oder erschwert wird, oder ein Beschluß der Hauptversammlung, durch den die Verteilung des ausgewiesenen Bilanzgewinns abgelehnt wird (vgl. § 140 Anm. 4; Godin-Wilhelmi Anm. 2; Ritter § 117 Anm. 3), oder — unbeschadet der §§ 222 Abs. 2, 229 Abs. 3 und 237 Abs. 2 S. 1 — ein

Beschluß auf Herabsetzung des Grundkapitals, der allerdings anfechtbar wäre, wenn er nur die Vorzugsaktien beträfe (Godin-Wilhelmi Anm. 2), oder der Abschluß eines Gewinnabführungsvertrags (Werner, AktG 71, 70). Eine Zustimmung der einzelnen Vorzugsaktionäre zur Änderung oder Aufhebung des Vorzuges verlangt das Gesetz nicht. Es genügt vielmehr gemäß Abs. 3 ein in einer gesonderten Versammlung mit einer Dreiviertelmehrheit der abgegebenen Stimmen gefaßter Sonderbeschluß. Bereits entstandene Ansprüche gegen die Gesellschaft auf eine Zahlung können dem einzelnen Vorzugsaktionär auch durch einen Beschluß der Gesamtheit nicht genommen werden. Es sind reine Gläubigerrechte (BGH 7, 265; vgl. § 58 Anm. 32; § 1 Anm. 37). Unterbleibt die Verteilung einer Dividende, so hat jedoch der Aktionär auf Grund des (unselbständigen) Nachbezugsrechts keinen, auch nicht einen bedingten Anspruch (§ 11 Anm. 4); die Versammlung der Vorzugsaktionäre kann daher den Verzicht auf das Nachbezugsrecht gegen den Widerspruch einer Minderheit von nicht mehr als 25% beschließen. Das gilt nicht beim selbständigen Nachbezugsrecht (BGH 7, 264; vgl. auch § 140 Anm. 7).

Abgesehen von der Zustimmung der Vorzugsaktionäre unterliegt der Beschluß über die Aufhebung oder Beschränkung des Vorzugs den allgemeinen Bestimmungen, insbesondere den für Satzungsänderungen geltenden Mehrheitserfordernissen des § 179. Dadurch, daß die Vorzugsaktien gemäß § 140 Abs. 2 stimmberechtigt geworden sind, entfällt § 141 Abs. 1 nicht (§ 140 Anm. 6). Wenn der nachzuzahlende Vorzug von vornherein zeitlich begrenzt oder unter Bedingungen gestellt war (§ 139 Anm. 3), ist eine Zustimmung der Vorzugsaktionäre gemäß Abs. 1 nicht erforderlich, weil kein Aufhebungs- oder Beschränkungsbeschluß erforderlich ist. Erfolgt aber die Aufhebung oder Beschränkung durch einen satzungsändernden Beschluß, so kann die Notwendigkeit einer Zustimmung der Vorzugsaktionäre nicht durch eine von vornherein vorgesehene Satzungsbestimmung ausgeschlossen werden, wonach sie ohne Zustimmung der Vorzugsaktionäre zulässig sei. Abs. 1 ist zwingend und kann durch Satzungsgestaltung nicht ausgeschlossen werden (Obermüller-Werner-Winden S. 116; Godin-Wilhelmi Anm. 3; Werner AktG 71, 70; a. M. Möhring-Schwartz-Rowedder-Haberlandt S. 36; für das frühere Recht Ritter § 117 Anm. 3). Das geht auch nicht derart, daß an die Stelle eines Hauptversammlungsbeschlusses die Entscheidung eines anderen Organs der Gesellschaft, z. B. des Vorstands oder des Aufsichtsrats, gesetzt wird. Denn einem derartigen Organ können, wie Obermüller-Werner-Winden S. 117 mit Recht ausführen, keine weitergehenden Befugnisse als der Hauptversammlung zugestanden werden (ebenso Werner AktG 71, 70). Der Beschluß gemäß Abs. 1 ist nur überflüssig, wenn bei Schaffung der Vorzugsaktien entweder zeitliche oder von der Willensentscheidung der Gesellschaft unabhängige Endtermine festgelegt waren.

II. Ausgabe neuer Vorzugsaktien

Anm. 3

1. Zustimmungserfordernis bei vorgehenden oder gleichen Rechten

Ferner bedarf der Zustimmung der Vorzugsaktionäre die Ausgabe neuer Vorzugsaktien mit vorhergehenden oder gleichstehenden Rechten (Abs. 2 S. 1). Auch hier kommt nicht nur der Vorzug bei Verteilung des Reingewinns, sondern auch ein Vorzug bei Verteilung des Gesellschaftsvermögens in Betracht, wobei es unerheblich ist, welche Rechte die neuen Aktien im einzelnen gewähren. Erforderlich ist aber auf Grund der Änderung des Abs. 2 S. 1, daß Vorzugsaktien ausgegeben werden, und zwar stimmrechtslose gemäß §§ 139ff.; denn die Neufassung wollte nur die Ausgabe von Stammaktien aus der Bindung des Abs. 2 herausnehmen. Zu den Stammaktien gehören aber alle Aktien außer denen der §§ 139ff. Keiner Zustimmung bedarf die Schaffung neuer stimmrechtsloser Aktien, deren Vorzug dem der bestehenden stimmrechtslosen Aktien in jeder Hinsicht nachgeht, ebensowenig die Umwandlung von Vorzugsaktien mit Stimmrecht in Vorzugsaktien ohne Stimmrecht, soweit sie nicht erst bei dieser Gelegenheit mit Rechten, die denen der vorhandenen stimmrechtslosen Aktien vorgehen oder gleichstehen, ausgestattet werden, und auch nicht die Ausgabe von Vorzugsaktien im Rahmen einer Kapitalberichtigung gemäß §§ 207ff. an die Inhaber vorhandener Vorzugsaktien (Werner AktG 71, 71).

Anm. 4

2. Keine Zustimmung bei Schaffung von Stammaktien

Durch die Herausnahme der Stammaktien, auch wenn sie mit Vorrechten ähnlich denen der Vorzugsaktien ausgestattet sind und diese Vorrechte denen der stimmrechtslosen Aktien vorgehen oder gleichstehen, aus der Regelung des § 141 Abs. 2 (Anm. 3), steht der Hauptversammlung die Möglichkeit offen, das Vorzugsrecht der stimmrechtslosen Vorzugsaktionäre, ohne daß deren Zustimmung erforderlich ist, durch Schaffung neuer Aktiengattungen empfindlich zu beeinträchtigen. Wird die neue Gattung im Wege der Kapitalerhöhung geschaffen, so ist nach §§ 182 Abs. 2, 193 Abs. 1 S. 3, 202 Abs. 2 S. 4, 221 Abs. 1 S. 4 die Zustimmung der Vorzugsaktionäre zwar erforderlich, nicht aber wenn bestehende Stammaktien mit Vorzügen ausgestattet werden. § 141 gibt hiergegen keinen Schutz; Abs. 1 betrifft nur unmittelbare Beeinträchtigungen und Abs. 2 beschränkt abschließend den Schutz gegen mittelbare Beeinträchtigungen auf die in ihm geregelten Fälle der Schaffung neuer stimmrechtsloser Vorzugsaktien mit vorgehendem oder gleichstehendem Vorrecht. Auch die Möglichkeit der Vorzugsaktionäre, in der Hauptversammlung gegen die Schaffung derartiger beeinträchtigender Stammaktien Widerspruch zu erklären und Anfechtungsklage zu erheben, wird nur unter den seltenen Voraussetzungen des § 243 Abs. 2 oder von Stimmrechtsmißbrauchsfällen (§ 134 Anm. 37/38) Abhilfe schaffen können. Darin liegt eine schwere Gefahr für die stimmrechtslosen Vorzugsaktien. Dieser wird durch eine Bestimmung der Satzung begegnet werden können, die die Zustimmung der stimmrechtslosen Aktien zur Begründung eines solchen Vorrechts für vorhandene Stammaktien verlangt. Dieses Zustimmungsrecht wird als Bestandteil des nach Abs. 1 nicht ohne Zustimmung der Vorzugsaktionäre aufhebbaren oder beschränkbaren Vorrechts anzusehen sein. Die Schaffung des Erfordernisses der Zustimmung der Vorzugsaktionäre ohne Stimmrecht in nicht durch das Gesetz bestimmten Fällen unterliegt, soweit es sich lediglich um Schutzbestimmungen gegen eine Verkürzung ihrer Rechte handelt, keinen Bedenken. Das gilt auch im Blick auf § 23 Abs. 5. Denn in der Ausgestaltung des Vorzugs lassen §§ 11 S. 2, 139 Abs. 1 der Satzung Gestaltungsfreiheit. Allenfalls könnte auch die Bestimmung, daß die Schaffung von Aktien, die ein Vorrecht bei der Verteilung des Gesellschaftsvermögens gewähren, die Zustimmung aller — stimmberechtigten — Aktionäre erfordert, einen meistens recht weitgehenden Schutz für die stimmrechtslosen Vorzugsaktien bilden.

Anm. 5

3. Zustimmungserfordernis bei vor- oder gleichrangigen neuen Vorzugsaktien

Für den Fall, daß bei Vorhandensein stimmrechtsloser Vorzugsaktien, die nur ein Gewinnvorrecht, aber kein Vorrecht am Gesellschaftsvermögen gewähren, neue stimmrechtslose Vorzugsaktien geschaffen werden, die im Gewinnvorrecht den vorhandenen Vorzugsaktien nachgehen, aber am Gesellschaftsvermögen ein ihnen vorgehendes Vorzugsrecht schaffen (diesen Fall behandelte die Voraufl. § 117 Anm. 3), wird man die Anwendbarkeit des Abs. 2 bejahen müssen (a. M. Werner AktG 71, 71). Denn die Schaffung eines Vorrechts am Gesellschaftsvermögen beeinträchtigt die Beteiligung der vorhandenen stimmrechtslosen Vorzugsaktien am Gesellschaftsvermögen, weil sie die neuen Vorzugsaktien im Liquidationsfalle vorgehen lassen müssen. Abs. 2 S. 1 verlangt ja nicht, daß ein Vorzug betroffen ist (davon geht Werner a. a. O. zu Unrecht aus), sondern läßt es genügen, daß die neuen Vorzugsaktien entweder bei Verteilung des Gewinns oder des Vermögens den bisherigen vorgehen oder gleichstehen. Das bedeutet, daß jede Schaffung neuer stimmrechtsloser Vorzugsaktien zustimmungspflichtig ist, die nicht sowohl bei der Verteilung des Gewinns wie bei der Verteilung des Vermögens den bisherigen Vorzugsaktien nachgehen, d. h. den Vorrang einräumen.

Anm. 6

4. Änderung der Rechte bestehender Aktien

Der Ausgabe neuer Aktien mit vorhergehenden oder gleichstehenden Rechten ist die Ausstattung bestehender Aktien mit vorhergehenden oder gleichstehenden Rechten gleichzusetzen (Schlegelberger-Quassowski § 117 Anm. 3; a. A. Ritter § 117 Anm. 3). Das Entscheidende ist, daß das Vorzugsrecht in gleicher Weise wie dort mittelbar beschränkt wird.

III. Ausnahmen von der Zustimmungspflicht

Anm. 7

1. Vorbehalt bei Schaffung der Vorzugsaktien

Der Zustimmung bedarf es nicht, wenn die Ausgabe von Vorzugsaktien mit vorhergehenden oder gleichstehenden Rechten ausdrücklich vorbehalten war. Der Vorbehalt muß aber bei Schaffung der Vorzugsaktien für eine einmalige oder auch mehrmalige Ausgabe neuer Vorzugsaktien (Werner AktG 71, 72) gemacht worden sein, sei es, daß sie anläßlich der Gründung oder durch Kapitalerhöhung ausgegeben worden sind, sei es, daß sie durch späteren Ausschluß des Stimmrechts geschaffen worden sind. Dagegen reicht es für die Ausnahme von der Zustimmungspflicht nicht aus, wenn die Satzung vorsieht, der Vorzug könne jederzeit ohne Zustimmung der Vorzugsaktionäre aufgehoben oder beschränkt werden. Denn ein derartiger Vorbehalt verstößt gegen das Gesetz und ist nicht wirksam (Anm. 2). Der Vorbehalt muß auch ausdrücklich gemacht sein, so daß der Versuch, einen derartigen Vorbehalt durch Auslegung in die Schaffung der Vorzugsaktien hineinzuinterpretieren, nicht ausreicht; auch muß er Satzungsbestandteil sein (a. M. Werner AktG 71, 72), da ein die Rechte der Vorzugsaktien beschränkender Vorbehalt zu seiner Wirksamkeit die gleichen Voraussetzungen erfüllen muß, wie die Entstehung der Vorzugsaktien selbst. Auch muß die Ausgabe der Vorzugsaktien genau in den Vorbehalt hineinpassen. Greift sie in Höhe oder Ausgestaltung der neuen Vorzugsaktien über den Vorbehalt hinaus, so wird sie durch ihn nicht gedeckt, so daß die Ausnahme des Abs. 2 S. 2 nicht eingreift.

Anm. 8

2. Gewährung eines Bezugsrechts

Der Vorbehalt gemäß Anm. 7 reicht für sich allein nicht. Die Notwendigkeit eines Zustimmungsbeschlusses der Vorzugsaktionäre entfällt vielmehr nur dann, wenn neben dem in Anm. 7 behandelten Vorbehalt nicht das den Vorzugsaktionären gemäß § 186 zustehende Bezugsrecht auf die neuen Vorzugsaktien — nicht auch auf etwa gleichzeitig ausgegebene neue Stammaktien (Werner AktG 71, 73) — ausgeschlossen oder beeinträchtigt wird. Nach § 117 Abs. 2 S. 3 AktG 1937 stand den Vorzugsaktionären ein unentziehbares Bezugsrecht zu, ein Bezugsrecht also, für das die Möglichkeit eines Ausschlusses gemäß § 186 Abs. 3 nicht bestand. Seine Wirkung im einzelnen war allerdings bestritten (vgl. Voraufl. § 117 Anm. 6). Dieses Bezugsrecht ist als unentziehbares gestrichen, die Ausnahme von der Zustimmungspflicht aber davon abhängig gemacht worden, daß das Bezugsrecht nicht entzogen wird. Das bedeutet eine wesentlich flexiblere Regelung: Die Hauptversammlung kann das Bezugsrecht für die neu zu schaffenden stimmrechtslosen Vorzugsaktien ausschließen, bedarf dann aber trotz eines entsprechenden Vorbehalts für die Schaffung der neuen Vorzugsaktien eines Beschlusses der Vorzugsaktionäre, der auch den Ausschluß des Bezugsrechtes gemäß Abs. 3 S. 4 umfaßt.

IV. Zustimmungsbeschluß der Vorzugsaktionäre

Anm. 9

1. Sonderbeschluß auf gesonderter Versammlung

Die in Abs. 1 und 2 für erforderlich erklärte Zustimmung der Vorzugsrechte erfolgt durch Beschluß. Er erfordert also nicht die Zustimmung jedes einzelnen Vorzugsaktionärs. Für den Zustimmungsbeschluß erfordert Abs. 3 eine gesonderte Versammlung der Vorzugsaktionäre, so daß die in § 138 vorgesehene Alternative einer gesonderten Abstimmung innerhalb der allgemeinen Hauptversammlung ausscheidet. Im übrigen gilt aber § 138, so daß die Bestimmungen über die Hauptversammlung und ihre Beschlüsse sinngemäß Anwendung finden (vgl. § 138 Anm. 4 und 7). § 117 Abs. 3 S. 3 AktG 1937 bestimmte, daß die Veröffentlichung über die Einberufung der Versammlung der Vorzugsaktionäre nicht mit einer Veröffentlichung über die Einberufung einer Hauptversammlung verbunden werden durfte. Diese Bestimmung ist in § 141 nicht übernommen worden. Eine Verbindung der Einberufung ist also möglich, z. B. derart, daß die gesonderte Versammlung der Vorzugsaktionäre im Anschluß an die allgemeine Hauptversammlung in der gleichen Veröffentlichung erfolgt. Es muß dann aber deutlich erkennbar sein, daß es sich um die zusätzliche Einberufung einer gesonderten Versammlung handelt (Godin-Wilhelmi Anm. 6) und daß beide Versammlungen nicht ineinander fallen, sondern getrennt sind.

Anm. 10

2. 3/4-Mehrheit

Für den Beschluß erfordert S. 2 eine Mehrheit von „mindestens drei Vierteln der abgegebenen Stimmen". Das Gesetz schreibt nicht vor, daß die Mehrheit einen bestimmten Teil des vertretenen Grundkapitals umfassen muß. Doch liegt hier keine wirkliche Abweichung von den Bestimmungen der §§ 179, 182 vor, da bei Vorzugsaktien ohne Stimmrecht ein Auseinanderfallen der Mehrheit der abgegebenen Stimmen und des vertretenen Kapitals kaum denkbar erscheint (vgl. Werner AktG 71, 74). Die gesetzliche Fassung des Mehrheitserfordernisses ist aber insofern irreführend, als sie von „mindestens" spricht, mithin die Möglichkeit eröffnet, daß satzungsmäßig auch eine größere Mehrheit verlangt werden kann (Baumbach-Hueck Rdn. 6). Gerade das schließt aber S. 3 aus, indem er die Mehrheit von drei Vierteln für tabu erklärt und weder eine andere Mehrheit noch sonstige Erfordernisse für zulässig gelten läßt. Die Begr. z. Reg.E. (Kropff S. 205) erklärt ausdrücklich, daß die Aufhebung oder Beschränkung des Vorzugs nicht übermäßig erschwert werden soll und deshalb nicht nur eine geringere, sondern auch eine größere Mehrheit und andere zusätzliche Erfordernisse unzulässig seien.

Wenn die Vorzugsaktionäre gemäß § 140 Abs. 2 stimmberechtigt sind und deshalb gemäß § 179 Abs. 3, 182 Abs. 2, 193 Abs. 1 S. 3 usw. an sich einen Sonderbeschluß in der allgemeinen Hauptversammlung zu fassen haben, wird dadurch die Bestimmung des § 141 Abs. 3, die für die Fälle des Abs. 1 und 2 einen in einer gesonderten Versammlung zu fassenden Zustimmungsbeschluß erfordert, nicht aufgehoben. Diese letztere Bestimmung ist eine Spezialbestimmung, die das Erfordernis gesonderter Abstimmung in der allgemeinen Hauptversammlung ersetzt und ausschließt, und zwar auch dann, wenn der Sonderbeschluß nach § 141 Abs. 2 entbehrlich ist. Insoweit haben also die Vorschriften der §§ 179 Abs. 3, 182 Abs. 2 usw. keine Geltung (Kölner Kom. Anhang zu § 11 Rdn. 17; Werner AktG 71, 74). Eine gesonderte Abstimmung der nach § 140 Abs. 2 stimmberechtigten Vorzugsaktionäre in der Hauptversammlung vor oder nach der Abstimmung dieser Aktionäre in ihrer gesonderten Versammlung würde auch eine Wiederholung des gleichen Rechtsvorganges darstellen, für die ein Grund nicht ersichtlich ist.

Anm. 11

3. Besonderheiten für Bezugsrechtsausschluß

Wenn in einem Hauptversammlungsbeschluß über die Schaffung von stimmrechtslosen Vorzugsaktien das Bezugsrecht der stimmrechtslosen Vorzugsaktionäre ausgeschlossen wird, und damit der Beschluß über die Ausgabe der Vorzugsaktien der Zustimmung gemäß § 141 Abs. 2 erfordert, ist für den Zustimmungsbeschluß die Regelung des § 186 Abs. 3—5 sinngemäß anwendbar. Das bedeutet, daß die Zustimmung zum

Bezugsrechtsausschluß in der Einberufung der gesonderten Versammlung ausdrücklich und ordnungsgemäß (§ 124 Abs. 1) bekanntgemacht sein muß. Sofern die Satzung für den Beschluß der Hauptversammlung eine größere Kapitalmehrheit als drei Viertel des bei der Beschlußfassung vertretenen Grundkapitals erfordert und weitere Erfordernisse aufstellt, gilt dies auch trotz S. 3 für die Beschlußfassung der Vorzugsaktionäre (Godin-Wilhelmi Anm. 5; Werner AktG 71, 74). Auch hier gilt es nicht als Ausschluß des Bezugsrechts, wenn ein mittelbares Bezugsrecht gemäß § 186 Abs. 5 gewährt wird.

Anm. 12

4. Verletzungsfolgen

Ohne die Zustimmung der Vorzugsaktionäre ist der Beschluß der Hauptversammlung über die Aufhebung oder Beschränkung des Vorzugs oder die Ausgabe neuer Vorzugsaktien wirkungslos. Die Verletzung der nach § 138 sinngemäß anwendbaren Bestimmungen hat eine Nichtigkeit des Beschlusses nur in den Fällen zur Folge, in denen sie bei der unmittelbaren Anwendung der Bestimmungen auf Beschlüsse der Hauptversammlung eintritt (vgl. Werner, AktG 71, 74/75). Im übrigen hat die Verletzung lediglich die Anfechtbarkeit zur Folge.

Anm. 13

5. Genehmigtes Kapital

Wird *genehmigtes Kapital* geschaffen, so entscheidet nach § 204 Abs. 1 der Vorstand mit Zustimmung des Aufsichtsrats über den Inhalt der Aktienrechte. Sind Vorzugsaktien ohne Stimmrecht vorhanden, so können Aktien mit vorgehenden oder gleichstehenden Rechten nur ausgegeben werden, wenn der Vorstand entsprechend ermächtigt ist (§ 204 Abs. 2). Gegebenenfalls bedarf es einer gesonderten Abstimmung nach Abs. 3. Vgl. § 204 Anm. 5.

V. Aufhebung des Vorzugs

Anm. 14

Wird der Vorzug aufgehoben, so gewähren die Aktien das Stimmrecht (Abs. 4). Dies entspricht dem Grundsatz, daß nur mit einem nachzuzahlenden Vorzug bei der Verteilung des Gewinns ausgestattete Aktien stimmrechtslos sein können (§ 139 Abs. 1). Als eine Aufhebung ist daher auch jede Beschränkung des Vorzugs anzusehen, nach der der Vorzug nicht mehr den Erfordernissen des § 139 Abs. 1 entspricht. Dasselbe ist aber nicht auch dann anzunehmen, wenn die Vorzugsrechte durch in wirksamer Weise begründete Aktien mit vorhergehenden oder gleichstehenden Rechten an Wert, gleichviel in welchem Maße, verloren haben (Ritter § 117 Anm. 5; a.A. Teichmann-Koehler § 117 Anm. 3). Der Erwerb des Stimmrechts im Falle des Abs. 4 ist im Gegensatz zum Fall des § 140 Abs. 2 ein endgültiger. Die Aktien sind nun keine stimmrechtlosen Vorzugsaktien mehr; §§ 139—141 finden auf sie nicht mehr Anwendung. Sie können nur in derselben Weise wie andere Vorzugsaktien wieder in stimmrechtlose Vorzugsaktien umgewandelt werden.

Siebenter Unterabschnitt

Sonderprüfung

Geltendmachung von Ersatzansprüchen

§ 142 Bestellung der Sonderprüfer

(1) Zur Prüfung von Vorgängen bei der Gründung oder der Geschäftsführung, namentlich auch bei Maßnahmen der Kapitalbeschaffung und Ka-

pitalherabsetzung, kann die Hauptversammlung mit einfacher Stimmenmehrheit Prüfer (Sonderprüfer) bestellen. Bei der Beschlußfassung kann ein Mitglied des Vorstands oder des Aufsichtsrats weder für sich noch für einen anderen mitstimmen, wenn die Prüfung sich auf Vorgänge erstrecken soll, die mit der Entlastung eines Mitglieds des Vorstands oder des Aufsichtsrats oder der Einleitung eines Rechtsstreits zwischen der Gesellschaft und einem Mitglied des Vorstands oder des Aufsichtsrats zusammenhängen. Für ein Mitglied des Vorstands oder des Aufsichtsrats, das nach Satz 2 nicht mitstimmen kann, kann das Stimmrecht auch nicht durch einen anderen ausgeübt werden.

(2) Lehnt die Hauptversammlung einen Antrag auf Bestellung von Sonderprüfern zur Prüfung eines Vorgangs bei der Gründung oder eines nicht über fünf Jahre zurückliegenden Vorgangs bei der Geschäftsführung ab, so hat das Gericht auf Antrag von Aktionären, deren Anteile zusammen den zehnten Teil des Grundkapitals oder den Nennbetrag von zwei Millionen Deutsche Mark erreichen, Sonderprüfer zu bestellen, wenn Tatsachen vorliegen, die den Verdacht rechtfertigen, daß bei dem Vorgang Unredlichkeiten oder grobe Verletzungen des Gesetzes oder der Satzung vorgekommen sind. Die Antragsteller haben die Aktien bis zur Entscheidung über den Antrag zu hinterlegen und glaubhaft zu machen, daß sie seit mindestens drei Monaten vor dem Tage der Hauptversammlung Inhaber der Aktien sind. Zur Glaubhaftmachung genügt eine eidesstattliche Versicherung vor einem Gericht oder Notar.

(3) Die Absätze 1 und 2 gelten nicht für Vorgänge, die Gegenstand einer Sonderprüfung nach § 258 sein können.

(4) Hat die Hauptversammlung Sonderprüfer bestellt, so hat das Gericht auf Antrag von Aktionären, deren Anteile zusammen den zehnten Teil des Grundkapitals oder den Nennbetrag von zwei Millionen Deutsche Mark erreichen, einen anderen Sonderprüfer zu bestellen, wenn dies aus einem in der Person des bestellten Sonderprüfers liegenden Grund geboten erscheint, insbesondere, wenn der bestellte Sonderprüfer nicht die für den Gegenstand der Sonderprüfung erforderlichen Kenntnisse hat, oder wenn Besorgnis der Befangenheit oder Bedenken gegen seine Zuverlässigkeit bestehen. Der Antrag ist binnen zwei Wochen seit dem Tage der Hauptversammlung zu stellen.

(5) Das Gericht hat außer den Beteiligten auch den Aufsichtsrat und im Fall des Absatzes 4 den von der Hauptversammlung bestellten Sonderprüfer zu hören. Gegen die Entscheidung ist die sofortige Beschwerde zulässig.

(6) Die vom Gericht bestellten Sonderprüfer haben Anspruch auf Ersatz angemessener barer Auslagen und auf Vergütung für ihre Tätigkeit. Die Auslagen und die Vergütung setzt das Gericht fest. Gegen die Entscheidung ist die sofortige Beschwerde zulässig. Die weitere Beschwerde ist ausgeschlossen. Aus der rechtskräftigen Entscheidung findet die Zwangsvollstreckung nach der Zivilprozeßordnung statt.

Übersicht

Literatur zu §§ 142—147

Adler-Düring-Schmaltz: Rechnungslegung und Prüfung der Aktiengesellschaft; 4. Aufl. Exkurs zu §§ 142—146.
Adler-Forster: Zur Frage des Inhalts und Umfangs des Berichts über die aktienrechtliche Sonderprüfung; Wpfg. 1957, 357ff.
v. Gleichenstein: Die Sonderprüfung im Aktienrecht; BB 56, 761ff.
Klinger: Zur Problematik der Berichterstattung über die Sonderprüfung nach § 118 AktG; Wpfg. 57, 155ff.
König: Der Umfang der Berichterstattung über die aktienrechtliche Sonderprüfung; Berlin 1970.
Woeste: Der aktienrechtliche Sonderprüfer und dessen Kosten; AktG 57, 271.

Anm. 1

Einleitung

Eine in sich geschlossene Regelung der sog. Sonderprüfung enthielten lange vor Einführung der Pflichtprüfung durch die Aktienrechtsnovelle vom 19. 9. 1931 die §§ 266 bis 270 HGB. Sie sind in die §§ 118 bis 124 AktG 1937 übergegangen und von dort mit Erweiterungen und Ergänzungen in die §§ 142 bis 146 AktG 1965 übernommen worden. Zweck dieser Bestimmungen ist es, die Grundlagen für die Geltendmachung von Ersatzansprüchen gegen die Verwaltung zu schaffen. Deshalb werden die Möglichkeit zur Prüfung von Vorgängen bei der Gründung und Geschäftsführung gegeben, Qualifikation, Verantwortlichkeit und Rechte der Prüfer geregelt und die Erstattung eines Prüfungsberichtes verlangt. Schließlich wird die Geltendmachung der Ersatzansprüche geregelt.

§ 142, der die Bestellung der Sonderprüfer — dieser Begriff ist für das Gesetz selbst neu — behandelt, erweitert zunächst in Abs. 1 S. 2 und 3 den Stimmrechtsausschluß für Vorstands- und Aufsichtsratsmitglieder, indem er ihn nicht mehr von der Aktionäreigenschaft abhängig macht und auch dann eingreifen läßt, wenn von den zu prüfenden Vorgängen ein anderes Vorstands- oder Aufsichtsratsmitglied betroffen wird. In Abs. 2 wird in Anlehnung an die Verjährungsfrist des § 43 Abs. 6 die Frist für die Prüfung zurückliegender Geschäftsvorgänge auf fünf Jahre erstreckt. Das Antragsrecht ist insoweit erleichtert worden (das gleiche gilt übrigens für Abs. 4), als es auch von einer Minderheit, die DM 2.000.000,— Nennbetrag erreicht, geltend gemacht werden kann. Außerdem sind die Voraussetzungen für die gerichtliche Anordnung der Prüfung klarer gefaßt worden. Abs. 3 klärt das Verhältnis zur Sonderprüfung nach § 258. Abs. 4 regelt die Gründe, bei deren Vorliegen das Gericht den Sonderprüfer auswechseln soll, Abs. 5 und 6 regeln Verfahrensfragen und streichen insbesondere die bisherige Befugnis, die Bestellung der Prüfer von einer Sicherheitsleistung abhängig zu machen.

I. Sonderprüfung durch Beschluß der Hauptversammlung

Anm. 2

1. Zuständigkeit der Hauptversammlung

Die Anordnung einer Sonderprüfung ist in erster Linie Sache *der Hauptversammlung*. Diese kann *mit einfacher Mehrheit Prüfer bestellen* (Abs. 1 S. 1). Aus der Hervorhebung des Erfordernisses der einfachen Mehrheit ist zu schließen, daß im Gegensatz zu dem allgemeinen Grundsatz des § 133 Abs. 1 hier die Satzung nicht eine größere Mehrheit oder noch andere Erfordernisse für die Abstimmung vorschreiben kann (Godin-Wilhelmi Anm. 3; Baumbach-Hueck Rdn. 3; Ritter § 118 Anm. 2a). Für die Annahme einer Erleichterung — z. B. Zulassung eines Minderheitsverlangens von 25% des Grundkapitals — fehlt es an einer nach § 23 Abs. 5 erforderlichen ausdrücklichen Zulassung. Nach dem Wortlaut der Bestimmung *bestellt die Hauptversammlung selbst* die Prüfer, während die Generalversammlung nach § 266 HGB die Bestellung beschloß. Hiermit ist klargestellt, daß es nicht der Ausführung des Beschlusses bedarf, die Hauptversammlung vielmehr bei der Bestellung als gesetzlicher Vertreter der Gesellschaft handelt (Ritter § 118 Anm. 2a; Adler-Düring-Schmaltz 4. Aufl. Exkurs zu §§ 142—146 Rdn. 6; s. auch Anm. 3 zu § 119; anders bei der Wahl der Abschlußprüfer, § 163 Abs. 1 S. 3). Wie namentlich Abs. 4 zeigt, geht das Gesetz davon aus, daß die Auswahl der Prüfer immer durch die Hauptversammlung selbst erfolgt, was auch der Regelung der Bestellung der Abschlußprüfer (§ 163 Abs. 1 S. 1) entspricht. Es erscheint daher unzulässig, daß die Hauptversammlung die Auswahl der Sonderprüfer dem Vorstand oder dem Aufsichtsrat überläßt (Ritter a. a. O.; Adler-Düring-Schmaltz a. a. O; Godin-Wilhelmi Anm. 3; v. Gleichenstein BB 56, 762; a.A. Schlegelberger-Quassowski § 118 Anm. 12; Woeste AktG 57, 272; Baumbach-Hueck Rdn. 26). Diese Regelung hat einen guten Sinn; die Prüfer sollen nicht von einem Organ bestellt werden, dessen Tätigkeit Gegenstand der Prüfung ist und dessen Mitglieder das Gesetz deshalb in der Hauptversammlung regelmäßig nicht mitbestimmen läßt.

Der *Vertrag mit den Prüfern* kommt mit der Annahme der Bestellung durch den Bestellten zustande. Über die Rechtsnatur des Vertrages s. § 145 Anm. 9ff. Sofern der Bestellte nicht in der Hauptversammlung anwesend ist, ist ihm das in der Bestellung liegende Vertragsangebot durch den Vorstand zu übermitteln. Dieser ist hier nur Bote, nicht Vertreter der Gesellschaft (vgl. oben). Verweigert er die Übermittlung, so muß auch der Aufsichtsratsvorsitzende als ermächtigt gelten, das Angebot an den Bestellten weiterzugeben (a.A. v. Gleichenstein BB 56, 762, der es für richtiger hält, wenn die Hauptversammlung den amtierenden Notar entsprechend ermächtigt). Der Vorstand ist auch zur Entgegennahme der Annahmeerklärung befugt. Eine Pflicht zur Annahme besteht für den Bestellten nicht, auch dann nicht, wenn er der Gesellschaft als Aktionär angehört.

Anm. 3

2. Gegenstände der Sonderprüfung

Der Gegenstand der Sonderprüfung kann nicht von der Hauptversammlung beliebig allgemein bestimmt werden. Es muß sich vielmehr *um Vorgänge bei der Gründung oder der Geschäftsführung, namentlich auch bei Maßnahmen der Kapitalbeschaffung und Kapitalherabsetzung*, handeln. Der Begriff der Geschäftsführung ist in weitem Sinne zu verstehen. Er umfaßt neben der Tätigkeit des Vorstands auch die Tätigkeit der Angestellten und die Tätigkeit des Aufsichtsrats. Es muß sich stets um *bestimmte* Vorgänge handeln (RG 146, 393); eine Bestellung von Sonderprüfern zur Prüfung der Gründung schlechthin oder der Geschäftsführung innerhalb bestimmter Zeit entspricht also nicht dem Gesetz (Adler-Düring-Schmaltz a. a. O. Rdn. 3; Baumbach-Hueck Rdn. 23; Godin-Wilhelmi Anm. 2; v. Gleichenstein BB 56, 761). Die Einsetzung von Sonderprüfern zur *Prüfung des Jahresabschlusses* sieht das Gesetz nicht vor; der Jahresabschluß wird gemäß § 162 von den

Abschlußprüfern geprüft. Die bestimmten Vorgänge, zu deren Prüfung Sonderprüfer bestellt werden können, können aber auch Vorgänge sein, die dem Jahresabschluß zugrunde liegen und seine Aufstellung beeinflussen. Mittelbar kann daher auch der Jahresabschluß in die Sonderprüfung einbezogen werden (Schlegelberger-Quassowski § 118 Anm. 3; Adler-Düring-Schmaltz a. a. O. Rdn. 4; Godin-Wilhelmi Anm. 2; v. Gleichenstein a. a. O.). Ausdrücklich ausgeschlossen sind durch Abs. 3 aus dem Gegenstand einer Sonderprüfung nach § 142 die Gegenstände, die der Sonderprüfung wegen unzulässiger Unterbewertung nach § 218 unterliegen. Insoweit ist der Jahresabschluß aus § 142 Abs. 1 herausgenommen. Dabei ist es gleichgültig, ob eine Sonderprüfung nach § 258 durchgeführt wird oder nicht.

Bestellt die Hauptversammlung Sonderprüfer nicht für bestimmte Vorgänge oder bestellt sie sie für Vorgänge, die im Gesetz nicht genannt sind, so ist die Bestellung dennoch nicht als unzulässig anzusehen; nur handelt es sich um keine Sonderprüfung im Sinne des Gesetzes (Baumbach-Hueck Rdn. 3; a. M. Adler-Düring-Schmaltz a. a. O. Rdn. 3; vgl. RG a. a. O.). Die so bestellten Prüfer haben weder die im § 145 vorgesehenen Rechte, noch kann eine Bestellung solcher Prüfer gemäß Abs. 2 von einer Minderheit bei Gericht beantragt werden.

Anders als bei dem gerichtlichen Antrag der Minderheit gemäß Abs. 2 kann die Hauptversammlung eine Sonderprüfung auch für beliebig weit zurückliegende Vorgänge anordnen (Adler-Düring-Schmaltz a. a. O. Rdn. 5).

Anm. 4

3. Anlaß für eine Sonderprüfung

Veranlassung, Sonderprüfungen zu verlangen, wird einmal vorliegen, wenn weder der Geschäftsbericht noch Auskunftsbegehren genügend Klarheit über Geschäftsvorgänge gegeben haben, von denen die Hauptversammlung oder eine Minderheit annimmt, daß sie sich nachteilig für die Gesellschaft ausgewirkt haben. Angenommene Verfehlungen der Verwaltung, mangelnde Sorgfalt des Vorstands (§ 93), fehlende Überwachung durch den Aufsichtsrat spielen in der Praxis eine besondere Rolle. Ebenso ist bei Verdacht einer Begünstigung des Mehrheitsaktionärs und der Verwendung von Mitteln zu gesellschaftsfremden Zwecken die Sonderprüfung ein wirksames Mittel in den Händen der Minderheit, derartige Mißstände aufzudecken und gegebenenfalls Material für durchzuführende Schadensersatzprozesse (§ 117) zu erlangen. Allein schon die potentielle Möglichkeit, daß praktisch in jeder Hauptversammlung eine Sonderprüfung verlangt werden kann (Anm. 5), stellt einen wirksamen Schutz der Aktionäre und Aktionärsminderheiten dar.

Anm. 5

4. Beschluß der Hauptversammlung

Die Bestellung von Sonderprüfern erfolgt durch einen *Beschluß der Hauptversammlung*, der wie jeder andere der vorherigen Ankündigung gemäß § 124 bedarf. Erforderlich ist wie sonst nur die *Ankündigung des Gegenstandes der Verhandlung*, nicht des Antrages auf Sonderprüfung (Godin-Wilhelmi Anm. 3; Obermüller-Werner-Winden S. 285; a. A. Teichmann-Köhler § 118 Anm. I 1). Als Gegenstand ist die Beratung über die Vorgänge anzusehen, auf die sich die Prüfung bezieht. Es genügt also deren Ankündigung (dazu § 124 Anm. 2). Daraus folgt, daß die ordentliche Hauptversammlung, die über die Entlastung der Verwaltungsorgane für das letzte Geschäftsjahr beschließt, stets ohne besondere Ankündigung eine Sonderprüfung von Vorgängen bei der Geschäftsführung während des letzten Geschäftsjahres beschließen kann (wie hier Ritter § 118 Anm. 2a; Godin-Wilhelmi Anm. 3; Baumbach-Hueck Rdn. 3; Schlegelberger-Quassowski § 118 Anm. 4; v. Gleichenstein BB 56, 761; RG 143, 409).

Über die Frage, wer zum Sonderprüfer bestellt werden kann, siehe § 143.

Anm. 6

5. Stimmrechtsausschluß der Vorstands- und Aufsichtsratsmitglieder

Ein Mitglied des Vorstands und des Aufsichtsrats kann weder für sich noch für einen anderen mitstimmen und kann auch nicht ihm zustehende Stimmen durch einen anderen ausüben lassen, wenn die zu prüfenden Vorgänge mit der Entlastung eines Vorstands- oder Aufsichtsratsmitglieds oder mit der Einleitung eines Rechtsstreites der Gesellschaft gegen sie zusammenhängen (Abs. 1 S. 2 und 3). Diese Bestimmung ist gegenüber § 118 Abs. 1 S. 2 geändert (Anm. 1), und zwar in doppelter Hinsicht: Vorstands- und Aufsichtsratsmitglieder unterfallen dem Stimmrechtsausschluß auch dann, wenn sie keine Aktionäre sind (hier handelte es sich wohl um eine sprachliche Fehlleistung des § 118 Abs. 1 S. 2; vgl. Voraufl. § 118 Anm. 5), und das einzelne Mitglied eines der beiden Organe auch dann, wenn nur ein anderes Mitglied eines der beiden Organe betroffen wird.

Eine Sondervorschrift über den Stimmrechtsausschluß war im Rahmen des § 142 geboten, weil die Bestellung von Sonderprüfern nicht in jedem Fall als Geltendmachung eines Anspruches gegen ein Vorstands- oder Aufsichtsratsmitglied im Sinne des § 136 Abs. 1 angesehen zu werden braucht. Mit Recht fragt Zöllner S. 222, wieso in S. 2 gerade auf die Entlastung, die doch so gut wie keine materielle Bedeutung mehr habe (vgl. § 120 Anm. 6—8), abgestellt werde. Da die Formulierung in einem Zeitpunkt in das Gesetz aufgenommen wurde, als die Entlastung noch grundsätzlich einen Verzicht auf Ansprüche gegen das Verwaltungsmitglied bedeutete, ist sie synonym mit Geschäftsführung zu lesen, so daß der Stimmrechtsausschluß bei allen Vorgängen aus der Geschäftsführung eines Vorstands- oder Aufsichtsratsmitglieds eingreift. Eine derartige Auslegung ist auch schon deshalb erforderlich, weil nach erteilter Entlastung ein Zusammenhang mit ihrer Erteilung nicht mehr bestehen kann. Ebenso unglücklich ist die Formulierung eines Zusammenhangs mit der Einleitung eines Rechtsstreites der Gesellschaft gegen das Organmitglied; bei der Beschlußfassung über die Sonderprüfung braucht etwas derartiges noch gar nicht im Raume zu stehen, da die Sonderprüfung ja nur klären soll, ob etwa Ansprüche in Frage kommen. Man wird deshalb auch hier auf den Grundgedanken der Vorschrift zurückgehen müssen, der das Organmitglied dann vom Stimmrecht ausschließen will, wenn es um die Verantwortlichkeit und Inanspruchnahme für seine Geschäftsführung geht (so auch Zöllner S. 223).

Der Gesetzeswortlaut ist auch noch in einer anderen Hinsicht trotz seiner Verbesserung durch AktG 1965 zu eng, indem er nur amtierende Vorstands- und Aufsichtsratsmitglieder vom Stimmrecht ausschließt. Da der Interessenkonflikt, der Anlaß für den Stimmrechtsausschluß ist, durch das zwischenzeitliche Ausscheiden aus demVorstand oder Aufsichtsrat nicht aufhört, wird man S. 2 dahin auszulegen haben, daß er auch frühere Vorstands- und Aufsichtsratsmitglieder trifft, sofern die zu prüfenden Vorgänge in ihre Amtszeit fallen (RG 142, 132; Baumbach-Hueck Rdn. 4; Godin-Wilhelmi Anm. 4; Schlegelberger-Quassowski § 118 Anm. 7; Zöllner S. 223; a. M. Ritter § 118 Anm. 2c). Im Amt befindliche Vorstands- und Aufsichtsratsmitglieder sind ohne Rücksicht darauf, ob die zu prüfenden Vorgänge ihre Amtsperiode betreffen oder nicht, vom Stimmrecht ausgeschlossen, und zwar, wenn man konsequent bleiben will, auch dann, wenn nur ein Mitglied der früheren Verwaltung an den damaligen Vorgängen beteiligt war (a. M. Baumbach-Hueck Rdn. 4). Man kann nicht im ersten Teil des S. 2 unter Vorstands- und Aufsichtsratsmitglied auch ausgeschiedene Mitglieder verstehen, wenn man den Begriff im zweiten Teile des Satzes nicht in gleicher Weise auslegt. Diese dem Gesetz entsprechende Auslegung wird durch die Erwägung mitgetragen, daß ein Solidaritätsgefühl grundsätzlich auch zwischen früheren und jetzigen Organmitgliedern besteht und dem außenstehenden Aktionär das Vertrauen gegeben werden soll, daß dieses Gefühl auf den Beschluß über die Sonderprüfung nicht durchschlagen kann.

Die nach der Gesetzesfassung bei § 136 offene Frage, ob ein Organmitglied bei der Entlastung eines anderen Organmitglieds mitstimmen dürfe (§ 136 Anm. 6), ist durch die Neuformulierung des S. 2 bei § 142 verneinend geregelt. Dadurch, daß „ein Mitglied des Vorstandes oder des Aufsichtsrates" nicht mitstimmen darf, wenn die Entlastung „eines Mitgliedes" dieser Gremien oder die Einleitung eines Rechtsstreites mit

„einem Mitglied" zur Diskussion steht, wollte der Gesetzgeber zum Ausdruck bringen, und hat das auch getan, daß kein Mitglied von Vorstand oder Aufsichtsrat mitstimmen darf, wenn die Prüfung sich auf Vorgänge erstreckt, die ein anderes Mitglied des Vorstandes oder Aufsichtsrates betreffen. Damit wird über die zu § 136 Anm. 6 vertretene Auffassung hinaus der Stimmrechtsausschluß eines Organmitgliedes nicht nur bei dem auf ein anderes Mitglied des gleichen Organs abzielenden Sonderprüfungsantrag angeordnet, sondern auch dann, wenn ein Mitglied des anderen Organes betroffen ist. Sachlich läßt sich dieser Unterschied in der Auslegung des § 136 Abs. 1 einerseits und des § 142 Abs. 1 andererseits schwerlich rechtfertigen, er findet seine Grundlage aber in den verschiedenen Gesetzesformulierungen, die das AktG 1965 zwar bei § 142 Abs. 1, nicht aber auch bei § 136 geändert hat.

Anm. 7

Im übrigen gilt für den Umfang des Stimmverbotes das, was zu § 136 Anm. 3—5 ausgeführt worden ist. Das Verbot gilt auch für Aktien, an denen das Verwaltungsmitglied zur gesamten Hand oder zu Bruchteilen beteiligt ist, und für Aktien einer von einem Verwaltungsmitglied beherrschten juristischen Person. Die juristische Person ihrerseits kann mitstimmen, auch wenn die Sonderprüfung sich gegen eines ihrer Organmitglieder richtet (vgl. auch BGH 36, 299), es sei denn, daß dieses Mitglied auf die juristische Person einen rechtlich begründeten beherrschenden Einfluß ausübt. Von dem Stimmrechtsausschluß betroffenen Personen ist auch die indirekte Mitwirkung bei der Beschlußfassung über eine Poolvereinbarung untersagt. Dem neben einem Verwaltungsmitglied Haftenden wird man das Stimmrecht nur versagen können, wenn er von einer etwaigen Inanspruchnahme aus den zu untersuchenden Vorgängen betroffen würde. Vom Stimmrechtsausschluß sind nicht nur die eigenen Aktien des Verwaltungsmitgliedes betroffen, und zwar einerlei, ob er selbst oder durch einen Dritten das Stimmrecht ausüben läßt, einerlei, ob in eigenem oder in fremdem Namen — das wird in S. 3 ausdrücklich gesagt —, sondern das betroffene Verwaltungsmitglied darf auch nicht für einen Dritten, sei es offen, sei es verdeckt, stimmen.

Unabhängig vom Stimmrechtsverbot des § 142 Abs. 1 gilt das allgemeine Stimmrechtsverbot des § 136 Abs. 2. Dagegen ist ein Aktionär, der nicht zugleich Mitglied der Verwaltung ist, an der Abstimmung nicht gehindert, selbst wenn sich die Sonderprüfung auf Vorgänge oder Geschäfte erstrecken soll, an denen er beteiligt ist, es sei denn, daß die Beschlußfassung als Geltendmachung eines Anspruchs gegen ihn gemäß § 136 Abs. 1 angesehen werden kann. Gegen die Stimmenmacht eines Großaktionärs ist die Minderheit durch die Vorschrift des Abs. 2 geschützt.

Anm. 8

6. Verstoßfolgen

Verstöße gegen das Stimmrechtsverbot des § 142 sind Ordnungswidrigkeiten (§ 405 Ziff. 5). Beschlüsse, die unter Nichtbeachtung des Stimmrechtsverbots zustande kommen, unterliegen der Anfechtbarkeit nach § 243 (RG 146, 385). Wird ein Hauptversammlungsbeschluß, der die Bestellung von Sonderprüfern ablehnt, durch Urteil aufgehoben, so muß ein neuer Beschluß gefaßt werden; das Prozeßgericht kann eine Prüferbestellung nicht anordnen (RG 142, 129).

II. Sonderprüfung auf Grund Gerichtsbeschlusses

Anm. 9

1. Ablehnung der Sonderprüfung durch die Hauptversammlung

Bei Ablehnung eines Antrags auf Bestellung von Sonderprüfern durch die Hauptversammlung kann das Gericht Prüfer bestellen (Abs. 2). Voraussetzung ist zunächst die Ablehnung eines

Antrages durch die Hauptversammlung, einerlei mit welcher Mehrheit. Der Ablehnung steht die Wiederaufhebung eines Beschlusses auf Sonderprüfung gleich. Unerheblich ist, von wem der Antrag gestellt war. Es ist weder erforderlich, daß der Antrag in der Hauptversammlung von der für den gerichtlichen Antrag vorgeschriebenen Minderheit gestellt war, noch daß die Aktionäre, die den Antrag bei Gericht stellen, ihn vorher auf der Hauptversammlung gestellt haben (RG in JW 1903, 244[25]), noch daß sie überhaupt an der Hauptversammlung teilgenommen haben. Selbst Aktionäre, die in der Hauptversammlung für die Ablehnung des Antrages gestimmt haben, können den Antrag bei Gericht stellen (Ritter § 118 Anm. 3a; Brodmann HGB § 266 Anm. 2c). Es ist auch nicht erforderlich, daß gegen den Beschluß der Hauptversammlung Widerspruch erhoben wurde (Schlegelberger-Quassowski § 118 Anm. 14). Der Ablehnung des Antrages steht die ungerechtfertigte Ablehnung der Beschlußfassung gleich, sei es, daß der Antrag überhaupt nicht zur Abstimmung gestellt wird, sei es, daß die Vertagung beschlossen wird (Baumbach-Hueck Rdn. 7; Ritter § 118 Anm. 3; Staub HGB § 266 Anm. 12). Voraussetzung ist dabei natürlich, daß die Hauptversammlung überhaupt die beantragte Bestellung von Prüfern hätte wirksam beschließen können, insbesondere, daß die Ankündigung für einen solchen Beschluß ausreichte (s. Anm. 5).

Anm. 10

2. Minderheit antragsberechtigt

Der Antrag bei Gericht — ohne ihn kann das Gericht nicht tätig werden — muß ferner *von der Minderheit, deren Anteile zusammen den zehnten Teil des Grundkapitals oder den Nennbetrag von 2 Mill. DM erreichen*, gestellt werden. Die Befugnis zur Stellung des Antrags unterliegt nicht denselben Beschränkungen wie das Stimmrecht auf der Hauptversammlung. Auch nichtstimmberechtigte Aktionäre können den Antrag stellen, selbst Inhaber von Vorzugsaktien ohne Stimmrecht (Baumbach-Hueck Rdn. 8; a.A. Teichmann-Köhler § 118 Anm. II 8 gegen § 116 Anm. 1). Auf der andern Seite ist auch der Nennbetrag der Vorzugsaktien ohne Stimmrecht zu dem Grundkapital zu rechnen, von dem die Antragsteller den zehnten Teil besitzen müssen. Die Satzung kann den Antrag nicht erschweren, also keinen größeren Aktienbesitz verlangen. Sie kann ihn aber auch nicht erleichtern, indem sie einen kleineren Aktienbesitz genügen läßt; denn die Voraussetzungen für ein gerichtliches Verfahren kann die Satzung mangels einer besonderen Bestimmung des Gesetzes nicht ändern (Ritter § 118 Anm. 3a; Baumbach-Hueck Rdn. 13).

Anm. 11

3. Frist für Prüfungsgegenstand

Der zu prüfende Vorgang muß entweder ein Vorgang bei der Gründung oder ein nicht über fünf Jahre zurückliegender Vorgang bei der Geschäftsführung sein (Abs. 2 S. 1). Abgesehen von Vorgängen bei der Gründung muß also der zu prüfende Vorgang spätestens an demselben Kalendertage fünf Jahre vor der Stellung des Antrags in der Hauptversammlung stattgefunden haben. Handelt es sich um einen einheitlichen Vorgang, der sich über eine gewisse Zeit erstreckt, so genügt es, wenn er nur zum Teil innerhalb der Fünfjahresfrist stattfand (vgl. dazu v. Gleichenstein BB 56, 761/62). Die Prüfung hat sich dann auf den ganzen Vorgang zu erstrecken, auch soweit dieser mehr als fünf Jahre zurückliegt. Auch sonst sind ältere Vorgänge heranzuziehen, wenn dies zur Aufklärung eines innerhalb der gesetzlichen Frist liegenden Vorgangs notwendig ist (Brodmann HGB § 266 Anm. 2b).

Anm. 12

4. Dreimonatlicher Aktienbesitz der Minderheit

Die den gerichtlichen Antrag stellenden Aktionäre müssen *seit mindestens drei Monaten vor dem Tag der Hauptversammlung Inhaber der Aktien gewesen sein* (Abs. 2 S. 2). Die Frist ist ebenso wie die Fünfjahresfrist von dem Tag der Stellung des Antrags in der Hauptversammlung zurückzurechnen (Brodmann a. a. O.). Im Falle der Gesamtnachfolge und in den übrigen in § 70 S. 2 bezeichneten Fällen ist die Dauer der Inhaberschaft des Rechtsvorgängers einzurechnen, nicht dagegen die Besitzzeit des Rechtsvorgängers, von dem der Aktionär die Aktien im Wege der Einzelnachfolge entgeltlich erworben hat. Inhaber der Aktie ist der wirkliche Aktionär, der Eigentümer der Aktie (Ritter § 118 Anm. 2c; Brodmann HGB § 266 Anm. 2a, 3c). Nicht erforderlich erscheint, daß der Inhaber von Namensaktien die ganze Zeit hindurch im Aktienbuch eingetragen gewesen ist (Staub HGB § 266 Anm. 22; a.A. Ritter § 118 Anm. 3c; Brodmann HGB § 266 Anm. 3d). Die Vorschrift des § 67 Abs. 2 will der AG bei Namensaktien, bei denen der Besitz keine Legitimation bildet, Sicherheit darüber verschaffen, von wem sie sich die Rechtsausübung gefallen lassen muß und wem gegenüber sie ihre Rechte ausüben kann. Das Erfordernis des dreimonatigen Aktienbesitzes für den Antrag auf gerichtliche Bestellung von Sonderprüfern will lediglich einen Schutz dagegen bieten, daß, nur um diesen Antrag zu stellen und der Gesellschaft Schwierigkeiten zu bereiten, kurze Zeit vor der Hauptversammlung jemand eine entsprechende Zahl von Aktien erwirbt. Die Frage der Legitimation während der dreimonatigen Dauer ist daher unerheblich; die Eintragung im Aktienbuch ist erst zur Zeit der Stellung des gerichtlichen Antrags erforderlich. Besteht die Gesellschaft, z. B. infolge Umwandlung in eine AG oder KGaA noch keine 3 Monate, so genügt ein Besitz seit Entstehung der AG oder KGaA.

Anm. 13

5. Frist für Antrag?

Eine *Frist*, binnen welcher der gerichtliche Antrag gestellt werden muß, schreibt das Gesetz nicht vor. Hingegen schreibt es für den Antrag auf Bestellung *anderer* Prüfer gemäß Abs. 4 eine Zweiwochenfrist vor (Anm. 19). Es ist allerdings einleuchtend, daß der Antrag auf Bestellung anderer Prüfer nur innerhalb einer kurzen Frist gestellt werden kann, der Antrag auf Anordnung einer Sonderprüfung durch das Gericht dagegen nicht an eine so kurze Frist gebunden wird. Doch scheint es befremdend, daß der Antrag unbegrenzt zulässig ist, zumal er von beliebigen Aktionären, die über ein Zehntel des Grundkapitals verfügen und ihre Aktien seit drei Monaten vor der Hauptversammlung besitzen, gestellt werden kann (Anm. 9, 12). Es ist anzunehmen, daß eine unbegründete Verzögerung der Stellung des Antrags das Gericht zur Zurückweisung berechtigt (Baumbach-Hueck Rdn. 7; Staub HGB § 266 Anm. 12).

Anm. 14

6. Glaubhaftmachung und Hinterlegung des Aktienbesitzes

Die Antragsteller müssen glaubhaft machen, daß sie seit mindestens 3 Monaten vor dem Tage der Hauptversammlung Inhaber der Aktien sind (§ 70 ist anwendbar), *und müssen die Aktien bis zur Entscheidung über den Antrag hinterlegen* (Abs. 2 S. 2). Nach FGG § 15 Abs. 2 kann zur Glaubhaftmachung einer tatsächlichen Behauptung ein Beteiligter zur Versicherung an Eides Statt zugelassen werden. S. 3 bestimmt hier, daß *zur Glaubhaftmachung eine eidesstattliche Versicherung vor einem Gericht oder Notar genügt.* Der Sinn dieser Bestimmung dürfte darin liegen, daß der Richter sich, soweit nicht besondere Umstände vorliegen, mit der eidesstattlichen Versicherung des Aktionärs begnügen soll (nicht muß, wie offenbar Baumbach-Hueck Rdn. 11 meinen), während es sonst in seinem freien Ermessen steht, ob er eine solche für ausreichend erachtet (vgl. aber Ritter § 118 Anm. 3c). § 294 ZPO ist nicht anwendbar (Ritter a. a. O.; Baumbach-Hueck Rdn. 11; a.A. Godin-Wilhelmi Anm. 5).

Die *Hinterlegung* muß bei einer geeigneten Hinterlegungsstelle erfolgen; doch ist auch die Hinterlegung bei der Gesellschaft zulässig, sofern diese sie entgegennimmt (KG in JW 1930, 3777[1]). Im übrigen gilt für Art und Form der Hinterlegung das in § 123

Anm. 9ff. Ausgeführte. Die Hinterlegung muß ausdrücklich bis zur Entscheidung über den Antrag erfolgen. Eine frühere Rücknahme der Aktien ist nur zulässig, wenn der Aktionär den Antrag zurücknimmt (Baumbach-Hueck Rdn. 10; Godin-Wilhelmi Anm. 5). Findet vor der Entscheidung eine Hauptversammlung statt, so ist mit der Hinterlegung zugleich einer Satzungsbestimmung Genüge getan, die die Hinterlegung für die Ausübung des Stimm- oder Teilnahmerechts verlangt. Ergeht die gerichtliche Entscheidung so kurze Zeit vor der Hauptversammlung, daß eine rechtzeitige neue Hinterlegung für die Hauptversammlung nicht mehr möglich ist, so muß die Frist mit der Hinterlegung für den Antrag auf Bestellung von Sonderprüfern gewahrt gelten, falls der Aktionär der Hinterlegungsstelle gegenüber erklärt, daß er die Aktien bis zur Abhaltung der Hauptversammlung hinterlegt sein läßt. Im Falle der Sammelverwahrung wird statt der Hinterlegung die Bestätigung des Verwahrers gegenüber der Gesellschaft genügen, daß die Herausgabe von Aktien bis zur Entscheidung über den Antrag auf Bestellung von Sonderprüfern ausgeschlossen ist (vgl. Ritter § 118 Anm. 3c).

Anm. 15

7. Verdachtsgründe für Verstoß oder Unredlichkeiten

Zur gerichtlichen Anordnung einer Sonderprüfung müssen Tatsachen vorliegen, die den Verdacht rechtfertigen, daß bei dem zu prüfenden Vorgang Unredlichkeiten oder grobe Verletzungen des Gesetzes oder der Satzung vorgekommen sind. Nach § 118 Abs. 2 AktG 1937 mußten „Verdachtsgründe beigebracht" werden; § 135 Abs. 2 Reg.E. verlangte „einen begründeten Verdacht". Das schien den Bundestagsausschüssen zu unklar, so daß sie das Vorliegen von Tatsachen verlangten, die den Verdacht rechtfertigen. Da das Antragsverfahren ein Amtsverfahren ist, hat das Gericht das Vorliegen der Tatsachen selbst zu prüfen und festzustellen (Horn AktG 69, 373; Baumbach-Hueck Rdn. 12). Den Antragstellern obliegt es aber, entsprechende Tatbestände zu behaupten und dem Gericht gegebenenfalls Beweismittel an die Hand zu geben. Die Tatsachen müssen so beschaffen sein, daß sie den Verdacht auf Unredlichkeiten oder grobe gesetzliche oder satzungsmäßige Verstöße rechtfertigen. Die Unredlichkeiten und groben Verletzungen brauchen nicht glaubhaft gemacht oder gar festgestellt zu sein. Das ist erst Gegenstand der Sonderprüfung. Die Tatsachen, deren Feststellung erforderlich und ausreichend ist, müssen aber — nur dann rechtfertigen sie hinreichend den Verdacht — eine gewisse Wahrscheinlichkeit für die behaupteten Vorgänge ergeben (Adler-Düring-Schmaltz, Exkurs zu den §§ 142—146 Rdn. 7; Woeste AktG 57, 261; Kühn BB 65, 1771), so daß die Durchführung einer Sonderprüfung zwecks Feststellung der Unredlichkeiten oder Verstöße als hinreichend veranlaßt erscheint. Das Gericht entscheidet nach freiem Ermessen. Als grob wird eine Verletzung des Gesetzes oder der Satzung namentlich dann anzusehen sein, wenn sie einen Schadenersatzanspruch zu begründen geeignet scheint.

Anm. 16

8. Entscheidungsgrundlagen des Gerichts

Sind sämtliche Voraussetzungen des Abs. 2 gegeben, rechtfertigen insbesondere nach Überzeugung des Gerichts die festgestellten Tatsachen den Verdacht auf Unredlichkeiten oder eine grobe Verletzung des Gesetzes oder der Satzung, so hat das Gericht dem Antrag stattzugeben. Es ist nicht Sache des Gerichts, über das Vorliegen von Verdachtsgründen hinaus die Aussichten der beantragten Prüfung zu beurteilen und davon seine Entscheidung abhängig zu machen (Schlegelberger-Quassowski § 118 Anm. 16). Das Gericht ist auch nicht mehr in der Lage, die Bestellung der Sonderprüfer davon abhängig zu machen, daß zur Sicherung etwaiger Ersatzansprüche gegen den Antragsteller eine Sicherheitsleistung erbracht wird. Diese Ermächtigung des § 118 Abs. 4 S. 2 ist ins neue Gesetz nicht übernommen worden.

Anm. 17

9. Gerichtsverfahren und Beschwerde

Vor der Bestellung der Prüfer sind die Beteiligten und der Aufsichtsrat — dieser als Organ — zu hören (Abs. 5 S. 1). Als Beteiligte kommen die Antragsteller und die Gesellschaft, diese vertreten durch ihren Vorstand, in Betracht, nicht aber die Personen, die Gegenstand der Vorwürfe sind (a. M. Obermüller-Werner-Winden S. 288). Im übrigen richtet sich das *Verfahren nach dem FGG.* Zuständig ist das Gericht des Sitzes der Gesellschaft gemäß § 14 AktG, § 145 FGG, also das Amtsgericht. Der Antrag ist schriftlich oder zur Niederschrift bei der Geschäftsstelle zu stellen (§ 11 FGG); es besteht kein Anwaltszwang. Das Gericht kann von Amts wegen Ermittlungen anstellen (§ 12 FGG). Antragsgegner sind nicht etwa diejenigen Personen oder Organe, deren Tätigkeit geprüft werden soll, sondern die Gesellschaft. Der Anhörung des Vorstands und des Aufsichtsrats bedarf es nicht, wenn das Gericht ohne solche den Antrag zurückweist. Die Entscheidung des Gerichts unterliegt der sofortigen Beschwerde (Abs. 4 S. 2) und gegebenenfalls der sofortigen weiteren Beschwerde (§ 27 FGG). Beschwert durch die Entscheidung können nur die Antragsteller oder die Gesellschaft sein, nicht die Personen, deren Tätigkeit geprüft werden soll. Bis zur gerichtlichen Entscheidung kann der Antrag zurückgenommen werden. Es genügt die Rücknahme durch einen Teil der Antragsteller, wenn die übrigen nicht mehr über die vom Gesetz verlangte Minderheit von 10% des Aktienkapitals oder DM 2 Mill. Nennbetrag der Aktien verfügen.

Anm. 18

10. Vertrag mit Prüfern

Die Entscheidung ist dem bestellten Sonderprüfer vom Gericht mitzuteilen. Die Bestellung bedarf der Annahme durch den Prüfer. Dadurch entsteht ein Vertragsverhältnis zwischen dem Prüfer und der Gesellschaft (§ 145 Anm. 10).

Über die erforderlichen Eigenschaften der vom Gericht bestellten Prüfer siehe § 143, über die Kostentragung § 146, über die Vergütung der Sonderprüfer unten Anm. 22.

III. Bestellung anderer Prüfer

Anm. 19

1. Voraussetzungen des Antrags

Hat die Hauptversammlung Prüfer bestellt, so kann dieselbe Minderheit von einem Zehntel des Grundkapitals oder einem Aktiennennbetrag von DM 2 Mill. beim Gericht beantragen, daß andere Personen zu Prüfern bestellt werden (Abs. 4). Auch für diesen Antrag kommt es nicht darauf an, von wem der Antrag auf Bestellung von Prüfern in der Hauptversammlung gestellt war (oben Anm. 9). Den besonderen Voraussetzungen, an die der Antrag auf gerichtliche Bestellung von Prüfern bei Ablehnung des Antrags durch die Hauptversammlung geknüpft ist, unterliegt der Antrag auf Bestellung anderer Prüfer nicht. Der Antrag muß darlegen, daß die von der Hauptversammlung bestellten Prüfer aus persönlichen oder sachlichen Gründen allgemein oder für die in Betracht kommende Sonderprüfung nicht geeignet sind (Anm. 20). Der Antrag braucht „andere" Prüfer nicht zu benennen, sondern kann die Auswahl dem Gericht überlassen. Der Antrag kann nicht gestellt werden, wenn die Prüfung mehr als fünf Jahre zurückliegende Vorgänge zum Gegenstand hat, es sei denn, daß es sich um Gründungsvorgänge handelt. Die Antragsteller brauchen nicht schon seit drei Monaten vor der Hauptversammlung Aktionäre gewesen zu sein; sie brauchen ihre Aktien nicht zu hinterlegen. Sie brauchen nicht Tatsachen, die den Verdacht für das Vorkommen von Unredlichkeiten oder Verletzungen des Gesetzes oder der Satzung rechtfertigen, beizubringen. Jedoch ist das Antragsrecht befristet. *Der Antrag kann nur binnen zwei Wochen seit dem Tage der Hauptversammlung gestellt werden* (zur Fristberechnung s. §§ 17 FGG, 187f. BGB). Nicht berücksichtigt ist der Fall, daß die Hauptversammlung — unzulässigerweise (s. Anm. 2) — die Auswahl der Prüfer dem Aufsichtsrat oder Vorstand überlassen hat: hier müßte zur Fristwahrung gegebenenfalls der Antrag vorsorglich gestellt werden (v. Gleichenstein BB 56, 762), während Baumbach-Hueck Rdn. 16 die Frist erst mit der Bestellung beginnen lassen wollen, was aber schon deshalb unzweckmäßig ist, weil die Minderheitsaktionäre kaum den Bestellungstermin erfahren werden.

Anm. 20

2. Gründe für eine Neubestellung

Abs. 4 nennt im Gegensatz zum bisherigen Recht die Voraussetzungen, unter denen der von der Hauptversammlung bestellte Sonderprüfer auszuwechseln ist, und zwar im Anschluß an § 163 Abs. 2, wo aber mit Rücksicht darauf, daß nur Wirtschaftsprüfer Abschlußprüfer sein können, mangelnde Kenntnisse und mangelnde Zuverlässigkeit nicht genannt sind. Die Abberufung muß aus einem in der Person des Sonderprüfers liegenden Grund geboten sein, insbesondere dann, wenn dem Sonderprüfer die erforderlichen Kenntnisse fehlen, wenn Besorgnis der Befangenheit oder Bedenken gegen seine Zuverlässigkeit vorliegen. Das sind aber nur Beispiele, auch sonstige Gründe können durchschlagen. Leitend muß dabei der Zweck der Bestimmung sein. Diese will offenbar verhüten, daß das Minderheitenrecht auf Prüfung dadurch vereitelt wird, daß die Hauptversammlung mit Mehrheit Personen zu Prüfern bestellt, die für diese Aufgabe nicht geeignet sind. Was die Eignung der Prüfer anlangt, so gibt § 143 Abs. 1 nunmehr auch — gemäß § 119 Abs. 1 AktG 1937 galt diese Bestimmung nur für den gerichtlichen Sonderprüfer — den Maßstab ab für die Bestellung des Sonderprüfers durch die Hauptversammlung, ohne aber zwingend zu sein. Sind dagegen Prüfer bestellt, die unter § 143 Abs. 2 und 3 fallen, so muß das Gericht einen anderen bestellen. Im übrigen entscheidet das pflichtmäßige Ermessen des Gerichts. Oft wird es genügen, wenn ein Teil der von der Hauptversammlung bestellten Prüfer durch andere ersetzt wird. Die von dem Gericht bestellten Prüfer treten an die Stelle der von der Hauptversammlung gewählten (a.A. Teichmann-Koehler §§ 118—121 Anm. 9). Doch dürfte das Gericht auch als befugt anzusehen sein, Prüfer neben den von der Hauptversammlung gewählten Prüfern zu bestellen, soweit dadurch nicht unverhältnismäßige Kosten entstehen (a. A. Baumbach-Hueck Rdn. 15). Das Gericht soll bei der Auswahl der Prüfer der Richtlinie des § 143 Abs. 1 folgen.

Anm. 21

3. Verfahren

Für das Verfahren gilt dasselbe wie im Fall des Antrages auf Bestellung von Prüfern durch das Gericht gemäß Abs. 2. Auch hier sind die Beteiligten und der Aufsichtsrat zu hören, zusätzlich auch der von der Hauptversammlung bestellte Sonderprüfer.

IV. Auslagenersatz und Tätigkeitsvergütung der gerichtlich bestellten Sonderprüfer

Anm. 22

Ohne zu der Frage Stellung zu nehmen, ob und mit wem der gerichtlich bestellte Sonderprüfer in einem Vertragsverhältnis steht (dazu vgl. § 145 Anm. 10), gewährt Abs. 6 dem vom Gericht bestellten Sonderprüfer einen Anspruch auf Ersatz angemessener Barauslagen und auf Vergütung seiner Tätigkeit. Der Anspruch richtet sich, wie sich aus § 146 ergibt, gegen die Gesellschaft. Auslagen und Vergütung werden vom Gericht festgesetzt, gegen dessen Entscheidung die sofortige Beschwerde zugelassen ist, während eine weitere Beschwerde ausgeschlossen ist. Die rechtskräftige Feststellung gibt einen Vollstreckungstitel gegen die Gesellschaft. Damit ist die Unabhängigkeit der gerichtlich bestellten Sonderprüfer voll gewährleistet: Ihr Auftrag ergibt sich aus der Bestellung gemäß Abs. 2 zusammen mit dem Hauptversammlungsbeschluß im Falle des Abs. 4, ihre Rechte und Pflichten ergeben sich aus § 145 und ihre Vergütung aus der gerichtlichen Festsetzung gemäß Abs. 6. Eine gerichtliche Festsetzung ist natürlich nur notwendig, wenn nicht zwischen Sonderprüfer und Gesellschaft eine Vereinbarung über die Vergütung zustande kommt. Das Gericht braucht auch insoweit nur auf Antrag tätig zu werden.

Für den durch die Hauptversammlung bestellten Prüfer war eine entsprechende Vorschrift nicht erforderlich. Hier liegt ein durch den Hauptversammlungsbeschluß und das Einverständnis des Prüfers abgeschlossener Prüfungsvertrag vor, der durch eine Vergütungsvereinbarung, sei es mit der Hauptversammlung, sei es mit dem Vorstand, ausgefüllt wird, und der bei Fehlen einer Vergütungsvereinbarung als Geschäftsbesorgungsvertrag gemäß § 632 Abs. 2 BGB auszufüllen ist (vgl. im einzelnen § 145 Anm. 11)

§ 143 Auswahl der Sonderprüfer

(1) Als Sonderprüfer sollen, wenn der Gegenstand der Sonderprüfung keine anderen Kenntnisse fordert, nur bestellt werden

1. Personen, die in der Buchführung ausreichend vorgebildet und erfahren sind;

2. Prüfungsgesellschaften, von deren gesetzlichen Vertretern mindestens einer in der Buchführung ausreichend vorgebildet und erfahren ist.

(2) Sonderprüfer kann nicht sein, wer

1. Mitglied des Vorstands oder des Aufsichtsrats oder Angestellter der zu prüfenden Gesellschaft ist oder in den letzten drei Jahren vor seiner Bestellung oder während der Zeit war, in der sich der zu prüfende Vorgang ereignet hat;

2. gesetzlicher Vertreter oder Mitglied des Aufsichtsrats einer juristischen Person, Gesellschafter einer Personengesellschaft oder Inhaber eines Unternehmens ist, sofern die juristische Person, die Personengesellschaft oder das Einzelunternehmen mit der zu prüfenden Gesellschaft verbunden ist;

3. Angestellter eines Unternehmens ist, das mit der zu prüfenden Gesellschaft verbunden ist.

(3) Eine Prüfungsgesellschaft kann nicht Sonderprüfer sein,

1. wenn sie oder ein mit ihr verbundenes Unternehmen mit der zu prüfenden Gesellschaft verbunden ist;

2. wenn bei Prüfungsgesellschaften, die juristische Personen sind, ein gesetzlicher Vertreter, bei anderen Prüfungsgesellschaften ein Gesellschafter nach Absatz 2 nicht Sonderprüfer sein könnte;

3. wenn ein Aufsichtsratsmitglied der Prüfungsgesellschaft nach Absatz 2 Nr. 1 nicht Sonderprüfer sein könnte.

Übersicht

Anm. 1

Einleitung

§ 143 übernimmt § 119 AktG 1937 mit Änderungen und Ergänzungen. Die wesentlichste Änderung ist, daß Abs. 1 nicht mehr auf den gerichtlich bestellten Sonderprüfer beschränkt bleibt, sondern auch für den von der Hauptversammlung bestellten gilt. Außerdem ist der etwas mißverständliche Ausdruck „in der Regel" klargestellt worden durch den Halbsatz „wenn der Gegenstand der Sonderprüfung keine anderen Kenntnisse fordert". Ferner ist in Abs. 1 Ziff. 2 bei Prüfungsgesellschaften statt auf die Inhaberschaft auf die gesetzliche Vertretung abgestellt. Abs. 2 und 3 sind voll an § 164 Abs. 2 und 3 angeglichen worden, was zum gleichen Wortlaut mit Ausnahme der Ausdrücke „Sonderprüfer" und „Prüfungsgesellschaft" statt „Abschlußprüfer" und „Wirtschaftsprüfungsgesellschaft" und im übrigen zur Anwendung des Ausschlußgrundes des Abs. 2 Ziff. 1 auch für die Verwaltungsmitglieder geführt hat, die während der Zeit, in der sich der zu prüfende Vorgang ereignet hat, im Amte waren.

Anm. 2

1. Sonderprüfer — Gründungsprüfer — Abschlußprüfer

Während zum Abschlußprüfer nur Wirtschaftsprüfer und Wirtschaftsprüfungsgesellschaften bestellt werden können (§ 164 Abs. 1), regelt das Gesetz den Zugang zum Sonderprüfer entsprechend dem zum Gründungsprüfer gemäß § 33 Abs. 4. Die Ausschlußgründe dagegen sind denen der Abschlußprüfer (§ 164 Abs. 2 und 3) voll angeglichen, was dann durch Verweisung des § 33 Abs. 5 auf § 142 Abs. 2 und 3 auch für die Gründungsprüfer Geltung gefunden hat. Da für den Sonderprüfer nach § 258 die Regelung des § 164 voll gilt, ist nunmehr im AktG ein voll aufeinander abgestimmtes System der Auswahl der Prüfer geschaffen. Wenn für Sonder- und Gründungsprüfer das Erfordernis der Wirtschaftsprüfereigenschaft nicht gestellt ist — in der Praxis haben Sonderprüfer in der Regel Wirtschaftsprüfereigenschaft —, so deshalb, weil hier häufig Vorgänge zur Prüfung anstehen, die entweder das hohe Niveau eines Wirtschaftsprüfers nicht erfordern oder spezielle technische oder juristische Fähigkeiten notwendig machen. Das ist auch der Grund, warum an die Qualifikation von Sonderprüfern wie auch von Gründungsprüfern keine zwingenden Anforderungen gestellt werden.

Anm. 3

2. Anforderungen an den Sonderprüfer

Abs. 1 regelt die Voraussetzungen, die an einen Sonderprüfer zu stellen sind. Die Bestimmung ist aber nicht zwingend, sondern als Sollvorschrift gestaltet. Außerdem ist noch eine Art Generalklausel beigefügt, wonach die Sonderregelung nicht gilt, wenn der Gegenstand der Sonderprüfung andere Kenntnisse fordert. Dagegen gilt die Vorschrift des Abs. 1 jetzt nicht nur für die gerichtlichen, sondern auch für die von der Hauptversammlung bestellten Sonderprüfer.

Zu Sonderprüfern können sowohl Einzelprüfer wie auch Prüfungsgesellschaften bestellt werden; erstere müssen in der Buchführung — das dürfte synonym für Betriebswirtschaft zu lesen sein (Adler-Düring-Schmaltz, 4. Aufl., Exk. zu §§ 142—146 Rdn. 13) — ausreichend vorgebildet und erfahren, letztere können Personenvereinigungen oder juristische Personen sein, bei denen mindestens ein gesetzlicher Vertreter die Qualifikation des Einzelprüfers mitbringt. Wie Ausbildung und Erfahrung nachgewiesen werden, ist Frage des einzelnen Falles. Wirtschaftsprüfer, Steuerberater und wohl auch Steuerbevollmächtigte mit längerer Berufsdauer erfüllen diese Voraussetzungen, ebenfalls öffentlich vereidigte Sachverständige auf dem Gebiet der Buchführung. Im Zweifel wird das Gericht sich von einer Berufsorganisation oder auch von der Industrie- und Handelskammer einen Vorschlag machen lassen, nachdem es zunächst einmal festgestellt hat, welche Berufsrichtung durch den Gegenstand der Sonderprüfung besonders angesprochen wird. § 143 enthält nicht die Regelung des § 258 Abs. 4 S. 2, wonach Abschlußprüfer und Personen, die in den letzten drei Jahren Abschlußprüfer waren, nicht Sonderprüfer sein können, so daß sie grundsätzlich bestellt werden können. Jedoch kann in dieser ihrer Tätigkeit als Abschlußprüfer gegebenenfalls eine Besorgnis der Befangenheit liegen, insbesondere, wenn die der Sonderprüfung unterliegenden Vorgänge anläßlich der Abschlußprüfung bereits in dem einen oder anderen Sinne beurteilt worden sind.

Da Abs. 1 eine Sollvorschrift ist, begründet ein Verstoß durch die Hauptversammlung keine Anfechtbarkeit (Baumbach-Hueck Anm. 2; a. M. Godin-Wilhelmi Anm. 2), kann aber einen Grund für die Benennung eines anderen Sonderprüfers gemäß § 142 Abs. 4 bilden. Bei Verstoß durch das Gericht muß mit der sofortigen Beschwerde vorgegangen werden; die Beschwerde ist auch dann gegeben, wenn gegen die Anordnung der Sonderprüfung an sich von dem Beschwerdeführer kein Einwand erhoben wird (Baumbach-Hueck Rdn. 2).

Anm. 4

3. Ausschluß des Sonderprüfers

Wegen der in Abs. 2 und 3 aufgeführten Ausschlußgründe darf auf die Kommentierung in § 33 Anm. 9 und § 164 Anm. 5—10 verwiesen werden. Die Gründe im einzelnen entsprechen sich; nur erweitert Abs. 2 Ziff. 1 die Ausschlußgründe noch dadurch, daß frühere Verwaltungsmitglieder und Angestellte der zu prüfenden Gesellschaft nicht nur drei Jahre nach der Bestellung, sondern auch dann ausgeschlossen sind, wenn sie diese Eigenschaft während der Zeit hatten, in der sich der zu prüfende Vorgang ereignet hat. Das braucht nicht in jedem Einzelfalle von vornherein festzustehen und kann sich gegebenenfalls erst während der Prüfung herausstellen. Dann erweist sich die Bestellung als von Anfang an fehlerhaft.

Die Folge eines Verstoßes gegen Abs. 2 oder 3 ist, daß der Bestellte kein Sonderprüfer ist und seine Prüfungshandlungen keinen solche nach § 142 sind. Da somit der Bestellungsbeschluß keine Wirkung äußert, bezeichnet man ihn wohl mit Recht als nichtig (Obermüller-Werner-Winden S. 290; Baumbach-Hueck Rdn. 4; Godin-Wilhelmi Anm. 6; vgl. § 33 Anm. 9 und § 164 Anm. 11). Der unter Abs. 2 und 3 fallende Sonderprüfer muß deshalb sofort ersetzt werden, die bereits vorgenommenen Prüfungshandlungen müssen wiederholt werden; ein Vergütungsanspruch besteht nicht, und zwar bei dem gerichtlich bestellten Prüfer nicht, weil die in § 142 Abs. 6 vorausgesetzte Bestellung nichtig ist, und bei dem von der Hauptversammlung bestellten nicht, weil die Nichtigkeit der Bestellung auch den Prüfungsauftrag hinfällig macht. Wegen etwaiger Ansprüche aus Schadensersatz oder ungerechtfertigter Bereicherung vgl. Baumbach-Hueck Rdn. 5.

§ 144 Verantwortlichkeit der Sonderprüfer

§ 168 über die Verantwortlichkeit der Abschlußprüfer gilt sinngemäß.

Anm.

Diese Bestimmung regelt wie § 120 AktG 1937 die Verantwortlichkeit des Sonderprüfers durch Verweisung auf die entsprechende Bestimmung des § 168 über die Verantwortlichkeit des Abschlußprüfers. Sie ist einmal für den Gründungsprüfer, wo sie gemäß § 49 ebenfalls sinngemäß gilt, und zum anderen für den Abschlußprüfer in § 168 kommentiert. Auf diese Erläuterungen ist zu verweisen.

§ 145 Rechte der Sonderprüfer. Prüfungsbericht

(1) Der Vorstand hat den Sonderprüfern zu gestatten, die Bücher und Schriften der Gesellschaft sowie die Vermögensgegenstände, namentlich die Gesellschaftskasse und die Bestände an Wertpapieren und Waren, zu prüfen.

(2) Die Sonderprüfer können von den Mitgliedern des Vorstands und des Aufsichtsrats alle Aufklärungen und Nachweise verlangen, welche die sorgfältige Prüfung der Vorgänge notwendig macht.

(3) Die Sonderprüfer haben die Rechte nach Absatz 2 auch gegenüber einem Konzernunternehmen sowie gegenüber einem abhängigen oder herrschenden Unternehmen.

(4) Die Sonderprüfer haben über das Ergebnis der Prüfung schriftlich zu berichten. Auch Tatsachen, deren Bekanntwerden geeignet ist, der Gesellschaft oder einem verbundenen Unternehmen einen nicht unerheblichen Nachteil zuzufügen, müssen in den Prüfungsbericht aufgenommen werden, wenn ihre Kenntnis zur Beurteilung des zu prüfenden Vorgangs durch die Hauptversammlung erforderlich ist. Die Sonderprüfer haben den Bericht zu unterzeichnen und unverzüglich dem Vorstand und zum Handelsregister des Sitzes der Gesellschaft einzureichen. Auf Verlangen hat der Vorstand jedem Aktionär eine Abschrift des Prüfungsberichts zu erteilen. Der Vorstand hat den Bericht dem Aufsichtsrat vorzulegen und bei der Einberufung der nächsten Hauptversammlung als Gegenstand der Tagesordnung bekanntzumachen.

Übersicht

Anm. 1

Einleitung

Der an die Stelle des § 121 AktG 1937 getretene § 145 erweitert das in Abs. 1 und 3 geregelte Auskunftsrecht durch ein Auskunftsrecht gegenüber dem Aufsichtsrat der Gesellschaft und ein Auskunftsrecht gegenüber Vorstands- und Aufsichtsratsmitgliedern von konzernabhängigen und herrschenden Unternehmen. Für den Prüfungsbericht hat die Neufassung die doppelte Schutzklausel (einmal allgemeine Geheimhaltungspflicht und zum anderen entgegenstehende überwiegende Interessen der Gesellschaft eines beteiligten Unternehmens oder der Öffentlichkeit) gestrichen und ausdrücklich angeordnet, daß auch Tatsachen, die der Gesellschaft oder einem verbundenen Unternehmen nicht unerheblichen Nachteil zufügen können, in den Bericht aufzunehmen sind, wenn sie zur Beurteilung der zu prüfenden Vorgänge erforderlich sind. Außerdem ist noch angeordnet, daß der Prüfungsbericht dem Aufsichtsrat vorzulegen und jedem Aktionär auf sein Verlangen in Abschrift zu übersenden ist. Die Bestimmungen über die Kostentragung sind in § 146 verwiesen, die über eine Schadensersatzpflicht der Minderheitsaktionäre gestrichen.

I. Auskunftsrecht der Prüfer

Anm. 2

1. Einsicht, Aufklärung und Nachweispflicht

Die Prüfer haben ein Recht *auf Prüfung der Bücher und Schriften der Gesellschaft sowie ihrer Vermögensgegenstände, namentlich der Gesellschaftskasse und der Bestände an Wertpapieren und Waren* (Abs. 1). Außerdem können sie nach Abs. 2 u. 3 von den Mitgliedern des Vorstands und des Aufsichtsrats sowie von den gesetzlichen Vertretern — bei Aktiengesellschaften auch vom Aufsichtsrat — eines Konzernunternehmens wie eines abhängigen oder herrschenden Unternehmens *alle Aufklärungen und Nachweise verlangen, welche die sorgfältige Erfüllung ihrer Prüfungspflicht fordert.* Diese Rechte der Sonderprüfer entsprechen weitgehend den den Abschlußprüfern gemäß § 165 zustehenden Rechten. Siehe Näheres § 165 Anm. 3—10 (vgl. auch § 111 Anm. 6). Jedoch gehen die Auskunftsrechte der Abs. 2 u. 3 insoweit über § 165 hinaus, als nicht nur der Vorstand als Organ, sondern die einzelnen Vorstandsmitglieder und sogar die Aufsichtsratsmitglieder zur Aufklärung und Nachweisung verpflichtet sind.

Das Recht zur Prüfung der Bücher, Schriften und Vermögensgegenstände enthält das Recht zur Einsicht. Das Gesetz gewährt es den Prüfern unbeschränkt; eine Beschränkung ergibt sich jedoch aus der Aufgabe der Prüfer. Soweit die Bücher, Schriften und sonstigen Vermögensgegenstände in überhaupt keiner Beziehung zu den zu prüfenden Vorgängen stehen, besteht auch kein Einsichtsrecht der Prüfer (Ritter § 121 Anm. 2d; Brodmann HGB § 267 Anm. 1c; Staub HGB § 267 Anm. 2). Beispielsweise werden Sonderprüfer, die zur Prüfung von mehrere Jahre zurückliegenden Vorgängen bei der Gründung bestellt sind, kein Recht auf Prüfung der Gesellschaftskasse haben. Da das Gesetz jedoch den Zusammenhang mit dem Gegenstand der Prüfung nicht zur Voraussetzung des Prüfungsrechts macht, brauchen die Prüfer den Zusammenhang nicht nachzuweisen. Vielmehr wird man grundsätzlich ein umfassendes Auskunfts- und Einsichtsrecht der Prüfer annehmen müssen, dessen Umfang sich nach dem zur sorgfältigen Erfüllung der Prüfungsaufgaben erforderlichen Rahmen bestimmt (vgl. König S. 43ff.). Dessen Abgrenzung muß der Vorstand aber dem pflichtmäßigen Ermessen der Prüfer überlassen. Die in der 1. Aufl. (s. auch Ritter § 121 Anm. 2c) vertretene Auffassung einer Begrenzung der Rechte der Prüfer in dem Sinne, daß sie dem Vorstand gegenüber beweispflichtig sind, wenn dieser Nachweise und Aufklärungen mit der Begründung verweigert, daß sie zur Erfüllung des Prüfungsauftrags nicht erforderlich sind, ist schon in der 2. Aufl. aufgegeben worden. Eine derartige Einschränkung kann die Erfüllung der den Prüfern gestellten Aufgabe übermäßig erschweren, besonders wenn sie es mit Verwaltungen zu tun haben, deren Geschäftsführung beanstandet worden ist (dazu Adler-Düring-Schmaltz 4. Aufl. Exkurs zu §§ 142—146 Rdn. 14ff.); sie entspricht auch nicht dem Wortlaut des Gesetzes (Godin-Wilhelmi Anm. 2; Schlegelberger-Quassowski § 121 Anm. 2). Die Mitglieder des Vorstands machen sich nach § 400 strafbar, wenn sie unwahre oder die Verhältnisse der Gesellschaft verschleiernde Auskünfte geben. Seine Grenzen findet das Auskunfts- und Einsichtsrecht der Prüfer bei mißbräuchlicher Rechtsausübung, deren Nachweis dem Vorstand obliegt (Baumbach-Hueck Rdn. 2). Über die Möglichkeit, gegenüber dem Vorstand Ordnungsstrafen zu verhängen s. Anm. 13.

Frühere Vorstands- und Aufsichtsratsmitglieder sind nicht auskunftspflichtig (v. Gleichenstein BB 56, 763; Adler-Düring-Schmaltz a. a. O. Rdn. 16), auch nicht Angestellte. Es dürfte aber zur Auskunftspflicht des Vorstands gehören, die maßgebenden Angestellten zur unmittelbaren Auskunftserteilung den Prüfern gegenüber zu veranlassen.

Gegenüber Konzern-, abhängigen und herrschenden Unternehmen besteht nur ein Recht auf Aufklärungen und Nachweise, nicht aber auch auf unmittelbare Prüfung der Unterlagen, wie es Abs. 1 vorsieht (vgl. hierzu die divergierenden Auffassungen des Rechts- und Wirtschaftsausschusses des Bundestags bei Kropff S. 211).

Anm. 3

2. Rechte der Prüfer

Die Rechte stehen nur den *Sonderprüfern*, nicht etwa der Minderheit, die die gerichtliche Bestellung verlangt hat, zu. Sind mehrere Sonderprüfer bestellt, so steht das Prüfungsrecht jedem einzelnen zu. Denn jeder einzelne ist für eine sorgfältige Prüfung verantwortlich, und die Prüfer bilden kein einheitliches Organ. Wegen der Möglichkeit einer Mitwirkung der antragstellenden Minderheit bei der Durchführung der Sonderprüfung vgl. unten Anm. 10.

II. Prüfungsbericht

Anm. 4

1. Inhalt

Die Prüfer haben über das Ergebnis der Prüfung schriftlich zu berichten (Abs. 4 S. 1). Jeder Prüfer ist zum Bericht verpflichtet. Der Bericht kann von den Prüfern gemeinschaftlich oder einzeln erstattet werden. Er ist von allen Prüfern zu unterzeichnen.

In dem Sonderprüfungsbericht ist das Ergebnis der Sonderprüfung gewissenhaft und unparteiisch darzustellen, und zwar so umfassend und ausführlich, daß die dem Geschäftsvorgang fernerstehenden Aktionäre, denen der Prüfungsbericht ja die Entscheidungsgrundlage für die Beurteilung der Geschäftsvorgänge liefern soll (vgl. Abs. 4 S. 2), sich ein eigenes fundiertes Urteil bilden können. Die Niederlegung nur eines zusammengefaßten kurzen Prüfungsergebnisses genügt nicht. In jedem Falle müssen die vom Sonderprüfer festgestellten Tatbestände eingehend dargelegt werden. Ob und inwieweit eine eigene Beurteilung der Geschäftsvorgänge erforderlich ist, ergibt sich aus dem Prüfungsauftrag. Ist sie erforderlich, so ist sie von dem Sonderprüfer sorgfältig zu begründen, wobei er sich mit gegenteiligen Auffassungen auseinanderzusetzen hat. Am Ende ist ein Prüfungsergebnis niederzulegen, das die Prüfungsfeststellungen und gegebenenfalls -beurteilungen zusammenfaßt. Wegen des Inhalts des Prüfungsberichts vgl. auch die Aufsätze von Klinger in WP 57, 155 und Adler-Forster in WP 57, 357 sowie König S. 76ff. und 143ff.

Anm. 5

2. Pflicht zur vollen Offenheit

§ 121 Abs. 3 S. 2 AktG 1937 hatte es verboten, in den Bericht das aufzunehmen, was der Vorstand den Prüfern unter Hinweis auf eine im Interesse des gemeinen Nutzens von Volk und Reich auferlegte Geheimhaltungspflicht mitgeteilt hatte, sowie über Tatsachen zu berichten, deren Aufnahme in den Bericht überwiegende Belange der Gesellschaft oder eines beteiligten Unternehmens oder der gemeine Nutzen von Volk und Reich entgegenstünden. Diese beiden Schutzklauseln sind in Abs. 4 gestrichen und durch die ausdrückliche Bestimmung ersetzt, daß auch Tatsachen, deren Bekanntwerden geeignet sei, der Gesellschaft oder einem verbundenen Unternehmen einen nicht unerheblichen Nachteil zuzufügen, zu berichten seien, wenn ihre Kenntnis zur Beurteilung des Geschäftsvorganges durch die Hauptversammlung erforderlich sei. Über die gesetzgeberische Begründung hierzu vgl. Kropff, S. 211/12, wo ausgeführt ist, daß es gerade Aufgabe der Sonderprüfung sei, Umstände offenkundig zu machen, die der Gesellschaft unangenehm und nachteilig sein könnten; die daraus entstehende Gefahr dürfe aber nicht überschätzt werden, meist liege es im wohlverstandenen Interesse auch der Gesellschaft, wenn Mißstände voll aufgeklärt würden. Damit ist der Sonderprüfer grundsätzlich zur vollen Offenheit verpflichtet (skeptisch hierzu König S. 93ff.; Obermüller-Werner-Winden S. 291; Möhring-Schwartz-Rowedder-Haberlandt S. 220). Jedoch hat diese Offenheit zwei Schranken. Vorgänge, hinsichtlich deren der Vorstand unter einer im öffentlichen Interesse stehenden Geheimhaltungspflicht steht — insbesondere, wenn sie unter Strafschutz steht — dürfen in den Bericht nicht aufgenommen werden (Baumbach-Hueck Rdn. 4; Godin-Wilhelmi Anm. 5; Obermüller-Werner-Winden S. 291). Jedoch entbindet die Geheimhaltungspflicht den Vorstand nicht von seiner Aufklärungspflicht den Prüfern gegenüber, so daß diese nach eigener Beurteilung zu entscheiden haben, ob wirklich im öffentlichen Interesse eine Geheimhaltungspflicht besteht und von ihnen bei der Berichterstattung zu beachten ist. Die zweite Schranke liegt darin, daß die Prüfer nach eigenem Ermessen darüber zu entscheiden haben, ob die Kenntnis der der Gesellschaft schädlichen Tatsachen zur Beurteilung des Geschäftsvorganges durch die Hauptversammlung erforderlich ist; nur wenn sie nach sorgfältiger Prüfung zu dem Ergebnis kommen, daß die Mitteilung der ungünstigen Tatsachen zur Darstellung des Sachverhalts und seiner sachgemäßen Beurteilung notwendig ist, dürfen sie sie in ihren Bericht aufnehmen (Adler-Düring-Schmaltz a. a. O. Rdn. 22). Auf der anderen Seite steht der Prüfer unter der Strafvorschrift des § 403, wenn er über das Ergebnis der Prüfung falsch berichtet oder erhebliche Umstände im Bericht verschweigt. Zwischen diesen beiden Polen ist die Entscheidung für den Sonderprüfer oft sehr schwierig und auch verantwortungsvoll.

Anm. 6

3. Einreichung zum Handelsregister

Der Bericht ist unverzüglich dem Vorstand und zum Handelsregister des Sitzes der Gesellschaft einzureichen (Abs. 4 S. 3). Aus der Hervorhebung, daß die Einreichung zum Handelsregister *des Sitzes der Gesellschaft* zu erfolgen hat, ist zu schließen, daß es einer Beifügung weiterer Exemplare für das Registergericht von Zweigniederlassungen nicht bedarf (Ritter § 121 Anm. 4c). Die Einreichung zum Handelsregister ist nicht Sache des Vorstands, sondern Sache der Prüfer. Obwohl das Gesetz nicht sagt, durch wen die Einreichung erfolgen soll, ist nicht anzunehmen, daß insofern das Recht gegenüber § 267 HGB geändert werden sollte. Hier war ausdrücklich gesagt, daß der Bericht *von den Prüfern* dem Vorstand und zum Handelsregister einzureichen war. Bis zur Novelle von 1931 hatten die Prüfer den Bericht nach dem Gesetz nur dem Handelsregister einzureichen. Erfolgt die Einreichung zum Handelsregister durch die Prüfer, so liegt kein Anlaß zur Annahme vor, daß die Einreichung zum Handelsregister erst nach der Einreichung an den Vorstand zu erfolgen habe (a. A. Ritter § 121 Anm. 4c). Die Einreichung zum Handelsregister kann durch Ordnungsstrafen erzwungen werden (Anm. 13); dort kann der Bericht von jedermann ohne Nachweis eines besonderen Interesses eingesehen werden (§ 9 HGB).

Anm. 7

4. Gegenstand der Tagesordnung der nächsten Hauptversammlung

Der Vorstand hat den Bericht dem Aufsichtsrat vorzulegen und bei der Einberufung der nächsten Hauptversammlung als Gegenstand der Beschlußfassung anzukündigen (Abs. 4 S. 5). Die Vorlage an den Aufsichtsrat versteht sich aus § 90 Abs. 1 an sich von selbst, ist aber, weil es dem Gesetzgeber 1965 wichtig erschien, in Abs. 4 S. 5 nochmals besonders hervorgehoben worden. Was die Ankündigung für die Hauptversammlung angeht, so kann der Vorstand warten, bis aus andern Gründen eine Hauptversammlung stattfindet (vgl. v. Gleichenstein BB 56, 764); das Gesetz legt ihm nicht die Pflicht auf, nur zur Verhandlung und Beschlußfassung über den Bericht eine Hauptversammlung einzuberufen. Damit ist aber nicht die allgemeine Pflicht des Vorstands und des Aufsichtsrats (§ 121 Anm. 2; § 111 Anm. 10) beschränkt, die Hauptversammlung einzuberufen, wann immer es das Wohl der Gesellschaft erfordert. Es hat also das pflichtmäßige Ermessen der Verwaltungsorgane im einzelnen Fall über die Notwendigkeit einer alsbaldigen Einberufung der Hauptversammlung zu entscheiden. Auch wenn die Hauptversammlung zu einem andern Zweck von einem sonstigen Einberufungsberechtigten auf Grund der Satzung oder von Aktionären auf Grund einer gerichtlichen Ermächtigung gemäß § 122 Abs. 3 einberufen wird, ist der Vorstand zur Ankündigung des Berichtes verpflichtet, vorausgesetzt, daß die rechtzeitige Ankündigung noch möglich ist.

Die Ankündigung gestattet nach allgemeinen Grundsätzen (§ 124) die Fassung von Beschlüssen im Rahmen des angekündigten Gegenstandes. Im allgemeinen dient eine Sonderprüfung dem Zweck, Unterlagen zur Beschlußfassung über eine Geltendmachung von Ansprüchen gegen Verwaltungsmitglieder oder Gründer zu beschaffen. Daher ist anzunehmen, daß ein Beschluß auf Geltendmachung von solchen Ansprüchen im Rahmen der Beschlußfassung über den Bericht liegt und also auf Grund der Ankündigung „Beschlußfassung über den Bericht der Sonderprüfer" ohne weitere Ankündigung gefaßt werden kann (Dresden in SächsOLG 1902, 454; Ritter § 121 Anm. 4d; Godin-Wilhelmi Anm. 6; Brodmann HGB § 267 Anm. 3; a. A. Staub HGB § 267 Anm. 4).

Anm. 8

5. Abschriftenerteilung an Aktionäre

Jeder Aktionär hat einen Anspruch darauf, daß ihm auf Verlangen eine Abschrift des Prüfungsberichtes übersandt wird. Diese gegebenenfalls mittels Klage oder einstweiliger Verfügung durchsetzbare Pflicht ist 1965 neu eingeführt worden, um die Publizität des Sonderprüfungsberichtes der des Jahresabschlusses nebst Geschäfts- und Aufsichtsratsbericht (§ 145 Abs. 2 S. 2) anzupassen (Begr. z. RegE bei Kropff, S. 212). Nur ist es von der Sache her natürlich etwas anderes, ob ein Geschäftsbericht des Vorstandes oder ein Prüfungsbericht des Sonderprüfers bekanntgemacht wird. Bei dem Abschlußprüfer begnügt sich das Gesetz ja auch mit der Bekanntgabe des Prüfungsergebnisses in Form des stark formalisierten Testates. Der Vergleich in der Begründung hinkt also; jedoch ist die Publizität erforderlich, da ja die Hauptversammlung das zur Beurteilung des Geschäftsvorganges erforderliche Material kennen muß.

III. Rechtsstellung der Prüfer

Anm. 9

1. Organ der Gesellschaft?

Nicht im Gesetz ausdrücklich geregelt ist die *Rechtsstellung der Sonderprüfer und das Rechtsverhältnis, in dem sie zur Gesellschaft stehen.* Von einigen Autoren wird im Hinblick auf ihre Bestellung durch die Hauptversammlung oder das Gericht und auf ihre Stellung gegenüber dem Vorstand (Abs. 1, 2) ebenso wie bei den Abschlußprüfern angenommen, daß sie ein *Organ* der Gesellschaft seien (s. z. B. Ritter § 118 Anm. 2b; Brodmann HGB § 267 Anm. 1a). Doch scheint dies bei den Sonderprüfern, deren Bestellung eine außerordentliche Maßnahme ist, weit zweifelhafter als bei den Abschlußprüfern, die regelmäßig zu bestellen sind und eine bestimmte vom Gesetz vorgesehene, regelmäßig wiederkehrende Aufgabe zu erfüllen haben. Die Frage ist aber kaum von praktischer Bedeutung, da die wesentlichen Rechte und Pflichten der Prüfer sich aus dem Gesetz ergeben. Soweit diese Bestimmungen nicht ausreichen, besteht kein Zweifel, daß zur Ergänzung die Bestimmungen des BGB heranzuziehen sind, sei es im Wege unmittelbarer, sei es im Wege entsprechender Anwendung.

Anm. 10

2. Vertragsverhältnis mit Gesellschaft

Werden die Sonderprüfer von der Hauptversammlung bestellt, so stehen sie unzweifelhaft in einem *Vertragsverhältnis zu der Gesellschaft* (§ 142 Anm. 2). Das gleiche wird allgemein angenommen, wenn das Gericht gemäß § 142 Abs. 4 auf Antrag einer Minderheit andere als die von der Hauptversammlung gewählten Prüfer bestellt. Zweifelhaft ist es hingegen, ob die Prüfer, die das Gericht gemäß § 142 Abs. 2 bestellt, nachdem die Hauptversammlung die Bestellung von Prüfern abgelehnt hat, zu der Gesellschaft oder zu den die gerichtliche Bestellung beantragenden Aktionären in einem Vertragsverhältnisse stehen. Die Prüfer werden, gleichviel von wem sie bestellt sind, für die Gesellschaft tätig. Das Recht, die gerichtliche Bestellung von Prüfern zu beantragen, ist zwar ein Minderheitsrecht; aber die Prüfung selbst geschieht nicht im Interesse der Minderheit, sondern im Interesse der Gesellschaft. Die Prüfer haben Rechte, die der Minderheit selbst nicht zustehen (vgl. z. B. oben Anm. 3), und den Gesellschaftsorganen legt das Gesetz dieselben Pflichten gegenüber den auf Antrag einer Minderheit vom Gericht bestellten Prüfern wie gegenüber den von der Hauptversammlung bestellten Prüfern auf. Ständen die gerichtlich bestellten Prüfer nur in einem Vertragsverhältnis zu der Minderheit, so hätten sie nur gegen die Antragsteller, nicht aber gegen die Gesellschaft einen Anspruch auf Vergütung und würden den Minderheitsaktionären unmittelbar, dagegen nicht der Gesellschaft bei einer Verletzung der Vertragspflicht haften. Dieses Ergebnis erscheint wenig angemessen. Es ist daher anzunehmen, daß die Rechtsstellung und die Vertragsbeziehungen zwischen Prüfer und Gesellschaft bei Bestellung durch die Hauptversammlung und bei Bestellung durch das Gericht die gleichen sind und der Unterschied sich nur auf den Bestellungsvorgang beschränkt (ebenso Ritter § 118 Anm. 6; Brodmann HGB § 266 Anm. 5; Baumbach-Huek § 142 Rdn. 2; Adler-Düring-Schmaltz Exk. zu §§ 142—146 Rdn. 10; Woeste AktG 57, 272; v. Gleichenstein BB 56, 763; Staub HGB § 267 Anm. 8; Obermüller-Werner-Winden S. 292; a. A. Schlegelberger-Quassowski § 118 Anm. 16. RG in JW 1903, 244[25] sagt nur, daß die Minderheit den Antrag im eigenen Namen und nicht im Namen der Gesellschaft stellt und daher selbst die Kosten des Verfahrens zu tragen hat).

Die Entscheidung, daß ein Vertragsverhältnis zwischen den Prüfern und den Minderheitsaktionären, die den Antrag auf ihre gerichtliche Bestellung stellten, nicht besteht, schließt nicht aus, daß die Prüfer mit ihnen bei Durchführung der Prüfung in Verbindung stehen und Anregungen hierfür von ihnen entgegennehmen. Die Prüfer sind zwar auf Weisungen der Minderheitsaktionäre nicht angewiesen — Gegenstand und Umfang der Prüfung bestimmt sich durch den gerichtlichen Beschluß ihrer Bestellung — und an solche Anweisungen nicht gebunden. Das hindert aber nicht, daß sie die Antragsteller anhören und sich von ihnen weitgehendst unterrichten lassen. Dies kann die Erfüllung ihrer Aufgabe nur fördern.

Anm. 11

3. Vergütungsanspruch

Ob und inwieweit die von der Hauptversammlung bestellten Prüfer einen *Anspruch auf Vergütung* haben, bestimmt sich nach den getroffenen Vereinbarungen. Ist nichts ausdrücklich vereinbart, so ist anzunehmen, daß die Prüfung entgeltlich erfolgt, soweit nicht besondere Umstände vorliegen, die für die unentgeltliche Übernahme der Prüfung sprechen. Letzteres kann z. B. angenommen werden, wenn ein Aktionär zum Prüfer bestellt wird (RG bei Bolze 18, 100). Der Hauptversammlung obliegt in erster Linie die Festsetzung der Vergütung, die durch Annahme des Auftrags durch den Sonderprüfer Vertragsbestandteil wird. Ist die Festsetzung der Vergütung durch die Hauptversammlung unterblieben, so kann die Vereinbarung über die Vergütung mit dem Vorstand getroffen werden. Ein ausreichender Grund zur Annahme, daß die gesetzliche Vertretungsmacht des Vorstandes in dieser Hinsicht beschränkt ist, liegt nicht vor. Man kann die zwischen Sonderprüfer und Vorstand zu treffende Vereinbarung ja auch als Ausfüllung der Generalklausel des § 632 Abs. 2 BGB sehen, so daß auch die Sonderprüfer hinreichend gesichert sind.

Bei Bestellung der Sonderprüfer durch das Gericht setzt dieses, wenn der Prüfer sich mit der Gesellschaft nicht verständigt, gemäß § 142 Abs. 6 die Vergütung fest. Dazu vgl. § 142 Anm. 22.

Der Vertrag hat die Natur eines Auftrags oder eines Werkvertrags auf Geschäftsbesorgung, je nachdem, ob die Prüfung unentgeltlich oder entgeltlich übernommen wird. Es gelten also die §§ 662 ff. BGB bzw. § 675 mit §§ 631 ff. BGB (Schlegelberger-Quassowski § 118 Anm. 12; Baumbach-Hueck § 142 Rdn. 2; Godin-Wilhelmi § 142 Anm. 3; Adler-Düring-Schmaltz a. a. O. Rdn. 10; v. Gleichenstein BB 56, 762; a. A. Teichmann-Köhler §§ 118—121 Anm. I 4).

Anm. 12

4. Beendigung der Prüferstellung

Das Gesetz trifft keine Bestimmung über die *Beendigung des Prüfungsverhältnisses*. Nach § 163 Abs. 5 kann die Hauptversammlung die Wahl zum Abschlußprüfer vor Abschluß der Prüfung widerrufen. Diese Bestimmung steht in engem Zusammenhang mit der gesamten Regelung der Abschlußprüfung. Sie ist nicht auf die Sonderprüfer zu übertragen. Vielmehr ist nach dem zwischen der Gesellschaft und den Prüfern bestehenden Vertragsverhältnis zu beurteilen, ob ein Widerruf (Kündigung) zulässig ist (Ritter § 118 Anm. 2b; Godin-Wilhelmi § 142 Anm. 3). Der Widerruf ist also zwar jederzeit zulässig, jedoch muß die vereinbarte Vergütung gezahlt werden, abzüglich der Ersparnis und des Verdienstes aus einer anderweitigen Verwertung der Arbeitskraft der Prüfer (BGB §§ 671, 649). Der Widerruf kann nur von der Hauptversammlung ausgesprochen werden (Adler-Düring-Schmaltz a. a. O. Rdn. 9; Baumbach-Hueck § 142 Rdn. 6). Nach § 163 Abs. 5 kann ferner das Gericht auf Antrag des Vorstandes die Bestellung der gerichtlich bestellten Abschlußprüfer widerrufen. Auch diese Bestimmung wird hier nicht entsprechend anzuwenden sein (a. A. Ritter § 118 Anm. 6). Denn sie steht in engem Zusammenhang mit den Befugnissen, die dem Vorstand bei der Bestellung der Abschlußprüfer zustehen; solche Befugnisse hat aber der Vorstand bei der Bestellung von Sonderprüfern nicht. Fernerhin ist anzunehmen, daß das Gericht — wenn auch nicht auf Antrag, so doch — auf Anregung des Vorstands (wie jedes Dritten) von Amts wegen den Beschluß über die Bestellung des Sonderprüfers aufheben kann. Es ist ferner anzunehmen, daß ein Widerruf auf Antrag der Aktionäre erfolgen kann, die die Bestellung der Sonderprüfer erreicht haben (Adler-Düring-Schmaltz a. a. O.), und daß das Erlöschen des Anspruchs auf die Vergütung auch im Falle des Widerrufs nach den angeführten Bestimmungen des BGB zu beurteilen ist.

IV. Erfüllungszwang

Anm. 13

Die Vorstandsmitglieder können zur Erfüllung der ihnen nach § 145 obliegenden Pflichten vom Gericht durch *Ordnungsstrafen* angehalten werden (§ 407 Abs. 1). Ebenfalls durch Ordnungsstrafen erzwingbar ist die Pflicht der Prüfer zur Einreichung des von ihnen erstatteten Berichts zum Handelsregister (§ 14 HGB). Voraussetzung ist jedoch, daß der Bericht bereits erstattet ist. § 14 HGB, der allgemein von Anmeldungen und Einreichungen von Schriftstücken zum Handelsregister handelt, bildet keine geeignete Grundlage zur Erzwingung der Berichterstattung selbst (Schlegelberger-Quassowski § 121 Anm. 6; Adler-Düring-Schmaltz a. a. O. Rdn. 23; a. A. Brodmann § 267 HGB Anm. 2; vgl. Ritter § 121 Anm. 7). Die Prüfer werden aber der Gesellschaft bei nicht rechtzeitiger Erstattung des Berichtes nach allgemeinen Grundsätzen schadensersatzpflichtig. Außerdem können die Gesellschaft oder die Antragsteller auf Erstattung des Berichts klagen.

§ 146 Kosten

Bestellt das Gericht Sonderprüfer, so trägt die Gesellschaft unbeschadet eines ihr nach den Vorschriften des bürgerlichen Rechts zustehenden Ersatzanspruchs die Gerichtskosten und die Kosten der Prüfung.

Übersicht

Anm. 1

Einleitung

§ 121 Abs. 4 S. 1 AktG 1937 bestimmte, daß bei einer vom Gericht angeordneten Sonderprüfung die Hauptversammlung beschließe, ob die Kosten von der Gesellschaft zu tragen seien. Diese Regelung wurde als unbillig empfunden, weil auch die von der Minderheit erzwungene Sonderprüfung im Interesse der Gesellschaft liege und die Versammlungsmehrheit in diesem Falle die Minderheit nicht mit den Kosten belasten könne. Deshalb legt der neu eingeführte § 146 fest, daß auch im Falle gerichtlicher Bestellung der Sonderprüfer die Gerichtskosten und die Kosten der Prüfung die Gesellschaft trage. § 121 Abs. 4 S. 2 AktG 1937 gewährte der Gesellschaft bei Zurückweisung des Antrages auf Bestellung von Sonderprüfern oder bei ergebnislosem Ausgang der Prüfung gegen die vorsätzlich oder grob fahrlässig handelnden Antragsteller einen Schadensersatzanspruch. Diesen Anspruch hat AktG 1965 nicht übernommen, jedoch in § 146 bei der Kostenüberbürdung auf die Gesellschaft den Vorbehalt eines nach bürgerlichem Recht bestehenden Ersatzanspruches gemacht.

Anm. 2

1. Kostentragungspflicht

Wenn die Hauptversammlung die Sonderprüfung anordnet, ist es selbstverständlich, daß die Kosten sie treffen. Für den Fall, daß das Gericht eingeschaltet wird, sei es, daß es die Sonderprüfung gemäß § 142 Abs. 2 anordnet, sei es, daß es andere Sonderprüfer gemäß § 142 Abs. 4 bestellt, legt § 146 der Gesellschaft sowohl die Kosten der Prüfung selbst wie auch die Gerichtskosten auf. Das gilt aber nicht für anwaltliche oder sonstige sachverständige Beratungs- und Vertretungskosten der antragstellenden Minderheit; hier könnte sich höchstens aus einem Unterliegen der Gesellschaft in einem Gerichtsverfahren eine Kostenerstattungspflicht ergeben. Für den Fall dagegen, daß der Antrag der Minderheit auf Anordnung der Sonderprüfung oder auf Neubestellung von Sonderprüfern abgelehnt wird, trifft § 146 keine Regelung. Hier gelten die allgemeinen verfahrensrechtlichen Kosten- und Erstattungsregeln. Insoweit sind Anträge der Minderheit aus § 142 Abs. 2 und 4 noch mit einem, wenn auch verhältnismäßig geringfügigen Kostenrisiko belastet.

Anm. 3

2. Schadensersatzpflicht

Keine Rolle für die Kostentragungspflicht der Gesellschaft nach § 146 spielt die Frage, ob die Prüfung sich auf Grund ihres Ergebnisses als gerechtfertigt erweist. Auch wenn die geprüften Vorwürfe sich als völlig haltlos erwiesen haben, muß die Gesellschaft die Kosten im Rahmen des § 146 tragen. In diesem Falle besteht aber die Möglichkeit einer bürgerlich-rechtlichen Schadensersatzpflicht der Antragsteller. Da eine Treupflicht der Aktionäre als Grundlage einer derartigen Schadensersatzpflicht nicht in Frage kommt (vgl. § 134 Anm. 36ff.) und auch § 117 tatbestandsmäßig nicht in Betracht kommen kann, bleibt als rechtliche Grundlage wohl nur § 826 BGB. Die frühere besondere aktienrechtliche Ersatzpflicht für den Fall des Vorliegens von Vorsatz oder grober Fahrlässigkeit ist ins AktG 1965 nicht übernommen worden, weil es der Gesetzgeber als ungerechtfertigt angesehen hat, einen unberechtigten Antrag nach § 142 mit schärferen Schadensersatzpflichten zu belegen als andere prozessuale Anträge (Kropff, S. 213). Die Voraussetzungen des § 826 BGB werden bei der Geltendmachung der Minderheitsrechte aus § 142 wohl kaum jemals darzutun sein. Die Kostentragungspflicht der Gesellschaft aus § 146 ist also mindestens für die Regel eine endgültige.

§ 147 Geltendmachung von Ersatzansprüchen

(1) Die Ersatzansprüche der Gesellschaft aus der Gründung gegen die nach den §§ 46 bis 48, 53 verpflichteten Personen oder aus der Geschäftsführung gegen die Mitglieder des Vorstands und des Aufsichtsrats oder aus § 117 müssen geltend gemacht werden, wenn es die Hauptversammlung mit einfacher Stimmenmehrheit beschließt oder es eine Minderheit verlangt, deren Anteile zusammen den zehnten Teil des Grundkapitals erreichen. Das Verlangen der Minderheit ist nur zu berücksichtigen, wenn glaubhaft gemacht wird, daß die Aktionäre, die die Minderheit bilden, seit mindestens drei Monaten vor dem Tage der Hauptversammlung Inhaber der Aktien sind. Zur Glaubhaftmachung genügt eine eidesstattliche Versicherung vor einem Gericht oder einem Notar.

(2) Der Ersatzanspruch soll binnen sechs Monaten seit dem Tage der Hauptversammlung geltend gemacht werden.

(3) Zur Geltendmachung des Ersatzanspruchs kann die Hauptversammlung besondere Vertreter bestellen. Hat die Hauptversammlung die Geltendmachung des Ersatzanspruchs beschlossen oder eine Minderheit sie verlangt, so hat das Gericht (§ 14) auf Antrag von Aktionären, deren Anteile zusammen den zehnten Teil des Grundkapitals oder den Nennbetrag von zwei Millionen Deutsche Mark erreichen, als Vertreter der Gesellschaft zur Geltendmachung des Ersatzanspruchs andere als die nach §§ 78, 112 oder nach Satz 1 zur Vertretung der Gesellschaft berufenen Personen zu bestellen, wenn ihm dies für eine gehörige Geltendmachung zweckmäßig erscheint. Gegen die Entscheidung ist die sofortige Beschwerde zulässig. Die gerichtlich bestellten Vertreter können von der Gesellschaft den Ersatz angemessener barer Auslagen und eine Vergütung für ihre Tätigkeit verlangen. Die Auslagen und die Vergütung setzt das Gericht fest. Gegen die Entscheidung ist die sofortige Beschwerde zulässig. Die weitere Beschwerde ist ausgeschlossen. Aus der rechtskräftigen Entscheidung findet die Zwangsvollstreckung nach der Zivilprozeßordnung statt.

(4) Hat eine Minderheit die Geltendmachung des Ersatzanspruchs verlangt und hat die Gesellschaft, weil sie im Rechtsstreit ganz oder teilweise unterlegen ist, Kosten des Rechtsstreits zu tragen, so ist die Minderheit der Gesellschaft zur Erstattung dieser Kosten verpflichtet. Ist die Gesellschaft ganz unterlegen, so ist die Minderheit der Gesellschaft auch zur Erstattung der Gerichtskosten, die der Gesellschaft durch die Bestellung besonderer Vertreter nach Absatz 3 Satz 2 und 4 entstanden sind, sowie der baren Auslagen und der Vergütung der besonderen Vertreter verpflichtet.

Übersicht

Anm. 1

Einleitung

§ 147 faßt die Bestimmungen des früheren 7. Unterabschnittes „Geltendmachung von Ersatzansprüchen", bestehend aus den §§ 122 bis 124 unter wesentlichen Änderungen zusammen. Einmal unterstellt er dem § 147 außer den Ansprüchen aus der Gründung und der Geschäftsführung auch Ansprüche aus § 117 (Abs. 1 S. 1) und stellt durch die Bezeichnung „Ersatzansprüche" klar, daß keine Erfüllungsansprüche erfaßt werden. Zum anderen streicht er — und das ist eine Erschwerung in der Geltendmachung der Ersatzansprüche — die Regelung des bisherigen § 122 Abs. 1 S. 2, wonach eine Minderheit von 5% für die Erzwingung der Geltendmachung der Ersatzansprüche ausreichen sollte, wenn sich aus der Prüfung Ersatzansprüche ergeben hatten. Den Vorschlag des Reg.E., das Verlangen auch einer Minderheit mit einem Nennbetrag von DM 2 Millionen für erheblich zu erklären, haben die Bundestagsausschüsse wegen der befürchteten bleibenden Nachteile für die Gesellschaft (vgl. § 50 Anm. 1) auch hier abgelehnt. Dagegen ist die bisherige Verpflichtung der Minderheit nicht aufgenommen worden, für die Dauer des Rechtsstreites 10% der gesamten Aktien der Gesellschaft zu hinterlegen. Die Bestellung eines Prozeßvertreters durch das Gericht — und zwar durch das Registergericht — kann nunmehr auch dann verlangt werden, wenn die Hauptversammlung die Geltendmachung der Ansprüche beschlossen hat (Abs. 3 S. 2). Für dieses Verlangen reicht auch eine Minderheit, die den Nennbetrag von DM 2.000.000,— Aktien darstellt. In der Auswahl des Prozeßvertreters ist das Gericht frei und soll einen anderen als den von der Hauptversammlung bestellten Vertreter dann bestellen, wenn ihm dies für eine gehörige Geltendmachung der Ersatzansprüche zweckmäßig erscheint. Vergütung und Auslagen des Prozeßvertreters setzt das Gericht fest. Die bisher gemäß § 123 Abs. 3 bestehende Möglichkeit des Prozeßgerichts, auf Antrag der Beklagten eine Sicherheit der Minderheit anzuordnen, ist ebenso gestrichen worden wie die besondere Ersatzpflicht der Beklagten gegenüber aus § 123 Abs. 5. Dagegen beläßt § 147 Abs. 4 das Prozeßrisiko bei einer auf Minderheitsverlangen erhobenen Klage bei der Minderheit, die bei völligem Unterliegen der Gesellschaft auch die Kosten des Prozeßvertreters zu übernehmen hat. Schließlich sind die besonderen Bestimmungen des früheren § 124 über Verzicht und Vergleich gestrichen, weil die Minderheit in den die Ersatzpflicht begründenden Vorschriften hinreichend gegen derartige Rechtsgeschäfte gesichert ist.

I. Zwang zur Geltendmachung von Ersatzansprüchen

Anm. 2

1. Betroffene Ansprüche

Die Hauptversammlung oder eine Minderheit, deren Anteile zusammen den zehnten Teil des Grundkapitals erreichen, können die Geltendmachung der Ansprüche der Gesellschaft aus der Grün-

dung, Geschäftsführung oder aus § 117 verlangen (Abs. 1 S. 1). Bei den Ansprüchen aus der Gründung handelt es sich genauer um die Ersatzansprüche gegen die Gründer und die Personen, für deren Rechnung die Gründer Aktien übernommen haben (§ 46), gegen die Mitglieder des Vorstands und des Aufsichtsrats (§ 48), gegen die mit den Gründern gemäß § 47 gesamtschuldnerisch haftenden Personen, sowie um die Ersatzansprüche aus der Nachgründung gegen die Mitglieder des Vorstands und des Aufsichtsrats und die neben diesen nach dem entsprechend anzuwendenden § 47 haftenden Personen (§ 53). Auf Ersatzansprüche gegen andere Personen, z. B. gegen Prüfer oder Angestellte der Gesellschaft, bezieht sich die Bestimmung nicht. Sie bezieht sich auch nicht auf andere Ansprüche gegen die Gründer oder Verwaltungsmitglieder, z. B. auf Ansprüche aus der Aktie oder aus besonderen Verträgen. Bei den Ansprüchen aus der Geschäftsführung handelt es sich um Ersatzansprüche gegen Vorstands- und Aufsichtsratsmitglieder aus §§ 93, 116, auch wenn sie aus dem Amt geschieden sind (RG 74, 302; Hueck, Die Vertretung von Kapitalgesellschaften im Prozeß in Festschrift für Bötticher 1963 S. 200), ferner gegen Abwickler und Aufsichtsratsmitglieder in der Liquidation. Schließlich fallen unter § 147 Abs. 1 auch alle Ansprüche, die sich aus § 117 ergeben, einerlei gegen wen sie sich richten, also auch gegen den Dritten, einen Prokuristen, Handlungsbevollmächtigten oder gegen den, der einen Vorteil erlangt hat.

Unter Abs. 1 fallen aber lediglich Ersatzansprüche, nicht Erfüllungsansprüche, Rechtsgestaltungen usw. Für sie kann auf dem Wege über § 147 kein Zwang zur Geltendmachung ausgeübt werden. Unerheblich ist es, ob die Klage auf Schadensersatz oder Unterlassung gerichtet wird und ob sie als Leistungs- oder Feststellungsklage erhoben wird. Im Falle des Konkurses ist § 147 nicht anwendbar (RG 76, 248); hier ist ausschließlich der Konkursverwalter legitimiert.

Anm. 3

2. Hauptversammlungsbeschluß

Der Anspruch muß geltend gemacht werden, wenn es die Hauptversammlung *mit einfacher Mehrheit* beschließt. Die Hervorhebung der Notwendigkeit der einfachen Mehrheit hat die Bedeutung, daß die *Satzung* das Recht nicht durch das Verlangen einer größeren Mehrheit oder anderer Erfordernisse erschweren kann. Der Beschluß kann wie andere Hauptversammlungsbeschlüsse nur gefaßt werden, wenn die Verhandlung ordnungsmäßig angekündigt ist. Dazu ist nicht stets die ausdrückliche Ankündigung der Geltendmachung von Ersatzansprüchen erforderlich; andererseits genügt dazu nicht die Ankündigung der Verhandlung über die Gründung oder Geschäftsführung oder über die Entlastung der Verwaltungsträger, wohl aber regelmäßig die *Ankündigung der Verhandlung über den Bericht von Sonderprüfern* (§ 145 Anm. 7; Baumbach-Hueck Rdn. 5; siehe auch Godin-Wilhelmi Anm. 5; wie hier OLG Köln WM 59, 1402). Der Beschluß kann noch in derselben Versammlung mit einfacher Mehrheit widerrufen werden; es bedarf dazu keiner besonderen Ankündigung (§ 119 Anm. 16).

Anm. 4

3. Verlangen einer 10%igen Minderheit

Der Anspruch muß auch geltend gemacht werden, wenn es eine *Minderheit* verlangt, *deren Anteile zusammen den zehnten Teil des Grundkapitals erreichen.* Maßgebend ist das vorhandene Grundkapital, nicht das auf der Hauptversammlung vertretene. Unerheblich ist die Stimmberechtigung. Inhaber von stimmrechtslosen Vorzugsaktien, von nicht volleingezahlten Aktien ohne Stimmrecht und von Aktien, deren Inhaber einem Stimmrechtsverbot unterliegen, können sich an dem Verlangen beteiligen; auch bei der Berechnung des erforderlichen Anteils am Grundkapital sind solche Aktien mitzuzählen. Die Minderheitsaktionäre müssen, wie sich aus S. 2 ergibt, seit mindestens drei Monaten vor dem Tage der Hauptversammlung Inhaber der Aktien sein (Anm. 9).

Anm. 5

a) Art des Verlangens

Das Gesetz sagt zwar nicht ausdrücklich, daß das Verlangen der Minderheit auf einer Hauptversammlung gestellt werden muß (vgl. den Wortlaut von § 122 Abs. 1 S. 1: „schriftlich", „an den Vorstand zu richten"); jedoch setzt dies § 147 Abs. 2 offenbar voraus, ebenso Abs. 1 S. 3. Geht man demgemäß davon aus, daß das Verlangen auf der Hauptversammlung gestellt sein muß, so wird man den Sinn der Bestimmung darin zu sehen haben, daß die Hauptversammlung Gelegenheit erhalten soll, über die Geltendmachung der Ansprüche zu verhandeln und sie selbst zu beschließen. Es ist daher mit der herrschenden Lehre anzunehmen, daß der Gegenstand des Verlangens auf der Hauptversammlung einer Ankündigung bedarf, auf Grund deren die Mehrheit in der Lage wäre, die Geltendmachung der Ansprüche zu beschließen. Nicht notwendig ist, daß das Verlangen selbst angekündigt wird (vgl. oben Anm. 3). Der herrschenden Lehre (anders KGJ 20 A 167) ist auch darin zu folgen, daß das Verlangen der Minderheit nicht nur dann beachtlich ist, wenn ihm eine ablehnende Beschlußfassung der Hauptversammlung über die Geltendmachung der Ersatzansprüche vorausgegangen ist. Es genügt, daß die Hauptversammlung Gelegenheit zu dieser Beschlußfassung hatte (vgl. auch Anm. 8).

Anm. 6

b) Deutliche Geltendmachung

Das Verlangen muß von der Minderheit unzweideutig als solches gestellt werden. Es genügt nicht ein Antrag, daß die Hauptversammlung die Geltendmachung beschließen möge (Godin-Wilhelmi Anm. 6; Baumbach-Hueck Rdn. 5; AG München AktG 59, 24); erst recht genügt nicht, daß eine Minderheit von 10% des Grundkapitals für einen solchen Antrag gestimmt hat (KG a. a. O.). Das Verlangen muß *so bestimmt* sein, daß über die im Prozeß zu stellenden Anträge und über den Klagegrund kein Zweifel besteht. Insbesondere muß es daher die *Vorgänge, auf die die Ansprüche gestützt werden sollen, und die Höhe* der geltend zu machenden Ersatzansprüche angeben, soweit in dem zu erhebenden Rechtsstreit der Antrag auf einen bestimmten Betrag gerichtet werden muß (a.A. KGJ 21 A 80; AG München a. a. O.; Ritter § 122 Anm. 3b). Steht der Schaden der Höhe nach noch nicht fest, so kann das Verlangen auf die Erhebung der Feststellungsklage unter Vorbehalt des Übergangs zur Leistungsklage gerichtet werden. Nach § 130 Abs. 1 S. 2 muß das Verlangen in das notarielle Protokoll aufgenommen werden, so daß neben dem Versammlungsleiter auch der Notar Veranlassung hat, dafür zu sorgen, daß den vorgenannten Erfordernissen genüge getan wird.

Anm. 7

c) Keine Anfechtbarkeit

Das Minderheitsverlangen stellt keinen Beschluß der Hauptversammlung dar; es ist auch nicht wie ein solcher zu behandeln (Ritter § 122 Anm. 3b; Brodmann HGB § 271 Anm. 1 IIc; a.A. Staub HGB § 268 Anm. 3). Es ist daher auch nicht eine Anfechtung des Minderheitsverlangens möglich, wie Staub a. a. O. meint (Godin-Wilhelmi Anm. 5). Auch haben die anderen Aktionäre keine Möglichkeit, Mängel des Minderheitsverlangens, z. B. die mangelnde Ankündigung, geltend zu machen. Dies Bedenken wiegt aber nicht schwer, da die Gesellschaft durch die Pflicht der Minderheit zur Kostentragung gemäß Abs. 4 in etwa geschützt ist. Überdies ziehen Mängel, die bei Beschlüssen die Anfechtbarkeit zur Folge haben, die Nichtigkeit des Verlangens nach sich. Der Vorstand braucht daher einem mangelhaften Verlangen nicht Folge zu leisten. Sowohl das Gericht, bei dem gemäß Abs. 3 S. 2 die Minderheit die Bestellung eines besonderen Vertreters für den Rechtsstreit beantragt, als auch das Prozeßgericht können die Wirksamkeit des Verlangens nachprüfen. Es bedarf nicht der Erhebung eines Widerspruchs.

Anm. 8

d) Hinfälligkeit durch Hauptversammlungsbeschluß. Widerruf

Die Stellung des Verlangens der Minderheit wird hinfällig, wenn die Versammlung die Geltendmachung der Ansprüche beschließt. Das war nach früherem Recht anders (vgl. Voraufl. § 122 Anm. 7), da die Stellung des Verlangens die Voraussetzung der weiteren Rechte der Minderheit, insbesondere des Antrages auf Bestellung eines Vertreters und der Unzulässigkeit eines Verzichts oder Vergleichs gegen den Willen der Minderheit bildete. Heute aber ist das Verlangen für die Minderheit wegen des Kostenrisikos aus Abs. 4 sogar nachteiliger, so daß die Annahme eines Ausschlusses des Verlangens durch einen auf das gleiche Ziel gerichteten Beschluß gerechtfertigt ist (Baumbach-Hueck Rdn. 5; a. M. Godin-Wilhelmi Anm. 5). Die Minderheit ist ja nicht gehindert, ihr Verlangen zu wiederholen, wenn der Beschluß aufgehoben wird oder sich als nichtig herausstellt.

Das Verlangen der Minderheit kann *widerrufen* werden, jedoch ebenfalls nur auf einer Hauptversammlung. Der Widerruf kann noch auf derselben Hauptversammlung ausgesprochen werden, auf der das Verlangen gestellt wurde (vgl. Anm. 3). Der Widerruf gilt als erfolgt, wenn sich ihm so viele Aktionäre angeschlossen haben, daß die restlichen Aktien keine 10% des Grundkapitals mehr darstellen. Erfolgt der Widerruf vor Erhebung der Klage, so braucht diese nicht erhoben zu werden. Erfolgt er später, so wirkt er nicht unmittelbar auf den Prozeß ein, verpflichtet aber die Prozeßvertreter, einerlei, ob sie von der Hauptversammlung oder vom Gericht bestellt sind, den Prozeß im Rahmen der bestehenden prozessualen Möglichkeiten abzubrechen. Aus dem Kostenrisiko des Abs. 4 kommen die widerrufenden Minderheitsaktionäre nicht für die Vergangenheit, sondern nur für die Zukunft heraus, und auch das nur insoweit, als die Prozeßbeendigung nicht notwendig noch weitere Kosten erfordert. Die Meinung von Godin-Wilhelmi Anm. 5, aus der Streichung der gemäß § 123 Abs. 2 AktG 1937 vorgeschriebenen Hinterlegung der Minderheitsaktien auf die Dauer des Prozesses ergebe sich, daß ein Auseinanderfallen der Minderheit die einmal ausgelöste Pflicht zur Geltendmachung der Ersatzansprüche nicht berühre, ist nicht zutreffend. Damit wäre ein Widerruf rechtlich ohne Bedeutung. Das kann aber schon deshalb nicht richtig sein, weil dann ja jede Möglichkeit für die Minderheit entfiele, sich aus einem allmählich übergroß werdenden Kostenrisiko zurückzuziehen, und der Prozeßvertreter trotz nunmehr voraussehbarem Prozeßverlust gezwungen bliebe, den Prozeß bis zum bitteren rechtskräftigen Ende durchzustehen.

Anm. 9

e) Nachweis eines dreimonatlichen Aktienbesitzes für die Minderheit

Das Verlangen der Minderheit ist nur beachtlich, wenn glaubhaft gemacht wird, daß die Aktionäre, die die Minderheit bilden, seit mindestens drei Monaten vor dem Tage der Hauptversammlung Inhaber der Aktien sind; zum Nachweis ist eine eidesstattliche Versicherung vor einem Gericht oder Notar ausreichend. Hieraus ergibt sich, daß sich an dem Verlangen nur Aktionäre beteiligen können, die seit mindestens drei Monaten Inhaber der Aktien sind (oben Anm. 4). Für die Berechnung der Aktienbesitzzeit gilt § 70; vgl. auch § 142 Anm. 12. Die Formulierung des Abs. 1 S. 2 bringt zum Ausdruck, daß das Verlangen der Minderheit ohne Nachweis auf der Hauptversammlung zwar wirksam gestellt werden kann, rechtliche Wirkung sei es als Zwang zur Geltendmachung der Ansprüche, sei es als Grundlage eines Verlangens auf Bestellung eines besonderen Vertreters nach Abs. 3 S. 2 aber erst äußern kann, wenn die Glaubhaftmachung erfolgt ist. Das hindert selbstverständlich die Verwaltung nicht, die Ansprüche von sich aus geltend zu machen. Dann ist das aber ein nicht unter § 147 einzuordnender Tatbestand.

Anm. 10

4. Bedingungslose Pflicht zur Geltendmachung der Ersatzansprüche

Hat die Hauptversammlung die Geltendmachung beschlossen oder eine ausreichende Minderheit das Verlangen gestellt, so *müssen* die Ansprüche geltend gemacht werden.

Der Vorstand und, sofern es sich um Ansprüche gegen im Amt befindliche Vorstandsmitglieder handelt, der Aufsichtsrat sind zur Geltendmachung verpflichtet (Hueck a. a. O. S. 200). Sie können die Geltendmachung nicht etwa ablehnen, weil sie der Meinung sind, daß die Ansprüche, deren Geltendmachung beschlossen oder verlangt worden ist, nicht bestehen. Die Auffassung der Hauptversammlung bzw. der Minderheit über das Bestehen der Ansprüche ist für die Verwaltungsmitglieder verbindlich.

Die Verwaltungsmitglieder sind aber keineswegs nur im Falle eines Beschlusses der Hauptversammlung oder eines Verlangens einer ausreichenden Minderheit zur Geltendmachung der Ersatzansprüche aus der Gründung oder Geschäftsführung berechtigt und verpflichtet. *Die Geltendmachung solcher Ansprüche gehört zu den Aufgaben des Vorstands.* Soweit es sich um Ansprüche gegen derzeitige Vorstandsmitglieder handelt, muß der Aufsichtsrat dafür sorgen, daß das Erforderliche gegen sie unternommen wird (§ 112). Die Vorstands- und Aufsichtsratsmitglieder, die diese Pflicht schuldhaft verletzen, werden der Gesellschaft schadensersatzpflichtig. Nur ist es mangels eines Beschlusses der Hauptversammlung und eines Verlangens der Minderheit Sache des pflichtmäßigen Ermessens der Verwaltungsorgane, zu beurteilen, ob die Ansprüche bestehen und geltend gemacht werden sollen. Für die Erfüllung dieser Pflicht sind die Verwaltungsorgane selbständig verantwortlich; auch ein Beschluß der Hauptversammlung, der die Geltendmachung ablehnt, befreit sie nicht (vgl. § 93 Anm. 32).

Anm. 11

5. Geltendmachung durch Klage

Unter *Geltendmachung* versteht das Gesetz die gerichtliche Geltendmachung. Dies zeigt der Abs. 4, der „Geltendmachung“ mit „Rechtsstreit“ gleichsetzt. Dies schließt natürlich nicht aus, daß zunächst versucht wird, auf außergerichtlichem Wege zum Ziel zu kommen. Eben deshalb verlangt das Gesetz nicht unverzügliche Klagerhebung, sondern Erhebung der Klage binnen sechs Monaten (Abs. 2). Unerheblich ist die verfahrensrechtliche Form der gerichtlichen Geltendmachung (s. auch Anm. 2). Die Geltendmachung kann auch im Wege einer Einwendung erfolgen, namentlich gegenüber einer negativen Feststellungsklage. Natürlich genügt diese Form der Geltendmachung nicht, wenn die Hauptversammlung oder die Minderheit die Erhebung der Leistungsklage verlangt hat. Als gerichtliche Geltendmachung muß auch eine schiedsgerichtliche genügen, und zwar sowohl dann, wenn schiedsgerichtliche Zuständigkeit vereinbart war (z. B. als Bestandteil des Vertrages mit einem in Regreß zu nehmenden Vorstandsmitglied — in diesem Falle kann das Schiedsgericht gar nicht umgangen werden —), wie auch dann, wenn sie nunmehr vereinbart wird, sei es von der Gesellschaft, sei es von dem von Hauptversammlung oder Gericht bestellten Prozeßvertreter.

Aus der in § 269 HGB gebrauchten Formulierung, daß die Geltendmachung binnen drei Monaten erfolgen müsse, hatte die h. M. früher geschlossen, es handele sich um eine Ausschlußfrist. Dadurch, daß im Anschluß an § 123 Abs. 1 S. 1 AktG 1937 auch § 147 Abs. 2 nur von einem Sollen spricht, ist klargestellt, daß es sich um keine Ausschlußfrist handelt. Es ist auch nicht ersichtlich, weshalb die Wirkung des Hauptversammlungsbeschlusses oder des Minderheitsverlangens überhaupt die Wirkung eines Ausschlusses haben könnte und mit Ablauf der Frist erlöschen sollte (Baumbach-Hueck Rdn. 6; Godin-Wilhelmi Anm. 6). Die Bestimmung will nicht das Klagerecht befristen derart, daß nach Ablauf der Frist der Schuldner nicht mehr belangt werden könnte, sondern will lediglich den zur Erhebung der Klage berufenen Vertretern der Gesellschaft vorschreiben, bis wann sie spätestens von der Klagebefugnis der Gesellschaft Gebrauch machen sollen. Aus der Bestimmung ist auch nicht zu entnehmen, daß die Vertreter der Gesellschaft unter allen Umständen berechtigt sind, die Klage erst sechs Monate nach der Hauptversammlung zu erheben. Die Frist will ihnen vielmehr Gelegenheit geben, eine Befriedigung der Gesellschaft ohne Klage zu versuchen. Erweist sich dies als unmöglich und ist auch eine Verzögerung im Interesse einer besseren Vorbereitung des Prozesses nicht erforderlich, so ist die Klage unverzüglich zu erheben.

II. Besondere Vertreter

Anm. 12

1. Bestellung durch die Hauptversammlung

Zur Geltendmachung des Ersatzanspruchs kann die Hauptversammlung besondere Vertreter bestellen (Abs. 3 S. 1). Diese Befugnis steht der Hauptversammlung auch zu, wenn die Geltendmachung des Anspruchs nicht von ihr beschlossen, sondern von einer Minderheit verlangt worden ist (so auch Hueck a. a. O. S. 200). Das Recht der Minderheit, bei Gericht die Bestellung anderer Vertreter zu beantragen, wird dadurch nicht berührt. Durch die Bestellung besonderer Vertreter wird die gesetzliche Vertretungsmacht des Vorstands und des Aufsichtsrats insofern ausgeschlossen. *Die „besonderen Vertreter" sind im Rahmen ihrer Befugnisse die gesetzlichen Vertreter der Gesellschaft,* nicht etwa der Minderheit, wenn diese die Bestellung beantragt hat (vgl. dazu Anm. 13). Die Vorstands- und Aufsichtsratsmitglieder können daher in dem Rechtsstreit als *Zeugen* vernommen werden (Schlegelberger-Quassowski § 122 Anm. 5; Baumbach-Hueck Rdn. 10; Godin-Wilhelmi Anm. 8). Die besonderen Vertreter müssen prozeßfähig sein. Sonstige besondere Eigenschaften verlangt das Gesetz nicht. Auch Mitglieder des Vorstands oder des Aufsichtsrats können zu besonderen Vertretern bestellt werden, sofern sich nicht die geltend zu machenden Ansprüche gegen sie selbst richten (RG 66, 240). Die Bestellung erfolgt unmittelbar durch die Hauptversammlung mit einfacher Stimmenmehrheit; sie bedarf der Annahme durch den Bestellten. Mehrere Vertreter haben im Zweifel Gesamtvertretungsbefugnis. Die besonderen Vertreter sind sowohl zur außergerichtlichen wie zur gerichtlichen Geltendmachung befugt und können im Rahmen ihrer Aufgabe Einsicht in die Bücher und Schriften der Gesellschaft verlangen und dieses Recht durch Klage gegen die Gesellschaft geltend machen (RG 83, 248). Auch ein Recht der Vertreter gegen den Vorstand auf Auskunft ist anzuerkennen. § 145 Abs. 1 u. 2 sind entsprechend anzuwenden, da der Vorstand denjenigen Pflichten, die ihm zur Vorbereitung der Geltendmachung von Ersatzansprüchen auferlegt sind, auch bei der Geltendmachung selbst unterliegen muß (Teichmann-Köhler § 122 Anm. 4; Baumbach-Hueck Rdn. 10; Godin-Wilhelmi Anm. 8). Ob die Vertreter ordnungsgemäß bestellt sind, unterliegt nicht der Nachprüfung durch das Prozeßgericht (OLG Hamburg ZHR 43, 326).

Anm. 13

2. Bestellung durch das Gericht

Auf Antrag einer Minderheit von 10% des Grundkapitals oder mit Aktien im Nennbetrage von DM 2.000.000,— hat das Gericht seinerseits besondere Vertreter zu bestellen (Abs. 2 S. 1). Voraussetzung ist, daß ein Beschluß der Hauptversammlung oder ein Minderheitsverlangen gemäß Abs. 1 vorliegt und daß beide Vorgänge sich auf die in Abs. 1 genannten Ansprüche (Anm. 2) beziehen. Nicht Voraussetzung ist, daß die Hauptversammlung ihrerseits Personen zu besonderen Vertretern bestellt hat; denn hat sie dies nicht getan, so wird sie im Rahmen ihrer gesetzlichen Vertretung — grundsätzlich durch den Vorstand gemäß § 78 und im Rahmen des § 112 durch den Aufsichtsrat — vertreten. Diese gesetzliche Vertretung wie auch die etwa von der Hauptversammlung beschlossene besondere Vertretung wird durch den Antrag der Minderheit nach Abs. 3 S. 2 betroffen. Er geht auf Bestellung anderer Personen zur Vertretung der Gesellschaft bei der Geltendmachung der Ersatzansprüche. Erfordert wird entweder die in Abs. 1 S. 1 genannte Minderheit von 10% des Grundkapitals oder eine Minderheit mit einem Nennbetrag von DM 2.000.000,— Aktien. Diese letztere Alternative ist in Abs. 3 im Gegensatz zu Abs. 1 (vgl. Anm. 1) zugelassen worden, weil sie durch gerichtliche Benennung des erbetenen Vertreters der gerichtlichen Kontrolle unterliegt (vgl. Kropff S. 68). Diese unterschiedliche Bestimmung der erforderlichen Minderheit in Abs. 1 und 3 zusammen mit dem in Abs. 3 fehlenden Erfordernis des Nachweises eines dreimonatigen Aktienbesitzes läßt aber erkennen, daß die beiden Minderheiten nicht identisch zu sein brauchen (Hueck a. a. O. S. 201; Baumbach-Hueck Rdn. 9; Godin-Wilhelmi Anm. 9).

Andere Vertreter sind vom Gericht zu berufen, wenn ihm dies für eine gehörige Geltendmachung zweckmäßig erscheint. Dabei sind die Aussichten der Klage nicht zu berücksichtigen, sondern ist nur zu erwägen, ob die Interessen der Minderheit bei der Vertretung gemäß §§ 78, 112 oder 147 Abs. 2 S. 1 ausreichend gewahrt erscheinen. Daß den nach diesen Bestimmungen zur Durchführung des Rechtsstreites berufenen Personen im Hinblick auf eine gehörige Geltendmachung der Ansprüche nicht zu trauen sei (so Bayr. ObLG in JW 31, 2998; Staub HGB § 268, Anm. 10; vgl. auch Schlegelberger-Quassowski § 122, Anm. 5), ist wohl zu eng; es muß auch auf die subjektiven Empfindungen der Minderheit Rücksicht genommen und eine Vertretung ausgeschlossen werden, die der Minderheit in ihrem Verhältnis zur Versammlungsmehrheit nicht als objektiv erscheint. Nach diesem Prinzip hat das Gericht — es handelt sich auch hier wiederum um das Amtsgericht als Registergericht — auch den neuen Vertreter auszuwählen. Eine Bindung an die Vorschläge der Minderheit besteht im Gegensatz zu § 122 Abs. 2 S. 2 AktG 1937 nicht mehr. Das Gericht sollte einen Vertreter auswählen, der allseits als objektiv und neutral und nicht auf die Meinungen der einen oder anderen Aktionärsgruppe oder der Verwaltung festgelegt gilt.

Das Verfahren richtet sich nach FGG. Das Gericht hat die Gesellschaft und die antragstellende Minderheit zu hören, gegebenenfalls auch den abzulösenden, nach Abs. 3 S. 1 bestellten besonderen Vertreter. Die Entscheidung ergeht durch Beschluß, gegen den sofortige Beschwerde und gegebenenfalls weitere Beschwerde zulässig ist.

Die Kosten des gerichtlichen Bestellungsverfahrens gehen, da in § 147 nichts anderes bestimmt ist, zu Lasten der antragstellenden Minderheit. Der Reg.E. wollte das durch eine Bestimmung ändern, die der Gesellschaft die Kosten des gerichtlichen Bestellungsverfahrens auferlegte, wenn dem Antrag stattgegeben wurde. Diese Bestimmung soll aber durch ein Redaktionsversehen gestrichen worden sein (vgl. Kropff S. 215 Fußnote). Einen gewissen Ausdruck findet sie noch in Abs. 4 S. 2. Ob das allerdings ausreicht, die versehentlich nicht in das Gesetz aufgenommene Kostentragungspflicht der Gesellschaft für ein erfolgreiches Bestellungsverfahren anzunehmen, ist zweifelhaft.

Anm. 14

3. Rechtsstellung des gerichtlich bestellten Vertreters

Für die Vergütung und die Auslagen des besonderen Vertreters bestimmt Abs. 3 S. 4 bis 8 die gleiche Regelung, wie sie für den Sonderprüfer auf Grund des § 142 Abs. 4 in Verbindung mit § 146 besteht. Auf die Erläuterungen hierzu in § 142 Anm. 22 und § 146 Anm. 2 sei verwiesen. Der gerichtlich bestellte Vertreter hat die gleiche Rechtsstellung und dieselben Rechte wie der von der Hauptversammlung bestellte Vertreter (Anm. 12). Die gesetzliche Vertretungsbefugnis der Verwaltungsorgane und des etwa von der Hauptversammlung gemäß Abs. 3 S. 1 bestellten Vertreters wird durch die gerichtliche Bestellung eines Sondervertreters ausgeschlossen. Der gerichtlich bestellte besondere Vertreter steht ebenso wie der Sonderprüfer (§ 145 Anm. 10) nur in einem Rechtsverhältnis zur Gesellschaft, nicht zu der Minderheit (Baumbach-Hueck Rdn. 10; Godin-Wilhelmi Anm. 9; teilweise abweichend Staub HGB § 268, Anm. 10). Hinsichtlich der geltendzumachenden Ansprüche ist er an den Hauptversammlungsbeschluß bzw. das Minderheitsverlangen gebunden.

Anm. 15

4. Gesellschaft in der Rolle des Beklagten

Die Bestellung besonderer Vertreter durch die Hauptversammlung kann auch erfolgen, wenn die Gesellschaft die Rolle des Beklagten hat, insbesondere bei einer negativen Feststellungsklage; früher, als die Entlastung noch die Wirkung des Erlöschens der Ansprüche der Gesellschaft hatte, kam hierfür auch die Klage auf Entlastung gegen die Gesellschaft in Betracht (RG 114, 396; vgl. jetzt § 121 Anm. 10).

Anm. 16

5. Gesetzliche Vertretung, wenn kein besonderer Vertreter bestellt

Im übrigen richtet sich die Vertretung nach §§ 78, 112, und zwar auch dann, wenn die Minderheit die Geltendmachung des Anspruchs verlangt hat. Werden also weder von der Hauptversammlung noch von dem Gericht besondere Vertreter bestellt, so ist gesetzlicher Vertreter der Gesellschaft der Vorstand (§ 78) oder, wenn es sich um Ansprüche gegen im Amt befindliche Vorstandsmitglieder handelt, der Aufsichtsrat (§ 112). Für die Begründung der gesetzlichen Vertretungsbefugnis des Aufsichtsrats gemäß § 112 hat das ordnungsmäßig gestellte Minderheitsverlangen die gleiche Wirkung wie ein Hauptversammlungsbeschluß.

Die Geltendmachung der Ansprüche kann durch den Vorstand und im Rahmen des § 112 durch den Aufsichtsrat auch ohne einen Beschluß der Hauptversammlung oder ein Verlangen der Minderheit erfolgen (vgl. oben Anm. 10). Es ist aber anzunehmen, daß die Vertretungsbefugnis des Vorstands und des Aufsichtsrats auch bei einem Rechtsstreit, den sie von sich aus eingeleitet haben, durch die Bestellung von besonderen Vertretern durch die Hauptversammlung oder das Gericht nachträglich ausgeschlossen wird. Der Rechtsstreit ist im Namen der Gesellschaft von den bestellten Vertretern fortzusetzen; es ist nicht etwa ein zweiter Rechtsstreit anhängig zu machen; diesem würde die Einrede der Rechtshängigkeit entgegenstehen (Baumbach-Hueck Rdn. 10; Godin-Wilhelmi Anm. 8; Brodmann HGB § 268 Anm. 5; a. A. Staub HGB § 268 Anm. 12). Es liegt lediglich ein Wechsel der gesetzlichen Vertretung während des Schwebens des Rechtsstreits vor.

III. Kostenerstattungspflicht der Minderheit

Anm. 17

1. Bei der Gesellschaft entstehende Kosten

Bei der Gesellschaft können in Verfolg des § 147 eine Reihe von Kosten entstehen.

a) Wird der gemäß § 147 angestrengte Prozeß ganz oder teilweise verloren, so kommen auf die Gesellschaft nach den allgemeinen Grundsätzen des deutschen Prozeßrechts, daß der Unterliegende die Kosten trägt, die Kosten des Rechtsstreites, bestehend aus Gerichts- und Anwaltskosten sowie Auslagen, zu.

b) Ist ein besonderer Vertreter gemäß Abs. 3 vom Gericht bestellt, so entstehen Kosten durch das Bestellungsverfahren, die an sich die antragstellende Minderheit treffen, die aber, wenn man die durch das Redaktionsversehen gestrichene Bestimmung über die Übernahme durch die Gesellschaft berücksichtigt (vgl. oben Anm. 13), diese treffen; hat sie in dem Bestellungsverfahren Beschwerde eingelegt, so können aus dem Verlust der Beschwerdeinstanzen weitere Kosten auf die Gesellschaft zukommen.

c) Schließlich entstehen durch die Tätigkeit eines, sei es von der Hauptversammlung, sei es vom Gericht bestellten besonderen Vertreters Kosten, die seine Vergütung und seine Auslagen betreffen und die bei gerichtlicher Bestellung im Falle einer Nichteinigung der Gesellschaft mit dem Vertreter durch das Gericht gemäß Abs. 3 S. 4 und 5 festgesetzt werden. Diese letzteren Kosten sind keine Kosten des Rechtsstreites (Ritter § 123 Anm. 5; teilweise abweichend Staub HGB § 269 Anm. 11), es sei denn insoweit, als sie mit den Kosten des anwaltlichen Vertreters zusammenfallen.

Anm. 18

2. Erstattung der Prozeßkosten

Abs. 4 S. 1 bestimmt nun, daß die zu 1 (Anm. 17) a genannten Kosten des Rechtsstreites der Gesellschaft — allerdings nur insoweit, wie sie durch das Unterliegen, nicht etwa gemäß § 95 ZPO entstanden sind — von der Minderheit zu ersetzen sind, wenn die Minderheit die Geltendmachung des Ersatzanspruches gemäß Abs. 1 S. 1 verlangt hat, darauf der Prozeß geführt worden ist und die Gesellschaft ganz oder teilweise unterlegen ist. Diese Regelung bedeutet, daß eine Minderheit von 10%, die den Prozeß erzwungen hat, an den Chancen — der Ersatzanspruch steht ja der Gesellschaft zu und der erstrittene Betrag geht in deren Kasse — nur in Höhe ihres Aktienbesitzes von 10% indirekt beteiligt ist, das Kostenrisiko des Prozesses aber voll trägt. Diese Regelung ist ein höchst wirksamer Schutz gegen einen Mißbrauch des Minderheitsrechts aus § 147. Zu seiner Effektivität fordert er aber, daß die die Minderheit bildenden Aktionäre auch identifizierbar sind. Dabei handelt es sich um die Minderheit, die das Verlangen auf Geltendmachung der Ersatzansprüche nach Abs. 1 S. 1 gestellt hat, und nicht um die mit ihr nicht notwendig identische Minderheit, die den Antrag auf gerichtliche Bestellung eines besonderen Vertreters nach Abs. 3 S. 2 gestellt hat (vgl. Anm. 13). Die Minderheit gemäß Abs. 1 S. 1 muß den Nachweis eines dreimonatigen Aktienbesitzes vor der Hauptversammlung führen. Dieser Nachweis gibt der Gesellschaft die Möglichkeit, die Aktionäre zwecks Geltendmachung der Kostenerstattungspflicht aus Abs. 4 S. 1 zu identifizieren, zumal es hier auf den wirklichen Aktionär ankommt (oben Anm. 9; § 142 Anm. 5). Die zur Minderheit gehörenden Aktionäre haften gemäß § 421 BGB als Gesamtschuldner, eine weitere Sicherung gegen eine leichtfertige Geltendmachung des Minderheitsverlangens. Wegen der mit dem Widerruf des Verlangens eintretenden Beendigung der Kostenerstattungspflicht vgl. Anm. 8.

Anm. 19

3. Erstattung der weiteren Kosten

Abs. 4 S. 2 bestimmt nun aber — und hier beginnt die Unklarheit der Bestimmung —, daß im Falle eines völligen Unterliegens auch die zu 1 (Anm. 17) b und c genannten Kosten von der Minderheit zu erstatten sind. Das setzt hinsichtlich der zu b genannten Kosten natürlich voraus, daß sie überhaupt die Gesellschaft treffen (vgl. Anm. 13). Zum anderen wird davon ausgegangen — Baumbach-Hueck Rdn. 12 macht auf diese Ungereimtheit aufmerksam —, daß die Minderheit, die die Bestellung des besonderen Vertreters beantragt hat, mit der identisch ist, die die Geltendmachung des Anspruches verlangt hat. Das braucht aber nicht der Fall zu sein (Anm. 13). Baumbach-Hueck a. a. O. will das Dilemma dadurch lösen, daß die Minderheit, die die Bestellung des besonderen Vertreters beantragt hat, die Kosten aus Abs. 4 S. 2 zu erstatten habe. Diese Lösung scheitert aber daran, daß die zu dieser Minderheit gehörenden Aktionäre der Gesellschaft gar nicht bekannt zu sein brauchen, das Registergericht auch schwerlich verpflichtet ist, ihre Identität festzustellen, bevor es sich auf einen Antrag auf Bestellung eines besonderen Vertreters einläßt. Da hier der Nachweis eines dreimonatigen Aktienbesitzes nicht erforderlich ist, genügt für den Nachweis, daß hinter dem Antrag 10% des Aktienbesitzes stehen, die Bestätigung einer Hinterlegungsstelle, daß z. B. für den Antragsteller 10% des Aktienbesitzes hinterlegt seien. Infolgedessen wird nichts anderes übrigbleiben, als — dafür spricht ja auch der Wortlaut des Abs. 4 — die Minderheit des Abs. 1 S. 1 auch für die Kosten des besonderen Vertreters (Ziff. 1 — Anm. 17 — b und c) verantwortlich zu halten, obwohl sie für diese Kosten gar nicht verantwortlich zu sein brauchen. Schließlich ist es auch ungereimt, diese Kosten nur dann ersetzen zu lassen, wenn die Gesellschaft ganz unterliegt. Werden die Kosten im Prozeß gemäß dem Prozeßausgang etwa im Verhältnis 9 (Gesellschaft) : 1 (Prozeßgegner) verteilt, so wird das Prozeßergebnis in der Endabrechnung ein Minus für die Gesellschaft ergeben. Warum soll dann aber die Minderheit von der Erstattung der zu 1 b und c genannten Kosten frei sein? Sinnentsprechend ist deshalb eine Auslegung des Begriffes „ganz unterliegen" dahin erforderlich, daß auch die Kosten zu 1 b und c insoweit von der Minderheit zu erstatten sind, als sie aus dem erstrittenen Prozeßergebnis nicht gedeckt werden können.

IV. Zwingender Charakter des § 147

Anm. 20

Die Regelung des § 147 ist mindestens insoweit zwingendes Recht, als die Gesellschaft die Geltendmachung der unter Abs. 1 fallenden Ansprüche nicht erschweren kann (Baumbach-Hueck Rdn. 2). Sie muß aber auch insoweit als zwingend angesehen werden, als sie die Bedingungen für das Verlangen auf Geltendmachung der Ersatzansprüche und die gerichtliche Bestellung besonderer Vertreter nicht erleichtern kann. Sie ist als abschließende Regelung im Sinne des § 23 Abs. 5 gedacht, was schon daraus hervorgeht, daß es nicht als im Sinne des Gesetzgebers liegend angesehen werden kann, wenn das Gericht auch bei einer geringeren Minderheit, als sie Abs. 3 S. 2 verlangt, auf Grund einer Satzungsbestimmung einen besonderen Vertreter bestellen könnte.

Alphabetisches Sachregister

(Die hochstehenden Zahlen verweisen auf die Anmerkungen)

Die hochstehenden Zahlen verweisen auf die Anmerkungen

I

J

N

T

U

Kolibri 360 GmbH
Ferdinand-Jühlke-Straße 7
99095 Erfurt, Deutschland
produktsicherheit@kolibri360.de